日本文化事典

神崎 宣武／白幡 洋三郎／井上 章一
［編］

丸善出版

四季折々の祭りとご馳走

［文：芳賀日向，写真：芳賀ライブラリー］

**弘前さくら祭り
（青森県・弘前公園）**
弘前城は桜の名所．赤飯や卵焼きなど花見弁当を囲み，桜をめでる．

1月

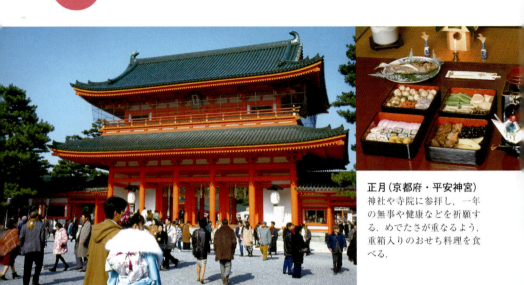

正月(京都府・平安神宮)
神社や寺院に参拝し,一年の無事や健康などを祈願する.めでたさが重なるよう,重箱入りのおせち料理を食べる.

七草たたき(各地・写真は山梨県忍野村)
正月七日に無病息災を願い,唱えごとをしながら粥に入れる七草を包丁で叩く.

にらめっこおびしゃ(栃木県・駒形大神社)
古式にのっとった,にらみ合いの行事.笑ってしまったら大盃の酒を飲む.

おこない
(畿内各地・写真は，滋賀県・丹生(にゅう)神社)
大きな鏡餅を神社に奉納し，皆で分けて「おかげ」を得る．

川俣の元服式(げんぷくしき)(栃木県日光市)
古式の成人式．地区民の前で，一人前の男となったことを承認し，祝い励ます．介添え役に少年・少女がつく．

2月

かまくら(秋田県横手市)
雪洞に水神様を祀る．子どもが主役の小正月行事．

鬼踊り(新潟県・本成寺(ほんじょうじ))
節分の日に五色の鬼が登場し，金物を持って踊る．厄年の男女が鬼に豆を打ち（撒き），厄を祓う．

戸沢のねじ行事(長野県上田市)
母と子が藁の馬をひく．無病息災を願い，餡入りの「ねじ」を道祖神に供え，交換し合う．

3月

会津の彼岸獅子（福島県会津若松市）
彼岸の祝日に太夫と雌雄の3匹の獅子が舞い，春の到来を喜ぶ．

流しびな（鳥取市用瀬町）
旧暦の3月3日，少女たちが雛人形に厄を移して桟俵に乗せ，川に流す．

御とう神事（東京都檜原村）
男たちが深夜に川で身を清め，火打ち石で火を起こし米を炊き，神饌として春日神社に供える．

春の高山祭(岐阜県・日枝神社)
豪華な屋台が曳かれ,からくり人形を奉納.「ごっつぉ」とよばれる料理が振る舞われる.

粟津の御供献納祭(滋賀県・日吉大社)
琵琶湖を渡ってきた祭神の由来を再現し,粟飯や鯛などの神饌を御供船の舳先に供える.

信玄公祭り(山梨県甲府市)
武田信玄公を偲ぶ時代祭り.「三献の儀」という古式を再現している.三つの盃をそれぞれに打鮑,勝栗,昆布(=「打ち勝つ,喜ぶ」の意)を肴に添え,出陣式を祝う.

5月

鯉のぼり祭り(群馬県神流町)
端午の節句行事．神流川では800匹もが空に泳ぐ．

すし切りまつり(滋賀県・下新川神社)
真魚箸と包丁で鮒鮨を切り分けて献上する．鮒寿司は，鮒を塩と米飯で漬け込み発酵させたもの．

小玉川の熊まつり(山形県小国町)
猟の収穫を山の女神に感謝する．嫉妬深いという女神よりも姿が醜いオコゼを捧げる．

6月

花田植(広島県北部)
田植の終わる頃に，水田に田の神様を迎える行事．朴葉(ほおば)で包んだ弁当を供え，一同も食べる．

伊勢えび祭(三重県志摩市)
航海安全と伊勢海老の豊漁を願う．郷土料理は，伊勢海老の長寿汁と手こねずし．

7月

七夕めし（長野県松本市）
松本の七夕料理は，ほうとうを信州味噌汁で煮込み，旬の食材を添える．

博多祇園山笠（福岡県・櫛田神社）
七つ流（地区）の山笠を昇き博多の町を疾走し，最後に飾り山が登場する．

御田植神幸式（熊本県・阿蘇神社）
稲が育つ様子を神々に見せてまわる．宇奈利という女性が，餅や昆布などの神饌を頭に載せて運ぶ．

八戸三社大祭(青森県八戸市)
伝説や物語の場面を表す装飾を載せた27台の山車が町中を行く.(毎年7月31日～8月4日に開催)

夏の風物詩,冷麦.清涼感を求めて食する.

川めし(香川県小豆島)
盆に現れる餓鬼や無縁仏と一緒に食事をして霊を慰める.川原で飯を炊き,柿の葉に乗せる.

エイサー(沖縄県各地)
沖縄の盆踊り．三線に合わせて太鼓を叩き踊る．タイモの砂糖煮や豚肉の昆布巻きなどを重箱に詰め，餅と団子とともに先祖の霊に供える．

香乃物祭(愛知県・萱津神社)
野菜と塩を一緒に甕に入れて供えたところ，漬物になったという故事にもとづく神事．

じんかん船(三重県菅島町)
包んだおはぎで体の悪い所を擦って悪疫を移し，精霊船に乗せ厄流しとする．

9月

おわら風の盆（富山県八尾町）
編み笠を深く被った男女が囃子に合わせて踊る．風を鎮め，五穀豊穣を願う．

遠野まつり（岩手県遠野市）
鹿の頭をつけた「しし踊り」など近在近郷の芸能を披露する．

重陽祭（ちょうようさい）
（京都府・車折神社（くるまざき））
9月9日の奇数が重なるめでたい日に舞楽を奉納する．菊酒が振るまわれる．

十五夜ソラヨイ
（鹿児島県知覧町）
ワラ帽子に腰簑（こしみの）姿の子どもたちが踊り，供物（もつ）を捧げ大地の神に豊作を感謝する．

10月

どぶろく祭（岐阜県白川村）
収穫に感謝する行事．前冬に氏子らが仕込んだどぶろくを振る舞う．古く，祭りの酒は自分たちでつくったものだった．

灘のけんか祭り（兵庫県・松原八幡神社）
神武皇后が船で荒波にもまれた故事に因み，屋台が練り，神輿がぶつかり合う．コハダやアナゴの寿司がもてなし料理．

11月

蓮池の太刀踊り(高知県・蓮池西ノ宮八幡宮)
太刀踊りを奉納する秋祭り．土佐の郷土料理は，蒸し寿司やカツオのたたきなどを皿鉢に盛る．

大饗祭(千葉県・香取神宮)
古式にのっとり，東国33個国の神々をもてなす．鮭や鴨などを調理し，マコモで編んだ器に飯を盛る．

高千穂の夜神楽(宮崎県高千穂町)
各集落で豊作と山の恵みを感謝・祈願し，岩戸伝説などの神楽を奉納する．郷土料理は「もろぶた」(木の容器)に盛った煮しめ．

花祭(愛知県東栄町)
釜で湯を沸かし，全国の神々を勧請し，夜を徹して神楽を舞う．登場する鬼は神様でもあり，人間の厄を払い大地の悪霊を鎮める．郷土料理は五平餅．

12月

あえのこと（石川県輪島市）
収穫に感謝し，田の神様を家に迎える．新米，甘酒，ハチメ（魚）などのご馳走でもてなす．

秩父夜祭（埼玉県秩父市）
春に訪れた武甲山の神様を山へ送る．豪華な笠鉾・屋台を曳き，数千発の花火で夜空を彩る．

大根焚き（京都府各所）
寺院などで厄祓いした大根を煮炊き，仏前に供え，参拝者に振る舞い無病息災を願う．

なまはげ（秋田県男鹿半島）
大晦日に，恐ろしい鬼姿のなまはげ（来訪神）が家々をまわり，子どもの怠け心を懲らしめるとともに，災いを祓い家内の安全を願う．

刊行にあたって

　"文化"については，さまざまな分野でそれぞれの解釈がなされてきた．ゆえに，原始文化・貴族文化・江戸文化・民俗文化・女性文化，衣文化・食文化・建築文化・信仰文化・芸能文化などというよび分けもなされてきたのである．あげく，文化人・文化住宅・文化都市・文化交流・文化創生などと，ある種便利にも使われてきた．
　民俗学や文化人類学における"文化"は，生活様式を総称して用いられることが多い．相互に関係する生活の諸要素を包括的に捉えようとするものである．ちなみに，文化人類学の父とも称される．E.B.タイラー（イギリス人，1832-1917）は，「知識，信仰，芸術，道徳，法律，慣習，その他，人が社会の成員として獲得したあらゆる能力や習慣の複合的総体である」（『原始文化』の冒頭）といっている．
　ただし，それは"文明"の概念とも共通する．文化に限る場合，さらに「特定の社会」と断らなくてはならない．特定の社会での伝承が文化であり，全世界に共有できる合理性や利便性の総体が文明なのである．
　また，さらに，「時代を経て伝承されてきた」とことわらなくてはならない．それが"流行"との違いとなる．もっとも，その流行については，かつて同様の現象があって，かたちを変えて再現されるものもある．そして，そうした流行現象が何代にもわたって続くと，文化ともなる．
　ここでは，日本列島という自然環境のなかで適応してきた日本人の有形無形の慣習とその様式を"日本文化"とする．平たく言い換えれば，歴史を通じて澱のようにたまった日本人独特の"クセ"のようなもの，である．
　当然ながら，他国の人々からは奇異にみられる事象も多い．不可思議とみられる事象も多い．
　例えば，正月を迎えると，神社に詣でたその足で仏寺にも詣でる．初宮や七五三では宮参り，盆供養では寺参り．教会での結婚式もいとわない．こうした諸行事を私たち日本人は，ほとんど無意識に行っているのである．それは，平安後期から始まる「神仏習合」という信仰形態を踏襲するものだが，その神仏習合ということ自体が，他国の人々には不可解なのだ．特に，キリスト教やイスラム教など一神教文化圏の人たちにとっては不可解なのである．
　しかも，明治政府は神仏判然令（明治元〈1868〉）をもって神仏分離をはかっているのである．以来，宗教としては，神道と仏教は別途な歩みをしている．にもかかわらず，民間においては，その区別をさほどに意識をしていないのだ．旧

家では，神棚と仏壇がそのまま同列に伝えられているのである．

　なお不可解とされるのは，多くの日本人が宗教をたずねられたとき，「無宗教」と答えていることである．たしかに，世界の宗教規範とは違う．ここは，「ニッポン教」と答えるしかないところだろうが，私たち日本人にはその認識が希薄といわざるを得ない．

　「おじぎ」も，私たち日本人が共有してきた身体動作である．私たちは，何かにつけておじぎをする．そのなかでも，相互におじぎをする，それも何度も繰り返すのが日本的な特徴である．

　宗教的な作法としての拝礼は，古今東西に共通する．それは，立礼であれ座礼であれ，投地礼であれ，神に対する敬虔さの表現として共通する．また，神に準ずる王に対しても共通するところがある．

　しかし，相互礼となると，世界にほとんど類例がない．対面しての挨拶に伴ってのおじぎで，欧米社会での握手に相当する．さすがに最近はみられなくなったが，握手をしながら，ペコペコとおじぎをする日本人も，かつては多かった．

　もっとも，これを卑屈な姿勢と捉えるべきではなく，日本文化として正当に評価すべきである．武家礼法がもとになっての相互礼とみてよかろうが，明治期になって学校教育を通しての普及が今日につながる．その顕著な例として，柔道・剣道・相撲・空手など，武道は，ことごとく「礼に始まり，礼に終わる」．また，学生野球やソフトボールもそれに準じて今日に伝わる．

　衣と住については，夏仕様が優先されてきた．吉田兼好（1283頃-1352頃）が「家の造りやうは夏を旨とすべし．冬は如何なるところにも住まわる．あつき頃，わろき住居はたえがたき事なり」（『徒然草』第55段）といったようにである．それは，高温多湿で蒸し暑い夏場の気候に対応してのこと．通気性を重んじた和装や民家がそうであった．現在でも，私たちは，家に帰れば履物を脱いで裸足になりたがる．そして，旧来の下駄や草履に加えてスリッパ・サンダルや五本指の靴下までつくってきたのである．

　"文化"に優劣はない．それぞれの文化事象がしかるべき根拠をもって生まれ伝わってきたのである．自国の文化を理解することは，他国の文化を尊重することになる．不幸にして，戦時下ではその意識や姿勢が後退する．二度とあってはならないことである．また，"文化"は，古来不変のものではない．時代とともにさまざまな理由で変化変容もするものである．そこで，たえず「元のかたちはどうだったか」をたどることが大事になる．私たちは，そうして次世代への伝承もはからなくてはならないのである．

　本書が，そうした手引書になれば幸いである．

2015年12月

　　　　　　　　　　　　　　　　　　　　　　　編者代表　神崎　宣武

■編　者

神崎　宣　武　　旅の文化研究所所長
白幡　洋三郎　　国際日本文化研究センター名誉教授
井上　章　一　　国際日本文化研究センター副所長

■編集協力 （五十音順）

荒木　　浩　　国際日本文化研究センター教授
井上　　俊　　大阪大学名誉教授
江原　絢子　　東京家政学院大学名誉教授
長田　俊樹　　総合地球環境学研究所名誉教授
三宅　宏司　　武庫川女子大学名誉教授
山本　志乃　　旅の文化研究所主任研究員

■ 執筆者一覧 （五十音順）

赤木 明登	塗師
阿部 義男	文筆家
荒木 浩	国際日本文化研究センター
有山 輝雄	歴史学者
石坂 友司	奈良女子大学
磯 水絵	二松學舍大学
板橋 春夫	新潟県立歴史博物館参事
市川 創	大阪文化財研究所
市田 ひろみ	日本和装師会
稲垣 慶子	日本大学大学院芸術学研究科博士課程
井波 律子	国際日本文化研究センター名誉教授
井上 俊	大阪大学名誉教授
井上 章一	国際日本文化研究センター副所長
井原 縁	奈良県立大学
今谷 明	帝京大学
入江 康平	筑波大学名誉教授
岩上 力	儀礼作法研究家
岩本 馨	京都工芸繊維大学大学院
植松 清志	大阪市立大学
内田 忠賢	奈良女子大学
江橋 崇	法政大学名誉教授
江原 絢子	東京家政学院大学名誉教授
遠藤 光暁	青山学院大学
大池 晶	漫才作家
大熊 廣明	筑波大学名誉教授
大滝 幹夫	工芸研究家
大槻 ゆづる	西陣織工業組合
大鳴 初子	中世夢が原
大野 敏	横浜国立大学
大森 一宏	駿河台大学
岡部 昌幸	帝京大学
小佐田 定雄	落語作家
長田 俊樹	総合地球環境学研究所名誉教授
小沢 朝江	東海大学
小野寺 節子	國學院大学
小野 恭靖	大阪教育大学
甲斐 健人	東北大学大学院
金子 俊之	青山学院大学
加原 奈穂子	東京藝術大学非常勤講師
株本 訓久	武庫川女子大学
川井 ゆう	現代風俗研究会会員
川成 洋	法政大学名誉教授
川野 裕一朗	民俗学者
神崎 宣武	旅の文化研究所長
工藤 員功	日本民具学会員
倉本 一宏	国際日本文化研究センター
黒須 憲	東北学院大学
黒田 龍二	神戸大学
古作 登	大阪商業大学
後藤 光将	明治大学
小林 千草	言語文化史研究家
小林 直弥	日本大学
小林 稔	文化庁
小谷野 敦	比較文学者
小山 徹	産業考古学会顧問
近藤 久美	修文大学
斎藤 多喜夫	横浜外国人居留地研究会
櫻井 治男	皇學館大学
櫻井 美代子	東京家政学院大学

執筆者一覧

笹岡 隆甫	華道「未生流笹岡」家元
佐藤 理	全日本建築士会会長
佐藤 卓己	京都大学大学院
シシドユキオ	国際あやとり協会元編集委員
白石 良夫	佐賀大学
白幡 洋三郎	国際日本文化研究センター名誉教授
鈴木 一馨	中村元東方研究所
瀬尾 弘子	大妻女子大学
セップ・リンハルト	ウィーン大学名誉教授
仙田 満	環境デザイン研究所
髙橋 昭子	元関西大学助手
高橋 圭一	大阪大谷大学
高松 亨	大阪経済大学
瀧井 一博	国際日本文化研究センター
竹内 淳子	ものと人間の文化を研究する会
竹内 有一	京都市立芸術大学
竹内 里欧	京都大学大学院
谷 直樹	大阪くらしの今昔館館長
玉蟲 敏子	武蔵野美術大学
千葉 優子	慶應義塾大学
陳 力衛	成城大学
坪内 稔典	俳人
津山 正幹	日本民俗建築学会幹事長
寺内 直子	神戸大学大学院
時田 アリソン	京都市立芸術大学
德丸 亞木	筑波大学
中井 幸比古	神戸市外国語大学
永井 良和	関西大学
永澤 済	東京大学
中澤 弥子	長野県短期大学
中島 裕喜	南山大学
中村 利則	京都造形芸術大学
並木 誠士	京都工芸繊維大学
成原 有貴	学習院大学
西ヶ谷 恭弘	日本城郭史学会代表
錦 仁	新潟大学名誉教授
西田 正憲	奈良県立大学
新田 一郎	東京大学
芳賀 日向	芳賀ライブラリー
のびしょうじ	播磨人権史研究会
橋爪 伸子	同志社大学
橋本 順光	大阪大学
早川 聞多	美術史家
林 範彦	神戸市外国語大学
原田 多加司	檜皮葺師・杮葺師
東四柳 祥子	梅花女子大学
日向 進	京都工芸繊維大学名誉教授
俵木 悟	成城大学
平澤 毅	文化庁
平瀬 礼太	姫路市教育委員会
平野 恵	台東区立中央図書館
平山 育男	長岡造形大学
廣田 義人	大阪工業大学
藤井 由紀子	清泉女子大学
藤田 正樹	藤田建築研究所所長
藤山 宏	造景空間研究所代表取締役
古川 岳志	大阪大学非常勤講師
細川 周平	国際日本文化研究センター
前川 淳	折り紙作家
増田 真祐美	成立学園中学・高等学校
町田 香	京都造形芸術大学
町田 忍	日本銭湯文化協会理事
松尾 恒一	国立歴史民俗博物館
松木 武彦	国立歴史民俗博物館
松田 睦彦	国立歴史民俗博物館

執筆者一覧

松久 真や	截金師
松宮 貴之	佛教大学
松本 麻子	いわき明星大学
三田村 有純	東京藝術大学
箕浦 尚美	甲子園大学
宮内 悊	拓殖大学名誉教授
宮崎 興二	京都大学名誉教授
宮本 又郎	大阪大学名誉教授
宮本 八惠子	日本民具学会員
妙木 忍	北海道大学
村上 利夫	元福井県小浜市長
村山 絵美	武蔵大学
目黒 正武	世界遺産アカデミー
森本 和男	歴史家
森本 勇矢	日本家紋研究会理事
矢田部 英正	武蔵野美術大学
谷戸 貞彦	大元出版
籔内 佐斗司	東京藝術大学大学院
矢部 良明	人間国宝美術館館長
山下 俊介	北海道大学総合博物館
山村 高淑	北海道大学
山本 志乃	旅の文化研究所
山本 勉	清泉女子大学
山本 教人	九州大学健康科学センター
米川 明彦	梅花女子大学
鷲尾 圭司	水産大学校
輪島 裕介	大阪大学

目　　次

1. 芸　　能

能と狂言 —— 2	落　語 —— 26
文楽(人形浄瑠璃) —— 4	声明(松明)と読経 —— 28
歌舞伎と地芝居 —— 6	小屋と寄席 —— 30
田　楽 —— 8	漫　才 —— 32
盆踊り —— 10	手品と足芸 —— 34
神　楽 —— 12	大道芸 —— 36
剣舞と棒踊り —— 14	のど自慢と紅白歌合戦 —— 38
日本舞踊 —— 16	少女歌劇 —— 40
よさこいと和太鼓 —— 18	新国劇と大衆演劇 —— 42
芸妓と太鼓持ち —— 20	◆コラム
絵解きと紙芝居 —— 22	役者と勧進元／神事と芸能 —— 44
講談と浪曲 —— 24	

2. 美　　術

浮世絵 —— 46	書道と書 —— 66
盆　栽 —— 48	金細工と銀細工 —— 68
日本庭園 —— 50	大和絵と日本画 —— 70
墨絵(水墨画) —— 52	絵巻物 —— 72
蒔絵(漆器) —— 54	障壁画 —— 74
色　絵 —— 56	床の間と掛軸 —— 76
茶道具 —— 58	日本刀と甲冑 —— 78
西陣織 —— 60	◆コラム
仏像彫刻 —— 62	目利き／日本画と洋画 —— 80
仏画と神道絵画 —— 64	

3. 言葉

- 話し言葉と書き言葉 ── 82
- 仮名 ── 84
- 漢語と大和ことば ── 86
- 男ことばと女ことば ── 88
- 敬語 ── 90
- 上方ことばと江戸ことば ── 92
- お国ことば ── 94
- ことわざ ── 96
- 忌み言葉 ── 98
- 符帳 ── 100
- 罵声とあやまり ── 102
- 訓辞と謝辞，祝辞と弔辞 ── 104
- 季語 ── 106
- 幼児語と若者語 ── 108
- 「アイウエオ」と「いろは」── 110
- 外来語 ── 112
- 音と訓 ── 114
- ラジオ・テレビと標準語 ── 116
- 擬音語と擬態語 ── 118
- ◆コラム
  - 言葉遊びと駄じゃれ／言い回しの難しさ ── 120

4. 象徴

- 城郭と天守 ── 122
- 義理と人情 ── 124
- 恥 ── 126
- 和の精神 ── 128
- 武士道 ── 130
- 華道 ── 132
- 茶道 ── 134
- 着物 ── 136
- 鳥居と山門 ── 140
- 神輿と山車 ── 142
- 相撲と国技 ── 144
- ホンネとタテマエ ── 146
- 盃事 ── 148
- 天皇 ── 150
- 元号 ── 152
- 日の丸と君が代 ── 154
- 位牌と遺影 ── 156
- 家元と屋号 ── 158
- フジヤマとゲイシャ ── 160
- 三種の神器 ── 162
- 数の吉凶 ── 164
- 赤と白 ── 166
- 家紋 ── 168
- ◆コラム
  - 富士山 ── 170
  - 縮み嗜好 ── 171
  - 動植物のシンボル化 ── 172

5. 飲食・食文化

- とんかつとカレーライス ── 174
- B級グルメ ── 176
- すし・鮨・鮓・寿司 ── 178
- そば・うどん ── 180
- 刺身 ── 182
- 味噌・醤油 ── 184

昆布とかつお節	186
鍋料理	188
すきやき	190
天ぷら	192
丼もの	194
吸物・味噌汁	196
香の物	198
酒・肴	200
米の飯	202
おかず	204
おやつ	206
菓子と茶	208
餅	210
豆腐と納豆	212
弁当	214
精進料理	216
おせち料理	218
ワインとチーズ	220
◆コラム	
ワン(椀・碗)・皿と箸・匙	222
銘々器と取り皿／化学調味料と即席麺	223
庖丁と板前	224

6. 住居

大黒柱	226
土間と板の間	228
障子と襖	230
座敷と納戸	232
ござと畳	234
囲炉裏と火鉢・こたつ	236
床の間	238
井戸と竈	240
納屋と蔵(倉)	242
風呂と便所	244
軒と縁側	246
寝殿造と書院造	248
行灯と提灯	250
塀と垣根・生垣	252
町家と長屋	254
武家屋敷	256
天井と壁	258
鴨居と敷居	260
草屋根と板・瓦屋根	262
雨戸・網戸	264
◆コラム	
民家とその時代／家相と風水	266

7. 文化財

世界遺産	268
国宝	270
人間国宝	272
民俗文化財	274
重要無形民俗文化財	276
文化財としての美術	278
文化財としての建築	280
文化財としての工芸	282
古墳	284
名勝と名所	286
天然記念物	288
日本三景	290
町並み	292
国立公園	294

記録文化財	296
家系図と写真帳	298
大名屋敷・大名庭園	300
名刹・名家・名跡	302

産業遺産	304
◆コラム	
文化財保護の意識／遷宮と技術伝承	306

8. 衣　服

下駄と草履、足袋	308
長着（単と袷）	310
帯と襷	312
羽織と袴	314
紋付と訪問着	316
浴衣	318
開襟と襟刳り	320
ダボシャツとステテコ	322
手拭いと鉢巻	324
褌と腰巻	326

黒の礼服	328
半纏と法被	330
振り袖と貸衣装	332
制服	334
帽子と冠	336
モンペと作務衣	338
前掛けと割烹着	340
◆コラム	
和服から洋服へ／男装・女装	342

9. 日常習慣

おじぎと握手	344
上履き	346
手締め	348
拍手と万歳	350
温泉と銭湯	352
交番	354
火の用心と消防団	356
塾	358
触れと回覧板	360

新聞配達	362
談合	364
正坐とあぐら	366
日記	368
みやげと名物	370
手形と為替	372
◆コラム	
旬／時	374

10. 通過儀礼

法事	376
受験と入学	378
修学旅行	380
卒業と就職	382
お宮参り（初宮）	384

元服と十三参り	386
成人式	388
初誕生	390
七五三	392
初湯	394

厄年と厄払い——396	銀婚と金婚——406
婚礼と披露——398	定年と隠居——408
新婚旅行——400	◆コラム
長寿儀礼——402	若者宿，娘宿，隠居屋——410
通夜と葬儀——404	

11. 年中行事・しきたり

家の祭り——412	花　見——436
地域の祭り——414	新年会と忘年会——438
縁　日——416	海開きと山開き——440
終戦記念日——418	中元と歳暮——442
こどもの日——420	年賀状と暑中見舞い——444
節　分——422	クリスマス——446
節　供——424	バレンタインデーとホワイトデー——448
正　月——426	誕生会——450
盆——428	女人禁制——452
春分と秋分——430	◆コラム
八朔と虫送り——432	和暦と洋暦／祝儀と不祝儀——454
除夜と初詣——434	

12. 工　芸

陶器と磁器——456	截　金——476
藍と紅——458	籠と笊——478
彫りもの——460	水　引——480
細工もの——462	紙細工——482
編組品——464	革細工——484
絹と木綿——466	鉄細工と銅細工——486
箪　笥——468	木　工——488
神棚と仏壇——470	◆コラム
かわらけ・土人形——472	職人／名工と銘柄——490
木器・漆器——474	

13. 産業技術

カメラとビデオ——492	時　計——494

磁器とセラミックス ———— 496	ハイビジョン ———— 514
軽自動車 ———— 498	黒部ダムと本四架橋 ———— 516
新幹線 ———— 500	絹，化学繊維，合成繊維 ———— 518
自動販売機 ———— 502	漁業と養殖 ———— 520
自転車とオートバイ ———— 504	養殖漁業産業 ———— 522
トランジスタラジオ ———— 506	◆コラム
官営工場と町工場 ———— 508	産業と観光 ———— 524
下請けと孫受け ———— 510	人力車／水車 ———— 525
製鉄と造船 ———— 512	農業技術の変遷 ———— 526

14. 遊　戯

花　札 ———— 528	テレビゲーム ———— 548
拳 ———— 530	マンガとアニメ ———— 550
お手玉と鞠つき ———— 532	パチンコ ———— 552
凧あげ ———— 534	カラオケ ———— 554
綱引き ———— 536	カルタとり ———— 556
カマクラとトロヘイ ———— 538	弓射と的あて ———— 558
折り紙 ———— 540	ままごと，人形遊び ———— 560
あやとり ———— 542	◆コラム
将棋と囲碁 ———— 544	貴人の遊び ———— 562
鬼ごっこ，かくれんぼ ———— 546	

15. 音　楽

謡 ———— 564	雅　楽 ———— 584
詩　吟 ———— 566	琵　琶（琵琶法師と平曲） ———— 586
数え唄 ———— 568	箏(琴)と三味線 ———— 588
民　謡 ———— 570	笛と尺八 ———— 590
音　頭 ———— 572	鐘と太鼓 ———— 592
祝い唄 ———— 574	浄瑠璃と義太夫 ———— 594
甚　句 ———— 576	演歌と歌謡曲 ———— 596
長唄・端唄・小唄 ———— 578	Ｊポップ ———— 598
新内流しとギター流し ———— 580	◆コラム
童謡と子守唄 ———— 582	ヨナ抜きと和音階／合唱 ———— 600

16. 運動競技（スポーツ）

体　育――602	武道における礼法――624
軟式球技――604	駅　伝――626
高校野球と甲子園――606	運動会――628
プロ野球と社会人・大学野球――608	ラジオ体操――630
柔道とジュードー――610	プロ格闘技――632
水練と水泳――612	応援団――634
剣道と弓道――614	くらべ馬と競馬――636
古武道――616	競艇と競輪――638
合気道――618	◆コラム
空手道――620	「道」の精神性と国際性／国体と
薙刀と弓――622	オリンピック――640

17. 文　芸

物　語――642	漢詩と漢文学――662
和　歌――644	芥川賞と直木賞――664
神　話――646	小　説――666
連　歌――648	官能文学――668
俳諧と俳句――650	女流文学――670
川柳と落書――652	弟子と書生――672
説　話――654	随　筆――674
草子文藝――656	軍記，戦記――676
おとぎ話――658	◆コラム
季語と俳句――660	挿絵／出版産業の歴史――678

18. 信　仰

神さまと仏さま――680	遍路と巡礼――694
社と寺――682	絵馬と千社札――696
祓いと禊ぎ――684	七福神と恵比寿・大黒――698
火(煙)と水――686	盆と正月――700
墓参りと精霊流し――688	式場と斎場――702
鬼と天狗――690	鬼は外，福は内――704
ヘビとキツネ――692	祈祷と神楽――706

おみくじとお守り ——————— 708
たたりと封じ ————————— 710
鈴と拍手 ——————————— 712

◆コラム
　キリスト教の日本（文化）化／
　山岳信仰 ——————————— 714

付　録

【付録1】文化財の種類 ————————————— 716
【付録2】文化財の体系図 ———————————— 717
【付録3】文化財一覧 ————————————— 718

文　献 ————————————————————— 723
見出し語五十音索引 —————————————— xvii
事項索引 ——————————————————— 741
人名索引 ——————————————————— 764

見出し語五十音索引

■ あ

藍と紅　458
「アイウエオ」と「いろは」　110
合気道　618
赤と白　166
握手，おじぎと　344
芥川賞と直木賞　664
あぐら，正坐と　366
足芸，手品と　34
アニメ，マンガと　550
雨戸・網戸　264
網戸，雨戸　264
あやとり　542
あやまり，罵声と　102
袷と単，長着　310
行灯と提灯　250

遺影，位牌と　156
家の祭り　412
家元と屋号　158
生垣，垣根と塀　252
囲碁，将棋と　544
板間，土間と　228
板屋根，瓦屋根，草屋根と　262
井戸と竈　240
位牌と遺影　156
忌み言葉　98
色絵　56
「いろは」，「アイウエオ」と　110
囲炉裏と火鉢・こたつ　236
祝い唄　574

隠居，定年と　408

浮世絵　46
謡　564
うどん，そば　180
海開きと山開き　440
上履き　346
運動会　628

駅伝　626
絵解きと紙芝居　22
江戸ことば，上方ことばと　92
恵比寿，大黒，七福神と　698
絵馬と千社札　696
絵巻物　72
襟刳り，開襟と　320
演歌と歌謡曲　596
縁側，軒と　246
縁日　416

応援団　634
おかず　204
お国ことば　94
おじぎと握手　344
おせち料理　218
お手玉と鞠つき　532
おとぎ話　658
男ことばと女ことば　88
オートバイ，自転車と　504
鬼ごっこ，かくれんぼ　546
鬼と天狗　690
鬼は外，福は内　704

帯と襷　312
お守り，おみくじと　708
おみくじとお守り　708
お宮参り（初宮）　384
おやつ　206
折り紙　540
オリンピック，国体と　640
音と訓　114
温泉と銭湯　352
音頭　572
女ことば，男ことばと　88

■か

開襟と襟刳り　320
外来語　112
回覧板，触れと　360
雅楽　584
化学繊維，絹，合成繊維　518
書き言葉，話し言葉と　82
垣根と塀・生垣　252
神楽　12
神楽，祈祷と　706
かくれんぼ，鬼ごっこ　546
家系図と写真帳　298
掛軸，床の間と　76
籠と笊　478
貸衣装，振り袖と　332
菓子と茶　208
柏手，鈴と　712
拍手と万歳　712
家相と風水　266
数え唄　568
かつお節，昆布と　186
合唱　600
甲冑，日本刀と　78
割烹着，前掛けと　340
仮名　84
鐘と太鼓　592

歌舞伎と地芝居　6
壁，天井と　258
カマクラとトロヘイ　538
竈，井戸と　240
上方ことばと江戸ことば　92
紙細工　482
神さまと仏さま　680
紙芝居，絵解きと　22
神棚と仏壇　470
カメラとビデオ　492
鴨居と敷居　260
家紋　168
歌謡曲，演歌と　596
カラオケ　554
空手道　620
カルタとり　556
カレーライス，とんかつと　174
革細工　484
為替，手形と　372
かわらけ・土人形　472
瓦屋根，草屋根と板　262
官営工場と町工場　508
漢語と大和ことば　86
観光，産業と　524
漢詩と漢文学　662
勧進元，役者と　44
漢文学，漢詩と　662
冠，帽子と　336

擬音語と擬態語　118
季語　106
季語と俳句　660
技術伝承，遷宮と　306
貴人の遊び　562
擬態語，擬音語と　118
ギター流し，新内流しと　580
義太夫，浄瑠璃と　594
吉凶，数の　164

見出し語五十音索引　　　xvii

キツネ，ヘビと　692
祈祷と神楽　706
絹，化学繊維，合成繊維　518
絹と木綿　466
君が代，日の丸と　154
着　物　136
弓射と的あて　558
弓道，剣道と　614
狂言，能と　2
競艇と競輪　638
漁業と養殖　520
義理と人情　124
截　金　476
キリスト教の日本(文化)化　714
記録文化財　296
金婚，銀婚と　406
銀婚と金婚　406
金細工と銀細工　68
銀細工，金細工と　68

草屋根と板・瓦屋根　262
蔵(倉)，納屋と　242
くらべ馬と競馬　636
クリスマス　446
黒の礼服　328
訓，音と　114
軍記，戦記　676
訓辞と謝辞，祝辞と弔辞　104

敬　語　90
芸妓と太鼓持ち　20
軽自動車　498
ゲイシャ，フジヤマと　160
競馬，くらべ馬と　636
競輪，競艇と　638
下駄と草履，足袋　308
拳　530
元　号　152

建築，文化財としての　280
剣道と弓道　614
剣舞と棒踊り　14
元服と十三参り　386

工芸，文化財としての　282
高校野球と甲子園　606
甲子園，高校野球と　606
合成繊維，化学繊維，絹　518
小唄，端唄，長唄　578
講談と浪曲　24
香の物　198
紅白歌合戦，のど自慢と　38
交　番　354
国技，相撲と　144
国体とオリンピック　640
国　宝　270
国立公園　294
ござと畳　234
腰巻，褌と　326
こたつ，囲炉裏と火鉢
箏(琴)と三味線　588
こどもの日　420
ことわざ　96
古武道　616
古墳　284
米の飯　202
子守唄，童謡と　582
小屋と寄席　30
昆布とかつお節　186
婚礼と披露　398

■さ

細工もの　462
斎場，式場と　702
盃　事　148
肴，酒　200
酒・肴　200

匙，ワン(椀・碗)・皿と箸　222
挿　絵　678
座敷と納戸　232
刺　身　182
茶　道　134
茶道具　58
作務衣，モンペと　338
皿，ワン(椀・碗)，箸・匙　222
笊，籠と　478
山岳信仰　714
産業と観光　524
三種の神器　162
山門，鳥居と　140

Jポップ　598
磁器，陶器と　496
磁器とセラミックス　496
敷居，鴨居と　260
式場と斎場　702
詩　吟　566
地芝居，歌舞伎と　6
下請けと孫受け　510
七五三　392
七福神と恵比寿・大黒　698
漆器，木器　474
自転車とオートバイ　504
自動販売機　502
社会人野球，プロ野球と，大学野球　608
尺八，笛と　590
謝辞，訓辞と，祝辞と弔辞　104
写真帳，家系図と　298
三味線，箏(琴)と　588
修学旅行　380
祝儀と不祝儀　454
十三参り，元服と　386
就職，卒業と　382
終戦記念日　418
柔道とジュードー　610

秋分，春分と　430
重要無形民俗文化財　276
塾　358
祝辞，訓辞と謝辞，と弔辞　104
受験と入学　378
出版産業の歴史　678
旬　374
春分と秋分　430
巡礼，遍路と　694
書，書道と　66
書院造，寝殿造と　248
城郭と天守　122
正　月　426
正月，盆と　700
将棋と囲碁　544
障子と襖　230
少女歌劇　40
精進料理　216
小　説　666
障壁画　74
消防団，火の用心と　356
声明(松明)と読経　28
醤油，味噌　184
精霊流し，墓参りと　688
浄瑠璃と義太夫　594
職　人　490
書生，弟子と　672
暑中見舞い，年賀状と　444
書道と書　66
除夜と初詣　434
女流文学　670
白，赤と　166
新幹線　500
甚　句　576
新国劇と大衆演劇　42
新婚旅行　400
寝殿造と書院造　248
神道絵画，仏画と　64

新内流しとギター流し　580
新年会と忘年会　438
新聞配達　362
人力車　525
神話　646

水泳，水練と　612
水車　525
随筆　674
水墨画，墨絵　52
吸物・味噌汁　196
水練と水泳　612
数の吉凶　164
すきやき　190
すし・鮨・鮓・寿司　178
鈴と拍手　712
ステテコ，ダボシャツと　322
墨絵（水墨画）　52
相撲と国技　144

正坐とあぐら　366
成人式　388
制服　334
歳暮，中元と　442
世界遺産　268
節供　424
節分　422
説話　654
セラミックス，磁器と　496
戦記，軍記　676
遷宮と技術伝承　306
千社札，絵馬と　696
銭湯，温泉と　352
川柳と落書　652

葬儀，通夜と　404
草子文藝　656
草履，下駄と，足袋　308

卒業と就職　382
そば・うどん　180

■た

体育　602
大学野球，社会人野球，プロ野球と　608
太鼓，鐘と　592
大黒，七福神と恵比寿　698
大黒柱　226
太鼓持ち，芸妓と　20
大衆演劇，新国劇と　42
大道芸　36
大名屋敷・大名庭園　300
凧あげ　534
襷，帯と　312
畳，ござと　234
たたりと封じ　710
タテマエ，ホンネと　146
足袋，下駄と草履　308
ダボシャツとステテコ　322
談合　364
誕生会　450
箪笥　468

地域の祭り　414
チーズ，ワインと　220
縮み嗜好　171
茶，菓子と　208
中元と歳暮　442
弔辞，訓辞と謝辞，祝辞と　104
長寿儀礼　402
提灯，行灯と　250

土人形，かわらけ　472
綱引き　536
通夜と葬儀　404

定年と隠居　408

手形と為替　372
弟子と書生　672
手品と足芸　34
手締め　348
鉄細工と銅細工　486
手拭いと鉢巻　324
寺，社と　682
テレビ，ラジオ，標準語　116
テレビゲーム　548
田　楽　8
天狗，鬼と　690
天守，城郭と　122
天井と壁　258
天然記念物　288
天　皇　150
天ぷら　192

陶器と磁器　456
銅細工，鉄細工と　486
動植物のシンボル化　172
「道」の精神性　640
豆腐と納豆　212
童謡と子守唄　582
時　374
読経，声明(松明)と　28
時計　494
床の間　238
床の間と掛軸　76
土間と板間　228
トランジスタラジオ　506
鳥居と山門　140
トロヘイ，カマクラと　538
とんかつとカレーライス　174
丼もの　194

■な

直木賞，芥川賞と　664
長唄，端唄，小唄　578

長着(単と袷)　310
長屋，町家と　254
薙刀と弓　622
納豆，豆腐と　212
鍋料理　188
納屋と蔵(倉)　242
軟式球技　604
納戸，座敷と　232

西陣織　60
日　記　368
日本画と洋画　80
日本画，大和絵と　70
日本三景　290
日本庭園　50
日本刀と甲冑　78
日本舞踊　16
入学，受験と　378
女人禁制　452
人形遊び，ままごと　560
人形浄瑠璃，文楽　4
人間国宝　272
人情，義理と　124

年賀状と暑中見舞い　444

能と狂言　2
農業技術の変遷　526
軒と縁側　246
のど自慢と紅白歌合戦　38

■は

俳諧と俳句　650
俳句，俳諧と　650
俳句，季語と　660
ハイビジョン　514
端唄，長唄，小唄　578
羽織と袴　314

見出し語五十音索引

袴,羽織と 314
墓参りと精霊流し 688
箸,ワン(椀・碗)・皿,匙 222
恥 126
罵声とあやまり 102
鉢巻,手拭いと 324
パチンコ 552
八朔と虫送り 432
初誕生 390
法被,半纏と 330
初詣,除夜と 434
初 湯 394
話し言葉と書き言葉 82
花 札 528
花 見 436
バレンタインデーとホワイトデー 448
万歳,拍手と 350
半纏と法被 330

B級グルメ 176
火(煙)と水 686
美術,文化としての 278
ビデオ,カメラと 492
単と袷,長着 310
日の丸と君が代 154
火の用心と消防団 356
火鉢,囲炉裏と,こたつ 236
標準語,ラジオ・テレビと 116
披露,婚礼と 398
琵琶(琵琶法師と平曲) 586

封じ,たたりと 710
風水,家相と 266
笛と尺八 590
福は内,鬼は外 704
武家屋敷 256
富士山 170
武士道 130

フジヤマとゲイシャ 160
不祝儀,祝儀と 454
襖,障子と 230
符 帳 100
仏画と神道絵画 64
仏像彫刻 62
仏壇,神棚と 470
武道における礼法 624
振り袖と貸衣装 332
触れと回覧板 360
風呂と便所 244
プロ格闘技 632
プロ野球と社会人・大学野球 608
文化財としての建築 280
文化財としての工芸 282
文化財としての美術 278
文化財保護の意識 306
褌と腰巻 326
文楽(人形浄瑠璃) 4

塀と垣根・生垣 252
平曲,琵琶(琵琶法師と) 586
紅,藍と 458
ヘビとキツネ 692
便所,風呂と 244
編組品 464
弁 当 214
遍路と巡礼 694

棒踊り,剣舞と 14
法 事 376
帽子と冠 336
忘年会,新年会と 438
訪問着,紋付きと 316
仏さま,神さまと 680
彫りもの 460
ホワイトデー,バレンタインデーと 448
盆 428

盆と正月　700
盆踊り　10
盆　栽　48
ホンネとタテマエ　146

■ま

前掛けと割烹着　340
蒔絵(漆器)　54
孫請け，下請けと　510
町工場，官営工場と　508
町並み　292
町家と長屋　254
祭り，家の　412
祭り，地域の　414
的あて，弓射と　558
ままごと，人形遊び　560
鞠つき，お手玉と　532
マンガとアニメ　550
漫　才　32

神輿と山車　142
水，火(煙)と　686
水　引　480
味噌・醬油　184
味噌汁，吸物　196
みやげ，名物と　370
名跡・名刹・名家　302
民俗文化財　274
民　謡　570

虫送り，八朔と　432
娘宿，若者宿，隠居屋　410

銘柄，名工と　490
名刹・名家・名跡　302
名勝と名所　286
名物とみやげ　370
目利き　80

飯，米の　202

餅　210
木器・漆器　474
木　工　488
物　語　642
木綿，絹と　466
紋付きと訪問着　316
モンペと作務衣　338

■や

役者と勧進元　44
厄年と厄払い　396
屋号，家元と　158
社と寺　682
大和絵と日本画　70
大和ことば，漢語と　86
山開き，海開きと　440
山車，神輿と

浴　衣　318
弓，薙刀と　622

洋画，日本画と　80
幼児語と若者語　108
養殖，漁業と　520
養殖漁業産業　522
洋暦，和暦と　454
よさこいと和太鼓　18
寄席，小屋と　30
ヨナ抜きと和音階　600

■ら

落　語　26
落書，川柳と　652
ラジオ・テレビと標準語　116
ラジオ体操　630
礼服，黒の　328

礼法，武道における　624
連　歌　648

浪曲，講談と　24

■わ

ワインとチーズ　220

和音階，ヨナ抜きと　600
和　歌　644
若者語，幼児語と　108
若者宿，娘宿，隠居屋　410
和太鼓，よさこいと　18
和暦と洋暦　454
ワン（椀・碗）・皿と箸・匙　222

1. 芸　能

　芸能は，一般的には，音楽・演劇・舞踊などの演芸とされる．だが，古くは兼好法師が『徒然草』で「——所作のみにあらず」といっているように，詩歌・書道・問答など広範に捉えてのことだった．

　一般的にいうところの芸能は，伝統芸能・民俗芸能・大衆芸能などと分類されることがあるが，その区分は必ずしも明確ではない．その伝統的で大衆的な芸能の大半の源流は，儀礼の所作にある．それは，世界の原初的な民族社会にほぼ共通することでもある．

　日本の神楽でいうと，神事を祖型とする．祓い・神降し・祈祷・神懸り・託宣（卜占）に至る一連の所作にほかならない．『古事記』の「天の石屋戸」で鈿女が「天の石屋戸に槽伏せて踏み轟こし，神懸りして」のとおりである．

　それは，一部，神主や修験，巫女などに伝わるが，時代とともに芸能的な要素を加えて地方ごとの変容と発達をみた．例えば，中・近世に猿楽（能楽）の影響を受け，仮面を取り入れることで神話を題材にした神能（神代神楽ともいう）をつくり出したごとくにである．

　「物事に下手も上手もなかりけり，往く先々の水に合わねば」，と世阿弥がいった．芸能史上の不変の原理ともいえようか．

[神崎宣武]

能と狂言

　能は，鎌倉時代後期〜室町時代初期に，観阿弥・世阿弥父子によって大成された，演劇的な芸能である．『伊勢物語』『源氏物語』『平家物語』など，古典に取材した擬古文体のセリフによって演じられ，武家や公家など，主として教養の高い上流階層に鑑賞された．これに対し狂言は，時に公家や大寺院など，支配階層に対する風刺を込めて演じられた，滑稽を旨とする（当時の）現代劇という性格の強い芝居である．

●**能の伝来と発展**　「能」や「能楽」の呼称は明治時代以降のもので，江戸時代までは「猿楽」あるいは「猿楽能」とよばれた．奈良・平安時代初期，中国・朝鮮半島より伝来した曲技・奇術などの総称である「散楽」が「猿楽」の語へと転じていくが，それとともに内容も日本的なものとなり，琵琶法師・白拍子・今様・傀儡など，庶民も楽しむ娯楽的な舞踊・歌謡・語り物などの芸能の総称となった．このうち物真似芸が，語り芸や白拍子などの舞踊も取り込みつつ，鎌倉時代より猿楽能へと発展していった．

　猿楽能が，大陸の娯楽的な芸能を起源とすることは，猿楽者にも明確に認識されていた．室町時代初期の猿楽市・世阿弥は，能を始めたのは秦の始皇帝の日本での生まれ変わりの秦河勝であり，聖徳太子の時代に宮廷で仮面をつけて演じたものであると，「秘すれば花」と能の神髄を説いた能楽論書『風姿花伝』（15世紀初頭成立）の中で伝えている．

　猿楽者のほかに，田楽を専門とした田楽法師も物真似芸を演じていた．彼らの能は猿楽能に対して「田楽能」とよばれ，とんぼ返りなど，アクロバティックな演技により庶民に熱狂的な人気を博した．

　当時の商工業者や芸能者は「座」を結成して，営業や興行を所属する本所に認可される必要があったが，室町時代に猿楽能の世界で圧倒的な力を有したのは観阿弥・世阿弥を長とする観世座であった．このほか，金春座・金剛座・宝生座が，興福寺に属して大和（奈良）を中心に活動し，「大和四座」とよばれた．これに加えて，江戸時代に喜多流が結成され，この五流は現在まで活躍している．

●**狂言との関係**　歌舞が中心の能に対して，科白と滑稽な所作を演じる芸を「狂言」という．実際には能と不可分な関係にあり「能狂言」ともいう．滑稽芸を演じる狂言の役者たちは室町時代後期以降にグループをつくり，大蔵・和泉・鷺の三流が結成された．

　能はこうして，猿楽の役者と狂言師とが共同して一曲を構成する独特な劇として成立し，また「五番立」とよばれる上演の形式が整えられた．五番立とは，神

事としての「翁」に続いて，祝言を主とする「脇能物」，源平の戦で敗れた平氏の怨霊などの登場する「修羅物」，女性が主役となる「鬘物」など，1曲ずつ5種の能を演じる様式である．

●**能舞台と芸能**　成立期の能は神事としての性格を濃厚に有しており，神社や寺院の行事に伴って行われることが多かった．

寛正5（1464）年の「糺河原勧進猿楽図」は，最も古い能舞台図であるが，注目されるのは桟敷（客の座）の中央に「神の座敷」が設けられている点である．その脇には将軍が座していた．すなわち将軍が神に対する司祭役となり，神を招いて能を披露し，もてなす空間だったのである．

この桟敷図には，「舞台」と「楽屋」，およびこの両者を結ぶ「橋掛かり」も見られる．現行の能舞台では，楽屋は諸役が装束を着けたりする「楽屋」と，シテが登場直前に面をつける「鏡の間」とに分化している．現在のような舞台の基本形ができ上がるには，世阿弥以降さらに1世紀以上を要したのである．

こうした舞台構造は，能の諸役と劇の構成とも結びついている．能は，シテとワキを中心として劇が進行する．主役であるシテには，神・仏・怨霊・精霊が多く，それぞれの役の仮面をつけて登場する．ワキには旅の僧侶・巫女・山伏・禰宜といった降霊の呪力を有する宗教者が多い．ワキは，神・仏・怨霊・精霊たるシテを異界より招き寄せる役なのである．能舞台には大きな松が描かれるが，それは，こうした神・仏・精霊たるシテが寄りつくための依り代であり，橋掛かりは異界より神霊が渡ってくる神聖な通路なのである．

●**音楽劇としての能と式楽化**　能は，神話・宮廷儀礼以来の，太鼓のリズムで神憑りして舞った，その神憑りの演技は「物狂」（『風姿花伝』）と表現されたが，音楽，すなわち囃子方と斉唱を受けもつ地謡が大きな役割を果たす．

地謡は役者のセリフ以外の劇の場面や役の心情を謡う．囃子は主に小鼓・大鼓・太鼓・能管の四つの楽器が用いられる．これらの楽器による囃子と，拍・リズムの規定された謡により物語が進行する．江戸時代までに確立し，今日に継承されている．その美意識・思想は，仏教，特に禅の影響を多分に受けているが，禅の影響は，茶の湯・立華（今日の茶道・華道〈生け花〉）や寺院建築・庭園など，室町文化全般にみられるものである．

戦国時代には，織田信長・豊臣秀吉も地謡を愛好し，その後，江戸幕府の儀礼には能が用いられ式楽とされたため，諸大名も倣い，競って能を嗜むようになった．

散楽・猿楽の時代より千年を超える歳月を経て，能は，古典文学や仏教についての教養，劇の約束事についての知識がなくては楽しむことの難しい高尚な，一般庶民には敷居の高い文化となったが，平成21（2009）年には歌舞伎，文楽とともにユネスコの無形文化遺産に登録され，日本を代表する伝統芸能，世界の文化財として認められるに至っている．

[松尾恒一・稲垣慶子]

文楽（人形浄瑠璃）

　江戸時代中期に成立した操(あやつ)り人形芝居を文楽という．三味線を伴奏楽器とする義太夫(ぎだゆう)とよばれる語りに合わせて演じられる．能・狂言，歌舞伎とともに日本を代表する伝統芸能で，昭和30（1955）年に国の重要無形文化財に指定され，平成21（2009）年には，ユネスコによる無形文化遺産の登録がなされた．

●**人形操り劇の成立**　「文楽」とは，人形浄瑠璃が行われた大坂（現大阪）の劇場の名に由来する呼称であり，芸能の名称としては「人形浄瑠璃(じょうるり)」がその内容を表している．「浄瑠璃」とは，操り人形によって演じられる以前の語り芸「説経節」の代表曲「浄瑠璃姫物語」に由来する名である．

　説経節は擦り簓(ささら)の拍子に合わせた素朴な語り芸であったが，16世紀末，琉球貿易により大坂の堺から入った中国の三弦(シャンシェン)を起源とする三味線を伴奏とする，竹本義太夫によって始められた新たな語り「義太夫節」へと発展し，曲調に富み物語の情緒をより豊かに表現する語り芸が創始された．

　義太夫以前，弦楽器を使った話芸としては，漂泊の芸能者であった盲目の琵琶法師による『平家物語』の語りが，鎌倉時代以来続けられていたが，近世に三弦を起源とする三味線を手にして初めに演奏したのもまた彼らであり，彼らが果たした，前史としての役割も無視できない．

　一方，人形操りの歴史も古く，平安時代の儒学者大江匡房(おおえのまさふさ)の『傀儡子記(くぐつしき)』には，狩猟を生業として集団で遊行し，人形操りをも行った漂泊の芸人のことが記されている．中世後期～近世期には，「夷(えびす)かき」とよばれる芸人たちが木箱の上で人形を演じて見せていたが，元禄期（18世紀）に近松門左衛門の台本を，義太夫節(ぶし)によって語る人形芝居が考案され，人形浄瑠璃が誕生する．その，人形による写実的な演技を実現した人形遣いの辰松八郎兵衛，義太夫節の三味線伴奏者の竹沢権右衛門も，人形浄瑠璃の創始を語るうえで重要である．

●**近松門左衛門とそれ以降，人形の改良と演出**　「山椒(さんしょう)大夫」や「信徳丸」に代表される説経節が，仏教霊験譚や説話・縁起話を主としたのに対し，近松の「曾根崎心中」に代表される作品は，恋や金銭貸借の絡む新興町人の事件・風俗を取材して，江戸時代の新たな都市民の等身大の生活と喜怒哀楽をドラマチックに描いて，大きな人気を博した．

　竹本義太夫は，大坂道頓堀に浄瑠璃のための芝居小屋として竹本座を開場して人形浄瑠璃の興行を行い，竹本の後，竹田出雲(いずも)が竹本座を継いだ．竹田出雲は，浄瑠璃作者としても活躍し，忠義のために息子を差し出し犠牲にする場面が人々を涙に誘う「菅原伝授手習鑑」などを著した．二代目の竹田出雲は，「義経千本

桜」や「仮名手本忠臣蔵」などの名作を著した．しかし，興行中の楽屋内で起こった騒動により，浄瑠璃を語る太夫の多くが，竹本座と競い合っていた豊竹若太夫(とよたけわかたゆう)の設立した豊竹座に移るといった事件も起こった．

●**文楽の広がり** 人形浄瑠璃の成立とともに，浄瑠璃の台本を人間が演じる「野郎歌舞伎」が始められた．人が演じる本格的な芝居が成立するうえで，人形浄瑠璃の果たした役割の大きさがうかがわれる一方，この野郎歌舞伎の人気に押されて勢いを失っていった．

図1　山梨県甲府市，天津司の舞
［写真：芳賀ライブラリー］

義太夫節の演奏形式は，語り手の太夫に三味線がそれぞれ一人という様式が基本となる．18世紀中頃には，音楽を伴奏とする語り物としての三味線音楽が確立し，音曲も定型化していった．今日では演目や演出によって人数が増えたり，鳴物が入ったりする．また17〜18世紀には，人形は首・腕・脚が動くだけでなく，眉や目も動くといった改良が加えられ，より表情豊かな演技が可能となるとともに，人形操りは3人遣いに，人形は2倍の大きさ（現在とほぼ同じ大きさ）となり，舞台の形式も定まっていった．

竹田出雲以降，近松半二「妹背山婦女庭訓(いもせやまおんなていきん)」，菅専助(すがせんすけ)「摂州合邦辻(せっしゅうがっぽうがつじ)」といった今日も上演され続けている名作が生まれつつも，歌舞伎の人気により人形浄瑠璃は全般的に低調となる．しかし文化2(1805)年，植村文楽軒が大阪高津に浄瑠璃小屋を開くと徐々に活気を取り戻した．明治維新後，大阪に文楽座が設立されると再び興隆し，戦後は昭和38(1963)年から文楽協会により運営されることになる．昭和41(1966)年には日本初の国立劇場が東京に，昭和59(1984)年には大阪に国立文楽劇場が設立され，文楽の上演が続けられている．

なお，江戸初期に遊女かぶきが禁止されるとともに，人形浄瑠璃も太夫・三味線・人形遣いのいずれも男性が務めることとされたが，幕末頃には徐々に女流義太夫が現れ，明治維新以降，興隆し現代に続いている．

●**民俗芸能として伝承される人形操り** 人形操りを意味する「人形回し」の「回す」とは，「舞わす」の意である．「舞う」とは元来，神が身体に憑りついて旋回する身体表現を意味し，人形の芸能は神事的な要素が強かった．文楽が成立する以前の神事的な人形芸能としては，福岡県の八幡古表神社の神相撲，山梨県甲府市の天津司(てんづし)神社の天津司の舞が有名である（図1）．また，人形浄瑠璃の系統に位置づけられるものは，飛騨高山のからくり人形や，糸で操る高度な技芸を有する人形操りと大ぶりの人形が特徴的な淡路島の淡路人形浄瑠璃，車のついた箱車に座って乗り人形を操る東京八王子の車人形などが知られる．そのほか，人形や技法を工夫した独特な人形芝居が日本各地に伝えられている．　［松尾恒一・稲垣慶子］

歌舞伎と地芝居

　歌舞伎は江戸時代に成立したわが国の伝統芸能で，演劇と舞踊を主たる内容とする．昭和40（1965）年，国の重要無形文化財に指定され，平成21（2009）年にはユネスコによる無形文化遺産への登録がなされた．

●**歌舞伎の創始**　「かぶき」とは，尋常でないことを意味する「傾く」に由来し，中世の奇抜なファッション"バサラ"や"異形"の風俗をさす言葉であったが，室町末期，刀を手にし，華麗な男装姿で踊った出雲阿国の「かぶき踊り」が一世を風靡し，歌舞伎の歴史が始まる．奈良や京都で活躍した出雲阿国は当時より出雲の巫女ともいわれたが，実際のところ出自は未詳である．当初「ややこ踊り」の名でよばれたかぶき踊りは，鎌倉時代に時宗の開祖・一遍上人の始めた鉦を叩いて踊る念仏踊りや，室町時代の，恋の歌に合わせて華やかな衣装や花笠をつけて踊る風流踊りの脈を引き，鉦を叩く音を基調とする伴奏に合わせて踊るものであった．

　阿国歌舞伎においてまた重要なのは，道化役「猿若」の存在である．猿若は狂言師の出身で，阿国の踊る脇で，面白おかしく茶化した所作を演じたが，この猿若は後に芝居へと展開していく素地となった．

●**遊女かぶき・若衆かぶきを経て元禄歌舞伎へ**　一世を風靡した阿国のかぶき踊りは，近世初期，遊女たちの模倣するところとなった．模倣とはいえ，この遊女の踊りが芸能史上において重要なのは，日本本土における中国の三弦を起源とする三味線の本格的な導入がここに始まるからで，近世芸能がこれによって幕開けした．阿国歌舞伎が基本的に単独で踊ったのに対して，遊女たちは，中央の三味線の伴奏役を囲んで，同じ所作で輪になって踊る群舞であった．遊女かぶきが風俗上の理由より禁止されると，「若衆」とよばれる美少年たちによる若衆かぶきが行われるようになる．女装をして，セクシャルな所作で踊った若衆の踊りはこれまた大流行し，やはり風俗上の理由より幕府より禁令が発布される．

　この頃，近松門左衛門の戯曲を台本として，これを竹本義太夫が語り，人形が演じる人形浄瑠璃が成立する．「曾根崎心中」をはじめ，恋や金銭貸借の絡む新興町人の事件・風俗を取材した近松の作品は大きな人気を博し，この台本が人間によっても演じられるようになる．これが「野郎歌舞伎」である（男性のみによって演じられたことからの呼称）．元禄歌舞伎の誕生であり，ここにわが国の本格的な芝居・演劇としてのジャンルが確立するのである．

●**舞台と音楽，元禄以降の歌舞伎**　元禄歌舞伎以降，人形浄瑠璃の台本「丸本」をもとに，人間が演じる「丸本歌舞伎」が人気を博すようになる．近松門左衛門

に続く「菅原伝授手習鑑」の作者竹田出雲も浄瑠璃作者であったが，文政期に凄惨な愛憎復讐劇「東海道四谷怪談」を書いた鶴屋南北，幕末の「白浪五人男」の作者河竹黙阿弥ら，歌舞伎専門の劇作家も活躍した．

図1 香川県小豆島，中山歌舞伎
［写真：芳賀ライブラリー］

上方で成立・発展した歌舞伎であったが，江戸においても人気を博し，徳川幕府は市村座・中村座・森田座（当初は山村座を含む四座）を，櫓を掲げることを認めた官許の劇場として認定し，この三座が天保の改革以後，浅草猿若町に移転し，江戸三座とよばれるようになった．優美な所作を特徴とする上方の和事，荒々しく激しい演技を特徴とする江戸の荒事のように，上方・江戸による芸風の違いも生まれた．江戸時代の歌舞伎で特筆されるのは，舞台装置の発展である．1700年代には，蝋燭を用いた場面に応じた効果的な照明や，瞬時の舞台転換を可能とする回り舞台，登場人物をクローズアップさせる効果をもつセリ上がりや花道など，映画のドラマチックな映像技法の前史ともいえるような技術が揃っていたのである．

●下座音楽　阿国歌舞伎に始まる舞踊から芝居へと比重が移っても，笛・太鼓などによる囃子は重要な役割を果たした．浄瑠璃を原作とする歌舞伎では，義太夫のための床（通称，チョボ）が舞台上手や脇に設けられる．また歌舞伎のための，唄・合方（三味線）・鳴物（笛・鼓など）などからなる囃子も芝居に欠かせず，歌舞伎は音楽劇として発展した．その音楽は，舞台での演奏位置より下座音楽とよばれるようになるが，篠笛を始め囃子全体の音律が，近代に西洋音楽の影響を受け，整備された形跡が認められる．

●農村歌舞伎と地芝居，大衆演劇　江戸三座のような官許の劇場・座は，興行用語で大芝居とよばれたが，それ以外の小さな芝居は小芝居とよばれた．江戸・大阪だけでなく，博多・名古屋をはじめ，全国の地方都市では旅役者による芝居（地芝居）が演じられ，芝居のほか舞踊・歌謡を主とする現在の大衆演劇へと続いている．

一方，近世期には，農村の若者組など，地域の男性を主とする芝居も盛んに演じられた．その多くは，近代の映画・テレビなどの普及とともに，急速に衰退，断絶した．そうしたなかで，小豆島の中山歌舞伎（図1），秩父夜祭で演じられる秩父歌舞伎，会津の檜枝岐歌舞伎などが現在に続く農村歌舞伎として有名であるが，これらは祭礼に伴って演じられる例が多い．地域の生活とかかわる祈りの込められた，民俗文化としての価値を帯びて現在に続いているのである．

［松尾恒一・稲垣慶子］

田楽

　田楽とは，一般的には稲作にかかわる芸能の総称で，現在は民俗芸能として全国的に伝承されている．日本の稲作の特徴に，田に種籾(たねもみ)を直接まくのではなく，苗代で育てた苗を植えることがある．民間信仰では，この田植えに際して，農耕の守護神であり，祖霊でもある田の神を迎えると考えられている．この信仰を背景に，田植えを一つのピークとして，稲の豊穣を願う祭りが営まれ，そこに芸能が演じられる．狭義には，歴史上「田楽」とよばれてきた田植えを囃(はや)す芸能や，田楽躍りのことをさすが，広義には前述のように田遊びやお田植祭りなど，稲作に深くかかわる芸能を含めて田楽とよぶ．なお，田楽では「踊り」を使わず「躍り」という表現を用いることが多い．

●初春の予祝行事　初春に田植えや稲作の過程を演じることで，一年の農耕の無事と豊作を願う行事や芸能がある．東北・北陸地方では，小正月に家の前庭などで，藁束や松葉などを苗に見立てて模擬的な田植えを演じる行事があり，庭田植，雪中田植などとよばれる．

　また1月から3月頃にかけて行う，代かき，田植え，草取り，鳥追い，稲刈りなど，稲作の工程を模擬的に演じる芸能を，総称して田遊びという．東京都板橋区の田遊びや，静岡県から愛知県にかけて集中的に伝承される田遊びが知られている．ただし静岡・愛知の田遊びには，後述する各種の田楽芸やその他多くの芸能要素とともに，オコナイなどとよばれる民間の修正会(しゅしょうえ)や修二会(しゅにえ)の一部として組み込まれている例が多い．東日本の田遊びには，男女の性行為を模倣したかまけわざが多くみられることや，歌われる詞章に共通性が高いことが指摘されている．鹿児島県いちき串木野市や薩摩川内市で，神社の春祭として演じられる太郎太郎祭りなども，芸態は田遊びと共通するところが多く，その分布は広い．

　近畿地方にも，初春に稲作の工程を模擬的に演じる祭りがあり，御田(おんだ)などとよばれる．翁面(おきなめん)を着けたシテと地方(じかた)の台詞の掛け合いで進行する大阪市平野区の杭全神社の御田植神事や，作太郎・作次郎による即興的な台詞劇が主体となる京都府南丹市の田原の御田など，能・狂言の影響が強く，中世以来の在地の猿楽座が関与したものと考えられている．なお，田遊びと御田に共通して，人が牛の面を着けて代かきをする演目がほとんどの例で含まれているのは興味深い．

　さらに，高度に洗練された踊りを見せる，田植踊りとよばれる芸能が東北地方に伝わっている．多くは小正月に演じられるものであるが，村内の家々を回り，時には村外にまで乞われて踊りに出かけて行ったとされる．農耕予祝の性格の濃いものから，衣装や花笠も含め美しく洗練され，より見せる芸能としての性格が

強いものもある．青森県のえんぶりもこの一つに数えられる．

●**田植えを囃す芸能** 早乙女による実際の田植えを，田植え唄と，太鼓・鉦（かね）・スリザサラなどの演奏で囃すことは，11世紀の『栄華物語（栄花物語）』などにも記されており，田楽の典型の一つと考えられる．広島県北広島町の壬生の花田植や新庄のはやし田などのほか，島根県にも田植えを囃す田楽を現在も伝えるところがある．民俗芸能として今に残る例は決して多くはないが，中世京都の風俗画に描かれたり，近代以後，稲作がほとんど行われてこなかった鹿児島県徳之島にもこれに近い田植えの芸能があり，かつては広く行われていたと考えられる．

また全国の一宮・二宮などの大社を中心に，神社が所有する神田などで行う田植えを，やはり奏楽をもって囃す芸能がみられる．お田植神事，お田植祭りなどとよばれる例が多い．大阪市住吉区住吉神社の御田植神事，伊勢皇大神宮の別宮とされる三重県磯辺町伊雑宮（いざわのみや）の御神田（おみた），熊本県阿蘇市の阿蘇神社の御田植神事などが知られている．その分布の有り様から，国家の勧農政策の一環として広められたものと考えられている．

●**田楽躍りと風流田楽** 上記のように稲作農耕とのかかわりが明らかなものとは別に，社寺の祭礼に奉納されたり，神幸行列に組み込まれて演じられる田楽があり，田楽躍りとよばれている．中世の絵巻などにもしばしば描かれたこの田楽は，田楽法師という職業的芸能者によってもち伝えられたと考えられる．その特徴としては，楽器としてビンザサラが使用されること，また獅子舞・王の舞・細男などの他の芸能とのセットで演じられたり，芸態に高足・品玉などの雑技的な芸能が含まれることがある．和歌山県那智勝浦町の那智大社の田楽，奈良市の春日若宮おん祭りに出る田楽，東京都台東区浅草神社のびんざさら舞などにその痕跡がみられ，ビンザサラを持った踊り手が，複数人で前後左右に対称の幾何学的な隊形をとり，笛，鼓，鉦などの囃しに合わせてその位置を入れ替えながら踊る．絵画史料にみられる田楽躍りには，薄型の締太鼓（しなだま）を高く掲げて躍動的に踊る姿が描かれているものが多い．田楽躍りは，田植えを囃す田楽から変化したものとみられるが，大陸から移入された散楽系の芸能という見方もある．

田楽法師の芸能は，平安時代末から室町時代の初めには貴賤を問わず流行した．永長元（1096）年に京都の町を席巻した「永長の大田楽」は大江匡房（おおえのまさふさ）の『洛陽田楽記』などに記録が残る．田楽法師由来の田楽躍りや散楽芸を中心としながら，田植えを囃す楽としての早乙女など各種の田楽芸も含み，それらが華美な装束や仮装の行列で彩られ，町中を練り歩くものであった．この雑多な要素を含む集団群舞を風流田楽とよぶが，長くは続かずにやがて途絶えた．田楽法師の芸能自体はその後も田楽能として洗練され，能楽の下地をつくったとされるが，やがて同時代の猿楽に主流を奪われ衰退していった． ［俵木 悟］

盆踊り

　盆の時期に各地で行われる盆踊りは，今では日本の夏を代表する風物詩として広く親しまれ，近年は海外の日系人コミュニティでもこれを行う例が多く知られている．旧暦7月15日の盂蘭盆会を中心とする数日間を，有縁無縁の亡霊を供養するために祀る風習は，日本では普遍的にみられる．先祖の霊を迎え，数日間の交歓をへて再びあの世へ送るという習俗は，現在は月遅れの新暦8月15日を中心に，夏休みの帰省，墓参りのために都市から地方に人々が大移動するといった，まさに国民的行事となっている．

●**盆踊りのルーツ**　盆踊りのルーツの一つと考えられるのが念仏踊である．15世紀前半の『看聞日記』には，盆に「念仏躍」があったことが記されており，死者の供養のために念仏に合わせて踊ることがこの頃にはみられたことがわかる．念仏踊りは，一遍が民間布教のために空也にならって始めたという踊り念仏が賞翫の対象として，また自らの楽しみとして踊るという性格を備えることによって生まれたものとされる．実際に盆に踊る芸能を念仏踊りと称したり，踊り唄に念仏の唱句を多く含む盆の踊りは少なくない．

　盆踊りのもう一つのルーツは風流である．風流とは本来，人の目を驚かすために豪奢，派手，新奇といった趣向を凝らすという美意識をさす語であるが，その表現形態としての祭礼や芸能を風流とよぶ例も歴史上多くみられる．風流の典型の一つは，現在の都市祭礼にみられるように，趣向を凝らした造り物や山・鉾・屋台などの造形，またそれらに随行する仮装の行列であった．中世に入ると，風流としての山や鉾と，それを動かすための囃子が一体となった風流拍子物が生まれた．京都市に伝わる民俗芸能のやすらい花は，風流拍子物の芸態を残しているといわれる．室町後期には，祭礼行列から独立して，小歌を連ねた組歌形式の踊り歌に合わせて踊る風流踊りの様式が確立した．風流踊りの典型は，風流傘や鉾などを中心に太鼓や鉦で囃しながら踊る中踊りを中心に，衣装や持ち物に趣向を凝らした大勢の側踊りがそれを取り囲んで，一定の場所や相手に踊りをかけて回るというものである．その最盛期の姿は17世紀初頭，豊臣秀吉の七回忌に行われた臨時祭を描いた「豊国祭礼図屏風」などに見られる．今日の民俗芸能としては，岐阜県郡上市のかけ踊りなどに，中踊りと側踊りがともに残っており，行列風流から展開した姿の風流踊りの様式がうかがわれる．

　風流の芸能は，もともと御霊信仰を背景とした疫病送りを目的とするものであり，死者の霊のあらわれる盆の時期に行われるのも自然なことであった．そして，その霊を鎮めるための念仏とも早くに結びついており，念仏を唱えて道行し

たと考えられる念仏拍子物や大念仏などの念仏風流が生まれていた．念仏踊りもまた，このような念仏の風流化の中で成立したものと考えられる．盆の精霊供養と風流踊りの結びつきがよくわかる例としては，長野県下伊那地方のかけ踊りのように，盆の時期に傘や切子燈籠などを掲げたお練りの行列を組み，念仏や和讃を唱えながら新盆の家に踊りをかけて回る例があげられる．そして17世紀後半になると，風流の趣向がなくとも，盆の高燈籠を掲げて輪になって踊る人々の姿が，「月次風俗図屏風」などに描かれるようになる．盆踊りの芸態は手踊りが主であるが，これは風流踊りの側踊りだけが残ったものと考えられている．

一方で風流踊りは，都市部から周辺郷村に広まるにつれ，農村部の地域共同体において切迫した願いであった雨乞い祈願と結びついた．民俗芸能として今に残る西日本の太鼓踊りや東日本の三匹獅子舞は，風流踊りの中踊りが独立して残ったものと考えられているが，多くの例で雨乞いやその返礼として踊られる．

●**現代の盆踊り**　やがて盆踊りはもとの意味から離れ，伊勢音頭などをもとにした盆踊り歌が全国に広まり，都鄙を問わず夏の享楽の機会として人々の生活に溶け込んでいった．明治時代になると弊風として規制の対象ともなったが，こうした禁制がたびたび出されていることは，逆に，いかに盛んに盆踊りが踊られ，人々が熱中したかを示している．

大正末から昭和の初め頃には，各地で盆踊りの競演大会が開かれたり，地方都市の工場などで工員の慰安のために盆踊りを踊ったりするようになった．徳島城下の盆踊りに発するとされる阿波踊りは，地元の商工会と観光協会が主催となり，新聞やレコードなどのマスメディアを利用して大々的なPRを行うことで全国的な人気を獲得した．岐阜県郡上市の郡上踊りや，岡山県高梁市の松山踊りなども，もとは藩の庇護を受けた城下の踊りであったが，他所からの見物客も容易に参加できる気安さを積極的に宣伝し，自らも各地に招かれて踊ることによって，広く知られるようになった．

現在，多くの人々に親しまれている盆踊りは，地区の公園や広場などに櫓を建て，口説や甚句の盆踊り唄に合わせて円隊を組んで手踊りするものであろう．都市部では，盆踊り唄は昭和以来の新民謡として広まったものが大半で，レコードやテープに録音されたものをそのまま使用している．が，岡山県笠岡市の白石踊りや，長野県阿南町の新野の盆踊りに代表されるように，土地ごとに伝わる唄を音頭取りや踊り手が自ら歌い，みなが思い思いの姿で輪に加わって踊るものも多い．一方で，囃子や手振りを統一し，衣装や道具立ても揃えて，整然と洗練された踊りを伝え，観光客などに見せる踊りとして確立した例としては，秋田県羽後町の西馬音内盆踊りや，9月の風鎮祭として演じられる富山市のおわら風の盆などが知られている．沖縄の夏を代表する芸能であるエイサーも，盆踊りの一つとみることが可能である．

[俵木 悟]

神楽

　神楽とは，神社の祭礼などに広く見られる神事芸能の類である．神楽の語源は，神座の約音という説が有力である．この場合の「くら」は神聖な力の依りつくところという意味である．すなわち神を迎え歓待し，神意に触れるために演じられる所作や芸能が神楽であるといえる．

　近世前期までは，司祭者が祭文を読み，舞人である神子を寄坐として神がからせ，託宣を聞いたり，祟り神である悪霊を浄めて遷しやるという，祭儀としての神楽事が各地にあった．これら民間の神楽事を司祭したのは，多くが両部神道，陰陽道，修験道などの民間宗教者で，死者供養を行う例もあった．やがてこの難解な祭儀をわかりやすく副演するために，祭文が説話の物語などに翻案され，その物語にもとづく舞踊劇として演出されるようになった．これを伝えた民間宗教者が各地に神職として定着し，近世中期以降，吉田神道（中世に吉田兼倶によって創唱された）や国学思想の影響によって，神楽は徐々に神道の教義に沿うように改革され，神話劇としての体裁を整えた．そして明治時代になって，神職が歌舞を演じることが避けられるようになると，神楽は庶民の手にわたり，今日まで村々の祭りとして受け継がれてきた．

●宮中の御神楽と民間の里神楽　神楽は，宮中で奏される御神楽と民間で演じられる里神楽に大別される．

　御神楽は雅楽の国風の歌舞の一つで，神楽歌を奏し，「早韓神」と「其駒」の曲にのみ人長の舞が伴う．12月の中旬に行われる賢所（内侍所）の御神楽の儀が代表的である．この様式は，平安時代にはすでに確立していたとみられるが，過去において庶民がこれに直接親しむ機会はほとんどなかったと考えられる．

　里神楽は，全国の神社祭礼に奉納されるほか，地域ごとに特色をもつ民間信仰にもとづく祭りとしても広く行われている．秋から初春にかけて催すことが多く，これは宮中のものも含めて，神楽全般が，生命の源である太陽の力の衰えに働きかけ，魂を再活性させる鎮魂・魂振の祭儀であったためと考えられる．

●神楽の様式と分類　民俗芸能研究の先駆者である本田安次は民俗芸能としての神楽を，①巫女神楽，②採物神楽，③湯立神楽，④獅子神楽の四つに分類した．

　①巫女神楽は，巫女舞，神子舞，八乙女舞などともよばれ，神社の祭礼に拝殿や神楽殿において，天冠・緋袴・千早の巫女装束の女性が，幣や榊，鈴，扇などを手に，奏楽に合わせて右回りと左回り（さらに順逆）の旋回の舞を繰り返すものが多い．昭和15（1940）年の皇紀2600年を記念して，当時の宮内省楽部によって創作された浦安の舞が広く普及したことでこの印象を強めている．なお，巫女

が先行して広めたこの形式を男子が演じる事例もあり，これを巫舞という．

②採物神楽は，幣，榊，鈴，扇，剣，布などを持つ採物舞を主体とする神楽である．採物は，神を下ろして依りつかせるための神座である．採物神楽のもう一つの特徴は，直面（素顔）の採物舞と合わせて，神話や説話の物語にもとづく着面の神楽能を演じることである．この様式は，島根県松江市の佐太神社の御座替祭に演じられる佐陀神能において近世初頭に確立したとされ，出雲流神楽ともよばれる．しかし，この様式の神楽の分布は中部・関東の太々神楽，江戸の里神楽など全国に及び，すべてを出雲起源と考えることはできない．中国地方の石見神楽，芸北神楽，備中神楽などの神楽能は独自の発展を遂げ，高い演劇性を獲得して，現在も地域の人々が鑑賞する娯楽として大いに親しまれている．

③湯立神楽は，大釜に湯を沸かして神を招きその湯を振りかけることで身を祓い清める湯立の神事を組み込んだ神楽である．その原型が伊勢外宮の湯立神事にあると考えられたことから伊勢流神楽ともよばれた．この神楽が現在まで色濃く伝承されているのは，静岡・愛知・長野各県の山間部である．愛知県東栄町・豊根村の花祭，長野県南アルプス市の遠山祭などがその代表で，ほとんどが冬，特に旧暦霜月に行われることから，霜月神楽と総称される．湯立てを芸能化した舞と並んで，鬼や翁などの来訪を表す面行の舞を数多く伝えている．また湯釜の上に大きく精巧な切り紙細工の天蓋を設けることも特徴で，これも神を招く装置であるといえる．

④獅子神楽は，架空の動物である獅子をかたどったカシラ（獅子頭）を神座として用いる神楽で，全国に分布する大神楽系と，主として東北地方に分布する山伏神楽系がある．大神楽は，伊勢神宮や熱田神宮の神人であった神楽師（太夫）が社中を組織して回壇したものである．今も近畿・東海・中国地方などでは伊勢大神楽講社の社中が正月に竈祓いをし，札を配って回っている．近世には江戸や水戸など各地に拠点をもつ社中ができ，さらにその芸が地域の若者らによって地元の祭礼に取り入れられて全国に広まった．赤い大ぶりの獅子頭に，胴幕を用い，二名一組で獅子を舞うほか，余興として芝居や曲芸も行う．後に江戸ではこの曲芸が人気をよび，大道芸や寄席芸として演じられて親しまれた．

東北地方の山伏神楽は，かつて山伏が布教のために演じていた，権現とよばれる獅子頭を奉じて舞う神楽の通称で，南部藩領では山伏神楽とよぶほか，青森県では能舞，山形・秋田県では番楽とよばれる．ただし，番楽とよばれるものには獅子舞を含まないものもある．特に旧南部藩領では神楽が冬の間に家々を訪ねて祈禱を行っており，岩手県花巻市の早池峰神楽では昭和の初期頃まで行われたという．同県では，宮古市の黒森神楽などが今もその伝統を伝えている．

［俵木　悟］

剣舞と棒踊り

　剣舞と棒踊りは，広義には，それぞれ剣あるいは棒を手に取ってする舞踊のことである．両者は武具を芸能の採り物とする点で共通する．武具という観点からは，長刀（薙刀），鉾，槍，鎌なども同類であり，実際に剣や棒と組み合わせて使用されることが少なくない．これら刀剣類や棒を採り物とする芸能は，単純にその種類の違いによって系統づけられるものではなく，上演の目的，芸態，祭礼や行事の中の位置づけなどによって，極めて多様な性格を示す．名称からは武術の技法が芸能化されたものとみられがちであるが，実態は武芸と直接結びつくものは多くない．むしろ武具を超自然的な力を帯びた呪具として，あるいはそのような力を誘引する依り代として利用していると考える方が妥当であろう．

●**剣を採り物とする舞踊**　剣を採り物とする芸能の代表例は，岩手県を中心に伝承される剣舞であろう．頭部の大笠を振るのが特徴的な岩手県中央部の大念仏，鬼面を着けて荒々しく踊る県南部の鬼剣舞，女児が中心となる和賀地方のひな子剣舞，少年による江差地方のちご剣舞，鎧を身につけて踊る沿岸部の鎧剣舞などの種類がある．宮城県仙台市の内陸部には顕拝の名でも伝わっている．いずれも浄土信仰にもとづき念仏を唱えて死者を供養する念仏踊りの性格をもち，主として盆に踊られる．一方その名称である剣舞は，「反閇」の転訛であるとする説もあり，この踊りの創始を役行者と結びつけるなど，修験者や陰陽師による呪法の芸能化という性格も併せもつ．

　神楽にも剣を採り物とする舞が多く含まれている．伊勢の大神楽には「剣の舞」があり，獅子が四方を祓う舞とされる．全国的に展開する採り物神楽にも，剣の舞がしばしば含まれ，やはり舞処を祓い清める舞と位置づけられている．採り物神楽の中には，複数の舞手が剣を取り，それを飛び越えたりくぐったりするアクロバティックな演技を展開する曲もある．これも修験の呪法の芸能化と目され，強い力が宿る剣を複雑に扱うことで自らの法力を顕示する効果があると考えられる．

　高知県を中心に，徳島県，愛媛県などには，太刀踊りとよばれる芸能が伝えられている．花取り踊りや花踊りなどともよばれ，太刀だけでなく，長刀や鎌などの刀剣類や扇子や綾棒までさまざまな採り物が用いられる．盆に踊る例が多く，踊りに際して六字名号（南無阿弥陀仏）を唱えるなど，やはり死者や精霊を供養する念仏踊りであったことがうかがわれる．京都府北部には太刀振りとよばれる祭礼芸能がみられるが，これは後述する滋賀湖南の長刀振りとほぼ同様のものと考えられている．

●**長刀を採り物とする舞踊**　刀剣類としては，長刀が使用される舞踊も多くのバ

リエーションがある．神楽の中では，先払いや四方固めの採り物舞に，剣と並んで長刀や鉾が使われる例が多い．滋賀県の湖南地域にはケンケト，サンヤレなどとよばれる風流(ふりゅう)踊りと合わせて長刀振りが演じられる．長刀を激しく振り回し，飛び越えるなどの演技をするが，もとは風流行列の中心となる鉾などを警固する役割が芸能化したものと考えられている．

長刀踊りが広くみられるのは九州地方である．後述する南九州の棒踊りには，長刀を使い，長刀踊りを名乗る例がいくつかある．また鹿児島県の島嶼部(とうしょぶ)の種子島，屋久島，喜界島，黒島，硫黄島，奄美大島などで，八月踊りや盆踊りに，口説(くどき)に合わせて長刀踊りが演じられている．

盆踊りに長刀踊りが踊られる例は，和歌山県田辺市本宮町や和歌山市岡崎，静岡市葵区有東木(うとうぎ)など本州にもいくつか存在するが，鹿児島県島嶼部(とうしょぶ)を含めこれらの伝承地の多くが平家の落人伝説をもつ土地であることが興味深い．長刀踊りの口説の多くは，奥州白石噺として知られる，「宮城野と信夫の姉妹による志賀団七の仇討ち物語」を歌ったものであることから，団七踊りとよばれることもある．他の剣舞，棒踊りの類が男性の踊りの性格を強くもつなかで，長刀踊りの場合は女性の踊りであることが珍しくない．

●棒を採り物とする舞踊　棒を採り物とする舞踊が最も広く伝えられているのは九州地方であろう．代表例は，鹿児島県を中心に，宮崎県，熊本県などの南九州に広まる棒踊りである．その典型的な姿は，二才(にせ)(若者)の心身鍛練の成果を示すとして，六尺棒や三尺棒，鎌，長刀などを手に2列に並んだ若者が，向かい合わせの相手とその採り物どうしを打ち合わせるというものである．多くの場合，島津義弘の文禄・慶長の役の戦勝գとか，士族の武芸鍛練に発したなどの由来を語るが，実際には豊作祈願の踊りとして田植えや雨乞いなどに際して踊られている．沖縄県で，各種の祭礼の奉納芸能の前行事として演じられる組棒もこれに通じる．

沖縄には，シャグマ(赤毛のかつら)を着け，奇声を発しながら棒を打ち合わせ，ダイナミックな所作も交えて演じるフェーヌシマという踊りがある．これは，南の島から伝わったとのいわれがある．大分県の杖楽(つえがく)(杖踊り)も，複数の踊り手が棒を打ち合わせる踊りに，小歌に合わせた手踊りが伴う点で，フェーヌシマと共通する．

愛知県には，棒の手とよばれる芸が伝わっている．飾り付けた馬を神社の祭礼に献じる馬の塔(おどう)(馬の頭)とよばれる行事に付随して演じられるもので，献馬の警固の芸が独立して奉納芸能になったとの見方がある．その一方で，戦国時代の農民たちの武芸鍛練から生まれたものという由来も語られる．一般的には棒や木刀を使用するが，真剣，長刀，槍なども用いられ，武術としての緊迫感を強く表現する．なおこの芸能の伝播には修験者が強くかかわっており，系譜によって流派を名乗り，免許皆伝の巻物が伝えられている．

［俵木　悟］

日本舞踊

　日本舞踊は，わが国の伝統や民族的な精神文化を現代につなぐ，そして未来へと伝える唯一無二の舞踊芸術である．ただし，一般的には，実にさまざまな音楽を伴奏として用い，自由な表現による多種多様な舞踊までもが，広義の意味において，「日本舞踊」と一括りにされている．

●**日本舞踊と歌舞伎**　日本舞踊がもつ真の概念から判断し，例えば英語表記するならば，日本舞踊とは，「japanese dance（日本の舞踊）」という単なる舞踊の総称ではなく，「the nihon buyo（日本舞踊）」と表記すべきであり，その歴史と発展から判断すれば，伝統性に則した方法論をもつ一つの舞踊芸術領域であることがわかる．江戸時代までは，わが国の舞踊文化，とりわけ歌舞伎における舞踊領域を担っていたのは，役者や振付師，一般的には，大奥や大名の奥向きなどで奥女中らへ踊りを教授していた御狂言師や，町々で教えていた踊りの師匠，さらには，花街における芸妓の類であった．近世までは「日本舞踊」という言葉は用いられず，江戸では「踊」，上方（京・大坂）では「舞」と呼称し，地域によりその名称や内容，概念すら異なっていた．ところが，慶応3（1867）年に大政奉還がなされ，時代は明治時代ともなると，「文明開化」の流行やアジアを脱け欧米の仲間入りを果たそうとする「脱亜論」の風潮が高まり，明治37（1904）年，坪内逍遥の『新楽劇論』の中で，それまでの芸能文化の現状における問題点と，これからの時代に沿った「振事劇」の意義，いわばこれからの舞踊のあり方について，初めて独立したわが国の舞踊芸術の領域とその方法論が提唱された．これが「日本舞踊」という言葉の出発となったのである．

●**日本舞踊の世界観と動作**　日本舞踊が表現する世界には，時には広く全国に伝承されている民俗芸能の要素があり，ある時にはエンターテイメント性にもとづく江戸時代以来の歌舞伎における所作事を継承し，そしてある時には，神楽や舞楽に至る宗教性や儀式性，中世より引き継がれた能楽に沿った独自の舞台芸術性を伴うこともある．さらには，江戸庶民のたくましい生き様や華やかな遊廓の風情までもが，「型」やその「振」において，明治時代以降家元制度を通じ現代まで伝承され，流儀・流派によって脈々と受け継がれている．さらに，今もなお新作や創作の創造もたゆまなく続いている．また，拍子の中にある「無音（＝間）」を大切にした身体表現は，日本舞踊独自の世界観，また日本文化の根源的概念を保有している．

　日本舞踊は，次の三つの動作から構成されている．①舞：巫女や楽人などによる神楽や舞楽など，宗教性や儀式性が強く，身体動作としては自転および旋回動

作を中心とし，手や腕など上半身での表現が中心となる．その動作・表現は，各地の民俗芸能における舞踊表現にもみることができるし，日本舞踊の動作，表現にも多く伝承されている．

②踊：主に胴より下半身の足や股などを主な動作の主軸とし，またそれに伴う跳躍運動や，呪術的要素を含む反閇を起源にもつ足を踏む動作などが該当する．さてまた，足を交互に滑らす「スベリ」の動作など，特殊な足動作も存在するし，舞踊する際，最も重要な「腰を入れる」という姿勢は，わが国独自の舞踊身体動作の特徴である．

③振：歌舞伎における舞踊を用いた演技的舞踊表現をさす．いわゆる「所作事」としての身体動作で，いわば音楽性を用いた演技的思考による「しぐさ」や「物真似」が該当する．わが国の舞踊表現における無言劇的な舞踊表現法は，環太平洋における例えばフラダンスの表現や，インドやタイ，カンボジア舞踊などにも類似する手話的表現法があるが，わが国の「振」は，最も日本的な演技的身体表現を代表するものでもある．

図1 女流日本舞踊家，藤蔭静枝の作品「思凡」（大正10〈1921〉）当時，日本舞踊の新しいスタイル新舞踊を世の中に示し話題となった［出典：池谷作太郎編『藤蔭静枝』藤蔭會，1934］

●**構成と象徴** 日本舞踊は，古くは神楽など巫術的な動作を潜在的に保有しつつも，中世に始まる能楽の要素，そして近世における歌舞伎をその構成母体として，江戸時代の庶民の文化，風俗，また京坂を中心とした「舞」の世界を継承し，今日に至った．そのため日本舞踊の構成はそれらすべてを踏襲させたうえで，次のような構成を基本としている．①古典舞踊：a.歌舞伎舞踊，b.御祝儀・歳旦舞踊，c.上方舞・京舞，②新作・創作舞踊：a.新作舞踊（新舞踊）は，古典舞踊における音楽・構成・型を基調に新しく振付したもの．また新舞踊とは，坪内逍遥による「新舞踊運動」を起点とする作品群をさす．b.創作舞踊は，その時代に沿った自由な発想で構成され，その方法論は創作者に委ねられる．

●**素踊り・新作・創作舞踊** 日本舞踊における最大の特徴として，「素踊り」があげられる．近世に始まる歌舞伎舞踊に準じた衣裳を用いず，男性は紋付袴，女性は前割れの鬘に白化粧は施すものの，歌舞伎舞踊に準じた衣裳は用いない．この「素踊り」の様式こそが日本舞踊独自の様式美ともいえる．また，新作・創作舞踊を今もなお創造する方向性は，古来より日本舞踊が大切にしてきた「温故知新」の精神にもとづくものであり，古典舞踊の伝承と新作・創作舞踊の創造という両輪をバランスよく使い分けてきたのも日本舞踊の特記すべきところであろう．これらをもってわが国の舞踊芸術「日本舞踊」は存在するのである．［小林直弥］

よさこいと和太鼓

現在，海外で紹介される日本文化といえば，アニメやゲームソフトがいわゆるクールジャパンの代表格である．しかし，和風を強調する点に絞れば，「よさこい」と「和太鼓」に人気が集まっている．第12回YOSAKOI-SORANブラジル大会（パラナ州マリンガ市，2014年7月末）の様子を例にあげてみよう．よさこい鳴子踊りの競

図1　ブラジルの和太鼓演奏（WAKADAIKO，第12回YOSAKOI-SORANブラジル大会）［撮影：筆者］

演の前座は，和太鼓ショーのステージであった．マリンガ文化体育協会（ACEMA）が日本文化の普及のため組織したオフィシャルチーム，WAKADAIKO（若太鼓）の演奏である（図1）．

その後の各よさこいチームの演舞にも，鳴り物としての和太鼓が数多く使われた．本項では，日本文化としての「よさこい」と「和太鼓」の現状，また海外での展開について紹介したい．

●よさこい　日本各地のイベントでは，鳴子とよばれる木製楽器を両手に持ち，和風の大音響に合わせ，派手な衣装で踊る大人数のグループの競演が目立つ．このような踊りやイベントを「よさこい」あるいは「YOSAKOI ソーラン」「YOSAKOI」とよぶ．

起源は，昭和29（1954）年，高知市で戦後復興のため始まったイベント「よさこい祭り」とその創作踊り（正調）である．地元の作曲家，武政英策と日本舞踊5流派の師匠たちが知恵を絞って創作した．参加グループごとに，その創作踊りを披露するパレードのイベントである．やがて，1980年代には，音楽，振付，衣装ほか，何でもありの，集団による自由な創作ダンスの競演となり，参加者数が急増した．約40年間，高知限定の現象であったが，バブル経済崩壊後の平成4（1992）年に北海道・札幌市において，高知よさこいを模倣した踊りのイベントが始まる．北海道大学の学生が中心になった参加型イベント「YOSAKOI ソーラン祭り」である（図2）．鳴子を両手に持ち，音楽にソーラン節の一節を含むことだけを守れば，あとは自由な踊りのコンテストである．これを契機に，1990年代後半から類似のイベント祭りが日本各地に生まれ，現在では年間に催される

イベント数は800以上にのぼり，一説では踊り子の総人数が約200万人いると推測されている．

2000年以降，日本文化の代表的な活動として，よさこいは海外でも盛んになった．現地の日系人が中心になる場合と，日本文化を愛好する非日系人，特に大学生など若者が中心になる場合の2通りがある．冒頭のブラジルの事例や，北米東海岸やハワイでの広がりが前者にあたり，ベトナム，台湾，韓国，タイ，インドネシアやガーナでの展開が後者にあてはまる．

図2　よさこいの演舞（REDA舞神楽，第23回YOSAKOIソーラン大会）［撮影：筆者］

●和太鼓　伝統をもたない「よさこい」とは異なり，和太鼓の演奏は伝統音楽の再評価，あるいは再創造の活動として高度経済成長期以降に盛んとなった．それまでの和太鼓は，神事や行事に関係しての普及をみており，例えば神楽や盆踊りでの伴奏が顕著であった．

象徴的には腹掛け，股引き姿を正装とし，地域の物語と結びつけられ，芸術的なパフォーマンスに進化した．例えば，1981年，新潟県佐渡島を拠点に活動を始めた「鼓童」は，地元の伝統芸能，鬼太鼓に西洋音楽のリズムを取り入れた創作活動を行う．同様に，「志多ら」「TAO」「天邪鬼」「倭」などのグループでは，和太鼓に魅せられた若者たちが共同生活を送りながら，独創的な演奏を披露する．地方に拠点をもつ彼らは，東京ほか日本各地で演奏するだけでなく，海外，特に先進国へ演奏に出かけ，和太鼓は今や，ワールドミュージックの一角を占めるに至った．

海外では特に北米での展開が著しく，和太鼓チームが300余りあるといわれる．北米への日系企業の進出に刺激された日系コミュニティが，日本の伝統文化を再評価する活動として広まった．また，日系人復権運動のシンボルとして，和太鼓が注目されたことも見逃せない．ほかの日系の伝統芸能とは異なり，日本語ができなくとも演奏できるということが，日系3世や4世，非日系人に受容されやすかった要因である．そして，田中誠一率いるサンフランシスコ太鼓道場，キンナラ太鼓（ロサンゼルス）やサンノゼ太鼓ほか，日本の精神性や神秘性を強調するグループが，大きな影響を及ぼした．

最近では，外国人にもイメージしやすい日本の伝統文化として，和太鼓の演奏に合わせ，よさこいの演舞を行うチームも少なくない．よさこいも和太鼓も，和風を装うハイブリッドな現代文化である．

［内田忠賢］

芸妓と太鼓持ち

　今日でいう芸妓（女性）の登場は，江戸後期，文化・文政の頃（1804-30）であった．それ以前は，遊芸をする者は，男女を問わず芸者と呼ばれていた．
　もっとも，大道芸者に対して座敷芸者といわれた例もあり，座敷芸者のなかには今日の芸妓に通じる者もいた．特に，それを踊子といった．江戸前期は，料亭（料理茶屋）や待合がまだ未発達な時代である．はじめ，踊子は，大名や旗本の屋敷に招かれて市中で流行の遊芸を披露して酒席に興を添えていた，という．

●お座敷と芸妓　江戸中期にかかる頃，天下泰平の世が始まる．それにつれ，歌舞・歓楽の習俗が表出することになった．なかでも，江戸市中にその習俗がいち早く広まっていった．そこに芸妓の登場をみることができる．
　例えば，今日的な料理屋（料理茶屋）ができて宴会がみられるようになるのが，記録に残るところでは明和年間（1764-72）のことである．「洲崎」の「升屋」など二十数軒の開業届が出されたのがその頃であった．その料理茶屋の宴席に，踊子（芸妓）の座敷芸が加わってくるのである．料理茶屋において，客をもてなす付加価値ということで，芸妓の果たす役割は大きい．宴会を円滑にすすめるためにも，座興を盛りあげるためにも，その存在は必要不可欠となった．
　芸妓の仕事場が「お座敷」であること，そして，その本来の仕事が「座敷芸」の提供にあることは言うまでもない．しかし，お座敷では，すぐに芸を披露するわけではなかった．宴会が始まると，芸妓は，まず客の前（膳の前）に座る．馴染みの小規模な席では，客の横に座る．そこでの芸妓は，酌をするのが一番の役目である．客の盃や箸に合わせて，さりげなく酒を注ぐ．一般的なお座敷では，客が芸妓の酌で酒を飲むのが1時間ほど．そのあと芸妓による歌舞を楽しむことになるのだ．
　ちなみに，芸妓は大まかには立方と地方に分かれる．立方は，主に舞踊をする者，地方は長唄や清元などの唄，語りや三味線や鳴り物などの演奏を受けもつ者である．地方になるには特に厳しい修練が求められた，という．なお，お座敷では，客が芸妓とともに遊ぶ「お座敷遊び」も恒例となっていた．代表的なお座敷遊びには，「拳」「金毘羅船々」「とらとら」「投扇興」などがある．
　江戸の遊廓では「大尽遊び」がもてはやされたことがある．まず茶屋に行って芸者（江戸ではそうよんだ）をあげ飲食を済ませ，手筈を整えてから傾城屋（遊廓）に向かうというものであった．あるいは，船宿で酒席を楽しんでから，船を仕立てて吉原に向かうというものであった．そうした状況下で，芸者には熟練した歌舞が，花魁（高等な遊女）にもしかるべき教養が求められたのは，当然のこ

とといえよう.

　江戸でいち早く評判を高めたのが深川芸者である．深川芸者は，別名辰巳芸者といわれる．これは，江戸城下にあって辰巳（南方）の端に深川があるから，とする．深川芸者は，粋な風情を売りものにした．髪は島田，着物はお召縮緬，襦袢の襟は緋，帯は締めた両端を長く垂らす，下駄は黒塗りの日和下駄．およそ芸者の容姿というのは，のちのちまでこの江戸後期の深川芸者のいでたちに準じている．やがて，幕末の頃になると柳橋芸者や新橋芸者が，その名を高めていった.

図1　太鼓持ち〔出典：『月花遊山双六』安政6〈1859〉．所蔵：国立国会図書館〕

●**太鼓持ちの遊芸**　太鼓持ちは，幇間とも男芸者ともいう．宴席やお座敷などで客の機嫌をとり場を盛りあげるほか，さまざまの遊芸を披露する．ちなみに，幇間の「幇」は，助けるという意味で，人間関係を仲介するということを表す呼称といえよう.

　太鼓持ちの歴史は古く，豊臣秀吉の御伽衆（主君の話相手をつとめる役）であった曽呂利新左衛門という武士を祖とする，という伝承がある．もっとも，真偽のほどは定かでない．また太鼓持ちという名の由来についても，太鼓を叩いて踊ることからそうよばれるようになったとか，太閤（秀吉）をもち上げて機嫌取りをしたことから生じた，という説もある.

　太鼓持ちは，江戸中期にはすでに吉原で職業化していたといわれるが，当初は歌舞伎の下っ端役者などが兼業していたようで，遊廓の案内人として遊客に同伴されていた．元禄年間（1688-1704）には，これを職業として遊興の助言もするようになり，宝暦年間（1751-64）になると，宴席で遊芸をもって客を楽しませるようにもなった．ちなみに，太鼓持ちは見栄の商売であったから，その衣装も人目をひくものであった．着流しに真夏でも羽織を着て，白足袋に雪駄，扇子をぱちぱち鳴らしながら，旦那衆に取り巻いた，という（図1）.

　太鼓持ちが太夫とか師匠とよばれるのは，彼らが一中節や清元などの音曲に熟練し，表芸として披露することがあったからである．ただ，遊里における太鼓持ちとしては，場つなぎで種々の滑稽芸を演じざるをえなかった．例えば，のちのストリップ劇場におけるコントのようなもの．声色や物真似，小噺，手踊り（「奴さん」「かっぽれ」など）や屏風芸（屏風や襖を使った独り芝居）など．一見にぎやかしにみえる太鼓持ちであるが，彼らはお座敷のことを「修羅場」という．それほどに，芸人のなかでもとりわけ厳しい職業とされたのである.

　明治・大正時代には花柳界の盛況に伴って太鼓持ちの数も増えていったが，残念ながら現在は絶滅寸前にある.

〔神崎宣武〕

絵解きと紙芝居

　今日，民俗芸能として行われる神楽のように，宗教的な神事を原点にもちながら，次第に芸能化への道をたどったものの一つに絵解きがある．この絵解きは，仏画や寺社縁起の絵巻，掛幅絵といった絵図を用いて，その絵図に描かれている内容をさし示しながら解説，説明するものである．宗教上の世界観を，わかりやすく伝えるための曼荼羅，各宗派の祖師や高僧を描いた図像，寺社の由来を伝える寺社縁起絵，その土地に伝わる英雄にまつわる合戦絵，物語や伝説に題材を得た一代記図絵など，絵解きに用いられる絵図は，多岐にわたっている．

●**絵解きの歴史**　絵解きは，古代インドを起源とし，中央アジア，中国，朝鮮を経て日本に伝えられたとされる．日本最古の記録は承平元（931）年，重明親王の記した『李部王記』の記事であり，親王が藤原良房が建立した貞観寺に参詣し，良房を祀る太政大臣堂の柱に描かれた「釈迦八相図」を寺僧から絵解きされたというものであった．この平安時代に行われていた絵解きは，宗教的な性格が強く，寺社の高僧自らが皇室や貴族を対象に，壁画や障屏画を用いて行われた，という．これが鎌倉時代に至ると，一変して芸能化，話芸化が進むことになる．絵解きを行うものも高僧ではなく，寺社に属する絵解法師とよばれる専従の下級僧や，あるいは僧侶の格好をした俗人たちがそれを行うようになった．室町時代末には，この通俗化した絵解きに携わる者の中に，「熊野観心十界図」を用いて女・子どもに絵解きした熊野比丘尼とよばれる女性も登場した（図1）．

図1　「熊野比丘尼絵説図」［出典：山東京伝『近世奇跡考』（版本），所蔵：斎宮歴史博物館］

　今日，絵解きは廃れてしまい，目にすることができるものは，ごくわずかとなっている．その中でも，和歌山県日高郡日高川町の天音山道成寺の，『道成寺縁起絵巻』を用いた絵解き説法は有名である．この絵解き説法の内容は，能や人形浄瑠璃，歌舞伎といった芸能において「道成寺物」として知られる安珍清姫の物語である．延長6（929）年に，熊野詣に訪れた修行僧安珍は清姫に一目惚れされる．その想いを断りき

れない安珍は熊野詣の帰りに再び立ち寄ると約束するが，結局安珍は清姫を避け立ち寄ることはなかった．清姫はその裏切りに激怒し安珍を追い詰め，最後は大蛇となり道成寺の鐘の中に逃げた安珍を焼き殺したと伝えられている．この悲恋の道成寺の物語絵巻を，まるで紙芝居のように解説する手法が，今日まで伝わっている．

●**新興の紙芝居**　絵解きは，寺社の縁起や，経典などの教えをわかりやすく解説する宗教的な目的のもとに始められ，それが次第に芸能化されていく過程をたどることとなったが，一方で同じように絵を用いながらも，もとから物語を語る芸能として始まった文化が日本には存在する．それが紙芝居である．

　紙芝居は，厚紙に物語の場面ごとが描かれた一連の絵を見せ，それをめくりながら物語を語るものである．しかし，紙芝居の登場は，古くさかのぼるものではない．昭和の初頭，昭和恐慌期に街頭で子ども相手に飴を売るための客寄せの手段として生まれたといわれる．その原型は，江戸時代末期に現れた写し絵であったともいわれる．大阪では錦影絵ともよばれた．これは，もともとオランダから伝えられた幻灯に工夫を加えてつくられた幻灯劇であり，ガラス版に描かれた絵に光を当て映し出し，その映し出された絵に数人がかりで口上を入れて物語を展開させる．主に，寄席などの一演目として行われていた．明治に入ると，写し絵は人手と費用がかかることから次第に衰退し，明治中期には写し絵を行う写絵師は廃業することとなるが，写し絵を描いていた画家の中には，人の動作を紙の表と裏に描き裏表を見せることで動きを表現できる紙人形を生み出し，写し絵に替わる立絵とよばれる芝居芸を生み出した．しかし，この立絵は寄席での評判が悪かったため，明治末期には縁日や祭礼の小屋掛け興行の演目として行われた．その後，昭和恐慌に生じた失業者の中から立絵興行にたずさわる者が現れはじめ，街路や空き地で見料を取る代わりに飴を売って見せるようになった．それが，紙芝居の原型ともいえる興行形態であった．それら失業者の中には，トーキー映画（発声映画）の登場により仕事を失った活弁士の姿もあった，という．その後，立絵操作の難しさから，次第に今日でも目にすることのできる，絵物語形式の紙芝居が主流となっていった．戦後の昭和25（1950）年頃，紙芝居屋は全国で5万人ほど，東京だけでも3,000人が活動していたとされ全盛を極めることとなる．しかし，その後ほぼ同時期から急速に普及するテレビおよびテレビ番組の多様化に伴い，衰退していった．

　今日では，街頭での興行はあまり見られなくなったが，地域の図書館や児童館などで定期的に行われる子どもたちへの読み聞かせ，幼児や小学校低学年向けの教育的な内容の紙芝居などのかたちで紙芝居は行われ続けている．またかつての飴売りとは異なり，大道芸の一演目として，路上パフォーマンスの一環として行われてもいる．

〔川野裕一朗〕

講談と浪曲

　古くは講釈ともよばれていた講談は、室町時代、足利将軍の権勢の前に霞んでしまった朝廷の威光を民衆に思い出させようと、『太平記』を通じて勤皇の思想を呼びかけた太平記読みに端を発する。始祖に関しては諸説あるが、一説には、嘉承3（1108）年、京都で辻講釈を行った吉岡鬼一法眼憲海に始まる、という。釈台、張扇、拍子木などを用いて時間経過や動きを表現しながら、筋立てを展開させ、演目には軍談、記録物、金襖物（きんのふすまもの）、仇討物（あだうちもの）など武家を主人公とする時代物と、三尺物（侠客物）、白浪物など町人の世界を扱う世話物、怪談などがある。

●講談の歴史　講談が日本文化のなかで花開くのは、江戸時代のことであった。初めは戦国の時代が終わって食に窮した浪人などが路傍や辻、盛り場などに立って軍書の講釈や辻軍談を行っていた。これが次第に、常設の寄席（よせ）に活動の場が移ることとなる。講釈の寄席は、講釈場（釈場）とよばれ、主に両国広小路、江戸橋広小路、浅草奥山、湯島天神境内などの盛り場に置かれていたが、やがて市中へも進出して、江戸市民の日常的な娯楽を提供する場所として親しまれるようになっていった。この講談の寄席は、元禄13（1700）年、名和清左衛門によって江戸浅草見付に町奉行所の許可を得た公許の講釈場がつくられたことが起源、と伝えられている。この講釈場は「太平記講釈場」とよばれた。元禄期以降は、次第に多様な講釈が流行し、天明期（1781-89）には、太平記や軍談にとどまらず時代物や世話物などの幅広い演目が読まれるようになった（図1）。

　また、今日の寄席の形式である前座（ぜんざ）、中座、真打といった上演形式の整備も次第に進められ、降盛期を迎えた。

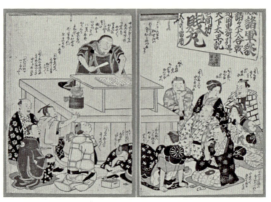

図1　「世間坊賎丸講釈図」［所蔵：早稲田大学図書館］

明治期に入ると，文明開化に合わせた新しい試みが講談の世界にもみられるようになる．西南戦争などの時事講談，洋服姿で新聞の内容を講談化する新聞講談，自由民権運動を進める政治講談などが登場し，明治25（1892）年頃までには，東京だけでも講談の寄席80軒，講談師800人を数えるほどになった．講談黄金時代である．しかし，明治40（1907）年頃になると後述する浪曲や映画の進出，黄金期を支えた名講談師の相次ぐ死去によって，東京の寄席の数が30軒を割り込むほどの衰退に直面する．第二次世界大戦時にも，空襲による寄席や講談師の喪失が続き，また戦後も，GHQ（連合国軍最高司令官総司令部）による軍談や仇討物の禁止令もあって，講談は暗黒期を迎えることとなった．

　しかし，昭和25（1950）年には寄席の本牧亭が再建され（平成23〈2011〉年閉鎖），復興も進められた．最近は，女流講談師の登場や，人間国宝一龍斎貞水による怪談話に舞台効果を加えて行われる立体怪談など，従来の講談の枠を超えた新しい講談の姿がみられるようになってきている．また，講談師として活動する一方で，声優やナレーターとしても活躍する者が現れるなど，その活動は幅広いものとなっている．

●**新興の浪曲**　明治期後半，講談を押しのけるかたちで人気を博したのが浪曲であった．浪花節ともよばれる．講談は，講談師の語りによって話を進める語り物であるが，この語りを，三味線の伴奏とともに歌と語りを併用しながら進めるのが浪曲である．説教節ともいわれる浪曲は，関東のデロレン祭文，上方のチョンガレなどを母胎としながら，幕末から明治初頭にかけて成立した．天保元（1830）年の『嬉遊笑覧』には「ちょぼくれと云ふもの己前の曲節とはかはりて文句を歌ふことは少なく詞のみ多し，芝居咄しをするが如し，これを難波ぶしと称するは彼地より初めたるにや」との記述があり，浪曲の母胎は江戸中期以前に関西地方から生じたもの，ということができる．

　当初，内容，辞句ともに卑俗なものがあったが，文句や内容の多くを講談や物語から採用し，また節には祭文，説教節，琵琶などを取り入れることで，今日の浪曲が大成された．はじめはうかれ節，ちょぼくれ，チョンガレなどと総称されていたが，江戸で浪花節とよばれるようになった．三味線の伴奏のもと，わかりやすい節回しは大衆的で人気をよび，明治中期には人気の講談を押しのける勢いで寄席や劇場に進出した．東京では，桃中軒雲右衛門が明治39（1906）年に上京して一世を風靡し，大正，昭和にかけて浪曲は大流行をみせることになる．浪曲の流行を支えたのは，明治末期頃から盛んになったレコードであった．昭和期に入っても，レコードやラジオ，あるいは「浪曲映画」といった映画とのタイアップなどによって流行が続いた．戦後は，講談同様に，軍談や，仇討物禁止などの影響を受け衰退をみせるも，今日でも浪曲大会の開催や民放の大衆芸能演目として，一定の人気を博し続けている．

〔川野裕一朗〕

落 語

　落語とは，舞台に正座した一人の演者が扇子と手ぬぐいだけを駆使して，何役も演じ分けながら一つの物語を語り聞かせる芸能をいう．演者である落語家（噺家）の言葉と上半身の動きだけで聞き手の想像力に訴えながら物語を進める．物語の内容は原則的に笑いを目的にしていて，末尾には「サゲ」または「オチ」とよばれる意外な結末が待っている．

●創生期　落語の始まりについては，諸説ある．戦国時代の大名のそば近く仕えていた御伽衆をあげる説もあるし，僧の説教がルーツだという説もある．
　しかし，現在の落語の基本姿勢である，不特定多数の聞き手に，代金をもらって「落し噺」を演じたものを落語の始まりとするならば，元禄の頃，京で活躍していた初代露の五郎兵衛が祖ということになる．五郎兵衛は北野や四条河原，真葛が原などの屋外に置いた床几に座って「軽口噺」とよばれる笑い話を演じていた．
　少し遅れて大坂でも米沢彦八が出現．当初は大道に床几を据えて，道行く人の足を止めて演じていたが，後には大坂の生玉神社の境内に小屋を建て「当世仕方物真似」の看板を出して興行を行った．野天の芸として発生した上方落語は騒音の中で通行人の足を止めるために，三味線，太鼓，拍子桴などを駆使し，派手に陽気に演じられていた．この名残は，上方落語の下座囃子が積極的に噺に参加する演出と，見台を「小拍子」とよばれる小型の拍子桴で叩く演出にとどめている．
　一方，江戸では鹿野武左衛門の登場をみる．こちらは早い時期から座敷に招かれ，歌舞伎の演技をとり入れた身振り手振りを交えてしゃべる「仕方噺」を演じていた．座敷芸としてスタートしたため江戸落語は，繊細で洒落たものに洗練されていくことになるのだが，武左衛門は無関係な詐欺事件のとばっちりで遠島に処せられてしまい，江戸落語は一時的に衰退することになる．

●完成期　安永から天明の時代になると，上方では素人による噺の会が流行した．江戸では文人や通人たちによる自作自演の噺の会が盛んになる．
　寛政年間には大坂の坐摩神社の境内で，初代桂文治が寄席を始める．少し遅れて，上方から江戸に下った岡本万作が寄席を始めたのに続き，初代三笑亭可楽が下谷稲荷社で寄席を開く．可楽は囃子鳴物を使わない素噺を演じ，お客から題をもらって噺をこしらえる「三題噺」を売り物にした．可楽の門下からは怪談噺の初代林屋正蔵，音曲噺の船遊亭扇橋，人情噺の朝寝房夢羅久などが育ち，落語のバリエーションも増えてきた．ことに人情噺は江戸市民の歓迎を受け，後に「人情噺ができないと本当の真打とはいえない」とする風潮をつくり上げた．
　時代が明治に変わると，東京では初代三遊亭円朝，上方では初代桂文枝をはじ

めとする名人上手が輩出し，落語は庶民の娯楽の王者として君臨することになる．
　ところが，時代が昭和になると，上方では「漫才」が台頭した．新しいもの好きの関西のお客は落語への興味を急速に失っていく．人気者だった初代桂春團治が昭和9（1934）年に没すると，上方落語はいよいよ寄席の第一線から追いやられてしまう．その動きに反抗した5代目笑福亭松鶴，4代目桂米團治らは「楽語荘」という同人組織をつくり月刊誌『上方はなし』を発刊，上方落語の保存に努めた．その遺志を継承したのが，6代目笑福亭松鶴，3代目桂米朝（しょかく），5代目桂文枝，3代目桂春團治という「上方落語四天王」だ．中でも米朝はマスコミにも積極的に出演し，漫才中心の演芸場を飛び出して，独演会という形式で上方落語を全国区の芸能にした．その門人の桂枝雀は落語を分析し，よりわかりやすく演じることで，落語ファンの底辺を大きく広げた．その姿勢は弟弟子の2代目桂ざこば，門弟の3代目桂南光らに受け継がれている．
　また，1970年代に起こったラジオの深夜放送ブームによって，笑福亭仁鶴，桂三枝（現・六代文枝）などが若者の人気を獲得，若い上方落語ファンを開拓した．
　一方，東京落語は漫才の登場にも揺るぎをみせることなく，昭和に入っても柳家金語楼が新作落語で人気者となり，5代目古今亭志ん生，8代目桂文楽を頂点とする「名人」が次々と登場．ラジオでは3代目三遊亭金馬，2代目三遊亭円歌が活躍した．1960年代に入ると「ホール落語」が全盛となり，寄席では聞けない長尺の完成品としての「古典落語」を鑑賞するファンが増え，6代目三遊亭円生，10代目金原亭馬生，5代目柳家小さんなどが活躍．その次の世代の5代目立川談志や3代目古今亭志ん朝，10代目柳家小三治などの手を経て現在につながっている．その一方で，初代林家三平は「リズム落語」で一世を風靡．1980年代になると三遊亭円丈がそれまでの新作落語とは一線を画した「実験落語」の活動を開始し，時代にあった新作を次々と発表．それに刺激を受けた六代文枝が大阪で「創作落語現在派」を旗揚げ．古典に引けを取らない作品を提供し続けている．
●**現在から未来へ**　1999年から2001年にかけて東西の落語界に大きな衝撃が走る．西の桂枝雀，東の古今亭志ん朝の相次いでの他界である．枝雀は59歳，志ん朝は63歳であった．現役のスターであると同時に，未来も嘱望されていた2人の退場はあまりに早すぎた．この時の危機感が，2年後の春風亭小朝たちによる「六人の会」に旗揚げにつながったと想像する．「六人の会」には9代目林家正蔵，春風亭昇太，立川志の輔，柳家花緑に上方から笑福亭鶴瓶が参加．「大銀座落語祭」をはじめ，さまざまな仕掛けを行い，東西落語の交流に大きな役割を果たした．
　現在は東京に5軒，大阪に2軒，落語中心の寄席があるが，「独演会」による全国ツアーも盛んに行われており，桂文珍，立川志の輔，立川談春をはじめとする人気・実力を併せもった落語家たちが津々浦々を飛び回って落語の面白さを伝えているのが現状である．

［小佐田定雄］

声明（松明）と読経

　仏教において仏への祈りのために，経文や仏・菩薩への讃句，問答の言葉を曲調豊かに唱えることを「声明（松明）」という．中国・韓国の仏教では「梵唄」とよばれるが，日本では声明の語が一般化した．発話には「宣る（託宣のこと）」「歌う」「語る」「唱える」「口説く」「話す」など，目的によりさまざまな表現があるが，声明は「唱える」ものである．

●**声明と梵唄**　古代インドにおける最高位の僧バラモンが学んだとされる5種類の学問「五明」の一つに，言語学や音韻学を意味するサブダーヴィジャーがあるが，このサンスクリット語の漢訳が梵唄である．古代インドでは，この語は必ずしも音楽をさすものではなかったが，原始経典から，釈迦の在世中の原始仏教の時代から音楽が取り入れられていたことがわかる．その中には伽陀とよばれる声楽が含まれており，これが声明の起源とみられる．

　仏教は，紀元前1世紀頃に中国に伝わり，同時に梵唄も中国の文化に根づいた．中国最初の梵唄に関する記述は『魏志』にみられ，魏の陳思王曹植が魚山において天来の妙音を感じ，唄讃をつくったとある．その後，唐代までに中国の仏教は最盛期を迎え，梵唄は式楽として完成されていった．この間に，僧侶の中で「経師」とよばれる梵唄の専門家が誕生し，儀礼の整備がなされたことで，より専門性の高い音楽となった．こうした梵唄を含む仏教が，中国から日本に伝来したのである．

　仏教儀礼における声明は，鈴・太鼓・磬・法螺貝などの楽器をしばしば伴い，香が焚かれ，規模の大きい行事では仏に捧げる雅楽や舞楽が奏された．それらは総体として，美しい音楽・歌声・舞踊が繰り広げられ，妙なる香りの充ちる極楽浄土の世界をこの世に現出させる演出であった．キリスト教の讃美歌や，イスラム教のクルアーン（コーラン）の朗唱のように，神への祈りの言葉は，唱える・歌う・語るなど日常の話し言葉とは異なる調子で発せられるが，こうした宗教・信仰にかかわる特別な音声表現は，人類に普遍的な営みであるといえる．

　日本仏教は，鎮護国家を目的として中国大陸・朝鮮半島より漢訳された仏教が伝来し，奈良・平安時代に寺院・堂舎などの儀礼や美術・絵画・音楽・舞踊などの仏教文化が花開くが，仏教の中国からの移入は古代にとどまらず，鎌倉期以降には禅宗が，江戸時代には禅宗の系統の黄檗宗が伝えられた．各宗派や寺院による声明の相違は，移入された時代の中国の漢字音を基本として，それが数世紀〜千年を超える伝承の間に変化して現代に伝承されている．最も新しい黄檗宗は，基本的に現代中国語で唱えられている．

奈良時代には，東大寺・興福寺・法隆寺・薬師寺・唐招提寺が建立され，鎮護国家のための祈りが行われた．その大法会（仏教儀礼）においては，唄・散華・梵音・錫杖からなる四箇法要による仏を讃嘆する句が冒頭で唱えられるが，仏教儀礼は寺院のみならず，宮廷でも行われた．奈良で現在まで伝わる声明として特に有名なのは，3月の東大寺のお水取り，薬師寺の花会式（3月），興福寺・薬師寺の慈恩会（11月）である．お水取り・花会式では「悔過」とよばれる懺悔のための声明が大勢の僧侶により唱和される．特に花会式の力強く美しい声明は，音楽家の黛敏郎にも絶賛され，千年を超えて現代人の心にも訴える魅力を有していると評価されている．法相宗の始祖慈恩大師を祀る年中行事で，竪義（論議，口頭試問）において，「泣き節」「切り声」など独特な節がある．

●**各時代の声明**　平安時代には，新たな教えとして天台宗・真言宗が中国より伝えられ，新たな声明も取り入れられた．真言宗は，奈良の仏教や天台宗などの学問の仏教とは異なる，祈禱を主とする呪術的な宗教であるが，梵語（サンスクリット語）にもとづく真言が重要な役割を果たした．山岳修行と結びついて修験道が誕生するなど，日本独自の宗教の形成に大きな役割を果たした．

天台宗においては，「朝懺法，夕例時」が日常の勤行として行われている．懺法とは法華懺法，例時とは念仏をさすが，慈覚大師円仁が開成5（840）年に中国の五臺山竹林寺より伝授された作法である．その後，天台宗では良忍が比叡山麓大原の来迎院を拠点として，懺法を中心とする天台声明を振興した．ここを中国の梵唄の聖地山東省の魚山に擬したことより，その声明は魚山声明といわれた．来迎院近くには呂川と律川が流れるが，声明の声が水の音と同化して聞こえなくなるのを理想として修練を積んだといわれている．呂も律も中国における音階の名であるが「呂律がまわらない」といった表現はここからきている．良忍は永久5（1117）年には阿弥陀仏の示現を受け，融通念仏を創始し，「念仏を唱えれば仏と結縁でき浄土に生まれることができる」と説いた．現在でも大原三千院では，平安時代後期の宮中御懺法講を復活させた懺法講を，魚山の呂律の節の声明を唱え修している．

なお，平安時代には，仏を漢語でたたえる漢讃に対して和讃もつくられ，僧侶だけでなく在家信者が仏教行事の場で唱えた．現在，民間で唱えられるご詠歌や，広く唱えられている念仏「南無阿弥陀仏」，題目「南無妙法蓮華経」も声明の脈を引いている．中世に誕生した，琵琶法師による『平家物語』の語りは「平曲」とよばれたが，その音調は天台の声明に学んだものと伝えられている．また能には「ロンギ」とよばれる問答の小段があるが，これは仏教の論議を応用したもので，そのほかの謡を含めて声明の影響が強いものと考えられている．このように声明は，現代に続く，日本の伝統芸能に大きな影響を与えたといえるだろう．

［松尾恒一・稲垣慶子］

小屋と寄席

　江戸時代，落語や講談，色物芸などの大衆芸能文化が花開き，常設の寄席において庶民がそれを楽しんだ，とされているが，江戸時代初頭から寄席が常設されていた訳ではなかった．寄席における大衆芸能の興行が，庶民の娯楽として広く行われるようになるのは，江戸時代も後半からである．それ以前は，路傍，街道の辻，縁日の社寺境内や盛り場などに仮設の小屋を掛けて，大衆芸能や珍奇ないかさま芸を見せて木戸銭（見料）を取る興行形態であった．

　こうした興行形態は見世物ともよばれ，その起源は，室町時代，勧進を名目として行われた絵解きや，説教，放下などの芸能に求めることができる．見世物の興行は，江戸の両国，上野広小路，浅草奥山，大坂の難波新地，道頓堀，京都の四条河原（図1），名古屋の大須などの盛り場や寺社境内で行われた．明治時代以降は，浅草六区，招魂社（現靖国神社）境内，大阪千日前などが見世物興行の中心地となる．

図1　「四条河原遊楽図屏風」（部分）［所蔵：静嘉堂文庫美術館，静嘉堂文庫美術館イメージアーカイブ/DNPartcom］

●寄席の始まりは元禄の頃　こうした見世物興行のなかから，後の寄席といわれる興行形態が生まれることになる．文化12（1815）年，式亭三馬によって書かれた『落話中興来由』には「浄瑠璃，小唄，軍書読み，手妻，八人芸，説教，祭文，物まね尽しなどを業とする者を宅に請じて席の料を定め看客聴衆を集る家あり，此講談，新道，小路に数多ありて，俗に寄セ場或はヨセと略しても云ふ」と

いう記述がある．江戸時代初頭，見世物，あるいは辻講釈などのかたちで社寺の境内や河原に仮設の小屋掛けをして行っていた興行のなかから，次第に自宅や茶屋，空き店を借りて興行する者が現れるのが，安永，天明の頃といわれている．なお寄席の始まりは，元禄13（1700）年，名和清左衛門によって江戸浅草見付に公許の講釈場がつくられたときとされる．

　老中の水野忠邦によって行われた天保の改革において，倹約令のもとに風俗取り締まりが行われたが，その中の一つに，寄席の数を制限するというものがあった．その際，閉鎖するもの，残すものを判断する指標として，寄席の開業年の古さが調査されているが，それによると，当時最も古い寄席とされたのは三田実相寺門前で家主勘助が経営するもので，延享2（1745）年創業とされている．また延享4（1747）年創業の芝神明境内の寄席が最古との説もある．

　はじめは，茶屋の二階や広い店などを数日ずつそのつど借りて行うなどのかたちで行われていた寄席であった．文化年間には，江戸市中に125軒を数えるに至ったという．天保改革直前には，先述の町奉行所の調べによると市中211個所まで寄席の数は拡大していた．その後，天保の改革により寄席の数は15軒に制限され，また寄席で行うことのできる演目も，神道講釈，心学，軍書講談，昔話の4種に制限され，女浄瑠璃や滑稽な落語などは禁止された．この制限は，弘化元（1844）年に撤廃されたが，翌年に寄席の数は700軒まで激増したといわれ，江戸時代の寄席文化の繁栄する様子を読み取ることができる．

●**寄席芸の多様な発達**　天保5（1834）年の寺門静軒『江戸繁昌記』には，文政期末から天保期にかけての寄席の様子が描かれている．そこでは，演目の中心に落語を据えながら，雑多な色物芸を舞台にのせていたことがわかる．また，今日にも伝わる前座，二つ目，真打といった構成のもと演目が進められる様を読みとることができる．なお当時の木戸銭は，出演者や場所による違いはあるものの人気のある演目では56文，通常は16文から28文であった．ほかにも座布団や煙草盆，下足札も有料で4文であった．ちなみに，落語の演題にもある「時そば」の値段が16文の頃である．

　その後，明治維新後も寄席文化は続き，明治45（1912）年頃には，江戸で名のある寄席だけでも四十数軒あったという．しかし，その後戦前，戦中の混乱期を経て寄席の廃止が相次ぎ，また空襲による被害などで焼失してしまった寄席もあった．その後，戦後に復活されたものは，色物で上野鈴本亭，人形町末広亭，新宿末広亭，東宝演芸場，講談の上野本牧亭など数軒だけである．なお，大阪の寄席は，江戸より早く発達した．明治初頭には，法善寺，松島，道頓堀，坐摩，御霊，ばくろ稲荷，天神，北新地，千日前など各地に散在し，上方寄席芸の隆盛を誇った．その後，時代を経て現代は，角座，千日前デパート演芸場，花月演芸場，新世界関西演芸場などが残るだけとなっている．

［川野裕一朗］

漫才

　「漫才」の起源は，新年にその家の繁栄と長寿を祈る言祝の芸能「千秋万歳」といわれ，平安後期の藤原明衡の『新猿楽記』の記録が最も古いとされている．基本は扇を広げ歌って舞う太夫と鼓を打って笑いを受けもつ才蔵の2人で構成された玄関先などで演じる門付け芸で，立場的には太夫が「ツッコミ」才蔵が「ボケ」で，この鼓を持つスタイルは昭和40年まで活躍した砂川捨丸・中村春代，松鶴家千代若・千代菊まで残る．

　江戸時代には大坂生玉神社内の小屋で演じられた記録が残っており，その頃にはすでに興行化されていたようで，表記も「万才」に変わっている．明治時代の終わり，玉子屋円辰が従来の万才を得意の江州音頭に取り入れ人気を博し，これを機に音頭のほか浪曲，俄，踊り，芝居など得意とする芸に太夫・才蔵の掛け合いの笑いを加えたものを総じて「万才」とよぶようになった．

●しゃべくり漫才登場　これら音曲万才が主体だった昭和の初めに登場するのが横山エンタツ・花菱アチャコの2人．音曲万才のつなぎの会話部分だけで舞台に立った．内容もそれまでの低俗で卑猥なものが多かったのを家族みんなが楽しめる身近な題材を取り上げた笑いで，考えを同じくする漫才作家秋田実の協力を得て当時日本一の人口を誇る「大大阪」に増え始めた若い人に支持された．昭和9（1934）年6月，大阪「南地花月」からの中継で演じられた「早慶戦」で全国的人気者となり，同年9月東京新橋演舞場での公演「第2回特選漫才大会」でも人気を集める．また，この時期に「万才」の表記が「漫才」になった．エンタツ・アチャコが4年半で解散後，人気を得たのがミス・ワカナと玉松一郎のコンビで，現代の宮川大助・花子まで延々と続く女性上位の男女コンビの原型をつくったといわれている．秋田実が後に移った新興演芸ではワカナ・一郎ら多くのコンビに文芸部が次々と新作を提供，健全で社会を反映したものを登場させた．従来の「謎かけ」や「数え唄」が定番の明治・大正の万才とは異なるしゃべくり漫才のかたちが築かれる．

●戦後の漫才　第二次世界大戦が終わると，昭和22（1947）年に大阪では演芸場「戎橋松竹」が開場し，昭和24（1949）年にNHKラジオで「上方演芸会」の放送が始まり，地方巡りや疎開をしていた芸人が関西に戻る．そして昭和26（1951）年，関西での民放ラジオ開局，続く民放テレビの開局により漫才は放送では不可欠のコンテンツの一つとなり，演芸番組はもちろんコメディや司会にと漫才師は重宝され，一部には専属契約に至るコンビも現われる．そのなかで一番の人気を得たのは中田ダイマル・ラケットの2人だ．巧みな話術と軽妙な動きで

後に昭和の爆笑王と称され，漫才の認知度を高める役割を果たした．そして昭和33 (1958) 年の大阪道頓堀の角座に前後して千日劇場，なんば花月と1,000人以上収容できるマンモス寄席がオープン．戦前まで演じていた寄席小屋からの移行に加え，演じられる漫才も細かい息や間を聞かせるより，派手でわかりやすいものに徐々へと変化していく．またこの時期，吉本新喜劇の研究生募集や，ラジオ・テレビの素人参加番組を経て一般社会から芸能界への参入が増え始める．前者は西川きよし，坂田利夫，レツゴーじゅん，後者は横山やすし，海原千里・万里，漫才ではないが桂枝雀，6代桂文枝らである．それまでほとんどが家族親戚で固められて閉鎖的だった芸人世界の門戸が徐々に開き始めた．

●**漫才黄金期** 昭和45 (1970) 年の大阪万博の年には，日本全国から訪れた万博見物客が演芸場に足を運び，各劇場は連日満席の活況をみせて漫才は黄金時代を迎える．しかし万博終了とともに客足が落ち，ベテラン漫才師の死去などによりその後勢いをなくすが，昭和54 (1979) 年の「花王名人劇場」などゴールデンタイムに全国ネットの漫才番組の登場により漫才は再び脚光を浴びる．B&B，ザ・ぼんち，島田紳助・松本竜介に，東京のツービート，星セント・ルイスらが一躍人気者になる．彼らの漫才はギャグやキャラクターによる笑いが中心で，それまでのストーリーに沿ったものではない新しいスタイルにより若い女性ファンを呼び込んだ．その後，漫才コンビとしてだけでなくタレントとして活躍の場を拡げるようになるが，ばら売りの影響もあり解散に至るコンビが相次ぐようになる．なお，この漫才ブームの東京での主体は，コント赤信号などのコントグループであった．昭和の初め東西交流の時期から漫才は根づいていたが，戦後，活動の場は落語中心の寄席に色物として出演している正統派が多く，ブームに乗ったのはごく少数だった．

●**次世代漫才** 漫才ブームの終焉に対して，次世代の芸人育成のために吉本興業は芸人の発掘のための学校「NSC」を開校．その一期生の代表がダウンタウンやトミーズ，その後，ナインティナイン，中川家，雨上がり決死隊などと，現在テレビで活躍するほとんどの若手の吉本芸人はNSC出身という大きな功績を残す．なお，松竹芸能はこれより先の昭和28 (1953) 年にタレント養成所を開校，宮川大助らを輩出した．後にはオセロ，ますだおかだを出している．この傾向は，関西だけではなく東京の芸能プロダクションでもみられ，養成所は全体で毎年1,000人を超す芸人予備軍を世に出している．彼らの活動の中心は，まずはオーディションを兼ねたライブ．勢い舞台は短時間で勝負できる一発芸やキャラクター頼みのギャグと刹那的なものになり，漫才よりもわかりやすい衣装やセットを使用するコントを軸に活動するコンビも年々増える傾向にある．

エンタツ・アチャコが始めたじっくりと聞かせるしゃべくり漫才の灯は，現在，東西のベテラン漫才師の手で守られている． [大池 晶]

手品と足芸

　手品と聞くと，トランプなどを用いたトランプマジック，あるいはサーカス，もしくは大規模なマジックショーを思い浮かべる人も多いだろう．だが，そのような西洋起源の手品が流行する以前から，日本には日本独自の手品文化が存在していた．

●**中国の幻術から日本の手品へ**　日本の手品は，手妻あるいは奇術ともよばれ，その巧妙な技術により人の目を眩惑させる芸能として行われてきた．もっともその源流は，中国の古典において幻術とよばれてきたものとすべきで，それも大秦や安息といったペルシア地方西域から中国に入ってきたものであった．それが，奈良時代に散楽として日本に輸入され，その中の唐術とよばれたものが手品の源流であろう，といわれている．

　それらは曲芸などとともに，宮廷社会で演じられていた．古代楽舞の図譜である『信西古楽図』には吐炎舞，入馬腹舞という演目が記録されており，手品とみられる芸が確認できる．中世の世では，これらの技が僧形の放下師とよばれる放浪の芸人に引き継がれ，江戸時代に入ってから興行化された．延宝8（1680）年，都右近というものが四代将軍徳川家綱の上覧に際して手品を披露したが，その内容は，鴨を籠から出す，山芋を鰻にする，絵の雀が抜け出るなどの演目であった，という．これが次第に座敷の余興ともなって，素人の間にも流行するようになった．元禄以降には，『神仙戯術』『ざんげ袋』『唐土秘事海』『和国智恵較』といった手品の種本の出版も相次ぐことになる．

●**水芸の細やかさ**　日本の手品として，小手先の芸や，簡単なからくりを用いた水芸などが，鳴物や口上に合わせた芝居がかりの演出のもとに行われており，大がかりな機械を用いる西洋の手品と違う面白味があった．例えば，水芸は囃子に合わせて刀の先や扇，着物の先から水を吹き出させるもので，その仕掛けは，忍ばせた細い管から水を吹き出して見せるものである．人形劇や歌舞伎にも取り入れられ，人々の目を驚かせる仕掛物の見世物と人気を博した．見た目の美しさから女性が演じるものとされ，江戸時代後期，曲独楽の竹沢藤治が，一座の女の子に演じさせたものがその始まりといわれている．

　手品，あるいは曲芸といった芸の中には，手ではなく足を用いて行われる足芸とよばれるものもある．足芸は，いわゆる軽業の一つで，散楽として日本に入ってきたものの一つの散楽雑技系統のものである．仰向けに寝転び，両足を上に伸ばして，足の裏で，樽やはしご，時には人を乗せて曲芸をするものである．時代が下るにつれて，芝居がかったものや，子どもの足芸，多人数での足芸なども登

場した．文献上に見える最古の記録は，正徳・享保の頃（1711-35年頃）の『文字絵尽』のもので，その後，1800年代初頭の化政期から明治にかけて軽業の一演目として，盛り場の見世物小屋（図1）などで上演され栄えた．明治以降は，西洋から輸入されたサーカスにその座を譲っている．

図1 「竹田近江機捩戯場」[出典：『摂津名所圖會』巻之四下，所蔵：国立国会図書館]

●**西洋風手品の導入** 西洋の手品を日本に初めて伝えたのは，豊臣秀吉の時代のキリスト教宣教師だと考えられている．その後，本格的な西洋手品の輸入は，明治9（1876）年，イギリス人のジョン・マルコムの手品が伝えられたことから始まる．明治時代に入ると，今日でも目にすることのできる西洋流の手品が輸入され，日本の手品と異なる大がかりな道具，機械，電気や鏡を使った仕掛けや，スピーディーな舞台運びなど，いわゆるマジックショーのスタイルが広がった．同時に，そのスタイルは手品以外にも，日本の舞台芸術に強い影響を与えた．当時，これらの手品は「魔術」とよばれ，その内容の一例として，「空中美人の現出」「大魔術タンバリンキャビネット」「自動催眠術」「観客頭上の魚釣り」「電気応用自由噴水」などの演目が，明治40（1907）年頃行われていた．また明治以降に，奈良時代の散楽の輸入や，江戸時代の長崎への渡来に続いて，新たに中国からもたらされた「シナ手品」「南京手品」という小手先の皿回しや，剣を飲む芸なども，この時期に披露されている．

　手品にしても足技にしても，幕末から明治期にかけて，見世物の一演目として繁栄をみせるが，明治から大正，昭和と時代が進む中で，和洋混淆の新しい娯楽として発展を遂げる．だが，二度の世界大戦や世界恐慌といった時代背景のもとで，やがて衰退することとなる．戦後も，テレビの導入などに伴い，かつての勢いは失われてしまった．しかし，近年，路上での大道芸やストリートパフォーマンスが再び注目を集める中で，それらの一演目として，日本伝統の手品，手妻，足芸などにも再度注目が集まりつつある．

[川野裕一朗]

大道芸

大道芸とは，寺社の境内や都市の盛り場，広場や辻などで不特定多数の観客を集めて演じられる芸態の総称であり，辻芸，街芸ともいわれている．季節ごとに，家々を戸別に訪問する万歳などの門付芸とは一応区別されているが，両者を兼ねるものも少なくはない．興行という視点からは，大道芸は三つに大別される．第一に，芸と金を直接に交換する投げ銭型．第二に，芸に乗せて物品を売る愛敬芸型．これらは「ガマの油売り」「外郎売」（図1）などの口上芸として，薬売りの人寄せ芸として演じられたものである．第三に，情報を売るチンドン屋型である．芸人から区別をすると，投げ銭を受ける者を大道芸人，香具師（露店商人）のなかでも品物を売るための口上（タンカ）を演ずる者をテキヤ（的屋），技芸を主とする者をタカモノシ（見物師）とする区別もある．

図1 鳥居清重「市川海老蔵の外郎売」［出典：日文研宗田文庫図版資料データベース，所蔵：国際日本文化研究センター］

●**大道芸の歴史** 大道芸として行われる芸は多彩であり，またその起源も，中世の頃からの系譜をもつものもあり，以後の展開も多様である．11世紀初頭に成立した『新猿楽記』にはそれらしき演目が記録されているが，それらの演目は猿楽の名のもとに行われており，大道芸として行われていたのかどうかは，定かではない．猿楽の系統は，その後，田楽に付随しながら鎌倉末期から南北朝時にかけて大きく発展した．

これら中世の大道芸には，傀儡子，放下，鉢叩き，絵解，瞽女，座頭，猿曳などがあった．当初は，放下僧とよばれるものが社寺の境内や，路傍，街道の辻などで勧進興行を行っていたが，やがて俗人もこれらの芸にかかわるようになり，曲芸や手品などを行うようになった．

江戸時代に入り，江戸，京都，大坂の三都が繁栄するとともに，諸国に城下町

や宿場町が発達すると，都市文化の繁栄とともに大道芸もまた，ますます盛んとなった．なかでも，名高いのが伊勢間の山の「お杉お玉」である．伊勢の内宮と外宮(げくう)の間にある間(あい)の山にて，三味線などを弾いて歌い，投げ銭をもらっていた女芸人であった．

　元禄以降には，辻能，辻歌舞伎，独狂言，猿若，門説教，猿まわし，辻講釈，居合抜き，曲独楽，曲鞠，願人踊(がんにんおど)り，覗機関(のぞきからくり)，太神楽(だいかぐら)などが各所で演じられた．辻講釈などでは，簡単な露台などの設備を設けるものがあり，寄席形式以前の興行の姿が確認できる．また，見世物として珍奇な猛獣などを見せる小屋物は，香具師によって統括されており，それは全国に及んだ．また，江戸市中では，非人頭弾左衛門(だんざえもん)配下の車善七(くるまぜんしち)，乞胸仁太夫(こうむねにだゆう)によって大道諸芸に携わる者の多くが支配されていた．

　幕末から明治にかけては，豆蔵，歯力(はりき)，独相撲，棒呑み，砂絵，名所絵かき，刷毛絵，ほにほろ，覗機関，手品，紅勘，はけ長，猫八，願人坊主の住吉踊，かっぽれ，太神楽なども盛んになった．また，流しとよばれる芸人による声色屋，新内流しがあり，この系統を継ぐものに，明治の法界屋(ほうかいや)，演歌師がある．

●**明治以降の栄衰**　明治以降は，演歌師，チンドン屋，紙芝居など，それまでの大道芸の演目の流れを受けながらも新しい大道芸として生まれたものも現れる．また，江戸時代後期に講談や浪曲，太神楽などが，大道芸の演目から寄席芸として発展したが，大道芸のそのほかの演目も，明治期に入ると劇場や寄席の舞台芸として洗練されていったものもあった．しかし，なかには興行形態としてそれまでの香具師による支配体制から脱却する動きもみられ，その一つが，紙芝居興行であった．その後，明治から大正，昭和にかけては，娯楽の多様化や，また昭和恐慌，第二次世界大戦などの社会的な背景もあり，全体としては衰退の道をたどっている．

　近年は，アクロバットやジャグリング，パントマイムなどの西洋に起源をもつ大道芸が受け入れられるようになり，平成4（1992）年に始まった「大道芸ワールドカップin静岡」などの大道芸イベントも，各地で盛んに行われている．

　また，東京都による「ヘブンアーティスト制度」のように，一定の技量をもった芸人に審査の末ライセンスを与え，公共施設や民間施設における大道芸の興行を公的に認可する試みも行われている．平成27（2015）年現在，パフォーマンス部門と音楽部門に分かれ，それぞれ335組と83組が登録をされ活動を行っている．演目は，アクロバットやジャグリング，パントマイムなど西洋起源の芸とともに，和芸・口上芸としての「ガマの油売り」や曲芸，太神楽も行われており，上野公園や日比谷公園など都内53施設，68個所を活動場所として，大道芸が披露されている．休日にそれら行楽地に出向くと，現代の多彩な大道芸と触れ合うことができるだろう．

［川野裕一朗］

のど自慢と紅白歌合戦

　終戦直後，日本放送協会（NHK）が生んだ国民的ラジオ番組がある．
　「のど自慢」は，昭和21（1946）年1月，「のど自慢素人音楽会」の名で開始した．同時期に始まった「街頭録音」とともに，一般人の声を流す番組として，長い戦争後の解放感から爆発的人気を得た．「街頭録音」が生活の問題や今後の日本について通行人に語ってもらう「真面目な」番組として企画されたのに対して，「のど自慢」は市民の演芸を公共の娯楽にすることを意図した．どちらもラジオの民主化を象徴する番組だった．
●のど自慢　「のど自慢」の放送初日には，参加希望者が局の建物に殺到し，大混乱を招いたという．その後オーディションの合格者を出演させる形式から，オーディション自体を実況中継する形式に変更した．その結果をアナウンサーが言葉で伝える方式から，鐘を鳴らす方式に変え，その音は番組の象徴になった．昭和23（1948）年，俗悪という局内の批判を呑んでいったん番組を打ち切ることになった，その際，各回を勝ち抜いた名人が日本一を競う全国大会を開催したところ，爆発的な人気を得たため，番組は延命し今日に至っている．当初は流行歌，歌曲，浪曲，民謡，楽器演奏などが混在し，引揚者（戦後に帰国した人）が作者未詳の歌（「異国の丘」）を歌って大ヒットになったこともあったし，初期にはあらゆる年齢の人が共演した．昭和26（1951）年に始まる民放ラジオも賞品，プロ歌手の参加などNHKにはない商業主義的な趣向ののど自慢で人気を博した．昭和28（1953）年に開始したテレビ放送が，各種の素人演芸会番組を流したことは言うまでもない．
　昭和23年のNHKのど自慢全国大会優勝者，荒井恵子がプロに転向した頃は，プロ希望者がこぞって挑戦するようなこともあった．しかし，民放のオーディション番組とは異なり，芸能界への道はなく，1960年代後半には若者の間で流行したバンドや弾き語りの歌い手が出場できなかったこともあり，番組の人気は衰えた．そこで昭和45（1970）年，競争性よりも参加性を打ち出す構成に変更し，人気を取り戻した．その路線は，タレント探しを趣旨とする（時には芸能プロダクションが希望契約金を掲げる）民放のオーディション番組とは一線を画したものであった．この復活には新たに司会を任された金子辰雄の，気取らない柔らかな人さばきが大きくかかわっていた．プロを目指す参加者が競うタレント発掘番組は他国にも存在するが，アマチュア精神を貫いてこれほど長寿を保つ番組はないだろう．
　視聴者の興味は，すばらしい歌唱に感動する以上に，平凡な歌い手が緊張した

り，悔しがる姿を見ること，出場や歌に秘めた物語を聞くことにある．無名の市町村に暮らす無数の無名人が，それぞれの人生で大事な歌をもっている．歌によって無名人の間の心情的なつながりをつくり，ひいては草の根の国民意識を育てるところに，長寿の人気があるだろう．映画「のど自慢」（平成11〈1999〉）が描いたように，番組収録は開催地にとってはめったにないおまつりになる．

●紅白歌合戦　その年の芸能界の頂点がNHKホールに集まるという点で，地方から中継される素人のど自慢の正反対にあるのが，紅白歌合戦である．昭和20（1945）年，大晦日放送の「紅白音楽試合」に始まり，紅白歌合戦という名称は昭和26年から28年までラジオの正月番組で初めて用いられ，昭和28年，テレビ本放送開始の年にテレビとラジオ両方で現在の大晦日夜の時間帯を確保した．1960年代，一時は視聴率が80％を超え，その年の出場者予想が芸能ジャーナリズムの大きな注目を集めるようになると，出場は歌手にとって良き勲章になった．その年を回顧する意味が大きく，審査員にも時の人を招いたり，南極の昭和基地から中継するなど華やかさを強調した．番組の最中は勝敗にこだわったコメントや応援合戦が挟まれるものの，結果はその場で水に流され，紅白仲良く「蛍の光」を合唱する．

　そしてそのまま「ゆく年くる年」で除夜の鐘の場面を見るというのが，多くの国民の年越し行事となった．宮田輝（後に参議院議員）が紅白の司会（昭和37-48〈1962-73〉）を務めた時期が，番組の黄金期だったろう．彼は昭和24（1949）年から17年間，のど自慢の司会も務めていて，相反する方向の「国民性」をつなぐ役割を果たした．

　出場者の選定基準が，必ずしもその年の人気に限らず，暗黙のNHKコードによった祭典であることが，1960年代後半のグループサウンズの不参加（ブルーコメッツのみ参加），昭和48年以降の美空ひばり不参加（弟の暴力団スキャンダル）などから明らかとなった．もはや最新流行歌，最大人気の歌手の祭典ではない．とりわけ美空ひばりの欠場は，紅白の権威に陰をもたらした．1970年代にはロック，ニューミュージックが除外され（またアーティスト側からも拒否し），若者層の番組離れが顕著になった．出場者は中高年向けの演歌歌手と子ども向けの若手に二分化し，1980～90年代にかけての視聴率は50％前後に落ち込んだ（それでも同時間帯の1位）．

　平成になって，番組は二部構成に拡大され，若手・新人の出番が大きくなった．バンドやグループの参加も増え，歌手の存在感は総じて薄れている．豪華衣装を競い，ダンス・ショーや外部中継が拡大し，全体として増々ありきたりのバラエティ・ショーと化している．それでもなお大晦日の特別な暦感覚が消えない限り，一年中で最も注目を浴びる芸能番組の一つであり続けることは間違いない．

〔細川周平〕

少女歌劇

　日本には，若い女性のみで演じられる歌，舞踊，演技の渾然一体となった独特の大衆音楽劇などがある．主に，和洋折衷のレビューやミュージカル，お伽歌劇，オペレッタなどを上演する．出演者全員が女性のため，女性が男役も演じる．明治45（1912）年1月，東京日本橋の白木屋呉服店が客寄せのために結成した白木屋少女音楽団によるお伽歌劇「羽子板」（本居長世作）が最初の少女歌劇とされている．少女歌劇団は，大正から昭和にかけて，全国各地に多数現れたが，戦争や災害，経営難などで，ほとんどが自然消滅していった．今日まで存続しているのは，「宝塚少女歌劇団（現宝塚歌劇団）」と「大阪松竹少女歌劇団（現OSK日本歌劇団）」の2団体だけである．

●宝塚少女歌劇団　阪急電鉄の創始者小林一三は，宝塚新温泉への乗客誘致のため，歌の好きな良家の子女16名を集めて，大正2（1913）年7月，「宝塚唱歌隊」をつくる．小林がヒントにしたのは，当時大阪で人気の「三越少年音楽隊」だった．少女たちの指導には，東京音楽学校出身の安藤弘夫妻，高木和夫があたったが，上達がはやいため，「宝塚少女歌劇養成会」に改称して，歌劇の養成を始めた．安藤は，宝塚で歌劇を上演するには，誰もがわかりやすくて気取らないもの，音楽は演じる少女たちが無理せずに歌えるような学童唱歌が良いと考えた．

　大正3（1914）年4月，さらに少女4名が加えられ，宝塚新温泉婚礼博覧会の余興として，宝塚少女歌劇第1回公演が開幕する．上演演目は，お伽歌劇のさきがけともいえる北村季晴作の「ドンブラコ」，少女歌劇発案者本居長世作の喜歌劇「浮れ達磨」，ダンス「胡蝶の舞」の3作だった．大正7（1918）年，宝塚少女歌劇養成会は帝国劇場公演で東京に進出，翌年宝塚音楽歌劇学校として文部省に認可された．大正10（1921）年には，収容人員が3倍になった公会堂劇場での公演を機に二部制の公演を開始する（花組・月組誕生）．この後，大正13（1924）年に雪組，昭和8（1933）

図1　宝塚歌劇団［出典：『宝塚歌劇五十年史』©宝塚歌劇団］

年に星組も誕生した．昭和2(1927)年，岸田辰彌は日本初のレビュー作品として，欧米帰朝作品「モン・パリ」を上演．主題歌「モン・パリ」は日本中で大ヒットした．ラインダンス，大階段，羽根扇も初めて使用された．昭和5(1930)年には，白井鐵造が欧米帰朝作品としてレビュー「パリゼット」を上演．この公演では，主題歌「すみれの花咲くころ」や「おお宝塚」などシャンソンが多用され，これ以降，宝塚は西洋音楽の窓口として日本の音楽界に貢献することになる．その後，宝塚調のレビューやショー，オペレッタなどを次々に確立した宝塚少女歌劇は全盛期を迎えるが，大正11(1940)年，第二次世界大戦開戦を機に時局を考慮し，名称を「宝塚歌劇団」と改めた．

●大阪松竹少女歌劇団・松竹少女歌劇団　大正11(1922)年4月，松竹創業者の一人，白井松次郎は，大阪道頓堀に建築した松竹最初の洋式劇場松竹座の開業に合わせて，外国映画上映とともに上演する西洋風音楽舞踊のため，大阪天下茶屋に「松竹楽劇部生徒養成所」を開設した．採用された30名ほどの少女たちは，洋舞，特にバレエの基礎訓練を受けた．松竹楽劇部は，同年12月には，中之島中央公会堂の慈善歌劇会で，オペラ「ジョコンダ」の「時の踊り」を試演，翌年5月に開場した大阪松竹座では，第1回公演「アルルの女」を上演する．しかし，どちらかというとクラシックな音楽バレエが多かったため，上品すぎて客受けは十分とはいえなかった．大正15(1926)年，大阪松竹座開場満3周年公演「春のおどり」が23日間連日大入りという記録的な好成績を収め，松竹内における楽劇部の存在が認められるようになる．

昭和3(1928)年8月，東京浅草にも松竹座が開場した．大阪から松竹楽劇部110人が上京し，「虹のおどり」を公演するが，大好評のため，同年10月，「東京松竹楽劇部」が発足する．東京だけでなく，名古屋への出張公演も開始した．第一期生には髪を刈り上げた男装の麗人として多くのファンを魅了した水の江瀧子がいる．昭和7(1932)年，松竹楽劇部は「松竹少女歌劇部」と改称されるが，翌年，待遇改善を求めた松竹座音楽部員に歌劇部員も合流して会社側と折衝するも，歌劇部員の篭城事件(桃色争議)が起こり，解散に至る．そして松竹本社の直轄となったのをきっかけに「松竹少女歌劇団」となった．昭和12(1937)年，松竹少女歌劇団は東京浅草に開場した3,600人収容の浅草国際劇場を本拠地にグランド・レビューを展開するが，昭和19(1944)年，戦時処置として国際劇場は閉鎖され，いったん解散する．戦後，昭和21(1946)年に復活するが，名称を「松竹歌劇団」と改めた．

一方，大阪の松竹楽劇部も，篭城事件の翌年，千日前に所在した大阪劇場を本拠地として「大阪松竹少女歌劇団」に名称を改めた．その後，生徒の年齢層が高くなったことから，昭和18(1943)年に「大阪松竹歌劇団」となった．

［近藤久美］

新国劇と大衆演劇

　新国劇は，沢田正二郎が新しい国民演劇の創造を目的として創立した劇団である．沢田は，早稲田大学在学中に坪内逍遥の文芸協会や島村抱月の芸術座などの新劇運動に参加してきたが，抱月の演目通俗化や，主演女優松井須磨子への反感など当時の新劇の有り方に飽き足らず，倉橋仙太郎などの同志とともに，より広範な大衆層に親しまれる国民劇を樹立しようとして芸術座を離脱，新たに新国劇を組織し，大正6（1917）年4月18日東京の新富座で旗揚げした．新国劇という名称は，わが国の劇としての「国劇」，つまり歌舞伎を意図するとともに，従来の歌舞伎を「旧劇」と見做し西洋的な近代的演劇を目指す「新劇」運動とは異なり，新旧の歌舞伎を超える新しい国劇を目指すという意図をもって，沢田の恩師である坪内逍遥から与えられたものである．

●沢正の新国劇　旗揚げ直後は，興行的にうまくいかず，都落ちするかたちで京都南座や大阪角座にて再起を期すこととなるが，その後，刀剣によるスピードある迫真の立ち回りを見せ場とする剣劇を創始して，一躍大衆的人気を得ることとなる．大正10（1921）年6月に東京に再進出し，明治座にて公演を行い，「沢正」の名は剣劇とともに各地に広まった．立ち上げ当初11人から始まった新国劇が，同年の秋に浅草公園六区の公園劇場にて公演を開始した際には，120人の大一座へ成長し，新国劇は，「大衆劇団」としての地位を確立した．大正12（1923）年の関東大震災以降は，赤坂演技場や帝国劇場などでも公演を行い，大衆的剣劇とともに純創作戯曲をも採り上げて，半歩前進主義を具体化した歌舞伎と新劇との中間を行く国民演劇の創造に成功した．

　創始者であり座長を務めた沢田であったが，昭和4（1929）年3月4日，風邪が原因の急性中耳炎により38歳でこの世を去っている（図1）．沢田亡き後，座員の離脱など

図1　「国定忠次　沢田正二郎」〔所蔵：早稲田大学演劇博物館，資料番号201-5589〕

で一時危機を迎えることとなるが，有望な若手の台頭によって劇団はもち直し，沢田が得意とした極付狂言の「大菩薩峠」「月形半平太」「白野弁十郎」「国定忠治」などの上演とともに，問題作を含むさまざまな現代劇も発表し，現代大衆演劇の樹立を目指し積極的な活動をみせた．

しかし，戦後はテレビの登場や民間放送の開始の影響を受けて興行成績が悪化し，昭和42（1967）年には創立50周年を迎えるものの経営は苦しく，フジテレビへの身売り話ももち上がった．身売り自体は，その後取り止めとなり，自力での復活を目指すことになるが，新国劇は男の劇団として女優が育ちにくいことや，俳優陣の老年化などの課題に直面し，昭和62（1987）年の創立70周年記念公演を最後に解散した．

●**大衆演劇の流行**　この新国劇が生み出された大正期から昭和にかけては，そのほかにもさまざまな演劇の形式が生まれた時代であった．それらを大きくまとめて軽演劇，あるいは大衆演劇という．この大衆演劇であるが，広義には，芸術性より娯楽性に重きをおいた演劇の総称であり，商業演劇，軽演劇とほぼ同義とされている．

関東大震災や不景気による経済的不安は，演劇など娯楽の世界にも影響を与え，ナンセンスやエロティシズム，強烈なジャズのリズムをまとった新たな芝居やレビューを生み出した．昭和4（1929）年に生まれたカジノ・フォーリー，2年後に生まれたムーラン・ルージュ，その2年後誕生の常盤座笑いの王国などは，新しい演劇誕生の一例であろう．これらの演劇は，歌舞伎のパロディや際物，ライト・コメディを上演した．第二次世界大戦時には，その時代背景から大きな活動はできず，移動演劇，慰問演劇などを行っていた．戦後，しばらくは劇場の焼失などによって活動は途絶えていたが，昭和21（1946）年3月設立の空気座が上演した社会風刺劇がヒットし，新たに生まれた劇団とともに，新宿座，池袋文化劇場，新宿帝都座五階，浅草ロック座，常盤座などで公演を再開した．また，戦時中禁止されていたジャズの復活により，アトラクションショーも数多く上演された．

しかし，昭和23（1948）年に帝都座ショーとして上演された「ストリップ」の登場，またテレビの登場に伴う民間放送への役者の吸収によって，大衆演劇の小劇場などは，ほとんどその姿を消している．その後，1960年代から70年代にかけて，見世物小屋的要素を取り込んで独自の世界観を表現したアングラ演劇なども登場したが，現在は，都市の下町に点在する小劇場と，温泉など保養地のヘルスセンター，ホテル，健康ランドなどを拠点に活動する，家内労働的色彩の濃い小規模な一座の演劇が大衆演劇として行われている．正確な数を確認することは難しいが，おそらく100以上の劇団が，全国に存在していると考えられている．上演されるものは，時代人情剣劇などとともに，歌舞伎，節劇（浪花節芝居），喜劇，現代劇など，そのレパートリーは多彩である．

［川野裕一朗］

◆ 役者と勧進元

　宗教は芸能を育て発展させるのに多大な貢献をしてきた．その芸能の大事な担い手が「役者」であった．今日では役者といえば舞台芸能における演技者をさすが，もともとは，神事・仏会など祭祀儀礼の際に特別な「役」を受けもつ者をさした．言葉の変遷史からみると，中世に猿楽が誕生した後に，今日のような「役者」の用法が広まっていったらしい．

　一方，「勧進」とは何事かを人に勧め誘うことであるが，特に人々を善事に向かわせるために，仏道に勧め導くことをいう．役者も勧進も，ともに宗教が起源である．現世的な具体例でいうと，勧進とは社寺の建立や仏像の修理などのために人々から金品の寄付を募ることであり，「勧進元」はその勧進のため種々の興行をする元締めのことであった．勧進元はそうした寄付行為が善き功徳になると説いて，人々を勧め誘うことでさまざまな芸能を演じる役者の生活を成り立たせ，保障するという役割を果たした．

　後には芸能・相撲など興行一般を主催する興行主・主催者のことをいうようになっていった．さらに転じて何か事を発起して，とりまとめる役を受けもつ者をさしていうようにもなっている．

　文化行事，特に芸能関係の興行は，役者のみならず勧進元の力量によって人気・関心の度合いが大いに左右されるので，その責任は重い．興行の成功は，役者と勧進元の協力が欠かせない．両者は，より見事な二人三脚を試みることで，芸能の発展にかかわってきた歴史があるといえよう．

[白幡洋三郎]

◆ 神事と芸能

　祭りの供えものは，食べ物や飲み物に限らない．芸能もまた「奉納」されるものであった．その芸能には，神楽（かぐら）や田楽（でんがく）があり，太鼓踊りや獅子舞がある．特に，神楽が全国的な分布をみる．

　ちなみに，国の重要無形民俗文化財のなかでは神楽の指定件数が35件（平成27年現在）と圧倒的に多く，次いで田楽が25件となっている．

　神楽の語源は，カグラとされる．カミのクラ（蔵・鞍など）の意で，神の鎮まりましますところ，その意味がさらに転じて，そこで行うことのさまざまがカグラゴトとなり，それを「神座（かむくら）」と総称するようになった．そして，それに「神楽」という字をあてた．文字通り，神をもてなして神に楽しんでもらう行為すべてがカグラとすればよいのだ．それが，時代とともに芸能的な要素を加えながら多様に変化変遷もして現在に至っているのである．

　相撲もまた，古く神事に関与して発達をみた．平安時代には，すでに宮中での相撲が定例化している．初秋の行事として農作物の吉凶を占う「相撲節会（せちえ）」が行われるようになったのだ．民間での相撲神事は，例えば，精霊を相手に相撲をとる「一人相撲」や，五穀豊穣と子どもたちの健全な成長を祈願しての「子供相撲」などが各地で現在にまで伝わる．

[神崎宣武]

2. 美　術

　美術という日本語は，英語の fine art の訳語として生まれた．訳者は幕末にヨーロッパへ留学し，西洋の啓蒙思想に学んだ哲学者西周(にしあまね)である．
　現在では，視覚で捉え空間的に表現する絵画，彫刻などが主要な「美術」とされるが，明治期には詩歌，小説，音楽など美を表現する芸術全般が美術概念の中に広く含まれていた．
　特に，日本文化としての「美術」を考える際に忘れてならないのは，日本の美は，特別な芸術的生活の中に見い出されるのではなく，日常生活の中に普通に存在し，暮らしそのものが芸術であるような有り方が，理想の美だとされている点である．
　近代明治期に入っても，日本で用いられる日用品（食器や道具類や衣類など）のどれもが，西洋人にとっては芸術性の高い非日常の品と見做された．
　日本の美術は，普段の暮らしの中から取り出された美，日常生活の中で意識化された表現によってでき上がっている，との見方が強くあったことは注目すべきことである．

[白幡洋三郎]

浮世絵

　世界で最も著名な日本の画家といえば，「北斎」ということになろう．葛飾北斎は江戸時代後期の浮世絵師である．浮世絵は江戸時代初期に誕生し，同時代を通じて多様多彩な展開と目覚ましい発展を遂げた日本の近世絵画の一分野である．
　19世紀中頃から20世紀初頭にかけて，欧米で大流行したジャポニスムの一翼を担い，当時の欧米のさまざまな分野の芸術家に強い影響を及ぼしている．今では「Ukiyo-e」といえば日本美術にとどまらず，日本文化の代表と見做されるようになった．

●**「浮世」の絵**　浮世絵とは「浮世」絵という名称が示すとおり，この世を「浮き浮き」とした明るく楽しい世界と見做して，多くの人々が好奇心を抱く，享楽的なあらゆる物事を主題にした絵画である．浮世絵という名称は，江戸時代の前期，17世紀後期頃から用いられるようになったが，そのような現世肯定的かつ謳歌的な主題の絵画は，すでに日本の近世が始まる桃山時代頃から生まれており，そうした絵画は，主に肉筆画で美術史的には「風俗画」とよばれている．
　近世に至るまで「うき世」といえば，長い間「憂世」とイメージされてきた．それは平安時代末期以降，日本では仏教が衰える末法期に入り，この世は末世的な暗い時代になると考えられ，実際，鎌倉時代から室町時代にかけて，京都を中心に全国的に疫病の流行や戦乱が絶えず，この世は生きるに辛く苦しい「憂世」と実感されるようになっていたからである．特に，度重なる戦乱によって，都の京都は徹底的に荒廃したが，室町時代後期にはそれまで勢力のあった武家方にも公家方にも寺社方にもそれを復興する力がなくなっていた．そこで登場したのが，京都の町衆を中心にした商工人の庶民である．彼らは，東南アジア貿易などによって経済力をつけ，その財力によって京都の復興を支えたのであった．
　その復興の様子がうかがえるのが，京都の内外を描いた「洛中洛外図屏風」であり，なかでも重要文化財に指定されている舟木本をよく見ると，江戸時代初頭の京都で暮らすさまざまな階層の人々の日常の風俗が事細かに描かれている．そこにはこの世を「浮世」として謳歌して生きる人々の姿が生き生きと捉えられている．そうした風俗画の視点を受け継ぎ，拡大発展させたのが浮世絵である．

●**版画としての浮世絵**　浮世絵が大いに拡大発展した理由は，町絵師であった浮世絵師が肉筆画にこだわることなく，印刷技術の進展に積極的に関与して版画の下絵をたくさん描いたからである．版画は大量に摺られて単価が安いため，庶民層も手軽に入手できるようになり，浮世絵の享受者が爆発的に拡大したのである．しかも浮世絵師は，一枚摺の版画だけでなく，版本の挿絵，絵本などに筆をとり，

さまざまな媒体を通して人々の要求に積極的に対応した．したがって浮世絵に描かれた事物は大変広範に及び，①人物画では当世美人図，人気役者絵，故事人物図，庶民風俗図など，②風景画では名所風景図，街道宿場図，都市名所図など，③風俗画では年中行楽図，流行諸藝図，戯画，春画など，④器物風物画では流行草花図，愛玩器物図，博物図などと，当時の人々が興味をもち好奇心を抱いた事物が，ほとんど漏らすことなく描かれたのである．

●**錦絵の誕生**　浮世絵といえば，今では肉筆と見紛うような多彩色の版画を思い浮かべるが，日本で多色摺版画が誕生するまでおよそ100年を要した．前期の浮世絵版画はすべて白黒の墨摺絵であったが，多くの享受者はやはり色彩のある画像を需(もと)めるもので，そうした要求に応えようと墨摺の版画に手彩色を施したり，数色の色を摺り重ねる合羽摺(かっぱ)や紅摺といった技法が工夫されたが，なかなか人々を満足させるような色摺版画はできなかった．

今見る多彩色の浮世絵版画が誕生したのは，明和2 (1765) 年の正月のことであった．当時趣味人の間では新年に趣向を凝らした絵暦をつくり交換することが流行していたが，その年の交換会に出品された旗本の大久保忠舒(ただのぶ)（狂名，巨川(きょせん)）が，鈴木春信に下絵を描かせて作成した絵暦が，日本の多色摺版画の最初であった．それらはその絵柄の新鮮さと画面の色鮮やかさによって一躍有名となり，その技法で摺られた版画が錦織のように華麗で美しいという意味で「錦絵(にしきえ)」とよばれて一世を風靡し，その年の内に「吾妻錦絵」として江戸土産の代表となった．

●**共同製作としての浮世絵版画**　版画としての錦絵のすばらしさは，肉筆画と見紛うばかり多彩な色を用いながら，色面のズレや重なりがなくきっちりと配色されていることである．それを可能にしたのは各版木に刷紙の位置を決める「見当」，「鍵見当(かぎ)」と「引付け見当」という目印を的確に刻む工夫が開発されたからである．そして浮世絵版画の制作にとって重要な点は，魅力的な下絵を描く絵師だけでなく，下絵の描線を筆致を生かして彫る彫師，見当を生かして色版を的確かつ効果的に摺り上げる摺師，これら三者の共同作業によって1枚の浮世絵ができ上がるということである．さらにその背後には，常に新しい趣向や企画を考えていた版元らがいたことも忘れてはならない．

身分制度の確立していた江戸時代では，絵画においても政治的，文化的，宗教的権威を教示する，伝統的に洗練された清雅な画を描くことが主流であったが，そうしたなかで，風俗画家や浮世絵師は当世の平俗な好奇心に応えて享楽的な事物を描き出した．その視点を明確に意識した絵画が，すでに17世紀初頭に生まれ，18世紀から19世紀中頃にかけて大量に描かれた．一般庶民だけでなく，上流社会や知識人の間でも，私的に享受されていたということは，世界の美術史においても大変特異なことであると同時に，文化史的観点からみても日本文化の大きな特色の表れであると考えられる．

[早川聞多]

盆栽

　自然の情景を凝縮したイメージで鑑賞され，マツやモミジなどの樹木が圧倒的に多いこの盆栽の概念は，近代になって確立したものである．中近世では，こうした概念をさす言葉自体がなく，広い意味で「鉢植え」に含まれていた．17～18世紀には，「盆」を「はち」と読ませ，植物を植えて楽しんでいたが，中国経由の「盆景」の語が比較的現代の盆栽に近い意に用いられている程度であった．18世紀半ばより，針金掛けや寄せ植えなど，現代に近い技術が登場し，鉢に仕立てて植物を愛好する風が一般化し始める．

　「盆栽」の語が登場するのは19世紀に入ってからで，園芸書『草木育種』(文化15〈1818〉)には，「登盆の事」という項目が立てられ，「盆栽は」で始まる文章には，鉢植え栽培における留意点が細かに記されている．また，マツの古木の姿を，針金で曲げて形づくる技法が紹介され，植物を人の手でつくり上げる技術が本格化した状況を示している．

　斑入り葉などの「奇品」(珍しい品)を集めた図譜『草木奇品家雅見』(文政10〈1827〉)には，「盆栽」の語が多用されている．盆栽を「ぼんさい」と読ませる早い例も含まれるが，意味としては「鉢植え」で用いられた．珍しい植物を，殖やして交換・売買するために鉢植えが必須になり，さらに奇品にふさわしい容れ物として，植木鉢にも相応の美しさが望まれ，色彩豊かなものも登場した．植物を保護するために「むろ」とよばれた温室も普及し，運搬にも便利な鉢植えは，この頃に全盛期を迎え，浮世絵や草双紙の挿絵などにもその愛好の様子が描かれるまでになった．

●**植木屋の役割**　近世の園芸は，江戸，京，大坂，名古屋などの大都市において栄え，特に江戸においては，植木屋により多種多様な鉢植え植物が栽培された．江戸の植木屋は，本所，下谷，染井などの郊外に集住して，広い圃場を確保しながら，市中にほど近い位置に居を定め，鉢植えの供給地として機能した．

　明治を迎えて，植木屋の暮らす地は宅地化が進むなどして没落する者もいたが，この中で頭角を現したのが，団子坂(千駄木)や巣鴨にいた江戸以来の植木屋であった．造園や鉢植えの供給先として多くの華族を顧客にもち，盆栽を専門とする盆栽園も登場した．

　日露戦争後は，日本文化を海外に広く紹介する意を含ませ，積極的に盆栽が愛好され，次第に盆栽の価格は高騰した．素人による栽培が不可能なものも登場すると，顧客は手入れを植木屋に任せるようになり，盆栽業は植木屋の主要業務となっていった．明治39(1906)年には植木屋により盆栽専門誌『盆栽雅報』が

創刊され,これによれば当時の実業家や政治家に多くの盆栽愛好家がいたことがわかる.

都市化の波に押された東京の盆栽園は,大正12(1923)年の関東大震災をきっかけに多くが郊外に移住し,団子坂の植木屋も埼玉県大宮に「大宮盆栽村」として自治村を開拓した.大きく様変わりした震災後

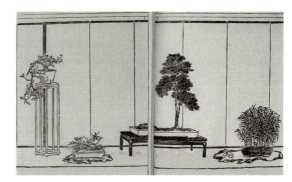

図1 『盆栽瓶花聚楽会図録』の座敷飾り［個人蔵］

の東京は,緑への憧れが一層深まったことで盆栽の市場は震災前よりも活況をみせ,百貨店において販売され,家庭や職場において盆栽をたしなむ人口が増えた.交通の発達に伴って都市に直近でない地に移った大宮盆栽村も,盆栽を中核とした観光地と化していったのである.

●**盆栽の飾り方** 生け花や書画,工芸品のように座敷に飾られることは,盆栽の歴史にかかわりが深い.近世において室内の鉢植えの置き場所は,窓や縁台がほとんどを占め,幕末から明治初年にかけて関西の富家らの間で流行した煎茶会席上でようやく,床脇棚に置かれる程度であった.煎茶会は,中国趣味の花瓶や文房具を好んで飾り,特に中国の陶磁器である宜興を産地とする紫泥の急須が珍重された.煎茶会における盆栽は,中国産の盆(鉢)を貴ぶ嗜好から派生したもので,盆栽は主役とはなり得ず添え物として飾られたにすぎなかった.

明治半ば以降,盆栽同好会が各地で設立され,会ごとに陳列会を催すと,現代に近い鑑賞法が確立されていった.明治36(1903)年『盆栽瓶花聚楽会図録』では,会場として使われた料亭の一部屋を「一席」とし,一度に何席も鑑賞した様子が記されている(図1).現在の盆栽で「席飾り」という呼称はこの頃の名残である.盆栽は,襖を隠すために真っ直ぐに立てた屏風を背景に,卓という展示台で高低差をつけて飾られ,生け花と同じように一方向から見る「正面性」が重視されるようになり,芸術としての盆栽へ向けた飾り方を模索していった.

昭和9(1934)年には,上野公園の東京府美術館において,美術館における最初の展覧会として,「第1回国風盆栽展」が開催され,現在まで続く全国的な盆栽展示会としての歴史を誇る.また2010(平成22)年には,大宮盆栽村に隣接した区画に,さいたま市大宮盆栽美術館が開館され,盆栽は美術品という概念が定着した.

［平野 恵］

日本庭園

　日本庭園は，基本的に石・水・土・植物などの自然素材を用いて，日本の自然風景を理想としてつくられている．理想とされた自然風景は海であり，山であり，川であり，里である．自然風景の理想化の方法や特徴は時代によって変化を遂げ，さまざまな日本庭園の様式が生まれた．

●**日本庭園の様式**　曲線的な汀線をもつ園池，州浜，石組みを基調とした日本の海岸風景を彷彿させる，いわゆる日本庭園のイメージが確立してくるのは，奈良時代の後半からであり，平城宮東院庭園（発掘復元）などにその姿がみえる．

　平安時代の京都においては，寝殿造庭園と浄土庭園という様式の庭園が生まれた．寝殿造庭園とは，平安時代中期を中心に，貴族の邸宅である寝殿造建築に伴う庭園様式をさす．特徴は，寝殿の南方に広場があり，その南に池を配し，導水は北東からの遣水を基本とした構成であり，儀式や遊興の場として機能した．藤原頼通の高陽院庭園などが代表的であるが，現存するものはない．その庭園は『春日権現験記絵』などの絵巻物や王朝文学にしのばれるが，近年の発掘成果によりその姿が明らかになりつつある．

　平安時代末期には，末法思想が広まり，極楽浄土をこの世に再現すべく浄土庭園，あるいは浄土式庭園がつくられるようになった．基本的には西方極楽浄土を表現していることから，阿弥陀堂は東向きに建てられ，池を挟んだ対岸から西方の阿弥陀堂や阿弥陀仏を遥拝する形式となっている．浄土庭園は寝殿造庭園が宗教化した晩年の姿といわれ，平等院鳳凰堂や毛越寺庭園（岩手県）が現存するなかでは代表的存在であり，奥州の浄土庭園の一群は世界遺産に認定された．またこの頃，日本最古の作庭書といわれる『作庭記』が橘俊綱によって編纂された．

　その後，室町時代から安土桃山時代に，書院造建築に伴う書院造庭園も確立した．接客や対面の儀礼の場である書院座敷から鑑賞する形式となっており，着座位置からの眺めを重視した一点座観の庭園づくりがなされた．龍安寺石庭（京都府）に代表されるような「水のある池や流れをつくらず，石組みを主体として白砂・コケ・刈込みなどで自然景観を象徴的に表現」する枯山水が確立したのも室町時代においてである．しかし，枯山水という言葉は古く『作庭記』に「池もなく遣水もなき所に石を立つることあり，これを枯山水となづく」とすでにあるが，この頃の枯山水は寝殿造庭園の一部につくられたものをさしていたとされる．

　さらに，枯山水と同じ時期に都市の民衆によって新たな日本庭園の様式「露地」が誕生した．露地（茶庭）は茶室へ至るまでの伝いの庭で，侘び茶とともに発展し，都市にありながら山里の趣を醸し出すもので「市中の山居」とも評された．

そして，江戸時代に入ると，それまでの「池庭」「枯山水」「露地」を集大成した新たな庭園形式である「回遊式庭園」が誕生する．回遊式庭園の代表は，桂離宮や修学院離宮（京都府）などの宮廷庭園，また小石川後楽園や六義園（東京都）などの大名庭園である．基本的には広大な敷地につくられた園池を中心としたもので，池の周辺に複数の茶室や亭が建てられ，それらを飛石などが繋ぐ構成である．公家や武家，僧侶など一定の教養をもった人々の社交の場として個性的な庭園が数多く創生された．

江戸時代には，『築山庭造伝』などの造園書や，『都林泉名勝図会』といった名園案内も刊行され，広く庶民にも庭園文化が普及した．「鰻の寝床」とよばれるように庶民の住宅である町屋は奥に細長いために，採光・通風のために坪庭がつくられ，手水鉢や燈籠が置かれるなど美的に生活空間を彩った．

明治維新以後，新たに登場した政財界の指導者たちは，独自の庭園文化を追求していった．近代に入ると，それまでの縮景的・象徴的な造形ではなく，原寸大・写実的な庭園が新たに生み出された．それは，野山に小川が流れるような身近な山里のような自然な風景をモチーフとしたもので，近代以前の池を中心とした庭園から流れを中心とした庭園に変化していった．山縣有朋の無鄰菴庭園などが代表で，植治こと7代目小川治兵衛が作庭にかかわった．

●世界のなかの日本庭園　世界の庭園は，整形式庭園と非整形式庭園に大別される．整形式庭園とは，ヨーロッパ諸国に多くみられる直線的で左右対称な造形を特徴とする庭園をさす．非整形式庭園とは，自然式，また自然風景式庭園とよばれ，日本や朝鮮半島，中国にみられる曲線的で左右非対称な造形を特徴とする庭園のことである．西洋では長らく整形式庭園が主流であったが，18世紀になるとイギリスでは自然風景式庭園である非整形式庭園が登場する．

整形式庭園は，ヨーロッパ諸国に多くみられる．イタリアのエステ荘を代表とする「イタリア式（テラス式）庭園」は，数段のテラスで構成され，デザインの幾何学性，庭園内部から周辺のパノラマを楽しむことが特徴である．フランスのヴェルサイユ宮殿をはじめとする「フランス式庭園」は，17世紀後半からフランスを中心につくられアンドレ・ル・ノートルによって創立される．広大さと，館を中心に庭園の中央を貫く力強い軸線は左右対称性を生み出し，遠くまで見渡せる点が特徴である．

日本や朝鮮半島，中国の庭園は「非整形式庭園」の範疇に入るが，それぞれの共通性は多くはない．中国庭園は近世以前のものがほとんど現存せず，文人庭園，宮廷庭園があり，一括することはできないが，日本庭園はあくまで自然風景を理想としてつくられており，中国の庭園を特徴づけている太湖石のような奇石は少ない．そして，枯山水にみられるような，石で水を象徴的に表現することは日本庭園以外ではみられない特徴とされる．

〔町田　香〕

墨絵（水墨画）

　墨を面的に用いる水墨の技法は，破墨と撥墨をその端緒として，8世紀後半頃に中国で生まれた．破墨は，墨の面の濃淡で山や樹木などを表すものであり，撥墨は，墨を多量に用いて墨面の広がりで対象を表現するものである．輪郭線によらずに対象物を表すこれらの技法は，伝統的な中国絵画にはなかった革新的なものであり，特に山水という主題と結びつき，以後の中国絵画に水墨山水画という新たな領域を成立させた．山水はそれまで人物画などの背景にすぎなかったが，独立して描かれるようになったのである．技法の面でも，時代とともに洗練され，10世紀頃（五代～北宋時代）には，高度な空間表現を伴う水墨山水画が描かれるようになった．

　水墨技法が登場する以前の中国絵画についてみれば，墨による描線を重んじる六朝時代以来の伝統があり，線によって物の形や本質を表現しながら，線自体の美しさを備えることが，絵画の要所とされた．彩色を抑制または排除し，描線本位で完成させる白画が成立したのも，こうした絵画観による．白画は，線を軽視ないし否定する水墨技法が登場した唐代以後も連綿と描き継がれ，その存在意義が決して失われたわけではなかった．

●**白描画**　中国の白画の系譜を引く墨線主体の絵画は，日本でも描かれ，それらは通例「白描画」と称される．最古の作例は，正倉院宝物の「麻布菩薩像」であり，飛来する菩薩をのびやかな墨線で描いている．この流れのなかから後に，闊達な線で動物たちの姿を描いた，平安時代の「鳥獣人物戯画」（高山寺蔵，項目「絵巻物」参照）のような作品が生まれた．平安時代にはまた，記録からではあるが，白描のやまと絵の障子の存在が知られる．白描画は，高度な画技を習得した絵師によって描かれる一方で，素人の手すさびとしても愛好された．物語絵や歌絵が描かれたとみられ，「法華経冊子」（個人蔵）の絵は，主題を特定できないものの，その趣を伝える好例である．白描の物語絵は，鎌倉時代にも，さらなる技法的洗練を加えて描き継がれ，「白描絵入

図1　紙本白描「隆房卿艶詞絵巻」
［所蔵：国立歴史民俗博物館］

図2　雪舟筆「天橋立図」
〔所蔵：京都国立博物館〕

源氏物語」(徳川美術館・大和文華館蔵)や「隆房卿艶詞絵巻」(図1),「枕草子絵巻」(個人蔵)などの優品が誕生した．室町時代には，小絵と称される小型の物語絵巻に白描の技法が多く用いられ，『源氏物語』などが盛んに絵画化された．

●水墨画　平安時代には，宋との文化的交流のなかで，水墨技法が伝来していたと考えられるが，実際の絵の中にその影響が現われるのは13世紀以降であり，その例に，彩色画の一部に水墨を取り入れた「六道絵」(聖衆来迎寺蔵)などがある．鎌倉時代後期に入って，南宋と日本の間で禅僧の往来が盛んになり，禅の教えと深く結びついた水墨画がもたらされるようになると，日本の禅僧たちは，黙庵「布袋図」(MOA美術館蔵)や鉄舟「蘭竹図」(プリンストン大学蔵)のように，中国の禅僧に倣い，職業画家としてではなく余技として，禅宗ゆかりの人物や墨蘭・墨竹などを描いた．15世紀前半を中心とする時期には，五山において，漢詩文と絵からなる「詩画軸」が流行した．詩画軸には，「溪蔭小築図」(金地院蔵)や如拙「瓢鮎図」(退蔵院蔵)をその例として，庵や人物とともに山水を描くものが多く，ここに大画面水墨山水画成立の萌芽がみられる．それらは馬遠や夏珪(いずれも宋代の画家)など南宋山水画の様式を学ぶものであった．相国寺の僧・周文は，山水のモチーフを大画面に有機的に展開させた本格的な水墨山水画も制作したようで，いわゆる周文様式とよばれている．周文の後に相国寺に入った雪舟は，南宋絵画や渡航先の明において新たな様式を学ぶなどし，その学習を生かして多くの画題を自在に描き分け，「天橋立図」(図2)のような独自の画風を確立した．また雪舟は，水墨花鳥画にも功績を残したとみられ，その影響が後世の画家たちの作品にうかがわれる．16世紀頃には，水墨画は，足利将軍家の画事を担った相阿弥や狩野派の絵師たちによっても幅広く描かれるようになり，多様な展開をみせた．

〔成原有貴〕

蒔絵（漆器）

　蒔絵とは，漆で描いた所に金銀粉を蒔いて，磨き上げ，漆の艶と金銀の金属的な対比で表現する漆芸の作品である．蒔いて絵を描くのでついた名称．日本独自の技法とされていたが，近年は中国にも同じものがあるとの見解もでている．

●**漆の源流**　日本列島からは，1万6,500年前の縄文土器が出土する．漆関係遺物では，北海道函館市の南茅部垣ノ島B遺跡から，9,000年以前の朱漆が塗られた繊維で織られた衣服が発見されている．その後は北海道，東北地方を始め各地で土器や木器，籠に漆を塗ったものなどの漆器や，櫛，腕輪，首飾りなどの装身具が出土している．漆の木は秋になると紅葉し，葉を落とす落葉広葉樹であり，日本の各地には自然林として点在していたと考えられている．

●**漆の使用例**　①接着剤として：石鏃の根元に漆の跡がついているものが多く出てくることから，最初は接着剤として使われ始めたのだろう．割れた土器の接合などにも接着剤として使っていた．②塗料として：土器や木器に漆を塗り込んで皮膜をつくり，漏れを防ぐなどの塗布材としての使用例が多く散見される．③塑形材料として：漆と木粉や砂などを混ぜた塑形材で，形をつくるなどの彫刻的な使用例もある．④絵画材料として：紅柄，水銀朱などの朱の粉を混ぜた赤色漆と煤を入れた黒漆の色彩対比で，渦などの模様を描くことも行われていた．縄文時代には現在の漆芸と同じ使い方が確立され，生活を豊かにしていたことが伺い知れるのである．

●**蒔絵の源流**　8世紀になり，日本は律令国家の奈良時代を迎える．仏教を国教とすることになり，西域，中国から，多くの文物が招来される．

　貴重な物は東大寺の正倉院に預けられ，今も1,300年にわたり，時代を超えて護り伝えられている．その中に「金銀鈿荘唐太刀」とよばれる飾り刀が保管されている．蒔絵技法の原点とされ，当時の鑢でおろした金粉が蒔かれ，現在の研ぎ出し蒔絵の元になる作品である．この刀の形状が中国様式であることと，近年中国において，鑢粉を蒔いたこの技法の類例が発掘された．日本が創始したという見解と，原点は中国にあるとする意見がある．

●**蒔絵技法の種類**　①研ぎ出し蒔絵技法：奈良時代から平安時代になると金，銀，銅の合金割合でさまざまな色彩と形状の鑢粉がつくられるようになり，「片輪車蒔絵螺鈿手箱」のように表現の幅が広がっていく．粗く未整理の粉のため粉固めの後に上塗りを繰り返し，研ぎ出して粉の粒の表情を表し出す．模様以外の所に粗い粉を蒔く塵地や，粉の蒔き方の疎密により奥行きある画面ができる．

　②高蒔絵技法：鎌倉時代に入ると武士階級の台頭により豪快な画面構成が好ま

れ、蒔絵も立体感ある表情と全面に粉を蒔くなどの溜地（だみじ）が行われるようになった．高上げには以下の三つの方法がある．(a) 高上げ漆を使う場合：やわらかで自然な盛り上げができる．ゆっくりと乾く漆に乾燥剤である鉛白を入れて，高上げ漆を調整する．(b) 粉などを蒔く場合：各種金属粉，炭粉などを蒔いて立体感をつくる．粉を蒔くことを繰り返し，凹凸ある表情をつくる．(c) 錆漆（さびうるし）を使う場合：水練り砥粉に漆を混ぜて筆で描けるように調整する．いっぺんに高く盛ることができ，筆の勢いなどの表情がだせる．いずれも肉上げした上に再度絵漆で描き，金属粉を蒔いて固めた後に磨き上げる．

研ぎ出し蒔絵は，平滑に研いだ平面表現であるが，高蒔絵はレリーフ状の立体感をもつ金属の表情をつくることができる．静岡県三島大社の「梅蒔絵手箱」と内装品の各種箱類が有名である．

③平蒔絵（ひらまきえ）技法：すでに平安末期から行われていた技法であるが，桃山時代から江戸時代に入るとより細微な金属粉の製造が可能になったことで，多く生産されるようになった．絵漆の上に細かな粉を蒔き，その粉の上のみに漆固めを行い，磨き上げ，金属粉を光らせる．ポルトガルやオランダが日本の蒔絵作品を海外へ輸出するために大量につくり出し，また，建築などの内面に蒔絵を施すなどが流行ったために，より簡便な蒔絵技法としてこの平蒔絵が流行した．豊臣秀吉の妻北政所（きたのまんどころ）（ねね）の菩提寺である高台寺（こうだいじ）の須弥壇（しゅみだん）の蒔絵が有名であり，絵梨地，引っ掻きなど平蒔絵技法を中心にした装飾を高台寺蒔絵とよぶ．

④肉合研ぎ出し蒔絵（ししあい）：江戸時代に入るとそれまでの総ての蒔絵技法を総合した作品がつくられるようになった．楼閣山水に鳥や草花などを配する風景の描写に，研ぎ出し蒔絵，高蒔絵，平蒔絵，付け描きなどを併用し，豊かで奥行きある豪華な蒔絵技法として表現される．江戸時代の国宝「初音の調度」が有名である．

●**漆器と日本人**　中国は陶磁器，朝鮮半島は金属器で器をつくり，食事の際に用いている．回転させて削る技法である轆轤（ろくろ）が日本に入ってきてから，金属の刃で木の器を削り出す木器が沢山つくられるようになった．それに漆の木から採取する漆液を塗り込んだ漆器で食事をすることが日本人の文化であった．椀も箸も木でつくり，漆を塗った物を使う民族なのである．

16世紀に入り日本の蒔絵がヨーロッパに大きな影響を与え，各国の教会，王侯貴族が競って買い集めた．賓客を招待する部屋に漆器を飾り，壁一面を漆のパネルで装飾するブームが来るのである．輸入が間に合わない欧州の国々では，それまでの家具や楽器を塗ってきた技法を応用し日本風模倣漆器の生産が始まる．生産していたのはドイツ，フランス，オランダ，ベルギー，イギリスなどの国で，19世紀後半から20世紀初頭までのジャポニスム運動より300年ほど早い時期に欧州において日本の蒔絵が模倣漆器産業として大ブームを起こしていたのである．

［三田村有純］

色　絵

　色絵とは，施釉された陶磁器の加飾法の一つで，多彩な絵具をもって透明釉の上に絵模様を描いて焼き付ける．昭和年間になって提唱された陶磁器用語で，江戸時代には赤絵，錦手とよばれた．ケイ酸分を主剤としてアルカリ金属をもって溶融剤にした高火度（1,300℃前後）の釉薬を素地とし，鉛釉を主剤とした低火度（800℃前後）の釉薬を絵具の基礎材にして絵模様を表して焼き付け，釉面から剥離しない絵付けを行う技法である．

●**色絵の始まり**　色絵の陶磁器は，早くには9世紀にイスラム圏で発明されていたが，大きな発展はなかった．実質，色絵技法が陶磁器界の主流に定着したのは，中国の陶窯の発明によるところが大きい．金時代の12世紀後半には華北の磁州窯において白化粧地透明釉を基礎釉にして，陶器の釉面に鉛釉の緑釉・褐釉と，別途に調製した赤絵具をもって初歩の色絵技法が完成した．その後，元時代になると，華南の景徳鎮窯がこの技法を白磁に応用して，本格的に白磁色絵，いわゆる色絵磁器が成就した．

　しかし，当時の日本の陶磁器技術は低く，また，文化史的にみても，親しみやすい庶民的なこの色絵磁器は，高級志向の強い上層文化人には受け止めにくい状況にあったという理由もあろうが，製造されるという気運が興らなかった．

　江戸時代初期，元和2（1616）年に九州佐賀県の西部にあたる有田町に白磁鉱石が発見されて，伊万里焼とよばれる白磁が創始された．これを契機にして，伊万里焼の陶工酒井田柿右衛門が正保4（1647）年の少し前に，中国人のアドバイスを受けながら，初めて白磁胎の上に絵付けした色絵磁器を完成させたと，柿右衛門家に残る史料は語っている．伊万里焼が創始した色絵磁器は，今でいう古九谷様式の作風であったと思われる．これはその後，17世紀を通じて日本国内に流通し，大評判を得たようだ．作風は五彩手・青手・祥瑞手に大別され，その様式の源は中国の景徳鎮民窯の色絵磁器にあったが，大胆な創意によって峻厳豪放な絵模様を大皿の見込みに展開した．祥瑞手は瀟洒で沈んだ絵模様によって茶人の趣味に寄り添った．

●**輸出産業としての色絵**　一方，同じ時期に伊万里焼は，特筆される様式を樹立した．いわゆる柿右衛門様式である．これは，主としてオランダからの要請に応えて成立した．オランダの東インド会社が万治2（1659）年に伊万里焼に焼造を依頼してきた．この注文を契機として，景徳鎮窯の色絵磁器をモデルとした忠実な倣製品を焼くことが伊万里焼の重要な課題となった．その結果，主としてヨーロッパ向けに焼かれて発展したのが，柿右衛門様式の色絵磁器であり，乳白色の

白磁胎に燃えるような赤絵が印象的な,赤絵とよぶのに相応しい色絵磁器が完成していった.伊万里焼の発展を支えた鍋島藩は独自に窯を築いて,藩の贈答用を主目的にした,いわゆる鍋島焼を完成させた.1680年代には,精巧無比で,かつ,純和様をうたう色鍋島とよばれる高級色絵磁器が世に登場してくる.

　元禄年間(1688-1704)になると,今度は,伊万里焼自身が技術革新に乗り出して,染付下地の色絵磁器に,さらに金泥によって豪華に加飾した金襴手を編み出し,日本はもとより,西欧の王侯貴族を納得させる大反響を得て,伊万里焼の名声は世界に確立したのである.

●**色絵の広がり**　さて,こうして色絵磁器が伊万里焼によって発展すると,当時の陶業の二大産地の一つであった京都の陶工たちも,色絵に興味を示し始める.その結果,明暦2(1656)年までには,京都洛西の御室仁和寺の門前に窯を開いた野々村仁清が,色絵の開発に成功している.ただし,磁器の製法をもたないので,陶器にて色絵を載せることとなった.仁清の陶芸の特徴は,色絵具をまるで絵画の絵具と同じように扱って微妙な絵画的表現法を獲得し,しかもその絵模様は得も言われぬような優雅典麗な純和様の意匠で清められ,ここに京焼ならではの色絵陶器が誕生し,京都のほかの窯も,この純和様路線を歩むこととなった.仁清に憧れて陶工となった文人尾形乾山(1663-1743)は,兄光琳の大和絵画風を意匠の根源にして,独自の絵画的な色絵陶器を焼いて人気を博した.

　江戸時代の色絵は伊万里焼と京焼が牽引したといってよく,中国趣味を基調とする伊万里焼と純和様を基調とする京焼とが屹立するという状況を呈した.幕末になると,全国の至る所に陶窯が開かれ,優秀な窯は色絵を手掛けたが,その様式は中国風の磁器と和風の陶器の色絵におおむね区別される.

　明治時代になると,欧米への輸出によって各地の窯は繁栄し,期待される焼き物は色絵であった.薩摩焼・京焼・九谷焼が,地方にあっては有力な産地となり,東京・横浜にも窯が築かれて,それぞれ妍を競ったのであった.薩摩焼の場合,陶器の色絵金襴手で世界を魅了し,あまりの繁栄にて,色絵の加飾作業を東京・横浜・神戸・大阪で行うといった状況であったが,大正時代になると,世界から向けられた,指物色絵陶磁器の注文も下火となった.

　明治年間から大正年間で特筆される現象は個人陶工の活躍であり,彼らは伝統的な加飾法としての色絵法から脱皮し始める.白磁釉の中に色絵具を沁み込ませるという手法をもって,絵具もまた多種を開発して,一期を画する秀作を焼造した.その代表的な陶工として,加藤友太郎(1851-1916)・宮川香山(1842-1916)・浅井一毫(1836-1916)・板谷波山(1872-1963)らをあげることができる.明治以降は,産業性の高い陶業が隆盛しているので,色絵陶磁器は今でも基幹の加飾法になっているが,芸術性の高い色絵磁器が,主として個人陶工によって焼造されて発展して,芸術と産業とに二極化している.　　　　　　　　　　　［矢部良明］

茶道具

　茶道具とは，喫茶に用いる諸々の道具のことではあるが，一般的には，抹茶と煎茶を淹れる時に必要な道具をさす言葉となっていて，西洋伝来の紅茶を淹れる時に用いる道具をさすことはない．その内容は極めて多岐にわたるが，主要な道具は掛け物・花入・水指・茶碗・茶入・棗・釜・茶杓・炭斗・香合・懐石道具などである．それらが1,200年ほどの歴史を有しているのだから，言語に絶するほどの領域の広さを呈している．

●**茶道具の始まり**　喫茶は，世界に先駆けて中国で後漢時代の1，2世紀には始まったといわれているから，茶道具の歴史もまた2,000年ほどになるわけだが，実際のところ，実物で知り得るのは唐時代後期になってからである．例えば，陝西省扶風県の法門寺にある唐の咸通15（874）年の地宮遺跡からは，ガラスの茶碗をはじめ，金属製の茶道具がセットで出土している．茶道具についての史料では，中唐時代の8世紀後半の文人陸羽が著した『茶経』が有名で，茶道具の解説が書かれている．

　日本に喫茶の風習が中国から伝わるのは，平安時代初期の9世紀初頭のことといわれているから，この時期には法門寺出土品と同じような茶道具が請来されていたかもしれない．平安時代の喫茶法はその後，下火となり，平安時代末期から鎌倉時代（12〜13世紀）にかけて，今度は新たなる喫茶法が中国から伝えられた．世に有名な禅僧栄西（1141-1215）は，中国の南宋時代に流行していた喫茶法を日本に紹介した人として知られている．鎌倉時代の後期，14世紀前半になると，日本でもこの宋風喫茶が定着し，流行を遂げると，中国製の黒釉茶碗が認知され評判をあげていく．その象徴的な茶碗が中国福建省の建窯で焼かれた曜変・油滴とよばれる茶碗であり，江西省の吉州窯で焼かれた玳玻盞などであった．この名器が日本でも最高の扱いを受けて重宝とよばれた．

　室町中期になって，この豪華な唐物主義に反対する運動が地下に起こってきた．珠光（1423-1502）という僧侶が提唱した新たなる運動は，同じ中国趣味ではあったが，冷える・凍る・寂びる・枯れるといった唱え文句をもって，派手さはなく，地味に映る名もない道具の方が，精神を冷やして陶冶する力をもっていると主張し，茶碗でいえば，中国の名もない窯で焼かれた灰破天目の方が，ずっと精神に適うといい始めた．その結果育成された喫茶法が，現代，茶の湯とよばれる喫茶法となる．ここで，平安時代・鎌倉時代に続いて，茶道具は3回目の洗い直しにかかったのであった．無名な茶道具が有名になるという，価値観の大変化が生じると，この茶道具が名物という呼び名で大変な評判をよび，値段が高騰

していった．これらを名物とよぶこととともなる．その傾向は，武野紹鷗(1502-55)が主導する室町後期になると，果てしないほどに加速し，一般の茶人を一流の茶の湯から遠ざける結果となった．

●**千利休の登場** この状況を反省したのが，千利休（1522-91）であった．高騰した名物茶道具に代えて，今出来の創作茶道具を提供して，一般茶人を容易に茶の湯へと誘うこととした．この発案を良しとしたのが天下人の豊臣秀吉であったから，利休の提案はたちどころに全国に波及したのである．茶碗でいうと，京都の長次郎が焼いた樂茶碗がそれであった．こうして，日本製の創作茶道具が認知され，地場を勝ち得たのである．時は創意に湧いた桃山時代であったから，後期の慶長年間（1596-1615）になると，沸騰するように創作茶道具が蔓延する．その旗振りの先頭になった茶人が古田織部（1544-1615）であった．美濃焼の織部焼はその象徴とされている．

ところで，創作茶道具が認知されると，その評価付けをして整理する必要に迫られてきた．そこで，織部に継ぐ天下一宗匠となった小堀遠州（1579-1647）は創作茶道具の整理整頓にとりかかり，唐物名物は尊重しながら，新たに名物となった創作物を中興名物として認知する作業を行ったのである．前者を大名物，後者を中興名物と捉えたのは，後の江戸後期に生きた松平不昧であった．

創作茶道具は江戸時代以降，現代に至る茶道具の根幹を形成していく．江戸時代に入ると，桃山時代のような豪快な茶道具は避けられるようになり，瀟洒で洗練された茶道具が好まれるようになった．その傾向を端的に伝えるのが17世紀後半に生きた京都の陶工野々村仁清（生没年不詳）であり，染付・色絵の技術をもって，華麗で優雅な茶道具を焼き，新風を道具界に吹き込んで一世を風靡したのであった．茶道具の歴史は，17世紀後半に大転回を遂げたといえる．今日の茶道具の価値観は，おおむね宋元時代の唐物名物・桃山時代の豪快な創作茶道具・江戸時代の洗練された創作茶道具の3本立てであると，見做してよいであろう．その思潮のもとで，現代の創作茶道具の創造活動が続けられている．

●**現代の茶道具** ところで，現代，喫茶法には，煎茶がある．茶葉を焙煎してつくる煎茶も，中国から導入された飲茶の方式であった．中国では明時代の15世紀頃から流行し始め，その風習が江戸中期の18世紀に日本にて広まった．煎茶道具にはやかましい規定は少ない．したがって，文化史上では茶の湯道具ほどの多様な展開はなく，特に美術的評価にもこだわらない．要点は，いかに清い気持ちで快く茶を飲む道具であるかに置かれている．

中国の明清時代の書画，殷周時代の古銅器，宋元明清時代の古磁器と，専用につくられた急須・湯缶などが好まれ，煎茶碗・涼炉・急須・水次（水注）などは江戸末期の京都の陶工青木木米・三代高橋道八・三浦竹泉・欽古堂亀助などが秀作をつくった．

［矢部良明］

西陣織

西陣織の歴史をたどると5,6世紀の頃,中国からの帰化人・豪族秦氏の一群が,現在の京都市西部一帯(右京区太秦辺り)を根拠地として,養蚕・絹織の技術を移植したといわれている.すなわち,西陣織は1,500余年の歴史と伝統を有することになる.その後,京都に都が移り,織部司(織物を掌る役所)で高級な綾・錦などを織り出したのが,官営工房の始まりである.平安中期以降,律令機構が崩れるにつれて官営工房も衰え,鎌倉時代に入ると自然消滅する.代わって織手たちは「大舎人の綾」「大宮の絹」とよばれた織物をつくり出し,これが民営として京都の機織の始まりといわれている.

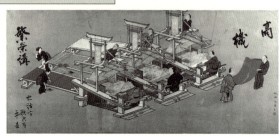

図1 高機 [所蔵:西陣織会館]

●**西陣織の誕生** 室町時代,応仁の乱(1467-77)によって京の町は荒廃し,織手たちは一時堺などに離散疎開するが,乱後,京都に戻り,山名宗全率いる西軍の本陣跡で再び大舎人の綾を復活させた.ここから「西陣」の呼称が生まれ,この地で織られた織物が「西陣織」とよばれるようになったのである.

また,織技術を高めデザインを蓄積していくなど,高級精妙な西陣織の基礎を築くことにも力を注いだ.特に,江戸時代前半期の西陣は幕府の保護も著しく,清国からの輸入白糸をほぼ独占し,高級織物を一手に掌握するなど隆昌期であった.織屋街の中心地にあたる大宮通今出川の角付近は東西に糸問屋の大家が並び,毎晩のように取引高が1,000両を超したことから,この辺りを「千両ヶ辻」とよぶようになった.

江戸時代後期になると西陣機業は停滞斜陽化し,幕末には特に沈滞する.享保15(1730)年の「西陣焼け」,天明8(1788)年の大火,また,丹波や桐生など新興機業地の台頭,天保8(1837)年の大凶作,天保12(1841)年の天保の改革による奢侈禁止令などの影響で世が不況となり,高級呉服の需要は悪化の一途をたどったのである.さらに,東京遷都は朝廷とともに歩んできた西陣産地はもとより,京都の町そのものを沈滞させる事態であった.

しかし,京都府は明治5(1872)年,佐倉常七・井上伊兵衛・吉田忠七の3人の技術者をフランスのリヨンに派遣し,洋式工業の技術や新織法を習得させた.

翌6年,佐倉と井上はジャカード(緯糸を通す道〈杼道〉をつくるための経糸を上げる開口装置)をはじめ,さまざまな機械装置や道具類を携えて帰国した.これを機に西陣は,明治の新時代とともに不死鳥のごとく甦るのである.これまで西陣産地は,「空引機」や「高機」(図1)とよばれた手織りの織機を用い,人力によって経糸を上げ緯糸を通して製織していたため,ジャカードは当時としては画期的な装置であった.これが明治20(1887)年前後には西陣にいち早く定着したことから,西陣は日本絹織業の近代的な技術革新の発祥の地となり,帯地・着尺はもとより,力織機の導入に伴い,ネクタイやカーテン,インテリア製品などの洋装品までも製織し,名実ともに日本を代表する織物産地に飛躍・発展したのである.

幾多の災厄を乗り越え,さらなる発展を遂げられたのは,「伝統の真の力」といって過言でない.大正・昭和の時代にかけては手織り技術を一段と高め,高級精緻な織物を生産するとともに,力織機の普及に合わせて,大衆需要製品も生産するという柔軟性ももち合わせていた.このようにして西陣の先人たちは平安朝以降,連綿と続いてきた文化の担い手としての優れたデザインの創造力と,その織物としての表現力を磨き伝承してきた.西陣産業が知識産業といわれるゆえんである.今を生きる西陣人は,この産業を次世代・将来に伝承すべく日々研鑽しているのである.

図2 小葵地紋桧扇文様丸帯
[所蔵:西陣織会館]

現在の西陣織(図2)の特徴は,①先染紋織物(染色した色糸を使用してデザインを織り出す織物),②高度に発達した社会的分業体制,③多品種少量生産方式(帯地,きもの,金襴,ネクタイ,マフラー・ストールなどの肩傘,服地,その他)ということである.和装離れが進む現在,職人の高齢化や後継者不足も懸念されるが,伝統がつくりあげた技を継承しつつ,西陣織の文化を絶やすことなく,未来に向かって新しいものづくりにも挑戦し続けなければならないのである.

[大槻ゆづる]

仏像彫刻

　仏像は，彫刻にも絵画にも表されるが，恒久的な礼拝対象としてのそれは，普通は彫刻である．「仏像」という語も一般的には「仏像彫刻」をさす．

●**仏像の始まりと古典の成立**　仏像は朝鮮半島の百済から，飛鳥時代，6世紀半ばに日本に伝わった．このとき天皇は仏像の相貌の美を讃えたといい，偶像崇拝の伝統のない日本では，人の姿をした仏像は最初から美的観照の対象だった．仏教受容をめぐる抗争に勝利した蘇我氏が6世紀末には飛鳥寺を建て，造像も始まった．聖徳太子が建てた法隆寺の現金堂本尊，推古天皇31(623)年止利仏師作の釈迦三尊像は中国北魏に源流をもつ厳格な様式を示すが，形式上の工夫や繊細な感覚に日本的な特色もある．釈迦三尊像は金銅仏だが，同時代にはほかに木彫の仏像もある．飛鳥時代は660年代の初めで前後に分ける．後期に新たに伝わった塑像・乾漆像には金銅仏・木彫よりも明確な中国唐時代の写実的作風がみられる．

　奈良時代に仏教は律令国家の精神的支柱として発展した．仏像の制作技術や表現は，時差を置かずに中国から輸入され，中国の水準に接近した理想的な人体表現が日本の仏像の古典になった．薬師寺金堂薬師三尊像や東大寺不空羂索観音像がその代表である．興福寺阿修羅などの造形には，素描のような日本的な感覚もある．天平勝宝4(752)年に開眼した東大寺大仏の当初の造形は一部しか残らないが，古代日本が大陸から受容した仏像情報の集大成だったはずである．大仏開眼の翌年の中国僧鑑真の来朝は仏像の歴史にも大きな意味をもっている．唐招提寺金堂本尊盧舎那仏像には新たな唐の影響がみられ，ビャクダン製の檀像の尊重や代用檀像を説く説の流布により，仏像技法として木彫が再登場した．それまでの金銅仏（原型はロウ）・塑像・乾漆像のような柔軟な素材による捻塑的な表現とは異なる，素材の硬質感を強調した表現が日本の仏像に加わった．檀像の代用材は最初カヤが選ばれ，平安時代以後のヒノキの仏像の登場を導いた．

●**和様の成立と展開**　延暦3(784)年の長岡京遷都，延暦13(794)年の平安京遷都は仏教界に新風をもたらした．神仏習合や怨霊思想の深化により恐ろしげな異相や極端に誇張された表現の仏像が表れる．木彫は神の依り代としての各地の霊木信仰とも結びつき，一木造の仏像が各地に広範に広がる．空海によって請来された密教は，仏像の新しい種類や形をもたらした．9世紀半ば頃にはこれらの多様な作風をある程度統一した承和様式が生まれる．東寺講堂諸尊や観心寺如意輪観音像がその典型である．この時期やそれに続く時期に中国からもたらされた新しい造形に対し，奈良時代の古典に対する意識も，日本文化への自意識として次第に明確になったが，仏像の典型を求める模索の時期がしばらく続いた．

古典的な仏像の姿を，絵画的ともいえる独特の手法で再構成して，日本の仏像の典型「和様」が完成したのは11世紀前半，摂関(せっかん)時代の最盛期に藤原道長の造像を担当した仏師定朝(じょうちょう)だった．天喜元(1053)年の平等院鳳凰堂本尊阿弥陀如来坐像(図1)が現存する．定朝は寄木造(よせぎづくり)や割矧(はぎ)ぎ造(づくり)の新技法も完成して，浄土思想・末法(まっぽう)思想の深まりを背景とする仏像の大量需要に対応した．定朝の様式は仏像の規範として各地に共有された．院政期の中央の造像は定朝の系統をひく三派仏師(院派・円派・奈良仏師)に独占されたが，このうち奈良仏師の作品には，古典研究による次の時代の胎動がうかがわれる．

図1　平等院鳳凰堂本尊阿弥陀如来坐像
[所蔵：平等院]

鎌倉時代に奈良仏師から出た運慶・快慶らの慶派仏師は，古典研究の成果を踏まえ，時代の初めの武家政権の誕生や鎌倉新仏教に対応する新様式をつくりあげた．東大寺南大門金剛力士像は，彼らの活躍を象徴する現存遺品である．この時代には，中国宋時代の仏像を意識した宋風も重要な課題となった．眼に水晶を嵌める玉眼をはじめ，リアルな表現の志向も注目される．それらは厳然と存在した前代以来の「和様」に加味されるかたちで展開した．

●伝統の崩壊と命脈　このあたりまでが日本の仏像の黄金時代である．南北朝時代くらいまでは，その余韻も続くが，一方で「唐様(からよう)」ともよぶべき，新たな中国風，かつ概念的で一種無骨な造形が，伝統的な和様に対するものとして禅宗寺院を中心に展開した．室町時代にはそれらがさらに形骸化していくが，仏像の古代以来の重層的な伝統をもつ奈良の地には，和様を踏まえた造形が命脈を保った．

桃山時代には，伝統を踏まえ停滞を脱する新しい動きもみられる．こうした仏師の系統が，江戸時代，17世紀に鎌倉時代前期風の典型を完成した．同時期の遊行(ぎょう)僧円空のような異端の作風は，これと対比して眺めたい．中国から新たに伝えられた禅宗の一派黄檗宗(おうばくしゅう)に伴って一部に流行した黄檗様の造形も同様である．

江戸時代には寺院が行政の末端の役割を果たし，その数は著しく増え，そこに安置された仏像も多いが，18世紀以後には造形の停滞や形式化は覆いがたく，明治維新後の廃仏毀釈(きしゃく)は伝統の命脈を完全に断つものだった．

近代以後の日本に，新しい仏像の様式は生まれていない．ただし，近世以前の仏像の豊かな歴史を振り返る研究は積み重ねられ，鑑賞者の著しい増大や人気の名作のフィギュア化など，現代の仏像ブームはその上に立っている．これらもすでに，日本の仏像の歴史の一部だといってよいであろう．　　　　　　　　[山本　勉]

仏画と神道絵画

6世紀半ば頃の仏教公伝以降，仏教の教えを表した「仏画」は，多様な展開を遂げた．主題の面から大別すれば，①釈迦，②法華経や華厳経などの大乗諸経典にかかわる絵画，③密教絵画，④浄土教絵画，などがある．これらの主題が登場する順は，古代から中世までの日本の仏画の歴史的展開にほぼ重なる．

「神道絵画」は，日本の神々への信仰が描かれた絵画であるが，信仰対象を形あるものに表すという営為の源は，外来の仏教との出会いにある．元来日本の神々は形をもたず，自然物を神と捉える，あるいは，鏡などに宿ると考えられてきた．だが，仏教公伝以来，神への信仰と仏教が調和ないし融合する，いわゆる神仏習合が進む中で，仏画や仏像と同様に，神々にもまた具体的な形が与えられるようになった．平安時代後期には，神と仏の関係を理論的に説明する本地垂迹説が成立した．これは，日本の神々の本来の姿は仏教の仏であると説くもので，この説にもとづく絵が制作・受容されていたことが，記録からわかる．このように，神道絵画は，仏教との交渉の中で発展してきた．

以下，飛鳥時代の仏画の黎明から，神道絵画の制作が盛んになる鎌倉時代頃までを範囲とし，それぞれの展開を概観する．

●**仏画** 現存最古の本格的な作品は，「玉虫厨子」(7世紀，法隆寺蔵)の本生図，すなわち釈迦の前世を絵画化したものである．釈迦関係の作品にはほかに，托胎から涅槃までを描く釈迦八相図，入滅の場面を表す仏涅槃図などがある．前述の②に属する大乗諸経典の絵画の中では，法華経絵が最も多い．③は，平安時代初期に，空海と最澄の入唐を経て請来された密教にもとづく．根本教理を表す両界曼荼羅には，大日如来を中心とする諸尊が整然と配置される(図1)．

ほかには，息災や増益(福徳)などの祈祷の本尊として用いるために，相応の一尊ないし数尊を描いた，別尊曼荼羅がある．④の浄土教絵画は，阿弥陀如来の極楽浄土に往生する教えを描いたもので，平安時代後期における恵心僧都源信

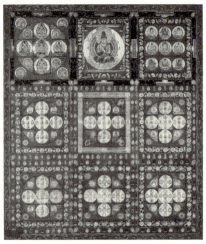

図1 「両界曼荼羅図」のうち金剛界
[所蔵：東寺]

作『往生要集』の流布や，鎌倉時代の法然をはじめとする浄土諸宗の広がりなどにより，隆盛をみた．主な主題としては，阿弥陀如来のいる世界を描く浄土図や，阿弥陀が臨終者を迎え取る様を表す阿弥陀来迎図，浄土と対極の地獄を含む六道世界を描出する六道絵などがある．また，鎌倉時代以降の隆盛に伴ってさらに主題が広がり，同一画面内に此岸（娑婆世界）と彼岸（極楽浄土）を対比的に表現する二河白道図，悟りに至る階梯を10段階の世界として表す十界図，死後に行われる10人の王の裁きを描く十王図などがあげられる．

●**神道絵画** 現存作品は鎌倉時代以降のものであり，その中には本地垂迹説を背景として制作されたり，受容されたりしたものが多い．本地垂迹説は，仏（本地）が衆生を救うために，日本の地に神の姿と化して出現（垂迹）したと説く，神仏習合の有り方の一つである．そのため，この説にもとづく諸作品は，習合から生まれた絵画を意味する「垂迹画」という呼称でくくられる場合がある．

具体的には，春日大社や日吉山王社，熊野三山などの信仰にかかわる，曼荼羅や影向図などがある．曼荼羅は，社殿と本地仏の組合せを基本とする宮曼荼羅（図2），本地仏を主なモチーフとする本地仏曼荼羅，本地仏と垂迹神を対にして描く本迹曼荼羅などである．これらの多くに見られる，神仏の整然とした配置や細緻な表現は，密教の曼荼羅に由来すると考えられている．なお，宮曼荼羅は，画中の社殿を現実の社殿のように礼拝するために用いられることがあった．影向図には，「春日明神影向図」（藤田美術館蔵）のように，神を貴族の姿で描きつつも，顔を霞で隠すなど露わにしないことで，人間を超越する聖性を示したものや，「熊野権現影向図」（檀王法林寺蔵）のように，神が本地仏の姿で出現する様を描いたものがある．

以上のほか，「春日権現験記絵」（宮内庁三の丸尚蔵館蔵）などのような，神社の縁起や祭神の霊験を表すものも，神への信仰にかかわるという意味では神道絵画に含められる．

[成原有貴]

図2 「春日宮曼荼羅図」
［所蔵：湯木美術館］

書道と書

　書とは，基本的に獣毛筆を用いて文字を書くことであるが，その淵源は中国殷代までさかのぼることができる．

●**書の受容の様式**　祖先神との交信の手段として発達したその書字行為は，宗教文字からのちに政治文字，文学文字へと変貌する．有史以前の日本には，古代各地で異なる音声言語があったものと考えられるが，いまだ無文字時代にあって漢字が流入し，独自の展開を遂げた．弥生時代に篆書，隷書などの文字の痕跡が認められるが，多く受容されるのは飛鳥，奈良時代の中国仏教の布教に伴って，六朝時代の北朝様式，南朝様式がともに伝播され，当時の日本における文字世界を席捲した．取り分け王羲之様式は，後の日本書道の要とされるようになり，『万葉集』の中でも，「羲之」と書いて，「手師」と読まれている．のちに民間での文字交流などもあっただろうが，主に遣隋使，遣唐使の役割に因って中央（王朝）に近い仏徒，公家らが中国渡来の文字を使用し，平安の初期まで隆盛し，それは現在では空海・橘逸勢・嵯峨天皇（三筆）らがその象徴と見做されている．さらに唐王朝の衰亡に呼応するかのように，中原の周辺各国が独自の文字使用を主張し始めたのと同様，日本も固有の進展をみせることになった．その際に書字事情の変化，つまり中国語音声主流から日本語音声を背景とする漢字書字にまつわる改革が行われ，小野道風・藤原佐理・藤原行成（三蹟）らの登場があったとみるべきであろうが，時を同じくして和歌を書す仮名文字が台頭してくる．

●**書の道たる姿**　当時，書は入木ともいわれ，やはりここでも王羲之の書が模範とされた．やがて平仮名（女手）が発達し，藤原行成を祖とする世尊寺流が，公家の書として流行した．日本において書が「道」とし独自の観念で書論に表れるのは，平安時代末期，藤原伊行の『夜鶴庭訓抄』が嚆矢で，やはりその内容は，宮仕えのとしての書の道であった．

　そして平安以来，宮中で書される対象として規範とされたのは，一貫して『白氏文集』である．またその世尊寺流の書風は，鎌倉時代にあっても継承され続け，伏見天皇は，それと上代様，空海の書を合わせ学び，伏見院流を確立した（図1）．

　書論としては，書は「道」としての歩みを始めたが，その「道」は南

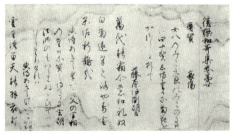

図1　「後撰和歌集巻第二十」
［出典：『伏見天皇宸翰』一巻，所蔵：誉田八幡宮］

北朝時代に入り，装いを新たにし，天皇の書の道として集大成される．その書論は，尊円親王が後光厳天皇に書の道を説いた，帝王学としての『入木抄』である．この書論の特徴としてまずあげられるのは，文字には「精霊」が宿っていなければならないとする宗教性であり，これは書の道が日本の宮中において祭礼儀式と密接な関係であったことを如実に物語っている．ただしその内容は多岐に及び，仏・儒の教養の影響が随所に見てとれ，その中で尊重される書人は，後のテクニカルタームである「三筆」「三蹟（三賢）」に当たる人物や光明皇后，中将姫，小野美材，藤原敏行，菅原道真らであった．さらに当時日本で流行していた中国宋朝風の書を批判しつつ，日本で独自の発展を遂げた書が中国の書よりも優れているという帝王学書論としての威風堂々たるものである．

●江戸からの書流　この尊円親王の書論にもとづく書風は，青蓮院流として，江戸時代には御家流として普及した．またそれと並行するように，鎖国下にあったとされる日本にも，大陸から時の儒教思想とともに中国書法，書論が盛んに導入されていた．特に林羅山以後，朱子学が正学とされ，陽明学，古学とともに武士階級の文化現象に強く浸透していったといえる．江戸の半ばまで，書論は中国のそれをそのままに移植したものであったが，平林惇信の『臨地百挙』を読むと，朱子学的な精神主義が色濃く反映されており，武士道にも影響を及ぼした．

明治近代以後は，当初，書道は中国書法を形状として，その背後に朱子学などの東洋思想が折衷した状態であったが，明治10年代に楊守敬など，清国公使らの来日によって新たな文字資料が供されたことによって，六朝時代の書法が流行するようになる．一方でそれと峻別されるようなかたちで，仮名書道も国粋的な意味を担い盛んになるが，いわゆる御家流の書は，次第に衰亡することになる．また当時の中国の碑文に学ぶ書家たちは，学校教育にも進出し，それらは書き方，習字，書写とよばれるに至った．

●西洋化と保守　大正期に入ると，デモクラシー思潮の中で，従来東洋的な教養と一体化していた書が，美術（芸術）として分離する方向に進み，それが現代の造形芸術としての書道の伏線となっている．また，もう一方で，特に関東大震災ののち，日本民族としての精神，民族の「道」としての書道が高唱され，それぞれ流派を形成し，終戦に至るまで気勢を上げたといえるだろう．その潮流は，戦後も壁面芸術としての条幅主義が興隆する基底の精神として保守された．そしてその戦前からの封建的な思想，人的組織の構造も継承されたまま，大正以来の教養との分離の状態が継続し，表層的に中国の伝統書風をモデルにした，筆法至上的な書道として，造形芸術派と二分するかたちで，現在に至っている．

ただし，近年「文学」と「書」の関係が再認識されつつあり，それを踏まえたアバンギャルドな領域の制作や，教養大系への復元の試みもなされている．

［松宮貴之］

金細工と銀細工

　日本には，金銀で装飾する美術品や工芸品が溢れている．一般に金銀細工といえば，彫金や象嵌を凝らした宝飾品など，金属そのものに加飾を施す行為やモノを意味するが，日本ではそれに加え，金銀を薄い箔片や泥（粉を膠などで溶いたもの）に加工したり，銅や青銅にメッキする鍍金技術を発展させ，美麗な表面装飾が花開いた．したがって，金銀細工を金銀による装飾全般として理解する方が，日本美術の実情に合っている．

●**金銀との出会い，荘厳の始まり**　日本人と金銀の出会いは，弥生時代にさかのぼり，大陸より金銀製の装身具，金銀で装飾された武器・武具がもたらされ，権力者の威光を称える具として用いられた．6世紀から7世紀にかけ仏教が受容されていくと，金銀の装飾は仏像をはじめ，仏堂，仏具などの荘厳に不可欠の存在となった．

　大陸伝来の金工技術は馬具を制作する鞍作氏ら渡来工人集団を介して，やがて仏像やその荘厳具へと展開していき，その代表的な例に法隆寺金堂の「釈迦三尊像」がある．東大寺の大仏開眼供養を控えた天平21（天平感宝元〈749〉）年に，奥州から大量の金が献上された．正倉院南倉には東大寺の堂内を飾った金銅透彫りの幡などの荘厳具が多数伝わる．天平期を代表する優品として「不空羂索観音像」（東大寺法華堂）が頭上に戴く銀製鍍金の宝冠があげられる．

●**貴族好みの美麗な金銀装飾**　飛鳥・奈良時代から平安・鎌倉時代へと，仏教美術が定着・発展していくに従い，金銀の装飾も貴族の嗜好に合った繊細優美な意匠に変貌を遂げた．仏師定朝作「阿弥陀如来坐像」の頭上に，宝相華唐草文を彫出した二重天蓋を下げた「平等院鳳凰堂」（天喜元〈1053〉）をはじめ，浄土教の発展とともに阿弥陀堂内を飾る金銀装飾はエスカレートし，奥州藤原氏三代の墓所「中尊寺金色堂」（12世紀）のような蒔絵や螺鈿なども加えた極点を現出させた．

　仏教の荘厳は舎利容器，経箱，経典などにも及び，細密な透技術を凝らした「金銅透彫舎利

図1　「金銅透彫舎利容器」
（12世紀）
［出典：『金色のかざり』京都国立博物館, 2003, 所蔵：西大寺］

容器」(図1),経巻全体を徹底的に装飾する荘厳経の「久能寺経」(鉄舟寺ほか,12世紀)や「平家納経」(厳島神社,長寛2〈1164〉)などを生み出した.特に,荘厳経に駆使される金銀による料紙装飾は,世俗的な宮廷を成立の基盤とする和歌集と仏典とを結びつけた.院政期の装飾的な仏画を特色づける截金も,日本で完成した蒔絵技法も,金銀の小箔片や粉によって装飾する点で料紙装飾と共通している.このように平安中期から後期にかけて「美麗」の美意識の下に発達した装飾性は,日本美術の基調となっていった.

● **武家好みの豪奢な金銀装飾**　鎌倉から江戸にかけての武家政権下において金銀の装飾はますます世俗化を遂げ,金の彫物を付けた大鎧といった武人の盛装から,殿舎の装飾,客人をもてなすための座敷飾りに至るまであらゆる生活文化に行き渡った.襖絵や屏風絵には金銀と着彩を多用した花鳥などが描かれ,山水などの掛幅も金糸を織った中国製の金襴の表具で縁取られる.飾り道具の硯箱や文台にも,花鳥や山川草木などが金銀の蒔絵で絵画的に表された.

桃山から江戸初期は武家好みの金銀装飾が最高潮に達した時期で,その豪奢さは,「高台寺霊屋」の須弥壇の階段や手すりに施された楽器文,花筏文,豊臣秀吉と正室高台院の像を納める厨子扉の簿や菊桐文など金銀の蒔絵,飾金具などからもうかがえる(図2).「二条城二の丸御殿」の金碧障壁画,三葉葵紋や桐鳳凰文を刻んだ釘隠や引手に加え,「日光東照宮」

図2　「高台寺霊屋内陣」
(17世紀)
[出典:『金色のかざり』京都国立博物館,2003]

の陽明門などの建造物の金彩に至るまで,貴族の好みとは異なる力強く密度の高い美意識が発揮された.

● **都市の金銀装飾**　近世日本においては,京都の祇園祭,江戸の日吉山王祭などの都市祭礼が発達し,神輿や屋台などには壮麗な建造物のミニチュア版といえる精緻な金銀の装飾が施された.京都の錺師作の滋賀・常喜町の「金銅七宝装神輿」(安永10〈1781〉)は12本もの丸柱に花鳥・走獣の七宝による意匠を施し,類例をみない「荘厳の神輿」として知られる.

一方,都市民が身につける簪,印籠・根付や刀装具の三所物などにおいても,幾何文・花鳥風月・物語などの模様を凝らした金銀細工が発達した.これらにみる超絶的な技術の高さは,日本人の造形力の一面を示しているが,その体系的な研究は今後の課題を多く残している.　　　　　　　　　　[玉蟲敏子]

大和絵と日本画

　はじめに,「大和絵」と, 以下に用いる「やまと絵」の表記について, 触れておきたい. 平安時代から江戸時代までの諸文献では, 倭絵, 和絵などとも記され,「大和絵」の表記が一貫して用いられたわけではない. また, 後述のように, その意味も時代によって変化する. 美術史学では, こうした意味の変遷を含めて総合的に論じる場合,「やまと絵」と表記するのが慣例であり, 以下これに従う.

　ところで, 一般的に「やまと絵」という言葉が用いられる場合,「日本的な絵」という漠然とした理解のもと, 平安時代の「源氏物語絵巻」から江戸時代の琳派まで, あるいは近現代の日本画までが, その対象に含められることが多い. だが, 冒頭で触れたように,「やまと絵」という言葉がさすものは, 時代によって異なる. そしてさらに重要なのは,「やまと絵とは何か」という理解が,「唐絵（からえ）」と認識されたものとの対比から, 常に導き出されたことである. つまり,「やまと絵」は,「唐絵」と対をなす概念なのである. 以下, 平安時代の「やまと絵」の発生から始め, 以後の時代の展開について記す. そして最後に, 対概念という観点から, 明治時代の「日本画」の成立に触れる.

●**やまと絵の成立**　「やまと絵」の文献上の初見は, 10世紀末である. 当時の作品は現存しないが, 諸文献から, どのような絵が「やまと絵」とされていたのかを知ることができる. それらによれば,「やまと絵」は, 日本の事物を題材とした大画面の絵画（障子絵・屏風絵など）に対して用いられた言葉であった. これに対して, 中国の題材を扱った大画面の絵画には「唐絵」の語があてられた.

図1　「平等院鳳凰堂扉絵　中品上生図　左扉」（天喜元年）
［出典：『平等院大観』（第3巻）岩波書店, 所蔵：平等院］

やまと絵の成立には，10世紀前後の唐と日本を取り巻く政治・文化状況が深くかかわっている．強大な帝国・唐は，8世紀の半ば頃から衰退し，10世紀初めに滅亡した．それまで，唐の先進的な政治制度や文化に倣ってきた日本は，「理想と仰ぐ手本」の揺らぎと消滅に直面したのである．この危機は，当時の日本に，唐とは異なるアイデンティティの模索をうながし，漢字に対する仮名文字や，漢詩に対する和歌，そして，唐絵に対するやまと絵が生まれた．

　先にも触れたが，当時のやまと絵は現存しない．唐絵についても同様である．だが，それぞれの伝統を継承して後世に作られた作品は存在する．平等院鳳凰堂扉絵（図1，天喜元〈1053〉）や神護寺蔵「山水屏風」（13世紀頃）がやまと絵の有り様を，また，京都国立博物館蔵「山水屏風」（11世紀後半頃）が唐絵の有り様を，それぞれ伝えている．

●平安時代以降の絵画における「やまと」と「唐」　平安時代以降，「やまと絵」と「唐絵」の語義と用法は，中国から新たな絵画様式がもたらされるたびに，柔軟に変化していった．鎌倉時代には，宋・元の絵画や，その影響を受けて日本の地で制作された絵を，「唐絵」と称するようになった．これに連動して，「やまと絵」の意味も変容し，平安時代以来の伝統的様式の絵画を広く含むものとなった．この伝統的様式を継承した土佐派が室町時代に隆盛すると，「やまと絵」は土佐派という流派に結びつく言葉となり，対して，中国絵画を学習し摂取した狩野派が，「唐＝漢」と意識されるようになった．狩野派は後に土佐派に接近し，その様式を自派に取り入れたため，江戸期には狩野派を，土佐派や琳派などとともに「やまと＝和」の画派とする認識も生まれた．これに対し，明・清絵画の影響を受けて描かれた南画（文人画）が，「唐＝漢」と見做された．

●「日本画」の成立　明治時代になると，日本が向き合う主な他者は，「唐」から「西洋」に変わり，これに連動するかたちで，「日本画」と「西洋画（洋画）」の対概念が成立した．つまり，「日本画」という概念は，西洋絵画やそれに倣って日本で描かれるようになった洋式の絵画（洋画）に対するものとして，生まれたのである．このことを示す具体的な事例として，官立の東京美術学校に日本画科と西洋画科が設置されたことや（明治29〈1896〉），第5回内国勧業博覧会の出品区分に「日本画」「洋画」の語が用いられたこと（明治36〈1903〉）などがあげられる．

　日本が西欧列強に伍して国際社会の一員となるには，近代国民国家としての制度や独自の文化を備えることが必要とされた．その文化を体現する一つに位置づけられた「日本画」は，伝統を継承しながら，西洋絵画にひけをとらない絵画であることが目指され，あるべき姿がさまざまに模索された．画家や美術批評家，さらには政界や学界の識者が，「日本画」にふさわしい主題・形式・技法・表現などについて論争し，その動向は実際の作品制作に少なからず影響を与えた．

[成原有貴]

絵巻物

　絵巻物は，平安時代後期の日本で発達した絵画形式の一つである．横長の紙（または絹）を水平方向につないで長大な画面をつくり，そこに物語の場面や情景などを連続して描いたものである．絵巻ともいう．

　1巻の中に「絵」と「詞」とが交互に現れる形式が普通で，「詞」が先に書かれ，その後に「詞」に対応する「絵」が描かれることが多い．また「鳥獣人物戯画」のように絵のみで，詞のない絵巻もある（図1）．

　長い紙面の終端に軸をつけ，収納時には軸を芯にして巻き収めることができるようにした形式の装丁を巻子装という．また，このような装丁でつくられた書物，経典，絵画作品などを巻子本という．これら全体を広く一般に「巻物」とよんでいる．

　絵巻物は，広く巻子装の絵画作品を意味すると理解されるが，日本美術史で用いられるときの絵巻物とは，普通，日本で制作された，主として大和絵様式の作品をさす．巻子装丁の絵画作品で，中国で制作されたものや中国に範をとった作品は画巻，図巻などとよぶ．絵巻，絵巻物の語は，近世になって使われだしたもので，中世以前の記録では単に「一絵」とよばれていたらしい．今も専門家の間では「一遍上人絵伝」とせずに「一遍聖絵」とよぶことも多い．個々の絵巻物の作品名称としては，「一絵詞」「一草紙」「一絵伝」などとよばれているものがある（例としては「蒙古襲来絵詞」「平治物語絵詞」「病草紙」「地獄草紙」「法然上人絵伝」「一遍上人絵伝」など）．

●**絵巻物の形状・鑑賞**　画面の大きさは，上下幅（天地）が30 cm前後のものが標準的だが，「北野天神縁起」（承久本）のように，天地が50 cmを超える大画面の作品もある．絵巻物の長さ（左右）はまちまちで，全長10 m前後のものが多いが，「粉河寺縁起絵巻」のように1巻で20 m近い長さのものもある．

　1巻で完結している絵巻物もある一方，1作品で何巻にも及ぶものがある．巻数が多い例は，京都・知恩院が所蔵する「法然上人絵伝」（国宝）で，全48巻の大作である．この作品に引き続き副本としてつくられたといわれる奈良・当麻寺奥院所蔵の絵巻物（重要文化財）も同じく全48巻にのぼる．

　絵巻物は，——襖絵，掛軸，屏風などのように画面が垂直に立てられた状態で鑑賞する絵画と違い——，畳や机の上などに広げて見下ろすかたちで鑑賞するところに特徴がある．開いている画面をずらしつつ，時間の推移と物語の展開を感じながら連続する画面の鑑賞を行うものである．

　室内の情景を描いた作品の中には，建物内部の人物が見えるように，屋根や天

図1 「鳥獣人物戯画」（甲巻 部分）
[所蔵：栂尾山 高山寺]

井を省略して描かない表現法が使われることが多い．あたかも，建物の屋根と天井を取り払った吹き抜け状態に見えるこうした描写方法は「源氏物語絵巻」などに典型的に見られ，吹抜屋台と称する．

●**絵巻物の内容・価値**　人物肖像を，単純に描き並べた歌仙絵巻のような作品もある一方，絵巻物が扱う題材には王朝物語（「源氏物語絵巻」），説話（「信貴山縁起絵巻」），戦記（「平治物語絵巻」），寺社縁起（「松崎天神縁起絵巻」），高僧伝（「玄奘三蔵絵」）などがあり，濃淡はあるがそれぞれストーリー性を備えているのが興味深い．

　絵巻物の魅力は，絵が物語の連続性（ストーリー性）を表現していて，日常の暮らしから特異な事件に至るまで，社会の動きを生き生きと伝えてくれるところにある．そこで，美術品としての評価とともに，視覚的な客観性を備えた歴史史料・民俗資料としての評価も生じる．絵巻物の描写は，解釈の揺らぎが生じやすい言語表現では捉え得なかった実態を明らかにする有用な視覚・画像資料となる．食文化，服装，遊戯，建築，民俗学など日本人の生活全般にわたる研究にとって貴重な視覚情報を提供してくれる．渋澤敬三編『絵巻物による日本常民生活絵引』や宮本常一『絵巻物に見る日本庶民生活誌』などの先駆的業績が刺激となり，研究が進んだ．

　絵巻物の軽快な線描とストーリー展開の組合せに注目して，現代のマンガのルーツとなる描写法の起源を求めようとする研究者もいる．個別要素としては人物の発言を画面に描き込んで表現する「吹き出し」に似た描写法や，ものの速い動きを細い線で描くなど，現代のマンガ描写のもとになったのではないかと思わせる手法がみられる．「鳥獣人物戯画」には，お経を読む猿の法師の口から湯気が立ち上るかのような描写があり，これは経文の声色を表現しているのではないか，あるいは高飛びをしている兎の空中姿勢に描線をつけて素早い動きを表現しようとしているらしい場面もある．研究の進展が期待される．　　　[白幡洋三郎]

障壁画

　障壁画は，壁の張付や襖に描く絵の総称であり，さらに屏風絵を加えて「障屏画」ともよぶ．建具に絵を描くことは，日本では遅くとも平安時代には行われ，特に近世の書院造では室内装飾の要素として重用された．

●**障壁画の発達**　襖は，古くは「障子」の一種であり，障壁画もまた「障子絵」を起源とする．障子の最も古い形は，紙や布を張ったパネルを台脚で支えた衝立障子で，奈良時代には『西大寺資財流記帳』(宝亀11〈780〉)にみる「補陀落山浄土変障子」のように，寺院の調度として仏教説話が主題とされた．

　障子の使用が住宅にも広がり，10世紀頃から建具としての障子が現れると，それにふさわしい画題が選ばれ，かつ漢詩や中国の説話を主題とする「唐絵」に加えて，日本の風物や年中行事を主題とする「やまと絵」が現れた．天皇の住まいである内裏の清涼殿では，9世紀初頭の嵯峨天皇の時代には神山や仙人を主題とする唐絵の壁画が描かれたことが勅撰漢詩集『経国集』から知られるが，13世紀前半の順徳天皇の時代には間仕切りの障子のうち前面(東側)の「昼の御座」側には「唐絵」，その裏の西庇などには「和絵」が描かれるなど，晴と褻の空間に唐絵とやまと絵がそれぞれ描き分けられた．

　この清涼殿は，安政2(1855)年完成の現存する内裏(京都御所)で復古が試みられたが，障子は各面の四周に縁取りがあり，絵は柱間ごとに完結する．承元元(1207)年に後鳥羽上皇の命で建てられた最勝四天王院の障子絵も，和歌を主題として46箇所の名所が柱間ごとに描かれた．しかし，延慶2(1309)年制作の『春日権現験記絵』(宮内庁蔵)では貴族邸内で複数の障子に渡って絵が描かれており，画面を連続する意識がみられる．その妨げとなる縁取りは鎌倉末期，部屋境の柱も室町中期頃から省略されて，横へ横へと連なる大画面が完成した．

●**近世住宅と障壁画**　障壁画の最大の特徴は，部屋全体を取り囲む点にある．城郭御殿などでは格天井の格間にも絵を描き，さらに元和3(1617)年の伏見城本丸御書院を初出として，建具と天井の間の小壁まで連続して絵を描く例も現れた．

　室内を覆い尽くすからこそ，どんな用途の部屋に何を描くべきか，障壁画の画題や描法にルールが必要となる．特に近世の上層住宅では，対面や日常生活など機能ごとに建物を分け，入口から近い側に公的，遠い側に私的な建物を置く配置を基本としたため，障壁画には各建物の機能を視覚的に示す役割が求められた．

　江戸時代中期の狩野永納の『本朝画史』には「山水を以て殿中の上段に為す．人物を以て殿中の中段に為す．花鳥を以て殿中の下段と為す．走獣を以て庇間の中に為す」とあり，御殿の上段・中段・下段・庇間の画題として山水・人物・花

鳥・走獣を充てるよう説いている．一建物内にこの通り障壁画が描かれた例はないが，上段や中段を個々の部屋ではなく御殿全体の配置に置き換えてみると，この一文が障壁画の序列を示していることがわかる．例えば二条城二の丸御殿（寛永3〈1626〉）の場合，最も奥に位置する白書院には山水画，その手前の対面の場である黒書院や大広間には桜や松・鶴などの花鳥画，入口に近い遠侍(とおざむらい)には竹に虎図が描かれ，人物画を欠く以外先の序列と一致する．

図1　二条城二の丸御殿黒書院（京都市，1626）
障壁画は狩野探幽を中心とする狩野一門の製作

江戸末期に沢田名垂(なたり)が記した建築書『家屋雑考』（天保13〈1842〉）では，障壁画の画題を部屋の名前とすることを「絵之間」とよんでいる．画題の選択に一定のルールがあるからこそ，その名が部屋の機能や性格の指標となり得たのである．

●**障壁画の制作と絵師集団**　このように障壁画は建築と一体の存在であり，それを制作する絵師も造営組織の一端に属した．

江戸時代最大の城郭御殿である江戸城本丸御殿の弘化2（1845）年の再建では，約1万1千坪の建物が1年未満で完成している．障壁画を担当したのは，木挽町狩野家の当主・晴川院養信を頂点とする狩野派の絵師集団であり，短期間での制作を可能にしたのは，建物や制作工程ごとに分担する共同制作体制の確立と，画題や絵様を新たに考えるのではなく，先例の踏襲を原則としたこと，さらにその資料としての粉本(ふんぽん)の存在による．粉本とは，手本として制作された模本をさし，狩野派では粉本を写し取ることそのものが修業であって，こうして描き貯めた粉本を媒体として古画の型が伝承された．

障壁画の制作費の算定も効率的である．江戸時代には，基準の価格を「本途(ほんと)」とよび，御殿の障壁画の場合，単位面積あたりの画題別の画料と，絵師の階位に応じた割り増し率が定められ，前者は画題の序列と連動した．

障壁画の画題や制作体制の規格化は，近世の形式主義の弊害と批判されることもある．しかし，障壁画が単なる絵画や装飾ではなく建築の一部だからこそ育まれた高度なシステムとみることができよう．　　　　　　　　　　　［小沢朝江］

床の間と掛軸

　かつては、和風建築の多くに床の間があり、そこには時節にふさわしい掛軸が掛けられていた．
　一見すると、床の間に飾るために掛軸という形式が成立したと考えがちだが、それは逆である．掛軸形式の絵画を鑑賞する状況が生まれ、そこから、床の間という場が室内に設けられるようになった．わが国で床の間が成立したのは、15世紀から16世紀と考えられている．

図1　16世紀における床の間と掛軸
[出典:『紙本著色酒飯論図』1巻（部分），所蔵：文化庁]

　絵画を壁面に掛けるということは、曼荼羅のような宗教絵画を例に出すまでもなく、平安時代には、すでに行われていた．しかし、宗教絵画の場合は、絵画は礼拝の対象であり、同時に儀式の場の荘厳（飾り）であったが、それ自体を鑑賞するという性格のものではなかった．鑑賞を目的とする絵画が広まるのは、鎌倉時代後半以降、中国から伝来した絵画を「唐物」として珍重し、愛でるようになったことを契機とする．

●唐物鑑賞と床の間　室町将軍家を頂点として、唐物を愛好する気運が高まるなかで、それを鑑賞するための場が必要となってくる．当初は、特定の場所に絵を掛けるということはなかったが、やがて、六代将軍足利義教の屋敷内の会所、今でいうサロンについてのさまざまな記録にあるように、押板が用いられるようになる．

　押板とは、花瓶などを置く可動式の台であり、掛軸を使用する場合には、その掛軸を掛けた壁の前に押板を置き、そこに花瓶や香炉などを置くことにより、鑑賞の場を仮設的につくった．床の間は、この押板が常態化したものと考えることができる．そして、このことは、掛軸の鑑賞という行為が日常的におこなわれるようになったことを意味している．

　床の間の成立時期は明確ではないが、唐物鑑賞が流行するなかで、会所などの空間に次第に床の間が成立してきたと考えられる．西本願寺所蔵の『慕帰絵詞』は、正平6（1351）年に制作された10巻仕立ての絵巻だが、その後15世紀末に2巻が失われて補作されている．14世紀に制作された巻には、部屋の壁に柿本人麿の絵像を掛けて、その前に台を置いて和歌の会を行っている様子が描かれているが、補作された巻には、床の間に絵画を掛けている様子が描かれている．この例からも、絵画の鑑賞の場が常態化するのは15世紀であることがわかる．

　中国から船載された大画面掛軸の一部を切り取って、床の間に合うように仕立

てたり，巻物形式で伝来した絵画を掛軸に改装して鑑賞することもあった．このことからも床の間における絵画鑑賞が重要な位置を占めていたことが，わかるだろう．中国南宋時代の画僧牧谿の「瀟湘八景図巻」は，現在，一景ごとに麗々とした表具をほどこした掛軸として伝来している．15世紀に室町将軍家によって仕立て直されたものだ．これも床の間における鑑賞が前提となっている．

　さらに，床の間は，同時期に確立をする茶の湯にとっても重要な位置を占めた．茶の湯の場には床の間が必須であり，そこには茶掛とよばれる掛軸が掛けられ，その前には花が生けられた．茶室において掛軸が主体的な位置を占めたことは，大徳寺龍光院にある茶室密庵の存在が雄弁にものがたる．中国宋代の禅僧密庵和尚の法語を手に入れた千利休が，それに表具をほどこし，その掛軸に合わせた床を茶人小堀遠州が設計したと伝えられる．茶室における床で鑑賞するために，書状や和歌書の一部などが古筆切として珍重され，また，古絵巻の断簡が表具されて掛軸として伝来することになる．

●書院造と床の間　15世紀に成立した書院造という建築様式において，床の間とともに重要な位置を占める違棚もまた，茶碗や盆・食籠などの唐物を置いて鑑賞する場であった．これが，書院造成立の背景である．そして，飾る場所が固定され，飾られるものの価値も定まってくると，飾るべきものについての約束事が確立するようになる．15世紀末に成立した『君台観左右帳記』には，中国画家の特徴や分類のほか，床の間や棚の飾り方が挿絵入りで記されている．このような記録をとおして，床飾りの約束事が定着していくことになるのである．

　15世紀に成立した書院造が，16世紀のいわゆる戦国時代の城郭建築のなかで，大規模な鑑賞の場として確立する．これが武家風書院造であるが，二条城二の丸御殿が代表的な遺構として現在に伝えている．このような武家風書院造は，室町時代将軍邸における会所を展開させた安土城や豊臣秀吉の聚楽第，大坂城を経て確立をした，そこでは，金碧の床貼付絵に負けない華やかな表具により飾られた掛軸が鑑賞されることになり，また，大きな床にふさわしい大画面掛軸画や三幅一対の形式などが好まれるようになった．このような傾向は，城郭の建造が制限された江戸時代以降も続き，大名家では，狩野派の絵師による三幅対を保有することが必須となった．

　一方で，江戸時代初期には，大名屋敷のような格式張った空間ではなく，気楽な空間で茶をたしなむために数寄屋造が生まれた．そして，そこでも，床の間の存在とそこにおける掛軸の鑑賞が重要であった．この数寄屋造は，本来は茶室的な存在であったが，やがて住居へと展開した．数寄屋造における床の間と掛軸のあり方は，この時期の風俗画からうかがうことができる．そして，この数寄屋の延長線上に近代以降の和風建築の基本が形成されるため，床の間のある家が定着することになるのである．

〔並木誠士〕

日本刀と甲冑

　日本刀——世界の刀剣史上，日本刀ほどの精密な美術工芸品と比肩するものは，存在しないといわれている．しかるに，この世界に冠たる刀剣である日本刀を実際に手にした日本人はいかに少ないことか．たいていは，博物館やお城の隅っこでガラスケースに入れられているのを，ちらりと見るだけであろう．

●**刀剣の分類**　一般的に，主に刺突を目的とするための，両刃の刀剣を「剣(つるぎ)」といい，次いで，主に刺撃のための，片刃の刀剣を「刀」とよび分けている．

　片刃のうちで刀身が真っ直ぐなものを直刀(ちょくとう)といい，これは突くための刀である．反りのついたものを彎刀(わんとう)といい，これは斬るのに便利である．それにしても，刃部を鋭利にするために薄くすると鍛性の習性として薄い方へ反っていくが，それとは逆に薄い刃部を張らせて厚い方へ反らせる技術は世界に類のない超高度な技術なのである．

　平安時代中期になるが，荘園の自警団の戦いが今までの徒歩戦から武士集団の騎馬戦に変わり，その実戦経験の中から，直刀より，馬上からの斬り付けに適している彎刀を使うようになった．現在，この彎刀が「日本刀」といわれている．

　日本刀は，刀身の長さによって次のように分類されている．太刀，打刀(うちがたな)（ともに60 cm以上），脇差（60〜30 cm），短刀（30 cm未満，懐刀，懐剣ともよばれる）．

　また，刀を腰に付ける際の着用法によっても区別されている．太刀は刃を下にして紐で吊るし（佩(は)く，という），打刀は刃を上にして腰帯に差す．

●**日本刀の歴史**　日本刀の基本形が完成されたのは平安時代中期．当然であるが，武士集団の発生と軌を一にしている．ところで，武士の発生は，貴族が所有する荘園を自衛するための，農民の武装化による武士集団といわれているが，こうした武士集団を統括する棟梁として本格的な武士勢力が台頭し，やがて平家と源氏の2大武家勢力の角逐と覇権争い，源氏の勝利へと続く．

　鎌倉時代（1192-1333）は日本刀の黄金時代であった．全国各地に幾多の名工を生み出し，後世に名刀と称される傑作も多くつくられた．この頃になると，実戦性を重視するために，日本刀は前時代より反りがやや浅く，反りの中心が刀身の真中に移る，いわゆる中間反りになり，身幅は広く，刃身は若干短くなっている．

　南北朝時代（1336-92）も，実用性重視のために，刀身の幅はさらに広くなり，刃部の厚さはさらに薄く，刀身が86 cmという長大な大太刀・野太刀が盛んにつくられた．野太刀とは，一般の兵士が戦場で用いた質素で実用的な太刀のことである．

　室町時代（1338-1573）は，14世紀末の南北朝の統一以降，一応安定したた

めに，太刀から打刀・脇差の二本差しが流行りだす．やがて応仁・文明の乱（1467-77）のために幕府は山城を拠点とする政権に転落し，守護も多くは下剋上で没落し，戦国大名が跳梁する群雄割拠の戦国時代を迎える．戦乱に続く戦乱のために，刀剣への膨大な需要に応ずるため，とりわけ足軽などの農民兵用に「お貸し刀」などの粗悪な数打物とか束刀といわれる粗製濫造品が大量につくられる．さらに，天文12（1543）年，種子島に漂着したポルトガル人より鉄砲と火薬が伝えられ，これが主要な兵器となった．このため，この時代はわが国の刀剣史の中で低迷の時代とされている．

　江戸幕府が始まる8年前の慶長元（1596）年を境に，刀剣は作風や製作の諸条件が大きく変化したため，現在ではそれ以前を古刀，それ以降を新刀と区別している．具体的には，慶長新刀は鎌倉・南北朝時代の名刀を模範にしたものであった．さらに時代が経て実戦経験が少なくなるにつれ，武士が次第に刀剣から離れていった．しかし，幕末動乱期になると，今まで途絶えていた刀剣の注文が増え，刀幅は広く，重ねが厚く，長寸，伸びた切っ先の刀がつくられた．

　明治時代になると，刀剣の受難が始まる．明治9（1876）年に大礼服着用者，軍人，警察官以外は帯刀を禁止する廃刀令が公布される．これ以降，日本刀は，大日本帝国陸軍海軍の将校准士官の軍装品として軍刀が採用されたのみで，現在では，居合道や抜刀術といった武道で使われている．

●甲冑　日本の甲冑は，基本的には，武将の致命傷となる頭と胴の防御を中心に進歩してきたが，外国，とりわけ西欧の甲冑と比べると，武将が戦場で目立たせようとしたためか，別言すれば，命を賭ける戦場での美的顕示欲の発露というべきか，美術工芸的な傾向が見受けられる．

　武将のフル装備である鎧（大鎧），徒武者用の比較的軽快な胴丸，兜などの日本的形式が定まったのは，これもやはり武士階級が興起した平安時代末期である．南北朝時代から室町時代にかけて騎馬戦から槍を主力とする集団戦へと戦闘形態が変わっていく中で，大鎧は実戦的というよりは武将の権威を象徴するものになっていった．戦国時代には，新兵器である鉄砲が活用されたために，武将には弾丸を防止するために鉄を多用する大鎧や兜が，また多数の用兵には当世具足とよばれる甲冑が開発された．総体的には，機能本位からか，余分な装飾が最小限に抑えられている．江戸時代中期になると，幕藩体制が安定したこともあり，甲冑は具足櫃に収められたままその存在すら忘れられるほどになり，しかも鉄火器の発達により，いかに堅牢に製作した大鎧であっても，それに堪えられない状況となっていた．

　江戸末期においては，洋式戦術が導入されたこともあって，重装備よりも軽装服装を選ぶようになり，いよいよ復古趣味的な大鎧と兜は武家の威信を象徴する物と見做されるようになった．　　　　　　　　　　　　　　　　　　［川成　洋］

◆ 目利き

　今日、美術工芸品の鑑定は、しばしば科学的な手法を用いて行われる。光学顕微鏡やX線透視操置もよく使われる。来歴をめぐる文書分析もそうとう精度が高まってきた。

　人文科学も含む、そういった諸科学に伴われた鑑定を、しかし「目利き」の成果とはよびにくい。この言葉を使うのは、やはり鑑定家の個人的な力量を敬う場合に限られよう。長年にわたる真贋の見極めで養われた力こそが、そう評されるにふさわしい。その意味では、科学が浮上する前の眼力をさす言葉だと見做し得る。

　実際、「目利き」は室町時代も中頃になって現れた。和漢の書画、道具類を公家や武家、そして禅僧が面白がる。茶の湯が流行り、いわゆる茶道具をめでる人々が増えていく。そんな時代の勢いにも後押しをされ、鑑定にあたる人々が脚光を浴びだした。阿弥号をもつ時宗の徒、いわゆる同朋衆たちである。あるいは茶人や五山の禅僧らも、そのうちに含み得る。

　彼ら「目利き」たちは、良質の美術工芸品に「極書き」と称される保証書を添えた。そのため、定評のある品は「極付け」とよばれるようになる。また、「目利き」らは、その保証を「折紙」に、贈答品の目録用紙だが、したためた。「折紙付き」という用語は、ここに由来する。科学以前の鑑定だが、日本人の暮らしには少なからず影を落としているようである。

［井上章一］

◆ 日本画と洋画

　日本画とは何か。簡潔に定義しようとすれば、日本古来の画材である毛筆、墨、岩絵具などを用いて和紙や絹布に描かれた絵画ということになる。しかし、日本に独特の絵画を日本画とよぶようになるのは、西洋の絵画、ならびにその制作技法や画材（絵画材料）が多く流入してくるようになった明治以降のことである。

　日本画とは、日本料理や和食などと同じく、諸外国の類似・同一分野との比較考察・差別化が必要になったときに生まれた概念である。特に洋画（西洋画）との区別・差異化の必要から生まれた日本画の概念は、西洋料理との区別・差異化により生まれた日本料理・和食と同様の必要性に迫られてできた。その際に、日本画をつくり上げていた表現技法や画材が西洋画のそれと異なる点を、単なる過去からの伝承の違いではなく、表現能力の優劣と捉えて日本画の伝統を卑下する風潮すら生じさせたりもした。日本美術を劣った芸術とみたり、日本画の伝統を否定する思潮・運動さえみられた。

　そのような時期に、日本美術の価値を冷静に評価することで、日本美術界の荒廃を救った代表的外国人が、アーネスト・F. フェノロサである。日本画評価の側に加わった外国人は少なくないが、なかでもフェノロサは日本画復興のため岡倉天心に協力して、東京美術学校の開設を支援するなど、日本画を発展させる運動に声を上げた貢献は大きい。

［白幡洋三郎］

3. 言　葉

　日本語を話す人の数は，地球上におよそ1億2,600万人．ある言葉を話せる人の数，話者人口のランキングでいうと，日本語は世界で10番目あたりに位置する．フランス語やドイツ語を話す人口と同数あるいはそれよりも多い．数多くの言葉が世界で話されているなかで，日本語を話せる人が少ないと思うのは誤りだ．

　現在の日本語の特徴をあげると，①使われる文字の数が多い（漢字は数千，平仮名，片仮名がそれぞれ46文字），②使われる母音の数は少なく，ア・イ・ウ・エ・オの五つ（標準母音），③文章は，縦書きも横書きも行われる．④同じ音で違う意味を表す単語（同音異義語）が多い（橋・端・箸，対象・対称・大勝・大将など）．そのほかにも特徴はあげられるが，特に，同音異義語が多いことで言葉遊びが数多く生まれたことが興味深い．和歌，能，狂言，俳諧，川柳など，掛詞の技巧を競い，その意味の取り違えを楽しむ文芸や芸能が発達した点も，日本語ならではの特徴であろう．

　本章では日本文化と結びつけて日本語を用いた芸や慣習について取り上げる．

［白幡洋三郎］

話し言葉と書き言葉

　話し言葉（口頭語）と書き言葉（文章語）という対概念も，文字として残らないもの，文字として残るもの，というふうに分けられる．一般的な分類とは異なるが，そう分けることで見えてくる様相を重んじたい．話し言葉も文字になってしまえば，それは書き言葉である．そして，言葉は変化する．その変化はまず話し言葉から起こる．書き言葉はその変化を待って文字で記録されるものであるから，書き言葉の変化の諸相は記録された時点ではすでに過去のものである．つまり，両者には常にタイムラグがあるということ．

　録音機器のない時代の言葉は文字以外では残されない．であるから，言葉に関する歴史的な認識は，文献に残る文字資料を解読することからしか始まらず，しかもそれは話し言葉にとっては，あくまでも次善の方法であることを肝に銘じなければならない．

　現代でも，いまわたしが執筆している本項は，口頭語（文字として完璧に残せないもの）を説明するのに文章語（文字）でもってしなければならないのだから，これも完璧は期しがたい．裏を返せば，完璧を期しがたいそのことが話し言葉・書き言葉という対概念の本質を語っているのである．

●ラ抜き言葉って，ダメ？　この頃「ラ抜き言葉」に眉を顰める人が減ったように思えてならない．それは，口うるさい年寄りが絶滅しつつあるからなのか，口うるさく言うのを諦めたからなのか．それとも，わたしが国語の教科書検定から離れたからなのか，あるいは関東から西国に居を移したからなのか．

　おそらくどれも当たっているであろう．ラ抜き言葉を嫌うのは，今どきの若者の言葉の乱れのあらわれとして，かつての年寄りが嫌った．かつての年寄りがいなくなれば，そういった声は社会の少数派になる．わたしの仕事環境の変化という点でいえば，そういった声を聞く機会が減るのは当然である．

　関東と西国という地域差をいうなら，わたしの生まれ育った四国，青年期を過ごした九州では，ラ抜き言葉に寛大である．というか，わたしは「ラ抜き言葉」という用語自体，東京で生活して初めて知った．つまりそれ以前は，ラ抜き言葉が日本語の乱れの典型として議論されていることさえ知らずに，ラ抜き言葉の環境で生活していたのである．けだし，四国や九州の話し言葉は，ずっと以前からラ抜きだったのである．昭和20年代の『愛媛新聞』（わたしの生まれ故郷の地方新聞）を見ていて，そんなに頻繁ではないが，見出しにラ抜き言葉を見つけることがあった．わたしの幼少期の四国の話し言語は，すでにラ抜きだったということ．四国にも口うるさい老人はいたが，その老人もラ抜きの書き言葉に違和感を

おぼえなかったということである．

　ラ抜き言葉を認めない関東の年寄りのその根拠は，可能動詞は五段（古典文法では四段）活用動詞から派生したものに限られる，という思い込みである．「動ける」「打てる」はいいが，「見れる」はダメ．「切れる」はいいが，「着れる」はダメ．口うるさく言うのを諦めた年寄りも，日常会話での使用はしぶしぶ認めても，文章に使うのはご法度という御仁は多い．

　「動ける」や「打てる」といった固有の可能動詞は，しかし，五段活用動詞から派生したと誰もが認めるように，太古から日本語に存在したわけではない．これらが話し言葉にいつ頃出現したか定かではないが，江戸時代に入ってようやく書き言葉として定着したのである．したがって，当時の口うるさい老人たちは，「近頃の若者の言葉の乱れは」と眉を顰めたはずである．

　言葉の変化は中央から同心円状に進行し，何百年前何千年前の都の言葉が辺境に残っている．その伝でゆくと，頑固にラを抜かない言葉は進化から取り残された化石状態，ということになる．

●「このさかな，食べられる」　可能動詞が生まれる前の可能表現はいかなるものであったかといえば，助動詞「る」を添えることによってなされていた．「動かる」「打たる」である．

　学校文法では可能の助動詞とよばれるが，口頭語ではこの「る」が「れる」に変化して，「動かれる」「打たれる」になる．容易に類推されることだが，やがてこの助動詞は可能以外（特に受身）の機能が優勢になってきて，相対的に可能の助動詞として機能しにくくなる．可能表現であるかどうかは，文脈に頼るしかない．だが，話し言葉というものは文脈が曖昧になりがちであるし，そうでなくても，文脈はその場で消えてしまう．書き言葉のように，後戻りできない．こうして，助動詞を添えて行う可能表現は，効率的な伝達機能を失う．そこで，文脈に頼らなくてもいい可能専用の動詞が必要とされ，可能表現は単独で使える可能動詞が担うようになったのである．

　以上，「動ける」「打てる」が話し言葉に出現するに至るメカニズムである．繰り返すが，そのときも老人たちは眉を顰めたはずである．遅れて，書き言葉でも認知されるようになった．そのとき，眉を顰める年寄りは絶滅していた．

　ラ抜き言葉も，同様のメカニズムによって発生したのである．例えば，水族館の水槽の前で，子どもが，「このさかな，食べられる」と抑揚のない声で言った．見ると，大きな魚と小さな魚が泳いでいる．その小さい方を子どもは指差している．子どもはラ抜きでないきちんとした言葉遣いをしたのであるが，発した言葉と指差す動作しか文脈にないこの状況では，子どもの意思は曖昧にしか伝わっていない．もしこのとき，この子の念頭に今晩の食卓が浮かんでいたのなら，「食べれる」と言った方が適切だったのである．
　　　　　　　　　　　　　　　　　　　　　　　　　　　　　　［白石良夫］

仮　名

　「仮名」は「真名」(すなわち漢字)に対して言ったものであり(「名」は古代中国語では「文字」の意)，本字である漢字に対する略字であるとの認識にもとづく命名である．

●**万葉仮名**　漢字と漢籍が中国からもたらされ，鉄剣などで日本の人名や地名を漢字で表すことが5世紀頃から行われ始めた．稲荷山鉄剣の「獲加多支鹵大王」や「斯鬼宮」などのような例である．7世紀初前後の推古朝に多くみられることから推古朝遺文ともよばれ，中国語上古音の古い特徴を多く反映している．この段階では文章全体は漢文で書かれ，日本語の固有名詞を漢字で表記するにとどまっている．

　和銅3(710)年に奈良に都が定められ，和銅5(712)年には『古事記』が編まれるが，それは正則の漢文ではなく，日本語の文章を漢字によって表記したものであった．この表記法は音読み・訓読みが混在し，しかも日本語の語順をなぞった場合と中国語の語順だが返り読みすべき場合が，渾然一体となっている．また古代歌謡が随所に織り込まれており，それが漢字で表記されている．以下は「八雲立つ　出雲八重垣　妻籠に　八重垣作る　その八重垣を」の『古事記』における表記である．
夜久毛多都　伊豆毛夜幣賀岐　都麻碁微爾　夜幣賀岐都久流　曾能夜幣賀岐袁
　これを，養老4(720)年の『日本書紀』は以下のように表記している．
夜句茂多菟　伊弩毛夜覇餓岐　菟磨語昧爾　夜霸餓枳菟倶盧　贈迺夜覇餓岐廻
　『日本書紀』は，正則の漢文で書くことを目指したもので，日本語の表記は歌謡や固有名詞の音訳に現れる．

　このような漢字による日本語表記は『万葉集』(延暦2〈783〉)などにもみられ，万葉仮名とよばれている．音読みによる「音仮名」のみならず，訓読みによる「訓仮名」もみられる．上にみられるように，同じ「ク」を表すのに，『古事記』では「久」，『日本書紀』では「句」や「倶」を使うといったように，音と文字は一対一対応にはなっていない．

●**片仮名と平仮名の起こり**　7世紀末から8世紀には，天皇の命令を伝える宣命では日本語のテニヲハを小さい字で書くようになった．また仏教経典や漢籍を日本語の語順で読む訓読も行われ，日本語のテニヲハや語尾を字のかたわらに書き込むようになった．そして，本体の経典と紛れないよう略体の漢字が使われるようになった．「阿・伊」を「ア・イまたは尹」のようにして漢字の片側だけを使うので「片仮名」とよばれる．最も古くは『成実論』の天長5(828)年の訓点

にみられ，片仮名は漢文訓読と密接な関係がある．そもそも漢字は，中国語の1音節に対応するが，ざっくりと言えば，「山」さん・やま，「川」せん・かわ，のように日本漢語1音節は仮名2字分に相当する．つまり，日本語の1音節が担う情報量はほぼ漢字1字の半分ということになり，それを漢字の片側で表すのは経済の原則にかなっている．

図1 『高野切古今和歌集』（第一種）伝　紀貫之筆，『古今和歌集』巻第一「春歌上」1～3番を書写した部分．［所蔵：五島美術館］

一方，日本語を表す万葉仮名は行書や草書で書かれることが多くなり，それが平仮名を生み出す．これも情報負荷量の少ない日本語の1音節に相当する文字を草書で書けば労力が節約できる．平仮名の成立が確認できる最早期の文献は9世紀末から10世紀初とされ，片仮名よりもやや遅れる．

この時期は，あたかも唐末の混乱を受けて遣唐使が承和5（838）年の派遣を最後にして寛平6（894）年には正式に廃止され，鎖国を開始した頃である．平安初期は漢文が貴ばれたが，9世紀後半から和歌が盛んになり延喜5（905）年には『古今和歌集』も編まれた．このようにして，平仮名は大和言葉を表すための文字として使われ，女性も多く書き手となったことから平安時代には「女手」とよばれた．10世紀末から11世紀初頃に清少納言の『枕草子』や紫式部の『源氏物語』などの国風の女流文学が花開いたことは，平仮名という母語を簡便に記すことができる文字の成立を前提としていた．また，平仮名は草書に由来する詩歌を表す文字ということから，当初から書道芸術と一体であり，『高野切古今和歌集』（天喜元〈1053〉）に昇華した（図1）．

●**東アジアの中の仮名**　日本の仮名の成立と，最も密接な関係があると目されるのは，朝鮮半島の新羅である．小林芳規によると，日本に新羅から伝わった8世紀の経典の真仮名（省体仮名も含む）は同時代の日本で書写された経典と共通するものが多くあるという．現在までに知られている限りでは11世紀の文献が最古のものとはいえ，朝鮮語の助詞を表す漢字の略体文字である「口訣」もよく片仮名に似ている．一方，西夏文字・契丹文字・女真文字やベトナムの字喃は漢字を元にして生み出された文字だが，仮名とは逆により複雑な字体を多くつくるという方向に発展した．朝鮮・ベトナムは中国と陸続きであったので，永らく漢文を正則の書記形態としており，民族文字の発達が遅れた．日本は中国と海を隔てており，中国文化の受容期の後に鎖国をしたため，かえって庶民でも母語を表すのに適した簡便な文字を早い段階に発達させるに至った．

［遠藤光暁］

漢語と大和ことば

　漢語は，古代，文字のなかった日本に漢字とともにもたらされた．それに対し，「はな」「ゆき」「あめ」「ひと」など，漢語が流入する以前の日本固有の語を大和ことば（和語）という．大和ことばにはラ行音や濁音で始まる語は存在しないなどの音韻的特徴がある（語頭がラ行音の語は漢語をはじめとする外来語である）．
　当初，漢語は日本語にとって異質な存在であったが，現代においてそのことは日常ほとんど意識されない．漢語は大和ことばと同化し，日本語の中に十分に溶け込んでいるからである．

●**漢語の輪郭**　よって，現代日本語の中で「漢語」の輪郭を明瞭には定めることは難しい．最も狭く捉えれば，中国の漢文で使われ，その原義と原音をほぼ保ったまま日本語に輸入された語，ということになる．最も広く捉えれば，漢字を用いて書かれた語すべて，ということになる．その両極の間にはさまざまな段階がある．
　一般に，漢語は字音語（音読語）をさす．字音語には，中国由来の，呉音・漢音・唐音（宋音）に加え，日本での音変化を経て定着した慣用音（例えば，巨多〈こた〉の巨〈こ〉，大分〈だいぶ〉の分〈ぶ〉）によるものを含む．
　そうした語の中には，もともと中国の漢文に使われ，日本語に入ってからその意味を大きく変えた漢語もある．例えば，「結構」という語は，①建造物や文章などを組み立てる，②構造，③共謀する，が元来の意味だが，日本特有の用法として，④優れている．よい，⑤十分．予想以上に，の意をもつ（『漢辞海　第三版』）．現代日本語では，むしろ，この④⑤の意で使われる場合が圧倒的に多い（「結構な品」「結構役に立つ」など）．
　また，「神妙」という語は，元来，①人間にははかり知れない不思議なさま，を表すものであったが，日本特有の用法として，②けなげだ．感心だ，をもつに至った（『漢辞海』第三版）．この日本特有の用法は，中世の書状などで，相手の忠節を称える文言として多用されていた．例えば，北畠親房の結城親朝宛の書状に「此邊爲御方城々，至今者隨分存無二之忠令堪忍，神妙々々」（「白河結城文書」）とある．こうした，日本特有の意味を獲得した語も，一般に漢語と見做されている．
　また，近世後期から近代にかけて，西洋から新しい事物や語が流入した．それらを日本語で表すため，漢文で使用されていた語を転用するという方法がとられた．例えば，「発見」という語は，元来，①あらわれ出る．発現，②あらわす．示す，を表す語であったが，日本語では，知られていないものを，はじめて見つけ出す，の意をもつ（『漢辞海』第三版）．この新しい用法は，明治以降のものである（その後，現代中国語に逆輸入された）．このように，社会の近代化に伴い漢文から

転用され，新たな意を獲得した語も多数ある．
　そのほか，大和ことばに，意味の適合する漢字が当てられ，後に，それが音読されるようになった語（例えば，「おおね」に当てられた「大根」が「だいこん」と音読されるようになった）もある．一方，字音語であっても当て字による語（「腕白」「滅茶苦茶」など）は，一般には漢語には含まれない．また漢文の訓読から日本語に定着した，「況や（いわんや）」「却て（かえって）」などの語は「訓読語」であるから，一般には漢語に含まれない．しかし，その用法は漢文由来であることから，「漢語」以上に漢語的でもある．

●**漢語の大和ことばへの同化**　古代以来，日本語はさまざまなかたちで「異質」の漢語を自己の中に受容してきた．その結果，平安時代にはすでに「対面す」「震動す」「変化す」「気色ばむ」「非常なり」のように，漢語が大和ことばの接辞「―す」「―ばむ」「―なり」などを伴い仮名文学の中にも現れるようになっていた．純粋な日本語文の中に，外国語起源の漢語が混入する状況が生まれたのである．これは，漢語が「漢文」という枠から飛び出し，日本語の中に浸透していたことを示すものである．中・近世に至ると，「御年貢未進の御ハからい，廿九日ニ可納申候，かならすたいかいかいせい可申候」（「東寺百合文書」）にみられるように，漢文を起源とした漢字仮名混じりの文体の中で，「大概」「皆済」といった漢語が「たいかい」「かいせい」のように，平仮名で書かれるようにもなった．

　だが，その後近代に至ってもなお，漢語は，大和ことばとは異なるアイデンティティを依然保持していたとみられる．近代には漢文に起源をもつ「漢文訓読体」という文体が勢力を保っており，「記事の確実を保証する」「確実の計算」「民族の偉大は此の如き場合に現はれる」「偉大の人物」といった，現代にはない漢語の用法がみられた．その後，こうした用法は衰退する．一方で1910年代から1920年代頃にかけて，「確実さ」「偉大さ」のような「―さ」形の漢語名詞と，「確実な」「偉大な」のような「―な」形の漢語形容詞とが急激に増えた．このことは，漢語が，大和ことばの「―さ」や「―な」といった，品詞を明示する形式を伴って名詞・形容詞として日本語に定着したことを示している．この時期，漢語は日本語への同化をより進めたとみられる．

　日本語の歴史の中で，漢語が大和ことばと融合し日本語に定着する過程は未解明のことも多い．各地の方言には，漢語起源とみられる語が「ケッコウ（＝立派に）合格してみせる」「なかなかイチガイ（＝強情）な男だ」のように，現代共通語にない用法をもっているケースがある．こうした漢語は，長く庶民が話しことばの中で使い現代に至ったとみられ，大和ことばとの違いが意識されることはほとんどなかったであろう．では，本来，書きことばであった漢語が，いつ頃どのようにして文字を書けない庶民にも広がっていったのだろうか．話しことばの中に漢語が定着していった過程については今後の研究の進展が期待される．　［永澤　済］

男ことばと女ことば

　今日，いわゆる男の子らしいことば（言葉）や，女の子らしいことばは，学校や家庭，あるいはテレビ画面などを通じて身につくと考えられる．しかし，現代の子どもたちや若者は，昭和年代に育った者よりも男女差のない話し方を身につけている．太平洋戦争後の民主化によってことばの性差が薄められた結果である．フェミニズム論の台頭も影響していることであろう．もっとも，20世紀前半までの農山村漁村にあっては，それほど男女差がなく，今の情勢はそちらへの回帰と見做せなくもない．

●**鎌倉時代までの様相**　日本語の歴史を振り返ったとき，確かにその初源は，男女差のないものであったことが推定される．『古事記』（和銅5〈712〉年成立）における伊邪那岐命の「あなにやし　えをとめを」と伊邪那美命「あなにやし　えをとこを」が，互いに相手をさす「をとめ」「をとこ」を除くと，まったく同一の表現であることは，その一例である．「あなに―や―し」が「ああ，本当に」という感動表現であり，「え」が「いとしい」の意の接頭語，最後の「を」が詠嘆をこめて発言内容を確認する感動の辞で，現代なら「！」とでもするところである．

　その後，文化様式の複雑化や衣服の形状からくる立居振舞の差異により，ことば遣いに性差が現れてくる．『源氏物語』（長保3〈1001〉年頃起筆）における桐壺更衣のことば「いと，かく思う給へましかば」（本当に，前々からこうなる――死ぬ病となると思いますなら）に見られるごとく，「かく」の具体的内容は和歌に託す，「ましかば」の帰結にあたることばを略す，謙譲語を使うなどが，その一例である．鎌倉時代，男性に武士ことばが目立つようになる．漢語が日常語に入り込み，「しゃつつら」などの相手を罵倒する語，「射られる」「討たれる」ことを「射させる」「討たせる」という使役表現にわざと変えて使うなどの特性をもつ．一方，宮中女房の社会では，酒を「九献」と言うなど，独自の言い方が生まれ出した．

●**女房ことばの隆盛**　宮中の女房たちのことばが「女房ことば」（女房詞）として強く意識されるのは，室町時代に入ってからで，特に足利義政の御台所日野富子の時代であった．この頃，将軍家と宮中とに密なる交流がもたれ，ⓐまつ・つく・わら　ⓑこもじ・ふもじ・つもじ　ⓒほそもの・うつほ・しろもの・かべ　ⓓおつけ・おひやし・おはもじ　など，女房社会独特のことばが生まれ，公家や武家社会の内方へ広まっていった．ⓐは，それぞれ，松蕈・土筆・蕨の略，ⓑは，鯉・鮒・鶫の最初の音だけを生かして「文字」という語を添えたもの，

ⓒは,そのものの特性(見た目)を言いたてて素麺(そうめん)・葱(ねぎ)・塩・豆腐の代用としたもの,ⓓは,美化語の「御」(お)を添える語法で,汁(つけ)は単純な造語であるが,おひやしは「ひやし水→ひやし→おひやし」というプロセスが,おはもじは「はずかしい→は文字(もじ)→おは文字(もじ)」というプロセスが入り込み複雑である.

　室町時代末期,ヨーロッパからやって来た宣教師たちは,このような女房ことばの存在に注目し,1603～1604年成立の『日葡辞書(にっぽじしょ)』に「Palavra de molheres」(女性語)として100以上の語を採録している.室町時代の女房ことばは,江戸時代になると,徳川将軍家や大名家の「お女中(じょちゅう)ことば」に引き継がれ,女中奉公する武士や町人の娘たちを通じて「山の手ことば」「品の良い奥さまことば」として,江戸時代を通じて愛用されていく.特に「おことば」は,明治時代の奥さま・お嬢さまにも愛好され,昭和40年代ぐらいまでは女ことばの中心をなすものであった.ただし,それらは農山村漁村にはあまり届かなかったようである.

●廓(くるわ)ことば　江戸時代の初めに京都の花街島原で使われ出し,そのうち大坂の新町や江戸の吉原に伝わって遊里に働く遊女たち独特のことば遣いが生じた.一般には「(さ・や)しゃります」「ございます」と言うところを「(さ・や)しゃんす」「ござんす」と言い,「ます」を「んす・いす・おす」,「なされます」を「なんす」と言うなどがそれであるが,その特徴をとって「ありんすことば」とも言われることがある.自称の「わっち」「わちき」,対称の「ぬし」「ぬしさん」も特徴的である.名のある遊里以外の岡場所(おかばしょ)の女たちにも使われ,幕末に至る.遊女たちがファッションリーダー的役割を果たしていたこともあり,あえて真似をしようとする風潮も生じ,廓ことばは明治の東京ことばにも流入していく.夏目漱石の『明暗』に出る品の良い上流階級の吉川夫人やお延(のぶ)が「好(す)ござんすか」「よござんすとも」と使っているのは,その流れがあるからである.

●奴ことば・六方ことば　鎌倉時代から東国武士のことばの異質性が注目されてきたが,江戸開府によって江戸が政治・経済・文化の中心地となり,江戸周辺のことばに上方(京・大坂)のことばをブレンドして,新しい江戸のことばが誕生した.禄(ろく)の高い上流武士に対して,現体制に不満をもつ中間(ちゅうげん)・小者(こもの)・奴(やっこ)といわれる身分の低い侍たちが徒党を組み,髪型や衣装に華美や奇抜さをねらい江戸市中を闊歩(かっぽ)したが,彼らの話すことばが「奴(やっこ)ことば」「六方(ろっぽう)ことば」と称された.ことさら関東の田舎ことばを混ぜ,尊大なきつい語調に満ちたものであったが,歌舞伎(野郎歌舞伎)の荒事や,外郎売(ういろううり)・助六物(すけろくもの)・白浪物(しらなみもの)のセリフとして登場することが多く,大人気を博す.文末の「～もさ」「～こんだ」(事だ),促音・撥音の多用(ひったくる・つんのめる),独特の言い回し(さむっこい・さえずる・太く出る)などがその言語的特徴であるが,なかには現代東京語にも引き継がれた語彙もある.

　以上,すべて,言語文化史的観点から解説した.　　　　　　　　　　　　［小林千草］

敬 語

ことば（言葉）の用い方によって，敬意を示す特定の言語形式を敬語という．敬語体系の発達した言語には，日本語をはじめ韓国語・ジャワ語・ヒンディー語などがある．

●**敬意を示す日本語** 日本語の敬語は大きく2種に分けられる．話題の人物に対して敬意を示す場合と，聞き手（読み手）に対して敬意を示す場合である．例えば，次の下線部はそれぞれ「来る」「会う」「学生だ」でも表す事実は同じであるが，そこに敬語を投入し，①②では話題の人物「木村先生」，③では聞き手に対し敬意を示している．

① 木村先生が<u>いらっしゃる</u>．
② 娘が木村先生に<u>お目にかかる</u>．
③ 私は<u>学生です</u>．

このうち①では，「いらっしゃる」を用いることで，主語「木村先生」を高めている．このように，話し手が主語を高める形式を「尊敬語」という．「～（ら）れる，お／ご～になる，お／ご～だ，召し上がる，おっしゃる，くださる，ご存じだ，（御）高覧，（御）来臨，芳名，玉稿，（御）尊顔，貴社，（御）尊父，（御）母堂，（御）令室，（御）令息，（御）令嬢」などがこれにあたる．

②では，「お目にかかる」を用いることで，主語「娘」を低め，その結果として行為の向かう先「木村先生」を高めている．このように，話し手が主語を低め，その結果として補語を高める形式を「謙譲語」という．「お／ご～する，お／ご～申し上げる，さしあげる，いただく，存じあげる，伺う，参る，拝受，拝察，拝読，拝聴，謹呈，弊社，拙稿，拙宅，拙著，愚見，卑見，粗品，粗茶，粗餐，私ども，愚息，豚児」などがこれにあたる．

③では，「だ」ではなく「です」を用いることで，聞き手に対して丁寧な態度を示している．このように，話し手が聞き手に対して丁寧に述べる表現を「丁寧語」という．「～です，～ます，～ございます」などがこれにあたる．

このほか，日本語の敬語には「美化語」とよばれるものがある．「<u>お</u>茶」「<u>ご</u>挨拶」の「お」「ご」のように，話し手が上品に美しく述べるための表現を「美化語」という．「<u>お</u>茶をどうぞ」のように，聞き手に敬意を表す場合のほか，「<u>お</u>茶を持って来い」と命令する場合にも使え，必ずしも相手に敬意を示す形式とはいえないことから，狭義の敬語には含めない見方もある．

●**文化審議会「敬語の指針」**『万葉集』に「我が主の御霊賜ひて春さらば奈良の都に<u>召上げ</u>たまはね（巻五・八八二）」とあるなど，敬語は古代から存在する．

身分制度を背景に発達したとされるが，現代は日常使われる敬語の種類はかつてより減少した．敬語は，今や意識的に習得すべき「作法」という面をもつ．

そのようななか，2007年，文化庁文化審議会は「敬語の指針」を文部科学相に答申した（敬語に関する建議・答申は1952年以来3度目）．敬語は，国の施策として審議されるものでもある．この指針の特筆すべき点は，従来の謙譲語を謙譲語1，謙譲語2とよび分けたことである．謙譲語1とは，上述した「お目にかかる」のように話題の人物に敬意を示す形式である．謙譲語の多くがこれに属する．

一方，謙譲語の中には聞き手に敬意を示す語もあり，これを謙譲語2として区別した．例えば，「弟の家に伺います」とはいえないが「弟の家に参ります」といえる．これは，「伺う」が「話題の人物」を高める謙譲語1であるため身内の「弟」を高める文脈で不適となるのに対し，「参る」は「聞き手」を高める謙譲語2であるため話題の人物が誰であっても使えるということである．2007年の指針は新聞一面でも取り上げられ社会的関心を集めた．

●**言文一致運動と敬語**　明治期に起こった言文一致運動は，日本社会における一大改革であったが，そこにも「敬語」が深くかかわっている．話しことばと書きことばを一致させ近代的思想・文学の表現法を確立する，という目標は明確であったが，そのためにどのような文体がふさわしいか，という点では一致をみず，作家や国語学者をはじめ知識人たちが試行錯誤を繰り返した．

なかでも，文末表現をどうすべきかは一大事であった．言文一致の先駆者といわれる作家・山田美妙（びみょう）は，初め「だ」調を採用したが，世間で俗だ，下品だという批判を浴び，「空行く月」（1888-89）で「です」調に転換した．

同じく言文一致体小説の祖といわれる二葉亭四迷は「余が言文一致の由来」（1906）の中で，「茲にまだ問題がある．それは「私が……でムいます」調にしたものか，それとも，「俺はいやだ」調で行つたものかと云ふことだ．坪内先生は敬語のない方がいゝと云ふお説である．自分は不服の点もないではなかつたが，（中略）先づ兎も角もと，敬語なしでやつて見た」と述べ，「だ」調を採用した．

●**さまざまな待遇表現**　狭義の敬語以外にも，ことばによって敬意を表す方法にさまざまある．例えば，手紙の形式（頭語と結語，姓名の書き方など）には，相手との関係に応じたいろいろなしきたりがある．

また，敬語をあえて使わないことが，より適切な（相手への配慮となる）場面もある．友人同士のうちとけた会話では，丁寧語を使わずに親しみの感情を示す，といった類である．人は，敬語をはじめ言葉を適切に選択し，ときには沈黙することによって他者との心理的距離を調整している．そのような言語行動を「ポライトネス」とよび，言語学・心理学・社会学・文化人類学などの観点から研究する分野も近年注目を浴びている．

［永澤　済］

上方ことばと江戸ことば

　江戸ことば（言葉）の詳しい記録が残るようになるのは，江戸が京・大坂を凌駕する近世後半のことである．この時期を中心に，京・上方と江戸のことばをみていこう．

●**近世後半の，京ことばと江戸ことばの語彙の対照**　近世後半には，江戸の人・上方の人ともに，相手のことばに興味をもち，両者を対照した語彙集が多くつくられた．一例として『烏歌話(からすかわ)』（文政4〈1821〉）という，京都で刊行された滑稽本の，表紙・表紙裏に付けられた京と江戸の語彙対照表から，いくらかの語をあげよう（表1）．この作品は江戸出身者と京坂出身者の対話というかたちをとっており，江戸語と京坂語の両方が現れるので，対照表を付けて理解を助けようとしたものだという．当時すでに，京坂では江戸ことばが非常に流行しており，その流行に乗ろうとしたものらしい．江戸の人口約100万人は，京・大坂の各約40万人を合わせたよりもずっと多くなっており，京坂は言語だけでなくさまざまな面で，江戸の影響を受けるようになっていた．

表1　京・江戸語彙対照表

京にて	江戸にて	注記＝筆者
いかき	ざる	笊
おやま	じょろう	娼妓
さいぜん	さっき	先程
さいら	さんま	秋刀魚
ぜんざい	しるこ	粒のある汁粉
ねき	そば	側
ねぶる	なめる	舐める
はしり	ながし	炊事場の流し
ほんまに	ほんとうに	本当に

　表は現在の高齢者の方言にもそのまま当てはまる項目の一部である．「京にて」の語は，現在，京都だけでなく，大阪を含む，近畿中央部でも広く使われているが，当時から同様だったろう．なお，仮名遣いはすべて現代のものに変えた．このような項目は数多くあり，当時すでに，現在の京阪と東京の言語差の基本的な部分はでき上がっていたことがわかる．また，ほとんど「江戸にて」の語が現在の標準語になっていることがわかる．

　このほか，江戸・東京語の影響で，京阪方言で意味が変化した語もある．例えば同書に「京にて　どろぼう（のらくら者）」「江戸にて　どろぼう（盗人）」とあるが，現在の京阪では，「どろぼう」はほぼ「盗人」の意味で使われている．また，江戸とは独立に，京阪方言の内部で変化が起こり，現在では当てはまらなくなっている項目もある．例えば，「京にて　じゃさかい」「江戸にて　だから」とあるが，京阪で「じゃさかい→やさかい」に変わっている．さらに，京・江戸ともに，現在の高齢者にとっても廃語となっている項目もあるが，京にいっそうそのような例が多いようである．

3. 言葉　　かみがたことばとえどことば

●**京ことばと上方ことば**　文化的な側面では，近世後半も今も，京と大坂は性格がかなり異なる．当時の文献にも，京は，古雅の愛好，表面的な柔和，吝嗇など，大坂は，新し物好き，活気に溢れることなど，さまざまな評がみられる．しかし，上で述べた語彙をはじめ，音声・文法といった言語の骨格部分については京と大坂は非常によく似ていた．この時期に江戸ことばと対立したのは京ことばではなく，京・大坂をひっくるめた「上方ことば」であったと考えてよい．

●**上方ことばの江戸ことばへの影響**　上方ことばと江戸ことばは，違いが強調されることが多いが，意外なことに共通点も多い．近世後期の口語で書かれた小説でも，上方人と江戸人は基本的な対話が成り立っている．当時から，お互いに何を言っているのかまったくわからないというほどの違いはなかったのである．その理由は，近世前期，上方が江戸より種々の面で優位にあったため，新興都市江戸のことばが形成される際，上方の影響を強く受けたということだ．

　例えば，一般に東日本ではきわめて貧弱な敬語が，江戸ことばに限って非常に発達しているが，これは，江戸ことばが上方から敬語を借用したからである．その証拠に，江戸ことばでは「暑くて・寒くて」といい，「暑うて・寒うて」とは言わないにもかかわらず，敬語の「ございます」に続くときに限って「暑うございます・寒うございます」と上方風に言うことがあげられる．ただし，「ございます」は，上方語「ござります」を近世後期の江戸で少し変形させたものである．そして後には，江戸の「ございます」が上方に逆輸入され，上方でも使われるようになった．

　また，近世には，武士は多く江戸に住み，京・大坂出身の武士はわずかだったが，典型的な武家ことばでは，断定するのに「〜だ」ではなく「〜じゃ」，否定するのに「〜ない」ではなく「〜ん」などと上方系の語形を使う．これも，武家が品位を保つために，社会的により高く位置づけられていた上方ことばを使ったからである．ただ，アクセントまでは真似できず，もともとの江戸東京アクセントのままだったらしい．時代が少し下るが，幕末生まれの大坂出身の落語家が明治後半に吹き込んだ落語SPレコードでも，武士の登場人物は京阪式ではなく，東京式アクセントで話している．ここでは，もともとは上方ことばを真似たはずの武士のことばが，本場の上方ことばの中で，逆に浮き上がったものになっている．

　さらに時代が下るが，1900年前後生まれの人を調査した『日本言語地図』(1966-75)でも，東京は周辺の関東とは異なる語形が目立つ．例えば，魚の「鱗」は，東京ではウロコだがその周辺の地域ではコケが広く分布する．「梅雨」は，東京ではツユだが，周辺地域ではニューバイである．ここでニューバイは「梅雨入り」ではなく「梅雨」そのものの意味である．ウロコやツユは，上方から江戸・東京に移入されたものらしい．このように江戸・東京は関東地方の中でも，周囲とは異なる，言語の「島」になっているのだ．

〔中井幸比古〕

お国ことば

　日本のお国ことば（言葉）のなかでも，標準語と異なる特徴が多い，東北弁と九州弁に焦点をあててみていこう．

●**東北弁と九州弁に共通する古い単語**　「方言には古語が残る」とよくいわれるが，東北や九州にもその例は多い．しかも，東北と九州は地理的にかけ離れているにもかかわらず，古い時代の中央（京都）の文献にみられる同一の古語が両方に残存していることが，時にある．例えば，トンボ（蜻蛉）の古語アキズが東北と九州にある．また，動詞「くれる」（九州ではクルル・東北ではケルという地域が多い）を，他人が話し手に物を「くれる」場合だけでなく，話し手が他人にものを「やる」意味でも使う地域が東北と九州にある．

　古い時代の文献にみられなくても，東北と九州の両方に分布するものが古い日本語の残存と考えられる場合もある．例えば，「甘い（砂糖などの味）」の意味のウマイが東北と九州にみられる．砂糖が貴重だった頃，甘さは美味と同義だったのだろう．ナメクジ（蛞蝓）とカタツムリ（蝸牛）を区別せずにどちらもナメクジと言ったり，ホクロ（黒子）のことをアザと言ったりするのも，東北と九州の両方にみられ，古いかたちと思われる．

　なお，上の例には，東北と九州の各一部地域だけに古形が残っている場合や，東北と九州以外の地域にも残存している場合もある．

●**東北弁と九州弁で相違する文法・音声の古形**　一方，語彙とは異なり，文法や音声では，東北・九州の両方に同じ古形が残る例はあまりない．動詞の活用をみると，九州には古いかたちが残っているが，東北には残っていない．例えば，「受ける，逃げる，落ちる，起きる」などを「受くる，逃ぐる，落つる，起くる」という地域が九州にあるが，これは古い時代の下二段活用・上二段活用の連体形が残ったものである．特に上二段活用（落つる，起くる）よりも下二段活用（受くる，逃ぐる）が残存する地域が多い．また，「死ぬ」を「死ぬる」という地域が九州にあるが，これも古い時代のナ行変格活用の連体形が残ったものである．一方，東北には，「受くる，逃ぐる，落つる，起くる」「死ぬる」のような古形がまったく残っていない．

　音声についても，九州には二重母音エイをエーと伸ばさずに，きちんとエイと発音する地域がかなりある．例えば，「兵隊」をヘータイではなく，ヘイタイと発音する．これは古い発音である．また，九州には，ジとヂ，ズとヅの発音を区別する地域がある．例えばクズ（葛）を [kuzu]，クヅ（屑）を [kudu] のように．この区別も古い日本語にみられるものである．これらの古い特徴は東北には残っ

ていない．このように，文法形式・音声については，一般的に，九州に古いかたちが比較的多く残っているが，東北にはあまり残っていない．

●**東北弁と九州弁の独自の特徴**　ここまで，古い中央語の特徴が残っているかどうかという観点から東北弁・九州弁をみてきたが，東北・九州ともに，さまざまな独自の変化を起こしたり，中央語とは異なる特徴をもったりしている．

　東北で有名なのは，ズーズー弁などの発音のなまりである．東北なまりの主なものをあげると，以下の①〜③のようになる．①前に子音が付かない場合，イとエの区別がなくなる．例えば「胃」と「絵」，「息」と「駅」は区別がなく，ともにイとエの中間的な音になる．②シス・チツ・ジズの区別がなく，その中間的な音になる．③上の①②の2条件以外では，音色は現在の京阪・東京と異なるものの，母音イウエはお互いに区別される．例えば，「木」「区」「毛」はお互いに違う発音である．このような東北なまりは東北全域でみられるが，例外的に，京阪・東京に似た音声特徴をもつ地域がポツポツと点在する．

　通説では，この京阪・東京に近いものが古い東北弁の状態であって，後に東北のほぼ全域で同じような変化が起こって東北なまりができ上がったと考える．文法面では，東北地方は全域で尊敬の助動詞（標準語のレル・ラレル，オ〜ニナルなどに相当する表現）が非常に乏しく，仙台・弘前など，いくつかの城下町を除いて未発達であることが知られている．このように，東北では，ある言語特徴がほぼ全域に分布することが多く，東北内部に方言差はあるものの，それは比較的小さい場合が多いのである．

　一方，九州は内部の方言差が大きく，地域ごとにさまざまな特徴をもつ．音声では，例えば，鹿児島弁では語末が促音（ッ）になることが多く，「鍵，柿，書く，嗅ぐ，数」がすべてカッとなるが，この現象は鹿児島以外には非常に稀である．上に触れた「ジ・ヂ」「ズ・ヅ」の区別の残存も九州の中で地域差があるし，エイの発音についても，古形のエイが残る地域もあれば，共通語と同じくエーが普通の地域や，大分のようにイーに変化する語（例：ミー［姪］，リー［例］）が目立つ地域もある．文法では，大分弁は尊敬の助動詞が乏しいが，反対に，例えば熊本弁では尊敬の助動詞が発達しており，敬意に応じてさまざまな語形を使い分ける．

　熊本弁では，共通語のレル・ラレルに相当するルル・ラルルやナハルを敬意が高い場合に使うのに対して，「（誰かがどこかに）行かシた」のように使う助動詞ス・ラスは，敬意があまり高くなく，文脈によって，親愛・冷淡・揶揄などさまざまなニュアンスをもって使ったり，動物にも使ったりすることがあるという．ス・ラスの用法は関西弁の敬語ハルに類似しているといえる．

　以上の東北弁と九州弁の，共通点と相違点は，東北と九州の歴史・文化を反映していると思われるが，今後の研究に待つところも大きい．　　　　　［中井幸比古］

ことわざ

　日本語のことわざ（諺）は，ことばの種類（和語・漢語・外来語）と同じように三つの由来から成っている．一つは「石の上にも三年」「住めば都」「犬も歩けば棒に当たる」などのように，いわゆる日本由来のことわざ（和文系）である．もう一つは中国由来のことわざ（漢文系）であり，それも中国語から直接借用されたもの（「傍若無人」「竜頭蛇尾」など）とそれにもとづいて改変されたもの（「塞翁が馬」「出藍の誉れ」など），さらに和文に翻訳されたもの（「青は藍より出でて藍より青し」「百聞は一見にしかず」など）とに分けられる．そして，欧文から翻訳されたことわざ（洋文系）もある．

　ただし，片仮名で表記される外来語と違って，欧米由来のことわざはほとんど日本語に訳されてしまう．四字熟語に訳した「一石二鳥」や和文に訳した「時は金なり」「鉄は熱いうちに打て」があげられる．

　●**出自からみる特徴**　このような3種類のことわざは，日本語における発達過程が均衡ではなかった．中国文化を受容する漢文系のものは一番早く現れた．平安時代の『世俗諺文』（源為憲）では，「千歳一遇，大器晩成，傍若無人，竹馬之友，温故知新，切磋琢磨，蟷螂廻車」など226語が集められ，ほとんど漢籍からとったものであった．そして貴族が子弟の教育のために編纂した金言集の類はことわざの勉強とともに初歩的な漢学入門書でもあった．『玉函秘抄』（藤原良経）や『明文抄』（藤原孝範）や『管蠡抄』（菅原為長）など，いずれも漢籍からの引用が中心であった．それらは故事・話としての「抄出」が多く，一語としての単独使用は中世以降の作品にみられる．

　室町時代後期の『温故知新書』（文明16〈1484〉）には，「巧言令色，忠言逆耳」のように，すでに漢文から抜き出され，独立した表現として日本語に用いられたものを収録している．江戸時代の代表的な漢語辞書の一つである『和漢音釋書言字考節用集』（享保2〈1717〉）も巻八・巻九の「言辞門」に，「以心伝心，一日千秋，一心不乱，異口同音，傍若無人，塵積成山，良薬苦口，蟷螂遮車，短兵急接」など，今日でも使われるものを多数収録しているから，当時の漢文系のことわざ使用の一端を示している．

　一方，和文系とされることわざは『天草版金句集』（天正20・文禄元〈1593〉）をはじめ，『毛吹草』（松江重頼，正保4〈1647〉），『句雙紙』（井上忠兵衛ほか，元禄6〈1693〉），『諺草』（貝原好古，元禄14〈1701〉）などに多くみられるが，純粋な和文系のことわざだけでなく，漢文系からの和訳もかなり入り混じっている．いずれのかたちにしろ，和文によく使われたことで江戸時代に流行し，文芸

表現にも花を咲かせた．ただし，純粋な和文系のことわざは俗諺(ぞくげん)としての利用が増えてきたのが特徴で，表現の幅においては漢文系のものと拮抗するまでにはならなかった．一番遅く入った洋文系のことわざはキリシタン文献や蘭学によって伝えられたものもあるが，多くは明治期における翻訳書と辞書や西洋格言書からの抜粋によるものである．

　こうした和・漢・洋という異なる出自から類義表現が生まれやすくなる．江戸時代の国語辞書『和訓栞(わくんのしおり)』(1777-1887) に「猫に小判見せるといふ諺は野客叢書に対ㇾ牛弾ㇾ琴といふ類也」とあるように，「猫に小判見せる」の表現を説明するのに，対照的に中国語の「対牛弾琴」をあげている．確かに，それより前にもすでに，『天草版金句集』に「ウシニタイシテコトヲヒク」が使われていた．明治以降になると，聖書に出てくる「Don't cast pearls before swine（真珠を豚に投げてはならない）」から変化した「豚に真珠」も登場し，洋の東西を問わずそれぞれ身近な動物を題材にしたことわざが類義的表現を成してくる．

　漢文系の「呉越同舟，臥薪嘗胆，四面楚歌」などは，中国歴史上の出来事や人物の品行を褒め称える故事に由来する故事成語があげられる．その点においては洋文系のことわざも同じである．イソップ物語のように，永らく語られてきた話そのものがことわざとなり，知識，道徳の範として今日まで受け継がれてきた．それに対して，日本由来の和文系のことわざはストーリー性に欠けるものが目立つ．例えば「石橋をたたいて渡る」という慎重さを求めることわざの成立には歴史上の出来事や重要人物の失敗談が下敷きになっていない．また「怪我の功名」とあっても，戦国武将の何かの逸話が絡んでくることもみられない．

●**形態的・意味的変化**　漢文系のことわざは，永きにわたる使用で意味的・形態的に独自に変わってきた．「天衣無縫，柳暗花明，朝三暮四」など中国本来の用法とずれてくるものもあれば，短縮したかたちで使われるものも多い．例えば，「隴を得て蜀を望む→望蜀」「株を守りて兎を待つ→守株」「杞人天を憂う→杞憂」「錐の囊中に処るが若し→穎脱(えいだつ)」など，辞書への登録を簡単にすると同時に使用上の利便性も増す．江戸中期からすでにあったことわざのブームが，その後，明治期の多彩な文体に支えられ，和・漢・洋のことわざや故事や格言などは一時そろって隆盛をきわめ，数々のことわざ辞書類が編纂され，使用された．しかし，その後，徐々に言文一致体へと向かう日本語の文体にそぐわない文語訳のことわざなどが使いづらくなり，戦後の漢文教育の削減も相まった結果，古典に因む故事・ことわざの使用は下降線をたどるようになってきた．

　ことわざは，単に表現を豊かにするだけでなく，内容によっては人生の指針になるものが多い．しかし，そうした価値判断において，日本では中国の儒教的なものだけを規範として多く受け入れてきたために，ことわざの指向は一面に傾きやすいものになったのである．

〔陳　力衛〕

忌み言葉

人間社会は，さまざまな段階を経て今日に至っているが，その長い歴史の中で，宗教上の理由や，生死，婚姻，病気など忌み慎むべきことが蓄積されてきた．それらを表現するときに，不吉な意味を連想させる発音を避けて，ほかのことば（言葉）を使う，これが忌み言葉である．

歴史的にみると，こうした忌みことばを避ける習慣は中国の文献に早くから登場する．そのパターンや方法（例えば同義字による代替，欠筆，改音など）もさまざまあって，主に皇帝家の人名などを諱んで同じ字面を使ってはいけないことになっている．それを知らないと，大きな誤解を生むために，歴史書を読む際の基本として考えられている．避諱した言い換えのまま定着した語や，そのまま日本語に入った語も多い．例えば，死にまつわる言い方は身分によって表現が異なっている．

●忌み意識の確立　逆に日本の神道の斎宮（さいぐう）では，「仏」「経」「僧」など仏教用語を避けることが一種の忌み表現となっている．『延喜式』（延長 5〈927〉）巻五の「神祇・斎宮」に具体的な例があげられていた．

　　凡忌詞，内七言，仏称中子（なかご），経称染紙（そめかみ），塔称阿良々岐（あららぎ），寺称瓦葺（かはらふき），僧称髪長（かみなが），尼称女髪長（めかみなが），斎称片膳（かたじき）．外七言，死称奈保留（なほる），病称夜須美（やすみ），哭称塩垂（しおたれ），血称阿世（あせ），打称撫（なづ），宍称菌（くさひら），墓称壌（つちくれ）．又別忌詞，堂称香燃（こりたき），優婆塞称角筈（つのはず）．

例えば，「内七言」は仏教用語，「外七言」は穢れの言葉なので，それぞれ別の表現に言い換えられている．こうした血や死や不浄などへの畏敬から避けるべき表現からも忌む意識の確立に拍車をかけてきた．

戦国時代の武士は縁起をかついで，常に味方を強く，敵を弱く言うよう心がけていた．例えば，「帰る」行為を意味する「引く」を「開く」に言い換えたり，次のように「引返」「北（敗北）」などを書くことさえ避けるべしとあったりする．

　　軍中書札禁字ハ迯　負　引返　随而　恐入　畏入　北　猶々右等ノ字用捨可有．（高政明述『軍旅書札集』文政元〈1818〉）

この流れを受けての言い方で，戦時中「退却」を「転進」とする例がみられるように，古今を通じて軍人はなるべく「負ける」を意味する言葉を避ける傾向がある．日中戦争のとき日本軍の「かえろう」を「開路」と言い換えしたのも，「帰る」ことを嫌う表現だったと推測される．

●**好字による書き換え**　良い意味の文字をもって同音の忌むべき文字を換えることがしばしばみられる．林羅山の息子である鵞峯(がほう)の手による書簡文の例をみると，
　昨夜棗龜非無遺憾，明日晴則午時待於別墅，若雨則勿来．（『鵞峯文集』貞享4〈1687〉）にある「棗龜」は，実は「早帰」の言い換えであった．すでにあったわかりやすい「早帰」を使わずに，わざわざ難しい漢字表記の「棗龜」へと書き換えた理由はやはり，紀元前中国の古典『列子・天瑞篇』にある「鬼，帰也」又云「古者謂死人為帰人」のように，中国において「帰」には「死」と絡んだ用法があり，「早帰」を「早死」と連想させやすいからである．

　その「帰」の意味する「死」を忌んで，反対の，長寿を意味する「龜（亀）万年」の「龜」（「帰」と同音）をもって当て，同じく同音かつ類義の，めでたい意味の「千年棗」の「棗」をもって「早」に換えたのであろう．その「棗＝早」の用法は早くも『万葉集』にみられる．

　梨棗　黍に粟次ぎ　延ふ葛の　後にも逢はむと　葵花咲く（巻十六，3834）のように，「梨，棗」をもって同音の「離，早」を表し「今は離れているが早く」の意をかける（現代中国でも友人や家族同士で梨を分けて食べることをしないのも「分梨＝分離」であったからである）．

　そのほか，中世において「二荒」を「日光」と改めたり，いわゆる好字による地名改名が多く行われたことも同じ流れと考えられる．そういう傾向がさらに進むと，隠語，専門用語の世界に入ってしまう．例えば，「船ことばではカエル（帰）という言葉は使わないのは船のくつがえると意味の語と同音のため」ということもある．

●**現代も使われる忌み言葉**　今日では，会合や宴会などの場合，終わりに近づいたとき「お開き」と言うのは「おしまい」を忌んだ表現であると知られている．結婚式のとき「去る」「帰る」を嫌ったり，正月の三が日に「坊主」「椿（ほうき）」「ねずみ」を嫌ったりする類が同じである．その範囲はさらに広がる．受験（落ちる，滑る，転ぶ，散る），新築（焼ける，燃える，崩れる，傾く，流れる，折れる，閉じる，失う），婚姻・出産（流れる，消える，降りる，滅びる，破れる，枯れる，死，四，苦，九），病気（重ねる，たびたび，再び）など多くにわたって不利な，悪いイメージを連想させるようなことばを避ける．「験担ぎ」といって新しい表現に言い換えられた．

　さらに民間では，「死」や「苦」の発音に通じるのを忌んで「四」「九」の使用を避けることが有名である．特に病室の番号および病院の待ち番号では必ずといってよいほど使用されない．あるいは「剃（そ）る」「葦（あし）」「梨（なし）」をわざと避けて「あたる」「よし」「ありの実」などと言い換えるのも一種の忌み意識の現れであろう．

[陳　力衛]

符　帳

　日本の食べ物といえば，まず思い浮かぶのが寿司だ．寿司を食べたことがないという日本人は皆無ではなかろうか．また，寿司屋に一度も行ったことがない日本人もほとんどいないだろう．それほど日本人は寿司が大好きだ．寿司屋に初めて入ったとき，寿司屋でしか通じないことば（言葉）に出会い，驚いた経験はないだろうか．例えば，醤油をムラサキ，生姜をガリといい，お茶をアガリという．これらは寿司屋でしか通用しないことばである．ある職業と結びついたことばを職人ことば，あるいは職業語とよんでいるが，こられ全体を符帳とよぶ．しかし，語源をさかのぼると，職業語一般をさしていたわけではない．

●符帳の始まり　21世紀に入ってから，日本の地方都市では商店街がシャッター街化してしまった．その大きな理由は，安価を売り物とする大型店舗やスーパーに客を奪われてしまったからである．商店街や市場では「いらっしゃい」のかけ声で客を呼び込む活気があった．これらは対面販売を基本とする．さらに時代をさかのぼると，商品には値札がついてなかった．だから，客は「これいくら」とか，「これなんぼ」といって，値段を聞いてから購入したものである．そこには当然交渉による値引きがあった．値札がないと困るのは客だけではない．商人たちはすべての商品の値段を覚えているわけではないので，客にはわからないように，商品につけて値段を示す印や符号を使った．それを符帳とよんでいた．それがもともとの意味なのである．なお，符帳は漢字では符丁，符徴，符牒，符兆とも表記する．また，符帳の語源は「帳ニシル符ス詞」（『言海』明治22〈1889〉）から来たとする説が有力である．つまり，帳簿に記すための符号から符帳とよばれるようになった．

　符帳が，現代にも生きている現場がある．それが卸市場で行われているセリである．独特の指使いで値段が決まっていく様子はニュースなどで一度は見たことがあるだろう．このセリで使用される指使いは，指で数字を表している符帳ということになる．数の符帳は指で示すだけではなく，話しことばになっている場合も多い．楳垣実編『隠語辞典』（1956）の巻末にあげられた「数の符牒一覧表」をみると，1から10までをいろいろな職業の人がいろいろな言い方でよんでいたことがわかる．なかには，「おじさんはいまにくる」（遊女屋）「かねもうけはこれです」（タクシー）など，符帳にはどことなく笑いが込み上げてくるユーモアを含んでいる．また，比較的わかりやすいものとして，いろはや五十音図をあてたいろは系・五十音図系，干支をあてた干支系（子丑寅卯辰巳午未申酉），中国語を使った南京符牒系，アラビア数字をものの形に見立てて，「棒，の一，る，

挾箱, 顔, 鼻, 鍵, 瓢箪, 高張」という算用数字系などがある. 現代では, ほとんど見かけなくなった香具師や駕籠屋などは, 全国的に類似した符牒が使われていた. 符牒は語源がわかるものばかりではなく, まったく系統不明のものもある.

●**符牒と隠語** 符牒と類似する用語に隠語がある. 前述したように, もともとは商人が使う数の隠語だけを符牒とよんだ. この符牒は江戸時代にめざましく発展した. 一方, 隠語は漢籍に婉曲表現としての「謎」の意味がみられ, 江戸時代には現代の隠語にあたることばは隠しことばとよばれていた. それが, 時代とともに, 隠しことばも符牒も隠語と同意語として使われる場合が多くなった. そして, 今日に至る. 例えば, 昭和32 (1957) 年に書かれた, 落語家の三代目三遊亭金馬のエッセイでは,「何商売にも隠し言葉, 隠語, 俗に符牒というものがある」とある. ここでは,「隠し言葉」「隠語」「符牒」を同意語として使用している.

　隠語は, 特定の社会だけで通用することばであるが, 一般社会の人々から隠すことに重要な意味がおかれている. つまり, 商売人だけに通じることばや数字だけではなく, いわゆる業界用語も含まれる. ただし, 業界用語の中には, 警察用語のように有名になってしまって, 隠す意図から外れてしまったものもある. テレビがお茶の間に浸透するようになり, 警察を舞台としたドラマが放映されるようになってからは,「デカ」「ホシ」「ヤマ」などは誰でも意味を知っている. また, 隠語というと, 人前で言うのが憚られる猥褻なことばや反社会的集団 (ヤクザや窃盗団などの犯罪集団) が使用することばを想定しがちである. じじつ, 隠語を辞書形式にまとめた最初の『日本隠語集』(明治25〈1892〉) は広島県警部によってまとめられている. また, 戦後すぐの昭和23 (1948) 年には,『隠語符牒集』を法務庁研修所が部外秘出版物として, また昭和27 (1952) 年には最高検察庁刑事部編として『隠語全集』が刊行されている. 犯罪の取締りを行う警察にとって, 隠語を知ることが犯罪捜査上, 有効であったことを物語っている.

　隠語には, 独特の造語法がある. よくみられるのが省略法だ.「やく」(麻薬),「がいしゃ」(被害者),「ぶんや」(新聞屋＝新聞記者) など, 転倒法,「えんこう」(公園),「どや」(宿),「しょば」(場所) などがある. じつは, こうした造語法は若者ことばと類似する. ケンタッキーフライドチキンを「ケンタ」, 一般教養科目を「パンキョウ」と省略したり, サングラスを「グラサン」と転倒させたりする例である. ところが, 若者ことばは隠すことを意図していない. その点で, 隠語と言うべきではないとする立場もある. そうした立場の研究者はこれらを集団語とよんでいる.

　言語は, 常に変化している. 日本語も同様である. 隠すことを意図しないが, ある集団においてのみ使用される用語が, 巷にあふれている. 特に, 最近顕著なのがコンピュータの用語だ. カスタマイズなどは, 一般の英語とは異なるかたちで広まっている. 今後もこの傾向は続くだろう. 　　　　　　　[長田俊樹]

罵声とあやまり

　まず，本項では，差別語など一部倫理的に問題のある表現が掲載されているが，事典の性格上必要な記述であることをご了承願いたい．

　あわや交通事故という場面．「てめえ，死にてぇのか！」「ひぃぃ，お許しを！」こんな状況は映画などでしか目にしないだろうが，一般にトラブルが生じた際に，極度に不満を覚えた側が相手に「罵声」を浴びせる．これに対し，迷惑をかけたと思う側が被害者に対して「あやまり」の態度をとる．

●**罵倒語**　罵声とは，罵る際の大声をさし，罵声を浴びせる際に用いられる語句を「罵倒語」とよぶ．これには「卑語」（性に関する語彙を含む）や「差別語」なども一般には含められる．罵倒語が用いられる文はさまざまだが，例えば，名詞・動詞が述語となる場合ではいくつかの特徴をまとめることができよう．

　名詞述語文では「(この) [名詞] (が)！」という構文が広く用いられる（例：「このくそじじい！」「アバズレが！」など）．この [名詞] に入る語彙を意味のパターンで分類すると以下のようになる．①相手の無能をさげすむ語彙：「ボケ」「マヌケ」「カス」「ウスラトンカチ」「(ド) アホ」「バカ」など，②相手の性（あるいは単に人格）をさげすむ語彙（卑語）：「ヤリマン」「アバズレ」「短小」「変態」など，③動物への比喩：「タコ」「サル」「ブタ」「ひよこ」「ウジ虫」「泥棒猫」など，④相手の身体的特徴をさげすむ語彙（一部差別語）：「ハゲ」「チビ」「モヤシ」「デブ」「めくら」「ちんば」「つんぼ」など，⑤相手の人格をさげすむ語彙：「クズ」「ガリ勉」など，⑥相手の年齢をさげすむ語彙：「じじい」「ばばあ」「がき」など，⑦相手の人種・門地などをさげすむ語彙（差別語）：「チョン」「シナ」「エッタ」「非人」「黒んぼ」など．これらの語彙の一部は「くそ—」「—野郎」「—たれ」「—ちょ」などのほかの要素をつけ加え，「くそがき」「バカ野郎」「バカタレ」「がきんちょ」などの語彙を派生できる．また卑語や差別語は放送などでは使用できない．

　一方，動詞述語文の多くは命令文・祈願文である．語彙としても多くは相手の生命の危険や身体のその場からの消滅，暴力の予告・脅迫をさすものが用いられる．例えば，「死ね」「殺すぞ」「埋めるぞ」「消えろ」「失せろ」など．特に生命の危険をさす「死ね」「殺す」などは日本では使用すると脅迫罪に問われる．

　さらに，「おととい来やがれ」や「嘘つけ」など，表現と意図が明確につながらない場合もあり，これらはほかの言語への直訳が不可能である．

●**罵倒語の方言的差異**　日本各地の方言でも，独自の罵倒語が用いられている．なかでも「アホ」「バカ」の類は変種が豊富である．例えば，「ばがけ」(秋田)，「で

れすけ（やろー）」（栃木），「どだ」（岐阜），「だぼ」（兵庫），「ぬけさく」（高知），「ふーけ」（佐賀），「のーたん」（鹿児島）など．また，相手に暴力を与える予告（「ぶちのめすぞ」の類）として「ぶっくらーせるぞ」（埼玉），「しばくぞー」（広島など），「ぶちまっそ」（愛媛），「うたるっぞ」（熊本）などが各地で用いられている．

●**あやまりの文化**　「日本人は外国人に比べてよく謝罪する」といわれる．日本の組織では上司が末端の部下の失敗に対してあやまることが多い．個人の利益を優先する欧米に比べて組織内部の責任の共有範囲が広いからであろう．これに対し，謝罪回数が頻繁となる日本文化の方が欧米文化に比べて謝罪の程度が軽いという見方もある．欧米文化では謝罪が責任受容とセットであるのに対し，日本文化では謝罪はあくまでトラブル拡大の解消を目指した儀礼的側面が強く，責任受容と必ずしもセットとならないことが関係しているかもしれない．また日本文化における謝罪の方法としては言語表現と非言語的行為の二側面があるが，一方だけではなく，両者を併用することが一般的である．

●**言語表現によるあやまり**　社会心理学者の大渕憲一によると，トラブルが発生した場合，加害者が被害者に対してとる行動をまとめて「釈明」とよぶ．釈明行動のうち被害者に「謝罪」するのは①被害に関連した行為，②その行為の不当性，③その行為の責任を加害者自身が認める場合においてなされる．そして，謝罪の要素によりさまざまな言語表現が日本語には存在する．自分の行為によって相手に損害が出たことを認める場合は「ご迷惑をお掛けしました」，事故発生などに対して責任を認める場合は「それは自分の責任です」，自分が悪かったと認識し，反省の意を示す場合は「申し訳ないことをしました」，被害者に許しを請う場合は「どうか許してください」などのように使い分けられる．

　また，「ごめんなさい」「申し訳ありません」は謝罪専用に用いられるが，「すみません」は謝罪だけではなく，依頼や感謝にも用いられる表現である．言語表現から考えれば，英語などの欧米言語では感謝と謝罪の表現が明確に分かれているのに対し，日本語では連続的に結びついているともいえる．そして中国語の「不好意思」も日本語の「すみません」と共通した用法をもつことは興味深い．

●**非言語的行為によるあやまり**　日本文化に特徴的なのは，むしろ非言語的行為によるあやまりであろう．典型的な「土下座」は古代から請願の方法として用いられたが，現代では一般に最高レベルの陳謝にしか用いることができない．これより軽い「お辞儀」もあるが（感謝の場合と異なり）謝罪では「最敬礼」，すなわち直立姿勢から45度以上前方に上半身を曲げなければならない．特に日本企業がメディアを通した謝罪会見を開く場合は，横一列に並んだ取締役など複数の役員が冒頭に同時に起立し，深いお辞儀をすることが標準である．このほか，慰謝料や謝罪広告の掲載などもあり，いずれも重度の被害を受けた側が加害者側に請求することが可能である．

〔林　範彦〕

訓辞と謝辞，祝辞と弔辞

　日本には，儀礼や儀式が多い．小学校から大学まで，いずれの学校にも入学式があり，卒業式がある．これに加えて，小中高では学期ごとに始業式や終業式もある．社会人になっても，入社式はほとんどの会社，官公庁で行われるし，毎朝のように，朝礼が行われるところもある．人生儀礼はかなり簡素化されたが，それでも元服がかたちを変えた成人式が市町村レベルで行われているし，結婚式や葬式も昔のような盛大なものは少なくなったとはいえ，まだまだなくなってはいない．こうした儀礼につきものなのが，訓辞や謝辞であり，祝辞や弔辞である．

●**訓辞**　教え諭す言葉は，会社などでは社長の訓辞としてよく耳にする．会社には社訓があって，社長室などにはこうした社訓が張り出されていることも多い．たいていの場合，箇条書きにされている．例えば，トヨタ自動車は創業者の豊田佐吉の遺訓を豊田綱領とよんで，社訓として掲げてきたように，創業者のことばや遺訓が社訓となることが多い．こうした例に，パナソニックの松下幸之助の綱領がある．

　しかし，これらがそのまま現在の会社に引き継がれているわけではなく，経営理念や企業使命などに名前を変えて，内容も時代とともに変化している．豊田綱領で，「研究と創造に心を致し，常に時流に先んずべし」と謳われたものが，現在のトヨタ基本理念では「さまざまな分野での最先端技術の研究と開発に努め」と内容を現代のことばに翻訳されたかたちで改められている．また，「神仏を尊崇し」や「質実剛健たるべし」などは昭和6年という時代を感じさせるが，現代では「クリーンで安全な商品の提供」や「グローバルで革新的な経営」とその時代に即したものとなっている．日本の企業では，こうした社訓をことあるごとに暗唱させて，社員一人ひとりに覚えてもらう社員教育が行われたが形骸化してしまい，グローバル化の中で，社訓を暗記させるような教育は姿を消しつつあるという．

●**謝辞**　御礼の言葉は，さまざまな儀式の中でみられる．卒業式や結婚式など謝辞は祝辞と対応することが多い．これらはスピーチとして行われるが，謝辞は論文や学術図書など，何かについて調べたり，研究したりした成果を文章で表すときには必ず登場する．スピーチではその席上にいる人にしか謝辞を聞かせることはないが，一度書いたものが出版されてしまうと謝辞を取り消すことができない．したがって，そこには謝辞の政治学が働きやすい．○○先生を先に出すべきか，××先生への謝辞を冒頭にもってこようか，と悩ましく考えてしまう．英語の本では，敬称もなく，その本の執筆にかかわった人すべてをABC順に並べて謝辞

3. 言葉

とすることが多い．それでも十分謝意は通じる．ところが，日本では，アイウエオ順に人を並べたケースは少なく，謝辞にあげるべき人の順番もさることながら，敬称も問題になる．博士とよぶべきか，教授とよぶべきか，これらには規則がないので，個々の執筆者が判断するしかない．一方，スピーチとして行う謝辞はきわめて形式的である．

●**祝辞**　お祝いの気持ちを伝える言葉は，スピーチとして，入学・卒業式や結婚式で述べられることが多い．謝辞同様，かなり形式的である．なぜ，形式的かといえば，そこで述べられる謝辞や祝辞には，決まった言い方があり，スピーチ例文が本となっていたり，インターネットで読めたりして，すぐに手に入る．それほど形式的なのである．

　結婚式の新郎や新婦は，たいていの場合，彼らの成績いかんにかかわらず「優秀な成績で△△大学を卒業」したことになっているし，たとえ暇をもて余している人が期待した人数より少なく集まっても，「本日はお忙しいなか，多数お集まり」というのが謝辞や祝辞の礼儀である．結婚式には，祝辞や謝辞に含んではいけないとされる忌み言葉がある．離婚を暗示させる「去る」や「終わる」は「中座する」や「お開きにする」と言い換えたり，ケーキを「切る」は「入刀」と改められたりする．また，「重ね重ね」や「たびたび」といった繰り返しも，結婚式は一度きりという思いから使ってはいけない．

●**弔辞**　人の死を悼み悲しむ意を述べる言葉は，謝辞や祝辞とかなり趣が異なる．謝辞や祝辞は謝意や祝意を当事者に直接伝えることが目的だが，弔辞を捧げられる人は故人で，故人は弔辞を聞くことはできない．基本的に，親しい人が弔辞を読むことが多く，また形式を逸脱した弔辞でも，故人の人柄を彷彿させたり，故人と弔辞を読む人の密接な関係が理解できたりしていると，むしろ逸脱も許される．弔辞にも，謝辞や祝辞と同様，決まり文句はあるし，繰り返し言葉など，忌み言葉もある．

　しかし，謝辞や祝辞と違って，弔辞は文章として後々まで残されることが多い．例えば，有名人が亡くなったときには弔辞が新聞各紙で発表される．その際，その有名人の業績や人柄が紹介されることが一般的である．また，作家や芸術家ならば文芸誌や芸術誌に，亡くなった方を特集して，関係者がときには長文の弔辞を寄せる．じじつ，弔辞だけをまとめて出版された本もある．

　時代は変化し続けている．儀式や儀礼も時代の要請によって変わっていく．その一例として社訓を取り上げたが，謝辞や祝辞，弔辞も百年一日のごとくとはいかない．卒業式で「蛍の光」や「仰げば尊し」を聞くことがなくなってきたし，結婚式や葬式は盛大に行われることが少なくなってきた．ごく身内の家族だけで済ますことも多くなってきている．謝辞や祝辞，弔辞がどのように変化していくのか，日本文化の変遷を知るうえでも面白いテーマである．　　　　　　　［長田俊樹］

季　語

　季語は，一般に「連歌・俳諧・俳句において，その句の季節感を表すために詠み込まれることば（言葉）」と定義される．古くは「四季の詞」「季の詞」などと称し，「季語」という用語そのものは，大須賀乙字が短歌雑誌『アカネ』明治41 (1908) 年6月号の中で用いたのが最初である．

●**文芸用語としての「季語」**　上の定義から明らかなように，季語はいわゆる短詩型文芸と深くかかわりをもっており，その起源は和歌にまでさかのぼることができる．奈良時代の『万葉集』では，ある事物を特定の季節にだけ限定して詠むといったような明確な季の意識こそみられないものの，すでに巻八と巻十に春夏秋冬の部立がみられ，四季の風物現象を詠むこと自体は始まっていた．

　そして，『古今和歌集』以下の勅撰集になって，四季の部立の中に確固たる季の意識が認められるようになる．その背景には，中国漢詩——とりわけ詠物詩（鳥獣草木や自然そのものを主題として詠ずる漢詩の一体）の強い影響があり，例えば「梅といったら春」「ホトトギスといったら夏」といったように，ある事物と特定の季節とが結びつくようになって，季に対する意識の深化が進んでいったのである．

　こうした過程を経て，室町時代の連歌において，いわゆる「季語（季の詞）」というものが人々の間で具体的に認識されるようになった．まず，発句（第一句目）に関して，その句が詠まれる季節にしたがうという慣例が定着した．また，連歌そのものが変化と調和を重んずる文芸であることから，1巻の中に四季を適切に配分しようとする意識が生まれ，その結果，季語たり得る言葉の選択が具体的に始まって，時代が下るとともにその数を増していった．さらに江戸時代の俳諧では，詠まれる対象が生活の諸相全般にまで拡大し，和歌や連歌では季語たり得なかったような言葉までもが季語化していったのである．

●**文芸以外での応用**　中国漢詩からの影響があったとはいえ，日本文学において季語がこれほどの発展を遂げてきた背景には，いうまでもなく四季の変化に富んだ日本特有の気候風土が大きく関係している．例えば，「雨」ひとつを例にとってみても，梅雨の時期にすべてを水に浸してしまうほどに降り続く雨は「五月雨」と称して夏の季語となり，晩秋から初冬にかけての，降ったりやんだりする小雨は「時雨」と称して冬の季語となるといった具合に，降り方の特徴の違いがそのまま季節感と結びついて人々に認識されてきた．また，「月」は，現実には一年を通じて目にすることのできる景物であるが，8月の十五夜の月が最も美しいとする日本人の美的感覚から，季語としての「月」は秋と定まっている．この

ように，季語はある事物が一年のうちのどの季節において最も美しいかを表すという意味で，日本人の美意識をよく示しているといえる．

また，季語と認められている言葉の中には，連歌・俳諧・俳句のみならず，私たちのごく身近な場面で用いられているものも少なくない．「衣更」（夏）や「こがらし」（冬）など，時候のあいさつとして用いられるものや，「ひでりに不作なし」（ひでり＝夏），「男心と秋の空」（秋の空＝秋．「女心と秋の空」という言い方もある）といった天候に関することわざなどが，その具体例である．

かつて山本健吉は，花・ホトトギス・月・紅葉・雪の五つの景物を頂点とした同心円状のピラミッド構図を図示しながら，「俳諧の季語の世界は，（中略）ピラミッドの頂点部から次第に裾野に至って，現実世界と接触する」と述べた（「歳時記について（その五）季語の年輪」『最新俳句歳時記・新年』）が，上に示した例からも，季語が私たちの日常生活ともよくかかわりをもった存在であることが裏づけられるであろう（項目「季語と俳句」参照）．

●季語の将来　こうした季語と日本人との深いかかわりは，基本的には今後も大きく変わることなく続いていくに違いない．しかし，時代の変化とともにいくつかの課題が浮き彫りになってきているのも事実である．例えば，多くの季語の季節は，いわゆる太陰暦に従って定められているため，今日の暦，言い換えれば実生活の感覚とそぐわないものが少なくない（年賀状に用いる「新春」「迎春」などの語や，「立春」「立秋」の語など）．また，さまざまな科学技術が発達した結果，日本の大きな特色であったはずの季節感そのものが失われつつあり，それが一つのきっかけとなって，歳時記から消えていく季語があるという現実もある．さらに，俳句が「HAIKU」とも表記されて国際化している中で，季語がどのような意味をもち得るのかといったことも，今後問われていくことであろう．

このような状況の中，近年，宮坂静生は新しい季語体系の見取り図を考える試みとして，「地貌季語」という概念を提唱している（『語りかける季語　ゆるやかな日本』）．これは，従来の季語体系が，弥生時代以後（特に平安時代）の本州・中国・九州（特に京都）を中心に考えられてきた点を見直し，「日本文化を一民族，一言語，一文化と考えるのではなく，複数の民族や言語や文化が融合し，あるいは多重化して存在するゆるやかな日本の現実」に即した季語体系を構築しようとしたもので，特に，時間軸に縄文時代から現代までを，空間軸に北海道や沖縄などの南島までを含めて考えようとしているところに，その独自性がある．

とりわけ，季語の「普遍的な」意義とは，地域にかかわらず，ある人がその言葉を用いることによって「歓びを得る，生きがいを感じる」ところにあるのではないかと述べているのは，上に示した季語をとりまく諸問題を考えるうえでも重要な視座となるだろう．こうした提言もふまえ，改めて「季語」を通じて日本の季節感について，思いをめぐらせていきたいものである．　　　　［金子俊之］

幼児語と若者語

　ことば（言葉）は，世代別に「幼児語」「児童語」「中学生のことば」「高校生のことば」「大学生のことば」「若者語（ことば）」「おじさん／おばさんことば」「老人語」などと分類される．本項では「幼児語」と「若者語（ことば）」を取り上げる．
●**幼児語**　幼児（小学校入学以前のこども）が発することばを「幼児語」という．狭義の幼児語は 2 歳前後の幼児初期に使われ，やがて消えていくことばをさす．幼児期のことばは大人のことばと同じものもあれば，「育児語」もある．育児者が幼児の言語水準に合わせて幼児に向けて発する片ことの特殊なことばと同じまたはそれに近いものである．育児語は多くの場合，母親が幼児に向けて育児用に使い，それを聞いた幼児も習得して使うようになるが，やがて母親に使用を禁じられて使わなくなる．したがって，幼児語は言語習得期の幼児が育児語を真似て言うことが多いので両者の重なりは非常に大きい．幼児自身が話す「幼児言語」と区別するためにも幼児語は育児語と称されるべき，という研究者もいる．なお，「育児語」は心理言語学者の村田孝次の命名である．
　ここでは，育児語を中心とした狭義の幼児語の特徴をいくつかあげておく．①ほとんど名詞であること．この時期はまだ語と語を文法的につなぐことがむずかしく，物の名をさすことが多いので名詞が多くなる．名詞は身体・動物・食物・衣服・天体・人などの事物を表すことば（例：ポンポン，モーモー，マンマ，クック，ザーザー，ママ），動作を表すことば（例：タッチ，ネンネ，ムキムキ，フーフー），情態を表すことば（例：バッチ，キレキレ，イヤイヤ）に分類できる．②語形が偏っていること．なかでも反復形が多い（例：ハイハイ，ナイナイ，ブーブー）．また長音・撥音・促音を含む語も多い（例：ゴーゴー，ンポン，タッチ）．これは幼児が発音しやすいようにしたためである．③擬音語・擬態語が多いこと（例：ニャーニャー，メーメー，ワンワン，モグモグ）．これは感覚的で幼児に受け入れやすいからである．④汎用性が高いこと．すなわち 1 語の表す意味が拡大転用され範囲が広いということだ．例えば，ワンワンが犬から猫・豚・馬へ拡大し，動物一般をさしたりする．これは幼児がまだ世界を分類できないためである．
　狭義の幼児語，育児語は 2 歳前後で大人の語に切り替えられていくが，その過渡期に大人の語と育児語を組み合わせた対名称の語が現れる．育児語「ポッポ」→対名称「ハトポッポ」→成人語「ハト」，育児語「ブーブー」→対名称「お茶ブーブー」→成人語「お茶」の例がある．
●**若者語**　若者語とは，10 代後半から 30 歳くらいまでの男女が仲間内で，娯楽・会話促進・連帯・イメージ伝達・隠蔽・緩衝・浄化などのために使う，くだけた

ことばで，ことばの規範から自由と遊びを特徴とする．若者ことばともいう．

　若者語は青年期心理からいえば，いつの時代にも存在するが，社会的・歴史的背景からいえば，時代によって質が異なる．現代若者語は1970年以降のものを指し，次の二つの背景から生まれた．①「まじめ」が崩壊したこと（千石保『「まじめ」の崩壊』）．70年代前半まで続いた高度経済成長期の日本社会は「まじめ」「努力」「汗」「能率」を価値基準としていた．しかし，オイルショックによって経済成長は終わり，70年代後半から物質的に豊かになったことで目標を喪失し，一転して豊かさを享受する消費・娯楽社会へと変化した．そこでは「まじめ」が軽視され，「マジ」という若者語が生まれた．このような中で，若者は消費・娯楽の手段としてことばを遊ぶようになり，以前にもまして会話を楽しむために，より多くの若者語を大量に生み出すようになった．②ボーダーレス社会となり，価値観が多様化したことである．価値観が多様化したとは聞こえがよいが，実際は価値観が個人化したまでで，自分さえよければ「何でもあり」という自己中心主義（利己主義）が強まった社会になった．そこには個人の「楽」が価値基準としてある．③おしゃべり社会の出現も，かかわりがある．テレビ番組が近年バラエティ番組，トーク番組ばかりになっている．最近はさらに携帯電話が若者の必需品となり，常に話し，メールし，その場その場を楽しく過ごそうとしている．以上の三つをまとめれば，「ラク」と「たのしい」を価値基準にした「楽社会」から「ラク」と「たのしく」話すことばとして現代若者語が発生した．

●**近年の若者語**　現代若者語といっても，最近のそれは少し前と違った変化がみられる．①若者語が低年齢化し，それに伴って幼稚化している．以前は「アメリカン」（アメリカンコーヒーが薄いことから頭髪の薄い意）のようにひとひねりした語があったが，最近では造語法や表現の仕方が単純で，ひねりのない直接的な表現になってきている．すなわち略語や動詞化する「る」をつけた語（「きょどる」「ディスる」）が大半である．②今までよりもさらに狭い範囲の仲間内に使われることばとなり，他者に理解されることを初めから拒否しているかのような暗号化，隠語化したことばとなっている．一例をあげると「KY」はマスコミに取り上げられて一般に広まった若者語であるが，本来はきわめて隠語的なことばであった．こういう頭文字を使った造語は50年代にも流行ったが（MMK，MMC，IIC，など），例は少なかった．③ケータイ，スマホ，インターネットの普及により本来，口頭の若者語に表記されたメールことば，インターネットのことばが入り込んで，それを口にするようになってきている（メリクリ，あけおめ，おこ，など）．

　若者語の寿命は，2〜3年である．なかには10年以上も使われて一般語になる語があるが，大半は一部の人の使用にとどまる．

［米川明彦］

「アイウエオ」と「いろは」

　誰もが，子どもの頃から知っているアイウエオは，どのような配列原理によっているのだろうか．五十音図は梵語のアルファベット「悉曇」に倣ってつくられたもので，一貫して調音器官が後ろから前へ移動する方向に配列されている（図1）．
　まず，アは喉音，イは舌音，ウは唇音で，喉→舌→唇のように後から前の順になっている．現代の音声学では舌位の最高点にもとづいて調音位置を決めるのでウは後舌とされるのだが，悉曇学では円唇音ということから唇音に区分する．梵語では e は ai から，o は au からきたものとされ，エの後にオが来るのも第二母音が後→前の順になっている．
　以下の子音も，調音点が奥から前の順に配列されている．カ行は牙音で，「牙」というのは中国語では本来は奥歯のことをさし，k の音が奥舌で形成されることをこの術語で表している．サ行は梵語の c（音声学用語では palatal，口蓋音）に対して漢字の「左」をあてる音訳があり，その漢字音にもとづいてこの位置に置かれている．そして，歯音とよばれる．タ行は舌音，ナ行はそれと同じ調音点だが，梵語アルファベットでは鼻音は清音の後に置かれる．ハ行は現代日本語では h の音だが，上代日本語では p という音だったので唇音，マ行は同じ調音点の鼻音である．以上は k→s（c）→t, n→p, m の順になっていて，梵語の閉鎖音に相当するものである．
　梵語アルファベットでは，閉鎖音以外の子音を別立てにし，同様にして奥から前の順に配列している．ヤ行は梵語の j，ラ行は r，ワ行は v に相当するものとして，やはり調音点が奥→前のように前移する．梵語では摩擦音の s はその後に置かれ，現代日本語のサ行は s という音なので，ワ行の後に置かれてもよいはずだが，カ行の後に配列される理由は上述のとおりである．

●「いろは」の由来　一方，「いろは」にしても純粋の和風ではない．「色は匂えど散りぬるを　我が世誰ぞ常ならむ　有為の奥山今日越えて　浅き夢見じ酔ひもせず」は『大般涅槃経』の「諸行無常，是生滅法，生滅滅已，寂滅為楽」の意を盛り込んだものとされていて，仏教思想を色濃く反映し

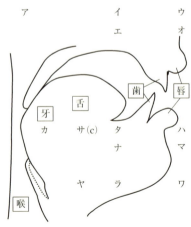

図1　調音器官と五十音の対応関係

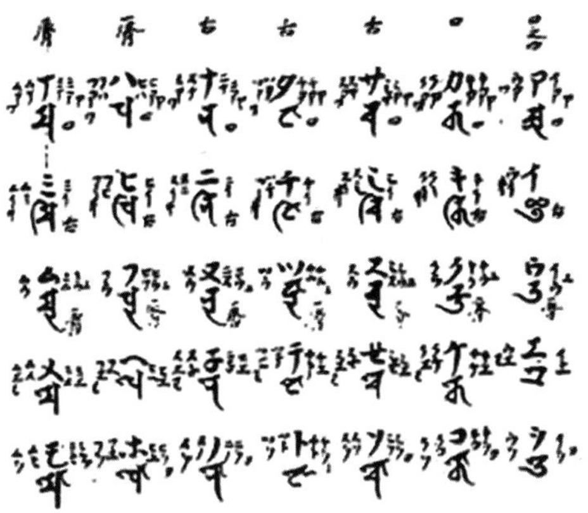

図2 観智院金剛蔵聖教より『反音鈔（悉曇文字と五十音の対応）』[出典：『反音鈔』徳治2〈1307〉年写本,所蔵：東寺]

ている．また，重複がないように文字を組み合わせて詩のかたちにして識字の道しるべとするのは中国の『千字文』（6世紀初）からヒントを得たものであろう．

大矢透は『音圖及手習詞歌考』（大正7〈1918〉）で「いろは」と類似の「手習詞」として「阿女都千詞」を取り上げている．それは「あめ　つち　ほし　そら　やま　かわ　みね　たに　くも　きり……」などの48字からなるもので，「天地玄黄」で始まる『千字文』に冒頭が似ている．また「田居に出て　菜摘む我をぞ君召すと……」という「大為爾歌」もあった（源為憲『口遊』天禄元〈970〉年撰述）．

●「いろは」と音図の成立年代　「いろは」は,『金光明最勝王経音義』（承暦3〈1079〉年奥書）に初めてみえるが，それに先立ち斉世親王『梵漢相対抄』がすでにいろは順になっていたといい，斉世親王は延長5（927）年に亡くなっているので，それ以前には「いろは」が成立していたことになる．

「いろは」は，外国で日本の文字について紹介したり，学習するのにも古くから用いられていた．中国の陶宗儀『書史会要』（1376）では「いろは」が平仮名で中国語の訳音とともに収録されている．また，朝鮮でも『伊路波』（1492）の冒頭にハングル注音とともに掲げられている．

一方，音図は文献では醍醐寺蔵『孔雀経音義』天永2（1111）年写本に初出し，その書き込みは10世紀末にさかのぼるとされるが，当初はさまざまな配列順があり，現在とほぼ同じになるのは承澄『反音鈔』（図2, 徳治2〈1307〉年書写）あたりからである．

「いろは」も五十音図も，すでに五母音となった時代の日本語の様相を反映していて，900年頃以前に存在したオ列の甲乙二類，さらにそれ以前に存在したイ列・エ列の甲乙二類の区別はもとより示さない．どちらも仏家に育まれ，伝えられてきたものだが，ことに音図の方は真言・天台の密教に伝えられた悉曇学と密接な関係をもっている．

[遠藤光暁]

外来語

「インフォームドコンセント」「バックオフィス」「モラルハザード」．このような外来語が現代日本語に氾濫し始めて久しい．国立国語研究所は平成18（2006）年に，特にわかりにくい外来語を漢語などに言い換える提案書『「外来語」言い換え提案』をまとめ，上記の例は「納得診療」「事務管理部門」「倫理崩壊」にしてはいかがかと示したほどである．

基本的に，日本文化に存在しなかった概念や事物が流入する際に音とともに導入されるのが外来語であるが，室町時代後期にキリシタン文化の伝来とともに始まったとされる．それ以前にも漢語が大量に日本語へ流入したが，これは外来語には含めない．ただし，主に近代以降に中国から漢字を介さずに音をベースに導入された「チャーシュー」「ワンタン」などは外来語に含められる．

初期の外来語は，宣教師や西洋の商人による文化の流入とともに，ポルトガル語（葡）やオランダ語（蘭）から入り，「カボチャ」（葡：Cambodia），「カステラ」（葡：Castella），「コップ」（蘭：kop），「ピンセット」（蘭：pincet）などがいまでも用いられている．グローバル化が進む現在，由来は多様だが，やはり英語からの流入が圧倒的である．また，アジア諸語からの流入も増加している（「パクチー」（タイ語：phak chi），「キムチ」（朝鮮語：kimchi）など）．

表記の類似性などから混同されやすいのが和製英語・和製洋語であるが，こちらは原語では用いられないものである．例えば，「ファッション・リング」や「ドクター・ヘリ」などは日本語話者が独自につくり出したもので，外来語ではない．

●**表記法と音声面での特徴**　現代日本語では，外来語の表記に主としてカタカナを用いる．長母音には「ー」をあてるが，理科系の専門用語などでは語末の長音を表記しない慣習がある．例えば，「コンピューター」や「エレベーター」は「コンピュータ」「エレベータ」と表記することも多い．

音声についてみると，日本語の撥音（ン）と促音（ッ）は中国から伝来したものであり，和語については本来母音で終わる開音節が主である．そのため，原語が子音で終わる閉音節や子音が重なる構造をもつ語彙が伝来した場合でも，母音を挿入してすべて開音節にしてから用いている．例えば，strike や ink は原語では /straik/, /ink/ のように閉音節の1音節だが，日本語では「ストライク」/s**u**tora**i**k**u**/（4音節），「インク」/ink**u**/（または「インキ」/ink**i**/，2音節）の太字の部分のように，母音を挟み込んで開音節化したうえで導入している．

また，外来語が日本語の音韻体系に影響を与えてもいる．例えば，英語から導入された tele**ph**one や **pl**atform の太字部分は「テレ**ホ**ン」「**プ**ラットホーム」と

発音されていたが，原語により近いかたちの「テレフォン」「プラットフォーム」と発音されることも増えている．同様に，team や violin, Beethoven の太字部分も導入当初は「チーム」「バイオリン」「ベートーベン」が主流であったが，現在は「ティーム」「ヴァイオリン」「ベートーヴェン」の表記も多い．日本語本来になかったティ音やファ行（f-）・ヴァ行（v-）が新たに誕生したと見做すこともできる．ただし，「コーヒー」（coffee）を「コーフィー」とすることは稀である．

さらに，現代日本語の音声面からみると，［濁音＋促音＋**濁音**］の構造をもつ単位が［濁音＋促音＋清音］のように発音されることが多い．例えば，「**バッグ**」(bag)，「**ドッヂボール**」(dodge ball)，「**ベッド**」(bed) などはいずれも対象となる単位であるが，発音上は「バック」「ドッチボール」「ベット」と発音されることがある．これは，促音を挟む濁音を避ける異化現象（近隣の環境における類似音を避ける現象）と見做せる．注意すべきは，促音の前が清音である場合はこの現象が原則として起きないことである．「キッド」(kid) や「タッグ」(tag) は「キット」や「タック」にならない．ちなみに，これと似ているが間が促音ではないものはこの現象が生じない．例えば，「ガード」(guard)，「バンズ」(buns) などは「ガート」や「バンス」とは発音されない．

●**語彙・意味の変化とスタイル**　原語と和語を組み合わせたり，原語を省略して新たな語を生み出すことも多い．例えば，英語の get やフランス語の travail に「する」を組み合わせ，「ゲットする」「トラバーユする」という語を生み出したり，フランス語の sabotage を省略して「サボる」といった新たな動詞を生み出すこともある．また意味を少し変化させて新語をつくり出すこともある．古い例では「サボテン」はポルトガル語で「石鹸」を意味する sabão に日本語の「手」を加えてできたとされる．サボテンの切り口から出る液が石鹸の代わりになったところから生じた．また，チゲは朝鮮語で元来「鍋」を意味するが，これが「韓国料理のジャンル」の意味に変化し，「チゲ鍋」という新語を生み出している．

加えて，同様の意味をもつものの，場面などにより和語・漢語と使い分ける外来語もある．「便所，化粧室」→「トイレ」，「カバン」→「バッグ」，「包丁」→「キッチンナイフ」などはその例に含められる．一方で，「薬局」→「ドラッグストア」，「医院」→「クリニック」，「喫茶店」→「カフェ」などの例は，従来のものと共通する特徴を保持しながらも欧米風のイメージやおしゃれな感じを加えた語彙として外来語が導入されていると考えられる．

日本語は，今後も外来語を大量に受け入れるであろうが，いずれにせよ，単純に和語や漢語と置き換えるのではなく，さまざまな工夫で導入していくだろう．外国文化からの模倣と創造が織りなす外来語は将来にわたって日本語の新局面を必ずや示すはずである．

［林　範彦］

音と訓

　漢字に音と訓があるのは，日本人にとってはごく当たり前のことである．例えば，「人生，生涯，生ビール，生蕎麦，生きる，生まれる，生じる，発生する……」とあれば，同じ「生」という字でも自動的に「セイ・ショウ・ナマ・キ・イ・ウ・ショウ・セイ……」と読み分けている．こうした読音のうち，中国語の発音からきたものが「音」である．一方，漢字が表す意味に対応する日本語の単語をあてたものが「訓」である．

●**呉音・漢音・唐音**　音（または音読み）には，主として呉音と漢音がある．「生」の場合，「ショウ」が呉音で，「セイ」が漢音である．漢音は遣唐使らが唐代の長安からもたらした北方中国語音で，『日本書紀』（養老4〈720〉）で日本語の歌謡を表すために使われた漢字音にすでに使われている．

　それ以前に，日本に伝えられていた漢字音が呉音である．『古事記』（和銅5〈712〉）や仏典で多く使われている．呉音の方は「呉」という名称から中国江南地方から伝えられたと一般に信じられているが，それは単に「馬」呉音メ・漢音バ，「男」呉音ナン・漢音ダンのように，中国語では鼻音で始まる音が呉音では鼻音を保ち，唐代の呉地方の発音に似ていたための命名にすぎず，呉音の由来は別途考える必要がある．

　さらに，唐音とよばれる漢字音もあるが，これは実際には宋代以降にもたらされた発音である．例えば「杏子」アンズ（漢音ならばキョウシとなる），「緞子」ドンスのようなものだが，例数はごく限られている．

　最も新しい漢字音としては，「叉焼」チャーシュー，「焼売」シューマイなどがあるが，こうしたものは音の特徴からして明らかに広東語が由来である．

　また，古い由来をもつ日本の地名は，本居宣長らが論じたように「相模」サガミのように，呉音・漢音では写されていない中国原音における鼻音の末尾音-ngを「-ガ」で反映するなど，古風な特徴をもつことがある．さらに，口語にはほとんど痕跡をとどめていないが，日本語を表記した最古期の金石文（7世紀以前）は「支」を日本語のキにあてるなど，中国語の上古音（周代から漢魏の頃の発音）の特徴を反映することがある．

●**訓読みの起こり**　『古事記』の書き出しに「……次國稚如浮脂而，久羅下那州多陀用弊流之時，流字以上十字以音．如葦牙因萌騰之物而成神名，宇摩志阿斯訶備比古遲神．此神名以音．次天之常立神．訓常云登許，訓立云多知．……」とある．これは「……次に国わかくして浮きし脂の如くして，くらげなすただよへるとき，あしかびの如く萌えあがる物によりて成れる神の名はうましあしかびひこぢの

神．次にあめのとこたちの神．……」という日本語を表記したものとされる（倉野憲司・武田祐吉校注『古事記 祝詞』日本古典文学大系 1).

割注に，「流」以上の十字は音を以てする，とあり，「くらげなすただよへる」という日本語をうまく漢文で書けなかったため音訳漢字を使用しており，次の神名も固有名詞であるから音訳漢字で表記している．ところが，次の割注では「「常」を登許（トコ）と訓み，「立」を多知（タチ）と訓む」といっており，「常」と「立」が訓読みとして使われていることが明示されている．訓読みはさらに早期の日本語の金石文でもすでに使われていたとみられる．

一方，朝鮮半島では高句麗・百済・新羅の地名表記などですでに漢字の訓読みが行われている．最早期に日本に漢字文化をもたらしたのが百済の王仁であった伝承からして，漢字を訓読みするという原理も帰化人によるものである可能性もある．

●**日本における文字使用の複雑性** さて，本国の中国では漢字は「一字一音」が大原則であり，例えば「生」という字も現代中国語では常に shēng の一音で発音される．ただし例外は福建語であり，かなり多くの字に系統的に文語音・口語音の二音があり，訓読みする字もいくらかある．

韓国・北朝鮮では，現在は漢字を使用しないが，以前は漢字・ハングル混じり文となっていた．しかし，漢字音は通例一字につき一音しかなく，また訓読みはないので，漢字は本国と同じく一字一音の原則に則っていた．ベトナムでも漢字は現在使用せずローマ字書きにするが，一つの漢字に由来する漢字音が2種・3種とそれぞれの字に系統的に存在しているわけではない．

こうしたことから，言語学者の河野六郎は「日本漢字音の一つの特徴は「呉音」と漢音，更には唐音といったさまざまな伝承があることである．……日本に漢字音の伝承が幾つか平行して存在するのは，新旧さまざまな外来文化が何ら弁証法的発展をせずに併存するという日本の文化受容の特徴が字音の伝承にもみられることを示すものである．」と喝破している（「"日本呉音" に就いて」『河野六郎著作集』2).

現代語で，常用字が3,000にものぼる漢字のような文字を使う言語は中国語以外には見当たらず（第2位以下はロロ文字［彝文字］）や女書で，約1,000字程度），日本語はさらに平仮名と片仮名を使うので，世界で最も複雑な文字体系をもつこととなる．しかし，字種の多さもさることながら，一字の漢字が多種の音と訓をもつという錯綜した対応関係こそが，日本語の文字体系を複雑にしている大きな要因である．だがそれで実用上何ら支障がないのは，漢字の読音は一字単位ではなく，単語単位に定まっているという事実によっている． ［遠藤光暁］

ラジオ・テレビと標準語

　標準語の普及・確立の要因として，明治期からの学校教育，昭和前半のラジオ，昭和後半のテレビの普及の三つがあげられる．そして，標準語化は，書き言葉，改まった話し言葉，くだけた話し言葉の順に進んでいった．

●**テレビ・ラジオによる話し言葉の標準語化**　テレビ・ラジオの受信契約率（国勢調査の世帯数を母数とする）の推移は，以下のようである．ラジオは，大正14（1925）年本放送開始，終戦までに50％前後，昭和30（1955）年頃には80％程度であった（昭和42〈1967〉年にラジオの受信契約廃止）．テレビは，昭和28（1953）年本放送開始，昭和40（1965）年頃には80％を超えてラジオに取って代わり，その後ますます普及が進んだ．

　テレビとラジオを比較すると，ラジオは標準語化に一定の役割を果たしたが影響力が小さく，影響範囲も改まった話し言葉に限られていた．テレビのように，くだけた場面も含む，話し言葉全体に大きな影響を与えるようなことはなかった．その理由は，ラジオの普及率がテレビより低かったこと，戦前は日本放送協会1局しかなく，特に第二次世界大戦期は放送内容が統制されたこと，ラジオの民間放送が昭和31（1956）年開始でテレビ普及の直前であったことなどである．

　テレビ・ラジオが，標準語の普及に貢献したのは間違いないが，実は，その証明は難しい．例えば，調査してみると，テレビ・ラジオの視聴時間と標準語化の度合いの相関はあまり明瞭ではないとか，テレビ・ラジオの普及率が同程度でも都市部と農村部で共通語化の度合いは必ずしも同じではなく，テレビ・ラジオ以外の要因も考えなければならないなど，多くの問題がある．

●**音声面の標準語化**　テレビ・ラジオの最大の特徴は，音声で標準語を伝えることにある．そのため，音声面の標準語化に大きな影響を与えてきた．例えば，国立国語研究所の調査によれば，山形県鶴岡市の都市部では，ズーズー弁などの方言発音は，ラジオ時代の昭和25（1950）年調査でもすでに50％程度しか残っていなかったが，平成3（1991）年調査で10％以下の残存になっており，短時間の質問調査の回答という場面では，ほぼ標準語化が完成している．東北だけでなく，全国各地の方言発音の多くが消えつつある．例えば，九州などでセをシェ，ゼをジェと発音したが，今では高齢者にしか残っていない．音声の中で習得が難しいアクセントは標準語化が遅れており，今でも，アクセントだけ方言でそのほかは標準語という話し方も存在するものの，現在徐々に標準語化が進んでいる．上記山形県鶴岡市では，昭和25年調査ではアクセント標準語化はゼロに近かったが，最近の若い世代では50％程度の標準語化となっている．長野県のようなもとも

と標準語に似たアクセントの地域では，テレビで聞くことが多い首都圏の若い世代のアクセントへの同化が進んでいる．もっとも，方言アクセントは地域によってさまざまで，単純に標準語に同化されない地域も多い．例えば，関西や九州南部などでは，若干変化を起こしながらも方言アクセントが保たれている．また，全国各地で，方言と標準語のアクセントの接触による多様で興味深い現象が生まれてきている．

●テレビによる方言の普及　このように，テレビは標準語の普及に非常に大きな貢献をしてきたが，最近は逆に，各地の方言の普及にも役立っている．その一つの理由は，テレビドラマに各地の方言が（精粗さまざまではあるが）取り入れられるようになったこと．また，お笑い芸能人を中心に，バラエティー番組などで方言を使う人が増えたこともあげられる．お笑い芸能人は関西出身者が多いが，関西以外の出身者もおり，全国各地の方言が聞かれる．全国放送のテレビで方言が話されるようになったのは，以下の理由が考えられる．①方言が標準語に近づいたため，方言で話してもコミュニケーションの障害が生じることが減ったこと．②方言衰退のために，各地の文化の一部として大切に保存しなければならないと思う人が多くなったこと．③方言がもつステレオタイプ的なイメージ（関西弁＝面白い，ノリがよい，東北弁＝素朴，郷愁をそそるなど）を利用して表現効果を出すことが可能であること．

テレビだけが原因ではないだろうが，最近，特定地域の方言の単語が全国各地に広がることも増えてきている．例えば，関西弁のチャウ（違う）が東北地方に，関西弁のウチ（一人称代名詞）が首都圏に広がっているなど．また，親しい首都圏出身者どうしのメールなどで，全国各地の方言を使うことも増えてきた．

●方言と標準語の切り替え能力の高度化　標準語化が進む一方で，方言の大切さが認識されている現在，方言と標準語をくだけた場面と改まった場面とで器用に切り替える人も非常に多くなっている．かなり早い時期からこのような切り替えはあった．例えば，ラジオ放送開始以前の大正後半に録音された，地方出身の政治家・宗教家の演説レコードでは（人によって巧拙はあるものの）アクセントも含めて標準語を使っている．彼らはくだけた場面では方言を使っていたはずだから，明らかに方言・標準語の切り替えをしていた．しかし現在は，当時にくらべて格段に切り替えをする人・場面が増えている．例えば，全国各地のファストフード店で地方出身のアルバイト店員が標準語で応対する．地方の子どもがままごとをするときに標準語で話すことがある．関西の大学に勤める関西出身の教員も，改まった場面で標準語アクセントに切り替えるのが多数派である．

さまざまな方言・日本語が，テレビをはじめとするメディアの中に飛び交っており，その中から個人が言葉を選択して使うことができる．このような自由は，かつてなかった． ［中井幸比古］

擬音語と擬態語

　「戸をトントンとたたいた」「仕事がどんどんはかどる」といったように，日本語には物事の状態などを表す方法が豊富である．これらの例の前者は実際に出ている音を模写するところから擬音語に含められ，後者は実際の音ではなく，外界の情景・状況を心理的に描写したもので，擬態語とされる．両者を意味的に区別してもよいが，一般にオノマトペ（onomatopoe）としてまとめられる．以下も両者をまとめてオノマトペとして述べよう．

●**音と意味の関係**　現代言語学の父とされるフェルディナン・ド・ソシュールは『一般言語学講義』で言語記号における音形（能記）と意味（所記）との関係は恣意的だと述べている．これは「犬」のことを日本語で inu，英語で dog，フランス語で chien というように，それぞれの音形と意味にかかわり合いがないためである．しかし，オノマトペ，特に擬音語は音形と意味の関係が非常に密接である．ニワトリの鳴き声である日本語の「コケコッコー」は系統の異なるフランス語の cocorico やドイツ語の kikeriki などとも音声的に近く，これは音形と意味の密接な関係性によるものである．なお，日本語オノマトペの言語学的分析は田守育啓らの研究が参考になる．

　音声と意味との相関関係を，さらに検討してみよう．「さらさら」「ざらざら」や「きらきら」「ぎらぎら」のように，清音と濁音で対立するペアが見つかる．この場合は清音のほうがどちらかといえばプラスのイメージをもち，濁音のほうがどちらかといえばマイナスのイメージをもつことが多い．また，これはオノマトペに限った現象とはいえないが，母音の長音化や促音を挿入する現象が意味の誇張に関与することがよくみられる．例えば，「ぞっとする」「ギトギトの油」をそれぞれ「ぞーっとする」「ギットギトの油」にすると後者の方がより意味が強調されている．

●**語形の特徴**　オノマトペは，2拍（モーラ）をベースに語をつくることが基本である．例えば，「はっとする」「じっとにらむ」の下線部分は2拍で構成されるオノマトペである．また，より一般的には2拍の形式をベースに繰り返すものが多い．「しくしくと泣く」「ペラペラの紙」「水がポタポタとしたたる」の下線部分は「しく」「ペラ」「ポタ」がベースとなって繰り返された語（反復形）である．この場合2拍の形式が単独で用いられることはない．

　このような反復形（重複形ともいう）は，オノマトペに代表的な語形成法であるが，語根同士を合成する「複合」や接辞（語尾）を付加する場合もある．例えば，「がさがさ」「ごそごそ」は「がさ」「ごそ」をベースにした反復形であるが，そ

れぞれを合成して「がさごそ」というオノマトペを構成できる．ほかにも異なる2拍の形式が組み合わさるケースとして「ちらほら」「ぶつくさ」「すたこら」などがあるが，こちらは後半部分の反復形がない点（「くさくさ」など）が興味深い．

オノマトペ特有の語尾としては「り」「っ」（促音添加）「ん」（撥音添加）などがある．「ぱたりと」「ぱたっとやめる」「ぱたんと閉じる」などがその例である．これらは「ぱた」というベースにそれぞれの語尾を添加したものだが，一般の名詞や動詞などにはない語形成上の特徴であるといえる．「がたごと」「からころ」のそれぞれの要素に「ん」を添加し，「がたんごとん」「からんころん」のような6拍のオノマトペをつくることもできる．

音と語形の関係におけるオノマトペの特徴としては連濁現象が通常みられない点である．「くす」の反復形は「くすくす」だが，「くすぐす」にはならない．

●**文法的側面**　オノマトペは，述語の様態を表すことが多いため，品詞としては副詞が最も多い．ただし，名詞・動詞・形容動詞・形容詞もある．名詞の場合は「ワンワン（犬）」「ブーブー（車）」「ぽんぽん（腹）」など幼児語に多い．幼児語以外では動詞の連用形などとの合成により「よちよち歩き」「ぼろ負け」「のろのろ運転」などの複合名詞もあげられる．また動詞は「する」「つく」「めく」などが語尾となるものが多く，「はっとする」「むっとする」「くらくらする」「ぐらつく」「ばたつく」「いらつく」「よろめく」「きらめく」のような例がある．さらに形容動詞・形容詞としては「彼の服はもうこんなにぼろぼろだ」「彼女の服はけばけばしい」などの例があげられる．

漢語や和語の反復形の様態副詞は，助詞を伴うことが必要，あるいは伴った方が一般的に自然である．例えば，漢語の「粛々」や和語の「広々」は，「粛々と事をすすめる」や「広々とした部屋」のように助詞「と」がないと用いにくい．しかし，反復形のオノマトペが様態副詞となった場合は「ジリジリ暑い」「ズバズバものを言う」のように「と」がなくても使用可能である．ただし，反復形のオノマトペが結果を表す副詞となった場合は「に」を伴う必要が出てくる場合があることは注意を要する．例えば，「酒にべろべろに酔う」「メタメタにやっつける」は助詞「に」がないと不自然である．

●**オノマトペから一般の語彙に**　現在では，オノマトペとは考えられないが，かつてはオノマトペだったのではないかと推定される語彙もある．以下述べるのはあくまで一学説であるが，例えば，「光」や「旗」などは語頭のハ行音が上代ではパ行音で発音されていたことから，上代では「ピカリ」「パタ」の音形をもっていたと推定される．つまり，かつては光のある様や旗のはためく様を表すオノマトペであったと考えられる．また「からす」もその鳴き声（「カラ」）に語尾（「ス」）を付したとする説もある．

［林　範彦］

◆ 言葉遊びと駄じゃれ

　言葉遊びとは，言葉の発音や意味を利用した遊びである．尻取り・なぞなぞ・しゃれ・もじり・語呂合わせ・さかさ言葉・早口言葉などがある．尻取りは，2人以上の者が順番に，「やま」「まつ」「つる」などと，前の言葉の終わりの音が，初めの音になる言葉を順々に言い続けていく遊びだ．語尾に「ん」のつく言葉や，先に一度出た言葉を言うと負けになる．また尻取りに似ているが，前の言葉の最後の音を次につなぐだけでなく，前の詩歌や文句の終わりの言葉を，次の句の頭に置いて次々に言い続けていく文字つなぎの遊びも古くからあったらしい．

　幕末から明治にかけて記録されている例に，「牡丹に唐獅子竹に虎，虎を踏まえる和藤内，内藤様はさがり藤……」などがある．1950年代半ば，私が小学生の頃，近江八幡（滋賀県）出身の親をもつ近所の遊び友達に口伝てに習ったのは「鎌倉八幡鳩ぽっぽ，ぽんぽん鳴るのは花火かえ，煙突掃除は真っ黒け，景色を眺める遠めがね，……」とさらに7〜8句続き，「まん丸いお月さん雲のなか」で，最初の「鎌倉八幡……」に戻るものだった．

　日本の言葉遊びの特徴は，同音異義語を利用したものが多いことである．現代でも言葉でその場の空気を和ませたりしようとするとき，よく使われるのが，同音異義語による駄じゃれであることの理由は，日常よく使われる言葉のなじみ深さにあるようだ．

[白幡洋三郎]

◆ 言い回しの難しさ

　日本人の英語学習者は，しばしばその不規則な表現に音を上げる．とりわけ−edで終わらない過去形や過去分詞を覚えさせられることでは，うんざりさせられる．どうして，全部−edにしてくれないんだという文句は，初学者の常套句になっている．

　だが，日本語の動詞にもわずらわしいものはある．例えば，カ行変格活用でありサ行変格用である．「は」と「が」，あるいは「に」と「へ」の使い分けは，日本人にとっても難しい．覚えづらさは，お互い様だというべきか．

　外国人の日本語学習者が戸惑う言い回しの一つに，数の数え方があげられる．

　例えば，酒の一杯は「いっぱい」だが，縫う一針は「ひとはり」となる．時間の一分は「いっぷん」で，葡萄の一総は「ひとふさ」である．「いっ」と「ひと」を使い分ける，その合理的な根拠はなかなか見出せない．

　まだある．時間の分は「いっぷん，にふん，さんぷん」と数える．一，二，三に続く「分」は，それぞれ半濁音，清音，半濁音で発音する．しかし酒の杯数は，「いっぱい，にはい，さんばい」となる．半濁音，清音，濁音である．

　日本人は，これを習慣でこなしてきた．しかし，規則で覚えなければならない外国人には，大変な負担を強いることになる．「三部作」を「三複線」，そして「三幅対」が区別できる外国人のことは敬いたい．

[井上章一]

4. 象　徴

　一人の人間の存在証明になるもの，複数の人間が集う集団を表現するもの，国家を代表するもの，などなど……．それらはみな象徴といってよいだろう．一人の人間が世間からどのように位置づけられているか，と考えると「姓」や「名」は一人の人物を象徴する記号になる．人間集団を考えるとき，所属する会社名・組織名・徽章・ロゴなどの言葉や図形は，その集団の象徴である．家紋という一族を象徴するしるしもある．所属する個人は組織の一員として，その象徴のもとに集う．
　「富士山」は，日本の象徴であるというとき，山という形をもった富士山は日本を代表する象徴の役割を果たす．いや富士山なんかではない，国歌「君が代」だ，国旗「日の丸」だ，という考えもある．
　象徴は，言葉に表しにくい事象を，具体的な事物や感覚的言葉で置き換えて表すものである．本章では，特に日本文化といえば思い浮かぶようなモノやコトを「象徴」として取り上げている．

［白幡洋三郎］

城郭と天守

　城という字が「土」と「成」の2字からできているとおり，城とは土を盛った壁のことである．また，郭とは，亭である家の集まる邑（阝）をいう．したがって，城郭とは土の壁が家々を囲む人工防御施設をいう．

　多くの人は，城郭の中心にある建造物である天守を城だと思い込んでいる．天守建築は天守閣と呼びなわされるが，一般に閣の字が付けられるようになるのは昭和6（1931）年に大阪城天守閣ができてからだ．日本で初めての本格的な鉄骨コンクリート造で，エレベーターで上がる天守閣は，以降大阪を代表する観光地となった．これにならい全国に残存する各地の天守や復元・復興する天守にも閣の字が付くようになった．これまで日本にはおおよそ3万とも5万ともいう城郭が営まれた．そのうち天守建築があったのは300弱の城郭で，しかも近世（江戸時代）の城郭がほとんどだった．

●**城郭の略史と天守の登場**　日本に城が登場するのは，縄文時代後期あたりである．農耕に伴う定住集落が営まれ，獣や異集団から集落を守るために堀を掘り，土塁（土の壁）をめぐらせたことに始まる．最近の調査研究から，弥生時代の集落のほとんどは堀をめぐらせる環濠集落とよぶ城郭ムラであったことが判明した．

　各地に武士団が登場する平安時代末になると，農耕地支配と村落の治安を図る武士たちは，農耕用水の確保と防備のため屋敷の周囲に堀をめぐらす舘（タチ・タテ）とよばれる屋形を構えた．鎌倉末期から南北朝争乱期に合戦の主流がゲリラ戦となると，日常生活の舘とは別に峻険な山に城が築かれた．山城の登場である．関東平野など天嶮要塞な山々がない平地では，河川に隣接する丘上に舘を構える丘城が盛んに築かれた．戦国時代になると有力国人領主や戦国大名たちは，いつでも戦闘態勢が維持できるように領国内の各所領地に分散していた家臣とその家族たちを城郭内や城下に住まわせ，裏切りや反乱防止のための人質とした．こうして城下集落ができ，城下町が発達する．戦国時代の巨大な城郭は，北条氏康の小田原城，上杉謙信の春日山城，織田信長の岐阜城，毛利元就の吉田郡山城，尼子晴久の月山富田城などに代表される．

　天下統一を目指す織田信長は，安土城を築き，本拠を岐阜城から移した．天正9（1581）年秋に竣工した安土城は日本で初めての総石垣を築いて，七重の天守建築である「天主」をあげた．これまでの"戦うための城"は"見せるための城"へと変容することになる．

●**天守の始まりと「おクロ」と「おシロ」**　天守は古く「殿主」と記し，城主の屋敷の中心である主屋の大棟上（屋根の上）に小さな望楼をあげ，見張り台とし

たことに始まる．やがて「殿守」とも書かれ，足利義昭は室町御所の物見櫓に「天主」と名付けた．天主の名称は信長に受け継がれたと考えられる．天守を「建てる」ではなく「あげる」と古くから表現するのは，その起源が望楼を屋根の上に設けたことにあるからだ．天守と記されるのは豊臣秀吉の大坂・聚楽・伏見の各築城以降からだ．安土桃山時代の天守の外観がいずれも大入母屋を重ねた型で「望楼型天守」とよばれるのは，天守建築初期の姿に由来する．

　豊臣大名とよばれた西国大名たちの城は，安土・大坂同様に，各階の外壁面の下方3分の2が黒く仕上がっていた．すなわち平板を張って，腐食を防ぐため黒漆か柿渋を塗っていた．加藤清正の熊本城（図1），黒田如水の福岡城，加藤嘉明の伊予松山城，堀尾吉晴の松江城，毛利輝元の広島城，宇喜多秀家の岡山城などの諸城が黒い板張りである．

図1　熊本城の宇土櫓．後方は外観復元天守．黒壁面で仕上げられた．

　一方，徳川家康および政権下の城・江戸城・名古屋城・姫路城（図2）・和歌山城・彦根城などは純白な壁面の城である．白い城と黒い城がどうしてあるのか．徳川家康が源氏棟梁の将軍になり，源氏の白旗を壁色に用いたからだともいう．実は戦国時代末期まで平板と角材の製材は難しかった．斧だけで縦割りにした木材を鑓鉋と手斧で仕上げ平らな表面としたが，どうしても真平な表にならない．この木材表面を真平にするには大鉋が必要で，信長・秀吉の時代になり大鋸が普及．豊臣大名たちは競って居城の壁を板張りにし黒い壁とした．黒壁は金箔の屋根破風飾，瓦当（軒先瓦），鯱などを引き立たせ，ステータスシンボルとなった．

図2　姫路城．純白の佇まい．写真は，「にの門」下から大小天守群を見る．

　西国豊臣大名たちの築城がピークだった頃，徳川家康は幕府を置いた江戸築城にあたっていた．家康は慶長11（1606）年に武蔵多摩郡で「白土焼」を始め，白漆喰の大量生産を可能とした．こうして純白な江戸城，続いて名古屋居城が築かれた．西国の豊臣大名が西国地方には，家康の娘婿池田輝政をして姫路に純白な城郭建築群を築かせた．姫路城は壁面ばかりでなく瓦のつなぎ目（目地）にも白漆喰を盛りあげ，天守をはじめ城全体を純白としたのである．江戸時代の徳川旗本大名たちの城は城壁づくりの「おシロ」になり，豊臣大名たちの「おクロ」の城に対抗するかたちとなった．

［西ヶ谷恭弘］

義理と人情

　「義理」の主な意味は，①物事の正しい筋道や人として行うべき正しい道，②職業，社会階層，親子，主従，子弟などのさまざまな社会関係において，人が他者に対して立場上務めなければならないと意識されていること，である．①がその社会における一般的な道理であるのに対し，②は個別的な対人関係の中で生じる感情である．他方，「人情」とは，人間が本来もっている心の動きや自然に備えている他者への思いやりの心，男女間の情愛，情け，いつくしみをいう．義理と人情はしばしば一組で用いられ，日本社会の人間関係や日本人の心情を理解するうえでの鍵となる概念である．

　義理の観念は中国から日本に伝わったものである．中国では，すでに漢代に「人の践み行うべき正しいすじみち」という意味で用いられている．日本では，近世初期に儒教（とりわけ朱子学）が新しい時代の学問として受容されるなかで，当初は元来の意味で義理の観念が用いられたが，日本社会に浸透する過程で意味に変容が生じた．思想史の源了圓（みなもとりょうえん）『義理と人情—日本的心情の一考察』によれば，「義理人情」あるいは「義理と人情」というように，しばしば人情との組合せで捉えられる日本の義理の観念は，普遍主義的な中国の義理の観念とは異なり，仲間，知人，恩人，近所，会社などの「誰かへの義理」であり，個別主義的な社会的規範である．例えば，手紙をもらえば返事を書き，受けた恩には相応のお礼をする．好意に対してお返しをすることは対人関係を保つうえで不可欠であり，それを忘れば「義理を欠く」ことになる．

●**義理と日本社会**　日本の義理の観念に対して，米国の文化人類学者ルース・ベネディクトは，『菊と刀』（1946）の中で，「義理」に相当する単語は英語にはなく，世界の文化のうちにみられる「あらゆる風変わりな道徳的義務の範疇の中でも，最も珍しいものの一つ」であり，「特に日本的なもの」と述べている．そのうえで，義理には，「世間に対する義理」（一定の関係がある相手に恩を返す義務）と「名に対する義理」（自分の名声を汚さないようにする義務）があるとする．さらに，決してそのすべてを返しきれず，継続期間にも限りがない義務である「忠」や「孝」に対して，「世間に対する義理」は，自分の受けた「恩」に等しい分だけ返せばよく，時間的にも限られた負い目であると指摘している．例えば，贈り物に対して米国人ならばその場でお礼を言って済ませるが，日本人はまるで借入金の返済であるかのように適切な時期にお返しをしようとする．このようなベネディクトの交換論的解釈は，「義理」の背景にある日本社会の対人関係の特質を鋭く描き出している．

また，日本の義理にみる個別主義的性格を生んだ背景として，源了圓は次の二つに注目している（前掲書）．第一は日本の社会構造である．日本では，持続的で閉鎖的な共同体の一員としての役割を担うことが期待され，常にほかの人々を念頭において生活せざるを得なかった．第二は，日本における宗教の性格やそれに基礎づけられた道徳や法の性格である．つまり，キリスト教のような超越的な一神教にもとづく普遍主義的道徳をもつ西欧社会に対し，日本では普遍主義的道徳はそれほど発達せず，五穀豊穣は豊受大神（とようけのおおかみ），戦勝は八幡様といった具合に，個々の神や仏の力に応じて，その時々に応じた願いを祈るという融通性をもっている．このような日本の社会構造や信仰形態が，個別主義的な義理の観念を生み出す主要な精神的土壌となった．

●**義理と人情の歴史的変遷**　日本における義理の観念には，一見相反する意味での用法がみられる．例えば，「お義理でする」という場合のように，義理は，本心に沿わない外的な社会的制裁力や拘束力をもつ社会的規範をさすことがある．この場合，「義理と人情の板挟み」という表現に象徴されるように，義理が人々を拘束する一種の社会的規範であり，それが人間の思いやりや情欲としての人情と対立の関係にあるとされるとき，いわば義理は「公」，人情は「私」と位置づけられる．これに対して，「あの男は義理人情を解する男だ」のように，人情と一組で用いられている場合，義理は情的な対人関係をつなぐ内面化された心情倫理をさしており，人情と同様の意味をもつ．

　このような義理と人情という観念は，いかなる歴史的変遷を経てきたのか．江戸期の文芸は，作家による理想化，作品に登場する地域や社会階級の偏りといった問題はあるにせよ，義理と人情の葛藤が生み出す悲劇を重要な主題として描いており，当時の社会や人々の心情の一端を映し出す資料でもある．

　例えば，井原西鶴（1642-93）は，『武家義理物語』（1688），『武道伝来記』（1687）などで武士の世界の義理を扱っているが，そこでは個別の人間関係における信頼や好意に対する返し，あるいは自己の名誉を守るための意地としての義理に自然に従う古風な武士の姿に主眼が置かれており，義理と人情の葛藤はみられない．これに対して近松門左衛門（1653-1724）は，町人世界の義理と人情の葛藤を多く扱っているが，そこでは義理は外的な制約ではなく，人間の自然な情けとしての人情と区別しがたい内発的な心情として描かれている．

　近松以後，一方では，人々を拘束する外的な社会規範としての義理が強調され，人情はそうした義理と対立するものとして位置づけられ，不本意ながら義理に従うことの悲しみを描いた作品がみられる．また他方では，義理と人情を同様の心情的な道徳と捉えて，世間の組織や制度，経済価値優先の時勢などに対立するものとして描く作品もある．義理と人情をめぐるこうした二つの対照的な捉え方は，今日にも受け継がれているといえよう．

［加原奈穂子］

恥

　「恥」とは面目を失うこと，名誉を傷つけられることをいう．恥という感情は人間にとって普遍的なものであるが，何をどのように恥と感じるかは文化や社会の有り方によって枠づけられている．

　恥の概念が日本文化論のなかで重視されるようになったのは，米国の女性文化人類学者ルース・ベネディクト（1887-1948）の『菊と刀―日本文化の型』（1946）（最初の日本語訳出版は1948年）によるところが大きい．ベネディクトは，ニューヨークで生まれ，当初はアン・シングルトンという筆名で詩人として活躍したが，1921年にコロンビア大学の大学院に入学，アメリカ人類学の父・フランツ・ボアズ（1858-1942）のもとでアメリカ先住民の研究に携わり，学位論文「北米における守護霊の観念」を提出，1923年には博士号の学位を取得した．1934年に刊行した『文化の型』では，諸民族の思考や行動における固有の「文化の型」を抽出するとともに，そうした型こそが民族の文化を基礎づけると主張し，その後のアメリカ文化人類学の研究，とりわけ「文化とパーソナリティー学派」の流れに大きな影響を与えた．

　日本文化論の古典的著作となった『菊と刀』は，太平洋戦争の終局がみえ始めた1944年6月から1年あまりにわたって，米政府の戦時情報局よりベネディクトが委嘱を受けて行った研究（1945年9月に報告書「日本人の行動パターン」を国務省に提出）にもとづいて書かれたものである．当時，日本の占領政策を効果的に遂行するために，日本人の心理や行動，日本社会の特質を把握することが緊急の課題となっていた．日本訪問の経験さえなく，戦時中のため文化人類学にとって最も重要なフィールドワークを断念せねばならない困難な状況にもかかわらず，ベネディクトは，在米日本人からの聞き取りや，日本の書物や映画，新聞，雑誌などの資料を駆使して，米政府の仕事を遂行し，1946年11月には『菊と刀』を刊行している．

●**文化相対主義の立場**　『菊と刀』の第1章「研究課題―日本」で，ベネディクトは，米国人にとって西洋の文化的伝統に属さない日本は理解しがたい国民であると述べている．「美を愛好し，俳優や芸術家を尊重し，菊作りに秘術を尽くす」一方で，「刀を崇拝し武士に最高の栄誉を帰する」，あるいは，不遜であるとともに礼儀正しく，頑固であるとともに順応性に富むといった，矛盾したメンタリティをもつようにみえる日本人とはいかなる存在なのだろうか．

　その問いに答えるうえで，ベネディクトは，いかなる国民および民族の思考や行動にも固有の体系があり，それをその文化に則して理解し尊重すべきとする「文

化相対主義」の立場から，政治，経済，宗教，家族などの多岐にわたる面での日本人の行動には一貫した根拠があり，一つの全体的体系を成していると仮定している．また，類型論の立場をとり，日本人に共通した「国民性」を基礎づけている「文化の型」に着目する．そのうえで，戦争中の日本人の振る舞いから，社会秩序，恩，義理，人情，徳，修養，子どもの社会化，降服後の日本人などの項目にわたって，多数の事例を引きながら分析を行っている．

●「罪の文化」と「恥の文化」　『菊と刀』で最もよく知られているのが，第10章「徳のジレンマ」で論じられた「罪の文化（guilt culture）」と「恥の文化（shame culture）」との対比である．ベネディクトによれば，「罪の文化」とは，キリスト教の浸透した米社会のように，道徳の絶対的標準を説き，良心の啓発を頼みとする社会であり，人々は自己の内面的な罪の意識に従って行動を規制する．これに対して，「恥の文化」とは，世間の目に対する恥を重視する社会であり，恥という外的な強制力が行動の方針を定める際の基準となる．恥とは他人の批評に対する反応であり，人前で嘲笑され，拒否されるか，あるいはそうされたと思い込むことで感じる．罪の文化では，罪を犯した人間は告白により心の重荷をおろすのに対し，恥の文化では，悪い行いが世間に露見しない限り，思いわずらう必要はないと説明されている．

『菊と刀』における「恥」や「恥の文化」についての言及は限定的であるにもかかわらず，「罪の文化」と「恥の文化」の二分法にもとづく類型化が印象的である．かつ，世間体を気にして生活する傾向が強い日本人の性格と合致するところが多く，日本で特に注目を集めた．同時に，内面的な罪の自覚にもとづいて行動する欧米人は自律的存在であるのに対し，自らの行動に対する世間の批評という外的な強制力をもとに自己の方針を定める日本人は他律的存在であるとして，自己反省を込めて理解される傾向が強かった．

『菊と刀』は大きな反響をよんだが，さまざまな批判も受けた．それは，資料や調査対象者の偏り，資料や聞き取りの解釈における恣意性，研究の背後にある政治的意図，さらには，より根本的な研究の枠組み（日本社会を一括りにする単一モデルで捉えており，地域や社会階層による差異や歴史的変化への視点が欠けていること，日本人の行動や思考全般に共通する「型」があると考えたこと，比較のうえで欧米社会と対照的と思われる点ばかりに焦点をあてたことなど）にも及んでいる．「恥の文化」論への反論も多く，例えば，社会学者の作田啓一は『恥の文化再考』の中で，「恥」にはベネディクトが注目する他人からの嘲笑や拒否に対する反応としての「公恥」だけでなく，内面的な価値基準にもとづく「私恥」があることや，「罪」は罰や世論の非難という外からの規制が行動を抑制している場合があることなどをあげ，恥＝外面的制裁，罪＝内面的制裁というベネディクトの図式を批判している．

［加原奈穂子］

和の精神

　私たちのまわりには、「和」を冠した言葉が数多い．例えば、和風・和食・和菓子・和食器・和紙・和服・和柄・和室・和暦など．それらの言葉に共通するのは、必ずしも歴史性を重視していないことであろう．そうした言葉が生まれ、使われるようになったのは、主として明治以降のことである．文明開化によって洋式の思想や物品が導入されるようになったとき、それに対比するかたちで「和」が冠されたのである．

●**洋式なものに対比しての「和」**　西欧からの文明文化が多く導入される以前は、あえて「和」を唱える必要はなかった．和風とは洋風に対する言葉であるし、和服は洋服に対比する言葉、和室は洋室に対する言葉である．洋風がない時代には、あえて和風という必要はなかった．

　現在の私たちの生活は、全般的に洋風に傾いているといえようか．最も顕著なのが、衣服である．日本における伝統的な着衣は何か、と尋ねたら、ほとんどの人が「着物」と答えるだろう．だが、年に一度も着物を着ることのない人が圧倒的に多いのが現実のはずである．

　住居についても、和風建築より洋風建築が多くみられる．マンションなどはその最たるものであろう．

　和風建築とは、端的にいえば、木と草と紙を建材とした家である．かつての日本の民家は、木造、草葺屋根、あるいは板葺屋根．内部は土間と板敷きの部屋、障子と板戸仕切り、襖仕切りというかたちが典型であった．それが、現在では、アルミサッシの窓や戸、それにベランダまでついた家が一般的になり、リビングルームやダイニングキッチンを中心として個室を配した間取りにすっかりなじんでいる．

　だが、そうかといって私たちは、そうした洋風の家に生活のすべてを切り替えて委ねているわけではない．そこには、まだ必ずといっていいほど畳の部屋があり、襖や障子がみられる．また、風呂は欧米式の浅い湯船ではなく、どっぷりつかれる深い湯船をもつ．そして、何より欧米の住宅と異なるのは、玄関で履物を脱いで室内にあがるという形式に固執していることである．つまり、欧米の住宅の機能性を十分に取り入れながらも、その実、日本古来の生活習慣を一部にしろ頑固なまでに保持しているのである．それが日本人にとって最も過ごしやすいかたちということになろう．

　そうした日本独自ともいえる家の造りは、兼好法師が『徒然草』で「家の造りようは夏をもって旨とすべし」といってもいるように、主には夏場の高温多湿に

4. 象徴

対応してのことである．そこでは，何よりも「通気性」を重視しなくてはならなかった．それが，エアコンの導入によってさほどに重視されなくなったともいえるが，簾（すだれ）や団扇（うちわ）などの小道具類にはその伝統性を残している．

和服（着物）もしかり．その特徴は，体をぴっちり包むのではなく，無駄ともいえる隙間を多く有することであったが，先述のように洋装化して久しい．衣・食・住，つまり生活の実用面においては，精神性よりも機能性が優先されるのは，当然といえば当然のことである．

ただ，伝統的な行事においては，和服・和食・和楽器などが伝えられるのも，また言うまでもないことである．

現在は，「和」がブームになっている感もする．ユネスコの無形文化遺産に登録された「和食」や「和紙」が一つの契機となった．例えば，各地で和風の民家や町屋の保存と活用がはかられるようになった．また，卓袱台（ちゃぶだい）やお香が流行ったり，浴衣や甚平が人気をよんでいる．さらに，学校教育に伝統文化を取り入れるべきだ，との声もあがってもいる．明治以降，洋風に走りすぎた日本人に，遅ればせながらも「和」への回帰がみられるようになった，といえるのかもしれない．

●和を以って貴しとなす　「和」には「日本的なもの」というほかにも，「なごむ，やわらぐ，仲良くする」などの意味がある．聖徳太子は，十七条憲法の第一条で，「和を以って貴しとなす」と，説いた．十七条憲法は，憲法とはいえ今日のような国家の基本法ではなく，官僚の職務心得であり，同時に人間の道徳基準を示すものであった．そこでは，「和」という言葉をもって，人々が協和すれば何事も成し遂げられるという理念を説いているのだ．

例えば，最後の第十七条では，重大なことは一人で決定してはならない，必ず多くの人々と議論すべきである，としている．世界的には専制政治による強権的な支配が多かった時代に，聖徳太子は私利私情や独断を戒め，話し合いにもとづく和合政治を説いたのである．

「和」の精神は，代々日本人の人生観や社会観を支えてきた．例えば，近代以降の企業における社是・社訓の多くは，親和・協和・融和・和同などの言葉を尊んでいる．もっとも，近年，それが急速に後退もして片仮名のスローガンが多くなっていることも一方の事実である．

集団競技では，何よりもチームワーク，すなわちチームの調和が大切とされる．チームワークがよければ，個々の能力以上の力が発揮できよう．例えば，陸上や水泳のリレー競技，野球，サッカーなど．外国選手に比べて個々の力は劣っていてもチームワークで好成績を収めることができる．ロンドン五輪において陸上や水泳の日本チームがリレー競技でメダルを獲得したことは記憶に新しい．和の精神は，特に集団競技などにおいては，なお良い印象を伝えているのである．

［神崎宣武］

武士道

　平安後期に武士が登場して以来，江戸末に至るまでの武士の行動規範としての広義の武士道と，近世儒学に強く規制された倫理基準としての狭義の武士道がある．本項では前者の意で論述する．

●**中世の武士道**　『保元物語』は，鎌倉武士の生き方を「弓矢とる身の習」と表現し，さらに「坂東武者の習，大将軍の前にては親死に子討るれども顧みず，弥が上にも死重なって戦ふ」と述べた．また，猪突猛進の戦法を称揚して「弓箭の道先を以て賞となす」(『竹崎季長絵詞』)と言い切っている．このような武士の心組みがあったればこそ，元寇による蒙古軍の圧迫をもハネ返すことが可能であったのであろう．

　普通，武士道は江戸時代に入ってからの概念といわれるが，広義のそれは平安末以来存在したと思われる．切腹の作法などもこの時期出現(『平治物語絵巻』『明月記』)しているが，近世の作法と異なって腸を自らたぐり出してみせる(『増鏡』)など，殺伐な面があった．落城に際し一族自殺する慣行など(六波羅の滅亡，嘉吉の乱，相互に介錯して最後に生き残った者は火中に身を投ずる)も中世に成立したものである．しかし，一方，儀礼・礼法として小笠原流，多賀流などの"弓馬故実"が形成され，その内のある部分は今日も受け継がれている．室町期は，将軍が専制君主化し，守護大名・守護代以下の地方機関が吏僚的性格を強め，儀礼と故実はいっそう定式化された．守護による将軍の饗応儀礼である垸飯から，式三献や酒宴の作法が確立した．

　一方，寛正2(1461)年，近江菅浦で，人口百数十人の小村を隣郷と武士が包囲攻撃する事件が起こったが，武士側は降伏を勧め，死を覚悟で出頭した菅浦村民2人も助命された．この事件では，惻隠の情(弱者への同情)はじめ近世武士道の徳目とされる行為がすでに出現し，庶民にも武士道精神が普及していたことが知られる．

●**儒教への傾斜**　戦国期から武士層に儒教が普及し，さらに近世に入って戦乱の終結から殺伐さを反映した武士道も変貌を遂げる．その結果，中世以来の武弁の名残りとしての武士道と，濃厚に儒学に染まった「士道」とに分裂した．士道の側からは，武士道を蔑み，荻生徂徠は「世上に武士道と申習し候一筋」などとひとごとのように記している．

　しかし，大坂の陣以降，儒学の日本化を心掛けた人々も，古代中国でいう「礼」の概念の解釈に苦しみ，中江藤樹の如きは，朱子学を離れて陽明学に接近した．そのような中で，17世紀後半に活躍した山鹿素行は，保科正之ら幕閣の弾圧(寛

文異学の禁）に苦しみながらも北条氏長から兵学を学び，『甲陽軍鑑』の著者，小幡景憲に師事して独自の士道論を構築した．彼の著した『山鹿語類』には長篇の「士道論」が含まれているが，これは藤樹の「儒道が即ち士道」（『翁問答』）という立場を発展させたものである．

ところで，室町期に一時盛んになった武家儀礼も，戦国期における戦闘員の増加，兵農分離の進行などによって殺伐さがぶり返した．すなわち，喧嘩・私闘の横行や殉死の慣行である．前者は南北朝期の「故戦防戦法」以来しばしば禁圧を受けてきたが，近世に至って「喧嘩両成敗法」が成立し鎮静化した．しかし，一方で仇討の公認もあって私闘が根絶するには至らなかった．

また殉死は，元来夷狄の習俗であるとの儒者の進言により，寛文年間には公式に禁圧された．一方で，鍋島藩士山本常朝が著した『葉隠』は，「武士道と云ふは死ぬ事と見付けたり」と喝破しており，戦国期以来の，儒教色の薄い武士道も底流として生き続けたといえる．ただ，基本の潮流としては，武士は戦闘員から行政官，教化階層へと変化しており，江戸幕府は公式には将軍を頂点とする位階と儀礼とを強調した．

しかし，実際には喧嘩から刃傷に至るケースは後を断たず，各藩においては現実の処理として一方を「乱心」「狂乱」など，精神錯乱の結果として片付け，事態を穏便に済まそうとする傾向が著しかった（『鸚鵡籠中記』ほか）．これは，他の士族に対する処罰においてもみられることで，武家社会における儀礼の重視と併行する現象であるということができるだろう．

● 武士道の強調　「武士道」の語の初見は，『武功雑記』『甲陽軍鑑』などとされ，慶長年間にはこの語が成立し，以来しばしば武弁者の言句として語られてきた．さて明治，文明開化を呼吹した福沢諭吉は，「今の独立の士人も，其独立の法を昔の武士の如くにして，大なる過なかるべし」（『福翁百話』）と，武士道の精神を継承すべきことを論じた．このように，国民倫理の徳目の一源泉として，明治以降も武士道が強調され，昭和戦中期に至っては，『武士道全書』なる大部の編纂書も登場し，わが国道徳の精髄として強調された．

一方，明治33（1900）年，新渡戸稲造は，日欧文化比較論として英文で『武士道』なる著作を公表し，日本の道徳教育の一源泉であるとして，武士道再評価を試みた．しかし反面，御雇外人で明治期に日本学の先駆者であったB. H. チェンバレンは，「武士道」は明治期の造語だと決めつけ，歴史家津田左右吉は，新渡戸の武士道論を批判して，武士道とは倫理的に称揚するべきものではなく，裏切りと下克上的暴力に彩られた「変態・強盗」的行為であると攻撃した．だが，近年の研究によれば，近世において徳目としての「武士道」は『武道初心集』ほか幾度も提唱されており，チェンバレンの誤りは言うまでもなく，津田の決めつけも疑問視されるに至っている．　　　　　　　　　　　　　　　　　　　［今谷　明］

華道

　『枕草紙』には，「縁側の手すりの前に大きな青い瓶を置いて，風情のある5尺ほどの桜の枝をたくさん挿した」との記述があるが，このように作者の意図がみられない"鑑賞の花"は，いけばなの成立以前の姿である．

　室町時代に入ると，座敷飾りを担当する者の中に，特に花の扱いに秀でた者が現れて花の構成論を確立，いけばなが誕生する．最初期の花の理論書の一つである『池坊専応口伝』(1523)で専応はこう語る．

　　ただ小水尺樹をもって江山数程の勝概をあらはし，
　　暫時頃刻の間に千変万化の佳興をもよおす．
　　宛 仙家の妙術ともいいつべし．

図1　新年の床の間

「瓶に花を挿すことは昔からあるが，それは単に自然の花を観賞しているだけであった．しかし，花を立てるとは，少しの水と小さな木で雄大な山川の景色の表現をすることである」と．つまり，「花が自然に備えている個性を見極め，器の中にその美を再構築する」のがいけばなである．

　いけばなの背景には，人間を自然の一部とみなす日本独特の自然観がある．西洋のように自然と対立し自然を屈服させるのではなく，自然に融け込むように暮らしてきた日本人は，生活の中に四季の移ろいを巧みに取り込み，いけばなという美しい文化を生み出した．

●**いけばなのルーツ**　日本人が農耕民族であることと自然に対する畏敬の念は，直接関係がない．生活は「自然」と密接なかかわりをもっていた．地震や台風といった天災をもたらすこともあるが，秋には豊かな実りを与えてくれる．そんな自然に対する畏敬の念が，日本人の根底にある．日本人は，あらゆる自然に神が宿ると考えた．大きな山，森，岩といった自然の造形物は，神霊の宿る依り代とされ，崇拝の対象となる．我々の祖先は，家の中に神を招き入れたいと考え，常緑で樹齢の長い常磐木を持ち帰ることにした．スギやヒノキ，サカキのように，落葉せず，一年中青々とした葉をつける樹木が，依り代として相応しいと考えられたのだ．中でも，特に長寿でかつ大きく成長するマツが喜ばれた．それを，家の玄関に飾ったのが門松で，床の間に飾ったのがいけばなのルーツである．この"神の依り代"としての花に加え，"仏前の供花"，そして宗教的な意味を含まない"鑑賞の花"といった，いくつかのルーツが交錯する中で，いけばなが誕生する．

● **不完全を尊ぶ**　最初期のいけばなの伝書『仙伝抄』(せんでんしょう)(文安2〈1445〉)には,「右長左短」や「左長右短」という語が見られる.左右のうち一方を長くすれば他方は短くせよ,つまり左右非対称にせよというのだ.いけばなでは,整然とした左右対称は好まれず,あえて不完全を狙うのだ.

　日本人にとって,自然は切り離せない身近な存在であり,信仰の対象でもあった.そして,ものづくりのデザインソースをその自然に求めた.自然界に存在するものは,山・川・森・石・草木など,どれをとっても幾何学的に整った形態ではない.一見すると左右対称な富士山の稜線も,厳密には完璧な左右対称ではなく,でもだからこそかえって味わい深いのだろう.そんな自然物を手本とした日本のデザインも,おのずと崩れた左右非対称となる.崩しの美学は,自然の妙から生まれた.

● **型の変遷**　花のいけ方に唯一解はない.人によって好みは異なり,時代によっても人の好みは変化する.いけばなに数多くの流派が存在し,時代の要請に応えて次々と新しい花のいけ方が開発された事実が,それを物語っている.正解が一つに絞れないのなら,気のおもむくまま,自由にいけても一向に構わないはずだが,いけばな教室では「自由にいけてよい」と言われることはきわめて稀だ.いけばな教室で最初に教わるのは,「型」とよばれる設計図であり,これは,師匠から弟子へと何代にもわたって試行錯誤を重ねる中で編み出されたものである.型を学ぶことで,この何百年分の先人の努力の蓄積を短期間で習得できる.

　いけばなの歴史は,型の歴史である.室町時代の型「たて花」から始まり,江戸前半の「立花」,後半の「生花」を経て,明治の「盛花」,昭和の「自由花」,戦後の「造形いけばな」と,各時代にさまざまな型が考案された.

● **花は師匠**　花をいけるという行為は,世界中にあるが,日本人はそこに宇宙観や人生観といった哲学的な意味合いまで見出そうとし,いけばなは独自の発展を遂げた.西洋の花芸術は,最高の瞬間を演出するものだ.例えば,結婚披露宴の装飾をする場合,満開の花をたくさん足して花のカーペットをつくる.一方,いけばなでは「蕾がちにいけよ」と教わる.開いた花があってもよいが,必ず蕾を残していけ上げる.蕾が徐々にほころび,盛りを経て,やがて凋落(ちょうらく)を迎える……,そんな時間経過とともに刻々と変化する花の命を最後まで見届けるのがいけばなである.

　我々は,その過程で,花からさまざまなことを教わる.太陽の方を向いて咲く花からは,逆境でも前向きであること,向上心をもって生きていくことを.蕾が開く様子からは,時を経ること,年を重ねることの素晴らしさを.花は,美を紡ぎ出すための単なる"道具"でなく,さまざまなことを教えてくれる"師匠"でもある.「ikebana」という言葉は,「kabuki(歌舞伎)」や「chynoyu(茶の湯)」と同じく,今や世界中で認知され,興味と尊敬の念をもって迎えられている.［笹岡隆甫］

茶道

　茶道は，茶の湯の道という意味で「ちゃどう」とも「さどう」とも読む．特に抹茶の茶会を催すことを目的にその点茶作法を習練するとともに，茶室・茶道具などをもって総合的な美的世界を創成し，時には求道性の中に客をもてなす心をも養う．近代以降は「華道」とともに婦女子の教養としても広く浸透した．

　茶の習俗は奈良時代に遣唐使などの日中交流を通して日本に将来され，平安時代になっても顕密寺院において，また内裏での季御読経の引茶として行われていた．しかしその茶は唐代の陸羽が著した『茶経』に記されている煎茶であったと考えられ，それは今日にいう煎茶とは異なり，団茶（茶葉の塊）によるものであった．

　鎌倉時代になって，2度目の入宋を果たした臨済宗の開祖栄西が，建久2（1191）年に帰国する折，茶樹の種を持ち帰って，背振山（佐賀県）に植え，その後十数年を経て京都高山寺の明恵上人に贈られ，栂尾山（京都府）にも植えられて京都にも茶が広まった．それが緑色で粉状の抹茶であり，禅宗寺院では茶の覚醒効能をもって「目覚まし草」として重用されるとともに，行動規範としての清規にもとづく儀礼の中に，唐代の煎茶とともに，宋代の抹茶が根付いていった．そして栄西は建保2（1214）年，病に臥せっていた将軍源実朝に，『喫茶養生記』に添えて茶を献じたことから，武家社会にも抹茶が流行するようになり，やがてそれまでの薬用としてではなく，嗜好品として日本の生活に定着していった．

●**中世の茶の湯**　中世の茶は，会所の表と裏において，「晴の茶」と「褻の茶」がパラレルに展開していた．「茶会」の初見は，15世紀初頭に著されたと考えられる『喫茶往来』においてである．その会場として使われたのが会所とも称された客殿であり，そこでの山海の珍物を振る舞う会席の後，唐物で荘厳された「喫茶之亭」に場を移し，禅宗寺院でも行われている「四頭茶礼」などと同様の茶礼と，勝負事的な趣向を取り込んだ闘茶や都鄙問答，そして無礼講でもある「乱酒・乱舞」の後段の振舞いにと続く，ほぼ一日がかりの茶会が流行していた．こうした表向きの「九間」（畳を敷き詰めると18畳敷の部屋）での，儀礼的な「ハレの茶」において，椅子座にして唐物荘厳の世界が現出している．また，これは喫茶の場と点茶の場を異にすることに特色がある．

　それに対し，会所の裏手の私的な書斎では，日常茶飯に系譜を引くともいえる，座式の「ケの茶」が展開していた．これは囲炉裏での茶であり，喫茶の場と点茶の場が同室であることに特色がある．14世紀後半から15世紀初め頃に描かれたと考えられる「掃墨物語絵巻」（徳川美術館蔵）の北山私僧坊の情景は，そうした「ケの茶」の様相を描出するものである．それに描かれたと同様の室礼は，

永享9（1437）年に後花園院が，室町幕府6代将軍足利義教の室町殿へ行幸された折の「泉殿会所」赤漆之御床間においても認められ，また8代将軍義政が文明18（1486）年に建てた東山殿（現慈照寺銀閣寺）東求堂の書院，同仁斎四畳半はその遺構として貴重である．

●侘び茶の大成　侘び茶は，中世の「ケの茶」を基底として，非日常化を目指す中に大成されたといえよう．そして唐物も高麗物も，和物も含み込んだ「和漢兼帯」の美意識を主張するとともに，茶の湯に専心する，精神性を求める茶の湯が展開していった．唐物を一つでも持つ人は4畳半の茶室を建て，主客が同座して，炉の茶をする．茶を点てる亭主は床向きに坐す，いわゆる上座床が鉄則であり，床での器物や花の賞翫が趣向の第一とされる茶の湯であった．

　天正11（1583）年，千利休が豊臣秀吉のために天王山山崎城に建てた茶室待庵は，それまでの4畳半と大きく異なるものであった．部屋の広さは客座1畳に手前座1畳の2畳敷，極小の茶室で，それまでの4畳半が柱にヒノキの角柱を用いていたのに対し，スギやマツの丸太・面皮柱が使われ，木部は黒く色付けされた．また壁もそれまでの張付けから土壁の中塗り仕上げにして，苆を表面に浮き立たせ，煤で黒く燻りをつける仕様に改められ，茶の湯に必要なもの以外はすべてを削ぎ落とし，「やつす」姿も窮極された．

　利休は，さらに侘びの美の極限化を考えて，天正15（1587）年，秀吉の聚楽第に1畳半（1畳大目）を造立するが，ここで初めて，いわゆる下座床の茶室が生み出された．すなわち床などに飾り置く道具も出来の物でもよく，亭主はひたむきに茶を点てて客に呈する，心が通い合う茶の湯の場であった．ただ「四畳半ニハ客二人，一畳半ニハ客三人と休御申候」（『逢源斎書』）などと，4畳半は維摩居士以来の方丈に連なり厳格な座敷として，2畳や1畳半は亭主と客が膝を突き合わす親近の座敷として，客組や道具組において使い分けられていた傾向が強く，屋敷に4畳半と2畳・1畳半の二つが置かれるのが基本であった．

　一方，天正13（1585）年頃，二つの中庸といえる茶室が，大坂城三の丸にあった利休の大坂屋敷に建てられた．「大目構え」の始まりである深三畳大目の茶室である．この深三畳大目は，3畳の客座の上手に床を配し，最も下手に上座床に構える大目構えの手前座が添っており，床脇に坐す主客と，手前座の亭主は最も離れている．また中柱の袖壁は床面まで塗り下ろされていて，手前も風炉先の道具も見づらい茶室である．まだ床に飾った掛軸や花・花入れなどを賞翫するのが第一義であった．利休が大坂屋敷に造立した深三畳大目は，その後多様に展開し，山上宗二・織田有楽・古田織部・小堀遠州・片桐石州らの茶室も，これを原点として，目指す茶の湯の趣向に応じて客座と手前座の関係を変容させており，その後，「数寄屋」ともいわれるさまざまな茶室が生み出されていった．

［中村利則］

着物

　日本人の祖先が，どんな形の衣服を着用していたかという最も古い記録は，3世紀，晋の陳寿(233-97)が書いた『三国史』に登場する邪馬台国の女王，卑弥呼の衣服だろう．髪を束ねて，貫頭衣を着用していたという．その後，統一国家になった後も，たびたび中国の影響を受けた「衣服令」が出ている．推古天皇11(603)年は冠位十二階の制度ができるに及び，衣服というものが外敵から身を守るために着るものからステイタスシンボルになっていく．「徳仁礼信義智」という位階はそれぞれ大・小に分かれ，上位から紫・青・赤・黄・白・黒の濃淡で階級の色が定められた．

　朝服（式服），官服（仕事着），衣替えなど，着こなしは整理されてゆく．衿合わせに関しても，元正天皇の養老3(239)年2月3日に右袵の着方が記されている．「天下百姓をして衿を右にせしむ」（『続日本紀』）．天皇から百姓まで，右衿を先に合わせ，左衿を合わせるということだ．古墳時代(3世紀中-6世紀末頃)の埴輪をみると当時は左前が多かったようだが，これにより徐々に右前の衿合わせになった．

●**冠婚葬祭**　天皇家の礼装（束帯や十二単衣）は，1,000年以上その形態を変えていない．「源氏物語絵巻」や三十六歌仙にみられる貴族たちの礼装は，そのまま現在，天皇家の礼服として守り伝えられている．

　人が生まれてから死ぬまでに，くぐり抜ける儀式を通過儀礼という．生活習慣上，冠婚葬祭とよぶが，それぞれの民族に伝統的な形式による儀式が継承されている．現在，着物のかたちはフォーマル（式服），カジュアル（町着）とに分けられ，お宮参り，七五三，十三参り，成人式，結婚式，葬式など冠婚葬祭では，それぞれの正・礼装が行われている．

　①お宮参り：平安時代には，子どもが生まれて50日目に，貴族の家で「五十日の儀」の祝宴が催された．『紫式部日記』にもその記述がある．現在は地域によって日が違うが，関西では約30日目に赤ちゃんにお祝着を着せて神社や寺院などに参詣する．祖母が赤ちゃんを抱く習慣である．

　②七五三：お宮参り同様，ルーツは平安時代である．3歳から髪を伸ばし始める「髪置きの儀」，5歳の「着袴の儀」．そして，鎌倉時代頃より「帯解の儀（ひもおとし）」，これらが江戸時代より11月15日にまとめて行われるようになった．現在，全国の主な社寺で11月いっぱい行われている．

　③十三参り：十二支をひと巡りした数えの13歳の時に，虚空蔵菩薩を祀った寺でおまいりする．桜の季節，京都嵐山の法輪寺は，晴着姿の子どもたちでにぎ

わう．昔は十三参りが済むと肩あげ（大きめに仕立てた羽織を短く調整する肩の縫い部分）をとった．

④成人式：これも平安時代から行われている元服の儀式である．平安時代は12, 13歳，室町時代は15, 16歳，現在は20歳を成人としている．戦後，昭和23年に「国民の祝日法」が制定され，1月15日と定まったが，平成10年に，特定の月曜日に移動することとなった（ハッピーマンデー制度）．女子は振袖，男子は紋服を着用することが多い．

⑤結婚式：高島田（根元を高くした髷）に角かくしまたは綿帽子．そして打掛（白無垢，色打掛〈西陣織，緞子，唐織，佐賀錦など〉）．高島田は洋装のアップスタイルに，色直しではウエディングドレスもよく着用されている．

⑥葬式：『源氏物語』に，葵の上の死後49日の間，夫である光源氏はにび色（グレイ）の着物で過ごしたとある．当時は，葬儀の際，葬列の左右を歩障という白布で覆い，参列する人も白装束であったが，明治時代に黒色になっていった．現在も喪服は黒，通夜や年忌などは色無地が使われている．

●**着物の種類** 生活環境の変化の中で，着物，帯の形はいくらか変わっていくであろう．はやりすたりは別として，着物の種類をいくつか紹介する．

①訪問着：上前，上胸，左表袖と，絵羽づけ（模様が合う）の着物．披露宴，およばれなどに着用する正装である．袋帯を合わせる．模様は伝統柄と現代柄があり，披露宴には伝統柄が良い．パーティなどは現代柄も良いし，若い人は変わり結びをすれば華やかで良い．

②振袖：袖の内側をふりという．江戸時代，ふりのあるものは未婚の女性の着物だった．江戸時代中頃から帯幅が広くなり，多様な結び方が流行し，歌舞伎役者がそれをあおった．現在も未婚女性の正・礼装として，成人式や結婚式などに着用されている．友禅染の模様など，華やかな装いが多い．

③留袖：黒地五つ紋の式服．白地の下襲を現在では比翼仕立てとしている．袋帯で二重太鼓とする．「女は縁ずくといなとにかかわらず，十九の秋にはふりをふさぐを律儀とす」（『西鶴俗つれづれ』）とあるように，振袖に対し，袖を塞いだ着物を留袖といった．昭和30年代以後，既婚女性の式服の名称となった．色留袖もある．

④色無地：通夜や法事，お茶席などに，略礼装として着用する．通夜や法事などでは，黒共帯または色共帯を合わせる．お茶席や記念式典などでは袋帯を合わせる．

①訪問着　②振袖

4. 象徴

一色染めまたは裾ぼかしも，近年，同様の用い方をしている．帯じめ，帯あげは白色，パーティ着としては半幅帯なども使う．

⑤小紋：型紙を使って反復模様を染める．武士の裃から発展し，明治時代中頃には，色糊の発展によって多様な模様を染められるようになった．

一色染めを江戸小紋，多色染めを京小紋とよぶ．小紋の量産には広助治助の努力があり，カジュアルな着物として需要が多い．多くは白地の縮緬から染める．

⑥紬絣：絣（イカット）は，糸の状態で適所をくくって染め残す．蚕糸の表面はセリシンという蛋白質に覆われている．糸を揉んでそれを落とし，真綿にしてから糸をつくる．日本各地に多様な特色の紬絣があり，格子，縞など流行と関係なく，町着，普段着として，なごや帯と組み合わせて着用する．

⑦喪服：明治時代以前の主な喪服は，白色であった．明治30年，英照皇太后崩御後，徐々に皇室から黒色を用いるようになっていった．現在，告別式の喪服は黒．帯は黒共帯．一般的には，帯じめ，帯あげも黒．長じゅばん，半衿，足袋は白である．通夜や法事などは色無地に黒共帯または色共帯．数珠．

⑧男子紋服：男子の式服をいう．長襦袢，着物，羽織，袴で一式となる．結婚式や表彰式典などの第一礼装でもある．黒地，羽二重，五つ紋とし，半衿，羽織の紐，足袋，花緒は白とする．扇子も持参する．

略礼装の町着の場合は，色衿，色足袋を合わせる．袴の正装は仙台平の縦縞が多いが，織物のタイプも着用されている．

③留袖　④色無地
⑤小紋　⑥紬絣
⑦喪服　⑧男子紋服

4. 象徴　きもの

⑨着流し：男子の普段着（町着）．袴をつけない着こなしで，角帯，兵子帯を締める．色衿，色足袋を着用．羽織や袖無羽織は好みによって着る．着物は色無地であり，小紋，紬．下駄かぞうりを合わせる．町着なので色や模様は自由．羽織の紐も色玉を使った楽しいものもある．

⑩羽織（はおり）：羽織は江戸時代，男の衣装であった．粋な男たちは，足首まであるような丈の長い羽織を着ているのが浮世絵にもみられる．江戸時代末期から女子も着用するようになるが，あくまで「はおる」という道中着的な意味で，訪問先や茶席では脱ぐのが作法である．

⑪浴衣（ゆかた・ゆかたびら）：湯帷子ともいう．湯上りに着るものから，浴衣になった．現在は，町着，家庭着として着用されている．多くは木綿地だが，麻，化繊との混紡もある．夏は名古屋帯，半幅帯，兵子帯を使う．男子は角帯，兵子帯と合わせる．長襦袢，足袋も不要で，下駄や夏用草履を使用する．

⑫法衣（ほうえ）：神官や僧侶の装束．袈裟（けさ）はそれぞれ宗派や身分によって伝統的な色や形が継承されている．高僧がスカーフのように首に巻いている白い布は，帽子（もうす）・領帽（りょうぼう）という．白地羽二重や縮緬を用いた長方形で，かつては頭に巻いていたが，現在では首にも巻く．

⑬コート：着物の上に着るもの．無地，小紋，絵羽模様がある．道行（みちゆき），道中着，ショールなどは「紅葉とともに着て，桜とともに脱ぐ」と考えたらよい．雨ゴートは足首までの丈長が多く，道行，道中着は着丈に流行がある．雨ゴートは防水加工をしておくとよい．

[市田ひろみ]

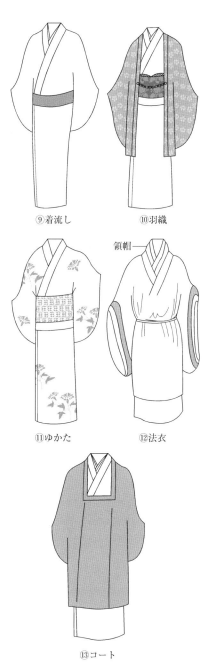

⑨着流し　⑩羽織
領帽
⑪ゆかた　⑫法衣
⑬コート

鳥居と山門

　鳥居と山門は，寺社の境界を示す構築物である．今では，寺社への入口を示す構築物として，広く認められている．

●**鳥居の起源**　鳥居は，現在の日本では神社における境界表示の装置で，一定の形をもっている．最も原初的なものは伊勢神宮の神明鳥居であり（図1），一般的なのは明神鳥居である．材質は木造，石造，金属製のものがある．現存する最古のものは山形市にある2基の石造鳥居で，平安時代後期のものとされるが，これは形態からの推定で，確証はない．鳥居の起源は，インド，中国から東アジア全域に共通する境界装置である2本の柱，ないし2本の柱の上に水平材を置いた門である．

図1　神明鳥居

鳥居の文献上の初見は延喜22（922）年の『大鳥神社流記帳』であるが，伊勢神宮には少なくとも奈良時代には鳥居があったと推定される．鳥居という言葉は延暦23（804）年の『皇太神宮儀式帳』にはなく，「於不葺御門」が鳥居と考えられる．同書の「於葺御門」は，屋根のある建築的な門であろう．延長5（927）年の『延喜式』では正殿の高欄の一番上の横木を鳥居丸桁と書いて「カモイマロケタ」と読んでいる．門とは無関係な横木を鳥居ないしカモイ（鴨居）と記しているのである．これらの記述から10世紀の「鳥居」は，広義には何かに支持された横木であり，今の形態の鳥居もそれに含まれることが読み取れる．前者の用例はその後も長く続く一方で，神社の境界装置としての鳥居の概念も定着し，多様な形式が創出された．

●**境界表示としての鳥居**　一般的に鳥居には扉はなく，門とよばれる建築物には扉がある．神宮では上記のように鳥居は門と表記されたが，扉はなかっただろう．鳥居の形はきわめて単純であって，前後を物理的に区画しているとはいえない．鳥居の両脇に取り付くのも板塀か柵でしかなく，多くの場合は単独で建っている．境界に鳥居を採用した時点で，物理的な区画をつくる意図は薄かったといえる．では鳥居は何を区画しているのか．神の土地と人間の土地とを区画しているのである．『常陸国風土記』行方郡の条に夜刀神（蛇）と人間が，標の杖を境にして住み分けた話がある．神と人間との物理的な区画をつくらない住み分けは，日本では一般的である．

　鳥居をくぐることは，神の土地に侵入することである．そこでは身を清めるな

どの境界儀礼が必要であって，怠ると神の怒りが発生する．このような通念のもとで柵も扉もなく立つ鳥居が実効性をもつのである．鳥居に限らず，日本の民俗的な境界はサイン（記号的表現）だけのものが多い．代表的な事例として，注連縄は今も祭りの場や聖なる区画の表示に使われる．村の境界も道に張られた勧請縄で示される．鳥居は，そのようなサインが宗教空間の表示に特化したものである．

●山門の起源　寺院における門の建築物は，基本的に中国仏教に付随して輸入されたものである．山門は寺院の総門を意味し，内側は寺院の境内となる．その名称は有力寺院が山中に営まれ，寺院が山号をもったことに起因する．形態はさまざまだが，仁王像を祀ることが多い．奈良時代以前の大寺は京内や平地の近くに営まれることが多く，境内を築地塀で囲み，南正面に総門として南大門を設けた．東大寺，法隆寺に南大門が現存する．中心部には回廊で囲まれた金堂を中心とする一郭があり，南の回廊に中門を開く．このほか築地塀の内側には，寺僧の子院，倉庫，境内仏堂などが建ち並ぶ．

●山岳寺院から山麓の寺院へ　平安時代以後は，俗塵を離れて山に大寺が建設されるようになった．山中の寺院を築地塀で囲むことはできないが，参道には山門を建てた．はたらきは鳥居と同じように境内を示すだけだが，本格的な建築物である．中世には，山中よりは山麓に寺院を建てることが多くなった．伽藍の構成要素は本堂，塔，門が基本である．山門は人里近くに位置することになり，そこから本堂に至るまでの間に子院が建ち並んだ．各子院は築地塀で囲まれ，それぞれ門を開いた．山麓の中世寺院においても山門から内側を塀で囲むことはない．このような門は鳥居と同じように象徴的なもので，長保寺大門（和歌山県，嘉慶2〈1388〉）のように最初から扉をもたない設計の門がある．

●境界の想像力　寺院にしても神社にしても，都会にある場合はその境内を物理的に区画しないと用心が悪い．しかし，野山に立地する寺院，神社は物理的な区画が曖昧で，鳥居や山門によって境内が示されるだけである．このようなサインによる境界の指示は想像力豊かな世界を出現させる．

　厳島神社（広島県）は満潮時には海に浮かぶ社殿で，正面の大鳥居も海中に建っている．社殿背面の陸地側には不明門がある．海には柵も塀もないが，鳥居の内側の海上こそが境内であることを示しているといえよう．

　四天王寺（大阪府）の西大門の西に大きな石鳥居があり，四天王寺が極楽の東門の中心であると書いた額がかかっている．鳥居が境界を示すとすると，鳥居の西側は極楽ということになる．今は世俗的な市街地になっているが，昔は少し西に難波の海がせまっていた．彼岸の時期には人々はこぞって海に沈む夕日を見て日想観を行った（極楽を思い描いた）という．そのとき，そこは極楽だったのである．現在の石鳥居は永仁2（1294）年のもので，平安時代には木造だった．　［黒田龍二］

神輿と山車

　神輿も山車（だし，とも）も祭りの象徴である．

　祭りとは，ふだんは遠くの聖地（天空や山，海上など）にいると信じられている神を迎えて接待し，また送り出すことである．神を招くためには，歌や唱え事で「神降ろし」をする．しかし，目に見える具体的なものの形を借りて神が乗り移るための仲立ちとなるものをつくらなくては衆人が認めることにはなりにくい．それを「依り代」といい，常緑の枝葉や白紙の御幣などが当てられた．そして，神が降臨すると，神饌を供え，祝詞をあげる．さらに，神楽を奉納したり，相撲や綱引き，流鏑馬などをもって神を慰撫するのである．

　祭りの際に招請された神は，一時的に神殿や仮屋を離れて氏子地域を巡行する．これを神幸，あるいは渡御といい，それに使われる「乗りもの」が神輿や山車である．

●**神輿は神の乗りもの**　そろいの法被や白衣を着た氏子たちが，神輿の棒を肩に担ぎ，掛け声をかけながら練り歩く．神輿ふりといって，「もめ，もめ」の掛け声とともにわざと神輿を左右にふる習わしがある．それは，神を喜ばすためだという．途中，御旅所に泊まり，再び本社に帰る．若者たちによる走り神輿や海上に神輿を出す船渡御もある．

　神輿は，多くは木製の漆塗りで，四角形・六角形・八角形などさまざまある．屋蓋に鳳凰や葱花，宝珠などの飾りものを置き，台に2本の棒を貫くのが一般的である．文献上では，天平宝寺5（761）年に宇佐八幡の神霊を輿に奉じて東大寺に迎えたのがはじめといい，それは，紫檀の輦輿であったという．輦輿とは，中国から伝えられたもので，本来は貴人の乗りものであったが，日本では神輿の原型とされる．神輿は，特に平安中期の御霊会に盛んに使われるようになり，その後も御霊信仰の隆盛とともに各地に広まっていった．

　現在みられる担ぎ神輿は，江戸中期以降のものとされる．そして，樽神輿（子供神輿）や扇神輿（和歌山県熊野那智大社），ずいき神輿（京都北野神社）などにも展開した．

●**山車の発祥は京都とされる**　山車もまた，神の乗りものである．鉾や人形などで飾りたてた屋台で，引き車である．関東では主にダシ，ヤタイとよばれ，関西ではダンジリとかヤマ（山），博多ではヤマガサ（山笠）という．

　最もよく知られるのは，京都の祇園祭におけるヤマボコ（山鉾）であろう．山鉾は，屋台の上を高い山型につくり，その上に鉾や薙刀を飾ったものである．鉾や薙刀は，榊や幟と同等の依り代となる．

山車は，京都で生まれたものとされるが，中世の頃には地方の氏神祭りにも登場するようになった．現在，各地にみられる山車の型は，大別すると三つに分類できる．一つは，山車系．これは，祇園祭の山鉾や博多山笠などである．二つ目は，屋台系で，高山祭や秩父夜祭でみられる屋台である．そして，三つ目がその中間系で，茨城県日立市神峰神社の風流物や，秋田県角館市の飾山囃子の屋台山車などである．

　山車系は，神霊を招請する自然の山を表す装置とされる．屋体系は，それが徐々に風流化して飾り山となり，神事芸能を演じる舞台（屋台）へ発展したもの．そして，中間系は人工の山と舞台（屋台）を併せもったものである．

●**祇園山鉾と日立風流物**　なかでも，京都祇園祭の山鉾と日立風流物は，特筆に値しよう．

　山鉾は，四輪車の台上に人形・囃子方を乗せる二階屋台を付け，屋根の上に長い鉾を立てたもの．あるいは，同じ四輪車の台上に人形のつくりものを載せ，山の上にマツを立てたもの．台の周囲には豪華なゴブラン織りやペルシャ製の華氈・朝鮮綿などの胴掛，前掛，見送りをめぐらす．現行の人形・屋台の彫刻・彩色などには，江戸時代美術の粋が集められている．なお，山鉾には，祇園囃子と称する特有の祭囃子がつく．「コンチキチン」と響く鉦を拍子に笛・太鼓の音がそれに重なるそれは，現在各地に流布する祭囃子に大きな影響を与えたといわれる．さらに山車（山鉾）の構造なども各地の祭りのそれに与えた影響は大きい．

　日立風流物は，可動・変形する大きな山車と，その上で演じられる操り人形（からくり人形）芝居をいう．元禄8（1695）年，徳川光圀の命により神峰神社の例大祭に山車が繰り出されたことにはじまり，享保年間（1716-36）に人形芝居が加えられ，今日のからくり仕掛けの山車に発達した，といわれる．高さ15 m，幅3～8 m，奥行7 mと巨大な山車は六段構造．中に約10人の囃子方と30人余りの操り人形の操り方が乗り込み，それを200人以上で牽引する．だしものは，「源平盛衰記」「太平記」「太閤記」など．人形は，だしものによってその都度つくりかえられる．各段には，それぞれ2～3体の人形が配されており，一つの人形芝居が終わると「館」は回り舞台となって回転．山車の後部であった「裏山」を舞台として，また別の人形芝居が行われる．こうした操作は，すべて山車内部の綱によって行われる．綱の操作によって山車の変化と人形の動きが複合的に行われるのは，他に類例をみないものである．

　京都祇園祭の山鉾と日立風流物は，ユネスコの無形文化遺産に登録された（両者とも平成21年）が，平成27年現在，それを拡張してほかの国指定重要無形民俗文化財の山・鉾・屋台行事を合わせて（全33件）再提案中である（登録は，平成28年の予定）．

［神崎宣武］

相撲と国技

「すもう」の原義は「争い」「抵抗」にあり，譬喩的に格闘や力比べの類一般をさして用いることもあるが，現在では，『相撲規則』に規定されたルールによって同定された競技をさすのが，「相撲」の中核的な意味用法ということになる．

もっとも，相撲規則が明文化されたのは20世紀半ばのことである．「円形の土俵の中で，裸体にまわしを締めた2人の競技者が対戦し，足裏以外の身体の一部が土俵内の地面につくか，身体の一部が土俵外の地面についたら負け」という基本ルールの前提となる土俵が成立したのは17世紀のことである．歴史を通じた相撲の同一性は，観賞用の技芸としての文化的装飾に負うところが大きい．現在でも相撲のイメージは大相撲によって代表され，基本ルールを共有しながら文化的装飾を欠くアマチュア相撲を「相撲らしくない」とみる風潮は根強い．

●**相撲の成立**　相撲は，奈良・平安時代に朝廷年中行事として行われた相撲節(すまいのせち)を通じて，特定の様式をもつ技芸として成立した．初期の相撲節は7月7日を節日とし，貴族らが相撲を天皇の観覧に献ずるという形式をとり，その中心的な主題は，各地から膂力(りょりょく)に優れた相撲人を集め貢上する一種の服属儀礼に求められ，『日本書紀』垂仁天皇7年7月7日条に載せる野見宿禰(のみのすくね)と当麻蹶速(たいまのけはや)の対決として表現された「遠来の強者が天皇に奉仕する」という主題の再現儀礼として説明できる．この主題のもとに各地由来のさまざまな格闘技が融合し，相撲として成型された．

●**神仏への奉納**　相撲節は，やがて儀礼的意味を剥落させて，天皇・貴族が相並び観賞する技芸催事として再編され，式日も国忌との競合を避けて7月下旬に移る．また，相撲節の後も相撲人をしばらく都に留めて皇族貴族の私邸で相撲が催され，さらに京都近郊の寺社の祭礼に相撲節を模した催事が奉納されるようになる．

祭礼への相撲奉納は，12世紀には京都からさらに周辺へと広がる．この動きは寺社祭礼の変質と連動し，相撲・田楽など，その所作そのものが神事としての意味を伝えるのではなく，娯楽として神仏の観覧に奉納されるようになった．これにより，祭礼に参集した人々も神仏とともに，それらの技芸を観客として享受する，という構図ができあがる．相撲も観賞用の技芸としての存立の場を広げ，12世紀に相撲節が廃絶した後もなお相撲を業として世を渡る職人が生まれることになる．

●**相撲の流布と卑俗化**　12世紀以降，宇佐・出雲・鶴岡など地方の大寺社でも，中央に倣(なら)い祭礼の形式を整える一環として，相撲節の様式を模した相撲が催される．そこで相撲を務めたのは主として在国の「国相撲人(くにのすまいびと)」だが，多額の費用をかけて本場京都の相撲人を招いた例もある．郷々村々の寺社でもこれに倣い，近在

から人員を徴募して相撲を奉納する事例がみられる．中央から周縁へ繰り返される模倣と卑俗化が，京都から地方に至る相撲と相撲人の序列化をうながした．

中世を通じて，相撲は各地でローカルな習俗と習合し，村々の歳時暦に組み込まれた．それらの催事はしばしば雨乞や収穫祭などと結びついているが，相撲そのものが特に雨や農耕とかかわる意味をもつのではなく，神仏の観覧に供される技芸として定着する過程で種々の神事的意味を付与されたものと理解するのが相当である．現在，日本各地に相似た相撲催事が分布していることは，相撲節に由来する都の技芸が各地で模倣され土着し「伝統」化したことの帰結である．

●**相撲故実** 京都文化に憧れる人々にとって，直接間接に相撲節の作法を継承し本場の文化をまとった相撲は対価を払って見るに足る価値をもち，15世紀には勧進目的の相撲興行が行われるようにもなる．近世にはさらに有職故実や陰陽道などに素材を求めて「相撲故実（ゆうそくこじつ）」が整えられ，相撲興行の様式や装飾を権威づけるようになった．

相撲故実は行司（ぎょうじ）によって伝承され，相撲の標準化装置として作動した．近世に用いられ始めた土俵も，その設定が故実として標準化されたことによって普及した．18世紀後半には，故実を備え免許を得た者にのみ相撲の開催を認める，とする仕組みが江戸幕府の公許を得，「本朝相撲司」吉田家によって標準化された故実が，大相撲から地方の祭礼相撲まで，相撲の様式・作法を規律するに至る．横綱土俵入りを農耕儀礼や地鎮儀礼（じちん）と関連づけるなどして「相撲は神事である」とする言説は，そうした過程で創出された（横綱自体が18世紀末に案出された）ものなのである．

●**「国技」としての相撲** 相撲を「国技」とよぶことは，明治42（1909）年，東京・両国に完成した常設相撲場が「国技館」と名付けられたのを機に広まった．

その称が定着したのは，もとより大相撲が国民的娯楽として大衆に支持されたことによるが，各地に普及した相撲の日本文化性がナショナリズムと共振したことも大きな意味をもった．例えば沖縄や北海道に近代になって相撲が流布する事情は，「日本」の拡張と密接に関連する．日本統治下の台湾では，土着の格闘技を日本の相撲に合わせ成型しようとする試みがあり，今でも一部地域で土俵を用いた格闘技に痕跡を残す．満州でも相撲普及の試みがあったし，ハワイや南米の日系人社会では，相撲はしばしば日本文化の依り代とされた．

外国出身力士に席巻されている現代の大相撲も，「国際化（internationalize）」された訳ではなく，むしろ「遠来の強者を日本化（nationalize）する」装置として作動している．その意味で大相撲は（祭礼などとかかわって各地に伝存する相撲催事とともに），国技とよぶにふさわしい日本性を，今なお色濃くまとっており，競技スポーツとして国際化の道をたどるアマチュア相撲との間に，明確な分割線を画しつつある．

［新田一郎］

ホンネとタテマエ

　ホンネとは「本音」とも書き，本来の音色，本当の音色というのが原義であり，そこから本当の気持ちや本心から言う言葉をさすものとして用いられる．対して，タテマエは「建前」あるいは「立前」とも書き，所属する集団や社会において本来的なこととされている方針や表向きの考えなどを表す．建前は，家屋の建築で基礎の上に柱，棟，梁などの主な骨組みを組み立てること，または家の骨組みが完成したことを祝う上棟式をさす場合もある．建前がなければ家屋が建たないように，社会生活においてもタテマエは人間関係の重要な支えとなっている．また，ホンネとタテマエは，相互補完的な概念であり，日本人の国民性や対人コミュニケーションの特徴を説明する際によく取り上げられる．

　ただし，タテマエは状況に応じて必然的に設定されるものであり，その必然性の違いによって，実例はさまざまである．人間や集団の有り方についての理想像として掲げるタテマエもあれば，行動を律するための規範としてのタテマエもあり，人間関係を円滑に保つための方便としてのタテマエもある．また，ホンネは個人の意思や感情にもとづくのに対し，タテマエは社会的な規範に支えられたものとされる．

●**ホンネとタテマエの使い分け**　いかなる人間社会にもホンネとタテマエの使い分けが存在するが，特に人間関係を円滑に保ち集団の和を図るためにタテマエを重視する点は，日本社会において顕著である．

　一般的に，タテマエは社会的な規範に合わせた表向きのことなので，偽りであり，ホンネこそ個人の本心であり真実であるとされることが多い．しかし，ホンネとタテマエは常に異なるとは限らず，状況によってその関係は変化する．例えば，日本人は何かをもらった場合，「まあ，このような結構なものを」と応えるのがタテマエである．しかし，それがタテマエだけの場合もあれば，タテマエもホンネも「結構なもの（優れた良いもの）」という思いで一致している場合もある．

　また，状況に応じてタテマエからホンネへ，ホンネからタテマエへと巧みに話を切り替えることも多い．コミュニケーションの現場では，相手の言葉を額面通り受け取るのではなくて，言葉の内容とその他の非言語的表現――声の調子，視線や顔の表情，姿勢や身体動作，化粧や服装などの装い，互いの距離や向きなど――とを総合して，相手のホンネを汲み取ることが当然とされる．

　さらに，公的な場面と私的な場面で，ホンネとタテマエを使い分けることもある．例えば，会議では形式的な議事進行に従い外交辞令に徹していた人が，同僚と一献傾けて打ち解けて話すようになると，先刻の会議についての自分のホンネ

を率直に話し出すといったことがみられる．こうしたホンネとタテマエの使い分けは，必ずしも当人が意識的に行っているとは限らない．しかし，文化背景を異にする人々にとっては，場によってガラリと意見を変える理由がわからず，日本人には二面性があり嘘つきであると思いがちである．さらに近年，同じ日本人といっても多様化が進んでおり，ホンネとタテマエの使い分けという従来の行動の型から生じる思わぬ誤解にはいっそう注意が必要である．

●**身体表現が伝えるもの**　人間という動物の場合，言語が伝える意味と，同時に展開される非言語的表現が伝える意味が食い違いをみせることがある．さらに，言葉はタテマエ（嘘）であり，非言語的表現には当人のホンネが表れるとされがちであるが，実際の両者の関係は複雑である．例えば，芥川龍之介の短編小説『手巾』(1916) には，息子の死を一見平然とした態度で校長に告げる婦人が登場する．しかし，団扇を拾おうとした校長が目にしたのは，テーブルの下でハンカチを堅く握りしめている婦人の手だった．校長はその震える手の様子に深い悲しみを感じ「日本の女の武士道だ」と賞賛するが，たまたま読んでいた演劇論に，顔は微笑しつつ手でハンカチを裂くという二重の演技のことが出ており，不穏な気持ちになる，という話だ．このように，非言語的表現が伝えるものをホンネとみるかタテマエとみるか，その読み取り方には注意が必要である．

また，顔の表情一つにも，その理解には文化背景への配慮が欠かせない場合がある．ラフカディオ・ハーンは，「日本人の微笑」(1893) と題したエッセイの中で，横浜居住の外国人女性が，日本人の乳母が夫の死を報告する際に微笑んでいたことを非難した例をあげている．これに対して，ハーンは，乳母の笑いはホンネではなくて，他者に不快感を与えないように直接的な感情表現を避ける日本的な配慮から来た，いわばタテマエであることを指摘している．

●**集団主義とタテマエ**　日本人は，家族や所属集団を基準とした「内」とそのほかの「外」とを区別する傾向が強い．ホンネとタテマエが異なる場合，「外」に対してはホンネを主張することを避け，タテマエを言う傾向が強い．それを偽善的とする批判もあるが，一方で，タテマエは人間関係の摩擦を最小限に食い止め，集団の和を保つことに役立っている．さらに，人間は白か黒かで割り切れない複雑な存在であり，一つの物事をめぐって，ホンネとタテマエの間で心が揺れ動くこともある．ホンネとタテマエの使い分けは，こうした人間がもつ矛盾を柔らげ，精神の安定を保つ役目も果たしている．

戦後，集団主義から個人主義への移行が進む中で，タテマエ軽視，ホンネ重視の傾向が強まり，その結果，自己中心的な傾向が強まった．しかし，社会生活の維持にとっても，個人の役割意識形成にとっても，タテマエは必要である．大切なのは，ホンネとタテマエの関係を現場に即して捉え，柔軟に対応していく力であろう．

［加原奈穂子］

盃　事

　私たち日本人にとっての酒は，飲んで楽しむだけではない．折目節目の儀礼に酒を重用してきた．「盃事(さかずきごと)」を大事にしてきた．盃事とは，言い換えれば「酒礼」であり「礼講」である．

●盃事の次第　現在，私たちが一般的になじんでいる酒宴は，本義からすると二重の構造をもっている．一つは，礼講．もう一つは，無礼講である．

　「御神酒(おみき)あがらぬ神はなし」という．祭りは，神々を崇めての祝宴である．まず，ご馳走を神々に供え，人々が相伴するのだ．その酒礼を「直会(なおらい)」（礼講）とする．神人共食の宴にほかならない．そして，それをすませたのち，神々に元の神座(どころ)へ帰座していただいたところで，人々だけの酒宴となるのだ．これが無礼講となる．

　神々に供えた酒を下して人々が相伴するのが直会．その次第や作法が必ずしも統一されているわけではないが，その最も簡略にして基本的なかたちは，習慣としてほぼ踏襲されている．

　一般的には，盃（平盃）が一つ，上座から下座へと巡る．それを略して銘々の前に盃を一つずつ置いておく場合もある．

　酌人(しゃくにん)が瓶子(へいじ)を手に酌をする．酒を三度に分けて注ぐ．この三度には，より丁寧にという意味がある．が，一度目と二度目は瓶子を傾けるだけ，酒を実際に注ぐのは三度目である．酒を受けた者は，これを三口で飲み干す．これも一度目と二度目は口をつける程度で，三度目に飲み干す．いずれも，酒を注ぎすぎたり飲みこぼすような粗相のないように行う作法である．

　これをもって「おかげ」があった，とするのだ．いわば神と人との間のある種の約束ごとが成就したとする固めの酒である．むろん，酔うための酒ではない．ちなみに，そのとき，神饌(しんせん)も下げて，一箸ずつ分配する事例も各地に多い．普通は御飯が分配される．それを，銘々は手の平に受けて口に運ぶ．直会においては，酒と飯が対をなして発達した形跡が認められるのである．

　一つの盃が巡る直会は，「式三献(しきさんこん)」（三献の儀）の省略したかたちといえる．

　式三献とは，「一酒一肴」を三度重ねることである．一酒を三口で飲む．そして，肴を一箸つまむ．それを三度繰り返すと，「三三九度」となる．心を正し，粛々と飲み干す酒礼にほかならない．もっとも，肴は箸をつけたものの口にしないで懐紙に包んで持ち帰るのが一般的である．

　これは，神に供えた神聖なる酒をこぼさないように丁重に飲み干すことで，また，それを肴で口をあらため三度も念を入れて繰り返すことで，互いにある約束

を成した，とするのである．神と人，あるいは人と人との間でとり交される「契約儀礼」ということもできる．

●**式三献の省略化**　こうした式三献（三三九度）の形式は，平安朝の宮中儀礼にはじまる，とされる．内大臣藤原忠通の任大臣大饗の儀など大仰な祝宴では，式七献や式九献もあった，という（森末義彰・菊地勇次郎『食物史』による）．

図1　男女（子ども）が酌人の祝言［出典：『風俗画報』］

中世における武家社会の儀礼で，式三献が定型化した．室町期には，「出陣の祝い」として主従間で「三献の儀」がとり行われていることが，『軍用記』（宝暦11〈1761〉）などからも明らかになる．その後，式三献・三三九度の祝儀（式）は，江戸時代の武家社会に引き継がれる．が，そこでは一般には相応の簡略化もすすんでいた．例えば，江戸期の故実書である『貞丈雑記』（天保14〈1843〉）には，「一こん二こんと云ふを，一盃日盃の事と心得たる人あり．あやまり也．何にても吸物肴などを出して，盃を出すは一こん也．次に又吸物にても肴にても出して，盃を出す是二こん也，何こんも如此，一こん終れば，其の度ごとに銚子を入れて，一献毎に銚子をあらためて出す也，何こんも此の通り也」と記されている．つまり，式三献とは，必ずしも盃の数を三つ合わせる必要もない．盃は一つでよい．酒を三口で飲み，肴を噛む．それを三度繰り返せばよい，となるのだ．あくまでも三三九度に意味がある，とするのである．

●**固めの盃**　江戸中期の頃からは，「盃事」が式三献から分離するかたちで行われるようになった．貴族社会から武家社会と伝えてきた式三献が，近世の庶民社会では略式の盃事（三つの盃を重ね，三品の肴を一枚の懐紙か皿に置く）に変容して広く普及することになったのである．

それには，「女夫盃」「親子盃」「兄弟（姉妹）盃」「襲名盃」「仲直り盃」などがある．現在では，神前結婚式における盃事が一般的に伝わる．そして，テキヤやヤクザなどの社会での襲名盃や親子盃などの伝承をみる．

かつては，親子盃や兄弟盃などが広くムラ社会に存在した．それによって，擬制的な親子関係，兄弟（姉妹）関係を結び，扶養と労働の交換という実利と精神的な連帯を強化したのである．

なお，盃事が納まると，その盃を当人が持ち帰ったものである．つまり，盃は，証文にも等しいのだ．ここでの酒は，いわば神と人，人と人をつなぐ「誓酒」ともいうべきものなのである．

［神崎宣武］

天　皇

　天皇とは，日本の歴史上，神話時代から含めて最高の貴族であり，事実上の王・君主として君臨し続けた．ただし，諸外国の皇帝・王とは相当に異なっている．
●**歴史**　古くはその地位を"大王（おおきみ）"と称した．「天皇」の号は，壬申の乱または律令の成立以降に成立したという．初代の大王は，「ハツクニシラススメラミコト」とよばれた崇神天皇に擬せられている．初期の存在形態は，神話伝承や中国南朝の記録から考えても"征服王"としての性格が濃厚で，その政庁は磐余（いわれ）とよばれた纒向（まきむく）遺跡の近辺であろう．昭和 53（1978）年に解読された稲荷山（いなりやま）古墳出土鉄剣銘によってワカタケル大王すなわち雄略天皇（倭王武）の実在が証明され，その版図も 5 世紀後半には肥後から武蔵に及ぶ広大なことが推測された．6 世紀初頭まで崇神以来の血統で大王位が継承されてきたが，武烈天皇でいったん王統が杜絶したらしいことが『日本書紀』により示唆されており，応神五世孫と称する次の継体天皇との間で血統が絶えているとする研究者も多い．
　平安初期の 9 世紀半ば頃までは天皇は成人でないと務まらぬ地位とされ，女帝（皇后または未婚の内親王）も輩出するが，多くはいわゆる中継（なかつぎ）女帝であり，またその補佐として皇太子摂政の慣行もあった．しかし，天安 2（858）年清和天皇が満 8 歳で即位すると，太政大臣藤原良房が後見し，以後幼帝が頻出する．天皇は幼児でも務まる地位に変化し，日本国の時間空間の抽象的支配者と見做される．幼帝の後見は摂政とよばれ，外戚（がいせき）にあたる藤原北家の嫡流（ほっけ）がこれにあたった．摂政は，王権を代行する臣下最高の地位であり，関白も初期は摂政を優遇するための前官礼遇（ぜんかんれいぐう）にすぎなかった．
　11 世紀末になると，寺社の嗷訴（ごうそ）や武士の抬頭で摂関政治が行き詰まり，天皇の父方家父長である太上天皇が執政する院政が成立する．しかし，保元・平治の乱を経て平氏の武権政府が実権を掌握し，元暦 2（1185）年には源氏による幕府が形成され，承久 3（1221）年の承久の乱で院政は力を失い，執政は，武家に移り以後幕末に至る．以上のように，天皇は早くに権力を手放し権威に特化して 1,000 年以上が経過し，中国・中東・西欧の王権とは様相を異にする．その中で中東の王権のみが，「カリフ－スルタン」という二重構造をもち，日本の「天皇－将軍」の関係に類似するが，カリフは早くに形骸化し，天皇のようには続かなかった．
●**祭祀**　天皇は，征服王から祭祀王へと傾斜し次第に宗教的性格を帯びた．天皇は，一代一度という二つの儀礼を経て権威を獲得した．一つは，践祚（せんそ）後ほどなく即位礼（大礼）を挙行し，次いで大嘗会（だいじょうえ）（大祀）を挙行した．幼帝の場合は，泣き叫ぶもかまわず，摂政が抱きかかえ，この儀礼をこなした．大嘗会未済の天

皇は南北朝期の崇光天皇以下幾人もあったが，即位未済の天皇は承久の乱時の懐成王のみで，半帝または廃帝と称され，明治までは代数にさえ入れられなかった．これ以外にも，天皇は正月元旦の四方拝以下，新嘗祭に至る年中行事のような恒例の祭祀を行った．平安時代以降，神仏習合の進行により，後七日御修法のような仏教祈祷が宮中の壇所で行われることがあった．ただ，現在の新憲法下では，政教分離の原則にのっとり，天皇はいわゆる国事行為のみが規定されており，祭祀は厳密には天皇家の私事にすぎないと位置づけられている．すなわち，法的には天皇は祭祀執行の必要がまったくないが，一般には天皇の祈祷は象徴天皇制の一環としてそれなりに重要と受け止められていて問題をはらんでいる．

●皇居　天皇の居所は内裏とよばれ，古墳時代は前掲の磐余と河内・大和に，次いで藤原京・平城京・平安京と移転した．しかし平安初期以降，内裏は儀礼用のハレの場として天皇の居所から離れ，やがて荒廃した．これに替わり後院（上皇の居所）や外戚藤原北家の第宅を借り上げて居住するに至り，里第・里内裏の名が生じた．しかし，天皇と外戚が同居することは決してなく，天皇の借上げと同時に外戚は他へ移住する．こうして内裏は形骸化し，鎌倉前半の安貞年間の焼亡を機に廃絶し，天皇の里内裏居住が一般化した．南北朝期以降，土御門東洞院の御所が北朝の里内裏として永続化し，今の京都御所につながる．ただし室町期は，足利義満造営の"花の御所"は土御門内裏の倍の敷地があり，内裏の方が貧弱であった．これは鎌倉期以降の天皇家が財源乏しく，幕府財政の余沢にすがって皇居を造営したからであるが，戦国期以降は大名の献金によって皇居も次第に巨大化した．なお，明治維新によって皇居は江戸（東京）へ移った．

●権威　幼帝の出現以降，藤原北家や院政・幕府など執政家が成立し，天皇は不執政が常態となったが，一方で貴族層は天皇の権威を絶対化させる必要も感じており，種々の方策が採られた．例えば平安中期以降，天皇が崩じた後，諒闇践祚に先立って「如在の儀」と称して譲位の形式が行われ，太上天皇として葬送されるようになった．また，日月蝕の"妖光"から天皇の身を護るため蓆で内裏を覆う措置が講じられたことはその一，二の例である．また皇位継承にあたって三種の神器以外に，駅鈴・内印・大刀契・時簡などの重器が歴代天皇に伝えられたが，その変遷をみると，鈴印のような権力を象徴する器から，時計のような時間支配を象徴する什物へ，さらに玄象・鈴鹿（琵琶・和琴）のような楽器へと姿を変えていることが知られる．これは天皇の地位が権威に特化すると併行して，文化の擁護者への変貌を物語ると考えられる．

　なお，天皇不執政時代を通じて，時間の支配を象徴する改元の権限と，諸人への官位の叙任の二つは，あくまで天皇の形式的権力としての建前がとられたことは注意する必要があろう．したがって，江戸末期に提唱された「大政委任論」の如きは，時局の必要上から生まれた虚構ないし一種の神話である．　　　　［今谷　明］

元　号

　元号とは，東アジアの伝統的な紀年法である．その起こりは，中国の前漢の武帝が定めた建元といわれる．まさに元を建てるという意味である．それ以降中国では，辛亥革命によって清国が倒れ，1912年に中華民国が樹立されるまでの間，歴代皇帝は絶えることなく元号を定めてきた．

　元号は，皇帝によって定められる．その根底にあるのは，中国的な天命思想である．それによれば，地の支配者たる皇帝は，天より人民を化育せよとの委託を受けてこの世界のすべてに君臨するとされる．そのような天命を受けた皇帝は，単に地上という空間のみならず，時間をも支配するものとされ，ここに時間の始まりを画する年号としての元号が皇帝の特権として考えられるようになる．なお，元号は時の始まりを定め命名したものであり，単に年に号をつけた年号とは区別されるというが，以下では便宜上，両者を等しいものとして扱いたい．

　日本においても，元号を定めるのは天皇の特権と考えられてきた．天皇の権威が形骸化していた江戸時代にあっても，新井白石は「我が朝の今に至りて，天子の号令，四海の内に行はるゝ所は，独年号の一事のみにこそおはしますなれ」(『折たく柴の記』享保元〈1716〉年頃)と述べ，年号の改定を天子たる天皇に残された唯一の権限と見做している．

●**日本への伝播**　上述のように元号の思想と制度は中国に由来するが，それはやがて東アジアのほかの国々へも伝播していった．4世紀末の高句麗が永楽という年号を使用していたことが好太王碑から知られるのを皮切りに，同じ朝鮮半島の新羅や百済，北方の渤海，南方の南詔や交趾といった国々が年号を用いた．しかし，中国に隣接するこれらの国々では，中国の国力に臣従するかたちで次第に独自の年号は捨て去られ，中国の年号が使われるようになっていく．新羅において真徳王の4年に唐の永徽の年号が採用され，新羅に代わった高麗においても当初の独自の年号をやめ，唐の年号，さらには後漢，後周，宋の年号が使われていくがごとくである．

　この点を考え合わせると，元号を建てることは，時の中国の王朝に対して国家として独立するというシンボル的な行いだったということができる．日本における元号の始まりは，645年の大化である．「大化の改新」として知られる大規模な国家改造の一環として，わが国の元号は起こった．それが，「国家の独立意識の象徴として取り入れられた」(歴史学者・当時東京大学教授の坂本太郎による提言)とされるゆえんである．

　その後，大化の後を継ぎ，白雉という年号に改元がされたが，真に日本に元号

の制度が確立するのは，701年の大宝をもってであるといってよい．このとき，かの有名な大宝令には，「およそ公文に年を記すべくんば，皆年号を用ひよ」との一条が定められ，ここに年号は「"律令国家"日本における公式の紀年法として位置づけられた」（所功『年号の歴史―元号制度の史的研究』）．これ以降，元号は今日まで1年足りとも途絶えることなく連綿と，この国の暦に冠せられていく．その数，大化から平成まで実に247にのぼる．

●**元号の危機**　本家の中国で元号が採用されなくなったことにより（今日の中国では，民国何年というが，これは年号ではなく，紀年の一種），元号を使用しているのは日本だけとなった．しかし，日本にも元号の危機がなかったわけではない．

日本の歴史上，元号の危機として考えられるのは，二つの年号が並び立った時期があるということだ．その事例として真っ先にあげられるべきは，南北朝時代（14世紀頃）であろう．皇位が京都の北朝と吉野の南朝に分裂した時期，年号もそれぞれの朝廷が独自の元を建て，57年の間に北朝では16，南朝では七つの異なった元号が成立した．

このほかにも，源平合戦の時期（12世紀頃）に平家が安徳天皇を伴って都落ちし，後鳥羽天皇が即位した際にも後鳥羽天皇の建てた元暦を平家は奉じず，それまでの寿永（じゅえい）を使い続けたことがあったし，戊辰戦争の折（19世紀頃）も，奥羽列藩同盟に擁せられた輪王寺宮（りんのうじのみや）が明治の向こうを張って，延寿という元号を建てたといわれる．また，これらとレベルは異なるが，第二次世界大戦後にも南朝の末裔と自称したいわゆる熊沢天皇が年号を建てたりもした．

以上は複数の元号が成立したという意味での危機だが，第二次世界大戦後，元号という制度そのものの正統性が問われるという前代未聞の危機が生じた．事の始まりは，明治になって，一世一元の制が確立したことだ．1868年の明治の改元の際，「今より以後，旧制を革易し，一世一元，以って永式とせよ」との詔（みことのり）が出され，天皇の在位中に改元されないこととなったのである．これはその後，明治22（1889）年の皇室典範でも規定され，法制化された．しかし，戦後，皇室典範は明治憲法ともども廃され，新憲法に伴って成立した新たな皇室典範には元号の規定さえなかった．元号は法的な根拠がないまま，いわば慣習的に使われるという状態が永らく続いた．そこには，昭和天皇が崩御した場合，元号そのものが消失するという危機が潜在していたのである．

このような危機を克服するため，昭和54（1979）年6月に「元号法」が制定された．これにより，天皇が元号を定めるという伝統は改められ，元号は内閣が政令により定めることとなった．そして，この法律が適用されて，1989年1月7日（昭和天皇崩御の日）に新年号「平成」が公布され，翌日から施行された．

［瀧井一博］

日の丸と君が代

　日の丸は日本の国旗であり，君が代は国歌である．もっとも，だからといって，日の丸や君が代が日本の国旗や国歌として案出されたということではない．国旗や国歌という概念は，まさに近代的な産物であり，いわゆる国民国家をシンボライズするものとして，欧米諸国において成立したものである．日本の国旗や国歌も，明治時代になってから，西洋各国に対して開国し外交関係が生じたのに伴いその必要性が認識されるようになった．これに対して，日の丸や君が代は国旗や国歌という観念が日本に入って来る遥か以前から存在していた．

●**日の丸・君が代の来歴**　日本でも古来，公的な意味合いをもつ旗がなかったわけではない．即位式など重要な式典の折に，太陽を金色に表した幢（指揮用の旗）が用いられてきた．また，いわゆる錦の御旗と称される皇室の旗が知られている（図1）．それは赤字の錦に金銀の日月を刺繡したものであったが，幕末に日月に代えて菊花が縫い込まれ，それが今日の皇室旗につながっている．

　これに対して，日の丸の旗はもともと中世の武将が私的な旗印として使っていたものだった．それがやがて朱印船のような貿易船の船印として使われ，江戸時代になると幕府専用の船印となり，公的な意味をもつに至った．

　幕末になると，西洋列強との接触が盛んになる中で，「国旗」の必要性が意識され始めた．そのデザインについては紆余曲折あったもの

図1　錦の御旗

の，最終的に安政6（1859）年1月20日に「御国総標ハ白地日の丸ノ旗」との触書が幕府より出され，日の丸の旗は国旗の地位を得た．そして，明治3（1870）年1月27日に公布された太政官布告「郵船商船規則」によって，日の丸は「御国旗」として採用されるのである．ここに日の丸の公式な国旗としての成立をみることができよう．

　君が代の来歴は，日の丸よりもさらに古い．そのもと歌は平安時代前期に編纂された『古今和歌集』に収められている作者不詳の賀歌である（そこでの初めの句は「わがきみ」）．その後時代を下るにつれて，この歌は貴族社会の枠を超えて

広がり，江戸時代には小唄・長唄・浄瑠璃・盆踊り歌などにまで用いられ，庶民の生活に浸透していった．

　明治時代に入り，明治2（1869）年に横浜イギリス人軍楽隊長のフェントンが洋楽講習中，薩摩藩士に日本国歌作成の必要性を説き，同藩砲兵隊長の大山巖（いわお）が薩摩琵琶歌「蓬莱山（ほうらいさん）」からこの歌詞を選び，フェントンが曲をつけた．またこれとは別に文部省は，同歌詞に曲をつけ『小学唱歌集』に採録した．もっとも，これら両曲については早くから改作の必要が唱えられていた．

　明治13（1880）年，海軍省から宮内省雅楽課に作曲が委嘱され，伶人（れいじん）（雅楽奏者）長の林広守の旋律が当選し，海軍省雇のドイツ人音楽教師エッケルトが編曲した．これが現在の「君が代」であり，同年11月3日の天長節に明治天皇の御前で初演された．その際，国学者の福羽美静はそれを国歌として奏上しており，国歌＝君が代の成立はこのときに求められる．

●**「国旗及び国歌に関する法律」**　以上のようにして，国旗および国歌として成立した日の丸と君が代であるが，その法的根拠は永らく曖昧だった．そもそも日の丸を国旗と定める規定は，前述のように，「郵船商船規則」という太政官時代のそれも海商法上の規則にみられるものであり，憲法やそれに準じる法律に明記されたわけではない．君が代に至っては，ついに戦前には国歌としての地位を明文で定めた法令は発せられなかった．

　とはいえ，両者の国旗と国歌としての正統性がなかったと断じることもできない．明治時代以降，日の丸と君が代は，日本の国旗と国歌として，国際儀礼の場で取り扱われてきたし，また国民の生活と意識に浸透していった．両者はいわば慣習法として公的な地位を確立していたといってよい．

　そのような有り方に動揺をもたらしたのが，第二次世界大戦の敗戦である．戦後，日本を占領統治したアメリカを中心とする連合国軍は当初，日の丸を日本人が掲揚することを禁止した．その措置自体はじきに解除されたが，新しく施行された日本国憲法のもとで，日の丸と君が代の妥当性は常に政治イデオロギー上の熾烈（しれつ）な論点で有り続けてきた．特に学校教育の場で，その掲揚と斉唱をめぐって現場が混乱するという事態が頻発した．近年でも，平成11（1999）年には，卒業式前日に日の丸・君が代の処遇に苦慮した高校の校長が自殺するという痛ましい事件も生じた．

　この事件を受けて，国旗と国歌を法定化する動きがうながされ，平成11（1999）年8月13日に「国旗及び国歌に関する法律」全2条が成立し，即日施行された．この法律により，「国旗は，日章旗とする」（第一条），「国歌は，君が代とする」（第二条）と定められ，日の丸と君が代は名実ともに，日本の国旗と国歌としての地位を確定したのである．

〔瀧井一博〕

位牌と遺影

　位牌とは，死者の法名(戒名)，俗名，死亡年月日を記した木製などの仏具である．死者の霊の依り代とみなされ，盆や彼岸，命日の供養の対象となる．葬儀に際して使用される白木の位牌は仮位牌とよばれて墓地と家に納められ，四十九日もしくは一〜三年忌に漆塗などの本位牌がつくられる．生前につくられる逆修位牌というものもある．また，死者の戒名を記した複数の板を箱状の位牌の内部に重ねて収納する「繰出し位牌」も使われている．

●**位牌の登場**　洞院公賢の日記『園太暦（えんたいりゃく）』の延文3（1358）年6月4日の記事が，位牌について知られる最も古い証言という．4月30日に没した足利尊氏の仏事に際し，僧円忠が位牌に記す官位について書状で尋ねている．尊氏の位牌に先立つ事例があったことをここで確認できる．位牌の伝来は，儒教の神主（しんしゅ）が中国伝来の禅宗を通して日本にもたらされたという見解がほぼ定説となっているが，庶民の間で一般化するのは墓地の石塔と同様に近世・元禄以降と考えられる．三十三年忌以降は，位牌を焼却もしくは寺に納めるなどして崇拝をやめる．

　位牌は，故人を偲（しの）ぶための追善供養の表象であり，日常的に家内で拝まれ，供物をあげられる．先祖代々を象徴する道具でもあることは，例えば「位牌を汚す」といえば亡き父祖の名誉を傷つけることを意味し，「位牌所を潰す」というと，先祖から譲られた身代を傾けて零落する意となることからもわかる．一方，「位牌婚」のように情死者などの遺言を尊重し，位牌で結婚の式を挙げ，同じ墓穴に葬るという使い方もあるのは興味深い．

　宗旨による違いもみられ，浄土真宗では阿弥陀如来（あみだにょらい）を信じることで故人は誰であっても仏になるため，位牌に魂を宿らせる必要もないとする．例えば，愛知県碧南市では，墓のない家が相当多いが，人は亡くなって阿弥陀仏と一つになるため，ご先祖様の霊という観念はなく，阿弥陀仏の供養のほかに，先祖を祀ることはしないので墓も位牌も必要としていないとされる．

●**遺影の概念**　遺影は，死者の肖像画や写真であるが，死者の姿が表れたものすべてではなく，葬儀や追悼などの意味で使用されるものをさしている．亡くなった人物の姿を表す遺影の初期例と思われるものは12世紀に現れている．『禅苑清規（ぜんねんしんぎ）』（禅宗における規則集）によると，遺体を柩に入れる際に真（住持（じゅうじ）の肖像）を法座に掛ける（掛真（けしん））という．禅宗は教えの系統を重視するため，祖師像が重要とされるが，それが真である．亡くなった人物の姿を表象として掲げる習慣が早くから行われていたことを示している．

　故人の肖像という意味では，江戸期に発行された歌舞伎役者の「死絵（しにえ）」も訃報

として世間に通知するだけでなく，追悼の意味も備えた「遺影」的なものである．しかし，エンターテインメント色が強く，対象も役者のみで一般的とはいえない．明治から現代まで描かれ続けている山形県のムカサリ絵馬は，未婚で死んだ息子に架空の花嫁を絵の中で添わせるというもので，これも「遺影」の一種ではあるが，遺族の悲痛な思いの捌け口となる供養として機能している．

図1　明治期の戦死者肖像イラスト
［出典：『東京朝日新聞』1904］

「遺影」という言葉がはじめから故人の容姿を表すものとみなされていた訳ではないようだ．明治29（1896）年の『岡山雑誌』第3号掲載の「白谷遺影」は白谷仁科の業績を記し，明治34（1901）年の『名家の遺影』は追悼文集であるが，遺影という言葉から想像するような人物の肖像は掲載されていない．明治36（1903）年5月の『歴史地理』には根岸武香（ねぎしたけか）の写真が遺影として紹介されているが，20世紀の初め頃までは，遺影は容姿の肖像という意味だけでなく，故人の性格や業績も，相当程度に意味したと考えられる．言葉としての「遺影」が死者の容姿，特に上半身の肖像として一般化するのは，20世紀に入ってから，戦争を介してということになろうか．戦前の辞書類を調べても「遺影」という言葉は見当たらず，用語としては普及していなかったと考えられる．

●**戦死者と遺影**　明治34（1901）年の福沢諭吉の葬儀では，「真影」が棺前に飾られたというが，「遺影」という語の使用はともかく，故人の姿としての図像が急激に巷間に現れるのは，戦死者の急増した日清・日露戦争以後，特に昭和期の戦争時代ということになろう．西南戦争後にすでに，陸軍士官学校が戦死士官の写真を収集するなど，戦死者追悼に写真を使用することが始まっていたが，日清戦争では戦死者の肖像油絵を議事堂に掲示したり，雑誌や戦死者の伝記に写真も使われるようになっていた．日露戦争では新聞にも戦死者の写真を基にした肖像イラストが頻繁に掲載され，戦死情報と顔写真がセットとして考えられるようになっていたことがわかる（図1）．ただし，この頃になっても「遺影」という用語はほとんど使われていない．それが昭和期の戦争となると新聞，雑誌では頻繁に英霊の写真が遺影として掲載され，葬儀や町村の追悼式などでも欠かせないものとなっていった．

現在では，葬儀はもちろん家庭の仏壇や，追悼イベントに遺影がないことの方が稀なほど故人の代替としての位置を位牌とともに確立しており，没後に遺影となることを念頭においた生前の撮影や，遺影ビジネスも登場しているのは，その証であろう．

［平瀬礼太］

家元と屋号

　家元は，芸能・技能を統率する家名，屋号は商家の家名または通称で，ともに世襲的な伝承性をもつが，起源は家元の方が遥かに古い．

●**家元**　語源は，本来仏教用語であり，由緒ある大寺院へ住持となる少年を入寺させる権益をもつ者を意味し，語の初見は江戸前期の元禄2（1689）年という．しかし，現在では，芸能・技能を含む文化領域全般で使われ，その技芸についての本源の家をさす用語として定着している．したがって，家元的存在は平安時代にさかのぼる．例えば，公家の家元として俊成・定家を祖とする和歌師範の藤原家（のち二条・京極・冷泉の諸家）や衣裳・衣紋の高倉家，管絃の山科家などがあり，武家でも弓馬故実の小笠原家，多賀家などが知られている．特に，小笠原家は礼法の家としても有名で現在に至っている．室町戦国期には，能狂言の家元，茶華道の家元など，公家武家でなく庶民の家元まで登場した．一方で，和歌においては，"古今伝授"のように世襲でなく特殊な知識人に相伝されていく秘伝相承があり，秘伝を得た個人が家元となった．仏教の血脈相承もこれに近いものである．

　近世になると，城下町の町人を中心に茶華・香・音曲などの遊芸世界が隆盛を極め，剣槍砲術などの軍事的武道にも家元が現れた．これらの諸道では，家元が伝授を独占し，別に師範として「名取師匠」なる仲介者が多数の町人弟子との間に存在し，師匠は教授権のみを保持した．流派の頂点に立つ家元は，出版演出権，教科書統制権などを独占し，絶大な権威を誇った．芸能のうちも囲碁については京都寂光寺の坊名に起因する本因坊が家元となり，その継承は寺社奉行が管轄する「お城碁」という勝負に伴う実力制により，幕府の保護もあって最高の水準に達した．本因坊はやがて林家など四家に分流したが，茶道の三千家（表・裏・武者小路）も同様である．

●**屋号**　商家，または歌舞伎役者の家の号．ここでは前者について説明する．現存史料による限り，室町時代，京都・奈良・堺などの大都市で営業する商家の店名に始まると考えられる．それも始めは，扇屋・油屋，腹巻（武具）屋など取扱い商品を屋号とするものが多かったが，近世に入ると，出身地名（特に国名）を号とする店が激増した．例えば豪商の住友家は，書籍・薬種を扱っていた頃は富士屋，寛永期に銅を扱うに至り泉屋と改めている．江戸府内の商家は伊勢松坂を発祥地とする三井家をはじめとし伊勢屋を号とする者が多く「伊勢屋稲荷に犬の糞」とまでいわれた．しかし，屋号はあくまで店名で，住友家の場合は，法的に相続の対象となったのは家名である．その代わり，暖簾分け（後述）により屋号の継承が行われた．以上，品名・地名によるもののほか，鶴屋・寿屋など，吉

4. 象徴

祥句や縁起による屋号、沢瀉屋・四ツ目屋など、紋所・商標を示す屋号もあり、近江商人稲本と西村の共同出資による呉服店「稲西屋」のように姓字合体の屋号もあった。さらに――堂、楼のように、屋をつけない店名もあった。

●暖簾　屋号や商標を木綿地に染め抜いて商店の軒先に垂らしたものが暖簾である。上杉本洛中洛外図などに描かれているの

図1　江戸時代の暖簾「洛中洛外図屏風」(舟木本, 部分)』〔所蔵：東京国立博物館 Image: TNM Image Archives〕

で、室町時代末期にはこの慣習があったことが知られる。暖簾は、店の信用と営業権を象徴するものであり、別家や分家を「暖簾分け」と称するように、商業権の継承関係をも象徴した。暖簾の語源は、元来、禅院において防寒に用いた布の帳をさしたが、やがて商家の軒先の日除け、間仕切に用いられ、屋号の象徴となったのである。店員は十代の始め、丁稚・小僧として数年勤務し、やがて手代・支配人として昇進していくが、おおむね十余年で別家を許される。その際主家の屋号と暖簾の使用を許され、一定の賃金も譲与される。これがいわゆる「暖簾分け」で、この制度は17世紀中葉の寛文・延宝年間には成立したとされる。この頃は都市の発展期で、分家・別家は盛んに行われたが、18, 19世紀の停滞期に入ると、暖簾分けは次第に困難となり、別家は主家に通勤することも多くなった。

　このように暖簾分けを行っても、江戸時代には商家の本家の権威は強力で、別家に甚だしい違反行為があれば、本家は暖簾を取り上げることもあり、別家はまた主家の危機に当たっては、共同援助を行った。三井家の場合、本・別家の主人が連合して「大元方」と称する経営統括体を構成し、本家が傾いたときは、「総領家一軒ばかり京住宅に改し、ほかの同族の者は残らず勢州へ引越す積りに心得べし」と家訓で記していた。もって本家の分家に対する威光のほどが知られよう。大坂高麗橋の三井呉服店の周りには、糸・鼈甲・紅白粉・塗道具・足袋など呉服関連の品を取り扱う別家の店が取り巻いていたが、いずれも暖簾分けを許されたものである。しかし主家の家業と同業は許されなかった。

●銘柄　売買当事者間において、商品の品質を表すための名称をいう。いわゆるブランドがこれに当たる。例えば、木材の「木曽ヒノキ」は産地名によるが、同じ地名に因む銘柄でも米穀の「コシヒカリ」は品種名である。銘柄には、大別して商品のそれと株式のそれとがある。前者の場合、"人絹平織"のように同業者一般に通用するものと、生産者が自商品に付す特定銘柄がある。銘柄を付すことにより、現物や見本を呈示する必要がなく取引が円滑に進む。株式の銘柄は、一般に発行会社の名称が使われるが、ほかに店頭銘柄・一部上場銘柄・二部銘柄という区分もある。債券は「利付電電債あ号3」のように使う。　　〔今谷　明〕

フジヤマとゲイシャ

　YS11 とよばれた旅客機を，ご存知だろうか．プロペラの回転で飛ぶ日本製の航空機である．高度成長期には，これが国産の飛行機としてもてはやされた．海外へもいくらかは輸出されている．昭和41（1966）年には，ブラジルにも売り込まれた．買い取った当地の航空会社は，これに「ゲイシャ」という名をつけようとする．日本からもち込まれた飛行機なので，日本的な愛称を添えようとしたのである．

　だが，日本側はこの命名を嫌がった．せめて「サクラ」か「フジヤマ」にしてほしいとあらがっている．ブラジル側は，この提案をしりぞけた．「サクラ」や「フジヤマ」では日本的な印象が抱けない．メイド・イン・ジャパンを訴えるには「ゲイシャ」の方がふさわしいと，突っぱねている．結局，両者は折り合えず，YS11 は愛称のないまま，ブラジルの上空を飛ぶこととなった．外国人の喜ぶ日本像は，「フジヤマ・ゲイシャ」の二言に集約できる．その二つがエキゾチック・ジャパンを代表する，象徴的な目印になっている．日本では，永らくそう思い込まれてきた．しかし，1960年代のブラジル人は，そんな日本観を抱いていない．「ゲイシャ」はともかく，「フジヤマ」の印象はそれほど強くもなかったようである．両者を等し並みにして十把一絡げに扱う．これまでのそんな固定観念は，考え直さなければならないのかもしれない．

●**船から富士山が見えた時代**　19世紀に日本へやって来た西洋人たちは，しばしば日本見聞の記録を残している．書物にまとめて，世に問うたものも少なくない．それらの本には，しばしば富士山への言及が載っている．富士山の図像を紹介した本もたくさんある．しかし，芸者に言い及んだものはそれほど多くない．登場する頻度を比べれば，富士山が芸者を遥かに上回っている．

　船で江戸東京，横浜港へ向かった外国人乗客には，富士山の姿がまず見えただろう．上陸して花街へ行かねば出会えない芸者より，富士山の方が目に焼きつきやすかった．そんな旅行事情を考えれば，日本見聞記がまず富士山に飛びついたこともよくわかる．ただ，西洋人のとりわけ男たちが花街で遊びだせば，話も違ってくる．日本舞踊と邦楽で男たちをもてなす彼女らの姿は，異国情緒に溢れて映ったろう．見聞記には書けないような裏面も含め，面白おかしく語られたに違いない．

　1896年には，イギリスで「ゲイシャ」（シドニー・ジョーンズ作）というオペレッタが上演されている．19世紀末の同国では，これがかなりヒットした．日本を取り上げたものとしては「ミカド」（ギルバート＆サリバン，1885）に次ぐ成功例になっている．プッチーニの「マダム・バタフライ」は，1904年が初演とな

る．芸者の「蝶々夫人(バタフライ)」をヒロインに仕立てたオペラである．これ以降，チョウと芸者を結びつけるような連想の有り方も西洋に広がった．1909年には，クジャクチョウの学名がイナキウス・イオ・ゲイシャになっている．

　20世紀の後半には，「GEISHA」印の缶詰がヨーロッパへ出回った．北欧では，チョコレートの名前にも取り入れられている．ハリウッドでも，芸者に脚光を当てた映画がいくつもつくられた．

●**芸子か芸者か**　いつがその転換点だったと明確に言い切ることは難しい．だが，歴史上のある時点から，「ゲイシャ」の存在感は「フジヤマ」のそれを乗り越えた．一国を代表するイメージは，山から水商売の女たちに変わっていったのである．航空機での日本訪問が，船の時代に培われた富士山像を，稀薄化させたのだろうか．

　とはいえ，諸外国の芸者像が，彼女たちを正確に捉えきっていたわけではない．西洋人の多くは，一種の売春婦として彼女らのことを受け取った．枕席にはべる女たちという芸者像ばかりが，国際的に流布していったのである．もちろん，枕芸者とよばれる者はいた．いわゆる温泉芸者にも，そういう側面は色濃くあったろう．だが，由緒を誇る花街の芸者たちは，そうたやすく客の男と寝なかった．基本的には，長唄や小唄をうたい，舞を見せる芸能人だったのである．枕営業へ光を当てすぎる西洋人の芸者像には，偏りがあるというべきだろう．

　あと一つ，言葉の問題がある．芸者は江戸で成立した用語だが，京都の花街ではこれを使わない．上方では，芸子とよぶのが普通である．もともと，江戸時代の宴席では，男たちが接待につとめていた．芸者は本来，芸のある男をさす言葉である．だが，18世紀になると，女も宴席で客をもてなすようになる．江戸では，そんな女たちを従来の芸者（男）と区別するために，女芸者とよびだした．同時に男の芸者は，男芸者となる．時代が下るにしたがい男芸者は寂れ，接待者は女だらけになりだした．そのため，かつては女芸者と名指された女たちが，芸者に昇格したのである．男芸者を事実上，追い出して．

　一方，京大阪では，芸者（男）と分ける言葉に芸子が選ばれた．京都の花街は今でもこちらを使っている．にもかかわらず，首都東京の威光で世界には「ゲイシャ」の方が普及した．花柳(かりゅう)文化を今でも保っている京都の芸子たちが，花柳界などすっかり寂れてしまった東京風の呼称に流されている．京都の祇園を舞台にしたアーサー・ゴールデンの小説も『メモワールズ・オブ・ア・ゲイシャ』（1997）と題された．もっとも，日本語訳に際しては，祇園側への配慮で『さゆり』（1999）に直されている．

　さて，富士山は平成22（2010）年を迎え，世界文化遺産の一つに登録された．それにより，外国からの登山客も増えていると聞く．「フジヤマ」の知名度は，もう一度「ゲイシャ」に追いつくかもしれない．

［井上章一］

三種の神器

　古代の司祭や王は，その象徴として権威を表す宝物を歴代伝えていく習俗をもつ．スキタイ人の王家では，黄金の犂と軛・斧・盃の三種の宝物であった．文化人類学ではそれらの宝器をレガリア（伝国宝）とよぶ．

●伝承　神器は，剣・鏡・璽から成る．弥生以降の古墓古墳より副葬品としてこの組合せで多く出土し，中央・地方を問わず首長の権威の象徴であった．天皇家では，剣は天叢雲剣とよばれ，素戔嗚尊が出雲の簸川で退治した八岐大蛇の尾からこの剣を得，のちこの剣を帯して東征した日本武尊が火攻めを免れた．鏡は八咫鏡といい，天石屋に籠居する天照大神を引き出す際，真坂樹の枝に懸けられ，のち天孫降臨に際し他の神器とともに瓊瓊杵尊が授かり下界した．璽は八坂瓊曲玉と称し，鏡と同様真坂樹に懸けられ，また天照大神が髻鬘と腕に捲いていた．以上が『古事記』『日本書紀』が伝える神器の由緒である．

図1　三種の神器
福岡県の吉武高木遺跡で出土した剣・鏡・玉［所蔵：福岡市埋蔵文化財センター］

　その後の推移については，忌部氏の伝承である『古語拾遺』によれば，鏡剣は天孫降臨に際し「二種神宝」として授けられ，崇神・垂仁朝にかけて大和の笠縫邑を経て伊勢神宮に遷され，景行朝に日本武尊が剣のみ神宮から持ち出し，彼の東征後尾張熱田社に納められたという．一方，『日本書紀』神代巻の天孫降臨条では，天照大神が玉・鏡・剣の「三種宝物」を瓊瓊杵尊に賜い，天壌無窮の神勅文と併せて天降らしめたとあって，記紀と忌部氏とでは伝承が相違している．

●践祚と神器奉上　歴代の記録を検すると，継体即位紀は「真剣の璽符を上り」とあり，宣化即位紀は「剣鏡を武小広国押盾尊に上り」とし，持統即位紀も「剣鏡を皇后に奉上す」とあって，二種剣鏡のみが現実の皇位継承では動座された．注目すべきは，同じ『日本書紀』でも，神代巻では三種といい，継体以降の即位では二種として矛盾する点である．これは『日本書紀』における神器二種の立場と三種の立場との相克を示す．二種とは忌部氏で，三種は藤原北家である．

　8世紀末，光仁天皇の即位を機として，神器を速やかに新帝の居所に移すことが強調され，次の桓武天皇の登場に際し，即位から践祚が切り離されて，独自の皇位継承儀礼となった．これに伴って，新帝登壇と同時に忌部氏が鏡剣の二神器を新天皇に奉上することが慣例化した．これを践祚と称した．一方，藤原氏をバッ

クとする中臣氏は奈良朝下に，玉（璽）を皇位のしるしの一つとして認めるよう策動したが果たさず，平安期に入って捲き返しに転じた藤原氏は，天長10（833）年仁明天皇の大嘗会にあたり，忌部氏による鏡剣奉仕を停止させた（『北山抄』）．こうして宮中祭祀における三種神宝が定着した．鏡は内侍所（賢所）に安置され，剣璽の二種神宝のみが践祚時に「剣璽渡御」として女官により動座されるに至り，忌部氏はまったくこの儀礼から排除されたのである．

●**神器の推移**　神器の材質であるが，鏡は銅，剣は鉄でともに金属製品であり，曲玉は諸説あるが糸魚川に産する翡翠（硬玉）というのが有力視されている．金属でない玉こそ最も原初的な存在で，レガリア中最古の成立と考えられる．玉は魂とも通じ，祖霊のシンボルとされ，鏡はその形状から瑞穂国の首長たる大王の権威，つまり農耕儀礼の中心たるべき太陽神のシンボルであり，剣は世俗的権力者，つまり大王の武力を象徴する．さて三種のうち鏡だけは天皇の移動にかかわらず宮中に奉安されたため，平安中期以来，再三の火災により損壊し，摸作が繰り返された．なお，神剣も，壇ノ浦の合戦（元暦2/寿永4〈1185〉）で海中に沈んで失われ，伊勢神宮の宝殿の剣に差し替えられたことは周知のとおりである．

　寿永2（1183）年7月，木曽義仲が京都に攻上り，たまらず平家一門は西海へ逃脱した．このとき神器は，三宝とも平家が安徳天皇とともに持ち去ったため，翌月践祚した後鳥羽天皇は，後白河上皇の「伝国詔宣」のみに拠って登壇した．これが先例となり，鎌倉末期，光厳天皇も，南北朝初期，明光天皇もともに神器抜きで，上皇の詔宣のみを根拠として践祚している．神器を皇位の絶対要件として強調するのは水戸学の影響であって，史実と合うものではない．

　それでも，後醍醐天皇を始祖とする南朝は神器を絶対視し，観応3（1352）年閏2月，"正平一統"が破れたのを機に，北朝が二度と天皇を立てられなくするため光厳・光明・崇光の三上皇と花園天皇の子直仁親王（廃太子）を吉野の奥に連れ去った．北朝と幕府は神器も詔宣も失ったのであるが，幕府は天皇候補として崇光上皇の弟弥仁を捜し出し，さらに弥仁の祖母にあたる広義門院なる老女（後伏見天皇中宮）を担ぎ出し，彼女を践祚儀の主宰者として弥仁（後光厳天皇）の即位を強行した．ここに至って，神器も詔宣も皇位の必要条件ではなくなった．

　それでも，幕府としては北朝の正統性のために南朝の消滅を必要とし，明徳3（1392）年閏10月，大内義弘の調略により，南朝の後亀山天皇が入洛して北朝の後小松天皇に神器を譲渡し，南北両朝が合体した．その後，幕府が両統迭立という和談条件を反故にしたため怒った後南朝（後亀山の末裔）は再三蜂起し，嘉吉3（1443）年9月，神璽が遠く吉野山中に持ち去られた．この神璽は長禄2（1458）年に至って赤松遺臣の謀略でようやく京都に戻った．以後神器をめぐる政争は跡を絶った．明治2（1889）年制定の『皇室典範』は「天皇崩スルトキハ皇嗣即チ践祚シ祖宗ノ神器ヲ承ク」と定められ，神器は初めて法的地位を得た．［今谷 明］

数の吉凶

　1, 2, 3……という数から，人は量的な情報だけを受け取るわけではない．その視覚的性質，音としての響き，字形なども感じ取る．そして，数の吉凶は，その数量を超えた諸性質から判断されることになる．

　視覚的性質でみるならば，絶対性を示す「1」，相対性を示す「2」，安定性を示す「3」，身体数である「5」「10」など，単なる量ではない意味化がされている．この意味化には，数そのものを意味化する場合と，数を示す言葉や文字を意味化する場合とがあり，前者については「10」が両手の指の本数と等しいことから「完全」の意味をもつなど，後者については漢数字の「八」が裾を広げた形であることから「末広がり」の意味をもつなどの例があげられる．

　数に対する吉凶の意味付けは，「6」が天地四方の六方に通じることから宇宙全体を意味して吉，あるいは三途の川の渡し賃の六文銭に通じることから凶の数とするなど，数そのものに対して直接の意味を与える場合と，「八」が末広がりのめでたい字形であったり，和語の古音で「おおい（さかん）」を意味する「弥」と同音（万葉仮名でともに「夜」）であることから吉の数とするなど，数の表現に対して意味を与える場合とがある．特に前者の場合には，聖的事象や特異体験，吉事や凶事の逸話などによって意味化される傾向がある．

　また漢字文化圏の視点でみると，日本語には，ほかの漢字文化圏内諸言語とは異なり，外来の文字・言葉である漢字・漢語に，原音を模した「音」と，和語解釈である「訓」の2通りの「読み」を与えたことから，2通りの「読み」を通じて，さらに別の漢字（の意味）を与え意味解釈を広げるという特徴がある．数の吉凶でみれば，「29」という数に対して，「二十九」の語音「ニジュウク」によって「二重苦」とし凶の数とするばかりでなく，「二」の字訓「ふ」と「九」の字音「ク」による湯桶読みにて「ふく」とし，これを「フク」の字音をもつ「福」にあてて吉の数とするなど，この例である．

●**中国宇宙論の影響**　日本でいつから数の吉凶の理念が使われているのか判然としないが，中国文化圏の一員としての漢字の受容とともに，普遍原理である陰陽や五行を中心とした中国宇宙論による数の吉凶の理念が入ってきたと考えられる．現代日本ではこの中国宇宙論を「陰陽道」「風水」などと説明することがしばしばみられるが，これは大きな誤解である．中国宇宙論はこれらを形成する原理の一つで，陰陽道・風水の形成期（9世紀末から10世紀頃）よりも数世紀早く日本での影響がみられる．つまり，大陸との交渉によって中国宇宙論が日本に受容され，場合によって神仏観念や語呂合わせでの説明が加えられたものが，日

本における数の吉凶の大きな柱となっている.

中国宇宙論での数観念を示した日本の初期の例に，十七条憲法（6世紀）があるが（陽の最大数9と陰の最大数8との和で，宇宙全体を意味），『日本書紀』編纂の段階での偽作とする説もある．「記紀」には8や5あるいは100を中心とした日本の数観念が随所にみられ，なかには単に量的な多さを示す美称でなく，吉の意味を含んだものがある一方，中国宇宙論にもとづく数観念もみられる．例えば『古事記』に伊邪那岐命が黄泉より逃げ帰る際，追手に桃子3個を撃って難を逃れたとあるが，桃が中国で破邪・吉祥の実とされて

図1　上棟式の鏑矢．左下の尾羽に奇数の「七五三」が描かれているが，対で偶数にもなっている［撮影：筆者］

いることから，ここに「3」という奇数（陽数）がみられるのは，陽が吉を意味するからだといえる．

唐に範をとった律令国家のシステムやその儀礼などには，中国宇宙論による数の観念が生きており，祝宴の酒杯の数を三献とするなど「3」を中心とした奇数による構成がされ，中近世の武家儀礼にも引き継がれた．現代日本で奇数を吉の数とするのは，この武家儀礼が中近世に一般化した影響とみられる．その一方，偶数を凶とする理念は貴族社会にも中世の武家儀礼にもみられない．偶数を凶としたのは，おそらく中世後期から近世期にかけてのことで，江戸期には武家・庶民に浸透し，現代日本にまで及んでいる．

●**現代日本における数の吉凶**　現代日本では，それまでの慣習や中国宇宙論のほかに，西洋・キリスト教文化の数観念も影響している．例えば「13」は十三参りといった成人儀礼の年齢との関係などから吉の数ともされていたが，現代では13日の金曜日との関係から凶の数とされているなどその例である．「7」も奇数であることのほかに，北斗七星との関係から長寿・尚武を意味したり，陰陽（2）と五行（5）の合計数として完全を意味し，中国で吉の数とされ，日本でもその理解だったが，現代では「ラッキーセブン」として一般化し，しかもその由来は一般にほぼ知られていない（大リーグで「転機の7回」を意味するのが由来との説がある）．「6」などは，1976年公開の映画「オーメン」により凶の数という理解が拡がり，六方や六文銭との関係での理解は現代ではほぼないといってよい．

さらにはインターネット時代で個人個人が思いのままに情報を発信できるようになり，「個人の思いのままに」数にまつわる吉凶がつくり出されている現状もあるが，そこには日本語特有の「読みの変換」が見え隠れしている．　　［鈴木一馨］

赤と白

　赤白（紅白）がおめでたい色の組合せ，となって久しい．例えば，祝いの席には赤白の幕が張りめぐらされる．祝儀袋には，赤白の水引がかけられている．引出物には赤白の饅頭が配られる．ほかにも，私たちの身辺には，赤白をあしらった「祝いのかたち」が数多くある．

　しかし，赤白をめでたい色調として広く日本人が共有するようになった歴史は，さほど古くまではさかのぼれない．赤白を祝儀の色調とするその通念の定着は近代以降のこと，と言わざるを得ないのである．

●**赤白幕と五色幕**　張幕は，武家社会における陣幕に祖型がある．もともとは，戦陣幕．しかし，太平の世では，花見や茶会の野宴の張幕となった．

　例えば，菱川師宣『風俗絵巻』には，近世初期の江戸における武家の花見の情景が描かれている．それをみると，席の周りや屏風に家紋入りの幔幕を張りめぐらせ，その囲いの中で毛氈や花ござを敷いて，三味線や琴，鼓，笛などを楽しんでいるのだ．ここでの張幕は，特権階級における遊興の場の結界であった．通りがかりの庶民は，もちろん内に入れない．が，のぞくことはできる．絵図にも，幕の隙間からうらやまし気にのぞく人々の姿が描かれている．

　さらに注目すべきは，幕と幕の間に小袖が掛けてあることである．これを小袖幕といった．幕の不足分を補う便宜ともみえるが，例えば平安の都の風情を描いた『源氏物語絵巻』や『慕帰絵詞』などではそれが単独で描かれていることからすると，幕の原型とみることができる．しかし，いずれにしても，赤白が基調の幕ではない．特に江戸時代の武家社会における儀礼時の幕は，家紋を染めつけたものが一般的であった．ほかの絵図からも確認できるし，遺物も残っている．

　幕が簡略化すると暖簾となるが，例えば江戸中期以降の商家の店先の描画をみても，ことごとく紋入りの伝統を継いでいる．そして，芝居や相撲の興行の様子をみても，赤白の幕など見当たらないのである．

　一方，神社や仏寺での祝祭では，五色幕が使用された．現在でも，時々に見掛けることがあるだろう．幕だけでなく旗も五色旗があるし，舞鈴や舞扇にも五色布がつけてある．その五色とは，青・赤・黄・白・黒（紫）だ．これは，古代中国から伝わった「五行思想」にもとづいた配色である．宮中儀礼にも濃厚に伝わるし，韓国での古式にも通じる．

　五色こそ最も式正の祝いの色調であった，といってもよい．ただ，かつては，五色（もっとも，白を除くと四色）をきちんと染めた布の調達は難儀であった．ゆえに，宮中や社寺の祝い事に伝わることとなり，特殊な色調として一般にはな

じみの薄いままできたのである.

　なお, 不祝儀の際の幕は, 黒白. あるいは, 紫と白. それが通念化しているが, これも赤白が祝儀の色調と定着したことに合わせての発達, とみるべきであろう.

●**水引のいわれと形**　水引も赤白が祝儀, 黒白が不祝儀とされる. 赤白の水引のいわれはさまざまあるが,「結ぶ」縁起から発達したことは明らかであろう.

　そこでは, 大事なものを結び止める. あるいは, 結び封じる. というところから, まずは御札（護符）での水引がどうであったか, を問わなくてはなるまい. 木製・紙製の御札が各社寺で大量に出されるようになるのも, 江戸時代のことである. 伊勢参宮に代表される庶民の寺社詣が発達するに合わせてのことであった. それでも, 江戸前期の御札には, 水引の使用はほとんどみられなかった. 江戸後期になって, 初めて赤白の水引の使用が認められるのである. やがて, 金赤の水引が特に御札用に出回るようになるが, それは明治から後のことである. ちなみに, 御札の水引の結び方は, 大別すると結び切りと花結び（花折結び）がある. これが, やがて祝儀袋の定型ともなる, とみるのがよかろう. 少なくとも, こより（紙紐）を染め分けた水引が大量に生産されるようになったのは, 江戸以前にさかのぼれるものではない. ひとり水引に限らず, 今日に伝わる祝儀や不祝儀にまつわる「形式文化」の醸成は江戸時代にある, とみてよいのだ. そのほとんどは, 形式を重んじる武家社会で定着し, 町人社会へ, さらに遅れて農民社会に伝播したのである.

●**白があっての赤**　運動会での紅白対抗, 大晦日の紅白歌合戦. 赤白のめでたさは, その辺りにも波及している. 赤色を単独でみると, それは必ずしも吉事の色ではなかった. 古来, 民間においては, 赤は「魔除け」の色としての働きが大きかった. 赤鬼や天狗の面がそれを象徴する. また, 江戸時代には伝染病の隔離患者に赤い着物を着せた, という. また, 明治時代には, ドイツから軟膏が入ってきたところで, 紅色を混ぜて赤チンとして普及させた, ともいう. 赤いポスト, 赤信号など, それもめでたいからではなく, 衆人の注意を引くためであることは, 言うまでもない.

　一方, 白は, もとより清浄な印象を強めていた. 神事や神楽に目を向けると, 御幣や垂手に白い紙が多用されている. 衣装でも白のそれを浄衣とする. 浄衣は, 御魂降ろしや御魂鎮めの神事のときに, 特に神職が着用する衣装である. さらに, 真新しい白布を襷にかける. また, 鉢巻や褌を締める. それも, 浄衣の代わりとみればよい.

　白は, 神が好んで依りつく色に相違ない. 例えば, 五穀の中でも特に米（白米）が特化して尊ばれるようになったことも, それに尽きるであろう. そうした清浄な白地に赤が加わることで, めでたい配色となった. 広く吉事に使われることになったのである.

［神崎宣武］

家紋

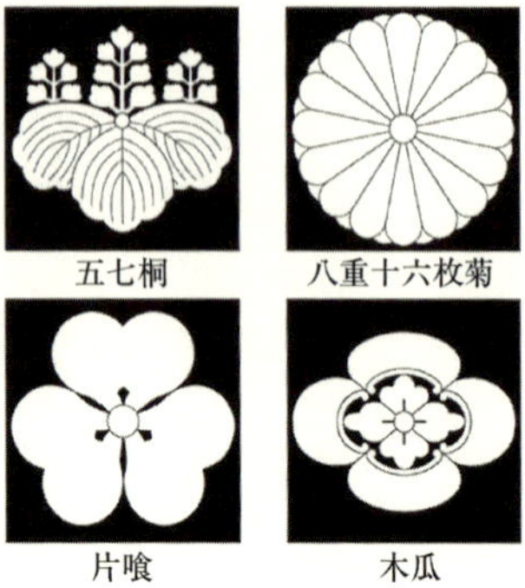

家紋は，日本の紋章において古来より家のシンボルマークとして発展してきた，一族や血脈，家柄などを表すものである．本来は名字と対であり，名字を意匠化したものとも解釈できるかもしれない．そのため名字をダイレクトに表現した家紋も多い．家紋の最低限の定義は「家を示す紋章」「意味を込める」「継承される」の3点であろう．神社の紋は神紋，寺の紋は寺紋（てらもん，とも）のように，家の紋であるから家紋ということだ．

五七桐　　　　八重十六枚菊

片喰　　　　　木瓜

図1　代表的な家紋

●**家紋の数と種類**　日本の名字は，同音異字を含むと30万以上といわれ，家紋の数は20万以上とも推測されている．家紋のモチーフは自然・植物・動物・器材・建造物・文様・文字・図符など多岐にわたり，その種類だけで300を超える．文献に名称だけが伝わる紋，名称不明の紋，正体不明の紋なども多い．家紋は結婚など分家する際，形状を変えることが多く，外枠や文様を付加，変化，同一の紋を加えるなどして紋は増えていく．

モチーフで最も多く使用されるのは植物紋で，種類が最も多いのは器材紋．使用率の高い家紋は片喰紋．なかでも，徳川家，幕府の象徴である三つ葉葵はよく知られている．そして最も高貴な紋は天皇家の八重十六枚菊で，菊好きであった後鳥羽上皇（1180-1239）より始まった．それまでは日月を紋章としていた．パスポートなどにもみられ，皇族縁の寺社仏閣などでもみられる．天皇家の替紋である五七桐は日本政府の紋章としても知られている（図1）．

●**家紋の発祥と歴史**　意匠の多くの起源は，エジプト，インド，ペルシャなどで，中国で発展し，渡来した文様が基本となっていることが多い．日本独自で生まれた紋には古代信仰や神道に連なるものや日本特有の文化に根差すものもみられる．家紋に選ばれるモチーフの多くは呪術的な要素を含んだ「守る」という意味を込めたものや子孫繁栄を願ったものがその大半である．

日本で紋章が使われるようになった経緯には不明点が多いが，古墳や出土した銅鐸などにも紋章のようなものが刻まれているケースがあり，これらは古代豪族に紋章があったという可能性を示すものである．古代より巴・鱗・菱などの原始的な紋章・文様は存在するが，紋章が継承されるという特性が家紋の発祥とするならば，現代の家紋研究では平安後期の藤原実季がその始まりである．実季が牛車につけた巴紋が車紋（くるまもんとも）とよばれるようになり，これが後の

家紋となる．その子である公実に紋が継承され，後の徳大寺家や西園寺家に継承され，公家に広がりをみせていく．やがて室町時代には武家にも広がっていった．武家では佐竹氏が扇に月紋を家紋としたことが最古の記録とされる．

戦国時代では家紋は不可欠なものとなる．家紋のほか，旗印や陣幕に紋が入れられるようになる．室町時代では家紋の数が増え始め，家紋最古の資料となる『見聞諸家紋』(応仁末〈1467〉年から文明2〈1470〉年の頃に成立．大名をはじめとする諸家の家紋が260ほど掲載)が登場する．

江戸以前の家紋を知るには「関ヶ原合戦図屏風」など絵や文献などを探るほかない．また『関東幕注文』『阿波国旗下幕紋控』などの文献で幕紋の研究に役立っている．

●**家紋の発展** 江戸時代に入ると，家紋は多様化をみせ始め，家紋の資料も充実してくる．大名や幕府役人の氏名・石高・俸給・家紋などを記した『武鑑』，江戸後期には皇族・公家・門跡などの系図・官位・家紋などを記した『雲上明覧』，そして紋帖が江戸中期頃に登場する．紋帖とは紋が羅列された書物で主に呉服関連業者が使うが，家紋の資料としても欠かせない．ただし，紋帖に掲載される紋は家紋だけではなく，創作紋や遊び紋，風流紋，商家の屋号の印なども掲載される．着物に家紋を入れるようになったのは江戸時代に入ってからのことで，その需要が一気に高まった．紋帖が生まれた背景にはこれが起因している．この頃，紋章上絵師という紋を描く職人が誕生した．紋を描く方法である割付が確立され，技術を身に付けた者であればどこでも同じ紋を描くことができ，量産に対応できるようになった．

家紋が許されたのは苗字帯刀に含まれる者だが，実際は一部の庶民でも所持していた．商家は家紋以外に屋号の印をもっていた．その成立時期は不明瞭だが，江戸以前から使用していたと考えられる．この屋号を真似たのが歌舞伎役者や力士，落語家，長唄，遊女などの芸能を生業にした者たち．この頃に発明された手ぬぐいに自分の名や屋号の印を入れ，贔屓客に渡していた．この紋入り手ぬぐいをきっかけとして，紋自体を楽しむ風潮が庶民にも広まっていく．この頃，家紋以外の紋，洒落紋や風流紋とよばれる装飾の強い個人の紋も登場している．

明治に入り，もち込まれたタキシードに対抗する日本の正装として，黒紋付が再評価されると，家紋の需要も高まり，その数も多く増加した．

戦後，近代化とともに家が重視されることが少なくなってきた現代では家紋が消えゆく一方で，新たに増え続け，2015年現在では3万以上の家紋が発見されている（日本家紋研究会調べ）．

家紋は冠婚葬祭などにしか目に触れない機会が多いかもしれない．しかし現代でもさまざまなところに息づいている．例えば企業のロゴマークの原形が家紋であることも少なくない．世界的にも家紋のデザインは評価されている．［森本勇矢］

◆ 富士山

　富士山の山頂付近で，昭和5（1930）年に，ちょっとした発見があった。砂礫の下から，大きな木箱が掘り出されたのである。中には，経軸が数百点収められていた。「末代聖人」と記された奥書の断片も見つかっている。この「末代」なる僧については，文献上の記録もある。平安時代の末期に，一切経の書写を完成し，それらを富士山に埋めた。そう『本朝世紀』などには，書き留められている。1930年に出てきた物も，それであろうと考えられている。

　富士山は古くから信仰の対象になっていた。『万葉集』では，鎮守の神が宿る山，宝の山として，あがめられている。『竹取物語』では，かぐや姫の残した不死の霊薬が，山頂で焼かれていた。富士山が煙を吐き続けたのは，当時は活火山であったが，そのためだとされている。不死の薬が不尽の薬につながったのだ，と。静岡県富士宮市の千居遺跡は，縄文時代中期の遺跡として知られている。考古学者のなかには，ここを富士山遙拝の祭祀場として位置づける者もいる。まあ，考古学は得体の知れないものを何でも祭礼と関連づけやすい。千居遺跡の霊性については，判断を控えておくことにしよう。

　平安末期には，富士山へ登る修験者が増えている。以後，修験者の霊山としても位置づけられるようになった。江戸期の富士山を巡る富士講も，その延長上にある。修験の道が，広く一般化していったのだと見做せよう。江戸期の終わり頃には，江戸市中で富士山の模造品をこしらえることも流行した。いわゆる富士塚である。こうした下地があってのことなのだろう。東京の銭湯では，富士山の壁画をめでる風が普及した。関西圏の風呂屋にこういう壁画はあまりみられない。だが，富士山を画題とする絵自体は，古くから近畿の絵師により描かれてきた。

　もっとも，中世以来のそうした絵図が，この山をリアルに写しているとは言いがたい。遠方で暮らす畿内の絵師に，富士山を直接見たことのある者は少なかっただろう。たいていの絵は，実際の山より傾斜が強くなっている。ほとんど垂直にそびえ立つかのような山姿さえ，描かれなかったわけではない。山頂を三峰とする形式は，南北朝時代（14世紀頃）から定型化されていく。てっぺんを三つのギザギザであしらう形式が成り立った。実は，富士宮市の浅間大社あたりからは，富士山がそのように見える。そこからの光景が，スタンダードになったのだと，言えなくもない。事実，そう読み解く人もいる。

　しかし，戦国時代までの富士山描写に，リアリズムは持ち込まれていない。それが浮上するのは，江戸の後期からである。それまでの絵は，おおむね伝聞などにもとづく想像上の富士山を表してきた。三峰型も，「3」という数字をめぐる縁起担ぎめいた理念に根差していると考えたい。「三観一心」といった仏教理念の投影として。それは，三幅対や三門などの形状とも響き合うのではなかろうか。

[井上章一]

◆ 縮み嗜好

　日本人は，古くから異質な文明・文化をきわめて上手に取り入れてきた．それは，時に外国人をして「猿真似上手」ともいわせるほどである．ただし，その特異なところは，全面的に同じシステムで取り入れるのではなく，自分たちに扱いやすいかたちに縮小化する，省略化する，あるいは複合化するという方法で取り入れてきたことである．むろん，いずれの民族も外来文化の導入に際しては，そうした傾向にあるだろう．だが，日本人の場合は，特にそうした傾向が顕著なのである．

　その代表的な一例が住居である．明治の末頃から欧米の建築様式が広く普及し始め，その後さまざまな改良を経て今日に至っている．今では，アルミサッシや窓や戸，それにベランダ付きの鉄筋コンクリート造の住宅も一般的となった．間取りも，洋風の居間や食堂を中心として壁で仕切られた個室を配している．しかし，日本人は，生活機能のすべてを切り替えてそうした洋風の家に委ねているわけではない．そこには，必ずといっていいほど畳敷きの部屋があり，襖，障子がみられる．また，欧米式の浅い湯船ではなく，どっぷり浸かれる深い湯船をもった日本式の風呂場をつくっている．そして，何よりも欧米の住宅と異なるのは，玄関で履物をぬいで上がるということで，家の内と外をはっきり区別していることである．さらに，鉄筋コンクリート造がいかに普及したとはいえ，いまだ根強く木造を志向する向きもある．つまり，欧米の住宅の機能性を一面では十分に取り入れながらも，その実，日本古来の住宅様式，生活習慣を頑固に保持しているのである．そして，全体に小規模化する．それが私たち日本人にとって最も過ごしやすいかたちなのである．

　日本人と日本文化の評論で名高い李御寧（イー・オリョン）は，代表作『「縮み」志向の日本人』で，「舟も入れ子にして持ち運ぶ日本人，大きな巨木を縮めて掌にのせて鑑賞する日本人，幕の内弁当を食べながら歌舞伎を見物する日本人」といっている．その指摘のとおり，日本人は，古くから広く使って小さく納める「入れ子仕立て」を多用してきた．例えば，長い竿を入れ子にしてつなげば短い竿に縮まる．大きな船も，分解・組立てができるように箱型の入れ子にして小さく収納すれば，陸地でも容易に運ぶことができる．それが，入れ子竿であり，入れ子船（たたみ船）である．また，自然を削って簡素化し縁側にまで持ってきた庭（箱庭），それをさらに縮めて部屋の棚の上に置いた盆栽や盆石がある．さらに，幕の内弁当は，食膳を縮小化したものであることは，言うをまたない．

　こうした日本人の縮み嗜好が最も顕著に現れているのが扇子であろう．扇子は，団扇（うちわ）を折りたたむかたちで縮小化したものである．世界各国で団扇はみられるが，平たい団扇をたたんで縮めるという発想は，日本人ならではのことといえる．こうした縮み嗜好は日本特有の文化性といってよいのである．　　　　　［神崎宣武］

◆ 動植物のシンボル化

　家の紋章、いわゆる家紋に動物を取り上げる例が、日本ではほとんど見当たらない。たいていのものは、菊や葵をはじめとする植物の図像でできている。中国やヨーロッパでは、ライオンや虎、あるいは鷲などを取り入れた図柄によく出会う。猛々しい動物図で、家系の勇ましさを表そうとしているのだろうか。比べれば、日本の植物に傾斜した家紋のあり方が、嫋やかにみえてくる。

　とはいえ、そんな日本にも花を凛々しさの象徴とすることが、なかったわけではない。「花は桜木、人は武士」などという掛け声で、尚武の気構えを打ち出すこともあった。尚武に音が通じるショウブの葉を、剣になぞらえたりもしている。「咲いた花なら散るのが覚悟」と、大日本帝国では同期の桜となった軍人たちも、歌ったものである。草花へ気持ちを寄せた日本人が、本質的に平和的だったということは、ひかえたい。

　ただ、その一方で、花が女性的な印象を漂わせたことも、確かである。『源氏物語』に登場する女性たちは、しばしば草花の名で呼ばれていた。夕顔、末摘花、玉鬘などというように。もっとも、この頃は花にあやかった女性名が、あまり流行らなくなっている。梅、菊といった名前をもつ女性は、古典落語だとよく聞くが、もうほとんど見かけない。女性の社会進出で、花のように眺められることを嫌がる気運が、高まったせいか。

　いや、女性名に関しては、熊や虎といったそれも流布していたことが、落語を聞けばよくわかる。そして、そういった名前も、今はすっかり廃れている。先ほどは花になぞらえた女性名の衰退を論じたが、動植物を問わず衰えたと見做すべきだろう。

　さて、キリスト教圏では人民を羊に見立てることが、よくある。神の小羊という比喩も、馴染まれている。人を誘惑する邪悪な者、悪魔などが、羊を襲う狼だとされることも少なくない。

　これは、キリスト教が牧畜文化のうえに成り立ったことを物語る。そういえば、中国でも「民を牧するは羊を牧する」ことだと、よくいわれる。牧畜が常態となっているところでは、おのずとこういう物言いが浮上しやすくなるのだろう。

　日本では、しかし食用家畜を飼育する習慣が、明治時代になるまで根付かなかった。動物性のタンパクは野生動物や魚介類から、摂取している。牛馬を飼うことはあっても、もっぱら労働力の補い手として期待されてきた。ヨーロッパや中国での羊と通じ合う比喩が、日本に浮かび上がらなかったのは、そのためだろう。女子を誘惑するオオカミのような男という譬えも、明治以後の舶来品である。

　ただ、牧畜が根付かなかったせいで、狩猟文化の残存する度合いは小さくない。鹿や猪を神格化する遺風も、まだ日本には残っている。ケルト人たちが信仰した鹿の精霊は、キリスト教時代に零落し悪魔化したが。

　牧畜を拒絶した日本も、農耕は受け入れている。それにもとづく文化も、大きく育んだ。稲の霊を敬う心性は、その代表格にあげられよう。実際、日本史上では米が貨幣の代用に使われることも、よくあった。各地の生産力自体が米の取れ高、いわゆる石高で示されたりもしてきたのである。もちろん、ヨーロッパの農耕も、小麦を象徴化させはした。しかし、その度合いでは、日本の米に及ばないと考えるが、どうだろう。　　　　　　［井上章一］

5. 飲食・食文化

　かつては，ハレ（晴＝非日常）とケ（褻＝日常）の食事の区別が明らかであった．ハレの食事が「一汁三菜」．御飯に汁（すまし汁），鱠・煮もの・焼きものに代表される．「五器一膳」（本膳），漆器の膳組とともに近世以降，広く普及をみた宴席（会席）での馳走である．これに，二の膳，三の膳が加わることもある．そして，このとき不可欠なのが酒であり酒杯（盃）であった．
　それに対して，ケの食事は「一汁一菜」．歴史的にみると，この場合の飯は，白飯ではない．麦飯・稗飯・芋飯・大根飯など，「糅飯」であった．汁は，具だくさんの味噌汁．菜は，野菜や雑魚の煮ものに代表される．このときの飯椀（碗）・汁椀・皿が，箱膳に納められ，銘々が管理する習慣もあった．
　こうした伝統的な食文化が，昭和40年代からの高度経済成長期で大きく変わった．食材や調味料・嗜好品が全国的に流通することにより，一汁三菜が日常化，「飽食」がうたわれるようになった．
　ユネスコの無形文化遺産「和食」（平成25年12月記載）は，「正月を例として」それぞれの地方で伝統的な行事に密接に関係してきたハレの食文化を再認，伝承しようとするものである．

〔神崎宣武〕

とんかつとカレーライス

　開国後の日本に流入した西洋食文化の影響は，外交に必要とされた西洋料理形式の受容と同時に，西洋料理と日本料理の特徴を組み合わせた「洋食」という新しいジャンルを誕生させた．洋食は当初，西洋料理の別称として使われることが多い用語であったが，明治期の半ば頃から，飲食店の店主のアレンジや家庭向け料理書での掲載などがきっかけとなって，日本人の味覚に合い，さらに日本の家庭でも調理できるようアレンジされた折衷料理としての意味合いを強く帯びるようになっていく．さらに大正期頃になると，とんかつ，カレーライス，コロッケが，庶民の間で憧れの三大洋食としての人気を得，現在の定番家庭料理のルーツを形成する．西洋諸国の料理をベースにしていながら，日本的な要素をからませ，独自の展開をみせた洋食は，日本の国民料理（ナショナル・キュイジーヌ）の一側面としての魅力を有している．

●箸で食べる洋食「とんかつ」　とんかつは，もともとフランス語のコートレット，英語のカットレットに由来するポークカツレツを，西洋風の炒め焼き（ソテー）にするのではなく，天ぷらを揚げる要領で調理したのがきっかけで生まれた．「カツレツ」という言葉は，福沢諭吉訳『華英通語』（万延元〈1860〉）に，「cutlet-吉列」と記されていることからも，幕末にはすでに伝わっていた言葉であったことは確認できる．しかし，日本で最初の西洋料理書『西洋料理通』（明治5〈1872〉）に紹介された「ホールクコットレツ」のレシピをみると，豚肉を少量のバターで炒める方法（ソテー）となっており，油で揚げる現在の調理法とは異なっている．一方，明治21（1888）年に刊行された『軽便西洋料理法指南』にみられる「カツレツ」のつくり方には，「メリケン粉」「玉子の黄身」「パン粉」をつけ，「肉の隠れる位」の油に入れて揚げるとあり，今のとんかつに通ずる揚げ方が示されている．しかし同書の「豚肉カツレツ」のレシピをみると，肉を「打き延し」揚げるとあり，厚みのある現在のとんかつの調理法とやや異なる様子もみられる．

　なお外食としての歴史は，明治28（1895）年に，東京銀座・煉瓦亭の木田元次郎が，生キャベツを添え，醤油風味の自家製ドミグラスソースで食べるポークカツレツを考案したところから始まる．食文化史家の岡田哲によれば，欧米人には奇異にうつる生キャベツの付合せも，煉瓦亭の忙しい厨房でひらめいたアイディアであったという．しかし，明治初頭の肉食解禁以降，牛肉の人気に比して，豚肉は脂っこい食味が不評で避けられがちであったのも事実である．また，明治の早い時期の西洋料理書においても，牛肉や鶏肉のカツレツの登場数に比べ，豚肉を用いたものは遥かに少ない．食材としての豚肉を見直すきっかけは，日清・

日露戦争を経て，戦地での牛肉消費が高まり，牛肉に代わる代用食品としての価値が再考されたことにあった．不測の事態にあえぐ社会状況で，豚肉の食べ方を研究し，『田中式豚肉調理法』（大正5〈1916〉）などの豚肉料理書を刊行した東京帝国大学教授の田中宏のような研究者も活躍している．食材としての豚肉の有用性が見直されていくプロセスの中，大正7（1918）年には，東京浅草・河金で「かつカレー」，大正10（1921）年には，東京早稲田界隈で「かつ丼」といった豚肉料理も誕生．こうしたメニューの多様化は，ポークカツレツが形を変えながら浸透していく様子を表している．

図1　カツレツ

そして昭和4（1929）年，東京上野御徒町・ポンチ軒（現在のぽん多本家）の島田信二郎（元宮内省大膳職）が，現在のイメージに近い，分厚い豚肉をてんぷらの要領で揚げたとんかつを考案する．島田は箸で食べられることを考慮し，揚げる時間のタイミング，さらには前もって庖丁で切り，盛り付けるといった工夫も凝らした．箸で食べやすいという日本的な食べ方を考慮したことで，より身近なものへと変容を遂げたとんかつの魅力をうかがうことができる．

●**飯で食べる洋食「カレーライス」**　カレーのルーツは，いうまでもなくインドであるが，とんかつ同様，カレーもまた主食であるご飯と供されるスタイルで，日本独自のカレーライス（明治期にはライスカレーと称することが多い）という洋食に変貌した．『軽便西洋料理法指南』（明治21〈1888〉）に掲載された「ライスカレー」のレシピをみると，炒ったメリケン粉に，カレー粉，塩，胡椒，砂糖で調味した汁と「ソップ」と「シチウのソース」で溶き，肉類などを加えた後，「温き飯」を皿に盛り，その右横にかけて供するとある．さらに『日用西洋料理法』（明治29〈1896〉）では，カレー料理について，「米の飯にかけて食するを常とする故に普通ライスカレーと呼ぶものは是等のカレー料理の総称なりと知るべし」と記している．実際この頃の料理書では，「ライスカレー」は「飯の餡かけ」とか「カレー飯」といった表現でも多く紹介されており，飯と組み合わせて食べる洋食としての特徴を確かなものにしていったと思われる．

大正12（1923）年には，日賀志屋（現エスビー食品）が，日本で初めての国産カレー粉を販売，さらに戦後になり，昭和25（1950）年には，ベル食品が日本初の固形即席カレー「ベルカレールウ」の開発に成功，昭和44（1969）年には，大塚食品から初めてのレトルトカレー「ボンカレー」が誕生する．こうしたインスタント食品の発展も，手軽なカレーライスというイメージを生み，「国民食」となる素地となったのであろう．平成9（1997）年，宇宙ステーションに滞在中だった毛利衛も「カレー」が一番美味しかったと述懐している．　　　　　［東四柳祥子］

B級グルメ

　B級とは，Bクラスと同義であり，一流に対し，それに次ぐ二流をさす用語として用いられることが多い．また，かつてラムネ栓の規格に合うものをA玉，規格に合わないものをB玉とよんでいたとする説から考えると，「標準には及ばないもの」という捉え方もできる．したがって，「B級グルメ」とは，比較的安価に提供され，料亭やレストランなどでの高級な食事には及ばない，手軽な食事をさすといえる．

●**B級グルメの命名と社会背景**　「B級グルメ」という言葉は，フリーライターの田沢竜次が，昭和60（1985）年に著した『東京グルメ通信 B級グルメの逆襲』の書名で使用したのが初めである．同書は，当時主婦と生活社が出版していた情報誌『angle』に連載していた記事内容をベースに刊行されたもので，これまで注目の対象にならなかった穴場的な食の情報の開拓に努めている．さらに翌年には，文藝春秋が『スーパーガイド 東京B級グルメ』を皮切りに，文春文庫ビジュアル版シリーズの刊行に着手．当初は東京中心の内容であったが，数年のうちに，横浜，韓国，台湾の特集も編まれた．元来グルメというと，高級料理というイメージが先行しがちであったが，ここらで紹介される内容は，手軽な美食という尺度で，食べ応えのある庶民的な料理が中心であることが特徴といえる．さらに同シリーズは1990年代中頃まで続くが，平成7（1995）年に刊行された『B級グルメのたのしい温泉―青森から鹿児島まで』では，食事だけを扱うのではなく，全国の温泉に注目した特集を組むこともあった．

　ちょうど1980年代は，一億総グルメ時代とも称され，特に外食は高級であるというイメージが払拭されていく時期でもある．なかでも昭和45（1970）年のスカイラーク（現すかいらーく）国立1号店，昭和46（1971）年のマクドナルド銀座1号店の開店は，日本市場における外食業界興隆のきっかけとなり，手軽に家族で楽しむことができる外食習慣の定着要因にもなった．こうした国民生活における外食への関心が徐々に惹起されるなか，「B級グルメ」もまた家庭料理を超えた，外で楽しむ料理という新しい意味をもつ産物として，社会に受け入れられていったものと思われる．

　また最近では，地域の名物を「B級ご当地グルメ」と称し，地域振興の題材として掘り起こしを行う動きも，新しいB級グルメの有り方として評価できるであろう．ここでのB級の意味には，その土地にしかない希少性をもつことがポイントになってくる．関満博によれば，かつて「地域産業振興」「地域産業おこし」には，企業誘致による「外の力を引き込む」スタイルと起業支援や既存企

業の経営革新に内発的に取り込むスタイルといった地域外からの収入による取組みが主であったが，1990年代以降には，地域資源の再考やコミュニティビジネスを母体に地域を盛り上げていく第三の流れがめざましく進展したという．さらに平成18（2006）年2月18～19日には，第1回目の「B級ご当地グルメの祭典！ B-1グランプリ（主催：八戸せんべい汁研究所．現在

図1　せんべい汁

は，ご当地グルメでまちおこし団体連絡協議会．通称，愛Bリーグ）が開催（来場者約1万7,000人）され，参加した10団体から，ゴールドグランプリに富士宮やきそば学会（静岡県富士宮市），シルバーグランプリに横手やきそば暖簾会（秋田県横手市），ブロンズグランプリに室蘭やきとり逸匹会（北海道室蘭市）が選ばれた．B-1グランプリに出店される内容は，主に焼きそばや焼き鳥，ラーメンやうどんなどの定番化した人気メニューに地方独自の改良を加えたものがほとんどで，その手軽さと嗜好性に関心が高まり，現在では2日間で来場者約58万人を超える一大イベント（2013年のデータ）となっている．

　しかし第8回大会以降，当団体は名称から「B級」を削除し，「ご当地グルメでまちおこしの祭典！B-1グランプリ」と改称．さらにB-1のBは，地域BRANDのBをさすとし，B級グルメの普及を目指した取組みではなく，あくまでまちおこしイベントの一環であるとのイメージを強調している．しかしB-1グランプリの成功は，二番手というニュアンスだったB級の意味を，値段的にも技術的にも手軽に提供でき，その土地を味わうことができるグルメという新たなジャンルにのし上げたことは確かといえよう．

●昨今のB級グルメイベント　日本各地で開催されているB級グルメと称するイベントには，「熊谷グルメ大会」「B級グルメスタジアムinエコパ」「埼玉B級ご当地グルメ王決定戦」「多摩げた食の祭典　大多摩B級グルメ」「滋賀B級グルメバトル」「奥能登B級グルメ選手権　味はA級」「広島B級グルメ名店屋台村」などがあげられる（2015年現在）．しかし，いずれのイベントもかつての二級品という意味ではなく，郷土名物の掘り起こしのみならず，地域の青年部や高校生，飲食業関係者が，地元の食材を使い考案した新しい名物グルメを紹介し，地域振興を図る取組みという目的をもつものである．

　こうしたことからも，B-1グランプリの成功以降，B級の意味の捉え方が大きく変わってきていることも理解される．B級グルメの魅力は，何といってもその親しみやすさにある．地域振興の架け橋となるだけでなく，日本の食文化の新たな共有財産としての可能性も期待される．

［東四柳祥子］

すし・鮨・鮓・寿司

　すし（鮨・鮓・寿司）は，酸味のある飯に魚介類などの具を組み合わせた日本の代表的な料理である．元来，すしは飯の自然発酵を利用した魚の保存食であったが，時代を経るにつれ，飯と魚を一緒に食べる現在のすしへと変化した．すしという呼び方は酸味のある飯に由来した「酸し」といわれ，これに3世紀頃の中国の古典に記された「鮨」「鮓」の文字が使われるようになった．奈良時代の『養老令』（養老2〈718〉）に「鮓」の文字が見られるが，「鮓」と「鮨」は区別されずに使われていた．近代以降，縁起を担いで寿の文字が使われ，「寿司」とも記される．

●**すしの原型「熟れずし」**　すしの原型は熟れずしといわれ，塩に漬けた魚を飯とともに漬け込んだ魚の保存食であった．飯の自然発酵で生じる乳酸によって，魚が数ヵ月から数年間保存できた．飯は発酵して粥状になり強い臭いを放つため，魚だけを食べた．この熟れずしが大陸から日本に伝えられたのは弥生時代で，稲作の伝播と同時期とされている．東南アジアには，現在でもタイのプラ・ハー，カンボジアのフォーク，中国の鮓など，川魚を保存するための同様の方法が見出される．これらが日本の熟れずしの起源と考えられている．

●**熟れずしから握りずしへ**　平安時代の『延喜式』（延長5〈927〉）には，諸国からの貢納品として鮎鮨，鮒鮨，鮭鮨のほかに猪すしや鹿すしなど，獣肉のすしも記載されている．室町時代中頃には「生成れ」が現れる．生成れは「生ま熟れ」のことで，漬け込む期間を4～20日間くらいに短くして，飯も一緒に食べられるようにしたものである．当時の公家や武家の記録には生成れが多く登場し，中でも鮎の生成れが多かった．その後さらに飯の分量が増し，京坂では飯の上に魚をのせて押しをした「押しずし」や「箱ずし」がつくられる．魚の保存食であったすしは，こうして飯を主体とする料理に変化していった．江戸時代に酢が出回るようになると，発酵させずに飯に酢を加えて酸っぱくした「早すし」「当座すし」が現れ，すしの主流となる．この「すし」は酢飯の上に加工した魚類を並べたもので，飯と具とを慣れさせるためにつくってから一日程度おいたため，「一夜ずし」ともいわれた．その後，文政年間（1818-30）に江戸両国の華屋与兵衛が考案したとされる握りずしが登場し，江戸ではこれが主流となる．

●**江戸のすし事情**　当時の握りずしは，握った酢飯にわさびを挟み，酢締めや醬油漬，甘煮などにした魚をのせたもので，かなり大きかったようである．箱ずしのように切らずに済み，つくってすぐに食べられるため，手軽な屋台料理として江戸庶民の間に大流行した．江戸後期には，稲荷鮨の振り売りも現れ繁盛した

ようだ．こうして江戸末期には，現代に通じるすしのほとんどが出揃った．江戸時代の料理書にはすしについての記述が多い．例えば，さまざまな米料理が記された『名飯部類』(享和2〈1802〉)には，一夜ずしをつくる工夫や「丸すし」，「箱すし」などのつくり方をはじめ，のりまき(海苔巻き)，茶巾すし，飯の炊き方についても書かれている．江戸後期の随筆『嬉遊笑覧』(文政13〈1830〉)からは，さまざまなすしが各階層で楽しまれていた様子がうかがえる．市中にあふれる屋台店で庶民は廉価なすしを楽しみ，固定店(すし屋)の比較的高価なすしは贈答品や接待品としても使われたようである．『守貞謾稿』(天保8〈1837〉年起草)には値段が記されており，卵，車海老，白魚，鮪刺身，小鰭，穴子甘煮，海苔(かんぴょう)巻きなどが8文であったという．当時下魚であった鮪は天保期末の豊漁以降使われ，現在でも江戸前ずしを代表するすし種となっている．

●**現代のすし**　冷蔵技術の進歩もあり，明治の中頃から生魚が使われるようになり，魚の保存食であったすしは簡単につくれてすぐに食べられる飯料理となった．その後，屋台店が禁止されたため，すし屋は高級料理店というイメージで捉えられるようになった．そして昭和33(1958)年に，廉価で食べられる回転ずし店が大阪に開店，持ち帰りすしの店も現れて，1980年代には全国に普及し再び庶民の手軽な食べ物となった．また，魚だけでなく，さまざまなものが酢飯と組み合わされるようになり，最近ではいずれも「すし」として受け入れられている．

●**各地のすし**　日本各地には，さまざまなすしが郷土料理として存在している．なかでも滋賀県の鮒ずしは，熟れずしの原型に近いものとして有名である．京都の鯖ずしは，酢飯の上に酢で締めた鯖をのせ昆布で巻いたものである．かつて若狭(福井県)で獲れた鯖は保存のために塩をして京都まで運ばれたが，着く頃には程よい塩加減になった．これを利用して生まれたのが鯖ずしである．伊達巻すしは，千葉県銚子市や大阪府などの郷土料理で，伊達巻の中に高野豆腐，椎茸，かんぴょうなどを酢飯とともに巻き込んでいる．このほか，奈良県・和歌山県には，柿の葉で巻いた柿の葉すし，酢飯をそのまま浅漬けの高菜の葉で巻いためはりずしがある．また，近畿以西，中国，四国地方に伝わる温かいバラ寿司であるぬくずし，鹿児島県の酒すしなど，各地で特色あるすしが伝えられ食べられている．

●**世界の「sushi」へ**　すしの海外への展開は，日本人のアメリカ西海岸への移住とともに始まる．当時米国ですしはほとんど受け入れられなかったが，1970年代にはすしブームが起こる．すしバーでは，江戸前すしだけでなく独自に工夫したすしも提供され，その一つ「カリフォルニアロール」は日本に逆輸入されている．このブームをきっかけに，すしは世界各地に急速に広まった．特に北米では人気が高く，大都市だけでなく地方都市のスーパーマーケットでも売られるなど，日常の食事に浸透している．理由の一つは，生魚や海苔への抵抗感を覆し，低脂肪で健康的な食べ物であるというイメージが定着したためである．[瀬尾弘子]

そば・うどん

そばもうどんも，各材料を粉に挽き水を加えまとめた生地を細く切り，紐状にしたものである．これを加熱して糊化したものを食する．このような麺としての食べ方は，大陸から禅僧によって，粉を挽く道具とともに調理技術を伝えられたとされている．

●**そば** そばは，種を蒔いてから75日で収穫でき，米が育ちにくい山間部や荒れ地などのやせ地でも育つことから，縄文・弥生時代頃にはすでに栽培されていたといわれている．平安初期の勅撰史書『続日本紀』

図1　そば
[写真：芳賀ライブラリー]

では，救荒作物として大麦や小麦などとともに植えるよう推奨されている．この頃の食べ方は，殻を剝いたそばの実をそのまま煮た「そばかゆ」のようなものであった．やがて石臼などの道具や製粉技術が移入されると，粉に挽いたものを水や湯で練った「そばがき」や団子状にして，汁に入れて食されるようにもなった．

　江戸時代になると，現在の姿に近い，麺状に細く切った「そば切り」が普及した．『蕎麦全書』や『蕎麦史考』などによると，江戸中期には，けんどん箱に入れられた「けんどんそば」や，汁をかけるだけの「ぶっかけ」とよばれる食べ方も登場している．ただし，ぶっかけは，下品なものであり，女性が食べるものではない，そうめんのように汁につけて食べるべきであると，当時の初等教科書に近い往来物に記されている．その後そばや汁を熱くして食べるようになり，現在の「かけそば」へと受け継がれ，温かいものを「かけ」，冷たいものを「もり」と区別してよぶようになった．

　そばを打つためには高い技術が必要とされる．そば粉100％のそば切り（のして細く切ること）は難しいため，つなぎとして小麦粉や大和芋を使うことが多い．また，そばと小麦粉の割合によって，二八・同割・十割に分類されている．現在，そばは全国各地でつくられていて，岩手県のわんこそば，福井県の越前そば，東京都の深大寺そば，島根県の出雲わりごそばなどが有名である．

　江戸時代初期に刊行された『料理物語』（寛永20〈1643〉）では，薬味には，はなかつお，大根おろし，あさつきの類，からし，わさびも加えてよし，とある．また『臨時客応接』（文政13〈1830〉）には，加薬に「そば屋のおろし大根極めて少し別に大根のほそきしつほの方よりおろし盛」とある．他方，江戸後期

に流行した，絵入りの読み物（黄表紙）の『うどんそば　化物大江山』（恋川春町，安永5〈1776〉）では，そばが薬味の大根おろし，鰹節，陳皮，唐辛子を従えて，うどんを倒すという物語が描かれている．これらのことから，そばには，おろした辛味大根を添えるのが一般化していたといえる．

●うどん　うどんは，製粉した小麦粉に水と塩を加えてこね，生地にまとめ，のして切り，麺状にしたものである．手打ちうどんのほとんどがこの製法である．このほか，引っ張って伸ばすという手延べうどんの製法もある．また，工場生産される生麺・乾麺・冷凍麺などもある．

図2　うどん

　小麦は弥生時代に大陸から伝わったとされる．麦類は外皮が硬く，加熱に時間がかかるため，粒食としてあまり広まらなかった．それが鎌倉時代頃，禅僧により大陸から石臼がもたらされ，粉にすることができるようになると，そばと同様に，現在のような食べ方が普及したとされている．

　米の栽培が少ない地域では，田や畑の裏作として小麦がつくられることが多い．春蒔き小麦と秋蒔き小麦がある．タンパク質が多い硬質小麦は製粉すると強力粉になり，タンパク質が少ない小麦を製粉すると薄力粉になる．その中間が中力粉であり，日本ではこれでうどんをつくることから「うどん粉」ともよばれている．

　ところで，そばとうどんの歴史を紐説いた伊藤汎著『つるつる物語』（昭和62〈1987〉）によると，うどんには，生地を少しずつ引っ張って細く伸ばす製法と，生地をのして伸ばし，庖丁で切る製法とがある．また，引っ張り製法で油を加え，細く伸ばし乾燥させると「そうめん」ができる．油を加えないと乾燥が早く，そうめんのように細く伸びない．太い状態で切れたものを「ひやむぎ」，それより太いものをうどんとした，ともある．

　現在，手延べうどんとして知られるものには，秋田県の稲庭うどんや九州の五島うどんなどがある．また，うどんの産地は全国各地にあるが，関西地方や四国の讃岐地方などが知られている．

　うどんの調理は，単に茹でるだけでなく，水洗いして汁につけて食べるほか，さらに煮ることもあるし，茹でずに煮込む方法もある．なお，前述の『料理物語』においては，うどんの薬味には胡椒と梅を用いると書かれている．特に近世においては胡椒が多用されていたようである．しかし現在では，唐辛子などの方が一般的である．

［櫻井美代子］

刺　身

　海に囲まれ，四季折々の新鮮な魚介類が得られる日本では，古くからこれをさまざまなかたちで利用してきた．なかでも魚介類を生食する刺身はご馳走であり，日本料理の代表ともいえるもので，最近では「sashimi」の語が世界に通用するようになってきている．刺身料理は，主に魚介類を生のまま切り身にし，醬油などの調味料に浸けて食すものをいうが，広くは，肉や野菜など（馬刺し，筍刺身，こんにゃく刺身など），あるいは加熱したものを冷やして食べるものを含む場合もある．魚を生で食べる料理は世界にもあるが，切り方，盛り方，色合わせなど，新鮮な生魚の持ち味を生かしてより美味しく食べようとする古くからの工夫の積み重ねは，まさに日本の料理文化の結晶ともいえよう．

●なます（膾，鱠）が起源　刺身は「なます（膾）」の一種として室町時代に登場したとされる．なますの語源は生肉ともいわれ，獣肉や魚肉を生のまま細かく刻み，調味料で和えた古い調理法で，古代中国においては膾，鱠の文字が使われている．『万葉集』には，鹿の肉や肝をなますにしたことが歌われているが，次第に魚介類がなますの材料となった．平安期における大饗料理のしきたりを伝える鎌倉時代の『厨事類記』には，鯉・鮭・鱒・鱸・雉・鮒のなますのつくり方が出ている．室町時代の『庖丁聞書』（長享3〈1489〉）では，鮎のなますとして，生姜鱠・卯の花鱠などが記載され，また魚肉の入らない精進物を酢和えとよぶなど，なますの種類も増え調味酢も工夫されている．江戸時代にはさらに種類が多くなり，冬には温めて供する温め膾も登場し，なます料理は最盛期となった．そして，この"なます"の一部が刺身として扱われるようになっていった．

●刺身，打ち身，お作り　刺身料理がつくられ始めたのは室町時代中期頃とみられる．文献に初めて「さしみ」が登場するのは『鈴鹿家記』（応永6〈1399〉）で，「指身鯉イリ酒ワサビ」とある．江戸時代の『松屋筆記』（天保元-6〈1830-35〉）には「膾に刺身といふ名目おこり製法も一種出来たるは足利将軍の代よりの事」とあり，魚肉を薄く切り，和えずに調味料を添えて出すものを刺身とよぶようになったことがうかがえる．刺身の語源は，切り身にしてしまうと魚の種類がわからないため，その魚の「尾鰭」を切り身に刺したからという説，また「切る」を忌んで「刺す」を使ったなど諸説ある．漢字表記も刺身のほか，指身，指味，差味などがある．江戸時代の『和漢三才図会』（正徳2〈1712〉）では魚軒とあり，「なますは魚肉を細く切って大根・栗・薑・蓼などの五味を和し，酢をかけて食べるもの，魚軒は薄く切って煎り酒と山葵，あるいは生薑酢をつけて食べるもの」とされている．江戸時代以降，関西では刺身を「打ち身」「作り身」「お作り」とも

いい,「新鮮なものをさっと割って供する」意の「鮮割」も使われている.

●**刺身料理が定着した江戸時代**　江戸時代の料理書には多くの刺身が紹介されている.『料理物語』(寛永20〈1643〉)には魚介類のほかに,鳥類(鴨・雉・鶏),茸類(椎茸・松露・木くらげ・岩茸),野菜,麩,豆腐,蒟蒻,牡丹や菊の花,蓴菜なども材料とされ,刺身が食材を薄く切って調味料に浸けて食べる料理全般をさす広義の名称になっている.また「鱸……あおず,しょうがずにてよし」などと,魚と調味料の組合せも明示されている.この頃,白身魚には調味料として煎り酒(梅干,かつお節,酒,水,溜まりを合わせて煮詰めたもの)が多く使われ,ほかに生姜酢,辛子酢,山椒味噌酢などもあった.その後,関東地方に濃口醤油が普及し,刺身の調味料は醤油が主流となる.江戸時代後期には庶民の食事にも刺身が多く登場する.『守貞謾稿』(天保8〈1837〉年起草)の「刺身屋」の項には,庶民も刺身を食べていたとみられる記述がある.おかず番付『日用倹約料理仕方角力番付』(天保頃)には魚の生物料理として,まぐろすきみ,かきなます,あさりきなます,あじのたです,すだこなどがあげられている.中世から鯉が上魚とされていたが,料理書『黒白精味集』(延享3〈1746〉)によると,上魚は鯛・鱸・鯉など,中魚は蛸・烏賊・鮃・鰹など,下魚は鮪・生鰯などであった.現在まぐろは上魚であるが,当時は脂が多いため嫌われていたらしい.鰹も上等の魚ではなかったが,初物を食べると75日長生きできると,江戸っ子は夏の到来を告げる初鰹をこぞって買い求め,刺身にして食べた.

●**切り方・盛り方**　刺身は切ったものを盛り付けるという単純な調理法だけに,「切る」技が重視される.刺身は刃渡りの長い裏面の平らな片刃庖丁で,刃元から一気に引いて切ることにより,平らで艶のある切り口が得られる.美しい切り口は盛り映えがするだけでなく,歯触りにも影響するといわれる.刺身は切り方によって細作,平作,皮作など多くの種類があり,素材の味を引き出すための工夫もされている.「洗い」は鯛,鮃など新鮮な白身魚を薄く切って冷水で洗ったもの,「湯引き」はさっと熱湯をかけてから冷水にとったもの,「松皮作り」は皮つきの鯛のおろし身に濡れ布巾を被せて熱湯をかけ水で冷やしたものである.

切り方とともに盛り方も重視される.江戸時代の料理書『歌仙の組糸』(寛永元〈1748〉)では,切り方を正すとともに膾の盛り方を山水にするよう示している.山水は山と川の流れを表す日本料理の代表的な盛り方である.

●**刺身とつま**　刺身には大根の千切りや,海藻,青紫蘇,紅蓼,おろしわさびなどが添えられる.これらは広く「つま」とよばれ,彩りだけでなく,生臭味を取る,殺菌するなどの効果があるといわれる.青紫蘇には日本料理ではよく使われる皆敷という仕切りの役割があり,室町時代には魚の種類に応じて決まっていたとされる.刺身の盛り付けは,つまを含めて五色(紅,白,黄,緑,黒)にするのが定石で,これは中国の陰陽五行思想の影響を受けている.

[瀬尾弘子]

味噌・醤油

　味噌も醤油も日本を代表する発酵調味料である（図1, 2）．いずれも大豆を原料とし，麹と塩を加えて発酵させる．味噌は，古くから「手前味噌」などといわれているように，各地域や各家庭で使用する麹などが異なり，それぞれ味や風味も違う．一方，醤油は諸味を絞る機械が必要で，味噌よりも手間がかかる．高度な技術も要するために，江戸時代以降，工業生産化が進み，現在に至っている．家庭においてはどちらかというと，味噌は日常的に，醤油は行事や来客時に使われることが多かった．

●味噌　味噌は，大豆を蒸すまたは蒸し煮にして潰し，塩と麹を加えて熟成させたものである．鎌倉時代の初頭に，米や麦，大豆などでつくられた穀醤の一種である未醤が大陸から伝来したという．禅僧がなめ味噌（ご飯や酒の菜として食する）として製法を学び，帰国後にそれを伝えた．肉食禁忌により精進料理が発達し，寺院では貴重なタンパク源とされた．仏教の普及に伴い，室町時代には精進料理とともに味噌が庶民にも浸透していった．

図1　味噌

農業が発達し，田や畑の裏作として大豆の生産が高まると，農家でも味噌をつくるようになった．

　室町時代には，味噌を擦って汁にのばし，野菜や魚などを加える味噌汁がつくられるようになり，副産物であるたれ味噌やたまりなどの調味料も使われるようになった．そうして味噌は，日本人の毎日の基本的な食事である飯と汁に欠かせない重要な加工食品となったのである．味噌汁のほか，魚や野菜の煮物や和え物，田楽（豆腐やこんにゃく）や風呂吹きなどの練り味噌にも多用される．

　味噌は，普通味噌，なめ味噌，乾燥味噌に分けられる．なめ味噌は，ウリ（瓜）やショウガ（生姜）などの野菜が入った径山寺味噌または金山寺味噌，鉄火味噌，柚子味噌，胡麻味噌，山椒味噌，鯛味噌など種類が多い．乾燥味噌は，戦時中に軍の食料として製造されたのが始まりである．そして昭和35(1960)年には，凍結真空乾燥法によるインスタント味噌汁が販売された．

　味噌には，食塩量の多い辛口味噌と少ない甘味噌がある．麹の原料により種類が分かれ，米味噌，麦味噌，豆味噌などがある．白味噌は，名前のとおりクリーム色をしており，西京味噌が代表的である．主に関西地方でつくられる甘めの米

味噌の一種である．赤味噌の色は大豆の処理方法や発酵，熟成期間などにより異なる．代表的な八丁味噌は主に愛知地方でつくられている豆味噌の一種である．これは濃い赤褐色で，香りも独特で濃厚な旨味の中に若干の渋みがある．このほか，大麦を発酵させた麦麹を用いた麦味噌は，黄白色から赤褐色を帯びている．麦特有の発酵香があり，現在では，関東の一部や四国・中国・九州地方で広くつくられている．

●醤油　醤油の生産工程は下記のような流れである．まず，大豆を蒸すか蒸し煮にしたものと，小麦粉を炒ったものに麹を加えて醤油麹をつくる．そこに食塩水を加えて諸味をつくり，酵母の発酵により熟成させる．それを圧搾して採れた汁が生醤油である．その後，火入れにより殺菌と色の調整を行い，店頭に並ぶ．『キッコーマン醤油史』によると，醤油と味噌の原型になったものは「醤（ジャン・ひしお）」であり，保存食としてなめものと調味料を兼ねた魚醤が弥生時代にはあったという．

図2　醤油樽［写真：芳賀ライブラリー］

　魚醤といえば，日本には，ハタハタなどを発酵させた秋田県の塩魚汁やイカやイワシを発酵させた石川県のいしる，イカナゴ（小女子，各地で呼称が異なる）を発酵させた香川県のいかなご醤油などがみられる．国外では東南アジアに多く，タイのナンプラー，ベトナムのニョクナム，フィリピンのパティスなどがある．
　醤とは，食材に塩を加えて発酵させ，保存性を高めた調味料の総称である．草醤，肉醤，魚醤といった種類がある．仏教などとともに大陸から伝来した．肉食が禁じられると，肉醤はつくられにくくなり，穀醤・魚醤が中心になっていった．醤油の出現には諸説あるが，鎌倉初期に中国の径山寺味噌の製法が紀州（現和歌山県）の湯浅に伝わったことが発祥とされる．その製造過程において桶下に溜まった液体が煮物の調味料に適していたため，これを改良し湯浅溜式醤油を製造・販売したのが，正応年間（1288-93）であったという．中世には一部地域で醤油が出回り，安土桃山時代には，湯浅醤油が醤油回送船でほかの地域へ出荷されていたそうである．
　また，播州竜野（現兵庫県竜野市）でも天文年間頃（1532-55）に製造され始めた．関東でも永禄年間（1588-70）に下総野田で濃口醤油の製造が開始された．そして醤油が出回りだすと，そばやうどんの汁にも使用されるようになり，煮物や刺身など，現在の和食にはなくてはならないものになった．　　　　［櫻井美代子］

昆布とかつお節

　昆布やかつお節は，日本に古くからある乾燥食品である．水に浸したり煮出してうま味成分を抽出し，「だし」として利用することが多く，動物性食品や油脂利用の少ない日本料理には欠かせない存在である．昆布やかつお節のように「だし」を取ることを主な利用目的とする乾物は，世界に類をみない．

●**昆布**　コンブは，日本では北海道沿岸，三陸海岸などに分布する海藻である．コンブの語源はアイヌ語のコンプだといわれており，真昆布，羅臼，利尻，日高（三石），長昆布などの種類がある．古来より食べられてきたが，食品をさす場合には「昆布」や「こんぶ」と表記される．昆布はだしの材料となるほか，おぼろ昆布やとろろ昆布，塩昆布，佃煮，酢昆布やおしゃぶり昆布などの加工品があり，料理としては昆布巻き，昆布〆，松前漬けなどがある．昆布にはミネラルや食物繊維が豊富に含まれているため，健康食品としても注目されている．また，昆布のうま味成分であるグルタミン酸は，うま味調味料の原料にもなっている．

●**昆布の歴史**　コンブは，ひろめ（広布）やえびすめ（夷布）と称され，広がる，よろこぶ，に通じる縁起の良いものとして古くから用いられてきた．昆布の文字がコンブを意味するようになったのは奈良時代の頃で，『続日本紀』（延暦16〈797〉）には天皇への献上品として初めて昆布が記載されている．また『延喜式』（延長5〈927〉）からは，昆布が租税や僧侶の供養料，あるいは天皇への供御に利用されていたことがうかがえる．この時代（平安期）には，昆布は松前や津軽から若狭を経由して京都へ，さらに大坂へと運ばれるようになっていた．戦国時代には，昆布が「敵に打ち勝ち，喜ぶ」として武士の出陣や凱旋の儀式の祝い肴に使われたほか，陣中食にも利用された．室町時代には大量の昆布が運ばれるようになり，禅宗寺院を中心に昆布だしを用いた精進料理が発展するとともに庶民にも広まって，昆布の食文化が上方を中心に発達した．

　江戸時代になり，下関を経由する北前船の西回り航路が開かれると，大量の昆布が，大坂だけでなく全国に運ばれ，昆布の種類に応じた利用法が発達した．『本朝食鑑』（元禄10〈1697〉）によれば，昆布は縁起ものとして慶賀やもてなし，あるいは茶会の菓子としても使われていたようである．また，江戸時代には精進料理が日常生活にかなり浸透していたようで，料理書には必ず精進料理と精進だしについての記述がある．『和漢三才図会』（正徳2〈1712〉）には，忌日や寺では鰹節の代わりに昆布だしを使い，昆布だしはうま味があり鰹だしと同じくらいおいしいとある．明治以降，昆布だしに鰹節だしを合わせた混合だしが使われるようになり，現在では，両者のうま味成分の相乗効果を活かした混合だしが多く

使われている.

●かつお節　かつお節はカツオを3枚におろし，舟型の「節」に成形してから加工した日本の伝統的食品である．製法により，カツオを生切りし煮熟後に燻して乾かした（培乾）荒節と，さらにカビ付けして水分を抜きながら熟成させた枯節に大別される．また，3枚におろしたカツオをそのまま仕上げたものを亀節，さらに背側と腹側の4本の節に切り分けて仕上げたものを本節といい，背側を雄節，腹側を雌節ともいう．かつお節は水分含量が非常に少なく，世界で最も堅い食品とされ，削って使用される．削り節は多くはだし材料として，吸い物，煮物，そばやうどん，ラーメンなどさまざまなだしに利用されている．また，削り節は料理の上置きとしてそのまま食べられているほか，佃煮やふりかけにも加工されている．かつお節を利用した料理には鹿児島の茶節，沖縄のカチューユなどがある．かつお節はモルディブでもつくられているが，現地ではそのまま食べられており，だし素材としての利用は世界でも日本だけである．

●かつお節の歴史　奈良時代の法典である『養老律令』（養老2〈718〉）には，「堅魚」「煮堅魚」「堅魚煎汁」が諸国からの貢納品として記されている．これらはかつお節の前身とされ，大和朝廷時代から食べられていたようである．「堅魚」はカツオを素干しにしたもの，「煮堅魚」は煮て干したもの，「堅魚煎汁」は堅魚の煮汁を煮詰めたもので調味料のように使われ，『延喜式』でも重要な貢納品として記載されている．鎌倉時代後期の『厨事類記』には「鰹」を酒に浸し，その汁がだしのように使われた記載がある．室町時代には日本料理のさまざまな流派ができたが，四条流の料理書『四條流庖丁書』（長享3〈1489〉）には「カツホ」「花鰹」の文字があり，雑煮の上置きや和え物に用いられている．また，「かつほぶし」の文字が『種子島家譜』（永正10〈1513〉）に初めて現われ，『大草殿より相伝之聞書』（室町時代末期）には，「白鳥料理に鰹ニ節程用い，上側の悪いところを削りよけて」使う記述があることからも，この時期には堅いかつお節が存在し，だしとして利用されていたことがうかがえる．江戸時代には薪で燻して乾かす燻乾法が考案され大坂を中心に広まったが，江戸へ運ぶ途中に生えたカビの効用が見出され，カビ付けしたかつお節が登場した．

　江戸時代の多くの料理書には，かつお節だしの取り方が詳しく記されている．かつお節が吸い物や煮物にだしとして使われていたことがわかるが，このほか「花かつお」として上置きにも使われている．またかつお節は刺身の調味料であった煎り酒の材料でもあり，かつお節が広く利用されたことがうかがえる．その後カビ付け回数の工夫が重ねられ，明治30年頃に4回以上カビ付けする「本枯れ節」が生まれた．大正時代には，あらかじめ削り加工された削り節が販売され，現在では簡便なパック入り削り節が主流である．また，抽出したうま味成分からは粉末状のだし（風味調味料）がつくられ，広く利用されている．

［瀬尾弘子］

鍋料理

鍋料理は，いろいろな食材を一つの鍋で加熱しながら食べる料理の総称である．日本では土鍋を用いることが多い．

●**鍋料理の始まり** 日本人は古来より米を主食とし，飯や粥を食べるための調理道具として，鍋（堝）・釜が用いられてきた．鉄の鍋は，平安時代中期の漢和辞書『倭名類聚抄』に記されていることから，それ以前から存在していたと考えられる．中世の貴族社会で用いられていたが，一般庶民に普及するのは，地域により違いがあるものの，近世以降のことである．もともと日本は鉄製材が乏しく，刀剣などの製作が優先され，鍋・釜にまで及ばなかったため，土器の堝や釜を用いるのが一般的であった．

鍋料理については，古くは江戸時代初期の刊行書『料理物語』（寛永 20〈1643〉）の煮物の部に「なべやき」がみられる．「みそ汁にたいやぼら，こち何にても取あはせ候」と魚類を味噌で煮たものであった．『古今料理集』（延宝 2〈1674〉以前？）には「鍋こくしほ」（鍋濃漿）があり，「杉やきを煎鳥と鍋に煮て，鍋ともに出す事也」とある．『素人庖丁』（享和 3-文政年間〈1803-29〉）では，「鍋煮」と称して「小さい蟹を足とはさみを取り除き，ごま油でよく焼いて生姜酢でおろし醤油にてだす」とある．江戸時代の風俗を記した『守貞謾稿』によると，鯢汁や鯨汁を出している店で，鯢を丸のまま醤油煮したものを丸煮とよんでいる．また，文政の初め頃，鯢を割いて骨首と内臓を取り，鍋煮にして売る店が登場した．そのほか，鯰鍋・穴子蒲焼・穴子鍋もみられ，いずれも二重土鍋を使用していたとある．浅い鍋には，下に笹搔き牛蒡を敷き，その上に菊花のように鯢を並べ，卵とじにする．下の土鍋には沸騰した湯を入れ，客に出した時に冷えないようにするとともに，外見が乏しくないように深い鍋を用いた．その鍋の外は栗色

図1 寄せ鍋

図2 きりたんぽ鍋

で内側は黄色，蓋は春慶塗である．また，「柳川」という店が，骨抜き鰌鍋を販売していたことから，鰌を煮た鍋料理を柳川鍋というようになった，という．そのほか，獣肉の割烹の店では，猪や鹿の肉に葱を加えて鍋煮にした．京坂では，「かしわ」といい，主に鶏を葱鍋で煮て食べていた，ともある．

以上のことから，当初の鍋料理は，一人分の小さな浅い土鍋を用い，鰌や穴子，猪，鹿などとゴボウやネギなどをともに煮たり，卵でとじたり，濃いめの味をつけていたといえる．明治期に入ると，西洋文化の影響もあり，東京では牛鍋屋が流行する．火鉢に原則一人ずつ浅鍋が出され，ネギと肉を醤油や味噌味のたれで煮るものであった．その後，現在のように深い鍋で食材を煮て，大勢で一つの鍋を囲んで食するようになっていった．また，各地で採れる野菜類・肉類・魚介類などさまざまな食材を用い，味付けも味噌，醤油，塩，魚醤のほか，バターのような洋風調味料も使われるようになり，多種多様な鍋料理が生まれ続けている．

●**各地の鍋料理**　鍋料理には，下記に例をあげるように，材料の組合せや味付けにも地域ごとの特色がある． 　　　　　　　　　　　　　　　　　　　　［櫻井美代子］

表1　各種の鍋料理

名称	内容	材料
寄せ鍋	食材を一緒に煮る鍋料理をいう（図1）	野菜類・鶏肉・魚介類
土手鍋	鍋の周り（縁）に味噌を塗り込み土手のようにすることに由来する	カキ・ダイコン・ゴボウ・シイタケ・セリ・豆腐など
ちり鍋	魚の切り身が煮えるときにちりちりと縮む様子からこの名がある．フグを鉄砲とよんだことから，鉄ちり，鉄ちり鍋ともいう	淡泊な白身魚・季節の野菜・豆腐・春雨など
常夜鍋	一般に豚肉を材料に使った鍋料理をいう．毎晩食べても飽きないことから，常夜鍋といわれている	豚肉・季節の野菜・豆腐
湯豆腐	昆布だしまたは白湯のなかに，豆腐を入れて煮る	豆腐・薬味醤油
秋味鍋	鮭のことを秋あじということから，秋味鍋という．また別名石狩鍋という	鮭の切り身・頭・白子・ハクサイ・しらたき・豆腐など，味噌，砂糖，酒，バター味で煮る
塩魚汁鍋	だし汁に秋田の魚醤油（しょっつる）を入れて煮る鍋料理	ハタハタ・白身魚類・野菜・豆腐など
きりたんぽ鍋	飯をついてまとめて，火にあぶったきりたんぽ（切らずに棒に刺したままのものは「たんぽ」という）を入れる鍋料理（図2）	雉・山鳥・肉類・山菜など
若草鍋	奈良の若草山にちなんだ鍋料理	タイ，コチ，伊勢海老・若鶏・春雨・白菜，ホウレンソウ，シイタケ，ギンナン，生麩，湯葉，かまぼこなど
飛鳥鍋	鶏肉と季節の野菜とともに牛乳で煮たもの	鶏肉・季節の野菜・牛乳
水炊き	スープを混ぜただしで骨付きの鶏肉や野菜を煮るもの	骨付きの鶏肉や野菜

すきやき

　すきやきは，農具の鋤の上で焼いたのでその名があるとされるが，現在は鍋料理の一つである．牛肉などを中心とし，豆腐やネギを加えて浅鍋で加熱したもので，関西では砂糖と醤油，みりんで調味するが，関東では，あらかじめ割り下を用いて加熱した中に，肉や野菜を入れて加熱する場合が多い．肉を禁忌とした江戸時代にも魚鳥のすきやきがあり，明治時代に，牛肉食が行われるようになると，東京では牛鍋屋が流行し，すきやきの呼称が一般化していく．すきみ（薄切り）の肉を焼くことから，すきやきの呼称が生まれたとする説もある．

●**江戸時代のすきやき**　農具の鋤には，先端に三角形の金属部分がある．これを鍋の代わりにして油を塗り，その上で鳥肉・魚類を焼く料理を「鋤焼き」とよんでいる．具体的なつくり方は，江戸時代の料理書『素人庖丁』初篇（享和3〈1803〉）と『料理早指南』四編（文化元〈1804〉）にみられる．前者では，火鉢に唐鋤をのせ，よく焼けたときに油を塗り，その上に三枚に下ろしたはまちの身を並べて焼きながら，大根おろし，醤油，とうがらしなどとともに食べるとある．後者では，雁や鴨類が材料で，あらかじめたまりに漬けた肉を，熱した唐鋤の上で焼く鉄板焼きのようなものである．鋤のように鍋の代用になる容器を用いた料理は，貝を使った貝焼き，つぼ焼き，瓦を上下に使った鯛のはま焼きなどがみられる．

図1　江戸時代の料理書に見るはまちのすき焼き
［出典：『素人庖丁』初篇（1803），個人蔵］

　肉食禁忌であった江戸時代，表向きには食べなかった牛肉が，幕末から少しずつ取り入れられるようになる．『武江年表』の慶応2（1866）年には，「牛を屠りて羹とし商ふ家，所々に出来たり．又西洋料理と号する貸食舗，所々に出来て，家作，西洋の風を模擬せるものあり」と記されている．

●**明治時代以降のすきやき**　明治4（1872）年12月，宮中において古代から続いていた肉食禁止を解禁したこともあり，肉食は西洋料理とともに文明開化を象徴するものとして脚光を浴びることになる．一方で，牛肉を食べる場合は，馴れないにおいに鼻の穴に栓をして食べた人々もあり，万一家の中で食べるときには，神棚や仏壇に目張りをしたうえ，肉を煮た鍋を庭の真ん中に持ち出して2日間さらすといったほどで，恐る恐る食べたという．肉食による穢れを畏れていた

からである（篠田鉱造『幕末百話』）．

　しかし，それでも江戸時代から続いていた猪など獣肉食の習慣があったからか，醤油や味噌で味付けする食べ方で牛肉を食べる牛鍋が東京を中心に流行する．仮名垣魯文による戯作『牛店雑談 安愚楽鍋』（明治4-5〈1871-72〉）は，牛鍋店に訪れるさまざまな客の様子を絵入りで描いている．一人用の火鉢にのせた浅鍋で，側にとっくりが用意され，飲みながら食べている様子が描かれている．「生葱やたれをきかせるあぐら鍋」とあり，牛肉とねぎをたれで煮ている．別の箇所では，「生の最上をすき焼き種とし」「ロース肉を大切り」にして，焼鍋に入れて「たれ抜きスープ」に，みりんと醤油を落として煮ると調理法が記してある．さらに，「すき焼き」を食べたあとに，小口切りにしたネギに熱湯をかけて食べるのは，「ちゃぶや（卓袱屋）」の直伝であるとしている．なかには，薄切の生肉にわさび醤油をつける食べ方もみられる．これらのことから牛鍋，あるいはすきやきは，牛肉を薄切りにし，みりん，醤油，味噌などで味付けしたものが一般的で，ねぎを添えて食べるものであったが，次第にいろいろな野菜を入れるようになったとみられる．

●**家庭料理としてのすきやき**　牛鍋店を利用した人々は，商人，車夫，儒者など男性のほかに娼妓や茶店娘などの女性客もあったが，まだ家族で訪れるほどではなかった．すきやきが家庭料理として少しずつくられるようになるのは，大正期から昭和にかけてのことであるが，日常のものではなくハレの食であった．大正期から昭和初期に主婦であった人への聞き書き資料によれば，その頃には「すきやき」の言葉は，全国に普及している．しかし，食材は牛肉とは限らず，鶏肉，兎肉，馬肉，鯨肉のほか，はも，さば，ぶりのすき焼きもみられた．特に，鶏のすきやきは，関西では「かしわのすきやき」として，大阪，滋賀，京都，兵庫，奈良などに広くみられた．それらはいずれも祭りなど特別な日に食べられる．特に，関西のすきやきは，鶏肉（かしわ）など牛肉以外の肉を使うことも多いが，牛肉のすきやきは，牛脂を溶かし，肉を入れ砂糖を入れて炒め，醤油を加えて，ねぎや青菜，ごぼう，大根，じゃがいも，こんにゃく，焼き麩などを入れる．牛肉のすき焼きの場合は，神棚のない炊事場の板の間や縁側で調理するとあり，肉を食べると穢れるとする考え方が残っていたようである．

　一方，この時期の東京や東日本では，牛肉に焼き豆腐，糸こんにゃく，白菜などを加えて，醤油，みりん，かつおだしの割り下で味付けし，溶き卵で食べる現在の方法に加え，東京の家庭でも，鍋に牛脂を溶かし，焼き豆腐，糸こんにゃく，ねぎをおき湯を注ぎ砂糖，醤油，みりん，酒を入れて煮る方法もみられる．家庭でやりやすい方法がとられていたようである．当時は，関東でも関西でもすきやきはご馳走であった．すきやきが日常的に食べられるようになるのは，戦後の高度経済成長期以降であろう．

［江原絢子］

天ぷら

　現在の天ぷらは，魚介類に小麦粉を水と卵で溶いた衣をつけて油で揚げたものをさすことが多いが，関西では，魚介類のすり身を揚げたさつま揚げを天ぷらと称すところもあり，その語源や内容については，諸説がある．

●**天ぷらの語源**　よく知られているのは，山東京山の随筆『蜘蛛の糸巻』（弘化3〈1846〉）である．天明の初め，ある大坂者が，上方にあったつけ揚げを真似て江戸で売り出した際に京山の兄京伝が「天麩羅」と名づけたという説である．しかし，天ぷらの言葉は，それ以前から使われているので，信頼できる説とはいえない．また，人口に膾炙している天ぷらの話題としては，徳川家康の死因が天ぷらを食べ過ぎた結果との話がある．徳川幕府が編集した歴史書『徳川実紀』によると，元和2（1616）年1月21日に，京坂で流行していた鯛をかやの油で揚げ，その上に薤（らっきょうまたはおおにら）をすりかけた料理を命じてつくらせ，食した夜から腹をこわしたと記されている．一度は快方に向かったようだが，その後悪化して，4月17日に没している．ここでは「揚げ物」とあり，天ぷらの言葉は使われていない．調理法からみて，から揚げのように思われる．

　さらに，最も有力とされる説は，ポルトガル語のtemporaからきているとするものである．temporaとは，精進の日と同様の日のことで，ヨーロッパでは，四季の変わり目の月である3月，6月，9月，12月の初めの水，金，土曜日，牛肉を食べない代わりに魚と野菜を食べたという．これが長崎天ぷらの由来であるというものである．長崎天ぷらは，小麦粉と卵に砂糖，塩などで調味して衣をつくるが，その衣は厚く菓子のようだったという（越中哲也『長崎学・続々食の文化史』）．

●**江戸時代の天ぷら**　江戸時代初期，寛文9（1669）年刊の食物本草書『料理食道記』の冬の献立に「てんふら」があり，「小鳥たたきて，かまくらえび，くるみ，くずたまり」とその材料がみられる．そのつくり方は明確ではないが，小鳥をたたくとあるので，すり身を揚げたものと考えられる．また，料理書にも多くはないが天ぷらへの言及がある．『歌仙の組糸』（寛延元〈1748〉）には，3種類の天ぷらが簡単に記されている．まず一つは，どんな魚でも小麦粉をまぶして揚げたもの，また一つは，小麦粉を水と醤油で溶いたものを衣として牛蒡，蓮根などを揚げるもの．さらにくず粉を衣にして揚げたもので，小麦とくず粉はから揚げ的な料理と思われる．

　また，宝暦年間（1751-63）に刊行されたとされる『当流料理献立抄』の「てんぷら」とは，「魚のすり身を油で揚げ，だしじょうゆ，ねぎ，おろし大根で食べるものをいうが，今（この本発行時）は小麦粉をまぶして衣掛けにして油で揚げ，

糞にする」ものと説明している．さらに，『料理早指南』（享和元〈1801〉）の「てんふら」の頁には，くずの粉をつけて揚げるものもみられるが，身をくずし，骨ともに混ぜて叩き丸めて油で揚げるものもある．このことから，天ぷらには，すり身を揚げたもの，小麦または片栗粉などでんぷんをつけて揚げたもの，さらに小麦粉を軟らかく溶いて衣として揚げたものがあったと考えられる．

一方，衣の側からみると，粉類をそのままつけて揚げる方法と粉に水分を加えて衣として揚げる2通りの方法があった．なお，から揚げの呼称は，『普茶料理抄』（明和9〈1772〉）に唐揚として，豆腐を小さく切ってそのまま揚げ，醤油，酒で煮たものとして紹介されている．

天保8（1837）年から約30年かけてまとめられた江戸，京坂の生活文化の比較を描いた喜田川守貞『守貞謾稿』では，京坂の天ぷらは，半平の油揚げをいうのに対し，江戸の天ぷらは，あなご，芝えび，こはだ，貝の柱，するめなど魚介類を材料とし，小麦粉をゆるく溶き，これを衣として油で揚げたものと説明している．なお，蔬菜の油揚げは天ぷらとはいわず，揚げ物と称している．幕末の天ぷらは，東西で異なっており，それは現代に引き継がれているといえよう．

江戸の天ぷらは，屋体見世とよばれた店で売られ，自宅がある場合でも，必ず家の前に置き，そこで売ったという．山東京伝『江戸春一夜千両』（天明6〈1786〉）などの黄表紙や錦絵などに描かれた天ぷら店は，いずれも屋体見世である（図1）．そこでは，丁稚が4文の天ぷらを求める話があり，安価な食べ物であったようである．

図1　天ぷらや［山東京伝著・北尾政演画『江戸春一夜千両』天明6年（1786）より，出典：『山東京傳全集 黄表紙1』第1巻，ペリカン社，1992］

●明治以降の天ぷら　平出鏗二郎『東京風俗誌』（明治32〈1899〉）には，天ぷら店は多いが，おおむね安料理を兼ねているとあり，普通は，飯に天ぷらを添える天麩羅御膳か丼飯に天ぷらを煮て混ぜた天丼のかたちで供されたと説明している．

大正期から昭和初期頃には，大阪でも「お座敷天ぷら」として，小麦粉，卵，水を加えた衣で魚介類やさつまいも，なすなどを揚げ，だしに，みりん，醤油を合わせた天ぷらを食べるようになっており，家庭にも普及した．一方，熊本，愛媛，宮崎などではすり身を揚げた「天ぷら」が，祭りなどハレの食のために用意される．このように，近代以降は，小麦粉に水分を加えた衣のある天ぷらが主流となっていくが，すり身の天ぷらも西日本を中心に今も継承されている．　　［江原絢子］

丼もの

　丼もの（丼，丼飯）とは，丼鉢の飯の上に，さまざまな具をのせた料理である．外食文化が発展し始めた江戸時代．寛文年間（1661-73）の江戸では，盛切りのめし・そば切り・うどんなどを売るけんどん屋という外食店が人気を集めていた．そもそも「けんどん」の由来は，当時けんどん屋を切り盛りしていた仁右衛門という人物が，客に対して無愛想でいて，「突慳貪」だったとするところからきているともいう．けんどん屋で使われていた盛切り一杯の器「けんどん振りの鉢」は，後に「どんぶり鉢」と略され，現在の「丼」茶碗の原型となった．

図1　丼

　清水桂一によれば，「丼」という字は，「井戸のなかに小石を一つ落とすとドンブリと音がするということから」あてられたものである．天明年間には携帯用の鼻紙袋，さらには職人の腹掛や胴巻についているかくし（小銭入れ）などの入れ物（容器）も「どんぶり」とよばれており，「丼勘定」という言葉は，ここからきている．また，朝鮮半島由来の器であるという説や，中国地方では130～140石の商人船をさしていたとする説など，言葉の解釈に幅があるのも特徴といえる．

●丼ものいろいろ　江戸時代の丼ものとして特筆すべきは，やはり鰻丼だろう．鰻丼誕生には，中村座の金主をしていた大久保今助が，故郷の水戸に帰る際，船出に慌てて，鰻を飯の上にのせてもらったのがきっかけという説と，芝居小屋で仕事中に注文した鰻を，冷めないように飯に挟んで届けさせていたという説がある．また，竹製の割り箸は鰻丼と同時期に発生したといわれ，以後この組合せが一般的となった．またこの頃には，一膳飯屋などの手軽な飲食店「店屋」でつくられたものを「店屋物」とよぶようになり，鰻丼もまた「店屋物」の定番メニューとしての座を得ることとなる．喜多川守貞の『守貞謾稿』の「鰻飯，京坂にて，まぶし，江戸にて，どんぶりと云ふ．鰻丼飯の略なり」という関東と関西の呼称の違いを指摘する記述からは，江戸時代には「丼」という名称そのものが鰻丼をさしていたと推察できる．

　やがて近代を迎え，明治20年代頃には，鶏肉と鶏卵をとじる親子丼や，牛丼の原型にあたる牛飯（カメチャブ）が誕生する．雑誌『国民之友』には，「牛めしというものは，東京にはある．京阪にはない」という興味深い記述もある．また同じ頃に，天丼，親子丼，卵丼，木の葉丼，雉子焼丼，龍田丼，牛丼，鰻丼，三色丼，鉄火丼を十

鰻丼　　　　　かつ丼　　　　　牛丼　　　　ロコモコ丼

図1　いろいろな丼もの

大丼と称する動きもあったとされ，大正から昭和にかけての時期に，「丼」が広く浸透し始めていたことがうかがえる．大正期には早稲田高等学院（現早稲田大学）界隈で，ヨーロッパ軒主人高畑増太郎がソースカツ丼（大正2〈1913〉）を，また当時在学生だった中西敬二郎が，行きつけのカフェでグレービーソースをかけたかつ丼（大正9〈1920〉）を，さらにそば屋の三朝庵が親子丼と組み合わせ，卵でとじたかつ丼（大正7〈1918〉）を考案するなど，種々のかつ丼も発祥をみせ，現在の定番「丼」メニューが，徐々に定着していくことになる．しかし当時の料理書をみると，「親子丼」や「天丼」は，明治の終わり頃から紹介されている一方で，「かつ丼」は登場しない．「かつ丼」は家庭料理というより，外食としてのイメージが強かったのだろう．また『西洋料理の正しい食べ方』（大正11〈1922〉）によれば，上品な婦人令嬢，老人や子どもには，「丼」は量が多いため，匙（スプーン）や散蓮華（レンゲ），茶碗，かいしきを使用し，取り分けて食べることが，つつましい方法であるとして勧めている．「丼」が老若男女問わず好まれるメニューとして定着し始める様子を示していると考えられる．

●「丼」の国際化　現在の「丼」文化を象徴するのは，安価でいて手軽に提供される牛丼であろう．牛丼の吉野家のホームページによれば，明治32（1899）年，創業者の松田栄吉が，魚河岸のあった日本橋室町で，牛肉と豆腐，野菜を一緒に煮込み，飯にかけて提供する「牛鍋ぶっかけ」を売り出したとある．昭和50（1975）年には，アメリカのデンバーにて，「YOSHINOYA」1号店を開店．牛丼を「ビーフボウル」として売り出した．一方，ハワイでは，昭和24（1949）年頃，日系人のナンシー・イノウエによって，ハンバーグと目玉焼きを飯の上にのせ，グレービーソースをかけたロコモコ丼が生まれた．当時すでにロコモコ丼とよんでいたかは定かではないが，お腹を空かせた学生たちの間で，その手軽さと安さが受け，大人気になったという．また，昨今のロンドンでも，「donburi meal」として，「katsu don」「oyako don」「ten don」などが，日本食レストランの人気メニューとなっている．また2000年頃から，「丼」を「ライスボウル」や「ドンブリ・ディッシュ」と称し，海外に向けてさまざまなレシピを紹介する日本人の料理書執筆者も登場している．国籍を超えた料理としての面白さにも，「丼」の魅力があるといえよう．

［東四柳祥子］

吸物・味噌汁

　汁は，時代や料理としての位置づけの違いにより「汁」「羹」「吸物」など異なる名称でよばれていた．平安時代の施行細則『延喜式』（延長5〈927〉）には，羹料と汁料が記されていて，小豆，酒，醬，味噌，塩などが支給されたという記録が残っている．また，鎌倉時代の辞書『塵袋』には，「アツモノはあつく煮たるもの」と書かれている．江戸後期の随筆『燕石雑志』（文化8〈1811〉）には「飯と共に供すもの」とも記されている．このことから，汁のなかでも熱いものを区別して「羹」とよび，飯とともに供する汁としていたと考えられる．

　さらに，室町時代に成立した武家の供応食には，汁・羹に加えて「吸物」の名称も現れた．例えば，本膳とよばれる膳を中心に，2～6種類の膳を配置する本膳料理では，膳ごとに汁が供された．また，本膳料理の前には通常，酒の儀礼があり，膳部の後にも酒宴がある．いずれも酒と各種の酒肴が供され，なかでも吸物が酒肴の代表であった．なお，汁・吸物ともに味噌とすまし（味噌を溶いた湯を濾したもの）の両方があった．

●**料理書の中の汁・吸物**　近世，特に江戸時代には多くの料理書が出版されていた．その中では，汁の部と吸物の部が別立てとなっている．汁，吸物ともに決まった食材や味があるわけではないが，前述のとおり，料理の位置づけとして，汁は飯に，吸物は酒肴として供するものだった．それは江戸時代の代表的な料理書『料理物語』（寛永20〈1643〉）の掲載においてもすでに分かれている．別の料理書における吸物の説明もみてみよう．例えば『料理網目調味抄』（享保15〈1730〉）には「吸物ハ大概二三の汁のかろき物を四季ともにあつく椀の中にきれいに塩梅を専にすへしだし鼓醬仕立色々」とあり，吸物の方が味がかるいと記されている．また『袱紗料理塩梅切方の大概』には，「食事終わりて吸物出る也．吸物に手の付候時，酒と杯を一度に出す也」とあり，食事が終了して酒宴へ変わるときに，酒とともに吸物が出されると説明している．

●**ハレの食の吸物**　婚礼などハレの儀礼食に供される吸物をみてみよう．『貞丈雑記』（天保14〈1843〉）には「吸物肴など出たして，盃を出すには一こん也，次にまた吸物にても肴にても出だして，盃を出す是二こん也．何こんも如此也」と，式三献（食事の前の酒の儀礼）のなかにたびたび吸物が登場している．また庶民の婚礼においても，吸物は酒の儀礼として供されている．岐阜県の大前家，安政4（1857）年の事例では「初献　吸物・三ツ丼，二献　吸物・広ふた・鉢，三献　吸物・指味・水の物」とあるように，一献一献が吸物で区切られている場合もみられる．香川県の婚礼においても「三宝，座付，吸物（こんふぞうに）吸物，硯蓋，

指身,茶碗,大はち」と,酒の儀礼の際に吸物が供されている事例がある.なお,農家の婚礼でも酒肴の一つとして定着し,吸物,酒肴,吸物,酒肴といったように,酒宴の区切りとして扱われていたようである.

さらに,愛知県の古橋家(安政5〈1858〉)の記録では,酒宴において「吸物,蓋物,吸物,硯蓋,吸物,鉢,吸物,味噌瓶,吸物,大鉢,水物」というように,酒肴の合間に吸物が出されている.これは,口をすすぐ,または口直しとしての役割を果たしていたと考えられる(増田真祐美・江原絢子「婚礼献立にみる山間地域の食事形態の変遷」『日本調理科学会誌』).

なお,『魚類精進早見献立帳』(天保5〈1834〉)では,献立中に数字を入れたものを「菜」として示している(図1).吸物は菜ではなく,酒肴に位置づけられている.

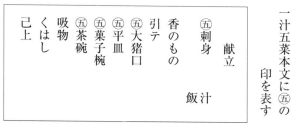

図1 献立.『魚類精進早見献立帳』より

明治時代以降,すまし吸物がハレの食に供されるようになった.ここで,吸物の位置づけが変わり,食事や酒肴のみならず,飯に添えられる場合でも吸物とよぶようになり,次第に「すまし汁」とされるようになった.

●ケの食の汁　一方で,日常(ケ)の食に供される汁もある.例えば,味噌汁である.味噌は,醤油よりも各家でつくりやすかったためでもある(項目「味噌・醤油」参照).日常食は,一汁一菜または二菜が多く,汁も重要な副食であるため,実をたっぷりと入れ,やや濃い目につくられることが多かった.

幕末の風俗書『守貞謾稿』では,商人や奉公人たちの食事は質素で「朝は飯に味噌汁,昼は冷や飯と野菜か魚の一品,夕は茶漬けの香の物」だったとしている.また,地域によっては味噌汁は「おみをつけ」とよばれるとある.

味噌汁は,飯を中心に菜と香の物がつく基本的な食事構成の一つとして供されてきた(項目「香の物」参照).それは明治時代以降も続いた.日常の食事(特に朝食)には味噌汁を供することが定着している.明治期から大正期の主婦を対象とした食生活の聞き書きには,味噌汁は冷飯を使い切るためにおじやや雑炊に使った,とある.また地域によってはうどんやすいとんの味付けにした,ともある.その残りは,また翌日の朝食に回してやり繰りしていた.　　　　　　　　　　　　[増田真祐美]

香の物

　香の物は，漬物と同義である．記録をさかのぼれば，江戸後期の有職故実書『貞丈雑記』(ていじょうざっき)（天保14〈1843〉）にはこうある．「香の物は味噌漬けを本とする也　味噌の事は古は香と云い　味噌につけた物故香の物と云ふ　味噌はにをひ高き物ゆへ異名を香ともいひしなり」と．同時代の風俗書『守貞謾稿』(もりさだまんこう)にも前述の説明に加え，「今製は惣じて蔬菜を塩あるひは味噌，あるひは酒粕に漬けたるを云ふなり」とあることから，味噌漬けに限らず今日の漬物と同じものであったといえる．

　また漬物を香の物と称するのは，いろいろな香りを嗅ぎ分ける聞香(もんこう)において，漬物を用いて香の判別をしたからという説もある．聞香では，味覚や嗅覚を一新するために，大根の糠漬(ぬか)けや塩漬けが使われ，その大根を香の物とよんでいた．漬物は茶道や香道ともつながりがあった．また，懐石料理では沢庵1種類もしくは沢庵にそれぞれ季節の漬物を1, 2種添える．この香の物は，湯漬けの飯や湯の子を残さないように食べるためと，使用したお椀をすすぐ役割があるため，1種類は形がしっかりしたものを入れた．

● **香の物・漬物の歴史**　「漬物」という記載は，木簡の資料からも見つかっており，「津毛」と記されている場合もある．天平年間の木簡には，瓜や青菜などの塩漬けについて記したものなどがある．また，平安時代の施行細則『延喜式』(えづしき)には，醤漬(ひしほ)け，未醤漬け（未生漬け），荏裏，粕漬け，酢漬け，酢粕漬け，甘漬け，須須保利(すすほり)などさまざまな漬物が登場するし，天平2（758）年の『後金剛般若経食物用帳』にも漬茄子の記載がみられる．『日葡辞書』(にっぽ)（慶長8〈1603〉）では香の物について「日本で保存食としてつくられる大根の塩漬」と書かれていることから，これらに大根が多用されていたことがうかがえる．

　『本朝食鑑』（元禄10〈1697〉）には次のような説明がある．「膳に一飯一汁だけで魚菜に肴がないとき，香の物で食の佐とする．あるいは，餅粥，強飯，奈良茶等の類を喫する場合にも香の物を佐とし，煎茶を飲むときにも佐とする」（人見必大著，島田勇雄訳注『本朝食鑑 1』）．このように食事の一助としてだけでなく，粥やお茶の際にも漬物が添えられたことがわかる．なお，香の物としては，粕漬け，甘酒漬け，味噌漬け，糠漬け，塩漬け，甘漬け，浅漬け，百本漬けなどさまざまな種類が紹介されている．また農書や日記の中にも日常食として飯，汁，香の物があがっていて，やはり重要な存在だったことがわかる．

　江戸時代初期以降，米の精白利用が盛んになった．そこから産出される糠を利用して糠漬けもつくられるようになった．漬物問屋小田原の主人が著した『四季

表1 地域の漬物例

青森県	梅干し	富山県	山菜の塩漬け
岩手県	金婚漬け	石川県	らっきょう漬け
秋田県	いぶりがっこ	和歌山県	梅干し
山形県	青菜(せいさい)漬け,ふすべ漬け	京都府	日野菜漬け,千枚漬け,すぐき
栃木県	たまり漬け	奈良県	奈良漬け
千葉県	鉄砲漬け	鳥取県	らっきょう漬け,浜漬け
神奈川県	梅干し	岡山県	ひるぜん漬け
長野県	すんき漬け,野沢菜	山口県	寒漬,秋芳漬け
岐阜県	沢庵,赤かぶ,飛騨一本漬け	広島県	広島菜漬け,甲南漬け
愛知県	はりはり漬け,守口漬け	福岡県	おきうと
三重県	羊羹漬け,伊勢沢庵	佐賀県	高菜漬け
静岡県	わさび漬け	熊本県	辛子蓮根,高菜漬け
山梨県	甲州小梅漬け	鹿児島県	つぼ漬け
福井県	花らっきょう	沖縄県	パパイヤ漬け

[石毛直道他編『日本の郷土料理』ぎょうせい,1986-より作成]

漬物塩嘉言』(天保7〈1836〉)には,64種類の漬物が紹介されている.その中の沢庵漬けは,大根のよきものを選び,土を洗い,14〜20日乾し,小じわができたのを見計らって漬ける,とある.4斗(72ℓ)樽の古いものを用い,大根50〜100本に粉糠7升(12.6ℓ),塩3升(5.4ℓ)の配合だと記されている.また沢庵漬けは歳暮や正月そのほかの進物にも使われたし,沢庵を漬けること自体が毎年の恒例行事になっていた事例もある.日常食のみならず儀礼食,常備食,お茶請けなどに重宝されていたようである.

●香の物の呼称いろいろ 江戸時代には,香の物・漬物がほぼ同義でよばれていたとことは前述のとおりだが,ほかにも新香や古香などの呼称もある.新香は,旬の野菜の香りを大切にする浅漬けである.季節ごとに新しく漬けるものをお新香とよぶ場合もある.一方,古香は,いつでも簡単に食べられるようにまとまった量をつくる.つまり保存食である.ただし,沢庵など日常的に食べる漬物も「こうこう」とよぶ場合もある.本膳料理など儀礼食の献立では,香の物と記載されていることが多いが,日常食の一汁一菜ないしは二菜では,お新香もしくはお古香が添えられる.漬物は上流階層から庶民,ハレからケの食事すべてにおいて,欠かせないものであった.

●漬物の地域性 漬物には,各地域の産物として,さまざまな地域特有の工夫がなされた.特に冬の間,雪に閉ざされ,野菜類がほとんど得られなくなる地域では,その傾向が顕著である.気候を生かしたその土地ならではの漬物がある.例えば,通常は塩で漬けることで保存性を高めるが,塩ではなく味噌や醤油,酢などで漬けるもの,酒粕,麹を加えるなどさまざまである.副材料によっても多様になる.また,貴重な塩を使用せず乳酸発酵する長野県木曽地域のすんき漬けなどもある.それぞれの地域の漬物を表1に示す.

[増田真祐美]

酒・肴

　日本酒の起源は，中国の江南地方で先史時代に生まれた米麹の酒であるという．殷・周の古代王朝時代に次ぐ春秋戦国時代（前722-前221）に，江南地方から渡来した人々によって，稲作農耕儀礼とともに伝えられたという説がある．記録をさかのぼれば，宮中の酒として『延喜式』（延長〈927〉）の「造酒司」の項に酒造りの記述がある．鎌倉時代には，商品取引の市が広がり，幕府や寺院から認可された酒屋が酒造にあたった．室町時代に酒屋が増えると，酒屋にかける税が重要な財源となった．

　室町時代には，絹篩で濾した諸白（蒸し米と麹米の双方に精白した米を使う澄んだ清酒）造り，三段仕込みなど新しい技術の開発が進められた．また冬に醸造した夏酒の腐敗を防止する「火入れ」という技術も発達していった．このほか，後述するように，江戸時代には下りものの灘の酒が飲まれた．これを運ぶ廻船制度が整ったために，江戸でも町人まで飲酒になじむことができるようになった．

　一方，『徳川実記』や『御触書寛保集成』などには，「風害による江戸市中の米不足により，酒造量は五分の一に制限」（元禄9〈1696〉），「米不足により酒造量を制限，古くからの専業者は三分の一とする」（元禄15〈1702〉）などの記載があるように，米不足や飢饉の際は，たびたび酒造に制限がかけられた．そして明治期以降，全国清酒品評会の発足（明治40〈1907〉）によって全国的に酒造技術が広がった．

●灘の酒の歴史　灘の酒については，室町時代中期の『尺素往来』（一条兼良）に，「兵庫・西宮の旨酒」という記録がみられる．しかし，灘の酒（生一本）が発展したのは，江戸時代のことである．そもそも，江戸時代の初期は，水に恵まれ交通の便も良かった伊丹・池田などの上方地域が江戸市場に向けた酒造地域として栄えていた．その折，灘は新たな精米や寒仕込みなどの技術を開発し，優良酒づくりに取り組んでいた．そして，内陸の伊丹・池田では，港まで馬に酒樽を運ばせる陸送の必要があったが，大阪湾に面した灘地域は大量の酒を樽廻船で運ぶことができ，江戸へ輸送するにも数日早いという優位にも立てたのである．

　江戸時代中期，特に元禄から享保にかけて酒蔵が増え，享保9（1724）年には，灘には55軒の蔵元があった．米の石高によって造酒量の制限があったが，寛政の頃に幕府が制限を解除したため，生産量が飛躍的に伸び，江戸における灘の酒のシェアも広がっていった．風俗書『守貞謾稿』（嘉永6〈1853〉）には，「伊丹，池田，灘等により江戸に漕す酒を下り酒と云，天保府命前下り酒の樽数大概八九十万樽，天保以来非官許の遊里を没し又市中も昌ならざるが故に其費自ら減じ，今は四五十万樽にて江戸中飲用に足る．又別に江戸近国近郷にて醸す物を地

廻り酒とす．此大略十万樽と聞く」とある．灘の酒造業は江戸における絶対的な市場を占めるまでに発達していたことがわかる．

●**酒の肴** 肴は「酒菜」と書かれた時代もある．酒とともに食するおかずのことである．平安時代から室町時代までは，部下を酒宴（よえん）に招く際に出す衣類や刀，鎧兜（かぶと）などの武器などの引き出物，歌や舞をさしていたこともあるが，全般的には食品をさしている．時代をさかのぼれば，肴を食品とする記録がみられるのは，奈良時代から平安時代にかけてのことで，魚介類の干物（乾物／からもの）が主体であった．『延喜式』には次のような記録がある．平安京の市に干物の専門店があり，干鳥（ほしどり），楚割（すりわり）（魚肉を細長く切って干した保存食．削って食す），蒸鮑，焼蛸（やきたこ），干鯛（ほしだい）のほか多くの魚介類の干物が売られていたという．これらは宮廷には欠かせないものだったが，塩，味噌，醤物の方が肴としてよく出されていた．また，『大和物語』（平安中期）にも塩を肴に酒を飲むという記載がある．それが，鎌倉時代から室町時代になると，干物は少しずつ減り，魚や鳥の焼物，煮物などに変わっていく．例えば，法隆寺史料『嘉元記』には，1351年の同寺の酒肴として枝豆，竹の子，麩の煮物，うどん，そうめんが出された記載がある．

室町時代には本膳料理の形式が取り入れられていた．本膳料理の前に出される酒の儀礼の酒肴には，干物の巻スルメや鮑，梅干し，雑煮，昆布，数の子，吸物などが用いられており，式三献（しきさんこん）のような儀礼的な役割を果たす代表的な酒肴として定着した．本膳料理の後の酒宴や食事の間に供される中酒には，硯蓋，台物，鉢，や丼など食器の名前で献立が書かれていることが多い．酒肴は全体盛りを取り分ける小皿として供されている．例えば，同じ皿に並べられたかまぼこや麩，はじかみ，卵などの料理を取り分けるものであり，江戸時代でもこの形態が続いた．また，地方の豪農の婚礼の酒宴にも，鉢，硯蓋，三つ丼などという名称で，煮物やすしなどが供されている．しかし，江戸後期から明治期にかけて，婚礼の酒宴の肴は次第に，全体盛りから銘々盛りになっていった．

また，酒宴中心の会席料理が料理屋などで成立した．酒を楽しむための酒肴となる吸物，煮物，焼き物などが，銘々盛りでしかも順次供される形式である．この最後には，飯や味噌汁，香の物などが供される．この流れは，現在の料理屋だけでなく，家庭でも供応食（もてなしの料理）としても定着している．

●**お通しと突出し** 客を通してすぐ酒とともに出せる前菜のようなものをお通し，または突出し，おつまみなどとよぶ．時間をかけずにとりあえず出せるものであり，少量を猪口（ちょく）などに入れて出す．会席料理では，先付けとなっていたり，献立内に含まれていることもある．関東では「通し物」，関西では「突出し」とよぶことが多いようだが，境界地域ははっきりしていない．前述したような儀礼食（特に酒宴）の料理を酒肴とし，お通しや突出し，おつまみは日常的な酒肴として，今日まで続いている．

［増田真祐美］

米の飯

　米の飯は，米に水を加えて汁気が残らないように炊く，あるいは蒸す食品である．一般には飯（めし，いい，はん，まんま），丁寧語では御飯（ごはん）とよぶほか，いずれも食事の別名としても用いられる．

●**主食としての米の飯**　縄文時代後半に水稲耕作が伝来し，弥生時代には各地に広まり米食が始まった．弥生時代には焼米や土器で粥状に炊いて食べ，7世紀になると甑（こしき）を用いて蒸した強飯（こわいい）も主に食べるようになった．そして，稲作の発達とともに米食が定着すると，量の多少にかかわらず米を中心とする主食と穀類以外の動植物性食品を副食とする食事のかたちができあがり，主食と副食に分化することになった．また，米が貯蔵性の高い穀物であることから，律令国家の成立以降，永らく税や貨幣同等として扱われるようになり，生産が奨励され，最も重視される食料となった．また，戦国時代や江戸時代には石高制（こくだか）に代表されるように，米の生産量は土地の経済的価値を表し，勢力や身分秩序を示す指標として使われていた．

●**米の飯の歴史**　奈良時代には，貴族は白米の強飯，汁粥や固粥（かたがゆ）（水分を少なめにした固めの粥）を食べ，平安時代には固粥を姫飯（ひめいい）とよんで食べていた．鎌倉時代の武士は玄米の強飯を，庶民は糅飯（かてめし）や麦飯を主食とし，雑炊や粥にして食べた．室町時代には，農業生産が増大し，武士や庶民の間でも姫飯を食べるようになり，米を食べる習慣が徐々に庶民にも広まった．また，室町時代に成立した本膳料理は，本膳とよぶ飯・汁・菜・香の物（漬物）を並べる膳を中心に，複数の膳が配置される料理形式である（項目「吸物，味噌汁」参照）．また，茶の湯の発展に伴い定着した懐石料理も，飯・汁・菜・漬物を食事の構成要素の基本とする点が共通する．饗応食における飯・汁・菜・漬物を銘々に配膳する形式が日常食にも定着し，伝統的な日常食のかたちとして継承されてきた．

　江戸時代には，都市では年貢米が販売され，白米が食べられたため，脚気（かっけ）が流行し，特に江戸に多かったので「江戸患い」といわれたほどだった．一方，農民は収穫の半分以上を年貢として納めなければならず，日常的には麦飯や糅飯を食べた．主食の食べ方には，身分や経済力

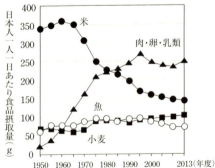

図1　米類，小麦，魚介類，肉・卵・乳類の日本人一人一日あたりの摂取量の推移［厚生労働省『国民健康・栄養調査報告』より作成］

表1 大正末から昭和初期の全国各地の糅飯

道府県名	名　称	道府県名	名　称
北海道	うずら豆入りいなきび飯	三重県	ほぶら飯
青森県	ひえ飯・あわ飯	滋賀県	ぬかごはん
宮城県	小豆飯・ひじき飯・しらす飯・栗飯	京都府	くき飯・おし菜飯
山形県	大根飯・大根菜飯	大阪府	えんどうごはん・栗ごはん・赤ごはん
福島県	おっかけまんま・かけ菜飯	兵庫県	豆ごはん・小豆ごはん・大豆ごはん
埼玉県	いも飯・小豆飯	和歌山県	切干し飯・ささげ飯・菜飯
千葉県	豆茶の子	島根県	漬け菜飯・おけじゃ飯
神奈川県	小豆飯・おばく	岡山県	むかご飯
新潟県	さつまいも飯・大根飯・大根菜飯	山口県	ひじき飯・りょうほ飯
富山県	おからまま	徳島県	茶ごめ・小豆飯・菜飯
石川県	えんどまま	香川県	茶米飯・そらまめ飯・菜飯
福井県	あえもん飯	高知県	湯どおし飯
山梨県	かぼちゃ飯・大根飯・菜飯	佐賀県	かんころ飯
岐阜県	ひえ入り小豆飯	熊本県	高菜飯
静岡県	とう菜漬ごはん・里芋飯・豆ごはん	宮崎県	三穀飯・小豆飯
愛知県	茶飯・実えんどうごはん・えんどう・菜飯	鹿児島県	いも入りあわ飯
		沖縄県	あわごはん

[『聞き書　ふるさとの家庭料理』（第2巻　混ぜごはん　かてめし）農文協，2003より作成]

による格差と多様性，地域性があった．

　明治時代には西洋の食品や料理が上流社会で取り入れられ，大正時代には一般家庭にも広まり始めたが，パンやパスタ類は主食として利用するほど普及しなかった．一方，農山漁村では米を節約するため，麦飯や糅飯などを工夫して食べ自給自足に努めた．第二次世界大戦中には，全国一律に配給制度が実施され，これまで稲作ができず米を食べていなかった地域にも米が配給されることになり，戦後日本全国に白米食が普及するきっかけとなった．しかし，その配給も戦況の悪化により削減，遅配，欠配となり，代用食が工夫された．

　戦後，農山漁村では自給自足が崩れ，高度経済成長による現金収入の増加に伴い，肉類や卵類，乳類および大量生産された加工食品が，都市のみならず地方においても日常の食生活に利用されるようになった．米を生産する農家でもおかず（副食）の比率が高くなり，主食もパンやパスタ，ラーメンなどの摂取が増加した（図1）．その結果，昭和40年頃から米の摂取量は減少し，米の飯＝主食というイメージは薄らいでいる．しかしながら，握り飯をはじめ，米の飯は多くの日本人に好まれる主食である．

●糅飯　米を節約するために，雑穀や豆，大根，海藻などたくさんの具材を，少量の米に混ぜて炊き込んだ飯を糅飯という．季節の食材を取り合わせ，味の調和をはかり，米に不足するビタミンやミネラル，食物繊維を補い，おかずを別につくる手間もいらない，現在の炊込みご飯の原型である．糅飯は，貧しい食とイメージしがちであるが，健康食として見直されており，具材によっては御馳走にもなる．各地域の食の知恵と工夫が詰め込まれているのだ（表1）．　　　　［中澤弥子］

おかず

　おかず（御数）とは，主食に付け合わせる副食物をさす．数種類の副食物を取り合わせることから，「おかず」とよばれるようになった．もともとは宮中の女房言葉であり，女房の仲間内で用いられた呼び名である．語の頭に「お」をつけて丁寧さを表したのだ．

●**食材と調理法の発達**　日本において主食と副食（おかず）を分ける食事スタイルが明確になったのは古墳時代であり，米，麦，粟（あわ），稗（ひえ）などの穀類を主食とし，野菜や魚介類を調理したものを副食，すなわちおかずとする食形態が徐々に形成された．奈良時代には，大陸との交流によって唐風の料理や食習慣が広まり，野菜のおかずでは煮物，茹で物，和え物，羹（あつもの）（吸物），漬物などがつくられ，魚介類では，なます，焼き物，干物などがつくられた．天武4（675）年以降，仏教の影響により殺生・肉食禁止令が出され，その後の供応食などからは，次第に動物性食品のおかずが制限されることとなった．平安時代のおかずには，乾物が多く，生物（なまもの），干物には，簡単な加熱調理（煮る・焼く・蒸す）が行われ，食卓で調味料（酒，酢，塩，醬）を用いて好みの味をつけて食した．一方，奈良・平安時代の庶民の食事は質素であったが食物選択は比較的自由であり，おかずに獣鳥（鹿・猪・兎・雉（きじ）など）を食用とした．

　鎌倉時代は，武士が政治の実権を握り，簡素で実質的，合理的な食生活が重視され，武士の日常食のおかずには，新鮮な野菜や動物性食品が取り入れられた．さらに，禅宗を通して精進料理が伝わり，植物性食品の調理に工夫を凝らした豆腐や湯葉などのおかずが庶民にも広まり始めた．

　室町時代には，公家と武家社会の有職料理（ゆうそくりょうり）として，本膳に一汁三菜を配置する本膳料理が成立し，特に武家社会では膳の数や形式，おかず（汁と菜）の数が主従の関係や家臣の位置づけを表すこととなった．また，味噌汁が庶民に普及した．16世紀になると日明貿易や南蛮貿易によって，カボチャ，トウモロコシ，唐辛子や砂糖などの新しい食材とともに天ぷらや南蛮漬などの南蛮料理が伝わった．江戸時代には，侘び茶の食事形式として懐石料理（一汁三菜，三菜は向付・椀盛・焼き物）の食膳形式として定型化した．懐石では，折敷（おしき）（足のない膳）が用いられ，季節の旬の食材を使用し，素材の持ち味を生かした簡素な心を込めた料理が重視された．このとき，料理の温度や器物との調和，盛り付けが工夫され，日本料理の基礎となった．一方で，江戸時代には，大坂・京都・江戸の三都を中心に振り売りや，煮売りや焼き売り，屋台などの食べ物商売が繁盛し，数多くの料理本が出版され，庶民のおかずも多彩になった．さらに，本膳料理を酒宴向き

に簡略化した会席料理が料理茶屋で確立・発展し，料理技術が高度化した．

●**食の国際化・外部化とおかずの変化**

　明治時代になると，西洋の食品や料理が上流社会に取り入れられた．外食では牛鍋が流行するなど，日本人の好みに合わせて和洋折衷料理が工夫され，大正時代頃にはコロッケやカツレツなど洋風のおかずが都市部の家庭でも調理されるようになり，日常食に取り込まれていった．一方，農村の日常のおかずは，漬物と味噌汁が基本で，野菜の煮物や，焼き魚が一品加わる程度であり，自給自足が基本だった．

　昭和の戦時下では，食料事情の悪化に伴い主要食料は配給となり，おかずにも代用食が工夫された．第二次世界大戦後は，食品が大量に輸入され，食生活の洋風化が急激に進み，食品の種類も量も豊かになった．

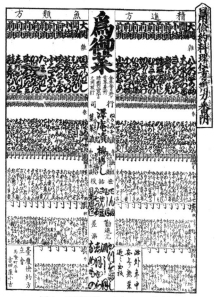

図1　江戸時代の人気おかず番付
［出典：「日用倹約料理仕方角力番付」天保頃，1830年代．所蔵：都立中央図書館特別文庫室］

　さらに1980年代半ば頃からは，食の国際化が進み，和風・洋風・中華風のおかずに加え折衷料理や多国籍料理のおかずを食べることが可能となった．また，食の外部化が進み，日常食において調理済み食品やスーパーなどで販売される惣菜などの利用が増加している．大量生産される加工食品や惣菜は，販売競争の中で多くの人に好まれるような味が目指されるため，味覚が大衆化される．その味に慣らされることにより，家庭や地域の味は薄れていく状況にある．また，飯＋おかず（汁＋菜＋漬物）という伝統的な組合せが崩れて多様化もしている．一方，動物性脂肪の摂取過剰など食にかかわる健康問題の増加に伴い，機能性食品の研究開発など，健康に配慮したおかずの選択，食情報の選択眼が重要となっている．

●**煮物**　材料を出汁あるいは水で煮て調味した料理の総称．材料の持ち味や色，鮮度に合う煮方をする．煮しめ，佃煮，炒め煮，甘露煮，味噌煮，揚げ煮など種類が多い．懐石料理では椀盛（わんもり）が煮ものにあたるメインの料理である．

●**焼き物**　直火または間接的な放射熱や金属板によって加熱した料理の総称．直火焼きには串焼き，網焼きなど，間接焼きには鉄板焼き，包み焼き，石焼きなどがある．焼き物は，材料中のうま味成分の溶出が少なく，焦げの香ばしい香りが加わる．

［中澤弥子］

おやつ

　おやつとは「昔の時刻の八つ時に当たる今の午後三時前後に食べる間食，また一般に間食のこと」とされ（『日本国語大辞典』），間食の食習慣をさす．間食の習慣については，すでに奈良時代，正倉院文書に間食，間，間用などとあり，仕丁（雑役夫），婢などに通常の食事用よりも少ない量の米が給与される例がみえる（関根真隆『奈良朝食生活の研究』）．また，平安時代の仏教説話集『日本霊異記』で稲春女，平城宮跡出土木簡で鍛冶工，『枕草子』では大工に間食が供されていることから，激しい労働や夜業の場合，食間または夜分に労働力を補強するものであったと思われる．

　現在日本人の一般的な食事回数である三食が普及したのは江戸時代といわれる．食事の回数や内容は，社会的身分や階層，労働の種類，また季節による昼夜の長さなどにより違いがあり，それに伴い間食も時間，回数，内容，呼称に違いがあった．

　呼称については，古くは間食の中古音とされるケンズイなどがあった．13世紀初頭禅宗とともにもたらされた禅林の食習慣の点心，仕事の休憩時に茶を出す風習が広まってからは，お茶，茶の子，またその時間や正式の食事との関係で，午前のコビル，朝ケンズイ，四つケンズイ，四つ茶，午後の八つ茶，七つ茶などともよばれた（柳田國男『村と学童』）．この四つ茶，八つ茶，七つ茶は，時刻の四つ（10時頃），八つ（14時頃），七つ（16時頃）前後の間食である．八つがおやつとして間食の意味で使われ始めたのは，すでに三食になっていた元禄期以降とされる．また，明治以後時刻の制度が変わり，お三時の呼称も現れた．また，その習慣には地域の違いもある．天保8（1837）年に起稿された風俗誌『守貞謾稿』には，京坂では短日の未刻（八つ時）に，「八つ茶」とよんで「茶漬飯」などの「点心」を食すが，江戸では三食のほかに食す例はないと記されている．

●**目的と飲食物**　おやつに何を飲食するかについては，年齢，職業，活動量による間食の目的，地域性，時代などによる身近な飲食物の種類，価値観など，さまざまな因子が関与する．

　目的に注目すると，身体をよく動かす職種の人にとって，おやつは消耗した労働力を補強するための腹ごしらえで，食べるものは食事の一部ともいえるものである．例えば，昭和30年頃の農家では日の長い農繁期には握り飯に漬物，団子，蒸芋などを食べた（瀬川清子『食生活の歴史』）．また，活発な子どもや若者の場合も，主な目的は同様で，活力を補給する消化の良い飲食物が選ばれる．一方，身体はさほど動かさない職種や生活の人の場合，主目的は気分転換や口なぐさみ

で，嗜好性の高い，少量の菓子などがとられる．

●**おやつの変遷** 江戸時代末期の例では，紀州藩の下級武士が江戸勤務した際の万延元（1860）年の記録に，八つ時頃，あまりの空腹にさつま芋を蒸して食べたとある（青木直己『下級武士の食日記―幕末単身赴任』）．当時さつま芋は人気のおやつで，「蒸芋売」も三都に多数あり，江戸では焼芋，京坂では明治末まで蒸芋が主流だった（図1）．

また，最後の彦根藩主井伊直憲が京都警護のため在京した慶応4-明治2（1868-69）年の日記「御在京中御膳帳」には，4日に3日の割合で昼膳と夕膳の間に「お八つ」をとった記録があり，すし，雑煮，かき餅，うどん・蕎麦，卵料理など，好物を食している（岡崎寛徳「京都における青年大名の食生活 明治元年の井伊直憲」『vesta』）．

図1　大坂堀江の権三いも
[出典：岡本良一監修『花の下影　幕末浪花のくいだおれ』清文堂出版，1986]

明治時代に入ると，前代からの焼芋・蒸芋に加え，菓子パンが登場する．また，後期には子どもの食生活に毎日のおやつが定例化し始め，育児書におやつの是非やその飲食物に関する記載がみえる．例えば，明治38（1905）年の『家庭育児　父母乃務』には，3歳以上になれば三食以外の間食は悪くないが，回数と時間を定め，適当な食品を選ぶべきで，就眠時は避け昼間1～2回，ビスケット，煎餅，カステラ，芋類，新鮮な熟した果実などを与えるよう記されている．

大正時代，子どものおやつは一般化し，都市部では大正期末から昭和初期にかけてチョコレート，ビスケット，キャラメルなどの西洋菓子が機械化生産によって普及する．中流家庭に育った作家の向田邦子（1929-81）が子ども時代の昭和10（1935）年頃，いつものおやつは衣かつぎ，新じゃが芋，さつま芋などの蒸芋のほか，ビスケット，カステラ，キャラメル，飴玉，煎餅，おこし，かりんとう，味噌パンや玉子パンなど，一番豪華なものはシュークリームや到来物のチョコレート詰合せで，第二次世界大戦が始まると「固パンと炒り大豆がせいぜい」になった，という（「お八つの交響楽」）．

戦後，高度経済成長に伴い，おやつは多様化，国際化する．昭和38（1963）年にはバナナが，昭和46（1971）年には菓子類の輸入が自由化され一般化し，また昭和40-50（1965-75）年には塩味のスナック菓子，ハンバーガーなどのファストフード，即席カップ麺なども登場する．現在一般的には，口を悦ばせるためのさまざまな菓子を主流としつつ，古来のもう一つの目的，活力を補うものとしても，いっそう多様化をみせている．

[橋爪伸子]

菓子と茶

　菓子と茶は「茶菓」,「茶菓子」などの語もあるように,ともに用いられる場合が多く,かかわり合いながら発展してきた.菓子は嗜好品としての側面ももつが,料理献立に組み込まれる場合もある.また,茶のように特定の食品名ではない.本項ではハレの食という一面に主眼を置いて述べる.

●**菓子の始まり**　例えば供物に用いられるなど,特別な扱いを受ける食べ物が社会的に認識されるようになったのは,農耕の定着により穀物の供給が安定する弥生時代以降とされる.その頃から祭礼などにも供えられた果物・木の実などの食品や,穀物を加工した餅や団子の類が,日本の菓子の原型とされている(原田信男「菓子と米試論」『和菓子』).そのうえにさまざまな外来の食文化の影響を受け,江戸時代に日本独自の菓子文化が完成する.これが一般に「和菓子」といわれるもので,幕末から明治期以降に,欧米から伝来した菓子の呼称である「洋菓子」と区別してそうよばれるようになった.

　和菓子の完成に影響を及ぼした主な外来の食文化を概観しよう.まず,飛鳥～平安時代,遣唐使により,小麦粉製の生地をいろいろな形に加工・成形した餢飳,糫餅などが伝来し,唐菓子とよばれた.寺社や宮中で祭礼・儀礼に供され,平安時代には市でも売られたが,一般的な菓子としては定着しなかった.鎌倉時代後期には,留学僧によって南宋から禅宗とともにその生活文化の喫茶習慣および点心がもたらされた.これらは変容を経て,和菓子の羊羹や饅頭へ展開する.

　戦国～安土桃山時代,キリスト教宣教師らにより,初めてヨーロッパから金平糖,有平糖などの砂糖菓子や,鶏卵と白砂糖でつくるたまご素麺,かすていら,ぼうろなど小麦粉製の焼菓子がもたらされ,南蛮菓子と総称された(図1).これらの菓子は,材料にそれまで一般的ではなかった鶏卵や砂糖などの食材や,オーブンの原形である引釜を用い,和菓子を多様化,発展させた.

●**和菓子の完成**　そして江戸時代,前述のように和菓子文化は大成する.背景には,茶湯や三都(京都・大坂・江戸)を中心とする社会経済の発展と,それを支えた都市の有力町人層の経済力などの関与も大きい.なかでも京都で17世紀後期成

図1　南蛮菓子をつくる御菓子所
[「菓子屋」,所蔵:ライデン国立民族学博物館]

立した最高級の上菓子は，白砂糖をはじめとする上質な材料と高度な技術を用い，日本の自然・文化・歴史を，意匠や菓銘に表現したもので，京菓子ともよばれて，江戸，全国の城下町へと伝播し，特権階層の饗応や茶会，贈答に使われた．

　一方，民間では輸入品で高価な白砂糖は使えず，国産の黒砂糖や飴などを用いた種々の飴菓子，おこし，煎餅などが普及し，雑菓子（駄菓子）とよばれた．また各地の主要な街道筋や寺社門前の茶店で出される餅や団子の類も，庶民の旅文化の発達，出版の盛行に伴う道中記などにより，名物として広く知られた．

●洋菓子の伝来と受容　幕末の開港以降，神奈川，長崎，箱館（函館），新潟，兵庫の開港地を通じて欧米諸国からいわゆる洋菓子がもたらされた．受容は当初一部の階層に限られていたが，パン，ビスケットの軍事食としての需要，明治以降饅頭とパンを組み合わせたあんパンの創製を契機とする菓子パンの展開，日清戦争で領有した台湾における製糖業の隆盛，キャラメル，チョコレートの機械化による大量生産などを機に，次第に民間へも普及していった．

●茶の渡来と普及　茶は中国に起源をもち，日本へ3段階の渡来を経て普及したとされている．まず最初は平安初期，永忠らの入唐帰朝僧が団茶法をもたらした．『日本後紀』の弘仁6（815）年4月15日，近江韓（唐）崎に行幸した嵯峨天皇に，永忠が茶を煎じて献じたことが記されている．唐では760年頃陸羽が著した茶の専門書『茶経』が成立し，長安では民間にも飲用が普及していたが，日本では一部の層の受容にとどまった．

　次いで建久2（1191）年，南宋より帰朝した禅僧の栄西が抹茶法をもたらし，建暦元（1211）年，日本初の茶書『喫茶養生記』を著して，その薬効と方法を説いた．茶は筑前背振山に，後に山城栂尾，宇治でも植栽され，喫茶の習慣は寺院から武家社会，民間へと浸透した．例えば茶の商品化は，14世紀中頃から現れる門前や大通りの簡素な茶店一服一銭，煎じ物売りが始まりとされる．また茶会は，14世紀初期，茶の銘柄・産地を当てる飲茶勝負・闘茶として始まり，室町時代武家儀礼の茶礼として定着し，後に茶道として展開した．

　江戸時代に入り，承応3（1654）年，明より来日した禅僧隠元が煎茶法をもたらし，宇治を中心に製茶法が発達する．同地の覆下茶園についてはすでに16世紀末イエズス会宣教師ロドリゲスの著書『日本教会史』に記載があるが，その後元文3（1738）年現在の煎茶に近い透明な黄緑色の水色をもつ蒸し製煎茶が，天保年間（1830-44）玉露が開発され，高級茶の名産地となる．しかしこのような茶が民間へ普及するのは，幕末から明治，輸出品としての増産がなされて以降である．それまでは茶の成育に適した地域で自家製した番茶を煮出して飲用し，またそれに塩を加えて茶筅で泡立てる振茶や，茶汁で米または飯を煮る茶粥など，日常の食素材としても利用された．なお，紅茶は幕末の開港以降伝来し，輸出用に生産が奨励されたが，国内での受容は昭和30年代以降であった．　　［橋爪伸子］

餅

　食品としての餅の略義は「糯米を蒸して充分粘りけの出るまで臼で搗き，丸めたり平たくのしたりしたもの」とされる（『日本国語大辞典』）．しかし「モチ」とよばれるものの中には，これに当てはまらないものも多い．材料に糯米以外の穀類を用い，また製法は粒のまま蒸すのではなく，あらかじめ粉状にしたうえでまとめて仕上げる，いわゆる団子の類に相当するものもある（宮本常一『食生活雑考』）．またその食習慣についても，地域ごとの風土や生業によって独自の特色をもつことを，柳田國男をはじめとする多くの民俗学者が報告している．このような実態を念頭におきながら，一般に「モチ」（以下，餅）と称される食べ物について，特に日本の食文化における，ハレの日の食べ物としての一面に注目してみたい．

●**餅の歴史**　餅は，古くは「モチヒ」とよばれ，「モチ」とよばれるようになったのは江戸期といわれている．また室町期以来の別称としては，女房詞のカチン，幼児詞のアモなどがある．前者は現在，餅入りのうどんの名称としても知られている．

　餅の文献における初出は，和銅6（713）年の中央官命にもとづき編述された『豊後国風土記』である．富んで奢った百姓が餅を弓矢の的にしたところ，餅が白鳥となって飛び発ち，その百姓は滅びた，などの伝説が知られる．その後の神話などでも，霊の宿るものとして餅が象徴的な扱いを受ける例が散見され，その餅を祭りの日に神に捧げ共食することにより，霊力が与えられ，幸福が得られるとして，ハレ（晴）の日の最も上位の供饌とされてきた．

　ハレの日の食は，日や季節が定まり，その食べ方やこしらえ方にそれぞれ特徴があり，時と手数のかかった珍しいものが多い．柳田國男は，家族で気楽に食べる毎日の食事が生命をつなぎ養っていくのに対し，ハレの食は神призや他所からきた人々とともに張り切った気持ちで食べる，人の悦び楽しみを深くするものであるとした．またその特別な日の例としては，正月・盆・彼岸・節句などの神を祭る行事，家々の冠婚葬祭，戦・狩・建築工事など特別の労働日，および旅をあげている（『村と學童』）．旅の道中の茶屋や宿屋における客の接待は，まさに旅で来訪した異境人へのそれであり，供される食べ物は例えば茶屋では餅や団子などのハレの日の食べ物となるのである．元旦に食べる雑煮は，武士の正式な宴会で最初の酒礼に出された酒肴を起源とする．以下，行事と旅の餅について取り上げ，もう少し具体的にみてみよう．

●**行事の餅**　年中行事は，奈良時代以降大陸文化の影響を受けて宮中を中心に行われるようになり，平安時代以降次第に確立したといわれている．その際の食べ

物も同様である．『宇多天皇御記』寛平2（890）年2月30日条に「正月十五日七草粥，三月三日桃花餅，五月五日五色粽，七月七日索麵，十月初亥餅等」と，現在にも継承される年中行事に餅の記載がある．上巳の草餅については厄祓とされ，『日本文徳天皇実録』嘉祥3（850）年に，3月3日母子草を摘んで搗き入れた餻をつくる歳事，の記述がみえる．江戸時代には主に，よもぎの草餅として受け継がれ，また女児の成長を願う雛祭りと結びつき，初上巳祝の謝礼に三枚重ねの菱餅を贈るようになる．その色は三都（京都・大坂・江戸）ともに上下が緑，中が白であった．緑色の餅は京坂ではよもぎを搗き交ぜ，江戸は青粉で染めたという．なお，京坂では2年目からは戴餅を配った（『守貞謾稿』）．また，亥の月10月の初亥の日は玄猪の節で，無病を祈り，宮中では亥の刻に大豆，小豆，ささげ，胡麻，栗，柿，糖の7種の粉で亥子餅（または玄猪）をつくった（『二中歴』）．後世には収穫祭と結びついて民間にも広まり，階層，地域などにより餅も多様化し，ぼた餅や，猪の多産にちなみ子孫繁栄の願を込めて猪子を象った餅なども用いられるようになった．

●**名物の餅** 江戸時代，街道の宿場や，参詣地の寺社門前では，茶店の名物餅があった．宿場の名物餅については，保永堂版の歌川広重「東海道五十三次」（天保4〈1833〉）に描かれた二川の柏餅，府中の安倍川餅，草津の姥が餅，大津の走井餅のほか，岩淵の栗粉餅，中山の飴の餅，日坂の蕨餅などが有名だった．

また，寺社門前の名物餅については，正保2（1645）年刊の誹諧方式の書『毛吹草』で，「諸国名物」の山城国に，北野の茶屋の粟餅，祇園の甘餅，清水坂の炙餅，大仏餅，深草の茶屋の鶉餅が記されている．このうち大仏餅については，方広寺大仏正面や，巨大な本尊の阿弥陀如来が大仏とよばれていた誓願寺の門前などに複数の店があった（『京羽二重』など），安永9（1780）年の『都名所図会』で方広寺の「洛東名物大仏殿餅」には，店頭で腰掛けて皿盛りの餅を味わう旅人や包みを求める人，通りから格子窓越しに見える店内の餅搗き実演などの様子が描かれ，搗きたての餅が次々に売れている活況がうかがえる（図1）．幕末に上方を旅してこの餅を味わった滝沢馬琴は「江戸の羽二重もちに似て餡をうちにつゝめり，味ひ甚だ佳なり」と記している（『羇旅漫録』享和2〈1802〉）．なお，大仏餅は，間もなく江戸浅草，大坂天満などにも登場した．前者は団子大の餅に大豆粉，小豆粉に砂糖をかけたものだったという（『続江戸砂子温故名跡志』享和2〈1735〉）． ［橋爪伸子-］

図1 洛東名物大仏餅
［出典：『都名所図会』，平安京都名所図会データベース，所蔵：国際日本文化研究センター］

豆腐と納豆

　日本では，原始・古代から大豆を利用し，中国などから伝来した加工品を日本の風土に合うよう工夫してきた．加工品には味噌，醤油の調味料をはじめ，納豆，豆腐，焼き豆腐，油揚げ，凍り豆腐，湯葉，きな粉などがあげられる．その中で，豆腐と納豆は，味も用途も異なるが，いずれも消化しやすく安価なために，重要なたんぱく源として古くから利用されてきた．

●納豆　納豆には大きく分けて，塩辛納豆と糸引納豆の2種がある．いずれも発酵食品であるが，塩辛納豆は，糸を引かず黒く，塩辛い納豆である．糸引き納豆は，大豆を煮て藁などに包んでおくと発酵して糸を引く納豆で，日本独特の納豆といわれている．平安中期の漢文随筆『新猿楽記』(弘安9〈1286〉)では，「納豆」は油濃いと表現されている．そこに記されている「大根春塩辛納豆」を「塩辛納豆」の初出とする説もあるが，塩辛は大根にかかるともとれる．また，中世の『庭訓往来』で，食品食物が羅列されている中に，茄子の酢菜，胡瓜，甘漬，納豆，煎豆などがあげられている．これはどちらの納豆かははっきりしないが，塩辛納豆が僧家でつくられたことからすれば，塩辛納豆と推察される．

　人見必大『本朝食鑑』(元禄10〈1697〉)では，納豆は，僧家の納所でつくられることが多いので名づけられたとの説を紹介しながらも適当ではないといっている．必大の紹介する糸引納豆は，煮た大豆をむしろの上に広げ，そのまま穴蔵に入れて粘りが生じてから藁に包んで貯えるとある．これを俎の上で細かく刻み，汁に入れ，塩，酒，魚鳥，菜など加えたものが納豆汁で，辛子を添えると最も美味いという．

　さらに同書では，塩辛納豆は，大豆を煮て，むしろに広げ，そこに炒大麦粉，炒小麦粉をまぶし，穴蔵に入れて麹をつくる．かびが生じたら3日間さらし，乾燥させる．別に塩，水を混合して加熱し，冷ましたあとここに麹を混ぜ合わせる．厚紙で覆い30日を経てかき混ぜ，しそ・蓼の葉と穂，生姜，さんしょうなどを加え，貯蔵する，とし，僧家でつくるものは優れたものが多いと紹介している．

　ほかに，浜名納豆は，徳川家康が，駿府城にあった頃，遠州浜名の大福寺・摩迦耶寺の僧に命じてつくらせた納豆で，茶褐色で粘らず，乾燥したもので甘辛く「微苦」を帯びている．さらに唐納豆は，奈良興福寺，東大寺の僧がつくるという．

　山城国の総合的地誌『雍州府志』(貞享元〈1684〉)の納豆は，生姜，しその葉，辛子を加えて製造するとあり，塩辛納豆であろう．福岡に暮らした学者の貝原益軒は『大和本草』(宝永7〈1709〉)の中で，塩辛納豆を説明し，別に，腐って粘り糸を引く納豆があるが，気をふさぐので，このような陳腐なものは食べるべから

らずと述べており，江戸住まいの必大とは評価が異なる．南北朝時代から続いているとされる丹波の納豆は，黒煮豆でつくる糸引納豆である．昭和初期の主婦への聞き書『聞き書京都の食事』（昭和60〈1985〉）によると，この地域では，糸引納豆も家庭でもつくられていた．そのほか塩納豆もつくり，米粉をまぶして乾燥させた干納豆もつくっていた．しかし，現在でも一般に東日本は西日本に比べて納豆を多く購入しており，東西の食習慣の違いは続いているといえる．

●豆腐　漢の創製と伝えられる豆腐は，奈良時代から平安時代には中国より伝来していたと考えられるが，確定できる史料はない．14世紀の成立とされる『庭訓往来』の精進料理に豆腐の文字がみえる．また，中世の『七十一番職人歌合』の豆腐売りの絵は，豆腐を直接台の上に置いて売っているから，かなり固かったと思われる．江戸時代には，現在のような豆腐がつくられ，絹ごし豆腐もあった．『職人尽発句合』（寛政9〈1797〉）の豆腐屋の絵をみると，水槽に豆腐を入れて売っており，製造工程を記した史料『豆腐集説』からみても軟らかな豆腐だったと考えられる．

　豆腐の大きさも地域で異なるが，特に江戸の豆腐は大きかった．天保14(1843)年の「町触」には，縦7寸（約21cm），横6寸（約18cm），厚さ2寸（約6cm）と絵入りで大きさが描かれており，現在の5，6倍もあった．これに対し，京坂の豆腐はもっと小さく，また絹ごし豆腐もつくられた．

　豆腐の料理書『豆腐百珍』（天明2〈1782〉）には，煮る，揚げる，焼くなど工夫を凝らした料理が100種ほど紹介されている．江戸の豆腐は，魚類に比較して安価で，50～55文程度であり，焼き豆腐，油揚げは1枚5文程度であったために，庶民から大名まで日常食の重要な食材であった．また大きな江戸の豆腐は2分の1丁，4分の1丁売りもあった．そば1杯16文程度であり，豆腐は庶民だけでなく大名などの日常食でも重要なたんぱく源であった．それと同時に儀礼的な食，とりわけ葬儀や仏事にも欠かせないものでもあった．

　豆腐は，水浸した大豆をすり潰し，水を加えて加熱し，熱いうちに漉して，豆乳とおからに分け，豆乳が熱いうちににがりをうち，固めるが，にがりの量や混ぜ方の加減，固める際の重しの調整で豆腐の固さが異なる．石川県に残る固豆腐はにがりが多く，重石も強くするとある．沖縄県には海水で固める豆腐もある．

　江戸や京坂では，振り売りによる納豆，豆腐売りの絵も描かれている．京都では，叩き納豆売りがあり，細かく刻んだ納豆を売ったので，そのまま納豆汁にできたという．

　豆腐は，そのままで冷や奴に，すり潰すとすり流し汁となり，豆腐を衣として白和えともなる．また，具を入れて揚げると，がんもどきとなり，形のまま切って焼き，甘味噌をつけると田楽となり，凍らせて乾燥させると高野豆腐になる．貴重な食材として，現代にまで受け継がれている．

［江原絢子］

弁当

弁当（辨當）とは，容器に入れて持ち運べるようにした食事，また，その容器をさす．好都合，便利なことを意味する中国語「便當」が弁当の語源で，室町時代に言葉が伝わり，安土桃山時代に使われ始めたといわれる．

●**携帯食から弁当へ**　弥生時代の遺跡から粽状の炭化米塊が出土しており，米を携行可能なかたちで調理していたことがうかがわれる．史料に登場する最古の携帯食は，糒・干飯とよばれる飯を乾燥させたもので，布袋に入れて携帯され，飛鳥・奈良時代の旅人や防人などの食事に用いられた．平安時代には，朝廷や貴族の饗宴の際，破子・破籠（木の薄板でつくられた器内に仕切りがある容器）に食物を入れたものや，握り飯の前身とされる屯食（強飯を握り固めたもの）がつくられ，下級の勤仕者に下賜された．

鎌倉時代には，武士の戦時の携帯食として，屯食や糒や焼米が利用された．

安土桃山時代には，大名や豪族などの特権階級が，花見や紅葉狩りなど季節の遊山に提重とよばれる贅沢な弁当を携行した（図1）．『日葡辞書』（慶長8〈1603〉）の"Bento"の項には「引き出しつきの文具箱に似た箱で，中に食物を入れて携行するもの．Focai・Varigo」と記載されており，その当時，弁当が携行用の容器と認識され，行器や破子ともよばれていた．

図1　提重（行楽弁当）
［所蔵：東京家政学院生活文化博物館］

●**多様な弁当文化の展開**　江戸時代になると，昼食を弁当でとる習慣が広く定着し，遊山や芝居見物が庶民の間でも盛んになり，趣向を凝らした花見弁当や芝居弁当が楽しみを増幅させた．また，弁当について書かれた料理本も数多く出版された．明治時代には，都市部の通勤者や通学者は，家庭から各自弁当を持参した．弁当には貧富の差が大きく表れ，弁当を持参できない子どももいた．また，鉄道の開通に伴い駅弁の販売が開始された．

戦時体制下では，米が不足し芋など代用食の弁当も増え，昭和14（1939）年9月からは，国民精神総動員運動の一環として，毎月1日の興亜奉公日が定めら

れ，児童・生徒の弁当として日の丸弁当とすることが求められた．
　第二次世界大戦後には，学校給食が導入され，弁当を持参する通学形態は漸減したが，勤労者の多くは弁当を利用した．1960年代には，冷蔵庫の普及により，おかずの種類が豊富になり，1970年代には，保温ジャー式の弁当容器が登場し，冬でも温かい弁当を食べることが可能となった．また，鉄道を利用する個人旅行がブームになり，郷土料理や観光地などをテーマにした駅弁が続々と登場し人気となった．昭和51（1976）年には，持ち帰り弁当専門店（通称，ホカ弁）が誕生し，1980年代にはコンビニエンスストアで，電子レンジで加熱する温かい弁当が販売され，市販の弁当を持ち帰って家で食べるという新しい食事スタイルが生まれた．
　また，家庭においては冷凍冷蔵庫と電子レンジの普及により，冷凍食品などの調理済み食品の手づくり弁当への利用が一般化した．平成時代に入って，市販弁当の利用が増加する一方，家庭での手づくり弁当では，平成17（2005）年頃から主に母から子への愛情弁当の「キャラ弁」が流行している．また，子どもに弁当をつくる体験をさせる「弁当の日」（平成13〈2001〉）年に香川県滝宮小学校で開始）の取組みが全国各地で実施されている．弁当づくりをとおして，子どもたちの食への関心を高め，感謝の気持ちと自立心などを育むと同時に，社会とつながり，暮らしを豊かにすることが期待されている．

●幕の内弁当　江戸時代後期，能や歌舞伎を観覧する人々は，幕間・幕の内（休憩時間）に特製の弁当を食べていた．これが「幕の内弁当」の始まりとされる．江戸時代後期の生活や風俗を記録した『守貞謾稿』（嘉永6〈1853〉）によれば，江戸で幕の内と称する芝居小屋の弁当が売り出され，焼き握り飯と卵焼，蒲鉾，蒟蒻，焼豆腐，里芋，干瓢の煮物がおかずとして記されている．米飯と少量多種類のおかずを組み合わせた，手の込んだ弁当として現代でも人気が高い．

●駅弁　日本最初の駅弁は，明治18（1885）年7月，宇都宮駅で発売された握り飯と沢庵を竹の皮に包んだものを最初とする説があるが，確かな史料はない．折に詰めた幕の内風の駅弁は，明治22（1889）年に姫路駅でまねき食品という会社が販売したものが最初とされている．1970年代頃からは，郷土色を特徴とするさまざまな駅弁が販売され人気を博した．近年では駅構内や車内販売での駅弁の売り上げは減少する傾向にあり，ドライブインやサービスエリア，デパートでの販売，また，インターネットなどによる通信販売（通称，お取寄せ弁当）も人気となっている．

●松花堂弁当　松花堂弁当とは，正方形の弁当箱の内部を十字に仕切るスタイルの弁当である．昭和初期に，料亭「吉兆」の創業者，湯木貞一が，茶懐石の弁当として考案した．容器の中に陶器や漆器を配し，各枡に刺身，焼き物，煮物，飯などを見栄え良く配置する．なお，これは携行しない弁当である．　　　［中澤弥子］

精進料理

　精進料理とは，動物性食品（生臭物）を一切用いず，野菜，海草，穀類のみで構成される料理である．もともと精進とは，仏教用語の毘梨耶の意訳であり，仏事のために，心身を清め，行いを慎むことをいう．したがって，仏教界の食生活では，古来より美食を忌み，粗食を重んじる風潮が貴ばれていたが，やがて中国の仙人思想やインドのヒンズー教などの影響により，魚肉を用いないというイメージが定着をみせていくこととなった．また臨済宗徳寿院の山崎紹耕住職は，昔の僧侶たちはもっとシンプルに「僧侶が食べていいのは，『わっー』と声を出して追いかけてみて，動かないものだけだぞ．動くものは食べてはいけない」と小僧たちに教えていたとする興味深い事例を紹介している．

　なお，日本の場合，仏教受容以前にも神事の前に心身の穢れを清める潔斎という習慣があったため，精進料理が定着しやすい素地があったとも考えられている．

●**精進料理の伝来**　百済より仏教が伝来した6世紀以後の日本では，聖徳太子をはじめとする実力者らによって，仏教による治国の実現が目指された．天武天皇4（675）年には，仏教の殺生戒を重んじた天武天皇が肉食禁止令を発すると，肉食をして寺を追われた僧侶の話や大規模な放生会の記録などが，歴史資料に多々記載されるようになる．こうした状況からは，動物の殺生を忌避する風潮が社会の中に浸透し始める様相がみてとれる．一方で，『枕草子』には，「さうじもの（精進物）」は，「いとあしき（とてもまずい）」という記述がみられ，必ずしも人気のあるものではなかったこともわかる．なお，現存する最も古い形式の精進料理は，奈良県東大寺の結解料理とされている．

　13世紀，曹洞宗の開祖道元が精進料理の普及に大きく貢献する．道元はもともと公家出身であったが，両親の他界により出家．後に福井県に大佛寺（現在の永平寺）を曹洞宗大本山として建立し，日本曹洞宗の基礎確立に寄与した．道元の偉業の一つに，典座（禅宗の僧堂の食事係）の心構えや雲水の食事作法などを説いた『典座教訓』の執筆がある．それによると，貞応2（1223）年，20代そこそこで宋へと禅道の修業に出た道元は，到着した港で，日本から運ばれてきたきのこ（干し椎茸）を節句用に分けてもらおうとやって来た阿育王山の老典座和尚と出会う．道元は，出会えた機会にさっそく感謝し，御話を拝借したいと願い出るのだが，老僧に「すぐに食事の準備に戻らねばならない」と断られてしまう．道元はそれにもめげず食い下がり，「あなたのような優れた立場にあるお方がいまだに食事係ですか？　抱えていらっしゃるお弟子さんたちにお任せしてはどうですか？」と懇願するも，「外国から来た若い人よ，まだ仏道がわかっていない

な」と言われ，結局受け入れられずに拒まれてしまう．禅宗の世界では，坐禅と作務が修業の基礎であるとされているが，長年の修業で悟りを得られても，達成されたことにはならない．つまり掃除や炊事，洗濯など，身の回りの雑事を遂行することもすべて修業であり，あてがわれた業務に真摯に向き合うことが求められるのである．『典座教訓』の底流にも，写経や坐禅だけでなく，禅僧にとって自分に課された仕事を決して人任せにせずにこなすことを基本理念に，目前の「食」に感謝し，向き合うことの重要性が如実に語られている．

図1　精進料理
[写真：芳賀ライブラリー]

●**もう一つの精進料理**　臨済宗と曹洞宗に次ぐ日本の禅宗の一つに，黄檗宗（おうばくしゅう）がある．開祖は，長崎興福寺住持逸然性融らの懇請によって，承応3（1654）年に日本へ招かれた明僧の隠元隆琦禅師である．明暦元（1655）年，隠元は妙心寺の龍溪宗潜の請に応じて，長崎を出発し，摂津の普門寺へ入門する．その後，隠元は何度か帰国を切望したが，四代将軍徳川家綱への謁見などを経て，日本に留まることを決意．幕府から寺地を賜った山城国宇治に，大本山として黄檗山萬福寺をひらくに至った．

　この隠元によって伝えられた精進料理が，普茶料理（別名，黄檗料理）である．もともと「普茶」とは，茶に赴き，萬福寺の大衆が集まってお茶を飲みながら意見交換する「茶礼」という儀式である「赴茶」をさした．その後に大衆の労をねぎらう意味で供された料理が普茶料理であった．普茶料理について，医師でありながら紀行文を残した橘南谿の『西遊記』（1795-98）には「黄檗宗などの寺院には，不茶とて精進ながら卓子料理をすることなり」と記されており，江戸時代に中国から長崎の出島に伝わった卓袱料理の形式に則った精進料理であるとの説明が最も容易だろう．

　道元の頃の銘々膳で供される精進料理の形式とは異なり，共同膳に大皿盛で用意され，調味も油やくずを多用するなど，濃厚な味わいで調えられた．なお普茶料理については，『和漢精進新料理抄』（元禄10〈1697〉），『普茶料理抄』（安永元〈1772〉），『料理早指南　第三篇』（享和2〈1802〉），『料理簡便集』（文化3〈1806〉），『料理通　四篇』（天保〈1835〉）など多くの江戸料理書からも，その内容をうかがうことができる．これらによれば，室礼や食具などは中国風でありながらも，料理内容には日本料理と中国料理の折衷料理，もしくは日本料理が用いられており，和中折衷の形式が用いられていたことがわかる．　　　　　　　　　　[東四柳祥子]

おせち料理

　おせちとは,「御節」と書き,節日,節供など年中行事が行われる日をさす.正月は,その一つである.したがって,おせち料理は節日の料理であり,本来は正月ばかりではなく,上巳,端午の節句などの料理もさすが,現在は正月料理をおせち料理とよぶことが一般化している.また,地域によっては,御節とは,大晦日の夕食(福島県),忌日の前夜の食事(徳島県)をさすところもある.本項ではおせち料理を正月料理とし,その内容などを述べる.

●**雑煮と屠蘇**　屠蘇は,歳神様を迎えて一年の邪気を祓い,長寿を願って飲む薬酒である.6世紀頃の中国の『荊楚歳時記』に,元日に桃湯,屠蘇酒などを飲むとあり,古代貴族の元日の節会にも供御薬として,一献目に屠蘇が供されている.その習慣は長く伝えられ,江戸時代には庶民の習慣にもなっている.また,雑煮は,酒の儀礼(酒礼)である式三献などの酒肴としても重要で,本膳料理の前に供された.もとは,神饌の餅をおろした直会とされる.具体的には,中世の料理書『山内料理書』(明応6〈1497〉)に「夏肴くみ之事」として焼物,削りものなどとともに雑煮が出されている例がみられる.雑煮には,餅のほか,越瓜,いりこ(干しなまこ),まるあわびに,たれ味噌がかかっている.同様に中世の『食物服用之巻』にも初献としていりこ,くしあわび,いえのいも(里芋),餅,かつをの5種を入れている.雑煮は,江戸時代以降も儀礼食の典型的な酒肴となった.武家の正月元日にも酒礼として雑煮などが出された後,本膳料理が供されることが多い.

　『江戸府内 絵本風俗往来』(明治38〈1905〉)では,「江戸中家々あるとあらゆる如何なる貧苦の者にても正月の(中略)屠蘇は汲まざるも雑煮の調べなきはなし」と述べ,正月行事として庶民層にも雑煮が定着していることを記している.江戸の雑煮には,小松菜,大根,里芋を通常とし,味噌汁を用いるところもあるとしている.近代以降も正月の雑煮はほとんど各地でつくられているが,内容には地域差が大きい.大枠でいえば,西日本で丸餅の雑煮を用意するのに対し,東日本では,角餅であり,それを焼いて入れるか,茹でるか,そのまま入れるかなどについても異なる.甘いあん入りの雑煮,甘納豆入り雑煮,小豆雑煮など,味付け,具も異なっている.

●**重詰め料理**　現在のおせち料理は,つくる人によっても地域によっても異なる.最近では,家庭でつくることが少なくなり,重箱のセットが販売されるようになると,従来の伝統的おせち料理の重箱だけではなく,中国風,洋風の重箱も登場し,内容はかなり変化している.しかし,現在もおせち料理として伝統的と

みられている料理についてみると，黒豆，数の子，田作り，昆布巻き，きんとん，煮しめ，なます，かまぼこ，大根なますなどがあげられる．各料理の背景はそれぞれに異なり，これらが一つの重箱に納められておせち料理と認識されるのは，江戸時代後期以降のことであろう．なかでも黒豆，田作り，昆布，数の子などは，江戸時代やそれ以前にもみられ，雑煮とともに前述した酒礼に供される代表的な酒肴であった．

料理書『料理献立集』（寛文9〈1669〉）の「祝言引渡之次第」の酒礼には，「くり，のし，こんぶ，かずのこ，まきするめ，たづくり，むめほし，雑煮，吸物」などの酒肴が供されている．江戸時代後期には，婚礼などの儀礼食のかたちは農村部まで広がる．例えば美濃国の豪農千秋家（宝暦4〈1754〉）では，婚礼の酒礼の酒肴に，「のし，昆布，勝栗，田作り，数の子，吸物，巻するめ」を供しており，ほぼ料理書の例と同じである．現在のおせち料理として一般化している昆布，田作り，数の子などは，このような儀礼食の酒肴の一種として正月にも使われ，それが現代まで残ってきたものであるともいえよう．

前述の『江戸府内 絵本風俗往来』に，「重詰めの品は，てり田作，数の子，座禅豆（こまめ）の三重なり」とあり，家々で一定ではないがこの3種は通常用いるとある．座禅豆は黒豆の煮豆で，料理書には丹波の豆が良いとある．また，江戸後期の農村の正月では，煮しめを重箱に入れるところもあったが，上記の3種の肴以外の料理に重箱を使うのが一般化するのは明治以降である．

明治以降，「てりごまめ，煮豆，数の子」を祝い肴として，重箱に入れて供するかたちは，高等女学校の調理実習の教科書でも紹介されている．そこでは，別の重箱に，吸物の材料，口取り，なます，甘煮などを入れ「新年重詰めの献立」としている（図1）．おせち料理の重詰め料理として，その後，伊達巻きやサツマイモの甘いあんに栗を入れたタイプの栗きんとんなど，さまざまな料理が工夫されるようになる．

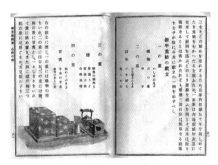

図1 新年重詰めの献立
[出典：喜多見佐喜『割烹教科書』1907，個人蔵]

おせち料理に使用する魚介類は東日本はサケ，西日本はブリが代表的だといわれるが，タイ，カツオ，ワニ（サメ）などもあり多様である．また，漆器だけでなく，陶器の重箱も見られ，大皿や丼，鉢などを使うところもある．御神酒や餅，おせち料理などを供え，一年の無事や五穀豊穣を祈り，直会としてその料理を皆で食べるのがおせち料理の重要な意味であろう

［江原絢子］

ワインとチーズ

　日本でワインがつくられるようになったのは，文明開化によって西欧の文化を積極的に取り入れるようになった明治以降のことである．明治政府は，殖産興業政策の一環として，ヨーロッパやアメリカからぶどうの苗木を輸入し，ぶどう栽培とワイン醸造を奨励した．

●**甲州に始まる日本のワインづくり**　もっとも，ぶどう栽培はそれ以前から行われていた．ことに山梨県でのその歴史は古く，養老2（718）年に全国行脚を行った行基が甲州の勝沼村（現山梨県甲州市）にある大善寺に薬園を設け，中国伝来のぶどうを薬として栽培した，と言い伝える．また，文治2（1186）年，同じく勝沼村の住人雨宮勘解由が山で自生の山ぶどうとは異なるぶどうを持ち帰って植えた，との言い伝えもある．江戸時代になると，棚式栽培法が伝えられて本格化．ぶどう農家が増え，日本土着のぶどう品種である甲州種（甲州ぶどう）の名声が高まっていった．宝暦10（1760）年の村鑑明細帳からは，甲州ぶどうが江戸の問屋に出荷されていたことがわかる．また，元禄10（1697）年刊行の『本朝食鑑』には，ぶどうの産地として甲州が第一，と記されている．

　ちなみに，勝沼地区は甲府盆地の東縁にあたり，扇状地が広がる．気候は寒暖の差が大きく，年間降水量は1,000 mm程度で水はけがよい，というぶどう栽培に最適な環境であった．そして，明治以降は，政府の奨励もあって，ワイン醸造がどこよりも早く行われるようになったのである．

　例えば，明治7（1874）年には，山田宥教と託間憲久が共同出資でワイン醸造を試みた．明治10（1877）年になると，「大日本山梨葡萄酒会社」が設立された．だが，当初のワイン醸造の知識は，書物や来日外国人の伝授に頼るばかりであった．そこで，当時最先端の醸造技術を習得するために，勝沼村出身の高野正誠と土屋龍憲をフランスに派遣．2年後，甲州種を使った本格的なワインの生産が始められた．しかし，醸造や貯蔵の技術にはまだ問題があって不良品が流通するなどの不備が生じたため，同社は解散．それでも，勝沼では，同社の試みを引き継いで，以後もワイン醸造の事業が展開されていったのである．

　明治中期以降は，ほかにもワイン醸造に取り組むところが増えてきた．例えば，明治24（1891）年には，越後高田（新潟県）の川上善兵衛が，岩の原葡萄園を開設．日本の風土に適したぶどうの品種改良に取り組んだ．また，明治34（1901）年には，茨城県牛久で神谷伝兵衛がワイン醸造を開始．明治36（1903）年，フランス種のぶどうとフランスボルドー地方のワイン製造法を取り入れ，栽培から瓶詰め出荷までを一貫生産する日本初の本格的ワイン工場「牛久醸造所（現シャトーカミ

ヤ）」を完成させた．しかし，日本人の食生活にワインがなじむようになったのは，昭和40年代以降のことである．経済の高度成長に伴って欧米の食文化が都市を中心に広まるのに合わせての普及であった．昭和47（1972）年を第一次ワインブームとし，平成24（2012）年が第七次ブーム，その消費量はずっと右肩上りである．

現在も，甲州ワインが日本のワインを代表する．例えば，勝沼地区には30社以上の醸造会社があり，全国生産量の25％に相当するワインを生産している．そして，特に甲州産の白ワインは，世界でも高い評価を受けるまでになっている．

●**チーズづくりも明治から**　日本で今日のようなチーズ（乳を発酵させたもの）がつくられるようになった歴史は浅いが，チーズに類するものを食していた形跡は，かなり古くからある．例えば，奈良時代の遺跡から発掘された木簡には，「蘇（そ）」が朝廷に献上されたという記録がみえる．蘇とは，モンゴルのチーズ「ウルム」とほぼ同じ製法（乳を発酵させるのでなく，加熱や酸の添加によって凝固させる）でつくられた乳製品で，6世紀頃に仏教とともに中国・朝鮮半島から伝えられた，とされる．蘇は，平安時代には不老長寿・強精に効くとして貴族階級の人々に珍重された，という．

今日のチーズに近いかたちで再び出現するのは，江戸時代中頃のことである．8代将軍吉宗の時代（18世紀前半）には，インドから贈られた乳牛3頭を現在の千葉県嶺岡牧場で飼育し，やがてバターに似た「白牛酪（はくぎゅうらく）」というものをつくるようになった，と伝わる．この白牛酪は，薬効があるとして庶民の間でも人気をよんだようだ．9代将軍家重の頃（18世紀後半）になると，チーズは砂糖水や秘薬長命丸・長寿薬などとともにオランダから輸入されるようになった．

日本でチーズがつくられるようになったのも，明治初期のことである．北海道や樺太などで開拓事業が進み酪農家が増えたことで，チーズづくりの土台が整えられた．そして，明治8（1875）年，北海道開拓庁七重勧業試験場において練乳とチーズの試作がなされた．また，明治37（1904）年には，函館のトラピスチヌ修道院がチーズを製造したが，本格的に工場でチーズが製造されるようになったのは，昭和に入ってからのことである．昭和3（1928）年に北海道製酪販売組合連合会（現在の雪印メグミルク）がチーズの試作を開始．昭和7（1932）年にはチーズ専門の工場が設立され，量産されるようにもなった．だが，一般に広く普及するまでには至らないままに戦争に突入．我々の食生活にチーズが深く入ってくるのは，外食産業が発達し，ピザなどが若者を中心に人気を集めた昭和50（1975）年前後からのことである．それが，ワインの普及とも関係していることは，いうをまたない．　　　　　［神崎宣武］

図1　チーズの広告（昭和6年）
［出典：『写真で見る雪印乳業五十年』雪印メグミルク］

◆ ワン（椀・碗），皿と箸・匙

　私たち日本人の日常の食事形式は，長く「一汁一菜」であった．むろん，それに一飯が加わる．言い換えれば，二ワン（飯ワンと汁ワン）と一皿が，長く基本的な食器として伝えられた．

　一般に，日本人の主食は米飯であるといわれてきた．が，それは都市部に限ったことで，農山村を中心に長く主食だったのは，糅飯(かてめし)や雑炊であった．糅飯とは，米少量に畑作物の雑穀や根菜類を炊き合わせた混ぜ飯で，米だけを炊いたご飯（御飯）と違って粘り気に乏しい．特に冷めると，ボロボロして箸ではつまみにくい．雑炊については言うまでもなかろう．そこで，糅飯や雑炊を盛る器として，半球型，逆円錐型のワンの発達をみた．そして，それを手に持ち，口元まで運び，もう一方の手に持った箸で中身の飯をかき込むという，日本人独特の食べ方を発達させたのである．なお，飯ワンに磁器が多いのは，薄手で軽く，ワンの縁の口触りの良さが優先されたからでもあった．

　一汁は，おかず代わりにもなる具だくさんの味噌汁に代表される．汁ワンは，ほとんど木器であるが，それは，磁器だと中身が熱いうちは持ちにくいためである．

　一菜は，煮物に代表される．山菜や野菜が中心である．汁気があるため，それを盛るのは，小皿鉢ともいうべき深めの器である．こうした器の類が発達したのは，古くから料理の中心が煮物だったためである．

　近世から昭和の前期にかけて，箱膳という食器の収納箱が普及していた．飯ワンと汁ワンと小皿（小皿鉢），それに箸が入っており，銘々が管理したものだ．「一汁一菜」の日常の食事形態を如実に伝える事例であった．

　一方，ハレの日の食事形式は，「一汁三菜」，あるいは「一汁二菜」が基本となる．つまり，飯ワン・汁ワン・小皿鉢に，平皿（三菜の場合はそれに向付(むこうづ)けワン）が加わる．「五器一膳」（あるいは，四器一膳）の会席の膳組みがその表徴である．

　また，宴席では，席の中央に大皿や盛り鉢が置かれ，それを銘々の小皿に取って食すというかたちも発達させた．小皿は，別にテショウとかテショウザラともいう．これは，「手塩」と書くべきもので，かつて掌を皿代わりにしてそこに塩を置き，食べ物をつけて食べていたことを示している．

　箸は，その機能からすると，運搬用具の範疇に入るべきものである．古い時代の箸は，概して長箸であったようだ．本格的に短箸（銘々箸）が庶民の日常の食事に用いられるようになるのは，稲作・米食が定着して，銘々ワンで温かい飯や粥を食べるようになった中世頃からのことである．短箸は，ワンや小皿を口近くまで持ち上げることを前提としており，そこから口元までのほんの短い距離の食べ物の運搬を補助するもの．銘々ワンや小皿の発達なくして短箸の普及はあり得なかったであろう．日本的な箸と食器の発達と普及といえるのである．

　なお，匙(さじ)は，中国大陸や朝鮮半島では，古くから重要であったが，日本でのなじみは薄い．もっとも，奈良・平安時代の宮廷の公式な食事の際には箸と匙が使われた痕跡もあることから，大陸から伝わらなかったというより民衆の日常生活に浸透しなかった，というべきであろう．その理由は定かでないが，金属の保管が難しい湿潤な気候が影響していたのかもしれない．

[神崎宣武]

◆ 銘々器と取り皿

　私たちは，銘々の碗でご飯を食べる．あるいは，少し大きめの皿や鉢に盛った料理を銘々の小皿に取り分けて食す．それは，世界でも特異な習俗といえるが，その発達は，近世以降における磁器の普及と箱膳の定着に大きくかかわっている．

　箱膳は，1尺（約30.3 cm）四方が8寸（約24 cm）四方，高さが3，4寸（約9，13 cm）の指物膳で，かぶせ蓋がついている．この中に飯ワン（椀・碗）と汁ワン，小皿と箸を納め銘々が管理する．現存する箱膳では，飯ワンに磁器が，汁ワンに漆器が，小皿に磁器が用いられている例が多い．食事のときは，蓋を裏返して箱の上に置き，そこに食器類を並べる．小皿には銘々が好きなように盛り鉢などから煮物や漬け物を取って食べる．食べ終わると，湯をワンの中に注ぎ，箸でよく洗ってその湯を飲み，そのまま食器と箸を箱膳の中に納めるのである．

　日本人の食事は，主食に関していえば，一方に強飯系の飯があり，それは皿や浅底の鉢に盛ることにはじまる．もう一方に粥や雑炊があって，それはワンに盛ることにはじまった，といえよう．一方，副食類では，刺身や焼き魚のようなものが，大皿と皿盛（皿鉢）料理を発達させた．大皿とは別に，小皿の存在も欠かせない．小皿（取り皿）の登場は，近世以降のことと推測される．

　なお，主に西日本各地では，小皿のことをテショウとよぶ．これは，手塩と書くべきもので，かつて掌を皿代わりにしてそこに塩を置き，食べ物をつけて食べたことを示している．

［神崎宣武］

◆ 化学調味料と即席麺

　明治期，日本の食文化は西洋近代の科学や知識の影響を受けた．食品分析の方法もその一つである．明治41（1908）年，東京帝国大学教授の池田菊苗が昆布のうま味成分としてグルタミン酸ナトリウムを抽出することに成功した．これをもとに化学（うま味）調味料が誕生し，「味の素」の名で製品化されたが，当初ほとんど売れなかったという．だが現在では東南アジア諸国の調理になくてはならない調味料として定着しており，「アジノモト」は各国共通語にもなっているほどだ．各種化学調味料は日本が最大の生産国だが，諸外国，特にアジア各地でも大量に生産されている．

　また，日本発の食文化が海外進出した別の代表例として即席麺がある．日清食品を創業した安藤百福が試作を重ねてつくりあげたこの即席麺は「チキンラーメン」の名で昭和33（1958）年に発売され，まず日本国内で爆発的な人気をよんだ．袋から乾燥麺を取り出し丼に入れて熱い湯を注ぎ，麺が茹でられた状態に戻して食するものだ．小麦粉を鶏のスープで練り，醬油やスパイスで味付けして麺にする．これを油で揚げると微小な孔がたくさんできて吸水性が高まり，熱湯を注ぐと3分後には食べられる．その後アジア諸国を中心に諸外国で広範囲に受け入れられるようになった．調理用具も食する器も不要のカップ入りの即席麺は，今や日本生まれであることは意識されず，世界中で年間数百億食も生産される国際的な食品になっている．

［白幡洋三郎］

◆ 庖丁と板前

　庖(包)丁とは，調理で使うナイフ状の道具をさしている．形状や用途に応じてさまざまな分類が可能になる．例えば，出刃庖丁，薄刃庖丁，あるいは菜切庖丁，刺身庖丁などである．裁縫に用いるナイフも，裁ち庖丁とよばれている．あるいは，畳職人も畳庖丁を使う．しかし，それらが庖丁という言葉で示されてきた用具の本流に位置するわけではない．みな，「料理庖丁」にあやかっての呼称である．本来は，調理とかかわるものだけが庖丁とされてきた．

　いや，源流を遠く中国までさかのぼれば，また違う話ももち出さねばならなくなる．『荘子』を紐解けば，庖丁はある料理名人の名をさしていた．道教の古典とされる文献だが，梁の文恵君に見事な肉さばきの技を示した調理人の名を庖丁と記している．人名ではなく，料理の腕前こそが庖丁とよばれていたとする見方もある．しかし，いずれにせよ，ナイフ状の器具そのものを，この言葉はさしていなかった．後の中国語では，もっぱら調理人，名人級の人を示すようになる．今でも中国で庖丁がナイフを意味することはないだろう．鮨屋をはじめとする日本料理店が中国に広がれば，状況は変わるかもしれないが．

　平安時代の日本にも，庖丁という言葉はもち込まれている．だが，この二文字だけで料理人を示すようにはならなかった．彼らは，庖丁人，庖丁者とよばれている．ナイフは庖丁刀とされていた．そして，平安末期には，庖丁だけでナイフをさす用例も出始める．本来は，人を意味していた．そんな言葉がナイフの方を示すようになっていく．まるで，人の魂がナイフへ移りでもしたかのように．武士が刀を自分の魂だと見做す．あれと似たような機微が，調理人とナイフの間で繰り広げられたのだろうか．

　日本料理の調理人は，基本的に毎日庖丁を研磨する．いつも磨き上げた状態を保っておくよう努めている．その営みを彼らは心得の基本と見做してきた．他人の庖丁を使わないことを含め，あらまほしき武士の姿と通じ合う．とはいえ，そこには明治維新の影だって潜んでいるかもしれない．新政府が打ち出した廃刀令は，刀鍛冶の仕事を成り立たせにくくした．追い詰められた剣匠のなかには庖丁鍛冶へ活路を見出した者もいる．武士的な価値観が，調理刀へももち込まれたのは，そのせいかもしれない．「何代目○○」などという刻銘のある庖丁を見ていると，そんな精神の伝播経路もしのばれる．

　さて，板前である．この言葉は，俎(まな板)に向かう姿を意味している．調理人を示す用語であり，江戸の後期から使われるようになった．俎を客の見えるところへ持ち出し，調理の腕を見てもらう様子に由来する．

　そして，鑑賞の対象となるのは，あくまでも庖丁さばきの腕である．西洋料理や中華料理とは違う日本料理の根っ子もそこにみて取れよう．まあ，隠し味の細工などは人前に出せないせいもあるのだが．

[井上章一]

6. 住　居

　日本人は，その大半が家の中で靴を脱ぐ．あるいは，上下足を分ける暮らしぶりを保ってきた．この点は，伝統的に家の中でも靴を履き続けてきた漢民族と違っている．あるいは，西洋人たちとも異なる．いかにも日本人的な，しかも根強い習慣だとみなし得る．

　江戸時代には，城中の広間や芝居小屋でも下足を脱いでいた．だが，明治以降は屋内でも靴を履く西洋流が取り入れられている．公的な場では靴を脱がないようになってきた．しかし，住まいの中へ靴のまま上がり込むことはない．屋内の下足を嫌がる習わしは，住居の中で今なお保たれている．

　イスラム教徒が履物を脱ぐのはモスク，つまり祈りの場である．その立場から眺めれば，日本人は住居を宗教施設なみに扱ってきたことになる．いずれにせよ，住まいの上下足分離という慣行は，生活の西洋化に対する最後の防波堤となっている．住居の歴史をさまざまな角度から検討し，それが日本文化を温存する歯止めとなり得たことの意味を考えたい．　　　　　　　　　　　　［井上章一］

大黒柱

　大黒柱は「民家の中央部に立っている最も太い柱．主に土間，表，内の三合にあたる柱」(『日本国語大辞典』)とされる．大黒柱は，日本の家に関する深い問題を秘めているが，その本質を捉えることは難しい．

●**大黒柱の年代と実態**　文献上の早い用例は，貞享三(1686)年刊の浮世草紙『好色一代女』にある．場面は江戸の越後屋という呉服屋の設定であるから，少なくとも17世紀後期の裕福な商家には大黒柱があると考えられていた．中世の民家は数棟しか現存しないが，それを見る限り，柱の太さはだいたい同じで，大黒柱のような特に太い柱はない．近世の民家においては，大黒柱は梁，棟など水平材を支えるとともに，部屋境の差鴨居が二方ないし三方から取り付くから，太い材が必要である(図1)．土間境の太い柱は，このような技術的発展によって誕生した．

大黒柱
三木家(17世紀後期の建物，兵庫県福崎町)．解体修理中．写真中央の大黒柱は多くの差鴨居や梁を支え，棟木に達する

　大黒柱の素材は，ケヤキ，ヒノキ，マツが多く，ほかにサクラなどが使われる．ケヤキ，ヒノキ，サクラで民家のすべての柱をこしらえることはないから，材の選択も独特である．太さは一般的な柱の断面寸法が4寸角程度であるのに対して，大黒柱は6寸角から1尺角を超えるものまである．材種の選択と太さは大黒柱が単に技術的な所産ではなく，象徴性をもつことを示している．

　すなわち，大黒柱は家の象徴と考えられており，家の主人や主婦と同一視される事例もある．大黒柱の中に呪物があるとか，柱の下に宝物があって家の危機を救うという伝説も多い．大黒柱は現代の伝統的民家でも立てられており，家を象徴する柱という観念は今も生きている．

●**大黒柱の風習と広がり**　名称については，江戸時代に大黒天信仰が庶民に広がり，柱に大黒天を祀ったことを原因とみる説がある(伊東ていじ『民家は生きてきた』)．実際，柱上部に大黒天像を祀り，二股大根を供える行事(山形県山辺町)がある．像は祀っていないが，柱に対して供物や苗を供える行事(新潟県佐渡市，

青森県深浦町）もある．

　普遍的なのは，単に大黒柱を大事なものと考えて毎日磨くという風習で，主婦によって手の届く高さまで磨き上げられていることが多い．明瞭な信仰や行事がなくても大黒柱は特別視されていることが，大黒柱の基本的性格として重要である．それは，大黒天に対する信仰を超えたものだからである．

　大黒柱のような太い特別の柱は，近世の支配層の住宅形式である書院造にはなく，それ以前の寝殿造にもない．一方，江戸時代以降の庶民の住宅（民家）には職業（農，漁，商），階層，地域を問わず大黒柱がみられる．大黒柱は日本各地の多様な民家形式をも超えた存在なのである．

●**大黒柱の誕生と発展**　大黒柱の発生に関する定説はない．全国の庶民住宅への広がりを考えると，寺院の庫裏（寺務所兼台所）がその根源として有力である．理由は，寺院は全国に建設されたこと，天台系寺院の台所には大黒天が祀られること，庫裏の台所には要所に太い柱が使われていることがあげられる．また，庫裏の台所と民家の土間とは，共通点が多い．土間に竈がある，煙を抜くために天井を張らない，太い柱を使って長大な梁を支え，柱の本数を減らす，などである．このような土間をもつ住宅は，まずは都市，農村を問わず富裕階層の住宅に現れ，江戸時代には庶民住宅にも展開したと考えられる．

　江戸時代には，庶民の生活が飛躍的に豊かになり，民家も発展した．一般的な日本の民家は居間，座敷などの床上部分と台所などの土間部分からなる．それは富裕層の住宅にならって形成されたものであろうが，同時に庫裏・客殿の縮小形態でもある．そこで寺院の台所と同様の構法が民家で使われるのは自然なことである．曲がった丸太を自在に組み，太い柱で支える大工技術は戦国時代の城郭建設で発達し，各地の大工がもっていただろう．しかし，民家における大黒柱の信仰が寺に起因するとしても，寺では大黒柱の観念は希薄である．寺での信仰は大黒天に向けられるが，民家では家の象徴としての大黒柱に意識が向かう．

　家という言葉は，家族，住宅を意味する．この濃厚な家の観念は，中世の多くの庶民には不可能だった耐久性のある住宅での安定した家族生活から生じたのだろう．住人が大黒柱に抱く観念の本質は，昔から今に至る強固な家，永続する家の観念である．したがって，大黒柱の誕生と発展は，より直接的に家を象徴する墓や仏壇の形成などと並行する現象と考えられる．

●**そのほかの柱**　家の中の大黒柱の位置は，上記の床上と土間の境が多数であるが，床上部分や土間に立つ事例もあり，何を大黒柱とするかはその家の事情による．また大黒柱は1本とも限らず，2本の場合は表大黒，裏大黒などという．大黒柱以外の柱に対してはエビス柱，小黒柱，向い大黒，ニワ大黒などとよぶ事例があるが，これらは大黒柱の存在を前提とした副次的な柱の命名である．民家の構法，形式によっては明確な大黒柱がない場合もある．

［黒田龍二］

土間と板の間

　土間と地面より高い所へもち上げられた板の間の関係は，簡単そうにみえて現在に続くまで未解決ともいえる問題の一つである．両者がどこから日本にもたらされ，どのように普及したのか．初源的な問題は保留するとして，本項では現存する建物にみられる土間と板の間についてあれこれ考えてみたい．

●**土間**　古く住宅の土間を，町家では「トオリ」，農家では「ニワ」ともよんだ．いずれも屋外の延長のような呼び名ではあるが，「土間」自体，もともとは「にはま」との音があった．

　民家の土間は，労働の場である．民家では，土間が占める割合は3分の1から多い場合には2分の1になる場合もある．現在みる民家では平入の民家が圧倒的に多いが，近畿圏を中心に妻入で土間を配する摂丹型とよばれる形式の民家も存在する．そして，この土間が取り付く位置については建物に向かって右か，左かで右勝手，左勝手の呼称がある．一般的に，本州では右勝手が多く，九州南西諸島では左勝手とされるが，その要因は明らかではない．

　民家で土間と床上の板の間および畳敷の部屋からなる場合と，土間と床上を分ける分棟型が存在する．分棟型は，太平洋岸を中心として広く分布し，古い民家では分棟から現在の直家への改造を伴うものもあることから，民家の発展を考える場合，分棟から直家への道筋が大きな流れとして考えられている．土間の建物が先行してあり，これに床上の建物が付随して建てられた，さらに踏み込めば土間の建物のみがかつてはあり，それはつまり……，竪穴住居？　仮説はこれくらいにしておこう．流れとしては考えられるものの証明はなされていない．

　さて，民家における土間と板の間を考える場合，触れておかねばならない形式に「土座」がある．土座とは，土間に籾殻，藁，そして蓆など保温性の高いものを敷き，直接生活面としたものである．土座の名の通り，土間といえば土間ではあるが，土座は昭和30年代における民家調査においても実見されたとするほど，つい最近まで使われ続けた形式でもある．ただし，志向性としては高床を目指していたことは紛れもない事実である．新潟県の民家では，江戸時代末に建築された主屋で，接客の場ともなる「チャノマ」が当初は土座であったものを，後世に板の間（高床）とした事例を数々みることができる．新潟県魚沼市に所在する元文3（1738）年建築の佐藤家住宅主屋では，土間，土座，板の間の形式を揃って見ることができる．

　つまり民家における板の間は，土間と別系統ともいえる分棟から成立したものと，土間に直接生活面を設える土座からの系統のものが混在するのである．

●板の間　板の間をもつ貴族住宅として最古の現存事例は，奈良時代，橘夫人が法隆寺に納入した東院伝法堂となる．以後，上級の住宅では板敷の床，つまり板の間が一般的にみられるようになる．ところで，ここで問題になるのが，板の厚さと，床板を支える部材の関係である．端的にいえば，奈良時代における床板は厚かった．3寸（約91 mm）ほどとされる．そのため，厚い床板を支える材は，柱間に渡される床桁のみで

図1　近世における製材，大鋸の導入
[出典：「冨嶽三十六景」のうち「遠江山中」，所蔵：日本浮世絵博物館]

あったとする．ところが，時代が下がるに従って板厚が薄くなり，現在では12 mm程度の構造用合板に落ち着きつつある．6分の1以下の厚さである．

　床板が薄くなった要因は，板材の製造，すなわち製材の方法と道具によると考えられている．つまり，奈良時代から中世において板材を製作する方法は，丸太に鑿で順次掘り込みを入れ，正面側から楔を打ち込む引割法が一般的であった（これは「石山寺縁起」などで確認できる）．当時は鋸が発達せず，製材は原木を引き裂くことによって得ていたため，薄い板材の入手は適わなかったのである．つまり，その生産方法により生み出された厚い床材の供給により，それを支える構造材は床桁だけで済んだ．ちなみに，実験によれば1本の原木から得られる板はわずか4枚にすぎないという．つまり，板はそれ自体が高価な材料であったため，一般の民家において板材の利用は限られた部分となる．床材でも近世の旧伊藤家住宅主屋（神奈川県）では，広間部分に丸竹が用いられるのはそのような背景によるものであろう．

　一方，大鋸の伝来は薄い板の供給を可能にしたものの（図1），これを支える構造が必要となった．そのため床下には根太，大引を格子状に組み，これが薄くなった床板を支える構法となったわけである．

　ところで，板の間における着座には蓆や薄縁，すなわち畳が用いられた．本来，畳は人々の座る場所だけに置かれる敷物，すなわち現在でいう座布団の類であったものが，鎌倉時代には人々が多く座す部屋の周囲に固定的に敷く回敷，次いで室町時代になって部屋全体に畳を敷く敷詰が定型化し，いわゆる和室が成立したわけである．そして，敷詰は脇役として登場した畳を，平面の寸法決定の主役に就かせた．京間，関東間，中京間などの相違はあるものの，畳の規格化は，畳の枚数に応じて「○畳」という，部屋の広さを体感的に会得できる呼称を生んだのである．

[平山育男]

障子と襖

　障子というと，現在は格子状に組んだ木の枠に薄い紙を張った建具をさす．しかし，本来は「障る」「遮る」ものを意味し，木の枠に紙や布を張ったパネルの総称だった．現代の襖もまた，元は障子の一種である．

●**障子の種類と変化**　障子の最も古い記録は，『類聚三代格』所収の神亀5（728）年に出された法令で，「障子」が収蔵品として仏像や典籍，屏風や絵画類とともに記される．同時期の『西大寺資財流記帳』（宝亀11〈780〉）所収の「補陀落山浄土変障子」「薬師浄土変障子」は，パネルに台脚を付けた衝立障子であり，当時の障子は屏風と同様に移動して用いる調度だった．

　この古い時代の障子の姿は，京都御所の調度にみることができる．現在の京都御所は江戸末期の安政2（1855）年の完成だが，平安時代の姿への復古を意図して建てられた．このため調度もまた古式に拠っており，天皇の日常の生活空間であった清涼殿では，東孫庇に目隠しとして「昆明池障子」，南端の殿上の間に年中行事を記した「年中行事障子」の2種の衝立障子を置く．一方，儀式の場である紫宸殿では，母屋と北庇の境を9枚の「賢聖障子」で区切る．これは板に張った絹地に絵を描き，柱と柱の間に嵌め込んだ板障子とよばれる形式で，東京国立博物館に現存する「聖徳太子伝絵」（延久元〈1069〉）もまた本来は法隆寺東院絵殿の壁を飾った板障子だった．

　こうした衝立障子・板障子を起源に，建具としての障子がいつ頃現れたのかは定かではないが，10世紀初頭の『竹取物語』『伊勢物語』には障子の語がみられないのに対し，10世紀末の『落窪物語』には「隔ての障子をあけて出づれば」，『枕草子』にも「障子を五寸ばかりあけていふなりけり」などとあり，遅くともこの頃には現在の襖に近い引違い形式の障子が定着したとみられる．

　障子は，材料により絹障子・布障子・紙障子・杉障子など多様な種類が存在した．このうち布や紙の障子は四周に幅広の縁を張ることから，寝具の衾に似ているため「衾障子」ともよばれた．これが後の襖の語源である．障子は，両開きの唐戸に比べて開け閉てに場所を取らず，小空間に適したことから，寝殿造において主に私的空間の間仕切りに用いられた．このため，鎌倉期以降，寝殿造の一室空間が用途ごとの部屋に分化されるにつれて使用頻度が高まり，かつその利便性から蔀や唐戸に替わって外廻りにも引違戸が用いられるようになった．

　明障子，すなわち現在一般的な障子は，こうした変化を受け，木の枠に薄い紙や生絹を張って外光を通すよう工夫したものである．明障子は，平清盛の邸宅・六波羅泉殿の治承2（1178）年の寝殿指図にあるのが早い例であり，その後

『春日権現験記絵』（宮内庁三の丸尚蔵館蔵，延慶2〈1309〉）や『慕帰絵詞』（本願寺蔵，1・7巻を除き正平6〈1351〉）など14世紀の絵巻物に頻出する．ただし，先述の六波羅泉殿では寝殿北面に限られ，『春日権現験記絵』でも寝所や僧侶の庵室に多いように，明障子はまず私的な空間から使用が始まったとみられる（図1）．普及につれて，障子といえば明障子をさすようになり，本来主流だった布や紙を張った衾障子は，「障子」の語を略して「衾」（襖）と称されるようになった．

図1 『春日権現霊験記絵』（模本，部分）前田氏実，永井幾麻作．左手に明障子，室内に唐紙障子．〔所蔵：東京国立博物館，Image：TNM Image Archives〕

●書院造と建具の使い分け　このように建物の内外ともに引違い形式の建具が多用されると，用途ごとに意匠や形式を工夫し，それをよび分けるようになる．

腰障子もその一つである．先の『春日権現験記絵』や『慕帰絵詞』では，蔀や唐戸の内側に明障子を立てる例が多く，上下2枚に分かれた半蔀の場合，上半分を釣り，下半分は嵌め込んだまま内側に明障子を立てる．これは雨や風が当たりやすい部分を保護するためとみられ，明障子の下部を板張りにした腰障子はこの用法から生まれたと推測される．

16世紀末に完成した書院造では，建具が明確な規定をもって使い分けられた．まず外廻りは，遣戸（舞良戸）とよばれる横桟を打った板戸が主で，2枚引違いの場合開くのは1枚分だけだから，内側に障子を1枚だけ立てる．つまり，一つの柱間に遣戸2枚と障子1枚を組にして立て込むことになる．園城寺勧学院客殿（慶長5〈1600〉）や光浄院客殿（慶長6〈1601〉）をみると，正面側は寝殿造以来の蔀と唐戸，接客用の公的な部屋が並ぶ南面は遣戸と障子，日常生活の部屋が並ぶ北面は腰障子で，腰障子は便利なものの遣戸と障子の方が正式な構えだったことがわかる．一方内部は，部屋境は襖，入側縁など通路の仕切りは杉戸で，襖には部屋の機能に応じた障壁画が描かれた．遣戸が腰障子より公的空間で重用されたのは，内面が張付のため襖と連続して障壁画を描くことができるからであろう．ただし，戸袋に収納する雨戸の普及により，名古屋城本丸御殿（元和元〈1615〉）など全面を腰障子とする上層住宅も現れ，17世紀半ばにはこれが主流となった．障子の変化は，明るい内部空間への人々の欲求に応えた工夫の成果なのである．

〔小沢朝江〕

座敷と納戸

洋式一辺倒の現代生活であるが，それでも時には和風の「お座敷にお通しして」などという上品な声が聞こえる．それに対して，下品な物置を意味する納戸については，「ナンド」などという難しい言葉は使わず，しばしばクローゼットなどという．納戸と違って座敷は日本独特の言葉であって洋式に直しようがない．この両者が表と裏，陽と陰のようにワンセットにして設けられる日本の伝統的な住宅は諸外国にはみられない独特の生活習慣の基盤となる．

●**座敷の誕生**　鎌倉時代の昔，マルコ・ポーロは『東方見聞録』の中で，中国で聞いた話として，黄金の国ジパングでは驚くべきことに誰もが厚さ3cmほどの金の延べ板の上で生活している，と日本を紹介している．その話を聞いて日本へ来た異国人がいたとしたら，黄金ではなく貧相なワラを重ねただけの金の延べ板のような畳の上で裸足で生活している日本人を見て，もっと驚いたに違いない．

畳は，奈良時代頃につくられ始めた当時は，技術が未発達なためもあって，黄金に並ぶほどの貴重品で，四角や八角や円形のものを座布団のようにバラバラに置いて貴人や高僧にすすめるなどして大切に使っていた．それが平安時代の寝殿造建築になると，板敷きの部屋の一部分に貴人のための上段の間のように並べて敷かれるようになった．各部屋は，土壁は使わず柱と板戸だけで囲まれていたため，雨露に弱い畳を敷き詰めるまでの工夫はしなかったと思われる．

その後，建築技術が進歩した鎌倉時代になるや，引違い戸で戸締まりをしたり，土壁をつくって雨露をしのいだりするようになり，それらで保護することによって畳を敷き詰めた部屋も出現した．それが「板敷」に対応させられて一般に「座敷」とよばれるようになる．このあたりの事情をマルコ・ポーロは聞いていたに違いない．

●**座敷の構造**　座敷の出現は，鎌倉時代にすでに基礎がみられるといわれる書院造建築の出現をうながした．書院造とは，座敷に，書院といわれる出窓のような読書机や床の間ならびに違棚といった飾りをつけたり，高級な場合は上段の間を設けたりする建築様式である．その書院造の最初期の典型例が京都・銀閣寺東求堂同仁斎にみられる（図1）．

同仁斎は，四畳半敷になっていて，窓付きの床の間のような書院と違棚で飾られている．このしつらえがその後の書院建築さらには和風住宅の手本となり，やがて支配者層の勢力を象徴する上段の間や，現在みられるような書画骨董を飾る床の間などが設けられるようになる．こうした立派な部屋の面影が漂っているからこそ，現在では，座敷は和風住宅での最高級の社交場所となる．ただし床の間

図1　座敷の極め付きをみせる銀閣寺東求堂同仁斎
［撮影：筆者・京都新聞社］

については，封建主義の象徴ともいわれて，第二次世界大戦直後には排斥運動さえ起こっている．

　だからといって，床の間といった飾りを取り払ってただ畳を敷き詰めたというだけの部屋をことさら座敷とよぶには，それなりの雰囲気が必要となる．

　広さについていえば，同仁斎のような四畳半は座敷というより個人的な居間であり，それを超える「広間」こそ座敷にふさわしい．ただし，住宅程度の建物では，強度上，上限は八畳から十畳敷きぐらいになる．したがって，十畳を超えるような大部屋は「大広間」，「方丈」などとよび替える．逆に四畳半に満たない畳敷きについては，書院建築から派生して生まれたとされる「小間」としての茶室などになる．

　こうした六畳から十畳敷ぐらいの適度な大きさの広間に漂う華やかさやか，つての書院を思わせる厳かさ，不気味さが，現在のお座敷にかかる，お座敷小唄，座敷牢，座敷童（妖怪），などという言葉に結びつくのであろう．

●納戸の効用　座敷は，障子や板戸で囲まれていて，客を華やかにもてなす場合はその戸を開放することが多い．その場合の戸や客のために使うさまざまな調度品を収納して座敷の影の部分を支えるのが閉鎖的な納戸である．壁で完全に囲まれたり，板敷きにされたり，時には眠蔵といわれて寝室になったりもしている．建具が回される座敷が角柱でつくられるのに対して，壁で囲まれる納戸は丸柱になるということもある．武家の巨大な座敷としての書院につく場合は，帳台（寝室）とか，座敷で威厳を正す殿人の警護武者を入れる武者隠しとかともいわれた．それだけに単なる物置とは違って，座敷と同じ程度の広さになることもある．

　この牢にも匹敵し，妖怪の住処にもなる暗い納戸が，明るい座敷に隣接する位置につくられて明暗の暗，陰陽の陰の部分を受けもつことになる．といっても，納戸牢とか納戸童といった，座敷牢などと同様にに使われてもよさような言い回しは聞いたことがない．

［宮崎興二］

ござと畳

畳は、藁・藺草・布・木・紙などからなり、藁を重ねて麻糸で締め（畳床）、藺草を編んで表（畳表）をつけ、両端に布の縁（畳縁）をつけたもの．わが国の生活様式の中で生まれ、育まれ、時代とともに進化した日本特有の床材である．

●**むしろ・こも・ござ**　日本の居住空間の基本として畳が登場する以前、むしろ（筵・席・莚）・こも（薦・菰）・ござ（茣蓙・御座・蓙）の存在があった．

縄文時代、竪穴住居での藁や草、板きれを敷いての生活が、弥生時代に大陸から伝わった稲作が定着すると、稲などの藁を加工し、むしろ（藺草・竹・蒲などを編む）や、こも（真薦を編む）を座具、寝具として使用するようになった．

ござは、藺草の茎で編み、薄縁（布で縁をかがる）のある敷物だが、平安時代、貴人の座する場を「御座」といったことから御座畳、御座むしろなる言葉が生まれた．屋内用であったが、畳の普及により鎌倉時代頃からは屋外の使用となる．明治時代、藺草の染色、製織機の研究を経て錦莞筵（緻密なむしろ）が考案され、これが花ござの元祖となり、現代では板の間や夏寝具の敷物にもなっている．平安時代中期につくられた辞書『和名類聚抄』「莚の項」に「龍鬢筵」と出てくる「龍鬢」は藺草の一名．水で晒し乾燥や漂白で赤茶けさせ、大目、小目の特殊な織機で色の斑なむしろに織り上げたことから発祥が平安時代にまでさかのぼることがわかる．

●**畳の歴史**　ござやむしろ、こもから発展して畳が出現した．『古事記』に「須賀多多美」「菅畳八重　皮畳八重」、『万葉集』に「木綿畳」などみられるように、奈良時代にはさまざまな野生素材の敷物を畳んで重ねることを「たたみ」と称していた．平安時代、板間を中心とした寝殿造が生まれると、貴人の座所、寝所に敷く部分敷の置畳として使用され、現在の畳の形（床・表・縁）がほぼできあがる．高位の人ほど広く、厚みを増し重ねて八重畳の様式が整えられた．重ね数、縁の色や文様などで地位、身分の規制がなされ、権力の象徴でもあった．

鎌倉時代の武家屋敷は、部屋内の周囲に畳を回して敷くようになる．

室町時代、書院造の普及により小さい部屋割りが行われ、部屋全体に敷き詰められ「座敷」とよぶようになる．座の規定と作法上から畳敷様が定められ、吉・凶などの敷き方が生まれる．茶祖村田珠光、武野紹鴎、安土桃山時代の千利休により「真・行・草」の四畳半茶室が生まれ、特別空間としての畳敷き部屋も出現する．

江戸時代、数寄屋造の派生により、畳割りから柱間が決まり、畳の規格化が定まる．御所畳・高野畳・京間畳を基準として、後に関西畳・関東畳が生まれ、庶民の家でも畳の敷き詰めが行われるようになる．

明治時代，上流社会では家具調度の洋風化で，畳の上に絨毯を敷き，椅子を置く生活となり，中流社会では床の間付き六畳，八畳間が一般化する．

昭和時代には，畳製造の機械が開発され，需要の増大がより畳の大衆化を招いた．しかし第二次世界大戦後，生活様式の変化により洋風生活が進むと畳の需要は低下傾向となった．畳部屋をすっかりなくす住建築が流行りながらも，畳業界は生き残りをかけ，耐久性，簡易性，安価性に重きをおく化学畳などを開発する．

近年は，少なくとも一部屋を畳敷きとする向きもあり，インテリア面での調和を重視し，素材，形，色にこだわらないユニークな畳も出現している．

●**畳の構成**　畳は，床・表・縁の3部分からなる．

畳床は，藁をふんだんに用いてつくられるもので，裏薦の上に藁と薦を縦横交互に数段重ねて，さらに薦で覆い，床の上面に畝藁をあてて麻糸締めしてできあがる．

畳表は，藺草を主原料としてつくられる．12～1月にかけて水田に苗を植え，5月上旬に生育しすぎて倒れることを防ぐための刈り込みをし，7月上旬収穫する．褐色変色しないよう染土を溶かした泥水に浸してから乾燥させる．この藺草を経糸，麻糸を緯糸として織られたのが畳表である．産地は備後，肥後，備前などが名高い．出来具合により品等分けする．大きさは地域により異なる．関西畳（京間畳：長手6尺3寸〈190.9 cm〉，短手3尺1寸5分〈95.4 cm〉），関東畳（田舎間畳・五八畳・江戸間畳：長手5尺8寸〈175.7 cm〉，短手3尺9寸〈87.9 cm〉），間の間畳（中部地方）（長手6尺〈181.8 cm〉，短手3尺〈90.9 cm〉）．古くは関西畳から始まるも，近年関東畳が主流となる．関西畳の面積を1とすると関東畳は0.85である．つまり住宅事情から小さくなったことになる．

畳縁の材料は，絹，麻，木綿（木綿糸表面の散毛繊維をガスの炎で焼き，光沢を出す），レザー，化繊など．紺，茶，黒，鶯色などの無地や，捺染した柄物がある．繧繝縁（朝鮮伝来の高級錦織物〈繧繝錦〉を禁裏の御座畳に使用したのが最初），高麗縁（白地に大小の黒紋を織り出したもの）などがある．

●**あぐらと正坐**　ござや畳が座る場所に敷かれていたことから，おのずと座り方に影響が出てくることがわかる．椅子に腰かけるのでなく，直接座るため，長時間その姿勢を保つ自然な座り方が，足を組む「あぐら」の姿勢である．

室町時代から安土桃山時代にかけて，茶道隆盛により，畳の上での所作，作法が取り入れられた．礼を重んじ美しい姿勢の座り方を追求したときに，膝を揃えて折って座る「正坐」が生まれた．柔道，剣道，武道，華道，芸道（和楽器奏者，歌舞伎，狂言，浄瑠璃，日本舞踊ほか，芸能の道，芸を修行する道）など，心を磨く修練の場に正坐は定着する．現代でも心を改めて望むとき，事に当たる気構えを表す時に最も有効な動作である．

世界に誇る「tanami」として，この伝統技術を継承すべきである．　　　　［佐藤　理］

囲炉裏と火鉢・こたつ

　吉田兼好の『徒然草』に「家の作りやうは夏をむねとすべし．冬はいかなる所にも住まる．暑きころわろき住居は，堪えがたきことなり．」という一節がある．このように日本では，寒さよりも蒸し暑い夏の過ごしやすさを考えて家を建てるべきだというのが，一時代前までは定説であった．とはいえ人々は外敵から身を守り，より快適な生活を送るためにさまざまな工夫をしてきた．なかでも「火」の使用は，寒さから守るだけでなく，夜間の照明や炊事の役割をもっていた．

●**炉から囲炉裏へ**　囲炉裏は，土間や床の一部を切って設けた炉で，縄文時代の竪穴住居の中央部の炉から発展したものと考えられる．現在では農山村でもほとんどみられなくなったが，普通，炉口1m前後の正方形あるいは長方形で，燃料はほとんどが薪である（図1）．また，コの字のように土間に面した一辺があいていて，土足のまま腰かけるようになった踏込炉もある．

図1　白川郷合掌造り民家の囲炉裏

　名称も，イロイ，ジロ，イジロ，ユルイ，ヒドコ，ヒジロ，ヒンダナなどと地方によっていろいろな呼び名があるが，その意味は人の居場所あるいは火所を表している．火を起こすことが困難であった昔は，何にもまして炉は，火種を保存する大切な場所であった．囲炉裏のある場所は，ジョイ，チャノマ，ダイドコ，イドコなどの名で呼ばれ，炊事・暖房・照明などの機能を備え，家族の食事や団欒，夜なべ仕事も行う重要な場所であった．今でいうダイニングキッチンであり，リビングであり，時には接客も行われた多目的空間であった．ただ現在と違うのは，囲炉裏を中心に家族，客人の座席が決まっていることで，上手の主人が座るヨコ座，主婦のカカ座，客人の客座，雇人の下座，という風に家長中心の家族関係や主従関係がみられることである．

　煮炊きには，鍋や釜を金輪とよぶ五徳にのせるか，自在鉤が用いられる．炉の上部には木材を格子状に組んだ火棚が吊られた．これは舞い上がった火の粉が茅葺の小屋裏に届くのを防ぐ火除けであり，同時に食物を乾燥させたり衣服，履物の干場としての用途にも使われた．

●**火鉢**　火鉢は，中に灰を入れ炭火を埋けて用いる日本の伝統的な暖房具である．材質では木製，銅や鉄など金属製，陶器などが多く，形状により長火鉢，角火鉢，円火鉢などがある（図2）．薪のように煙を出さず，煙突の必要もなく，どこへ

でも簡単に移動できることから，上流の貴族や公家，僧侶などが使用した．古くは『枕草子』28段に「火をけの火，すびつなどに手のうらうちかへしうちかへし，おしのべなどしてあぶりをるもの」とあり，火桶・炭櫃などとよんでいたことがわかる．

江戸から明治になると，庶民社会にも普及し，紺色の釉薬がかかった陶火鉢がどこの家にもよくあり，手を暖めたり，湯茶などを沸かした．また，安価な練炭を燃料にした練炭火鉢は実用的で，煮物などの調理にも使用できるため大いに普及し，昭和30年代頃までは各家庭に普通に見ることができた．炭を扱うには火箸を使い，火を消す場合は火消壺に入れる．五徳の上に鉄瓶をかけ加湿器代わりに，また網をのせて餅などを焼いた．手軽に持ち運べる利点は，生活空間に余裕のない都市生活には特に有効であった．

図2　昭和時代の陶火鉢

しかし，木炭は着火に手間がかかるうえに高価なこと，一酸化炭素中毒や火災の危険があること，煮炊き燃料としてプロパンガスが普及し始めたこと，手先を暖めるにはよいが全身の保温や室全体を暖めるのは困難であること，ストーブやこたつなどほかの暖房器具が普及したこと，などにより次第に使用されなくなる．

●**こたつ**　こたつは，昔からある日本の代表的な暖房用具で，掘りごたつと置きごたつがある．炬燵とも書かれるが，古くは火燵の字が使われている．掘りごたつは，45cm程度の炉の上に木製のやぐらを置き，その上に布団を重ねて暖をとったが，次第にやぐらの下部に土製の火壺を入れ，持ち運びが可能な置きごたつが誕生した．また腰掛式掘りごたつは，畳半畳分だけ床を数十cm下げて腰かけるようにし，その下に熱源を置き，上部にやぐらを置いたものである．これは明治42（1909）年に，イギリス人陶芸家のバーナード・リーチが，東京上野の自宅に設けたのが最初といわれる．

熱源は古くは，木炭，豆炭，練炭を使っていたが，火災や一酸化炭素中毒の危険性が指摘され，最近はほとんどが電気に代わっている．昭和30年頃には「やぐら式電気ごたつ」が発売され，その後石油ストーブ，ガスストーブ，エアコン，床暖房と日本の住宅暖房の画期的な変化が始まる．

こたつは，足部のみを暖め非活動的である．しかし，電気ごたつはコンセントさえあればどこでも使えること，一年中使える家具調こたつや一人用のコンパクトタイプが発売されるなど，こたつの簡便性や経済性は今なお根強い人気がある．またこたつを囲む家庭的な雰囲気を好む人は少なくない．飲食店なども腰掛式掘りごたつが使われ，高齢者や女性客にも好評である．

和室に限らず，洋室にもこたつを置いて座る日本人の住まい方は，これからも続きそうである．

［髙橋昭子］

床の間

　床の間は，16世紀末に成立した日本住宅独自の室内装置である．違棚・付書院・帳台構と合わせて「座敷飾」と総称され，掛軸や花を飾るだけではなく，部屋の格やその前に坐る人の身分を示す存在として重要な意味をもつ．

●**床の間の成立**　床の間の前身は，「押板」と「床」とされる．このうち「押板」は，仏具を供える机を造り付けにしたもので，机を前身とするため上面は板で，奥行きが約30～60 cm程度と浅い．一方「床」は，一段高くなった畳敷きの床をさし，これは寝殿造の時代に移動式の座具だった畳のうち，貴人が坐る厚畳・上畳を固定化したものである．いずれも『慕帰絵詞』巻1・巻7（文明14〈1482〉年の再制作）など15世紀後半の絵巻物に描かれること，15世紀末成立の『御飾書』に名がみられることなどから，応仁の乱前後に設置が広がったと考えられ，違棚や付書院も同時期とみられる．

　これら座敷飾の普及は，「唐物」とよばれる大陸伝来の美術工芸品の収集の流行を背景とする．押板や違棚は，収集した唐物を飾る場として重宝され，特に14世紀以降に登場した「会所」など接客用の空間を中心に設けられた．ただし，足利義教が室町殿に永享5（1433）年に造営した会所泉殿や，足利義政が長享元（1487）年に造営した東山殿の会所では，一建物内の複数の部屋に押板や違棚・付書院が設置されており，当初はものを飾る場としての実用的な意味が強く，主室に設けて部屋の格や座の上下を示すものではなかった．

　しかし，主従関係を確認する対面儀式の重要性が増し，形式が整えられるにつれて，16世紀末には座敷飾の配置が定型化し，特に押板は対面の場を飾る必須の要素として重視され，「床の間」として定着した．同時に，床の間を背にする席が最も上席であり，一座の中で一番身分の高い人物が坐るというルールも確立し，地域や身分を問わず広く浸透した．

●**床の間の種類**　床の間には，上面を板とする「板床」と，畳とする「畳床」がある．畳床の場合，前面に「床框」とよぶ水平材を入れて段差をつくる（框床）が，板床の場合は框床のほか，上面の板を「蹴込板」とよぶ細長い板で支える形式（蹴込床）や，段差がなく床高と揃えて板を張る形式（踏込床）もある．

　板床と畳床は，茶室では畳床が圧倒的に多く，数寄屋造も同様である．また，城郭御殿や天皇・公家の御殿では，江戸時代中期以前は対面などに用いる部屋には板床，当主や家族の生活空間や役所・局には畳床を設ける例が多く，畳床の方が私的な場に用いられる傾向が強い．これは，先にあげた室町時代後期の会所では，中心的な部屋には板床の前身となる押板のみ，茶立所や裏方には畳床の前身

となる床のみ，その中間に当たる居間などには両方を設けたことに起因するとみられ，数寄屋造の場合，主に私的空間に用いる様式であるため畳床が多用されたのであろう．

しかし，この使い分けは年代が下ると弱まって，江戸時代中期頃には畳床の採用が公的な場にも拡大し，板床もまた畳床に倣って半間の奥行をもつ形式に整えられて，2種の差は意匠的なバリエーションにすぎなくなった．このほか，床板を設けず壁を床の間に見立てる「壁床」や，移動式で取り外し可能な「置床」などの簡易形も工夫され，床柱や床脇の意匠も多様化した．

図1　園城寺光浄院客殿（1601）．正面が押板，左手の一段高い部分が床．［写真：長等山園城寺］

●**庶民住宅と床の間**　一方庶民住宅では，幕府や藩の役人を迎えるため，名主など上層農家や町家から設置が始まった．ただし，奢侈を防ぐ意味から設置を藩令で禁じた例もあって普及には地域差が大きく，国指定重要文化財の民家でみると，東北地方では18世紀後半でも床の間がない例が半数を占め，大部分が板床で，畳床は町家の石場家住宅（青森県）などごくわずかであるのに対し，近畿地方では17世紀前半で設置が8割を超え，しかも畳床と板床がほぼ同率である．また，関東地方の古式の民家では，土間に隣接する日常の居間に，押板に類似した奥行が浅い蹴込床を設ける例がみられるが，これは一般の床の間とは異なり，神棚や仏壇に近い機能をもつと指摘されている．

明治時代に入り，住宅に関する禁令が解かれると，庶民住宅への床の間の普及が加速した．さらに，明治期に婚礼や葬送・法事など人生儀礼が大規模で華美なものになり，その場として続き間座敷が必要とされるにつれ，座敷の意匠へのこだわりが強まった．床柱に銘木を選び，その質が座敷全体の評価に直結するほど重視する風潮も，この頃から始まったといえる．

戦後は，女性建築家の濱口ミホが『日本住宅の封建制』(1949)で床の間を格式的・封建的制度の悪弊と論じ，さらに洋風の住様式の浸透や都市部を中心とする住宅の狭小化により，床の間を設ける住宅は減少した．しかしなお床の間は，日本住宅の空間秩序の要として，和室とともに根強く生き続けている．　　　［小沢朝江］

井戸と竈

　井戸と竈は，人の暮らしに欠かせない水と火をもたらす施設である．そのため，上水道とガスが普及するまで，かつては日本の住居に，あるいはその近くに，ごく日常的な風景として備わっていた．両者は生活に密着した存在だった．

　生活に密着しているゆえに，地中深くに掘られた井戸からは状態の良い土器が出土しやすく，考古学者にとって井戸はいわばタイムカプセルである．また竈については，仁徳天皇（5世紀前半）が「高き屋に　のぼりて見れば　煙立つ　民のかまどは　にぎはひにけり」と詠んだという．竈が人々の生活水準のバロメータとされていることがわかる．また近世の火事の際には，災害の規模を示す数値として，被災した竈の数も数えられた．

　また，井戸と竈の適切な維持と管理は人々の生命に直結しており，それゆえ両者とも祭祀の対象にもなった．ただし本項では，その構造や変遷を中心に，遺構（モノ）としての特徴を述べる．

●**井戸の受容と展開**　きわめて日本的な風景と映る井戸と竈であるが，両者は意外にも日本で生まれたものではない．地面に穴を掘り，湧き出した水を溜め，汲むという，一見単純な発想にもとづく井戸も，弥生時代前期までの日本にはなく，弥生時代中期になって登場する．今からおおよそ2,300年前のことである．この初現期の井戸は，大陸ないし朝鮮半島からもたらされた外来の文化要素であり，単に飲用水を確保するためのものではなく，手工業生産，あるいは祭祀といった多様な背景（≒用途）のもとに設けられた可能性が高いことが，考古学者たちの全国的な発掘調査と研究によって明らかになっている．

　その後，古代（7世紀）になり国家としての支配構造が整うと，都市のかたちから衣服，食器にいたるまで，極論すれば目に映るすべてを身分によって序列化することが行われる．こうしたなかで，井戸についても，ただ穴を掘ったものから，板材を用

図1　羽釜を転用した中世の井戸
［出典：大阪文化財研究所『加美遺跡発掘調査報告I』2003］

いて四角く井戸枠を組み上げたものまで，序列化が行われた．井戸枠とは，井戸が崩れないよう壁面を保護し，水を溜めておくためのものである．井戸枠の材質は一般的に木材であるが，木材加工技術が未発達だった時代に板材は高級部材であり，多量の材料を必要とする井戸枠には，さまざまな材質が再利用されることも多かった．中世（12～16世紀頃）を中心として，日常の煮炊きに用いる土器（＝羽釜(はがま)）を井戸枠としてリサイクルした例などが知られている（図1）．

●竈の移り変わり　一方，住居で煮炊きを行う施設は，古墳時代前期までは地面を掘りくぼめた「炉」が一般的である．地上に構築される「竈」が登場するのは，古墳時代中期（5世紀頃）を待たねばならない．当時は多くの人・モノ・文化が組み合わさって朝鮮半島から渡来しているが，竈もそうした文化セットの一つであった．竈とそれとセットになる甕(かめ)＝鍋・甑(こしき)（蒸し器）が登場することにより，それまで煮る調理法が主流であった米の調理法に，蒸すというバリエーションが加わることになった（図2）．

図2　5世紀に渡来した竈の使用方法
[出典：大阪府埋蔵文化財協会『須恵器の始まりをさぐる』（大阪府立弥生文化博物館　平成5年夏季企画展図録）1993，提供：大阪府文化財センター]

このときに伝来した竈には，住居に造り付けるタイプと移動可能なタイプがあったが，より生活に密着した日常の竈として発達していくのは前者である．時を経て江戸時代には，造付けの竈は，「へっつい」，ないし「くど」「おくどさん」などともよばれ，地方によって異なるかたちへと発展していく．図3には，土間に四つの竈が並んで築かれた大阪府能勢地方の例を示したが，このように複数が連なって築かれることも少なくなかった．

図3　大阪府能勢地方の竈
[撮影：筆者，日本民家集落博物館にて]

外来のものをアレンジしてうまく取り入れ，便利に使う．日本文化の一つの特徴が，井戸と竈にも現れているといえるだろう．

[市川　創]

納屋と蔵（倉）

住宅に関連する納屋は，農家に付属し，使用目的が明確な農機具や行事に必要な道具などを納め，雨天の際には作業場としても用いられた．蔵と倉は，貴重品を保管するという意味では同義であるが，蔵が大切なものを長期間収納するのに対し，倉は米などの穀物や藁など納め，物置は雑多なものを収納した．

●蔵（倉）の変遷　原始社会の生活には不明な点が多いが，登呂遺跡（静岡県）では，発掘遺構をもとに，竪穴住居と穀物倉庫である高床家屋（図1）が昭和26（1951）年に復元された．その形態は，地面から建物をもち上げ，板を組み合わせて壁面を構成する板校倉造である．人が地面に接して住むのに対し，高床や板校倉によって，穀物が湿度や風雨などから受ける影響を少なくし，ねずみ返しを設けて保管に万全の注意が払われたが，登呂遺跡再整備に伴う再発掘調査の結果をふまえて，平成19（2007）年以降，別の形態で復元されている．

図1　高床家屋［作画：馬場智士］

奈良時代には，多くの寺院や役所などで，財物や穀物などを保管する正倉が校倉造で設けられた．この校倉造は，断面が三角形などの部材を組み合わせて壁面を構成するもので，現代のログハウスと同様の形式である．この校倉造も湿度調整機能をもっている．平安時代には，藤原頼長が建築した文庫の壁板に石灰が施され，収納物を火災から守る機能が追加された．

鎌倉時代後期には，質物を預かり金融を行う者を「無尽銭土倉」とよんだが，室町時代には単に「どそう」とよぶようになる．倉の収納・防火機能に加えて，富裕な商人そのものを示すようになった．

江戸時代，大坂の中心部である船場では，東西の通りと南北の筋によって囲まれた四十間四方の街区が形成されていた．この街区の中央部に東西方向に背割り下水が通されていたため，宅地は道路に面して間口が狭く，奥行きの深い形式となった．この宅地の最奥に土蔵が設けられ，背割り下水に面して耐火性に優れた土蔵が建ち並ぶ防火帯が形成された．江戸では，享保期に防火建築の奨励により土蔵造が普及するが，密集地に立つ庶民の木造家屋はその範疇外であった．すなわち土蔵造は，富有者のみが建てられるステータスシンボルであった．

近代になると，交通機関の発達により新しい郊外住宅地が開発されるようになる．大阪市住吉区でも，明治時代末期に高級住宅地として帝塚山などが開発された．郊外住宅地では，伝統的な建築をもとにした新しい和風住宅やハイカラな洋風住宅が建てられたが，土蔵は江戸時代と同様のものが建築された．江戸時代の船場で形成された土蔵が連なる景観は，表通りから見ることはできなかった．

それに対し，近代の郊外住宅地では，宅地の規模が制限されることから表通りに面して土蔵が建築されるようになり（図2），洋風や和風住宅の家並に加えて，伝統的な外観の土蔵が町並の景観に変化を与えるようになった．

図2　表通りに面した土蔵［作画：馬場智士］

●納屋・蔵に住む　農機具の収納や作業場であった納屋にも人が住んでいた．時代は明治4（1871）年，和泉国泉郡池田下村（現大阪府和泉市）の記録に，「当村門林斉一郎　借家　梁弐間・桁行三間　但斉一郎屋敷内納屋に住居罷在候」とあり，借家の納屋に林斉一郎という人が居住していたことがわかる．また，井上靖の小説『あすなろ物語』の主人公鮎太は，祖母と土蔵に暮らしている．土蔵は2階が居住空間で，北側に鉄の棒が入った小さな窓があり，床には畳が敷かれ，食事もここでしている．土蔵の中だから隙間風はないが，11月末になると朝夜には手足が凍えて感覚を失ったとあり，冬は暖房が必要であった．この小説は井上靖の自伝的小説で，時代は大正8（1919）年頃と考えられる．

昭和初期に土蔵を住宅に改修した建築家は，土蔵の前に玄関・台所・便所・風呂などを増築し，土蔵本体の柱は抜かない．内部は階段の位置を変え，両階に6畳（2室）と3畳（2室），押入を確保し，南面に大きな腰掛け窓を設けるという方針を掲げている．住み心地は，壁が1尺もあるので太陽熱を完全に遮断し，隙間風がないので暖かいが，通風と採光を十分採ることを喚起している．

●蔵と家相　家相による蔵の位置は，西北（乾）と東南（巽）が大吉で，財を増やし家運が栄えるといわれる．一方，東北（艮）・西南（坤）の鬼門・裏鬼門は大凶で，納屋も同じである．現代では住宅の敷地内に蔵をつくることは容易ではない．建築家によっては，平面の乾の方角に納戸を設けることもあるという．これなどはまさに現代の「乾蔵」であろう．

［植松清志］

風呂と便所

　風呂と便所は，ともに農家にとっての価値ある肥料の生産源である．かつては，風呂の湯も屎尿も，下肥として良い肥料になっていた．本項では，そうした時代の風呂と便所を取り上げることとする．

●**風呂のしつらえ**　一般的な風呂は，風呂桶に身体を沈めることができる湯をためて，湯の中に体を入れる浸かり風呂である．しかし，こうした入浴方法よりも古い形態は，蒸し風呂であったとされる．蒸し風呂は，近年まで瀬戸内や新潟県佐渡島などの各地に点在していた．佐渡島の蒸し風呂はオロケともいわれ，蒸し風呂の桶の中には，大鍋で沸かした熱湯を15 cmほど入れ，入浴者は足の高い下駄を履いて風呂桶の中の腰掛けに座った．湯は，下駄や腰掛けのやや下まではくるが，身体に触れる高さではない．人が風呂桶に入ると，梁から縄の綱で吊っていた笠を滑車を利用して風呂桶の縁で止まるまで下ろすので，風呂桶の中は真っ暗になる．足元には熱湯があるため身体は汗だらけである．石鹸は使わずに，手拭いと軽石を利用して，風呂桶の中で垢を落とした．こうした笠を被せる蒸し風呂は，関西などにもあって各地に広がりをみせていた．

　その後，五右衛門風呂（図1）とか長州風呂などとよばれる風呂が普及する．釜の上に風呂桶を取りつけたもので，釜で火を焚き熱せられるため，桶の中には浮板があって，板の中心を片足で沈めて入った．

　風呂桶の置かれていた場所は，土間の隅や，下屋庇の中などのほか，外便所と風呂を抱合せにして小屋にしたものなどがある．土間に設けられた風呂は，風呂桶とその脇に竹簀の子を敷いただけの簡単なものであった．その後，1960年代に日本で開発されたユニットバスは，工場で生産してから運び込んで設置するもので，防水性にも優れているため広く普及していった．

図1　笠つきの五右衛門風呂
（三重県伊賀市）
［作画：早瀬哲恒］

●**便所のしつらえ**　便器は，かつては木製であったが，近世後期頃から陶磁器製が普及し始めた．しかし，外便所はシモチョウズバとかセンチなどとよばれて，農作業の合間に履物を脱がないで用を足せる便利さがあり，古くは汲み取りのときに床が取り外せるように，溜め槽の上に間を空けて板を渡した程度であった．

　一方，内便所は，主屋の内部の上手奥に一間ほどの突出部をつくってしつらえている．ここは，カミベンジョとかカミコウカなどとよばれ，もっぱら客人の使

用にあてられた．つまり，屋内にある便所であっても，家人が使用することはなかったのである．客人の便所を必要とする家は限られており，したがって，どこの家でも内便所があったわけではない．

また，主屋の出入口脇外側の便所は，家人も利用するが，特に客人が使用するための小便所であった（図2）．客人は，建物に入る前に，まずそこで小便をしてから入るのが礼儀であったとされるほどである．

図2　主屋の出入口脇外側にしつらえた小便所（福島県鮫川村）

沖縄ではかつて，豚小屋の上に便所を設けて，屎尿を豚の飼料にするフルとよばれる便所がみられた．

●**肥料を得る便所と風呂**　尻拭いには，蕗の葉，葛の葉，柿の葉，藁，海草などを利用していた．また，籌木とよばれるヘラを尻拭いに使っていた時期がある．これは，東北地方の山間部では昭和20年代まで使用されていたもので，柾目の杉材を約15cmの長さで細く薄くして利用した．籌木は，大便所の壁に取り付けた箱に入れておき，使用後はその下に備えられた箱に移し替えられた．屎尿は，昭和30年代頃に肥料の変化が起きるまでは，下肥として肥料にされていた．そのため，異物が混じることを避けねばならなかった．便とからませて肥料にできる尻拭いはいいが，そうでないものは便とともに沈めてしまう訳にはいかない．板製の籌木は肥料にならないため，使用済みのものを入れる箱を用意しておいたのである．尻拭いとして紙が使われるようになってからも，使用前の紙を入れる箱と使用の済んだ紙を入れる二つの箱が備えつけられていたところもある．これは紙を肥料として撒くことを嫌ったためでもある．尻拭いとしての植物の葉や藁などは最も多く利用されていたが，これらは肥料にすることができたので，そのまま下の溜め槽に沈められた．

一方，風呂は，ムラのなかの近所の数戸が組となって，替わり番で風呂を立てるもらい風呂が，昭和30年代まで全国各地にみられた．こうしたもらい風呂では，風呂を立てた家の家族はもちろんのこと，近所の家族も入りに来るので，一度立てた風呂には十数人を超える人が入った．さらに，当時の入浴方法は現在の入浴方法とは違って，1本の手拭いで風呂桶の湯に浸かったまま身体を洗うものである．入り終えると，風呂桶の栓を抜いて湯を便所の溜め槽と合わせてから下肥として田畑に撒いた．このように，もらい風呂は，極上の肥料の生産源であり，その発生は周辺の隣人を巻き込んでつくる価値ある肥料の分配にあったともいえる．

使い終わった風呂の湯と便所の屎尿を同一の溜め槽に入れ，さらに飼っていた馬や牛の屎尿をも合わせて，下肥として利用したのである．

［津山正幹］

軒と縁側

　軒と縁側は，日本家屋の特長であり，歴史的にもさまざまな名称でよばれている．本項では，日本建築の構成から，軒，縁側の部位について解説する．
　軒は屋根の外壁から外側に出ている部分で，外壁や開口部を雨ざらしになるのを防ぎ，高い所から射す夏の日差しを調整する役割を果たす．軒の端部を軒先，上裏を軒裏という．一方，縁側は建物の周囲に張り出して設けられた板敷きの通路，空間である．軒と縁側は空間的上下関係で，軒はシェルター的に縁側の上へくるが，この関係は，もう少し大きく，日本家屋の母屋と庇という構成で捉えることもできる．

●**母屋と庇**　軒にあたる部位は，家の主たる空間である母屋に対して庇ともよばれる．そして，母屋に対して一段低い周囲の空間を廊下あるいは廊とよぶ．母屋に従属すると同時に，庭などの外部空間から直接屋内に上がることもでき，外と内をつなぐ中間領域でもある（図1）．母屋に従属する点では，洋風建築でいうベランダ，ポーチに似ている．

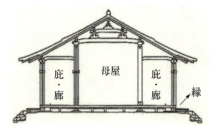

図1　母屋と庇・廊の関係

●**縁側の類型**　縁側の種類には，濡縁，くれ縁がある．濡縁は，壁や雨戸などのない軒下につくられる縁側をさす．またはそれらの外側につくられる簡易的なもので，普通は土台に縁束を立て，縁框を渡して縁板を張って固定した外部空間である．濡縁は水掛かりによる腐食や風化に比較的強い木材を用いる必要がある．
　くれ縁は，母屋の外側に下屋をつくり，その下に雨戸を建てて外部と内部の中間に設けた半内部空間である．通常，基礎の上にはつくらず，柱を束石（礎石）の上に立て，その上に縁桁とよばれる丸太や方形木口の平行材を架けて小屋組みにする．その下に床組みをし，長手方向に縁甲板などを張る．

●**廊空間**　縁側，廊下，庇なども広義には，つなぎの空間なので廊空間とよぶ．廊という漢字はもともと「屋根の下に家来がいる」という意味であり，家来の空間，すなわち主たる空間に対して一段地位の低い空間となる．廊空間は平面類型では縁取り型，接続型，包囲型に大きく分類できる．縁取り型とは，主たる空間である屋根の周囲を縁取るようにめぐらされた形式の廊空間である．接続型とは，主たる空間同士をつなぐように廊空間が存在する形式である．包囲型とは，お寺

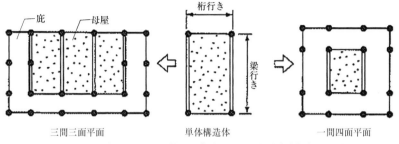

図2 間面記法［出典：石田潤一郎『屋根のはなし』鹿島出版会，1990］

の回廊のように堂や塔という主たる空間を取り囲むように廊空間が存在する形式である．

　縁側は，日本のような座敷形式によって生まれた空間といえる．中国にも廊空間は存在するが，主たる空間である母屋が板敷きあるいは畳敷きとなっている日本と，上下足の区別がない中国ではさまざまな違いがあるのだ．中国の園林の廊は廊自体に腰掛けられる手摺があり，休憩・鑑賞の場を形成している．

　縁側は，日本の代表的な外廊とよぶべき空間であるが，近年の住宅では縁側をもつ住宅が少なくなっている．1960年頃には85％の住宅で縁側があったが，40年後の1980年頃には5％に減じ，部屋間に廊下を設ける中廊下という住形式が増えている．内外の狭間にあって，かつては近所付合いの場となっていた縁側も近隣コミュニティとともに衰退したいったのだろう．

●**間面記法**　母屋と庇の関係から家の大きさを表す方法を間面記法という（図2）．この表記法では母屋の桁行きのスパン数を間で表す．梁行きの方向，すなわち奥行方向は2間と決まっているので，桁行きのみで母屋の大きさが示されるのだ．そしてその母屋の何面に庇が出ているかという数も示す．例えば四間三面とは間口の柱間が4間あり，三つの面に庇が回っているという構成になる（四面というのは東西南北すべてに庇が回っていることを示す）．庇は通常1間出る．

　母屋，庇は断面でみると，母屋部は天井高が高く，庇の部分は低く，外側に傾斜している．初期の母屋，庇構成では，母屋の周りに壁，建具が入っていて，庇部分は吹き離されていたものが，後期になると庇の外側に建具が入ってくるようになる．母屋と庇の床面は母屋の方が高く，明確に空間のヒエラルキーが異なっていた．また庇の外に孫庇を取り付ける場合もある．いずれにしても，4面の庇をもつということは母屋の周りにすべて庇が回るので，母屋，庇，その間の建具，壁によって空間が重層化される．これは現代の伝統的な日本の住宅にも引き継がれている．

［仙田　満］

寝殿造と書院造

　寝殿造は，寝殿を核とした上層階級（基本的に皇族・貴族）の邸宅全体構成をさす．寝殿造は，平安時代後期にその代表的形式が確認され，平安京の都市区画（条坊制）にのっとって敷地を確保した都市型住宅が祖形といえる．寝殿は，最高級住宅である紫宸殿と清涼殿をもとに創出された大空間を基本とし，内部は儀式空間と日常空間に大別されるものの，空間区分は室礼（御簾，几帳，屏風などの仮設間仕切り）で対応する．

　一方，書院造は，建物内が常設間仕切で細分された複数の部屋で構成され，主座敷となる部屋に床・棚・書院（付書院）のいわゆる座敷飾りを備えた上層階級住宅で，接客空間が生活空間から独立している．この住宅形式は，中世社会における接客空間の要求に応じて寝殿造の主要建築をもとに次第に変質し，室町時代末頃から江戸時代初期にかけて基本的な特徴を備えるに至る．

●**寝殿造**　平安京内裏における天皇の生活は，儀式の場（紫宸殿）と住まい（清涼殿）を中心としていた．そして11世紀以降に内裏が焼失と再建を繰り返すなかで，平安宮外の貴族屋敷などに臨時の皇居を構える里内裏の状況が現れ，内裏そののもの構成が縮小する．そして上級貴族たちは里内裏に適応し得る屋敷を構えるようになり，中心建築である寝殿は紫宸殿と清涼殿の機能を併せもち，寝殿前庭を広く構え，前庭を区画する中門廊や寝殿を補完する対屋をはじめ，警護・受付・待合・給仕部分や築地・門を備え，主要建築を廊で繋いだ邸宅を形成する．そして邸内の景観形成に重要な役割を果たしたのが，高度な作庭技術で創出された池泉築山による南庭や流れを表現した庭園であった．

　なお，寝殿造の理想型として，寝殿を中心に対屋や中門廊が左右対称配置されるものが考えられるが，必ずしもそのような事例は普及していない．また，貴族住宅においては，里内裏でなくても寝殿と前庭と中門廊を中心とした邸宅構成が普及したようで，その場合は簡略化した寝殿造とみることができる．

●**寝殿の変化と書院造的要素の出現**　寝殿は，中世に至っても，御所・上級貴族・上級武家の住宅において儀式空間としての身舎・庇構造をとどめる傾向が認められる．ただしその範囲は，時代が降ると，南面する住宅の南側に限定されるようになり，北側におけ

図1　銀閣寺東求堂同仁斎

る奥行の拡大と部屋の分化が顕著となる．また，寝殿を補完する建物（小御所・常御殿など）においては，部屋の細分化が建物全体に及ぶようになり，建物自体の用途が内向きの接客や住まいなどに分化する傾向が認められる．特に会所とよばれる部屋または建物の出現は，押板・床・棚・付書院などの座敷飾り成立に深くかかわっており，書院造的な要素の発生に重要な役割を果たした．その様相を簡略化した形式で伝える遺構が，足利義政持仏堂として東山殿に建築された東求堂である（図1）．

●**書院造の完成**　こうして寝殿造は，書院造的な傾向を強めていく．すなわち，部屋の細分化と畳敷きおよび天井設置，引違い建具の採用，丸柱から角柱への変化，座敷飾り採用，敷地や建物が接客用・家族生活用に分かれる，などの変化を示す．慶長13（1608）年成立の大工技術書『匠明』が伝える室町期の邸宅は，基本的な建物配置において寝殿造を踏襲しつつ，主要建築の平面が変化している．そこでは寝殿に相当する建築が主殿とよばれ，その主室は上段・床・棚・帳台構を備え，書院造と認め得るものである（図2）．一方『匠明』は，室町期に主殿とよばれた邸宅内の主建築が桃山期に大型化して広間とよばれるようになったことも伝える（図3）．広間の代表的遺構は二条城二の丸御殿大広間（1603）である（図4）．大広間は徳川将軍家が在京邸宅に設けた主建築（対面用施設）で，寛永期（1616）に大改修を受け，天井造作，上段規模，飾金具，小壁まで達する障壁画，彫刻欄間など，建築装飾が豪華絢爛を誇り，書院造は完成域に至る．

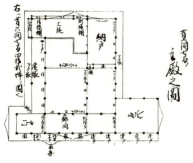

図2　昔六間七間主殿之図

図3　当代広間之図［図2ともに出典：『匠明』慶長13〈1608〉］

図4　二条城二の丸御殿大広間内部

　豪華絢爛を誇る書院造は，大名屋敷や大寺院において盛んに造営されたが，明暦大火（1657）を契機として贅沢な造営は制約を受け，定型化する．また，数寄屋建築の趣向を内外意匠に積極的に取り入れた数寄屋風書院造も現れる．　［大野　敏］

行灯と提灯

　行灯といえば，行灯部屋，無窓の部屋の片隅におかれる灯明……，というイメージが湧出するのは時代劇の影響であろうか．どうしても室内における設置型の照明を連想してしまう．しかし，漢字をもう一度確認すると，行灯とは「行く灯り」．もともとは移動式の照明であったことを名称は辛うじて訴えている．提灯，すなわち「提げる灯り」の発明・普及に伴い，行灯は無窓室へ追いやられた，というより固定式の灯明の名称へと役割分担した，とみるべきであろう．

　また，電灯の発明以前，つまり近世までの光源は油と蝋に大別されるが，経済的な観点からみると油が優っていた．これらの光源を風や移動に際しての振動から守るための工夫が，さまざまな形態の行灯や提灯を生み出したといってよいだろう．

●**行灯**　行灯に先行する携行用の照明には，松明などがあげられる．これを固定式で用いたものが篝火となろう．また，室内における照明の初源は炉（地炉）と考えるべきで，固定式の外灯としては灯篭（燈篭）があげられる．燃料としては松明，篝火，炉が木材の燃焼を利用したのに対して，灯篭では油を燃料に用いた．そのため，かつて灯篭は寺社などの利用に限られた．灯篭が防火の観点から石や金属でつくられたのに対し，行灯が木材や紙など軽量な材料を中心につくられたのは，携行を前提としたためとみてよいであろう．ちなみに，行灯の名を文献上で見かけるのは室町時代からである．燃料の油（灯油）は

図1　有明行灯

植物油が主流で，中世末以後に菜種油の生産が拡大し，庶民にも利用されだした．これらが，行灯の普及した背景として考えることができる．

　灯油を受ける灯明皿に灯芯を添えて点火し，照明とするものは古くは中国伝来の短檠があったが，形態としては，この光源を風などから守るため周囲に木組を設け，紙を張ったものが行灯といえる．

　形態としては角行灯，丸行灯があり，用途としては常夜灯の役割を果たし，有明時（夜明け方）まで灯る有明行灯（図1）があげられる．また，釣行灯は天井，掛行灯は柱や壁，辻行灯は屋外に設置したものである．

●提灯　一般に，提灯の光源には蝋燭を用いる．蝋燭を光源とする照明としては先行して蝋燭をそのまま据える燭台，手燭があり，光源を風など守るための覆いが考案され，提灯や雪洞が成立したといえよう．雪洞はこの覆いが固定式のもので，古くは角形であったものが，雛飾りでみるように円形となり，江戸時代中期以後に普及した．中世末頃の記録に，籠提灯の名前がある．これは覆いが籠で編まれる，それ自体が上下して蝋燭の点灯などを行う提灯の先駆例である．近世に入ってから現在もみる，覆い部分を螺旋状に巻いた竹ひごで骨組みをつくり，その表面に紙を貼る形式のものが考案された．折り畳んで収納ができる点が最大の利点といえよう．

図2　ぶら提灯　　図3　弓張提灯　　図4　小田原提灯

ところで，提灯の製作はどのように行うかご存知だろうか．まず，提灯を上から見て8等分程度とした型をつくり，その側面には竹ひごの掛かる溝をほぼ等間隔で設け，上下を軸としてこの型を回転させて竹ひごを巻き上げ，この外側に紙を貼るのである．型は上下端がすぼんでいるため，一つずつ分解して引く抜くこととなる．このように書くと簡単そうな作業であるが，型だけを見せられてもこれが提灯製作用のものだと一目で見抜くことは至難の業である．

さて，現在みる提灯における最大の長所は伸縮自在ゆえの収納性の高さであろう．かつて民家では提灯を収納する箱が内法上によく並んでいた．提灯の形は，籠提灯から，竹ひごで型取りする箱提灯が考案されると，さまざまな形のものがつくられるようになった．江戸時代初期に，ぶら下げて携行した瓜形のぶら提灯ができ，さらにこの上下を固定したものに弓張提灯ができた（図2〜4）．提灯を置いて使うこともできる利便性に富んだものである．なお，提灯が固定式の看板として用いられこともあった．そう，あの赤提灯だ．紅提灯ともよばれ，起源は江戸時代中期の大坂とされる．

最後に，光源となる蝋燭についても触れておこう．蝋燭は，古くは蜜蝋を使ったが高価で仏事などでの使用に限られていた．中世末から松脂，ハゼ，漆などの木から採取する木蝋を原料とするものが量産され，和蝋燭として広まった．

[平山育男]

塀と垣根・生垣

　古来人々は，自分の所有する領域や敷地などにおいて境界を明示してきた．「民と民」および「官と民」の境界線に沿って木や竹，植物，近年はコンクリートブロックや金属フェンスなどで「囲む」ことがなされ，この囲いは広義では塀といわれ，垣根（生垣を含む）もその一つといえる．民法第 225 条 1 項に「囲障設置権」という規定があり，隣地側境界部における囲障（塀や柵）を設置できる権利も明示されている．この目的は境界部分の明示による土地の所有，防犯（防御），プライバシーの保護などである．

●「囲い」の始まり　日本は，木の文化の国ともいわれ，縄文・弥生時代の古代遺跡をはじめ，最古の木造建築といわれる法隆寺五重塔，中世から近世にかけての寺院，城，城下町などの街づくりにもカシ，ヒノキ，クリ，シイなどの木材を中心とした自然素材が用いられている．弥生時代後期の吉野ケ里遺跡にも，集落の防御のために掘られた濠の内外には木柵や土塁（土を積み上げて築いた壁）などが外敵の侵入を防ぐために設けられており，広義の塀の始まりと思われる．平安時代中期の長編小説ともいわれる『源氏物語』第 4 巻「夕顔」のなかにも「この家のかたはらに，檜垣といふものの新しうして……」「花の名は人めきて，かうあやしき垣根になむ咲きはべりける……」という部分がある．「檜垣」とは檜の薄い板を網代のように斜めに編んでつくった垣根で，平安時代には，それほど立派でもない家の外構えに用いたとされており，広義の塀（囲い，垣根）の一つとも考えられる．日本建築は木材のほか，竹材，紙，土なども用いてつくられてきており，屋根材の瓦（粘土瓦）も 6 世紀末の飛鳥時代には百済から伝来したとされ，奈良県の飛鳥寺は日本最古の粘土瓦が使われたとされている．貴族の邸宅や寺院，御所などでみられる「築地塀」（図 1，木で柱などの骨組みをつくり，練り混ぜた土を突き固める版築という工法で壁をつくり，屋根には瓦などを葺いた塀）もつくられていて，平城京の築地塀の高さは 10 m 以上もあったといわれている．

図 1　築地塀

●塀の発展経緯　塀は，高さ，遮蔽性の有無，材料などから分類することができ，板塀，竹垣，生垣（植物による壁や塀），石塀，築地塀，ブロック塀（特に第二

次世界大戦以降)などがあげられ,少なくとも近代以前は材料,工法とも大きな動きはなかったと推定される.今でもよく口ずさまれる童謡「たき火」は,戦前の昭和16(1941)年にNHKのラジオ番組「幼児の時間」で放送されたもので,歌詞の冒頭「かきねの,かきねのまがりかど」の風景のもととされる東京都中野区上高田の場所は現在も建仁寺垣(後述)に似た竹垣の垣根が現存している.竹垣もさまざまな形や高さのものがあり,桂垣(桂離宮のものを原型とし,竹穂を並べ割竹で押さえる.通常高さは1.5〜2 m),建仁寺垣(四ツ割竹を隙間なく並べ,竹の胴縁などで押さえる.通常高さは1.5〜2 m),御簾垣,松明垣など遮蔽性のあるものが主である.境界部の塀の一部としての生垣の利用がいつ頃から普及したかは定かではないが,「屋敷林」というかたちで家の敷地の外周にスギ,マツなどを植え込むという手法も塀の一種ともいえ,古くから用いられている.

塀としての機能をもたせる生垣はカシ,キンモクセイ,カナメモチなどの常緑樹を基本とし,高さは1〜1.2 m位が一般的で,目隠しなどの必要性に応じて1.5〜2 m位の高生垣もある.樹種によって異なるが年2〜3回の刈込み作業にて,塀としての形の維持が必要である(図2).

図2 アラカシの生垣

●**これからの方向性** 明治中期に開発されたコンクリートブロックは,第二次世界大戦後の復興計画とあいまって簡易で高い不燃性を有する素材として工場規格化され,大量生産が始まると建築材料から敷地を囲む塀の基本材として全国的な普及がみられた.建築デザインの多様化から,鉄やアルミなど金属を主体としたフェンスやブロックを基本材とした塀,煉瓦塀,タイル塀,石材など工業製品による「囲い,塀」が増加している.また,車社会の到来に伴い,駐車場が敷地内の一定の空間を占めるようになり,敷地全体を塀や扉などで囲む「クローズ外構」から,道路面は扉も塀もないかたちの「オープン外構」といわれる形態も多くみられるようになった.敷地の狭小化に伴い「囲う」という概念の塀は減少すると思われる一方,材料的に耐久性を高めるためにプラスチックや木樹脂製などの人工竹,人工木材は増えていくだろう.しかし,一方で,自然自然素材のもつ良さもまた生かされていくべきであろう.また「垣根越し」という言葉で表現されるように,境界の内と外でのコミュニケーションは大事である.特に道路に接する部分は「民と官」そして街並みへの接点となる部分でもある.高く閉鎖性のある塀よりは生垣や樹木などの緑を効果的に演出して,道往く人にも配慮した垣根や塀が必要となってくるに違いない.

[藤山 宏]

町家と長屋

　町家という言葉は，町の家＝都市住宅と考えられやすいが，鎌倉時代に増補されたイロハ引きの古辞書『伊呂波字類抄』に「店屋　マチヤ　坐売舎也」とある．路上でものを売る立売りではなく，坐って売る常設の見世＝店舗をもった職住一体型の住まい，これが町家の語源である．住まいと生業が一つになった町家は，生活の器にとどまらず，社会性をおびた都市の居住装置といえる．

●京の町家　現在の京町家の姿は，江戸時代の中頃に成立したとされ，250年以上の歴史がある．外観は瓦屋根の中二階建で，一階に京格子をはめ込み，木部はベンガラ塗仕上げになる．どの町家も同じような表構えで，町並みに調和がある．その一方で，間口の大小や商売の違いから，庇の高さや格子の意匠にちょっとした変化があって，一軒一軒の主張もある．

　町家の室内は，数寄屋風の座敷，箱階段の収納，簡素な土間の梁組など，贅を尽くしたというより，限られた材料を効果的に使い，洗練された意匠に高めている．さらに通り庭（表から裏口まで続く土間）を奥に抜けると，飛び石や石灯籠を配した前栽がある．新緑や紅葉はもちろん，夏は木々の間を抜けてきた涼風が盆地特有の暑さを和らげてくれる．ともすれば季節感を見失いがちな都市生活の中で，居ながらにして季節の移ろいを楽しむことができる．ヒューマンスケールの京町家には，現代建築が忘れがちな環境共生の仕組みが隠されているのである．

　京町家の古い姿は，戦国時代から江戸初期に制作された「洛中洛外図」に描かれている（図1）．店の屋号を染め抜いた暖簾をかけた町家の中には，「うだつ」をあげた立派なものがある．うだつとはもともと梁の上に立つ小さな柱のことであったが，隣家との境に立ち上げた小屋根をさすようになり，それが一戸建の町家の象徴とされた．現在の京都でうだつをあげた町家を見かけることはほとんどない．それは，大半の町家が幕末の大火以降に再建されたもので，江戸初期にさかのぼる建物が残っていないからである．

●大坂の長屋　町家には一戸建

図1　「紙本金地著色洛中洛外図屏風」（部分）［所蔵：国立歴史民俗博物館］

だけでなく，長屋建もある．長屋と聞くと多くの人は裏長屋を連想する．江戸の町に裏長屋が密集していたことはよく知られているし，大坂も路地と裏長屋の町であった．しかし，長屋には通りに面して建つ表長屋もある．大坂には表長屋が軒を連ねる町並みがあった．19世紀初め，幕府の役人として大坂に赴任した大田南畝が「大坂は御覧の如く長屋建家多く御座候」と書き残しているのは，表長屋のことである．当時の大坂は借家が80％以上を占め，その大半が長屋建であった．表長屋の間取りや表構えは，一戸建の町家とたいして変わらないが，貸家（借家）であった．

江戸時代，大坂の人は，表長屋の借家人であることを恥としなかった．むしろ商売の浮き沈みの激しい都市では，商売の規模に合わせて住み替えができる借家住まいを選択した．これは大阪の合理主義である．経済面での合理主義は不動産経営に垣間見ることができる．元禄文化を代表する井原西鶴は，貸家経営の極意をこう記している．「土地つきの大屋敷を購入して借家にし，家賃を取ることほど確かな利殖法はない．火災という心配はあるが，それは100年に一度くらいでめったにない．それに六分の利回りであれば，複利で計算して14年もたてば元金を取り戻すことができ，地所は永久に自分の宝になる」(『西鶴織留』）．長屋住まいも貸家経営も，大阪の商人の知恵である．

●**町家と長屋の再生**　京都で町家の再生を最初に主張した「京町家再生研究会」は，平成4(1992)年に発足した．研究会は，町家の調査・研究，町家再生の実践，情報の発信，活動の連携という四つの柱を掲げ，京町家の継承と創造に取り組んできた．平成11(1999)年には大工技術の継承と施主・施工者の新たな関係を構築するための「京町家作事組」，町家再生の活動をサポートする「京町家友の会」が発足した．さらに平成13(2001)年には空き町家の流通を促進し，町家活用の活性化を図る「京町家情報センター」も加わった．四つの組織が有機的に活動することで，京町家の再生は大きく進展した．町家の活用というと飲食や物販の店舗に改装される事例が多いが，再生研が手掛けたものは居住専用が多く，暮らしに根差した地道な再生が行われている．

一方，大阪では長屋の再生が進んでいる．その嚆矢は平成15(2003)年，大阪南の阿倍野区昭和町にある四軒長屋の「寺西家阿倍野長屋」が登録文化財になり，おしゃれな飲食店が入って活気が甦ったことである．町名にちなんで，毎年4月29日の昭和の日には「どっぷり昭和町」というイベントが開かれ，大勢の参加者がある．長屋の文化財第2号は，平成20(2008)年に登録された北区の「豊崎長屋」である．建物の老朽化が進んでいたのを大阪市立大学の教員と学生が実習を兼ねて修復し，6年をかけて甦らせた．ここでは毎年11月に「長屋路地アートフェスティバル」が開かれている．大阪の南と北で，大阪らしい才覚を利かせた長屋再生が進行している．

〔谷　直樹〕

武家屋敷

　10世紀頃に登場した武士は，在地領主としての性格と職業的戦闘者としての性格を併せもっており，本貫の地に居館（武士のイエ）を構えるとともに，主君の本拠地に宿所を設けて軍役を奉仕していた．その後，16世紀末，豊臣氏ついで徳川氏による天下統一の過程で兵農分離が進むと，武士は在地から切り離され，一族郎党ともども主君の城下町へと集住させられることになった．こうして成立したのが武士の専用居住区としての武家地である．ここでの屋敷は主君への奉公を前提として与えられる（拝領する）ものであり，その関係が変化した際にはしばしば屋敷の移転，給賜または没収（上地）を伴った．その点で，拝領屋敷の所持は近代的な意味の土地所有とは異なっていた．

●**江戸の武家屋敷**　近世中期，人口が100万人を超えた江戸には，約260家の大名（石高1万石以上），約5,200家の旗本（1万石未満，御目見以上），約17,000家の御家人（御目見以下）の屋敷が存在し，面積にして江戸全体の7割弱を占めていた．

　大名は，原則として隔年で国元と江戸とを往復することになっており（参勤交代），幕府から上屋敷（大名居所）・中屋敷（世嗣や隠居らの居所）・下屋敷（別荘）・蔵屋敷（倉庫，販売所）など複数の屋敷を拝領して江戸における拠点とした．江戸詰めの藩士は原則としてこれら屋敷内に設けられた長屋に居住していた．

　一方，旗本以下の幕臣は，江戸常住が原則であった．旗本の屋敷は原則として1個所だったが，上級旗本などは下屋敷を拝領する場合もみられる．これら大名・旗本屋敷は都市に対しては閉鎖的な構えをとり，外周部を築地塀または長屋が取り巻き，敷地内部に接客空間（表）と居住空間（奥）が平面的に展開した（図1）．

　また御家人の与力・同心らは，単独ではなく組単位で屋敷（組屋敷）を拝領しており，この場合は

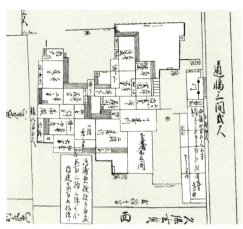

図1　駿河台の旗本住居の例．拝領者は300石の旗本で，図によれば敷地面積は533坪7合，建家面積は190坪である．[出典：『屋敷渡預絵図証文』，所蔵：国立国会図書館]

一戸建ではなく長屋居住であった．下級の幕臣の場合には町人地内で町家（拝領町屋敷）を与えられることもあり，彼らはこれを町人に貸与することで現金収入を得ていた．

　これらの拝領屋敷の規模と立地は，幕臣の禄高と役職と相関関係にあった．江戸では，家禄高に応じた屋敷の坪数の基準が設けられており，屋敷拝領願いの審査の際にもこれに合致しているかどうかが確認された．また将軍の近臣は江戸城近辺に屋敷を与えられる傾向にあり，特に老中や若年寄などの重要な役職に就任した場合には執務のための屋敷（役屋敷）を拝領した．それゆえ政権交代が行われた場合，江戸城近辺の屋敷拝領者は大きく入れ替わることになる．その際，屋敷内の建家や建具，庭の植木や石などは原則としてそのまま次の拝領者に引き継がれた．

　しかしこうした拝領屋敷のシステムは，幕臣団の拡大と屋敷地の不足により18世紀頃から綻びをみせ始め，屋敷地交換（相対替）を名目にした実質的な屋敷地売買の増加や，屋敷地の貸借による拝領主不在化，郊外の百姓地の買得による抱屋敷の増加などが進展していくことになる．

●諸藩城下町の武家屋敷　諸藩の城下町についても，城の近傍に重臣の屋敷があり，家禄高に応じた屋敷規模が定められていること，時代が下るにつれて拝領のシステムが次第に弛緩してくることなど，一般に江戸との類似性を認めることができる．一方で，屋敷の売買・貸借・譲渡などをめぐる方針は藩によって若干の相違もみられる．例えば萩城下（山口県）では，一般には建前上禁止されることの多かった武家屋敷の売買が公認されていた一方で，武家屋敷にふさわしい景観を維持するための独自の規制があったことも明らかにされている．

　このような諸藩の武家屋敷管理システムの比較検討は今後の武家地・武家屋敷研究の重要な課題である．

●現代に残る武家地・武家町　東京の場合，江戸の武家地の名残は，いくつかの大名屋敷の門（東京大学赤門として知られる加賀藩御守殿門など）や庭園（小石川後楽園・六義園など）の遺構などにうかがえるのみであるが，地方都市では今も町並みとして当時の雰囲気をとどめるところも少なくない．

　平成26（2014）年12月時点で，国の重要伝統的建造物群保存地区に選定されている武家町としては，青森県弘前市仲町・岩手県金ケ崎町城内諏訪小路・秋田県仙北市角館・島根県津和野町津和野・山口県萩市堀内地区および平安古地区・高知県安芸市土居廓中・長崎県雲仙市神代小路・宮崎県日南市飫肥・鹿児島県出水市出水麓・同薩摩川内市入来麓・同南九州市知覧の12地区がある．これら保存地区に限らず，旧城下町を古絵図片手に歩いてみれば，一見現代化した町並みの中にもかつての武家地の空間構造が意外なほどに生きていることに気づかされることだろう．

〔岩本　馨〕

天井と壁

　日本建築は，古くから木造が一般的で，これを柱や梁で構成する軸組構法が主流であった．かつて日本の住宅は夏を旨としてつくられたが，極端な場合，建具を開け放つと壁面には柱だけが残るわけだ．ところが逆にいえば，この構法では広い面積となる壁面や天井などを木材で直接覆うことはやや難しいということになる．そこで日本人はどのようにして，面となる天井や壁を造形したのであろうか．

●天井　最も古くにさかのぼり，かつ素朴な天井（とはいえないかもしれないが）の形式は，屋根裏を見せるものであったと考えられる．一方，水平な天井を張るという点でみると，現存する最古の例は，7世紀に創建された法隆寺金堂となる．この時代の仏堂において，天井は大抵の場合，格縁とよばれる材を格子状に細かく組む形式で，その上面の空隙を板材で覆う方法がとられた．つまり，天井の「井」とはこの格縁の木組をさすものとも考えられるゆえんである．そして，古く格子は梁組が直接受ける構成が築かれていたため，視覚的にも部屋の上面となる天井は大抵，梁材が直接受けつつ支える形式であった．これを組入天井とよぶが，組入天井で問題はやはり天井板だ．古代では板をつくること，すなわち製材のために丸太材を割って行ったため，面積が広く，かつ薄い板材をつくることは適わなかった．また，組入天井の周囲は折り上げた曲面（支輪）となるが，ここでは薄い板を曲線に合わせて曲げるのではなく，曲面を材から削り出す，というやや厄介な仕事をしたのである．なお，平安時代以後になると法隆寺講堂にみられるように天井面は梁材の下端に配し，梁から天井を吊る構成が一般的となる．このため，格縁を細くすることが可能となり，それに伴い小組格天井から格天井へと変化したとみてよいだろう．また，梁材をすべて天井裏に隠すことにさまざまな利点があったことは言うまでもない．桔木（深い軒を支える部材）の利用などもこの隠された屋根裏で同時期，着々と進んでいた．なお，鎌倉時代の禅宗様建築からは，板を鏡のように平滑に張る鏡天井がみられる．

　一方，住宅系の建物でも古くは屋根裏天井であったが，平安時代の寝殿造では少なくとも一部に天井が張ってあったと考えられている．棹縁天井の古い事例は『春日権現験記絵巻』にネズミが走り回る棹縁天井の裏側が描かれている（図1）．民家の遺構では最も古い部類に入る室町時代の箱木家住宅主屋，古井家住宅主屋ではいずれも天井を張らない．民家における天井では，かつては簀の子を引く簡易的なものが多かったようで，後代ではこの上に筵などを敷いて土などで固める形式となった．また，やや意匠的なものではスギやヒノキの材を薄く裂いた板材

を編んだ網代天井もみられる．なお，網代は面を覆う材として壁や垣根などにも用いられた優れものであった．現在でこそ和風建築において一般的な天井形式は棹縁天井であるが，民家においては近世，禁令も出され贅沢な仕様とされていた．地方の寺社建築でも，差し当たり本体の建築を終え，天井は後年に建築する事例も多々みられた．

よく和室にあるような棹縁天井は，薄い板の生産が比較的容易になって初めて可能となった．つまり，それは縦引鋸が普及する室町時代以後，一般には江戸時代以後となるわけである．

なお，鉄筋コンクリート造の建物でも，天井板は本体から吊るすという点で，平安時代以後に端を発する，構造材を隠すという本質は一貫して変わってはいない．

図1　天井裏の様子［出典：『春日権現霊験絵』(模本，部分) 前田氏実，永井幾麻作，所蔵：東京国立博物館，Image：TNM Image Archives

●壁　壁という文字には「土」が含まれる通り，古代に大陸から伝来した技術にもとづく寺院建築では土壁が一般的であったといえる．土壁をつくる場合は骨組みとなる小舞による下地材を格子状に組み，ここに壁土を施工する．これが小舞(下地)壁であり，土壁では最も基本的な形式となろう．ただし，これに先行し，漢字が伝わる以前から，板材で壁がつくられていた．有名どころでは登呂遺跡の板倉，伊勢神宮の社殿などだ．しかし，すでに述べたように板は貴重品であったため，板壁は極めて限られた建物にしかみることができなかった．

これに対し，民家では古くは茅壁が一般的であったとするのが妥当だろう．茅壁は遺構では江戸時代中期に建てられ，長野県の秋山郷から大阪の日本民家集落博物館へ移築された山田家住宅主屋にしかみることはできないが，北陸，東北の復原家屋や北海道のアイヌによる民家（チセ）などにも茅壁がある．

土壁に話を戻そう．土壁を設ける際，土を塗るにしても，結局は水に溶かして土，粘土などを何らかの方法で固定しなければならない．その下地が小舞となって使う．一般には竹で3cm角程の空隙をもつ格子状に組み，この空隙に練った壁土を押し込むこととなる．ここで下地材が竹になるのは加工が比較的容易で，広い地域で採取が可能なことがあげられよう．ただし，竹が採れない地域では細い木材が用いられることもあった．つまり壁面では天井と同様に，荷重がかかるわけではないものの，防火や防寒の必要性から土を用いる壁が普及したといえよう．実際，鳥取県の妻木晩田遺跡では，弥生時代の竪穴式住居の屋根茅を土で覆う事例が報告されている．

このように，広く平らな面となる天井と壁は，木材の供給態勢と強く関係しながら展開・成立をみたといえよう．

［平山育男］

鴨居と敷居

　わが国には,「敷居を跨ぐ」「敷居越しに」「敷居が高い」などという,相手との区切りを意識する言い方がある.また最近は親の躾でも聞かなくなったが,昔風の人は「畳の縁を踏んではいけません,敷居は踏まずに跨ぎなさい」などと仕切の越え方に気を遣う.また多くの諸外国では,外から帰ってきても靴はそのままで入口の扉から奥の部屋へずかずかと入っていくが,わが国では履き物は玄関で必ず脱ぐ.つまりわが国には,外国と違って世界的にも珍しい,外と内の仕切をはっきりさせる生活習慣があって,鴨居と敷居にはその習慣の極致がみられる.

●間戸　建物は外壁によって外と内に分けられるが,その外壁には外と内をつなぐための窓や出入り口といった開口部が付けられる.といっても,レンガ造や石積みの建物が多い西洋ではあまり大きな開口部やあまりたくさんな開口部をつくると壁は崩れてしまう.それに対して,古くから一貫して,一間置きの柱間で規則正しく柱が立つ木造家屋が建てられてきたわが国では,大きな開口部を取ることができた.一間の大きさは,平安時代の寝殿造様式が,鎌倉時代から室町時代にかけて武家住宅や書院造様式へと発展するに従い,平均7尺(2.1m)から,規模が大きい場合は10尺(3m)のものも現れるようになった.その柱間全面に採光や出入りのための建具(戸)を取り付けたものがわが国の「間戸」,つまり窓である.このように西洋とわが国の窓は構造上も語意の上からも違っている.

●鴨居と敷居　間戸などの開口部の上と下に渡される横木が鴨居と敷居で,外に面した出入口や窓,あるいは内部にある部屋の間仕切りに建具を建て込むときなくてはならない部材となる.その建具の構造には引違い,片引き,引分けなどがあり,それに合わせて鴨居と敷居には溝を彫ったり,レールを仕込んだりする.鴨居には背が高く溝の彫り込みがある「差鴨居」,溝がない「無目差鴨居」,建具が2段に配置された場合の中段にある「中鴨居」,鴨居の位置に廻る化粧材として壁に付けられる「付鴨居」などがある.

　こうした鴨居は,もともと鴨柄といった.柄とは湯水を汲む杓の取っ手の棒のことで,その「柄」が「居」に転じたといわれる.鳥が木の枝に止まる姿を古語でヰる(居る)といい,まだ社などなかった昔の神聖な神社の中心には,神の化身としての鳥が止まり木に居る姿を表す鳥居が置かれた.それがのちに神域の門となるが,鴨居にその鳥居の姿をみる考え方もある.

　一方,敷居は,敷地の外と内を仕切る門の左右一対の門柱の足元に渡された「閾」という横木に由来するといわれることがある.閾は,俗なる外界と聖なる

内界の結界として寺院の三門や堂塔の入口の床面にも設けられた．それだけに，鴨柄が鴨居と言い替えられた鎌倉時代に閾も敷居といわれるようになったと考えられている．

●**引違い建具**　平安時代の寝殿造での生活を描いた『源氏物語絵巻』や『寝覚物語絵巻』には，鴨居と敷居の間に建て込まれた引違いの襖障子や，遣戸という板戸としての舞良戸に囲まれた女性が鮮やかに描かれている（図1）．どんな引違いかは敷居に彫られた2本の溝からも判断できる．

その後の鎌倉時代には書院造が現れるが，そこで使われる建具については，書院造という言葉を初めて使った江戸時代末の沢田名垂が『家屋雑考』の中で「たいてい書院というものの造りは梁間（柱の間隔）を長くし，明障子を用いて蔀格子を用いず，敷居，鴨居にしてみな遣戸なり」と記している．つまり鴨居と敷居のおかげで襖障子，杉戸，明障子といった引違い戸が自由に使えるようになり，内部が複雑な間取りの家でも快適に住めるようになったことになる．

図1　『源氏物語絵巻』東屋（二）部分
［所蔵：徳川美術館©徳川美術館イメージアーカイブ/DNP artcom］

図2　銀閣寺東求堂［撮影：宮崎興二］

実際に当時の民家では，外壁の柱間の間に一本溝の鴨居と敷居を渡して，その半分は壁，残りの半分は片引戸のための開口部にしたり，二本溝にして板戸と障子を1枚ずつ立てたり，壁をなくして三本溝にし，板戸2枚と障子1枚を立てたりしている．最初期の書院造として知られる銀閣寺東求堂では，鴨居と敷居の溝の数を工夫して舞良戸や障子をさまざまに組み合わせて外観に変化を与えている（図2）．その書院造から生まれたといわれる簡素な茶室の躙口には，一本溝の雨戸風引戸が設けられるが，これこそ「間戸」の典型をみせる．

こうした工夫の結果，建物の外廻りのすべての柱間を壁なしで開放し，戸締まり兼用の雨戸を一本溝で設けて，そのすぐ内側を二本溝の障子とする今風の住宅形式ができあがった．さらに，板ガラスの普及により明治以後はガラス障子が愛用されるようになる．そのすべてを支えるのは鴨居と敷居である．　　　　　　［藤田正樹］

草屋根と板・瓦屋根

　大まかにいって，屋根は草本・板・樹皮などの植物性屋根材と，瓦・スレート・金属などの葺材に分けることができるが，本項では日本文化と縁の深い前者と瓦屋根について考える．

●**草屋根**　日本建築の屋根形態として最古のものは，草屋根であろう．材料として最初に使われたのは，ススキ・アシ（ヨシ）・カリヤス・チガヤなどのイネ科の多年草や，身近かにあった笹・麻稈・木の皮など．農耕が進むと稲藁や麦藁も用いられた．「茅」とは屋根を葺く草の総称であり，狭義にはススキのことをさす．

　古くから，大型草本の刈り取りはもっぱら晩秋から初冬にかけての乾燥期に行われ，束にして小屋や天井裏に保存したり，豪雪地帯では，家の周りに立てて雪囲いの役目も果たした．葺きの作業は，春から夏にかけてが多い．合掌造集落群として知られる岐阜県の白川郷では「ユイ」とよばれ，住人が労力を借し合って行う共同作業が有名であるが，かつては各地にも同様の形態があった．例えば，京都府の美山では頼母子講をつくって，所有者は1年に茅（十二尺締め）を3束，藁縄5把，押さえ用の竹を講へ提供し，葺きの作業も講員が分担協力して進められた．

　こうして集めた材料で葺く場合も，ごく一部の専門職を除けば村人がするわけだが，もちろん経験や技術力に応じて受け持ちの場は決められる．全体を統轄する人を中心に葺き手，さらには手伝いや運搬をする手元に分けられ，葺き手もベテランは棟や隅など要所に配置されて葺き替えが行われた．

　なかでも難しいのが棟仕舞いと棟飾りである．棟は常に雨風に晒され，最も痛みやすいのに加え，象徴性や装飾性の観点からも重要視されてきた．関東から北にみられる芝棟は，杉皮などで十分に棟下を造作したあと，土留めの堰板を置いて土盛りをする．さらにシダ・ユリ・ショウブ・オモト・イチハツなどの宿年草を植えた．土の重みや広がった植物の根によって棟を強固にする．なかでもイチハツは雷避けに効果があると信じられており，多く用いられた．

●**板屋根**　古代の板葺は，「大和葺」とよばれ，6m近い長板を垂木に沿って棟から軒にかけて葺き下し，左右相互に重ね合わせて，棟と軒先を横木で固定するという簡単な工法だった．板葦の場合は昔から，木目に従って割り付けられ，木の目が切れないことが耐久力の要件であった．その後も裳階板葺や目板打へと進化した板屋根は，公的な建物や高級住宅では身舎に垂木を乗せて木舞を打つ丁寧な工法がとられたが，庶民の住宅では粗末な削ぎ板の上に木の枝，竹などが疎らに置かれており，重しに石や切り株を載せてあるのが絵巻物などからもわかる．

慶長6（1601）年の江戸大火のあとは板葺が命ぜられたこともあって，町並みもやや整然としてくる．町屋は切妻型の平入が多く，板を葺いたあとは竹2本を桁行方向に横たえ，梁行方向にも同様に竹を流し，これを縦横に直交させたものを何組も組み合わせて屋根全体を押さえる方法がとられるようになってきた．ただ，内部は板張か土間で，畳にはあまり縁のない生活だった．農村部では削ぎ板が商品として流通していなかったため，相変わらずの草葺か，板葺も腐ってくると天地を引っ繰り返して使ったり，表裏を反転させて使用したため，固定法としては桟を置いて河原石を並べる簡単な方法が取られた．

　檜皮葺は，日本古来の屋根葺工法であり，他の国に例をみない．原形は古く，弥生時代からもっぱら高貴な人々の住まいに使用された．樹皮を屋根葺材に使うという発想自体は原始時代からあったと思われ，板葺よりルーツは古いかもしれない．平安時代の公家の寝殿造の屋根もすべて檜皮葺で，紫式部も清少納言も朝な夕なに檜皮を眺めながら，仮名文字をさらさらと綴ったのであろう．草葺や板葺が風土と強くかかわっていたのと比べ，檜皮葺は社会構造と強くかかわる特別な葺材として，現代も寺社建築などに定着している．

●**瓦屋根**　瓦屋根の歴史も古く，中国では2,700年前にはすでに用いられていたことが『春秋』にみられるが，日本に仏教とともに伝わったのは崇峻天皇元年（588）に百済から瓦博士（職人）が来日してからである．昔の瓦は本瓦といわれ，男瓦（丸瓦）と女瓦（平瓦）を合わせて一組とし，雨水を取るものだった．丸瓦は粘土を円柱に押しつけるようにして型をとり，窯で焼いてから半割りなどをしていたから，生産上の歩止まりも悪く，製作にも手間がかかった．高価なうえ重量も現在の瓦の2～3倍と重かった．

　瓦は，発掘調査で見つかる遺物の代表的なものである．丸瓦や軒瓦の先端部分の文様を「瓦当」というが，この進化発展にも興味深いものがある．瓦の文様は木笵（木型）に瓦用の粘土を押し当ててつくるもので，同じ笵や同系統のモチーフの瓦当が離れた所でみつかると，当時の権力者とその一族，さらには家臣といったヒエラルキーの中での瓦の使われ方や，瓦職人の移動や動向までがわかる．

　瓦屋根が一般的に普及し始めたのは，江戸前期の延宝2（1674）年に近江大津の瓦師西村半兵衛なるものが，丸瓦と平瓦を一体化し軽量化した「桟瓦」を発明してからである．いわゆる勘（簡）略葺とよばれたこの瓦は木型による大量生産が可能であり，同時にコストダウンがはかれる画期的な製造方法だった．江戸のような店舗や住宅が軒を連ねる密集地では，一番怖いのは火事であり，耐火性に優れる瓦は，ようやく庶民にも手が届くものとなった．一方で商家などでは本瓦葺が永らくステータスシンボルであり続け，「卯建（梁の上で棟木を支える柱）があがる」とか「あがらない」といった言い回しが，原義を忘れた今も残る．

〔原田多加司〕

雨戸・網戸

　雨戸と網戸とは，いずれも建物の外周に用いられる建具(たてぐ)である．

●**雨戸の仕組み**　標準的な仕様は，障子を支える敷居，鴨居の外にもう1本の敷居，鴨居に上下を挟まれ，端部の戸袋に板戸が格納される．風雨を防ぎ，また外部からの侵入も防ぐ雨戸によって，昼は開放的で夜は閉鎖的な室内空間が成立した．雨戸が現われるまでの書院造の住宅では，建物の外周廻りの柱間に1本の障子と2本の遣戸(やりど)（引違い戸）を組み合わせて，採光と戸締まりを行っていた．戸袋は半間ほどの幅であっても座敷からの眺望の妨げとなることから，昼間は戸袋を外側に回転させておいて縁を間口いっぱいに開放することも行われる．また，羽目板を略した枠組みだけによる戸袋を皿戸袋という．戸袋の底板を皿板ということによる呼称であろう．

　徳川家康が織田信長の宿所を訪ねたときのこと，雨戸を繰る音に家来たちは敵襲かと大いに驚いたという話が伝えられている．関東の武士たちが雨戸というものをまだ知らなかったことを示しているが，操作時に雨戸が大きな音を発することについては，明治初期に日本に滞在し日本考古学の端緒を開いたE. S. モースも「雨戸は，日本家屋のうちで騒音を出すという点に特徴がある」（『日本人の住まい』）と記述している．

●**雨戸の成立**　豊臣秀吉の京都屋敷として天正15（1587）年に完成した，聚楽第(じゅらくだい)の大広間の平面図が建築工匠・岸上家に伝えられている．この図には，落縁(おちえん)の先に「雨戸」という書き込みがみられる．落縁の先に1間から2間の間隔で柱が立ち戸袋がみられないことから，引違い建てであったと推測される．徳川幕府大棟梁・平内家に伝わる木割書『匠明(しょうめい)』（慶長13〈1608〉）に「昔ハ雨戸ハなく候，当世（慶長年間頃）仕候」と記され，所載の「当代広間之図」には落縁先に柱が立ち「雨戸」と書き込まれている．また「山寺などには昔も雪垣とていたし候」とも記されていて，深雪地帯の建物の周りに仮設される雪囲いの板が前身の一つであったことを示唆している．

　茶室の小さい出入り口を「躙口(にじりぐち)」といい，千利休（1522-91）が創始したと伝えられる．挟み敷居，挟み鴨居による片引きの板戸で，竪板二枚半張りとし，室内側の左右に竪桟(たてざん)と下桟(しもざん)をみせる．もとは雨戸のような板戸を切り取って転用したとされる．手近なもので間に合わせたという侘びの表現であるが，天正年間頃に雨戸が現れたとすると，時期的には整合する．

　遺構をみると，寛永3（1626）年の二条城二の丸御殿黒書院では広縁(ひろえん)と落縁の境に雨戸を建て，一筋の敷居と鴨居で戸袋に引き込む仕方が採用されている．雨

戸と昼間用の障子を納めるため戸袋がかなり大きい．寛永16（1639）年の知恩院大・小方丈では，広縁と落縁の境は開放し，落縁の境に雨戸を引違いに建て，内側に障子を入れている．

●**屋内に設けられる雨戸**　建物の内外境に設けられるのが雨戸であるが，建物内部に同じ機構をもつ板戸を土間と床上部との境に建てる例が古い民家にみられる．昼間は戸袋に板戸を納めておき，夜間になると戸袋から引き出して戸締まりをする．住居の本源的な役割が人の生命や財産を外界の気象や外敵から守ることにあるとすれば，厳重な出入口の大戸に加えて，いわば二重の外壁をもっているといえる．歌舞伎の演目である「仮名手本忠臣蔵」に「用心厳しき高の師直，障子・襖は皆尻さし，雨戸に合栓・合枢」とある．合栓，合枢はともに戸締まり装置であり，「雨戸に合栓・合枢」は戸締まりが厳重なことを表す言い回しであった．高師直は南北朝時代の武将であるから，実際の師直邸には雨戸はなかったが，これは17世紀末の忠臣蔵にあやかった芝居の脚本であり，雨戸への言及を怪しむ必要はない．

●**網戸の成立**　細かい目の網を張り蚊やハエなど小さい虫が室内に入るのを防ぐのが，網戸の役割である．ところで明治39（1906）年初版の『日本建築辞彙』（中村達太郎）では「金網付の戸をいう．土蔵などにあり」とあって，虫除けの機能については言及されていない．

　幕末期の風俗誌『守貞謾稿』に掲出されている土蔵の戸前口の図をみると，外から順に，両開きの土戸（土塗り戸），土塗りの引戸（裡白という），そして格子戸を建てている．格子戸の裏には銅網が張ってあり，これを網戸とよんでいる．重い土戸は普段は開けておき，網戸だけを建てて風を通すのである．

　「昼四ツ時より八ツ迄（午前10時から午後2時まで）網戸，其余は板戸閉却之事，雨天・梅雨板戸之事」とあるのは，ある寺の経蔵を調査中に見出した，安永5（1776）年の年紀がある板額である．大切な経を守るため土蔵造とされた経蔵の正面に，外開きの土戸，内側に引戸の板戸があり，板戸の上部に亀甲の金網が張ってある．これが「網戸」であるが，防犯と風通しを主眼とするもので，網目が大きいので小さい虫の侵入を防ぐことはできない．

●**虫除けの網戸**　日本の伝統的な木造建築は気密性が劣ることから，虫除けには，就寝時に蚊帳を吊っていた．昭和47（1972）年の『新編歳時記』（水原秋櫻子編）をみると「盛夏」の項に「網戸」があり，「夏になると蛾や羽蟻などの侵入を防ぐために網戸を取りつける家が多くなって来たが，山の宿や別荘に多くみかける」と解説されている．

　換気や通風を保ちながら虫などが室内に侵入するのを防ぐために目の細かい網を張った網戸は，アルミサッシやポリプロピレンなど，気密性や耐候性に優れた素材の登場によって昭和後半頃から普及し始めたようである．　　　　　［日向　進］

◆ 民家とその時代

　日本列島では，3世紀から前方後円墳が営まれ始めた．王家の，あるいは地域首長たちの墳墓が，極立つ規模でこしらえられている．だが，首長たち自体の館はそれらの古墳ほど目立たない．建設へと向かう彼らのエネルギーは，世俗を超えた施設で解き放たれたのだ．

　律令体制ができてからは，仏教寺院が群を抜く施設となる．もちろん，権力者たちの館も，それなりのものが設けられた．王宮などは，けっこう立派にできている．だが，建築技術の粋(すい)を集めたのは，何といっても寺である．権力者たちの建築的な見栄は，もっぱら宗教的な施設で示された．

　彼らの意欲が自分たちの城や本丸御殿へ向かい出したのは，安土桃山時代からである．江戸時代には，大名屋敷なども，かなりの力を込めて造られだす．また，豊かな農村では，たいそう見事な民家も営なまれた．建築の意欲が脱宗教化され，民家も含む世俗的な方向へと広がっていったのである．

　縄文弥生時代の遺跡では，竪穴や高床式の建物の跡が見出されてきた．倉庫として使われたものもあるが，住居だったと見做せる例も少なくない．逆に，超越的な施設は少なかった．実例にも目を配る民家研究は，だから考古学時代と江戸時代以後を探ることになる．その両者をつなぐところは，文献や絵図面に頼っているのが現状であろう．その研究状況自体が，権力の歴史を物語っている．　　　　　　　　　　［井上章一］

◆ 風水と家相

　風水説の源流は，古代中国の陰陽論にある．自然の形や方位，そして地下の気を見きわめ，陰陽の調和を図ることから始まった．中国の周辺まで含め，東アジアに強い影響を及ぼしている．韓国や台湾では，風水説で吉凶を判断すると称する専門家が，今でも少なくない．あるいは，沖縄でもまま見かける．

　鬼門の方向を嫌う日本の家相説も，その根はやはり古代中国の宇宙論にある．人間の運命は天に支配されているという考え方にもとづく観念である．ただ，現代日本の家相説を支える考え方に，本家の面影はあまりない．

　実際，中国の宇宙論は，方位による吉凶が時期ごとに循環する様子も説いてきた．吉凶をある方向とだけ恒常的に結びつけ，住居や庭の配置を考えたりはしていない．鬼門におびえ，水廻りの施設や床の間をその方向から避けるのは，日本で育った観念である．まあ，中国には床の間自体もないが．

　日本では，平安京が営まれた頃から，方位説が考慮されてきた．もとは，宮廷へ伝えられた文化である．そして，時代が下るにしたがい武家へ，やがては一般人にも伝えられていく．その間に，今日的な家相観はかたちづくられた．

　その変形過程はよくわかっていない．ただ，そこに日本的な民衆文化の隆盛と，脱中国化の様子は，偲ばれそうな気もする．　　　　　　　　　　　　　　　［井上章一］

7. 文化財

　文化財は，各分野の文化財指定の基準を均して要約すれば，「わが国民の基盤的な文化の特色を示す典型的なもの」ということになる．
　国の指定がすべてではないが，指定文化財には，記念物（名勝・史蹟・天然記念物など），美術工芸品，有形文化財（建造物），無形文化財（保持者＝人間国宝），民俗文化財（有形・無形），文化的景観などがある．その制度化は古く，例えば，「史蹟名勝天然記念物保存法」の制定は大正8（1919）年，「国宝保存法」は昭和4（1929）年で，昭和25（1950）年にそれらが習合するかたちで「文化財保護法」が成立した．以降，何度かの改正を経て現在に至る．世界でも先進の保護制度といわれるところである．
　文化財については，保護をはかることが大事であることはいうをまたない．そして，必要に応じた修理も必要となる．さらに，その活用も重要となる．
　なお，ユネスコの世界遺産に準拠するかたちで，「日本遺産」の指定制度もできた（第1回の指定は平成27〈2015〉年）．複数の文化財をつなぐかたちで広範な地域での検証と保存をはかる制度として，期待される．　　　　　　［神崎宣武］

世界遺産

　世界遺産とは,「世界の文化遺産及び自然遺産の保護に関する条約(世界遺産条約)」という国際条約にもとづき定められた「世界遺産一覧表(世界遺産リスト)」に記載(登録)された物件を意味し,2015年現在の記載物件数は1,031件になる.世界遺産を端的にいえば「世界の遺産」である.つまり,個人の財産でも国の資産でもなく,全世界の人類が協力して護るべき遺産=財産が世界遺産となる.世界遺産は遺産であるから,当然,次世代に引き継がなければならない.世界遺産を保有する各国は,自国の物件の保全義務を全うする責任を負う.

●**日本の世界遺産**　世界遺産は,文化遺産・自然遺産・複合遺産の3種類に分類される.2015年7月現在,日本の世界遺産登録数は19件を数える.その内訳は,文化遺産15件,自然遺産4件で,複合遺産は登録されていない.文化遺産は「人類の歴史を表す文化財」であり,自然遺産は「地球生成の歴史を表す自然環境」である.複合遺産は「自然と文化,双方の価値を併せもつ物件」を意味する.世界遺産の大きな特徴は,自然環境と文化財を一つの国際条約で保全することで,自然と人類の共生の道を具現化するところにある.

　世界遺産条約は,1972年の第17回ユネスコ(国際連合教育科学文化機関)総会において,満場一致で採択された.つまり,世界遺産活動の主体はユネスコにあり,世界遺産活動の目的は,ユネスコの設立目的に沿ったもの=真の国際平和の確立にある.自然と人類の共生も国際平和を確立する一つの方法であるが,地球上の文化の多様性の認識,つまり異文化理解も国際平和確立の大きな手段となる.世界遺産に登録される物件は,不動産という規定がある.地形や環境を登録する自然遺産は,当然不動産であるが,文化遺産の場合,具体的には建造物を意味する.初期の文化遺産登録は,各文化が創り上げた独特の建造物を次世代に継承することで,文化の多様性を次世代に引き継ごうとするものであった.

●**日本の文化遺産**　建造物は,その文化が育まれた自然環境に大きく左右される.風土に合った建造物でないと長持ちはしない.各国が登録する文化財からは,その国や民族の価値観,歴史だけでなく,その地域の風土もみえてくる.日本の文化遺産登録物件の大きな特徴は,「広島平和記念碑(原爆ドーム)」以外の物件は,すべて木造建築の技法を使った建築物が含まれている点である.つまり,日本の文化は「木の文化」と表現できる.日本は国土の70%を森林が占める世界的にみても珍しい環境をもつ.日本の自然遺産4件(屋久島・白神山地・知床・小笠原諸島)が,すべて森林に大きな遺産価値をもっていることでも,それは確認できるが,日本の文化は,日本の風土的特徴もあり,森林に寄り添って育まれてきた.

世界遺産として登録されるほどの建造物は、基本的に大きな権力が建造した物件が中心となる（姫路城・法隆寺・厳島神社など）。しかし、世界遺産一覧表には、庶民の暮らしを反映する木造建造物も記載されている。「白川郷・五箇山の合掌造り集落」（図1）は、岐阜県の白川郷と富山県の五箇山に残る三つの合掌造り集落の世界遺産である。この地域の風土的特徴は、山奥で豪雪地帯、そして風が強い、といった厳しい生活環境にある。

図1 白川郷・五箇山の合掌造り集落
［撮影：宮澤光］

強い風雪に対し、合掌造りは、太い筋交いを用いながらも、風を受け流すように釘などで固定していない。さらに雪下ろしを楽にするため、45度から60度の急勾配の屋根を設けている。また、十分な農地を確保できない生活環境は、家内制手工業による現金収入を必要とした。養蚕、和紙漉き、塩硝生産などが主たる産業で、これらの作業のためには、合掌造りの広い床面積が不可欠であった。日本に亡命したドイツ人建築家、ブルーノ・タウト（1880-1938）は、著書『日本美の再発見』の中で「合掌造り家屋は、建築学上合理的であり、かつ論理的である」と合掌造り家屋を紹介している。建造物を通して、その地の風土を理解することは、文化を理解するうえで大きな手助けとなる。

●**文化的景観という文化遺産** ユネスコでは、1992年、「文化的景観」という文化に関する新しい概念を採用した。建造物に限定していた文化遺産の幅を広げるための措置である。文化的景観とは、「文化がある景色」である。具体的には「自然が創り上げた自然環境と人間がつくり上げた創造物（建造物や田畑）が融合して完成した新たな景色」である。日本においては「紀伊山地の霊場と参詣道」「石見銀山遺跡とその文化的景観」の2件が、文化的景観つまりは、その景観を遺産価値として、世界遺産に登録されている。文化的景観は「自然と人類の共生」を表す景観であり、山という自然環境を文化財として登録している。

古来、日本では山岳信仰など、自然崇拝（アニミズム）が基本にあった。日本の自然崇拝という伝統を次世代に引き継ぐ世界遺産が富士山だ。富士山の世界遺産登録名は「富士山－信仰の対象と芸術の源泉」である。登録名が表すとおり、富士山は、日本文化の基本となる「自然崇拝」を表現する文化遺産であり、山という自然環境を文化財として登録している。

豊富な森林環境と木造建造物、そして、それらの景観や山を文化として登録する。日本の世界遺産登録物件からみた日本文化の特色は、「自然と共生した文化」といえる。

［日黒正武］

国　宝

　国宝は，文化財の破壊，海外流失を憂えた，近代における日本政府の保護政策，指定制度が生み出した美の価値観であった．明治元（1868）年，明治維新後，新政府は天皇制を前面に押し出した．神道・国学が活気づき，廃仏希釈の風潮を起こし，寺院所蔵の仏宝・美術品の多くは破壊され，売買され始めた．さらに明治4（1871）年，廃藩置県により，旧大名家やお抱え絵師のもとからも美術品が流失することになる．現国宝の興福寺五重塔が250円で売られそうになったことは有名で，政府は同年，「古器旧物保存方(こききゅうぶつほぞんかた)」を布告し，その文化財の保存を求めたが，現在フランス・ギメ美術館所蔵の目黒大仏など重要で大きな美術品の多くが，この時期に海外に流失した．

●**文化財保護が生み出した国宝の概念**　こうした状況下，お雇い外国人で帝国大学教授の美学者アメリカ人アーネスト・F. フェノロサ（Ernest F. Fenollosa 1853-1908）と，その協力者で後に帝室博物館総長となる岡倉天心（覚三，1863-1913），そして彼らの後ろ盾でパリ万国博覧会の審査を務め，帰国後文部高官となった華族の九鬼隆一が保存運動を起こした．彼らはまず，未調査だった古い社寺の宝物を学術的に調査し，国の宝としてその芸術性の高さを世界に誇るものと称揚した．フェノロサは総理大臣・伊藤博文に，その価値と保存を進言し，九鬼は宮内省に臨時宝物取調局を設置，委員長に就任した．そして明治30（1897）年に古社寺保存法が制定され，国宝が初めて法的に位置付けられた．岡倉天心は同時に，東京美術学校の創立者で，日本美術院の創設など近代日本画の美術教育と美術運動の中心人物であったが，その基盤にはこのような文化財保護行政の推進があり，国宝はそうした明治美術史や国際関係を背景に成立した政策と権威であった．

　しかし，関東大震災と昭和恐慌によって，またも美術品流失が加速する．また，「佐竹本三十六歌仙絵巻」を富豪たちが抽選で分割した，有名な絵巻切断という出来事もあり，国宝の指定を免れていた個人所蔵の作品にも及ぶ国宝保存法が，昭和4（1929）年に制定された．指定された国宝（旧国宝と呼ぶ）は宝物類3,705件，建造物845件．国宝は膨大な数に及んだ．

　第二次世界大戦の戦災は，文化財に大きな被害を与え，敗戦後の昭和25（1950）年には，行政・管理の再編に伴い，国宝保存法が見直され，「重要美術品の保護に関する法律」，「史跡名勝天然記念物保存法」と統合し現行の文化財保護法が施行された．美術品の海外流失の危機に加え，美術品の前年，模写事業の作業中に法隆寺金堂壁画が全焼した事件が成立の契機となった．その後昭和50（1975）

年の文化財保護法施行令や,何回かの改正が加えられ現在に至っているが,1世紀半に及ぶ,文化財保護行政は,破壊・流失との熾烈な競争ともいえる.

●**歴史資料に見出す美的価値**　文化財保護法は,「文化財を保存,活用し,国民の文化的向上に資するとともに,世界文化の進歩に貢献することを目的」とし,有形文化財のほか,無形文化財,民俗文化財,文化的景観,伝統的建築群および埋蔵文化財や文化財の修理技術を保護の対象とするが,重要文化財として指定されるのは有形文化財のみで,そのなかで重要と指定されたものである.旧古社寺保存法,国宝保存法で国宝に指定された旧国宝はすべて,いったん重要文化財と改められ,そのなかから5分の1程度が厳選され,「世界文化の見地から特に価値の高いもの」を新たに国宝として指定された.その後の国宝の指定は,新しく指定された重要文化財のなかから選ばれている.

　1,094件（2015年現在）の国宝のなかで,一番多く主要な分野が建築物の222件（272棟）で,その数は全件数の5分の1以上を占めており,宇治の「平等院鳳凰堂」,「姫路城天守」など,知名度が大きいものが多い.1972年の世界遺産条約以降のユネスコの指定と多く重なるが,1990年代になって普及し始めた世界遺産や産業遺産などの考え方を国宝は,はるかに先取りしていたことになる.

　国宝では建築物以外はすべてが「美術工芸品」と一括され,「鳥獣戯画図」（12-13世紀,高山寺）,「孔雀明王像」（12世紀,東京国立博物館）,長谷川等伯「松林図」（16世紀,東京国立博物館）など絵画159件,国宝制定の第1号の「半跏思惟像」（7世紀,広隆寺）,「阿修羅像」（8世紀,興福寺）など彫刻130件,野々村仁清「色絵藤花文茶壺」（17世紀,MOA美術館）,尾形光琳「八橋蒔絵硯箱」（17世紀,東京国立博物館）など工芸品252件,『今昔物語集』（12世紀,京都大学附属図書館）など書跡・典籍224件,『明月記』（13世紀,冷泉家時雨亭文庫）など古文書59件,土偶,通称「縄文のビーナス」（約4,500年前,尖石縄文考館）など考古資料46件,「慶長遣欧使節関係資料」（17世紀,仙台市博物館）など歴史資料3件を入れた合計874件である.これら国宝の総体で,日本の歴史の概観をもみることができる.歴史的な「価値」をもつ有形の資料に美を見出し,美術によって語り継がれる日本の歴史が,国宝ともいえよう.

　戦前には天皇制のもと制限されていた古墳の調査・発掘が近年進み,考古学の発達もあり,新しい国宝が生まれている.埴輪の大らかさや「高松塚古墳壁画」の優れた線描は現代日本画家にも影響を与え,銅鐸の鋳金技術は超絶的で,美的価値が高く評価されている.指定が十分に及んでいない御物に関しても,正倉院の建築が1995年に指定を受けた.なお,通称「人間国宝」は,無形文化財のうち伝統的な演劇,音楽,工芸技術など芸術性の高い「わざ」を体得・保持した個人・団体で,世界に先駆けた優れた制度であり,120年以上の日本の文化財保護行政と国宝の影響の大きさを示している.

［岡部昌幸］

人間国宝

　国が認定した重要無形文化財保持者を,「人間国宝」とよぶことが一般的化している．そして，人間国宝という表現が周知されていることから，強いて「重要無形文化財保持者」などと堅苦しい名称を主張しなくてもよいではないか，という意見もある．

　そこで,「人間国宝」の真意を探るため，文化財保護法（昭和25〈1950〉年5月公布）の内容を検討しておきたい．保護法は，その第2条2項で「演劇，音楽，工芸技術その他の無形の文化的所産で我が国にとって歴史上又は芸術上価値の高いもの」を無形文化財と定義している．いわば，特定の個人や集団が伝承する演技の型や工芸品の

図1　「人間国宝新作展」広告

製作技術（以下，便宜上「わざ（技）」とする）を無形文化財と規定しているのである．有形文化財である国宝や重要文化財の美術工芸品なども，ほとんどは優れた工芸技術を駆使して制作されたものといえる．雅楽，能楽，文楽，歌舞伎のような世界に誇る芸能にしても，今日まで伝承されてきたからこそ，その粋を鑑賞し楽しむことができる．「わざ」自体は，形をもたず，触ることも見ることもできないが，練達の技芸者，技術者がその「わざ」を発現することにより，始めて芸能作品，あるいは工芸作品となって可視化されるのである．

●**重要無形文化財の指定とその保持者の認定**　無形文化財を保護対象に取り上げた文化財保護法は，昭和29（1954）年に改正されているが，その際，より積極的に無形文化財を保護するため「重要無形文化財指定制度」を新しく設けた．新制度では「わざ」を重要無形文化財に指定すると同時に，指定された「わざ」を高度に体得または精通する者を，その「わざ」の保持者として認定する．例えば，金工の一分野である銅鑼(どら)の製作技術を「銅鑼」として重要無形文化財に指定し，その技術を高度に発現できる技術者であった金工作家・魚住為楽(いらく)を「わざ」の保持者として認定したのである．

　文化財保護委員会（現文化庁）は，第一次の重要無形文化財保持者認定を発表した昭和30（1955）年2月15日，マスコミ関係者に対し記者説明を行った．その際，指定・認定制度の二重構造の内容が複雑で，関係者には理解され難かったようである．「"重要無形文化財保持者"」という公式表現は堅苦しく，かつ，長々しい」

との感想がマスコミ側から漏れ，彼らから，国が宝とする「わざ」をもつ保持者なら「人間国宝」ではいかがか，という意見が出た．当時の関係者によると，委員会側もこの「人間国宝」の出案に対し特段の異論を挟まなかった，という．以来，マスコミは，いつの間にか「重要無形文化財保持者」の代わりに軽妙で明快な「人間国宝」を使用し続けてきている．

●制度の真意　指定・認定制度は，日本芸術院が「芸術上の功績顕著な芸術家を優遇」するように，「保持者」を「人間国宝」と称してその栄誉を称えるシステムではない．制度の本意は，あくまでも最高の伝統の「わざ」を護り，後世に伝えることにある．補足すると，新制度は保持者に「わざ」の錬磨・向上を求め，また，国には保持者への助成金などの交付，「わざ」の公開，記録作成および後継者養成の財政支援をうながしている．助成金は「重要無形文化財保存特別助成金」と称し，「文化功労者年金法」「日本芸術院令」が規定する所得税非課税措置を伴う年金と違い，国の交付要綱にもとづき，保持者らが企画する保存事業費に対し交付される補助金なのである．

図2　第1回重要無形文化財保持者（工芸技術，芸能）認定書交付記念（昭和30〈1955〉年2月15日撮影）

参考までに，国が無形文化財の普及と啓蒙を支援するうえから，主催者に名を連ねる「日本伝統工芸展」（毎年開催）の案内文を引用しておく．

「人間国宝について　『人間国宝』の正しい呼称は重要無形文化財保持者と言います．第1回の保持者が発表されたとき，造語の巧みなマスコミが俗語として使ったのが始まりです．重要無形文化財，例えば萩焼，彫金，梵鐘，蒔絵，友禅，などと指定された優秀な技術を保持している人を認定し，その技術を保存し，後継者の指導をしてもらうことを目的とした制度です．人間国宝という軽妙な言葉のため，普及には役立ちましたが，その人が国宝か，作品が国宝かのような錯覚を与えているようです．」

とはいえ，「人間国宝」という言葉が消えることはなかろう．「人間国宝」が世に広く流布したおかげで，「無形文化財」保護の思想が広く普及し，伝統芸能および伝統工芸が活性化したその功績は，誰もが認めるところである．

平成27（2015）年現在，重要無形文化財の指定件数は芸能の部で39，工芸技術の部で40である．また各個認定の保持者（人間国宝）は芸能の部で58名，工芸技術の部で57名であるが，工芸技術の部には重要認定の保持者が1名いる．

［大滝幹夫］

民俗文化財

　文化財とは，そもそも法律用語である．その定義付けについては文化財保護法に依拠している．現在，文化財はその性格に応じ，六つの種別に区分されているが，その一つに民俗文化財があって，民俗文化財はさらに有形民俗文化財と無形民俗文化財とに大別されている．国をはじめ，都道府県・市町村など地方公共団体は，この保護法を根幹に，それぞれに指定などの法的手続きをとることで，文化的所産を文化財として位置づけ，保護施策の対象としているが，民俗文化財でいえば，特に国が指定した当該対象については，「重要有形民俗文化財」あるいは「重要無形民俗文化財」と称している．厳密にいえば，指定はもちろん，認定・選定・登録・選択といった諸々の行政行為が及んだものを，文化財とよぶ．

●**文化財保護法の誕生**　文化財保護法は，戦後間もない昭和25（1950）年に制定された．従前からの有形偏重の国宝保存法（1929年制定），重要美術品等の保存に関する法律（1933年制定），史跡名勝天然紀念物保存法（1919年制定）の3法を統合，発展的解消したもので，新たに保護の対象枠を拡大し，社寺中心から国民全般に適用する制度とした．「法隆寺金堂壁画」の焼損が起草の契機となったことはよく知られるが，注意すべきは議員立法によるということである．

　民俗文化財の概念は，実はいくつかの変遷を経て今日に至っている．保護法制定によって，行政上はじめて「民俗資料」が登場することとなったが，当初は前近代的生活を髣髴させるものとの意味合いが強く，建造物や美術工芸品と同じく有形文化財の一翼を担う分野とされていた．しかし，民俗資料は内容的にも広範に及び，実生活のなかから育まれ，暮らしに根差すものであって，優品をもってする芸術的な鑑賞の対象とはならず，したがってこれに対する評価も史実的・芸術的評価を基準とする他の文化財とは質的に異なっていた．そのため，他分野と同様に扱うには多くの困難があって，実際この間，有形としての民俗資料を対象とする指定行為は行われなかった．

●**民俗資料と制度の充実**　民俗資料が明確に規定されるのは，昭和29（1954）年の保護法改正（第一次）からである．このとき，民俗資料は有形文化財から分離独立し，独自の指定基準を設け，併せて無形文化財の指定制度，無形の民俗資料の記録選択制度が創設された．民俗資料は，物心両面にわたる人間生活の全領域に関わるものであって，有形のみならず，無形の文化的所産をも含んでいるという，いわば表裏一体となる有形・無形の概念設定をしたのである．1分野で双方の概念をもつのは，民俗分野だけであり，それがこの文化財の特性ともいえる．民俗資料という表現は，広義には民俗学に関する資料一般をいうが，狭義には保

護法によって規定された用語であって，両者は同一の概念ではない．有形の民俗資料（民俗文化財）を民具とよぶ場合があるが，保護法上の概念では，その対象を有形・無形のセットで捉えようとするのであって「日常生活の必要から技術的に作り出した身辺卑近の道具」（渋沢敬三『民具蒐集調査要目』1936）だけに限定してはいない．実際，家屋や諸施設等のみならず，塚や山などもその対象としており，民具の定義と一線を画している．

図1　重要有形民俗文化財「おしらさまコレクション」［所蔵：国立民族学博物館］

かくして，民俗資料は「衣食住・生業・信仰・年中行事などに関する風俗慣習およびこれに用いられる衣服，器具，家屋その他の物件で日本国民の生活の推移の理解のため欠くことのできないもの」とされ，前段が無形，後段が有形にあたるが，当初は衣食住，生産・生業，交通・運輸・通信，交易，社会生活，信仰，民俗知識，民俗芸能・娯楽・遊戯，人の一生，年中行事，口頭伝承の11項目に細分し，指標とした．民俗資料は，有形に限り「重要民俗資料」として他の有形文化財に準じた保護施策が適用され，一方，無形の民俗資料については記録作成などの措置を講ずるといった，記録保存の手法が取り入れられたのである．重要民俗資料の初の指定は，「おしらさまコレクション」（図1）ほか5件で，昭和30（1955）年2月のことだった．

●**民俗文化財と指定制度の確立**　昭和43（1968）年文化財保護委員会が廃止され，文化庁が発足．そして，昭和50（1975）年保護法はさらなる改正（第二次）が行われた．民俗分野の関係では，これによって民俗資料は総じて「民俗文化財」と名称変更されるとともに，風俗慣習と民俗芸能に係る無形の民俗文化財を対象とする指定制度の新設に踏み切った．この無形指定が以前との大きな相違点であって，これがほぼ現行の保護法のあり様となっている．以後は平成8（1996）年の改正（第三次）で登録文化財制度が新設され，平成16（2004）年改正（第四次，施行は平成17年）で，有形民俗文化財の指定制度を補完するものとして登録有形民俗文化財制度を導入，さらに無形民俗文化財に民俗技術の視点が加わった．

こうしたなか，全国規模の民俗調査の実施や，既指定未指定の有形民俗文化財にとどまらず歴史資料や埋蔵文化財など，地域の文化財の収集保管や公開・学習の拠点となるべく，歴史民俗資料館の設置構想が推進された．特に，資料館建設では昭和45（1970）年から国庫補助事業が開始され，平成5（1993）年までの二十数年間にわたって，実に464施設の開設をみたのは，わが国の文化財保護にとって看過できないことである．世界に先駆けいち早く導入した民俗文化財と無形文化財の保護概念は，今やユネスコをはじめ世界的にも注目されている．　［小林　稔］

重要無形民俗文化財

　無形の民俗文化財とは，国の文化財保護法，および地方自治体の定める文化財保護条例などにおいて保護の対象となる文化財の分類の一つである．そのなかでも，文化財保護法によって，国が特に重要なものとして指定したものを，重要無形民俗文化財という．

●**無形の民俗文化財保護の変遷**　無形の民俗文化財は，無形であること，日常生活にかかわる民俗文化を保護することという二つの意味において，一般通念における文化財や文化遺産とは異質なものである．そのため，文化財保護の法制上における位置づけや保護のための取組みも，過去に大きく変転してきた．

　昭和25（1950）年の文化財保護法制定時には民俗文化財という分類は存在せず，第2条第1項の有形文化財の例示のうちに「民俗資料」の文言があり，翌年の国宝及び重要文化財指定基準に，「前代生活を思わせる重要な民俗資料」と規定されていた．民俗資料を有形文化財の一例と考えていたことがうかがわれるが，具体的な保護措置は取られなかった．

　昭和29（1954）年の法改正によって，民俗資料が有形文化財から独立した分類となった．そしてこのときから民俗資料は，有形に限らず無形の資料も含むこととされた．民俗資料は第2条第3項に「衣食住，生業，信仰，年中行事等に関する風俗慣習及びこれに用いられる衣服，器具，家屋その他の物件でわが国民の生活の推移の理解のため欠くことのできないもの」と定義されたが，これはほかの文化財の定義がすべて「価値の高いもの」との文言を含むことと比較して際立っていた．民俗資料の保護の目的が，個々の事物に高い価値を認めてそれを保存することではなく，それらを資料とした比較研究に資する点にあったことが読み取れる．具体的な施策にもそれは表れており，例えば有形民俗資料の場合，指定の対象となるのは，一定の民俗資料のコレクションの場合と，個別の資料の場合があり，後者はその物が特定の時代や生活様式の典型を示すと考えられる場合に限られていた．昭和37（1962）年から3年間かけて文化財保護委員会が実施した民俗資料緊急調査は，有形と無形の双方について全国的な分布調査を行い，その成果を『日本民俗地図』として発表するなど，民俗資料保護の意義と目的を具体化したものであった．また無形の民俗資料の場合，そのものをそのままの形で保存することは，当時の文化財保護委員会の通達に「自然的に発生し，消滅して行く民俗資料の性質に反し，意味のないことである」との見解が示されており，記録を作成してそれを保存することで十分とされていた．つまり事物そのものの価値を問わないこと，変化や消滅を前提とすることという2点において，無形の民

俗文化財は画期的な文化財であった．

　その後，昭和50（1975）年の法改正によって，民俗資料は民俗文化財に名称変更され，同時に重要無形民俗文化財として指定して保存される対象となった．ほかの文化財と同等になったともいえるが，逆に民俗文化財としての独自性は薄らいだ．また改正以前は無形文化財として保護されていた民俗芸能が，風俗慣習と並んで無形の民俗文化財に組み込まれた．

　平成16（2004）年の法改正では，無形の民俗文化財に新たに民俗技術が加わった．現在の国の制度では，無形の民俗文化財として，①風俗慣習，②民俗芸能，③民俗技術の3種別があり，特に重要なものについて保存と活用を求める指定制度と，記録作成などの措置を講ずることが求められる選択制度によって保護されている．2015年4月の時点では，290件が重要無形民俗文化財に指定，618件が記録作成などの措置を講ずべき無形の民俗文化財に選択されている．

●**無形の民俗文化財の現状と課題**　このように無形の民俗文化財は，希少性や優品性といった価値にもとづいてその保存を前提としてきた文化財の本流とは異なる文化財として構想されてきた．近年はこの無形の民俗文化財的なアイデアが見直され，広く受け入れられつつある．例えば平成17（2005）年の法改正によって新たに文化財の分類の一つとなった文化的景観は，「地域における人々の生活又は生業及び当該地域の風土により形成された景観地で我が国民の生活又は生業の理解のため欠くことのできないもの」と定義されており，民俗文化財の定義に近い．その背景には，世界的な文化遺産保護においてオーセンティシティ（真正性）概念が見直され，文化の多様性への配慮が強く求められるなど，文化的所産に絶対的な価値を与えることの限界が認められてきたことがあろう．

　加えて，ユネスコが無形文化の保護に取り組むようになると，文化財や文化遺産の価値や様式を固定したもの考えるのではなく，世代を超えて受け伝えるプロセスが重視されるようになった．平成15（2003）年のユネスコの無形文化遺産の保護に関する条約の制定以来，多くの重要無形民俗文化財が代表一覧表に記載されたこともあり，無形の民俗文化財と無形文化遺産の親和性が認識されるようになった．しかし，無形文化遺産がその担い手であるコミュニティの特定を重視し，遺産の保護にもコミュニティの意志を尊重する立場を明確にするのに対して，民俗文化財は「国民の生活の推移」を知るために国民が共有するという全体志向の理念にもとづいている．具体的な人々による伝習や体現が不可欠な無形の文化財であり，かつ一般的に特定の地域や集団によって伝えられてきた民俗文化財であることから，無形の民俗文化財の当事者性をどのように認めるかは大きな課題である．地域住民の自己認識や物語性を重視する日本遺産の制度がつくられるなど，文化行政の再編も進められており，新たな枠組みで無形の民俗文化財のあり方を考えることが求められよう．

〔俵木　悟〕

文化財としての美術

　美術というと，美術館に展示されているような額縁に収められた絵画や，ブロンズ像を思い浮かべる人が多いだろう．このような芸術作品は，近代になって制作されるようになり，元来日本にはない西洋から伝えられた表現方法である．文化財としての美術の認識も近代になってから形成されたのであり，現在博物館などに展示されている古美術品としての仏画や仏像は，江戸時代まで仏閣や社殿の薄暗い中で，ほのかに仰ぎ見る信仰の対象物だった．

●**美術の発端**　日本語の「美術」という単語は，近代に新しく登場した言葉である．最初にこの単語が使用されたのは，日本政府が明治6（1873）年にウィーン万国博覧会に参加したときだった．誕生したばかりの明治政府は富国強兵を国策の第一にかかげ，殖産興業の観点からウィーン万国博覧会へ積極的に参加した．美術とは「西洋ニテ音楽，画学，像ヲ作ル術，詩学等ヲ美術ト云フ」と解説されたが（「澳国維納府博覧会出品心得」），今日の学芸の意味に近く，漠然とした曖昧な概念だった．

　ウィーン万国博覧会には，さまざまな産業の製造物，工芸品，軍事品，土木建築物，教育関連器具など，広範な物品が26区の部門に分けて出品された．現代美術の部門（第25区）には，日本から日本画や油絵の画額，複数の画家の絵からなる屏風など100件余りが出品された．古い美術品の部門（第24区）には，太刀，鎧，兜，馬具，槍などの武器類，陣羽織，火事頭巾，火事羽織，陣笠，能衣装などの衣服類，狩野探幽，狩野探信，谷文晁そのほかの画家の描いた屏風や掛物，厳島(いつくしま)神社の扁額，そして鶴岡八幡社所蔵の兵庫鎖太刀，北条政子の蒔絵手箱など約50件が出品された．ウィーン万国博覧会で陳列された日本の古い美術を見ていると，美術を絵画や彫刻で代表させる考えがまだ浸透していなかったことが，読み取れる．

　ウィーン万国博覧会の前年に，日本国内で文部省博覧会が湯島聖堂で開催された．この博覧会の目的は，人々の見識を広めるためとされ，特に時代の変遷を確認できる重要な物として古器旧物が陳列された．出品物の内容は，曲玉や古瓦などの考古資料，刀剣甲冑などの武器武具，古鏡，書画，古書籍，楽器，古銭などで，なかでも名古屋城の金鯱(きんのしゃちほこ)が目を引いていた．この博覧会ではさまざまな種類の古器旧物が集められ，漫然と陳列されていたのである．このように，近代になったばかりの日本では，古い物に美術を見出す動機が希薄であり，美術そのものの概念がまだ社会的に成立していなかった．

●**美術の形成と広がり**　ウィーン万国博覧会の後，政府は外国商人を抑えて日本

人商人による直輸出を開拓するため，百工振興および工芸品の増産に乗り出した．そのために博物館創設と内国勧業博覧会を開催した．この内国博覧会で建設された美術館が，現在上野にある東京国立博物館の原形になった．そして博覧会などで日本の古い器物が好評だったことから，古器物の優品を手本にして工芸品を生産する「考古利今」という産業施策が重視されたのだった．

同時に，古画や古器物の優品が日本から海外へと流出する問題にも目が向けられた．流出を防いで国内に優品をとどめるため，九鬼隆一を中心とする大規模な宝物調査が実施され，古い器物は等級別に分類された．それまで漫然と認識されていた古い器物の中から，一部の物品のみを優品とする価値観が形成されていった．

この優品の選別にあたって重要な役割を果たしたのが，お雇い外国人として来日していた米国人のアーネスト・F.フェノロサ（1853-1908）だった．彼は講演で日本美術の優秀性を言葉で表現しつつ（フェノロサ述；大森惟中記『美術真説』），多数の古画の中から次々に優品を鑑定した．フェノロサは，古い器物に美術を見出すとともに，その美術を同時代の日本画に再興させようと苦慮したのである．

美術を説いたフェノロサは，その一方で希代の大コレクターでもあった．彼が収集した古美術コレクションは，現在米国のボストン美術館に収蔵されている．市民によって運営されるボストン美術館には，同時期に日本で収集されたウェルド，ビゲロウ，モースらの大コレクションも収蔵されている．米国の大コレクターたちは，自ら集めた膨大なコレクションを美術館・博物館へ収納することにこだわった．彼らは，文化財の価値が社会的に共有され，その保存・継承も社会によって，人々の意識に委ねられると理解していたからである．

フェノロサらの外国人に対抗して，古美術の優品を買い集める日本人がいた．税所篤，井上馨，川崎正蔵，藤田伝三郎，大倉喜八郎，原六郎，原富太郎，益田孝などであるが，彼らは政府高官や政商であり，いわば国家の中枢にいた人たちだった．日本人コレクターたちは，優品を秘匿して公開せず，また彼らの死後にはコレクションが四散してしまう事例も多かった．つまり，特権的に美意識を独占する傾向があったと認め得る．米国のように美意識を広く社会的に共有し，社会によって文化財を保存・継承するという認識が，日本人コレクターには希薄だった．それゆえ19世紀に収集された日本古美術の大コレクションが，日本国内ではなく海外に多く残ったと考えられる．

20世紀になると，資産家たちのコレクションも私設博物館において，公開・保存されるようになった．また文化財の保存法が制定されて，国宝などが寺院から出されて博物館で公開されるようになると，人々は仏画や仏像を，信仰ではなく審美の眼で見るようになった．こうして日本でも，文化財としての美術が社会的に確立していったのである．

［森本和男］

文化財としての建築

　古建築というと巨刹(きょさつ)や神社，巨大な天守閣，懐かしい古民家などが思い浮かぶだろう．これらは，異なる経路をたどって文化財として認識されるようになった．

●**古社寺**　仏閣や社殿は宗教施設であるが，人々の寄り集う公共的な活動の場という性格もあって，古くから人々の関心と愛着の対象だった．これらの建築物の保存修復は，江戸時代まではそれぞれの社寺領から得られる収入の一部によって賄われていた．けれども明治維新で社寺領は上地されて国家のものとなり，社寺は根本的な収入源を失った．また，修繕費の寄進を目的とした富くじ興業や出開帳(でかいちょう)も禁止されてしまい，建物修復の財源が完全に絶たれてしまった．

　社寺の窮乏は，そのまま堂宇の荒廃につながった．収入源を失った社寺は，廃仏毀釈の影響もあって，たとえ名刹であろうと衰退し始め，仏画，仏像，仏具，鐘などさまざまな器物が売却された．宝物の流出防止と朽廃する堂宇の修復は，一体となって取り組むべき緊切な課題に，この時期なっていった．

　明治12（1879）年，大蔵卿大隈重信と内務省社寺局長桜井能監(よしかた)は，国家観光として古社寺保存を思案し，それまで禁止していた勧進を解禁するように建言した．すなわち人々から寄付金を集めて，修繕費を工面させることにしたのである．この方針転換により，日光で保晃会，興福寺で興福会，伊勢神宮で神苑会，足利学校，鎌倉保勝会，奈良東大寺の大仏会，法隆寺保存会など各地で古社寺保存組織が結成され，修復費用を集める募金活動が実施された．

　古社寺保存のための募金活動は，特定宗派による古社寺維持の域を脱して，地域社会による保存の意識を高めた．保存への人々の主体性や自主性が，古社寺の命運を左右することになったのである．しかし修復に要るだけの寄付金は集まらず，人々の醵金(きょきん)による保存という施策は，不完全燃焼のまま終息してしまった．募金による保存が頓挫すると，政府による保存の請願が日清戦争後の帝国議会に多数寄せられ，建造物と宝物を保存する「古社寺保存法」が明治30（1897）年に制定された．

　帝国議会では，古社寺保存のために上地された社寺領を還付する法案も議論された．この法案は成立しなかったが，議場では，僧侶ではなく社寺に与えるのだとして，宗教への支援ではなく，社寺の物質的景観を重視する声が強かった．この時期に流行した歴史画では，史書に記録された大事件がしばしば大きな堂宇，社殿を舞台に劇的に描かれて，古社寺景観の歴史的空間性が視覚的に繰り返し表現された．こうして宗教的感情移入を伴わずに，古建築としての古社寺，古美術としての仏画・仏像を見る近代的鑑賞方法が形成されたのである．

●城　天守閣は眺望のきく，そして遠くから目立つランドマークとして，今日では人気の高い建造物である．しかし元来の状態のまま文化財として伝えられてきた城は少なく，戦後になって復元されたものが多い．というのは，近代になって多くの城が姿を消したからである．

城は近世初頭の一国一城令によって全国各地にあった．明治維新のとき，城は約190，要害20，陣屋約130，合計約340の城や陣屋が存在していた．明治4（1871）年の廃藩置県直後に，これらの城郭と陣屋は兵部省の管轄下となった．翌年，新設された陸軍省築造局で，軍事上の要不要の観点から存城と廃城を決める城郭調査が実施された．明治6（1873）年の太政官達によると，東京城など43城と水沢要害が存城となり，淀城など144城，坂本など19要害，柳生など126陣屋が廃城となった．

存城となった少数の城は引き続き陸軍省の管轄下に置かれ，軍隊が駐屯した．西南戦争以後，内乱の危険がなくなると城の存在理由が薄らぎ，軍隊が駐屯していない城は明治22（1889）年に払い下げることとなった．ほとんどの城が旧藩主に払い下げられ，国有の城は21となった．その後も数が減少したが，太平洋戦争までは20近くの城が陸軍の管理下にあった．敗戦後に陸軍省の廃止とともに，国有の城も制度上消滅した．

彦根城，松山城，明石城，水戸の弘道館などの少数を除いて，城の保存に関して社会的関心は低かった．城の保存には，大きな古社寺と同様に巨額な修繕費用が必要で，維持するのが困難だったこともある．封建制度あるいは特権的身分の象徴であった城に，すべての階層の人たちが愛着を感じていたわけではなく，陸軍の管理する軍事施設という威圧的イメージも強かっただろう．

戦後，大衆的な時代小説やテレビの時代劇などによって，武家社会の視覚的イメージが一般に普及すると，地域の象徴あるいは観光資源として城の歴史文化的価値が見直され始めた．そこで，消失した城が次々に各地で復元されていったと考えられる．

●町並み・古民家　ヨーロッパでは，第二次世界大戦の空襲で破壊された町並みがすぐさま復元されたように，身近で日常的な建築の歴史文化的価値が古くから認識されていた．一方日本では，古社寺など大きな建造物に主たる価値が設定されたので，空襲で破壊された町並みは失われたままとなった．伝統的な町並みや古民家が，日本で文化財として認知されるようになったのは最近のことである．

高度経済成長とともに古い町並みが消え去り，統一感のない今日的な市街地景観が広がっていった．環境問題や地域再生，観光などの視点から暮らしと文化の関連性が重視されるようになると，各地の気候風土に合致した伝統的な趣のある町並み，さまざまな様式の家屋が文化財として人気を博するようになった．

［森本和男］

文化財としての工芸

　華麗で精巧な細工の施された日本の工芸品は，日本のみならず，諸外国でも賞玩され，高価な宝物として伝承されてきた．近代の大衆社会を迎え，より多くの人たちに知られるようになった．

●**宝物としての工芸**　江戸時代末期に長崎出島のオランダ商館に勤務していたファン・オーフルメール・フィッセルは，工芸に対する日本人の心情を書き残している（『日本風俗備考』）．以下に，彼の記述を要約する．

　日本人は古い絵画に対してとりわけ高い価値を与えていて，そのためには小判1,000 枚すなわち 12,000 フルデンも支払う．日本人は絵画の収集を行うことを大きな名誉と考えている．宮殿で見られる珍宝とは，主として古い高価な屏風である．それ以外に，武器や甲冑および身分の高いことを示す表象類の全れた収集もこの珍宝に属する．

　古い漆器類が新しいもの以上に好まれている．参府旅行などの際に贈物として入手したほんの数点を除いて，ヨーロッパに持ち渡られる漆器は，いずれもお粗末な種類と考えられる．国王陛下の収集品の中には，漆器の第一級品に属するいろいろな宝物が現存している．なかでも，金と梨子地できわめて精密に漆が塗ってあり，種々の家紋と浅浮彫りのついた小箱があるが，これは，ここでも最高に美しい宝物として引合いに出すことのできる価値あるものだ．

　ヨーロッパで宝石類または宝石細工のような地位にあるのが，赤銅（シャクドー）と名付けられた芸術作品である．いろいろな貴金属から製作された小箱や皿や装飾品類がある．ヨーロッパの琺瑯質のような色彩は，さまざまな金属の自然色によって表現される．この種の細工は小さく簡単な物が多く，刀の鍔や柄，紙入れの止め金，帯留めに用いられ，古さと技術に応じて 100 フルデンまたは 1,000 フルデンが支払われる．

　優れた画，漆器，陶器，太刀は，古来から権力者や富豪たちに珍重され，儀礼あるいは外交上の贈物としても重用された．このような工芸の名品は，文化財というよりも，蔵の中に大切に秘匿しておく財宝，そして世代を重ねて伝える家宝という性格に近かっただろう．

●**殖産興業の工芸**　明治 6（1873）年にウィーン万国博覧会に参加した明治政府は，日本の出品物が思いのほか好評だったことから，同年に起立工商会社という国策会社を設立して日本産品の直輸出を奨励した．この会社は，各地から製品を仕入れただけでなく，付属工場で職人を雇って陶器，蒔絵，木工品，金工品，七宝，革製品などの工芸品を製作させた．明治維新後，大名からの禄を絶たれて

離散していた工芸家たちが集まり，職人集団を形成して各種の巧緻な工芸品を量産した．

　工芸品製造の指針として「考古利今」（古を考えて今を利する）というスローガンが唱えられ，過去の優品をモデルにして作製することが勧奨された．この方針に従い，作品の見本となる昔の名品を，実際に一同に集めて一般公開する観古美術会が，明治13（1880）年に内務省博物局の主催で開かれた．この展覧会には，元藩主だった華族たちの所蔵する逸品も，多数陳列された．大名たちの家宝ともいうべき工芸の名品が，秘匿されていた蔵の中から出されて，公衆の面前に披露され，その存在が社会に知れ渡るようになった．

　当時日本の輸出品の中で，最も輸出価額が高かったのは生糸で，以下米，屑糸，石炭，茶など原料や食料品の輸出が多かった．工芸品である陶磁器，漆器，七宝器，青銅製品，銅器，象牙製品，扇子，団扇，屏風，画類などの全輸出総額に占める割合は，明治4（1871）年まで0.5％以下だった．ウィーン万国博覧会の開催された1873年に2％近くまで急増，明治14（1881）年に6.2％を記録したが，その後は徐々に低下し，明治30（1897）年には3％を割った．工芸品の輸出不振は関係者たちの間で問題となり，その対策が議論された．明治23（1890）年には，傑出した技法を保持する工芸作家を，帝室技芸員として顕彰する制度も宮内省に設けられた．しかし，精妙な工芸品をつくり続けた起立工商会社は，明治24（1891）年に解散となった．

　殖産興業に端を発した明治政府の工芸重視の施策は，かつて権力者や富豪たちの特権的な私的賞玩であった工芸を内外の社会へ，また海外にも広め，日本の価値ある特産品として認識する制度を確立させたのである．

●**民芸運動**　新旧の華麗で精緻な技巧を凝らした工芸の価値が，政府主導によって高められたのだが，概してこれらの工芸品は，鑑賞を目的とする高価な高級品で，一般の人たちにとっては無縁な存在に近かった．貴族趣味的な工芸に対して，20世紀になると実用的な日常器物に目を向ける民芸運動が盛んになった．民芸運動では，美術品のような作家の個性が錬磨された在銘の工芸ではなく，その対極に位置する廉価で大量につくられる質素・単純な無銘の品物に，美を見出したのである．「民芸」の言葉を広めた柳宗悦は，外在の権威ではなく，自らの主体的な直感的美意識に依拠して，民衆と地域の多様性を重視した．柳宗悦の工芸に対する姿勢は，今日の多文化主義，多元性の潮流に一脈通じるものだった．

　グローバル化とともに世界各地のさまざまな工芸を，日本でも容易に鑑賞できるようになった．価値観の多様化とともに，各人の趣味で収集することも流行している．特異なデフォルメやモチーフから，製作した人たちやその時代の生活，思想，宗教，歴史，世界観などを感受して，他者への理解や尊重にもつながり，文化財としての工芸の社会的意義が高まっている．

［森本和男］

古　墳

　古墳とは，墳丘をもつ古代の墓である．墳丘をもつ墓そのものの出現は紀元前5世紀以前の弥生時代前期にさかのぼるが，墳丘はまだ小さく，一基の墳丘に複数の埋葬施設が並んだり，墳丘自体が何十基も集まったりする「集団墓」であった．

　紀元後2世紀の弥生時代後期になると，これらの中から，ほかよりも大きな墳丘をもち，その中心に特に入念な埋葬施設のある「特定個人墓」が現れる．これらは，3世紀に入ると前方後円墳やそれに準じる形に統一され，そのうちの最大規模のものが畿内を中心とした地域に築かれようになる．

●**歴史的な定義と意義**　考古学では，これ以降のものを「古墳」，それらが築かれる期間を「古墳時代」と定義し，その歴史的背景として，各地有力者が畿内の大王を盟主に結集した政治体制（前方後円墳体制，大和政権，大和王権など）の存在を推測する．6世紀のうちに前方後円墳は衰滅し，円墳・方墳および八角形墳として残るが（終末期古墳），それらも8世紀初頭までにほぼ消滅した．この終末期古墳の時代は，ほぼ飛鳥時代にあて得る．

　以上のように定義される古墳は，北は山形–岩手のライン，南は大隅半島の志布志湾沿岸まで築かれ，有力農民などの中間層が築いた小規模なものまで含めるとその数は約15万基という．8～9世紀には，北のラインを超えた秋田・青森や北海道南部にも小規模な円墳が伝わるが（北海道式古墳など），鹿児島の南端や南西諸島には，墳丘をもった古墳は現れない．

　また，日本列島の古墳と並行して，朝鮮半島でも特定個人墓としての墳墓が築かれ，高句麗・百済・新羅ならびに加耶諸地域といった政治的なまとまりごとで墳丘や埋葬施設の形に特徴をもつので，それらはある程度の政治的なアイデンティティを反映するものと考えられる．こうした観点からは，倭（日本）のアイデンティティを代表する墳墓は前方後円墳と見做され，その分布範囲が後の律令国家の版図とほぼ重なる点は注目される．

●**構造と内容**　古墳は，少数の積石塚を除くと基本的に土築であるが，しばしば表面に石を葺き，埴輪を樹立する．埴輪は，墳丘に立て並べるための単純な円筒形（円筒埴輪）が大部分を占める一方で，家・器物・人物・動物をかたどったもの（形象埴輪）があり，特に後者は日本の先史・古代の物質文化を代表するものとして，縄文時代の土偶とともに海外でも比較的よく知られている．

　埋葬施設は，3～5世紀頃が竪穴式石室で，木棺や石棺を内蔵するが，それらを墳丘に直に埋める例も少なくない．6世紀以降（九州では5世紀以降）になる

と朝鮮半島から伝わった横穴式石室が普及し，竪穴式石室などにとって代わった．当初，横穴式石室は巨石で大きく築かれて石棺や木棺が内蔵されたが，7世紀に入る頃には切石などで小さく精緻につくられるものも現れ，棺を介せず遺骸を直接封入する横口式石槨となって終焉を迎えた．なお，九州では横穴式石室の内部を彩などで飾る装飾古墳が流行し，近畿の横口式石槨にも，高松塚古墳やキトラ古墳のように彩色壁画をもつものが稀にある．

器物を大量に副葬するのも古墳の特徴で，3～4世紀には鏡や碧玉製品，5世紀には鉄製の武器・武具や農工具，6世紀には馬具や装飾付大刀，土器などが多い．

●**その後の歴史的展開**　古墳は，ほかの遺跡と異なって地上によく姿をとどめるものであるために，築造当時の意味や役割が忘れられた後も，その後の歴史の展開に従ってさまざまなコンテキストで認識され，利用され続けてきた．

奈良時代から平安時代にかけて，その時点で築後100～数百年を経ていた古墳が『記紀』（『古事記』と『日本書紀』の意）に書かれた歴代天皇や皇族の陵墓に当てられ，保護と管理の対象にされるなど，政権による古墳の利用が始まった．間もなくこのような制度は廃れ，中世以降には陵墓もそれ以外の幾多の古墳も，掘り荒らされたり，城砦などに再利用されたりした．

しかし，江戸時代には古墳を歴史資料と見做す認識も明確化し，元禄5（1692）年には日本初の学術的な古墳調査といわれる栃木県上侍塚・下侍塚の発掘が，水戸藩主徳川光圀の起案のもとに行われた．特に陵墓に対しては，勤王・尊皇の思想と相まって顕彰の機運が高まり，蒲生君平など民間学者による研究とともに，藩や幕府による探索や修復（修陵）が進んだ．なかでも幕末の文久2（1862）年から行われた「文久の修陵」は大規模で，今日の陵墓治定や柵・拝所などの管理形態の原型はこのとき確立した．

明治以後，政府は陵墓の治定と管理を制度化し，都合85基の古墳をその対象にして自由な踏査や調査を阻むに至ったが，他方では開発による損壊や乱掘からそれらをかばう結果にもつながった．陵墓以外の古墳には乱掘や破壊を被った例も少なくないが，1980年代より後は埋蔵文化財の調査と保護にかかわる行政の整備が進み，無秩序に損なわれる古墳はほとんどなくなった．

●**現代の古墳**　このような状況のもとで，今日，多くの古墳は先史・古代史研究のための資料として学問的に活用されると同時に，地域の歴史遺産としての文化的役割も担っている．ほとんどの古墳には説明板が設けられ，関連資料もしばしば近隣の地域博物館施設などに展示されるなど，学習者や愛好家の要望に応えている．築造時の姿に復元され，歴史公園の景観を演出したり，地域のランドマークになったりしている古墳も少なくない．

一方，陵墓に治定された古墳は依然として国政の管理下にあり，資料や遺産として開示される目処はついていない．

［松木武彦］

名勝と名所

　名勝と名所とは紙一重である．表裏一体であるといってもよい．今日的には，いずれも地物の多様な結構から成る特異な場所についての表象のことである．
　一般に，名勝は，美しい風景を伴う名所のことと説明することもできるが，時代や社会の多様な変遷の中で，風景の意味や価値が繰り返し発見されることで名所となることもあるから，一概にその包含関係を論じることはできない．
　名所は，古くから「などころ」と称せられてきたもので，種々の地物によって，その名が広く知られた所のことといえるが，実はそれほど単純でもない．
●**名所の成り立ち**　鉄道駅のホームなどに名所案内として，近傍の見どころなどの名前とその駅からのおよその距離が表示してある．そこに示されているのは，神社仏閣や古跡のほか，その土地の成り立ちと深くかかわる山岳，渓流，瀑布，海浜，温泉などの名前である．それらは，風土の歴史に彩られた伝統の名所どもと感じられる．一方，近代化の中で，訪ねるべき場所として，名所はつくられるものでもあった．博覧会や公園の展開とともに，そこに加わったのは，動物園や植物園，遊園地などであり，明治後半以降，全国鉄道網の発展とともに，さまざまな名所が絵葉書や写真集などを通じて実像を広く普及してきた．
　また，高度成長期を通じて，東京タワーや黒部ダムなど，観光名所として訪れるべき場所として喧伝され，東京ディズニーランドや明石海峡大橋，そして，東京スカイツリーなど，それらが存在する前から名所化の演出は高度に展開されている．しかも，現代において名所は，観光などによる経済効果が前提とされていて，ややもすると，稼ぎの悪い名所などは程度が低いものと思われがちである．
　こうした民衆の名所観は，江戸時代に人々が物見遊山を楽しむようになって以来の展開であり，日本の伝統としては比較的新しい．名所は人々に喧伝されてこそ，というのは，17世紀半ば以降，いわゆる名所記の類（図1）が普及してからの観念である．その系譜を，近世初期における物語としての仮名草子，旅の随想としての紀行文とさかのぼっていくうちに，中世・中古の紀行文学に至っては，遁世する人々の自然観や深刻な心情と結びついた真摯なものにみえる．名所はごく限られた人々の中に存在したものであった．
　その淵源は，平安時代における和歌の名所観にある．実地の体験から成る古歌の結構は，歌人必携の心得としての「歌枕」として普及し，なかでも土地の名に事寄せた雰囲気や情緒は「名所」とよばれ，名所絵，四季絵などの主題としても楽しまれた．しかし，それは，和歌の文化が深まれば深まるほど，実地とは関係のないところで，名所の表象として観念化を繰り返していったものであった．

●**文化財としての名勝**　現代の日本において,「名勝」とは制度のことでもある.明治44 (1911) 年以来の取組みを受けて,今日の文化財保護法では,「庭園,橋梁,峡谷,海浜,山岳その他の名勝地で我が国にとって芸術上又は観賞上価値の高いもの」を保護の対象として規定している.近年,社会構造の変化や学術研究上の進展に伴い,これを所管する文化庁では,遺跡化し,または,発掘調査によって検出される庭園遺構をはじめとして,近代の庭園・公園,風土の特色を反映した庭園,そして,詩歌や絵画などの芸術作品のモチーフとして大きな影響を与えたり,海洋国・山岳国としての特色を表徴したりしている自然の風致景観など,保護すべき重点の多様なことを示している.

さらにここで注目すべきは,この半世紀における考古学的遺跡の調査研究や保存整備の進展を受けて,歴史的な庭園のみならず,自

図1　歌川広重「六十余州名所図会」のうち「信濃更科田毎月鏡台山」[所蔵:国立国会図書館] 平成11 (1999) 年に名勝姨捨 (田毎の月) として指定された

然の名勝についても,見た目に潜在化した名勝性を見極め,修理や整備によって価値を顕在化して,将来に継承することも措置されていることである.

●**日本文化としての名勝と名所**　詩文に八景,九曲,十勝などといい,文化としての風致景観の理解は,古来,大陸や半島からの影響を強く受けてきたものでもある.一方で,洞府・洞天など,仙人の棲むところを意味する名勝の類は,特に今日の日本人にはあまり馴染みがないもので,それぞれの風土と歴史に裏付けられた文化の個性をうかがわせるに足る.

「名勝」は,とどまることなく変遷を重ねる国土の麗しさを天然と人工のさまざまな地物から成る風致景観の分節に見出し,それを受け継いでいく行為である.また,「名所」とは,人々の記憶と意識にとどまりつつ,繰り返して訪ねることを演じ,さらなる思いを重ねて進化していく芸能のようにも感じられる.

両者は,決して客観的な存在ではないし,物質的なことによってのみ,その結構を成すものでもない.その本質は日本文化における心性の反映であるといえる.

繰り返して見出され,生み出される名所とそこに表象する観念は時々における名勝の理解とも表裏一体である.今,私たちが名勝であるとか,名所であるとか,そう感じているものが,将来にわたっても名勝や名所であるかは,その心性が日本人の中に育み宿し続けられるか否かによるものといえる.　　　　　　　　　　[平澤　毅]

天然記念物

　建造物，絵画，彫刻，工芸品，書跡，典籍など，人の手でつくられたもののイメージが強い文化財に，天然記念物が含まれることは，多くの人々に違和感を与えているかもしれない．しかし，天然記念物こそは，最も広い意味で，文化財の守備範囲を包摂しているものである．そもそもの天然記念物とは，明治時代中頃以降，日本における近代自然科学の確立・発展と並行して見出されてきた国土理解の枠組みの一つである．急速な近代化がなかったならば，その認知は得られなかったかもしれない．すなわち，土地の開拓，道路の新設，鉄道の敷設，工場の建設などが大規模に進展する中で，長い年月をかけて育まれ，人々の生活文化において慈しまれてきたものが，次から次へと失われていくのを目の当たりにすることが，今日に至る天然記念物概念へと展開していく契機であった．

●**近代日本における天然記念物の保存**　明治39（1906）年に「名木の伐滅並びに其保存の必要」と題する論考を発表し，明治44（1911）年の帝国議会貴族院における「史蹟及天然紀念物保存ニ關スル建議案」の起草，そして，大正8（1922）年の史蹟名勝天然紀念物保存法制定に不可欠な貢献をしたのは，日本近代植物学の開拓者と称せられる三好學である．大正15（1926）年刊行の『天然紀念物解説』に三好が示した天然紀念物の定義は，ドイツの古植物学者フーゴ・コンヴェンツの取組みとその成果に強く影響を受け，学問上稀なる動物・植物・地質鉱物として，滅失・毀損の脅威に晒されているもの，あるいは限られた地域にのみ所在して自然界の成り立ちを記念するものを基本としている．しかし，なお特徴的なのは，日本においては，並木や巨樹・名木が自生のものでなくとも，また，ある地方にのみ飼育・栽培されているものも含めて対象とするべき場合があるのを強調したことである．

　同じ法律によって保存の対象となった史蹟や名勝が，日清・日露の戦勝に勢いづく日本の国威発揚の文脈にも結びつけられて，保存というよりもむしろ顕彰に重点が置かれる傾向にもあったのに対し，天然紀念物は，滅失・毀損を防止するため，場合によっては，指定の事実が公表されない制度の仕組みともなっていたというから，天然紀念物というものが，いかに保存ということと結びついていたかがわかる．この時代，失われることの危機は，急速に人工化する環境への違和感であったのかもしれない．それは，史蹟名勝天然紀念物の指定が，大正9（1923）年に天然紀念物から始まったことや，「文化財保護法」施行以前における史蹟，名勝，天然紀念物に係る指定件数が，それぞれ629，241，809であって，天然紀念物が最も多かったことにもうかがうことができる．

●**自然環境保護との相克** 日本の国立公園は，国民保険涵養と国際観光地開発を初期の趣旨とするものであった．一方で広大な自然地域を包含するものであったことから，その取組みが進むにつれて，天然記念物や自然的名勝との相克が顕在化するようになってきた．戦後日本における統治体制の再編に際し，国土保全の基幹を国立公園行政に置いてきた米国がGHQの主力であったことや，高度経済成長期を通じた公害問題の悪化に伴い昭和46（1971）年に環境庁が設置され，また，翌年には自然環境保全法が制定されるなど，自然の保護・保全にかかわる行政の一元化の検討は，事あるごとに俎上のものとなってきた．この間，記念物行政の主体は，大規模な国土開発における埋蔵文化財への対応，そして，考古学遺跡の保存に伴う整備，すなわち，それらをいかにして目に見えるかたちで国民的利益を表現するのかという問題に重点が置かれてきた．そのことは，結果的に，近年の史跡，名勝，天然記念物の指定件数が，それぞれおおよそ 1,700, 380, 1,000 であることにも反映している．しかし，今日における地球温暖化の防止，生物多様性の維持，循環型社会の構築など，環境行政の主力と統合されずにいるのは，天然記念物にこそ，文化財の思想的根本が備わっているからである．

●**天然記念物の視点** 一般に，文化財といえば，日本人に固有の創造性との関係から，芸術作品のほか，その根源となる芸能・工芸や精神生活の反映，そして，それらの証拠であるさまざまな遺物・遺構・遺跡というものに視線が向かいがちである．一方，そのうちでも，天然記念物は，自然と文化に境目を設けない観点をもつ．それは，日本国土の成り立ち（自然史）や自然環境の多様性（自然誌），そして，日本人と自然とのかかわり（文化誌）などの一体性・連続性のもとで語られるものである．

図1　かつて人々の暮らしとともにあったコウノトリ
兵庫県豊岡市では特別天然記念物コウノトリとの共生を近年の地域づくりの礎としている［写真：富士光芸社，1960］

地質基盤の生成と変動，固有の気候と気象，風土を構成する地形や土壌，植物と動物，ヒトとその歴史，そして，そこに形成される生活と文化，天然記念物は，私たちを成り立たせているそうしたすべての過程における，あらゆる節目を記念するものである．その節目は，社会の変遷の中で絶え間なく発見され，また，生成され続ける．そこには，ユーラシア大陸東端の弧状列島に，固有の自然災害とともに長く暮らしてきた日本人の知識や知恵の蓄積が含まれており，将来への道しるべともなるものである．

［平澤　毅］

日本三景

　日本三景は，江戸前期の寛永20（1643）年，儒学者の林春斎（鵞峰）と林考槃（春徳・読耕斎）が著した『日本国事跡考』に「三処奇観」として表れる．宮城県の松島，京都府の天橋立，広島県の厳島をさし，富士山は別格として日本の珍しい風景ベスト3を選定したものである．マツが生える小さな島々が浮かぶ多島海「松島」，松原が海の中に連なる白砂青松の砂州「天橋立」，弥山を背に海面に浮かぶ朱色の神社と鳥居「厳島」は文字通り珍しい風景「奇観」である．すべて海岸に位置することからも，近世は海岸景をめでていたとわかる．近代になってヨーロッパのロマン主義的な近代的風景観がもたらされると，高山，湖沼，森林などの山岳景が賛美され，海岸景は軽視されて，日本三景は後退していく．

　1930年代のわが国最初の12個所の国立公園誕生においては，日本三景は古い伝統的風景と見做され，いずれも指定されなかった．しかし，第二次世界大戦後，再評価が進み，「文化財保護法」において松島と天橋立が特別名勝，厳島が特別史跡・特別名勝・特別天然記念物に指定され，「自然公園法」においても松島が県立自然公園，天橋立が国定公園，厳島が国立公園となった．特に厳島神社は平成8（1996）年に世界遺産となるほど高く評価された．現在，日本三景は周辺の眺望景観の変化，大震災復興の規制緩和，砂浜の浸食，松原の衰退，植生の遷移，シカによる被害，海岸漂着ゴミなどさまざまな問題を抱えている．

●日本国事跡考　『日本国事跡考』は，歴代の天皇，武家，歌人などの人物を取り上げ，国内の山城国を初めとする66個国その他の名所，神話，故事を紹介し，鳥獣，行事，儀礼などにもふれた日本国の事跡を記したものである．跋には寛永20年8月13日とあるが，この約1カ月前の7月18日には朝鮮通信使の一行が将軍家光に謁見し，世子誕生を祝していた．『日本国事跡考』はこの朝鮮通信使の製述官申濡（竹堂）の求めに応じて，幕府の儒学者林羅山の三男春斎（26歳）と四男考槃（20歳）が執筆したものである．当時の日本案内記であり，風土記の流れを汲む歴史，地理，風俗の書である．これの増補版が後に『林羅山文集』（寛文2〈1662〉）に『本朝地理志略』として収められ，『本朝地理志略』は『続々群書類従』（明治39〈1906〉）にも確認できる．

　「三処奇観」は，『日本国事跡考』『本朝地理志略』ともに同じ文章で，「陸奥国」の松島の説明で記され，漢文を訓み下すと「松島，此の島の外に小島若干あり，殆ど盆池月波の景の如し，境致の佳なる，丹後天橋立，安芸厳島と三処の奇観をなす」となる．3個所は古くからの名所の地であり，特に松島と天橋立は平安時代から広く知られていた．清少納言の『枕草子』は，松島を籬の島・塩竈浦として，

天橋立をよさの海として取り上げた．また，小式部内侍は『金葉集』で「大江山いく野の道の遠ければまだふみも見ず天の橋立」と詠み，その後鎌倉初期の順徳院の『建保名所百首』（内裏名所百首）も陸奥の塩竈浦と丹波の海橋立を取り上げている．ただし，近世はこのような従来の歌枕「名所」の視点ではなく，珍しい風景「奇観」の視点から風景を捉え直した時代であった．

●日本三景の普及　三処奇観は，その後諸国を漫遊し遊覧する人物の出現によって，日本三景，三勝景，海内三景などとして話題にのぼるようになった．儒学者の貝原益軒は，元禄2（1689）年の『己巳紀行』で，天橋立を「其景絶言語．日本三景の一とするも宜也」と「日本三景」の言葉を使い，賞賛している．一方，同じ紀行文で，紀三井寺から和歌浦の風景を見て「日本三景の内，松嶋はいまだ見ず．安芸の厳嶋，丹後天橋立も尤美景也といへども，おそらくは此浦の烟景には及ぶべからず」と，和歌浦が日本三景よりもすばらしいと絶賛している．また，国学者の天野信景は，天明2（1782）年の随筆『塩尻』で，「三勝景」として松島，天橋立のほかに象潟または二見浦をあげている．

　日本三景の評価は，必ずしも絶対的でなく，確固と定着していたわけでもなかった．全国を巡り歩き，自らの眼で風景を評価した地理学者の古川古松軒もまた，天明3（1783）年の紀行文『西遊雑記』で，厳島を「海内三景」というのはおかしい，大したこともない島を平清盛の築造ということで騙されている，全国にはもっと厳島より優れた景勝の地が数多くあると述べている．しかし，古松軒の批判は裏を返せば日本三景がそれだけ普及していたと指摘できる．

●風景の定数化　風景は，古くから三景，八景，十二景，百景などとして定数（名数）で選ばれ，名所や観光地が形成されてきた．その中でも日本三景は風景の定数化の典型であり，長期にわたり評価を持続させてきた稀有な例である．俳人の大淀三千風は，元禄3（1690）年の紀行文『日本行脚文集』で，わが国の優れた風景12個所を「本朝十二景」として列挙した．その後，宝暦14（1764）年の林自見の『雑説嚢話』や文化元（1804）年頃の百井塘雨の『笈埃随筆』などに本朝十二景の記述が見られるように広く知れ渡るが，やがて忘れ去られていく．中国の瀟湘八景を見立てたわが国の八景は，近江八景と金沢八景を筆頭として，近世から近代にかけて各地で盛んに選ばれた．著名な漢詩人が命名し，場所の名所化が図られてきたが，現代には残っていない．

　中国文化に由来する風景の定数化（名数化）とは，風景の新鮮な権威づけであり，風景の単純明快なわかりやすさを与えるものであって，定数化ですくい上げられた風景は真実らしい信憑性を高める．しかし，一方で多様な世界を単純に割り切り，多彩な風景を切り捨てて整序するもので，基本的に政治的な思考によるものである．定数に入るか否かは決定的な差がある．現代も風景の定数化の思想は生き続け，百景，百選が次から次へと続々と生まれている．　　　　［西田正憲］

町並み

　町並みとは，個々の建物ではなく，それが並んで構成するひとまとまりの景観を示す表現である．すでに江戸初期には仮名草子や浮世草子に使用されているが，そこに守るべき対象としての価値を見出すのは近代以降のことである．このような価値認識は戦前に一部の都市美運動家の言説などにみられるが，特に1960年代後半に始まる町並み保存運動の広がりの中で，地域「資源」としての町並みの重要性が広く共有され，顕在化していった．

●**まちづくり運動と町並み**　時は高度経済成長の只中であり，地方の小都市や集落では，大都市圏への人口流出に伴う地域衰退をいかに打開していくかが喫緊の課題であった．また都市においても，大規模で急速な開発に危機感を抱いた住民が反対の声を上げ始めていた．これらの危機的状況を打開する有力な手段として，町並み保存に主眼を置くまちづくり運動が各地で選択され，創意工夫され，次第に一般性をもつようになっていったのである．

　このように地域に根差したまちづくり運動とともに価値が顕在化した町並みの概念は，昭和50（1975）年，新たな文化財の対象として「文化財保護法」にも組み込まれる．市町村が住民合意のもとに「伝統的建造物群保存地区」を決定し，さらにその申し出を受けて，国が「重要伝統的建造物群保存地区」を選定する．この制度は，従来にない面的広がりをもつ対象（単体の建造物ではなく集合体，さらに周辺環境も併せた地区全体）を文化財として捉えていることに加え，官民双方の合意による地域の主体性が前提となる，画期的なものであった．

●**町並みの発見**　都市工学者の西村幸夫は，守るべき対象として町並みを捉えた最初の人物として，都市美運動家・橡内吉胤（とちないよしたね）（1888-1945）をあげている．都市問題を生涯のテーマとし，民間から都市美や歴史的環境保全に関する積極的な言論活動を行った人物である．東京を模範とした一律化が進む各地の都市の様相を「盲目的な営造と前美人的な模造とテンヤワンヤの混乱と新奇をこれ逐うオッチョコチョイ……」（『日本都市風景』1934）と痛烈に批判し，残存する古い町並みに「近代の商業主義に伴う悪趣味でもって掻き乱されておらない町の見本」「将来の街の営造の上に一つの暗示を得るよすが」（前掲書）と，単なる懐古趣味にとどまらない価値を見出していた．橡内は実際に，宿場町の面影をとどめる三重県関町（現亀山市）において，町長に町並み保存の進言も行っていた．しかしこの動きが実を結ぶには，しばし時を待たねばならなかった．

●**町並みの保存**　戦後間もなく，岡山県倉敷市で地元実業家を中心とした民間団体による天領時代の町並み保存が行われたが，他地域へは波及しなかった．全国

展開する一つの契機としては，中山道の宿場町として繁栄した歴史をもつ長野県妻籠の取組みがあげられる（図1）．宿場町は，陸上交通の要地にあり，人の往来，物資や情報の流通を担った集落のことである．河口や山麓に築かれ，特に江戸幕府が重視した街道整備とともに拡充され栄えた．街道沿いに長く延びた町の中央部に人馬の継立てや宿業務を営む問屋場，大名などが宿泊する本陣，脇本陣が位置し，前後に旅籠屋，茶屋などが並ぶ．街道両側の地割は計画的に

図1　妻籠宿の町並み［撮影：佐山　浩］

行われた短冊形で，裏側は菜園になっている場合が多いが，景観には街道の特性や地域により多様性がみられたという．しかし，このような固有の町並みは，近代的交通手段の発達により変貌していく．特に高度経済成長期には，過疎化や都市開発の影響で変化に拍車がかかった．

　妻籠宿も，1950年代末には過疎に苦悩する山間の小集落と化していた．この状況からの再生施策として，町職員であった小林俊彦（1929-）が選んだ道が，町並み保存であった．明治百年記念事業の機を利用し，疲弊していた町並みの復元整備を昭和43（1968）年から実施する．これがメディアに好意的に取り上げられ，国鉄（現JR）が昭和45（1970）年に始めたディスカバー・ジャパン・キャンペーンとも合致し，瞬く間に有数の観光地と化していった．一方で，観光化による弊害を防ぎ，町並みを継承していく自主ルールとして住民憲章や保存条例を策定した．

　この妻籠の事例は，同様の危機に瀕する各地に影響を与えることとなった．その後，各地で価値づけられ保存対象となった町並みは，宿場町に限らず，商屋町，武家町，社家町，門前町，茶屋町，港町，山村や農村などの集落，地場産業と結び付いた養蚕町，鉱山町，製塩町，製蠟町など非常に多岐にわたる．平成以降も量・種類ともに増加の一途をたどり，「重要伝統的建造物群保存地区」に選定された対象は平成26（2014）年の時点で100を超える．

　しかし，少子高齢化社会に向かう中で，これらの町並みに空家や借家が増えていることが共通課題として浮上している．社会変動を生き抜く地域の潜在力の象徴として価値を見出されてきた町並みは，再び到来した大きな変動の中で，新たな局面を迎えつつある．

［井原　縁］

国立公園

　国立公園とは，わが国を代表する傑出した自然の風景地であり，雄大性に富む原始的景観を核心とする自然地域である．保護するとともに利用にも供する自然保護と自然観光の空間である．国家がどのような自然空間を価値づけ権威づけるかは時代によって異なる．昭和6（1931）年，「国立公園法」が制定され，昭和9（1934）年から昭和11（1936）年にかけて，国立公園として瀬戸内海，雲仙，霧島の3個所，阿寒，大雪山，日光，中部山岳，阿蘇の5個所，富士箱根，十和田，吉野熊野，大山の4個所の全12個所が誕生した．当時理念と実務を牽引し，のちに国立公園の父とよばれた内務省嘱託の林学博士・田村剛は利用性を念頭に，アルプスやロッキー山脈のような山岳景を重視していた．

　第二次世界大戦後，観光の広域的周遊に合わせて広域指定が行われ，支笏洞爺，上信越高原，磐梯朝日のように飛び地の国立公園が増えていく．また，戦前の山岳景重視の揺り戻しで，陸中海岸，山陰海岸，西海のような海岸景の国立公園も増える．1960年代になると，原生保護思想の高まり，高度経済成長期の自然破壊，米国からの領土返還を背景に，利用性よりも原生自然，生態系，野生生物の保護を目的とした知床，南アルプス，西表，小笠原などの国立公園が誕生していく．平成21（2009）年には「自然公園法」の目的に生物多様性の確保が追加され，平成26年（2014）年には国立公園は31個所に達している．

●**理想の大自然ウィルダネス**　世界最初の国立公園は，1872年に米国のロッキー山脈に誕生した．平均標高約2,500 m，面積約90万ヘクタールという，わが国の四国の約半分の大きさをもつイエローストーン国立公園だ．公園専用の国有地からなる営造物公園である．大自然を保護し，野外レクリエーションに利用するため，国民が等しく享受すべき国家の宝として，永久に保護されることとなったのである．この国立公園はまずカナダ，オーストラリア，ニュージーランドの新大陸の移民の国に伝播し，やがて近代国家に不可欠な制度として，イエローストーンチルドレンとよばれて世界中に波及していく．米国の国立公園の誕生には，西部開拓によ

図1　スイスの国立公園を調査する田村剛
［出典：田村剛『登山の話』1926］

る自然破壊，鉄道建設のための観光開発，大自然をナショナルアイデンティティ（国民的自己認識）として誇るナショナリズムやウィルダネス（原生自然）を賛美する思潮などの要因が働いていた．19世紀の米国では哲学，思想，文学，絵画，写真の分野でもウィルダネス賛美が起きていた．国立公園とは米国固有の自然と文化の産物であり，新大陸が誇る崇高で壮大なウィルダネスの表象空間であった．これを理想の大自然と考える米国の文化はやがてグローバルなものとなり，ついには世界自然遺産にも結実した．

●**国立公園の日本的受容** 米国で誕生した「ナショナルパーク」は，わが国では明治後期に「国園」「国有公園」「国設大公園」と訳されながら「国立公園」として定着した．米国の意味するナショナルは国民の意味合いが強いのに対し，日本は国家つまり御上（おかみ）の意味合いが強い．国民の間にも自然保護や文化財保護は市民ではなく御上がすべきものという風潮がある．イギリスのナショナルトラストとも大きく異なるところである．

　狭い国土に多くの人口を抱える日本は，国立公園といえども土地を多目的に利用し，人々の生活や農林漁業などと共存しなければならず，国立公園は土地所有にかかわらず指定し，開発行為を一定程度許容する地域制公園の制度をとった．国立公園は保護と開発という矛盾を宿命としたが，一方で，神社仏閣，史跡や採草地，農耕地，二次林などを含み，生物多様性のみならず，景観多様性も呈することとなった．国立公園は多様な主体の協働管理による持続可能性を追求した制度であり，現在も地域との連携を模索しながら自然再生や利用調整などの難しい問題に取り組んでいる．ここには，日本的なナショナルパークの受容があった．

●**自然公園体系** 昭和24（1949）年，「国立公園法」の改正によって「国立公園に準ずる公園」の制度が創設され，昭和25（1950）年，琵琶湖，佐渡弥彦，耶馬日田英彦山（やばひたひこさん）が指定される．「国立公園に準ずる公園」の名称は「準国立公園」ではなく「国定公園」とされた．国立公園は国が指定して管理もするのに対し，国定公園は国が指定し，都道府県が管理するという，指定と管理がねじれた特異な公園である．

　昭和32（1957）年，現行の「自然公園法」が制定され，国立公園，国定公園，都道府県立自然公園からなる自然公園体系が確立される．選定基準が曖昧な国定公園は，大都市近郊に多くの公園を生み出すなど国立公園の偏在を補完した．1970年代以降，国定公園も観光から保護へシフトし，越後三山只見（えちごさんざんただみ），日高山脈襟裳（えりも），早池峰（はやちね）のように，遠隔地にあって自然性が高い国定公園を生み出していった．平成19（2007）年には，棚田や里山を評価する大江山丹後天橋立国定公園が誕生し，国定公園が56個所に達した．国立公園から出発したわが国の自然公園は，地域制公園制度をとり，保護のみならず利用も重視したことから，今では国土面積の7分の1，約14％を占めるまでに至っている． 　　　［西田正憲］

記録文化財

　記録文化財といった場合，主としてその対象となるのは，古文書と古記録であろう．本項では主に古文書について述べる．

●**古文書**　古文書には，広狭二義がある．広義の場合は，「古い書類」という意味で，古記録・系図・古典籍まで含めることがある．狭義の場合は，発信者と受信者とがあり，用件などの内容を具備したもので，一定の古さをもつものを意味する．ただし，どのくらいの古さをもって古文書と定義するかについては，明確な規定があるわけではない．

　古文書を発信する者は，個人または官司・寺社などの団体である．受信する者もこれと同じであるが，神仏である場合もある．熊野三山の牛王宝印(ごおうほういん)に書かれた起請文(きしょうもん)が，最も典型的な例としてあげられる．また，古文書には発信する者から受信する者への意志の伝達用件が記されており，多くの場合には発信の日付が記されている．

　今日，伝世している古文書の多くは，権利関係の文書である．これは権利関係の文書だけが発給されていたということではなく，ほかの文書が廃棄されたにもかかわらず，そのような文書だけが大事に保管され，それが伝世したためである．現存する古文書の中には，実際に相手方へ送られて機能を果たした文書の正文（正本）のほかに，それを書写した案文（複本）もある．案文には，手控えとして手許にとどめておくためのもののほかに，訴訟などに際して証拠文書として提出するための目的でつくられたものもある．

　また，文書作成に際してつくられた下書きを土代(どだい)・草・草案とよぶが，これもまた案文といわれる場合がある．これらは古文書の範疇に含まれるが，後世に学問研究のため，あるいは家の由緒を示すためにつくられた複本については，案文と区別して写とよぶ場合もある．また，機能を終えた文書の裏面を利用して写本を行ったり，裏面に草案を記したりして廃棄されず，別なかたちで伝世する場合がある．このような文書を「紙背文書」「裏文書」とよぶ．

　現在，古文書とされる文書においては，経済的な利益，または裁判の有利な遂行，家系の由緒の装飾などを目的に作成された偽文書の存在が多く指摘されている．偽文書は真文書の筆跡や印判などを精巧に再現したものから，真文書の一部を改変したものまで多様なものが存在し，古文書学においては真文書と偽文書の真贋の見分け方や，偽文書が作成された背景事情が問題視される．

　日本の国宝・重要文化財に指定されている古文書も少なからずあり，それらは，昭和50（1975）年度から「書跡・典籍の部」とは別に「古文書の部」として指

定された．同年，「国宝及び重要文化財指定基準」（昭和26年文化財保護委員会告示第2号）が改正され，「古文書の部」の指定基準が「書跡・典籍の部」の指定基準とは別個に定められている．古文書の部の既指定物件には書状（手紙）類が多く，厳密な意味での古文書・文書のほか，日記などの記録類，絵図，系図なども含まれている．

●**古記録** 特定の相手に宛てて書かれたものを文書というのに対し，特定の相手なしに書かれたものを記録とよび，その中で古い時代の史料となる記録を古記録と称する．特に日記をさしてそうよぶことが多い．詳しくは，「日記」の項目で説明する．

●**氏子帳** 記録類の一例として，氏子帳をあげてみよう．氏子帳とは出生児把握のための氏子調べで，出生児の名前，年月日，父の名を記入した神社の帳面のことである．

明治4（1871）年7月4日太政官布告第323（法令全書）で，「臣民共出生の児其土地の神社へ参詣致し候は戸長の証書を照し其名前出生の年月日及ひ父の名を氏子帳に記し左の雛形に随ひ守札を可相渡事」と規定された．

この氏子帳の使用例として，滋賀県大津市の神田神社では，出生すると氏子帳に記載され，成人になってもこの記載順に宮役，十人衆など村に加入する．

●**過去帳** 氏子帳に類似するものとして，さらに古くから用いられている過去帳がある．過去帳とは，供養のために死者の法名・死亡年月日などを記した帳簿である．霊名簿・霊簿・鬼簿などとも称する．

江戸時代以降，多く行われているのは日牌式のもので，朔日定光仏から晦日釈迦仏に至る三十仏を毎日に記し，各日ごとに法名と死亡年月・俗名などを記す．しかし，死去の年月の順に記す逐年式のものが，古いかたちであると推定される．

鎌倉時代の高野山の『金剛峯寺恒例彼岸廻向道俗結縁過去帳』では，供養の対象である法名を年代順に記し，『時衆過去帳』では，一遍智真以下，歴代の宗主上人が書き継ぎ，往生者を阿号により記し年月を右肩に付記する，とある．弘安2（1279）年に始まるが，応永8（1401）年頃から過去帳の性格が変わり，現存者を記し，記載されたことが往生の保証となったと考えられる．

一般に，寺院では所属していた故人を記す際に和本形式の物を用いる場合が多い．一方，在家の場合は，多くは折本形式が用いられるので，「過去帖」とも記される．在家ではその家に有縁の故人を記し，仏壇の中に見台に乗せたり，平時は引き出しにしまっておき，月命日にのみ仏壇の中に入れ見台の上に乗せたりする．

過去帳は永続的に残され，続柄を記しておけば，その家の系譜にもなる．また，仏教のほかに神道でも用いられる．そのほか，山口県長門市向岸寺には『鯨鯢過去帳』という，誤って捕えられた妊娠中の鯨とその子鯨を弔う過去帳があり，山口県有形民俗文化財に指定されている．

［倉本一宏］

家系図と写真帳

　世代を超えて継承される集団の系統を記したものを系譜，それが図表で表されたものを系図という．寺院の住職や神社の神職の相伝系図，学芸の道統系図などである．その集団が家族の場合，家譜あるいは家系図という．
　家譜や家系図には個人名だけではなく，官職・死没年次・享年などが注記されることがあり，それを尻付という．故人が傑出した人物の場合，かなり詳しく事跡が記されることもあるが，それが家系全体におよぶ場合，単純な系図の形式には収まらなくなり，文章系図となる．歴史的には文章系図の方が初源的だと考えられている．系図に関する基本的知識をまとめた参考書に昭和 63（1988）年刊『系図研究の基礎知識』（全 4 巻）などがある．
　檀那寺に保存される過去帳とは別に，各家に保存される過去帳も家系図の一種だが，これは追善供養が目的なので，俗名のほかに戒名・死亡年月日が注記される．過去帳は位牌とセットになって，追善供養のために用いられる．過去帳や位牌の史料価値に注目した研究者に太田亮がいる．昭和 50（1975）年に丹羽基二らの提唱によって発足した日本家系図学会は，太田の研究を組織的に発展させようとしたものである．その研究の概要は，丹羽基二・鈴木隆祐著『自分のルーツを探す』などにまとめられている．

●肖像写真の登場　故人が特に記憶するに値する人物と見做された場合，位牌がつくられるだけではなく，肖像画が描かれる．それには存命中に描かれる寿像と，没後に描かれる遺像がある．生前似顔絵を描くのは不吉とする風潮があったので，遺像が一般的であった．
　幕末に写真技術が伝来すると，遺像と寿像のあり方が大きく変化した．肖像写真はまず寿像の代替物として受容された．没後，肖像写真を元に遺像を描くことも行われたが，やがて肖像写真そのものが葬儀や追善供養のために用いられるようになる．これが遺影である．
　遺影は葬儀に欠かせないものとなる．祭壇に飾られ，火葬場や墓地への葬列に伴われ，葬儀の後には仏壇や仏間に飾られる．アンブロタイプとよばれるガラス湿板写真を桐箱に収めた遺影は仏壇に収められることが多く，現在も旧家の仏壇の奥から，貴重な古写真が発見されることがある（図 1）．大判の紙焼き写真は額装して仏間の鴨居に飾られることもあり，あたかも「目で見る家系図」のような役割を果たす．また，遺影をアルバムにまとめ，注記を加えれば，「目で見る文章系図」ができる．

●家族アルバム　明治 10 年代以降，東京などの大都市では営業写真館が急増す

る．それに伴って，宮参り・七五三・入学・徴兵検査・結婚などの人生儀礼や正月などの年中行事，いわゆる「ハレの日」に，個人や家族の記録として写真を撮影する習慣が広まった．これらは写真の複製可能性を活かして複数作成され，親族の間で共有されることが多く，各家ではそれを一族の絆の証として尊重し，アルバムにまとめることも行われるようになる．

19世紀末，ロール・フィルムが誕生し，カメラが小型化した．写真はいっそう身近なものとなり，アマチュア・カメラマンが増加した．一族で共有される記念写真とは別に，核家族単位の写真アルバムが作成されるようになり，「目で見る個人史」ともいうべきものになった．これらが世代を超えて集積されるならば，「目で見る家系図」はより豊かなものになるであろう．

図1 幕末の肖像写真．鵜飼玉川が文久3（1863）年10月に江戸で撮影したアンブロタイプ．被写体の三浦秀真は幕臣．桐箱の蓋に「寿像」，内側に「影真堂 玉川撮」の印記がある［出典：『F. ベアト写真集2 外国人カメラマンが撮った幕末日本』明石書店，2006．所蔵：横浜開港資料館・豊城直祥氏寄贈］

●**家族史（ファミリー・ヒストリー）と地域史（ローカル・ヒストリー）** 20世紀後半になると，政治史や経済史偏重に対する反省から，社会史の研究が盛んになり，社会の細胞としての家族の歴史への関心も高まった．それに伴って，家系図や家族アルバムの史料価値がクローズアップされるようになった．写真を素材とした家族史の記述の試みに，尾崎秀樹著「わが家の一枚と三代の歴史」（『庶民のアルバム明治・大正・昭和―「わが家のこの一枚」総集編』）などがある．

家系図や家族アルバムを地域を単位に集積すれば，地域史の史料となる．戦後，地方自治体による地方誌の編纂が盛んになるとともに，そうした目的意識をもった調査や研究も行われるようになった．その実例として，有馬学「方法としての家族アルバム―地域社会の〈近代〉をめぐって」（『写真経験の社会史―写真史料研究の出発』）などをあげることができる．

●**デジタル化の時代** 20世紀末以降，コンピューターとデジタル・カメラの普及によって，家系図も写真帳もかたちを変えつつある．家系図作成ソフトが開発されて，複雑な系図を一つのデータにまとめることが容易になった．また，デジタル・カメラによって，多数の画像をコンパクトに保存することができるようになった．画像を家系図のデータに埋め込むことも，連動させることも可能になった．「目で見る家系図」のデジタル化が進みつつある． ［斎藤多喜夫］

大名屋敷・大名庭園

　一般に，大名とは江戸時代に1万石以上の所領をもつ幕府直属の武士を称する．徳川将軍家との親疎関係から親藩大名・譜代大名・外様大名に区別され，江戸時代には三百諸侯といわれるように，大名家は300ほどでその多くは5万石以下の譜代大名であった．

　その大名の屋敷を大名屋敷，それに付随した庭園を大名庭園と総称する．一般的に大名屋敷も大名庭園も，江戸城下と地方の領国の各藩邸につくられたが，大名屋敷は江戸の屋敷をさし，また屋敷の建物だけでなく屋敷地全体をさす場合もある．これに対して大名庭園は，江戸の下屋敷や領国につくられた，回遊式の大規模な庭園をさすことが多い．明暦の大火（明暦3〈1657〉）で焼失した大名屋敷は500余もあり，大火後は非常時の備えとして，上屋敷・中屋敷・下屋敷，その他に蔵屋敷や抱屋敷など種類が増加し，江戸中期以降，大名屋敷は江戸総地面積の50％以上を占めるに至った．そのほとんどに庭園がつくられていたことから，江戸はあたかも庭園都市の様相を呈するようになった．江戸幕府は元文3（1738）年，江戸の大名屋敷の面積基準を，1～2万石で2,500坪，5～6万石で5,000坪，10～15万石で7,000坪と定めたが，厳密には適用されなかった例もあるとされる．

●**大名屋敷の機能と構成**　上屋敷，中屋敷，下屋敷の明確な定義はないが，上屋敷は政治・経済・外交活動の本拠地で，現在の都道府県・政令指定都市の東京事務所にあたり，江戸城への登城に便利なように江戸城周辺に割り当てられた．中屋敷は主に江戸に常駐する大名の正室・嫡子の居所で，おおむね外濠の内縁に沿った地域につくられた（江戸中期以降は大名の正室は上屋敷に併設された御殿に住むようになった）．また下屋敷は，火災時の避難場所として当時の郊外地に配置され，江戸中期以降は前藩主の隠居所・藩主の別荘的性格を有するようになった．

　上屋敷は，藩主やその妻子の住む御殿を中心に，藩士たちの長屋，諸役所，倉庫，学問所，武道場，中間部屋や牢屋などで構成されていた．上屋敷の構造は，表・中奥・大奥の三つに区分されていた．「表」は藩政を行う場所，「中奥」は藩主が起居する場所で，「奥」には江戸定住を義務づけられていた正室や子女が住んでいた．

　中屋敷は上屋敷が罹災した場合の予備の邸宅という性格であり，また隠居した藩主や嗣子の住居でもあった．

　下屋敷は，藩主の休息用の別荘的役割で，広大な敷地のなかに庭園がつくられた．幕府は明暦の大火以降，諸大名の希望に応じて下屋敷の敷地を与えていたが，江戸湾の港口や河岸地の下屋敷は，領国から回漕されてくる物資の荷揚地，蔵地としての役割をもち蔵屋敷ともよばれた．

●**大名庭園の特徴** 「大名庭園」についても明確な定義はないが，前述のとおり下屋敷や領国につくられた広大な敷地面積をもつ庭園をさす．大名庭園は江戸時代以前の一乗谷朝倉氏遺跡庭園群などの武家庭園とは異なる様式をもつため区別され，江戸時代に限って大名とよばれる武家がもった庭園であったことからも大名庭園として認識されている．

　大名庭園は，基本的に上屋敷・中屋敷・下屋敷それぞれに，また領国の城下町やその近郊につくられたが，より広大で別荘的役割を担った下屋敷の庭園が大名庭園の典型である．基本的に大規模な敷地につくられた池を中心とした「回遊式庭園」である．これは，池の周辺に複数の茶室や亭を建て，飛石などの園路でそれらをつなぐという様式である．桂離宮や修学院離宮といった宮廷庭園も同じく回遊式庭園の代表であるが，数と規模において圧倒的に大名庭園が勝る．現存している大名庭園の数は明らかではないが，江戸城下では小石川後楽園や旧浜離宮庭園，六義園など，領国の城下では兼六園や岡山後楽園，水戸偕楽園など名園として名高いものが多い．

　大名庭園の特徴は，まず敷地の広大さである．日本庭園の歴史上，一個人の邸宅の庭園でこれほど大規模な庭園は類をみない．そして，その雄大な広がりを感じさせる要素が大泉水と芝生である．そのほか，和漢の教養にもとづいたデザインは宮廷庭園とも共通し，小石川後楽園には西湖堤や小廬山などの中国の名所，通天橋や大堰川など京都の名所を象徴的に園内に取り入れている．武芸と関係する馬場や弓場，鴨場も設けられ，花畑や田畝，菜園や薬園，松原などが備えられ広大な敷地を存分に生かした庭園づくりが行われた．

　また，大名屋敷は山の手だけではなく，海辺に近い場所にも建てられた．その立地を生かした「潮入りの庭」も大名庭園の一形式として特徴的である．旧浜離宮庭園や旧芝離宮庭園など海に面した庭園では，海から海水をそのまま庭園内に引き入れ，池の水源とした．潮の満ち引きによって池の水面が上下し，池の大きさが変化するという独特の楽しみ方を生み出した．大名庭園は，藩主の娯楽・趣味・休養のための空間であるだけでなく，将軍の御成を迎えるなど政治的・社交的宴遊の空間としても重要な役割を担っていた．

　明治維新後は，官庁用地や軍用地，明治政府の殖産興業政策を推進する各種施設といった新しい使用目的が生じ，江戸随一の広大さを誇った尾張藩戸山荘をはじめ江戸の大名庭園の大半が失われた．しかし，紀伊藩の西園などは赤坂御用邸になるなど，個人や皇室，あるいは料亭などの庭園となって破壊を免れたものもあり，大名庭園のもつ迎賓館的な性格は受け継がれた．地方の大名庭園も江戸同様，社会変動による混乱に伴って荒廃したが，高松藩の栗林園にみるように，私有地や「公園」へと転じることで，生き残ったものもあり，現在の緑地および公園として大きな役割を果たしている．

［町田　香］

名刹・名家・名跡

　名刹とは名高い寺，名家とは有名な家柄，名跡とは名字の跡目のことである．といってしまうとそれまでなので，多少，詳しく考えてみよう．

●**名刹**　名刹とは有名な由緒ある寺のことである．しかし，「有名な」とは，どれくらい有名ならば「有名な寺」といえるのであろうか．田山花袋の小説『田舎教師』には，「羽生町で屈指な名刹とは言ひながら」という一節があるが，ここで描かれた成願寺（正確には，そのモデルとなった建福寺）は，地元では有名な寺なのであろうが，『田舎教師』に登場しなければ，いったいどれだけの人が認識しているであろうか（作家や田山ファンが数多く訪れるそうではあるが）．

　「由緒ある」となると，さらに難しい．由緒のない寺など，本来は存在するものではない．「古い」という意味ならば何とかわかるが，それは「古刹」という語がある．

　仮に，世界遺産（世界文化遺産）に登録された「古都京都の文化財」に含まれる17の地のうち，寺院を並べると，教王護国寺（東寺），清水寺（地主神社を含む），延暦寺，醍醐寺，仁和寺，平等院，高山寺，西芳寺（苔寺），天龍寺，鹿苑寺（金閣寺），慈照寺（銀閣寺），龍安寺，本願寺（西本願寺）となる．これらはどこからみても，「有名な由緒ある寺」といえようが，これらだけが京都の名刹であるかというと，どうもイメージが異なるような気がする．

　ここに山折哲雄監修・槇野修著『京都の寺社505を歩く』という本がある．私の京都散歩の教科書なのであるが，まだまだ知らない寺社が多いのに驚かされる．しかし，この505の寺社，半分以上を寺院とすると，300前後の寺院を，すべて名刹と称してよいものかどうか，また疑問でもある．ちなみに，筆者の勤務先のある西京区では，法輪寺，千光寺，華厳寺，西芳寺，地蔵院，浄住寺，勝持寺，金蔵寺，十輪寺，善峰寺の10の寺院が取り上げられている．電話帳には西京区に43の寺院が載っているから，槇野氏によって選ばれた寺院は，やはり名刹ということになるのであろうか．

●**名家**　名家という語の本来の意味は，中国古代の諸子百家の一つで，周末に名の問題（中心問題は名実論）を専門的に論じていた思想家のことである．

　日本では，名望のある家柄，昔から有名な家筋，名門という意味で使われていた．すでに9世紀の『日本三代実録』や『田氏家集』にも，この語がみえる．

　平安時代末期から鎌倉時代にかけて，公卿に家格が形成されると，文筆を主とし，弁官を経て蔵人を兼ね，大納言まで昇進できる家柄を名家と称するようになった．羽林家の下，諸大夫家（半家）の上に位置する．なお，羽林家が近衛中

将などの武官を経て大納言に進むのに対し，名家は侍従・弁官（蔵人・蔵人頭を兼任）などの文官・事務系官職を経て中納言・大納言に進む．平安時代中期以来，摂関家に仕えて家政を差配し，さらに院政時代以降は院中の庶務を掌理した権臣を輩出した．

名家には，日野流藤原氏，勧修寺流藤原氏，高棟王流桓武平氏の諸家が含まれるが，日野流の日野家，広橋家，烏丸家，柳原家，竹屋家，裏松家，勧修寺流の甘露寺家，葉室家，勧修寺家，万里小路家，清閑寺家，中御門家，坊城家は，十三名家とよばれる．

幕末で名家は，日野流十二家，勧修寺流十三家，平氏三家を数え，明治の華族制度では，名家諸家は伯爵ないし子爵に格付けされた．

●名跡　名跡とは，名字の跡目，またそれを受け継ぐことである．転じて，名を残すこと，後世に残した名のこともいう．

すでに16世紀の「上杉家文書」や17世紀の浮世草子『新御伽婢子』『武家義理物語』，18世紀の浄瑠璃『女殺油地獄』などに，この名跡という語が使われている．

名跡相続とは，名字の跡目，つまり代々の家名を継承する相続のことをいう．主に武家などにおいて名字を継承する場合（武家の場合は下の名前は継承しない），旧い商家で老舗家の当主が代々の名前を継承する場合（フルネームを継承する），芸道・芸能や相撲・武道の世界などにおいて継承する場合（フルネームを継承するが，相撲の場合はフルネームではないことがほとんど）などがある．

武家の場合，室町時代から戦国時代にかけて，総領制（家督の制）が弛緩して単独相続が一般化したことに伴い，個々の家の名字が武門の象徴として重視され，武家相続は名跡相続との観念が定着した．一家の元祖を名字の元祖といい，相続人のことを名代と称し，家の断絶を名字の断絶と認識した．江戸時代に入ると，武家の財政基盤が主君より付与された封禄（家禄，家督）に限定され，相続においても家禄（跡職，跡目）の相続が中心となって，家名相続，祭祀相続はこれに付随するものとなった．

そして，名跡相続はもっぱら特殊な相続を意味する言葉として用いられた．武士が生前に嫡子（跡目）を定めずに死亡した場合，相続は認められず，その家は断絶した．しかし，特別の由緒ないし勲功のある家は，一度断絶した家が，主君の恩恵行為によって養子相続が許され，家名が再興させられた．この絶家再興の相続を名跡相続と称した．

芸能の場合，歌舞伎・落語から新派・新喜劇に至る各種の芸能，芸道のいずれの分野にも名跡襲名が存在する．特に歌舞伎と落語では襲名が特に注目される．襲名に伴う披露興行が興行主にとって大興行となることによる．そのため大名跡の襲名をめぐっては，数々のドラマが生まれることとなる．

［倉本一宏］

産業遺産

　産業遺産は，産業文化財とも呼称されることがあるものの，いわゆる国宝とか重要文化財ではなく，美術的な鑑賞や宗教的な信仰とも無関係であり，モノ自体としては無価値な粗大ゴミにすぎないことが少なくない．しかし，一見ガラクタ然とした道具・機械・施設でも，それが特定の産業組織の中にあって活用されていた時代には，その産業の製造技術や運用技術を担っていたはずである．そして，解体された機械部品とか，生産の現場から取り外された機械要素は，バラバラな状態では存在価値がなくても，再度，一つのシステムに組み立てられるならば，それなりの機能を発揮するもので，その時代の産業技術全般を「動態」(作動し機能する状態)でみることができる文化財である．一般の遺物・遺跡は単独かつ「静態」で保存されても，文化財としての価値は著しく減少しない．ところが産業遺産では，一連のシステムとしての保存と動態での保存とが強く要望され，不可欠である場合も少なくない．

●**産業遺産に関する研究**　こういった産業遺産に関する研究を行うのが産業考古学である．「産業」という近代の用語に，過去人類の遺物を研究する「考古学」の語を結びつけた造語で，1950年代にイギリスで誕生した．わが国でも，高度経済成長期の国土乱開発が多くの産業遺産を破壊し始めたのを憂慮する人々が，地域ごとの保存活動から学会研究会を結成するに至った．全国規模の産業考古学会は昭和52 (1977)年に設立され，昭和59 (1984)年には日本産業技術史学会も発足して，産業史においても実証主義的な考古学の手法が重視されるようになった．

　なお，産業遺産の呼称，収集，保存，展示，そして活用は，当該産業遺産の所有者，管理者，当初の製作・建造者などに任せられていて，わが国の博物館法に「産業」という分野が加わったのは昭和26 (1951)年のことである．産業遺産の分野における博物館は，産業遺産の存在する地域に進出し，付近に点在している遺物や遺跡を連合して，遺跡そのものを野外(屋外)博物館とするのが望ましい．

●**産業遺産の指定の経緯**　わが国において，産業遺産にかかわる博物館と動態保存について特筆すべき事例と経緯を，以下にまとめる．

　昭和40 (1965)年，建築家谷口吉郎と元名古屋鉄道社長の土川元夫が，主に建築史的に価値のある明治期の建築物を移築した「博物館明治村」100万m^2を開村した．同時代の蒸気鉄道と電気軌道を車両とともに村内の交通機関として動態保存している．昭和43 (1968)年，観光資源の保護活動を行う日本ナショナルトラストが発足し，鉄道文化財として，C12形蒸気機関車を客車3両とともに大井川鐵道で動態保存した．

図1 碓氷アプト線のアーチ橋　　図2 富岡製糸場 [撮影：いずれも奥原一三]

　さらに，産業遺跡そのものを野(屋)外博物館とする構想も考えられた．信越線の横川〜軽井沢間 11.2 km の鉄道の廃線遺跡である．レンガ積み構造のアーチ橋18基とトンネル14本が残存しており，元国鉄技師で埼玉大学教授（土木工学）であった田島二郎は，この遺跡そのものの博物館化と同時に，地域に点在する遺構や遺跡を連合体化し，空間的には分散していても機能的には一体のものとする「橋とトンネル博物館構想」を提唱した．

　同区間は，明治26〜昭和38（1893〜1963）年の間，アプト式歯軌条区間として当初は特殊な蒸気機関車，大正元（1912）年の電化後からは第三軌条集電の特殊電気機関車牽引で運転されてきたが，輸送力増強の新線と改良の工事により，昭和38（1963）年に第三軌条と歯軌条を撤去して普通の電気鉄道化され，平成9（1997）年には長野新幹線の開通で廃止された．EC40型の輸入電気機関車，ならびにED42型の国産電気機関車と，下面接触式第3軌条およびアプト式軌道は，それぞれ軽井沢と横川に静態保存されている．このように，モノだけでなくて，モノと一体になった技術の保存も考え始められている．なお，産業考古学会は1985年に，第1回推薦産業遺産として「碓氷アプト線遺跡」を指定していた（図1）．

●**産業遺産の広がり**　産業遺産に関する主な出来事を，以下に抜粋しておく．

　①平成元（1989）年，埼玉大学教育学部社会教育総合課程に，国立大学で始めて「産業考古学」の授業を開設．②平成2（1990）年，文化庁が「近代化産業遺産総合調査」を実施した．③平成8（1996）年，広島の「原爆ドーム」がユネスコの世界文化遺産に登録された．④平成16（2004）年，西日本旅客鉄道の梅小路蒸気機関車扇形庫が重要文化財に指定された．⑤平成17（2005）年，産業考古学の延長上に「近代日本の戦争遺跡」の戦跡考古学が登場した．⑥平成19（2007）年，「石見銀山遺跡とその文化的景観」がユネスコの世界文化遺産に登録され，⑦平成26（2014）年，「富岡製糸場と絹産業遺産群」がユネスコの世界文化遺産に登録された（図2）．⑧平成27（2015）年，「明治日本の産業革命遺産―製鉄・製鋼・造船・石炭産業」（長崎の端島炭鉱「軍艦島」を含む）がユネスコの世界文化遺産に登録するに至っている．

[小山　徹]

◆ 文化財保護の意識

　文化財保護法は，文化財の保護，伝承を図り，もって国民の文化的向上を目的とする法律である．施行は，昭和25（1950）年8月29日．その前年の1月26日，法隆寺金堂の火災により壁画が焼失したことがきっかけとなって，文化財の保護の意識が高まったのだ．文化財保護法では，文化財が五つに分類されている．すなわち，有形文化財・無形文化財・民俗文化財・記念物・伝統的建造物群．そのうち特に重要なものを重要文化財や史跡，名勝，天然記念物などとしている．なかでも，民俗文化財の指定制度は，わが国の文化行政の特に優れた施策の一つといえよう．有形と無形の文化財に区分され，現在（平成27年4月），重要有形民俗文化財が216件，重要無形民俗文化財が290件の指定をみる．
　「重要無形民俗文化財指定基準」が公示されたのが昭和50（1975）年のことであった．その対象を大別すると，風俗習慣・民俗芸能・民俗技術となる．それらが，日本では各地で多様な展開をみせ，今日に伝承されている．これは，世界の中でも際立った現象であろう．それをなした一つの理由として，歴史を通じての民衆社会での平穏な暮らしぶりがあげられる．
　経済的な豊かさだけをいうのではない．例えば，日本では政治と宗教による強圧的な規制や統制が民間の慣習にまではほとんど及ばなかった．その結果，土地土地の文化伝承は，そこに暮らす人々に委ねられてきたのだ．日本における無形文化財の多様な分布と維持は，日本人の誇るべき共有の財産としてよいであろう．　　　　　　　　　　　［神崎宣武］

◆ 遷宮と技術伝承

　遷宮（せんぐう）とは，神社の本殿の造営修理が整ったところで神体を戻すことをいう．ちなみに，造営修理に際して神体を仮殿に移すことは，遷座という．
　伊勢神宮の式年遷宮がよく知られるところであるが，20年ごとに社殿を建て替えて，旧社殿から新社殿に大御神（おおみかみ）の御魂（みたま）（御神体）を移し鎮める儀式が行われる．社殿地が二つあるこれは特殊な例というもので，ほかの神社の遷宮はそうではない．多くは，社殿の一部を改修したり神宝の調進をもって神の依（よ）り代の更新を図った，とする．しかも，式年制をとらず，随時行われる例が少なくない．建物の状況次第でどの神社でも必然のこと．それを遷宮とするのである．
　遷宮には，さまざまな技術を伝承していく意味もある．ある期年で行われるのは，費用調達の問題もあるが，間隔があきすぎるとさまざまな分野で伝承が難しくなるからに相違ない．例えば，建築や神宝の製作技術がそうである．師匠の下で一度，次に自分が棟梁になって一度，とすれば，20年ぐらいの周期が適当といえるだろう．また，一般の奉賛者も，二度（40年）のつとめができた後，世代交代する．そのところでも適当な周期といえるのである．なお，出雲大社の遷宮は60年に一度．建て替えではなく修繕遷宮である．前回の現場を知る職人はほとんどいないので，修繕は，解体調査を行って先人の技を確認しながら進められるのである．　［神崎宣武］

8. 衣　服

　日本の衣服は，と問われたら，ほとんどの人が「着物」と答えるだろう．多くの場合，それは江戸時代以降の着物をさしてのことである．端的にいうと，身幅に合わせた上衣（長着）が基準であり，それに袴や羽織が加わる．それは，身体動作を制限したもので，世界の衣服史のなかでも特異である，といえるだろう．畳の上での正座作法も，それに合わせての発達であった．

　しかし，庶民の日常衣は，必ずしもそれに準じるものではない．特に，足さばきの機能性が必要な野良着では，タチツケ（タッツケ）やカルサン，さらにモンペを生んだ．もっとも，それらは袴の変化とみられなくもない．また，羽織に似た半纏（半天）や袖なしも実用された．

　明治以降，洋服が普及した．その中で，ダボシャツやステテコ，割烹着など和風の洋装も生んだ．戦後（第二次世界大戦後）は，日本人の衣服は上着下着ともに洋服一辺倒になっているのは周知のとおりである．礼装の分野でも，着物が後退して久しい．一般に伝わるのは，浴衣ぐらいである．せめて，その着付けぐらいは，だらしなく見られないように留意したいものである．

［神崎宣武］

［p.308-12, 321-26, 330-31, 338-40 の作図：宮本八惠子］

下駄と草履，足袋

　下駄と草履は，基本的に和装の着物と併用されるが，草履には稲藁・竹皮・藺草・裂き布などで編まれた自製品も多く，これらは衣服の和洋を問わず日常の履物として広く用いられてきた．足袋は一般に上足袋をさすが，履き古した上足袋を下履きに下すこともあり，関東地方の農村部ではこれをタビハダシ(足袋裸足)とよんだ．また，山仕事や農作業などに用いられる地下足袋は，あらかじめ下履きとして製作されたもので，ハダシタビ(裸足足袋)ともよばれる．

　農作業の履物には，ほかに湿田用の田下駄がある．丘陵や山間部の低地には，谷津田あるいは谷戸田とよばれる湿田が開かれ，これはドブッタとも称されて年中水の引かないぬかるんだ状態が続く．そのため，地盤が軟弱であり，なかには太腿のあたりまで埋まってしまうところさえあった．こうした湿田では，田下駄を履くことで足が土中に埋まるのを防いだ．田下駄はオオアシ(大足)・アシダ(足駄)ともよばれ，形状は板型・すだれ編み型・輪かんじき型・枠型の台に縄の鼻緒をすげる．その機能は，降雪時の歩行を助けるかんじきと同様である．

●**下駄の形状と履き分け**　下駄には，一つの材から台と歯を刳り抜いた連歯下駄と，台に別材の歯を組み合わせた差し歯下駄がある．

　晴天用の駒下駄は男女を問わず広く用いられ，上等なものは桐材でつくられた．また，女性用には台に畳表を張ったものがあり，これは東下駄ともよばれてよそゆき着と組み合わせられた．男性用の駒下駄は台の幅が広く，鼻緒には多く黒別珍が用いられる．

　差し歯下駄は，歯の材質や高さに応じてさまざまな種類がある．女性用の日和下駄は低い歯をすげたもので，その名の通り晴天の日和に履くのを目的につくられた．ただし，近年では爪革を掛けて雨天用とする例も多くみられ，その背景には本来雨天用とされた高歯下駄の衰退がある．高歯はカシやホオノキでつくられ，堅いカシ歯には八寸歯・五寸歯などと称される非常に高いものもあった．また，女性用にはイチョウの葉のように先端の広がった高歯をすげたものもあり，これは銀杏歯とよばれた(図1)．いずれも着用時には爪革を併用し，足袋が雨天の泥撥ねで汚れるのを防ぐ．

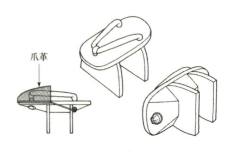

図1　銀杏歯

●**婚礼の下駄**　結婚式では花婿が紋付羽織袴，花嫁が裾模様入りの江戸褄や振袖を着用し，こうした和装の祝言着には下駄が併用された．花婿の下駄は，先端を斜めに切ってのめるような形にした駒下駄で，台に畳表を付けたものはムコドンゲタ（婿殿下駄）ともよばれて婚礼専用とされた．また，花嫁の下駄はヨメゴゲタ（嫁御下駄）ともよばれる畳表付きの後丸下駄で，側面には朱地あるいは黒地に鶴亀などの吉祥文様が描かれた．

　下駄をはじめとする履物は，嫁入り道具の一つとして調えられた．婚礼祝には親戚などから下駄や草履を贈られることが多く，これらを下駄箱に入れて持参したのである．また，昭和時代には洋装に備えて革靴を持参する者も出てきた．

●**自製と職人製の草履**　草履には，稲藁や竹皮などで編まれた自製品と職人の製作するものがあり，農漁業をはじめとする仕事や日常の道中歩行には自製品の草履が広く用いられた．職人製の草履には，底に麻紐を取り付けた麻裏草履，底が革張りの雪駄，底にゴムタイヤを張ったタイヤ裏草履，すだれ状の角材を底に当てた席駄，総ゴム製のゴム草履などがあり，これらは主として男性のあいだで用いられた．女性用にはコルク草履やフェルト草履があり，いずれも台の材質が呼称となっている．これらに革を張った草履はよそゆき着と併用され，嫁入りには下駄とともに持参品の一つとして調えられていた．

●**足袋とソックス**　足袋は，足の保護や防寒を目的とする履物で，「秋のえびす講が来たら足袋を履く」という伝承が示すように，日常には冬季限定の履物とされることが多かった．形状は足袋底に甲布を付けたもので，指先は第一指と外の四指の二股に分かれ，この間に下駄や草履の鼻緒を挟む．足へ装着するには，古くは紐足袋と称して甲布の上部に付いた紐を締めたが，明治時代には踵を3枚ないし4枚のコハゼで留めるものへと変化した．足袋底には，雲斎織や杉綾織といった厚手の綾織綿布が用いられ，冬物は内側をネル状に起毛させたものもある．また，石底と称する堅牢な足袋底は耐久性に勝ることから，籠屋や桶屋など恒常的に足袋を用いる職人の間で広く用いられた．甲布は，おとな子どもを問わず男性用が黒または紺の綾織木綿で，花婿用には黒繻子の足袋もあった．女性は日常に臙脂などの色足袋，よそゆきに白足袋を履き，色足袋の布地には別珍やコール天が用いられた．

　昭和20年代末期には，洋装の普及に伴って綿糸とナイロン糸混紡のソックスが出現した．また，「戦後強くなったのは女性とストッキングである」といわれるように，当初高級品とされた絹のストッキングがナイロンの出現によって強靭さを増し，女性の間で広く普及をみた．こうした中で足袋の需要は減少の一途をたどったが，近年ではアンティーク着物の人気を受けて足袋に再び注目が集まり，併せて着脱が容易な足袋ソックスも広く用いられている．　　　　　［宮本八惠子］

長着（単と袷）

　着物には、身丈の裾が足首に達する長着と腰丈の短着があるが、本項では特に、長着を取り上げる．短着は、コシッキリ（腰切り）・ハンキリ（半切）・ノラジバン（野良襦袢）などとよばれて農作業用の仕事着とされた．また、大紋や衿字を染め抜いたシルシバンテン（印半纏）や火消装束のハッピ（法被）、防寒着のワタイレバンテン（綿入れ半纏）、子どもを背負うときに着るネンネコバンテンも短着に属するものである．

●**単と袷**　着物の仕立て方には、単と袷がある．単は裏地を付けない一重の着物で、裏側からは補強のために肩当や居敷当が施される．肩当には、汗を吸収しやすい晒綿布や日本手拭いを用いることが多い．居敷当は多くが共布である．単の布地は木綿がなじみ深いが、木綿以前にはカラムシ・イラクサ・フジ・コウゾ・シナなどの草木繊維で糸をつくり、布を織って単に仕立てた．木綿は、江戸時代中期に瀬戸内の新開地を中心とする西日本で栽培が盛んとなり、以後、近畿・東海を経て関東地方へと広がりをみせて、寒冷地を除くほぼ全国で栽培されるに至った．博多木綿・小倉木綿・福山白木綿・伊勢松坂木綿・河内木綿・三河木綿・上総木綿・岩槻白木綿、そして会津木綿と、地域ブランドを冠する木綿産地は各地にみられる．盛夏の単には麻の縮や上布があり、新潟県の小千谷縮や越後上布は国の重要無形文化財に指定されている．

　一方、袷は裏地を付けた着物で、男物の裏地には花色木綿が多く用いられた．女物の裏地は裾回しと胴裏に異なる布地が用いられ、裾回しは表地との色の調和が考慮された（図1）．胴裏には、古くは紅絹とよばれる赤色絹布が多く用いられ、この背景には赤が魔避けの効果をもつことで長寿を願う気持ちがあったといわれる．

●**衣替えと着物**　日常着が洋装化した現代においても、6月1日と10月1日は衣替えの日とされ、中学生や高校生の制服はこれらを境に夏服と

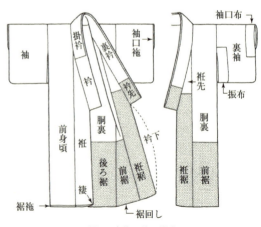

図1　女物の袷の構成

冬服が入れ替わる．また，近年では節電への考慮から企業や行政機関において，真夏にクールビズ，真冬にウォームビズと称する仕事着のカジュアル化が励行され，その傾向は平成23（2011）年3月11日の東日本大震災発生以後，ますます顕著となった．

　和装時代の衣替えでは，6月1日に袷から単，10月1日に単から袷へと変わるが，同じ単や袷でも気候の移ろいに応じて布地や着方に変化がみられた．ここでは，大正6（1917）年に横須賀市浦賀で生まれた女性の，一年を通した衣替えの様子を紹介しよう．

　6月1日に単に変わった直後は，気温の低い日もある．そこで，変わり端にはセルと称する毛織物の単を着用し，気温が高くなると木綿絣の単に着替えた．7月の盆頃からは浴衣を着用し，これで盛夏を過ごして，暑さが一段落する9月中頃から再び木綿絣の単に替わる．その後はセルの単を挟んで10月1日から袷を着用し，冬から春を経て6月1日の衣替えまで袷で過ごす．セルの単は季節の移行期に用いられる合着であり，昭和30年代にはセルに代わってウールの単が普及した．また，真冬には年配者や子どもに限って綿入れの着物を用いるが，若い者は伊達の薄着を気取って袷の着物や羽織を着用した．

●ツマじゃー生苦労する　袷では，袘（ふき）と称して裾や袖口の裏地を表に少しのぞかせる．裾の袘は礼装用ほど大きく，その内側には棒状の袘綿（ふきわた）が入れられる．裾の角は褄（つま）とよばれ，裾の袘と褄が1点に集まるよう仕立てるには高い技術が必要とされた．和裁の練習中には褄の仕上げに泣かされることが多く，そのため褄と妻を洒落て「ツマじゃー生苦労する」という言葉も生まれた．

●襲と比翼　袷のよそゆき着は，男女とも襲（かさね）と称して上着物と下着物を二枚重ねに着るのが正式な「お客前」とされる．襲の布地は，男性が上下ともに細かい縞，女性が柄物あるいは縞で，一般には上着物を下着物に比べて地味にする傾向がある．また，女性の襲は，色柄の調和がとれたものであれば下着物の布地を上着物の質より落としても差し支えないとされ，埼玉県所沢市の例では，縮緬（ちりめん）に壁縮緬，縮緬に銘仙（めいせん），型付文様の平絹に縞の平絹など，いずれも上着物に格上の布地が用いられている．裏地の裾回しには上着物・下着物ともに同じ布地が用いられた．つまり，裾からは上下同じ色の袘がのぞくこととなる．これをさしてカワリブキ（変わり袘）あるいはカワリウラ（変わり裏）とよぶこともあった．

　商家では，客に対して礼を失することのないよう日頃から襲を着用したもので，その布地には多く紬が用いられた．また，冠婚葬祭のハレ着では，男性が黒羽二重紋付と絹の縞，女性が黒縮緬紋付あるいは江戸褄と白無垢の襲を着用した．

　女性の襲は，昭和時代には比翼仕立てが主流となり，これには上着物と下着物を縫い重ねる本比翼と，衿・袖・裾回しを二重にする付比翼がある．

［宮本八惠子］

帯と襷

　寸法が長すぎたり短すぎたりして役に立たないことの例えに,「帯に短し襷に長し」という言葉がある.帯と襷は,ともに衣服を身体に装着する目的で用いられ,とりわけ和装時代の着物には不可欠のアイテムとされた.

●**小袖と帯**　帯の発達は,江戸時代の小袖の広まりと歩を同じくする.小袖を身につけるには,これを締める帯が必要となる.当初の帯は男女ともに幅が狭く,鯨尺1,2寸(約4～7.5 cm)程度の細帯を,正面あるいは脇に結んで締めた.その後,染織の意匠が凝らされるに伴って女性用の帯は次第に幅が広くなり,江戸時代中期の享保年間には8寸から9寸(約30～33 cm)に達する.これは,今日一般的に広幅帯と称されるものと同じ幅である.

　また,帯幅の広がりは結び方にもさまざまなバリエーションを誕生させ,その種類は太鼓結び・蝶結び・ふくら雀・文庫結び・やの字・貝の口など枚挙にいとまがないほどである.

●**帯の種類と帯地**　帯には,花嫁衣装や訪問着に用いる丸帯をはじめ,両面に異なる帯地を縫い合わせた腹合わせ帯,夏物の単帯,半幅帯,名古屋帯,男物の角帯などがあり,その種類は30種を超えるといわれる.

　帯地には金襴・緞子・繻子・ビロード・綸子・縮緬・紬・絽・紗・博多織などがあり,金襴緞子の帯は童謡「花嫁人形」に歌われるように花嫁衣装の帯として広く知られる.腹合わせ帯には,片面に白,他面に黒繻子を用いた昼夜帯もあり,これは黒の礼服が普及した明治時代以後,黒繻子を表に出して喪服用の帯とされた.絽や紗の単帯は,夏季に清涼感あふれる装いを演出する.名古屋帯は,太鼓結びの部分を9寸幅,胴に巻く部分を半幅に仕立てたもので,これは繻子・綸子・縮緬・紬など帯地を問わず,素材も絹から木綿,麻まで多岐にわたる.また,文様も染め・織り・刺繍・絞りの各種技法でつくられ,あらゆるよそゆき着との組合せが叶う.したがって,今日では最も利用度の高い帯とされる.博多織は男物の角帯を主たる用途とするが,明治18(1885)年のジャカード織り機導入後には女性用の紋織博多もつくられるようになった.

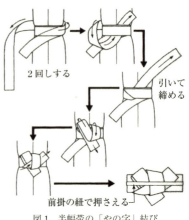

図1　半幅帯の「やの字」結び

●半幅帯と伊達巻　半幅帯は女性が日常に用いる帯であり，帯幅は広幅帯の半分に相当する4寸から4寸5分（約15〜17 cm）となる．丈は8尺から8尺5寸（約3〜3.2 m）で，これを「やの字」に結んで締める（図1）．農作業用には，細く裂いた古布を緯に織り込んだボロオビ（襤褸帯）も多く用いられ，これは織り地に凹凸があるため結び目が解けにくく，屈伸動作を伴う農作業にはたいへん重宝された．

　半幅帯を簡略化したものに，伊達巻とよばれる細帯がある．これは，幅が3寸（約12 cm），丈が6尺5寸（約2.45 m）程度で，ぐるぐる巻きにした先を結ばずに挟み止める．埼玉県では，新嫁は広幅帯の太鼓結びや半幅帯のやの字結びで田植えに臨むが，嫁いで数年が経過し，子どもをもつ身になるとダテマキのぐるぐる巻きに変わったという．

●厄年帯　女性が33歳の大厄を迎える年には，親元が厄年帯を贈るという風習が各地に伝承されている．埼玉県の熊谷市や小川町では鱗つなぎ文の半幅帯を贈り，広島県の瀬戸田町では帯・帯締・腰紐などの「長いもの」を贈る．これらを日常に身に付け，早く擦り切らせることで「厄を切る」という縁起を担いだのである．こうした風習は洋装化が進んだ終戦後も継承され，熊谷市では半幅帯に代わってガードルなどの下着を贈るという．

●襷と絆　襷は，着物の袖をたくし上げるために肩から脇に掛けて結ぶ紐で，背中において斜め十文字の打ち違いにされる．仕事着の必需品であり，和装時代の嫁入りには腰紐とともに幾本もの襷が持参された．

　女性の間には「伊達の襷」という言葉もある．これは，本来なら襷を不要とする筒袖や薙刀袖の野良着に，あえて襷を掛けることをいう．襷は「きびきびと働く姿」を効果的に演出する．そのため，田植えのような共同作業では多くが伊達の襷を掛けたものである．

図2　国防婦人会の襷を掛けた女性たち
（太平洋戦争中，埼玉県所沢市）

　襷は，団体の絆を象徴するものでもある．太平洋戦争中には，多くの女性たちが白い割烹着姿に「国防婦人会」の文字を染めた襷を掛け，愛国という絆のもとで出征兵士を見送った（図2）．

　また，新春恒例の大学箱根駅伝では，往路・復路ともに5人のランナーが襷をつないでゴールを目指す．区間の走行時間には制限があり，これを超えた者は次の走者に襷を渡せず屈辱感を味わうこととなる．　　　　　　　　　　　［宮本八惠子］

羽織と袴

　羽織は，着物と併用する身丈の短い上着であり，帯を用いず「放り着る」ことからその呼称が付いたともいわれる．布地の質や色柄，紋の有無によって礼装用・装飾用・防寒用など目的を異にする．袴は，羽織との組合せで礼装とされることが多いが，裾を括ったいわゆるヤマバカマ（山袴）の類は，農山村での仕事着や旅行着として広く用いられた．

●**羽織のルーツと裏地へのこだわり**　羽織は，戦国時代の武士が着用した陣羽織や職人の革羽織などがその起源とされ，江戸時代の武士は，長羽織の背縫いを腰のあたりまで裂き開いたブッツァキ（ぶっ裂き）羽織を着用した（図1）．これは刀を差した際に鞘を後部に突き出すことができ，同時に馬上の動きを敏捷にする効果もある．ゆえに，馬乗り羽織とも称された．

図1　江戸時代のブッツァキ羽織
［出典：『量地圖説　巻之上』嘉永 5（1852）］

　こうした武士の時代が終わり，明治の近代化を迎えると，羽織は一般庶民の衣服として普及をみることとなる．その布地は，表地のみならず裏地にも強いこだわりがもたれた．男性は，羽織を滑らせるように脱ぐのが格好の良いしぐさとされたため，裏地に滑りの良い繻子や甲斐絹を用いたのである．また，意匠にも工夫が凝らされ，着脱の際にちらりとのぞく裏地でその粋を競った．

　明治時代には，女性のあいだにも羽織が普及した．その先陣を切ったのは深川の芸者衆といわれる．さらに，昭和時代になると，女性のよそゆき着として絵羽織に高い人気が集まった．絵羽織は，絵羽模様と称して肩から袖，身頃に文様を施したもので，その技法には織り・染め・刺繍が用いられる．

●**礼装用の羽織**　和装における男性の礼服は，紋付羽織袴に代表される．紋付は黒羽二重に五つ紋あるいは三つ紋を付けた長着をさし，これに黒羽二重や黒斜子の紋付羽織を組み合わせる．斜子は，経糸と緯糸をそれぞれ 2 本引きぞろえにした厚手の平織絹布で，凹凸感を伴う織り地が魚の鱗を想わせることから魚子とも表記される．

　女性の場合は，既婚者に限って礼装に紋付羽織を着用する例が多く，その布地には縮緬や綸子などが用いられる．紋は一つあるいは三つ紋である．

●**おしゃれ着としての羽織** 本場大島紬や村山大島紬は，正式な「お客前」にこそならないものの高級なおしゃれ着であり，一疋から長着と羽織が「お対」で仕立てられる．また，夏物の単羽織には絽・紗・羅といった薄絹が用いられ，これらは長着の色柄を透かし見せることで清涼感を演出する．

　子どもの羽織は，男子用が銘仙や新銘仙の絣，女子用がメリンス（モスリン）の柄物やニコニコ絣で仕立てられた．新銘仙はガス糸で織られた銘仙風綿布で，ガス糸は綿糸表面の散毛繊維をガスの炎で焼いて光沢を生じさせたものである．銘仙より価格が安く，大正時代から昭和初期にかけて広く用いられた．また，ニコニコ絣は捺染絣をさし，これは始まりこそ大阪のメーカーの商標であったが，後に捺染絣全体をさしてニコニコ絣と称するようになった．織り絣に比べて安価であり，また，色柄が豊富なことから女子のあいだで高い人気を博したといわれる．

●**防寒用の羽織** 防寒用には，木綿・紬・銘仙などで仕立てた袷や綿入れの羽織があり，これらを気候に応じて着分けた．袷羽織には，裏地との間に薄く真綿を入れたものも多い．また，スエードとよばれる鞣し革の羽織は，防寒用とともに防火の効果を併せもつ．そのため，火事場で陣頭指揮をとる消防組の組長が着用するものともされた．これには消防組の大紋が染められている．

●**裳から袴へ** 袴は，上代より男女を問わず用いられたもので，その起源は平安朝時代に十二単をまとう女性が下半身に着用した裳にあるといわれる．裳は，10枚の布地を剝いで多数のひだを取った袴であり，後にはこれが変化し，指貫・長袴・大口袴・小袴・野袴（山袴）・馬乗り袴・行灯袴などが誕生した．袴は，長袴と上衣を同質同色の布地で仕立てたものであり，江戸時代には小袖に肩衣と長袴の裃を組み合わせたものが武士の礼装となった．袴地には，精好仙台平・郡内平・八王子平などの絹物や木綿，麻がある．

●**馬乗り袴と行灯袴** 馬乗り袴と行灯袴は，今日も卒業式や成人祝いなどに用いられ，最もなじみ深い袴とされる．馬乗り袴は，襠で二股に仕切ったキュロットスカート風の袴で，襠高袴とも称され，主として男性が用いる．行灯袴は女袴ともよばれ，仕切りのない筒状の袴をさす（図2）．大正時代から昭和初期には，女学生の多くが銘仙やメリンスの長着に海老茶色の行灯袴を着用したもので，これに革靴を履いた姿はハイカラさんとよばれて女性のあこがれとなった．

［宮本八惠子］

図2　袴姿の女学生
（昭和初期，埼玉県所沢市）
［所蔵：所沢市生涯学習推進センター］

紋付と訪問着

　紋付と訪問着は，ともにハレ（晴れ）着として用いられるが，紋付が祝儀不祝儀の式服であるのに対して訪問着は略式礼装であり，女性が他家を訪問する際や茶会・園遊会などに出席するときこれを着用する．ゆえに，社交服とも称される．

●**紋付と紋**　男性の礼装は，紋付羽織袴が正式とされる．紋付は，黒羽二重に三つ紋あるいは五つ紋を付けた長着で，これを下着物との襲で着用する．下着物は鼠羽二重が最上とされるが，細かい縞の平織絹布を用いることも多い．また，羽織は黒羽二重あるいは黒斜子の紋付で，これに仙台平などの袴を組み合わせる．

　紋は，定紋・表紋ともよばれる家々に定められた家紋であり，始まりには公家の輿車や武家の旗・幕・盾・武具に付けられたものである．後には衣服や調度品，建造物や仏具にも及び，南北朝時代には武家が直垂に紋を付けて礼服とした．さらに，江戸時代には小袖に5個所の紋を付けたものが着用されるようになり，これが長着の紋付へとつながる．紋の大きさは，男性用が鯨尺の1寸2分（約4.5 cm）から1寸（約3.8 cm），女性用が7分（約2.6 cm）から5分5厘（約2 cm）と，時代を経るとともに小さくなる傾向にある．また，紋は付け方の技法によって格が変わり，高い順から染め抜き紋・縫い紋・描き紋となる．

図1　女紋
（上）陰桔梗（下）中陰裏桔梗

　紋の意匠には，花紋・植物紋・尚武紋・動物紋・天然紋・器物調度紋・図案紋があり，花紋のうちの「十六花弁菊紋」は，皇室の紋章であると同時に日本国のシンボルとしてパスポートにも印される．

　女性の紋付には，女紋とよばれる女性特有の紋が付されることもある（図1）．女紋は論議の分かれるところであるが，母から娘，さらに孫娘へと代々女性から女性へと受け継がれる母系紋で，嫁ぐ際もそれをもってゆく．また，女性らしいデザインの紋，「五三ノ桐」「蔦」「揚羽蝶」といった女性なら誰もが使える通紋，定紋とは別に女性用としてもたされる替紋などがあり，いずれも西日本を中心に伝承されている．

●**ヒッカエシと裾模様紋付**　女性の礼装には，ヒッカエシ（引っ返し）とよばれる黒無地の紋付と裾模様紋付がある．ヒッカエシは，裾回しに表地と同じ黒縮

縮緬を用いる「引き返し仕立て」であることからこの呼称が付けられた．古くは祝儀・不祝儀を問わず着用されたが，明治時代に西洋文化の影響を受けて黒の喪服が広まるにつれ，不祝儀用の式服として定着していくこととなる．しかし，農村部においては，昭和30（1955）年前後まで花嫁衣装にヒッカエシを着る者が少なくなかったといわれる．

裾模様紋付は，黒縮緬に裾模様が施された紋付で，留袖または江戸褄とも称される．留袖は振袖に対する呼称であり，振袖の振りを短く留めたことで留袖が誕生した．また，初めての子どもが生まれたとき，振袖下部の文様部分を切って産着をつくる風習から発生したものともいわれる．江戸褄は，褄を中心に袵の表裏に文様を施したものであ

図2　紋付羽織袴の花婿と裾模様紋付の花嫁（昭和23年，群馬県館林市）

るが，後には袵から身頃まで文様が及ぶものを含めて江戸褄とよぶようになった．呼称に江戸が冠された理由には，着用の始まりが江戸幕府の大奥女中であったためとの説がある．文様は，その多くが友禅染であり，中には金銀糸や色糸で刺繍が施されたものもある．

●**縮緬と壁縮緬**　ヒッカエシや裾模様紋付を仕立てるための縮緬は，古くは家で織られることも多かった．養蚕を行う農家では，汚れ繭や薄皮繭といった屑繭から生糸を引き，これをヨリヤ（撚り屋）とよばれる撚糸業で，左撚りと右撚りの強撚糸に加工する．そして，それぞれを管に巻いて二丁の杼に装着し，交互に織り込んでいく．この生地を紺屋に託し，精練染色を施すことで全体に細かい皺が生じる．また，平らな生糸に強撚糸をからめた壁糸を用いて壁縮緬を織ることもあり，これは一丁の杼で織れることから縮緬に比べて手間が軽減される．壁糸の加工は，縮緬同様ヨリヤに託された．

●**おしゃれな訪問着**　訪問着は女性の社交用ハレ着であり，その特徴は文様の施し方にある．着物の文様は，江戸時代の小袖にみるように古くは全体に施されることが多かったが，明治時代には裾模様が主流となり，さらに，大正時代には，前から後ろ身頃にかけての裾と肩，袖にバランスよく文様が配されるようになった．これは一幅の絵を眺めるようであり，立ち居振る舞いにもより美しさが増す．そのため，訪問着として女性のあいだで人気をよぶこととなった．布地には，袷に縮緬・綸子・繻子・紬，単に絽・紗・麻などが用いられる．また，文様の技法には友禅染・型染・絞り・ろうけつ染などがある．付け下げは訪問着に準ずるもので，上前身頃と胸，袖に文様が配される．

［宮本八惠子］

浴　衣

　浴衣は今日も夏祭りや花火大会，盆踊りなどに広く着用され，若者のあいだでも人気が高い．いわば，夏のおしゃれ着ともなっている．しかし，そのルーツをたどると，浴衣は湯帷子（ゆかたびら）から転じたものであり，入浴と深いかかわりをもつ．

●**入浴と浴衣**　日本人は大の風呂好きである．一日の終わりには，多くの者が湯で身体の汚れを洗い流し，併せて湯に浸ることで疲れを癒やす．また，各地の温泉郷は休日ともなると大勢の観光客でにぎわい，ひなびた温泉宿には湯治と称して病気治療を目的に訪れる者も多い．

　近世以降現在に至るまで，入浴は基本的に着衣無用であり，男女を問わず湯に入る際には裸になる．したがって，町の銭湯や温泉宿では，ともに入浴する者同士が「裸のつきあい」を繰り広げることとなる．しかし，古代から中世には肉体の露出を忌んだことから，入浴にも着衣が必要とされ，平安時代の貴族や僧侶は，湯帷子とよばれる白麻で仕立てた単（ひとえ）の着物をまとって湯に入った．また，仏教が日本に伝来し普及するとともに，その作法の一つとして沐浴の風が広まり，人々は寺院付属の浴堂において沐浴を行うことで身を清めた．その際にも湯帷子は必須とされた．室町時代末期には，湯帷子こそ用いられなくなったものの，男性は褌（ふんどし），女性はユモジ（湯もじ）ともよばれる腰巻を着用し，ともに陰部を覆って湯に入った．赤裸々での入浴は，江戸時代の銭湯がその始まりともいわれ，かつて入浴着とされた湯帷子が，ここでは湯上がりの着物として用いられるようになったのである．そして，湯帷子の呼称は簡略化されてユカタとなり，これに浴衣の漢字があてられた．

●**浴衣の文様**　浴衣は，後に湯上がりの着物という用途を超え，広く盛夏の日常着やよそゆき着として庶民のあいだに普及した．また，普及に伴って年齢性別に応じたさまざまな文様が工夫され，本来素肌の上に着用すべき浴衣は，下着の襦袢を伴って堂々表着として公衆進出を果たすこととなるのである．

　浴衣地は，柳・蜘蛛・唐松・荒磯などの意匠を染めた鳴海絞と中型（ちゅうがた）に代表され，ほかに大衆品として遠州木綿の白縞もある．

　中型は小紋と大紋の中間をさす文様で，江戸時代中期には粋にこだわる江戸人のあいだで高い人気を博した．その記述は，貞享年間（1684-88）に著された井原西鶴の『好色一代女』などにもみられる．染色技法には長板中型と注染があり，近年では大量生産に適した注染がそのほとんどを占める．長板中型は手間と技術を要することから注染に比べて生産生に劣り，併せて価格も高いため，次第に生産量は減少していった．現在では，埼玉県の中川・綾瀬川流域に位置する八潮市

図1　浴衣とそれを縫い返した簡単服
（昭和初期，埼玉県所沢市）

や草加市において辛うじてその技術が継承されており，数少ない紺屋職人が江戸本染め浴衣の伝統を守っている．

　長板中型では，長い板状の台に綿布を張って型紙を置き，防染糊を引いてカタツケ（型付）を行う．型紙の端にはホシとよばれるごく小さな穴があいており，型付では文様とともにこのホシも布地に写される．そこで，型紙を置く際には布地のホシに型紙のホシをピタリと合わせ，継ぎ目ができないようにする．片面の糊が乾くと，他面にも同様に型付を施し，これを藍染めすることで表裏のない浴衣地が仕上がる．両面の型を寸分の狂いなく合わせるには高い技術が必要とされ，職人は，その間ひとときも気を抜くことなく神経を集中させる．

●**浴衣の帯**　浴衣に締める帯には，サンジャクとよばれる三尺帯がある．これは，丈が鯨尺の3尺（約1.1 m）で，織り目の柔らかい綿布でつくられ，絞りの文様を施したものも多い．男性が黒地のサンジャクを浴衣に締めたことをその始まりとするが，後には男女を問わずに用いられ，子どもの帯としても広く普及した．そのため，兵児帯と同義で用いられることも多い．

　近年では，サンジャクに代わって男性が角帯を貝の口に結び，女性が単帯を文庫結びにするのが一般的となっている．また，文庫結びには付け帯と称して結び目を別ごしらえにしたものもある．

●**浴衣襦袢と簡単服**　埼玉県東部の水田地域では，女性が盛夏に限ってユカタジバン（浴衣襦袢）と称する浴衣地の短着を仕事着とした．当地域は綿布の産地であり，併せて，上述した長板中型の浴衣染産地とも重なる．また，大正12（1923）年の関東大震災後には，女性や子ども服の簡素化・合理化が求められ，こうした中，夏期に限って簡単服とよばれる半袖ワンピースが流行した．簡単服の布地には，多く木綿が用いられ，浴衣を縫い返すことも多かった（図1）．　［宮本八惠子］

開襟と襟刳り

　開襟とは，襟を開くこと，あるいは開いた形状の襟をさすことばであり，広義には心を開くことにも通じる．日本における開襟シャツは，ハワイのアロハシャツにみるような市民権を得ておらず，正式な場での着用は慎まれる．したがって，もっぱらカジュアルな服装とされてきた．いわゆるホワイトカラーと称される事務職系の男性は，白地のワイシャツにネクタイを締めて背広を着用するのが常であり，ノーネクタイは相手に対して無礼に映るものとされたのである．しかし，近年では節電の目的から夏期にクールビズ，冬期にウォームビズが励行されるようになり，開襟シャツやポロシャツ，あるいはTシャツ姿で働く姿を各所で目にする．特に，平成23（2011）年3月11日の東日本大震災による福島第一原子力発電所の事故後には，その傾向が一段と高くなった．

●詰襟と開襟　男性の上着の襟は，大きく詰襟と開襟に分けることができる．詰襟は，最上部までボタンを留めて首に密着させる襟であり，陸海軍の軍服に用いられた立襟型の詰襟は，中学校・高等学校・大学の制服としても広く用いられることとなった．いわゆる「学らん」とよばれる金ボタン留めの上着である．また，折襟もかつては詰襟の一種とされ，大正時代から昭和戦前期の小学生男子は，式典のハレ（晴れ）着に小倉木綿などで仕立てた折襟の学童服を着用した．

　開襟は，折襟のボタンを外して襟首をV字型に開いたもので，昭和15（1940）年に制定された国民服の襟がこれにあたる．国民服には甲号と乙号があり，甲号は通常時には開襟で着用されるが，儀礼では折襟に紫組紐の儀礼章を伴って礼装とされた．対して，乙号は常に折襟着用である．

　開襟シャツは表着とされるシャツであり，半袖のそれはオープンシャツともよばれて夏期のカジュアル着となる．しかし，日本におけるシャツは，幕末から明治時代初期に伝来されて以来，長いこと着物の下着とされ，これが表着として普及するのは昭和時代の終戦後に洋装化が進んでからのことである．

●女性の下着と乳房　女性の開襟は，下着抜きには語れない．明治の近代化に伴う洋装の受容は，それまで襦袢と腰巻のみであった下着に革命を起こした．鹿鳴館の舞踏会に集う上流階級の女性たちは，そのドレスをより美しくみせるために，ドロワーズ（ズロース）・コルセット・ペティコートといったフランス直輸入の下着を着用した．また，明治時代末期には婦人雑誌に洋装下着が紹介されるようになり，大正時代には女性の社会進出に伴って，仕事の能率という観点から洋装下着が勧められるようになった．しかし，多くの女性が和装姿であった当時は，洋装下着が和装に不便であることから広く普及するには及ばなかった．

▼甲号（開襟）　　　　▼乙号（折襟）　　　▼甲号の礼装
　　　　　　　　　　　　　　　　　　　　（折襟にして儀礼章を付ける）

図1　甲号と乙号の国民服

　普及の大きなきっかけとなったのは，大正12（1923）年の関東大震災と昭和7（1932）年の白木屋デパート火災である．後者は，長着に腰巻姿の女性が裾の乱れを気にして避難用のロープから手を放し，多くが墜落死したというもので，その信憑性こそ問われるものの，これによって洋装下着の報道が加速したことは事実である．さらに，太平洋戦争中には防空用の活動衣としてモンペと上着の組合せが普及し，長着から解放された女性は，戦後一気に洋装化の道を歩むこととなる．そして，洋装下着もこれに追随して普及をみるのである．
　女性の身体に対する意識を大きく変えた下着は，いうまでもなくブラジャーであろう．ブラジャーは，大正末期には「乳押さえ」，昭和初期には「乳房バンド」の名で婦人雑誌などにおいて宣伝された．普及をみるのは，第二次世界大戦後のことであり，昭和27（1952）年に大阪の阪急デパートで開催された下着ショーを皮切りに，昭和30年代の高度経済成長期にかけて女性たちのあいだで一気に着用が加速した．
　ブラジャーの出現以前には，女性の乳房は性意識の対象である以上に母性の象徴とされ，そのため，人前での授乳も何ら憚られることはなく行われた．また，年配女性のあいだでは，夏季に肌襦袢1枚，あるいは上半身裸に手拭を掛けて家事を行う姿もしばしばみられた．ブラジャーは，こうした乳房への意識を駆逐させ，乳房を包み隠すことで性的魅力の対象へと変化させたのである．

●乳房と襟刳り　人の性意識とは不思議なものである．常に露出した状態では気に止めぬものの，いざ隠せば覗き見たくなる．ブラジャーの形状は，時代とともにその生地やパットの入れ方などに工夫が凝らされ，より乳房を美しくみせるよう改良が重ねられていった．「上げて，寄せて」など，乳房の谷間を強調することでよりエロチシズムを醸し出すタイプもある．そして，美しい乳房は隠すものから次第に見せる（魅せる）ものとなり，結果，衣服も乳房を効果的に映す形状がつくり出されていった．女性服の襟刳りは，開襟・V字型・U字型など，その形状を問わず次第に解放されて乳房の谷間へと迫り，いわゆるチラリズムが一つのファッションとして確立されていくのである．

［宮本八惠子］

ダボシャツとステテコ

　ダボシャツといえば，山田洋次監督の映画「男はつらいよ」に登場する「フーテンの寅」こと車寅次郎を思い出す人が多いであろう．テキヤ稼業の寅次郎は，ダボシャツにラクダ色の腹巻を締めて首から柴又帝釈天のお守りを下げ，中折帽子にダブルのジャケットスーツ，雪駄履きといういでたちで気ままな旅を続けた．その姿を自らの現実に照らし，憧れを抱く男性も少なくない，という．

　また，ステテコ姿で茶の間の人気を集めたのは，タレントの植木等である．彼は1960年代，テレビのバラエティ番組でカンカン帽にロイド眼鏡，ダボシャツにステテコ姿で出没し，場違いな空気を察しては，「およびでない？　こりゃまた失礼！」と決め台詞を発して退場した．団塊の世代にとっては，まことに懐かしいシーンである．

●シャツとダボシャツ　明治時代には，近代の幕開けとともに日本に多くの西洋文化がもたらされ，シャツもその一つであった．しかし，和装を日常着とする日本においては，シャツは表着としての市民権を得られず，着物の下着として男性のあいだで用いられた．その形状は，丸首の襟なし・前開きのボタン留め・長袖というもので，布地には紺や白の綿布が用いられた．また，葛城木綿と称する綾織の厚地綿布で仕立てたものはカツラギシャツとよばれた（図1上）．

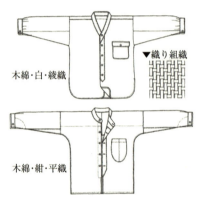

図1　（上）カツラギシャツ（埼玉県所沢市），（下）ノラシャツ（栃木県下野市）

　明治時代から昭和戦前期には，ワカイシ（若い衆）と称される青年男性の多くが，冬期のよそゆき着に小絣の長着とお対の羽織を着用し，その襟元からシャツを覗かせた．また，農作業を行う男性は，木綿縞や紺無地で仕立てた野良着の下にノウシャツ・ノラシャツなどとよばれる長袖シャツを重ね着し，気温の高い時期には野良着を脱いでシャツを表着とした（図1下）．

　こうしたシャツは，いずれも長袖の袖口を絞ってボタンで留める．対して，ダボシャツは筒袖で，袖口を絞らずに開放する．したがって，通気性に優れ，建築現場などで多量な汗をかく職人にとってはまことに具合がよい．ダボシャツにニッカーボッカーズ，地下足袋という装いの職人を目にする機会が多いのもうなずける．

●鯉口シャツ　ダボシャツと混同されやすいものに，鯉口シャツがある．鯉口シャツは，丸首の襟なしという点ではダボシャツと共通するが，袖が七分丈で，先端に向かって鯉の口のように細くなり，袖から身頃の脇縫いは流線型に仕上げられる．したがって，身体にフィットし，いわば「第二の皮膚」のような機能を果たす．ニクジバン（肉襦袢）とよばれるゆえんもここにある．また，唐獅子・牡丹・桜吹雪・龍・鯉といった刺青のモチーフを染め付けたものも多く，神輿祭りでは男女を問わず若者のあいだで人気が高い．

●ステテコの語源と形状　ステテコは膝下丈の下穿きで，主として男子が着用する．その語源は，一説によれば明治13（1880）年，落語家の初代三遊亭圓遊が寄席の余興で着物の裾を尻はしょりにして下穿きを出し，囃子に合わせて「ステテコ云々」と歌い踊りながら，鼻をつまんで捨てる所作を演じた「ステテコ踊り」にあるといわれる．また，下穿きの丈が長すぎて着物の裾からはみ出したので，その部分を切って捨てたことに由来するとの説もある．

　ステテコの形状は，猿股や股引のように身体に密着せず，裾が開放されて全体にゆとりのあることが特徴とされる．しかし，大阪では明治時代にステテコ様の下穿きをさしてチャンパッチともよんでおり，これは唐物のパッチを意味する．つまり，大陸からの渡来品である．そもそも，パッチの呼称は韓国語のパヂが転じたもので，パヂは男性がチョゴリの下衣とする括袴をさす．その形状は，カルサン（軽衫）・タッツケ（裁着）・モンペなどとよばれて日本でも広く用いられた山袴の類と共通し，これは脚部を覆う布地こそゆとりがあるものの，裾は括られており，いわゆるステテコにみるような開放型ではない．また，近畿地方から中国・四国地方および九州北部にはパッチ・パチの呼称が広く分布するが，意味するものは猿股・股引型の下穿きであり，山袴型とは異なる．在来型の下穿きに韓国語のパヂが混用された結果であろう．こうしたことから考えると，ステテコの語源とされる三遊亭圓遊着用の下穿きは，韓国のパヂに類する括袴の丈を縮めて裾を開放したものなのか，あるいは，猿股・股引に準ずるものなのか，疑問の残るところである．いずれにしても，近代以後の男性は，年間を通してズボン型の下衣を身に付け，下半身は常に密閉される状態にあった．そのため，衛生上の観点から下穿きは必須とされ，その原型が括袴か猿股・股引の類かはさて置き，ズボン下の着衣としてステテコが普及したことは想像に難くない．また，日本の夏は高温多湿であることから，裾も自ずと開放型になったと察せられる．

　昭和時代には，皺入りの白縮綿布やキャラコとよばれる白平織綿布で仕立てた既製品のステテコが広く出回るようになり，これらは肌触りに涼感を与えることから夏期の下穿きとして重宝された．また，平成20年代には多種多様な柄物のステテコが生産されるようになり，それまで中高年男性が中心であった購買層は若者にも拡大した．

[宮本八惠子]

手拭いと鉢巻

　手拭いは，小幅の晒綿布を鯨尺の2尺5寸程度（約90 cm）に裁断したものである．元来はミヌグイ（身拭い）・ミノゴイとよばれ，入浴後の身体を拭くのに用いられたが，後に手を拭くものとなり，呼称も手拭いへと変化した．また，手拭いは被り物としても広く用いられ，被り方一つで性別・立場・職業といった着装者のキャラクターが表現される．したがって，歌舞伎をはじめとする芸能の小道具としてもたびたび登場することとなる．

　鉢巻の鉢とは頭部を意味し，頭部に手拭いを巻いて正面・脇・後ろで結んだものが鉢巻となる．歌舞伎では，「助六」の紫鉢巻がよく知られるところである．また，今日でも，必勝や合格を祈願して鉢巻を締めることは多く，その背景には鉢巻に宿る呪力がある．

●**手拭いの被り方いろいろ**　手拭いの被り方は，千差万別あり，その多くは江戸時代に町人のあいだで発生したものといわれる．

　最も簡単な被り方には「置き手拭い」がある．これは，手拭いを畳んで頭上に置くもので，入浴の際よく目にする方法である．また，歌舞伎では，源氏店の蝙蝠安が花道に登場する際の被り方として知られる．「頬被り」は，手拭いを頭から被って両頬を隠し，顎の下で結ぶ．寒風を避ける効果があることから，冬期の農山漁村において屋外での仕事に広く用いられる．また，頬被りはそのバリエーションが豊富であり，「盗人被り」とよばれるものは手拭いを両頬でねじって鼻の下に結ぶ．「やぞう被り」「鉄火被り」とも称され，博打打ちや喧嘩好きを象徴するものでもある．「ひょっとこ被り」は，額を出して手拭いの両端を飛び出させることで滑稽感を醸し出す．その形状がトウナス（カボチャ）に似ていることから，「トウナス被り」ともよばれる．安来節のドジョウすくい踊りで知られる「すっとこ被り」は，頬被りの片耳を出してその端を顎の下で結ぶ．

　「吉原被り」は，吉原の廓を行き交う遊客や流しの芸人などが用いたもので，二つ折りにした手拭いを額の上で山型に折り，後ろに回して結ぶ．今日の祭礼においても，旦那衆のあいだで目にすることができる．

●**女性と手拭い**　女性にとって手拭いは，髪の乱れを防ぐと同時に庇を深くとることで奥ゆかしさを演出するアイテムともなる．したがって，家事・育児・農作業を問わず日常に欠かせぬものとされた．今日も，農山村部においては年配者を中心に手拭いを被る姿が各所でみられる．

　代表的な被り方に「姉さん被り」があり，これは手拭いを正面から被って後ろで交差させ，その端を重ねて頭上にのせる．頭頂部を隠す点では，花嫁衣裳の角

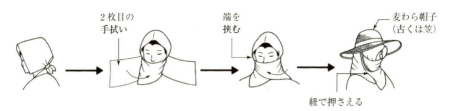

図1　手拭い2枚を用いる頬被り

隠しに通じるものである．ただし，今日では，手拭いを後ろに結んで被る方法をさして姉さん被りとよぶ者が多く，こうした変化の背景には日本髪の衰退がある．日本髪は頭上に髷を有するため，手拭いを結ばずにゆったりと重ねることで髷の崩れを防いだ．対して，大正時代から昭和戦前期に普及した束髪や洋髪は，髷を気にする必要がない．そこで，手拭いを後ろに結ぶこととなり，これに姉さん被りの呼称が与えられたのである．

　日除けを兼ねた被り方に，手拭い2枚を用いた「頬被り」がある（図1）．これは，埼玉県から群馬県，栃木県の水田地域に分布するもので，1枚目を後ろに結んで被り，2枚目を後ろから正面に回して鼻から口を覆い隠す．塵埃を避けると同時に日焼け防止の役目も兼ねるので，主として若い女性のあいだで用いられた．

●救急具としての手拭い　手拭いは傷の手当てにも重宝された．屋外の仕事では思わぬけがを負うこともあり，その際には手拭いを裂いて緊急の包帯代わりとしたのである．また，寒さで手のあかぎれが酷く切れたときには，就寝前に味噌を塗り込んで手拭いを巻き，抱え込むようにして寝た女性もいる．味噌が浸みた手は一晩中火照るが，翌朝には熱さが収まり，あかぎれも無事ふさがったという．

●鉢巻に込めた願　鉢巻は，そのルーツをたどると古代人が祭祀において頭上に冠した「かづら」に行きつくとされる．かづらは蔓性植物でつくられた鉢巻様の被り物であり，これを冠することで霊力が備わると信じられたのである．その呪術的な力は，後に鉢巻を祭礼・芸能・人生儀礼の装具として広め，併せて，勝利祈願や病気平癒など縁起物としての機能ももたせることとなる．

　形状には，「ねじり鉢巻」「向こう鉢巻」「横鉢巻」「後ろ鉢巻」などがあり，祭礼では神輿を担ぐ若衆がねじり鉢巻の先端を角のごとく立ち上げて粋を競う．また，人生儀礼では，初節供を迎えた男子が菖蒲の鉢巻を締める風習がある．勝利祈願の鉢巻は，戦国武将のそれに始まり，現在も受験生や体育会系応援団の必須アイテムとされる．病気平癒を願って締める鉢巻は，病鉢巻・頭痛鉢巻などとよばれ，これは帯状に折り畳んだ手拭いを頭に巻いて横で結び，その先を垂らすものである．歌舞伎や人形浄瑠璃では，病気や恋煩いに悩む者を表現する装束ともなっている．

[宮本八惠子]

褌と腰巻

　褌は男性，腰巻は主として女性が用いる和装の下着であるが，いずれも古くは下帯と称して，入浴の際に着用する湯具とされた．江戸後期の『嬉遊笑覧』には，「男女ともに前蔭を顕はして湯に入るとはもとなき事にして必下帯をかきかへて湯に入るゆゑ湯具といふ．女詞にはゆもじと云ふべし」との記述がみられる．後に裸体での入浴が一般化すると，褌と腰巻はもっぱら下着として用いられることとなる．ただし，男性のあいだでは洋装化が進んだ後も，ズボンの下着に褌を用いる者が少なくなかった．また，女性の腰巻は，農村部において野良着の表着ともされた．

●褌の呼称と形状　褌の呼称は，フミトオシ（踏通）が転じたとする説が一般的であるが，ほかに，馬をつなぐ綱をさすフモダシ（絆），あるいは，つなぎ止める意のホダシ（絆し）に由来するとの説もある．古くはタフサギ（犢鼻褌）とも称され，これはマタフサギ（股塞ぎ）・タフサゲ（太布下げ）・タフサキ（太布裂き）など，その語源に諸説がある．また，千葉県の上総地方や広島県の安芸地方では，腰巻をさしてトウサギとよび，これは明らかにタフサギの同義語である．逆に，関東地方では腰巻をフンドシとよぶところもあり，両者の呼称に混用がみられる．

　褌は，その形状によって六尺褌・越中褌・畚褌・割褌などの種類がある．本項では，そのうち最もなじみ深い六尺褌と越中褌について詳しくみていく．

●六尺褌と越中褌　六尺褌は，単にロクシャク（六尺）という場合が多い．小幅の晒綿布を6尺の長さに裁断したもので，これを腰から股間に回して締める（図1）．「褌を締め直す」のことばが示すように，腰部をきりりと締めることで気合が入り，精神が統一される．したがって，今日も祭礼の神輿を担ぐ男衆のあいだで人気が高い．また，「他人の褌で相撲を取る」といわれるように，褌は相撲の装着具でもあり，現在の大相撲力士が締める廻しも，布地こそ異なるが六尺褌を踏襲したものといえる．

　三浦半島には，海中でサメに出会ったとき，締めている六尺褌をほどいて長く漂わせるとサメが退散するという伝承がある．これは，六尺褌に呪術的な力が宿ることを意味すると考えられる．

　六尺褌の晒綿布は，葬式での入手も叶った．かつて土葬が行われた時代には，トコ

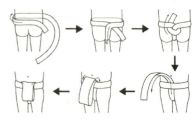

図1　六尺褌の締め方

バン(床番)・メドバン(穴番)などと称して葬式組の男衆4名が輪番制で墓穴掘りの役目を担ったもので,埋葬後には,野辺送りの際に棺桶に巻かれていた晒綿布一反を4名で分け,これをそれぞれが六尺褌に用いた.一反は鯨尺のおよそ2丈5寸(約9.5m)であり,4等分するとちょうど六尺褌に足る長さとなったのである.

越中褌は,細紐に小幅の晒綿布を縫い付けたT字型の褌で,晒綿布の丈は鯨尺の3尺程度(約1m)である.呼称の由来は,越中富山の置き薬屋が景品として広めたという説,越中守の細川忠興が考案したとする説など諸説が語られている.着装方法は,細紐を胴に締めて晒綿布を股間に回し,正面で細紐に掛けて端を垂らす.六尺褌に比べて着脱が容易であり,大正時代から昭和戦前期には褌の主流を占めることとなるが,腰部の締めが緩いために「力が出ない」「気合が入らぬ」ともいわれ,力仕事には不向きとされた.

和装時代,女性が月経の処理に用いたT字帯も越中褌の一種である.その形状は,半幅の晒綿布2枚を縫い重ねて細紐を付けたもので,股間に脱脂綿を当て,これを晒綿布で押さえた.

●下着と表着の腰巻 腰巻は,幅が鯨尺の3尺3,4寸(約1.2〜1.3m),丈が2尺から2尺2寸くらい(約75〜80cm)の四角い布で,左右上端に紐を付け,下半身に布を回して紐で締める.夏物は小幅晒綿布の二幅物,冬物は大幅のネルが多く,よそゆき用には柄物のメリンスや縮緬などがあった.また,大正時代には赤やピンクの糸で筒状に編まれた「都腰巻」も登場した.

農村部においては,腰巻が表着ともなった.埼玉県東部の水田地域を例にとると,ここでの女性は,古く木綿絣や縞の長着を尻はしょりにし,その裾から腰巻を出した姿で農作業を行っていた.つまり,腰巻が下着の域を脱して表着の役割を果たしていたのである.また,明治末期から大正初期頃には,長着に代わって短着と下衣のツーピース式野良着が採用され,腰巻は,「田ん中股引,陸腰巻」のことばどおり,田仕事のモモヒキ(股引)と並んで陸仕事の下衣として,堂々表着の地位を確立することとなる.そのため,下着の腰巻とは区別してウワガケ(上掛け)と称され,布地にも「映りのよい」絣や捺染文様の綿布が用いられた.

なお,インドやミャンマーなどの南アジアでは,男性が下半身の表着として腰巻をまとうが,日本の男性にこうした例はない.ただし,和装時代には,よそゆき着の下着として男性が半襦袢と腰巻を用いることがあった.

[宮本八惠子]

図1 絣の野良着と腰巻姿(昭和41年,埼玉県杉戸町)[出典:『埼玉の民俗写真集』埼玉県,1991]

黒の礼服

　冠婚葬祭に着用するハレ（晴れ）着をさして，礼服あるいは式服と称し，その色は今日，男女ともに黒が基調とされる．ただし，黒を礼服とする文化は，幕末の開国とともに西洋からもたらされた近代の所産であり，日本においては明治5（1872）年11月，太政官布告による服制の規定が黒の礼服の始まりとなる．服制では公式礼服と一般礼服が定められ，男性の礼服はいずれを問わず服地に黒が採用された．また，一般礼服では旧来の紋付羽織袴も認められ，その布地は夏物・冬物ともに黒と定められた．女性は，公式礼服こそ色地や白地を用いるが，和装の一般礼服は黒地の裾模様紋付あるいは黒無地紋付とし，ここに男女とも黒を礼服とする規範ができ上がったのである．

　黒の礼服が普及するきっかけとなったのは，明治天皇崩御に伴う大喪（たいそう）の礼ともいわれる．そこでは，各国大使が揃って黒の喪服を着用しており，これに倣って日本の男性にも黒の礼服が広まった．また，祝儀不祝儀には夫妻で参列する機会も多く，夫が黒の礼服を身に付けた場合，それに並ぶ妻も夫に合わせて次第に黒を身にまとうようになっていった．ただし，女性のあいだでは白無垢の着物を礼装とする風習が遅くまで残り，その傾向は地方に行くほど顕著であった．

●**男性の礼服**　公式礼服は，大礼服・通常礼服・通常服に分類される．大礼服はヨーロッパの宮廷制服に倣ったもので，華族・文官・軍人それぞれにおいて様式が定められた．通常礼服と通常服は，次のようである．

　通常礼服には，燕尾服（えんびふく）が採用された．燕尾服は，後ろ身頃の裾がツバメの尾のように割れた黒羅紗の上着で，これに共布のチョッキとズボンを組み合わせる．また，シャツは白の立襟または折襟とし，ネクタイは通常に白，喪に黒の蝶ネクタイを用いる．履物は黒靴下に黒エナメルの靴，被り物は黒のシルクハットである．通常服には，フロックコートまたはモーニングコートが用いられた（図1）．フロックコートは，黒羅紗で仕立てられたダブルブレストの上着で，これに共布のチョッキと縞のズボンを組み合わせる．シャツは白の立襟または折襟で，ネクタイを結び下げにし，喪のネクタイには

図1　モーニングコート姿の花婿
（昭和32年，埼玉県行田市）

黒を用いる．履物は黒靴下に黒革靴，被り物は黒のシルクハットあるいは山高帽子である．モーニングコートは，前身頃の裾を斜めに裁断したシングルブレストの上着であり，その形状はイギリス貴族の乗馬服に由来する．組み合わせるチョッキやズボン，シャツ・ネクタイ・履物・被り物はいずれもフロックコートに共通し，始まりこそ代用とされたものの，後にフロックコートが衰退すると通常礼服の主格となるに至る．

　こうした公式礼服に対し，一般礼服では洋装に並んで和装の紋付羽織袴も認められた．冬物の和装礼服は，黒羽二重五つ紋付と白羽二重の袷長着を襲（あわせ）で着用するのが正式であり，下着物には白羽二重の代わりに茶または鼠色を用いてもよしとされた．羽織は黒羽二重の五つ紋付，袴は縞の襠高袴（まちだかばかま）である．夏物は，黒絽五つ紋付の単長着（ひながぎ）に縞の襠高袴，絽または紗の黒五つ紋付羽織の組合せとなる．帯には，夏冬を問わず角帯あるいは兵児帯（へこおび）が用いられ，履物は白足袋に草履が正式とされた．

●**女性の礼服**　女性の公式礼服には洋装と和装があり，大礼服のマント・ド・クールをはじめとする洋装礼服が規定されたのは明治19（1886）年のことである．また，和装の公式礼服は袿袴（うちきばかま）と称して打掛と袴を着用するもので，その着物には冬物に白練絹または白羽二重，夏物に白晒布が用いられた．

　一般礼服には，洋装のドレスに並んで和装の礼服と喪服がある．礼服は，冬物が黒縮緬または黒羽二重の裾模様入り五つ紋付と白袷長着の襲，夏物が黒絽・黒縮緬などの裾模様入り五つ紋付と白単長着の襲で，いずれも上着物は黒の色変わりでもよしとされた．また，丸帯・白の帯揚・白丸ぐけの帯締は，冬夏両者に共通する．喪服は，黒無地の紋付と白の襲で，これに黒丸帯を締めた．

　女性の礼服は，和装の喪服を除いて男性にみるような黒の限定はなく，公式礼服の袿袴では，着物に白が用いられた．女性のハレ着に白を着用する風習が遅くまで残ったのも，こうした背景があったためといえるであろう．

●**女性にみる白の礼装**　人生における最も重要な儀式は，いうまでもなく結婚式と葬式である．女性は，古くいずれの儀式にも白無垢の着物を着用した．次に，その事例を紹介しよう．

　広島県の山間部に位置する庄原市東城地区では，大正時代まで花嫁衣装に文羽二重の白無垢と共布のカヅキ（被衣，たもとそで）が用いられた．カヅキは袂袖に似た袋状の被り物で，その縫い目を横にして被る．葬式では，花嫁衣装の白無垢とカヅキが身内女性の喪服となり，ここでのカヅキは縫い目を縦にして被るのが決まりとされた．また，喪のカヅキには薄地文羽二重で仕立てた長着型の単物もあり，これを目深に被ることで喪に服す気持ちを表現した．当地区では，昭和初期頃から喪服に黒無地紋付が用いられるようになるが，家によっては昭和20年代末期まで白無垢を喪服とする習慣が残った，という．

［宮本八惠子］

半纏と法被

　半纏は，身体に纏う半着物をさす．身頃の丈は長着のおよそ半分で，これに筒袖・薙刀袖・捩り袖などが付く．また，襟は直線で裾に達し，羽織のように折り返すことはなく，胸紐も伴われない．用途は日常の防寒着であり，和装の着物はもちろんのこと洋装のシャツやセーターなどにも併用される．現代も需要は多く，衣料品店ではプリント地や縞柄の綿入れ半纏が売られている．

　法被は，もともと羽織を簡素化したものであり，襟の折り返しや胸紐を伴う点も羽織と共通していた．しかし，江戸時代に庶民への羽織禁止令が出されると，襟を折り返さない半纏に類似した形状へと変化し，以後両者の混同が始まったといわれる．ただし，半纏が日常着であるのに対して法被はハレ着ともされ，祭礼の氏子連や消防組，商家や職人の印半纏は，これを着用する者の所属集団や役職などを表すハレ着としての役目を担っている．

●**防寒着としての半纏**　日常着の半纏は，防寒が主たる目的となる．和装の着物を常着とした時代には，6月と10月に衣替えが行われ，6月には着物が袷から単に，10月には単から袷に変わった．また，厳冬の時期には綿入れの着物が用いられた．半纏が併用されるのは，袷と綿入れの時期である．半纏の仕立てには単・袷・綿入れの3種類があり，これらを気候に応じて着分けた．

　防寒のためには，袖の形にも工夫が凝らされた．捩り袖は関東地方南部でムキミヤ袖とも称され，これは冬期に貝の剥き身を売り歩く女性が着用したことに由来する（図1）．並幅の布地を折り畳むことで袖口を狭く，袖付を広く仕立てたもので，袖口から冷たい空気が侵入することを防ぐと同時に腕の動きを妨げない利点もある．まさに，機能性に富んだ半纏といえる．

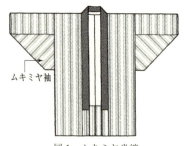

図1　ムキミヤ半纏

　子育てには，ネンネコ半纏が用いられた．これは，負ぶい半纏・子守り半纏などともよばれ，子どもを負ぶった上から母子をともに覆う．寒さを防ぐと同時に子どもも両手を自由に動かすことができ，重宝された．

●**印半纏**　商家の従業員や職人は，襟に名前や屋号，背中に大紋，身頃の腰周りに角崩し体の腰字を染め抜いた印半纏を着用することが多かった．これはカンバン（看板）ともよばれて，商家や職人集団，あるいは仕事の依頼主である施主を

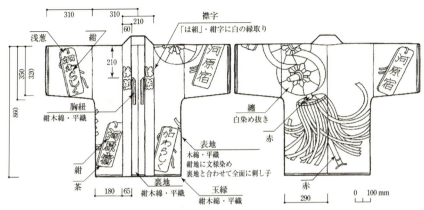

図2 刺し子半纏（埼玉県所沢市）

象徴するものとなる．したがって，仕事着であると同時にハレ着ともされ，大工や鳶（とび）などは，年始に印半纏を着用して出入りの商家や施主宅を挨拶に回ったものである．

●**火消し装束の法被**　消防組は，江戸時代の町火消しを継承するものであり，明治27（1894）年の「消防組規則」（勅令第15号）の発令を受けて，全国の市町村にその設置が広まった．現在では消防団と称されている．

消防組の法被には，通称サシコ（刺し子）とも称される刺し子半纏（図2）と，出初式などの式典にハレ着として着用する印半纏がある．

刺し子半纏は，別名臥煙（がえん）半纏ともよばれ，表地，裏地とその中間の布地の3枚を重ねて全面に刺し子を施したものである．布地の間には，耐火のために石綿を入れたものもみられた．身丈は，腰切りのほかに長半纏とよばれる膝丈のものもあり，いずれも襟には「め組」「は組」といった消防組の名前や役職名，背中には大紋が染められた．また，裏地や表地には，火消しの象徴である纏（まとい），水にかかわる龍や青海波，勇壮な虎や歌舞伎の「天竺徳兵衛蝦蟇妖術図」などが描かれ，こうした文様で互いの粋も競われた．また，現場において采配を振るう組頭は，革製の印半纏を着用することもあった．

ハレ着とする印半纏には，襟に消防組の組名や「組頭」「小頭」「筒先」「梯子（はしご）」などの役職名，背中に大紋，腰字に組を表す横線や波線，肩山から袖山にかけて役職を示す赤線が染められている．正月の出初式では，揃いの印半纏を着用した組員が一同に会し，各所で見事な梯子乗りが披露される．

なお，かつては家の構造を熟知している鳶が消火活動の際に頼られることが多く，東京23区では，現在も鳶の職人集団によって「江戸消防記念会」が組織され，江戸火消しの伝統を後世に伝える活動が続けられている．

［宮本八惠子］

振り袖と貸衣装

　振り袖は，未婚女性が着用する和装のハレ（晴れ）着であり，今日も成人式や大学の卒業式，結婚披露宴などで色鮮やかな振り袖姿の女性を目にする機会が多い．また，古く振り袖といえば，明暦の大火の火元とされる「振り袖火事」の俗説が思い起こされる．ここには，男子の振り袖が登場する．

●**振り袖火事・明暦の大火**　麻布百姓町の質屋「遠州屋」の一人娘ウメノは，承応3（1654）年の春，本郷の本妙寺に参った帰り上野山下で振り袖をまとった美しい寺小姓とすれ違い，一目惚れする．その後行方を捜すが見つかる当てもなく，日に日に思いは募るばかりである．そこで，せめてもの救いにと寺小姓の振り袖と同じものを仕立て，これを本人に見立てて夫婦遊びに明け暮れた．振り袖は，紫縮緬に荒磯と菊の文様を染め，桔梗の縫い紋を施したものである．ウメノは，恋煩いに臥せたまま翌承応4（1655）年1月，17歳の短い生涯を閉じた．葬儀では，ウメノが片時も離さず恋し続けた振り袖を棺に掛けて野辺送りをし，埋葬後その振り袖は寺に納められた．

　ところが，寺は振り袖を質屋に売り払ってしまい，これが上野山下の紙商「大松屋」の娘キノの手に渡る．ここから奇怪な出来事が続いた．キノは翌明暦2（1656）年，ウメノの祥月命日に同じく17歳で他界し，さらに質屋を経て振り袖を手にした本郷元町粕屋喜右衛門の娘イクも，翌明暦3（1657）年の祥月命日に17歳で命を落とすこととなる．この怪事を案じた本妙寺住職は，三人の娘の親と相談の上で大施餓鬼を執り行い，振り袖を焼いて供養することを決めた．明暦3年1月18日，いよいよそのときが迫り，住職は経を唱えながら振り袖を火に投じた．すると，突然つむじ風が吹いて振り袖が舞い上がり，飛び込んだ先の本堂は瞬く間に炎に包まれた．これが火元となり，20日までの3日間で江戸の大半を焼き尽くすに至ったのである．

●**振り袖と小袖**　振り袖は，小袖を母体として誕生した．小袖は，もともと大袖（広袖）の礼服の内着とするものであったが，桃山時代を経て江戸時代に入るとともに表着へと変化を遂げた．その背景には形状の変化や文様の創意工夫がある．

　小袖の特徴は，袖口が狭いことであり，古くは袖付を袖丈一杯に取り，袖付から袖口に向かって袂に円弧を描いた．後には，袂をより美しくみせるために袖付を狭く取るようになり，ここに「振り」が誕生する．また，袖付下の身頃には，「八つ口」あるいは「身八つ口」とよばれる鯨尺3寸（約12 cm）前後の脇開きが設けられ，これは幼児の小袖に倣ったものといわれる．幼児の場合は，通気性への考慮と付け紐を脇から通す目的から八つ口が必要とされたのである．

振りは，1尺5寸（約57 cm）から2尺（約75 cm），さらに2尺4,5寸（約90～94 cm）と，江戸時代を通して次第にその長さを競うようになり，宝暦年間（1751～1763）には2尺8,9寸（約105～109 cm）の大振り袖が誕生する．今日にみる大振り袖・中振り袖・小振り袖は，こうして江戸時代にかたちづくられていったのである．

●**貸衣装とその背景**　貸衣装とは，有料で衣装を貸し付けることであり，これは昭和30（1955）年頃，結婚式の簡素化を目的に始められた．当時は，暮らしの諸物資が出回るようになった時代であり，それまでの質素倹約から解かれた人々は，次第に華美を競う傾向となった．その最たるものが結婚式である．花嫁衣装は，黒縮緬留袖の裾模様紋付に代わって，肩から胸，裾にかけて文様を施した千代田模様紋付や振り袖が好まれ，これらの調達が経済的に叶わぬ家では娘に肩身の狭い思いをさせた．こうした不平等を是正するために考え出されたのが貸衣装である．

　ここでは，埼玉県所沢市の富岡公民館における貸衣装の活動を紹介する．

　富岡公民館の生活改善部では，昭和29（1954）年より「結婚簡素化模擬式」の見学，地元住民との意見交換会の開催，アンケート調査の実施，新生活改善グループ主催による研修会への参加など，結婚式の簡素化を目指してその活動を展開した．昭和31（1956）年，埼玉県新生活運動協議会で「結婚簡素化運動」が取り上げられると，活動は一層推進され，翌32（1957）年には婚礼衣装の貸し付けが開始された．その際の貸付規定は次のようである．

1. 地区民の使用を原則とするが，他町村から来る場合など貸す
2. 地区婦人会の役員が責任を持って取扱う
3. 使用の翌日は午前中に必ず返す
4. 中学校において保管し，係の者が貸出しをする
5. 返還については員数，損傷の程度をよくしらべる
6. 貸付は申し込順とする
7. 帳簿類としては貸付申込綴，貸付簿，貯金通帳とする
8. 貸付の際ストッキングを公民館より祝品として贈呈する

　昭和36（1961）年12月の「婚礼衣装貸付状況」をみると，衣装の種類には千代田模様・江戸褄・振袖があり，いずれも襲の下着物・帯・長襦袢・帯揚・帯締・シゴキ（扱き）・筥迫・扇子・履物とともに一揃いで貸し出された．36年度の貸付回数は振り袖が10回と最も多く，1回の貸付料金は4,500～5,000円である．

　現在の貸衣装は，和装のハレ着をはじめウエディングドレスやカクテルドレス，チマチョゴリなどの民俗衣装，陸海軍の大礼服に至るまでさまざまな種類があり，コスプレ（コスチュームプレイ）を楽しめるものともなっている．

[宮本八惠子]

制　服

　制服は，ある集団に属する者が着用を定められる衣服であり，性別・年齢・階級・着用の場・着用時の行動など，さまざまな条件に応じてその素材や形状が異なる．また，制服は，象徴性とともに審美性や機能性が求められる．仕事に用いる場合は安全性や衛生，耐久性，取扱いの簡便性も必要とされる．

　日本における洋装の制服は，明治3（1870）年当時，和洋混淆であった軍服の改造にその端を発する．陸軍はフランス式，海軍はイギリス式に倣い，それぞれに軍服軍帽の服制が規定されたのである．その後，洋装の制服は民間へと及び，明治4（1871）年3月には郵便配夫，同年10月には羅卒（巡査），翌5（1872）年には鉄道員と次々に採用が進められていった．形状は軍服に倣い，詰襟・長袖の上着に揃いのズボンを着用するというものである．

　また，制服として定められてはいないが，官吏や学校教員も詰襟の上着にズボンを着用する者が増えていった．

●**軍服は制服の母なり**　軍服は，大礼服・通常服・戦時服（戦闘服）に大別され，陸海軍それぞれにおいて階級別に服制が規定された．

　陸軍大礼服は，白羽付き・金筋入りの高帽子，金ボタン・金モール肩章・金腕章付きの黒羅紗半マンテル（マント），共布の脇筋入りズボンで，帯には赤筋の綬を締めた．通常服は，詰襟（立襟）あるいは折襟の上着とズボンで，その地色は階級によって異なり，将校は黒羅紗の上着に「黒肋骨」とよばれる黒色の飾り紐を付けた．戦時服は，明治37（1904）年の日露戦争を機に制定されたカーキ色地の迷彩服で，カーキ色は国防色とも称された．

　海軍大礼服は，黒羽付き三角型の山高帽子，金ボタン・金モール肩章・金腕章付きの黒羅紗，共布の黒章付きズボンで，革バンドを締めて長剣を付した．通常服は，フランス帽に金ボタン付き黒羅紗の折襟フロックコート，共布のズボンで，革バンドを締めて短剣を付す．また，海軍兵士は，水兵帽にセーラー服とセーラーズボンを着用し，水兵帽はその正面に軍艦名を記し，後ろにリボンを垂らした．

　こうした軍服は，後に学生服や自衛隊の制服・防衛大学校の制服などに反映されていく．また，昭和15（1940）年には，服装の簡素化と国民精神の高揚を狙いに男性の国民服と女性の標準服が制定され，国民服には礼服を兼ねた甲号と通常服の乙号があった．

●**男子の学生服**　「学らん」の呼称でなじみの深い詰襟・金ボタン付きの男子学生服は，明治19（1886）年，東京帝国大学で制定されたものがその基本となっ

たといわれる．また，同年には高等師範学校でも詰襟の学生服が採用され，その後，各所の中学校・高等学校・大学へと広がっていった．しかし，当時は和装主流の時代であり，高価な学生服は，一部の上流家庭や都市部を除いてあまり普及しなかった．そのため，多くの学生は，木綿絣などの着物に下駄を履いて学帽を被り，風呂敷包みの教科書を手に提げるというスタイルで通学したのである．学生服が普及するきっかけとなったのが，大正3（1914）年に起こった第一次世界大戦である．これによって日本は特需景気に沸き，学生服を含む洋服は贅沢品の枠を出て手近な存在となった．

学生服の布地には羅紗またはサージが用いられ，色は，軍服のそれに倣って冬物を黒または紺，夏物を白または白い斑点模様入りの霜降りとすることが多かった．また，後に吸水性や通気性に優れた夏物服地が生産されると，年間を通して黒や紺色を用いる学校が増えていった．

●**女子のセーラー服**　海軍兵士の軍服を原型とするセーラー服は，19世紀後半から20世紀初頭にかけて子どもや女性の洋服として世界中に流行をみるが，日本における女子学生のセーラー服は，大正9（1920）年に京都府の平安女学院が採用したセーラーカラーのワンピース型が最初である．翌10（1921）年には，福岡県の福岡女学院でセーラーカラーの上着とプリーツスカートというツーピース型が採用され，今日なじみ深いセーラー服がここに誕生することとなる．

昭和60（1985）年頃には，テレビのアイドルグループ「おにゃんこクラブ」がセーラー服をユニフォームとしたことで「女子高校生ブーム」が巻き起こり，セーラー服は男性に対するセックスアピールのアイテムともなった．

●**学生服を着崩す**　制服は拘束性の強い衣服であり，みだりなアレンジは許されない．しかし，全員が揃いの制服を着る中で，自身の個性を発揮したいと願うのは誰もが共通してもつ思いである．学生服においては，「着崩す」という技で着用者の個性や主張が表現された．

その典型的なものが，男子の学生服にみるバンカラであろう．これは，明治時代に旧制一高（現東京大学教養学部）を中心に流行したスタイルで，擦り切れるまで着古した学生服に破れた学帽を被り，裸足に高下駄を履く．そこには「外見の容姿に惑わされず真理を追及する」という精神が宿り，もちろん，見方によっては弊衣破帽という外見にとらわれてもいるわけだが，これは武士道のある一面にも通じる．今日，体育会系の応援団がバンカラスタイルでチームメイトにエールを送る姿も，こうした精神にもとづくものといえる．

女子のセーラー服では，プリーツスカートの丈をより長くし，反して上着の身丈を短く詰める．昭和40年代後期から50年代後期には，いわゆるスケバンとよばれる女番長スタイルとして広まり，マンガや映画にも取り上げられた．これは，当時流行のミニスカートに対する反社会的表現でもあった．

［宮本八惠子］

帽子と冠

　被り物は，その形状から大きく「帽」と「冠」に分けることができる．帽は，布地を袋状に成形した軟質の被り物で，これに助詞の「子」を伴う「帽子」は，シャッポとも称されて西洋からもたらされた洋装の帽子をさす．日本への帽子の伝来は，天文12（1543）年，ポルトガル人が種子島に漂着したのを機に開始される南蛮貿易がその始まりであるが，以後キリシタンの弾圧や江戸時代の鎖国政策によって，国内への普及をみるには至らなかった．本格的な帽子の受容と広がりは，近代の幕開けを待たなければならない．また，シャッポの呼称はフランス語のシャポーが転じたものである．

　冠は，環状を成す硬質の被り物で，これを頂くことが成人男子の証とされた．男子は，古来15歳頃が成人に達する年齢とされ，成人を迎えるにあたっては，元服と称して髪形や服装および名前を変える儀式が執り行われた（図1）．元服では，髪を束ねて結い，その頭上に冠を頂く．ゆえに，初冠あるいは初元結ともよばれた．また，冠は，「三冠王」「無冠の帝王」といったことばが示すように，優れた者に与えられる象徴性の高い被り物でもある．

図1　箱鳥帽子を頂く元服の儀式［写真：芳賀ライブラリー］

●**帽と冠**　冠を以って，官吏の階級を示したわが国初の冠位制度が，推古天皇12（604）年の「冠位十二階」である．そこでは，大徳以下を2階級ずつに区切り，上位から紫・青・赤・黄・白・黒と6色の冠を定めた．冠の形状は，布地を袋型に縫って縁を付けたもので，これを頭上から被せて髻の下部で縛る．すなわち，冠といえども，タイプは帽であった．時は下り，天武天皇11（682）年には冠位が廃止されて階級を服色で示すようになり，冠には漆紗冠と圭冠が制定された．漆紗冠は，紗の冠地を漆で塗り固めたもので，礼服に併用される．また，圭冠は布製袋型の帽タイプで，その縁を縛って被る．略服用とされ，後にはこれが硬化して烏帽子となる．

　大宝元（701）年には，律6巻・令11巻から成る「大宝律令」が制定され，令では「礼服」「朝服」「制服」の公服3種が規定された．礼服の被る礼冠は，玉飾りを伴うもので，これをさして王冠とも称した．また，朝服は官吏の公務服，制服は一般民衆の公事服で，いずれも被り物には頭巾とよばれる布製袋型の帽タイプが用いられた．朝服の頭巾は位階によって2種類に分けられ，5位以上が黒羅

紗，6位以下並物の絹で縫われた．

　帽と冠の区別があいまいになるのは，鎌倉時代から室町時代にかけてのことである．古来より布製袋型の軟質被り物であった帽は，次第に漆で塗り固められて硬化し，冠に近いものとなっていった．また，硬化に伴い，その形態も身分や階級，社会的地位に応じて変化が生じた．江戸時代にみる冠は，その後方に立つコジ（巾子），上面のコウ（甲），前方縁のイソ（磯），後方縁のウミ（海），コジの根元に結ぶアゲオ（上緒），アゲオの左右に突き出るカンザシ（簪），後方に垂れるエイ（纓）で構成される．また，武官が用いる冠は，後方のエイを内側に巻き込み，冠の左右には，オイカケ（緌・老懸）と称して，鯨の髭または馬の尾毛を扇状に成形した飾りを付した．

●烏帽子　烏帽子は，今日も祭祀装束の被り物として用いられ，各地の祭礼において神職が被る姿を多く目にすることができる．その原型は，天武天皇の時代に制定された布製袋型の圭冠にあり，これを黒漆で塗り固めたものが烏帽子となったといわれる．読んで字のごとく，カラスの羽を想わせる黒塗りの帽子である．始まりこそ官吏の被り物であったが，平安時代には公家のあいだでも平常時の略服に用いられるようになり，さらには一般民衆にも広がりをみせた．立烏帽子をはじめ，侍烏帽子・風折烏帽子・懐中烏帽子・揉み烏帽子などの形態がある．

●洋装の帽子と和装の着物　安政5（1858）年に日米修好通商条約が結ばれ，横浜・函館・新潟・神戸・長崎が開港されて長い鎖国から解かれた日本には，西洋文化が一気に押し寄せた．服装においても然り，それまで礼服とされていた衣冠や束帯は，明治5（1872）年11月の太政官布告を以って廃止され，代わってマントル（マント）・燕尾服・チョッキ・ズボン・シルクハットまたは山高帽子という洋装の礼服が採用されることとなったのである．ただし，こうした洋装は，皇族や軍人および上流階級を中心に一部で用いられたにすぎず，多くの者は和装を常としていた．その中にあって，汎用性の高い帽子に限っては，これを和装のアイテムとして取り入れるものが逐次増えていった．明治時代から昭和初期頃までは，和装の着物に洋装の帽子を被る男性の姿をよく目にしたものである．和装に組み合わせる帽子は，冬物がフェルトの中折帽子や高帽子，夏物がパナマ帽やカンカン帽で，若者には鳥打帽とよばれるハンチングも人気が高かった．

　女性の帽子は，皇族や華士族および上流階級が，公式行事や晩餐会などに出席する際洋装のドレスと組み合わせるもので，一般への普及は遅々として進まなかった．その突破口を開いたのが，大正時代のいわゆるモボ・モガブームである．モボはモダンボーイ，モガはモダンガールを意味し，女性たちは洋装にタウンハットを被って街中を闊歩した．しかし，その後度重なる戦争から女性の服装は規制を受け，本格的な洋装と帽子の普及は，終戦後，国民生活が安定する昭和30（1955）年頃からとなる．

[宮本八惠子]

モンペと作務衣

　モンペは，下半身に纏うズボン型の衣服で，その語源には股引きがモッピキ，モッペ，モンペと転訛したとする説と，アイヌ語で股引をさすオムンベが訛ったという説がある．ただし，股引が着物の下穿きであるのに対し，モンペは上穿きとされる．現在も年配者を中心に愛好されており，衣料品店では胴と足首にゴムを入れた既製品のモンペも売られている．こうしたモンペの全国普及には，第二次世界大戦中の昭和17（1942）年，当時の厚生省生活局によって制定された女性の標準服が大きく影響を及ぼしている．標準服には，ハレ（晴れ）着にも適応できる「甲型二部式」と，防空に備えた「活動衣」があり，それぞれ下衣には，前者がスカート，後者がモンペを組み合わせた．

　作務衣は，もとは寺の僧侶が雑事を行う際に着用するものであるが，近頃では陶芸家や染織家などのあいだでも愛用されている．形状は，身丈の短い上衣とモンペ型の下衣を組み合わせる．

●**在来型のモンペ**　戦争中の標準服制定をきっかけとして，暮らしに定着したモンペは，その後も農作業を中心に仕事着として広く普及していった．しかし，ここで忘れてはならないことがある．日本には，戦争以前からすでに在来型のモンペ型下衣を着用していた地域が多々あったのである．その形状は袴に準じたもので，前布と後ろ布を股下の襠でつなぎ，胴を前紐と後ろ紐で締める．山仕事や農作業に着用されることからヤマバカマ（山袴）・ノバカマ（野袴）・タバカマ（田袴）（図1）などと称され，積雪量の多い地域では，雪中歩行に用いることからユキバカマ（雪袴）とよばれた．また，広島県の太田川上流域で用いられるセンドウ

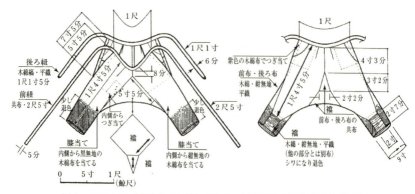

図1　タバカマ（広島県大朝町）［所蔵：武蔵野美術大学民俗資料室］

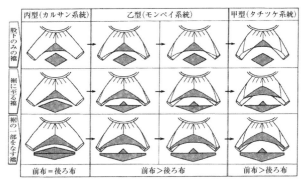

図2 ヤマバカマの発達段階

バカマ（船頭袴）は，川船の船頭がこれを着用したことに由来する．いずれも着物の上穿きとされ，着物の裾をすっぽりと包み込むことで動作を機敏にする．

●**カルサンとタチツケ**　在来型モンペの原形とも考えられるものが，カルサン（軽衫）である．カルサンはポルトガル語のcalçãoを語源とし，天文12（1543）年や同18（1549）年のポルトガル人来航によって日本にもたらされたといわれる．形状は，前布と後ろ布をほぼ同形に裁ち，これらを股下の襠でつなぐ．足首は，裾口の布地を紐で絞って脚絆を併用するか，別布を脚絆のように縫い付ける．

　カルサンと並ぶ下衣に，タチツケ・タッケ・タッツケなどとよばれるものがあり，漢字では裁付・裁附・裁着と表記される．ただし，その記録が少なく，カルサンの改良型であるのか否か，いまだ結論には至っていない．

　昭和戦前期のこと，難解極まりないカルサンとタチツケの形態分類に挑んだのが，民俗学者の宮本勢助である．宮本は，モンペ型の下衣をタチツケ系統の「甲型」・モンペイ系統の「乙型」・カルサン系統の「丙型」に分類し，総称をヤマバカマとした（図2）．後年，この宮本分類を基本に各地の調査資料を照らし，「丙型」から「乙型」さらに「甲型」へと至る形状の発達段階を示したのが，同じく民俗学の中村ひろ子であった．中村は股下の襠にも着目し，襠が股下のみのもの・裾に至るもの・裾の一部をなすもののそれぞれにおいて変化の過程を追った．このうちタチツケ系統の「甲型」は，前布が後ろ布に比べて勝り，後ろ布は尻から太腿を覆うにとどまる．前布と後ろ布がほぼ同形のカルサンと大きく異なる点である．「甲型」の膝下部分は前布と襠のみで構成され，それゆえ細く，布地は脚に密着してより軽い足運びを実現させる．岐阜県の山間部に分布するタツケは，まさにこのタイプであり，当地では，農作業や山仕事をはじめ雪中歩行に際しても男女を問わず広くタツケが着用された．

●**標準服と作務衣のモンペ**　戦争中の標準服に採用されたモンペは，その形状が在来型のカルサンに準ずる．また，作務衣のモンペも同様である．　［宮本八惠子］

前掛けと割烹着

　前掛けは，その名の通り身体の前面に掛ける布であり，仕事中には衣服を汚れから守る．形状は，前垂れの上端に紐を付け，紐を胴部に締めることで身体に固定する．前垂れは，並幅の布1枚を用いた一幅物から，1幅半，2幅，広いものでは3幅や4幅くらいまであり，3幅や4幅は身に付けた際の様相が巻きスカート風になる．丈は，水田で着用される鯨尺1尺程度の短いものから，膝下あるいはふくらはぎに到達する長いものまであり，用途や職種に応じて使い分けられる．商家の番頭や小僧が用いる前掛けは，その多くが一幅物の膝下丈であった．また，歳暮などに得意客へ贈られる帆前掛けは，紺染めの木綿帆布に商家の名前や電話番号，商品名などが染め抜かれており，これはきわめて丈夫なことから農作業や山仕事での衣服の保護に重宝された．

　割烹着は，主として和装の着物に併用され，袖から胴部を経て膝辺りまでをすっぽりと覆う．家事労働を助ける目的で考案され，主婦のユニフォームとして広く普及した．第二次世界大戦中には，白い割烹着に襷を掛けた女性たちが出征兵士を見送る姿を各地で目にしたものである．また，昭和30年代から50年代には，主婦連（主婦連合会）が不当表示商品や物価・環境汚染問題などの消費者運動の先頭に立ち，白い割烹着にしゃもじを掲げた姿で抗議活動を展開した．

●**田植え衣装の前掛け**　水田稲作を中心とする農村部では，初夏の田植えと秋の稲刈りが，一年を通した農作業の大きな節目となる．特に田植えは，田の神を迎える神事的行事であり，併せて，手作業の時代には隣近所や親戚同士が手伝って共同で行われ，その場は祭りを想わせる様相を呈した．また，農家の婚礼は，その多くが冬の農閑期に行われ，嫁にとって田植えは顔見せの場となる．そのため，服装にも十分に気が配られた（図1）．

　関東平野の水田地域では，女性たちはジバン・ノラジバンなどとよばれる木綿紺絣の野良着を着用し，これに半幅または広幅の帯と前掛けを締め，紺木綿のモモヒキ

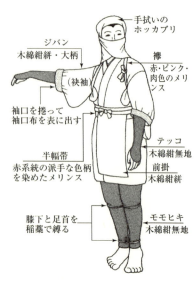

図1　嫁の田植え衣装（埼玉県松伏町）

（股引）を穿いて田植えにのぞんだ．嫁の絣はひときわその文様が大きく，遠くから見てもその存在が一目でわかったという．田植えの前掛けは，前垂れが丈一尺くらいの木綿紺絣で，これに幅一寸ほどの紐を付ける．紐の色は赤・ピンク・白などで，襷の色と合わせるとより映えたという．

●**鹿児島県のメダレ**　鹿児島県では，メダレあるいはマンダイとよばれる女性の下衣が広く用いられた．これは，地域によって呼称の意味するものが異なり，薩摩半島の加世田市をめぐる数町村や北部の宮崎県境では前掛けをさす．また，薩摩半島を中心とする西部の海沿いや大隅半島の東岸部では腰巻きの上掛けを意味し，そのほか腰巻きとする説も県内の広い範囲に分布する．

メダレの形状は，前垂れの上端に紐を付けたもので，前垂れの丈は鯨尺の2尺から2尺5寸くらいあり，着用時には裾がふくらはぎに達する．幅は，並幅の1幅から3幅，3幅半，4幅，5幅があり，腰巻きの上掛けとする地域においては，一幅のものをメダレ・マエメダレ・マエアテ，3幅以上の広いものをヨノメダレ・ウシトメダレ・コシメダレなどとよんで区別した．そこでは，腰巻きとの区別も明確であり，大幅の布や並幅の布2枚を横に用いた腰巻きを下着，3幅から4幅の布を縦に継いだメダレを上着とし，後者はよそゆき着ともされた．

民俗学の小野重朗は，メダレは本来一幅の前掛であり，これが3幅，4幅と広がり腰全体を覆うようになったことでツーピース型の下衣へと変化し，その過程で腰巻きとの混同も生じたと説いている．

●**青森県の菱前垂れ**　青森県の南部地方には，菱前垂れとよばれる麻布の刺し子前掛けがある．当地は寒冷ゆえに木綿の栽培が叶わず，人々は麻布を常着とし，その織り目に刺し子を施すことで耐久性と防寒を実現させた．刺し子には地模様の「地刺し」と文様の「型刺し」があり，後者を代表するのが菱刺文様である．大正時代に毛糸が流通すると，女性たちは色毛糸を組み合わせて彩り豊かな菱刺文様をつくり出し，それは装飾的にも優れたものとなった．

●**台所から出た割烹着**　割烹着は，明治時代末期に女性の台所仕事を便利にする目的で松本幸が考案し，雑誌『婦人の友』に発表したのがその始まりとされる（図2）．一躍注目を集めたのは，昭和7（1932）年に誕生した大阪国防婦人会の活動である．会員たちは白い割烹着姿で街頭に立って防空献金をよび掛け，大阪港では満州や北支に向けて出港する兵士たちの接待に努めた．その活動は，陸軍や憲兵隊の要人さらには大阪朝日新聞社員の後援を得て，次第に全国へと拡大されていった．

［宮本八惠子］

図2　割烹着姿
（昭和初期，所沢市）

◆ 和服から洋服へ

　日本は，明治以後国をあげて，西洋化に努めてきた．服装も，もちろんその例にもれない．国を率いた指導者たちは，率先して洋服を身につけた．そして，事実，軍隊体験などを通して，洋服着用の習慣は国民の中に広まっていった．あるいは，学校や都市部の労働などを通じても．

　仕事から離れ私宅へ帰れば和服に着替える人々も，20世紀の中頃までは大勢いた．私的なところでは，洋装化はなかなか進まない．それ故，公的な空間から始まったのだと，とりあえず見做し得る．

　さて，近代日本は，まず男たちを都市部の公的な場へ引き上げた．だから，洋服を着る習慣も，まず男たちから普及した．比較的遅くまで私的な領域へ封じられていた女たちには，なかなか洋装化の波が届かない．それで，女は男より後まで和服での暮らしを保つことになる．

　だが，洋装へ踏みきった男たちも，下穿きでは伝統的な褌にこだわった．女が洋装をし，洋装下着を着用しだしてもなお，六尺や越中を穿き続けていた．人目につかない箇所では，男の方が保守的に振る舞ったのである．

　20世紀半ばの海水浴では，男児が褌，女児はスクール水着という光景もよく見られた．下半身の局部に限り，伝統的な下穿きが男でのあいだ温存された機微はよくわからない．洋装化が先に進行した，その反動でもあろうか．

[井上章一]

◆ 男装・女装

　祝祭の場で異性装が試みられることは，よくある．それは洋の東西を問わない，普遍的な情景となっている．そして人類学者たちは，そこにさまざまな読み解きを施してきた．一時的な秩序の揺さぶりによる，既成秩序の再強化が試みられている．あるいは，新しい秩序へ移行する契機になっている，などと．

　盆踊りや成年式でまま見られる男たちの女装は，前者に通じていようか．幕末に繰り広げられた「ええじゃないか」のような転換期のそれには，後者の要素だってあったかもしれない．西洋の民衆反乱にも，女装の男に率いられた例はあったという．それがカーニバルの慣例化された女装か，それとも転換へのきっかけになったかの判断は難しい．

　研究も，それほど積み重ねられてはこなかった．これからは，例えば倭建命（やまとたけるのみこと）の女装やジャンヌ・ダルクの男装などを比較し得る研究の場を求めたい．

　さて，異性装は演劇でも世界中で試みられてきた．日本でも「かぶく」精神を取り入れた歌舞伎が，その代表例にあげられる．当初は男装者がいわゆる男伊達（おとこだて）を演じていた．それが当局の判断で男による女方へと変更されている．20世紀には，女が男役をこなす少女歌劇も人気をよんだ．そこにも，日本文化の影は及んでいよう．諸外国の性別越境劇と比べ合う研究に，期待する．

[井上章一]

9. 日常習慣

　日本人の生活習慣のなかには，世界の諸民族と比して特異なものがいくつかある．
　例えば，玄関での下駄箱の存在．外履き（履物）を脱ぐから必要となる．そして，伝統的な履物には，下駄・草履・草鞋・足袋がある．指を分けて履くものにほかならない．これらは，特に蒸し暑い夏場への対応である．
　通気性を重んじた家の造りや着衣も，冬の寒さには不適だが，夏への対応を重んじてのことだった．それほどに，日本の夏場はしのぎにくいのである．
　身体動作での特徴をあげるとすれば，「おじぎ」が顕著である．神仏に対しての拝礼は，古くさかのぼれば世界の諸民族に共通もするが，対人礼がこれほど頻繁に繰り返されるのは日本ならではのことである．
　その理由は，明らかでない．古代から中世にかけての文献や絵巻物にはその事例がほとんど見出せないところから，畳の上での座礼を重んじた近世の武家社会からの広がり，とみようか．そして，武士道の作法が，近代以降も柔道・剣道・相撲・野球などスポーツの分野にも相互礼をもって根強く伝わっている，とみられるのである．

［神崎宣武］

おじぎと握手

　外国人からみると，日本の「おじぎ」は奇異な作法であり，日本人の身体動作の象徴であった．それは，江戸期のケンペルやフィッセル，シーボルトらの紀行文からもうかがえるし，現代でもハリウッド映画「ラスト・サムライ」(2003)の冒頭シーンで描かれているとおりである．

●**日本の生活文化に根差したおじぎ**　おじぎは，日本独特とはいえないが，日本で顕著な作法である．しかし，近年，その「おじぎ」は，著しく型くずれを起こしてもいる．封建的な悪習慣とみる向きさえもある．おじぎは，すでに絶滅危惧の日本文化の一つといってよいかもしれない．

　一般に，私たちが日本的な「おじぎ」とみるのは，江戸期における作法を踏襲したものである．そこでは，武家社会での作法（座礼）を基準にしていることは，言うまでもない．が，封建的な人間関係（制度系）だけで解くべきではなく，畳や着衣（装置系）も合わせて考察しなくてはならない．もっとも端的な結論を出すならば，「畳」での座礼が決め手となるだろう．おじぎは，畳をもった日本人の生活習慣，とういうものである．そして，和室が非日常化したがゆえに，現在は，大きな型くずれをきたしているともいえるのである．

●**座礼と立礼**　おじぎには，座礼と立礼がある．座礼は，正座して体を屈していくもので，それに伴って手の位置も決まる．例えば小笠原流では「九品礼」，すなわち，目礼・首礼・指建礼・爪甲礼・折手礼・拓手礼・双手礼・合手礼・合掌礼，を定める．目礼と首礼は，貴人が答礼などに用いるもので，一般人が使うことはほとんどなかった．一般には，指建礼・折手礼・合手礼がよそゆき用の「しつけ」として伝えられてきた．

　指建礼は，体を指先が畳に接する程度に（約5度）屈し，手はからだの両側にたれる．折手礼は，さらに深く（約45度）屈し，膝の両側に手を置いて指先を後ろに向けて畳につけるおじぎで，昔の平伏の型とされる．合手礼は，胸部が股に付き，腕の下が畳に付くまで屈する．両手の人差し指と親指の間にできた三角形の中に鼻が入るようなかたちとなる．指建礼から合手礼まで，手はからだが屈するに従って自然に動いていくのが正しいおじぎの型である．

　世界で「型の日本文化」といわれるものの代表は，歌舞伎であり大相撲であり，柔道や茶道であろう．そこには，おじぎの型が最も厳格に伝承されているといえる．また，神事や仏事においても，作法の違いはあるものの今日までしかと伝えられている．

　一方で，入社試験や接客業務などでは，改めて初歩的なおじぎから教えなく

てはならない時代となっていることも事実である．それが，型の伝統の一部の伝承になるだろうが，航空機のキャビン・アテンダントのように，世界にみられる立礼に合わせた流れにもみえる．

　立礼は，礼の深さによって，最敬礼・敬礼・会釈(えしゃく)の三つに分けられる．「礼三息」という言葉が伝わるように，息を吸いながら上体を前に倒し，止まったところで息を吐き，再び息を吸いながら元の姿勢に戻る．

　最敬礼は，最も丁寧な礼で，上体を45度傾け，頭を深く垂れる．両手は自然にからだに沿って膝頭の上あたりまで下げる．お詫びや深い感謝を表すときのおじぎである．敬礼は，丁寧な礼．上体は30度に傾け，首と両手は自然に下げる．客や上司に対して，あるいは訪問先での挨拶などに用いる．一般にはこのおじぎが一番多くみられるであろう．そして，軽い礼が会釈．上体をわずかに曲げる程度（15度程度）で，廊下や道ですれ違うときなどのおじぎである．

●**握手は友好のあかし**　握手は世界で広くみられる挨拶の仕方である．日本では，長くおじぎが一般的であったため，なじみが浅かったが，中国では古くから握手が行われていたようである．例えば，『後漢書』(ごかんじょ)（5世紀）には，「以爲既至當握手歡如平生」とあるし，中唐の詩人韓愈(かんゆ)（768-824）の『柳子厚墓誌銘』には，「握手出肺肝相示」と記されている．「出肺肝」とは本当の気持ちを打ち明ける，という意味のようである．

　日本では，明治以降，西欧文化の浸透によって握手の習慣が広くみられるようになった．今日では，会談や商談の始め，スポーツの開始前などに必ずといってよいほどに握手を交す光景がみられる．また，各国首脳会談では，その冒頭でにこやかに握手を交わす姿がニュースなどでたびたび報じられるので，印象に深かろう．

　言うまでもなく，握手は，互いの好意を示すための動作である．相手と適度な間合いをおいて立ち，背筋を伸ばし，必ず相手の顔（目）を見て行う．手の握り方は，強すぎず弱すぎず．また，長すぎず短かすぎず．強すぎると相手に不快感を与え，弱すぎると気持ちが伝わらない．ちなみに，米国では，弱い握手はdead-fish handshake，すなわち死んだ魚を握るようで気持ちが悪い，といわれるそうである．ただ，女性相手の握手の際は，軽く握るのがマナーとされる．なお，友好を強調する場合には，もう一方の手を添えることが多い．

　ちなみに，握手の起源については諸説あるが，利き手を差し出し握り合うことで武器を隠し持っていないことを示すための儀式であった，ともいわれる．

　日本人は，握手の際に往々にしておじぎもするが，これは，原則的にはマナー違反である．卑屈に映る動作でもあるので慎むべきであろう．外国人が日本人をコミカルに描くときに，おじぎをしながら握手をする姿が描かれるのは，よく知られるところである．

［神崎宣武］

上履き

　現代の日本人の住宅は，欧米化の傾向にある．つまり，洋風建築で，畳の部屋をもたない家も多くなった．テーブルに椅子という生活が主流を占めるといっても過言ではあるまい．

　だが，どれほど生活が洋風化されようとも変わらないのが，玄関で履物を脱いで室内へ上がるという生活様式である．欧米などでは，ベッドに入るとき以外は，屋内でもずっと靴を履いて過ごしていることが多い．対して，日本は，履物を脱ぐことで，家の内と外をはっきり区別しているのである．そして，そこに上履き（屋内履き）の発達もみたのである．

●**通気性の良い草履と足袋**　履物とは，言うまでもなく足を保護するためのものである．そして，それは，気候や生活条件と大きくかかわって発達した．

　通年的に湿度の高い日本の風土は，一日中履物を履いた状態で過ごすことを難しくしている．そして，通気性の良い日本独自の履物を生み出した．草履や下駄である．現在，私たちは，すっかり靴（洋靴）の生活になじんでいる．しかし，日本での靴の歴史は浅く，その導入は明治の文明開化によってである．一般化ということでは，まだ100年足らずなのだ．それ以前の日本人の履物といえば，草履や下駄が中心であった．

　日本の場合，歴史を通じて農耕生活が主流であるので，狩猟や遊牧生活ほどに靴の必然性がない．最小限に足を保護する履物があればよかったのだ．むしろ，日本では，履物を脱ぐことで家の外と内を分けているため，足をがっちりと守るよりも簡単に履いたり脱いだりできる便利さが求められた．そこで，草履や下駄が登場したわけである．

　もちろん，履物の機能の一つは防寒にある．草履や下駄は，足の裏だけを保護する履物であるから，その機能には乏しい．が，冬の寒さに対しては足袋を履くことで対応できた．事実，足袋は，古くは主に道中履きとして，草履や草鞋と組み合わせて用いる履物として発達した形跡がある．ちなみに，日本と同じ気候帯をもつ中国や韓国にも足袋があったが，それは文字どおり足をすっぽりと覆う袋状のもので，のちに靴下への展開をみている．

●**スリッパとサンダルの普及**　スリッパは，靴の変型と考えてよいだろう．靴の後部を除くと，ほぼスリッパの形になる．日本には，古くからスリッパ型の藁靴や木靴があった．現在のスリッパは，そうした藁靴や木靴をもっていた日本人が，それをうまく靴に取り入れて，さらに使いやすく改良した履物といえるのである．

　一昔前は，教師やバスの運転士などが，よく古い革靴の後部を踏みつぶして履

いたり，さらに古くなると，踏みつぶした部分を切り取って履いていたものだ．これは，靴からスリッパへの移行をよく物語る例といえよう．

一方，サンダルは下駄の変型とも考えられる．サンダルの古い形は，下駄の一種であるポックリによく似ている．ポックリとは，歯のない高下駄である．サンダルの台の部分は木製であるが，下駄と違うところは鼻緒の部分で指を分けず，古いゴムタイヤなどを利用して5本の指をまとめて履けるようにしたことである．それは，洋装に合わせて普段でも靴下を履く人が増えた影響が大きい．始めは，病院や学校の土間，便所などの履物として広まった．やがて，軽くつっかけることのできる便利さが受け，またビニールや合成皮革の発達に伴って普及していった．

スリッパもサンダルも，ここ40年から50年の間に，日本人の生活にすっかり定着した．いまでは，スリッパはほとんどの家庭に，また学校や病院などの上履きとして備えられているし，日本の航空会社のファーストクラスなどでは機内用の履物として提供される．サンダルも，スリッパの延長として家庭ばかりでなく職場で履く人も増えている．特に，病院で女性看護師が履く白いサンダルは，ナースサンダルといわれるが，一般の人が履くことも少なくない．また，ビーチサンダルは，その名のとおり始めはビーチで履かれたものであろうが，今は日常の生活に広く使われていることは，周知のとおりである．

日本でこれほどに普及しているスリッパやサンダルだが，よその国ではほとんど見かけない．そもそも，スリッパの始めは，西洋人が多く日本を訪れるようになった明治以降，屋内で靴を脱ぐ習慣のなかった彼らが土足で屋内に入るのを防ぐために発案された上履きだった，という．当時は，靴の上から履くためのものでもあったようだ．つまり，日本特有の履物といえるのである．

●**上履きのさまざま**　幼稚園や小学校などでは，上履き専門の履物を用いているところが多い．メッシュの素材などもあるが，多くは白の布，またはビニール製でバレエシューズ状のものがよくみられる．学校によっては，そうした履物は足を締めつけるので成長期には良くないとして，素足や，素足に近い草履（藁製・布製・竹皮製など）を用いるところもある．農山村の学校では，上履きの習慣をもたないところも少なくないようだ．その一方で，北海道や東北・北陸などの一部では，スニーカーや運動靴を上履きとするところが多い．それは，冬場の寒さに対応してのことでもあるだろう．

なお，中学校や高校では，つま先とかかとを覆わないサンダル型の上履きの採用もみられる．これは，体の成長に伴って足が大きくなってもある程度対応できることと，また，校内を走り回るのを抑制する効果もあるという．　　　　［神崎宣武］

手締め

　手締めは，日本的な慣習の一つで，取引の契約成立や行事の打ち上げを祝して，その関係者が揃って行うものである．ただ，農山村にまで及んでみられるものではなく，商取引や芝居興行の発達した都市部に顕著に伝わる．例えば，歌舞伎の顔見世や襲名披露のときなどがよく知られている．また，東京では，酉の市（鷲神社の祭礼．11月の酉の日に行われる）に行くと，あちこちから威勢のよい手締めが聞こえてくる．これは，縁起物の熊手をめぐって売り手と買い手が値段の交渉をし，それがまとまったときに行う．威勢よく，掛け声にしたがって手を打つ．ちなみに，手締めの語源は，「手打ちによって締める」である．関西では，今も手締めのことを「手打ち」という．

●**手締めの広まりは明治から**　手締めの起源は，神社における拍手，という説がある．が，その拍手の起源にも諸説がある．例えば，『古事記』（和銅5〈712〉）の「国譲り」には，大国主命の御子神である事代主命が，天照大神が遣わした使者の強い談判に屈して国譲りを承諾した際に「天の逆手を青柴垣に打ち成して」とある．ただ，天の逆手がどのような所作であったかについては定かではない．後ろ手に叩く，手の甲と甲を打ち合わせる，頭の上で打ち合わせるなどの解釈がなされるが，いずれにしろ通常の拍手とは異なったものであり，呪詛の意が強かったであろう．また，『魏志倭人伝』（3世紀末）には，倭人は身分の高い者に対して手を打ち跪いて拝礼をする，との記述がみられる．そこでも，すでに拍手がみられたことがうかがえる．が，それで手締めの起源とするのは無理があるだろう．

　確かなところでは，江戸時代に歌舞伎や落語の襲名披露などで手締めが行われていた記録が残る．また，明治11（1878）年の東京取引証券所の開所以降は，年始の大発会や年末の大納会で行われるようになった．以来，手締めの慣習は，市場の初荷や初取引では定番となっていった．

●**手締めのさまざま**　手締めは，地方によってその回数や掛け声などが異なる．大別すると，江戸締めと大阪締めに分けられるが，全国的な広まりをみせるのは江戸締めである．江戸締めをもって最も基本的な手締めの形態とする．

　江戸締めには，一本締めと三本締めがある．両方ともに基本は，「3回・3回・3回・1回」手を打つかたちである．始めと間に，「イヨー」「ヨッ」「もう一丁」などの掛け声が入り，最後に拍手をする．「イヨー」は，「祝おう」が転じたものといわれる．3回・3回・3回のあとに1回打つのは，3回の拍子が3度で9（九）になり，もう1回手を打つと九に点が打たれて「丸」になり，「丸く納まる」の意味になるからともいわれる．

9. 日常習慣　てじめ

　一本締めの一般的な流れは，①「お手を拝借！」，②「イヨーォ」シャンシャンシャン　シャンシャンシャン　シャンシャンシャン　シャン（3回・3回・3回・1回の手拍子），③「ありがとうございました」パチパチパチ……（拍手），となる．三本締めは，この一本締めを3回行うものである．

　一本締めの変形として，1回だけ手を打つ一丁締めもある．一本締めと混同されがちであるが，一丁締めは，略式の手締めである．すなわち，①「お手を拝借！」，②「イヨーォ」シャン，③「ありがとうございました」パチパチパチ……（拍手），となる．ただし，関東では，この一丁締めが一本締めと同等とされるところも広くみられる．

　なお，江戸締めには「一つ目上がり」という打ち方もある．これは，打ち鳴らす指の本数を増やしながら一本締めを5回行うもの．始めは人差し指で，順に中指・薬指・小指・親指（掌）と指を足しながら音が大きくなっていくのを楽しむのだ．末広がりで縁起が良いとされ，「上り締め」ともいわれる．

　西日本では大阪締めが広くみられる．その一般的な流れは，次のとおり．①「打ーちまひょ（打ーちましょっ）」シャンシャン（手拍子），②「もうひとつせ」シャンシャン，③「祝うて三度」シャンシャン　シャン（天満・船場周辺），シャンシャンシャン（生玉神社周辺）など，③「おめでとうございますー」パチパチパチ……（拍手）．間にはせる言葉は，地域や行事によって多少異なる．

　ほかにも，博多手一本や伊達の一本締めなどがある．博多手一本は，文字どおり博多（福岡県）で行われる独自の手締めである．博多一本締めともいう．①「よー」シャンシャン，②「まひとつしょ」シャンシャン，③「祝うて三度」シャシャンシャン．これは，博多祇園山笠の節目ごとで行われるほか，証券取引所の大納会や各式典などでもみられる．手一本には，後日異議を唱えない，という意が含まれている．

　伊達の一本締めは，伊達政宗ゆかりの手締めである．三国一の武将たらんとする正宗の夢の実現の祈願を込めて，「三国一」の「3」と「1」をかけたもので，①「ヨー」シャシャシャン，②「ヨー」シャン，となる．この手締めは，家臣たちの間の宴席でいつの頃からか行われるようになった，という．例えば，正宗の長女の婚礼や，慶長18（1613）年の支倉常長をはじめとする慶長遣欧使節の出帆に際してこの手締めが行われた，と伝わる．

　なお，手締めには，奇数を「吉」，偶数を「凶」とする習わしがある．江戸期に定まった基準であろう．だが，一つの流れを締めくくることを皆で確認し合う儀式としては，参加者全員の手を打つタイミングが合わないことには意味をなさない．そのため，短い一本締めが好まれる傾向にもあるのである．かつては，歌舞伎でも落語でも舞台上での襲名披露で「お手を拝借！」と手締めを行うのが常だった．それが，最近あまり見られなくなったのはなぜだろうか．　　　［神崎宣武］

拍手と万歳

　拍手も万歳も感動や喜びを表す動作の一つである．それが衝動的な行動として現れる場合もあれば，儀礼的な作法として伝わる場合もある．本項では，後者について考察する．

●**日本における拍手**　拍手は，手を叩くことで，賞賛や歓迎，喚起，感激，感謝といった感情を伝える．紀元前5世紀の頃，古代ギリシアで，演劇を見た観客がその内容を誉めたたえる意味で手を叩いたのが起源である，というが，それに限ることはあるまい．自然発生的に，音を発する「道具」として手が用いられたに相違ないだろう．

　今日でこそ観劇やコンサート，パーティーなどさまざまな場面で，拍手はごく普通の習慣となっている．だが，日本でのその歴史は決して古くはない．

　例えば，岡本綺堂の随筆によると，明治の初め頃には拍手の習慣はまだ一般化はしていなかったようだ．綺堂が8歳のとき（明治12〈1879〉）に新富座で歌舞伎をみたが，「かけ声はあったが拍手はなかった」と記述しているのだ（『明治劇談　ランプの下にて』）．拍手の習慣が下々にまで及んだのは，明治の終わりの頃，と思われる．明治39（1906）年に発表された夏目漱石の小説『坊ちゃん』には，坊ちゃんが教場に出ると生徒が拍手をもって迎えた，との記述がみえるのである．

　ちなみに，能に関しては，昭和20年代までは拍手をしないで観るのが約束事であった，という．能は，拍手がない前提で構成されているもので，拍手は進行を妨げるとされたのである．

　なお，拍手と書いて「かしわで」とも読む．拍手は，神社や神棚など神に拝する際に行う行為である．両掌を合わせ，左右に開いたあとに再び掌を合わせて音を出す．音を出すのは，邪気を祓うためとも，神への感謝を表すためとも，神を呼び出すためともいわれる．神社で行われる参拝の作法は，「二拝，二拍手，一拝」．ちなみに，葬式など凶事においては，音を出さないのが作法である．

●**天皇への慶賀を示した万歳**　万歳は，歓呼，慶賀の意を表すもので，両腕を上方に向けて伸ばしつつ「万歳」と発する．万歳の起源は古代中国にあり，その語源は，「千秋万歳」という言葉の後半をとったものといわれる．

　万歳は，中国においては，1万年の意味で，皇帝の寿命を表す言葉で，皇帝以外に対しては決して用いなかった．諸侯の長寿を臣下が願うときは，「千歳」という言葉を用いた，とされる．

　ちなみに，日本の雅楽には，「千秋楽」と「万歳楽」という曲が伝えられている．ともに君主の長久を祝うめでたい曲である．

日本最古の万歳は，794年に桓武天皇が平安遷都したときに，中国の故事に倣って万歳を唱えたこと，と伝わる．ただし，このときの万歳は，中国の発音で「バンゼイ」と皆で声を揃えていうだけのおとなしいもので，今日のように賑々しいものではなかったようである．やがて，天皇に対する慶賀の表現が，祝勝や壮行の会などで一般にも行われるようになった．両手をあげるのは，もともとはひざまずいて平伏しながら万歳を唱えていたものが，立礼の普及とともに立って行われるようになった身振りなのではないか，と推測できる．

図1　海軍の艦内における法起の図．グラスを掲げての万歳［出典：『風俗画法』明治37年2月第285号］

　その後も天皇に対しての万歳礼が伝えられてきた．特に，明治以降の戦時下で皇居を遥拝するかたちで万歳がなされるようになった．辛い出来事ながら，第二次世界大戦中の特攻隊が「天皇陛下万歳」といって大空に散っていった，という話も史実として語り継がれている．

●**万歳三唱は明治から**　万歳三唱は，明治以降に広まったものである．それは，明治22（1889）年2月11日，明治憲法発布の記念日に，青山練兵場の臨時観兵式に向かう明治天皇の馬車に向かって，大学生が万歳を高唱したことに始まる，といわれる．その説によると，彼らは，最初は明治天皇の馬車が二重橋に出てきたときに「万歳，万歳，万々歳」と高唱する予定だったが，初めの一声で馬が驚いて棒立ちになってしまったので，2回目の万歳は小声になり，最後の万々歳は声に出せずに終わった，というのである．

　ちなみに，当初は，発声する語として「万歳」ではなく「奉賀」を提案していたが，それを連呼すると「ア，ホウガ」（阿呆が）に聞こえるとの理由から却下された，という．また，「マンザイ」と読む案もあったが，「マ」では力が入らないとされたため，謡曲高砂にある「千秋楽は民を撫で，萬歳楽には命を延ぶ」に倣い，「万歳」とした，ともいわれる．

　なお，今日，万歳というと，衆議院解散時のそれを思い浮かべる方も多いかもしれない．衆議院議長より詔書が読み上げられ解散が宣言されたとき，その瞬間に失職した衆議院議員たちが万歳三唱をする．この慣例の経緯は明らかではない．諸説はあるが，特定の対象に敬意を表してのこととは言い難く，次なる選挙戦出陣への予祝とみることができようか．そして，当選のあかつきには，正当な祝賀の万歳に格上げされるのであろう．

［神崎宣武］

温泉と銭湯

　日本人と入浴の関係における起源をたどると，身を清めるための沐浴という風習があった．これを「禊」という．聖なる水は大地に恵をもたらしていた．
　中国の史書『魏志倭人伝』には，3世紀頃の日本の「禊」のことが書かれている．禊は川や海，湖，温泉などでも行われた．それは後に仏教伝来とともに「水を使って心身を清める行為」として，祭事行為の例式として定着した．その背景として，日本の風土が水源に恵まれ，高温多湿であるということもあっただろう．
　入浴文化において，全国いたるところから豊富に湧き出す温泉は，7世紀から8世紀後半頃に編まれた『万葉集』や『風土記』にもすでに記述がある．それによれば人々は温泉に入って飲食をしていて，さらには病気にも良いと考えていたことがわかり，すでに温泉は庶民にも娯楽的施設として親しまれていたことがうかがえる．もっとも，温泉に入るということは日常的行為ではなく，非日常の特別なこととして考えられていた．

●**温泉と日本人**　古来日本人は，湯に浸かる行為を温泉により知っていた．しかし日常における入浴という意味においては，川や湖など自然の水を利用した水浴というかたちで行っていたと考えられる．水浴から沸かした湯や，そこから発生した蒸気を利用する入浴方法が習慣として根付くのには仏教が大きな影響を与えた．
　仏教が日本に伝えられて，法隆寺などの規模の大きな寺院がいくつも建立された．それらの寺院には本堂をはじめとした伽藍が建てられ，その中に，仏教伝来とともにもたらされた経典の『浴仏功徳経』や『仏説温室洗浴衆僧経』などの教えに従い，「浴室」「温室」などが設けられた．これら施設は釜で沸かした湯の蒸気を狭い部屋に送る現代のサウナのような形式で，僧侶が身を清めた．また，病気の治療の場として利用されるようになり，やがて庶民にも無料で開放された．こうして「施浴」が始まった．すなわち「施し」の文字の通り，仏教を布教する手段でもあったのである．全国各地に

図1　諏訪温泉で入浴を楽しむ人々
［出典：『金草鞋』五編木曽路之巻，所蔵：国立国会図書館］

ある温泉も仏教布教のために利用された．奈良時代，仏教布教行脚を行った行基（ぎょうき）（668-749）は各地で温泉を発見し，湯治療法を基礎とした温泉の効果を広めていった．また，弘法大師空海も同様であり，日本各地に弘法大師が杖を地面についた場所から温泉が湧き出たという伝説が現在26個所にあり，弘法大師ゆかりの温泉地として残っている．このように初期においては，温泉は療養や布教のために利用されたものであったが，後年，娯楽性の強くなった施設として発展した．

●銭湯事始め　銭湯を料金を徴収して入浴させる施設，という意味で考えてみると，『今昔物語』（11世紀から12世紀前半に書かれた日本最古の古代説話集）において「東山に湯浴みにとて人を誘ひ」とあるところから，すでに平安時代には京都に銭湯があった可能性がある．さらに『吾妻鏡』には，文暦元（1234）年9月に「法華堂前湯屋焼失」とある．湯屋は現代の銭湯にあたる．さらに『日蓮御書録』によると，文永3（1266）年の文中に「湯銭」という文字が登場している．

これらを考えると，遅くとも鎌倉時代には銭湯が商売として確立されていたと考えられる．また，室町時代末期には庶民が蒸し風呂を利用している姿が「洛中洛外図屏風」に描かれている．

次に日常的に庶民が身近に利用する施設として銭湯が営まれるようになったのは江戸時代以降のことである．文献にみられる江戸時代の銭湯は，天正19（1591）年，現在の日本銀行本店近くにあった銭瓶橋（ぜにかめばし）の辺りに，伊勢の与一（よいち）が「せんとう風呂」を建てたと『慶長見聞集（けいちょうけんもんしゅう）』（1565-1644）に書かれている．形式は蒸し風呂のようであったとされている．それ以降急激に銭湯は増えた．当初は混浴も多

図2　東京に多い立派な宮造り銭湯（大田区 明神湯）．ペンキ絵，坪庭もある

かった．それは温泉地の古来の風習がそのまま銭湯に引き継がれたからと思われる．しかし浴室内部は暗いこともあり風紀上の問題も起こった．江戸から明治時代になると，外国人からみた混浴が不道徳とされ混浴は廃止となった．

明治10（1877）年に新しい開放的な「改良風呂」とよばれる銭湯が登場，これが現在の銭湯の基本的形式となった．大正期に入るとタイルが使用されるようになり，昭和初期に「カラン」とよばれる蛇口が登場した．また宮造りで，富士山の背景画のある「東京型銭湯」が大正時代に登場して，その後このかたちが東京を中心とした地区に広まった．

［町田　忍］

交　番

　いま「交番」と聞けば，誰もが警察官のいる町中の詰め所のことを思い浮べる．交番の名称が生まれるもとになったのは「交番所」である．交番所が，最初に設けられたのは明治7（1874）年，創設間もない東京警視庁の管轄下である．当時の警察官のパトロールは，屯所（現在の警察署）からある特定の場所に出向き，その地点で交替で立番をする形式をとっていた．交番所という名称の由来は，「交替で立番をする所」から生まれたものである．その後，交番所は，そこに建物を建てて，各種の警察業務を行うかたちに変わっていった．

●**交番所の名称の変遷**　建物施設の置かれた「交番所」が増えた明治14（1881）年に，「交番所」は「派出所」と改称された．さらにその後，明治21（1888）年10月に，「派出所」は全国に設置されることとなり，交代制勤務が行われる「派出所」と，施設に居住しながら勤務する警察官のいる「駐在所」という名称で全国統一された．しかし一方で，警視庁創設当時の「交番所」の名前が，各地で慣用されて存続し，「交番」という呼び名で残ったのである．

　1990年代には，逆に「交番」という呼び名の方が市民の間に定着し，国際語としてもそのまま通用させることも可能だと判断されたことから，平成6（1994）年に正式名称が「派出所」から「交番」（KOBAN）に改められることになった．名称については明治初期のものが復活したといえる（図1，2）．

●**警察官という日本独自の存在**　一方，明治初期の頃の警察官はひげを生やして偉そうに振る舞い，「コラコラ」と呼び止めるいかめしい「巡査」であったが，後には「おまわりさん」や「駐在さん」とよばれ親しまれる存在になっていった．

　交番の仕事は，立番，パトロール，巡回連絡（戸別訪問）などがある．多くの日本人は道に迷ったら交番に行くのがあたりまえと思っているが，世界のどの国にも，日本のような交番はない，といってよい．酔っぱらいの介抱や帰宅の電車賃を貸し与えることまで，交番は市民のよろず相談所

図1　渋谷駅ハチ公前交番
［撮影：筆者］

図2　京都御所西南烏丸丸太町交番とその看板［撮影：筆者］

の役割を果たしている．お金や財布など，落とし物を拾ったら交番に届けなさいと親が子どもに言い聞かせる国は大変珍しい．交番は日本の町の安全と市民の安心の要の一つといっても言い過ぎではない．その点でも自慢できる日本文化といえる．

　交番は，西洋の警察制度の導入がきっかけだが，日本の都市治安維持制度を加味して，一種独特の高度な機能をもつ有用な施設となった．そうしたユニークな制度を外国語名に翻訳できない．そもそも諸外国にない制度なのだから．そこで，日本語「コーバン」のまま使おうという機運が1990年代に高まった．

　「コーバン」は，世界に誇る都市施設だ．また，お巡りさんは犯罪防止にとどまらず，地理不案内のよそ者に親切に道案内までしてくれる．日本の犯罪率の低さは，地域社会に溶け込んだ「コーバン」の存在によるところが大きいという．

●日本から世界へ輸出されるシステム　世界に「コーバン」を広めようという空気は，警察の側にも大いにあるらしい．大都市で「KOBAN」と表示を掲げる派出所・交番が増えた．成田国際空港や関西国際空港にも「KOBAN」がある．プエルトリコでは首都サンファンに1990年，KOBANを開設した．1994年には米国の首都ワシントンのパラダイス地区にKOBANが設けられ，その後ボルチモアやロサンゼルスでもKOBANが開かれたという．

　ただし，言葉としてコーバンを採用しているかどうかより，地域社会の安全と秩序に貢献する警察のシステムができ上がっているかどうかが重要である．名前の輸出入は容易だが，機能や制度をうまく輸出入することは難しい．だが，少なくとも日本の交番制度は，諸外国から関心を強く向けられていることは確からしい．平成16（1994）年4月1日の時点で，全国に交番は6,509個所，駐在所は7,592個所設置されていた．ところが平成24（2012）年4月1日には，全国に交番は6,240個所，駐在所は6,714個所になった．国内外で評価され支持されている制度や施設も，予算の手当がなければ現状維持も難しいようだ．　　［白幡洋三郎］

火の用心と消防団

　江戸時代の日本では，村落社会において年齢階梯制がきちんと機能し，子供組・娘組・若者組（若衆組・若勢組）・中老組（壮年組）・長老組（年寄組）などが組織されていた．

●**年齢階梯制の意義**　年齢階梯制とは，ただ年齢を区分するだけでなく，村落社会における公的な役割（労働）を分担するものであった．例えば，年齢階梯制のもとで，祭礼や行事や共同作業が円滑に行われていた．

　若者組であれば，10代半ばから20代半ばの独身の少年・青年によって組織されていた．青年団の前身と見当づければよい．大人の予備軍であったが，特に消火活動や病人輸送など非常時での働きが彼らに委ねられていた．

　若者組は，特に西日本各地，東海地方の海岸部の集落ごとにその活動が顕著であった．若者たちは，夜になると宿に集まり，若者頭の統率のもとに寝起きを共にしていた．それが若者宿である．あるいは，若衆宿である．

　若者宿には，ときにムラの長老が話しに来る．というか，監視に来る．そのときは，若者たちが出迎えから湯茶のもてなしまで型どおりに運ぶことができるかどうかが試された．時には，はめを外すこともあった．しごきやいじめもあった．が，そこにも規律があった．そこで年少者は，喧嘩のやり方，収め方をも学んだのである．いうなれば，若者宿は，ムラの「風」のしつけがなされるところでもあったのだ．

　若者宿の習俗は，全体的にみると明治以降に後退した．学校教育の影響が大きくあったことは，いうをまたない．

　なお，近代以前の村落では消防組織をもたないところがほとんどであった．集落の規模にもよるが，若者組を中心に壮年組までもが出夫する事例が多かったようである．

●**火の用心と町火消**　「火事と喧嘩は江戸の華」といわれた江戸の町においては火消組織がいち早く発達した．

　火事は，江戸における深刻な社会問題ともなっていた．人々は火事を恐れて，家の竈近くの柱や壁に神棚を設け「火の神」（火伏せのカミ）を祀るのが常であった．これを「竈神」ともいった．また，江戸では，愛宕神社や秋葉神社が広く信仰を集めていた．それに乗じて，あやしげな竈祈祷をして火伏の神札を売り歩く者さえ出現した，という．また，相次ぐ大火事に対し，幕府は，時どきに大名火消や定火消，町火消の組織化をはかり，火除地の指定を増やしていった．

　大名火消や定火消が武家屋敷地を対象とする消火組織であったのに対して，市

中を対象としたのが町火消である．町火消の制度は，町ごとに火消人足を決めておいて火元に駆けつけるというもの．明暦の大火（明暦3〈1657〉）の直後に，まず江戸の23の町組で167人の人足が定められた．彼らは当番制で，報酬はそれぞれの町が支払った．享保3（1718）年には，その制度が江戸の町域全体に及んだ．ちなみに，当時の法令では，火事がでたとき，風の強い場合は1町から30人の人足を出すこと，風のないときでも5～6人以下にならないように，と命じている．

　当初，その役は店子(たなこ)の青年たちが担っており，特に建物の構造を知り高所も恐れない鳶(とび)を火消人足として町内で雇うことはなかった．幕府は，鳶の連携や連合を嫌ったし，町でも鳶を雇うことで出費がかさむのを避けたかったという事情がある．

　だが，商人や職人などによる素人の消火活動では所詮限界がある．折りしも，享保6（1721）年の火事で，火消人足が火事場の恐怖から持ち場を離れて逃げ帰るという事件が起こった．そして，これを機に，幕府は火消鳶を町組が抱えることを容認したところで火消の専門職化が進んだのである．

　そして，駆けつけるべき火元の地域を明確にさせるために小組を48組つくり，「いろは」付けで呼ぶことになった．さらに，この48の組を10番組の大組に編制した．その構成人員はまちまちだが，安政3（1856）年の編制では，少ないところで30人，多いところでは数百人．最高位が頭取で，ついでカシラとよばれる組頭，纏持(まとい)ち，梯子(はしご)持ち，平人(ひらびと)，人足という6階級．ただし，人足は火消の数に入れず，俗に土手組といわれた（以上，稲垣史生編『三田村鳶魚(えんぎょ) 江戸生活事典』による）．

●**作業の中の鍛錬**　このように，町火消の組織は，年長者から年少者までピラミッド型になっていて，上から下への命令系統が徹底していた．それは，村落社会における年齢階梯制のそれよりも厳しかった，といわなくてはなるまい．当然であろう．町場にあって類焼を防ごうとする火消作業は，一歩間違えれば命を失いかねない．訓練の中で，熟練した大人から未熟な若者へ，技術の伝達はもとより精神面の鍛錬もなされたのである．

　それは，明治以降に全国的に組織される自衛消防団に共通しており，明らかにその下地(したじ)ともなる組織であった．というか，火事場のような，まさに火急の場では，最も機能的な不変の組織原理というものであった．そうした自助的で自立的な制度が，戦後の「嫌階層」社会の中で急速に後退した．現在は，自衛消防団への入団拒否も相次ぐご時勢となった．女性隊員による自衛消防団もでてきている．もっとも，それは一方で，広範を守備するための消防署の設置が進んだからでもある．

　なお，自衛消防団に限ってのことであるが，現在でも出動時には半纏(はんてん)を着る．江戸の町火消からの伝統である．

［神崎宣武］

塾

　塾と聞いて思い浮かべるのは，現代の学習塾や幕末の適塾（蘭学塾）などの私塾であろう．本項では，公的教育とは異なる，このような私的教育に注目したい．特に，近世の寺子屋や私塾，そして現代の学習塾について説明する．

●**寺子屋**　近世における，昌平黌や藩校といった公的教育以外の重要な教育機関として，寺子屋と私塾があげられる．寺子屋は，室町期から徐々に発達し，庶民の生活水準の上昇と読み書き能力の必要性から爆発的に増加した，庶民を対象に読み書きやそろばんを教える私的教育機関である．17世紀半ば頃から増加し，特に天保期，幕末に飛躍的に増加した．

　寺子屋は，寺院の世俗教育が前身だが，それがそのまま寺子屋に発達したわけではない．手習戸，指南屋，訓蒙屋などの名称もあるが（石川謙『寺子屋―庶民教育機関（増補版）』），特に関西で「寺子屋」という名称が多く用いられた．生徒を「寺子」，入学を「寺入」などといった．現在の学校のような一斉教授方式ではなく，師匠が各生徒の必要に応じて教える個別指導方式である．机の並びも一定せず，生徒は「天神机」とよばれる小さな移動式の机を用いていた．師匠と経営者は同一人物であることが多かった．教科書は，手紙の文例や語法，社会生活上必要なさまざまな知識を示した「往来物」などが用いられた．

　文字を教えるに伴い，筆の扱い方など礼儀作法も教えられた．入学や卒業の年齢に一定した決まりはなく，各自の必要に応じてばらばらであった．師匠と生徒とは強い情緒的絆で結ばれており，それは，各地に残る「筆子塚」（寺子屋の師匠が亡くなった後教わった者たちが建てた墓碑）の存在からもうかがい知ることができる．政策として押し付けられたものではなく，自発的組織として発達を遂げ，日本社会の高い識字率を支える基盤となった．

●**私塾**　私塾は，江戸時代から本格的に登場した．一般的に，寺子屋より高度な教育機関であり，各教育者が個性を発揮する教育が展開されることが多かった．私塾の定義を官公立学校の発達と照らし合わせて検討した海原徹によると，私塾は，時代的に三つの役割を推移していったという．すなわち，官公立学校が未発達な時期には代わりに教育を担う「代替物」，官公立学校が整備されるに伴い官公立学校の教育の空白を補う「補完物」，幕末期には官公立学校へ対抗する「反対物」，というように推移した（『近世私塾の研究』）．

　内容的には，漢学，国学，洋学を教えるものが多く，有名な私塾には，漢学教育を行った伊藤仁斎の古義堂，能力主義を徹底した広瀬淡窓の咸宜園，国学を教えた本居宣長の鈴の屋，数々の志士を生み幕末の政治に影響を与えた吉田松陰の

松下村塾,西洋の学問を教えた緒方洪庵の適塾(図1)などがある.私塾は,運営する者の教育理念が直接反映され,個性溢れる教育が行われることが多かった.

前述の私塾の特徴をあげる.まず,広瀬淡窓の咸宜園は,文化14(1817)年に開設され,近世において最大規模に発展した.入学にあたり,年齢・学歴・身分を取り払って新たに塾内の競争を開始することを定める(三奪法),また,毎月の成績を評価しそれをもとに厳密に序列を決定する(月旦評)などの方針を掲げていた.

図1　緒方洪庵が開いた適塾
[大阪市中央区]

このような能力主義は,緒方洪庵の適塾にもみられる.西洋の学問や近代医学の発達の基盤となり,維新前後に活躍する人物を多数輩出した.適塾の様子は,福沢諭吉の『福翁自伝』,長与専斎の『松香私志』に詳しい.『福翁自伝』では,大勢の学生が寝る間を惜しみ勉学に励む様子や,そうした生活に対する矜持(「一見看る影もない貧書生でありながら……王侯貴人も眼下に見下すという気位」)が記されている.こうした自負は,主体的・自発的な学びであるからこそ生まれたものであった.

また,松下村塾のように,幕藩体制に収まらない革新的な人間を生み出し得たのも私塾の自由な教育の賜物である.これらの私塾は,公的教育から自立したかたちで発達し,独自の教育が行われた.

●**学習塾**　戦前から受験のための塾は東京などに一部存在したが,戦後,高度経済成長期頃より,受験の大衆化に伴い,この産業は大きく発達を遂げる.生徒が増加するにつれ,学習塾の役割もいくつかに分かれていく.教育評論家の小宮山博仁によると,受験のための知識を教える「進学塾」,学校の授業を補足説明する「補習塾」,両者を合わせたような「総合塾」,経営者独自の理念に従ってつくられた「教育理念塾」の四つに分類されるという(『塾―学校スリム化時代を前に』).

学習塾,また,ピアノ,スイミングなどのおけいこ事の塾の普及は,子どもの教育において,家庭教育や公的教育では不足するものを補う意味ももった.学習塾は,単に教えられる内容を学ぶ場という以外にも,子ども同士の社交の場や学校外の「居場所」としても機能している.

寺子屋,私塾,学習塾を例に,私的教育をみてきたが,これらは公的教育と必ずしも対立するとは限らず,時に代替物となり時に補完物となって存在してきた.公的教育のように上から強制されるものではないという意味で,教育の空間にいくらかの隙間を与え,教育に柔軟性をもたらすことに貢献してきたといえる.

[竹内里欧]

触れと回覧板

　触れは，江戸時代の幕府が制定した一般庶民向けの法令であり，御触，御触書，御布令と表記された．これとは別に，関係者だけへ公布された法令は「達」とよばれた．老中から出された「惣触」，町奉行が発した「町触」があり，幕府は4度にわたり御触を編纂した．この「寛保集成」「宝暦集成」「天明集成」「天保集成」は，昭和9年（1934）に高柳眞三・石井良助編『御触書集成』に集大成され，それ以後の御触も，平成4年（1992）年刊の石井良助・服藤弘司編『幕末御触書集成』にまとめられている．

　歴史教科書では，農民に質素倹約を命じた「慶安御触書」が有名で，第三代将軍徳川家光の時代に発せられた厳しい農民統制の実例としてよく引用されてきた．しかし，その原本は存在しないため，後世の偽文書である可能性も指摘され，現在では元禄10（1697）年に甲府徳川藩領内の藩法「百姓身持之覚書」から林述斎が取り出し，19世紀以降に「慶安御触書」と称して印刷されたとする説が有力である（山本英二『慶安の触書は出されたか』）．

●**公儀高札と自分高札**　触れの中心的な伝達形式は，「高札」（こうさつ・たかふだ）である．木板に御触を墨書して高く掲げた立札である．特に，一般庶民向けに生活全般での禁止事項や制限に関するものが多く，市街の中心や交通の要所など人目につきやすい高札場に掲げられた．

　この種の法令告知方法は，古くから存在したが，江戸時代には幕府の公儀高札とは別に各藩の大名も自分高札とよばれる立札が出された．明治維新後もこの告知システムは継続され，太政官が初めて発した「五榜の掲示」（慶応4/明治元〈1868〉年4月7日）は有名である．その前日公布の「五箇条の御誓文」が官報『太政官日誌』のみで発表されたのとは対照的に，庶民向けに全国の高札場に無期限の定札として掲げられた．第一札（人倫札），第二札（徒党札），第三札（切支丹札），第四札（万国公法札），第五札（脱国札）で構成されたが，特にキリスト教禁止の第三札が外国から批判され，条約改正問題の障害ともなるため明治7（1874）年，高札制度の廃止が決定されている．その後も，法令を告知する掲示板は市町村役場など公的空間に設置されたが，それで政府当局の意向が住民の末端まで伝わったとはいえない．

●**隣組の動員メディア**　あまねく国民に，政府の意向を確実に伝える方式として，総力戦体制下で導入された情報宣伝のメディアが回覧板である．昭和14（1939）年2月に設置された国民精神総動員委員会は生産力拡充，貯蓄励行，金属回収などのため東京市（都制は昭和18〈1943〉年以後）で隣保組合が整備され，内閣

情報部が編集する『週報』の簡易版ビラ「東京市隣組回報」が回覧された．翌昭和15（1940）年9月の内務省訓令「部落会町内会等調整整備要綱」によって隣組(となりぐみ)は全国化された．部落会や町内会の下に近隣10戸内外で組織され，住民の物資供出，統制品配給，防空活動などを円滑に行うために回覧板は義務化された．町内会長や隣組組長を対象とする役員回覧板と全家庭に届けられる隣組回覧板の2種類があるが，一般に回覧板といえば岡本一平作詞，飯田信夫作曲の「隣組」（歌唱・徳山璉(たまき)，ビクターレコード，1940）にも歌われた後者を意味する．「とんとん　とんからりと　隣組　格子を開ければ　顔なじみ　廻して頂戴　回覧板　知らせられたり　知らせたり」．

回覧する数や頻度は，隣組組長の判断に委ねられていたが，不要不急の行政的文書が少なくなかったことは，1940年12月3日付『都新聞』に掲載された宮本百合子「回覧板への注文」でも確認できる．「例えば"祝い終った，さあ働こう"など，全く言わでものことではないかと思います，まるで"朝になった，さあ起きよう"というのと同じことでしょう，こんな標語をレイレイしく印刷するより，もっと内容を厳選してほしいと思います」，とある．

●**庶民生活の資料**　回覧板の資料としては，平成元（1989）年刊の役員回覧板を解説した大阪市史編纂所編『戦時下の民衆生活—九郎右衛門町会回覧板』，一般向け隣組回覧板については，平成7（1995）年の雑賀進(さいがすすむ)「回覧板の頃1-5」（『図書』）がある．東京大森新井宿二丁目第53隣組の組長だった雑賀は，昭和18（1943）年7月から昭和19（1944）年2月まで自分が回覧した文書を当時の日記とともに紹介している．世帯ごとの配給量や生活データが細かく書き込まれており，隣組内部で争いが絶えなかった様子もわかる．「素人が俄かに変じて役人となるや，本職の役人よりももっと役人的になるに呆れかえった人も多いに違いない．そのような状況のもとでは，組内のもめごとの大半は配給ものの分配に関してであった」，などと記している．江波戸昭は回覧板資料を使って戦時下の社会史をまとめている（江波戸昭『戦時生活と隣組回覧板』）．隣組制度には防空対策や住民相互監視による思想統制の役割も期待されていたため，第二次世界大戦後の昭和22（1947）年5月ポツダム政令（政令第15号）により廃止された．

しかし，地域生活に密着した生活情報（学校行事やゴミ出しの日時など）を伝える回覧板は町内会のメディアとして存続し，今日に至っている．戦時下の回覧板は公的配布物に加えて隣組常会役員による手書き文書も多かったが，戦後は交番発行の警察広報紙，自治体が配布する各種印刷物をばね金具で挟んで固定したファイルが一般的となった．ただし，都市部においては，各世帯相互のコミュニケーションは乏しくなっており，回覧板に捺印して次の家に届ける流れ作業も円滑に進まず，その形骸化が懸念されている．

[佐藤卓己]

新聞配達

　新聞配達は，日本の特有な戸別配達システムを支える機能であり，新聞販売店が担っている．狭義には各家庭まで新聞を届ける戸別配達のみをさすが，一般には集金，営業，チラシ広告の折込みなどの業務も含まれる．特にチラシ広告は新聞販売店が地元業者と直接，個別に契約する収入源であり，配達と切り離せない作業となっている．この業務には販売店の正社員，配達専門の臨時スタッフ，契約社員，パート，新聞奨学生などが従事している．

●**朝刊太郎**　新聞配達には，少年アルバイトというイメージが今も根強く残っている．その象徴が昭和40（1965）年に山田太郎が歌った大ヒット曲，「新聞少年」（作詞・八反ふじを，作曲・島津伸男）である．この歌で山田は同年のNHK紅白歌合戦に出場した．

　「僕のアダナを　知っているかい　朝刊太郎と　云うんだぜ　新聞くばってもう三月　雨や嵐にゃ　慣れたけど　やっぱり夜明けは　眠たいなア」．

　続く2番，3番では母子家庭の少年が明け方の新聞配達で家計を支える健気（けなげ）な姿が読み込まれている．特に朝刊配達が歌われたのは，全国紙が夕刊を発行しない地方も多く，あってもとらない家庭が少なくなかったためだろう．ちなみに，新聞少年とはアルバイトが可能な満12歳以上から満18歳未満の中高生をさしており，「労働法」の制約により労働は午前5時から午後10時までに制限されている．ただし，朝刊を配達する前に販売店ではビラ広告の折込みなどの作業があり，この基準が守られてきたとはいえない．「新聞を配達する人々」（『世界』1959年7月号）によれば，「午前3時半―（略）新聞販売店の人たちがぽつぽつ集まって来る．（略）午前5時前には少年に仕事を命じることは禁じられている．しかし部数の少ない店では，そんなこともいっていられないのか，少年が自転車でかけつけてくるのもある」．

●**「昭和の二宮尊徳」像**　勤労少年のシンボルである「新聞少年の像」は各地に存在するが，日本新聞販売協会など関係団体が昭和33（1958）年東京港区有栖川宮記念公園に建立したものが有名である（図1）．その台座には次の詩が刻まれている．

図1　新聞配達の少年像［作：朝倉響子］

「僕は少年　新聞や　かるくしごけば　新聞の　インクがプンと匂います　大事にかかえて走るときマラソン選手のようでしょう　ぼくは元気な新聞や」

この少年は半袖半パンのランニング姿で右肩に新聞の包みを抱えている．新聞配達の主力を担った少年たちの労をねぎらい激励するため，昭和37（1962）年に日本新聞協会は「新聞少年の日」（10月15日から始まる新聞週間中の日曜日）を制定している．だが，1970年代に折込みのビラ広告が増加して一部ごとの重量が急増すると，自転車や原付スクーターの使用が一般化し，徒歩での配達は例外的となった．また，昭和38（1963）年には新聞販売店の従業員数の72.8%を少年が占めていたが，それ以後

図2　新聞少年の像［作：翁朝盛（複製）］

の所得水準の向上，受験競争の大衆化を受けて昭和64（1989）年には少年の比率は3割を切り，平成17（2005）年には3.9%にまで激減している（日本新聞協会編『日本新聞協会五十年史』）．それでも，新聞配達の原型的イメージとして「新聞少年」が残っていることは，平成16（2004）年に日本新聞協会が創立50周年記念として日本新聞博物館（横浜市）の入口に設置した銅像からも確認できる（図2）．この像は制帽に学生服であり，新聞社が奨学金を提供する代わりに在学中に配達業務に従事する「新聞奨学生」のイメージが強い．新聞奨学生の勤務先は，学生の通学時間などを考慮して新聞社が都市部の販売店の中から決定した．学生が経済的に自立できる反面，労働環境は厳しく多くの問題点も指摘されてきた．しかし，高度経済成長期を過ぎると新聞奨学生の応募者も減少し，大学進学率が頭打ちになる1970年代後半には各新聞社はさまざまな求人イベントを展開した．

●**少年から老人へ**　新聞配達の担い手の変化は，「新聞少年の日」標語のキーワードからも読み取ることができる．60年代は「ありがとうよい子が配るよい新聞」（昭和37〈1962〉）など「よい子」認定，「新聞少年小さな肩に大きな使命」（昭和49〈1974〉）など70年代は未来志向，「配る笑顔に受け取る笑顔今朝もさわやか新聞少年」（平成元〈1989〉）など80年代の「さわやか」感が押し出され，90年代になると「君がいて世界が読める未来が見える」（平成5〈1993〉）など，「少年」が消えて「君」への感謝に変わっている．平成3（1991）年から「新聞少年の日」は戸別配達の社会的な意義を強調すべく「新聞配達の日」を重ねて，「新聞配達の日・新聞少年の日」と改称された．近年，新聞配達の担い手としては，女性や高齢者，留学生などのパートがますます増加している．

［佐藤卓己］

談　合

　一般に，談合は次のように行われる．工事などの入札に参加する業者同士が打ち合わせて受注予定者を決め，予定者以外はその業者よりも高い金額を入札する．談合に参加した業者は，順番に落札したり下請として仕事を融通し合う．また，最低落札金額よりも高い額で受注した業者は，その差額を談合参加者に分けることもできる．業者に支払われる公共工事の代金はもともとは税金であるため，間接的な税金の横領とみることもできる．こうした談合は，談合罪（刑法96条の3-2項）で処罰の対象となっている．公正な価格を害し，または不正の利益を得る目的で談合した場合，2年以下の懲役または250万円以下の罰金が科せられる．しかし，談合行為は日本社会の伝統的調整システムとして古くから機能してきたため，共存共栄の必要悪だと主張する意見も少なくない（諏訪達也『談合は必要悪だ！―業者の告白』，宮崎学『談合文化論―何がこの国の「社会」を支えるのか』）．

●**根回しの文化**　談合は「根回し」を前提とする．根回しとは植木が十分に根付くように，根の回りの土を十分に固める技術である．談合も「寄りい」とよばれる民俗的な稟議システムから生まれた決定方式であり，「異議なし」の唱和こそが常態である株主総会なども基本的には同じ構造をもっている．

　「談合」という言葉は古くからあり，民俗学者の宮田登は，東京にある団子坂のような地名も談合に由来するという（『談合と贈与』）．そもそも談合は聖地に神霊を迎えて執り行われることが多く，神供の団子とともに聖なる意味が共有されていたし，郷村における利害対立の伝統的な解決法とされてきた．江戸時代の農民も農閑期には藩の土木工事の請負を積極的に行って現金収入を得ていた．これを組織する談合は時と場合によっては，百姓一揆の発生をもうながした．談合是認論の多くは，こうした共同体主義から主張されることが多い．

●**伝統的なのか，近代的なのか**　一方，民俗学者の岩本由輝は，談合システムの近代的側面を強調している（「談合の民俗―ムラの談合」『談合と贈与』）．地方建設工事の談合システムは1930年代初頭の昭和恐慌期に展開された救農土木事業で成立した．特に，窮迫農民に現金収入を獲得させる目的で町村役場の主導でつくり上げられた．単純な土木作業だけならば，農民が鍬を鶴嘴に持ち替えるだけで対応可能だったが，公共施設建築や橋梁補修には高度な技術が必要であり，そうした技能をもつ官吏が役場の仕事を請け負う約束で建設業者に転業した例も少なくなかった．こうした経緯から，地元の建設業者が役場からの仕事を請け負う地域独占に暗黙の了解が生まれた．ムラの談合システムは現金収入の少ない地

域の共済組合として，さらには地方議会や首長の選挙運動の集票マシンとして，「伝統の創出」をしたというべきだろう．

こうした地域の既得権益が，戦争への国家総動員を阻害する懸念から，昭和16（1941）年の刑法改正において公務執行妨害罪の一つとして談合罪が新設された．また，1950年代に町村合併が進むと，旧町村内での仕事を従来どおりに割りふるねらいもあって，新市町村内での仕事をめぐっては機会均等の要求が生まれてきた．その結果，競争入札で十分な技術力のない業者が低価格で落札したことによる欠陥工事が多発し，実績のある業者を指名して入札させる指名入札制度が導入されるに至った．この近代化された談合システムを駆使して「日本列島改造」を唱えた田中角栄は，土建国家の「金権政治」を象徴する政治家である．1970年代以後，自民党政権下の大規模工事では大手ゼネコン中心の共同企業体（ジョイント・ベンチャー）形式が中心となった．ゼネコンは高度な技術力をもつが，労働力は地域の業者に依存しており，下請-孫請-曽孫請の系列も生まれた．また，発注元の国や自治体の職員もかかわりながら行われる官製談合は官僚の「天下り」などの背景として批判されてきた．

●**自由競争と地域格差**　一方，1980年代以降，経済のグローバル化の中で談合は外国企業を参入を阻害する日本の非関税障壁として米国から厳しく批判されるようになった．「日米構造問題協議最終報告」（平成2〈1990〉）では「談合に対する効果的抑止」策が明記されている．平成5（1993）年には宮城県知事，茨城県知事，仙台市長やゼネコン幹部が贈収賄の容疑で逮捕されるという空前の「ゼネコン汚職」事件が摘発され，平成6（1994）年，政府は「公共事業の入札・契約手続きの改善に関する行動計画」を発表し，指名競争入札制度は事実上解体された．さらに規制緩和の新自由主義政策を進める小泉純一郎内閣は，平成17（2005）年に談合の取締りを強化する改正独占禁止法を施行し，これを受け建設業界は大手ゼネコン主導で「脱談合宣言」を出した．この結果，地方の中小建設業者の倒産件数が急増し，地域格差が目に見えるかたちで拡大した．

談合が，新規参入者に厳しいシステムであることは間違いないが，平等性を重視する談合より，一人勝ちとなる自由入札がいつも正しいとは限らない．確かに競争入札で受注価格は安くなり税負担は減少するかもしれないが，談合で仕事を配分されていた従業員が失業するとその失業手当や生活保護のために税負担はかえって増加していった．もちろん，仕事を融通し合う談合システムが，長期的にみて非効率的な産業構造の変革を阻み，社会全体の発展を損なう可能性は高い．しかし，競争力のない地域中小企業が自由競争で淘汰された後に，その従業員にどのような雇用があるのだろうか．この点で，経済的合理性より政治的判断が必要である．地域や世代の格差問題という視点で，談合問題は検討されるべきである．

［佐藤卓己］

正坐とあぐら

　古来，畳や床の上に直接坐る生活が営まれてきた日本には，多種多様な坐り方が存在したのだが，なかでも現代にまで伝承される代表的な坐法は正坐とあぐらだろう．「坐」という表記は「すわる形」を意味し，「座」と書くと「すわる場所や空間」を意味する．あぐらは「胡坐」と表記されるが，この呼び名はもともと坐り方ではなく，坐る道具に対して与えられた名称であった．一方，「胡」というのは中国北部の騎馬民族に対する呼び名で，彼らが移動生活をしながら携帯していた折畳み式のスツール（背もたれのない椅子）を「胡床（牀）」あるいは「胡座」といった．中国では魏晋南北朝の頃に貴人富室の間で用いられるようになり，宋の時代には全土に普及したと考えられている．日本でも高貴な人々のための座具として宮廷で用いられ，坐る人の存在価値を一段上に高める役割と，地べたよりも楽に坐ることができるくつろぎの意味合いと，その後者の方が脚を崩した楽な坐り方として，あぐら（胡坐）という言葉を定着させていったものと思われる．「あぐらをかくと」いう言葉には，「楽をする」という意味合いが含まれ，近世初期までは女性の間でも広く行われた坐り方であった．

　対して正坐は，文字通り「正式な坐」という意味だが，近代以前は端坐あるいは「かしこまる」などとよばれ，目上の人に対する服従を表す坐り方を意味した．この坐り方を正式とする考え方が全国に普及したのは，明治の末から大正の頃で，当時行われた礼法教育のなかで広まっていった．

●**平安時代から近世の正坐**　時代をさかのぼると，平安時代の歌人にとっての正式な坐法とは，片方の膝を立てて坐る「哥膝」であったし，また中世の茶人にとっても点前の正式な坐法は「立て膝」であった．「端坐」を正式な作法として定めた記録は，三代将軍徳川家光の頃にみられ，それまでは「安坐」とされてきた拝謁儀礼の坐り方が端坐へと改定される．つまり将軍と謁見するような上級武士の作法として定められた端坐が，時代を経るにしたがって庶民一般へと普及していった．

　端坐（正坐）の普及は，着物の寸法と深い関係がある．江戸時代の初期までは，小袖の身幅が広く，あぐらをかいたり立て膝で坐っても裾から脚が露出することがなかった．図1は紅葉狩りに興ずる女性たちを描いた室町時代の屏風だが，その坐り方に着目するとあぐらや立て膝，横坐りなど，実に自由な坐り方をしているが，着物は女性たちの脚を完全に隠している．

　ところが，寛永年間（1624-44）の度重なる禁令によって，反物の寸法に規制がかけられ，身幅の狭い着物が主流になると，下着をつけていない当時の女性た

図1 あぐらで坐る女性「観楓図屏風」（部分）狩野秀頼（16世紀）［所蔵：東京国立博物館，Image：TNM Image Archives］

図2 ヴァジーラ・アサナ
［写真：Integral Yoga Satsanga］

図3 陶跪拝俑（8世紀），中国恵陵より2000年に出土

ちの間では，膝を横に開く坐り方がはばかられるようになる．そして江戸中期頃の絵巻には，あぐらをかく女性はほとんど見られなくなり，つつましく膝を閉じて坐る端坐が多く描かれるようになる．それでも膝を縦に開く立て膝については，近世を通じて比較的多く行われていた．

●正坐の起源　正坐の起源をたどっていくと，古代インドのヨーガの坐法に「金剛坐（ヴァジーラ・アサナ）」という正坐と同じ形のポーズが存在する．金剛というのはダイアモンドのことで，地中から輝く鉱物が突出してくるような，力強い男性的なイメージの名称が与えられている（図2）．また中国には，王や皇帝に跪いて拝礼をする跪拝という作法があり，その一連の動作のなかで正坐に近い格好が見られる（図3）．跪拝の姿勢は，イスラム教の礼拝時にもみられ，神に対する服従を示すための所作といえよう．

　正坐の姿勢は，地面に直接腰をおろす風習をもつ社会においては，男女を問わず頻繁にみられ，自然発生的に行われる休息の姿勢という面もある．しかし，その坐り方を正式な作法として定め，社会全体に広く普及させるような事例は，中国唐代の一時期を除いては，日本独特の習慣だといえる．　　　　　　［矢田部英正］

日　記

　「日記」という語は，後漢（25-220）の王充の『論衡』に見えるが，それは『春秋』や五経などの孔子の編著をさしたものである．中国では日付を伴わない考証・随筆・語録・家集などを「日記」とよぶことが多いのである．

●**さまざまな日記**　中国でも日付のある日次記のことを日記と称することもあるが，日本ではこれを特に日記とよぶことが多い．日付の有無が日記の要件と考えられたために，六国史（りっこくし）など編年体の史書や，『西宮記（さいきゅうき）』や『北山抄（ほくざんしょう）』など日記（古記録）をもとにした儀式書も日記とよばれることがあった．

　そのほか，外記日記・殿上日記・近衛府日記など役所の日記，事件の勘問調書としての勘問日記，報告書や注進状としての事発日記，行事記文や旅行記，日記文学なども，日記と称することができよう．

●**日記文学**　これらのうち，日記文学について触れておきたい．平安時代以降，主に女性によって仮名で記されて日記と題された文学作品が，数多く現われた．『土佐日記』や『十六夜日記（いざよい）』などの紀行文，『かげろふ日記』や『更級日記』などの回想録，『紫式部日記』などの御産記録，さらに『和泉式部日記』などの歌日記などが残されている．

　これらは日記の名を付してよばれてはいるが，はたしてこれらを厳密な意味での日記に分類してもよいものか，いささか疑問なしとしない．例えば，『更級日記』では，14歳のとき以降の仏教への帰依を薦める夢を見た後の対応の変遷を軸に内面史的に日記が書き進められ，「頼みに思うことが一つだけあった」として48歳時の阿弥陀来迎の夢を描く．しかし，作者の見たと称する夢なるものは，物語世界から宗教世界への転換を効果的に印象づけさせるために，執筆時点で創作されたものと考えるべきであろう．この作品は，日記というよりも，自分を主人公に仕立てて，その精神の遍歴（それすら実際に起こったことかどうか疑問であるが）を述べた物語と評するべきである．

　日記文学と称されるものの中では，『紫式部日記』の中の寛弘5（1008）年の中宮彰子の御産記録だけが，厳密な意味での日記とみなされるのである．男の入ることのできない御産の場の出来事を，藤原道長に命じられて仮名で記録したこの部分は，まさに『御産記』と称すべき日記であったといえよう．ついでにいえば，『枕草子』の「日記的章段」は，個々に日付は付されてはいないものの，その日に起こった出来事を，それほど創作を交えずに記録したものであり，『和泉式部日記』や『更級日記』などよりは，はるかに日記的であるといえる．

●**日次記**　日本において日記の主流を占めるのは，日付を付して記録された日次

記である．その最古のものは，『釈日本紀』所引の「安斗智徳日記」と「調淡海日記」とされる．天武天皇元(672)年の壬申の乱に従軍したときのものであるが，乱の最中に書かれたものではない．

次に『正倉院文書』に伝えられた天平18(746)年具注暦は，日記原本の最古の遺例である．10条ほどの短い遺文は，暦記の源流である．

●**私日記** 平安時代に入ると，外記日記・殿上日記・近衛府日記など宮廷や官庁の公日記と，藤原道長の『御堂関白記』をはじめとする諸家の私日記が，ともに残されるようになる．特に私日記は，天皇以下の皇族，公卿以下の官人，武家，僧侶，神官，学者，文人から庶民に至るまで，各界各層の人々によって記録されている．これは世界史的にみても日本独特の特異な現象であって，日本文化の本質に触れる問題として，さらに追究していく必要がある．特に君主が自ら日記を記録するという点に，日本の特殊性が象徴されている．

特に宮廷貴族の公家日記が数多く残されているが，それは正史編纂の廃絶と関連している．貴族たちにとって，政務の根幹である儀式の遂行に対して，先例の准拠としての日記の蓄積が求められたのである．藤原師輔の『九条殿遺誡』には，朝起きたら鏡に自分の姿を映して形体の変化をうかがい，次に暦書を見て日の吉兆を知り，それから日記を記すようにとある（朝飯の前にである）．その詳細は，

> 年中の行事は，大体はその暦に書き記し，毎日それを見る毎に，まずそのことを知り，かねて用意せよ．
>
> また，昨日の公事（政務や儀式），もしくは私的な内容でやむを得ざる事などは，忽忘（すぐ忘れること）に備えるために，いささかその暦に書き記せ．ただし，その中の要枢の公事と君父（天皇と父）所在の事などは，別に記して後に備えよ．

というものである．この暦に記したものを暦記，別に記したものを別記という．記事が暦面に書ききれない場合や特に裏面に記したい事項の場合には裏面に記したり（裏書），白紙を暦に切り継いで書いたり，関連する文書類を貼り込んだりすることも行われた．また，儀式ごとに日記を分類した部類記や目録も多くつくられた．

記主本人の記した自筆原本も，藤原道長の『御堂関白記』をはじめ，『水左記』『経俊卿記』『花園天皇宸記』などが残されているが，多くはさまざまな人によって書写された写本のかたちによって，後世に伝えられた．その際，ただ単に自筆本を書写するのではなく，一定の意図をもって記文を選別して書写したものである．平信範の『兵範記』や藤原定家の『明月記』のように，記主自ら白紙や文書類の紙背に記文を選別して書写した自筆本が残されている例もある．

日記はまさに，個人の秘記ではなく，後世の子孫や貴族社会，さらには生前にも広く共有された文化現象であったのである．

［倉本一宏］

みやげと名物

「みやげ」とは，旅みやげ，つまり旅先から持ち帰る贈り物をさすことが多い．そのほかには，他家を訪問する際に持参する贈り物である手みやげをいうこともある．さらに，置きみやげやみやげ話などの例にみるように，みやげという語の用法にはある程度の幅があり，物だけでなくて事の面にも及んでいる．みやげは一方的に与えるだけではなく，互酬性に支えられた与える，受ける，返すという双方向の贈答（贈与交換ともいう）を行うことが一般的であり，民俗学でも贈答慣行の一形態として関心が寄せられてきた．

なお，旅みやげには，英語の場合"souvenir"があてられることが多い．この語はフランス語の"souvenir"（思い出）を借用したもので，旅や出来事などについての自分の思い出のために買った記念品という意味が強い．一方，日本で普通旅みやげといえば，旅に同行しなかった関係者に義理で贈るものであり，社会的な関係に支えられた贈答として発達してきた．ただ，旅みやげには，他人向けのものと，旅行者当人やその家族向けのものがあり，贈答に相当するのは前者の場合であるといえる．また，名物はその土地特有の名高い産物をさすほか，名高い人や物事，名所などをさしても用いられる．本項では，旅みやげとこれによく用いられる土地の名産品（＝名物）を中心に説明する．

●**みやげの語源** 「みやげ」の語源については，都笥，宮笥，宮倉，都帰，屯倉，見上げ，御饗など10種近い説があるが，現在のところ，最も支持されているのが宮笥説である．笥は入れ物のことで，宮笥は神社に供える器，または神社から授かった器をさす．現在でも，神社に正式に参拝すれば神酒を賜る．それは略式の直会ともいうべきものであり，神と人との共食を象徴的に表現している．その場で口にしない場合は，神酒の入った瓶子と杯を授かるが，これは参詣できなかった関係者におかげを分配するための神酒である．宮笥説では，みやげは，本来こうした神人共食のために神に捧げた神饌を下してきたものであり，それを関係者に分配することで，参拝できなかった者も神のおかげに与ることができるという慣習が関係していると考えられている．

●**江戸の寺社詣でとみやげ** 神崎宣武著『おみやげ―贈答と旅の日本文化』によれば，旅みやげの慣習が広まるのは，江戸中期以降とされる．参勤交代制が確立して街道や宿場が整備され，宿泊や案内の世話をする御師や先達の活躍によって，寺社詣での旅が庶民の間で盛んになった頃である．ただし，当時の旅は，交通手段も未発達であり，金銭面でも誰もが行うことは難しかったため，庶民の間では，伊勢講，富士講，善光寺講といった相互扶助の講を組織して旅費を積み立て，

代参者をたてる仕組みが発達した．一方，代参者は，講費や出立の際に受けた草鞋銭（わらじ）への返礼として，確かに参拝したことと神仏の御利益を表す具体的なしるしを持ち帰り，関係者に分配する義務があった．そのしるしとなったのがみやげである．特に，参拝した寺社の銘や紋の入った盃が価値をもった．しかし，庶民の寺

図1　伊勢暦［所蔵：国立国会図書館］

社詣でが盛んになると，寺社からの授かり物だけでは足りず，宮笥に代わる記念品や土地の産物が門前や宿場で商品として販売されるようになった．そして，江戸時代中期には「土産」の表記が一般化したのである．

●**旅みやげの変容**　庶民の旅が盛んになった江戸中期・後期の旅みやげは，神札や護符を筆頭に，宮島の楊枝やしゃもじ，出雲大社の小づち，伊勢の伊勢暦や煙草入れのような手工芸品，伊勢の万金丹（まんきんたん）のような薬など，土地の名物で持ち運びが簡便なものが一般的であった．また，太宰府天満宮の梅ヶ枝餅（うめがえもち），伊勢神宮の赤福餅など，門前の茶屋で口にする菓子類が名物となったが，交通手段が未発達であった江戸期には，痛みやすくかさばる食べ物は，旅先で味わう名物ではあっても，持ち帰るみやげとしては不向きであった．

明治に入ると，全国的に鉄道交通の手段が発達し，楽に速く移動することが可能になり，持ち帰ることのできるものの幅が広がると，旅みやげとして食べ物が多く用いられるようになった．金刀比羅宮のへんこつまんじゅう（ことひらぐう），岡山のきびだんご，京都の生八ツ橋のように，旅みやげとしての販売を見込んで明治期に新しくつくられ，土地の名物として定着した例も少なくない．

近年，旅行形態や地域社会の変化に伴い，旅みやげは自分や身の周りの者のために購入するのが中心で，その他への贈答用は以前ほど購入しないという傾向が強まっている．そして，個人の好みに合わせた多種多様な旅みやげが商品化されるようになった．さらに，素材入手，製造，流通，運搬などの仕組みが従来の産地の外に拡大し，経営的な発展をみせる一方で，旅みやげを構成する以下の二つの両面において，土地の名物としての根拠が改めて問い直されている．

①物自体に帰属する要素—素材の生産地，製造者・販売者の所在地，製造場所，製造方法，流通領域，製品の味・形・色・包装に現れた地域性など．②物をとりまく物語—共有される物語（製品の歴史や逸話，名称など），個人的な物語（いつ，どこで，どのように購入したのかといったかかわり）．

実際には地域と関係をもたない商品でさえ旅みやげとして販売される例が多くみられる中で，上記の諸要素において，いかにその土地の名物らしさを強化し，創造できるかが，観光業としてますます大きな課題となっている．　　［加原奈穂子］

手形と為替

　手形は，その作成者または差出人がその内容を確証するために，掌に印肉をつけて押捺した文書を原義とする．鎌倉時代から使われ始めたが，盛んに用いられるようになったのは江戸時代になってからである．

●**両替商介在手形と素人手形**　江戸時代の手形としては，両替屋が介在する手形と両替屋が介在せず商人相互間で用いられた手形（素人手形）があった．前者として，預り手形・振手形・振差紙・為替手形があった．預り手形とは，両替屋が預金者に対して発行した預金証書で，預金者はこれを第三者への支払い手段にあてることができた．いわば譲渡性預金証書であった．振手形は，預金者が両替屋宛に振り出したもので，今日の小切手にあたる．手形の右下に「何某殿へ」という受取人を示す妻書が入れられ，受取人は券面金額を受け取ることができた．手形振出人の預金残高が不足しておればこの手形は不渡りとなるが，両替屋と預金者との間で当座貸越契約がなされる場合が多かったから，一定限度までは預金残高を超えて受取人に支払われ，過振り分は自動的に両替屋から預金者への貸付となった．日付は振出し日が原則であったが，示談によって，先日付けとすることもでき，これは延手形とよばれた．振手形は大坂で盛んに用いられたため，大坂手形ともいわれ，その通用範囲は大坂市中ばかりではなく，近国の商人や上層農民は大坂の両替屋と取引をもち，その支払いに振手形を用いたといわれる．振手形の一種として大手形とよばれるものがあった．これは商人相互間の節季勘定の決済に用いられたもので，乙に支払勘定，丙に受取勘定をもっている甲が，丙からの入金を引き宛てとして，自分の取引両替屋を支払人，乙を受取人とする手形を乙に発行するものである．大手形による決済は，節季の翌月3日までとされていた．不渡りとなれば，振出人である甲の責任となった．振差紙とは，両替屋間の貸借を決済するため用いられたもので，甲両替商が貸し勘定をもつ乙両替商を支払人，借り勘定をもつ丙両替商を受取人として振り出した手形であった．その日限り通用のものとされ，夜九ツ時（午前零時）までに，差引決済されるものとされた．

　素人手形の代表的なものとしては，雑喉場手形，唐物商手形があった．雑喉場での魚取引は60日を節季とし，その翌日から10日以内に魚商人や料理屋が手形で支払った．素人手形の形式はまちまちであったが，無記名一覧払い約束手形的な形式のものが多かった．なお，両替商が介在する手形に比べ，さほど頻繁には用いられなかった．商人間では，延売買が発達し，約束手形によらない延べ払いの慣行が成立していたからであるし，また現在のように商人間の約束手形を両替屋が割引する金融方法が一般的に成立していなかったからである．

江戸中後期の大坂では，手形は問屋・仲買間の大量取引においてはもちろん，小商人の間においても，日常的に用いられた．貨幣経済の発達により不足した貨幣量を手形で補う必要があったし，大坂で使われていた銀貨は秤量(ひょうりょう)貨幣で，授受のたびに秤量する必要があり不便であったからである．したがって，商人たちは両替屋に現金を預け，その口座を引き当てとする手形によって決済することになった．手形の発達により，現金銀の節約ができたのである．

●御金蔵為替と御屋敷為替　次に為替については，中世初期から「割符(さいふ)」「替銭(かえせん)」などの名称で，遠隔地への送金が行われていた．室町時代にいっそう発達し，かいや・替屋・替銭屋・割符屋などの専門業者も登場するようになったが，一般的に普及するようになったのは，江戸時代になってからである．同時代になって発達した為替としては，まず，元禄4（1691）年に始まったとされる幕府公金の江戸送金と，大坂・江戸商人の貸借関係を相殺する御金蔵(ごきんぞう)為替がある．その仕組みは，三井家など指定された両替屋（御為替組という）が大坂で幕府金銀を受け取り，これを江戸に商品を下している上方商人に分割して渡し，それと同額の江戸商人を支払人とする代銀取り立て手形（逆為替）を差し出させて，江戸へ飛脚で送り，江戸店で代銀を取り立て，江戸御金蔵へ上納するものであった．御為替組へ幕府から手数料は支払われなかったが，大坂で公金を受け取ってから，江戸御金蔵に納入するまでには60日（のち延長）の猶予があり，その間は無利子であったから，御為替組はこれを運用することができた．同様の為替は大名の江戸送金にも関連して発達した．これが御屋敷為替とよばれるものである．大名の多くは大坂蔵屋敷での年貢販売代金の大部分を江戸藩邸に送金していたが，これと商人間の大坂-江戸間の送金を相殺するものとして御屋敷為替は機能した．鴻池善右衛門(こうのいけぜんえもん)家はこの御屋敷為替を行った代表的両替屋であった．

●江戸為替と上方為替　以上の為替は大坂商人が振り出した為替手形（逆為替）によって行うもので「江戸為替」とよばれたが，江戸商人が上方の両替屋を支払人とする江戸両替屋振り出しの為替手形（送金為替）を買い取って，これを飛脚で大坂商人に送るという方法もあり，これは「上方為替」とよばれた．このほか，京都仕向けの為替は京為替，地方向けは地方為替とよばれた．隔地間を結ぶ為替網の整備は，全国的な商品流通の発展に大きく寄与したのである．

　明治維新後，大坂の預り手形や振手形は衰退したが，明治6（1873）年設立の国立銀行は今日の銀行の自己宛小切手に相当する「振出手形」と，当座預金制度を導入して「小切手」を発行した．振出手形は江戸時代の預り手形，小切手は振手形の発展したものであった．素人手形については，「国立銀行条例」において「約束手形」と称されるようになった．また江戸時代には普及していなかった約束手形や為替手形の割引制度が明治9（1876）年に成立，明治12（1879）年には大阪手形交換所が設けられた．

〔宮本又郎〕

◆ 旬

　私たち日本人は、四季の移ろいを大事にする。「旬」という言葉も、四季折々をさして用いる場合が多い。

　四季の変化が明らかであるから当然といえばそれまでだが、四季折々の祭りや遊山をこれほどまでに多様に発達させたのは「文化」というものであろう。私たちは、四季の移ろいに敏感であることをもって、文学や歌謡、芸能をも多様に発達させてきた。その一つの象徴が俳句。俳句には、「季語」をおり込む。俳句は、私たち日本人の四季感を表徴する短文学として共有されているのである。

　俳句の季語とは別の季節の五区分法があった。春・夏・秋・冬に「土用」。土用は、四季の移り変わりの時期、すなわち立春・立夏・立秋・立冬の前18日間をいう。それは、季節の隙間でもあり、気候が不順であったり寒暖が定まりにくかったりする時節なのだ。さらに、節分や節供も、邪気悪霊が忍び込みやすいとされる季節の変わり目を無事に乗りこえんがための行事といえる。特に、医療が未発達な時代には、人々は神だのみをして他力再生をはかるしかなかったし、食養生をもって自力再生をはかるしかなかったのだ。そこで、さまざまなまじないや食養生が発達した。端午の節供の火伏せのまじない（菖蒲を蓬とともに軒に刺す）や夏の土用の鰻などはよく知られるところである。そうした行事を毎年繰り返して行うことが、私たち日本人をして季節の移ろいを大事にする文化性を醸成させた、といえる。言い換えるなら、「旬の文化」を発達させたのである。

［神崎宣武］

◆ 時

　現代人は腕時計などで、時刻を知る。公共的な時報に頼る必要はない。一人ひとりが、それぞれ自分の時間を管理することもできるようになっている。

　懐中時計や腕時計が普及する前だと、外出中の時間確認は難しかった。ラジオや置時計、柱時計の出回る前は、家庭でもなかなかそれが望めない。たいていの人は、寺や時打櫓（1870年以後）の鐘に頼っていた。

　それでも、江戸時代から、都市の住民は、それなりに時刻をわきまえていたようである。「時うどん」あるいは「時そば」という落語の演目がある。客が店主に時刻を尋ね、うどんの代金をごまかす場面で、一般には親しまれている。ああいうネタが成り立つのも、時刻に気づく手立てがあったからだろう。そういえば、江戸期には、時鐘を聴きながら飲む酒のことが時酒とよばれていた。

　大名屋敷には、時回りと称する勤めもあったという。大声で時刻を告げて回る仕事がそれである。平安王宮の清涼殿では、殿上の間の小庭には時の簡が立てられ、時刻を知らせていたらしい。その周知徹底には、けっこう力を尽くしていたのである。

　今は、1日を均等に24分割した時刻が用いられている。しかし、江戸時代には、日没と日の出ている時間がそれぞれ6分割されていた。「時うどん」での「今は何時か」という質問も、それで刻まれた時刻を前提にしている。今日とは異なる時間観念に支えられていたことを、述べ添えたい。

［井上章一］

10. 通過儀礼

　人生の通過儀礼は，さかのぼってみると，さまざまに厳重であった．それは，生命の更新をはかるものであり，生命の尊厳を重んじてのことであった．
　まず，出産の産祝い．産湯・産衣・産餅など．当人はあずかり知らぬことであったが，産神を祀り，人生への入門を祝ったのである．それが，産院での出産が一般化してから，ほとんど行われなくなった．
　初宮は，百日参りともいった．七五三の祝いは，「七歳までは神の子」といわれた子どもたちの成長を確かめながらの祈願であった．特に，医療制度が未発達な時代には，抵抗力の弱い幼児の養育は，一家の重大事であったのだ．
　かつての武家の元服祝いは，現在は成人式となっている．厄年の厄払いや還暦・古希・喜寿・米寿などの年祝いは，むしろ盛んな伝承をみる．
　この半世紀ほどでの流行現象は，満年齢での誕生日祝いである．それによって，老若男女こぞって数え年で祝っていた正月のめでたさが後退した，ともいえよう．
　現在，葬儀や墓制のあり方も個別対応での変化がみられるようになっている．

［神崎宣武］

法事

　法事は，死者の追善供養のために仏教者が関与する年忌法要をいう．死後初めての法事は四十九日法要である．それ以降，百か日，一年忌，三年忌，七年忌，十三年忌，二十三年忌と続き，死後33年目の三十三年忌をもって法要を終了とする地域が多い（死後50年目の五十年忌を行うこともある）．また，百か日以降の法事は，該当する家庭の都合で省略されたり期日をずらすなど，さまざまな対応もみられる．

●**法事を営む時期**　仏教においては，死後49日目に親類縁者が集まり，僧侶を招いて四十九日法要を営む．この日を過ぎると次第に忌みが明けるという．霊魂は死の瞬間から次に生を受けるまでの期間，迷い続けるとされる．49日間を仏教では中陰といい，7日ごとに法事を行い，最後に当たる四十九日は親戚・知人など死者にかかわる縁者を多数招待し法事を営んだ．この日，杵で餅を搗いた．死者の霊魂は餅搗きの音を聞いて安心して屋根棟を離れるという．7日ごとに死者にかかわった縁者が善行を積み，その功徳で死者の供養を行うのが本来の趣旨である．

　法事を実施する期日は，本来は当人の死んだ日，すなわち祥月命日に行うものであるが，多くの人が参加しやすいように祥月命日前後の日曜日に行われることが多い．福井県大飯郡大飯町大島では，2月と10月を法事月という．2月は雪で畑仕事に出られず，10月は稲の刈り入れ後で，冬拵え前の余裕がある時期ということであろう．同県美浜町では，法要の翌日をシアゲ法事，簡略にシアゲともいう．この日に従兄弟までの親類をよんで行った．ハイソウ（灰葬）で拾った骨を墓に埋め，墓印に小石を建ててきた．三年忌は，実際には死後2年目に営む．なお，葬儀では死者の年齢を数え年で数える．七年忌は，亡くなった年を含めて7年目の祥月命日をさすので実際には満6年目となる．七年忌の法事までは比較的大規模に行われる．法事は年数の経過とともに間隔が延びる．民俗学者の柳田國男によると，長年にわたって死者供養を続けていくことによって死者の霊は次第に個性を失い，家の先祖に融合一体化する（柳田國男「先祖の話」『柳田國男全集』）．

●**浄土真宗のゴホウジ（御法事）**　浄土真宗の篤信地域である石川県吉野谷村中宮（現白山市）では，1年，3年，7年，13年，17年，25年，33年，50年の年忌がある（図1）．この年忌をゴホウジとよんでいる．本来であれば死者の命日に行うが，冬季は積雪があるため春や秋に行うことが多い．精進料理をつくり，輪島塗の御膳に，各種料理を盛り付けた．七年忌までは黒塗りの膳椀を用い，そ

れ以降の御法事は朱塗りの膳椀を用いた．蝋燭は朱である．五十年忌を執行する家は，まず御法事への招待をする．家の者が「大経あげて欲しいさかいお願いします」とか「○時に○○の法事をつとめてもらうさかい参ってもらいたい」などと家々を挨拶して回る．山菜を多用するので前年から準備をした．ゴホウジは精進料理であり，自宅で行う場合は生臭の魚を一切使わなかった．最終年忌の五十年忌

図1　三十三年忌供養
（石川県石川郡吉野谷村〈現白山市〉）

はお祝いであり，魚料理を出しても構わないとされた．近年のゴホウジは，会場が自宅からレストランに移るなどタブーが随分薄れている．

●トムライアゲ（弔い上げ）の法事　一般には，三十三年忌をもって故人を偲んでの法事を最後とするので，三十三年忌に対しては，トムライアゲ，トオイアゲ，トイドメ，トイキリなど，弔いを打ち切るという趣旨の呼称が使われている．なお，民俗学では，これを最終年忌といい，死者は祖霊化を果たしたと考えた．現実問題として，死者の記憶がある子孫が最終年忌を行えるのは，平均寿命が延びたとはいえ，死後33年目あたりが限度であろう．民俗学者の井之口章次が，昭和20年代に調査した茨城県北部地方では，十七年忌で終わるのが普通であり，三十三年忌をする家は珍しかったと報告しているのは，それを裏付ける（井之口章次『日本の葬式』）．死者に対する縁者の記憶は次第に忘却の世界に移るが，死者は先祖として祀られる存在になることを意味している．

　通常の年忌供養は，板塔婆を墓地に立てるが，トムライアゲにはウレツキ塔婆や二股塔婆が用いられる．前者は樹木のウレ（末），すなわち先端の葉が付いた樹木であり，後者は先端がYの字になった二股木の枝である．これらは，東日本に濃厚な分布を示しており，西日本には角塔婆が多くみられる．最終年忌は東日本が三十三年忌，中部地方が三十三年忌と五十年忌が混在し，西日本では五十年忌が多い．なお，ウレツキ塔婆は常緑樹，二股塔婆は落葉樹という違いがある．

　トムライアゲによって死者の供養が終わり，仏教の管轄から離れて死霊が祖霊に移行すると考えられてきたが，常緑樹の塔婆の採用は，遺体の埋葬地点に植樹し成長した姿を再現したもので，仏教的葬具としての塔婆との習合という見解もなされている（岩田重則『墓の民俗学』）．　　　　　　　　　　　［板橋春夫］

受験と入学

　日本では，第二次世界大戦後の昭和22（1947）年に，学校制度の大幅な改革があり，6・3・3・4制（小学校・中学校・高等学校・大学の修業年限）が採用された．そして，義務教育を9年とすることになった．
　義務教育の間は，入学試験なしで近隣の公立学校に入学することができるが，高等学校以降は，受験が必要となる．一方，義務教育の課程でも試験を課して生徒を募集する私立学校や，中高一貫教育を採る学校もあれば，初等教育から大学までエスカレーター式に進学する私立学校もある．これによる受験の早期化・低年齢化は，「受験戦争」という語を生み出した．
　統計データ（総務省統計局刊・総務省統計研修所編『日本の統計2012』）によれば，高等学校や高等専門学校への進学率は，平成22（2010）年3月卒業者で98％に達している．高等学校卒業者のうち，大学・短期大学などへの進学者は2010年3月卒業者で54.3％（男52.7％，女55.9％），浪人を含むと56.9％（男57.8％，女56.1％）となっている．
　ところで，どの学校も学年の始期から終期までの期間を1年とし，しかもその始まりを4月としている．なぜだろうか．そして今日，その慣習を変えようとする動きがみられる．大学における秋季入学が検討されているのだ．本項では，これらの論点に注目したい．

●**学年の始まりはなぜ4月なのか**　4月学年始期制の起源を考えるには，学制が公布（明治5〈1872〉）され，近代学校制度が確立したとされる1870年代に手がかりがある．学校文化の起源に詳しい教育学者・佐藤秀夫の調査（「学年はなぜ四月から始まるのか」『月刊百科』187号）によれば，「学年」が問題になるのは欧米の学校制度を導入した明治以降のことだという．開成学校（東京大学の一前身）は，明治6（1873）年の規則改正のときに「学歳」を9月1日から翌年7月15日とした．明治8（1875）年には9月11日より7月10日という規定がみられる（寺崎昌男「学年暦─四月新学期の始まり」『UP』198号）．「学歳」という語は，明治9（1876）年に「学年」という語に変わる．これらは，9月学年始期を示す記録である．帝国大学や旧制高校では，大正9（1920）年までそれが続く．
　前述の佐藤（「学年始期の統一化課程─学校接続条件の史的考察」『国立教育研究所紀要』第117集）によれば，最初に4月学年始期制を採用したのは，高等師範学校（東京）とされる（明治20〈1887〉年4月）．明治19（1886）年の文部省の指示によるものだった．文部省は，尋常師範学校にも4月始期制を採用させることにし，明治21（1888）年4月，全国各地の師範学校に通知し，それは

尋常中学校や小学校にも波及した．4月に移行した理由として佐藤が主に重視しているものは，第一に，明治19（1886）年以降，会計年度が4月1日から翌3月31日に確定されたことに学校が合わせたということと，第二に，同年11月に徴兵令が一部改正され（徴兵事務も新会計年度に合わせていたという），徴兵届の提出を翌年から4月に変更したことである．つまり会計上便利なように，そして，学校に人材を獲得するために4月とした，というわけだ．

図1　大学の合格発表時の様子．日本各地の大学で行われる「胴上げ」の様子がしばしばニュースや新聞で報道される
［提供：朝日新聞社］

　さて，4月学年始期制にほとんどの学校が統一されたのは，大正10（1921）年4月1日からであるが，その後も，昭和16（1941）年および昭和18（1943）年までは，初等教育および中等教育の学校において，4月学年始期制と併行して9月学年始期制の採用も制度上容認されており，全学校制度における4月学年始期制の完全な施行は，昭和18（1943）年度であったという．以上の佐藤の調査によれば，4月に学校が始まるという習慣は，歴史的には新しい現象であることがわかる．

　また，佐藤は，昭和53（1978）年の段階から，4月学年始期制は教育上「不合理」とし，子どもや教師や親たちの立場から，学年始期の問題を考え直す必要があると述べていた（前出：『月刊百科』187号）．

●**国際化への対応**　さて，平成24（2012）年になって議論が活発化しているのが，大学における秋季入学の論点である．これは，東京大学の濱田純一総長が，平成22（2010）年3月に打ち出した将来構想の一つであり，平成27（2015）年に向けて始まった改革の取組みである．平成23（2011）年4月に「入学時期の在り方に関する懇談会」が設置された．懇談会による最終報告（平成24〈2012〉年3月29日総長に提出）が，東京大学の学内広報の特集版として刊行された（『将来の入学時期の在り方について―よりグローバルに，よりタフに』）．平成25（2013）年7月に決定された「学部教育の総合的改革に関する実施方針」によると，全学部での4ターム制の導入，秋季入学の拡充と推進などに取り組んでいる．平成27（2015）年度から学事暦を変更し，4ターム制を実施することにしたのも，上記改革の一環である．秋季入学の国が多い国際情勢の中で，大学教育の国際化，グローバル化に対応した，人材育成の取組みが進められている．　　　［妙木　忍］

修学旅行

　日本では，明治期に入り近代的学校制度が整備されていくなかで，学校教育の一環として「遠足」や「行軍」と称した実習が行われるようになった．当初こうした実習は，当時の国家政策を背景に，心身鍛錬や軍事教練の色が強いものであった．

●**師範学校における修学旅行の始まり**　なかでも，教育史上，日本最初の修学旅行と位置付けられるのが，明治19（1886）年2月に行われた東京師範学校の「長途遠足」である．99名が参加し，11日間かけて，鉄砲携帯で千葉県銚子方面へ徒歩遠足を行った．この遠足は「兵式操練」をその目的の一つとしており，行程中，発火演習や散兵演習を行っている．また，もう一つの目的として，教育的見地から実地での「学術研究」もあげられており，気象調査，標本採集，作図，写景，学校参観なども同時に行われている．

　また同校は，その年の8～9月にかけて，野州（現栃木県）方面へ第2回修学旅行を実施している．なお，この旅行の詳細な記録が「修学旅行記」として，旅行中に採集した標本の目録とともに『東京茗溪會雑誌』第47号（同年12月刊）に掲載されており，これをもって「修学旅行」という名称の日本における初見とする文献が多い．

　その後，東京師範学校が始めた「長途遠足」は，まず全国の師範学校に広まり，次いで各地の小・中学校，高等学校などでも修学旅行が導入されていった．例えば，東京師範学校が「長途遠足」を行った翌年（明治20〈1887〉年4月30日）刊の『大日本教育雑誌54号』には「長野県師範学校生徒修学旅行」という記事がみえ，4月6日から8日にかけて「学術演習を兼ね」た「兵事体操実地演習」を行ったとある．早くもこの頃「修学旅行」という語が，教育分野で定着し始めていたことがうかがえる．

　なお，教育法令上「修学旅行」という語の初出は，明治21（1888）年8月の『尋常師範学校設備準則』である．そこでは，修学旅行は1ヶ年60日以内と規定され，師範学校教育における修学旅行のもつ意義として，以下の3点が掲げられた．「一，生徒の見聞を博むるの利益．二，生徒をして世態に通せしめ人生の苦楽を実施せしむるの利益．三，教員と生徒との間に親愛の情を通ずるの利益」とある．

●**大陸旅行の隆盛から伊勢神宮参拝の奨励へ**　その後，修学旅行は，鉄道網の発達に伴い広く普及した．さらに日清戦争（明治27-28〈1894-95〉），日露戦争（明治37-38〈1904-05〉）を経て，明治末から昭和初期にかけて，朝鮮半島や中国東北部（当時の朝鮮・満州）を中心に，海外への修学旅行が隆盛をみる．記録に

よれば，早くも明治29（1896）年に，兵庫県立豊岡中学校が北東アジア方面へ，長崎商業学校が上海方面へ旅行を行っている．さらに，日露戦争終結の翌年，明治39（1906）年7月13日から8月12日にかけては，文部省と陸軍省の共同事業として，中国東北部への全国中学校合同旅行が実施されている．

しかし昭和12（1937）年，日中戦争が勃発．従来のような修学旅行の実施が危ぶまれだすなか，同年6月に鉄道省が，教職員に引率された小学生団体が伊勢神宮参拝を行う際の運賃割引率を告示．これを契機に，目的を伊勢神宮参拝とした「参宮旅行」を行う学校が増え始める．その後，戦況が泥沼化するに従い，昭和15（1940）年5月には，東京府教育局が中華民国，満州国への旅行禁止を通達．さらに6月には，文部省が修学旅行の制限を通達するに及び，各県が修学旅行の見直しを開始．昭和18（1943）年頃には，全国の学校で修学旅行が姿を消した．

●**戦後，多様化・国際化する修学旅行**　終戦後，早くも昭和21（1946）年には，群馬県立高崎商業学校の日光への修学旅行（1泊2日），山口県立厚狭高等女学校の松江・大社方面への修学旅行（3泊4日）など，修学旅行の実施例が現れる．さらに昭和23（1948）年には，国鉄が学生団体割引率5割で学生団体の引受けを再開した．昭和25（1950）年頃には，修学旅行集約輸送臨時列車が登場，昭和34（1959）年には初の修学旅行専用列車「ひので号」「きぼう号」が運行を開始した．こうして修学旅行は，鉄道利用を中心に復活を遂げていく．

その後，昭和45（1970）年には，国鉄が新幹線特急料金の割引を中学生50％，高校生20％と決定，翌年3月から実施した．新幹線を利用する修学旅行が増え始める一方で，昭和46（1971）年，ひので号ときぼう号は引退する．

また，昭和53（1978）年，全国に先駆け福岡県教育委員会が，高校の沖縄への修学旅行に限り航空機利用を許可する．その後，昭和57（1982）年には，航空3社が，翌年からの修学旅行運賃を35％引きとすることを発表．昭和58（1983）年には，日本航空・日本アジア航空が，台湾・韓国（100名以上）・中国（50名以上）への修学旅行団体に対して「修学旅行特別運賃制度」を発足させている．こうして航空機の利用が普及し，海外への修学旅行も一般化していく．

その後，修学旅行は，内容面でも多様化の一途をたどっている．例えば，平成19（2007）年，総務省・文部科学省・農林水産省により，小学校における農山漁村での長期宿泊体験活動の推進が発表されたように，単に知識を得るだけでなく，生きる力の育成に資するような体験型のプログラムが重視されるようになっている．

その一方で，平成15（2003）年に「ビジット・ジャパン・キャンペーン実施本部」が発足したのを皮切りに，翌年には韓国・中国・台湾からの修学旅行生に対するビザ免除を実施した．現在日本は，官民をあげて，特に東アジア諸国からの修学旅行の受け入れに力を入れている．

［山村高淑］

卒業と就職

　明治時代以前においては，地域社会の教育機関として，若者組や娘組が機能していた．寺子屋などでの学びが存在していたが，明治5（1872）年の学制発布以降，学校が必要不可欠の存在となった．現在，学校という組織に参加するには，入学式とよばれる儀式を経ることになる．その後は，一年ごとに進級を繰り返し，一定の年数を経て，卒業式とよばれる儀式を迎える．その間には運動会・修学旅行・春休み・夏休み・冬休みなど，実にたくさんの行事や儀式が織り込まれる．一人ひとりの子どもたちが，同じように入学・進級・卒業を繰り返して，次のステージに昇っていくのである．学校教育における入学と卒業という行事は，近代社会における重要な通過儀礼に位置づけられるといえよう．特に，高等学校と大学の卒業は，就職と直結した部分にあり，重要な位置を占める．

●通過儀礼としての卒業式　現代日本の小学校は，6歳の幼児が集団の中で生活する習慣を身につける場であり，12歳までの6年間を過ごす，最も長い学校生活の場でもある．小学6年生は次の中学校へ進む前に，6年間を過ごした小学校の生活との別れをする，重要な卒業式がある．従来は，ある程度定型化された卒業式が挙行されていた．卒業式といえば，かつて「蛍の光」や「仰げば尊し」などの合唱が定番であったが，近年は「よろこびのうた」など歌も大きく様変わりしている．近年は，学校によってはかなり個性的な儀式を取り入れており多様化している．小学校の卒業式では，6年前の入学式にみた甘えた姿はない．臨席する保護者にとっては，きりっと成長した子どもたちの姿を目の当たりにして，子どもの成長ぶりを改めて実感する瞬間でもある．それは子どもの大きな成長の証である．教師にとっても6年間の教育活動には喜びも一入（ひとしお）のものがあり，修学旅行・運動会などさまざまな場面の思い出が走馬灯のように去来するのであろう．感動の坩堝（るつぼ）に浸る時間が卒業式なのである．

　それに比較すると中学校の卒業式は，すっかり落ちついた感がある．保護者の臨席もやや少なめで，3年前の小学校の卒業式とは打って変わった大人の雰囲気というものが漂っている．高校入試の成績発表の前日が卒業式である県も少なくないので，精神的に落ち着かない時期でもある．

　現在は，中学校卒業後にそのまま就職するという例はほとんどないが，昭和30年代には決して珍しくはなく，15歳で社会に放り出される者もいた．昭和30年代までは東北地方の中学生が，集団就職で東京方面に多数出てきて，「金の卵」などとともてはやされた．

　小学校と中学校は義務教育の範囲であるが，高等学校は義務教育ではない．進

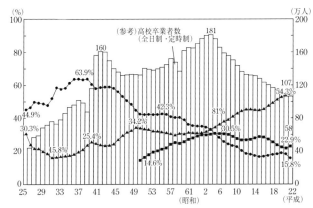

図1 高等学校卒業者の進路(推移)
※「大学短大進学率」は,昭和58年度以前は通信制への進学を除いており,厳密には昭和59年度以降と連続しない[出典:文部科学省「学校基本調査」]

学は任意であるものの,現実には98％を超える中学生が上級学校へ進学している.高等学校の卒業式は,儀式としては簡素である.そして,大学の卒業式では,男性はスーツ,女性は晴れ着または袴を着るのが一般的である.これが公式の通過儀礼であるとすれば,大学主催の卒業式が終わって,卒業式の後にゼミの先生を招いてホテルなどで謝恩会が開かれる.こちらは私的な通過儀礼といえよう.祭りの後の直会というべき二次会の意味もあるように思う.また,学生たちの間では,卒業に先立って気の置けない仲間との卒業旅行という慣行も定着している.

●**学ぶから働くへ** 高校生は,大学へ進学するか,就職するかに分かれるが,大学進学率の高まりは,より多くの若者が4年間ほどのモラトリアムを得たことを意味する.日本の大学は,相対的に学業評価をするシステムではないので,どのような学びをしたかよりも,どの大学に在籍したかが問われてきた.一般的には,高校卒業で就職するか,あるいは短期大学または大学を卒業してから就職するのが一般的なライフコースである.学びの時代から労働の時代へ,自由な時間から拘束される時間へと移行する.

大学では,春を過ぎると就職活動(略して,就活)用のリクルート・スーツに身を固めた学生が校内でも目立つようになる.1990年代半ばまでは,就活シーズンは4年生の夏だったが,最近は3年生の12月からと早まっている.一般の大学生には,就活という重要な通過儀礼が待っているのである.就職先が早く決定した場合は,余裕をもって最後の学業に専念できるが,決まらないと精神的にも落ち着かず,学習効率は落ちてしまう.一方で,実際には1年生から始まる就職に向けた行事が,徐々に大学教育に織り込まれてきている.学業を優先させたい大学側と,早く優秀な人材を確保したい企業の思惑に,ずれが生じているのである.モラトリアム期間を終えた大学生たちは,卒業式を終えるとそれぞれ社会に巣立っていく.長い学びの後には,労働して対価を得て,自ら暮らしを維持する社会人としての生活が待っている.

[板橋春夫]

お宮参り（初宮）

　新生児が初めて氏神にお参りすることを，お宮参り，初宮参り，あるいは短縮して「初宮」という（図1）．お宮参りの名称は，ウブヤキ・カミマイリ・オブスナマイリ・デゾメ・モモカ（百日）マイリ・ウジコイリなど各地で意味を含んだ名が付けられており，出産後に行う重要な通過儀礼として広く行われている．日取りは地域により若干異なり，同じ地域でも男女差があったりするが，近年は画一化の傾向にある．また，多くの産育儀礼が，消滅・衰退していく中にあって，お宮参りは盛んに行われているのも特色といえよう．

●**日取りと忌み明け**　お宮参りは，新生児とその家族にとって重要な通過儀礼であるが，まず日取りについてみていこう．全国を俯瞰すると，日取りは生後11日から101日までかなりの差がある．全体的には生後20日，30日，50日あたりが比較的多い．西日本では，モモカの祝いといって，生後100日前後の吉日に氏神へお参りする習わしがある．関東地方では生後30日前後という例が多い．お宮参りは忌み明けとかかわる呼称としてウブヤキ・イミアキ・ヒアキなどが知られるが，当該地域の忌み明けの日取りがそのままお宮参りとなる場合もある．100日を超えるのは，新生児の生育をしっかり確かめてからという意図があったと思われる．

　ということは，生後間もなくのお宮参りは，交通の発達してからの都市化現象ともいえる．お宮参りの特色といえば，男女によって参る日が異なる例である．一般に男児は女児よりも早い．例えば，群馬県みどり市大間々町小平では，男児は生後29日目であるのに対し，女児は生後30日目である．女児は男児よりも穢れているという理由で，忌み明けが遅くなっていたのである（大間々町史編さん委員会編『大間々町誌 別巻9』）．女性に対して不浄観を重くみた結果の儀礼であり，性差を明確にしたものといえる．

　お宮参りの日取りは，産屋を払うこととかかわるという見解もある（高橋六二「名付け祝いと初宮参り」『日本民俗研究大系4巻』）ので，そのことを確認しておかねばならない．福井県敦賀市白木では，生後100日目に宮参りをした．男児は100日，女児は101日であったが，戦後は男女とも同じ日になった．白城神社へお宮参りに行く途中，人に会えばおはぎを箸で切って分ける習わしがあった．宮参りは母親と赤子の2人だけで行くものであった．このとき，産着は実家から贈ってもらうが，男児は緑色，女児は赤と白の糸である．白木に限らず敦賀半島では，ほとんどの集落でお宮参りは男児女児とも100日である．同地域ではサンゴヤとよぶ産屋が戦後も使われていた．

敦賀市白木の産小屋では，出産後男児の場合は23日間，女児は24日間を小屋で過ごした．また，同市沓の産小屋では出産後32日間を小屋で過ごし，それから主屋の下屋部分（ダシという）で8日ほど過ごし，40日目にようやく主屋へ入ることができた．ただし，神棚には近づけなかったし，75日間は食事の規制もやかましかったという．他集落の産小屋も小屋で過ごす期間は少しずつ異なるが，いずれも3週間程度の滞在である．

図1　お宮参り［写真：芳賀ライブラリー］

●氏子入り　お宮参りをして，神前でわざわざ赤子のお尻をつねって泣かせることがある．これは，赤子の存在をアピールして氏神に公認してもらう氏子入りの儀式であった．親類や知人に赤飯を振る舞うのも同様に，多くの人々に周知し祝福してもらうためであり，これにより社会的な公認を得た．
　お宮参りは，新生児が家族に連れられて氏神へ参詣するための初外出であり，今後災厄を被らないように，額に犬の字を書いてもらうなど魔除けの儀礼もあった．これをアヤッコなどとよぶ．静岡県焼津市の焼津神社では8月の大祭でノボリカツギ（幟担ぎ）とカミコロガシ（神転がし）の行事がある．幟担ぎは3歳までの子どもが幟を奉納する行事である．カミコロガシは初めて神社に参った新生児の頭と足を持って3回横転させる．この時に泣き声を上げることで氏子となり，泣き声が高いほど丈夫に育つといわれる（前出：高橋）．

●産着　お宮参りの新生児に着せる産着は，お産見舞いとして嫁の実家から紋付きの晴れ着が贈られた．神奈川県横須賀市では，産着を着せて新生児をお宮参りに連れて行くが，近くの親戚や隣近所に新生児を見せて歩く慣行がある．行った先の家々では，背負い紐におひねりを付けた．そのおひねりは半紙に包んで紅白の水引でしばったもので，たくさんのお金をもらうこととなる．
　なお，出産に際しては，嫁の実家以外からも各種のお産見舞いが贈られたので，お礼として赤飯にスルメを付けて返した．すると贈答を受けた家では，入れ物返しに大豆または小豆を半紙に包んで重箱へ入れたが，この豆には「新生児がまめに育つように」という意味が込められていた．
　お宮参りは，氏子入りという信仰的側面だけでなく，お宮参りに伴う贈答慣行をみると，親族はもちろん地域住民に新生児を受け入れてもらう初顔合わせという一面をもっていた．近年は，家族の行事になっており，若夫婦とその両親が地元の氏神や有名神社へお宮参りに行く．そのときに写真館で記念写真を撮る傾向がみられる．

［板橋春夫］

元服と十三参り

　13歳から15歳頃は，子どもから大人への重要な節目である．群馬県吾妻郡中之条町では，男子15歳，女子13歳が厄年とされ，小正月にミカンを撒いて厄払いをする習わしがある．13歳は，第二次性徴の始まる年代であり，特に女子の場合は，初潮が始まる年齢にあたっていたので，13歳を女子の厄年と考える地方が多かった．

●**元服式と半元服**　幼児の姿態を改めて，成人としての容姿に整える儀式を元服式という．千葉県では15歳前後に烏帽子祝いをしたという．烏帽子は，神祭りに参加する者に必要な正装とされる．若者集団への加入を表す「若衆入り」とも称される．江戸時代，男子は結髪していたので，前髪剃り・隅入れといって元服の際に額髪を剃って大人の髪型に変えた．栃木県日光市の「川俣の元服式」は，1月21日に行われ，地元では「名付け・名替え」とよばれる．男子が一人前の成年に達すると，血筋の切れそうな親族の中から後見人を選び，親分子分の関係を結ぶ儀礼である．この儀式は，江戸末期以降連綿と続き，昭和20年代前半までは数え15歳が対象であったが，現在は数え20歳になっている．儀式は，親子契りの盃，魚料理と続くが，マスを金箸と包丁で切り分けるのは血肉を分ける儀礼を象徴している．古来，元服は数え15歳であったことがうかがえる祭礼行事である（星野紘・芳賀日出男監修『日本の祭り文化事典』）．

　元服は，男子だけでなく，女子の成女式でも元服の語が使用された．滝沢馬琴が享和2（1802）年に京坂地方を旅した際の紀行文『羈旅漫録』享和3（1803）の「遠州訛」の項に「遠州に「遠州より西は半元服の娘は多し．白歯のむすめはたえてなし」とあるが，眉剃りとお歯黒の両方を済ませて一人前とされたので，どちらか一方だけの場合を，半元服と称した．昭和初年までその風は残り，民俗学者の瀬川清子は千葉県の調査で，嘉永年間（1848-54）に生まれた女性の話として，「私は聟を貰いに行く時，カネをつけて行った．眉毛をおとさずに黒い歯だとかわいらしいものだ，それを半元服という．一九の春の風にあわせないで眉毛をとったものだ．二〇歳になっても眉毛があれば風が悪い．いつまでも白歯でいるんだ鬼みたい，といわれるので，嫁に貰い手がなくても，一九の坂をこえればオハグロをつけた．そうすれば，お前元服したんか，といって髪につけるものを祝ってやった」（瀬川清子『若者と娘をめぐる民俗』）と記している．

●**十三参りの分布と特色**　十三参りとは，13歳になった男女が，厄落とし・知恵授け・開運出世・福もらいのために，虚空蔵堂に参詣する行事である．13歳は十二支が一巡して，二巡目を開始する年にあたる．岡山県美作地方では，十三

参りといって13歳になる男子が初めて大山(おおやま)にお参りし，帰りに竹皮に包まれた大山飴(あめ)を配る習わしがあった．

　十三参りの分布をみると，東日本は主に福島県・茨城県・千葉県に点々と分布している．西日本では，京都府・大阪府・奈良県・三重県など近畿地方に濃厚に分布している．関東・東北地方では，茨城県那珂郡東海村の村松虚空蔵尊と福島県柳津町円蔵寺の柳津(やないづ)虚空蔵堂(まち)など，著名な信仰対象があるが，関西地方と比べると信仰は限定的であり，信仰圏はそれほど広がっているわけではない．茨城県東海村の村松虚空蔵尊は，茨城県北部に広く信仰圏を有しており，個人でお参りするのではなく，地域社会に根付いた子ども会行事として実施する地域も少なからず存在していた．

　京都市西京区嵐山虚空蔵山町の智福山法輪寺では，3月13日，4月13日，5月13日を結願(けちがん)の日としている．京都市内はもちろん奈良・大阪方面からの参詣者も多い．学校の春休みの関係で，4月初旬の土日が混み合う．小学校6年生になった男女児が対象となるため，厄を除いて一生の知恵を付けてもらうためにお参りするという．かつては，境内で13品の菓子を販売していたという．この十三参りは，一名「衣装くらべ」ともいわれた．特に，女子が着飾ってお参りするところからいわれるようになった．お参りの帰路，渡月橋の上で振り返ってはいけない．振り返るとせっかく授かった知恵が逃げてしまう，と伝承される（佐野賢治『虚空蔵菩薩信仰の研究―日本的仏教受容と仏教民俗学』）．

●**茨城県東海村の村松虚空蔵尊**　村松虚空蔵尊は，十三参りの寺として有名である．村松虚空蔵堂は古くは日光寺，後に日高寺となったが，現在は松村仏虚空蔵堂を正式名称としている．古くは旧暦3月13日が祭日であったが，4月3日になり，近年は学校の春休みに合わせて3月25日から学年祭を始め，4月3日を大祭としている．13歳は初めての厄年であり，厄を落として無事成人できるようにと祈願する．日立市内の菓子店では，その名も「十三参り」と銘打った菓子を商品化している．この地域では，十三参りがポピュラーな行事であることをうかがわせる．

　大祭をはじめ，その前後は，県内外から知恵と福徳が授かるようにと願う参詣者でにぎわう．信仰圏は，茨城県内はもちろん，東京都・栃木県・神奈川県などの関東圏，そしていわき市あたりまでの福島県に及ぶ．宵参り（前参り）・本参り・お礼参りと，3年続けてお参りすると御利益が増すといわれる．かつて女児は，本裁ちの着物を初めて着ていった．子ども時代に着ていた四つ身から本裁ちに代わるのは，まさに子どもから大人へ移行する儀礼を象徴するものであり，特に女性にとっては重要な成人儀礼であった．十三参りの子どもは，堂内で護摩祈祷をしてもらい護摩札を受けてくる．帰りに参道の商店で，縁起物菓子「福俵」を買い求め，祝いをくれた親戚や近所にお土産として配った．

〔板橋春夫〕

成人式

　明治9（1876）年，明治政府は「自今満二十年を以て丁年と相定め候」と太政官布告を公布した．丁は，律令制で課役を負うべき成年のことである．

　この布告によって，法律上，日本では満20歳以上が成人となった．伝統的には男子15歳，女子13歳が大人の仲間入りをする年齢とされていたのだが，学校教育を充実させて，少年少女にある程度の教育を施してから，社会の仲間入りをさせるという必要性もあり，満20歳という年齢を基準にしたとされている．

●**個人としての一人前**　かつての農山漁村では，米俵一俵（約60 kg）を担げて一人前とか，田植えで苗をきちんと植えられれば一人前，着物を一反織れると一人前，といった労働力の基準が存在していた．これは年齢要件だけでなく，人並みの能力を備えることが重要だということを示す基準であった．つまり，一人前になるというのは，大人になることであり，村の一員としてやっていけると承認されることでもあった．

　戦前，男子は20歳になると徴兵検査があり，この検査を過ぎると男子は一人前になったとして飲酒や喫煙を大ぴらにできるなど，当人も大人としての自覚をもち，周囲もそのように認める風潮があった．これらは，強いていえば，個人を中心とした成人儀礼であった．

　幕末の思想家・橋本左内は，嘉永元（1848）年15歳になったとき，成人たる要件を『啓発録』としてまとめた（「啓発録」『日本思想体系56巻』）．これによると，①稚心を去る，②気を振ふ，③志を立つ，④学に勉む，⑤交友を択ぶ，の5点が重要な要件であるという．その内容は，幼い心を捨て去って，負けん気を起こして，しっかりと志を立て，勉強をして，しかも良き友を得ることが大事だ，というもので，現代にも十分通用する要件である．もう少し簡略化するとしたら「志を立て，友を選び，書を読む」ということになろうか．橋本左内は，これが成人として重要だと述べている．個人の自己啓発の結果として，成人に達するということであった．

●**成人式の誕生**　昭和23（1948）年に公布された「国民の祝日に関する法律（祝日法）」により，1月15日が「成人の日」としての祝日になった．成人の日とは，「おとなになつたことを自覚し，みずから生き抜こうとする青年を祝いはげます」と定められた．その祝日を，どのように祝祭化していくかという点で興味深いのは，成人式の誕生であろう．埼玉県北足立郡蕨町（現蕨市）の町青年団は，社会の再建に取り組む若者たちに希望をもたせようと，昭和21（1946）年11月22日から3日間にわたって「青年祭」を開催し，そのなかに「成年式」を取り込んだ

のである．この青年祭は，成年式だけでなく，芸能大会・文化展覧会・産業展示会・農業物品評会・復員相談室など多岐にわたり，現在の農業祭や産業祭の先駆けといえるものであった．開催時期も11月であり，いわゆる農作業が一段落した時期にあたる．現在のような1月に開催する成人式とは，趣を異にしていたといえよう．秋の文化祭に成人式を盛り込んだかたちの成年式であった．この蕨町が実施した成年式が，日本で最初の成人式とされている．式典の名称こそ少し違うが，式典形式であること，式典に市長などの式辞があること，満20歳という年齢を定めたこと，などの点で，現在の成人式の原型になったといえよう．しかし，よく考えてみると，20歳という年齢は，戦時中の徴兵検査対象年齢の20歳を意識したものであり，大人への区切り意識の再確認でもあった．

図1 第一回青年祭
[写真：埼玉県蕨市]

　なぜ，蕨町の成年式が全国展開したかというと，翌22（1947）年の全国町村長大会でこの行事が紹介されて全国的に知られ，しかも前述の祝日法を審議している過程で，蕨町成年式の発案者がよばれて意見を述べることになった．そして，文部省の強い後押しもあって，一地方の式典にすぎなかった成年式が，全国規模で展開することになったのである．なお，現在，全国的にはほとんどの自治体が「成人式」の名称を用いているが，蕨市では発祥地を記念して成年式の名称を用いている．なお，祝日法の改正に伴い，平成12（2000）年をもって，1月15日に近い日曜日に変更されている．

　以上のように，成人式は，行政が大きく関与した，いわば官製的な祝祭行事である．しかし，かつての伝統的な元服式の意義を継承しているし，日本国家が国民徴兵制を採用した明治以降，男子20歳のときに徴兵検査を実施していた名残と考えることもできる．この成人式は，戦後復興期の文化的産物であり，創られた伝統として位置づけられる式典となっている．そのためか，現代の成人式は，通過儀礼とはかけ離れた式典化が進んでいる．かつての村社会に存在していた，肉体の試練としての一人前は影を潜め，現代では選挙権，飲酒・喫煙の自由を得る年齢に達したことが強調されるようになっている．

　祝日として成人式は，1月15日に近い日曜日であるが，該当する若者がふるさとを離れており，1月に帰郷困難な理由（積雪が多い，大学の試験など）から，地域によっては盆の帰省時期に，成人式を開催する工夫も行われる．式典化が進んだとはいえ，自分たちの成人式を自らの手で運営するための自立的な活動も，少なくないことを付記しておきたい．

[板橋春夫]

初誕生

　誕生日とは，個人の出生日のことであり，この日を記念してお祝いが行われる．一般の家庭において，毎年個人の誕生日を祝う習慣が定着するのは，昭和20 (1945) 年以降である．つまり，個人にとって出生日が毎年特別な日になるのは，比較的新しいことである．

　現代社会では，誕生日に友人・知人を招待して「お誕生パーティー」を開いて，人間関係を確認し合う傾向がみられる．小学校低学年層に顕著であるが，年代を超えて行われている．誕生祝いに招かれた人は，思い思いのプレゼントを用意する．近年，誕生祝いは華美になりレストランなどで祝うことも普通になっている．

●**誕生日を祝う習慣**　かつて誕生祝いといえば，一般には満1歳の誕生日である「初誕生(はつたんじょう)」に限定されていた．初誕生では，あくまでも誕生日が基準である．日本の通過儀礼のほとんどは，数え年が基準になっているが，初誕生だけは満年齢が採用されるのである．数え年とは，生まれた時を1歳と数え，1月1日が来ると一斉に年齢を加え，以降1月1日を迎えるごとに1歳加える年齢の数え方である．これは集団での年取りであって，正月に国民が一斉に年を取ることが強調されてきた．それに対して，満年齢を祝う初誕生の習俗は，あくまでも個人が対象であるから，年齢の数え方の原則からみると通過儀礼の中では特例であった．

　明治6 (1873) 年に，政府が祝祭日を定めた際，明治天皇の誕生日である12月3日を天長節とよんで祝日とした．大正天皇は10月31日(誕生日は8月31日．宮中ではこの日に天長節祭を実施)，昭和天皇は4月29日であったが，敗戦後の昭和23 (1948) 年に「天皇誕生日」と名称が変わった．このように近代に入ると，天皇の誕生日が国民の祝日となり，誕生日は毎年祝うものであるという認識が，庶民へ徐々に浸透していった．

　一方で，誕生日を祝う習慣は，中世には天皇や公家社会ではすでに存在していたし，近世には将軍や大名の誕生日に，家来に餅を下賜するなどの儀礼が行われていた．そして，下級武士などにも個人の記念日としての誕生日が少しずつ広まっていったようである（鵜澤由美「近世における誕生日」『国立民俗博物館研究報告』）．

　民俗学者の宮本常一 (1907-81) は，『家郷の訓』の中で「私の家では毎年兄弟三人の誕生日に赤飯をたいて家内中で祝い，隣近所へ配る風がある」と記している．大正初年，山口県大島の宮本家では，毎年兄弟の誕生日を祝っていたのである．常一の母は，10歳前後（明治20年代）のときに山口の富裕な家の子守奉公に出された．その奉公先で誕生日の祝いを毎年やっていたのである．常一の母

はそれを真似て，息子3人の誕生日に赤飯を蒸して隣近所へ配っていたという．

●**初誕生の儀礼**　かつての初誕生儀礼においては，1歳の誕生日に一升餅を背負わせることが全国各地で行われていた．米の「一升」と「一生」の語呂合わせで，赤子が一生裕福に暮らせるようにという願いが込められている．昔の赤子は満1歳で歩き始めるのは珍しかったから，誕生日以前に歩ける場合は鬼子といって忌み嫌い，わざと転ばせた．これは初誕生までには歩けないのが普通であり，初誕生の日に初めて二足歩行できることが重要であると考えられていたのであった（近藤直也『「鬼子」と誕生餅─初誕生儀礼の基礎的研究（九州・沖縄編）』）．

ただしこれは，あくまでも儀礼としてであり，近代医療の未発達な時代にあっては，生まれてきた赤子が1年間なんとか無事に過ごせたという意味合いも大きかったのである．

また，誕生日に歯が生えている赤子も鬼子といった．生後6か月で生えた歯をムツキバといい，親子のどちらかが先に死ぬとされた．生後10か月で歯が生える児はトウバッコ（塔婆児）として忌み嫌われた．このような場合には，いったん赤子を辻などに捨てる儀礼を伴うことが多かった．

これらのことから，成長が早すぎる赤子を忌避する思想が維持されていたと思われる．これは等し並みの思想の結果でもある．個性を尊重する現代社会は，大きく育ち，一日でも早く歩ける成長を祝福するようになっている．

なお，沖縄県那覇では，1年目の誕生祝いを，タンカーユーエー，宮古・八重山ではタンカーヨイという．この日，火の神・仏壇・神棚へ，赤飯・揚げ豆腐・天ぷら・豚肉・かまぼこなどのご馳走を供え，親戚知人を招待して祝宴を催した．子どもの将来を占うといって，座敷に赤飯・そろばん・本・お金・筆・農具などを並べて子どもに選ばせた（図1）．本を取れば学者，そろばんは商人，赤飯は食べるに困らないなど，どれを取っても縁起の良い占いとなっている（名嘉真宣勝『沖縄の人生儀礼と墓』）．

図1　タンカーユーエー
［写真：芳賀ライブラリー］

初誕生に品物を選ばせて将来を占うエラビドリの習俗は，近畿地方の一部，中国，四国，九州・沖縄など西日本に濃く分布している（増田勝機「誕生日を祝う習俗並びに初誕生のエラビドリ習俗について」『日本民俗学』144号）．

［板橋春夫］

七五三

　七五三は，子どもの通過儀礼として広く行われる祝いである．11月15日を中心に5歳の男児，3歳と7歳の女児が晴れ着に身を包んで神社へ参詣するもので，数え年で行われることが多い．この期間には，千歳飴(ちとせあめ)を持った子どもたちの明るい笑顔が神社境内に見られる．かつて男女3歳は髪置き，女子5歳は袴着，男子7歳は帯解きの祝いとされていた．七五三の3・5・7の数字は，いずれも奇数で吉兆とされる．幼児の成長期に神社へ参詣して無事成長を祈り，氏子としての仲間入りを果たす機能をもっていた．

図　七五三
[写真：芳賀ライブラリー]

●**七五三の由来**　七五三は，髪置き・袴着・帯解きを起こりとする．髪置きは鎌倉時代から文献にみえ，剃り上げていた頭髪を少しずつ蓄える儀式で，頭に綿帽子を被せたりした．袴着は平安時代から文献にはみえ，袴をはいて成長を祝う儀式であった．帯解きあるいは帯直しは，室町時代には行われていた記録がある．

　着物が普段着であった時代，子どもは帯を締めずに付け紐を結んで着物を合わせるだけであった．それを，数え7歳になると，付け紐を結ぶのをやめて帯に取り替えた．この儀式を帯解き，帯直し，ヒモトキ（紐解き）祝いと称していた．これらの行事は，室町時代から江戸時代初期にかけては11月から12月までの吉日に行っていた．11月15日に固定するのは江戸時代後期である．11月15日を祭日とする神社が多かったからという説もある．天保9(1838)年の『東都歳時記』11月15日の項に「当月始の頃より下旬迄．但し，十五日を専らとす．尊卑により，分限に応じて，各あらたに衣服をとゝのへ，産土神へ詣し，親戚の家々を廻り，その夜親類知己をむかへて宴を設く」とある．しかし，3歳・5歳・7歳の個別の祝いを七五三という括りで一本化していくのは，近代に入ってからといえそうである．その背景には呉服商やデパートの宣伝の影響も見逃せない．

　一方で，南九州一帯では，ナナトコ祝い，ナナトコ雑炊という行事がある．7歳の子どもが近隣7軒をまわって雑炊を貰い歩く．こうすると病気にならないといわれた．このように，7歳にかかわる行事は古くから知られており，現在の七五三の行事が定着する下地は存在していたといえよう．

●**盛大な七五三行事**　千葉県下では，七五三の祝いを結婚式の披露宴のように盛

大に行う地方が少なくない．少子化時代を反映し，七五三を重要な通過儀礼と位置づけたイベント性の高い行事である．同県八千代市や習志野市では，跡継ぎとなる7歳の男女の祝いを盛大にやった．祝いの前に餅を搗いて，竹籠に入れた籠餅を親戚・近所に配りながら祝いの日時を連絡しておく．招待の範囲は仲人・親戚など冠婚葬祭の範囲でもあり，大勢の人がやって来る．付け紐を取る帯解きの儀式をしてからお披露目をした．戦後は仕出しを取ってご馳走をしていたが，次第にホテルを会場として七五三の祝いをするようになった（鈴木明子「ムラの一生―習志野市・八千代市」『千葉県の歴史 別編 民俗2』）．

　同県成田市でも，長男のヒモトキ祝いは餅搗きから始まり，宮参り，披露，めでた申し，と続き，長いときは3日かけて盛大に行われた．餅搗きはカマス仲間とよぶ近隣組合の人が手伝ってくれた．搗き上がった餅は呼び餅，あるいはヒモトキ餅といって，招待した親元，仲人，近しい親戚などに配る．青竹の籠に入れて配ったので籠餅の別名もある．当日招待された人は，披露があってから本膳が出され供応される．ヒモトキの子どもは挨拶をしたり，仲人に付き添われて客へ挨拶にまわった．翌日は，めでた申しといって，手伝いをしてくれた人を招いてご馳走した（成田市史編さん委員会編『成田市史 民俗編』）．

●合同ヒモトキ祝い　成田市のヒモトキは，今は3歳・7歳が女の子，5歳が男の子になっているが，昔は男の子も7歳であった．ヒモトキには仲人を招待して盛大にお祝いをするもので，女児は大人になっても着られるようにと着物を新調してもらった．近所の人が，半紙にお金を包んだおひねりをくれたり，同級生を招待してお汁粉を振る舞ったり，たくさんの客を自宅へ招いたり，まるで結婚式のように盛大な祝いを行った．餅は自宅で搗いて仲人や近しい親戚に配ったが，高度経済成長期以降は次第に菓子屋へ注文するようになり，自宅での振る舞いは，前述のように旅館やホテルへと会場を移したのである．

　成田市の「合同ヒモトキ祝い」導入の背景には，ヒモトキが盛大・華美になり，一般家庭では経費負担が問題になっていたことが前提にある．戦後，冠婚葬祭の簡素化を軸にした生活改善運動の一環でもあった．成田市の合同ヒモトキ祝いは，昭和29（1954）年に，市教育委員会と婦人会の共催でスタートした（前出：『成田市史』）．この祝いを実施していた地区では，小学校入学前の子どもが，自宅から小学校までの距離を体験してみる機会でもあった．なお，子どもたちは洋服を着て出席する決まりであった．前述のように，生活改善の一環として導入されたイベントであるが，各地区で微妙に対応が異なっていたようである．

　なお，小学校区単位で合同七五三を行うという簡素化運動は，全国各地で広く行われた一方，近年は写真館で記念撮影をすることが多くなり，近親者を招いての家庭的な祝宴も行われている．

［板橋春夫］

初 湯

　群馬県館林市上三林町新田のYさん（大正15〈1926〉年生まれ）は，昭和24（1949）年9月に初子を出産した．その時の様子を，文献から紹介する．

　家族が近所の「お産婆さん」（助産婦）を頼みに行ったところ，その人は「初子はすぐに産まれるものではない」と言って，数日前に取り上げた赤子の湯浴びせに出かけてしまった．家族が家に戻ると，赤子が産まれそうになってしまったので急きょ姑が助産することになった．近所に住んでいたかつてのトリアゲバアサン（当時90歳近い）が立ち会って，へその緒を切ってくれたという．このときは姑がお腹をさすってくれ，生卵を二つ飲ませてくれた．生まれたばかりの赤子を布で包んでくれたのも姑であった．出産後まもなくお産婆さんが到着し湯浴びせをしてくれた．湯浴びせのためにお産婆さんは7日間続けて来てくれた．タライに湯を入れて赤子を産湯に浸からせるが，浴びせた湯は床板をはずして縁の下に捨てた．産後1週間は「娘の面倒をみる」ためといって実家の母が干瓢と鰹節を持って泊まりがけでやって来た．洗濯物を洗ったり，食事の世話をしたりしてくれた．実家が近い場合は通いで来るものであった，という（館林市史編さん委員会編『館林の民俗世界』館林市史特別編5巻）．

●**産湯の方法**　出産後に新生児を沐浴させることを，館林市では湯浴びせ・産湯ともいう．初湯・湯初めと称する地方もあったが，産湯という言い方が一般的であるようである．産湯は，生まれた赤子に湯をつかわせることであるが，衛生上の問題もあり，産婦の血穢を洗い清める禊ぎの意識が存在しているとされる．一般に湯を浴びせるかたちをとるが，地域により回数などが異なり，さまざまな伝承がある．

　一例として，大正5（1916）年の奈良県の調査報告『奈良県風俗誌』から初湯についての記録を拾ってみる．生駒郡伏見村では，「臍帯切断後，産婆自ラコレヲ行フ，其ノ法小児ヲ適宜ノ温度即摂氏三十六度位ノ温湯ニ入レテ五分間乃至十分間斗之ヲ洗ヒ，眼トロトハ別器ニ入レタル微温湯ニ浸シタル消毒綿花ヲ以テ丁寧ニ掃除ス」という．添上郡大安寺村では「初湯，産婆コレヲナサシム，氷凍蒻，卵ノ白身等ニテ洗フ，此際漆ニマケヌ様ト塗椀ヲ盥ノ中ニ入レル」とあり，同郡狭川村では「初湯　助産者，生児ヲ湯ニ入レ，顔ハ卵ニテ洗フモノ多シ」とある．このように鶏卵で顔を洗うという事例は，奈良県内で多数みられる．

　初湯の日数は一般的には1週間というが，添上郡平和村では初湯は「産婆ノ手ニテ十一日間初湯ヲナス」とあり，同郡平城村では「十日間，始メノ一週間ハ朝夕二回，其後ハ一回」とあるように，同じ郡内でも少しずつ異なる．

回数はタライの数や日数で数えるのが一般的であるが，その数は大きな幅が認められている．注目すべきは，男女で回数を区別していることである．『長野県史』によると，「男の子は19タライ，女の子は20タライ」という諺がある．それは忌み明けの一つの基準を示している．女性は穢れが余計にかかっているということである．お湯の調整にあたっては，湯の中に水を入れて温度を下げる方法がとられる．ちなみに，死者の湯灌に用いる湯は，その逆であり，水の中に湯を入れる方法がとられる．

●**産湯の処理**　産湯に関する民間伝承について，昭和11年から13年（1936-38）にかけて全国規模で調査した『日本産育習俗資料集成』（母子愛育会編）からいくつか紹介してみる．

　福井県坂井郡では，陣痛が始まると産湯を沸かしにかかる．その際に湯を沸かす釜の蓋を必ずしなければならない．そうしないと，その子の湯灌をすることになるという．同じ坂井郡では，生卵で洗うと良いとされている．栃木県河内郡では，漆にかぶれないように，初湯を沸かすときに漆の木で火を焚くと良いという．山梨県北都留郡では，取り上げ婆さんが盥の中に足を入れ，その間に赤子を挟んで入れ，洗い終わると後ろへ手を回してつかませる．これは手を後ろに組んで歩むほど長寿するように，との意味である．群馬県碓氷郡豊岡村（現高崎市）でも，産婆が盥の中へ両足を入れ，産児童の頭を両膝で挟んで湯に浸らすという．同県吾妻郡沢田村（現中之条町）では，産湯の湯はなるべく静かにこぼす．もし急にこぼしてしまうと，生児は性急で急ぎ子になるといった．

　以上，わずかな事例であるが，産湯には数多くの伝承がある．なかでも，漆かぶれを防ぐために産湯を沸かす際の燃料を漆とする地方は全国各地に多い．湯をかけるときに漆製の漆器を用いる地方があるのも，漆かぶれを防ぐまじないであった．湯の中は卵のほか，米のとぎ汁・酒・酢などを入れる地域があるが，鶏卵は各地で報告されていた．湯を沸かす際に必ず釜の蓋をするという伝承は，死ぬという葬式と逆の行為を述べており，生きることをことさら強調した伝承となっている．

　また，産婆の両足に挟むなど，具体的な洗い方も記載される．産湯を静かに捨てるとする地方が圧倒的に多いが，その理由として，波を立たせると子が血を吐くとか，揺すって捨てると子どもがめまいを起こす，大波を立てると夜泣きをする，などといったことが伝承されていた．産湯に使った湯を捨てる場所は，床下，人の踏まない場所，墓地などさまざまであるが，いずれも太陽の当たらない日陰が選ばれた．

　このように，産湯の民間伝承は多岐にわたる．近代医学の見地からみると荒唐無稽のものが多いようであるが，子どもの成長を祈る俗信の数々は，古今を通じて家族の赤子に向けた優しい心意を映し出しているともいえ，必ずしもすべて捨て去るべきものではないようである．

［板橋春夫］

厄年と厄払い

　人は，一定の年齢に達したとき，病気や不幸などの災厄・災難に見舞われやすいとされ，その年齢を厄年という．厄年には災厄・災難から逃れるための各種儀礼や行為が広く行われる．厄年は生命力の衰退である一方で，生命力の更新でもあり，厄年と長寿祝いの性質をもつ．長寿祝いは12年刻みで行う祝いで，その基底には厄払いの思想があるとされる．

　沖縄地方では，13, 25, 37, 49, 61, 73, 85, 97歳を祝っている．厄年と長寿祝いは，一連の習俗として検討すべきものであり，特に長寿祝いは高齢社会の現代にふさわしい儀礼といえよう．

●**厄年の意味**　一般に，厄年といえば男性25, 42歳である．女性は19, 33歳である．江戸時代中期の国学者，天野信景（あまのさだかけ）の随筆『塩尻』巻七一には「是は我が俗にして四二死の言，三三さんざんの言，なるより甚忌し」とある．同時代の伊勢貞丈著『安斎随筆』巻二八には「十九は重苦，廿五は五々を二重後ととりなして死後の事として忌む，三十三は三三と重なる故散々と取りなし忌む，四十二は四二とつく故死と取りなし忌むありらちもなき事なり」とあり，これらの説が一般にも受け入れられたのであろう．語呂合わせではあるが，単にそれだけとみるのでなく，年齢的な意味を考えなくてはならないであろう．

　一般に，「4」に関する忌みの感覚がある．人生最大の不幸は死であり，語呂合わせとしても「4」は死に通じる．病院では4号室，4階は常に意識され，4を省略している病院もある．42号，44号がないとか，産婦人科には43の番号を使わない．それは死産に通じるという．このように4という数字が気になるのは文化である．4は陰陽道では陰数とされ，もともと不吉な数であった．それが日本語と結びついてさらに拍車がかかった．このために幼児の4歳を厄年とする地方も少なくない．もちろん，この不吉とされる数字をあえて使うことで，厄負けしない思想もあった．例えば42歳の厄年にあたる人は，年男でもある．長寿祝いの基礎には災厄と幸運を併せもつ論理が成り立っているのである．

　4歳というのは，体力的に乳離れしてからの不安定な時期にあたり，霊魂の安定しない幼児に対する霊の強化という側面がある．なお，「良い」の4と考えれば厄勝ちの思想になる．男性の25歳は若者組の終了と結婚の時期にあたる．また，42歳は村の役職に就き始める時期でもある．一方，女性の19歳は昔の婚期にあたっており，33歳は子育てが一段落する時期であった．主婦権を獲得する時期にもあたっていた．女性の33歳には嫁の実家から鱗（うろこ）の帯が贈られた．これは災厄からの脱皮の意味がある．いずれにしても，厄年としての女性の33歳，

男性42歳というのは男女それぞれ精神的，肉体的にも一つの転機である．

並び年は，22, 33, 44, 55である．これを「重ね年」ともよんでいる．群馬県館林市周辺では，55歳が男女とも厄年と考えられている．同県太田市では55歳になると，「五十五の団子」といって子や親戚一同が1合の米で55個の団子をつくった．この団子は一人で食べなくてはいけない．団子を食べると中風にならない．この習慣は昭和に入ってから

図1　成田山新勝寺の節分会　［撮影：筆者］

の習俗であるといわれている（板橋春夫「五十五の団子考」『叢書いのちの民俗学2　長寿』）．

22歳も，厄年の部類に入ることがある．かつて土葬時代の棺桶に用いた座棺の大きさが縦横2尺2寸であるところから，22歳は結婚にはよくない年回りといわれた．また2×2＝4（死）という語呂合わせであるともいわれる．とにかく古くは，特に22歳の女性の結婚は忌み嫌われていたのだ．子ども組とよばれる組織のある群馬県の倉渕村や吾妻町，中之条町，高山村などでは男性15歳，女性13歳が厄年と考えられていた．例えば，群馬県吾妻郡中之条町五反田白久保のお茶講は，4種のお茶を飲み当てる闘茶である．このお茶講に参加できる女性は13歳未満の女の子に限られる．13歳以上の女性は注連（しめ）の張られた内側には入れない．厄年の人はセリを食べない．これは川に流された川崎大師がセリにつかまって命拾いをしたという故事にもとづく．

●**厄年と豆まき**　厄払いの方法として，災厄を身体から落とす除災儀礼がある．これは品物を捨てたり贈ったりして厄の分散をはかる方法である．例えば，愛媛県出身の俳人正岡子規は，松山時代の節分の厄落としについて，「この夜四辻にきたなき犢鼻褌焙烙（ふんどしほうろく），火吹竹（ひふきだけ）など捨つるもあり．犢鼻褌の類を捨つるは厄年の男女その厄を脱ぎ落すの意とかや．それも手に持ち袂（たもと）に入れなどして往きたるは効なし，腰につけたるままにて往き，懐より手を入れて解き落すものぞ，などいふも聞きぬ．焙烙を捨つるは頭痛を直す呪（まじない），火吹竹は瘧（おこり）の呪とかいへどたしかならず．四十二の古ふんどしや厄落し」（『墨汁一滴』）と記している．節分の豆まきも一例である（図1）．節分の豆まきは新しい春の到来にあたり，わが身に降りかかる一切の災難を振り払い，健康を維持しながら平和な生活を営むことができるようにとの願いを込めたものである．日本人は健康であることを「まめ」だという．「まめ（忠実）」は身体の丈夫なことも意味する．豆を年齢の数だけ食べると健康でいられるという俗信が各地に今も残る．

［板橋春夫］

婚礼と披露

　神前結婚式は，明治中期に考案され大正期に普及したとされる．それ以前は，親類縁者を前にして盃を交わす人前結婚式であった．最近の結婚式は，仲人(なこうど)を立てず友人の前で結婚を誓う人前結婚式が圧倒的に多い．わが国の近代結婚習俗は，明治以降に人前から神前へと変化し，現代は神前から人前へと目まぐるしく変転しているのである．さらに，婚活・同性愛カップル・事実婚・離婚式といった現代の結婚事情には目を見張るものがあり，その著しい変容に驚かされる．

●**結婚式と三三九度の盃**　婿入り婚では，当事者間で約束された夫婦関係を公的に承認する儀礼が必要であった．まず夫が妻の実家に出向き，妻の親と盃の取り交わしを行うことで婚姻が正式に認められ，後日に祝言が執り行われる．この時は，妻が夫の家を訪れて夫の親と盃を取り交わすが，地方によってはこれをアシイレ（足入れ)と称した．見合い婚の場合は，「決め酒」などとよばれる婚姻成立の儀式を執り行うが，その中心に位置するのは仲人であった．

　仲人は，盃事(さかずきごと)を差配する重要な役割を担っており，社会的地位もあり人望のある人が選ばれた．決め酒の呼称は各地で異なるが，酒入れ，酒立て，樽立て，決まり酒，口固めの酒，手打ち酒，済み酒などバラエティに富む．婚約の儀式は，いずれも決まる，固まる，済む，手打ちなどに表現されるように，互いの家を結び付けるものであった．そして結婚式となる．

　大正期から昭和初期における神奈川県横須賀市の結婚式は，新婦が新郎の家に到着すると，親類縁者の立会いのもとに盃事が始まる．三三九度は，朱塗りの三つ重ねの盃を用い，新郎新婦に雄蝶雌蝶(おちょうめちょう)と称する男女の子どもが酒を注ぐ．盃事の最中に縁側から様子をうかがっていた近所の人たちが新郎新婦に向けて一斉に祝いの炒り豆を投げつけた．その際に，新婦が驚いて顔をあげると大歓声が巻き起こり，三三九度は最高潮に達するのであった．新郎新婦の盃事が終わると，仲人の前に婿の両親が進み出て，仲人から新婦の引き渡しと一緒に盃を受ける．次いで親戚や組合の人たちと盃のやり取りがある．仲人が新婦の名を披露し，出席者全員に名披露目(なびろめ)の酒が出された．それが済むと宴となる（横須賀市編『新横須賀市史　別編　民俗』）．このように，結婚式は酒食を伴う共同飲食によって，つながりを結ぶ儀礼であった．なお，三三九度は，盃を取り交わし夫婦の約束をするので「固めの盃」ともいわれた．三つ重ねの盃を用い，一献・二献・三献と順次いただく式三献(しきさんこん)の盃事である．まず一番上の小の盃で嫁が酒を三口で飲み，婿も同様に飲む．次に中の盃で婿，嫁の順にそれぞれ同様に飲む．そして最後は大の盃で嫁，婿の順に同様に飲む儀礼である．盃事で最も大事なことは，同じ口

から飲むことである．次の人が同じところから飲むために，飲み切らずに一滴だけ残すのが良いとされた．同じ盃で飲む場合，前の人がわざと残した一滴を飲んでから改めて酌を受ける．これにより唇が一緒になり，親密感が深まって他人ではない関係となる．つまり三三九度とは，互いに酒を飲んで新たな関係になることを確認する儀礼であり，盃事は契約文書を取り交わすのと同じか，それ以上の効力があった．

図　結婚披露宴
［写真：芳賀ライブラリー］

●お色直しの意味　現代の結婚披露宴では，花嫁は何度もお色直しをする．白無垢，色打ち掛け，ウエディングドレス，色ドレスという具合である（図1）．一方，花婿はせいぜい袴からモーニングに着替える程度である．披露宴は花嫁をいかに美しく，いかに可愛く演出するかに重きが置かれる．伝統的な花嫁衣裳は，白無垢であった．明治時代から下に白無垢を着てその上に江戸褄を重ねて着るようになったようである．振り袖は，年々派手になってきたので，農村部では自治体や農協などで貸し衣裳システムを設け，振り袖を廉価で貸し出していた．都市部では，専門の貸し衣裳屋が発達し，個人で高額な花嫁衣裳を購入しなくても着ることができるようになった．花嫁衣裳で最も印象に残るものは，白いツノカクシ（角隠し）である．女性には見えない角が生えているので，それを隠すのだという俗説に由来する．また，白は何色にも染まるなどという意味があると解説するが，これも俗説であろう．ツノカクシ本来の機能は，髪の毛の不浄を覆い隠すことにあった．白はハレの日に使う聖なる色と考えるべきであり，再生を意味していた．このツノカクシは比較的新しく，かつては綿帽子が用いられた．喪服もかつては白であり，地域によっては，葬列に白い被り物をする女性たちを見ることがある．白＝聖なる色という思考は同じである．花嫁の髪型は島田髷で，結婚をすると島田髷から丸髷になったので，昔は髪型を見ただけで人妻かどうかを識別できた．

●現代の結婚式　昭和40年代から50年代にかけて隆盛を極めた神前結婚式は，徐々に減少した．それに代わってチャペルウエディングの割合が増加していった．平成に入ってからは，海外ウエディングやごく限られた人たちだけのウエディングが流行する．同時に披露宴を行わない例も増えていった．また，結婚式が個性化する中にあって，仲人を介する結婚式に変化がみられた．平成6（1994）年には仲人を立てる結婚式が64％であったのに対し，10年後の平成16（2004）年にはわずか4％まで激減したのだ．これは，家と家との結婚から個人と個人の結婚に変化したことを象徴する出来事であった．披露宴なしの結婚式が増加しているが，挙式のない結婚式はほとんどないといわれる．この現象は，結婚とは儀礼であるということを象徴するものといえよう．

［板橋春夫］

新婚旅行

　新婚旅行とは，結婚したばかりの二人が，その記念に旅行をすることをいう．日本で初めての新婚旅行は，坂本龍馬とお龍の新婚旅行（慶応 2〈1866〉）といわれている．平成 23（2011）年刊の霧島市観光ガイドブック『霧島ものがたり』にも，「日本初のハネムーンへタイムスリップ　坂本龍馬とお龍の新婚旅行をめぐる！」と題した，霧島の歴史を説明するページがある．とはいえ，その時代から新婚旅行は大衆化していたわけではない．では，新婚旅行はいつから大衆に普及し始めたのだろう．また，その大衆化の背景には何があったのだろうか．

●**新婚旅行の大衆化**　「新婚旅行の文明論」を著した白幡洋三郎によれば，新婚旅行の大衆化は，「戦後復興が進み，日本の経済力が戦前のピークと同程度まで回復した昭和 20 年代の後半になって実現」したという（『旅行ノススメ』）．

　この高度成長期には，家族の観点からみてもある特徴がある．社会学者の落合恵美子が著した『21 世紀家族へ』によれば，昭和 30（1955）年から昭和 50（1975）年くらいまで，女性と子の観点から安定した構造があった．それは，主婦が高度成長期に大衆化して多数派になったことと，戦後の出生率低下には二段階あるが，この頃は安定した時期であった，という統計的なデータによるものである．

　女性の多くが主婦化し，ほとんどの人が結婚して 2 児くらいを産むようになった，大正 14（1925）年から昭和 25（1950）年生まれの人口学的移行期世代（人口の多い世代）がその担い手だった（落合はこれを「家族の戦後体制」とよぶ）．新婚旅行の大衆化はこのような時代と歴史的に対応する．1970 年代初頭は余暇時代・レジャーブームとよばれるようなったことや，見合い結婚より恋愛結婚が多くなってきたことも，新婚旅行の流行と関係があるだろう．

●**新婚旅行が前提となる時代へ**　民俗学者の山本志乃は，平成 23（2011）年刊の『旅』誌上において，戦前戦後を通じて初めての「新婚旅行特集」が組まれたのが昭和 34（1959）年 4 月号であると記載している．その特集をみると，「東京から大阪から新婚旅行モデル・プラン集」や「全国の新婚むき旅館」が紹介されている．

　他方，白幡は，前出の著書において，昭和 35（1960）年刊『新時代の礼儀作法』（日本女子教育会）の「新婚旅行のエチケット」という章に言及し，新婚旅行をするべきか否かを問うものではなく，新婚旅行をすることを前提としたうえでのタイトルになっていると指摘する．『新時代の礼儀作法』は，新装増補版も刊行（1965）されており，同じ章には，「第二の人生の門出」「行き先と日程」「服装と携帯品」「夫のよび方，妻のよび方」「初夜のマナー」を含む 9 項目の説明が載っ

ている．そのうちの一つ，「新婚旅行の案内」によれば，東京都内の新婚旅行の1割を扱っている日本交通公社の統計が紹介されており，2泊が35％，1泊が33％，3泊が20％，4泊以上は少ないという．行き先は伊豆・箱根が35％で最も高い割合となっている．

●**新婚旅行の目的地**　同じく白幡は，同書において以下のようにも記述している．「昭和戦前期，新婚旅行の行先といえばほとんどが温泉地だった．それは戦後もほとんど変化しなかった」そうで，昭和30年代も新婚旅行の目的地は「温泉地一色だった観がある」という．

図1　飛行機から降りてくる新婚旅行のカップル［出典：宮崎県情報誌『Jaja』vol. 20, 17　写真：宮崎交通．「あの頃，みんな宮崎をめざした　フェニックスハネムーンの時代」より］

熱海や箱根，南紀白浜なども有名であるが，地方の温泉地の人気も記録がある．例えば，札幌の奥座敷・定山渓温泉についての記録（『定山渓温泉のあゆみ』2005）によれば，昭和33（1958）年には北海道大博覧会が開催され，札幌の人口が増加し，定山渓温泉はハネムーン地として人気となった（1日平均，50～60組）．

昭和40年代は新婚旅行ブームが訪れ，南国である宮崎は新婚旅行のメッカとなる．ピークは昭和49（1974）年で，宮崎市に宿泊した新婚旅行客は37万組を突破した．この数字は，同じ年に結婚したカップルの3組に1組以上だという．航空便の発達も宮崎旅行を促進した．飛行機に乗って宮崎に行くことが憧れだったのである．

●**目的地の多様化と変貌する新婚旅行**　旅の文化研究所編『旅と観光の年表』(2011) は，国鉄が1959年に新婚旅行用のことぶき周遊乗車券を発売したことや，1970年代頃からは飛行機での新婚旅行が一般化したことについて触れている．後に海外への新婚旅行も多くなる．ハワイはその一例である．

だが今日，新婚旅行の意味は変化してきている．なかなか旅に出られない時代の，しかも，一生に一度と想定されて行われる新婚旅行とは異なりつつある．交通手段の発達や旅行機会の増加がみられ，婚前旅行もある．また，誰もが結婚する時代を通過し，今日では未婚率の上昇や初婚年齢の上昇もみられる．離婚や再婚もあり得る．結婚することが当たり前とされ，しかもそれが一生に一度のものと思われていた時代を経て，結婚しない人も珍しい存在ではなくなった．結婚したとしても，結婚式や新婚旅行をしない人々が現れ，新婚旅行の位置づけ自体が変化してきている．

［妙木　忍］

長寿儀礼

　還暦は，十干十二支の一巡ということで，数え61歳に赤色の呪力を信じ赤いちゃんちゃんこを身につけて祝う．70歳は古稀で，杜甫の詩「人生七十古来稀なり」に由来する長寿祝いである．77歳を喜寿というのは「喜」の字をくずして書くと「七」が三つに見えるところから付けられた．88歳は米寿である．「米」の字をよく見ると八，十，八の組合せになっているのである．

●**古稀・喜寿・米寿**　群馬県伊勢崎市では，77歳の祝いを「喜の字の祝い」という．火吹き竹を拵えて，半紙を巻いて水引を掛けて当人の名前を墨書した．これをたくさんつくって，スルメと赤飯を添えて親戚や近所へ配った．もらった家では，この火吹き竹を神棚に置き，近所に火事があったとき，この火吹き竹で火事の方角に吹くと火がやって来ないという．また，耳の悪い人が火吹き竹で耳元を吹いてもらうと治るという俗信もあった．

　88歳（米寿）になれば，弥勒菩薩になれると信じられていた．仏教では，弥勒菩薩は56億7,000万年後に現れる救世主とされる．奈良県から和歌山県の一帯では，米寿の祝いをすると，家ではその老人の手形を押したり，一升枡の形を書いた半紙に，餅や赤飯を添えて近所親戚に配った．もらうと，その手形や一升枡の半紙は玄関に貼って門守りとした．民俗学者の井之口章次によれば，米寿が本来意味するところは，火吹き竹にある節のように年齢を経てきたということであり，一升枡はこれだけの回数の米を食べてきた証拠物件であるという（『日本の俗信』）．

　秋田県由利本荘市では，88歳になると，寺院で祈祷を受けてお守りを親戚に配る．お守りをいただいた家では，米一升を祝いとして返礼した．そして，男女とも88歳になると，子どもや孫が赤いちゃんちゃんこと赤い帽子を贈る．同県にかほ市象潟町では，88歳の長寿祝いには家族や親戚が「八十八歳守」と墨書して氏名を書いた札を配る．この札は米櫃に貼っておくが，この米を食べると長寿にあやかれるという．贈答品として，斗掻きのほかにご飯杓子が用いられる．

　同県大館市田代町では，88歳を過ぎて亡くなると，柩の周囲に88個の紅白のマブリを付けて野辺送りを行った．このマブリは，一辺が約5cmの三角布で，中に1円玉を入れた．すなわち赤を44個，白を44個つくった（斎藤寿胤「年祝いの深層―88歳の祝いを中心に」『秋田民俗懇話会十周年記念紀要「老い」の知識・と智恵と民俗』）．なお，90歳は卒寿で，99歳は白寿である．「百」の字にちょうど一つ足りない字の形となっている．

●**沖縄のカジマヤー祝い**　沖縄は長寿儀礼が盛んで，特に88歳のトーカチ祝い，

そして 97 歳のカジマヤー（風車）祝いを盛大に行う（図1）．トーカチ祝いは，本土の米寿の祝いに斗掻き棒を配る習俗と同様である．カジマヤーとは，一般には老人が子どもに立ち返ったという意味で，本人に風車を持たせる．本来は個人的な通過儀礼の祝いであったが，現在は何十台もの自動車を連ねて祝賀パレードが行われる地域社会の一大イベントである（安達義弘「沖縄における長寿者の儀礼―その現行民俗行事を中心として」

図　カジマヤー祝い
[写真：芳賀ライブラリー]

『九州大学文学部九州文化史研究紀要』36 号）．しかし，太平洋戦争以前のカジマヤーでは，前日に枕飯御願という儀礼を行うなど，数え 97 歳になった老人をあたかも死者のように扱った．数え 97 歳の当人に白衣の死に装束を着せ，枕元に葬式同様の枕飯を供え，家族や近親者がその周囲に座って哀悼の意を込めて名前を 3 度呼んだ．人間の寿命は 88 歳が最高限度であり，それ以上生きるとその分だけ子孫の寿命が縮まるという言い伝えから，模擬的葬送儀礼を行うという．周囲にいる者は，「寿命が尽きたのだから昇天してください」と言いながら子孫の繁栄を祈ったという．それから行列を組んで村中を回るが，その際には七つの橋，七つの十字路を通過することになっていた．この行事は後生支度といい，すべて葬式と同じようにして，他の人々は途中道端でそれを見てはいけないといわれた（源武雄・名嘉真宣勝「一生の儀礼」『沖縄県史』民俗1）．

　カジマヤー祝いは，97 歳なので旧暦 9 月 7 日に行う地方もある．また，正月に自分の干支の一番最初の日に行う場合もある．カジマヤー祝いは新しく生まれ変わるという意味で，大宜味村では木製の小さな四輪車に乗せて墓地へ連れて行った．これまでの人生は終わってすんなり墓に入れるという．そして再び生まれ変わったので墓から連れて帰るが，その墓から帰るときの行列を人々は見てはいけない，見ると不運に見舞われるという．前述したように，カジマヤーの行列が，七つの橋，七つの辻を通過するのは，97 歳の人が新たな時空に入ることを暗示する．その人の人生を集約した時空間を通過したことを意味し，究極の段階で死の世界に入り，再び U ターンして現世に戻ってくるということを儀礼化したものであると考えられている（宮田登『冠婚葬祭』）．カジマヤーという言葉には「風車」という意味だけでなく，「辻」あるいは「道の交差点」という意味もある．本来は，死の儀礼が伴っていたカジマヤーも，現在はその部分が完全に欠落し，長寿を祝うことに主眼が置かれている．

［板橋春夫］

通夜と葬儀

　日本の葬送儀礼は，日本人の生命観を具現化したもので，親しい人を喪失した悲しみを徐々に癒していくグリーフケア（grief care）の側面がある．仏教式の葬儀が9割を超える日本では，僧侶は地域社会で行われる民俗慣行にのっとりながら儀礼を執行し，伝統的な先祖供養の一翼を担う．現在，伝統的な葬儀を執行してきた農村モデルが崩壊し，葬祭業者中心の都市モデルが一般化しており，地域社会に伝えられてきた葬儀の変容が著しい．

●**通夜の儀礼**　通夜とは，本来は人が死亡した日の夜あるいはその翌日に行われるもので，曹洞宗では，通夜のことを逮夜・大夜と称する．近親者が夜を徹して死者のそばに付き添って生前の死者を偲びながら語り明かすことが多くみられる．その際は，線香とロウソクの火を絶やさないで夜を明かす．青森県では，通夜のことをヨトギ（夜伽）といった．通夜の習わしは，葬祭場に移っても行われている．死者に添い寝する慣行がある地域もあった．死者が出た家では，神棚を笹竹で覆ったりして神へ穢を見せないようにした．

　明治・大正期の東京では，実際に夜を徹して通夜が行われたが，酒や鳴り物が入り，それはたいそうにぎやかで騒々しいものであった．通夜ともなれば，近隣の家ではうるさくて眠れなかったという（村上興匡「大正期東京における葬送儀礼の変化と近代化」『宗教研究』284号）．

　死というのは，肉体から霊魂が遊離した結果生じるものであると伝承されてきた．人が亡くなると，悲しみに包まれた喪家に対して，近隣組の人たちは葬式の準備協力を惜しまなかった．それが近代以降，社会構造の変化など各種の要因により，相互扶助が困難になっていく．昭和30年代の高度経済成長以降，急速な都市化と核家族化の進行は，地域社会によって営まれてきた葬送儀礼にも大きく影響を与え，地域のつながりの弱体化とともに，大きな転機を迎えることになった．一般に，家を継承する人が葬式を仕切る場合が多いが，継承者のいない人の葬式の問題が表面化し，継承者を必要としない葬法が考えられるようになった．その延長線上に自然葬があり，家族の変容は家族葬や直葬など，葬式の小規模化を促進させている．自然葬の特色として散骨があるが，これは平成3（1991）年に「葬送の自由を進める会」が散骨したことに始まる．

●**葬送儀礼の諸相**　かつては，近親あるいは近所の女性たちが枕飯と枕団子を大急ぎでつくる一方，男性は喪家の親戚へ死亡報告と葬式の日取りの連絡を行った．これをツゲ（告げ）という．この伝達方法も，ツゲ→電話→新聞のお悔やみ欄の活用と大きな変遷をみる．また，昔の香典は，米や味噌であった．それは葬

式が緊急な出来事であったので，親戚や隣近所から物品が届けられた．香典はすべて現金とされる現在，香典袋に新券を入れないのがマナーとされ，使用済みの紙幣を裏返して入れる．この作法には，前近代の葬儀から取るも取りあえずという伝統的な香典の心持ちが残される．枕飯は死者の枕元に供える．研がずに炊いたご飯を茶碗に盛り切りの高盛り飯にして箸を突き刺した．枕団子も供えるが，地域によって形状が異なる．忌みがかかるといって，煮炊きには普段使っている竈ではなく，戸外で別竈にした．このように別の竈を用いるのは，火によって穢れが伝染すると考えた結果であり，火を別々にする行為を別火とよんだ．かつては死者の別火をやかましくいい，これら調整の仕方や作法には地域的な風習があった．また，早御供といって，できるだけ早くつくるのがよいとされた．

　湯灌の湯は，盥の中へ水を先に入れ，後から湯を入れる．これを逆さ水といい，日常は忌む行為であった．死者へ酒を吹きかける儀礼もあった．死後硬直に対しアルコール消毒を兼ねる機能があったとも考えられる．

　湯灌が済むと経帷子を着せる．これは親族の女性たちが縫うもので，結び玉を付けない，できるだけ大勢で縫うなどの決まりがあった．近隣組の人たちは，寺院への連絡，穴掘り，料理，葬祭具づくりなど，さまざまな仕事を行った．現代では，これらすべてを葬祭業者が代わりにやるようになった．

●**火葬の民俗**　世界的にみても火葬化の傾向にあるが，日本はすでに99％の火葬率であり，世界一となっている．多くの地域で土葬であったが，昭和30年代の高度経済成長期に全国的に火葬場が建てられ，急速に火葬率が増加した．土葬も火葬もどちらも遺体を骨化させるものであるが，土葬がゆるやかに時間をかけて骨化させるのに対し，火葬は短時間で骨化を図る．火葬は汚穢感が薄らぎ，分骨が容易となり，墓地が狭小でも済むなどの利点もある．いずれにしても火葬の普及は穢れ観の衰退に一役買ったといえよう．

　火葬場では，台車上の焼骨は骨格の原型をとどめるように焼き，そして焼き上がった遺骨は，近親者が箸渡しといって，2人で骨を挟み合って骨壺に入れる儀礼を行う．遺骨の処理方法には全部拾骨の二通りがある．全部拾骨は，骨をすべて骨壺に入れて持ち帰るものである．全部拾骨と一部拾骨の地域は東北日本に多い．骨壺は葬儀業者の間で6寸とよばれるもので直径21 cm，高さ30 cmと大きな骨壺である．一方の一部拾骨は，のど仏と称される第三頸椎などを重視して頭骨の一部だけを持ち帰るもので，それ以外は火葬場に残し去ってくる習俗である．一部拾骨の際の骨壺は，4寸とよばれる直径12 cm，高さ10 cmほどの小振りの骨壺が用いられる．この一部拾骨は，西南日本に多く分布している（日本葬送文化学会編『火葬後拾骨の東と西』）．　　　　　　　　　　　　　　　　　［板橋春夫］

銀婚と金婚

　平成 8 (1996) 年 11 月，群馬県伊勢崎市の南公民館で，南地区合同金婚式が開催された．地区社会福祉協議会が主催する，結婚 50 周年の夫婦を対象とした祝賀式典である．該当者は，終戦翌年の昭和 21 (1946) 年に結婚した人たちであった．5 月 3 日に結婚した夫婦が数組いた．夫はいずれも終戦で復員した人たちであり，同じ日に簡素な結婚式を合同で挙げたという．そのために結婚記念日が同じで，50 年後も一緒に祝うことになった．式典では，来賓の市長，区長会長，そして地元選出の県議会議員や市議会議員の祝辞が続き，感謝状と記念品が渡された．これは前半の儀式で，それに続く後半は，日本舞踊や手品などのアトラクションが披露された．出席者の男性はモーニングまたはスーツで正装し，女性はみな着物姿であった．

●結婚記念日　夫婦が結婚した日を，結婚記念日という．式を挙げた日と入籍した日が違う場合もあるが，一般には入籍日を結婚記念日とする．結婚した日を祝う風習は，ヨーロッパ全域に広まっている．夫婦が結婚 25 周年を記念して行う式あるいは行事を，銀婚式 (silver wedding) とよぶ．そして結婚 50 周年を記念して行う式あるいは行事を，金婚式 (golden wedding) とよんでいる．日本では，寛永元 (1624) 年に銀婚式，安政 7 年 (1860) 年に金婚式が行われたのが最初とされる．日本で定着するのは，明治天皇と皇后の銀婚式からであろう．

　明治 27 (1894) 年 3 月 9 日，憲法発布記念祝典に続く皇室の特別儀礼 (ページェント) として，明治天皇「大婚二十五年祝典」が，盛大に催された．これはヨーロッパ諸国の皇室の銀婚式を，視察・調査して綿密に練られた式典であった．銀婚式のお祝いであるが，内容は多分に政治性を帯びていた．当日午前は，宮中三殿 (賢所，皇霊殿，神殿) で儀式が行われ，次いで天皇と皇后は鳳凰之間で参列

図 1　日本初の記念切手．明治天皇・皇后のご成婚 25 周年（銀婚の祝典）を記念して発行された（明治 27〈1894〉），[所蔵：郵政博物館]

者のからお祝いを受けた．午後は皇后とともに青山練兵場での観兵式に出席した．その後，宮城での晩餐会が催され，天皇と皇后は舞楽を観覧した．この天皇と皇后の銀婚式は，印象が強かったようで，日本で最初の記念切手は銀婚式を記念したものであった，という（T. フジタニ『天皇のページェント—近代日本の歴史民族誌から』）．日本には元来，結婚した日を記念日として祝う習慣はなかったが，これ以降，民間へ浸透するようになったのである．

　結婚記念日には，1周年＝紙婚式，2周年＝綿婚式，3周年＝革婚式，というように名前が付けられる．主なものをあげると，5周年＝木婚式，7周年＝銅婚式，15周年＝水晶婚式，25周年＝銀婚式，30周年＝真珠婚式，40周年＝ルビー婚式，50周年＝金婚式，60周年＝ダイヤモンド婚式，70周年＝プラチナ婚式である．夫婦の絆が，柔らかいものから硬いものへ変化する様を象徴し，金属になると次第に硬くて高価なものになっていく．これはプレゼントと連動している．つまり，長い時間を経過することは価値が高いのだという象徴的意味だけでなく，経済的な意味も加味されている．

●**銀婚式と金婚式**　数ある結婚記念日の中でも，比較的知られ実際に個人あるは集団での祝いとして行われるのが，銀婚式と金婚式であろう．近年は，高齢社会を反映して，ダイヤモンド婚式を行う事例が増えてきた．戦前は，夫婦揃って金婚式を迎えるのは珍しかったが，1940年代に結婚した世代が金婚式を迎えるのは，高齢社会の現代においては決して希有な事例ではなくなってきた．

　銀婚式については，前述した明治天皇の御大典が人々の印象に残ったようで，夏目漱石の『門』にも「これはね，昨日ある人の銀婚式に呼ばれて，貰って来たのだから頗るお目出度のです」などとあり，明治後期には民間でも普通に銀婚式が行われていたことがわかる．しかし，当時は平均寿命が短かったから，夫婦揃っての銀婚式は，なかなかできなかったのである．ましてや結婚50周年の金婚式は，稀な事例であった．

　生活文化を記録してきた民俗学が，この銀婚式と金婚式をほとんど視野に入れてこなかったのは，習俗として定着していないと捉えていたためと考えられる．その結果，数多くの民俗調査報告書には，銀婚式と金婚式の記述が載る例は少ない．現実にも，結婚記念日に何らかのことを行っている夫婦は4割強という（井上忠司＋サントリー不易流行研究所『現代家庭の年中行事』）．気にしている人が多い割には実施率が低い．

　子どもが生まれる前の夫婦二人だけの期間は，結婚記念日が重要な位置を占めるが，子どもが誕生すると，記念日はおろそかになりがちである．そして子どもが成人すると，実施率が再び上がる傾向にある．結婚記念日は，夫婦のアイデンティティを確立するうえでも，重要なイベントといえよう．

［板橋春夫］

定年と隠居

　定年とは，明治期の陸海軍で「現役定限年齢」を設けたことに由来し，これの略語である．停年の用語も使われた．停年はもともと，定年進級の制度であったものが，後に定年退職の制度へと変化した．定年制の普及に伴って，退職後の生活保障のための経済的方策としての国民皆年金体制ができ上がるのは，昭和36(1961)年のことであった．

●隠居の意味　日本人の多くは，慣習や制度によって一定の年齢で老後の生活に入る．その生活を一般に「隠居」とよんでいる．61歳の還暦祝いには赤い頭巾とちゃんちゃんこを着た．これは還暦は本卦還りといい，老人が子どもに生まれ変わる年という意味である．この還暦祝いが，かつては隠居の目安とされた．家長が老後にその地位を次代の相続人に譲り引退することで，通常は隠居である家長が死亡したときにその地位が譲られる，いわゆる「死に譲り」が多い．このかたちは東北地方に広く分布する．また，隠居という言葉は，落語の中で「横丁のご隠居さん」という人物が出てくる．これは，第一線から退いても資産をもっているので悠々自適の生活を送る老人をイメージさせる．江戸時代の楽隠居のあり方は，理想的な人生設計の一つに考えられている．

　私たちは，慣習や制度によって，一定の年齢に達すると老後の生活をスタートさせるが，わが国の村社会では昔から隠居慣行が存在した．それは西南日本に広く分布する慣行で，次男や三男を連れて両親が分家するもので「隠居分家」である．生活の分離は食事，住居，財産など広範囲にわたる．つまり住居を何らかのかたちで分離するのが隠居制の基本であり，この形態は，家族単位を重視したものと考えられる．隠居制は，別居，別財，別食という慣行がみられることから，「父子2世代夫婦不同居」の原則があるとされる．一家の中に父母と息子夫婦の同居を避けようとし，隠居分家慣行のある地方では寝室は一つしかない．隠居制度が慣行として存在しているのは西日本で，東日本は希薄であり，福島県・茨城県の一部に分布する．

　近世後期以降，家族内における老人の位置づけは大きく二つに分かれる．一つは東北地方のように，最後まで同一世帯の中にあって生活も家計もともにするタイプである．もう一つは隠居型とよばれ，一定年齢に達するか，初孫ができるというきっかけで戸主権と主婦権を息子夫婦に譲って世帯を別にするタイプである．隠居型の典型は同一敷地内の別棟に移って，炊事・洗濯・寝食を息子夫婦と別にするというものである．この別棟を「隠居屋」とよぶ．家計を別にするために耕地の分与があり，それを「隠居田」とか「隠居畑」などという．老後の生き方を

考える場合，伝統的な隠居慣行をみてゆくと，別居・別火・別財という合理的な習慣は参考になる．

●**民俗行事と定年制の定着**　埼玉県東北部から群馬県東南部にかけた比較的狭い地域で，「五十五の団子」とよばれる慣行がみられる．男女とも数え55歳になると近しい親戚から招待され，餡を付けた55個の小粒な団子を振る舞われる（図1）．実施日は定まっておらず，かつては農閑期に行われることが多かった．55個の団子は餡のほか，ごまや醤油で食べる地域もあった．また，親戚を料亭などに招待する場合もある．この儀礼は昭和30年代に盛んとなり，現在も続いている．

図1　五十五の団子［撮影：筆者］

　昭和30年代の55歳は，現代と比較すると，後がないという感覚であった．55個の団子は食べきるのが原則で，それが健康のバロメーターでもあったのだ．群馬県の邑楽郡板倉町や太田市などでは最後の厄年という認識があり，災厄は早く払ったほうが良い，子どもが片付いてよい時期，親の厄落とし，長寿を祝う，などの解説がなされる．五十五の団子習俗は，定年制を補助線に入れると理解しやすくなる．

●**定年制の変遷**　現代では，定年は，法規や規則などで退職する決まりになっている年齢をいう．かつては会社や組織に勤めると，そこで勤め上げるのが当然とされた．定年制は，海軍火薬製造所が明治20（1887）年に「職工規程」を制定・施行したのを嚆矢とする．明治22（1889）年には横須賀海軍工廠がそれに倣い，陸海軍で現役定限年齢を設けるなど，次第に制度化されていった．大正時代に入ると多くの企業で50歳または55歳の定年制を導入するようになった（荻原勝『定年制の歴史』）．それが戦後も続き，昭和56（1981）年になって60歳定年が提唱され現在に至る．

　定年は大正末年から昭和にかけて定着し，昭和8（1933）年の調査では企業の42％が定年制をもっていた．当時の定年は50歳であった．1980年代には定年制をもつ企業は90％になる．定年の年齢も50歳から55歳，60歳と上がっていった．そして平成20年代に入ると，年金制度の見直しもあり，定年が暫定的に延長していく傾向がみられる．これは高齢社会を反映した一面でもある．

　米国のように定年制度のない社会もあり，定年制度は，働きたい高齢者から働く権利を奪いかねないという問題も内包している．そして，平成20年代に入ると，年金制度の見直しもあり定年が従来の60歳から5年延びて，65歳までとし，暫定的に延長がみられるようになった．これも高齢社会を反映した傾向といえよう．

［板橋春夫］

◆ 若者宿，娘宿，隠居屋

　かつて，若者組という集団が，ほぼ全国的に存在した．若者組は，ところによっては若衆組・若連中・若勢（わかぜ）などともよばれ，だいたい15歳前後から25歳前後の青年層が属する．15歳は，かつての武家社会における元服に相当し，民衆社会でも事実上の成人を示す年齢であった．脱退の時期は必ずしも一定ではなく，結婚によって脱退というのが一般的だったが，30歳になってもまだ若者組にとどまる例もみられた．なお，東日本各地では，長男だけで若者組を組織する例が少なくなかった．

　若者組は，子供組・娘組・中老組・年寄組などと相関する年齢階梯（かいてい）制の中にあった．年齢階梯は，ただ年齢を区分するだけでなく，地域社会における公的な役割（労働）分担を示すものである．年齢階梯制のもとに，祭礼や行事や共同作業が円滑に行われた．若者組は，主として集落の警備や救護を担当した．あるいは，神輿（みこし）担ぎや盆踊りの取り仕切りなどを担当した．葬送に際して，墓の穴掘りなどの作業を受けもつところもあった．また，若者組が婚姻に関与する例も広くみられた．

　若者宿は，そうした若者組の構成員が，全員，あるいは数人ずつに分かれて合宿する，その定められたヤド（宿）のことである．若衆宿とか寝宿ともよばれた．

　ヤドは，独立した建物をもっている例もあるが，多くは民家の一室や別棟（離れや納屋）を借りていた．もちろん，民家を借りる場合は分宿を余儀なくされるわけで，大きな集落では10以上ものヤドが存在した．

　若者宿の機能は，一つには集団訓練と社会教育にあった．その指導者は，ワカモノガシラ（若者組の長）であることもあるし，ヤドオヤ（宿を提供した家の主人）であることもあった．概して若者宿が漁村に多く認められるのは，漁業には組織的な作業が多く，それが生死に関連する作業でもあるため，厳しい訓練が必要だったからでもある．

　一方，女児は，初潮をみると娘組に入る．娘組の仲間が集うのが娘宿で，泊りの宿と夜鍋仕事に集まる宿とがあった．そこでは，毎夜娘たちが集まって年上の娘に裁縫を習ったり，ヤドオヤの家業を手伝ったりするなかで，嫁入り前の娘としての振る舞いや作法を修得していったのである．

　若者宿と娘宿が一緒になっている例は稀であるが，山口県下ではその実例があった．男女の部屋は別々であったが，婚前交際もあり，認知されたところで宿を出て結婚することになった（宮本常一・財前司一『日本の民俗 山口』）．

　こうした若者宿や娘宿は，明治以降次第に崩壊していった．それは，学校教育の普及や生活圏の拡大に伴ってのことであった．

　なお，かつてのムラ社会には，60歳（還暦）になると家督を跡取りに譲り，隠居して一線から退く慣行があった．そして，二男以下の子女とともに隠居屋に移り住む．やがて二男が結婚すると，その隠居屋を二男の分家にあて三男以下とまた別の隠居屋に，というように，末子の独立まで隠居と分家を繰り返す「隠居分家」という方式もみられたものである．

［神崎宣武］

11. 年中行事・しきたり

　年中行事やそれにまつわるしきたりは，都市と農山漁村ではその変化の度合いに違いがある．

　例えば，農山村の年中行事の多くは，農耕儀礼に端を発する．正月も小正月も，春祭りも秋祭りも，「五穀豊穣」の祈願が中心となる．対して，都市部の年中行事では，その意を省いてはいないが主願とはいえない．都市部では，夏祭りが重要となっており，そこでは疫病封じの祈願が切実であった．そして，都市部では，時折の流行神が出現し，個別な祈願を集めるようにもなった．それは，絵巻物をみると，すでに中世のあたりからみられる現象というものでもあった．

　四季がはっきりとしているがゆえに，季節の循環が滞りなく巡るようにと願う行事も多かった．節分や節供，夏至や冬至などである．土用の養生も夏の土用丑の日だけが特化して現代に伝わるが，四季の節分の前に18日間の土用があり，それぞれに「土用見舞」を行ったものである．現在，寒中見舞（冬の土用），暑中見舞い（夏の土用）が伝わる．

［神崎宣武］

家の祭り

　祭りの語源を「マツラフ」，すなわちそばにいて仕えることと説いて，神を迎えてともに一夜を過ごし，饗応することにその本来の意味があると明らかにしたのは，民俗学者の柳田國男である．一般に祭りという言葉でイメージされる，多彩な装飾や大がかりな神幸行列，それらをとりまく高揚した雰囲気などは，もとは祭りの後の祝いの宴であって，祭りそのものは，忌みや篭もりを経てそれに直接参加する資格を得た者だけによって，夜の闇の中で執り行われるものであったという．

　このように祭りの本来の姿を仮定したときに，それを営む主体と想定されていたのは，生活共同体の最も基本的な単位である家であり，また複数の家が本家と分家の関係によって結びつけられた同族であった．氏神・氏子という言葉からもうかがえるように，古くから神を祀る基礎となる集団は同族であった．そして既存の宗教によって体系化される以前から人々の生活の中にあった信仰は，家や同族によって営まれる祭りの中にこそ，その最も根源的な姿を示すと考えられたのである．

●正月と盆の祭り　祭りを営む基礎的な集団を，家や同族であると考える背景には，祭りにおいて迎えられる神を，先祖の霊，すなわち祖霊とみなす伝統的な思考がある．近世以来の氏神は，土地を鎮める神である産土や鎮守と同一視され，やがて地域共同体の守護神として祀られるようになった．しかし，このような村氏神が一般的になった今も，そこに祀られる神は村人すべての祖霊であるという考えは広く認められている．先祖供養がもっぱら仏教によって行われるようになっても，33年目や50年目の年忌を弔い上げなどと称して，以後その霊は集合的な氏神として神社に祀られるものと私たちは考えている．そして迎えられる神に祖霊としての性格が強く認められるほど，その祭りは家や同族を中心として営まれる度合いが強いといえよう．

　祖霊を迎えて営まれる祭りの代表的な例が，正月と盆である．民俗学においては早くから，正月と盆の行事が共通の構造をもつことが指摘され，1月と7月のそれぞれ望の日（15日前後）から始まる1年2期を一つのサイクルと考えてきた．そしてその2期の初めには，それぞれ祖霊が村人のもとに現れ，祭りを受けたのである．

　正月には家の中に一定の方角に向けて年棚や恵方棚を飾り，そこに年神（歳徳神）を迎えて祀る．年神とは祖霊であり，通常は山の中などの高所にいるものが，年の初めに家に迎えられ，年棚に祀られる．盆にも同様に，盆棚や施餓鬼棚など

をつくって，祖霊はもちろんのこと，無縁の精霊までをもてなすのである．年始を迎えるために山に入って木を切り出してくるといった行事は，先祖を迎えに行くことを意味しており，その木で門松をつくって飾るのは，祖霊である年神がその家にいるという印である．これは盆の時期に，各地でさまざまなかたちで行われる迎え盆の行事に対応している．そして，祭りの期間を終えると火を焚いて祖霊を送るのも，正月と盆に共通する．なお，現在は7月七夕の頃に，藁やマコモ，あるいはナスやキュウリなどの野菜を使って牛と馬をつくる風習が全国的にみられるが，これは旧暦の盆が7月の行事であったことの名残であり，盆に先祖を迎え・送るための乗り物であると解釈されている．

　冒頭に述べたとおり，神を迎えて祀る際には，供物を捧げて饗応し，また直会(なおらい)にそれを神とともに食することに大きな意味があると考えられてきた．正月と盆に，それぞれ普段とは異なるものを食べる風習があるのも，それが神への供物だからである．正月の食事の代表は餅である．餅は，田でつくられる貴重な食物であると同時に，供物として特別な形をつくるのに都合が良い．あえて正月に餅を食べないという家や地域もあるが，その場合でも，代わりにイモなどを食べる例が多く，日常と異なるハレの食事という意味は変わらない．また盆には，そうめんをはじめとする麺類を食べるという例が多く，盆棚には精霊への供物として，夏野菜や果物，ミズノコ（ナスやキュウリを賽の目に切ったものを洗米とともに蓮の葉に盛ったもの）などを備える．そもそも盆の語は，精霊への供物を入れる容器をさすという説もある．このように正月と盆に家ごとに従うさまざまなしきたりは，その一つひとつが祖霊を迎えての小さな祭りの姿ともいえるのである．

●**家の神々と女性**　祖霊以外にも，個々の家には，多くの神々が祀られている．その代表的な例は，荒神や土公などとよばれる竈神(かまどがみ)，井戸の神，台所の神としての恵比寿や大黒，西日本に多い納戸神(なんどがみ)，便所神などである．いずれもソトでの公的な社会生活に対するウチ（屋内）の私的な生活の領域を守護する神である．そして，これら屋内の神々の祭りは，村の祭りからは排除されることの多い女性，特に主婦によって執り行われることが多いという点が注目される．竈神は主として火を司り，恵比寿・大黒は福神として家の財産を守り，便所神はお産の神と考えられる．納戸（寝室）の神は最も私的な領域を司り，女性が祀る数々の家の神の中でも特に女の神であるとされる．また，家の中に祀られる公的な神のうちでも，神棚には産土などの土地の守護神が祀られ，後には伊勢神宮を祀ることが一般化した．その神棚を男性が祀るのに対して，先祖の霊を祀る仏壇を世話するのは女性であることが多い．

　なお，これらの家の神の祭りは，旧暦10月に行われる例が多い．10月は暦のうえでは神無月であり，全国の神々が出雲に集まる月とされるが，家の神々はその留守を守るものとして，この月に祭りが行われるのである．

〔俵木 悟〕

地域の祭り

　祭りとは，祈願・感謝・祝賀・記念・慰霊などさまざまな目的をもって行われる集団的な行事である．日本では，伝統的な祭りの多くは地域の神社や寺院で催されるために，宗教的な行事であると考えられているが，現代では，商業的・観光的なイベントや，企業や団地などが行う交流と慰安を目的とした行事を祭りと称すこともごく一般的になっており，その意味するところは拡大している．

●**村の祭り**　日本の伝統的な農山漁村社会において，祭りというとまず思い浮かぶのが，氏神や鎮守とよばれる村の神社の祭りだろう．村の神社祭礼は社日などとよばれて，毎年の年中行事として催される．春と秋の二度の祭日を定め，とりわけ秋の祭りを例祭として行う場合が多い．これはそれぞれ，稲作の予祝と収穫祝いの意味をもつと考えられる．秋の祭りがより盛大であるのは，農作業が一段落することで休み日が設けやすく，また収穫後の方が経済的にゆとりがあるという現実的な理由もあっただろう．

　宮中の祈年祭と新嘗祭も，この二期の祭りに対応するものと考えられるが，新嘗祭は旧暦の11月に行われるのに対し，村の秋祭りは多くが旧暦9月から10月である．後者の方が実際に稲の刈上げの時期に近く，収穫祭としての性格が顕著である．東北では9月の9日・19日・29日のいわゆる三九日を祝いの日とし，関東や東海では10月10日の十日夜が，また西日本では10月亥の日の亥の子の祝いが祭日とされる．このように地域の農耕暦によって祭日がずれていることも，秋祭りが収穫祭の意味をもつことを表している．また9月の秋祭りは，もとは11月に行う新嘗祭にいたる物忌みの期間の始まりであったのが，実際の刈上げの時期に近いこの月の方が，収穫を祝う実感を得られやすく，祭礼日として定着したものとする解釈もある．いずれにせよ，現実の稲の刈上げ時期に近い旧暦9月の収穫祝いの祭りが，新暦の採用によって月遅れの10月に移行されたことによって，暦の上では神無月となる10月に非常に多くの祭りが催されるという，興味深い矛盾が生じたと考えられている．

　なお，村落社会にも旧暦11月に祭りを行う例は少なくない．奥能登の「あえのこと」のように，民間の新嘗祭と考えられる例もあるが，むしろ冬至に近づき衰えた太陽の力を再活性化させるという鎮魂祭としての性格が強く，霜月祭などと称して神楽を演じる例が知られている．明治の神社神道の普及以降は，村の神社でも新嘗祭に相当する祭日を設けるところも多く，秋から冬にかけての祭りの様相は複雑である．

　このような農耕暦に合わせた氏神・鎮守の祭りに加えて，近世後期になると，

農村部でも，若者らを中心に，農作業の休日として遊び日や休み日の要求が多くなった．遊び日を設けるもっともな理由は，その日を祭礼日とすることであった．こうして，鎮守や村氏神以外の小祠にも祭日が定められたり，農作業の細かな工程ごとに祭りを催したり，朔日や節供を村の祭りとすることで，祭りの日数は拡大した．こうして定められた祭日が，今も地域の祭りとして受け継がれている例も多い．

●**都市の祭り** 中世に畿内を中心に形成され，近世には全国に展開し急速な発展を遂げた都市の生活においては，祭りの有り方も農山漁村部とは大きく異なっていた．人の集住する都市において，最も差し迫った問題は，疫病の蔓延であった．疫病の発生は，不慮の災難や政変などによってこの世に遺恨を残して亡くなった者の霊，すなわち御霊による祟りであると考えられた．この御霊を慰撫し，疫病の災いを防ぐ神として信仰を集めたのが牛頭天王であり，それを祀る祇園社である．

都市の祭りの典型例は，京都の祇園御霊会であり，現在の京都市東山区八坂神社の祇園祭である．旧暦の6月15日，現在は月遅れの7月にほぼ1ヶ月間にわたって催される祇園祭は，絢爛たる山鉾の巡行行事によって知られている．山鉾は，そこに疫神を依りつけて遷却するための装置であったと考えられる．疫神送りという御霊会の本来の意味からすると，これは年中行事として定期的に行われるよりは，むしろ疫病の流行に対処するために臨時に催される祭りである．民俗学者の柳田國男は，こうした祭りを除害祭とよんでいる．

祇園御霊会のもう一つの特長は，特に室町期以後に顕著となる，下京の商工業者の地縁組織としての町衆のかかわりである．彼らは山鉾の巡行に，都市的な享楽を求めると同時に，その財力の誇示の意味も込めて，さまざまな趣向を加えていった．豪華な懸装品や，人目を驚かすさまざまな造り物や仮装は，都市民衆が，お旅所への御輿の渡御と還御を中心とした神社の祭りの中で，自らの関与する場として生み出した文化である．こうした趣向は風流とよばれ，都市の祭りを特徴づけるものである．

近世の，全国的な地方都市の形成と発展に伴って，風流の祭りは独特の展開を遂げた．山や鉾を囃す奏楽としての囃子と，それに合わせた踊り，造り物や仮装などによって構成される練物の行列は，それぞれ町ごとに担われ，互いに派手さや新奇さを競い合うことで様式の多様化をすすめた．江戸の天下祭（山王日枝神社・神田明神の両祭礼）では，鉾と囃子の屋台と造り物が一体化したような江戸型山車が現れ，これ以来，祭礼の大型造形物を総称して山車とよぶことが一般化した．こうした展開が，不特定多数の観衆の目を意識したところに成立していることも，さまざまな出自の人々が集住する都市という地域社会の性格を反映しているといえるだろう．

［俵木 悟］

縁　日

　縁日とは，神仏との有縁(うえん)の日のことである．例えば，特定の神仏の生誕日や入寂(にゅうじゃく)日，あるいは特別の出来事にまつわる日など，神仏がこの世の人々と機縁をもった日のことをいい，その日，神社や寺院では，祭祀や供養が行われる．縁日に参拝すると，特にご利益がある，ともいわれる．

●**縁日と高市**　縁日は，それぞれの神・仏の縁起にもとづいて定められているため一定ではない．例えば，薬師如来が毎月8日，阿弥陀如来が15日，観音が18日，天神は25日，不動尊は28日など．近代では，地蔵の縁日のように，月3回（4日・14日・24日）設けられる例もみられる．なお，年の初めの縁日を初○○，年の最後のそれを納め○○，あるいは終(しま)い○○，という．例えば，初天神・終い天神，初観音・終い観音，初不動・終い不動などがよく知られる．

　縁日が盛んになったのは，江戸後期の頃からである．比較的早く現われたのは，18日の観音の縁日，次いで阿弥陀・薬師・地蔵の縁日も古い，とされる．

　縁日には，高市(たかまち)(仮設市)が立った．寺社の境内や門前に多くの露店が立ち並び，見世物小屋が立ち，大道芸もみられ，大変なにぎわいをみせていた．例えば，回向院の開帳における高市のにぎわい．その様子を菊池貴一郎『江戸府内絵本江戸風俗往来』(明治38〈1905〉)では，「開帳場は諸講中並びに盛り場及び相撲・諸芸人より奉納の造庭(つくりにわ)，種々なる奉納物，つくり物等しつらえ，掛茶店・見世物の諸興行，飲食店諸商人の露店建てつらなり，朝早天の朝参り，夜に入りて夜参りありて参詣の群衆夥しく，随つて開帳場近隣の繁昌これまた莫大なり」と記している．

　幕末から明治にかけて，江戸・東京にいかに多くの祭礼・縁日があったかは，斎藤月岑(げっしん)『東都歳事記』(天保9〈1838〉)や若月紫蘭『東京年中行事』(明治44〈1911〉)などからもよくわかる．特に，江戸町人がいかに遊山好きであったかもうかがえる．例えば，神田雉子町の町名主であった斎藤月岑は，正月は2日に浅草観音と待乳山聖天(まつちやましょうでん)へ，3日に愛宕毘沙門天へ，10日に虎ノ門の金毘羅宮へ，11日に浅草三社の流鏑馬(やぶさめ)へ，16日に亀戸天満宮の七十五膳と蔵前の閻魔へ，17日に柳島妙見宮の星祭りへ，24日に亀戸天満宮の鷽(うそ)替えへ，と社寺にまめに詣でているのである．これは正月に限ったことではなく，2月以降も各社寺の祭礼や縁日に足繁く通っている．年間およそ100日は，そうした物見遊山に等しい寺社詣でに時間を費やしているのだ．それにつけても，ほぼ連日のように江戸のどこかしこで祭礼や縁日がもたれていることに，改めて驚かされるのである．

●**酉の市と戎祭り**　なかでも11月の酉(とり)の日に催される酉の市（お酉さま）は，

多くの人々でにぎわった．通常は2回だが，年によっては三の市が立つこともある．

　神社の境内や周辺に仮店が立ち，大黒，恵比寿，小判，鯛などを取りつけた熊手が売られる．熊手は，庭掃除で使われる竹製の民具だが，これは飾りものなので柄は短い．「かき集める」ということが，「金銭が集まる」とか「客が集まる」とかに通じるとして，商売繁盛の縁起物とされてきたのである．

　酉の市は，むろん江戸に始まる．が，そのもとは上方にあったようだ．関西でのそれは，堺の大鳥神社を本社として広がった，と伝わる．大鳥神社は，もともと武運守護の宮であったが，堺商人が台頭するにつれ商売繁盛の守護神として崇められるようになった．その信仰の系譜が江戸に移り，下谷（現千束）の鷲神社を中心に酉の市が立つようになった，というのだ

図1　鷲神社の酉の市
［写真：芳賀ライブラリー］

（図1）．しかし，初めから商売繁盛の熊手市だったかどうかは疑わしい．酉の市は，江戸期には「酉の祭」といわれていたように，鷲神社の祭日なのである．もちろん，そこでは熊手も売られていた．しかし，現代のような縁起物としての熊手ではなく実用品として売られていたのだ．もろもろの縁起物にも商売繁盛の主眼はなかった，とみなくてはならない．それが，天保年間（1830-44）に浅草の鳥越神社でも酉の市が立つようになった頃から変化が生じた．商業地浅草で，商売繁盛の熊手がもてはやされるようになったのである．

　江戸・東京の酉の市に対するのが，関西の戎祭りの市である．戎は，恵比寿（恵比須）とも夷とも記す．総じてエビス神のことで，もとは漁業神であった．それが商業神に転じるのは，漁民の「陸上がり」からであろう．つまり，余剰の魚介類は保存が難しく販売に頼らざるを得ないため，漁民たちは行商に出るようになる．陸上がりして商業活動に専念する者も増えてきたのである．

　今宮戎神社（大阪）や恵比須神社（京都），西宮（戎）神社では，「十日戎」といって1月9日から11日に市が立つ．もちろん，祭礼があっての市ではあるが，一般にはエベッサンと呼ばれ市が人気をよんできた．そこでは，商売繁昌の縁起物を取りつけた笹が売られる．つまり，関東での熊手が関西での笹ということになるのだ．それは，商家の神棚に飾られるのだが，近年は，熊手と同様に商家以外の人たちも買い求めていくようになった．と同時に，小型化・アクセサリー化した笹も売られるようになってきている．

［神崎宣武］

終戦記念日

　第二次世界大戦は，日本・ドイツ（独）・イタリア（伊）の三国間で結ばれた陣営（三国同盟）と，アメリカ（米）・イギリス（英）・フランス（仏）・ソ連・中国などの連合国陣営との間に起こった世界規模の戦争であった．
　昭和14（1939）年，9月1日，ドイツ軍がポーランドに侵入し，イギリス・フランスの対独宣戦によって始まった．昭和16（1941）年6月には，ドイツ軍がウクライナ地方（ソ連）に侵入し，独ソ戦争が勃発．同年12月8日，日本軍は対米宣戦でハワイの真珠湾を攻撃，それによって太平洋戦争に転じ，戦域は世界に拡大していったのである．
　昭和18（1943）年9月，イタリアが降伏，2年後の昭和20（1945）年5月にはドイツも降伏に至った．しかし，日本は，戦況が悪化した後も戦いを続けた．その結果，各地で空襲による被害が続出．ことに，同年3月10日の東京大空襲では，木造家屋が密集する下町の市街地が狙われ，多くの犠牲者が出た．その数，10万人以上といわれる．大阪でも3月13日深夜から14日未明にかけての大空襲で中心市街地が焼き尽くされ，死者・行方不明者を含めると5,000人近くの犠牲者が出た．
　一方，沖縄本島では，4月に米軍が上陸，地上戦となった．日本で地上戦が行われたのは，沖縄だけである．日本軍は，戦い続けた結果，6月に全滅．この沖縄戦での犠牲者は20万人以上，その半数は一般住民といわれている．
●ポツダム宣言による日本の敗戦　その後，戦況は悪化の一途をたどった．そして，昭和20年7月26日，米英中の3か国はポツダム宣言を発し，日本軍の無条件降伏を要求した．日本政府は，日ソ中立条約を結んでいたソ連に和平講和を託したが，そうしたなかで広島と長崎に原子爆弾（原爆）が投下され，最悪の結末をむかえたのである．8月6日午前8時15分，広島市は一瞬にして壊滅し，十数万人の命が奪われた．続いて，8月9日午前11時2分，長崎市にも原爆が投下され，7万数千人の犠牲者が出た．
　こうした事態に，日本政府は，中立国を通じて国体（天皇中心の国のあり方）の変更を伴わないかどうかを連合国側に確認したが，確かな返事が得られないまま，8月14日の御前会議において昭和天皇の聖断によってポツダム宣言受諾が決定された．そして，翌8月15日正午，玉音放送（昭和天皇による終戦の詔書の朗読放送）が流され，日本の無条件降伏が国民に公表された．「堪え難きを堪え，忍び難きを忍び，以て万世の為に太平を開かむと欲す」という昭和天皇の肉声を初めて聞いた国民の多くは涙し，なかには自刃する者もいた．日本では，一般に

この8月15日をもって終戦記念日としている．

ただ，別の日を終戦記念日とする説もでた．例えば，日本政府がポツダム宣言の受諾を連合各国に通告した8月14日とする説．また，日本政府がポツダム宣言の履行などを定めた降伏文書（休戦協定）に調印した同年9月2日とする説．ちなみに，新聞紙上では，昭和27（1952）年まで，9月2日を「降伏の日」とか「降伏記念日」「敗戦記念日」などとよんでいた．

ほかにも，昭和27年（1952）4月28日，平和条約（サンフランシスコ平和条約）の発効により，国際法上，連合国各国と日本の戦争状態が終結したその日こそ終戦記念日である，とする説もあった．4月28日は，サンフランシスコ平和条約の発効によって日本が完全な独立を回復した日であることから，「主権回復の日」，「サンフランシスコ条約発効記念日」ともよばれている．

なお，この戦争による犠牲者は，世界中では約6,000万人，そのうち日本人は約310万人といわれる．

さらに，多くの動物も犠牲にした．軍用犬や伝書鳩だけでなく，各家の飼い犬までもが軍に供出されたのである．また，動物園の猛獣は，空襲で逃げると危険として殺処分．ほかの動物も飼料が不足し安楽死用の薬もないなかで飢え死にさせられた．上野動物園（東京）の象の話は，現在も悲話として語り継がれている．

●**唯一の被爆国として**　終戦記念日は，言うまでもなく，戦没者を追悼し，戦争の廃絶と世界平和を祈念する日である．

この戦争によって世界中が多くのものを失ったが，日本での最大の惨事は原爆投下であったことはいうをまたない．現在，8月6日は広島市で，9日は長崎市で，犠牲者の霊を慰め，改めて世界平和を祈念する式典が開催されていることも周知のとおりである．また，夜には精霊流しも行われる．もっとも，精霊流しは，燈籠流しともよばれ，各地の盆行事として伝えられている．それに做って，ここでも行われるようになったのである．

毎年8月15日には，政府主催の「全国戦没者追悼式」が行われ，正午から1分間黙祷が捧げられる．この追悼式は，宗教的には中立なかたちで行われるもので，昭和27（1952）年4月の閣議決定により，同年5月2日に新宿御苑にて昭和天皇・香淳皇后の臨席のもとで行われたのが最初である．現在は，日本武道館にて行われている．

さらに，唯一米軍の上陸を受けての戦闘地となった沖縄での惨事も忘れがたいものである．日本軍の組織的戦闘が終結したとされる6月23日を「沖縄慰霊の日」として，毎年さまざまな慰霊行事が行われている．

他方，第二次世界大戦下における日本の外地侵略とそこでの加害行為も忘れてはならない．そのうえで，日本は唯一の被爆国として，戦争の悲惨さを強く訴え，平和な世界の構築に力を尽くしていく責務があるといえよう．　　［神崎宣武］

こどもの日

　5月5日のこどもの日は,「国民の祝日に関する法律」(昭和23年法律第178号)において,「こどもの人格を重んじ,こどもの幸福をはかるとともに,母に感謝する」日として国民の祝日となっている.同時に,この日は端午の節句ともよばれ,男の子の節句とされる.それはしばしば,3月3日の桃の節句(女の子の節句とされる)と対照的に語られる.

　そもそも節句とは,季節の節目となる日に供える食物やその行事をさすが,今日では,供え物そのものよりも,定められた特定の行事日を表すことが一般的となった.もともと「節句」に「節供」という漢字があてられていたのは,このような背景があるためである.

　季節の節目を表す節日(せつじつ,せちびともいう)は,古代中国の影響を受けたものである.節句は,暦法や季節を表す名前(二十四節気)とともに日本に伝えられた.特に重視されたのは五つの節句(五節句)——人日の節句(正月7日),上巳の節句(3月3日),端午の節句(5月5日),七夕の節句(7月7日),重陽の節句(9月9日)——である.奇数の重なりは縁起が良いとされた.5月5日は,五が重なることから重五ともよばれる.前述のとおり,こどもの日は,五節句の一つである端午の節句とかかわりがある.

●端午の節句と菖蒲　そもそも「端午」とは,月の初めの午の日をさし,5月に限ったことではなかった.だが,旧暦では午が5月の別名であることから5月の行事になったとされる.端午の節句の日には,屋外に鯉のぼりを立て,座敷に武者人形を飾り,粽や柏餅を食べ,菖蒲湯に入ることがある.このような端午の節句の諸行事は,「中国に古くからある五月の邪気祓いの行事と,日本の田植えに先立つ物忌みの行事が結びついたもの」(神崎宣武「節句と日本人」『淡交』2002年5月号)であるという.

　中国では,5月は悪月とされ,5日には薬草を摘んだり,菖蒲のお酒を飲むなど,邪気を払うための行事が行われていた.また,中国の楚の政治家・詩人である屈原が自らに供えられた糯米をチガヤ(イネ科の植物)の葉に包んでほしいと頼んだことが粽の始まりという伝説が残り,屈原の命日が5月5日であることから,粽が端午の節句の食べ物になったという説もある.

　一方日本では,5月は田植えの季節であり,物忌みと神祭の風習があった.後述するが,端午の節句は女性の行事とも結びついており,女性が菖蒲や蓬など香気の強い植物を葺いた屋根の下で忌み籠るという風習(後述の「女の屋根」)や,菖蒲の芳香が邪気を払ってくれたという見方がある.

菖蒲については，「その時期に成長を示す「旬の生命力」がたのもしいとされた」「その薬事が尊ばれた」（前出：神崎宣武）ともいう．このような背景から，端午の節句は「菖蒲の節句」ともよばれる．明治時代の記録には，菖蒲を太く編んだものを束ねて大地を叩いて，大きな音を楽しむ遊戯（菖蒲打ち）もみられた（図1）．菖蒲は尚武（武道・武勇を重んじること）と同音であることから，男子の祭りにつながっていったとされる．

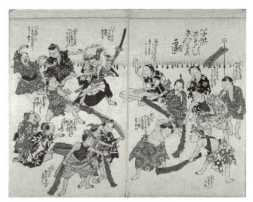

図1　菖蒲打ち
「子供あそびさつきの戯」（推定慶応4年）
［所蔵：玉川大学教育博物館］

●端午の節句と「女の家」　男の子の成長を祈る日であるという端午の節句は，一方で，女性とのかかわりも深い．中部日本の諸県や四国地方の一部には，5月5日もしくはその前夜を「女の家」「女の夜」などとよび，この日この夜だけは女が威張れるとする地域がある．「女の家」については，民俗学者の柳田國男が「京大阪の人たちも常にこれを口にしていた」とも記している．また，この日に蓬や菖蒲を家の屋根に挿すという風習は「女の屋根」とよばれた．柳田は，5月の節日と女性のかかわりについて，「ことに五月は田を営む月であり，田の神の奉仕者として女性は重い役をもっていたから，この月の始めの節日に，女の支配する一日があったということも不思議ではなく」（柳田國男「女の家」『高志路』）と述べている．こどもの日の起源には端午の節句があり，そこには日本の田植えの時期や女性の行事もかかわっている．

●新たな風物詩―鯉のぼりの川渡し　今日，こどもの日にみられる鯉のぼりという飾りは，江戸中期頃にできたという（『祭・芸能・行事大辞典（上）』）．明治の頃は真鯉，後に真鯉と緋鯉になり，昭和に入ると子どもの鯉もつくようになった（福田アジオ他『知っておきたい日本の年中行事事典』）．中国には，黄河の竜門を泳ぎ進んだ鯉は竜になるという登竜門伝説があり，鯉のぼりは，竜門を乗り越えた鯉のように，子どもの出世や健康が願われたものであるという．

　家庭で飾られた鯉のぼりを集めて，川に渡す新たな習慣もみられるようになった．その発祥の地は，高知県幡多郡十和村十川（現高岡郡四万十町十川）であり，昭和49（1974）年に清流四万十川に泳がせたのがその始まりである．ほかにも北海道定山渓温泉の名物「渓流鯉のぼり」（昭和62〈1987〉年より）など，季節を彩る鯉のぼりイベントが全国各地で開かれている．

［妙木　忍］

節分

　節分は，立春の前日をいう．冬から春への季節の変わり目をいうのである．季節を分ける，ということからすれば，立夏の前日，立秋の前日，立冬の前日も節分ということになる．が，たぶん，そう厳重に行事ばかりをするわけにもいかなかったからだろう．春の節分をもって代表行事となったのである．

●**節分と暦**　節分は，毎年同じ日とは限らない．これは，太陽の運行を基準としているので，年ごとにズレが生じるからである．

　ちなみに，正月や盆，節供などは太陰暦に従って定まる．つまり月の運行が基準となっている．それに対して，節分・春分・秋分・夏至・冬至・土用などは，太陽暦に従って定まる．季節の移り変わりを妥当にはかるには，かつてはその併用が便利であったからである．ゆえに，旧暦は太陰太陽暦というのが正しい．

　しかし，新暦（太陽暦）になじんだ人たちには，旧暦の仕組みはいささかわかりにくい．そこで，太陰暦系の日どりと太陽暦系の日どりの区別をしてみると，例えば，旧暦では太陽暦系の節分が太陰暦系の正月（新暦からいうと旧正月）と重なりやすい．正月7か日のどの日かが節分にあたる，そういう年回りが少なくないのである．

　そのために混乱が生じる．「立春をもって年とり」とか「立春が百姓正月」といわれたりするのだ．また，新暦が広く定着し，正月と節分とは区別して日どりがなされている現代でも，「新春」とか「初春」という文字が年賀状のうえに伝えられているのである．

●**物忌みと魔除けのまじない**　節分は，季節の移り変わりの「節目」である．節目は，「節（せち）」という言葉で置き換えられることもある．また，「折目」という言葉も使われる．折目も節目も，物忌みをして季節がわりを無事に過ごす日であった．つまり，行事日であり，その行事そのものをさす言葉でもあった．仏教や神道が成立する以前から，あるいは，宮中や幕府の公的行事が定まる以前から，人々は，それを大事にしてきた．古く，人々にとっては，季節の循環がとどこおりなく進むことが，農耕であれ狩猟・漁労であれ，生活を営むうえで重要なことであった．それゆえに，折目・節目の除災祈願が生まれ，それを行事化して大事に伝えてきたのだ．

　折目節目は，季節の隙間であり，邪気悪霊が忍び込みやすく，災いが生じやすいときであるとされる．現在でも，「季節の変わり目につき一層のご自愛を」と手紙に書くのもそのためである．そして，それを防ぐために，一つには物忌みをする．静かに部屋籠りをしてときを過ごして，「日待ち」をするのである．

それは，邪気悪霊にとりつかれて気魂を奪われることを避けるためであった．もう一つには，魔除けやまじないをさまざま行う．節分のこの日，一般的に今日に伝わっているまじないは，門口や軒下にヒイラギの枝にイワシの頭を刺して立てるというもの．ところによっては，それに豆がらやトベラ，タラの小枝などを添えたりもする．これは，ヒイラギの葉のとげとイワシの臭いをもって邪気悪霊を払おうとするまじないにほかならない．単にイワシの頭を用いるだけでなく，異臭をより強調するために丸ごと用いたり，焼いたイワシを用いる例もある．また，それを，玄関や勝手口で焼いて煙を立てるのも，そこから邪気悪霊が入り込むのを防ごうとするからである．

図1　鬼儺いの豆打ち
［出典：『アンベール幕末日本図会』］

●**節分と豆撒き**　豆撒きは，物忌みや魔除けのまじないに比べると，より攻撃的な呪法である．節分の豆撒き行事を，古くは「追儺」とか「鬼儺い」といった．追儺という言葉は，現在は仏寺の豆撒きに冠させることがあるので仏教行事のように思われがちだが，そう短絡視はできない．文武天皇の慶雲3（706）年の「大儺い」が始まり，と伝わる．大儺いは，大祓（払）いと同義語で，このときは諸国に疫病が流行したので，それを祓う儀式を宮中の大舎人たちが行った，というのだ．それは，中国から学んだ鬼儺いの儀法を用いた，と複数の書物にいうが，内容までは定かでない．それが，民間にいつ頃伝わったのか，またどの程度伝わったのかも不明である．例えば，克明な行事記録として残る斎藤月岑『東都歳事記』（天保3〈1832〉）にはその記述がまったくないのだ．それが，若月紫蘭『東京年中行事』（明治44〈1911〉）には詳しく出てくる．ということは，明治時代になって大々的に復活したのであろう．それも，ある種のショー化することで復活がなったのである．

「鬼は外，福は内」の「鬼」は，邪気悪霊，あるいは厄災難敵にほかならない．「豆」をもってそれを打ち払うのである．ゆえに，豆撒きを「豆打ち」ともいうのだ．なぜ，豆なのか，といえば，農耕が生活の中心だった時代，五穀の一つである豆には穀物の霊が宿り，その霊力によって悪霊を退散させることができると信じられていたからである．

なお，豆の打ち方には，本来は地方によって特色がみられたものである．それが，今日的に画一化されたのは，社寺や学校での行事が情報化を伴って広まったからであろう．それは，全国的にみると，昭和になってからのことなのである．

［神崎宣武］

節供

　節供は，季節の節目の行事日のことで，セチビ（節日）の一つである．セチビは，季節の折目・節目に相違ないが，必ずしも日を定めるものではなく，その年の気候によっても変わるものである．その地の立地によっても変わるものである．それは，陰陽五行の思想からなる暦法上で，春・夏・秋・冬の四季のそれぞれの間に土用が設置されているように，何日間かにおよんで曖昧領域をもつものである．

●**五節供の制定**　ところが，節供は五節供，とする概念が定まって久しい．すなわち，正月7日（人日），3月3日（上巳），5月5日（端午），7月7日（七夕），9月9日（重陽）．それぞれに「七草の節供」「雛の節供」「端午の節供」「夏の節供」「菊の節供」という．しかし，それは，江戸幕府によって制定され，普及したものであった．例えば，江戸幕府の法規集『徳川禁令考』の「年始嘉節大小名諸士参加式統令」では，年始（1月1日）と八朔（8月1日），そして五節供が年間の祝日とされている．

　この日，幕府の要人たちは，将軍に拝謁してご機嫌うかがいをする．もちろん，進物が必要で，将軍からも返礼がある．それが，武家社会全般におよび，上長の家に家臣が祝賀に出向くようになった．

　もちろん，それまでも，宮中儀礼では，古代中国における暦法が取り入れられてもいた．しかし，節供祝いは，さほどに重要な行事ではなかった．特に，人日と七夕は，ほとんど行事らしい体をもたなかった．それは，各地方の旧家でも同じで，1月人日や7月七夕には，儀礼も会食も行わないところが少なくなかった．例えば，七夕の笹飾りも江戸の町から流行したもので，地方へは明治以降の学校教育を経て広まった．そうした傾向が強いのである．また，七夕行事に重きをおかない農山村では，夏の節供を八朔（8月1日）とする例も多かった．

　例えば，戦前（昭和20〈1945〉年以前）の頃までさかのぼってみると，埼玉県下では，三節供として，3月3日，5月5日，8月1日の八朔を数える農村が多かった．また，鹿児島県下では，正月14日の田の神祭り，10月15日の日待ちと毎月の月待ち，10月亥の日の農神祭り，9月19日のホゼ（秋祭り）なども節供に数えるところがあった．佐賀県馬渡島では，盆の14日がオセック，12月13日がセック，さらに暮れの26日から正月7日までのうちにも何回かセックという日を設けていた．つまり，その土地土地で，特に季節の折目・節目として印象の深い日をセックとしたのである．

　「季節の変わり目につき，おいといください」という挨拶が今日まで伝わる．節供は，何よりも家族や近親者の無病息災を願うところに本義があるのだ．中国

の暦法が伝わる以前から，むろん五節供が制定される以前から，節目や隙間から邪気悪霊が忍び込むのを防ごうとする信仰が自然発生的に存在していた，としなくてはならないだろう．

そこで，まずそれを「祓う」(払う) ことが行事化した．次に，難を避けるために「忌み籠る」ことが習慣化した．例えば，農村であれば，節供の日には，ムラ全体で農作業を休む習わしがあった．これもある種の忌み籠りである．この日に田畑に働きに出ると，「怠け者の節供働き」といって非難されたものである．

●旬の活力を求めた節供料理　節供行事には，供物とご馳走が欠かせない．そもそも「節供」と記すのは，カミに「節」の「供えもの」，すなわち節供をするからにほかならない．それは，特定のカミへの供えものではない．特別に神棚を設けることもしない．民間では，あくまで「何神さまかは知らねども」，カミの「おかげ」を乞うて供えものをするのである．

その供えものは，人々にとってきわめて実利的で，それを皆で分配して食べることによって滋養とするのだ．もっとも，それは，節供祝いに限ったことではない．「神人共食」は，日本での祭りの原型というものである．

特に，節供の馳走には，「旬」の活力が求められた．節供とは，言い換えれば季節がもたらしてくれる海の幸，山の幸でもある．したがって，そこでは，旬のはしりの植物，魚介類などを多用して，ある種の薬膳をしつらえるのである．

ただし，現在，節供料理として伝わるものは少ない．広く共通するのは，正月の「おせち」(御節) であろう．おせちとは，つまり節料理である．広義には節供料理とすることもできようが，おせちを人日の節供料理と限定するわけにはいかない．正月のおせちは，主には年始客をもてなす酒菜 (肴) であり，主婦の台所作業を省くためにつくりだめしたもの，と位置づけるのがよい．

そのほかで節供にちなんだ馳走は，草餅 (3月)，柏餅 (5月)，団子 (9月) ぐらい．七草粥 (1月) を数えたとしても品数が少ない．もしかしたら，江戸幕府による五節供の制定が，社縁的な贈答習慣を強調して広めたせいかもしれない．特に，民間においても，弥生と端午の初節供祝いには，近親者による贈答習慣を定例化させている．ご馳走より贈答を重視する，その傾向がみられる．そのところでは，節供は大がかりな客寄せをする行事ではなく，家庭行事にとどまっているのである．

一方で，「節供食い」という言葉もある．なかでも薬酒が尊ばれた．屠蘇 (正月)，桃酒 (上巳)，菖蒲酒 (端午)，菊酒 (重陽) など．むろん，その始まりも中国にある．七夕にその種の酒が見当たらないのは，日本の夏が酒造りに適さなかったからにほかならない．旬の精を体内に取り入れるために，ご馳走を食べ酒を飲んで節供祝いとする．そのご馳走や酒に最も乏しい節供が七夕なのである．

［神崎宣武］

正　月

正月行事は，「事はじめ」に始まり，「事じまい」に終わる．

●事はじめと歳神迎え　事はじめは，古くは12月13日．竈(かまど)をさらい，家の内を清めて正月を迎える，その改まりの日なのである．旧来の習慣では，「歳神」(としがみ)（歳徳神とも正月神ともいう）を迎えるべく「物忌」(ものいみ)の生活がこの日から始まるのである．煤払いも，古くは12月13日とされていた．家内の煤や塵を竹ぼうきで払い，畳をあげて風を通す．部屋ばかりでなく，食器もすべて棚ざらいをして洗う．近世の記録にはそれが遺るが，近代以降には事はじめの時期が後倒しになり，その行事が簡略化されるようになった．煤払いが終わると，次に門松を立てる．門松は，歳神を迎えるときの依り代(よしろ)である．仏教や神道の成立以前から，日本列島の多くのところで，山頂に神々や精霊が棲む，としていた．歳神もそうで，生命の象徴とされる常緑樹のマツやユズリハなどに依りついて里へ下る，としたのだ．これを「松おろし」といった．あるいは，「歳神迎え」といった．

●門松と注連縄　門松は，いまではさまざまな形式を発達させているが，本来の神の依り代としては，ただ門先にマツを立てるだけでよいのである．つまり，形式ではなく，マツそのものに意味があるわけだ．注連縄(しめなわ)もまた，神が降臨した神聖な場所を示すための一種の標識である．さらに，そこへの不浄や悪霊の侵入を防ぐ役目も兼ねている．つまり，魔除けの結界でもあるのだ．注連縄を張る場所は，地方ごと家ごとにさまざまであるが，一般的には歳神を迎えた門や玄関に張る．また，竈神や水神を祀る小祠があれば，そこにも張る．歳神を迎えるのは大晦日(おおみそか)の夜，あるいは元旦の早朝，とした．門松も注連縄も，その意味からすると歳神を迎えたあとで設置すべきだが，それではせわしないので事前に整えておくのである．

●福茶・屠蘇・雑煮　元日の朝は，若水で，福茶をたてる．その若水を汲むのを「若水迎え」といった．元旦の暁どき，井戸や川から水を汲んでくる行事であったが，水道が普及してからはほとんどみられなくなった．福茶は，ただの緑茶の事例もあるが，梅干や切り昆布，粉山椒などを入れた緑茶の事例もある．そして，福茶に添えられる代表的な菓子が干し柿であった．

そのあとで，屠蘇祝いとなる．屠蘇は，もとは中国の薬酒．それが宮中の儀式に導入され，やがて武家社会に伝わり，さらに江戸後期から明治にかけて民衆社会に普及した．年頭にあたってこれを飲むと，一年の邪気悪霊を払い寿命を延ばす，とされる．

屠蘇を飲む作法は，三つの盃をそれぞれ三口で飲み干す．それで，三三九度．中世の武家社会で定形化された「式三献」(しきさんこん)の流れをくむ．俗に「盃事」(さかずきごと)といい，

夫婦盃（女夫盃），親子盃，兄弟盃などがある．契約儀礼にほかならない．すなわち，屠蘇祝いは，歳神の前で家族相互に信頼と扶助を約束する意味をもつのである．

　屠蘇祝いのあと，雑煮を食す．雑煮は，本来，歳神の依代である鏡餅を切り分けて，家族で食するもの．それは「御魂分け（みたまわけ）」であり，それによって「おかげ」があったとするのである．だが，実際は，鏡餅を切り分けることをしない．鏡餅は，松の内，あるいは小正月までそのまま飾っておく．それは，寒冷期の鏡餅は固くなりひび割れもして切り分けにくいからである．そこで，雑煮用には小餅を別に用意することになったのだ．その小餅は，西日本各地で丸餅の，東日本各地で角餅（切り餅）の分布をみる．これも，その形ではなく，気候が比較的に温暖か寒冷かによる違いとみるべきであろう．寒冷な土地では，餅を伸して中の水泡や気泡を押し出しておかなくては凍結を招くことになり，保存がききにくいのである．

　なお，年玉も餅と関係がある．現在，年玉というと，子どもたちへの新年の贈りものと考えられており，そ れも金銭に代替されるようになっている．だが，本来，年玉は，歳神が配する「おかげ」を意味したのだ．すなわち「歳魂（としたま）」（歳神の御魂）である．それゆえに，かつては年玉として，餅が配られてもいたのである．

図1　若水汲み．厳格な家では，家長が正装して井戸水を汲んだ．［出典：『風俗画報』明治26年第63号］

●**小正月と事じまい**　1月15日を小正月という．これは，元日を大正月と呼ぶのに対しての小正月である．古く太陰暦では，新月の1日を「朔（ついたち）」，満月の15日を「望（もち）」とした．したがって，小正月は「望の正月」として祝われた．

　太陽暦の普及により，大正月が正式の正月になるにつれて，小正月は，農作成就に結びついて伝えられた．例えば，削り花（丸木を削ってつくった造花）や餅花を飾って祝う．特に，「お蚕さんの正月」といわれたように，近代では養蚕の豊穣祈願の行事として広く流行をみた．現在に伝わるのがトンド焼（ドンド焼，左義長（さぎちょう）ともいう），そこでは，正月の飾りものを焚きあげる．鏡餅を割って，トンドの火で焼いて食べるところもある．これは，雑煮の習俗と同様に，鏡餅の霊力にあやかって無病息災を願ってのことである．この小正月のトンド焼をもって，正月の「事じまい」とするところが多かった．が，都市化とともに，松飾りを外す7日をもって正月行事の終わりとするところが増え，現在ではそれが一般化しているのは周知のとおりである．

［神崎宣武］

盆

　盆は，旧暦7月13日から15日ないし16日にかけて，先祖の霊を家に迎え，供物を供えて供養する行事である．仏教の盂蘭盆経（語源は，梵語の ullambana）に由来するとされ，盆会ともいい，一般には仏教行事に位置づけられている．

　文献上みられる最初の例として，推古14（606）年，宮廷の仏教行事として行われた，と『日本書紀』にある．それは，中国での行事にならったものと推測できる．しかし，盂蘭盆経がいかなるものであったか，以後の日本ではほとんど問うことがなかった．民間に広まった盆行事は，仏教色が薄く，むしろ祖霊崇拝のかたちが顕著にみられるのである．

●先祖祭り　日本では，古くから死者の霊，先祖の御魂を祀る「御魂祭り」とか「御魂鎮め」がこの時期に行われていた．民間の行事は，そうした土着の祖霊信仰と仏教儀礼の回向とが融合したもの，とするのがよい．現在も，盆行事が画一的でなく，地方によって少しずつ異なるのは，その土台にそれぞれの御魂祭りや御魂鎮めの習慣があるからなのである．

　民俗学では，正月も半年を隔てて盆と向き合う「先祖祭り」と位置づけられてもいる．古く，日本では，1年を2期に分ける考え方があった．つい近年まで，勘定を盆・暮払いとした習慣に代表されるように，盆と正月は生活に根差した二分法であった．盆も正月も，神・仏，それに祖霊を家に招き，もてなした．盆を「盆祭り」といったところも少なくなかった．

　行事の内容も似たようなもの，と対比できる．例えば，正月を迎えるにあたっての祓いが「煤払い」や「大祓い」であるのに対して，盆を迎えるにあたってのそれが「夏越の祓い」．神仏の迎えが，正月では依り代としての門松，盆のそれが迎え火．その違いは，山からの歳神（歳徳神）か墓からの祖霊かの違いにすぎない．常緑樹も篝火も依り代としては同じ意味をもち，ところにより祭りにより使い分けがなされるだけのこと，と考えるのがよい．祓いをして，しかるべくのちに依り代をもって諸霊を迎える，その構図の共通こそが大事なのである．

●神仏をつなぐ祖霊，祖霊をつなぐ生見玉　特に，盆行事の場合は，先祖霊が主賓である．その先祖たちの霊界と私たちの俗界をつなぐ存在として長老が敬われることにもなる．長老は，つまりは生見玉（生御魂）である．言い換えるならば，神・仏を最上位とし，ご先祖さまが中間にあって，現世の人間が下層に連なる構図にほかならない．

　したがって，盆行事では，祖霊を迎えて祀るだけではなく，生見玉へ敬意を

表し，祝福する習俗がもとはかなり広範にみられた．古く『親長卿記』の文明 8（1476）年 7 月 11 日の条に，「若宮御方已下有御祝之儀，いきみたま云々」とみえるので，すでに室町時代には，生見玉を敬う習俗があったことがうかがえる．

江戸時代になると，それは庶民の間でも広く行われるようになった．例えば，『日本歳時記』（貞享 5〈1688〉）の 7 月 13 日の条に，「生見玉の祝儀とて，玉祭より前に，おやかたへ子かたより，酒さかなをおくり，又饗をなす事あり」と記されている．「敬老の日」が法定祝日となったのは，昭和 41（1966）年のことであるが，すでに往古よりその原型たる行事があったのだ．死霊を祀る前に生霊の長寿の祝いをしたのである．

生見玉への慶賀行事として最も一般的なのは，盆中に魚を獲って家内の長老に供し，自分たちも共食するという習慣である．中国・四国地方で，近年まで盆の前に集落ごとに池ざらえや川ざらえが行われていたのも，そうである．水田への用水を無事落とし終えた祝いの意もあったが，同時にその馳走の魚獲りを行事化してきたのである．例えば，讃岐平野（香川県）では，7 月 14 日を人間の盆といって，両親のそろった者に限ってのことであるが，淡水魚を食べる習慣を伝えてきた．

関東の農村部では，他家に嫁いだ娘が米や小麦粉を持ち帰り，それを用いて膳を整え，両親に食べてもらうという習慣もあった．一般的には，盆の供物は，うどんやそうめんなどの麺類が好んで供されてきた．これも，祖霊への供物というより，むしろ夏場で食の細った老人を慰労するため，とみるのが妥当である．

そうしてみると，盆に際しての帰省の習俗は，そもそもは生見玉へのご機嫌うかがいという意味が強かった，ともいえよう．血縁社会の中で行事化された，その伝統，とすべきなのである．

●**精霊を慰撫する盆踊り**　盆には，各地で盆踊りがみられる．盆踊りは，祖霊やそのほかの精霊を迎えてもてなす意味がある．それが夜行われるのも，宵宮（よいみや）と同様に古く月暦に従ってのこと，とみればよいだろう．そこでは，神仏・諸霊は月の出に伴うかたちで降臨する，としたのである．

盆踊りは，集団の踊りである．その様式は，櫓（やぐら）や篝火（かがりび）を囲んで回る輪踊りと，行列を組んで練り歩く行列型に大別される．行列型は，大がかりな装置化を伴わないところで，輪踊りより古い形式としてよい．それが，歩行距離を縮め，境内や広場など場所を定め，櫓を囲んで踊ることが主流になっていった．踊りの人数が増えたため，固定した場所に移したというところも少なくない．町場では，各町内が合同で通りを群行して踊ることにもなった．よく知られる阿波踊りは，その最も特化して大衆化した事例なのである．

なお，盆踊りには音頭が必要である．各地に盆踊り唄（音頭）があり，音頭とり名人が競ってきた．昨今は，踊りよりもその音頭の継承が難しい傾向にある．

［神崎宣武］

春分と秋分

　春分・秋分を祝日と定めて久しい．春分と秋分は，「二十四節気」のうちにも数える．春分が第四節気で，陰暦では2月の中頃，太陽暦では3月21日頃にあたる．また，秋分は第十六節気で，陰暦では8月の中頃，太陽暦では9月23日頃にあたる．ちなみに，二十四節気とは中国伝来の季節のよみ方で，ほかに，立春・雨水・啓蟄・清明・穀雨・立夏・小満・芒種・夏至（以下略）などがある．

●**春分・秋分もセチビ（節日）**　春分・秋分を中日として，その前後3日を含めた7日間が彼岸である．

図1　二十四節気

　とかく春分・秋分と彼岸は混同されがちであるが，それは，本来別々の行事なのである．春分・秋分は，太陽の運行に従った節目．春分・秋分，それに夏至・冬至をもって「二至二分」という．旧暦（太陰太陽暦）でも重要なセチビ（節日）であった．

　昼と夜とが同じ長さであるのが，春分と秋分．太陽が真東から昇り，真西に沈むので，節気の中では最も判断しやすい．そのことは，おそらく原始社会から周知のことであっただろう．いわゆる日時計が各地に存在したのも，春分と秋分を基準にしてのことであった．また，旧暦といえば太陰暦と捉えがちだが，農業や漁業には月の運行が大事であったが，気候をそれだけではかるわけにはいかないから，二至二分に代表される太陽暦も併用されてきたのだ．それは，上代からそうであって，太陰暦が古く，太陽暦が新しい，と短絡視するのも間違いである．

　春分，あるいは秋分を記念しての行事も当然生じた，とみるのが妥当である．例えば，戦前のあたりまで，「日のお伴」とか「日天さまのお伴」という行事があった．特に，春分の日に，一日外へ出て太陽を拝んで歩く．もちろん，休みながら，飲食も楽しみながら．こうすると身体が丈夫になる，という伝承があった．

　日の出から日没まで，「お伴」という言葉がゆかしい．午前中は「日迎え」といって東に向かって歩き，午後は「日送り」といって西に向かって歩くところもあった．また，午前中は東方の寺社に参り，午後は西方の寺社に参るところもあった．

　そういえば，この頃は，「日天さま」「お天道さま（おてんとうさま）」という言葉も聞かなくなった．さらに，「お天道さまは見てござる」とか「お天道さま

に恥ずかしくないように」とかいう言葉も聞かなくなった．また，この日をヒイミ（日忌み）として，仕事を休んだところも少なくなかった．そのところでは，のちに春分・秋分が祝日となる民俗的な下地があった，ということになる．

そうした春分・秋分の古い行事が，のちに彼岸行事との複合とともに後退した．

●**春分・秋分と彼岸**　彼岸は，仏教行事として発達をみた．各地の仏寺で彼岸会が催されてきたことは，周知のとおりである．

ちなみに，彼岸とは仏典にいう到彼岸（とうひがん）の略語である．サンスクリット語のハーラミタ（波羅蜜多）の訳語とされる．仏教の世界では，この俗世を「此岸」といい，対して死後の浄土を「彼岸」という．此岸は，人間が煩悩に悩まされる世界．彼岸は，その煩悩を断ち切って悟りを得た涅槃の境地．ゆえに，彼岸は，昼夜も寒暖も安定して中庸なるところ，とされたのだ．そして，彼岸に渡るのを理想としてさまざまな浄法や修法の発達をみた．ということは，本来は日時を定めてのことではないはずなのだ．その彼岸行事を，日本では春分と秋分に振り分けた．いつの頃誰彼がそうしたのかは諸説あろうが，どうも定かでない．

日本で最初に彼岸会が行われたのは，平安初期のこと，と伝わる．当初は朝廷の行事であったが，やがて時代を経て，それが一般にも広まって年中行事として定着した．

明治になって，春分の日に春季皇霊祭（しゅんきこうれいさい）が新たに宮中で行われるようになった．いわゆる皇室の祖霊祭だが，春秋二季に執行されるようになったのは，明治12（1879）年からのことである．それで，国の祭日（昭和23〈1948〉年以降は祝日）ともなったのだ．明治政府が定めた神社神道の公事化に従ってのことに相違ない．が，そのとき，先行してあった仏教での彼岸会の風に倣（なら）った，ともいえようか．

歴史的には新しいことであるが，国が定めた根拠を正確に知るのは難しい．特に，明治の文明開化や軍事国家の有り様は，文化的伝承と文明的改革の両面から十分な論議をつくしたとはいいがたいところがある．

若月紫蘭（しらん）『東京年中行事』（明治44〈1911〉）でも，「春分と秋分に何故彼岸の名をつけたかは，物好きな人の詮索に任す」とある．ここでも，春分・秋分と彼岸は，本来一緒ではない，ということを確認しておきたい．

なお，彼岸は，仏教行事とはいうものの，一般の人がこぞって寺詣でをしたとは限らない．また，日を定めて詣でたとも限らなかった．例えば，江戸時代の風俗事典ともいうべき『守貞謾稿（もりさだまんこう）』（嘉永6〈1853〉）には，「江戸にては，親鸞の徒，東，西本願寺に参詣する人多し．他宗の輩は，参詣の所なし」とある．そののちの経緯をみても，庶民社会の実際は，寺詣でよりも墓参りが主流となっていくのである．

もっとも，墓石を建てた「参り墓」が広まるのも元禄（1688-1703）以降のことで，それ以前の様子は明らかでない．

［神崎宣武］

八朔と虫送り

　八朔とは，旧暦8月朔日のこと．この日を「八朔節供」として祝う風習が各地に伝わる．この日が節目となったのは，盆月（旧暦7月）の終わった翌日ということで，正月明けの2月1日を「年重ねの正月」とか「二正月」などというのと同様の意味である．

●タノミの祝い　八朔は，「タノミ」，あるいは「タノミの節供」「タノミの祝い」などともよばれた．タノミは，第一に「田の実（米）」の意．稲の結実が成ったところでの祝いであり，なおこれよりのちの害虫や風害を避けて豊作を祈願する，その節目であった．

　八朔に，「虫送り」の祈祷をするところもある．例えば，中国山地の農村部を歩いてみると，道の辻々にセキフダ（関札）という大型の神札が立っているのを見かけることがある．「除虫豊作」「村内安全」などという文字が記されている．氏神の八朔祭での祈祷札で，集落境に立てて害虫を追い払うのだ，という．虫送りは，雨乞いや風祭りと同様に，農村での大事な共同祈願の一つであった．

　近年では，薬品による虫の駆除が発達し，虫送りの必要性はなくなったが，芸能化して残されているところが少なくない．例えば，八朔に日を定めてではないが，その前後に鉦や太鼓を鳴らしつつ踊りながら等身大の藁人形を村境まで運んでいく．人々が松明を振り回したり大声を張り上げたりという所作を伴うところもある．そして，セキフダと同様に藁人形を村境に立て，害虫を追い払う役目を託す．ちなみに，この藁人形をサネモリと称した．サネモリは実盛と記す．斎藤別当実盛の御霊が崇ってイナゴと化し虫害をもたらしたため，実盛人形をつくってそこに御霊を込めて村境へ追放する，という意味を加えたのである．

　なお，かつて八朔の行事として最も重要なのは，「穂掛け」であった．これは，青刈りをした初穂を神に供え，水田に残した穂も豊作になるように祈るというもの．穂掛けというのは，刈り取った稲束を稲架掛けする要領で，神前にもそうして供えたという故事からくる．

　青刈りのもう一つは，注連縄用である．青い方が美しいからという理由で，この時期の早刈りが行われている．

　一方，八朔には，贈答の習慣も広くみられる．ユイ（結）とかレン（連）とよばれる共同で農作業をする仲間の関係を，収穫期を前に改めて確認し，相互に謝意を表すために初めて収穫した田の実を互いに贈り合うのだ．また，例えば福島県下では，その日，「親たのむ子たのむ」とか「親たのみ子たのみ」などと称して，親元に何か食べ物をもっていく習わしがあった，という．そこから，「タノ

ミ」を「頼み」とする説が生じることになる．

●**武家社会で発達した社縁的な贈答習慣**　もともとは農村行事であった八朔が，やがては，農村と異なる意義をもって都市部にも広まっていった．

　例えば，武家社会では，「君臣相頼む」の意にかけて，封建的な主従の関係を確認するための社縁的な贈答習慣を発達させた．家臣が主家のところに挨拶に行き，馬や太刀を贈るということが，すでに鎌倉後期にはみられたようである．室町時代になると，幕府は，「八朔奉行」なる職を設け，八朔の行事の管理にあたらせた，という．

　江戸時代になると，武家社会での八朔儀礼のさらなる制度化をみた．徳川家康が江戸に入城したのが天正18（1590）年8月朔日であったことから，特にこの節日を重んじて，公式の祝日（休日）と定めたのである．そして，江戸城内では，八朔御祝儀が行われるようになった．諸大名や旗本たちは，白帷子（かたびら）の正装で登城，祝辞を言上し，太刀などの献上を行ったが，そうした習慣は，近代以降には途絶え，社縁的な贈答習慣は「中元」に移行した．

●**生姜節供・馬節供**　武家社会での慣行は，江戸の町人社会にも伝播する．町人たちも，この日，赤飯を炊いて祝い，日頃恩を受けている人たちのところへ羽織・袴の正装で挨拶に出向くようになった．そのとき，ショウガ（生姜）を葉つきのまま贈る習慣もみられた．なぜショウガなのか．その由来は定かでないが，ほかの節供祝いが，例えば，端午の節供のショウブ（菖蒲）のように，旬の食材の生命力を重用したところからすると，この時期の江戸でのそれは限られてくる．谷中生姜ぐらいしか相当するものがなかったから，とみるのもよかろう．

　やがて，江戸での習俗が，また近隣の農村社会にも伝播をみる．今ではその習慣がほとんど後退したが，埼玉県や群馬県では，嫁や婿が葉付生姜を持って実家や仲人を訪問する風がごく最近までみられた．八朔が「生姜節供」ともよばれるゆえんである．そのとき，実家では答礼として箕（み）を持たせて帰らせた，と伝わる．「しょうが（生姜）ない嫁だが，み（箕）直してくれ」との語呂合わせである．

　また，農民の間では，武士が馬を贈る風習を真似て，米の粉でつくった馬をやりとりする習慣が各地に広まった．これは，男子たくましくあれ，という縁起担ぎではあったが，ある種の遊戯化現象とみてよい．

　そこで，「馬節供」の呼称も生じた．例えば，香川県では，初めて男の子が生まれると，ハツウマといって米の粉でできた馬を飾る．福岡県では，初節供を迎える男の子の家で藁馬人形（藁の馬に紙の武者人形をのせたもの）を，女の子なら団子雛（糯米（もちごめ）でつくった雛形の人形）を飾った．

　なお，八朔には，餅や団子，饅頭，赤飯などをつくって食べる習慣が広くみられた．その日につくる餅は，それが団子であっても「八朔餅」とよばれた．

〔神崎宣武〕

除夜と初詣

　除夜とは，除日（旧年を払う日）の夜，すなわち大晦日の夜のことである．その夜，新しい年の歳神が家々にやって来るとした．年棚（歳神の座）に神酒や餅やそのほかの供物を供え，家族一同が身を清めて，眠らずに夜籠るのが古い習わしであった．江戸前期の『日本歳時記』には，除夜には礼服を着用，酒食を先祖霊とともに祝い，その年の互いの無事を喜びつつ，「旧を送り，新を迎ふべし」と記されている．

図1　除夜の鐘つき
[写真：芳賀ライブラリー]

　今日，そうした除夜の年越行事は，全国的にはほとんど形骸化している．が，例えば，越後（新潟県）あたりの農山村では，まだその伝統が確かめられるところがある．そこでは家族銘々に祝い膳をすえ，特に「年とり魚」といって焼いた塩鮭を一切れずつ食べるのである．また，北関東の農村部では，祖霊を祀って供えものをし，「御魂祭り」を行って年越しとした，という記録もある．

●除夜の鐘と百八つ　それに対して，除夜の鐘は，全国的な年越行事として定着して久しい（図1）．もともと除夜の鐘つきは，大晦日に寺で行われる法会の行事であり，かつては仏教信徒しか参加しなかった．一般に宗派を問わず鐘つきに参加するようになったのは，端的にいうなら，テレビの年越番組でそれが放映されるようになってからか．除夜の鐘をつくなり聞くなりして，初詣に行くのが，年中行事化したのである．

　除夜の鐘は，108回つき鳴らされる．それは，仏教の思想にもとづいて，108の人間の煩悩を一つひとつ消し去るため，といわれる．だが，それは俗説というもの．実は，108という数は，12か月，二十四節気，七十二候を足した数であり，ゆえにその数をつくことで，旧年を払う（祓う）ことになるのである．

　除夜に鐘をつく行事は，もとは中国にあった．宋の時代に始まった，とされる．それが，日本各地で共通の除夜の習慣として広まったのはいつ頃のことであろうか．ごく当たり前に考えて，諸寺に梵鐘がかけられてから，とするのが妥当であろう．寺の梵鐘が一般的に広まるのは，奈良や京都の大きな寺を除けば，江戸も元禄期（1688-1704）以降のこと．つまり，歴史的にみると，さほど古いことではない，といわざるを得ない．

　もっとも，仏教儀礼を進めるにあたって，必ずしも梵鐘が必要だったわけでは

ない．古く梵鐘のない時代，寺の軒下には木魚（魚形の板）が吊り下げてあり，それを木槌で叩いて諸悪を払った．あるいは，行事開始の時を知らせた．したがって，除夜の鐘も，鐘の音に本意があったわけでもないのである．

　旧年を払うということでは，火もまた一方の役を担っていた．つまり，「焚きあげ」．それを年越行事としていたところも少なくない．かつては，除夜に庭先や近くの河原，四つ角などで大火を焚く慣習が各地にみられたものだ．特に，西日本各地の農村部で顕著であった．そして，その火を火縄などに移して持ち帰り，灯明にともしたり，雑煮やお節料理をつくるための火種としたものである．いまでも，神社の境内で篝火を焚くところが少なくない．その代表的なものが，京都八坂神社の「おけら火」である．

●**年祝いをすませての初詣**　古くは，大晦日の日暮れから元旦にかけての新年の第一夜は，人々は自分の家や氏神様の社に籠って歳神を迎えるための夜籠り（忌み籠り）をする習わしがあった．それが，次第に，所の氏神や檀那寺に詣でるというかたちになった．大晦日の夜にお参りをするのが「除夜詣」，元旦にお参りするのが「元旦詣」．これらが，初詣の原型である．

　現在，初詣というと，著名な社寺へ，それもその年の恵方にあたる社寺に詣でる風が盛んになっている．だが，それは，街頭の整備や交通の発達，例えば電車の終日運転などがなされるようになってからのことである．古くは，必ずしも初詣が重要視されてはいなかった．もとは，歳神を迎えた家々での年祝いをすませてから詣でたものである．それは，親しい家々を年始まわりする，その初めに位置づけられていた．除夜の鐘を聞くとすぐに宮参り，という習俗は，決して古いものではないのである．

　初詣は，身を清め，新年を寿いで祈念を行うものである．古くは，自分の生命（魂）を象徴するものとして円い石を神社に奉納したが，いつの頃からか円い貨幣を納めるようになった．これが，賽銭の始まりといわれる．賽銭の流行をみるのも江戸時代のことであった

　参拝の帰りには，破魔矢や破魔弓を買い求める慣習がある．「破魔」とは，文字通り魔を破るという意味で，魔除けの意味をもった縁起物である．破魔矢と破魔弓は，もともとは破魔打ちという男児の正月遊びに使われたものであった．それは，2組が対抗で行い，一方が藁縄で輪につくった的を転がし，もう一方が破魔矢と破魔弓で射抜くという競技である．遊びの方は廃れたが，正月の縁起物として現在に至っている．

　なお，特に初詣では破魔矢・破魔弓のほかにも神札や縁起物が授与される例が多い．通例，これらはその一年を守るものとされるので，旧年の授与品は神社や仏寺の納札所に納めるのがよい．あるいは，小正月のトンド（ドンド，左義長とも）で焚きあげるのがよい．

［神崎宣武］

花 見

　サクラの下，人々が酒宴に興じる光景は，まさに日本ならではのこと，といわなくてはならない．なぜ，日本人は，こうもサクラに浮かれるのか．
　花を愛でるのは，世界中の誰もが同じこと．日本人が特別に花好きなわけではない．それに，花の中でもサクラに限ってそうなのである．花見と称して宴を催す．飲食を楽しみ，歌舞に興じる．その習慣を広く共有しているのである．

●花見の起源　花見の起源については，諸説ある．
　一つは，都の貴人たちの雅遊説．「百敷の大宮人は暇あれや　桜かざして今日も暮しつ」とうたわれたように，平安朝の貴族たちは花をみて歌を詠み，そぞろに遊びたわむれていた．宮中でも花見の宴があった，と古文献に伝わる．
　もう一つは，武家の野宴説．例えば，豊臣秀吉が晩年に催した山城三宝院での花見は，あまりに有名である．幕で囲った緋毛氈を敷き，豪華な酒器や茶器を携えての花見．招待された者も，芸人とともに踊る．それを，幕の外からのぞく民衆．花見は，特権階級の娯楽であった．
　「花は桜木，人は武士」というがごとくに，武士たちは，サクラを尊んだ．散りぎわの潔さ，美しさが武士道にそぐうから，という．京都中心部の仏寺の庭にもサクラの木が植わっていた．これも，花の儚さを仏心にもとづく人生に投影してのことだっただろう．
　こうした特権階級の花見が，やがて庶民社会に伝播した．特に，江戸の町で花見が盛んになり，江戸後期には，上野，飛鳥山，向島などが花見の名所となった．一説によると，八代将軍の徳川吉宗が火除地の確保のためにサクラの植樹を推奨した，と伝わる．今日，私たちが催すところの花見行楽の源流はこのあたりにある，といってよかろう．
　ちなみに，ソメイヨシノも，江戸でつくられたサクラである．もとより，江戸にサクラが群生していたわけではない．すべて，苗木を植えて栽培したものである．染井（東京都豊島区）の植木職人たちが，吉野（奈良県）のサクラにあやかり苗木を広めたところからソメイヨシノ．以来，ソメイヨシノは，日本のサクラを代表するようになり今日に至る．
　しかし，花見の歴史的な展開を都や江戸を中心に説くだけでは事すむまい．サクラの一方の原風景は，山桜にある．農村社会に古来連綿と伝わる農作の予祝儀礼としての花見があり，それを無視することができないのだ．

●神が宿るサクラ　農村社会でのそれは，「山遊び」とか「山登り」「野辺遊び」といわれた．例えば，西日本の各地，特に近畿地方の山地から中国地方の山地に

かけては，旧暦の3月3日か4日が花見日であった．その日は，集落ごと老若男女が連れだって見晴らしの良い山や丘に登り，酒肴を楽しんで遊んだ．東北地方では，4月8日を花見日とした例が多かった．

　山に花が咲く，それは，まさに農作業の始まりを知らせてくれた．花見の「見」は，ただ眺めることではない．月見や日和見と同じように，「日立て」をいうのである．わかりやすくいうと，桜前線から約1か月半ほど遅れて田植え前線が同様のカーブを描いて北上するはずなのだ．したがって，山のサクラは田ごしらえの時期を知らせてくれたのである．

　人々は，酒肴を携えて山に登り，ある種の神祭りを行う．山のサクラは，山のカミ（神）がそこに依りついたしるしにほかならない．その下で神人が共食し，豊作を約することに本義があったのだ．そのあと，サクラの一枝や柴木の一枝を手折って持ち帰り，家の庭口や一番田（最初に田植えをする田）の水口（引水口）に立てるという慣行を各地で伝えていた．山の神を田の神として里に降ろす，その本義にもとづく伝統なのである．

　ちなみに，サクラの語意は，「さ」と「くら」に分けて考えることができる．「さ」は，さわやかですがすがしい意の接頭語．「くら」は，大事なものを置いたり乗せたりする装置．つまり，さにわ（斎庭＝清めた場所．神おろしを行う場所）やさおとめ（早乙女）などと同様に「さ」に重きがあり，神々がそこ（くら）へ霊を宿す，と解せるのだ．

●ウタゲ・カガイに連なる花見　「風土記」には数々のウタゲ（宴）が描かれている．例えば，『出雲国風土記』には「燕楽」，『播磨国風土記』には「宴遊」，そして，最も古く『常陸国風土記』には「嬥歌」として出てくる野外の祝宴がある．もちろん，その記述内容にはそれぞれに違いがある．が，大意においては，毎年春や秋になると人々が誘いあって山や丘に登り，飲食を楽しみ，男女が歌を掛け合う，ということでほぼ共通する．

　例えば，『常陸国風土記』には，「諸国の男女，春の花の開くる時，秋の葉の黄づる節，相携ひ駢り，飲食を齎賚し騎にも歩にも登臨り，遊楽み栖遲へり」と記されている．この一文から，春の花咲くときのそれを花見の原形，と見当づけてよかろう．その頃からすでに，遊興の趣が強くもあった．

　それまでは，冬ごもる季節である．陰々たる休農期．サクラの開花は，万物の息吹に共鳴する．花見は，人々の活力をも再生する行事でもあったのだ．そこでは，酒池におぼれ，歌舞に狂うのもまた山の神の許したもうたこと，とみるべきなのであろう．

　もっとも花見に限らず，日本の祭りとはそうしたものである．いうなれば，節目折目の「景気づけ」．その娯楽の楽しみのみが肥大化して今日に伝わっているのである．

［神崎宣武］

新年会と忘年会

　一般に，忘年会とは一年の苦労を忘れるために年末に行われる会合，新年会とは一年の始まりを祝うために年始に行われる会合をさす．いずれも宴会のかたちをとることが多いが，職場行事として催されたり，友人同士で行ったりと，さまざまな構成員による会合が存在する．したがって，一人が毎年複数の忘年会・新年会に顔を出すことも普通である．

　なお，忘・新年会が大衆化・行事化した背景には，明治期以降，特に第二次世界大戦以降，サラリーマン人口が拡大し，これら行事が職場の行事として普及していったことが大きいといえる．ただ，それ以前の歴史的起源については，はっきりとした定説はない．というのも，忘・新年会は，正月や七夕，盆といったような伝統的年中行事とは異なり，宗教的な意味付けや年中行事としての様式を特にもっているわけではないため，歴史的起源をさかのぼることが困難でもあるのだ．

●**明治期に隆盛化した近代型忘・新年会**　しかし，直接的なルーツではないにせよ，近世において，年末年始に行われていた宴会としては次のようなものがあった．まず，家族や親戚での年末の宴会である．明治25（1892）年に記された『朝野年中行事』には，「忘年会」は官の公的行事ではなく「民間の儀節」であるとの記述がある．年の終わりに開かれる「父母，兄弟，親戚，朋友同僚など」との宴会で，「貴賤みな同じく，古今異なることなし（今も昔も変わらない）」とある．

　一方，近世の武家社会や町人社会では，御用納めの後に小宴会を行うことが定着していた．また正月には，全国各地で，親戚一同が本家に集まり挨拶を交わして宴会を開く例がみられた．これは，大晦日（おおみそか）に一族が本家に集まり年籠りをし，元日の朝に大戸を開いて新しい年を迎え入れるという，いわゆるカドアケの儀式が原型といわれる．さらに，庶民とはかかわりがないが，宮中において新年を祝うために皇族や高級官僚，軍人，外国公使が招かれ，天皇から膳酒を賜る宴会「新年宴会」がある．明治憲政下では1月5日が「新年宴会」の祝日であった．

　こうした旧習を基盤にしつつ，西洋文化を取り入れることで，明治期にさまざまなタイプの忘・新年会が現れ，隆盛した．例えば，明治21（1888）年に出版された坪内逍遥『松のうち』には，忘新年会について次のような記述がある．明治維新，文明開化により生活の西洋化が急速に進み，「在来りの年中行事大かたは古調度と共に居どころを失」っていく一方で，「只一月の新年宴会と年忘れの酒宴のみは交際大事の当世風に適ひしか昔時にまさりてはやり……」．つまり，当時西洋化が進み伝統的年中行事が廃れていく中で，忘新年会のみが例外的に隆盛していたというのである．同年末には，総理大臣（黒田清隆）から忘年会を

質素にするよう内訓が出されているほどである．

●**サラリーマン文化としての忘・新年会**　明治期は，御用納め，年末年始休み，帰省，御用始め，といった一連の行事が官公庁を中心に整備された時期である．こうした中で，故郷で家族や親戚と催す年末年始の宴会を挟むかたちで，都会における職場や学校のつながりが忘・新年会を発達させていった．

　当時，忘・新年会隆盛の推進役となったのは，明治維新によって政府や社会の指導的役割を担うこととなった旧武士層，そして全国から都会に集まってきた学生たちであった．西洋志向を強くもった彼らは，旧来の伝統と，新たな舶来の流行とを折衷させ，新たな近代型忘・新年会を生んでいく．この新たな風俗の特徴は，男性中心，地方出身者中心であった点である．中央集権化・近代化が進展する中で，大都市に政治機能と産業が集中，男性サラリーマン・男子学生が全国から集まることで，同質集団によるどんちゃん騒ぎが忘・新年会の主流となっていった．

　こうした流れは，第二次大戦後の高度経済成長期にサラリーマン人口が急増する中でさらに広まり，職場の公式行事化が進む．「忘年会」「新年会」という語が広く大衆に広まったのもこの頃である．そして，特に忘年会は，社員旅行や運動会と同じく，職場の福利厚生事業として位置づけられることが一般化した．

　これを日本的な発達，とみるかは意見が分かれるが，旧来の血縁的・地縁的な歳暮習慣と年賀習慣とあわせてみれば，その社縁的な現象といえなくもない．

●**多様化する忘・新年会**　こうして，高度経済成長期にサラリーマン文化として定着した職場での忘・新年会も，平成に入ってからの職場環境の変化に伴い，多様化の一途をたどっている．すなわち，女性の社会進出が進むなど職場の構成員が多様化したことで，宴会場も，旧来の大衆的な料理屋の大座敷だけでなく，洒落たレストランやカフェバーなどへも広がっていった．また，90年代半ば頃から，いわゆる「パワーハラスメント」が労働問題として注目されるようになると，宴席上のトラブルにも注目が集まるようになった．例えば，女性社員に対する，無礼講をはき違えた破廉恥な行為が「セクシャルハラスメント」として訴えられたり，酒の強要がパワハラになるとして「アルコールハラスメント」なる言葉も登場したりしている．こうした状況のもと，会社の公的な宴会はその槍玉にあげられることが多く，かつてのような男性中心のどんちゃん騒ぎも，今ではすっかり鳴りをひそめた．

　また，バブル経済崩壊後長引く経済不況により，終身雇用制は大きく崩壊した．こうした中，心理的にも職場に対して一体感を抱くことは難しく，以前のような職場忘・新年会の盛り上がりはみられない．その一方で，職場ではなく，家族や友人といった，本当に自分を支えてくれる人々とのつながりを大切にする風潮が，特に若者の間で強まり，年末年始も，こうした仲間とささやかな宴会を行うことが増えている．

[山村高淑]

海開きと山開き

　現代の日本では，「山開き」は一般に，春から夏期間に登山道が一般開放される初日，あるいはその日に行われる行事のことをさし，夏山シーズン幕開けの風物詩となっている．しかしこうした現代の山開きは，レジャー色の強い近代的な登山の普及によるものである．もともと各地の霊山は立ち入りが厳しく禁じられており，一年のうちで一定期間のみ信仰・修行のための登山が解禁されていた．こうした登山による山中修行を，修験道では峰入り（入峰）とよぶが，峰入りに先立ち，登山解禁のために執り行う行事が本来の山開きである．
　一方「海開き」は，近代に入り保養や娯楽としての海水浴が普及したことに伴い，山開きや磯開き（磯の口明け，磯物の採取を解禁すること）に倣って行事化されたものである．なお，現在は山開きも海開きも全国で春から夏にかけて行われているが，その日程はまちまちである．

●**中世の修験道と峰入り**　日本では，古くから「神々しい山容を示す山岳を御神体と定め」（桜井徳太郎編『山岳宗教と民間信仰の研究』），拝殿を山麓に立て遥拝してきた．古代日本においては，こうした霊山はあくまで見て崇敬するものであり，登拝するものでは決してなかった．日本随一の霊峰・富士山はその代表であろう．その山容の崇高さのみならず，特に度重なる噴火から，富士山は人々の畏敬の対象となり，登拝するものではないとされてきた．なお，こうした中，古代末期より富士山の霊を鎮めるために建立されてきたのが浅間大社（静岡県）・浅間神社（山梨県）である．
　その後，役小角（役行者）を開祖として修験道が起こり，平安末期頃には実践的な宗教体系ができ上がる．こうした中，役行者の足跡を慕って奈良県大峰山に入り修行する大峰入が起こり，修験道における最も重要な修行として一定期間山に入って修行をする「峰入り」という形式が成立する．中世における登山とは，こうした山中修行（修験）のために山に入ることが中心であった．なお，大峰山の山開きは5月3日で，山上の本堂の戸を開けるため「戸開式」とよばれる．

●**近世の講と登拝の一般化**　近世に入ると，山岳信仰の形態は大きく様変わりしていく．江戸時代になると修験者が全国を廻って霊山への登山を勧め，各地に参拝のための講がつくられていき，庶民の登拝が広く一般化していったのだ．こうした講による登拝は，「総参り」（講の全成員による参拝）の場合もあったが，多くは「代参講」（成員の代表による参拝）であった．その代表例は，江戸という大都市や関東農村部を中心に組織された富士講である．富士講は近世初頭より，角行などの富士行者によって広められ，特に食行身禄が享保18（1733）年に富

士山7合5勺目で断食行の末,入定(にゅうじょう)したことで広く庶民に普及した．その結果,19世紀には「江戸八百八講」といわれるほどの隆盛を誇ったという．

また,関東地方を中心に富士山を模した小型の築山「富士塚」が数多く築かれ,実際に富士山に登拝する代わりに白衣の行者姿で富士塚に登り,富士登山と同じ御利益を求める習俗が生まれた．実際の富士山では7月1日(旧暦6月1日)に山開きが行われたが,同じ日に各地の講が富士塚に登拝したり,「七富士詣り」「七浅間詣り」と称して富士塚を巡拝したりすることも盛んに行われた．

●**明治期以降のスポーツ登山** 19世紀に入り,ヨーロッパで確立をみたスポーツ・娯楽としての登山は,明治期,外国人により日本にもち込まれるようになる．例えば「日本アルプス」の命名者であるイギリス人ウォルター・ウェストンなどの外国人が日本の山々に登頂し,登山案内書も出版している．こうした動きが明治の日本人に大きな刺激を与え,明治末期には日本でも登山が娯楽として認識されるようになる．さらに大正期には,スキー登山も含めた登山ブームが起き,自然を楽しむ娯楽として日本社会に定着した．以後,高校・大学,社会人を中心に山岳部や山岳会が相次いで結成され,冬山登山を含め,より困難なルートに挑戦するというスポーツ意識が高まった．こうした中,冬山登山も一般化し,本来登山の許される初日を意味した山開きは,急速に信仰色を弱めていった．

さらに現在では,中高年による気軽なスポーツとしての登山や,「山ガール」などに代表されるように若い女性がファッションとして楽しむ登山の流行も生まれており,多くの日本人は山開きに信仰的な意義を感じなくなっている．

●**海水浴の普及と海開き** 一方,海開きは明治以降の海水浴の普及に伴い,従来からあった山開きや磯開きに倣って行われるようになった比較的新しい行事であり,それ以前にさかのぼる起源や宗教的由来は特にない．現在のような保養や娯楽としての海水浴の習慣は,明治期以降に欧米人によって日本にもち込まれたものであるが,明治18(1885)年に神奈川県大磯の海水浴場が開かれるなど,早くも1880年代前半には療養目的の海水浴場が全国で開かれ始めている．その後間もなく海水浴のレジャー化が進み,それに伴い海開きも行事化していった．

例えば,明治26(1893)年6月21日の読売新聞朝刊には,前述の大磯海水浴場の海開きの広告「7月1日2日開浴」をみることができるが,そこでは余興として「漁夫遊泳競争,子供勝手相撲,漁士綱引,徳利曲泳,田舎子踊り」などを行うとある．その後,明治末期以降の都市化と鉄道の普及は娯楽・観光としての海水浴の大衆化をさらに促進した．

現在,小笠原諸島・南西諸島に始まり北海道へ至る海開きの日程は,各地への夏の訪れを示す目安となっており,春の訪れを告げる桜前線,秋の訪れを告げる紅葉前線と並び,天気予報でも必ず取り上げられる風物詩として庶民に定着している．

[山村高淑]

中元と歳暮

　中元と歳暮が，社会的儀礼となって久しい．それは，半期を締める贈答である．現在でも，「盆暮れ算用」とか「盆暮れ締め」という言葉が残っている．一年を二期に分けて精算をする商習慣にほかならないが，つい近年まで各所でそれがみられた．それに伴っての挨拶の意が強い．したがって，「お世話」になっている人に対しての贈答が慣行化しているのである．

●**日本特有の贈答習慣**　中元の贈答習慣では，本質の異なる2通りの祖型をたどることができる．その一つは，中国の旧暦による三元の祝い．上元（1月15日），中元（7月15日），下元（10月15日）は，1年を3分したときの節目の節供で，息災を願って滋養のある食品や料理をやり取りする習慣があった．が，中国では，今日までついぞその贈答習慣が社会的儀礼にまでは発展しなかった．

　しかし，日本では，贈答習慣として発達をみた．しかも，三元のうち中元の祝いだけが日本に定着した．五節供でも弥生と端午のそれが一般的な行事として普及したことを考え合わせると，何もかも厳重に行うことができないという現実的な選択とみることができよう．ただ，日本でだけの顕著な慣行となったのは，一つには，歳暮の習慣が先行したから，と考えられる．

●**歳暮**　歳暮の贈答習慣は，江戸の武家社会で発達し，それが町人社会や職人社会にも伝播した．例えば，斎藤月岑（げっしん）『東都歳事記』（江戸後期）では，「一二月二五日の条」に，「知音親戚に往来し，又歳暮となづけて餅乾魚等送る」とある．また，幕末の風俗を描いた菊池貴一郎『江戸府内絵本風俗往来』（明治38〈1905〉）には，「歳の尾の賀」として，「君主主従の間にこの礼あり．（中略）師となり弟子となる間は，弟子たる者，師と仰ぐ人の許に至り式礼を述ぶ」と記されている．そして，さらに，「工商は御出入り御得意へ歳暮の贈物をなす」とし，その品として，奉書・糊入・美濃紙・半紙・水引・鬢付油（びんつけ）・箒・雪掻・俎板・踏台など，また食料としては，塩引鮭・鱒（ます）・鱈（たら）・数の子・田作・牛蒡（ごぼう）・里芋・醤油・油などの名がみえる．こうした記述からも明らかなように，歳暮は，新年を迎えるにあたって，日ごろ取り立ててくれている人に謝意を伝える．今日でもそうであるように，もとより社縁的な贈答習慣なのである．

　ここで，重要視されているのは，第一に保存性である．生ものや菓子の類は見当たらない．冷蔵保存技術が未発達な時代にあっては，当然のことであろう．一方で，今日の歳暮の定番となっている醤油や油など調味料の類は，すでにこの時代から人気のあったことがうかがえる．また，奉書・美濃紙・半紙などは，当時としては貴重な実用品であったことが，現在との差違からもうかがえる．

現在，多用されている酒類は，江戸時代においては贈る側の品目にない．それは，殿中儀礼に従ってのことであった．大名たちが江戸城に登城しての「歳の尾の賀」では，将軍が酒肴をもってもてなし，灘の生一本（きいっぽん）を下すのが定例であった（項目「酒・肴」参照）．町人社会においても，それに準じるかたちで，酒は主人側が答礼として贈るのが習慣となっていったのである．酒，あるいは酒肴だけでない．主人側は，相応の祝儀も用意しなくてはならない．これをもって「倍返し」というのであり，一部の主従社会に伝わる「餅代」も，この伝統からなるものである．

●中元　歳暮に倣（なら）うかたちで中元が行事化した．それは，盆と正月，春分と秋分など，日本の年中行事では「対の思想」が作用する，その傾向に合わせてのことだっただろう．

中元は，古くは「盆歳暮」ともいわれた．その贈答品については，歳暮のように詳しくは触れられていない．例えば，「荷飯（ハスノハメシ）・刺鯖（サシサバ）を時食とす」（『東都歳事記』天保9〈1838〉），「盆・中元はその様式，正月と同じ．奉公勤めに屋敷方へ出し置く親許は，必ずその主人へ伺候し，祝賀をのぶ」（『江戸府内絵本風俗往来』明治38〈1905〉）という程度なのである．

歳暮が社縁の贈答習慣であったのに対し，中元は，もともとは，父母や祖父母など血縁への贈答を中心に発達したため，江戸の武家社会や町人社会にはあまりなじまなかった．盆に生見玉（いきみたま）（生御魂＝長老）にご機嫌うかがいをする，そうした農村儀礼が祖型にあった，とみられるのである．その最も一般的なものは，盆中に魚を獲って生見玉に供し，自分たちも共食するというもの．近年まで盆前に池ざらえが行われていたのは，その魚獲りの名残とも解釈できよう．魚のほかにもうどん，そうめんなどの麺類が好んで供されたが，これも夏場で食が細った老人を慰労するため，とするのが妥当であろう．はじめに生見玉へのねぎらいありき，なのだ．

明治以降，百貨店や商店街で，贈答品の売出しが行われるようになったが，そこでも歳暮が優先された．福引大売出しも歳暮期に派生した．一町，二町が連合して，旗や幟，提灯などを飾り立て，さらに楽隊が囃し立てるなど，にぎにぎしく行うところもあった，という．中元の売出しは，のちに行われるようになったもので，歳暮と対で同等に扱われだしたのは戦後のことである．

ちなみに，中元伺いと暑中見舞いは混同されがちであるが，歴史的には暑中見舞いの方が古い．両者の時期があまりにも近いため，両方に付き合うには面倒である，ということからか，贈答習慣は，次第に中元の方に重きをもちだした．もっとも，それも明治以降のこと．おそらく，百貨店をはじめとする商業戦略が作用してのことでもあっただろう．なお，現在，百貨店による通販の年間総売上げの約7割が中元・歳暮であるという（『2014年版　百貨店eビジネス白書』）による．

［神崎宣武］

年賀状と暑中見舞い

　今日のような葉書を用いた庶民の年賀状・暑中見舞い交換の習慣は，正月と盆という一年の中で対をなす二つの重要な節目の行事，特に年始まわりと盆礼（盆の挨拶まわり）の慣わしを背景に，明治以降の郵便制度の発達に伴い一般化した．

●**年始まわりと年賀状**　年始まわりとは，正月に親戚や知人，世話になった人などの家を訪問して新年の挨拶を行うことである．年始，年始礼，年賀ともいい，通常，主人は年始客を座敷に上げ，屠蘇やおせち料理などを振舞うが，年始客の多い家では門礼（玄関先での挨拶）で済ませていた．この門礼が，江戸時代の終わり頃になると，さらに簡略化され，玄関先に置かれた名刺受に名刺を置いたり，礼帳に記帳をしたりすることで済ませる習慣が生まれてくる．その後，明治4（1871）年に近代郵便制度が発足，明治6（1873）年には，それまで日本の手紙には存在しなかった形式である「郵便葉書」の発行が開始となる．この郵便葉書は簡便な通信法として，それまで手紙に縁のなかった一般庶民にも広く普及した．近代化・都市化が進む中で，生活圏や交流人口も急速に拡大し，従来型の年始まわりも次第に困難を増していった当時の状況と相まって，さらに簡便な葉書による年賀状で済ませる習慣が広まった．

　こうした年賀状の普及は急速だったようで，明治の中頃には年賀状の急増に郵便局は多忙をきわめ，対応が困難となっていたようである．この状況を改善するために，明治32（1899）年には年賀状を通常郵便と別枠として処理する「年賀郵便物特別取扱」を指定局で開始した．明治38（1905）年には全国のすべての局で特別扱いが始まり，現在の制度の原型ができあがった．

●**盆礼と暑中見舞い**　一方，盆礼は，本来盆中に同族（血族）内でなされる盆の挨拶や贈答という血縁的な習俗であったが，中国から中元節が取り入れられた結果，盆礼と中元が一体化し，現代につながる「お中元」の習慣に拡大していった．こうしたお中元の贈答の習慣は江戸期には庶民に広がっており，さらに明治期以降の百貨店の商業戦略により，得意先や世話になった人への贈答の習慣として定着した．その一方で，盆礼・中元の簡略化された形式として現在のような葉書による暑中見舞いが登場し，大正時代には庶民に広まっていたようである．

　現在は一般に，中元の挨拶・贈答は盆前，すなわち新暦の7月初旬から盆（7月15日）にかけて行われる．そして盆を過ぎた挨拶を暑中見舞い，立秋（8月8日頃）後の挨拶を残暑見舞いとよぶのが普通である．年賀状ほどではないが，暑中見舞い状の交換が年々盛んにもなっている．暑中見舞いの「暑中」とは，二十四節気のうち小暑（7月7日頃）から大暑（7月24日頃）を経て立秋（8月8日頃）に至る，

一年で最も暑さが厳しい期間をさす.
　一方,寒中見舞いもある.小寒(1月6日頃)から大寒(1月20日頃)を経て,立春(2月4日頃)に至る期間である.年賀状を出しそびれた先への葉書(寒中見舞い状)を出すことが習慣化している.

●くじ(籤)付き郵便葉書から電子メールへ　戦時下の昭和15(1940)年には,年賀郵便の特別取扱いが停止となるが,戦後早くも昭和23(1948)年には特別取扱いが再開し,翌昭和24(1949)年には「お年玉付郵便葉書」の発行が開始される.このくじ付き葉書は大阪の一民間人・林正治氏のアイデアによるもので,年賀状にくじを付け,料金には寄付金を付加し社会福祉に役立てる,というものであった.これが戦後復興という時代背景,ことに戦後連絡が途絶えていた相手の消息を知りたいという民意に合致し,大きな話題をよび,年賀郵便の取扱いも急速に伸びていく.一方,1950(昭和25)年には「暑中見舞用郵便葉書」(平成18〈2006〉年から「夏のおたより郵便葉書」に改称)の発行を開始した.当初はくじ付きではなかったが,「お年玉付郵便葉書」の成功を受け,昭和61(1986)年よりくじ付きとなり,「かもめ～る」という愛称も付けられている.
　また,昭和52(1977)年の家庭用小型印刷器「プリントゴッコ」(理想科学工業)の発売,平成元(1989)年をピークとした家庭用日本語ワープロの普及,そして平成12(2000)年前後の家庭用パソコン,インクジェットプリンタの普及などによって,家庭での葉書印刷がきわめて容易となった.その結果,葉書を用いた年賀状・暑中見舞いはさらに普及し,例えば年賀葉書発行枚数は,平成15(2003)年には44.5億枚と最多を記録した.
　しかし,現在,年賀状も暑中見舞用郵便葉書も発行枚数はピーク時に及ばず,その一方でインターネット回線や携帯電話が普及したことにより,eメールやSNSを用いたさらに簡便な挨拶が広く一般化しつつある.特に若年層の間では,そういった電子通信で新年の挨拶や暑中見舞いを行うことはごく普通になっており,大晦日から元旦にかけて「おめでとうメール」が集中し,携帯電話回線がパンク状態になるという事態も発生している.
　年賀状・暑中見舞いの歴史は,ある意味,生活圏や交流人口が拡大していく中で,ますます煩雑化していく人間関係の維持を,いかにうまく略式化していくかという歴史でもある.明治初期における郵便葉書の登場とそれに伴う葉書を用いた年賀状・暑中見舞い状の急激な普及と,2000年前後におけるインターネットの登場とそれに伴う挨拶メールの一般化は,新たな文字通信手段の革新的登場による儀礼の略式化という意味において,同様の現象なのである.　　　　　[山村高淑]

図1　年賀状
[写真:芳賀ライブラリー]

クリスマス

　クリスマス（12月25日）の日本人への定着は，二つの段階があった．一つはキリスト教の伝来に伴う教会を中心とした宗教行事として，もう一つは明治期以降，特に戦後の商業主義と結びついた娯楽行事として，である．

●**宗教行事から娯楽行事へ**　イエス・キリストの降誕（誕生）記念日であるクリスマスは，キリスト教伝来に伴い日本に伝わった．イエズス会士日本通信によれば，日本における最初のクリスマスのミサは，キリスト教伝来の3年後，天文21（1552）年，山口の司祭館で宣教師コメス・デ・トルレスが日本人信徒を招いて行ったものであるとされている．その後各地の教会でミサが行われるも，江戸幕府によるキリスト教禁令により，日本のクリスマスの歴史は，表向きには幕末の開国まで200年以上中断することになる．

　その後，幕末の開国により，日本の領事館や大使館に赴任した外国人や，キリスト教会によりクリスマスが行われるようになるが，日本人が主催した初めてのクリスマスは，キリスト教禁制が解けた翌年明治7（1874）年，東京第一長老教会において，キリスト教社会事業家の原胤昭（はらたねあき）が主催した，日本人信者によるクリスマス会であるとされる．さらに明治後半になると，急速な西洋化を背景に，非キリスト教信者である一般市民にもクリスマスは普及していく．明治29（1896）年，正岡子規は句集『寒山落木（かんざんらくぼく）』の中で，「八人の　子供むつまじ　クリスマス」と，冬の季語としてクリスマスを用いた句を詠んでいる．明治30年代に入ると，東京銀座において，キリンビール明治屋を嚆矢（こうし）に丸善や三越もクリスマス商戦に伴うイルミネーションを行うようになり，以後，クリスマスは銀座の歳末の風物詩となった．大正から昭和初期にかけては，クリスマスにダンスホールでダンスパーティが盛んに行われるようになる．しかし，太平洋戦争へと進む中でクリスマス自体も敵性風習ということで規制を受け，ここにクリスマス伝来以降の二度目の中断をみることになる．

●**家庭・恋人同士の行事へ**　終戦後の占領下，クリスマスはYMCAなどのキリスト教諸団体による慈善事業や占領軍による銀座や丸の内の飾り付けなどによって息を吹き返す．その後，経済復興に伴い，クリスマスは日本人一般市民の年末娯楽行事として新たな展開をみることになるが，その展開には大きく三つの段階があった．

　まず，第一期は，急速に経済復興が進んだ1940年代末から50年代にかけてである．この時期のクリスマス・イブには，都市の盛り場（バーやキャバレー）で，会社員による忘年会を兼ねたどんちゃん騒ぎが多くみられるようになる．

続く第二期は，1960年代から70年代である．60年代，本格的な高度経済成長期に入ると，マイホーム志向，核家族化が進み，クリスマスは家庭行事としての性格を強めていき，盛り場でのクリスマスは減少していく．特に戦後，米国文化に慣れ親しんで育った第一次ベビーブーマーが成人し家庭をもつようになった60年代後半からは，クリスマス・イブには家族団らんでケーキと七面鳥の代用のローストチキンを食べ，サンタクロースからと称して親から子どもへプレゼントが贈られるという習慣が一般化した．この時期はテレビが一般家庭に普及した時期であり，アメリカ映画やテレビドラマに描かれるクリスマスや，玩具メーカーがスポンサーとなった子ども向けテレビ番組におけるクリスマス商戦を狙った玩具の大々的なCMなどが，家庭行事としてのクリスマスの定着に大きな影響を与えた．

　第三期は，1980年代，バブル景気に向かう時期に起こった若者向けのクリスマスの商品化である．昭和58（1983）年12月23日号の雑誌『アンアン』で「クリスマス特集　今夜こそ彼のハートをつかまえる！」という特集が組まれた．これを皮切りに，まず若い独身女性を中心に，クリスマス・イブは家族ではなく恋人同士で過ごすべきであるという風潮が広まり，そうした価値観に男性も追随した．また奇しくも同年，山下達郎が楽曲「クリスマス・イブ」を発売しているが，この曲をBGMにクリスマスの恋人同士を描いたJR東海のCM「クリスマス・エキスプレス」が昭和63（1988）年から5年間にわたり放映され，こうした風潮は不動のものとなる．バブル期には，クリスマス・イブには高級ホテルに恋人同士で宿泊し，男性が高額ブランド商品を女性に贈る風潮も広くみられた．バブル崩壊に伴い，こうした高額消費は以前と比して減少したものの，恋人同士で過ごすクリスマス，異性間でのプレゼントの贈与という習慣はその後の日本社会において広く定着した．

●クリスマスツリーから門松へ　こうした流れのうち，盛り場でのクリスマスは衰退したが，家庭行事，恋人同士のクリスマスは，現在も若い世代を中心に広く行われている．これに戦前からあるクリスマス商戦を含めたものが，伝来以降，日本風に翻意され現代日本に土着化したクリスマスの姿であろう．現在，キリスト教徒を除く日本人にとって，クリスマスは宗教的意味をもたない，商業主義と強く結びついた歳末の娯楽行事なのである．

　なお，現在の日本では，デパートや商店街などを中心に，クリスマスの翌日26日にクリスマスツリーは撤去され，門松が設置される．ここに年末年始における現代日本人の，地域差のない季節感がある．

　かつての正月準備は，「事始め」（江戸期からの伝統は，12月13日か14日）から始まった．時代を経て，もちろん都市型の勤務体制の影響もあるが，クリスマス行事の導入によって変化が生じた．クリスマスが過ぎてはじめて正月に向けた儀礼が始まるのである．

〔山村高淑〕

バレンタインデーとホワイトデー

　バレンタインデー（2月14日）は，クリスマス（12月25日）と並び，欧米由来の宗教行事が，特に戦後の経済発展と家族構造の変化の中で，宗教と切り離されて日本社会に広く定着，和風化もした代表例である．欧米諸国では，男女問わず，恋人や親しい人にカードや花，ケーキなどを贈ることが一般的であるのに対し，日本では，女性から男性へチョコレートを贈り，愛を告白できる日として定着した．このバレンタインデーに対して，その返礼を行う日として日本独自に創り出されたのがホワイトデー（3月14日）である．

●**日本におけるバレンタインデーの導入**　日本においてバレンタインデーが始められた経緯については，諸説があり判然としないが，おおむね以下のような流れとして整理することができる．一つは1950年代後半に始まる百貨店業界によるバレンタインデーセールの試み．もう一つは，これも1950年代後半に始まるチョコレート業界によるいわゆる「バレンタイン・チョコ」の販売である．

　前者は，1950年代後半，伊勢丹，西武デパート，松屋，高島屋などの百貨店を中心に，バレンタインデーセールが始められた．ただし，当時のバレンタインセールは，チョコレートを売ろうとしたものではなく，大衆消費社会の進展を背景にビジネスチャンスの拡大を狙う百貨店業界が，欧米のバレンタインデーに目を付け，新たな贈答習慣を定着させようとしたものであった．当時の広告からは男女問わず，多様な商品を対象として贈物を販売しようとしていたことがうかがえる．しかしこうした百貨店の試みは，1960年代後半に売上減少をみるに至り，結局失敗に終わる．

　後者のチョコレート業界によるいわゆる「バレンタイン・チョコ」の販売については，古いところでは戦前の昭和11（1936）年2月12日付の英字新聞『The Japan Advertiser』に，神戸モロゾフ製菓によるバレンタインギフト向けのチョコレートの広告を確認することができるが，本格化するのは昭和30年代に入ってからのことである．

　その嚆矢としては，一般に昭和33（1958）年2月にメリーチョコレートが東京の伊勢丹新宿本店で実施したバ

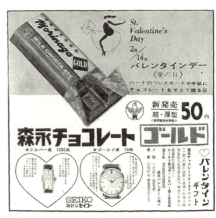

図1　1960年2月に掲載された森永製菓の広告

レンタインセールがあげられるが，結果はほとんど売れず惨憺たるものであった．また，昭和35（1960）年2月14日には，森永製菓が新聞紙上へ「バレンタインデー《愛の日》ハートのついたカードや手紙にチョコレートをそえて贈る日」という内容の広告を掲載している（図1）．ただし，いずれの場合も，女性から男性へ贈るという限定はなされておらず，また広告効果もすぐには現れなかった．

●**女性から男性へ贈る文化の形成**　その後，1970年代に入り，バレンタインデーのチョコレートの消費量が急増した．女性から男性へチョコレートを贈るという行為が，日本社会に広く定着し始めたのだ．当初，その購買者は小学校高学年から高校生が中心であったが，70年代終盤にはOLに広がっていった．しかし，なぜ70年代に，女性から男性へチョコレートを贈るという形式が定着したのかについては，明らかになっていない．ただ，上述したような経緯を踏まえると，業者によるさまざまな提案の中から，戦後消費文化の担い手であった女性がチョコレートを選択し，男性に贈る文化をかたちづくっていったといえそうである．

さらに80年代前半になると，女性の社会進出を背景に，職場を中心に，日ごろ仕事で世話になっている男性に送る「義理チョコ」の習慣が普及．その結果，「義理」と区別した「本命チョコ」を用意したり，本命にはチョコレート以外のものも贈ったりするなど，新たな習慣も生まれた．その後，80年代半ばには主婦層にも，バレンタインデーが定着し始める．

●**新たな贈答文化の誕生へ**　こうして，70年代にバレンタインデーが定着した結果，80年代前半に，3月14日をホワイトデーとし，バレンタインデーの返礼を行う習慣が普及する．その由来については，福岡市の菓子屋「石村萬盛堂」の発案とも，全国飴菓子工業協同組合の企画ともいわれている．現在，ホワイトデーには，チョコレートをもらった相手女性に，洋菓子を中心とした返礼を行うのが通例である．なお，女性誌を中心に，いわゆる「倍返し」「三倍返し」が礼儀であるとの言説も広く流布するようになり，これを暗黙の社会規範として実行する男性も多いのは，江戸時代から続く歳暮の贈答習慣（上役は倍返し）を暗黙のうちに踏襲してのことだろうか（項目「中元と歳暮」参照）．しかし，中元や歳暮が男性中心の社会で行われてきた贈答文化であるのに対し，バレンタインデーとホワイトデーは，女性が贈る相手と贈物を自らの意志で選択し，男性がそれに応えるというかたちの新たな贈答文化として，日本社会に定着したのである．

なお，1990年代後半以降，非正規雇用者の増加など職場環境や労働意識の変化なども背景にあり，義理チョコは一貫して衰退傾向にある．また，2000年代に入ると女性が女性へ贈る「友チョコ」が広まりつつあるほか，男性が女性に贈る「逆チョコ」や，女性が夫や父，息子など大切な男性家族に贈る「ファミチョコ」など，チョコレートメーカーの画策によりさまざまな形式が提案されている．　［山村高淑］

誕生会

現在のように，一般庶民の間で毎年の誕生日を祝う習慣が定着したのは第二次世界大戦後のことである．もともと日本では，天皇や将軍といった貴人の誕生日を祝うことはあっても，一般庶民の間では生後一年目に行う初誕生の祝いを除いて，誕生日を祝うという風習はなかった．それは，日本における年齢は「数え年」（生まれた年を1歳とし，正月を迎える度に1歳年齢を加える数え方）によったためである．つまり，かつての日本人は，初誕生の祝いを別にすれば，正月になると全員が一斉に一つ歳を取ったのである．

図1　背負い餅
[写真：芳賀ライブラリー]

●初誕生の祝いと餅　初誕生の祝いとは，生後一年目の祝いであり，初誕生ですぐに歩く子はいずれ家を出るとして喜ばれず，この日についた餅（一升餅や誕生餅などとよばれる）を背負わせてわざと転ばせたり，子どもに餅を踏ませたりする習俗が各地でみられた（図1）．また算盤や筆・帳面などの道具を並べて選ばせ，将来の道を占うことも広く行われていた．なお，現在でも初誕生の祝いは特別なものとして位置づけられており，一升餅（一生餅とも）を用意し祖父母を含めた家族一同で祝ったり，親戚や知人が祝儀を送ったりすることが普通にみられる．

ところで，かつては誕生祝といえばこの初誕生の祝いをさし，この祝い以降は，個々人の誕生日はほとんど意味をもたなかった．その代わり，数え年をもとに年齢にかかわる儀礼やお祝いが誕生日に関係なく行われた．例えば，七五三や厄年などの儀礼，還暦，古希，喜寿，米寿，などの長寿にかかわる行事などである．こうした儀礼・行事の多くは現在も広く一般で行われており，日本社会は，こうした数え年による儀礼・行事と，後述する満年齢による誕生日の祝いとが併存している状況にある．

●満年齢の定着と戦後の「誕生会」の普及　日本では，明治期以降に近代的な戸籍制度が整っていく中で，出生日の登録が義務化されていく．また明治35（1902）年には「年齢計算ニ関スル法令」が施行され，「年齢ハ出生ノ日ヨリ之ヲ起算」することとなる．こうして次第に満年齢の考え方が普及していく．こうした中，西洋の社交風俗の流入に伴い，誕生日を祝う習慣も伝わり始めるが，広く一般大衆に普及したのは，第二次世界大戦終了後のことであった．

戦後広まった誕生日を祝う習慣で特徴的なのは，特に幼児から中学生程度の年

齢層を中心に誕生会と称して広まった点である．クリスマス会やお楽しみ会，お別れ会などと同様，子どもが主体となった行事を式やパーティーとよばず「会」とよぶ，子どもの行事文化の一つとして広く定着していった．

●誕生会の「三種の神器」　一方，戦後，各家庭においても家族で子どもの誕生日を祝う習慣が定着した．先述の誕生会と，西洋の社交風俗の流入に端を発している点は同じであるが，誕生会が学校や地域を縁とした子どもの横のつながりを中心とした行事であるのに対し，家庭における誕生日の祝いは血縁による縦のつながりによる祝いの行事である．呼称も家庭のそれは「会」ではない．この点において家庭での誕生日祝いは，旧来の初誕生の祝いの延長線上に位置づけられるべきものであろう．しかし誕生会と家庭での誕生祝の双方に共通するのは，お祝いに三つの要素が必須である点である．すなわち，蝋燭を立てたケーキ，「ハッピーバースデートゥーユー（Happy Birthday to You）」の合唱，そしてプレゼント，の3要素である．これらいずれもが西洋における誕生祝の形式の輸入であるが，現代の日本の庶民文化として完全に定着をみている．

なお，バースデーケーキの上に蝋燭を立て一息で吹き消し，プレゼントをもらうという習慣は，中世ドイツの「キンダーフェステ」という子どもたちの誕生祝いにさかのぼるとされる．さらには，ギリシア時代，女神アルテミスに，月の光に見立てた蝋燭をケーキに立てて捧げたことにも由来するという．また，広く普及した誕生日を祝う歌「ハッピーバースデートゥーユー」の原曲「Good Morning to All」は米国人のミルドレッド・ヒルとパティ・スミス・ヒルの姉妹によって1893年に作曲され，1920年頃から現在のような誕生日を祝う歌詞が付けられたといわれ，日本でも戦後急速に広まった．

●子どもの行事文化としての「誕生会」　こうした誕生日の祝い方を含め，西洋文化が戦後日本の一般大衆に広まるうえで，欧米の映画やテレビ番組の放映は大きな影響力をもった．特に家庭へテレビが急速に普及した時期と子どもの人口が急増した第二次ベビーブーム（昭和46-49〈1971-74〉）は時期的に重なっており，当時のメディアを通して形成された子ども文化は以後の大衆文化にも大きな影響を及ぼしている．ただし，「ハッピーバースデートゥーユー」には当時著作権が存在していたため，欧米のドラマなどではほとんど流れることはなく，この曲がどのように日本で広まったかは，はっきりしていない．

また戦後，大人社会においても，誕生日を祝う習慣が広まった．職場の同僚の誕生日に贈り物をしたり，友人同士で宴会を開いたりする光景も普通にみられるが，特に恋人間ではクリスマスと並ぶ非常に重要なイベントとなっている．ただし，これらの場合も誕生会とは称さない．誕生会は戦後日本の子どもの行事文化として，当時の社会状況を背景としつつ独自の発展を遂げたものとみるのが妥当であろう．

［山村高淑］

女人禁制

　女人禁制とは,「宗教的空間や活動から女性を排除する規制」(井上輝子ほか編『岩波女性学事典』)をさす.では,どのような場面で,どのように,女性は排除されてきたのだろうか.そもそも,なぜ,女性は排除の対象となったのだろうか.女人禁制は,時代や地域によって変化してきたのだろうか.男子禁制の規制もあるのだろうか.さまざまな問いが浮かんでくる.

図1　北海道の神威岬
かつて女人禁制の地とされた.『積丹町史』(1985)には,「昔,「女が通れば海が荒れて魚が獲れない」といわれて,神威岬を婦女子が船に乗って通航することを堅くとめられていた」という記載がある

●**女人禁制の区分**　女人禁制には,ある特定の場所に女性が立ち入ることを禁じる規制と,ある特定の宗教的活動から女性を排除する規制とがある.また,時間的な観点からみると,一時的な女人禁制と永続的な女人禁制とがある.具体的には,「女性の生理にかかわる妊娠・出産・月経などの特定の時を忌みと称して,祭場や聖地への立入りを禁じ,一定期間の後は解かれる一時的な女人禁制」と「女性そのものを排除して祭場・社寺・山岳といった空間に恒常的に立入りを禁ずる永続的な女人禁制」(鈴木正崇『女人禁制』)がある.

　では,女人禁制は,どのような場所でみられたのだろうか.女人禁制の例として高野山や比叡山がある.例えば,高野山には登り口が七つあり,そのそれぞれに「女人堂(にょにんどう)」という堂があり,女性はそこで参篭(おこもり)したという.1870年代に高野山の女人禁制は解かれたが,女人堂は女性が山内に入ることを禁じられた時代の産物である.山岳空間でみられる女人禁制については鈴木は前出の書において考察している.女人禁制は,ほかの場所(相撲,酒造り,トンネル工事,漁業など)においても例が確認されている.

●**女人禁制の成立理由**　では,なぜ,女性が排除の対象となったのだろうか.それには諸説あり,仏教の戒律の観点から女性を修行の妨げとしたという説もあるが,血の穢れに対する不浄観があるという説が有力と考えられている.ここでは,血の穢れに注目してみよう.

　女性の出血である月経と出産時の血は,穢れたものとして見做され,血の忌み

という．死の忌みは「黒不浄」とよばれる一方，この血の忌みは「赤不浄」とよばれる（地域によっては，出産の穢れを「白不浄」とよぶ地域もある）．

瀬川清子の論文に，「血の忌」というものがある（柳田國男編『海村生活の研究』）．そこで瀬川は，「出産の忌」と「月事の忌」について調査を行っている．出産や月経のときには別居・別火の生活を必要としたことや，「忌晴れの行事の中心」が「忌にある者と他の者との共食にある事が推定せられる」と述べている．穢れは，大間知篤三他編『民俗の事典』にも書かれているように，「火をともにする者へ移る」という考え方が背景にあったと思われる．

また，宮田登は，赤不浄は「血に対する畏怖からはじまっていたといって過言ではなかった」と捉えており，血への畏怖感と，汚れたもの・忌まなければならないものという認識にどのような考え方があるのかは，民俗信仰上の一つの課題と述べている（「血穢とケガレ―日本人の宗教意識の一面」『女の民俗学』）．

また，波平恵美子は，「月経・出産の不浄視は，男性と女性の生理的相違を社会的・文化的相違にまで引き上げ，しかも，その対立相違する男女の対応関係，相互依存の関係を制度的に表現している」（『ケガレの構造』新装版）と述べている．不浄視の成立理由は考察に値する論点である．

●**地域差もある女人禁制**　また，前出の瀬川は，赤不浄に対する「忌の観念」は，「内陸の村々よりも，漁村に強く，東北地方に比べると，西日本の方が濃やかな感覚をもつてゐるやうに思はれる」とも記載している．地域の差については，波平も，「西南型村落」と「東北型村落」について検討している．ここで思い出すのは，沖縄の例である．「琉球文化圏では日本本土とは逆に，祭祀を司るのは女性」である，と前出の鈴木は述べ，波平は，沖縄を「どちらかといえば西南型村落」と捉えるが，「女性の不浄観が制度的に表わされることはまったくといってよいほどみいだせない」と述べている．その理由として，イギリスの文化人類学者メアリ・ダグラスの「道徳規準があいまいで矛盾に満ちている時には，その問題点を単純化し明白化するために不浄観に係わる信仰が存在する傾向がある」という見解を取り上げ，逆にいえば，「男女の役割や地位やその関係が制度的に明確に規定されている場合には，性に関する不浄観は存在しにくい」と解釈している．

●**女人禁制は歴史的であり可変的**　女人禁制は，歴史的に構築されたものであり，変容を遂げてきている．日本の場合，たとえ宗教的規制があっても，必ずしも絶対的に不変ではない．つまり，時代や文化によって解釈が変わることもありうるのであり，固定化されたものではない．また前出の鈴木は，女人禁制を「女性の意味づけをめぐる大きな現象の一部」とも述べている．

女性は，時代によって，どのような理由でどのように意味づけをされてきたのか．また，それはいかに変容してきたのか．地域の習俗や伝承を記録に残し，どのような傾向があるのか，分析していく試みが必要不可欠となるだろう．　　［妙木　忍］

◆ 和暦と西暦

　和暦は，日本独自の元号によって年を表すもので，明治・大正・昭和・平成などをさす．和暦の始まりは，飛鳥時代の孝徳天皇によって645年に制定された「大化」といわれ，以来永きにわたり続いている．明治に西暦（グレゴリオ暦）が導入されて以降は，和暦と西暦が併せて使われていることは，周知のとおりである．

　日本では，かつては中国伝来の太陰・太陽暦が用いられていた．その始めは定かでないが，持統天皇6（692）年に元嘉・儀鳳の二暦が使われるようになったという説が有力である．以後，いくつかの暦法が採用されたが，貞観4（862）年から宣明暦が用いられるようになり，江戸時代まで800年以上もの間続いた．

　江戸時代になると，日本でも独自に天文暦学が発達．ついに，渋川春海が日本初の暦法である貞享暦（太陰・太陽暦）の作成に成功したのである．それ以降は，宝暦暦・寛政暦・天保暦など日本独自に改暦が行なわれた．この天保暦までの太陰・太陽暦を旧暦とする．

　旧暦の暦法の構成要素は，日付・干支・節季で，日の吉凶を示す俗信的な暦註も，すべてこの三つの組合せによるものであった．ちなみに，天保暦は，それまでに実施された太陰・太陽暦のなかで最も精密とされ，当時中国で用いられていた時憲暦より優れているとも評されたという．

　なお，明治時代にグレゴリオ暦が導入されたが，現在でも民間では，年中行事や占いなどに旧暦を用いることが少なくない．

［神崎宣武］

◆ 祝儀と不祝儀

　祝儀は，通過儀礼に伴う祝いの儀式に祝意を表すために贈られる金銭，品物をいう．例えば，出産・七五三の祝い，婚礼祝いなど．神前への供物である初穂料や玉串料などもそれにあたる．また，芸人や職人などに贈られるハナ（花）・ココロヅケ（寸志）もそうである．一方，不祝儀は，葬儀に代表される凶事に悔みの意を表す金銭，品物をいう．いずれにも，古くから水引をかけ，祝儀では右上方に熨斗を貼る習慣があった．

　水引きは，紙を撚ったこよりに糊を引いて固めた細紐．一般的には赤白が祝儀（特に華やかな祝い事には金銀・金赤），黒白または紫白を不祝儀とする．結び方は，祝儀の場合は蝶結び（婚礼の場合のみ二度と行わないで済むよう結び切りにする）．不祝儀の場合は結び切りである．

　贈り物に熨斗を添えるのは，それが不祝儀でない印として生臭物をつけたのが起こり，とされる．特に仏教の浸透とともに，仏事のときには精進が要求され生臭物を排除するようになったため，仏事以外の贈答品には精進でないことを示すために生臭物の代表として熨斗鮑を添えるようになり，それがやがて正方形の色紙を折って中に熨斗鮑の小片を包んだものに変わり，さらにそれが印刷へと変わっていった．昨今は，熨斗と水引が印刷された進物用の包み紙や熨斗袋が多用されていることは周知のとおりである．

［神崎宣武］

12. 工　芸

　「工芸」という言葉は，中国から来た．もともとは工作上の技術をさす言葉である．初めから，織物や染め物，陶磁器や漆器などとかかわる技術ばかりをしたわけではない．船や車をこしらえる技も，「工芸」とよばれていた．そして，その中国的な用法は，日本でも江戸時代まで保たれていたのである．

　西洋ではアート (art) という概念が，これにおおよそあてはまる．この言葉も，磨き抜かれた技術をさしていた．だが，19世紀の中頃から，いわゆる純粋な芸術へと，その指示内容が変わりだす．産業革命と機械的な産業の普及が，アートを芸術至上主義的なところへ追い込んだのである．

　日本も明治以降，その感化を受け，美術と工芸，そして工業は分離した．だが，西洋で応用芸術とよばれるものと比べれば，日本の工芸は美術に近い．今では，抽象彫刻と変わらない陶器など，つまりは限りなく美術的な現代工芸も生み出されるに至っている．その背景に，本章で取り上げた諸工芸の美術的な伝統も，あるのではなかろうか．

［井上章一］

陶器と磁器

　やきもの（焼き物）は，技術的な面から土器・陶器・磁器に大別される．さらに，陶器を，釉薬がけ陶器と無釉の焼締め陶器に分類することもある．

　土器と陶器は粘土を材料とし，磁器は石英・長石・カオリンを主成分とする岩石（陶石）粉を原料とする．また，焼成温度は，土器の場合で900℃程度，陶器が1,300℃前後，磁器は1,400℃以上を必要とする．

　日本では，すでに数千年〜1万年も前から土器の焼成が盛んであった．その最も古いものが「縄文土器」で，世界でも最古の土器の一つとされる．土器は，もろくて割れやすい反面，熱伝導率が低いため，ゆるやかに食べ物を炊きあげることができる．古い土器の主要な用途は，そこにあっただろう．例えば，土鍋・焙烙・焼塩壺など．ほかにも，住まいの用具としては，炬燵（火床）・屋根瓦・土管など．信仰用具では，瓦筒・人形・土鈴など．さらに蛸壺・鯊壺・綱の錘などの漁具類もある．つい半世紀前までさかのぼってみると，土器は各地で多様に用いられていたのである．

●**陶器の流通**　高温焼成と施釉薬技術の向上が成った中世末からは陶器が流通する．陶器は，素地が不透明で，叩けば鈍い音がする．土器に比べれば硬く焼き締めてあるので保水性があり，液体容器として重用された．水甕・味噌甕・酒壺・徳利・土瓶などである．ことに，大甕の需要が多かった．

　例えば，水甕は，1日か2日分の使用量に合わせて3斗入り（1斗は18 L），5斗入りの容量のものが多く使われた．味噌や醤油も，自家醸造の場合は1年分をまとめて仕込むので，1斗入り以上の甕が使われた．しかし，そうした大甕は，運搬が難儀である．鉄道や自動車交通が未発達な時代には，甕の流通には限度があった．そこで，近世になると，海べりに立地する窯場で焼かれ，船を使って販路が広げられたのである．ことに，常滑（愛知県），大谷（徳島県），石見（島根県）などで焼かれた大甕が，比較的広い範囲に分布する．

　もちろん，陶器は，食器としても需要があり，碗・皿・鉢などを中心に多用されてきた．しかし，磁器の出現により，その主役は磁器に移行していった．ただ，茶道や華道などの分野では，陶器の碗や壺，花器が重用され，美術的な価値も高めながら普及していったのである．

●**磁器の製造と普及**　日本で磁器が初めて焼かれたのは，肥前有田（佐賀県）の窯場で，江戸時代初頭のことであった．豊臣秀吉による文禄・慶長の役（1592-98）は，韓国では「壬辰・丁酉の倭乱」と伝えられている．日本では別に「やきもの戦争」ともよばれる．従軍した西国大名たちがこぞって朝鮮人陶工たちを連

行して帰ったからである．そのうち，肥前藩で磁器製造を命じられた李参平(りさんぺい)たちは，元和2（1616）年に有田皿山の地でそれを成功させた．

　しかし，有田皿山の開窯当初は，大半の製品は国内に流通するものではなかった．17世紀から18世紀にかけて長崎出島を拠点としていたオランダ東インド会社（VOC）がそれを輸出品として取り扱っていたからである．ヨーロッパ向け輸出磁器の特色は，大型で華美．つまり，色絵の施された飾り壺や飾り皿が多い．食器としての実用例は少なく，室内装飾品として珍重されたのである．

　有田皿山で本格的に国内向けの商品開発がなされるようになったのは，宝暦年間（1751-64）のこと．小物の食器類が出回るようになった．蛸唐草文様(たこからくさもんよう)や南画山水文などの染付け食器がそうで，一般にはこれをもって「古伊万里(こいまり)」という．以後，刺身皿・平皿・小皿・向付け碗・猪口(ちょく)などが国内に流通する．

　江戸中期になって，磁器が膳組の一角を占めるようになった．室町中期に定まった正式の膳組(ぜんぐみ)は，基本的には四椀（飯・汁・平・壺(つぼ)）と一杯（高杯(たかつき)，もしくは腰高の皿）からなる．やがて，杯が皿となり膳組に取り入れられ五器一膳をなす．すべてが漆器であった．が，江戸中期から，壺に代わって磁器の猪口が，ついで，磁器の焼魚皿が漆器に代わって膳組をなすようになった．さらに，平（平椀）に代わって，磁器のそれがみられるようになった．特に，料理屋の宴席での食器にいち早く磁器が広まることになった．

　やがて，有田系の技術が瀬戸（愛知県）や清水(きよみず)（京都府），本郷（福島県）など各地の窯場に伝わった．本格的に各地で磁器が焼かれて流布するようになったのは，幕末から明治にかけてのことである．特に，明治期に鉄道が開通するにつれて，山間僻地(へきち)まで急速に普及することになった．

●**磁器が主役の食卓**　磁器の利点は，陶器に比べて薄手で軽く手に持ちやすいことや口触りが良いことである．ゆえに，飯碗のように手に持って口元まで運ぶ器としてはまことに都合が良かった．ただ，中身が熱いうちは少々持ちにくい．汁椀にはほとんど磁器が入らず木器中心であるのは，そのためである．

　さらに，磁器は，見た目の美しさも見逃せない．磁器の素地は，白く半透明で艶やかである．焼成温度が高いため硬質で水が浸み込みにくく，叩けば金属的な冴えた音がする．素地が白いということは，それ自体が美しくもあったが，そこに描かれた絵や文字が美しく映えるという相乗効果を生んだ．ちなみに，染付けの美しさは，それが釉薬下の文様であることによる．素地に呉須・コバルトで描いた文様が，薄い透明釉の下から透けて見える．清楚で奥行きのある美しさが味わえるのだ．さらに，上絵には，塗絵的な美しさもある．磁器は，特に据え置きの演出を重視する傾向のある日本人にとって，最適の食器といえよう．

　今日，私たちの食卓を磁器が席巻していることは，周知のとおりである．

〔神崎宣武〕

藍と紅

　明治8（1875）年にイギリスの化学者アトキンスが来日した折，日本中が青い衣服であふれていることに驚き「ジャパンブルー」と賞賛した．また，明治23（1890）年に来日したラフカディオ・ハーン（小泉八雲）は，この国は「大気全体が，心もち青味を帯びて異常なほど澄み渡っている」と，神秘なブルーに満ちた国と絶賛した．

●藍　数ある染料植物の中でも，藍ほど人々に親しまれてきたものはないであろう．世界のいたるところで栽培され，あらゆる民族の衣裳や布を彩ってきた代表的な染料植物ではなかろうか．

　藍とは，特定の植物をさすのではなく，葉に藍という色素（インディカン）を含む植物の総称である．植物の姿，形，品種などにかかわらず，世界の諸地域の気候風土にあったものが藍の染料として用いられてきたのである．日本の本土ではタデ科の蓼藍，沖縄や東南アジアではキツネノマゴ科の琉球藍，インドではマメ科のインド藍，ヨーロッパではアブラナ科の大青が主に使われてきた．

　藍染めは，日本に限らず古来より世界中で行われている技法である．中国での歴史は古く，紀元前3世紀頃の荀子という思想家が「出藍の誉れ」の句「青は藍より出でて藍よりも青し」と記しており，当時すでに藍染めが行われていたことがうかがえる．日本へは遅くとも古墳時代の終わり頃には渡来したとされ，平安時代に編集された『延喜式』には藍色が濃淡の違う多くの呼び名で紹介されている．また，この『延喜式』の記述の中には乾葉を用いたとする表記があり，蒅（刈り取った藍を干して藍の葉だけ集めて3か月余りかけて発酵させ，堆肥状にしたもの）を使って建染めがなされていたと考えられる．

　日本ではタデ科の一年草が，藍色を染める草となる．絹などの動物性繊維にも，また麻や木綿などの植物性繊維にもよく染着し，水洗いに耐え，日光にあたっても褪色しないという堅牢な性質をもつ優れた染料である．したがって，絹をつかった高貴な人々の衣装や，麻，木綿などでつくった庶民的な衣料にも染まりつくという利点をもっている．また，藍で濃く染めた布や紙は虫除け，蛇除けの効果があるとされ，大切な教典を藍で染めたり，野良着などに多く藍染めが用いられたのは，この性質があるためである．

●浅黄から濃紺まで　日本では，藍の生み出す多くの色相に伝統的な名称を付けて分類し，愛してきた．藍甕に一，二度浸けた程度のごく淡いという意味の「甕覗」から水浅黄，浅黄，薄縹，薄藍，浅縹，縹，納戸，藍，紺，搗色，濃紺などである．

しかし，こうした豊かな色の文化は，19世紀にドイツで開発された合成藍の輸入や，急激な生活環境によって後退したが，藍の生み出す微妙な色相の名称は今でも使われている．
　なお，蓼藍を用いた染色法には，生葉染め(なまばぞめ)と建染めの二つがある．

●**生葉染め**　蓼藍の生葉を手で細かくちぎって水に浸し，葉の色素の原料となる成分，インディカンを揉み出し，葉を濾したものを染料とするのが生葉染めである．染色可能な時期が藍の刈り入れの時期，7～8月頃のみと限定され，また建染めのように濃い色は出せないが，この染色法であれば繊維の内部まで均一に染まる．また木灰や消石灰などを使わないため，染色中に布どうしが擦れたりしても繊維を傷めないことが利点としてあげられる（ただし，木綿や麻は染色に適さない）．

●**建染め**　刈り取った藍の葉を保存し，木灰や消石灰を使ったアルカリ性の液に藍を入れ，一定の温度を保ちながら還元発酵した状態のもとで染色するのが建染めである．この場合，保存のための藍の製造法には沈殿法と蒅法がある．
　沈殿法は，インド藍（マメ科）など熱帯や亜熱帯に成育する含藍量の高い品種での製造法である．刈り取った藍を水槽に入れて重しをしておくと，水中にインディカンが溶ける．それをさらに下方の水槽に流し込み，石灰を入れてかき混ぜると水と反応を起こし藍の色素，インディゴとなって沈殿する．それを集めて固め，乾燥させる．沖縄の泥藍は泥状のままであるが，基本は同じである．蒅法は日本やヨーロッパで発達した技法で，刈り取った藍を干して藍だけを集め，3か月余りかけて発酵させ，堆肥状の蒅にする．この蒅の発見により季節を問わず藍の染色は可能となり，染める濃度も淡いものから黒に近い紺まで自在となった．
　保存した藍が還元発酵して，染色可能な状態になったことを「藍が建つ」という．藍を建てるには発酵建て法，薬品建て法などがあるが，伝統的な木灰や麸(ふすま)，消石灰を用いる発酵建て法は，植物に含まれる還元菌を利用して建てるので，手間はかかるが色素の粒子が細かくなり，染め上がりも美しい．この天然灰汁(あく)発酵建て藍染という染色法は世界に類のない日本の染色技術である．

●**紅**　紅花はアザミに似た菊科の花で，末摘花(すえつむばな)，紅藍(べにあい)，久礼奈為(くれなゐ)，呉藍(くれのあい)などともよばれていた．原産地のエジプトや地中海沿岸からシルクロードを経て飛鳥時代に日本に染色の技術とともに伝えられた．聖徳太子は女性の最高位を表す色として紅を指定している．貝殻に入れられた「口紅」や染料の素材としても用いられた．紅花の葉のふちに鋭いトゲがあるため，朝露で柔らかくなっている朝方に花摘みする．紅を取り出すには収穫した花に水を加えよく踏み黄色色素分を溶かし水洗いを繰り返す．日陰に寝せ2,3日後に発酵・酸化した花を臼で搗き団子状に丸め，さらに煎餅状に乾燥し紅餅として使用する．紅花染は草木染のうち花を使用する珍しい染めである．

　　　　　　　　　　　　　　　　　　　　　　　　　　　　　　［大鳴初子］

彫りもの

　彫りものは彫り物，彫物とも表記される．本項では特に木造建造物に附属した装飾彫刻とその系統の木彫物について述べ，その他の彫りものとよばれる彫刻や仏像・神像，左官による鏝絵(こてえ)やかわらけ，瓦を含む焼き物，土人形などの捻塑(ねんそ)系の造形物，および刺青については触れない．

●**彫りものとは**　建造物の装飾である彫りものは，建築彫物，宮彫り，大工彫刻などと称され，仏像とは違い彫りものそのものが礼拝・信仰の対象となることはほとんどない．また，漆箔や極彩色を施したものと，素木(しらき)だけで完成させたものがあり，東日本は幾何学紋様の地紋彫りや一材から彫出する一木造(いちぼくづくり)が発達し，一方，西日本では，突出した部分などを別の部材で制作して補う寄木造(よせぎづくり)や龍などに玉眼(ぎょくがん)の使用例が多くなるなど，地域的な特徴がみられる．

　彫りものの萌芽は飛鳥時代に四天王寺を建立した渡来系の大工集団によってもたらされたと考えられ，法隆寺金堂の細部などにその淵源をみることができる．しかし，本格的な建築彫りものは，桃山時代以降に盛んとなり，木彫に秀でた大工が制作し，江戸時代には彫りものの技倆(りょう)によって大工の優劣が決められた．現在，各地の祭礼に用いられる山車（だし，だんじり）や霊柩車を飾る精緻な装飾も，系統的には大工彫刻の流れを汲む．

　建築装飾として構造物に組み込まれた彫りものを担当した職人を宮彫り師，宮彫り大工，彫りもの大工などと称し，多くの場合，仏師とは別系統の工人である．彼らは，高度な特殊技能者として遠隔地の現場を集団で渡り歩いたため，「渡り大工」ともよばれた．その特徴としては，単なる建設技術者ではなく，建造物の意匠や構造，装飾のすべてにわたる知識を有し，必要に応じて彫りものの下絵も描き，細かい彫りものの技術を有していた．

　飛騨の匠や左甚五郎など彫りものの名工にかかわる多くの逸話や伝説が残されているが，必ずしも特定の個人や史実にもとづいているとはいえない．

　また，大きな社寺の周囲には，日常の修復や建設などに従事するため，多くの彫刻大工が定住し，それが現在，木彫りの町として各地で地場産業を形成している．なお，彫りものの系統的研究は「近世社寺建築緊急調査」などで建造物に付随するものとして昭和50（1975）年代頃から本格化した．

●**彫りものの歴史**　近現代につながる，わが国の木造建造物の建築技術は，飛鳥時代に大陸や朝鮮半島からもたらされた寺院建築が基礎になっている．その後，中世にかけての彫りものは部材の装飾などに限られ，精緻なものや具象的な造形はない．その最古の作例として，法隆寺金堂など飛鳥様式の建造物にみられる雲

形斗栱，雲肘木，卍くずしの高欄などの装飾があげられる．飛鳥時代から平安時代にかけて木彫は仏像が中心であったが，鎌倉時代に宋から禅宗様（唐様）の建築様式が紹介され，複雑な曲線や組み物を用いた欄間などが流行し，彫りものへの過渡的装飾が施されるようになった．それらが中世南北朝頃に，鳥獣，草花などをテーマとする装飾的の彫りものへと発展していった．

安土桃山時代の城郭や武家屋敷などは，武家の好みを反映して建築の内外を立体的で極彩色の彫りもので飾るようになった．代表作例として国宝・二条城二の丸御殿（京都市，1603）がある．その後，日光東照宮（日光市，1617）の造営が行われ，幕府作事方による大工組織が整備され，元禄時代を中心にして経済が活性化すると，各藩は競って日光東照宮を模範として道教や中国の故事をテーマにした極彩色の彫りもので埋め尽くされた社寺の造営を行った．代表作例は，国宝・歓喜院聖天堂（熊谷市，1755），国指定重要文化財・喜多院諸堂（川越市，1638頃）などである．この時代の彫りものは，二十四孝，十二支など儒教や道教的題材が増える．その背景には，中国・明代にみられる精緻な彫刻工芸や建築装飾の影響が考えられる．

江戸時代の彫りものは，幕府作事方として平之内大隅守が興した大隅流が，日光東照宮や湯島聖堂（東京都，1923年焼失）などを造立し，宮彫りの基本となった．大隅流から出た立川小兵衛を祖とする江戸立川流も幕府御用の大工集団を形成した．

●**民衆の彫りもの**　大阪南部には，江戸時代初めより幕府彫物大工棟梁を勤めた和泉家が貝塚市・願泉寺本堂（1663）表門（1679）などを手がけ，彼らの系譜を引く彫りもの師たちが，現在もこの地方のだんじり彫刻を支えている．

また江戸立川流で修行をした塚原和四郎富棟（1744-1807）が諏訪で諏訪立川流を興し，諏訪大社造立にあたってきわめて精緻な彫りもので大隅流を凌駕し発展する．その子・富昌，孫・富重らも素木の彫りものを数多く制作し，立川流の名声を不動のものとした．また多くの優れた弟子を輩出し，彫りものの一大流派を形成した．

江戸時代中期以降，幕府によって奢侈が抑制される時代になると，桃山以降の極彩色の彫りものは陰をひそめ，素木の精緻な建築彫りものが盛んとなる．また市場経済の発展に伴い，町衆による祭礼が各地で活発になって，豪壮な山車を飾る彫りものに大工が携わるようになっていく．

富山県の井波彫刻は，18世紀末に瑞泉寺本堂再建のために京都本願寺から派遣された御用彫刻師・前川三四郎が地元の大工に彫りものを伝授したことに始まり，明治以降，大島五雲らが住宅用欄間などの制作をはじめ，現在に至る．

［籔内佐斗司］

細工もの

　さいくもの，細工物．「細工もの」は，ヒトの手をほどこしてつくられたモノである．17世紀後半に書かれた「亀井武蔵守商買廻船異國渡海之事」(『因幡民談記』)に「商売の物或は刀脇差金銀の細工物」とあるように，細工された個々のものではなく漠然と全体を示すときにも用いられる．「細工もの」ということば自体は特定の品物を示す訳ではない．

　現代，一般にこの語彙の指し示すモノはさまざまである．例えばお細工ものは，着物に使った残り布などを縫い合わせて，雛のつるし飾りのような，花や鳥，動物などのかたちをつくったものである．また，ロクロを使わずにつくられる陶器を細工ものということもある．

　一方，「細工」は，モノではなく職人を意味した時代があった．細かいモノをつくる職人のことで，10世紀後半には用例がある．大工の「工」がモノをつくり出す職人を意味することと同様である．「細工」は，職人の意味を保ちつつ，つくるという行為や，つくられたモノにも応用された．ほかの語彙と合体させることも多い．「〇〇細工」という表現は17世紀後半にはみられる．例えば鯨細工．鯨「を」つくったのか，鯨「で」つくったのかは文脈で判断する．

●**細工ものの見世物**　昭和3(1928)年刊の『見世物研究』を記した朝倉無聲(龜三)は，見世物を伎術，天然奇物，細工の三つに分類した．ヒトの芸，動植物の「芸」，そしてヒトの手をほどこしてつくられたモノ，の3種類の見世物，ということである．見世物において，「〇〇細工」は18世紀後半には散見される．複数の見世物を示したり，漠然と全体をさしたりする場合に，「細工もの」や「つくりもの」とよばれた．

　細工ものの見世物に見立ての趣向が加えられる．あるものを，意表をつく素材で別のものになぞらえてつくられた．「とんだ霊宝」(安永6〈1777〉)とよばれる見世物が早い例である．寺社の宝物になぞらえて，例えば三尊仏を，身体は飛魚，頭は串貝，後光を干鱈で見立てた．出版物も，18世紀後半から『絵本見立百化鳥』などの「見立て絵本」が続けて刊行されている．見立て遊びの一つとして細工ものがつくられた．

　文政年間に籠細工の見世物が流行した．籠を彩色し，動物や有名な人物に見立てられた．籠細工は全般に大きなものが多い．浮世絵になり，番付がつくられ，多くの文筆家が書き留めた．以後，見世物では「〇〇細工」が多くみられる．糸細工，麦藁細工，瀬戸物細工，貝細工などの細工ものが登場した．

●**菊細工**　一般に菊細工は，三川内焼の白磁の透かし彫りや，菊に成形された陶

器やサンゴなどの装飾品をいう．大衆に見せる目的でつくられた菊細工は，生きた菊にヒトの手をほどこして動物や人物に見立てたモノである．文化年間には登場している．当時は「つくり菊」や「菊のつくりもの」などとよばれたが，「菊細工」という語彙は籠細工の流行ののちに目にとまる．籠で造形して菊を飾った可能性もある．

　天保15（1844）年，人形の頭をつけた等身大の菊細工が飾られるともてはやされた．過去にも等身大の人形細工は人気があったが，継続的ではなかった．菊細工も浮世絵になり番付がつくられ，展示の様子を伝える記録は多い．毎年のように菊細工が飾られた．細工人や人形師の活躍の場がひろがった．また「○○細工」ではなく材料名を接頭語としない「細工人形」という表現もみられた．

　嘉永7・安政元（1854）年から，「生人形細工」が登場する．見立て遊びではなく，ヒトに似せてつくられた等身大の人形である．生人形（活人形）は，製作した人形師

図1　吉浜細工人形（愛知県高浜市）
［撮影：筆者］

も合わせて有名となった．浮世絵，番付，もちろん文章にも残されている．生人形は明治時代まで名を冠して見せられる．広告に「菊細工活人形」と謳われることがあった．菊細工と活人形の両方がみられるという宣伝の効果を狙うだけではなく，菊細工の人形と活人形が同じ人形師によって製作されたためもある．一方，外国から紹介された「人体解剖蠟細工」も，博覧会に出品された「象牙細工」も「○○細工」とよばれた．背景のいかんにかかわらず，ヒトの手をほどこしてつくられたモノに呼称の区別はなかった．

●**菊人形**　語彙の使用は，まじないの道具として，18世紀後半に，神送りに菊人形をこしらえたという記述がある．見世物の「菊人形」は，19世紀後半にみられる．大正時代には語彙が「菊細工」から「菊人形」へほぼ移行する．『見世物研究』に掲載されている細工ものでは，唯一菊人形が，規模は徐々に縮小される傾向にはあるが，現代まで興行が続けられている．

　見世物の細工ものは，菊人形以外には見られなくなったが，それでも日本各地に年中行事として現在も継続して細工ものは製作されている．　　　［川井ゆう］

編組品

　つくるものに応じた太さ厚さに割ったり剝いだ竹や木，藁や草や蔓を縦，横あるいは斜めに交差させて編んだり組んだりする編組品のうち，最も多種多様なのが籠（かご）と笊（ざる）である（項目「籠と笊」参照）．それらには，さまざまな編組の技術がみられる．とりわけ数多い竹細工の基本的な面の編み方には，網代編み，ざる編み，四ツ目編み，六ツ目編みがある．

●**網代編み**　網代編みの網代とは，魚を捕獲する漁網の代わりという意で，竹や木を用いて漁網に見立てて水中に設置する仕掛けをさしていたが，やがてその場所をもいうようになり，さらにはその編組をもさすようになったと思われる．この編み方は，基本的には縦ひごと横ひごを2本越しに交差させながら隙間なく密に編んでいく編み方で，凹凸の少ない平らな面を効率よくつくることのできる技術である．中に1本越しや3本越しを編み込むことによって，方形の編目模様を浮き上がらせる枡網代編み，縦と横のひごを間隔を空けて並べ，2本越しに編んで四角の編目をつくる透し網代編みなど，さまざまな編み方がある．網代編みはまた，籠や笊だけでなく，笠や団扇，垣や屏風，天井や壁面の意匠などさまざまに用いられる．

●**その他の編組**　ざる編みは，縦ひごに横ひごを1本ごとに交差させ隙間なく編んでいく編み方で，茣蓙（ござ）や莚（むしろ）と同じ編み目であるところから，ござ目編みともよばれる．米揚笊をはじめ笊類のほとんどがこの編み方になるが，笊以外にも腰籠や背負籠など，この編み方で編まれる籠も数多い．

　四ツ目編みは，同じ太さの縦・横のひごを等間隔に間を空け，1本ごとに交差させて編み，四角形の編み目をつくる編み方である．縦・横のひごを斜めにしながら同じように交差させて編み，菱形の編み目にするものもあり，これを菱四ツ目編みという．

　六ツ目編みは，菱四ツ目の上部と下部に横ひごを加えることにより，六角形の編み目をつくる編み方である．枯れ葉など軽量物を大量に運ぶ大型の背負籠には，補強のためひごを2本合わせて編んだり，ひごに薄いひごを巻きつけた六ツ目編みが多くみられる．

　籠や笊の中には，皿状の笊のように底と胴部の区切りがないものもあるが，底から編み始め，腰部で縦骨となるひごを立ち上げながら胴部を編み，口部の縁をつくって仕上げるものが多い．それらには底も胴も口も方形のもの，底も胴も口も円形のもの，底が方形で胴と口が楕円形あるいは円形のものがある．そのうちすべてが方形のものには，底も胴も網代編みのもの，底も胴も四ツ目あるいは菱

基本的な面の編み方

網代編み

ざる（ござ目）編み

四ツ目編み

菱四ツ目編み

六ツ目編み

透し網代編み

もじり編み

巻き上げ編み

基本的な底の編み方

網代底

菊底

基本的な縁の編み方

巻縁

柾割り当縁

四ツ目編みのもの，底も胴も六ツ目編みのものがある．

　底，胴，口のすべてが円形のものには，二つのタイプがある．一つは底を網代に編んだ網代底，一つは縦骨となるひごを放射状に組んで横ひごをざる編みで回し編んでいく菊底である．網代底は，基本的にはひごを縦横に組んで編み始め，腰部のあたりでひごを放射状に広げながら立ち上げて縦骨とし，ざる編みで回し編んでいくもので，例外はあるものの，中部山岳地帯から関東・東北にかけての東日本のものはほとんどが網代底であり，西南日本のものはほとんどが菊底で編まれている．

　縁のつくりは，巻縁と当縁に大別できる．巻縁はひごをぐるぐると巻きつけていく編み方で，矢はず巻縁，千段巻縁，網代返し縁などいくつもの編み方がある．当縁は太いひごを内と外に当て，蔓や針金で部分的に縛って固定する編み方で，柾割り当縁などがある．

　以上のほか，アケビヅルなどの蔓類や，藁や草でつくる籠には，縦素材に横素材をねじりながら巻きつけていくもじり編みが多く用いられており，藁や草でつくるものには，材料を束ねて横素材とし，ぐるぐると巻き重ねながら細縄や蔓などで等間隔に巻き上げて形づくる巻き上げ編みの籠も各地にみられる．　［工藤員功］

絹と木綿

織物は，その素材として糸が必要で，織機を使って経糸に緯糸を差し入れて織る平織が基本である．

●**絹の始まり**　絹織物は，クワ（クワ科）の葉を食して生育する蚕から得た繭を原料として糸を得る．蚕にクワの葉を与えて飼育するようになったのはいつのことか，明確にはわからないが，『魏志』倭人伝に「蚕桑，緝績（紡ぐこと），縑（堅く織った絹織物），緜（真綿）を出す」とある．日本では『古事記』仁徳天皇記に，奴理能美が養っていた虫を仁徳天皇の后に献上したところ，一度は這う虫になり，一度は殻になり，一度は飛ぶ珍しい虫であったとしている．すなわち幼虫から繭となり蛾になることをさし，この時期に家蚕が始まったと推測される史料だ．製糸の方法として『日本書紀』神代の一書に，保食神の死骸の眉の上に繭がでてきたので，その繭を口の中に入れて糸を取り出したとある．この製糸は最近まで行われていた煮繭による糸引き法を彷彿させる．クワは落葉高木で，その幹は直立し，日本にも古くから野生しており，地方によっては近年まで野生のクワの葉を摘み，養蚕していた．蚕の種類によってはクヌギ，ナラ，カシなどを食するものもあり，繭の色もさまざまで，野蚕とか天蚕と称し貴重品とされている．

●**木綿の始まり**　絹に比較すると，木綿の歴史は新しい．日本に初めてワタ（アオイ科）種が伝来したのは『日本後紀』によれば，桓武天皇の延暦18（779）年の7月とある．翌年，紀伊，淡路，阿波，讃岐，伊予，土佐，太宰府に蒔いたが根絶した．次にワタの栽培が行われたのは天文10（1541）年の頃である．それまで金巾，天竺，唐桟，更紗などの品々が入ってきたが，高価で一般庶民のものではなかった．当時の庶民の衣料の中心は草木布（アサ類や樹木の内皮の靭皮を使用）であったから，木綿の普及によって作業は簡単になり，家の手機で織り出すことができ，ワタの栽培はたちまち盛んになった．田畑の半分に穀物類を，残りの半分にワタをつくるという状況であったためワタ作地が多くなり，寛永20（1645）年に，田地にワタを栽培することを禁じたほどである．

●**艶のある絹織物と織技**　絹織物にするための製糸方法は二つある．一つは前述した煮繭（湯の入った鍋に繭を入れ，繭の糸口から糸を引き出す方法）で，この糸を生糸という．蚕の吐き出す糸は2本のフィブロインがセリシンで包まれて1本になっているため，生糸で織った布は軽く，張りがある．これを生絹という．極めて薄く，軽いので，夏に適し『源氏物語』にも「黄なる生絹の単衣袴」とみえる．もう一つは繭を煮て中の蛹を出し，綿状にして，指先で細い糸を紡ぎ出すので，これを紬糸という．生糸を精練すると絹特有の柔らかさと，美しい光沢を

生む．この精練を練りという．

　染色の技術が未発達の頃は，生地を無地染めにして重色目を楽しんだ．そのことが逆に織りの技術を発達させ，顕文紗（文様が表面に現れる），透文紗（文様が表面に透いて見える），縫取紗（地糸とは別糸で縫い取る）などを生み出した．羅とは網目状の透けた織物のこと，綾は地を綾に織り出した織物で，堅地や繻子織がこれにあたる．錦は，2色以上の色糸を錯綜した厚地織物．浮織は経糸または緯糸を浮き出させた織物で，奈良時代からあり，平安時代以降は有職織物として使われた．女官の正装としてよく知られる十二単は俗称で，この呼称は元禄時代頃から用いられるようになった．『源平盛衰記』に「藤重ねの十二単の衣を召され」とみえる．この衣や袴は砧で打って光沢を出したが，のちに蠟を用いて糊張りして板引きという技術によって光沢を出した．

図1　結城紬の織機［写真：個人蔵］

　安政 6（1859）年，横浜港が開港されると，政府は生糸が貿易商品として国を富ませる産業と位置づけ，明治初期に群馬県富岡の地に国営の製糸工場を設立した．フランスから製糸機械を輸入し，技師を招いて機械製糸による生産を始める．しかし戦後は経済事情が一変し，わが国の製糸業は衰退の一途を辿っていった．

●庶民衣料として発達した木綿　木綿以前の庶民の衣料の素材は，前述のとおり草木布であった．柳田國男も『木綿以前の事』（1939）の中で「綿種の第二回の輸入が十分に普及の効を奏したとなると作業はかえって麻よりもはるかに簡単で，わずかの変更をもって，これを家の手機で織りだすことができた」と記している．それは暖かくて着心地の良い衣服を，手軽に充足できる点で，女性に喜びをもたらした．当時の日本産の木綿ワタは繊維が短く，糸車を使って製糸するが，糸は太く，ごつごつとした手触りであったが，肌への暖かさは格別であったし，野良着としても丈夫なことから，どの家でも手織りで衣料をまかなった．白地の野良着では汚れが目立つので，草木の手染が流行する．

　一方で，藍で染めたものはマムシが嫌うという俗言が広まり，村々に紺屋ができた．藍染糸で無地織りにしたり，色糸を手に入れて縞を織った．その縞の切れ端を交換し合い，縞帳をつくって新しい縞を生み出した．やがて糸の一部をくくって防染した絣が考案されると，さらに経糸と緯糸の双方をくくって絣柄を織り出す経緯絣（十字絣，井桁絣など）が主流となった．その後，種糸を使って曲線文様を織り出す緯絣の方法が工夫され，野良着から晴れ着へと新しい道が生まれた．

　慶應 3（1867）年，薩摩藩主・島津斉彬は紡績所を設立して，綿糸の機械化の道を開く．政府も綿花（原綿）の輸入を始めると紡績業が発達し，ワタの栽培はいっそう減退し，手織りも衰退していった．

［竹内淳子］

箪笥

　箪笥とは,ひきだし(抽匣)を構成した家具と定義される.箪笥が広く使用されるようになったのは近世初め,生活が豊かになって増えた衣類を効率的に収納するための小袖箪笥からといわれている.その背後には,鋸や鉋,鑿などの工具が普及して複雑な工作物が容易につくれるようになったことや,大都市に木材市場が成立し規格化した材料を大量に供給されるようになったことが要因としてあげられる.しかし,呼び名についてわが国最初の絵入り百科事典である『和漢三才図会』には「近世小袖厨子」の絵を示し(図1)「たんす」とふり仮名をつけ,今用いる「箪笥」の字は誤り也とある.「厨子」は扉が垂直面についた戸棚のことである.箪子をさす英語の"chest of drawers"は,抽匣(drawers)とそれを納める箱(chest)との構成関係を明快に表しているが,「箪笥」は小袖用の戸棚の意味で,画期的なひきだしを組み込んだことには触れていない.

図1　近世小袖厨子
[出典:寺島良安編著『和漢三才圖會』東京美術]

●**多様な製品群と産地**　居住用として,中に納める帯や掛け軸,茶などの名称をつけた箪笥がつくられた.帳箪笥や鑿入れ箪笥は商人や職人が仕事で使ったもので,船乗りが使用した船箪笥などもある.また東京都の麻布箪笥町,四谷箪笥町などは幕府の武器を司どった箪笥奉行に由来する町名である.明治中期から大正時代にかけて,箪笥は布団を納めた長持や鏡台などとともに婚礼道具として発展する.それらに家紋を染めた萌黄の油箪をかけ,棹に吊り下げて運んだ.箪笥を数える棹という単位はそのことに由来し,昭和前期頃,自動車で運搬されるようになった後も,婚家の敷居は棹で担ってまたぐことにこだわった地域もあった.家屋の基準寸法が関東と関西で異なるように,関西の箪笥の方が大きく,三尺型や四尺型など間口寸法でよばれた.高さ方向は二段重ねであったが,大正年間に三段重ねが広まる.そしてひきだしの数や大小,扉の形式,引き手や錠前などの金具類,塗装などにより地方色豊かな箪笥が生まれた.二段重ねでひきだしだけのものを男箪笥,開き戸や小ひきだし付きを女箪笥とよぶこともあった.材料には軽量で湿気を通しにくいキリが好まれた.すべての部材をキリでつくったものを「総桐」,前面と両側面に用いたものを「三方桐」,正面だけのものを「前桐」とよぶ.仕上げは風合いを生かすためヤシャブシの実の煮汁で仕上げた.スギ,モミなどは漆を塗り研ぎ出さない花塗り,研ぎ出す呂色塗りが施された.ケヤキ

やクリなどは木地に黄や赤の色づけをした上に透明な漆を塗り，美しい素地が透けて見える春慶塗りは多様で，「飛騨春慶」など地名を付してよばれている．

●**箪笥をめぐる環境変化**　明治になって洋装が流行し，工業所有権制度が開始されると，日本人の物づくりの熱意をかき立てたようで，さっそく洋装の小物類や上着やズボンの吊り方などをイ，ロ，ハなど符号を付けて収納場所を図示した考案が登録された（図2）．昭和に入ると木工機械が次第に導入され，材料や構造に洋風家具の影響が現れる．さらに戦後自動車が広まって，産地で量産された箪笥が各地に運ばれ，地域の箪笥屋は消えていった．近年では，アウトレットとよばれる大規模の商業・レジャー施設が郊外に開設され，箪笥など家具類も世界中の多種多様な商品といっしょに展示・販売されるようになる．住まいも狭小化し，

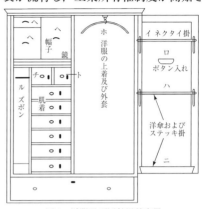

図2　洋服及び同付属品容器
（実用新案第239980　1912年）［出典：宮内悊『日本の特許家具 戦前編』井上書院，2004］

床もフローリング張りとなると，ユニット式や間仕切りを兼ねた箪笥も現れた．間取りもクローゼットとよばれるかつての納戸に相当する収納空間が設けられるようになり，衣類を含む当面使わないさまざまな用品類をしまって，箪笥のような大型の箱物家具をリビングなどの日常生活の場から遠ざける傾向が広まった．

●**箪笥が担う住文化**　昭和49（1974）年，「伝統的工芸品産業の振興に関する法律（伝産法）」が制定された．規定は，①日常使うもの，②主要工程が手作り，③100年以上前から使用されている材料と行われている技法，④一定の産地規模，を条件づけている．木工分野では箪笥，ろくろ細工，桶樽，仏壇・仏具などが対象とされ，現在認定されている産地は，岩手の岩谷堂箪笥，埼玉の春日部桐箪笥，新潟の加茂桐箪笥，大阪の泉州桐箪笥，和歌山の紀州箪笥などである．この伝産法によって産地が協同して研究・開発から宣伝・販売までを行うようになった．組合によっては修理や再塗装，転居に対応して買い取りやつくり直しなども行っている．

　こうした箪笥と生活空間をめぐる状況は，技術とともに進化する家庭用の設備機器と箪笥との違いを際立たせてきた．すなわち箪笥の収納機能はクローゼットなどに吸収される一方，日本人が培ってきた美意識や個人の生活の記憶を伝えていく媒体としての役割が増しつつある，といえるかもしれない．重厚な打ち金具，清らかなキリの木目や春慶塗りの美しい木肌にそっとかけられた油単は，失われた記憶を温かく包んでくれるかのようである．

［宮内　悊］

神棚と仏壇

　神棚，あるいは仏壇は，前者が神々，後者が仏あるいは先祖という違いはあるが，いずれも家屋空間に恒常的に設けられた聖なる場である．

●**神棚の成立と信仰的世界観**　神棚の成立について民俗学者の森隆男は，その古態を伊勢御師が頒布した大麻という神札の屋内における祭祀場とする宮地直一（神道学者，1886-1949）の見解（宮地直一「大神宮信仰の通俗化」西垣晴次編『伊勢信仰 Ⅱ近世』）をふまえ，そのほかの信仰物を祀る縁起棚とは区別したうえで，神棚を「家屋空間に清浄さをもたらす装置」として捉える．さらに近世以降は，神霊を外部から迎えて祀る常設の祭祀施設だったとした（『住居空間の祭祀と儀礼』）．宮田登（民俗学者，1936-2000）は神棚を地域の神を屋内に祀ったものから始まったとする（『女の霊力と家の神』）．

　神棚に祀られるものは，①氏神社や集落神社の神札，②伊勢神宮が発給する天照大御神の神札や神宮大麻，③家族員が信仰する講など神仏の御札，④流行神など，その家が参拝により受けた神仏の御札，⑤大黒天や恵比須，船玉等，農業・漁業・商業など家の生業にかかわる神仏の御札や神像，⑥家族員がその生活の中で見出した個人的信仰にかかわる御札や神像，達磨や破魔矢など祈願行為にかかわる信仰民具など多彩である．

　神棚は，人々の信仰的世界を具象的に表現する場である．また，長崎県のかくれキリシタン信仰がみられた島嶼でマリア像を祀る例や，海岸で得たサンゴを個人神であるマウ神として祀る沖縄県伊良部島の例など，神棚には，地域の信仰史や個人の宗教的体験が表現される．

●**神棚の神宮大麻と穢れの祓い**　前述の①，②で祀られるのは，集落や国家というオオヤケ（公）につながる神々である．この場合，神棚は家の外部の公的な霊格と結びついた祭祀場ともなる．特に明治以降，各家庭への神宮大麻の頒布は，天皇を中心とした国家体制と各家庭の神棚とを端的に結び付け，慣習的に行われて来た朝晩の拝礼や供物を捧げるという個々の家族の身体的行為が，皇祖神への崇敬に読み替えられた．神棚には，神札や神像など神霊を表すモノが置かれるため，そこに神霊が常在するという意識を強化する．祭祀にかかわる家々で，その年の祭礼の中心となる当屋を巡回させていく，西日本などの当屋祭祀は，当屋が家屋内の恵方などに仮設の棚を設け，前年の当屋から渡された厨子や祭礼帳を収めた箱などを安置し，神霊を家に迎え，一年間祭祀する例もある．当屋の家は，聖化された神の家となり，神霊は一年間そこに常在した後，次の当屋へ渡され，仮設の棚は解体される．神霊は祭祀集団の家々を巡る存在であり，家の外部から

聖化された家屋空間に迎えられ，祀られ，また送られる．氏神社の神札においても，周期的に，大祓の際などに更新されるのが一般的である．森隆男が指摘するように，それは，家の累積した穢れを祓う意識にも連続している．

●**仏壇の成立と盆棚・位牌** 仏壇は，位牌などを通じて家々の先祖を祭祀する場であるが，浄土真宗門徒の仏壇は，教義的には先祖そのものを祀るのではなく，阿弥陀仏や親鸞聖人の図像を通して先祖や自己の往生を祈る場である．しかしながら，家代々の死者の戒名を記した位牌や過去帳が安置されている例も多く，仏壇は，家の死者霊各々を先祖として祭祀する常設の場としての意味をもっている場合が多い．また，明治以降に神葬祭を受容した地域や家では，戒名を記した位牌に代わって，霊璽（図1）や御神鏡を祀る例もみられる．日常の先祖の祭祀は常設の仏壇で行い，盆には仏壇の前や座敷に盆棚を設け，そこに位牌を取り出して供物を捧げて祭祀する地域も多い．盆棚は，家屋空間の中に設けられた仮設の祭場であり，儀礼のその場その時々に応じて空間の利用と意味が変わる劇場型空間としての日本家屋の有り方とも関係する．

図1 霊璽

平山敏治郎（歴史学・民俗学者，1913-2007）や竹田聴洲（民俗学者，1916-80）は，仏壇の成立について，柳田國男の理解にもとづき，先祖祭における臨時の祭祀場である魂棚の常設化と持仏堂の家屋空間への取り込みの結果，複合的に生じたものであるとした（平山敏治郎「神棚と仏壇」竹田聴洲編『葬送墓制研究集成 第3巻 先祖供養』）．一方で，森隆男は，盆棚が仏壇とは別に設けられることから，盆棚からの仏壇の派生を疑問視し，むしろ祖先の霊を表象する位牌の発達が仏壇の普及をうながしたとする．ヨルン・ボクホベンも近代における家制度の厳格化と寺請制度の発達により位牌が庶民層に受容され，器としての仏壇が発生したとみる（『葬儀と仏壇—先祖祭祀の民俗学的研究』）．

●**仏壇と家意識** 明治民法下では，個々の家の永続性を具象化したものであり，その承継は，家制度そのものに深くかかわるものとされ，家父長制度の強化へと結び付けられていた．位牌や仏壇は，現在でも民法の祭祀財産承継条項の規定（民法897条2項）により墳墓や系図と同じく祭祀財産として位置づけられている．家意識の変化や居住形態の変化から，民家の座敷などにみられる大型の据置き型のものではなく，箪笥の上などに設置でき移動も可能な小型のものも今日では広く受容されている．家意識が強い場合，仏壇に祀られる死者霊は，原則として，その家の先祖に限られる．しかしながら，個々の家の事情から傍系の死者霊の位牌を祀る例や，漂流遺体を拾った漁民がその供養のために位牌を祀るなどの例もみられる．

［徳丸亞木］

かわらけ・土人形

　「かわらけ」を漢字で表記すると，「土器」「瓦笥」であるが，土器を「どき」と読むと縄文土器とか弥生土器が思い浮かぶ．また，菅原道真の先祖で垂仁天皇に土師の姓を賜わった野見宿禰に始まるとされる土師部をイメージすることもある．しかし，土器を「かわらけ」と称するとその物品そのものが，もう暮らしの中では認知されていないように感じる．

●**かわらけ**　かわらけとは，釉をかけずに焼いた素焼きの陶器のことである．その出現は，おそらく縄文時代と考えられるが，確かなことはわからない．ただ，その形状は今でいう壺や皿であったと推測できる．

　器の発明は，人間の食を大きく変化させた．生のままや焼くという料理法から，煮る・蒸す・沸かすという方法が生じた．また，漁猟の魚や鳥獣を焼いて人々が回し食いするのではなく，盛られたり注がれた食物を同じ器からともに飲食する行為そのものが，人々にある種の連帯感を生んだと考えられる．器が古代の家族や一族の原形を形成させたのである．やがて，器は大切な存在に対しての献上時に使用された．大切な存在とは，太陽であり，月であり，山であり，岩であり，木であり，川などであった．それは，神を感じ始めた時代でもある．

●**神饌と儀礼**　神饌とよばれる神への献上，すなわち御供えは自らの意思を神に伝えるとともに供物を神からの御下がりとして食し，願いを聞き届けていただいた証とした．神との共食である．これが今に伝わる「直会」の儀礼である．

　神への供え物といえば，海の幸（海産物・塩）・山の幸（鳥獣と野菜・米）とともに酒が定番として登場するが，ことに神に供えられた酒は「御神酒」と称され，神と人間をつなぐものと考えられてきた．現代の暮らしの中で御神酒をいただく時といえば，社殿において神職による祈祷後，また神前結婚式の三三九度や親族固めの盃事があげられる．そして，この折に使用される正式な器がかわらけである．

　かわらけは陶器の祖神である椎根津彦命がつくり始めたと伝わるが，確かな発祥変遷はわからない．しかし，今なお，神事儀礼に用いられていることだけは確かである．素焼きの白い色が神に近い色と考えられてきたのは，神職の装束と同じく混じり気のない清浄さを表現するに相応しい色であることに由縁する．

●**物の性質と作法**　また，かわらけは非常に壊れやすく，ほかの物体とのわずかな接触で割れてしまう．日本人はこういった材質に物の扱い方を覚え，優しく用いることを学習してきた．壊れやすい物だからこそ，大切に扱うという感性とも躾ともいえる日本人の心が育まれたのである．

一方，壊れやすい性質を利用して，割ることで厄災除けを祈願する慣わしも生まれた．山から谷に投げる「かわらけ投げ」というものが各地にみられる．かわらけを元の土（神の降臨する地）に返すという民間信仰である．

●**土人形**　土人形の起源は，縄文時代の土偶に始まると考えて間違いないだろう．特に女性像が多く出土しているのは，出産（子孫繁栄），生産（五穀豊穣），再生（蘇生再誕）を祈願する呪術用や護符用として使用されたためと思われる．また形象埴輪（土製品）とよばれるものがある．これは人物や動物などを象ったもので，古墳に葬られた有力者の殉葬の代用として使用されたと考えるのが自然である．

　人形は，時代とともに宗教的信仰的な意味合いが稀薄になったことは否めない．

●**伏見人形**　しかし人形本来の意味を有する土人形が今も京都に存在する．伏見人形である．伏見人形は，全国に点在する博多人形（福岡県）や今戸人形（東京都）など土人形の源流で，日本最古の歴史がある．

　伏見（深草）の地は，野見宿禰に始まる土師部（土器製造者）の人々が定住した頃と伝わる．その背景には，良質の粘土層を含む丘陵地域がある．いやそれ以上に，伏見人形が誕生した大きな要因があった．それは和同4（711）年2月の初午の日に，東山三十六峰目の三ヶ峰（稲荷山）に農耕の神である宇迦之御魂大神（稲荷神）が降臨したことである．肥沃な土地とともに豊かな収穫をもたらす神の出現は，この地を耕す人々から崇敬を集めた．その後いつしか，神が降臨した山の土を田畑に撒くことで豊作となるという信仰が生まれた．そこからこの地の人々によって土人形が作成され，それを源流として，伏見人形が作成されたのである．

●**製作工程と胡粉の使用**　伏見人形は，まず粘土で人形の原形をつくり，その原形の上に粘土を塗り固めて，前後の合わせ目で切り離し型をつくる．この型の内側に粘土を押し込み，前後を合わせる．その後，型を外し余分な土を取り除いて修正を行う．それを天日で乾燥させてから窯で素焼きにする．人形生地のでき上がりである．これに胡粉絵具で全体を白く塗り，色とりどりの顔料絵具を膠で溶いて彩色すると伏見人形が完成する．この絵付けの始めに胡粉が使われることを見落としてはいけない．胡粉は，貝殻を原料にしてつくられたもので海を連想させる．胡粉の製造地に行くとその貝殻が山積みされているのが何とも楽しい．神への神饌である「海の幸・山の幸」ともいえるものが伏見人形に込められているのである．だからこそ信仰という感性が生じるのではないだろうか．

　伏見人形は，さまざまな人物や生き物など2,000種類もの型があると聞くが，そのどれを取り出しても，そこから神仏を感じ，人としての道理を知り得る智恵がみえてくる．まさに大切な日本の縁起物である．

　古墳時代に端を発した土人形は，より良き明日を願う人々の心情から，その姿を変えながらも今日まで受け継がれてきたのである．　　　　　　［岩上　力］

木器・漆器

　縄文以前から数万年にわたり，日本人は森の樹木とともにあり，それを材料として加工し，住居，被服，食具など，さまざまな生活道具をつくり出して日々の暮らしを支えてきた．本項ではその一つとして木製の器を取り上げ，通史的に俯瞰してみたい．

●**器の起源**　縄文といえば，どうしても土器を思い浮かべてしまう．縄文土器がつくられるようになったのは1万6,000年ほど前である．その前後ですでに蔓，樹皮，竹などを編み上げた籠があり，粘土を紐状にして積み重ねてつくる土器の製作技術に影響を与えたのではないかと考えられている．

　木材から刳り抜いてつくる器，刳物も製作されていたが，道具として使用されたのが磨製石器であることから，相応の労を要したのではないかと想像される．技術が確立してしまえば，土器の製作の方が比較的容易だったという理由で，土器が器の主役の座を占めたのではないだろうか．なお，途方もない長さの縄文時代を支えていた籠，木器，土器いずれも，ごく早い時期からその多くに漆が塗られていた．

　植物繊維を編み上げて，目止めのため漆を塗ったものは，藍胎漆器とよばれる．漆塗りの木器，つまり漆器は想像しやすいが，同じように土器にも補強材料として，もしくは赤色顔料を塗布するための媒質として漆が使われている．漆塗りの遺物として最古のものは，北海道函館市の垣ノ島B遺跡から出土した漆を染み込ませた繊維で，これが縄文早期（約9,000年前）だから，縄文土器に匹敵する古さである．赤色顔料を発色するために漆樹液の精製もこの時期から行われており，現在に至る繋漆技術の根幹は，縄文時代すでに確立していた．

　縄文晩期，特筆すべきは大量の小型土器，小型木器の出現であろう．それ以前の煮炊きや保存容器として使われた中大型の土器から，食物を銘々に取り分けるための道具として用を担ったと思われる．いわゆる日本人の器の起源でもあったといえるのではないだろうか．

●**大陸から来た新技術**　弥生時代から古墳時代にかけて，金属の加工技術が大陸から伝えられると，大量の木製品がつくられるようになる．刃物が石から鉄に変化すれば，木製品の製作方法も微妙に違ってきたはずである．木の表面に石器を押し付けたり磨いたりする作業から，金属で削り取ったままの仕上げへと．それに伴って漆下地の付け方なども変化した．

　奈良時代に入ると，樹木を繊維に沿って縦割りにしたへぎ板を曲げてつくる曲物が盛んになる．曲物も，現在つくられているものと見た目はほとんど違いが認

められない.またこの時代に,大陸から轆轤(ろくろ)の技術が伝えられ,平安時代には挽物(ひきもの)がたくさんつくられるようになる.轆轤は中心軸に木材を固定した上で紐をかけて回転させ,刃物を当てることで,効率よく器物をつくり出すことができた.この技術革新により,日本の器は土器の時代から木器全盛の時代となる.重くて壊れやすい土器よりも,運搬も楽で,比較的壊れにくかったことが理由であろう.

それから中世を通じて,木器が生活道具の主役となる.日常的には,多くの木器は無塗装のまま使用されて,朽ちるままに捨てられていたようだ.

●**より良きものの象徴**　漆器は,平安時代に器として特別な地位を確立する.古代より,赤色は生命力とその再生を意味した.王権は朱色をその象徴とし,禁色(きんじき)と定めた.天皇の食事儀礼に供された艶やかな朱色の漆椀は,本来上三位,天皇とその親族しか用いることのできないものであった.その朱塗椀が庶民の羨望の的となるのは無理もないことであろう.時代が下がると,禁は緩み,まずは上層階級が朱塗椀を手にするようになる.それが寺社,武家へと広がり,近世には上層農民のハレの器としても普及した.

江戸時代に入ると,丈夫な陶磁器いわゆる焼き物(通称,瀬戸物)が安価に量産され,この時期発達した海運によって全国に流通し始め,日常的にはこれが器の主役を担うことになる.一方漆器は,冠婚葬祭に伴う儀礼や饗応に用いるハレの器として命脈を保った.また茶の湯の世界では,千利休により唐物茶入に替えて真塗(しんぬり)の棗(なつめ)が茶室に持ち込まれたこと,茶懐石の皆具(かいぐ)として使用されるようになったことにより,漆器の文化的な位置が定まったように思われる.

江戸中期から近代にかけて,日本各地に漆器産地が興り,裕福になった庶民,料理屋,旅館などの旺盛な需要に応えた.産地では分業体制が整えられ,木地,髹漆(きゅうしつ),加飾とそれぞれの職人が担い,なかでも木地職は,有史以来の技術を受け継ぎながら刳物,曲物,挽物,指物(さしもの)と専門化している.

●**縄文的でありかつモダン**　現代に至るまで漆器産地ごとの盛衰を繰り返しながらも,漆器生産は持続してきたが,高度成長期〜バブル経済の崩壊を受けて,急速に衰退する.その要因は,石油化学製品など代用漆器の登場,日本人の生活様式の変化などにあると考えられる.この時代,産地に代わって脚光を浴びるようになったのは,多くの個人作家である.伝統的な形式に縛られ古めかしくなってしまった漆器を,現代生活の場へ甦らせる役割を担った.

漆器だけではなく,すでに消え失せたかのように思われた刳物も,個人作家の手により暮らしの中に復活を遂げた.主に手作業で材料を削り,無塗装のままか,オイルフィニッシュ(植物油を浸透させることが多い)で木肌の表情を生かした器は,清々しくモダンでありながらも,どこか縄文に通じる地脈を感じさせる.

〔赤木明登〕

截金

　截金は，仏の三十二相に金色相が含まれることや，荘厳（仏国土や仏の説法の場を善美を尽くして飾り立てるという意味）から，仏像彫刻や仏画で用いられた，貴金属の箔で文様を表現する技法である．現在では仏教美術の枠を越えて工芸の一分野として確立し，多くの人が手がけるようになった．

●截金の歴史　截金は，7世紀の飛鳥時代に唐から仏像彫刻や仏画とともに伝わったといわれる．7世紀前半の作と推定される法隆寺の玉虫厨子には，すでに反花の部分に菱形の箔が施されており，これが国内に現存する最古の截金作品である．

　その後奈良時代に入ると，截金を施した東大寺戒壇院の四天王像，正倉院御物の新羅琴などが生み出され，天平文化の開花とともに国内に定着していった．仏教美術と荘厳とは深く結びついており，その荘厳のために金銀，つまり截金が多用されてきたのだが，仏教美術以外で金銀が使用された一例として高松塚古墳壁画がある．7世紀末から8世紀前半（白鳳時代）に築造された，奈良県明日香村の古墳の壁画に描かれた日月星宿図である．

　平安時代になると，それまで大陸文化の影響を受けて育まれた仏教美術が国風化され，日本独自の典雅な美を追求する時代を迎えるとともに，截金の世界も飛躍的に発展を遂げていった．この時代の制作は「善を尽くし美を尽くす」（尽善尽美）ことに重点を置いていた．価値基準は「美麗」であることで，截金は最も適した装飾技法だったのである．そして「贅を尽くして荘厳する」ことが作善で功徳であると信じた当時の人々により，装飾過多ともいえる装飾美を特色とする仏像彫刻・仏画が生み出されていった．今日の截金は，この藤原文化の美意識を基盤として根付いたものである．

　そして鎌倉時代に入り，運慶・快慶の活躍で仏像彫刻の成熟期を迎えると同時に截金も黄金期を迎え，デザインはさらに細密さを競うようになった．華麗な文様が次々と生み出され，截金と彩色を組み合わせる手法はさらに洗練されて，装飾美の極致ともいうべき華やかな世界が展開されたのである．しかし，室町・江戸へ下るにしたがい創造性を失って様式主義に堕し，明治に至って「排仏棄釈」という悲劇に遭遇し，截金師の数も減少の一途をたどった．

●材料と用具　金箔は，1枚では薄すぎて扱いにくいため，4枚に焼き合わせたものを使用する．金箔を切る刀には篠竹を削った竹刀を使う．篠竹は節が長く真っ直ぐなため，竹刀にするには最適である．鹿革を貼った箔台の上に箔を載せ，竹刀でさまざまな太さに截ち切っていく．なお，接着剤には膠と布海苔を混ぜたも

図1 四つ目入り七宝文
七宝柄の中に四角形に切った箔を四つ入れた文様．ほかに，四角形に切った箔を九つ入れた「九目入り七宝文」もある

図2 卍（まんじ）繋ぎ文
格子柄の中に卍模様を入れ，さらに格子の四隅に三角形に切った箔を置いた文様

のを使用する．線状に截ち切った金箔，あるいは丸，三角，菱形などに切った金箔で文様を描いていく．2本の筆（箔を持つ取り筆と糊を含ませた截金筆）を操作して，下描きをせずに直接素材に箔を貼り，さまざまな意匠の文様を構成していくのである．

●昭和仏と截金　第二次世界大戦後に平和が回復し，戦災で焼失した寺院が再建されるようになると，昭和の大仏師たちにより数多くの名刹の仏像が制作された．それに伴い截金もまた，金閣寺の岩屋観音と四天王，成田山新勝寺の五大明王などの大きな仏像に施されていったのである．

東西両本願寺の絵表所でさえ，ご本尊の「阿弥陀如来図」に截金するのがせいぜいといわれていた当時，等身大以上の仏像に截金を施すということは予想だにしないことであった．しかし，この昭和仏とともに，截金は確かに復興期を迎えたのである．

●截金の現在　仏像彫刻や仏画の歴史とともに，寄り添うようにして現代に至るまで伝えられてきた截金は，古来の技法，あるいは文様を踏襲するだけではない．仏さまの姿を飾り荘厳する，いわば仏像の脇役として存在することが截金の本道と考えるが，平成に生きる現代の截金を模索し新しい試みも重ねている．例えば旧来の方法でなく現代に即した方法での箔合わせの考案，截金を多様に展開させるためのプラチナ箔の使用，従来の菱形・四角形・三角形に加え丸形の箔を文様に取り入れる，などである（図1，2）．

截金を施す対象，截金によって描かれる文様の意匠は自由であり，可能性は無限である．この可能性を引き出すことこそ截金を進展させる唯一の道だといえよう．

［松久真や］

籠と笊

さまざまな容器のうち，細長い繊維質の素材や針金で編んだり組んだりしてつくられる編組品を籠や笊という．籠と笊の区別を明確にすることは難しいが，籠のうち主に食品の水切りに用いるものを笊と称することが多く，洗った米をうち揚げる米揚笊などのように，比較的細く割ったり薄く剝いだ素材で隙間なく密に編んだものが多い（図1）．

籠と笊は，運搬や収納保存をはじめ，選り分けや一次的な入れ物として使われるものまで，その種類は極めて多い．農業や漁業，各種製造業や運送業，そして家々の日常生活のあらゆるところで使われてきた．

図1　米揚笊（大分県大分市製）［写真：個人蔵］

●**材料の変化**　現在，それらの多くが，プラスチックなどの合成樹脂を材料にしたものになっているが，それらはみな機械によって大量生産される型製形品であり，厳密にいうと籠状あるいは笊状の容器ということになる．昭和20年代末にそのプラスチック製品が出現すると，安価でカラフルなこともあり，新たな容器として昭和30年代から40年代にかけ急速に普及し，それに伴い自然素材でつくられていた従来の籠と笊は急速に減少したり姿を消していった．

●**地域性・素材・用途**　籠や笊は，各地でそれぞれに受け継がれてきたものであり，みな地方ごとに身近な入手しやすい自然素材を利用し，手作業で一つひとつつくられるものであったから，同じ用途のものでも地方により素材が違ったり形の異なるものがほとんどであった．

自然素材のうち，古くから全国的にみて最も多く用いられてきたのが竹である．竹は極めて種類が多く，日本だけでも450種あるいは600種あるといわれるが，その中でもとりわけ弾力性，柔軟性に富み節間が長いという特性をもつマダケが多用されてきた．同じ種属のハチクを使うところもあり，江戸時代末に中国から沖縄経由で鹿児島に伝わり，筍栽培を主目的にして急速に各地に広まっていった同じ種属のモウソウチクも細工に応じて使われてきた．

しかし，これらの竹は寒冷地では育ちにくく，中部山岳地帯や東北地方では少

なくなり，岩手県の北部以北ではほとんどみられなくなる．そうした地方では，メダケ，ネマガリダケ，スズダケ，ヤダケといった笹の仲間に属する細い竹が用いられてきた．また，奄美や沖縄地方も地質の関係からかマダケの仲間がほとんどなく，南方系の竹に属するホウライチクの仲間が主に用いられてきた．ほかに，オカメザサと称する最も細い竹を割らずに丸のまま用いて編む籠が，関東や九州の各地でみられた．

　竹以外の素材で，最も広く用いられてきたのは稲藁(わら)である．稲藁は，日本人の生活に欠くことのできない自然素材として，生活のあらゆる面に利用されてきたが，これでつくる籠も各地にみられた．草の類ではスゲ，イ（イグサ），ヨシ（アシ），ガマ，マコモ，シダなどが，蔓(つる)類ではアケビ，クズ，マタタビ，フジ，ヤマブドウ，ツヅラカズラ，トウツルモドキなどがそれぞれに用いられてきた．また，イタヤカエデを薄く細く割ったへぎや，コリヤナギの細枝を丸のまま用いて編むなど，木を素材とした籠や笊もある．

　そうしたさまざまな自然素材でつくられた籠や笊のうち，農作業や山仕事で多く使われてきたのが種々の運搬籠である．種や雑草，収穫物や採取物を運ぶための籠で，腰に掲げる腰籠，片手に掲げる手籠，背中に負う背負籠，天秤棒の前後に吊り下げて運ぶ天秤籠などである．穀物や茶の選別に用いる箕や篩(ふるい)も必需品であり，養蚕が盛んであった時代には，蚕を飼う養蚕籠を数百枚使う農家もあった．

　漁業でも，ウナギやカニなどを捕る仕掛けにする筌，捕った魚を入れる魚籠や生かしておくための生簀籠(いけすかご)，磯の海草や干潟の貝などを採り入れる籠，煮干しにするイワシを煮る煮籠など，水産加工で使われる籠も大量に使われていた．

　それらの籠や笊が，急速に姿を消してきたのは，プラスチック製品の普及だけでなく，車の普及，農・山・漁業の機械化が大きな要因となった．人力運搬が減り，手作業の多くが機械操業になったためである．それは種々の工事現場でも同様で，パイスケと称する土砂運搬用の籠も激減した．また，野菜や果物の出荷に使われていた籠も多くがダンボール箱に変わってきた．

　家庭で日常的に使われてきたものに，米揚笊，味噌濾笊，洗った野菜の水切りに使う菜笊，茹(ゆ)でた麺や野菜などを掬い上げる水嚢(すいのう)，洗った食器を入れておく茶碗籠などあるが，それらも現在ではプラスチック製や金網製がほとんどになっている．かつては夏場に御飯を入れて涼しい所においた飯籠や，冬に火鉢などで使う炭を入れておく炭取籠も必需品であったが，炊飯ジャーやエアコン設備の普及ですっかり使われなくなった．

　このように，自然素材でつくられる籠や笊の多くが減少しているが，今もなお背負籠を使っている地方が点在するなど，まったくなくなったわけではない．また，従来の籠や笊の製作技術を受け継ぎながらつくる，現在の生活に即した新たな籠や笊の出現も見受けられる．

［工藤員功］

水 引

　資源小国日本の文化は，ありふれた材料で最高の品物をつくる，という伝統に支えられてきた．どこにでも繁っている茅の葉を丸めれば茅の輪という最高の魔除けができたり，路地裏の一片の草花が最高級の懐石料理の食材になったりするのである．水引もそんな文化の副産物かもしれない．

●**水引とは**　どこにでもある平たくひ弱な紙をねじると，棒のようにピンと立った丈夫なコヨリができる．そのコヨリに糊水を引き日干しにして固め，それに厚化粧風の彩色を施したものが水引である．ありふれた材料でできているとはいえ，竹ひごのように丈夫で弾力があり，派手に彩色されていて見栄えがする．その特徴を活かしてさまざまに組み合わせると，緊張感のあるカラフルな平面や立体の模様ができあがり，贈答品を吉凶に合わせて飾ったり，芸術作品として美の極致をみせたりする（図1）．

図1　現代の水引芸術［作：山中京園］

　このように，簡素でありながら華やかな線材が空間内で自由に組み合わせられる水引は，紙を平面のまま折り曲げる折り紙，糸を球面上に巻きつける手鞠と並んで日本の代表的な手工芸となっているが，趣味的に楽しまれる折り紙や手鞠とは違って，吉凶に深く関係した実用品としての意味ももつ．

●**水引の形**　礼儀作法が乱れている今でこそ，水引による自由奔放な芸術作品がつくられているが，将軍に対する礼儀作法を知らなかったばかりに切腹させられたような時代の水引の形は，非常に深刻に決められていた．

　例えば，使うコヨリの本数にさえ吉凶の意味が与えられた．今に伝わる伝統によると，吉の場合は奇数本，凶の場合は偶数本使う．さらにどの部分が上か下か，右に曲がっているか左に曲がっているか，どんな長さか，などが流派によって細かく決められている．

　形でいえば，水が流れるように，という教えを基本にして，ま結び（真結び，こま結び），かたわな結び（片輪結び），もろわな結び（双輪結び，諸わな結び），あわび結び（淡路結び），あわび返し，逆あわびなどが工夫されてきた（図2）．実用上は，ま結びが基本になっていて，吉凶を問わずどんな場合にでも使える．

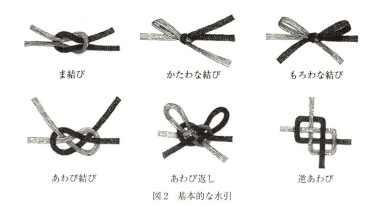

図2 基本的な水引

それに対して，理論上はあわび結びが基礎になる．今でも熨斗と合わせて礼儀正しく使われる水引も，今日の水引芸術家が礼儀をわきまえず自由奔放に使う水引も，原則的にはあわび結びになっていることが多い．ただし，逆あわびは凶の意味をもつ．

いずれにしろ水引では，二つの部分が結びつけられるが，それらは，向かって右と左が，吉の場合の金と銀，紅と白，赤と白，赤と金，凶の場合の黒と白，黄と白などになるように塗り分けられる．

といっても，名前や色の決め方，左右の違いなどは，流派や土地柄，教え方によって一定せず，時には左右逆，つまり吉と凶が逆，になることさえあるところが，日本文化のあいまいさの見せ場かもしれない．

●水引の過去　水引の過去も，またあいまいである．一説には釈迦が仏事に用いたのが始まりで，日本へは飛鳥時代に遣隋使だった小野妹子が仏教とともに伝えた，という．そのときの隋からの献上品になぜか紅白に染め分けた麻糸が掛けられていたため，それが礼儀と思われて，水引が工夫されたらしい．また一説には，和紙の製造が始まった奈良時代に生まれた，という．さらに別の説では，平安時代に用紙を綴るためにコヨリを丈夫にしようとして水引をつくったのが始まりという．

それに対して，室町時代に明から輸入した箱に内容を区別するための赤と白の縄が巻き付けられていたのをみた日本人が縁起物と誤解して贈答品に紅白の水引を付けるようになったという説もある．それどころか，水引で有名な長野県飯田では江戸時代に飯田で始まったという．

いくら最高級の品物に添えられるといっても，水引は，もともと時代を問わずどこにでもあった紙というごく普通の材料からつくられているから，どんな風にでも説明できるに違いない．

[宮崎興二]

紙細工

「紙」という象形文字は，氏(匙)のように平たい糸を意味する，といわれている．つまり細い糸をさらに平たくした，この世で最も弱くはかない人工物ということになる．ところが，その紙を二つに折って机の上に立てれば，ただそれだけで，紙箱の片隅のように丈夫になる．その簡素な実用性に加えて，草木が頼りの資源小国日本では，草木の繊維でできる紙は，わびさび(侘・寂)幽玄に直結する特産品だった．ここに日本文化にみる紙細工の大きな存在価値がある．

●**神のための紙細工**　丈夫といっても，わが国の国宝や重要文化財に，書簡や絵巻物として平たく広がる弱々しい紙はいくらでもみつかるのに，紙細工は簡単な紙箱すらない．

ただし，今でも社寺などに伝わる神がかった熨斗や御幣あるいは扇などから判断すると，7世紀初め製紙法が中国から伝えられた頃の紙細工は，紙の折り方一つに，例えば，折り目が右にくる場合は吉，左の場合は凶，などといった深刻な意味が与えられるほど珍重されたようである．同時に人形などの厄除けや魔除け，さらには酉の市の熊手や十日戎の福笹あるいは七夕飾りなどの縁起物にされて愛

図1　湯立神事に使われる紙細工．左から，人形，犬地口，湯男，幣串．[作図：宮崎興二]

用されてきた（図1）．こうした厄除けや縁起物の多くは，年ごとに火祭りで焼却され，また新しくつくられる．ここには，燃えやすいという紙の弱点を利用した，神のための紙細工の浄化がみられるようである．

●**火と水のための紙細工**　紙は火に弱い反面，光を透す．このきわどい特徴は，折り畳み自在で運びやすい丸々した小田原提灯，読書が似合う四角四面の行灯，雛祭りを飾る愛らしい雪洞，神仏に供える切籠灯籠，といった明り取りとしての紙細工を生んだ．

なかでも，夏の盆のとき愛用される切籠灯籠は，木枠で補強された立方体や直方体，あるいは三角形8枚と四角形6枚を組み合わせた立方八面体といった多面体を，伝統模様をあしらった切り紙や紙細工としての造花で飾った華麗な姿になっていて，多くは精霊流しのとき川や海に流され，風にあおられた蝋燭の火で燃え尽きるか水中に没するかして消えていく（図2）．ここでは，火のみならず水にも弱いという紙の弱点が生かされているようである．

その一方で，水に強い油紙を使う唐傘や烏帽子（えぼし），火に強い蝋引きの紙を鍋のように使って湯を沸かす紙鍋，といった特殊な紙細工もつくられた．

●**花鳥風月のための紙細工**　油紙にもみるように，紙には実用に供するためいろいろな工夫が加えられてきたが，時代が進むにつれて紙に代わる新しい素材がみつかり，伝統的な紙細工には余暇を楽しむ手工芸への道が開けることになる．

図2　切籠灯籠（京都，秋本神社）

その典型例が，江戸時代初め頃からの伝統をもつ，1枚の紙を折ったり切ったり貼ったりして花鳥風月を表現する折り紙細工である．なかでも，折り鶴は早くから愛好され，何十羽もの鶴をさまざまにつなぐ千羽鶴も工夫された．平安時代頃からの貴族生活を飾ってきた薬玉（くすだま）を折り紙でつくる風習も生まれ，数多くの小花を球体状に集めた折り紙薬玉が鶴とセットにされて社寺や記念碑を豪華に飾ることも今なお多い（図3）．

図3　伝承折り紙の薬玉（左）と，いろいろな千羽鶴（右）[『秘伝千羽鶴折形』1797より，川辺一家作成]

そうした伝統のもと，今では老若男女を問わず多くの人が，現実のものから架空のものまで，実用品から装飾品まで，ありとあらゆる形を折り紙でつくっている．

●**未来のための紙細工**　紙細工は，紙を折るという作業に関係して幾何学的な秩序をみせる．形を空（むな）しいものと考え，幾何学には無関心といわれてきた日本文化の中では特筆すべきことである．だからこそ，伝統的に幾何学に大きな関心をもってきた欧米の辞書には数少ない日本語の一つとして「origami」が出てくる．

そうした世界的な広がりに呼応して，わが国の現代の折り紙作家たちは，国際的な協力のもと，幾何学的な知識を盛り込んだ新しい折り紙細工をコンピュータの力を借りて次々と考案し，巨大ドームや宇宙構造物へも応用しようとしている．過去の日本の文化を支えてきた紙細工は未来の世界の文化を支えつつあるようである．

[宮崎興二]

革細工

　動物の皮を用いたモノを，革細工と総称する．甲冑は，1,000を超すパーツからなり，主要部分を皮革で構成する．甲冑は奈良期から江戸まで，革煙草入れは江戸から戦後60年代まで，いずれも革鞣しと革細工・工芸の粋を結集した到達点を示す．衣服の装飾の一部に皮革が用いられている脇役的な細工物や，皮を煮てつくる膠（墨や接着に不可欠），牛などの内側の皮（腹皮），筆の材料となる毛など二次利用については本項では割愛する．

●**使用皮革の種類**　細工に用いる皮革は，動物種による利用と分類が可能だが，生産量の上では鹿皮と牛皮が圧倒した．これ以外に種別皮の特性を活かした細工としては袋鞴（炉に風を送る）に使う狸の陰嚢，狐・獺・貂・ラッコの毛皮，畿内で特別に発達した猪皮の綱貫沓，室町期に中国経由で琉球からもたらされ当道座（盲人組織）で改良されて江戸期に広がった三味線の猫皮，縁起物の妊婦腹帯の犬皮，雪踏鼻緒の犬皮，種類も多い鼓の馬皮，馬具の泥障（下敷）や鞍の馬皮（馬の臀部，コードバン），刀剣の柄に巻く鮫革（実際にはエイ皮）などがあげられる．

　革細工全般に共通する優美さとは，柔軟にして耐久性，防風水と耐熱（防寒・耐火）の効果を兼ね揃え，光沢がありながら無機質でなく手になじむ質感と独特の重厚さをもつ点にあるのだろう．細工師にとっては加工・変形，染色・塗色も容易であることが魅力であった．

　すでにここまでの記述でも，①毛皮，②生皮（毛を取り裏打を施し干した皮）③鞣革，④染革（韋と表現する文献もある）などが混用されている．毛皮は容易にわかろう．膜鳴楽器（太鼓・鼓・三味線）に用いられるのは動物種はどうあれ生皮であり，雪踏の底皮も生皮の乾皮である．またそれに用いた花鼻緒は鞣革に染色を行ったものが多い．猪皮の綱貫（和沓）は毛をつけたまま鞣しを施す毛皮づくりと近似する．江戸後期の畿内で普及した牛皮の綱貫，泥障や鞍も鞣しである．

　皮革利用の最低条件は，腐敗防止である．生皮のままでは長続きしないため，意図的に乾皮状態で利用される．干皮となった生皮には，その利用が最も多かった鎧の小札用の皮革（板目皮）の名称が付された．表面塗色した皮を絵皮あるいは描皮（画皮）というが，いずれも染皮に含めて分類している．甲冑の主要部分である小札もそのままでは飴色一色となるので絵皮を用いた．絵皮は生皮に施される場合が多い．それは多脂性ゆえ染皮になじみにくいためである．ただし狭義の染革は革の内部まで色を付ける技法をいう．藍染・草木染・燻革（藁や松葉な

図1　革細工
左から，煙草入れ，皮籠，綱貫［出典：林久良『姫路皮革物語―歴史と文化』］，
猪綱貫［所蔵：筆者］

どの煙で色付けをする）が主だが，藍や燻べ，とりわけ後者は意図せずそのまま鞣革づくりの工程となった．なお草木染めも一定の鞣し効果があるとされる．

●**鹿と牛の革細工**　原始古代は，動物種を問わなかったと思われるが，その後は江戸中期頃まで「かわ」といえば鹿皮をさした．毛皮から鞣革に至るまで鹿皮細工の何よりの特性は柔軟性にある．正倉院に伝来する革細工は2002年時では222点とされ，調査を指揮した皮革技術史の出口公長は大半の皮革が硬くなっている中，鹿皮が千数百年を経た今日でも柔軟性を失わず，褪色もわずかで，紫外線にさらされていないぶん染革の色を鮮明に残し，燻べか染色かの区別さえ可能と指摘している．鹿皮鞣しならびに細工の頂点にあったのは印伝である．かつては国や地域の名を冠した名品がみられたが，現在では甲州印伝が残るのみである．毛を落とし，銀面（毛側の表皮）全部を削り取り，焼ごて・軽石で表面を整え，脳漿鞣し（馬の脳を発酵させた液で鞣す）の後に燻しを行い，さらに漆を主成分とした染料を版画の要領で模様付けする．信玄袋や紙入，今では手提バック・蟇口など幅広い細工物が製品化されている．

牛革細工の用途は広い．技術史的には，奈良時代には馬具が技術・意匠の最高集積を示し，やがて武士の台頭とともに甲冑へと移行する．幕府・大名お抱えの革細工師も岩井・春田・明珍家など甲冑師としてあった．鎧の主要部分は牛皮の生皮を短冊状（小札＝板目皮）に3,000枚も用意し，堅型に並べて次々鞣革紐あるいは組紐でもってつなげたもの（威，緒通し）．合戦が鉄砲主流になっていくと胸当（正面見ばえの箇所）は鉄板，その上に描革をあてがったものになる．江戸期平和となると藩祖・家祖顕彰と優美さから小札を重ねた鎧が重宝されていく．

江戸中期以降の太平に伴い民需品としての牛革細工が発達を遂げる．身分を超えての必需品であり，かつ顕示品となったのが煙草入れ（正確には莨草入れ・煙管入れ・火打石入れの3点セット，それに根付が付いた）であった．紙袋や布製，粗悪な皮製なども多かったが，鞣革製のものは当時最も湿気を払う入れ物だった．輸入鞣革であった金唐革・サントメ革などを極上品として，凝りに凝った煙草入れが次々とつくられていった．

［のび　しょうじ］

鉄細工と銅細工

　鉄と銅の細工は，素材がもつ触感と量感から，金属細工の中でも独特の感性を育んできた．触ってみたくなる，持ってみたくなる，という古くから変わらない人々の好奇心と自然な欲求は，寺社仏閣の欄干の擬宝珠や鋳造された霊験あらたかな牛像の角や鼻面などの輝きの上に手の痕跡として現れている．

　また，日常品の粋を極めた鉄瓶や意趣を凝らした文鎮などの小物，和箪笥の引き輪には小さくても趣きのある独特の存在感があり，我々の心と手を惹きつけて止まない．ちょっと心を躍らせて，触ったり手の平に載せたり，そして独特の冷たさを感じたりする．あるいはこんこん叩いて，材の詰まり具合で構造を確かめてみたくなる．こうした五感に訴える特質こそ，鉄細工・銅細工が実用の利だけでなく，永く愛されてきた理由である．

●**鉄・銅のあゆみ**　鉄と銅は，古くから人類とともにあった金属で，精製や加工の技術文化を育みながら今日に至っている．普及したのは，銅と錫の合金である青銅の方が鉄よりも古いが，わが国においては両者は弥生期の同じ頃に大陸より伝わったとされる．

　青銅は，ほどなく日本で鋳造されるようになり，銅鐸・銅鏡などの祭具や銅剣などの素材として使われたようである．この時期を代表する銅製品，三角縁神獣鏡については，同笵鏡・同型鏡という鋳造時の型に関する研究が古代史世界の再構成の手がかりとなっている．鏡に描かれている神や獣といった文様細工は表現や組合せがさまざまで，図像学的な考証までも可能にしている．なお，銅の合金は青銅以外にも赤銅，白銅や洋白などさまざまある．銅と亜鉛の合金である真鍮（黄銅）は，古代ローマですでに貨幣素材として用いられていたが，日本において一般に用いられるのは江戸時代になってからといわれている．

　一方，鉄器は輸入した鉄地金の鍛造が長く続いた．古代の製鉄については，いまだ謎が多いが，鉄鉱石と砂鉄を使う二つの手法があり，それぞれの製鉄遺跡が中国地方の山陰側と山陽側とに分布している．近世の製鉄を知るには，日本刀の材料となる玉鋼を生むたたら製鉄の歴史を紐解くのが最良であろう．一般には鋤や鍬などの農具として長い期間をかけて普及していったと考えられている．

●**叩いてつくる・彫る**　細工や細工を施す支持体を成形するには，鏨や鎚を用いて彫る，叩く，といった手法がよくみられる．古くは法隆寺の金堂や玉虫厨子に見られる錺金具は，銅板や真鍮板を鏨で切り抜き，叩いたり曲げたりして成形し，透彫や毛彫などで文様を刻み，メッキなどの仕上げを施して完成する．新潟県燕市の伝統工芸である鎚起銅器は，名の通りに鎚で打ち起こして成形するが，

その際に残る細かな鎚目が特徴である．同じく鎚目の魅力を放つ金属工芸品で，より古くから知られるのは広島県の銅蟲である．安芸の国の扶持職人であった佐々木伝兵衛は，銅の打ち物に励む姿から銅の虫「銅蟲」とよばれ，その細工が営々と伝えられた．鎚起銅器も銅蟲も，金属を叩き，硬化したものを焼き鈍してさらに叩く，という仕事を繰り返してつくられており，また叩いた際の鎚目をより強調するような工程も含まれている．鍛金過程の物理的痕跡を楽しみ，洗練された手仕事の肌合いを愛する文化が，我々の中に育まれていることを感じる．

●鳴器　銅や鉄の愉しみ方の一つに音がある．鳴器としての古くには銅鐸があげられる．紀元前2世紀頃から400年近くの間つくられた銅鐸は，当初は内部に吊るされた舌という揺り具を当てて鳴らしたと考えられているが，次第に外側に施される袈裟襷文などの文様細工への傾倒と大型化，つまり見る対象としての祭具になっていくとされている．

岡山県の吉備津神社に伝わる鳴釜神事にも初期の鉄の鳴器を見ることができる．「真金吹く吉備津の国」という，鉄を枕詞にしていた地域である．おそらく鉄釜を用い，その上にせいろを置き，米を入れて焚く．そのときの熱音響による唸るような音で吉凶を占う神事である．

青銅の鈴は帯金具などとともに古くからみられる鳴器であるが，仏教が伝わってからは，鐘，磬，錫杖，時代が新しいところでは仏堂に吊るされる鰐口など，金属の梵音具が広まった．こうした鳴器に施された装飾の技術や様式はもちろん，装飾がどの程度音に影響するのか，そこから古の人々の視覚と聴覚の関係を推し量ることができれば興味深い．

現代の工芸品に目を転じれば，風鈴がにぎやかである．鉄鋳物の南部鉄器のもの，高岡市の真鍮製・錫の割合が高く堅い銅合金の佐波理製，甲冑師の明珍派がつくり出した鉄鍛造の明珍火箸を用いたもの，などが知られる．

●自在置物　溶解温度が高く，精錬などの技術的な難しさ故に，鉄製品・鉄細工には古くから受け継がれている鋳造のものは多くはない．経済産業大臣指定の伝統工芸品の鋳物は，前述の南部鉄器と茶釜で有名な山形鋳物の二つだけである．一方，鍛造のものでは，刀や甲冑，鍔などの武具由来のものがあり，伝統工芸品でも三条，信州，堺，播州，土佐などの打刃物が複数みられる．

こうしたなかで，注目を集める細工が自在置物である．明珍火箸と同じく，甲冑（具足）師による仕事が始まりといわれる．鉄などの金属板を素材とし，関節が動くようにつくられた写実的な動物の模型で，明治期の海外で特に人気を博した．龍や蛇，伊勢海老，蟹，鳥，昆虫，魚など，甲羅や鱗あるいは皮膚の感じが鉄の具足（甲冑）のそれに似ているモチーフがほとんどで，ヒトを除けば哺乳類はみられないようである．ここに，鉄素材に対する具足師の強いこだわりや仕事の矜持，そうした技業に対する後代の心を感じることができる．　　　　［山下俊介］

木工

　豊かな森林に囲まれて暮らしてきた日本人は，住まいをはじめ生活に必要なさまざまな器物に木材を利用してきた．木工はそうした技術的行為をさす．工具が乏しく技術が未発達な段階では，地域によっては近世まで，容器は焼き焦がしてくぼめ，枝を編んで壁や屋根を，木の皮で綴じ合わせて台や容器などをつくった．

　伊勢神宮の式年遷宮では，そうした古代の木工技術によるものづくりが1,300年にわたって継承されてきた．御神体を納める御船代（みふなしろ）は丸木舟と同じ刳り抜いた容器で，土器の食器をのせる台は皮付きの枝を葛のツルで編んだ檜葉の案（つくえ），織物や靴などはヤナギの細木を絹糸で綴じ合わせた柳筥（やなえばこ）に納めて献じる．図1は，近世以降，綴じ合わせた細木を模して鉋で板に溝を削ってつくって組み合わせるという高度な技術を駆使した印籠蓋形式の柳筥である．それらは社殿と同様20年ごとにつくり替えられる．背景には，年ごとに新生する植物のように，つくり続けることによって永続させる循環の思想がある．使用が済んだ器具類はお焚き上げし，社殿の廃材は橋などの用材として払い下げられ再利用される．祭りは古代の木工技術の継承装置なのである．

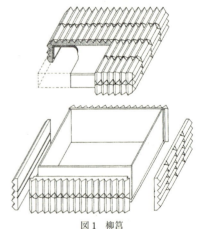

図1　柳筥

[出典：宮内悊『箱』（ものと人間の文化史67）]

●**木工技術の発展と材種へのこだわり**　中世になると，縦挽き鋸（のこぎり）や台鉋（かんな）などが出現して精緻な加工が可能となる．一方，板を膠，漆，米などの接着剤と木釘で「矧（は）ぎ合わせ」できるようになり，天井や建具，戸棚など大型で複雑な物が製作できるようになり居住性が格段に向上した．また，材種の特性に合わせて利用するようになり，マキやカヤは腐朽しにくいので家屋の土台や台所など水廻りに珍重された．木肌の美しいヒノキは，神社や上流階級の殿舎の材料とされる一方，民家に用いることは禁じられた．美しい杢（もく）のある木，黒柿や花梨など色や変わった木目のもの，絞り丸太，香木，埋れ木杉などは銘木として家の造作や茶道具などに珍重された．また，わび・さびの美意識から，皮付き丸太などが野趣に富んだ装飾材とされた．キリは軽量で防湿性に優れるなどの理由から，箪笥や長持な

どの用材とされた．

　19世紀後半には，蒸気や水力によって駆動される木工機械が発明され，わが国へは幕末から明治初期に移入し大規模な製材工場が出現する．その後の木工機械の導入は，造船や鉄道車両などの製造工場，百貨店の家具製造部門，楽器製造などに限られた．教育面でも明治中期から大正期にかけて大学，専門学校，中等学校において木材の利用技術に関する研究・教育が行われるようになる．また，国や自治体は木工技術の普及・向上のための指導機関や新傾向の製品紹介を目的とした陳列場を設けた．

　そして，第二次世界大戦下では，木製のグライダーや軍用機が製作される．1950年代以降戦後の復興需要が起こり，本格的な家具製造工場が出現する．背景にはトラックによる製品輸送の拡大がある．その結果，全国どこにでもあった箪笥屋，下駄屋，建具屋，桶屋など，木工職人がつくって売るという生業が姿を消した．材料面で量産に適合するために，均質な合板や繊維板などが生産され，これを高・低周波電流や蒸気によって加熱・成形した家具類が出現する．平成7（1995）年の阪神・淡路大震災後，木造住宅の耐震性能の強化が求められ，防蟻ぎ・防腐処理した木材を自動制御によって加工する専用機械が稼働し，これを現場で組み立てるプレカット工法が登場する．こうした技術進歩により，廃材を減らし，作業者の技量や現場の気象条件などに左右されずに，短期間に精度の高い安価な住宅が建設されてきた．

●**文化としての木工**　加工技術は，必然的に効率を追求する．一方，床の間や障子といった建具類，三方などの器具類は，日本人が育んだ木の文化とされてきた．これを将来に残し伝えるために，昭和25（1950）年，「文化財保護法」が制定され，木工も重要な一分野として認められ，建築物の保存のみならず木工技術の保有者を人間国宝として指定した．経済・社会面では，桶や樽，箪笥，指物，ろくろ細工などが伝統的工芸品として産地と技能者が認定され，今日では地域振興の重要な一翼を担っている．そして世界的な動きとしては，2003年，第32回ユネスコ総会で「文化遺産の保護に関する条約」が採択され，今日の文化遺産の登録ブームにつながっている．

●**手づくりの復権**　1970年代から，製作を楽しみたい人のため工具と材料を供給する大型店舗（ホームセンター）が各地に展開する．その中核を占めるのが「木工」で，その基本技術を教える自治体も増えている．市場もこれに応え，手軽に楽器や家具，小屋などがつくれる材料一式を提供しつつある．義務教育の中学校の技術科目では，ITなどの新科目の増加で授業時間数が減り続けているとはいえ，工作台を備えた教室の設置が義務づけられ，本立ての製作などが行われている．それは，木工が生活の基本技術であることを，国が認めている証といえるだろう．

［宮内　悊］

◆ 職　人

「手に職を持つ」という言い廻しが，日本ではしばしば肯定的に語られる．職人気質という言葉も，おおむね褒め言葉として流布している．会社勤めの総合職を良しとする価値観が蔓延(まんえん)しすぎた，その反動だろうか．

しかし，工作に従事する職人の家が，代々続いた由緒をほこることも，ないではない．創業何年，自分は何代目であるという自負をもつ職人も，結構いる．そして，周囲もそういう家系には，敬意を払いやすい．職人とその技を，何程かは尊ぶ社会が，本当にできているのだと認めうる．

大陸の中国や朝鮮と比べれば，その評価は対照的である．実際，日本海の向こう側に，由緒を誇る物づくりの家系は，まず見かけない．儒教的な理念の行きわたっているそれらの国々では，日本ほど手仕事が尊敬されてこなかった．その違いが，職人の社会的な処遇にも反映されているのだと，取り合えず見做(みな)し得る．大陸では育まれなかったサブカルチュア，儒教的には周辺というしかない文化を，日本は後押しした．以上のような見取り図は，この分野でもあてはまるようである．

日本で職人身分があるまとまりをもちだすのは 11 世紀，平安時代の後期からであった．ただ，その頃に彼らが世の敬意を勝ち取っていたかどうかはわからない．非人と似たような扱いを受けていたと思える節もある．その声望は，商品経済の活性化という後世の時勢も，押し上げたのだと考える．

［井上章一］

◆ 名工と銘柄

工芸の世界には，名工とよばれるつくり手がいる．しかし，そういう人材が工芸の諸分野に，まんべんなく遍在するとは言いがたい．作家の名前が際立つのは，何といっても陶芸家たちであろう．だが，ほかのジャンルで，つくり手の個人的な名声が鳴り響くことは，あまりない．木工芸や染色工芸の世界だと，作家性はあまり浮上しないような気がする．むろん，例外もないわけではないが，絵師や仏師(ぶっし)たちは，比較的早くから個人的な名声を勝ち取ってきた．陶芸は，諸工芸のなかでも比較的美術に近いせいで，作家の名が浮かびやすいのか．そういえば，前衛彫刻と見まがう方向へ向かいだしている陶芸家も少なくない．安価な日用品の普及が，陶芸家たちをその途へ追い込んでいる可能性もあるだろう．

土木技師の名はさほど流通していないが，建築家の名はしばしば騒がれる．また，理髪の技師は概して無名だが，美容師の名はカリスマとして，時に世間をにぎわせる．こういう現象をいったいどう考えればいいのか．まだ答えは見つかっていない．

服飾に携わる者も，かつては名前など知られていなかった．だが，20 世紀のファッション・デザイナーは，圧倒的な名声を誇っている．その名声自体をブランド，銘柄とする営業も繰り広げてきた．そのからくり自体に，工芸の近代を考える糸口はあると思うが，どうだろう．

［井上章一］

13. 産業技術

　生活に必要な資材を生産する活動（産業）には，農林水産業，鉱工業，各種製造業，建設・運輸・商業などがある．それらの活動に伴う合理的な対処や工夫全般が産業技術である．明治維新以来，世界との競争を余儀なくされた日本は，殖産興業を旗印に各種産業を育成しようとした．そのモデルとして新たに創り出された生産拠点が，政府直営の官営工場であり，政府の保護のもとで育った財閥系大工場だった．

　一方，政府系の大工場とは違い，官の庇護を受けず民間で活動していた鍛冶屋や大工などの職人たちが担っていた産業技術の系譜がある．町工場に継承される技術である．町工場は近代的な大工場に比べ，経営者，従業員ともに職人気質を色濃くもっており，日本の近代化とともに，壊滅的な打撃を受けた戦後日本経済の復興を底辺から支えた．

　日本の工業製品は性能の良さや故障が少なく信頼性が高い点で，海外から高い評価を受けてきた．評価の高い製品が生み出される背景には日本の技術力の特質がある．特に町工場に継承されてきた手工業や職人の技や知恵が今に生かされている面が多い．

［白幡洋三郎］

カメラとビデオ

　写真技術と映像技術は，静止画と動画の違いこそあれ，見たままを記録再生する点で兄弟技術といえる．この二つの技術はその100年余りの短い歴史の中で大きなイノベーションの荒波にさらされてきた．

●**カメラと映画**　ガラス乾板に代わるロールフィルムの発明が，カメラと映画の夜明けを導いた．そして，コダックの創業者イーストマンが1888年にロールフィルム式カメラを発明し，写真の大衆化をもたらした．映画の発明は，1895年のことである．しかしフィルムは現像しなければならず，撮影してすぐには見られない．映画にはリアルタイム性をもたせることが求められ，映像信号を電気信号に変換するテレビカメラ（ビデオカメラ）技術の研究が行われた（項目「ハイビジョン」参照）．

●**ビデオカメラ**　初期のビデオカメラは，撮像管とよばれる一種の真空管を用いた．フィルム画面に相当する受光面（撮像面）で受けた被写体からの光を電気信号に変換して伝送，記録する．撮像管は1936年から米国でテレビ放送に用いられたが，サイズが大きいうえにカラー撮影には3〜4本を同時に用いなければならなかったため，ビデオカメラは人が持てる代物ではなかった．その後，半導体技術の進展により，撮像管を集積回路化したイメージセンサ（固体撮像素子）が現れた．固体撮像素子は厚みがほとんどなく，撮像面をフィルムより小さくできるため，ビデオカメラは劇的に小型化されることとなる．最初の固体撮像素子は米国のボイルとスミスが1969年に発明したCCDで，二人はこの業績でノーベル賞を受賞した．CCDは半導体とはいいながらメモリなどに比べ製造が難しくノウハウを要し，限られたメーカーしかつくれない．現在でもソニーをはじめ，わが国の企業が世界シェアのほとんどを占めている．なお，今でも高感度撮影など特殊撮影には撮像管が用いられている．

●**ビデオテープレコーダー（VTR）**　電気信号に変換された映像信号をどうやって記録保存するかも問題であった．映像信号は音声信号と比べ情報量が桁違いに大きく，記録に広い周波数帯域を必要とするため，普通のテープレコーダーでは対応できない．1956年に最初の2インチVTRが登場したが，これは軽自動車並みの大きさで，画質劣化が著しいためダビングできず，編集はテープの切り貼りで行った．その後次第に技術が進歩し，オープンリールからカセットとなって小型化が進む．1975年ソニーのベータマックス，翌76年日本ビクターのVHSの登場により家庭用据え置き型VTR（ビデオデッキ）が一気に大衆化した．VHS対ベータのシェア争いは10年以上にわたり日本の市場を二分し，消費者に混乱

をもたらしたが，結局 VHS が勝利した．しかし VHS の覇権はやがて DVD，ハードディスク（HD），ブルーレイに取って代わられることになる．

●**カムコーダ**　ビデオカメラと VTR のコンパクト化が進むと，録画もできるポータブルビデオカメラ（カムコーダ）が視野に入ってくる．ここでも日本メーカーが先頭を切った．最初のモデルは VHS ポータブル VTR デッキに肩乗せビデオカメラをケーブルで接続したものであったが，その後小型カセット規格の VHS-C と 8 mm ビデオが開発され，カメラと VTR を一体化したものが現れた．ソニーが 1985 年に発売した 8 mm ビデオカメラ「ハンディカム」は片手持ちを実現し，現在の標準スタイルのさきがけとなった．記憶媒体はテープからフラッシュメモリや HD，DVD へと代わっているが，ソニーをはじめとする日本メーカーはカムコーダで一貫して世界一を死守している．

●**デジタルカメラ（デジカメ）**　デジカメを発明したのもコダックであった．1975 年のことである．しかしコダックはフィルムへのこだわりからかこの技術に注力せず，デジカメの実用化と普及は主に日本メーカーを中心に進められた．1995 年以降，老舗カメラメーカー，フィルムメーカーに家電・時計メーカーなど新規参入組が加わってしのぎを削り，今でも日本企業が世界シェアのほとんどを占める．画素数の増加により画質が向上し，また固体撮像素子の小型化に合わせてレンズ系も同様に小型化され，カメラは劇的にコンパクト化・軽量化された．加えて高性能 CMOS 撮像素子の登場で価格も下がった．デジカメの普及がカムコーダより遅れたのは記憶媒体の容量不足が主因である．フラッシュメモリの進歩で大量のデータを SD カードのような小さな媒体に収められるようになったことで撮影枚数が増加し，画素数の向上も可能になった．なお画像・映像の解像度は画素の受ける光量で決まるので，一般に撮像素子が大きい方が画質は良く，必ずしも画素数が多い方が良いわけではない．また撮像素子は解像度でフィルムを凌駕するには至っておらず，フィルムは映画や写真のプロ用途で生き残っている．

●**ビデオとカメラの融合**　撮像素子から記憶媒体へのデータ圧縮転送技術の進歩により，連写性能や動画画質が向上した．その結果デジカメに動画機能をもたせることが可能になり，フルハイビジョン動画まで撮影できるようになって，デジカメはカムコーダと一体化することとなった．もともと兄弟技術であった写真と映像はこうしてまた一つの技術に収束しようとしている．フィルムからデジタルへの流れの中で，画像・映像技術は精密機械技術から電子技術に変貌した．多くのカメラ・フィルムメーカーは消え去り，2012 年にはコダックさえもとうとう破産してしまった．イノベーションの波に乗れた日本の製造業も大衆化による価格競争には勝てず多くの分野で苦杯をなめているが，デジカメとビデオ機器分野では日本企業がトップを保ち続けている．ただ小さく軽くするだけでなく，今までと違うものをつくっていくことが今後も求められるであろう．　　　　［阿部義男］

時計

　時計とは時刻を指示したり，時間を測定したりする装置である．一般的には水や砂などの規則的な流れ，振り子や水晶片，原子の振動などのように，等間隔で繰り返す周期現象を利用して時間を測る装置である．広義には太陽や恒星の位置から時刻を決定する日時計や星時計，アストロラーブ，子午儀なども含まれる．

●日本への機械時計の伝来　日本に最初に伝来した機械時計は，天文20（1551）年にイエズス会の宣教師フランシスコ・ザビエルが周防（山口県）の領主大内義隆にキリスト教布教の許可を願い出た際に献上したものである，といわれている．しかし，これは消失したため，日本に伝来した機械時計で現存する最も古いものは，慶長16（1611）年にスペイン国王フェリペ3世から徳川家康に贈られた洋時計（図1，国指定重要文化財）である．

図1　洋時計
［所蔵：久能山東照宮博物館］

　キリスト教の伝教以降，宣教師たちによって数多くの機械時計が国内に持ち込まれることになった．そして，西日本を中心に設置されたキリスト教学機関において，宣教師たちによる時計製造技術の伝習が行われるようになった．そこで技術を身に付け，後に日本の時計技術者の祖といわれる津田助左衛門は徳川家康所有の自鳴鐘を修理し，それを見本に時計1台を製造して献上し，後に尾張徳川家に時計師として仕えた．

　寛永16（1639）年に鎖国体制が完成すると，日本の時計製造はヨーロッパとの技術的交流を絶たれることとなった．その結果，日本の時計師たちは，日の出，日の入りを基準とし，一時の長さが昼夜，そして，毎日変化する不定時法が採用されていた日本の時刻制度・生活様式に対応した和時計とよばれる特殊な機械時計の実現に力を注ぐようになった．和時計の製造は江戸時代初期には稀であったが，中期に入ると大名のお抱え時計師の数も増えて盛んとなり，細川頼直『機巧図彙』（寛政8〈1796〉）のような時計製造の技術書が著されるまでになった．

●田中久重の万年自鳴鐘　からくり儀右衛門とよばれた田中久重（1799-1881）は，嘉永4（1851）年に精巧な和時計「万年自鳴鐘」を製造した（図2）．万年自鳴鐘は，高さ83 cm，台幅64.5 cmの置き時計の一種で，動力は香箱入りの真鍮製の二重ゼンマイ二組からなり，一組は運針に，もう一組は時打用に使われている．時計の本体は6面からなっており，第一面はスイス製の懐中時計（16石）がはめ込まれている．そして，この懐中時計の脱進機の運動が，副伝導機構によっ

て，ほかの面の和式の時計にも連動するようになっている．さらに自鳴鐘の上部には日本地図が描いてあり，その上を太陽と月を模した赤色と銀色の小球体が金属の棒に支えられて日周運動を行うとともに，季節による太陽や月の高度の変化をも再現している．万年自鳴鐘は，田中久重の金属加工やからくり製造の技術，天文暦学の素養を基礎に，西洋の時計技術を和時計に取り入れてつくられたものであり，江戸時代の時計技術の最高傑作ともいえる．

●**近代時計産業**　明治6（1873）年1月の太陽暦改暦と定時法の採用によって和時計はその実用性を失うこととなった．そのため，多くの和時計が廃棄され，また，工芸的価値を認められたものの一部は海外へと流出していった．

図2　万年自鳴鐘
[展示：国立科学博物館，所有：東芝]

その後，和時計手工業の中心地であった東京や名古屋において，それまで蓄積されてきた和時計の製造技術を基礎に洋式の掛け時計の製造が始められ，近代時計産業が誕生することとなった．そして，19世紀末には懐中時計や置き時計が，大正2（1913）年には腕時計の製造が始まり，第一次世界大戦期の大戦景気にも助けられて，近代時計産業は順調に発展していった．太平洋戦争によって，時計産業は壊滅的な打撃を受けることとなったが，戦後の工作技術の急速な向上によって品質の高い中級品を量産することが可能となり，昭和29（1954）年には戦前（昭和12〈1937〉）の最高生産量511万個を超えるまでに復興を遂げた．

さらに昭和39（1964）年の東京オリンピックで国産の計時装置が採用されたことも一つの契機となり，製品そのものに加え，製造技術をも輸出するまでに成長し，国際市場に確固たる地位を築くこととなった．その結果，自動巻腕時計の分野では昭和40（1965）年以降，世界の生産量の50〜70%を占め，年々そのシェアを伸ばしていった．

そして，昭和44（1969）年12月に諏訪精工舎が世界初の水晶腕時計「クオーツ アストロン」を発売した（図3）．開発のために特許技術を公開したことは，70年代の機械式時計から水晶式時計へ，という世界の時計製造の潮流を大きく変革する原動力となった．そうした中，日本の時計産業は時流をとらえて大きく飛躍し，掛け時計や置き時計などのクロックは昭和54（1979）年に，腕時計は昭和55（1980）年にスイスを抜いて世界一の時計生産国となったのである．

[株本訓久]

図3　クオーツ アストロン
[所蔵：セイコーミュージアム]

磁器とセラミックス

　磁器とは，陶石，長石，粘土，カオリンなどを原料として，1,200～1,400℃の焼成温度で生産される焼き物で，一般に，光を通す，吸水性はない，叩くと金属的な音がするなどの性質をもっている．瀬戸染付焼，有田焼，九谷焼などが磁器として知られているが，コーヒーカップやスープ皿などの洋食器，ガイシ（電気を絶縁する器具）などの多くは，磁器製品である．

●**磁器の国産化**　国内で磁器生産が開始した時期は必ずしも明らかではないが，室町時代（1336-1573）の後期，あるいは安土桃山時代（1573-1603）に日本に来た朝鮮陶工から製造技術が伝わり，有田など九州地方の産地で，その生産が開始したとみられる．当初は日用雑器の生産にとどまっていたが，一大転機は17世紀後半の明から清への中国王朝転換期の混乱で，その質・量ともに世界一を誇った景徳鎮の生産不振であった．アジアやヨーロッパへの中国磁器の輸出をほぼ一手に握っていたオランダ東インド会社が注目したのが有田であった．同社は有田焼（唐津焼，肥前焼とも）を景徳鎮のコピー商品生産地にした．中国の内乱が収まる18世紀になる頃には，有田焼としてのブランドを確立していた．その後，こうした技術は，全国の各産地に伝播・普及し，伝統的産地の技術水準を飛躍的に高めるきっかけとなった．例えば，18世紀後半から磁器生産の研究が始められた愛知県瀬戸地方では，同地の窯元の次男として生まれた加藤民吉による肥前への研究・視察旅行が，産地における染付磁器の急速な進歩をうながすうえで決定的な役割を果たしたといわれている．民吉は文化元（1804）年に先進の磁器生産技術を学ぶために肥前に旅立つと，そこで原土の精製法，釉薬の調合法，丸窯の技法などを学んだ．そして文化4（1807）年に瀬戸に戻ると，習得してきた肥前磁器の製造法を伝えて，産地の技術水準を大きく向上させたという．

　瀬戸では，民吉の功績を称え，彼を磁祖として窯神神社に祀るとともに，現在でも9月に「せともの祭り」を開催してその遺徳を伝えている．

●**磁器の輸出**　幕末開港以降，国際的な自由貿易に参入した日本において，磁器の輸出は次第に増加した．明治期には，まず絵柄の日本趣味なり，東洋風のエキゾチシズムを売り物にする装飾用のファンシーグッズが輸出を伸ばした．しかし，最大の輸出相手国であった米国向けで，大量生産のスケール・メリットが得られる商品は，硬質の純白地に西洋風の絵付けやデザインを施した実用食器，とりわけ高級ディナーセットであった．しかし，ディナーセットの生産は，純白な素地とセットを構成する各製品の形や色調の統一など高度な技術が要求されるため，簡単に実現できるものではなかった．その開発に挑戦し，日本で最初にそれを完

成させたのは，日本陶器合名会社である．同社は，米国向けに陶磁器輸出を行っていた森村組という貿易商社により設立された近代的な製陶メーカーであるが，大正期にディナーセットの開発に成功すると，日本の磁器輸出の発展に大きく貢献した（図1）．1930年代になると日本製の磁器は，世界最大の陶磁器輸入国である米国の市場において，ドイツやイギリスの製品をおさえて，圧倒的なシェアを占めることになった．さらに，森村組・日本陶器は，衛生陶器の東洋陶器，ガイシの日本碍子，プラグの日本特殊陶業など次々と関連分野に新しい企業を立ち上げ，日本の窯業の近代化を促進した．

図1　日本陶器合名会社が開発した日本初のディナー皿「セダン」（1914）
［© ノリタケカンパニーリミテド］

さて，日中戦争から太平洋戦争へと続く戦争の痛手を受けて，生産と輸出の縮小を余儀なくされた日本の磁器であるが，戦後の復興は速やかであった．輸出では洋食器を中心に，ノベルティ（人形・玩具）などの新商品も米国市場を中心に大量に出回り，戦前に勝るとも劣らぬ強い国際競争力を発揮した．また，洋食器の国内市場も大衆消費社会の到来とともに拡大し，磁器の需要は，日用必需品から芸術品，趣味の分野まで含めて多様化した．しかし，1980年代に入ると円高や途上国の追い上げなど国際環境の変化から，まず輸出の停滞・減少が始まり，次いで，残された国内市場においても産地間の競争が激しくなった．瀬戸などの伝統的な産地では，途上国や他産地の商品との競合の中で，苦戦を強いられるようになったのである．

●**ファインセラミックス**　こうした経営環境の変化の中で，伝統的産地においてもファインセラミックスの分野に転換・進出する企業が現れた．ファインセラミックスとは，アルミナやシリコンなど人工的につくり出された原料を1,500℃以上の高温で焼成した焼きものであるが，割れにくい，高温にも変化しない，すり減りにくいなどの優れた特性をもっている．日本でファインセラミックスに関心が集まりだしたのは，米国のスペースシャトル「コロンビア号」に耐熱セラミックタイルが使われた昭和56（1981）年頃からだといわれているが，以後，その特性をいかして自動車や切削工具などの工業部品，食器やナイフなどの日用品，人工歯，人工骨，人工関節などのインプラントに至るまで幅広い用途で使われるようになった．さらに近年では，携帯電話やパソコンの電子回路に使われるチップ抵抗器用セラミックス基盤など，IT関連の製品にも利用されている．現代の最先端技術を駆使したファインセラミックスの生産は，伝統的産地の再生の鍵を握る重要な分野の一つとして期待を集めている．　　　　［大森一宏］

軽自動車

　軽自動車は，小型自動車よりも規格の小さい自動車をいう．免許，税金などの面で優遇措置を与え，安価で経済的な車の普及を図ろうとする趣旨で設けられた日本独特の自動車制度にもとづいている．これには，排気量が 660 cc 以下の三，四輪自動車と，排気量が 125 cc 以上，250 cc 以下の二輪自動車が含まれる．

●**国民車構想**　第二次世界大戦前の日本には，幅 1.3 m 以下の一人乗りで，エンジンの総排気量 500 cc 以下のものは無免許とし，税金も減免するという小型車の制度が存在していた．これは戦後の軽自動車制度の雛形といえるものであった．
　軽自動車という名称が初めて用いられたのは，昭和 24（1949）年に施行された運輸省令の車両規則である．それによると，車体は長さ 2.8 m 以下，幅 1 m 以下で，エンジンの総排気量が 4 サイクルで 150 cc，2 サイクルで 100 cc となっており，二，三，四輪の区別はなかった．そして，昭和 28（1953）年 8 月に施行された「道路運送車両法」では，三，四輪車と二輪車が区別されることになり，三，四輪車は長さ 3 m 以下，幅 1.3 m，エンジン総排気量 360 cc 以下という，昭和 50（1975）年まで使われる規格が確定することとなった．
　昭和 30（1955）年，通産省（現経産省）が国民車育成要綱案，いわゆる「国民車構想」を打ち出した．それは，①四人乗り（または二人乗り 100 kg 以上積み），②最高時速 100 km/h 以上，③平坦路を時速 60 km/h で走った場合，1 L の燃料で 30 km 以上走れること，④大修理なしで 10 万 km 以上走れること，⑤月産 2,000 台の場合 15 万円以内でつくれること，⑥エンジン総排気量 360〜500 cc，車重量 400 kg 以下，などの要件を満たすものであり，一定の要件を満たす自動車の開発に成功すれば，国がその製造と販売を支援するというものであった．この案に対して，トヨタが空冷 4 ストローク 2 気筒 700 cc，FF 方式の「A1 型」計画を発表するなど，いくつかの反応があったが，大部分の国内自動車メーカーは実現不可能である，という消極的な反応が多かった．
　同年 7 月に通産省自動車課長が，自動車工業会企画委員会において「国民車構想」に関する説明を行った．これは先に新聞報道され，話題が先行したことに対して，改めて趣旨を説明したものである．これを受けた議論の結果，通産大臣に対して国民車構想は「将来課題として研究，現状は不可能」と回答し，この件は決着をみた．しかし，低価格の国民車を期待する声の高まりを自動車メーカーは無視するわけにはいかなくなった．

●**スバル 360 の登場**　昭和 30（1955）年 12 月，中島飛行機製作所の後進である富士重工業が，国民車構想に近い性能を実現する新型軽自動車の生産の検討に

入った．「K-10」とよばれるその自動車の目標は，全長2.85 m，全幅1.30 mという軽自動車の枠内に入る．2ドアで大人2人，または大人2人と子ども2人，60 kgの荷物が積めて，最高速度85 km/h，エンジンは2サイクル，360 cc，最終販売価格は35万円以下という厳しいものであった．また，超小型ボディにできる限り大きな居住空間を確保するために採用された小さな車輪によって生じる車体の振動を打ち消すため，トーションバーとセンターコイルバネを組み合わせるサスペンションが開発された．フレームのないモノコックボディは航空機製造で培われた設計技術が取り入れられたものであった．こうして昭和33（1958）年3月3日，K-10はスバル360として発表された．当時のパンフレットには「これからの国民車」と記され，「自動車はゼイタク品ではなく，生活を豊かにし，楽しい人生を送るための必需品となりました」と謳われていた．

同年5月に42万5,000円で発売されたスバル360は，なべ底景気を脱して岩戸景気へと進む経済情勢にも助けられ，昭和34（1959）年に5,000台，昭和35（1960）年に12,700台，昭和36（1961）年に21,800台と年産を伸ばし，9年後の昭和42（1967）年5月には累計生産50万台を達成することになった．スバル360の成功により軽自動車の可能性が立証されると，昭和30（1955）年10月にスズライトで軽自動車製造に先行参入の鈴木自動車工業（現スズキ）をはじめ，東洋工業（現マツダ）が「マツダR360クーペ」（1960）を発表し，新三菱重工業（現三菱自動車工業）が「三菱500」（1959），ダイハツ工業が「ミゼット」（1957），本田技研工業が「T360」（1963）および「S500」（1963）で相次いで軽自動車製造に参入することになった．こうして軽乗用車の年産は1961年に5万台強であったものが，5年後の昭和41（1966）年には12万台と倍増し，昭和44（1969）年には56万台と急増，昭和45（1970）年には75万台に達したのである．

●**その後の軽自動車**　軽自動車は70年代をピークに，小型自動車に市場を奪われるようになり，昭和50（1975）年には16万台にまで減少した．そのため，軽自動車の規格は，昭和51（1976）年1月1日に，長さ3.2 m，幅1.4 m，総排気量550 ccへと拡大された．その結果，徐々に市場を回復し，昭和58（1983）年には20万台まで回復した．しかし，その後軽乗用車の年産は10万台の半ばほどで伸び悩んだため，平成2（1990）年1月1日に，規格を総排気量660 cc，全長を3.3 mへと拡大され，その結果，同年の生産は84万台に急増した．さらに平成10（1998）年10月には，主として安全性向上のために車体寸法が長さ3.4 m，車幅幅1.48 mに拡大された．新規格に合わせて各社が一斉に新型車を販売したため，軽自動車全体の販売台数は平成11（1999）年に188万台，そのうち乗用車は123万6,000台と大幅な伸びを示した．その一方，車体サイズの拡大に伴う小型自動車との区分に関する税制面からの議論をはじめ，日本独自の「軽自動車」規格をめぐる国内外における課題が浮き彫りとなってきている．　　　　　［株本訓久］

新幹線

　新幹線とは，日本の主要都市間を結び，その主たる区間を列車が200 km/h 以上の速度で走行できる高速幹線鉄道のことである．新幹線には2種類ある．狭軌の在来線とは独立した標準軌の線路を新規に敷設し，在来線とは異なる車両限界（フル規格）で建設されたいわゆる新幹線と，山形新幹線や秋田新幹線のように在来線を狭軌から標準軌に改軌し，車両限界の小さい車両でその線を直通運転することができるミニ新幹線である．

●東海道新幹線の開設　1950年代，日本は高度経済成長期を迎え，鉄道輸送の需要が急激に増大し，交通の大動脈である東海道本線の輸送力は限界に達しつつあった．昭和30（1955）年5月，戦前に広軌（標準軌）化計画に携わっていた十河信二が国鉄総裁に就任すると，十河は元国鉄技師の島秀雄に，国鉄技師長への就任を要請した．島は戦前，父安次郎とともに，東京-下関間を最速9時間で結ぶ広軌（標準軌）幹線「弾丸列車計画」に参画した人物であった．十河の強い要請に応じ，同年11月，島秀雄は国鉄技師長に就任した．

　昭和31（1956）年5月，国鉄内に東海道線増強調査会が設置され，線増による東海道本線の抜本的な輸送力増強の方法が議論されることとなった．そして，①既設の複線に複線を増設する複々線化，②狭軌の新線を別に建設する別線新設，③標準軌の新線建設，の3案が提出されたが，国鉄内部では十河が総裁に就任する以前に，既設の複線を複々線化することが検討されており，①案が大勢を占めていた．

　昭和32（1957）年5月30日，国鉄の鉄道技術研究所創立50周年記念行事として，銀座山葉（ヤマハ）ホールで「東京-大阪3時間への可能性」と題する講演会が開催された．「広軌（標準軌）線を敷いて，低重心，軽重量の電車を走らせれば，平均時速150 km/h，最高時速は200 km/hを超え，東京-大阪間を3時間で結ぶことが可能である」という内容は，一般世論に大きな関心を呼び起こした．

　そして，同年8月，「日本国有鉄道幹線調査会」が運輸省（現国土交通省）に設置され，東海道本線の抜本的な輸送力増強の方法として，①1,435 mmの標準軌間を採用すること，②車両建築限界を狭軌在来線よりも大きくし，車体幅を狭軌の3.0 mから3.4 mへと広げること，③東京-大阪間を3時間で運転できる高速旅客列車専用線路を建設すること，などが審議会の最終答申として出されることとなった．さらに電気機関車牽引の列車ではなく，全電動車方式による総括制御式編成電車が採用されることになった．それは電気機関車の牽引による動力集中方式と比べて，①軸重が各車両に分散し平均化するため，線路の路盤や橋梁の

荷重負担を小さくすることができ，建設費・保守費が低下する，②高速域から減速して停車させる際に，駆動用の電動機を発電ブレーキとして用いる制動を主に利用できるため，安全性が向上し，保守上も有利であること，などの理由からであった．また，運転士が地上信号機を目視で確認して 200 km/h 運転を行うことは難しいため，自動列車制御装置 ATC（Automatic Train Control）が開発された．それに合わせて，列車位置を中央の指令所で把握し，駅の分岐器も指令所から遠隔操作する集中列車制御 CTC（Centerized Traffic Control）が採用されるなど，列車運行がシステム化された．さらに，すでに開発されていた座席予約システム MARS（Multi Access Reservation System）によって，新幹線開業業務などによる座席指定列車の大幅増に対応することができた．既成の技術に加え，さまざまな新技術を導入して開発された標準軌の新線は，在来線とはまったく異なる近代的な鉄道を象徴する名称として「新幹線」と名付けられたのである．

　新幹線の開業目標は，昭和 39（1964）年の東京オリンピックに置かれた．新設された新幹線総局を中心に，国鉄技術陣は関連する工業界の協力を得て，総力をあげて研究・開発・設計に当たり，同年 10 月 1 日，東京–新大阪間 515.35 km が開業した．開業当初，路盤が落ち着くまで，一部区間で徐行運転を行ったため，到達時間は名古屋と京都停車の「ひかり」が 4 時間，各駅停車の「こだま」が 5 時間であったが，1 年後に計画通り「ひかり」は 3 時間 10 分，「こだま」は 4 時間 10 分で運転されるようになった．新幹線は人口稠密地帯を結んでいたこともあり，営業的にも大成功を収めることとなった．

●リニア中央新幹線　東海道新幹線は，開業から 50 年が経過しようとしており，経年劣化と将来予測されている大規模災害に対する抜本的な備えを検討しなければならない時期が来ている．そのため，東海道新幹線の役割を代替するバイパスとして，「全国新幹線鉄道整備法」にもとづく基本計画路線構想で，500 km/h で走行する高速・安全かつ低公害の超電導磁気浮上式鉄道（超電導リニア）により東京–名古屋–大阪を約 1 時間で結ぶ中央新幹線計画が進められている．

　平成 23（2011）年 5 月，交通政策審議会陸上交通分科会鉄道部会中央新幹線小委員会の答申を踏まえ，国土交通大臣は中央新幹線の整備計画を決定し，JR 東海に対して建設指示を出し，中央新幹線は建設に向け，大きな一歩を踏み出した．

　事業費は，東京–名古屋間が約 5.43 兆円，東京–大阪間が約 9.3 兆円であり，整備計画によると，最高時速は 505 km で東京–名古屋間を 40 分，東京–大阪間を 67 分で結ぶ予定である．平成 26（2014）年度に着工予定，2027 年度に東京–名古屋間，2045 年度に大阪までの開業を目指している．そして，JR 東海は平成 25（2013）年 9 月，東京都–名古屋市間 286 km の詳細なルートと駅の位置を公表し，中央新幹線（東京都・名古屋市間）環境影響評価準備書を沿線自治体に提出した．

［株本訓久］

自動販売機

　日本の自動販売機設置台数は，米国より少ない．しかし，米国では屋内に設置された食品販売機が多いのに対し，日本では屋外に設置された清涼飲料水やタバコの販売機が多い．街には自動販売機があふれ，日本は自動販売機大国だといわれている．

　日本の自動販売機の氾濫は，販売の省力化だけでは説明できない．早くも明治中期には「からくり」を応用して，切手やハガキを販売する自動販売機が製作されている．大正期には菓子の自動販売機が全国に1,000台ほど設置された．プロレタリア文学作家の小林多喜二は，小説「党生活者」（昭和7〈1932〉）の中で，パチンコ型の菓子の自動販売機について，「ハンドルを押すとベース・ボールの塁に球が飛んでゆく．球の入る塁によって，下の穴から出てくるお菓子がちがった．最近こんな機械が流行り出し，街のどの機械の前にも沢山子供が群がっていた」と書いた．

　その子どもたちが中年になった昭和35（1960）年頃には，喫茶店のテーブルに「ピーナッツ自動販売機」や「おみくじ自動販売機」が置かれていた．ピーナッツ自動販売機の普及台数は，清涼飲料水やタバコの販売機よりはるかに多かった．1970年代に普及したカプセル玩具自動販売機（通称，ガチャガチャ）には，目あての玩具を獲得しようとして，今も子どもたちの群れができている．自動販売機はそれ自体が遊びの役割を果たしながら商品を販売している．

●**商品の拡大**　高度成長期には自動販売機はあらゆる商品に広がる勢いだった．北杜夫は「どくとるマンボウ途中下車」（『婦人公論』昭和40〈1965〉）で，自動販売機で酒が飲める「オートメーション酒場」を描き，「自動販売機はあらゆる品種にわたって殖えていくだろう．買うのが恥ずかしい品物には好適であろう」と書いた．

　1960年代にはホットドッグ，コーヒー，氷入りのジュース，おしぼりなどを自動販売機で提供する「オートパーラー」とよばれた喫茶店が登場した．二級酒を1杯50円で販売する「熱かん自動販売機」も実際に出現している．1970年代には大型の自動販売機が60台以上並び，2,000種以上の商品を販売する「無人スーパー」が開店した．炊きたて御飯，うどん，かき氷，レコード，傘，ネクタイの自動販売機も登場し，そのつど新聞紙上に紹介された．

　高度成長期は「オートメーション」が合い言葉の時代だった．この時期に自動販売機を製造した会社には，戦前からの自動販売機メーカーや厨房機器メーカーに加えて，総合重機械メーカーや工作機械メーカー，製鉄会社もあり，自社工場

のオートメーション化と並行して自動販売機を製造した．

●**日本の特徴**　清涼飲料水の販売機が自動販売機設置台数の3分の2を占め，街で圧倒的に目につくのが日本の特徴の一つである．昭和35（1960）年頃から中小飲料水メーカーが，上部の透明容器内でジュースが噴水のように流れる販売機を設置し，10円で紙コップ入りのジュースを販売した．その後，大手飲料水メーカーの自動販売機が瓶入りの清涼飲料水を販売した．1970年代に容器が瓶から缶に移行すると，飲料水の販売機はさらに普及した．飲料水メーカーにとって自動販売機は，定価販売のために利幅が大きく，広告塔の役割も果たす24時間営業の「直販店」を増やすことになった．

設置場所を貸す者にとっては，飲料水メーカーに商品の補充や代金回収を任せ，場所と電気代を提供するだけで収入が得られるために，繁華街だけでなく住宅街にも自動販売機があふれている．自動販売機を利用する消費者は，市販の清涼飲料水に依存し，場所を問わずに拙速に飲み物を求めることで自動販売機の氾濫を支えている．

日本のもう一つの特徴として，タバコと酒類の自動販売機がある．日本ではタバコの販売機は1930年代から設置され，缶ビールの販売機は1960年代から普及した．タバコの販売機は日本以外では米国とドイツにしかなく，酒類の販売機は日本にしかないという．日本の自動販売機文化が批判される要因でもある．しかし，自動販売機が無制限に拡大してきたわけではない．

●**自動販売機の限界**　物珍しさを狙って登場したネクタイの自動販売機や「無人スーパー」は姿を消していった．「買うのが恥ずかしい品物」である成人向け雑誌の販売機は1970年代に急増したあと，社会的批判を浴びて減少した．コンドームの販売機には，青少年の健全育成を理由として設置場所や販売時間を制限している自治体が多い．

酒類の販売機は，未成年者の購入防止のために，1970年代から深夜の販売を自粛し，1990年代からは成人識別装置がつけられた．タバコの販売機にも，世界保健機関（WHO）での合意にもとづき平成20（2008）年から成人識別装置の導入が義務づけられている．こうした規制や深夜も営業するコンビニエンス・ストアの増加により酒類やタバコの販売機は減少している．清涼飲料水についても，景観の保全や「空缶公害」防止を理由として，管理する公共施設から販売機を撤去した自治体もある．

自動販売機による販売額が米国を上回って世界一であることも，日本が自動販売機大国といわれる理由である．しかし販売額を世界一にしているのは，米国では少ない券売機での乗車券の販売額が，日本では清涼飲料水のそれと同じくらいの額にのぼるためである．自動販売機をめぐる日本の状況を特別視しすぎてはいけないだろう．

［高松　亨］

自転車とオートバイ

　二輪車とは，中途半端な乗り物である．たかだか2人しか乗れないし，大して荷物も運べない．自動車や鉄道，飛行機に比べれば遅い．走っていないと倒れてしまう．そのため，二輪車の発達普及は主に，自動車の普及が進んでいない時代・地域で進むこととなる．

　二輪車の歴史は短く，キックボードに似た最初の自転車の出現は蒸気自動車よりも後である．自動車の実用化が進まぬ中，ペダルがついた前輪の大きなオーディナリー型が出現し，さらにチェーン，ゴムタイヤをもち現代の自転車に近いセーフティ型自転車が19世紀末に登場した．自転車の車体にエンジンやモーターを搭載しようとするのは当然の発想で，間もなくオートバイが現れた．

　世界的にみて自転車メーカーは鉄砲鍛冶や銃器メーカーを起源とするものが多い．これは当時，自転車のフレームの鋼管を丸棒にドリルで穿孔してつくっていたが，この技術が鉄砲の銃身の製造技術そのままであったためである．そして自転車メーカーが自然にオートバイメーカーとなった．わが国の自転車メーカーの老舗であり，現存する宮田工業もまさに同じ歴史をたどっている．

●**第二次世界大戦前のわが国の自転車とオートバイ**　自転車は幕末に日本に持ち込まれ，明治3（1870）年に竹内寅次郎が「自転車」と命名して製造販売した．セーフティ型自転車は宮田栄助が明治26（1893）年に量産を開始している．オートバイは明治29（1896）年に初めて輸入され，次第に国産化された．なお「オートバイ」という言葉は大正時代に生まれた和製英語で，英語ではモーターサイクルとかモーターバイクといい，英語で「バイク」といえば自転車をさす．自動車のほとんどない時代であり，自転車は乗用・運搬用，オートバイは運搬用，あるいはサイドカーをつけて二人乗りとして重宝された．やがてフレームをリヤカーと一体化させて後二輪としたものが現れ，ダイハツやマツダによりオート三輪に進化した．またハーレー・ダビッドソンのライセンス生産が行われ，名車「陸王」となる．こうして自転車とオートバイは一定の普及を果たしたが，戦争の激化に従い乗用車とともに不要不急と見做され，生産はほとんどストップした．

●**戦後のオートバイ**　終戦時，街には鉄道とわずかなバス以外の輸送機関は残されていなかった．トラックはいち早く生産再開をみたものの，市民生活における物資の輸送は困難を極めた．その中で乏しい資材から生まれたのがスクーターであった．市場に放出された軍用小型エンジン，飛行機用ジュラルミンなどを用いて，つくるもののなくなった航空機産業の技術者たちがスクーターを開発した．終戦の翌年のことである．またこのような小型エンジンを自転車に架装して安価

なオートバイをつくるものがあった．浜松の本田宗一郎もその一人である．この頃，東海地区を中心に零細オートバイメーカーが乱立していた．構造が簡単な小型2サイクルエンジンは町工場でも十分生産できたのである．昭和27（1952）年に原動機付自転車の免許が無試験となり，また朝鮮戦争特需も追い風となって，オートバイブームが到来する．オートバイメーカーは1950年代半ばには約200社に達したが，エンジン出力の増大により自転車の車体ではもはや支えきれず，専用の車体構造が必要になったこともあり，ほとんどが淘汰の波に飲まれた．現存のわが国のオートバイメーカー主要4社のうちスズキ，ヤマハも浜松の企業であるが，この時代に後発で参入している．残るカワサキはさらに遅れて参入し，戦前からの老舗メグロを継承して大型バイクで存在感を主張している．

●ホンダスーパーカブ　世界のオートバイ勢力図は，昭和33（1958）年のホンダスーパーカブの登場により一変する．カブは平成20（2008）年に世界160カ国で累積販売台数6,000万台を突破し，乗り物の歴史の中で最も売れた車種である．何しろ安い．実用的で頑丈，故障が少ない．従来の中型バイクと互角の4.5馬力の高出力にもかかわらず排気量は50cc，小型軽量で小回りがきく．燃費も抜群．自動車がまだ普及途上の日本で大人気を博し，ホンダの当時珍しい大量生産とあいまって一世を風靡することとなった．その人気は国内にとどまらず，昭和35（1959）年，自動車大国の米国での大ヒットを皮切りに，台湾や東南アジアにも輸出され，現地生産も行われるようになる．発展途上で自動車の普及の展望もなく，道路整備も遅れていた東南アジア諸国にとっては，自動車よりもオートバイが求められたのである．今でも東南アジア諸国におけるホンダへの信頼は絶大で，特にベトナムでは「ホンダ」はオートバイをさす一般名詞にまでなった．

●世界市場動向と日本企業　ホンダに続き，日本オートバイメーカーは世界に進出し，主要4社で一時は世界シェアの7割を占めた．今でもASEAN諸国では日系メーカーのシェアが約9割を占める．しかし現在は中国が活発な国内需要を背景に生産・販売台数の両面で世界の5割を超え，日本メーカーの世界シェアは4割まで低下した．一方自転車については，1980年代から日本への輸入が始まり，国内市場の9割を輸入車が占める．海外市場はアジアを中心に拡大基調にあるが，日本メーカーは台湾・中国メーカーに太刀打ちできていない．

●これからのオートバイと自転車　先進国では乗用車が普及してオートバイの存在意義が薄れ，需要は低落の一途である．一方，自転車は環境に優しく手軽な乗り物として広く普及し，免許不要の電動アシスト自転車がオートバイの市場を蚕食している．マウンテンバイクなど趣味用途も広がる．道路・歩道の狭いわが国では，自動車・歩行者とのすみ分けが課題であるが，エネルギー消費で環境に優しい輸送手段という社会的要請に対し，オートバイや自転車の活用を社会全体として考えていくべきであろう．

［阿部　義男］

トランジスタラジオ

　ラジオ放送が日本で始まったのは，大正14（1925）年のことである．当時のラジオは鉱石式や真空管を使用した受信機が中心だったが，1950年代になって急速に普及したのが新型のトランジスタラジオであった．

●**トランジスタの開発と生産**　トランジスタは，米国の電話会社AT&Tのベル研究所にいたW. ショックレーらによって1947〜48年に開発された．トランジスタは真空管と比較してきわめて小さく，低電圧・低電力で作動するという画期的な特徴をもっていた．終戦後間もない日本では海外からの情報が制限されていたが，東北大学の渡辺寧教授がGHQ（連合国軍最高司令官総司令部）のスタッフからトランジスタの存在を聞き，逓信省電気試験所や民間通信機メーカーの技術者が開発に取り組んだ．

　やがて，日本企業に海外からの技術導入の道が開けると，AT&Tの製造工場であるウェスタン・エレクトリック（WE）社などから，東京通信工業（現ソニー），東京芝浦電気，日立製作所，三菱電機，日本電気といった企業が特許料を支払ってトランジスタの技術を学び，1950年代後半から生産を開始した．トランジスタは開発当初は補聴器などに使われていたが，やがて，ラジオに使用されることで大量生産されるようになった．

●**トランジスタラジオの誕生**　終戦後の日本に進駐軍がもち込んだ小型ラジオは，日本人を驚かせ，これによって各家庭に据え置かれている大型ラジオに加えて，2台目需要として持ち運びができるポータブルラジオがつくられるようになった．しかし初期のポータブルラジオは真空管を使用していたため，電池の消耗が早く不便であった．この問題を解決したのがトランジスタラジオだったのである．

　1954年暮れに，米国のリージェンシー社が世界初のトランジスタラジオを発売した．それに遅れることわずか1か月，1955年1月に東京通信工業は自社製トランジスタを使用したラジオTR-52型の試作に成功し，これに改良を加えたTR-55型を8月から発売し

図1　東京通信工業 TR-63
［提供：ソニー］

た．トランジスタラジオは，トランジスタの特徴を活かして，従来の真空管式よりも大幅に小型化されたが，ほかの部品にも大幅な小型化が求められた．例えば，小型スピーカーを開発した信濃音響（現フォスター電機）や小型コンデンサを開発した三美電機（現ミツミ電機）などの存在が不可欠であった．ほかのエレクトロニクスメーカーによる国産化はソニーより遅れたが，初期においてはソニーからトランジスタの供給を受けつつ，やがて自家生産したものを使用した製品が順次発売されるようになった．他方で，トランジスタラジオは多くの中小企業や零細企業でも生産販売されていた．通常は6石のトランジスタが使用されるが，回路を簡素化して2石程度に減らした通称トイ（玩具）ラジオとよばれる製品もつくられ，相当量が市場に出回った．

●**世界に羽ばたく Made in Japan**　いくつもの新技術によって誕生したトランジスタラジオであるが，発売当初は不評だった．真空管よりも小型ではあったが放送電波の受信感度が悪く，それにもかかわらず値段が高かったからである．これに対して米国ではトランジスタラジオがよく売れた．一説によると第二次世界大戦後に若者の間でロックンロールが大流行し，それを嫌う大人の目の届かない場所で自由にラジオ放送を聴くために買い求められたという．また当時の為替レートが1ドル＝360円だったため，日本の商品は米国国民にとって比較的購入しやすかった．トランジスタラジオは，日本から米国を中心に世界中へ輸出され，昭和35（1960）年には機械製品の中で船舶に次ぐ第2位の輸出額を誇るに至った．

　ところが輸出が拡大すると同時に，問題も生じた．前述したように，ソニーなどの大手企業だけでなく，無数の中小零細企業によっても生産されていたため価格競争が激化し，粗悪品が検査もされずに無秩序に輸出されたのである．しかし，こうした状況も政府による輸出規制や業界の努力によって次第に改善されていった．1960年代中頃になるとFMラジオや時計・カメラとの複合体ラジオなど高級なトランジスタラジオが次々と輸出された．"Made in Japan"という言葉はかつて欧米先進国から「安かろう悪かろう」のイメージで受け止められていたが，トランジスタラジオは世界における日本製品の評価を高めたのである．

●**ICラジオの時代へ**　1950年代末にJ.キルビーやR.ノイスによってIC（集積回路）が発明され，工業生産が始まると，ラジオの小型化がさらに進展した．昭和41（1966）年に米国のGE社がICを搭載した時計付きラジオを発売し，また日本でも翌年に50 mW（1 mW＝1,000分の1 W）という低出力ながら，ICを用いた超小型ラジオが開発された．さらに三菱電機が昭和43（1968）年に発売したICX-001型ラジオは，1個のICに必要なすべてのラジオ回路が集約されており，出力300 mWという実用的な機能を備えた製品であった．1970年代になると，各社はICラジオの生産を本格化し，ここでトランジスタラジオの時代は，終わりを告げるのである．

［中島裕喜］

官営工場と町工場

　幕末,欧米列強の高い技術力に触れ,それを軍事的・経済的脅威と感じた幕府および進取的な雄藩は近代技術に依拠した船舶,大砲,機械,綿糸などの製造工場を開設し,技術修得を始めた.反射炉や高炉は文献資料を頼りに築かれたが,機械類は輸入され,外国人技術者に操作の手ほどきを受けた.

●**官営工場の役割**　明治新政府は欧米先進国に対抗できる工業力を早急に獲得するための殖産興業とそれにもとづく富国強兵政策を打ち出した.政府は重要工場の直営方針をとり,幕府や諸藩の工場を官収するとともに,新たな工場を設置した.こうして明治時代から昭和20 (1945) 年の敗戦までの間に生まれた国有・国営工場が官営工場とよばれている.明治3 (1870) 年に設置され,鉱山,鉄道,製鉄,電信などの事業を管掌した工部省の下には,長崎造船所,兵庫造船所,釜石製鉄所,赤羽工作分局 (機械製作),深川工作分局 (セメント,耐火煉瓦製造),品川工作分局 (ガラス製造),三池鉱山分局付属工場などの重工業系の官営工場があった.

　明治6 (1873) 年に設置された内務省は,富岡製糸場,堺紡績所,愛知・広島紡績所,新町屑糸紡績所,千住製絨所,三田農具製作所など在来産業の改良・振興を目指した繊維・農業関連の官営工場を管轄した.大蔵省の造幣局 (大阪) や開拓使の麦酒醸造所 (札幌) も重要な官営工場であった.明治初期に陸軍省は東京と大阪の砲兵工廠 (小銃や大砲などの兵器工場),海軍省は横須賀造船所,築地海軍兵器製造所を有していた.

　先進的な工業部門を構成するこうした官営工場は,主としてヨーロッパから生産設備を導入し,お雇い外国人技術者に依存しながら,日本人主体で経営された.しかし,貴重な経営資源が潤沢に投入されたにもかかわらず,釜石製鉄所のように (項目「製鉄と造船」参照) 技術的にあるいは経営的に失敗した官営工場が多くみられた.

　西南戦争による出費も加わり,財政の逼迫した政府は1880年代以降,軍工廠や造幣局などを除く官営事業を政商たちに安く払い下げ,重工業部門では三菱重工業や川崎重工業など,財閥の基幹となる民間企業が生み出された.それに比べると繊維関係の払下げ工場の影響力は総じて限定的であった.

　この時期以降に新設された官営工場では,明治34 (1901) 年に操業を開始し昭和9 (1934) 年に日本製鉄になるまでの八幡製鉄所,明治37 (1904) 年の煙草専売法公布以降の大蔵省専売局の煙草製造所,明治39 (1906) 年の鉄道国有化以降の鉄道院・鉄道省の鉄道工場が重要である.

官営工場は，新技術の移転，生産設備の国産化指導，製品の共同研究開発，不況時の発注を通じて，民間企業の技術水準の引き上げや受注確保に寄与するところが大きかった．

●**町工場の集積**　町工場は，都市に立地する中小ないし零細規模の工場であり，明治時代から今日に至るまで日本の製造業を下支えしている．江戸時代，江戸，大坂，京都など大きな町では，多くの職人が少しばかりの道具を用いて，手作業で身の回りの生活用品から武具や工芸品までつくっていた．明治時代になるとこうした職人たちの中から，伝統的な道具や技能も生かしながら，海外から入ってきた新しい機械や技術も取り入れて，個人経営の町工場を興す者が数多く出てくる．多くの町工場は，下請け企業（項目「下請けと孫請け」参照）として，特に大都市ではさまざまな工程を分業して専門的に担当する企業群，すなわち産業集積を形成して，日本の工業基盤をなしてきた．こうした分業が展開するほど，設備投資の負担が減り，町工場は開業しやすくなった．

一方，技術水準のそれほど高くない町工場でありながら，工夫を凝らして特許や実用新案を取得した商品や隙間市場の需要に応える商品の開発で，強い競争力を獲得する企業もある．こうして町工場から抜け出して，世界的に著名な大企業に発展した事例も多い．

明治後期になると，学校で技能教育を受ける機会も増えていくが，多くの職人は小学校を終えるか，終えないうちに，親方について徒弟修業に入り，あるいは大きな工場の見習工になって，技能を身につけ，徴兵検査を受ける20歳頃には一人前になった．そして，官営工場や民間大工場を含め，いくつかの工場を渡り歩いて技能を磨いた職人は，独立して町工場を創業することが多かった．こうして大工場の先進技術が町工場にも広まったのである．

特に繁閑の差が著しい軍工廠は，職人と技術の大きな供給源であった．戦時に繁忙を極めた軍工廠から軍需品を受注した民間企業は，その生産を通じて新しい技術を修得した．そして，平時に戻ると多くの職人が解雇され，彼らを通じて民間企業に先進技術が伝えられた．発注や職人を通じて移転された技術には汎用性があり，民需品の生産にも生かされることとなった．

零細な町工場は職住一体であり，親方職人でもある経営者とその家族を中心として営まれていた．労働時間は長く，家計と事業会計が分離されず，どんぶり勘定が多かった．血縁，地縁など縁故による採用も多く，経営者と従業員との距離が近い家族主義的経営そのもので，血縁関係で事業が継承されることが多い．

高度経済成長期まで，都市部の産業集積が日本経済の一つの強みであって，東京では大田区，大阪では東大阪市周辺に町工場が多かったが，昭和60（1985）年以降の円高で，大企業の生産拠点が海外に移されるにしたがい，町工場の数も減り続け，空洞化現象を呈している．

［廣田義人］

下請けと孫請け

　製造業や建設業，さらにはサービス業でも，企業は受注した業務のすべてを自社の正社員にはさせずに，その一部，場合によってはすべてを外注かアウトソーシングすることが多い．こうすることによって企業は，自社内の能力を上回る量，または自社内で対応できない内容を含む業務も受注することができる．それは新しい顧客の獲得や売上げの増加につながる．

　外注取引関係において，通常は発注元が強いが，外注先が強いこともある．後者は外注先が特殊な技術を独占的に保有しているような場合である．反対に発注元がとりわけ強い価格交渉力を行使する外注を下請けという．

　下請けは幅広い業種でみられるが，本項では下請け関係が最も発達している機械・金属製品製造業について述べる．

●機械・金属製品製造業の下請け　高い技術力をもった発注元のメーカーが製品を開発，設計し，図面を支給して，製作や加工，組立を外注する場合，それに対応できる企業が多いと，発注元は複数の外注先から合見積をとり，最安値を提示した企業に発注する．あるいは，それまでの実績や予算にもとづいて，強気の指値(ねね)（発注予定価格）を示す．こうして発注金額は抑え込まれ，発注元は外注先に対して強い価格交渉力を行使する．

　発注金額を近視眼的に重視した単発的な契約もあるが，長期にわたる継続的取引が発注元と下請け企業双方にとって望ましく，実際に多くみられる．図面には製作上必要な事項が記載されているが，その製品，その加工の要諦をつかむには，同じような仕事の反復受注による経験の蓄積が必要だからである．初回の受注で赤字になった仕事でも，勘所と手の抜きどころがわかるようになると採算がとれるようになる．さらに，継続的な受注を通じて，よりコストを削減するために，発注元に提案して，設計変更をしてもらうことも可能になる．こうした過程を通じて，発注元と下請け企業との関係は強まり，日本の製造業全体が強靭になってきたのである．

　また一方で，発注元は，新規下請け企業に発注する際には，丁寧な技術的打合せが必要であり，また納期や品質の管理にも気を配る必要がある．そのため管理コストが高くなるので，やはり実績があり，信頼のおける取引先への発注を志向する．

　一社から専属的に受注する下請け企業もあるが，多くは仕事量を確保し，リスクを分散させるために複数社から受注している．業界や企業によって発注量が増減するのは常であり，発注元が倒産したり，生産拠点を閉鎖することもあるから

である．下請け仕事の利益は発注元によって低く抑え込まれるので，下請け企業は利益率を高めるために，研究開発能力を蓄えて，価格交渉力を発揮できる自社製品を開発しようとする．企業によっては，自社開発製品の製造・販売と下請け仕事を兼ねている場合もある．自社製品で利益を追求し，下請けで仕事量を確保するのである．

　円高になると，国内生産拠点の海外への移転が進む．その際，日本企業は海外でも国内と同じような下請けに依存する生産体制を構築する．進出先に下請けさせ得る企業がない場合は，国内の下請け企業に海外進出を促し，それに対応できない下請け企業は，脱落していくことになる．

●**メーカーの孫請け**　請け負った業務を，さらに別の企業に下請けさせることを孫請けという．発注元のメーカーから直接受注するのが一次下請けで，孫請けは二次下請けということになり，さらに三次，四次と層をなしている．

　下請け企業は，発注元から図面を支給されて，そのとおりに，部品を加工し，製品に組み立てる，ないしはその一部の工程を担当する．下請け企業は，仕事不足によって従業員や生産設備を遊ばせないように，多め多めに受注するので，残業しても納期までに仕事をこなせなくなることがある．そうした場合，あふれた仕事は，より小さな企業に孫請けに出される．孫請けに丸投げするにしても，品質や納期に関する管理責任を発注元に対して負わねばならないので，間接経費が発生する．その結果，孫請け企業への発注金額は，受注金額よりも少なくならざるを得ない．

　下請け企業は，社内ではできない加工を含む仕事も受注し，その社内でできない加工を外注する．外注先は専門の設備と技術をもっており，その内容と水準に応じた価格交渉力をもっている．発注元は，価格交渉を有利に進められる企業規模のより小さい企業に下請けさせようとするが，発注内容によっては自社よりも規模の大きい企業に外注することもある．

　同じ仕事でも，生産設備や職人の腕前によって仕上がりに差が生じ，単価も異なる．さらに外注・下請け先によって手持ちの仕事量が違うので，必要な納期に適切な品質で納品してもらうには，いくつかの外注・下請け先と日頃から取引しておく必要がある．

　孫請け企業（あるいは一次下請け企業さえも）は，自社工場を有する企業とは限らず，発注元の工場での構内下請けのかたちをとることもある．仕事を請け負った親方職人や下請け企業の従業員は，発注元の工場内で備え付けの設備を使って，材料や消耗品を支給されて，発注元の社員とともに仕事に従事する．この方法であれば，職人でも手回り道具だけをそろえ，最低限の出資で経営者になれるのである．親方職人は子方を雇って，請負金額の中から，子方に賃金を支払うことになる．

［廣田義人］

製鉄と造船

　日本の鉄づくりは古代から始まり，江戸時代に「永代たたら」を用いた製鉄法が中国山地を中心に発展した．永代たたらは，上面が開放された直方体形状の土製の炉を用いて，原料である砂鉄を木炭で加熱，還元した．3または4昼夜の操業で，溶けた銑と炉底から半溶融状の鉧が得られた．銑は，鍋や釜など鋳物の材料となり，鉧塊に含まれる鋼は日本刀などの材料となった．銑や鉧屑は加熱，鍛錬して，炭素や不純物を除かれて，左下鉄や包丁鉄にされ，農具や刃物，釘などに用いられた．古代以来の在来製鉄法は大量の木炭を用いたので，森林資源の維持・再生に制約されて，生産量が限られていた．

●**近代製鉄の導入**　鉄鉱石を高炉で還元して銑鉄を連続的につくり，さらに平炉や転炉で炭素を減らして，溶けた鋼を大量生産する近代製鉄法は15世紀から19世紀にかけてヨーロッパで発達した．これらの知識はオランダ語文献として幕末の日本に伝えられた．アヘン戦争以降，西洋列強の軍事的脅威が高まる中，青銅砲に代わる鋳鉄砲を製造するために鉄を溶かす反射炉が蘭学者や伝統的な職人たちによって佐賀や那珂湊に築かれた．反射炉で溶けやすい銑鉄を得るため，大島高任は文献に依拠して釜石に高炉を築造し，地元産の鉄鉱石を木炭で還元する洋式製銑に成功した．

　維新後，明治政府は釜石製鉄所を設立し，イギリス製高炉を輸入，イギリス人の指導を仰いで，製鉄事業を拡大しようとした．ところが溶銑が出なくなった高炉を復旧することができず，近代的製鉄所はあっけなく放棄される．実質的な操業期間は1年足らずであった．その12年後，帝国大学教授の野呂景義が高炉の改造とコークスの性状に注意して，ようやく製銑作業を成功に導いた．

　製銑から製鋼，鋼材の圧延まで行う日本初の一貫製鉄所として，明治34（1901）年に官営八幡製鉄所が開業する．大型高炉，平炉，転炉，圧延機など主要生産設備はドイツで設計・製造したものを輸入し，ドイツ人技術者と職工の指導を受けて操業が始まった．ところが八幡でも製銑開始の翌年，高炉が出銑不能に陥り，この問題を解決したのは，またもや野呂景義であった．

　製鉄の原料，燃料となる天然資源は，性状が地域によって異なり，製造設備はそれに対応する必要がある．そうした課題を解決できる日本人技術者が明治期には育っていたことになる．江戸時代までの伝統的な製鉄業の存在と幕末から明治にかけての洋式製鉄法の学習が，ヨーロッパで数百年かけて発達した製鉄技術をわずか50年間に圧縮して修得することを可能にしたのである．

●**造船**　幕末までの日本では弁才船とよばれる和船が建造され，蝦夷地と大坂を

結ぶ北前船，大坂から江戸へ日常生活物資を運ぶ菱垣廻船，酒を運ぶ樽廻船として用いられていた．弁才船は木造帆船で，船底中央に航を敷き，その両側に根棚，中棚，上棚という厚い船板を積み上げ，両舷側の船板を梁で接合する構造であった．船大工は曲尺や墨壺，墨指，水糸，下げ振りといった道具を用いた規矩術によって墨付（罫書き，材料取り）や組立てを行った．

　嘉永7（1854）年に来航したロシア帝国海軍のプチャーチン提督の木造帆船が津波の被害を受けて沈没し，代わりの船を調達することになった．翌年，ロシア人乗組員の指導を受けながら，日本人船大工たちが西洋型帆船を伊豆の戸田村で建造した．この西洋型船の構造は和船と異なり，船底中央に据えられた竜骨の両側に湾曲した肋骨を立て，それらを縦通材で固定して，肋骨外側に外板を張るというものだった．船大工としてこの工事に従事した上田寅吉や鈴木長吉は，さらに長崎海軍伝習所でオランダ人教官から学んだ後，横須賀製鉄所や石川島造船所などで指導的役割を果たした．船大工の規矩術に用いられた道具は，船の素材が木から鉄鋼に代わっても使われ続け，さらに造船だけでなく大型溶接構造物の製作にも用いられている．

　19世紀後半，招聘したオランダ人，フランス人，イギリス人などから直接，造船技術の指導を受けて，鉄船さらに鋼船の建造が始まり，20世紀前半になるとそれらの大型化とともに製造工程の分業が進んでいく．

　まず現図工が現図場にしゃがみこんで，図面から原寸大の木型を作成する．曲面部分の展開は図学の知識を要する知的な仕事である．この木型を用いて鋼板に切断すべき線や孔あけの位置を書き込むのが罫書きである．罫書き線に沿って切断，孔あけされた鋼板の一部は，撓鉄工によって加熱後，プレスで曲げられる．船台にはまず竜骨が据えられ，取付工によって船底部から肋骨，外板が取り付けられて（層状建造法），それらを鋲打工がリベットでつなぎ合わせる．炉で赤熱されたリベットは，重ねた2枚の鋼板に空けられた孔に通され，頭のない側を大ハンマーや鋲打ち機で叩きつぶして固定した．接合部は水漏れしないように塡隙工によってかしめられた．船台上では力仕事や高所作業が多く，炎天下の夏，底冷えする冬，いずれも作業環境は悪かった．鋲打ちによる難聴も多かった．

　戦後，日本でも鋼板を電気溶接するようになると，リベット孔の加工，鋲打ち，塡隙は不要になる．現図や罫書き作業も縮尺現図，さらには数値データにより鋼材を自動的にガス切断する設備が導入され，次第に姿を消していった．溶接とともにブロック建造法が採用されると，船体を構成する大きなブロックが工場内で製作されるようになった．これにより船台上での仕事が少なくなり，作業性の最もよい下向き溶接を多用できるようになった．

　日本は昭和30（1955）年から平成11（1999）年までの45年間，連続して新造船建造量において世界首位の座を占め続けたのである．　　　　　　［廣田義人］

ハイビジョン

　遠くで起こっていることやすでに起こったことを，今，目の前で動きとして見たいというのは人間の自然な欲求である．そのために，まず望遠鏡が発明され，光の届くところであれば宇宙まで見渡せるようになった．
　しかし望遠鏡では山の裏側は見えないし，リアルタイムに限られ，映像の保存もできない．映像を記録して伝送する要求に応じて現れたのが映画である．映画は高品位映像の記録再生を可能にしたが，いかんせんリアルタイム性に欠ける．テレビはそのような状況で生まれた．しかしテレビは解像度で劣る．テレビ画面の解像度は走査線数で表されるが，走査線数525本という日本におけるアナログテレビ放送の解像度は最後まで1941年の米国での放送開始時と変わらなかった．ちなみにこの解像度はテレビ映画用の16 mmフィルム並みを目指したものであるが，現在の劇場用映画フィルムは35 mm幅であり，解像度は2倍強である．

●高精細度テレビを求めて　第二次世界大戦後の高度成長期，テレビは「三種の神器」や「3C」の一つとして日本国民の生活向上のシンボルであった．昭和39（1964）年の東京オリンピックの前後にテレビの普及が進み，カラー放送に続いて衛星放送が開始された．こうして情報化社会の進展が際立ってくると，テレビにはもっと良い画質が求められてくる．そこで，わが国の放送技術革新を一手に担っていたNHKは東京オリンピック直後から調査検討を開始し，昭和45（1970）年からハイビジョン（当時は，高品位テレビとよばれた）の開発に乗り出した．
　しかしNHK単独でできることでもなく，NHKは関連メーカーと協議会を設け，開発に取り組んだ．最重要課題はテレビ（ディスプレイ）である．高解像度テレビは大画面でなければ意味がない．しかしブラウン管（CRT）では奥行きと重量が巨大になってしまう．そこでフラットパネルディスプレイの開発が求められ，NHKとメーカーは当時唯一の可能性があったプラズマディスプレイ（PDP）の開発に取り組んだ．画素数は $1,920 \times 1,080$，縦横比は従来の4：3から横長ワイドの16：9とした．長期にわたる開発の末，世界で初めて50型ハイビジョンPDPがパイオニアから発売されたのは実に平成9（1997）年のことである．翌98年の長野五輪には各社の製品が出揃い，一気にPDPの普及が進んだ．
　しかしPDPの天下は短かった．後発技術の液晶に技術で追いつかれ価格で追い越され，2000年代後半には液晶テレビが家庭用テレビからCRTとPDPを駆逐することとなる．さらにごく最近では，大画面有機ELテレビも登場している．

●ハイビジョン放送の開始から現在まで　「高品位テレビ」といっても，ディスプレイだけつくればよいというわけではない．高品位の映像を撮影し，記録・処

理し，伝送し，表示する仕組みが必要である．撮影のためのカメラと記録のためのVTRは，撮像管から半導体素子へ，アナログからデジタルへと進化し，莫大な量の画像情報を迅速に記録伝送する仕組みが調っていった（項目「カメラとビデオ」参照）．NHKは，まともなディスプレイのないまま放送技術の開発を進め，平成元（1989）年に世界初のアナログハイビジョン実験放送を行った．その後91年から1日8時間に放送時間を拡大し，長野五輪では全競技をハイビジョン中継，平成12（2000）年にデジタル化，平成15（2003）年には地上デジタル放送（地デジ）でハイビジョン放送を開始した．しかし，高性能のハードウェアがあってもそれに見合ったコンテンツがなければ意味がない．当初高価でなかなか普及しなかったハイビジョンテレビも，放送時間が増え番組が充実し，価格も低下してようやく普及が進んだ．さらに地デジ化でテレビの買い換えが進み，もはやテレビといえばハイビジョンしかない．ハイビジョンビデオカメラも普及して，テレビ番組のほとんどはハイビジョン制作となり，一般人もハイビジョン映像を発信できるようになった．ここにハイビジョンは真の普及をみたといえよう．

しかし一方で，多くの国内家電メーカーはテレビの生産から撤退しつつある．技術革新と過当競争による価格の下落に加え，エコポイント制度の廃止と地デジ化の完了で需要が一気に冷え込んだためである．

●**これからのハイビジョン**　NHKは，さらに上位の規格，スーパーハイビジョンの開発に取り組んでいる．7,680×4,320画素という超高精細（8K）映像で，画面の細部まで緻密に描写されるため自然なボケが生まれ，映像に奥行きがあって，平面なのに立体感がある．3D映像は不要という声すら出るほどだ．それでいて100型の超大画面が必要かというと，そんなことはない．画角が広く近くで視聴でき，ハイビジョン並みの60型程度の大きさでも十分だという．情報処理技術の進歩のおかげで，古い映像をアップコンバート（高解像度化）できるようになった．これで超高精細コンテンツは揃う．ようやく市中にフルハイビジョン対応ディスプレイが普及したばかりにもかかわらず，青息吐息の家電メーカー各社はスーパーハイビジョン対応ディスプレイの開発に取り組んでいる．平成23（2011）年にはシャープとNHKが共同でスーパーハイビジョン対応ディスプレイを開発した．横1.9 m縦1.05 mという巨大な液晶ディスプレイである．NHKの本放送は2018年に予定されている．その前段階の技術として，平成23（2011）年にはデジタルシネマ規格の4Kテレビ（4,096×2,160画素）や，4K映像を撮影できるデジタル一眼レフカメラも発売されている．さらに，膨大なデータの圧縮・伝送・ストレージ（格納）技術の開発も進められている．

歴史を振り返れば，映像技術の開発はオリンピックやワールドカップといった世界的イベントを目標に進められてきた．そのようなイベントのたびに我々はハイビジョンのいっそうの進歩を体感できることだろう．

[阿部義男]

黒部ダムと本四架橋

「コンクリートから人へ」というスローガンがある．公共投資は，社会のためにならないという批判である．しかし本当にそうなのだろうか．長年の社会の悲願を，難工事の末建造された巨大構造物が達成した例は少なくない．そして，その中での技術的困難の克服は，直接的な目的とは別の意味でも社会に大きなものをもたらした．本項では，そのことを黒部ダムと本四架橋を例に考えていく．

●**黒部ダム** 黒部ダムは，富山県の黒部川第四水力発電所（黒四）に送水するために建設された，わが国最大のダムである．黒部川は発電に適した地形と気候から，戦前から3個所の発電所が造られていた．黒部ダムと黒四の建設も計画されていたが，戦争の激化で実現に至らなかったものである．戦後10年を経た昭和30（1955）年，時代はすでに火力発電主体となっていたが，それでも調整能力のある水力発電の役割は大きい．そこで関西の復興促進と電力供給不足対策のため，関西電力は黒部ダムの建設を決断した．しかし，急峻な地形と資材の搬入を含めた難工事，巨額の建設費，7年という短い工期など，問題が山積していた．

ダムの建設地は北アルプスの最奥である．そこまでどうやって資材を輸送するかが最大の問題であった．長野県大町市から大町トンネルの掘削が開始されたが，その完成を待つわけにはいかない．そこで建設資材は歩荷とよばれる強力やそり，ヘリコプターで輸送され，ブルドーザーや重機は自力で雪の立山を越えた．トンネル工事を急ぐため，黒部側から迎え掘りが行われ，越冬隊が組織されて冬の間も掘削が進められた．

しかし，トンネル工事は困難をきわめた．大町側から1,691 m掘り進んだところで厚さ80 mに及ぶ破砕帯（断層における岩盤同士の境界面で，岩石が破砕されて水を通す層）に遭遇し，大出水が発生したのだ．毎秒660 Lの冷水は止まらず，工事続行は不可能となった．ルート変更も検討され，関電の命取りになるとまで噂された．この状況を救ったのは官民一体の技術開発である．水を抜きつつ凝固剤とセメントを注入するハイドロック工法が開発導入され，工事は7か月間の停滞を余儀なくされたものの，トンネルは予定から8か月遅れの昭和33（1958）年5月に完成した．これらの苦闘は，映画「黒部の太陽」やNHKのドキュメンタリー番組「プロジェクトX」に描かれている．この遅れを取り戻すため，山肌や岩盤を一気に崩す大発破などさまざまな挑戦が行われ，またコンクリート打設工事は世界記録の速さで進められた．ダムの竣工は昭和38（1963）年6月，延べ970万人の労力と総工費513億円を費やした巨大工事であったが，まさにこれにより，わが国のトンネル技術・土木技術は大きな進歩を遂げ，世界各地で人々

の夢を実現する大工事に生かされることになったのである．

　黒部ダムの完成により，黒部川水系全体の発電能力は60万kWhに達している．火力発電所1基分にも及ばないとはいえ，黒部の水力はわが国最大級の再生可能エネルギー資源として今後とも大きな意味をもち続けることであろう．

●**本四架橋**　明治時代から，本州と四国とを橋やトンネルで結びたいという思いは，四国において強かった．瀬戸内海は温暖で霧が多く，また船舶の通航量が多いことから海難事故が絶えなかったこともある．技術的・軍事的・財政的観点から，この構想は非現実的と見做されていたが，昭和30（1955）年の宇高連絡船紫雲丸事故を契機に，四国各県の架橋推進の動きが活発化した．

　このなかで，明石・鳴門ルート（Aルート），宇野・高松ルート（Bルート），日比・高松ルート（Cルート），児島・坂出ルート（Dルート），尾道・今治ルート（Eルート）が俎上に載せられ検討されたが，政治的な紆余曲折を経て，昭和44（1969）年の「新全国総合開発計画」において候補はA，D，Eの3ルートに絞られた．その後3ルートの同時着工が決定され，本州四国連絡橋（本四橋）公団が設立されたものの，昭和48（1973）年の石油ショックで着工は延期となり，児島・坂出ルートの早期完成を目指しつつ，昭和50（1975）年以降，大三島橋，大鳴門橋，因島大橋が着工されることとなった．児島・坂出ルート全線着工は，昭和53（1978）年10月のことである．政治と経済に翻弄されつつも，昭和63（1988）年4月に児島・坂出ルート（瀬戸大橋）が全面開通し，ついに四国と本州とが橋で結ばれた．平成10（1998）年4月には，明石海峡大橋の開通で明石・鳴門ルートが，さらに平成11（1999）年5月には，尾道・今治ルート（瀬戸内しまなみ海道）も全面開通し，3ルートすべてが完成した．

　本四橋がもたらしたものは何だろうか．四国の人々の100年の悲願が実現し，四国が著しい振興をみせ，大きな恩恵を受けたことはいうまでもない．しかしそれだけではない．わが国の橋梁技術もまた，本四架橋の中で大きな進展をみせた．明石海峡大橋は，完成後十年余を経ても世界最長の吊り橋の地位を維持し，多々羅大橋は完成当時世界最長（現在4位）の斜張橋であり，南備讃瀬戸大橋もまた道路鉄道併用橋の吊り橋としては完成当時世界最長（現在2位）であった．現在でも，日本の長大橋の長さ上位9位まではすべて本四橋が占める．橋梁土木技術に加えて，長大吊り橋を可能にする高強度ワイヤや，水中コンクリート，耐候性鋼や塗料など，周辺技術も合わせて進歩した．このように，本四架橋はわが国の橋梁技術を世界トップレベルに押し上げる原動力となったのである．

●**技術は人を育てる**　人間は不可能と思われる夢に常にチャレンジし，それを技術によって実現してきた．わが国の技術立国はまさにそのような歴史の中で培われてきたといえる．コンクリートが人をつくったのである．そして，そこでつくられる人は，二番手に甘んじる人ではなく，常にトップを目指す人なのだ．［阿部義男］

絹，化学繊維，合成繊維

『日本書紀』には「天皇，后妃をして親ら桑こかしめて，蚕の事を勧めむと欲す」とある．皇后による「御養蚕（御親蚕）」は，今も宮中で毎年行われている．しかし，宮中での養蚕は明治初期に復活したものである．そして，童謡「赤とんぼ」（三木露風，大正10〈1921〉年作詞）が「山の畑の桑の実を……」と歌う桑畑が日本全国の農村風景となるのも明治期以降のことである．

絹は，蚕の繭から採られる．蚕の餌である桑を栽培し，桑を蚕に与えて繭をつくらせる作業を養蚕農家が行う．畑地を転用し，あるいは山間部を切りひらいてつくられた桑畑は，明治期以降に関東や東北，中部地方から全国に拡大し，昭和初期には全国の畑地面積の4分の1近くを占めた．南方熊楠は『神社合祀に関する意見』（明治42〈1909〉）の中で，森を切りひらいた神主が「老樹を伐り倒さば跡地を桑畑とする利益おびただし」と言ったことを批判している．桑畑の拡大は，近代化以前の風景を破壊することでもあった．

●**近代化のなかの絹** つくるべき絹糸の太さによって，繭の糸を数本から20本程度にまとめたものが生糸であり，生糸を灰汁などで処理したものが絹糸である．70℃くらいの湯に入れた繭から糸の端を引き出し，繭糸をつなぎ合わせる作業を行ったのは，製糸工場に勤めた農村出身の子女であった．製糸業の工女（女子労働者）は，昭和初期には35万人を超え，同時期の綿紡績業の工女約15万人をはるかに上回った．製糸工女は故郷を離れて寄宿舎に住み，1日12時間以上も糸を続けた．山本茂実の『あゝ野麦峠』（昭和43〈1968〉）は，飛騨から信州の製糸工場に働きにでた工女の生活を描き，映画化もされた．

蚕の改良により繭が増産され，繰糸技術も向上して，明治43（1910）年頃から第二次世界大戦を挟んで1970年代半ばまで，日本は中国を上回る世界一の生糸生産国となった．製糸業は圧倒的な輸出産業であり，明治期から昭和初期までの間，生糸に絹織物を加えた輸出額は，日本の総輸出額の4割前後を占めた．絹は原材料や機械類を輸入するための外貨を獲得し，日本の近代化を支えた．

●**化学繊維の挑戦** 日本の生糸生産が世界一だった期間に，化学繊維（再生繊維および合成繊維）が，絹の代用品を目指して次々と開発された．人絹（人造絹糸）は，木材や綿の繊維素を化学的に処理することによって糸にした再生繊維であり，19世紀末にフランスで開発された．当初は粗悪だった人絹が，絹市場を蚕食し始めるのは第一次世界大戦後である．1920年代に日本では，人絹と区別するために天然の絹のことを「本絹」や「天絹」とよぶようになり，米国では人絹に「レーヨン」という名称がつけられた．

日本の人絹生産は，1920年代後半から急速に増加し，1930年代にはドイツ，イタリア，米国を抜いて世界一となった．人絹は価格が絹の4分の1程度であり，染めやすいため，これを用いた派手な色彩の着物が流行し，輸出織物の素材としても絹を上回って使用された．人絹に市場を奪われた生糸は，主にストッキング用として米国向けの輸出に依存するようになった．

太平洋戦争中には，贅沢品であるとして壊滅的に生産を制限された国産生糸は，戦後に復興するが，安価な中国産の生糸に世界市場を奪われたために，用途を国内の着物にほぼ限定されて，生産は戦前の半分以下となった．さらに，石炭や石油からつくられるナイロン，ビニロン，ポリエステルなどの合成繊維も登場した．

●和装文化の衰退　1980年代以降，生糸生産は急激に減少していくことになるが，合成繊維や輸入生糸が日本の絹の市場を奪ったわけではない．太平洋戦争前に米国で開発されたナイロンは，戦後，ストッキングに用いられた．琴や三味線の弦にも，切れにくく，音のこもらないナイロンが絹に代わって用いられているが，ナイロンが織物に使われているのは主にスポーツウエアである．

ナイロンに対抗して日本で戦時中に開発されたビニロンは，戦後，国産技術による「国策繊維」として学生服や作業着に使われ，政府推奨の名の下で販売された．しかしビニロンは，衣料用として他の繊維に劣るため，漁網などに用途が移行していった．ポリエステルは綿との混紡によりワイシャツに使われ，羊毛との混紡によりフォーマルウエアにも使われている．さらにポリエステルは，スーツの裏地や安価な着物の素材にも用いられているが，絹ではなく，人絹に代わる存在でしかない．

1950年代に始まる生糸の輸入は，80年代後半までおおむね国内生産の2割にとどまった．国産生糸が守られたのは，農林省（後の農林水産省）所轄の特殊法人（当初，日本蚕糸事業団）が価格安定のために，市況に応じて国産生糸の買入れや放出を行い，輸入も一手に管理したためである．それでも価格維持が困難になると，事業団は輸入生糸を用いる織物業者から徴収した調整金や国からの交付金を投入して，繭糸価格を維持し養蚕農家を保護した．保護の理由は，和装文化の基盤である養蚕業と製糸業を守るためだとされた．

手厚い保護にもかかわらず，1980年代から急激に生糸生産が減少したのは，着物を着る機会が少なくなって着物需要が減少したためであった．和装文化の基盤を守ろうとしている間に，和装文化本体が衰退していったといえる．冠婚葬祭の席にも洋装を普及させ，着物離れをうながす発端となったのは，洋装で行われた昭和34（1959）年の皇太子の成婚であるとされるが，明治初期から皇族，華族，文官，武官の正装と規定されていた洋装が，庶民の正装にまで普及した結果だともいえる．皮肉なことに，養蚕業や製糸業を保護したことが，着物をより高価にさせて，着物離れを加速させてもいただろう．

［高松 亨］

漁業と養殖

　日本は四方を海に囲まれ,人々は海の幸の恩恵を受けてその文化を育んできた.このことは,貝塚遺跡や『魏志倭人伝』(3世紀末頃)にも残されている.わが国の漁業技術は,地先の海岸部に生息する魚介藻類の徒手(素手)採取に始まり,やがて釣りや銛,かごや網などの手具を用いた漁獲へと発展していった.また,舟を利用して活動領域を広げ,沿岸から沖合へと漁場を拡大させていった.また,採取された漁獲物は,鮮度変化が早いため保蔵加工の工夫も,素干しや塩蔵から煮干しや発酵食品化などが図られるようになった.

●**漁業の変化**　これらの漁業技術は,それぞれ時代背景に対応して発展してきた.例えば,鎌倉時代後期には中国や韓半島から漁具や漁船の製造技術がもたらされ,一部には専業者が釣針やたこつぼ,網漁具などを製造して周辺に供給するようになった.舟も大型化し,沖合漁場への展開が可能になったのである.こうした技術開発による漁具漁法の発展には,一定の資本力が必要であることから室町時代以降には網元制による漁業体制が広く行われるようになった.また,江戸時代に入ると長崎貿易での必要性から俵物三品(ナマコ,アワビ,フカヒレの乾物)の禁制がしかれ,磯根資源の管理のため今日の漁業権に相当する地先権が付与されるようになるなど,社会経済的な管理技術も発展してきたと考えられる.

　明治以降には,漁業の近代化として漁船や漁具の大型化と動力化が図られ,その生産能力は飛躍的に向上した.しかし,水産資源の限界を超えて乱獲に陥る場合も多く,漁場を沿岸から沖合へ,そして遠洋へと拡大することで対応してきたが,漁獲物の安定供給にはほど遠い状況でもあった.また,国連海洋法条約(昭和57〈1982〉)による200海里時代を迎えて,限られた漁場の中での持続的な漁業活動が求められるようになった.

　そのようななかで,江戸時代には安定生産を目指した養殖技術が開発された.海藻類(海苔,ワカメ,コンブなど)や貝類(カキ,真珠貝など)といった人工的には餌を与えない無給餌養殖である.これが広まった後,昭和に入ってハマチ養殖を契機に給餌型の魚類養殖技術が普及していった.

●**漁業技術の特性**　漁業の対象となる水産資源は,多くの場合において地域的偏在や季節的な移動性をもっており,農業や林業とは異なる特徴をもっている.こうした流動的な資源状態に対応して,漁業技術としては,定置型の待ち受け型漁法のほか,資源生物の移動に伴う追跡型の漁法が発展してきた.

　わが国周辺をみても,春から夏の温暖期には南方から北方に向けてマイワシやスルメイカなどの北上に伴い,ブリやカツオ,マグロなどの索餌回遊が起こり,

それに追随して各地の漁船群の北上がみられる．また，比較的移動範囲の狭い魚種においても，それぞれの種類に応じた適水温が巡ってくる季節に漁期が形成され，そのタイミングに合わせて漁業活動が行われている．このように，変動の多い水産資源の生態的特性に加えて，海中の見えない対象を捕獲することによる不確実性や，気象・海象条件による活動制限もあって，生産は不安定を余儀なくされている．

そこで，産業技術も開発を求められる．例えば，①資源動態を察知するための海洋観測や気象予報，②魚群の捜索と状態把握，③資源を持続的に利用するための漁獲管理，④それを的確に捕獲する漁具や漁法，⑤漁獲物の鮮度保持をはじめとした品質管理，⑥水揚げ地における魚価などの経済的条件や市場処理能力と利用加工能力，⑦魚食普及など，多岐にわたる．さらに近年では環境と調和した資源の利用管理や「安全と安心」を提供する衛生管理手法，さらには労働安全性を担保する生産体制など，新たな要求もあげられるようになってきた．

これまでの漁業技術は，わが国の地理的条件や食糧供給の責務から，生産力を重視した開発が行われてきた．国民への食糧の安定供給を達成するための，獲る漁業技術の行き過ぎや環境変化に対応した，つくり育てる漁業技術（種苗放流や養殖），そして資源や環境を保全しながら持続的な漁業を維持するなどの技術開発が行われてきた．いずれも生産を続けることに重きがあり，その結果としての経済性，すなわち価格形成や収益の質的な向上はあまり配慮されてこなかった．こうした「水揚げすれば終わり」という産業の姿勢が「獲れない，売れない，儲からない」という漁業の三重苦を生み出した背景であり，漁業の構造的な不況や後継者難，国民の魚離れを引き起こしてきたともいえる．

今後も，生産の基盤をつくる資源管理を充実させる技術開発は必要であるが，もう一方で，価格形成のため生産者側と消費者側のコスト分担や環境保全機能の役割分担など，社会経済的な側面での技術開発も求められている．

●**漁業技術の課題**　世界的な人口増加への対応と水産物需要の高まりから，期待を寄せられている養殖漁業は，変動の大きな天然資源への依存からの脱却を目指している．しかし，ブリやマグロ，サーモンなどの人気魚種は餌として魚介類を求めるため，餌となる天然資源の依存からは抜けがたいものがあり，タンパク質の総量という観点からは資源の無駄遣いともいわれる．このため，肉食性の生物に植物性の餌料が適用できるかが大きな技術開発課題となっている．

漁業は今日，斜陽産業に位置づけられており，かつての地域経済の稼ぎ頭的な姿は昔日の感がある．担い手の高齢化や減少も指摘されている．しかし，漁村のもつ地域共同体的な存在は，相互扶助にもとづく比較的安定した社会の有り方を示し，注目を集めている．漁村の多面的機能の一つとしてあげられる祭りや魚食文化などは，その社会形成にとって大きな意味をもっている．　　　　　［鷲尾圭司］

養殖漁業産業

　漁業は，もともと天然資源である魚介類を採捕して利用するものである．それは，生息環境が整えば親がたくさんの子を産み，ある程度の量を漁獲しても持続的に利用できるという特性をもつ．しかし，そのときに利用できる限界量は，容易には判断できないため，漁獲が資源にダメージを与えて乱獲に陥ることもある．また，環境条件の変動やほかの生物群の動向など生態系の諸条件によって，季節的にも経年的にも大きな変化を示す．こうした不安定要素は，漁業に博奕的な性格を与え，経営においても見通しの立ちにくい産業であった．

●**養殖のメリット**　農業のように，計画的で安定した生産こそが漁業関係者の悲願であり，結果として，養殖技術が開発された．海藻類（海苔，ワカメ，コンブなど）や貝類（カキ，真珠貝など）といった人工的には餌を与えない無給餌養殖技術が江戸時代から広まった後，昭和に入ってハマチ養殖を契機に給餌型の魚類養殖技術が普及していった．

　無給餌養殖の技術として，干潟の貝類（アサリやハマグリなど）の採集においては，利用価値の低い小型の貝は再放流すると翌年には大きくなって利用価値が高まるという経験から地蒔養殖技術へと発展し，今日ではアサリやホタテなどに活用されている．

　また，岩場などに付着して成長するカキや海苔などは，自然に発生する場所が限定され，安定生産や収量の増加は容易にかなわなかった．そこで人工的に付着基盤を用意し，生態にあった環境をつくることで増殖をはかる技術が見出された．初期においては，干潟などに石材や木，竹などを杭のように配置する方法が広まり，やがて縄や網を付着基盤として海上に展開する技術が発明されて，飛躍的に生産力の増強が図られた．戦後の技術革新は，こうした養殖生産施設の強化拡大に貢献し，また種苗の人工管理技術の向上にも機能した．

　一方，対象魚を囲い込み，外部から餌を与えて肥育させる給餌型養殖もある．淡水魚においては，水田養魚など古い歴史をもっていたが，海産魚においては戦後，海を仕切る網の開発とともに発展してきた．海面魚類養殖の契機は，香川県引田町の安戸池で行われたブリの池中養殖（築堤・網仕切式）が始まりとされる．その後，海面に筏状の網生け簀を浮かべる養殖技術が開発され，昭和30（1955）年以降にブリ養殖が産業として成立した．これは天然に再生産されたブリの幼魚モジャコを採取し，網生け簀の中で餌を与えて肥育する方法であり，魚類家畜化の第一段階といえるものであった．この方式は，マダイ，カンパチ，ヒラメ，フグなど多くの魚種に応用されてきた．わが国において，祝い魚，あるいは出世魚

としてめでたい魚と位置づけられてきた魚種が主で，ハレの食材を普段でも食べられるようにと努力が傾注されてきたのである．

●**養殖の課題**　しかし，養殖産業の拡大と多品種化につれて，天然幼魚の資源的限界や不安定な生産状況が課題として残った．そこから脱却するため，魚類の家畜化の第二弾として，1960 年代には養成した親魚からの採卵と受精，人工孵化から生育管理を行い，再び産卵親魚を育てるというサイクルを確立する完全養殖に注目が集まり，マダイやヒラメ，フグなど重要魚種について技術開発が進められた．さらに，養殖施設の規模拡大と合わせて，品種改良や飼育環境の整備が図られ，成長率の向上や魚体色の改善，魚病対策などの品質向上策も研究されるようになった．現在では，クロマグロの完全養殖の成功にも至っている．

ところが，給餌養殖においては与えた餌の残渣や養殖魚の排泄物による漁場の自家汚染が進み，ほかの環境汚染要因と重なって赤潮などの水質悪化を招くことから，たびたび養殖魚が大量斃死する事態が起こり問題視された．そこで平成 11（1999）年には「持続的養殖生産確保法」が制定され，養殖漁場の改善をうながす規制が行われるに至った．これにより，海面漁場の劣化に対してはより人工的に管理できる陸上養殖の取組みが始まり，天然魚に依存していた餌として大豆滓など植物性素材や食品ロス素材からの餌料の開発研究がなされるなどの努力は，たゆまず進められている．

しかし，水産食糧の安定供給に資する社会的要請は強まっているものの，経営的には非常に厳しい．それは魚価の低迷，養魚餌料価格の高騰や管理費（人件費など）の高騰ならびに消費者の魚離れなどに起因している．一方，ノルウェーをはじめとするサケ類養殖の盛んな国では，輸出産業として世界的に大きな安定した市場シェアをもち発展を続けている．海外市場のマーケティングを徹底し，市場開拓をもとにした生産管理体制を敷いているためである．わが国の養殖産業が産地からのプロダクトアウト（生産側の視点で「作ったものを売る」という考え方）を続けているのに対して，マーケットイン（顧客側のニーズに対応して「求められるものを生産供給する」という考え方）の生産戦略を立てているところに大きな違いがあるといわれる．

わが国の漁業全般に通じることだが，「水揚げすれば終わり」という生産感覚は，売り手市場であった漁村の文化を引き継いだものであって，グローバル化して広域流通する食糧の販売戦略には馴染んでいない．この点が日本文化の欠点として露呈しているといえるだろう．しかし，乱獲や環境変動によって天然資源の持続性が損なわれてきている現在，大きな生産力をもつ魚類の家畜化を進め，食糧として使えない生物資源を餌とする養殖漁業には大きな意義がある．漁業産業の生産力の 2〜3 割を占めて，安定供給の核となることが期待されているのだ．

［鷲尾圭司］

◆ 産業と観光

　京都におけるいわゆる古都税問題から，話を始めたい．観光客でにぎわう京都の寺は，20世紀の中頃から，拝観料を取っていた．その少なからぬ収益へ目をつけた京都市は，そこへ課税することを決断する．一般には古都税と略省された古都保存税という地方税を，1980年代に設けている．

　これに反発した多くの寺は，寺の門を閉鎖した．観光客らが寺へ入ることを拒絶する手に，打って出たのである．もちろん，こんな事をしてしまえば，寺は拝観料を受け取れなくなる．しかし，寺以上に宿泊施設，交通会社，土産物店なども売上げを落とすことは，予想できた．困り抜いて音を上げるだろうこれらの業者が，行政に泣きつくことも推し測れたのである．当局を相手どった一種のストライキを，敢行したのだといってもよい．

　事は寺の思惑通りに，進んでいく．観光関連事業者たちの説得を受け入れ，京都市は拝観料からの徴税を諦めた．以後，寺側は堂々と税のかからない拝観料を取ることとなり，今日に至っている．

　寺へ観光客が足を運ぶことは，ひとり寺の経営だけを潤わすだけにとどまらない．その周辺にある関連諸産業にとっても，大きな意味をもつ．古都税をめぐっての諍いが，何よりも雄弁にそのことを物語っているのではなかろうか．

　拝観料収入を殖やし続けた寺は，庭園や堂塔のさらなる美化もすすめられるようになる．あたり一帯の街並みも，観光客の目をよりいっそう和まし得る姿に変貌した．そのこと自体は，めでたくないわけでもない．しかし，寺や街並みの歴史と触れ合いたい訪問者へは，一種の虚像を見せていることになる．そこに供されているのは，今日の資本が増幅した上げ底の「歴史的景観」でしかあり得ない．

　事は，京都の寺だけに限らないだろう．山川の美，いわゆる自然景観も，ハイウェイやホテルの設営で台無しにされる場合がある．観光価値を増大させようとする営為自体が，観光資源を蝕む可能性は高い．観光立国を国家目標の一つに数える現政府も，どこかでは考えておくべき課題だと思う．

　冒頭から寺を例にあげつつ，今日の観光を論じたが，寺は観光の歴史においても大きな意味をもつ．実際，日本の観光史を先導したのは，間違いなく寺社であり，そこに属する御師である．御師は参詣者を寺社へ誘い，宿泊や旅の世話係となってきた．ツーリストビジネスの先駆けめいた彼らを輩出したのは，ほかならぬ寺社なのである．

　平安時代の御師たちは，主に貴族たちの参詣を導いている．しかし，時代が下がるにしたがい，サービスをする相手の階層を，下へと広げてきた．中世末には，旅行業をへて高利貸資本家へと成りおおせる者も，現れ出す．伊勢講をはじめとする庶民の参詣旅行組合を，彼らが率いたことも周知であろう．

　ついでに記すが，京都には事実上のホテル業に手を出す寺もあった．織田信長が常宿とした本能寺を，そのわかりやすい例にあげておく．南北朝時代から，武士団の宿泊に施設を貸す寺が出現し始める．武士たちとともにあった禅寺が，しばしば庭園美の演出に力を入れたのもそのためであろう．寺に泊まった武将らの目を和ませようとするもてなしの心が，その美化をうながした．その遺産が，今日の寺へ拝観料収入をもたらしているのだとすれば，なかなか感慨深い．

[井上章一]

◆ 人力車

　人力車は，乗客の乗った小型の車，車輪が添えられた乗り物のことをさす呼称である．最初にできたのは，明治2（1869）年であったとされる．その成り立ちには諸説あるが，一般的には和泉要助の考案でできたといわれている．

　それ以前の日本では，人を運ぶ際に車輪がほとんど使われてこなかった．移動には，担いで運ぶ駕籠が，急ぎの早便であっても，用いられている．中国や朝鮮でも，貴人は輿に担がれたが，早駕籠の話は聞かない．駕籠と徒歩に徹した旧幕時代のこだわりは，改めて検討されるべきだろう．

　さて，明治初期に発明された人力車は，横浜や神戸で，欧米人にも利用されている．結構好まれたようで，のちには海外へももち出された．西洋人が数多く暮らすアジア居留地などへ，伝えられている．

　中国では，洋車（ヤンチュー）として親しまれた．インドでも，愛用されている．のみならず，インドには，「人力車」という音が，そのまま飛火した．今でも，人力車のことはリキシャと呼んでいる．車夫も，もう自転車で車を牽くようになっているが，リキシャマン．横浜あたりで英米人が口にしていた呼称を，あまり変えずに残している．

　ただ，近年は自動車時代を迎え，人力車は観光地ぐらいでしか見かけなくなった．国産車の最大手タタは，自社で売り出した四輪駆動車に，「スモウ」と名付けている．リキシャは，押し出しをくらっているようである．

[井上章一]

◆ 水　車

　水車とは，水の流れのエネルギーを動力化した装置．流水で車輪を回し，その回転の力を用いて穀類の精白や製粉などを行う．車輪の上から水を流して回す上掛け式，中間に水を掛けて回す胸掛け式，車輪の下端に流水を通して回転させる下掛け式に大別できる．傾斜地に設置する場合は上掛け式や胸掛け式が中心で，平地では下掛け式が多い．車輪の回転は，クランクを介して杵の上下運動に転換され，米や麦，小麦，そばなどの精白を行う．焼物の産地では，粘土を砕くのにも使われる．また，米や麦，そばなどの粉挽きや線香づくりの杉葉を挽いたりもする．

　水車は，すでに平安初期の太政官符にもみえるが，それは水田灌漑用のもので，唐の影響を受けていた．中世になると，農業の発達した地域で水車が大きく発展する．室町時代には朝鮮の使節を驚かせるほどの高い技術がみられた，という．江戸時代の農書や地方文書にも水車がみられるが，その多くはやはり灌漑用であった．ただ，天保7（1836）年の大蔵永常『製油録』には菜種の製粉に水車が利用される図が示されているので，近世後期から製粉など工業用にも広く使われるようになった．もっとも，水車と杵臼を結びつけるという中国式の技術は，すでに近世初期には日本に伝来していたようである．が，そうした精米用の水車は，武家社会の中で用いられるだけで，農民の間までは広まらなかったのである．なお，水車は，個人ではなく，親族や近隣が共同で維持する例もあった．

　現在でも水車は，水力発電で用いられており，近年は超小型（マイクロ）の開発も進んでいる．

[神崎宣武]

◆ 農業技術の変遷

　農業技術の発展は，歴史が展開するうえで重要な要因の一つといえる．古く弥生時代には，石包丁を除いては木製のものが多い．鍬や踏鋤，堅臼に堅杵などの木片が遺跡から出土している．そして，古墳時代になると，鍬や鋤先に鉄が使われるようになり，農業生産は一気に増大した．ことに，鉄鍬の出現は，古代国家成立の要因であっただろうし，貴族や荘園領主は，畜力で鋤を引くようにした犂などの大型鉄製農具を所有することで支配的な地位に就いた，ともいえる．

　農具は，大別すると耕作用具，収穫用具，脱穀・調整具，運搬具に分けられる．耕作用具の中心は鍬と鋤であり，さらに犂が加わる．収穫用具は鎌が中心で，近世以降は用途によって，稲刈鎌・草刈鎌・木鎌などさまざまに分化，発達をみた．

　一方で，土壌改良や灌漑用水の整備などもあって時代とともに生産効率の向上をみた．

　脱穀・調整具では，臼と杵が重要である．まず，収穫した籾を搗き，籾殻をはがす．それを臼から出して箕で風選して籾殻を取り除くと玄米となる．その玄米をもう一度臼に入れて杵で搗けば，今度は次第に穀皮がはがれて白米化していく．そして，さらに搗き込んでいけば，最後は粉化する．つまり，臼と杵で脱穀・精白・製粉の一連の工程が行われるわけである．臼と杵は，食生活に欠かせない重要な道具であった．

　やがて，木臼と堅杵は，より高い精米や餅搗きの作業効率をもつ唐臼（踏臼）や横杵へと展開していった．唐臼は主に中世頃から，横杵は近世になってから普及したものと思われる．唐臼の杵は，重い堅杵を長い竿に取り付けたもので，竿の中ほどに支点を設けて"てこ"の原理を応用したものである．足で竿の端を踏み，一方の端に付けた堅杵を上下させる．これだと，手で搗くより労力がかからず，しかも重い杵を上下させることができるので効率も上がる．手が空くので，唐臼を踏みながら読書や糸を紡ぐこともできた．つい30年ぐらい前までは，ほとんど全国的に農家の土間にこうした唐臼がみられたものである．精米・製粉だけでなく，餅をこれで搗くこともあった．ちなみに，人力を用いず水流や歯車を利用した大がかりで効率的な精米用の搗き臼も発達した．水車である．

　なお，横杵は，今日でも餅搗きでよくみられるが，これは，唐臼の杵を小型化したような形で，腰を中心にちょうど鍬や斧を打ち下ろすように使う．堅杵より操作に力が要るため男性の作業になっているが，手だけでなくほぼ全身の力を集約するだけに，堅杵より強い力を生む．ゆえに，粘着力のある糯米を熱いうちに搗きあげる餅搗きには極めて有効で，今日まで伝えられているのである．

　ほかに，農業用の運搬具としては，作物や肥料，薪木などを運ぶ天秤棒や背負い梯子・背負い籠などが長く重要であった．

　高度経済成長以降（昭和40年代以降）の農業は，機械化の途をたどった．ハウス栽培や無土壌栽培も珍しくなくなった．ただ，農業は天候しだいのところがあり，自然災害の克服は，なお容易なことではない．

［神崎宣武］

14. 遊　戯

　労働と遊びをはっきり区別するのが，キリスト教文明の中に生まれた西洋近世・近代の考え方であった．遊びは人間の怠惰な本質を示す恥ずべき振る舞いだとみるのである．オランダの歴史学者ホイジンガが，遊びは人間の本質に根差している，と『ホモ・ルーデンス』(1938) を書いてわざわざ力説する必要があったのは，キリスト教文明の規範が20世紀になってもまだ根強く存在していたからである．

　労働と遊びは，必ずしもきっちりと分けることができない人間活動の両面である．狩猟採集時代には生活を守る真剣な労働であった釣りや狩りが，今では娯楽にもなっている．家庭菜園やガーデニングは余暇の楽しみだが，農業社会では農耕・園芸はつらい労働であった．もともと労働にも遊びに転化する要素はたくさん含まれている．定年になって仕事から解放されるのが老い先の楽しみ，といった考えは必ずしも日本の勤労者の共通の思いではないようだ．

　近代以前から楽しみの領域を広く考え，多くの娯楽を開発してきた日本人は，今，カラオケやマンガ・アニメなどの輸出を通じて，世界が知らなかった楽しみを提供している．

［白幡洋三郎］

花札

　花札は，17世紀末期に大名庭園の12種類の花樹を写して考案されたカルタである．その図像には自然を愛好してともに生きる日本文化が息づき，遊技法は，遠く平安時代にまでさかのぼる日本独特の遊び文化の伝統に根差している．花札は日本式カルタの主役であった．

●**花札の誕生**　花札は，松，柳，桜，桐，藤，菖蒲，萩，芒，菊，紅葉，牡丹，梅が12の紋標（スーツ・マーク）となり，一組48枚で構成されているカルタである．芒以外の11種の紋標に，短冊を赤い糸で枝に結びつけた短冊札が用意されていて，花樹が自然の野山のものではなく，人が管理し，愛玩する庭園の植木であることが表現されていた．大名庭園は，山野の自然を小さな空間に閉じ込めて成立するミニチュアであり，そこは「自然に溶け込む宴」を催す場であった．花札は，その庭園の植生を再度縮小してカルタの小紙片に閉じ込めて，屋内の宴の場で遊興に使うことで「宴に溶け込む自然」を実現する．これは日本のカルタ史上の傑作なのだが，考案者は不明で，唯一，江戸城のお城坊主が考え出したという説が残されている．

　誕生期の花札のゲームの進め方は，明確な記録が残っていないが，配られた手中の札と場に撒かれた同じ紋標の札を合わせ取るのがゲームの基本であった．参加者が，親から配布された手札で同じ紋標の札を釣り取る遊技法は日本独自のもので，フィッシング・ゲームとよばれる．ゲームの目的は，合せ取って獲得した札を組み合わせて何かを見立てることで，優美な見立てには褒美が与えられた．誕生した頃の花札は，一流の画工の流麗な手描きで花樹の画が表現され，札の仕立ても丁寧で，上流階級，武家の子女たちに大いに愛好された．これを真似して，18世紀中期に京都のカルタ屋「井上家春」が木版ステンシル画法で一般向けの小型のカルタを売り出したが，これは19世紀前期の文化，文政期に「武蔵野」とよばれて女性や子どもに愛用されて広まった（図1）．

　花札史の古い論考では，花札は寛政の改革で厳しく禁止された賭博カルタの脱法的な代替品「武蔵野」であり，

図1　(上) 手描き花カルタ(江戸時代中期), (下) 木版「武蔵野」カルタ(江戸時代後期)

19世紀初めの発明だと説明されていたが，寛政の改革以前の18世紀の花札そのものが発見されて「武蔵野」起源説は消えた．また，江戸時代の地方史や法制史の研究が進むと，江戸や京都，大坂などの町触れや諸国の藩法には花札禁止令がなく，賭博の取締り記録にも花札賭博の例はない．むしろ，江戸時代後期から明治時代にかけては女性や子どもが花札で遊んだという記録の方が豊かに残されていて，賭博カルタ代替品説も消えた．

●**花札は国民娯楽**　明治維新後は，博徒が賭場で従来の賭博カルタに代えて人気の花札を使うことが増えたので，法令上は販売が禁止されていないのに，実際には製作，販売も使用も取り締まられてしまい，非合法の賭博用品というイメージが強くなった．ところが，大阪から上京した「上方屋」が明治19（1886）年に東京，銀座の真ん中で強気に花札の公然販売を始めた．それが警察に許されたため顧客が殺到し，この店を起点として明治20年代に一大花札ブームが到来した．

上は政府の顕官，議員，裁判官，大学教授，大商人から下は一般庶民まで親しみ，政府は明治35（1902）年に「骨牌税法」を制定して高額の課税を行いブームの熱を冷やそうとしたがうまくいかず，花札は国民娯楽の王座についた．遊び方は，開国期の横浜から始まった「横浜花」「八八花」の遊技法が最も人気を得た．大正，昭和前期には，国民娯楽のライバルとしてトランプや麻雀も登場してきたが，王座はやはり花札のものであった．各家庭で家族がこれに興じ，友人同士も愛用した．

●**花札帝国主義の過去からグローバル花札の未来へ**　大日本帝国が膨張すると，花札はその先端でも活発に用いられた．北海道開拓使の時期には「北海道花」，日清戦争期には「朝鮮花」，日露戦争期には「大連花」，日露戦後には「樺太花」など，その地域に特有の地方花が次々と考案された．日系移民が多かったハワイでは「サクラ」とよばれて愛玩されたし，アメリカ本土にも渡った．また，日本陸海軍でも花札は盛んに遊ばれた．日本は花札帝国主義の国だった．

昭和後期に，敗戦と海外領土の喪失でそれまで外に向かっていたエネルギーが内に向かい，朝鮮戦争特需の経済復興から高度成長まで産業界の活動が高まった時期には，鉱工業の生産の現場には花札が舞ってブームになった．一方で，この時期には，都市化と核家族化の影響で家庭内の花札遊技は衰え，代わって，パチンコや麻雀，競馬，競輪，競艇などの家庭の外でのギャンブルが人気を得た．そして，高度成長が止まると花札は急速に衰退に向かった．

一方，韓国では，日本から伝来した花札が「花闘」とよばれて盛大に使われている．ほかの国の人がみたら韓国こそが花札の本場だと思うであろう．韓国やハワイ，アメリカの花札愛好家たちと協力して，インターネットを活用したグローバル花札が盛んにならないだろうか．それが花札復興の道であるし，花札には世界的な遊技になるだけの魅力が秘められている．

〔江橋　崇〕

拳

拳遊びは，現在でも「ジャンケン」として誰にでも知られている文化様相の一つである．現在では，遊びよりも決定の手段としてよく使われている．しかし 5, 60 年前までは，250 年間にわたって，ジャンケンとそれに似た拳遊びが一番人気があり，最も普及していた遊びであった．拳は遊里から発達した酒席の罰ゲーム（負けた方に酒を飲ませる）であったが，間もなく遊里の垣を超え市井の人々に広がり，また大人の世界からいつの間にか子どもたちの世界へも普及した．

拳の歴史を眺めると，それぞれの時代にその文化に合った拳が一番好まれていた．端的にいえば，18 世紀は数拳，19 世紀は狐拳，20 世紀はジャンケンという分類が可能であろう．

図1　松好齋画「地打稽古之図」
[出典：義浪・吾雀『拳会角力図絵』文化 6，個人蔵]

●**拳文化の始まり—数拳と拳相撲**　18 世紀に長崎から始まり，急速に江戸まで広がった数拳の魅力は，当時流行した中国文化の真似をすることにあった．ルールは，2 人が相対し，双方がそれぞれ片手の指で数を示しながら，同時に 2 人が数の合計を予測する数を発声する．その発声された数に，2 人が手で示した数の合計が合った方が勝ちとなる．拳の数は日本語でなく，むて (0)，いっけん (一)，りゃん (二)，さんな (三)，すう (四)，などと，中国語でよばれていた．このように，拳は「外国の遊び」であり，その人気は閉鎖された徳川社会における外国・外国文化への憧れの反映とみてよかろう．

拳遊びをさらに面白く，優雅にしたのは享保の頃に発生した拳相撲である．拳好きたちが打つ手に拳まわしという錦の布をつけ，小さな土俵をたて，行司の左と右側に座し，土俵に向かって拳を打った．拳大会の勝負結果をもとに番付をつくり，メンバー一同にそれぞれの地位（大関，関脇，小結，前頭）を知らせた．こうした拳相撲は単なる遊びではなく，「拳道」にまで発展した．いつの間にか家元制度もでき，中国伝来の拳遊びが立派な日本文化として成熟した．

●**日本人に好まれた三竦み拳は狐拳**　18 世紀末期から 19 世紀初期には，新しい拳遊びとして狐拳が一番流行った．天保末期から流行った座敷芸として知られている藤（東）八拳ももちろん狐拳である．狐拳は数拳とまったく違う遊びで，三竦み拳の一種類として分類できる．三竦みの概念は中国の道教思想に由来する．

道教思想では「矛盾」が大きな意味をもっている．AがBを恐れ，BがCを恐れ，CがAを恐れるのは，強弱や上下といった直線的な考え方に矛盾している．道教でその矛盾の事例として，蝦蟇（がま），蜘蛛（くも），蠍（さそり），百足（むかで），蛇という五つの動物を一つの器に入れる場合，それぞれの動物に恐れている動物が一ついるから，みんな竦んで動かなくなるという比喩を使っている．これを元に日本で約1,400年前に，蛇（人差し指）が蛙に勝ち，蛙（親指）が蛞蝓に勝ち，蛞蝓（小指）が蛇に勝つという虫拳がつくられた．

　同じ構造のゲームとして，限りのないバリエーションが後に創案されたが，虫拳，狐拳，ジャンケン以外ある程度広がったのは，近松の人形浄瑠璃「国性爺合戦（こくせんやかっせん）」に由来する，和藤内（わとうない）が虎に，虎がお婆さんに，お婆さんが和藤内に勝つ虎拳（とらけん）だけである．庄屋が狩人に勝ち，狩人が狐に勝ち，狐が庄屋に勝つというルールの狐拳は，1800年頃から非常に人気となり，それまで主流であった中国風の数拳を段々と押しのけていった．特に文政・天保期に急速に流行るようになった理由は，さまざまである．第一に，指だけで行う数拳や虫拳と違って，両手で行うため，よりダイナミックな性格をもった．第二に，表現されるかたち（庄屋，狩人，狐）は，日本人に親しみやすい身近なものであった．第三に，三竦み拳に含まれている反ヒエラルキー的性格を最もよく表していた．幕末期の多くの農民騒動，抜け参り，町の打ち壊し，豊年踊りや「ええじゃないか」運動，そして新興宗教の成立と同じように，三竦みの思想にもとづく狐拳の人気は，同じ大衆文化での庶民の不満処理の一つの手段として解釈できる．

●グローバルなゲーム文化になったジャンケン　狐拳の人気は，主に藤八拳のかたちで明治期まで続いていたが，以前のようには流行らなかった．その代わりに主流になったのが，現代世界のどこでも知られ，打たれているジャンケン（石拳）である．ジャンケンの手振りは昔の数拳によく似ている．グーは数拳の無手，チョキは「りゃん（二）」，パーは「うう（五）」の手と同じである．天保期に初めて文献に表れるジャンケンはほかの拳遊びと違って大人の遊びでなく，最初から「子どものジャンケン」であったようである．日本で遊ばれていた三竦み拳の中で，ジャンケンは一番平凡なものである．「石」「鋏（はさみ）」「紙」は生命のない「物」だからである．そのため，遊んでいる人たちは，自分と一体化して感じ取ることができない．この点で虫拳，虎拳，狐拳と基本的に違うのである．

　豊富な拳遊びの種類の中で，ジャンケンだけが今日まで残った理由は，やはりその単純さから説明できる．ジャンケンには日本の文化的な要素がなく，簡単な説明で，世界中，誰でもすぐ理解できる．2歳の子どもたちもジャンケンを打てる．それゆえ，今の世のグローバル文化の一部にもなっているのである．ジャンケンは三竦み原理の完全なる「具体的な抽象化」ともいえるのであろう．ジャンケンが世界的に普及していることが，我々にそれを教えている．［セップ・リンハルト］

お手玉と鞠つき

お手玉という名称は，現在では全国的に共通したものになっているが，かつてはオジャミ，イシナゴ，ナンゴなどと地域独特の名称があった．もとは小石を使っての遊びであったが，江戸期には小石に代わって木の実，貝類が使われ，じゅずだま，きしゃごともよばれた．小豆などを入れたいくつかの小さな袋を歌を歌いながら左右の手を使って放り上げ，受け取ったり，拾ったりする遊びである．地域により，その方法は少しずつ違うようである．

図1 お手玉

●**お手玉の構成** お手玉は，小さな布袋に小石，小豆，大豆，米，貝，実，あるいは数珠玉などを材料として約40 g（卵1個弱）を入れてつくる．1個だけでは遊びにならないため，色違い，模様違いなど華美な布を用いることで女の子の興味をより高め，遊びの一種目として発展してきた．形状はいろいろあるが，代表的なものに四角型，俵型，かます型，枕型，座布団型などがある．

最も簡単な俵型お手玉のつくり方は，次のとおりである．まず，布を中表に折り，長い辺を上から下まで縫う．最初と最後は返し縫いとする．次に縫い代を開いて底をぐるりと一周縫う．縫い始めに戻ったら，糸を絞り何度か返し縫いして玉止めする．次に，布を表に返し，もう一方の辺も同じように縫う．小豆など40 gを入れ，口を絞ってとめて，でき上がりである（図1）．

●**お手玉の歴史** 一般的に，お手玉はヨーロッパの遊牧民が布袋に粒状のものを入れて遊んだのが原型といわれているが，起源は古代ギリシャ神話の時代ともいわれている．日本では奈良時代に中国から伝わった．聖徳太子が使っていたといわれるお手玉があり，水晶でできていて石名取り玉とよばれている．それは現在，東京上野の国立法隆寺宝物館に保管されている．お手玉は，平安時代には殿中の遊びとして行われていた．基本的には一人遊びであるが，ほかの遊びと同じように数人で競い合うこともできる．また子どもだけではなく，母から娘，祖母から孫へと伝承され，特に江戸末期から明治時代にかけてつくり方，遊び方，行儀作法や昔話なども伝えられた．

また，お手玉歌として「一かけ二かけ」や「あんたがたどこさ」などの歌に合わせて手を使い，一定のルールで放り上げる遊び方が一般的である．これは何個かのお手玉を手で揺り上げる（上に放り上げる）方法で，このほかに奇数のお手

玉を床にまき，そのうち手元にある1個のお手玉（親玉）を揺り上げながら，残りの床にまいたお手玉を1個，2個と取っていったり，手でつくった橋の下をくぐらせたりする遊び方もある．これらの「振り技」「拾い技」というお手玉の遊び方のよび名は，元京都大学教授の藤本浩之輔が名付けたものである．日本では昭和25（1950）年以降は徐々に都市に人口が集中し，材料が身近でなくなり，核家族化が進み，伝承がなくなったことで，この遊びが姿を消したのは残念である．

図2　手鞠

●鞠つき　鞠つきとは，日本に古くからある遊具で，手鞠を地面にバウンドさせてつくという女の子の遊びである．江戸から明治期では正月の日の遊びであったが，ゴム鞠がおもちゃとして普及し，現在では通年の遊びとなっている．

　手鞠は，もともと芯に糸を巻いただけのものであったが，16世紀末頃から芯にぜんまい綿などを巻いて弾性の高い球体をつくり，それを美しい糸で幾何学的な模様をかがる糸毬，かがり毬などが生まれた（図2）．毬の芯はぜんまい綿のほか，ずいき（芋がら），こんにゃく玉，海綿，古綿，真綿，解いた毛織物などの身近なものを用い，それを糸で丁寧にしっかりと何回も巻きつけ，球状の適度な大きさにする．さらに，表面を五彩の糸で花や草木の植物模様を刺してつくられる手工芸品的なものでもあった．これがさらに精彩につくられることで遊具ではなく鑑賞的要素の高いものになり，遊具としての鞠は後退していった．

●鞠の展開　さらに，明治の文明開化とともにゴム製の鞠が伝わり，明治の中期頃から国産化されるようになる．ゴムが安価になり，ゴム製のよく弾む鞠がおもちゃとして一般に普及した（なお，ゴム鞠は中空である）．

　夏目漱石の『それから』（明治42〈1909〉）に，護謨毬（ごむまり）という単語がでており，20世紀に入ってから急速に普及したことが伺える．もともとの木綿を芯にした手鞠は，よく弾ませるにはかなりの力が必要で，幼い子はしゃがんだ30cm位の高さでついていたが，ゴム鞠なら90cm位の高さからでも楽につけ，楽しさも数倍になったようである．この頃から戦後まで，鞠つきは最も人気のある女児の遊びで，明治後期には「あんたがたどこさ」「一番はじめは一の宮」ほか，多くの手鞠歌がつくられた．1950年代までは，路地で手鞠歌を歌いながら鞠をつく女の子がみられたが，路地も減り，またテレビなどの普及により子どもが戸外で遊ぶことが少なくなり，今ではほとんど忘れられている．しかし，戦後になると，経済復興とともにビニール製やプラスチック製という新しいボールが姿を現し，かつての鞠つきとは違った意味での遊びが発展しているといえる．　　　［仙田　満］

凧あげ

　凧とは，木や竹などの骨組みに紙，布，ビニールなどを張り，それを紐，糸などで反りや形をつくったものである．これに糸を結び，手繰りながら空中に浮かばせる遊びを凧あげという．

　基本的に，凧あげは二人一組で行い，一人があげ手，もう一人が助手になる．助手は凧の両端を持って風上を向いて風下に立ち，風上に向かって高くあげる．あげ手は凧の糸を持ち，風向きを見計らって風上の方向に走り，助手は凧を上にあげるようにして空中に手を放す．あげ手が風上に向かって走ると，凧は風力により上昇するので，適度な高さまで達したら安定的に飛揚するよう保つ．凧あげは，できるだけ高く，遠くに，さらに長時間飛揚することを競う遊びでもある．競技的な凧あげとしては，滞空時間競争，喧嘩凧，唸り凧などもある．滞空時間競争は，滞空時間のほかに高さ，距離などを競うものである．喧嘩凧は凧と凧を絡めるように操作し，相手の凧糸を切って落とすという争奪戦のような遊びである．唸り凧は，凧の弦に取り付けた唸りの仕掛け（唸り弓など）が風力によって振動し，音を発するものである．この唸り音の澄み具合を比べて優劣を競う．

●**凧の歴史**　凧は中国，漢の時代から存在していたようである．日本に伝わったのは奈良時代，もしくは平安時代頃といわれている．中国や韓国では昔から，占いや宗教，戦具などに使われていた．中国の北宋時代（960-1127），たびたび盗賊被害を受けていた地域で，占いの指示に従って全住民が凧あげをしたところ，その地域は危険を回避できたという言い伝えもある．

　日本では，凧あげは正月の遊びとなっているが，これは江戸時代後期のことである．風という自然現象を利用するため，風の強い正月から春にかけての遊びとされたのだ．昔から「立春の季に空に向くは養生の一つ」といわれているが，凧はおまじない的な要素を兼ね備えた新年の遊びとして，江戸をはじめ全国的に親しまれたようである．現在でも日本国内，全国各地で凧あげ大会が行われている．

　日本では，江戸時代直前まで貴族，武士の一部の間の遊びだった．江戸時代に入ると，大人から子どもまで身分の差もなく流行し，烏賊形の凧や，金銀を散りばめた凧など，さまざまな種類の凧も現れ，遊びとして定着した．しかし明治期になると電線や建物にさえぎられ，自由に凧をあげることが難しくなり，徐々に衰退していく．こうしたことから，昭和30年代には市をあげて大会を催し，1個所で行われるようになっていった．

●**大凧**　現在でも，滋賀県東近江市，神奈川県座間市，相模原市，埼玉県春日部市（庄和町），静岡県浜松市などで，大凧まつりが開催されている．

滋賀県の八日市大凧まつり（平成24〈2012〉年より東近江大凧揚と名称変更）は，300年以上続いている伝統行事で，国の選択無形民俗文化財になっている（図1）．これは江戸中頃に発祥したまつりで，男子の出生を祝い5月の節句に鯉のぼりと同じようにあげられたのが始まりともいわれている．毎年5月の最終日曜日に愛知川河川敷の公園で開かれ，一般の人も引き手として参加することができる．地域によっては養蚕の豊作占いとして凧あげが行われていたが，いつの頃からか端午の節句の行事として行われている．明治15（1882）年には畳240畳敷きの大凧，近年では昭和59（1984）年に市制30周年を記念して220畳敷きの大凧があげられた．村落ごとに競争したため，徐々に大きくなり，100畳敷きの大きさを誇る東近江大凧は，縦13 m，横12 m，重さ約700 kgにもなる．このほか，約40チームの団体が2～8畳程度の凧を揚げ，図柄，判じもん，飛揚を競うコンテストも催されている．全国各地から集まった凧愛好家や保存会などによる凧の競演が見物である．判じもん大凧は，上部に魚，鳥などを墨で描き，下部に朱色文字を書いて意味をもたせるものとしても有名である．上部左右に辰の絵を，下部に「健」の文字を描き，合わせて「心身（辰辰）健やか」となる．また，全国にも類をみない「切り抜き工法」で風の抵抗をできるだけ少なくし，揚げ糸の強度と凧の大きさのバランスをとっていることも特徴である．

図1　東近江大凧揚げの半じもん大凧
［写真：東近江市観光協会］

●**大凧づくり**　大凧づくりは，骨組み，紙張り・縄入れ，糸目付け，文字書きに分けられ，制作には約2カ月間かかる．ここでは簡単に，13 m四方，約950 kgの8間凧のつくり方を示す．

　骨組みに使う竹は，太さ約8～10 cmの男竹と女竹である．切ってからしばらく経った軽く弾力の増したものを使う．まるごと1本の竹や割った竹を約150本，麻縄，藁縄で結び，組んでいく．紙張り・縄入れに使われる紙は，凧用の特別な手すき和紙（見開きの新聞紙くらいの大きさ）で約250枚使う．この和紙を貼り合わせて縦1.7 m×横6.6 mの大きさで16枚つくり，紙の四隅に太さ約1 cmの縄を入れ，糊で張る．次に糸目付けであるが，凧があがるかはこの作業で決まるといわれている．糸目は，太さ約1 cmのロープで47本，凧が空で前傾になり，さらに左右の下側の糸が垂むように取り付ける．最後に16枚の紙を並べて絵や文字を書く．地域によって異なるが，着脱できるように紙に取り付けた紐で凧に結ぶ．なお，凧あげは畳1枚分に対して一人の引き手が必要となるので，100畳敷大凧には100人の引き手が必要とされている．

［仙田　満］

綱引き

綱引きは，古代中国において「抜河（ばっか）」と称され，大河を挟んで対した両勢が1本の綱を引き合ったのが起源，と伝わる．

●**綱引きは農耕儀礼の一つ**　現在，綱引きは運動競技の一つとされ，各地の小学校・中学校の運動会などでよくみられる日本ならではの運動会競技である，といってよい．もともとは農村の神事として行われていた．東日本では主に小正月行事として，また，西日本では主に盆行事としての伝統がある．南九州では仲秋の名月の日の行事とされてきた．

綱引きは，多くの場合，二つの集落間で引き合って勝負を決する．そこには，「年占（としうら）」の意味があった．それぞれから大勢の応援が出て，鉦（かね）や太鼓に合わせて，「エートエートコリャサンヨサンヨ」などと綱引き歌を歌って応援する．農村同士の場合は，引き勝った方の集落がその年の豊作を当てる，とした．また，その勝負によって米価が上がるか下がるかが占える，としたところもある．

また，農村と漁村の間で綱を引き合うところもあった．一方が勝てば，豊作．一方が勝てば，豊漁になるという．そこでは，勝負が同点になるまで延々と続けられることにもなった．また，長野県では，男女に分かれて競い，女性が勝ったときは豊作になるとされた．

ちなみに，綱引きの綱は，藁縄（わらなわ）や茅縄（かやなわ），籐蔓縄（とうづるなわ）などがある．1本の綱を引くこともあるが，雄綱（おづな）・雌綱（めづな）の2本をつくり，雄綱の頭を雌綱のめどの中に通して引く例も多い．また，小綱，彦綱という細い綱を親綱に結んで引く地域もある．

●**綱引き行事のさまざま**　小正月の綱引き行事では，秋田県の諏訪神社（大曲市）と浮島神社（大仙市）のそれが名高いが，この地方では一般に綱引きが盛んである．

諏訪神社の綱引きは，「大曲綱引き」とよばれている．綱（直径約10 cm，長さ約200 m）をシシャ（蛇）に見立て，これを神の遣いとして崇めて，当日はシシャを慰めるための鳥子舞を奉納する．その後，近郷から集まった人々が上丁・下丁の2組に分かれ「穂や，穂やヨウ」という掛声を掛け合いながらこの大綱を引く．上丁が勝つと米の値が上がり，下丁が勝つと豆の値が上がる，とされた．

浮島神社の綱引きは，「刈和野（かりわの）綱引き」とよばれている．藁づくりの雄綱・雌綱にたくさんの枝綱を結び，それを本綱に結び合わせる．そして，それをやはり上丁・下丁の2組に分かれて，「ジョウヤサノ，ウン」という掛声を掛けあいながら引く．なお，この綱引きでは，上（かみ）から下（しも）へ嫁いだ女性，下から上へ嫁いだ女性は，それぞれ実家側の組に回って綱を引く決まりになっている．

関東では，大磯の左義長（さぎちょう）（神奈川県，国の重要無形民俗文化財）での綱引きが

よく知られる．町ごとに浜辺に立てた高さ6～7mの藁の塔を燃やす中，褌姿の若者たちが，小さなお宮さん（道祖神の仮宮）をのせたソリ状のものを真冬の海に運び入れる．それに綱をつけ，海に入った若者と陸側の人々とが引き合う．大勢の見物客も参加するこの綱引きは，「ヤンナゴッコ」とよばれる．結果は，必ず陸組の勝ちということで終わる．それは，農作の予祝が原型であろう．

　西日本，ことに九州の綱引き行事は十五夜に行う例が多いが，浜の浦綱引き（長崎県新上五島町）は，正月に行われる．飯ノ瀬戸郷では，あらかじめ海水につけておいた新調の大綱を部落中央の道に置き，若者組と老人組とに分かれて綱を引く．最後は，老人組の負けで終わることに決められている．また，浜の浦本郷部落では，男組（15～41歳頃まで）と女組（42歳以上の男性もそれに加わる）に分かれて引く．

　飯ノ瀬戸郷でも，もとは男組と女組に分かれていた，という．福江島玉の浦町大宝郷では，女組に旅人までも加わって綱を引く．最後にだいたい女組が勝つが，これは，女組が勝つとその年の部落の運勢が良くなる，という伝えがあるためである．

　沖縄や奄美諸島での綱引きは，勇壮なものとして知られる．例えば，那覇市（沖縄県）に伝わる大綱引きは，直径1m以上の巨大な雄綱と雌綱を貫抜棒とよばれる棒で連結し，東西に分かれて引き合うというものである．綱の全長は，200mにも及ぶ．この綱引きは，王朝時代から行われていた，という．戦前に一度途絶えたものの，昭和46（1971）年に復活し，現在に至って一大観光行事ともなっている．

　なお，綱引きとはいいながら，綱の引き合いをしないところもあった．例えば，茨城県霞ヶ浦周辺から千葉県印旛沼周辺にかけて伝わる盆行事である．そこでは，仏さまは盆綱（藁縄）に乗ってくると考えられており，8月13日に，子どもたちが墓地に行き，仏を迎え，蛇のような盆綱をかついで各戸を巡る．家に着くと，盆綱を持って座敷に上がり，「ヤンサボンサ，ホトケサマ　オジ（リ）ラッセ」といって仏さまを降ろす．降ろすときには，綱を持って3回ったり，綱の尻の部分を3回地面に叩きつけるなど，地域によって違いがみられる．また，仏を迎えるだけでなく，15日に仏送りをする地域もある．すなわち，家々から墓地へと藁縄を運び，仏さまを降ろす．使い終わった綱は，墓地に置いてくる．地域によっては，蛇の首にあたる部分と尾にあたる部分を切って川に流し，胴の部分で土俵の俵をつくって相撲をとる地域もある．

　かつては，各地でそれぞれの綱引きが盛んであった．明治以降は神事色が薄れたが，運動会の競技種目として定着したことは，周知のとおりである．それは，学校の校庭は集落の広場でもある，という認識が広く共有されていたからでもあろう．

〔神崎宣武〕

カマクラとトロヘイ

　1月15日は，小正月である．1月1日を大正月としての小正月．正月の飾り物を焚き上げるトンド（左義長）に代表される正月仕舞（事仕舞）の日でもある．そして，この日には子どもの行事も伝わる．

●**雪国のカマクラ（窯倉）**　カマクラは，雪国における小正月の子ども行事で，現在では2月15・16日に行われる（旧暦での小正月に相当する）．東北各地にみられるが，秋田県横手市のカマクラが特に名高い．

　そこでは，子どもたちが道の脇に雪を積み，それを掘って陶器を焼く窯に似た洞状の雪室をつくる．その大きさは，だいたい縦横6尺（約1.8 m）ぐらいで，それをカマクラとよんだ．正月小屋ともいう．

　正面奥に四角の祭壇を設け，水の神を祀る．子どもたちは，その祭壇に家から持ち寄った厨子などを据え，色紙の幣を立て，燈明を灯して供物を供える．雪室の中に筵や毛布を敷き，そこで餅を焼いて食べたり甘酒を温めて飲んだ．15日の朝には，雪室の前で大火を焚き，鳥追いの歌を歌う．夜になると，大人たちが参拝に来て，餅や賽銭をあげていく．これは，かつての城主戸村氏が国替えで常陸（茨城県）から移ってきたとき以来行われている行事だという．

　横手のカマクラがほかのそれと違う点は，この行事をオスズ様，すなわち水の神祭りとしていることである．子どもたちは，「オスズの神に寄進してたんせ」と言って一軒一軒を巡り，餅や銭をもらい集めるのである．水神を祀る理由は，このあたりでは冬場に水が不足しがちであるからで，水が枯れることなく稲作も順調に行われるように，との願いが込められてもいるという．

　しかし，本来，カマクラは，水神祭りではない．もともとは，鳥追い行事の一環として子どもたちが仮小屋を設けて寝泊まりしていた．それが，雪国であるために雪室に変化したといわれている．元来の鳥追い行事では，子どもたちは，仮小屋に寝泊まりしながら，「鳥追いに来ました」と言って，家々を巡っていた．農家では，「よく来てくださいました．お大儀ながら追ってくだされ」といって，鳥追い歌を歌って害鳥を追い払ってもらったのである．

　秋田市の武家町では15日にカマクラを行ったが，これは，賽の神を祀っての左義長行事であった．夕方，雪室に積み上げた正月飾り（門松や注連縄など）の山に点火する．点火のとき，「ジャアホイジャアホイ」と囃したという．しかし，しだいに火のついた米俵を振り回すなど遊戯化したため，文化年間（1804-18）の終わり頃に防火のため廃止された．現在，鳥追い行事の古習を伝えるところはほとんどない．

●**子どもは来訪神**　ひとりカマクラに限らず，小正月には子どもが主役の行事がいくつかある．その一つが，広島県下でみられるトロヘイである．トロヘイの語源は「トロベイ」にある，という．かつて，身をやつした人たちが，特にこの時期に家々を巡って物乞いをすることがあった．それをトロベイとかヘイトウベイとかいった．その様子を子どもたちが囃したてたのが，やがて子どもたちが顔を隠し，戸口に笊や枡を置いて餅やミカンを入れてもらう行事へと移行した，という説が伝わっているのである．

　その真偽のほどは別として，「蘇民将来」の伝説（零落した神の姿を見て，拒絶する兄と哀れんでもてなす弟の，不幸なむくいと幸福なおかげを説く話）にもあるように，うろんな来訪者を神と見做して施しをすることで招福をはかる庶民の善意が読み取れるであろう．

　広島県下に限らず，ほかでもこの種の訪問行事はみられる．例えば，山口県下関市では，トヘというものがある．1月14日に子どもたちが夕方，藁でつくったトヘという馬を持って，親族や近隣の家々を訪れ，「トヘ，トヘの晩じゃけ祝うちょくれ，トヘを祝うちょくれ」といって，トヘ馬を膳か盆に載せ，その家の縁側にそっと置く．家人は「初駒が飛び込んだ」といって縁起を喜び，馬を取って代わりに餅や銭を載せておく．子どもたちは，馬を縁側に置くと素早く物陰に隠れて家の様子をうかがい，家人が家の中に入ったと見るとそっと出て膳の上に置かれた祝儀を取る．家人は，家の中に入ったと見せかけ，柄杓や茶碗などで水をかける．家人に見つからないように祝儀を取れれば上首尾だが，見つかって水を浴びせられると今年はマン（運）がないと嫌がられた．山口県下ではほかに周防や長門でも同様の行事が行われており，トヘトヘとかトヒトヒ，トロトロとよばれている．

　なお，鳥取県のホトホト，岡山県のコトコト，福岡県のトヨトヨも同様の行事である．東日本では，千葉県でバタバタ，青森県でカバカバなどとよばれる訪問行事がみられる．これらの行事名は，いずれも訪うときのざわめきにもとづいたものであろう．

　小正月の行事に限らず，年中行事には子どもが主役の行事が少なくない．例えば，西日本の「雛流し」がそうであるし，全国的に行われている4月8日の「花まつり」，10月亥の日（旧暦）の「亥の子まつり」もそうである．このように，地域社会の中に，子どもたちが組織だって働き，そこで小銭や菓子を得る行事が組み込まれていた．もちろん，子どもの娯楽ではあったが，子どもたちが世間の秩序を知る，その訓練の場でもあっただろう．全国的にみてそうした子どもたちの祭りが後退したのは，日本の経済の高度成長に合わせて向都離村，核家族化が加速してからのことであった．

［神崎宣武］

折り紙

　6～7世紀頃に大陸から日本列島に伝わった紙の製法は，流し漉きという技法の発明により，柔軟でありながら強い，いわゆる和紙へと改良された．和紙は，これにより，記録用の媒体のみならず，建築素材や衣類など，広範囲で利用されるようになる．紙という素材をこれほどまでに使い尽くしている文化は稀で，折り紙も，そうした広がりをもつ紙の文化の一端として発展してきたといえる．

●**折り紙の起源**　折り紙の起源には諸説があるが，儀礼用の折形は，その一つであると考えられる．小笠原流などで知られるものは，室町時代に武家の作法として発展し，近世になって，庶民にも浸透した．現代においては，熨斗（本来，のした鮑を包んだものだが，記号化され，中央に黄色い紙片を入れる）などに残っているだけであるが，現代の，時に過剰ともいわれる小売店での包装の丁寧さは，このような包む文化が伝承されたものともいえるだろう．

　神道や修験道における紙垂や幣束もまた，紙に切り込みを入れ，それを折った造形である．これらと儀礼用の折形の関係は定かではないが，相互に影響を与えたことが推察される．精緻で多様な幣束としては，例えば，宮城県の沿岸部の神社に伝わるものがある．

　儀礼用の折形にも，蝶に見立てるものなどがある．そもそも，儀礼と遊戯を画然と分けることはできないが，純粋に遊戯としての折り紙，つまり，折った形を何かに見立てて遊ぶ，あるいは，技巧を凝らしてより真に迫った造形が行われるようになったのは，近世に入ってからのことである．遊里や見せ物小屋などで見立ての遊びが盛んに行われた時代，折り紙もそのような遊びの一つとして発展したのであろう．こうした折り紙は，井原西鶴の『好色一代男』（天和21〈1682〉）の「をり居をあそばし　比翼の鳥のかたちは是ぞと　給はりける」といった記述などにみられる．ここで，「をり居」が，今日でいう折り紙に相当する．折り紙という語は，紙を二つに折った鑑定書の意味から「折り紙付き」という慣用表現になるなど，言葉としては近代以前にさかのぼることができる．しかし，これが，紙を折った造形一般の意味で使われるようになるのは近代に入ってからで，それまでは，上述の，「をりすゑ」，「をりかた」のほか，「をりもの」がそのような造形をさす言葉として使われていた．

●**折鶴**　折り紙で最もよく知られる造形は，折鶴である．『好色一代男』の「比翼の鳥」が何を意味するのかは不明だが，これも，折鶴と同様の造形であった可能性が高い．なお，明らかに折鶴とわかる図像を確認できるのは，1600年頃のものと推定される工芸品や1700年頃の文献からである．

そして，さらに100年近く下った寛政9（1797）年には，『秘伝千羽鶴折形』という書籍が出版される．これは，1枚の紙に切り落としがないように切り込みを入れ，羽と羽の先，胴と腹など，さまざまなパターンの連結した折鶴のつくり方を示した教本で，そこには，まさに比翼の鶴の造形も含まれている（図1）．

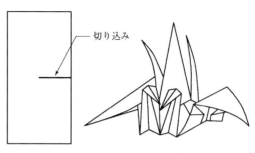

図1 『秘伝千羽鶴折形』から「妹背山」左の図は用紙形である．

ここで興味深いのは，こうした造形において，切ることをためらっていないことである．現代の折り紙では，「不切正方形一枚折り」と称して，1枚の正方形に切り込みを入れずに複雑な造形を折ることが一つの価値となっているが，この時代においては，そうした制約は薄い．

ただし，単独の折鶴は，正方形から切り込みなしでつくられており，そのことのもつ意味も大きい．切ることより自由度が少ない，折るという技法の性質にもとづいて，その工程や構造は，幾何学的に整ったものになる．制約から生じた一種の数学的パズルという一面で，これこそは，折り紙の本質の一つといえる．関連しては，同じく近世の文化である和算の問題に，折り紙を題材としたものが散見されるのも興味深い．

なお，現代の千羽鶴は，実際に1,000羽の折鶴を折り，これを糸に通してまとめて，願掛けにするものだが，そのような風習が広く浸透したのが，いつ頃からかは不明である．広く平和祈念などの意味をもつようになったのは，広島にある「原爆の子」の像で知られる（折鶴を折りながら原爆症で亡くなった少女・佐々木禎子のエピソード）が広まって以降のことである．

●西欧の折り紙　儀礼用の折形の存在や折り紙の教本の出版など，日本において折り紙が伝統を継ぐ文化であるのは間違いないが，西欧にも独自の折り紙があることは強調しておきたい．明治の近代化後に，教材として西欧から伝わった折り紙造形は数多い．例えば，今日「騙し舟」として知られる造形などがそうであると推定される．にもかかわらず，折り紙は，多くの国で「origami」という言葉が使われるようになるなど，日本的なるものの象徴として扱われることもある．しかし，すべての折り紙の起源が日本にあるわけではない．また，今日では，世界中に愛好者が増え，エキゾチックな日本文化というより，普遍的なものとして浸透している．

［前川　淳］

あやとり

　あやとりは，人間が自然素材の紐類を手にした大昔から，世界各地で自然発生的に生み出されてきたと考えられている．これまでに記録された3,000種を超えるあやとり個々について，その発祥地が特定されているパターンもあるが，多くの場合，その由来は不明である．私たちのよく知る技「はしご」や「ふたりあやとり」も，その起源や伝播ルートは謎のベールに包まれている．

　海外のあやとりには，一昔前まで儀式で演じられていたものもあり，呪術的な意味をもつものも数例報告されている．一方，日本のあやとりは子どもの遊びとして伝承され，古代の神事や風習との関係を示す証拠はまだ発見されていない．

●「ふたりあやとり」という呼称　1本の紐を輪にして両手に掛け，2人で互いに取り合って糸の成す形を変えていく遊びは，江戸期には京・大坂で「いととり」，江戸で「あやとり」とよばれていた．今日では「あやとり」「いととり」は，1人でつくる「はしご，ほうき」や手品の「指切り」などを含む遊びの総称となっている（図1）．本項では，2人で取り合うあやとりを「ふたりあやとり」とよび，区別する．

図1　天保年間，尾張・三河地方では「いととり」「はたとり」とよばれていた．
［出典：小寺玉晁『児戯：尾張三河童遊集』］

●遊びの内容　最古の史料は寛文5（1665）年の貞門俳諧集『小町踊』（野々口立圃）である．「風の手の糸とりとなる柳かな　俊安」．シダレヤナギの芽吹いたばかりの枝々が早春のそよ風になびいている．風のもてあそぶがままに，もつれてはほどけまたもつれる柳の糸の重なりを「ふたりあやとり」の次々と形を変えて現れる糸模様に見立てた風情のある発句である．江戸期の文字・画像史料27点（俳諧・川柳，漢詩，小説，遊戯史関係書，木版画絵本，錦絵など）のうち25点が「ふたりあやとり」に関係するものである．

　明治期の記録として興味深いのは，東京大学に招聘されたE. S. モースの『日本人の室内遊戯』である．モースは単純な室内遊戯の例として，鞠，お手玉，あやとりをあげ，「しかし，これらはすべて，我々のものより凝っている．そして，あや取りは，はるかに多くの様々な組替えをやってのける．」と述べている（守屋毅 編『共同研究　モースと日本』）．この「あや取り」も「ふたりあやとり」のことである．当時の米国では「猫のゆりかご」として知られていたが，8通り

のパターンを取り合って終わりとする単調な遊びであった．日本では，江戸期以来，「ふたりあやとり」がこの糸遊びの中心にあったことは疑いない．

●あやとり紐　明治期までは多くの家庭に機織機が備えられていた．「糸とりは小娘達のはた遊び」（『雑俳 重ね扇』安永2〈1773〉年頃）を読むと，女の子が残り糸をもらって，機織りする大人の傍らで遊ぶ情景が目に浮かぶ．明治・大正期の地方の女性は，麻糸や木綿の縫い糸を2重にして遊んでいたと語っている．昭和も戦後になれば，家庭でセーターの手編みが流行し，子どもたちは毛糸を鎖編みにして学校へ持っていった．いつの時代も，子どもたちは身近にある糸を使っていたのである．

しかし，細い糸でつくられた形はあまり見映えがしない．江戸時代の絵師，西川祐信の絵本や鈴木春信の絵本には，江戸中期の三都の裕福な家庭の子女があやを取り合う様子が描かれている．その手に掛かるのは細い糸ではなく，太さのある打ち紐類に見える．手触り良く彩りの美しい紐を手にした時，「ふたりあやとり」は，時に大人同士も興じる日本人好みの優雅な遊びとなったのであろう．その時期は，高価であった組紐が簡易な糸組装置の出現により比較的安価で販売されるようになった江戸前期と思われる．京都の組屋の店頭では，客の注文に応じて若い女性が糸を組む実演販売もなされていた（斎藤徳元「糸遊ぶ組屋の門の女子かな」『塵塚誹諧集』寛永10〈1633〉）．断言はできないが，組屋の店先で女の子たちが組紐であやとりしている情景を詠んだ句と解釈することもできる．

あやとりについての江戸時代以前の文献史料は知られていない．それゆえ，拳遊びのように，江戸初期に「ふたりあやとり」がお座敷遊びとして日本に伝わってきた可能性もある．花柳界であやとり（糸取り）が遊ばれていたことは井原西鶴の小説（『好色一代男』和天2〈1682〉，『諸艶大鑑』和天4/貞享元〈1684〉）にみえる．また，組屋で働く女性は廓の者であったともいわれている．「ふたりあやとり」が廓の客や組屋の女を通じて市井の子どもたちに広まったのかもしれない．このあたりは今後の研究課題である．

●今日のあやとり伝承　「はしご」など1人でつくるあやとりに比べ，「ふたりあやとり」は人気を失っているようである．本来の「ふたりあやとり」は，決められた取り方を繰り返すだけの単調な遊びではない．遊び手たちの発想の赴くままに糸を取り上げ，見慣れぬ形が現れれば，しばしそれに見惚れ何に見えるか想像力を働かせ，そして次の取り方を考える——仲の良い子2人が延々と取り合いながら未知の世界へ没入していくちょっと秘密めいた遊びなのである．また，遊び手の人数が多いときは，取り上げ損ねた人が罰としてしっぺされたりする勝負事としても楽しまれた．この糸遊びを存続させるには，高齢者から昔遊びを習う小学校の授業のような，人から人へ直接伝える場を増やして，江戸期から連綿と伝えられてきた本来の多様な遊び方を教えることが必要であろう．　　［シシドユキオ］

将棋と囲碁

　将棋と囲碁は，日本の伝統遊戯として盤双六などとともに古くから親しまれ，貴族の日記など各種史料にたびたび登場する．

　囲碁は，自分と相手が黒白に分かれ盤上の交点に石を打ち，より広い陣地を確保した方が勝ちとなる中国発祥の遊戯である．中国の春秋戦国時代の『春秋左氏伝』や『論語』に記述があり，少なくとも紀元前6世紀頃には成立していた．諸説あるも日本には飛鳥時代前後に伝わり広まったと考えられる．将棋は，平安時代になって遊ばれるようになった遊戯で，囲碁同様交互に着手することは同じだが駒の価値が異なり，相手の玉将を先に詰ませた（王手をかけてそれを相手が防ぐことができない状況）方が勝ちになる．現代では，似たようなルールのチェスや中国の象棋と同じ系統に分類され，そのルーツは古代インドのチャトランガと考えられている．チャトランガやチェスは8×8の升目に32枚の駒，日本の将棋は9×9の升目に40枚の駒を用い，共通する動きの駒も多い．ただし，取った駒を持ち駒として再利用できるのは現在の日本将棋だけである．

●**支配階級のたしなみだった囲碁**　隋の正史『隋書』倭国伝には，「毎至正月一日必射戯飲酒，其餘節略與華同好棊博握槊樗蒲」とある．これは，古代の日本で囲碁（棊）や双六（博）やその他の賭博（握槊，樗蒲）などが遊ばれていたことを伝えるものである．囲碁は，国際交流の道具として用いられることもしばしばで，正倉院に収められている歴史上最も有名な碁盤の一つ「木画紫檀棊局」は星（盤の外側から4列目の線上と中央にある点）が17存在する朝鮮半島様式で，外国からの贈答品の可能性もある（図1）．また，遣唐使の吉備真備が唐に渡り，現地の名人と対局をすることになった情景が描かれている「吉備大臣入唐絵巻」（ボストン美術館所蔵）も院政期文化を代表する名品だ．

　平安時代の『源氏物語』や『枕草子』といった文学作品にも囲碁はたびたび登場する．また「碁聖」とよばれた僧・寛蓮が醍醐天皇と金の枕の褒美を賭け打ったという説話が『今昔物語集』に収められている．室町時代に入り，武士が台頭し戦国の世を迎えると，武将の中にも碁を好むものが増えた．武田

図1　「木画紫檀棊局」聖武天皇ゆかりの碁盤
（正倉院宝物）

信玄と高坂弾正の棋譜や豊臣秀吉，徳川家康らがたびたび碁会を催したことなど，碁に関する伝説，記録は数多く残されている．

●**多種多様の進化を遂げた将棋**　文献に「将棋」(将棊)の文字が最初に登場するのは，平安時代に成立した『新猿楽記(しんさるがくき)』である．また，鎌倉時代に成立し平安時代の事柄を記述したとされる『二中歴(にちゅうれき)』には，平安将棋と大将棋(現在では，後の大型将棋と区別するため平安大将棋とよばれる)の駒の種類と性能，ルールが示されている．平安将棋は，現行将棋の40枚から飛車(ひしゃ)と角行(かくぎょう)を除いた36枚制で，すべての将棋の基になった．現存する最古の駒(2015年現在)は1993年奈良市興福寺旧境内で発見された通称「興福寺駒」で玉将，金将，銀将，桂馬(けいま)，歩兵(ふひょう)が存在し，これは『二中歴』の記述と一致する．平安時代から存在した大型将棋は，室町時代までにさまざまな形に変化し「中将棋」(12×12の升目，駒92枚)，「大将棋(だいしょうぎ)」(15×15，130枚)，「大大将棋(だいだいしょうぎ)」(17×17，192枚)，「摩訶大大将棋(まかだいだいしょうぎ)」(19×19，192枚)，「泰将棋(たいしょうぎ)」(25×25，354枚)などがつくられた．鎌倉時代以降は囲碁に並ぶほどの人気となり，日記などの史料にも将棋や中将棋の記述が増える．安土桃山時代の公家，水無瀬兼成(みなせかねなり)は名筆家で駒づくりの第一人者として知られ，注文記録である『将棊馬日記(しょうぎこまにっき)』には，天皇や公家のほか足利義昭，豊臣秀次，徳川家康といった有力武将の名が記されている．

図2　歌川国芳画「駒くらべ盤上太平棊」
将棋駒を武将の顔に見立てた合戦の浮世絵
[所蔵：大阪商業大学アミューズメント産業研究所]

●**家元制の成立から現代の棋界まで**　江戸幕府を開いた徳川家康は，慶長17(1612)年囲碁の本因坊算砂(さんさ)，将棋の大橋宗桂らに俸禄を与えることを決め，家元制が始まる．家元の達人は，年に一度江戸城に登城し，「御城碁」「御城将棋」をお披露目するのが習わしとなった．庶民文化が花開いた江戸時代には，市井の人々にも広く普及し浮世絵などの題材にもなって人気を博した(図2)．さらに印刷技術の普及により棋書もかなりの数が出版され，家元の出身でない在野の強豪も出現するようになる．

明治維新により，家元制が崩壊すると棋士は俸禄を失ったが，ほどなく，新聞社がスポンサーとして囲碁将棋界を支える仕組みが築かれた．大正から昭和初期にかけ，プロ棋士制度の根幹となる日本棋院(昭和25年に関西棋院が分離独立)，日本将棋連盟が設立された．第二次世界大戦による中断はあったものの，戦後の復興，経済成長とともに棋界は再び隆盛を迎え現在に至る．　　　　　［古作　登］

鬼ごっこ，かくれんぼ

　　鬼ごっこもかくれんぼも，伝統的な子どもの遊びである．そこでは，いずれも鬼役が登場する．

●**鬼の両義性**　私たち日本人にとって，鬼は，両義性をもった存在である．つまり，時に善となり，時に悪ともなる．しかし，一般には，厄災をもたらす悪しき存在とされる．例えば，邪鬼とか厄鬼，餓鬼などと表すごとくにである．その鬼は，追い払わなくてはならない．あるいは，退治しなければならない．節分の豆撒きは，かつて「鬼儺い」といった．伝説や神楽には，「鬼退治」なる場面がある．鬼退治では，そこに居ついた暴君（鬼）が，やって来た英雄や勅使に敗れる筋立てである．が，注目すべきは，鬼は，その後改心して神になる，ということである．「狼藉は一時の気の迷い」とか「罪穢れを祓えば神人」などの諺もある．私たち日本人の深層心理の中には，両義思想が古くから潜在していた．それが，鬼が神に昇進する物語を生んだ，とすべきであろう．

　　鬼が登場する諺も数多い．よく知られるところでは，「鬼の目にも涙」「鬼のかくらん」「鬼の居ぬ間に洗濯」などである．そこでの鬼は，人間の情にも通じる存在である．そして，「鬼も十八，番茶も出花」とか「鬼瓦にも化粧」となると，愛嬌のある鬼となる．むろん，鬼は，空想の存在である．ゆえに，人々の都合により，道化役にも仕立てられたりもするのである．

●**鬼ごっこ**　鬼ごっこは，鬼が子を追いかけ，子が鬼から逃げるという遊びである．古くは「鬼事」とも「替え鬼」ともいわれた．明確なルールはないが，一般的には，2人以上の参加者で，1人の鬼と残りの子に分かれて行う．最初の鬼は，じゃんけんなどによって決める場合が多い．

　　最も一般的な遊び方は，スタートと同時に子が一斉に鬼から遠くへ逃げ，鬼は一定時間を置いたあと，子を追いかける．鬼も子も移動は自由だが，逃げる範囲を事前に決め，そこから逸脱することは禁じられている．鬼は，子の体の一部に触れることで子を捕えたとし，捕えられた子が新たな鬼となり，捕まえた鬼が新たに子になる．これを繰り返すのが一般的だが，子を捕まえても鬼は子にならず，そのまま鬼が増えていく「増え鬼」という遊び方もある．

　　一説によると，鬼ごっこは，仏教寺院での宮中行事である「修正会」の中で行われていた「追儺」とよばれる鬼儺いの儀式が起源だという．文献で確認されている最古のそれは，平安時代の宮中行事「鬼払いの儀式」で，それによって五穀豊穣を祈るものであった．

　　江戸時代には，庶民の子どもの遊びとして広がっていたようである．例えば，

『絵本江戸風俗往来』（菊池貴一郎，1905）には，「男女ともこの遊びをなす　じゃん拳チイ，リイ，サイに負けるもの鬼になりて，逃ぐるを捕う．年の高下なる時は，年長の者のみ鬼となる．年少の子供，子となる．年少なきものを捕えず，年少の者を味噌っ糟といって数外とせり」とあり，すでに現在と同じような遊び方をしていたことがうかがえるのだ．

また，江戸後期の随筆『骨董集』(山東京伝，1814-15）にも，鬼ごっこが描かれている（図1）．それは，1人が鬼，1人が親，ほかの者が子となる．子どもたちが前の子の腰をつかんで一列になり親の後ろにつく．親と向き合った鬼が，両手を広げて子を守る親をかいくぐって列の一番後ろの子を触ると鬼の勝ち，という遊びである．注目すべきは，その絵で，親とされる存在が地蔵菩薩の姿をしていることである．そして，鬼は天災や飢饉を，子は民衆を表しているとみえる．つまり，一見すると，地蔵菩薩（親）が民衆（子）を守っているという構図である．が，一方で，鬼はただ悪の存在ではなく，民衆にとって畏れのある存在であり，悪さをしたりだらけたりする者を諭したり叱ったりする役回り，との見方もあるのだ．すなわち，先に述べた善をなす鬼ということになる．

図1　鬼ごっこ
［出典：『骨董集』下，所蔵：国立国会図書館］

●かくれんぼ　かくれんぼは，鬼が目をふさいでいる間に子が隠れ，後で鬼がそれを見つけ出すという単純な遊びで，「かくれご」ともよばれた．

一般的な遊び方としては，1人の鬼と残りの子に分かれ，鬼は壁や柱などにもたれかかって目をふさぎ，あらかじめ決めた数を大声で数える．子は，その声が聞こえている間に鬼に見つからないような場所を探し隠れる．その範囲は，暗黙の了解として定められている．鬼は，数を数え終わると，目をふさいだまま「もういいかい」と大声で尋ね，子は，自分が隠れ終わっているときは「もういいよ」，まだの場合は「まあだだよ」と答える．鬼は，しばらくの猶予をおいて再び「もういいかい」と尋ね，「まあだだよ」の声が聞こえなくなると，目を開き，子を探しにかかる．隠れた子を見つけ出すと，鬼は相手の名前の後に「みいつけた」と叫び，指をさして発見したことを宣言する．こうして，子が全員発見されると，最初に見つけられた子が新たな鬼となり，次の回を開始する．

なお，かくれんぼも，鬼ごっこと同様に古くからの遊びであるが，近代までは，神隠しや誘拐（人身売買）などを恐れ，夕暮れ時以降に行うことはタブーであったという．

［神崎宣武］

テレビゲーム

テレビゲームとは，その名の通りテレビに接続して遊ぶコンピュータゲームである．

●**マイクロプロセッサの登場とコンピュータゲームの進化** 1958年，米国の物理学者ウィリアム・ヒギンボーサムは，研究所一般公開時の展示物として，オシロスコープをモニターとして用い，これにアナログコンピュータを接続

図1 ファミリーコンピュータ（HVC-001）
[写真：任天堂]

したテニスゲーム「Tennis for Two」を開発した．これを世界初のコンピュータゲームとする説がある．その後，1972年には，ラルフ・ベアによってマグナボックス社（Magnavox）から世界初の家庭用テレビゲーム機「Odyssey」が発売されている．

その後，昭和46（1971）年に米インテル社から世界で初めてマイクロプロセッサが発売されると，テレビゲーム機にもその導入が進み，プログラムを交換するだけでさまざまなゲームが楽しめるゲーム機が登場するようになった．日本では，昭和58（1983）年に任天堂が「ファミリーコンピュータ」（通称，ファミコン）を発売以降，再生装置とコンテンツの分化が一般化していく．

なお，日本製アーケードゲームにおいて，こうしたマイクロプロセッサが使用された最も初期の製品は，ファミコンに先立つ昭和53（1978）年にタイトーが発売した「スペースインベーダー」である．これが日本中で爆発的にヒットし，ゲームセンターのみならず，喫茶店やレストランにまで置かれるようになり，大衆娯楽としてのコンピュータゲームの認知度を著しく高からしめた．その後の日本における家庭用ゲーム機の急速な普及の背景に，こうした国民的体験，認識の変化があったことは重要である．

●**高機能化，ネットワーク接続へ** 1980年代に入ると，日米での家庭用ゲーム開発の明暗が分かれる．米国では，ソフト開発を容易にすべく，企業が技術的な仕様をオープンにしたことが裏目に出て，粗悪なソフトの濫造を招き，昭和（1982）年に家庭用ゲーム機市場が崩壊したのだ．一方で，任天堂のファミコンは，参入するソフトメーカーに厳しいライセンス契約を課すことで質を担保し，日本国内で大成功を収めた．その後，昭和61（1986）年米国に進出するや，瞬

く間に海外でも家庭用テレビゲーム機の主流の座を占めるに至った.

　その後も日本メーカーは,「スーパーファミコン」(任天堂, 平成2〈1990〉年発売),「プレイステーション」(ソニー・コンピュータエンタテイメント, 平成6 (1994) 年発売),「プレイステーション3」(同, 平成18〈2006〉年発売),「Wii」(任天堂, 同年発売) など次々と最先端の家庭用テレビゲーム機を発売. ソフトとともに日本勢が常に国際市場で主流を占める状態が続いている. また, 2000年代半ば以降は, ブロードバンドの一般家庭への普及に伴い, 家庭用ゲーム機もネットワーク接続に標準対応するようになり, コンテンツのダウンロード販売や, ネットワーク対戦型ゲームなどが広く普及した.

　一方, 据え置き型と同様, 携帯型ゲームも日本製が世界に広く普及している. 昭和55 (1980) 年には早くも任天堂が「ゲーム&ウオッチ」を発売しているが, 平成16 (2004) 年に発売された「NINTENDO DS」(通称, DS)(任天堂) と「プレイステーション・ポータブル」(通称, PSP)(ソニー・コンピュータエンタテインメント) は無線LANによるネットワーク接続が可能となっており, データのダウンロードやオンラインゲームを行えるようになった. この2機種は低年齢層を含む国内の広い年齢層に普及した高性能ゲーム機であり, 特に子ども同士の遊び方に大きな影響を与えた. 例えば, 小学生が各自DSを片手に屋外で黙って車座になりオンラインゲームに興じる姿などは, ネットワーク機能がなかった時代には見られなかった光景である.

●複合的な娯楽文化の誕生へ　このように日本のテレビゲームは, その時代の最先端の技術を, 一般大衆の娯楽のために惜しみなく投入することで発達し続けてきた. この点は, 日本のアニメやマンガに, 子ども向けのみならず, 大人向けの高度な内容の作品も多い点とも共通する. 主に, 1960年代以降に生まれ, こうした文化に慣れ親しんだ目の肥えたユーザーが市場を支えている点も同様である. さらに, ゲーム, アニメ, マンガは相互に親和性・依存性が高く, 近年はメディアミックス (原作以外の媒体でも同様のコンテンツを展開すること) が積極的に進められるようになっている. その結果, 他国では類をみない複合的な娯楽文化が形成されつつある. 例えば, 『ポケットモンスター』(通称, ポケモン) は, 平成8 (1996) 年にゲームボーイ (任天堂) 用のソフト「ポケットモンスター 赤・緑」として発売されたが, 小学生を中心に大ヒットしたため, 多くの続編ゲームが発売されると同時に, カードゲームやアニメ, キャラクター商品など多様な展開を遂げ, 世界的大ヒットを繰り広げている.

　いずれにせよ, 日本のゲームやアニメ, マンガが世界的に高い評価を受け, 産業的にも国際競争力をもっていることの背景には, 高い技術に裏打ちされた, 子ども騙しではない娯楽文化の蓄積がある. そして相互に強く依存し合いながら, 全体として文化・産業を底上げしているのである.

［山村高淑］

マンガとアニメ

　日本のマンガ・アニメは大衆娯楽であるとともに，今や日本を代表する文化として取り上げられることも多い．特に2000年代以降，国際的にも，他国のコミックやアニメーションとは区別して「manga」「anime」とよぶことが広く定着している．日本製マンガ・アニメの起源は，『鳥獣人物戯画』（平安〜鎌倉時代に描かれたものの集成）や，「漫画」という語を初めて用いた葛飾北斎の『北斎漫画』に求め，アニメもそうした線画の文化を土壌に発達したとする言説が多い．しかし，現在のような庶民向け商業文化としてのマンガ・アニメの黎明期は，出版流通システムが確立し，新聞や雑誌の定期購読者層が現れ，また活動写真が普及し始めた明治後期から大正にかけてとみるのが妥当である．

　江戸末期の文久2（1862）年，イギリス人チャールズ・ワーグマンによって風刺風俗画専門雑誌 *The Japan Punch* が創刊されたのを嚆矢で，明治期，写真が未発達であったこともあり，マンガは報道写真的な風刺画として発達する．その後大正期に入ると，岡本一平『人の一生』（大正10〈1921〉），織田小星文・樺島勝一画『正チャンの冒険』（大正12〈1923〉）など，新聞・雑誌上での連載マンガの掲載が活発化した．単なる風刺ではない，娯楽としてのストーリーマンガの原型がかたちづくられていくとともに，コマ割りやフキダシといった現代に通じる表現手法が定着し始める．

　一方のアニメは，明治末〜大正初期あたりに初めて日本で海外作品が紹介された後，大正期には国産でアニメが製作されている．しばらくは切り紙を主な手法として劇場アニメが作られ，1930年前後にはセル画が導入された．第二次世界大戦中には，戦意高揚を目的とした長編アニメがつくられている．

●**週刊マンガ，連続テレビアニメ**　第二次世界大戦後のマンガ・アニメは，週刊少年マンガ誌とテレビという二大メディアとともに，急速な成長を遂げる．戦後，マンガ家の多くは，紙芝居，赤本（駄菓子屋などで販売された低廉なマンガ本），貸本，月刊少年誌という媒体で作品を発表していった．昭和34（1959）年，『少年マガジン』（講談社）と『少年サンデー』（小学館）が週刊少年誌として創刊．週刊連載マンガの流れが始まる．

　アニメは戦後，大小のプロダクションが活動を再開するが，昭和30年代に設立された二社により大きな発展を遂げる．昭和31（1956）年に設立された東映動画（現東映アニメーション）と昭和37（1962）年に設立された虫プロダクションである．東映動画は日本初のカラー長編アニメ映画『白蛇伝』（昭和33〈1958〉）を制作．その後も年1本というペースで長編アニメを制作し，日本が長編アニ

メ大国になる盤石な基礎を築いた．虫プロダクションはマンガ家の手塚治虫が設立したスタジオであり，日本初の本格連続テレビアニメ『鉄腕アトム』(昭和38〈1963〉)を制作する．アトムではそれまでアニメで例がなかった，毎週1回30分の連続モノという方式がとられた．そのため，徹底した省力化がはかられ，動画枚数を減らしたり，短いカットを重ねたりする工夫が考案された．実はこれら制作上の工夫が，その後の日本アニメでは発展的に応用され，日本アニメの特徴の一つとなっている．1960年代，週刊マンガ誌と毎週放送の連続テレビアニメが登場したことにより，マンガ作品のアニメ化，アニメ作品の連載マンガ化といった流れが本格化し，メディアミックス（同一コンテンツをさまざまなメディアで展開すること）が進んでいく．また忘れてはならないのは，昭和50(1975)年に始まった「コミックマーケット」（通称，コミケ）の存在である．現在，年2回行われ，会期中50万人以上が来場する世界最大規模の同人誌即売会だ．プロからアマチュアまで垣根なく，多岐にわたる作品を発表する場になっており，マンガ界を底上げする機能を担っている．

●**メディアミックスで生まれる新たな文化**　その後，マンガとアニメは，隣接するさまざまなメディアを取り込みながら展開していく．まず1977年，劇場アニメ『宇宙戦艦ヤマト』が大ヒットを記録したことで，マンガ・アニメ・映画のメディアミックスに注目が集まった．続いて1980年代に家庭用ビデオデッキが普及すると，ビデオソフト向けに製作されるOVA (Original Video Animation) が登場し，さらに昭和58(1983)年に家庭用ゲーム機「ファミリーコンピュータ」が発売されると，マンガ・アニメ・ゲームのメディアミックスも進む（項目「テレビゲーム」参照）．さらに2000年代に入ると，アニソン（アニメソング），コスプレなど，日本のマンガ・アニメ文化から生まれた新たな文化が国際的にも広がりをみせるようになっている．また1990年代後半から，コンピューターの高性能化に伴い，セルアニメからデジタルアニメへの移行が急速に進む．こうした流れの中で，風景写真をトレースする技術も発達した．2000年代中頃から実在の風景をモデルとした背景がアニメ作品に多く登場するようになり，そうした舞台を探訪する「アニメ聖地巡礼」という行為がアニメファンの間で流行するとともに，アニメ作品と自治体とのタイアップ事例も多くみられるようになった．

　戦後のマンガやアニメの主たる読者・視聴者は年少の子どもであった．しかしその後，こうした世代の成長に合わせ，青年向け，大人向けの内容のものが登場し，内容も高度に多様化，洗練されていった．『AKIRA』（大友克洋），『GHOST IN THE SHELL／攻殻機動隊』（押井守），『千と千尋の神隠し』（宮崎駿）など，その作家性や芸術性が海外でも高い評価を受け，日本アニメの国際的な評価を決定づけた．一連の劇場アニメ作品もこうした流れの中で市場が成熟した結果生まれてきたものと捉えるとわかりやすい．

［山村高淑］

パチンコ

　パチンコは，戦前の発祥期には子ども相手の露天商の商売であった．それが，第二次世界大戦後，大人向けの娯楽産業として発達し，広く一般大衆に定着した．平成25（2013）年現在，日本におけるパチンコの参加人口は970万人，売上（貸玉料）は18兆8,180億円，遊技者1人当たりの年間平均活動回数は27.5回という一大娯楽産業である（『レジャー白書2014』）．なお，娯楽としてのパチンコを提供する最も一般的な営業形態は，風俗営業許可を要するぱちんこ屋（パチンコ店）である．

●**子どもの遊びから大人向け一大娯楽産業へ**　ほかの大衆娯楽と同様，パチンコの発祥も定かではないが，大正末期から昭和初期にかけて輸入された，コリントゲームやウォールマシン（ピンボールゲームの一種）がその起源だとする説がある．第二次世界大戦前には，露天商によるメダル式遊技機や百貨店などに設置された玉遊菓子自動販売機など，子ども向けの娯楽として広まる一方，1銭銅貨を用いる「1銭パチンコ」など，大人向けの遊技台も登場する．しかし戦時下の昭和17（1942）年，企業整備令によりパチンコは不要不急産業に指定され，パチンコ台も処分された．ここでパチンコは日本からいったん姿を消す．

　戦後昭和21（1946）年，いち早く名古屋でパチンコ台の生産が始まる．戦争中，名古屋周辺には飛行機会社や軍需工場が集中しており，ボールベアリングなどの資材が多く残っていたうえ，もともと製材業が盛んでベニヤ板の産地でもあったことから，これらを用いてパチンコ台の生産が始まったのだ．こうして同年，パチンコが名古屋で復活する．初期の機械は「小物・バラ釘」とよばれた，等間隔に打たれた釘の間を玉が落ち，玉の入った穴の位置により払い出される玉の数が異なるというもので，主流は「七五三」という，3〜7個の玉が出るものであった．

　その後，昭和23（1948）年，実業家の正村竹一が，独特の釘配列と風車によって複雑に玉が動く「正村ゲージ」を考案，翌年に商品化した．またどの穴に入っても10個の玉が出る「オール10」をはじめ「オール15」など「オール物」が主流となる．さらに昭和27（1952）年には「連発式」が登場．こうしてパチンコは射倖性（しゃこうせい）を高め，全国で大人の娯楽として人気を集めていった．その結果，1953（昭和28）年にはパチンコ店総数は4万3,000軒超となり，現在に至るまでの最多数を記録した．この背景には，昭和25（1950）年まで割当配給制度であり入手困難だったタバコが景品として入手できたことがある．

　しかし，特に前述の「連発式」は，射倖心を煽り，賭博化する恐れがあるとして，昭和29（1954）年，東京都公安委員会は「連発式機械の禁止措置令」を出

し，翌55年からは全国的に連発式パチンコが禁止となった．この影響でパチンコ店総数は激減，昭和31（1956）年には1万軒を下回る．その後，昭和35（1960）年に成田製作所が，「チューリップ」（パチンコの玉が入ると，開いて玉が入りやすくなるチューリップ型の仕掛け）を開発したことが，再びパチンコが全国的に人気を集めるきっかけとなった．さらには昭和44（1969）年，警察庁は55年以来禁止されていた「連発式パチンコ」を，1分間に発射できる玉を100個以下とする条件付きで許可したため，70年代に「電動式パチンコ」（ハンドルを回すと1分間に約100個の玉が連続して発射される機器）が普及する．

●デジパチ・液晶画面・CR機へ　昭和55（1980）年，三共が電子ルーレットで大当たりが決まるパチンコ台「フィーバー」を発売した．入賞口に玉が入るとルーレットが回り，大当たりが出れば大量の玉が出るというもので，大ヒットとなる．当時はインベーダーゲームが流行し，ゲームセンターに若い顧客を奪われていた時代であり，他社からも同様のパチンコが発売され，「デジパチ」とよばれるようになる．その後平成3（1991）年には，初のフルカラー液晶画面搭載パチンコ機「麻雀物語」が平和によって発売されたことにより，パチンコ台への液晶画面搭載が一般化した．

また，昭和63（1988）年，パチンコ店の脱税防止を目的とするプリペイドカードの導入が警察庁によって発表され，90年から開始された．一般にプリペイドカード対応機のことをCR（Card Reader）機とよぶ．CR機にはいわゆる大当たりが連続する確率を高める「確率変動」機能が認められ，射倖性が著しく向上した．現在ほぼ100％のパチンコ台がCR機となっている．

こうして，デジパチ・液晶画面・CR機であることが，現在のパチンコ機の基本形となったが，結果として台の画一化も招いた．そこでパチンコメーカーは他の台との差別化を図るため，特に液晶画面に着目．大型化する液晶画面を活かして，芸能人やアニメ作品，TV番組などとのタイアップを進め，大当たりなどゲームを盛り上げるための演出として，印象的な映像を流すことに力を入れ始める．なかでも，平成16（2004）年に発売されたアニメ作品とのタイアップ機である「CR新世紀エヴァンゲリオン」が大ヒットして以降，一部アニメ製作会社とパチンコメーカーとのタイアップが増加した．なお，1980年代〜90年代半ばまで一貫して増え続け，平成7（1995）年に1万7,631軒を記録したパチンコ店舗数もそれ以降は減少が続き，平成25（2013）年現在1万873店舗となっている．電子ルーレットの大当たりを狙う台が主流となった現在，釘を読み，玉を打つ技術を重視した往年のファンの中には，パチンコらしさがなくなったとしてパチンコを離れていく者も多い．いずれにせよ，パチンコはその誕生以来，新台の開発，警察の規制という歴史を繰り返してきた．今後も当面，規制と技術開発の間で揺れ動いていく娯楽文化であり続けるであろう．

[山村高淑]

カラオケ

　カラオケとは，空（カラ）のオーケストラを略した言葉である．もとはラジオ放送局関係者の間で用いられていた用語で，民放ラジオが始まる1950年代には定着していたようだ．当時ラジオ放送で歌手が歌う際，バック演奏者なしで放送できるよう，歌を抜いた楽団演奏テープが用意されるようになっていた．こうした歌抜きのバック演奏そのものやそれを録音したテープがカラオケとよばれたのだ．1970年代に，こうしたテープを再生し，マイク入力音声を合成・増幅できる装置が商品化され，装置自体をカラオケとよぶことが定着した．現在ではこうした機器を用いて歌唱する行為もカラオケとよばれることが多い．なお70年代以降，カラオケは世界中に伝播し「karaoke」として広く普及した．

　カラオケが娯楽機器として商業化されたのは1970年前後である．ほぼ同時期に複数の人物が商業用のカラオケ機器を発案しているが，特に著名なのは，根岸重一と井上大佑である．東京板橋で電気部品組立工場を経営していた根岸重一は昭和42（1967）年，8トラックテープにマイクアンプ，ミキサー，100円タイマーを付けて箱型のカラオケ再生装置を制作し，喫茶店やスナック，モーテルなどに販売を行っている．一方，バンドマンだった井上大佑は，自らバンド仲間とともに演奏を行い，手づくりで伴奏用テープを制作した．そして昭和46（1971）年，コインタイマーを付けた再生装置とともに「8ジューク」として月貸しレンタルを開始している．なお，井上は米国誌『タイム』（1999年8月23・30日合併号）で，「カラオケの発明者」として「アジアを変えた20人」に選ばれている．

●盛り場の男性文化としての初期カラオケ　もともと日本には，酒宴の席で酒興に歌われる座敷唄の文化があったが，戦後の盛り場で広く定着していたのが「流し」によるギターなどの伴奏に合わせて客が歌うという形態の娯楽であった．しかし，昭和39（1964）年のスナック・バーの登場に伴い，カウンター女性とのコミュニケーションが娯楽の主流になったこと，歌の曲数も増え，ジュークボックスや有線放送など音楽を流す新たな媒体が登場してきたことなどが，戦後のインフレによる人件費の高騰と相まって，流しの需要を低下させた．こうした中で，カラオケは普及し始めた．

　昭和46（1971）年に井上が開発した上述の「8ジューク」は大当たりし，翌年には日本ビクターがEPレコードにマイクミキシング機能を付けたお座敷用歌えるジューク「BW-1」を発売した．なお，当初カラオケを受容したのは，40代後半以上の男性サラリーマン（昭和ひとケタ世代）であり，酒の席でホステスやほかの客たちの前で歌うというスタイルであった．こうしてカラオケは，まず盛り

場における酒と不可分の男性中心文化として始まり，次第にホテル・旅館の宴会場や，喫茶店へと広がった．

その後，昭和57（1982）年，レーザーディスクを用いた機器が商品化・発売され，カラオケは8トラックテープからレーザーディスクの時代に入り，映像（画面）を見ながら歌うものへと変化する．特に昭和59（1984）年に導入されたオートチェンジャー（ディスクの入れ替えを客がリモコン一つで行える）機能は，ホステスがいなくても楽しめるため，盛り場以外への広がりに拍車をかけることになった．

●老若男女の娯楽を生んだカラオケボックス　昭和61（1986）年，岡山で佐藤洋一夫妻が，トラックコンテナを用いて，日本初のカラオケボックスの営業を開始する．オートチェンジャー機能を生かして客自身が操作できること，グループごとに個室（密室）に集え，他人に気兼ねなく歌えること，酒と切り離されたことなどが受け，主婦，若者に大人気となった．こうした形式のカラオケボックスは，駐車場の地代が安い地方部で受け入れられていき，特に翌年に国鉄が民営化されコンテナが大量放出されると，これを利用したカラオケボックスが地方で急増した．その後，昭和63（1988）年頃から大手の第一興商，タイカンがカラオケボックスのフランチャイズチェーンの全国展開をスタートさせる．これによりビルのフロアに個室が並ぶ，ルーム型のカラオケボックスが都市部で広まる．

カラオケボックスの登場は，必ずしも酒を必要とせず，外部に対して閉鎖的な空間で行われるという点で，それまでの盛り場でのカラオケとは決定的に異なる新たな娯楽・コミュニケーション形態を生み出した．こうした特性は，老若男女を問わない大衆文化として，カラオケを広く日本社会に定着させる大きな要因となった．

そして平成4（1992）年，通信カラオケが登場した．これは電話（ISDN）回線を用い，楽譜データを直接店舗の機械へ転送するという画期的な方式であり，これによりユーザー側はテープやレーザーディスクの保管から完全に解放されることになった．平成15（2003）年頃にはブロードバンド仕様が本格化し，動画配信や実演奏音源（生音演奏）などの配信や，リアルタイムで歌唱得点の全国順位を競い合うことも可能になっている．

●近年の新たな動き　なお，近年カラオケを巡り新たな動きもみられる．平成12（2000）年頃から若い女性を中心に，一人でカラオケボックスに行く「一人カラオケ」が普及し始めている．ストレス解消，歌の練習，健康増進などを目的に幅広い世代に受け入れられ，平成23（2011）年には東京神田に一人カラオケ専門店も登場した．カラオケの個室化が行き着いた文化として興味深い．一方，翌年には，東日本大震災の被災支援の一環として第一興商などがトラックを改造したカラオケカーを仮設住宅に設置した．そこでは，ストレス発散の場や交流の場として活用してもらい，被災者の孤立を防ごうという試みが行われた．　　　［山村高淑］

カルタとり

　16世紀後半に，ポルトガル船がもたらしたヨーロッパのカルタに影響されて，江戸時代の日本では，カードの表面を上にして配布しあるいは散らし置いて，その内容の公開を前提にして進める日本式カルタのカルタとり遊技が発達した．

●**カルタとりは家族・友人の楽しみ**　カルタとりは，老若男女がそれぞれ楽しめる日本の遊技であり，特に正月には家族の年中行事としてにぎやかに行われた．もともとカルタは，文字や挿画を載せた四角い小紙片を何枚か手で操作して楽しむ遊技であったが，これをヒントに日本人の創意工夫の能力が発揮されて，江戸時代に，日本の伝統，日本の文化，そして日本のユーモアを盛り込んだ日本式カルタの文化が花開いた．正月はそのベスト・シーズンであり，近代になっても，百人一首カルタ，いろはカルタ，花札，トランプなどが次々と遊ばれて，家族や親族，友人が集まる新年の宴の席は夜遅くまで盛り上がった．

　カルタとりの大きな魅力は，参加者の間では日頃の身分の隔たりが消えることにあった．大人と子ども，夫と妻，舅と嫁，本家と分家，主人と使用人などの差が消えて，男女が対等の競技者として振る舞うことが許される．技能が優れていて成績が優秀であれば，勝利の喜びと栄光となにがしかのご褒美（ほうび）が与えられる．そんな解放された空間が正月のカルタとりの場であった．

●**百人一首カルタで日本の文化を知る**　カルタとりの主役は，「百人一首カルタ」である．このカルタは17世紀前半に上流の武家社会で女性が楽しんでいた遊技を基礎にして京都で考案され，元禄年間以降に雅（みやび）な遊技として全国に広く普及した．この遊びに加わるなかで，人は王朝時代にもさかのぼる文化とは何かを理解した．江戸時代の教育では，先生が「百人一首」に詠まれている和歌を朗詠して聞かせてみたり，書いてみせて習字の手本にしたりもした．文字が読めない者でも内容は理解していたから，例えば，落語の「千早振（ちはやふ）る」は誰もが一緒に笑えた．

　また，読み札に描かれた天皇，皇族，公卿，歌人たちの絵姿を見れば，自分がどういう文化的伝統の社会に生まれて育ったのかがビジュアルにもよくわかる．

　そして，まだ標準語もテレビやラジオもない時代に，文芸作品を通じて言語を全国民が共有できた社会は珍しい．そこには，聖書やコーランの言葉や孔子の文章を共有したりしてきた社会とは明らかに違う言語文化が育っている．「百

図1　百人一首歌カルタ（江戸時代中期）

人一首」のカルタとりは，そのことを確認できる大事な時間でもあった．明治時代になってこのカルタの流行には陰りがでたが，明治30年代に黒岩涙香(るいこう)が提唱して競技カルタが始まり，今日まで活発に遊ばれることになる原動力となった．

●**カルタで幼児教育**　「いろはカルタ」も，カルタとりの主役の一つである．もともとは江戸時代前期に諺(ことわざ)を集めて絵札と字札で合せ取る「たとえカルタ」が成立し，江戸時代中期に100もの諺を集めて木版刷りにした一般向けのカルタが発行され，江戸時代後期にいろは順に整理した「いろはたとえカルタ」が売られた．「いろはカルタ」の遊びは，兄弟姉妹や親類などの子どもを集めて行うこともあり，児童に文字を教え，教訓を教え，友だちと物事を競い合うときのマナーを教える家庭教育のツールともなった．もっと娯楽性が強い遊戯具としては，江戸時代からの「お化けカルタ」「武者カルタ」「忠臣蔵カルタ」「役者カルタ」などがあり，子どもたちに人気を得た．

逆に明治20年代に，学校教育が本格化してからは，教育玩具としての「いろはカルタ」が注目され，修身，国語，算数，理科，社会，音楽などの教科に関連したものが数多く発行された．第二次世界大戦後は，マンガやラジオ，テレビの人気番組のキャラクターを題材にしたカルタも好まれて，教材的なカルタと市場を折半した．また，全国各地に，その地域の名所，名物を扱った「郷土カルタ」が1,000種類以上考案され，教育委員会や自治体も支えて活用が奨励されている．

日本には，言葉遊びのカルタもある．昔は「粋言葉カルタ」「地口カルタ」「謎なぞカルタ」などとよばれたが，駄洒落言葉，もじり言葉，とんち，謎掛けや俳優の決め台詞などがカルタになって，これは大人が楽しく遊ぶものであった．

●**カルタは生き残れるか**　日本の正月の風景は，第二次世界大戦後の社会の変動，特に高度成長期以降の核家族化の進展と少子化により大きく変わった．家族のメンバーの数は減り，生活の場も散りぢりになって，みなで集まってカルタ遊びに興じる機会は減った．自分の生活に忙しい子どもは，自由な時間があれば自室で画面に向かってゲーム機に熱中する．同年齢の子どもが集まって遊ぶ場はゲームセンターであり，コンビニ，ファミレスになった．地域や学校でカルタ遊びの維持，保存に熱心なところもあるが，大勢(たいせい)は覆らない．江戸時代の日本は世界一のカルタの王国であったことを思うと少し淋しい．

だが，カルタの遊技には，一人で孤独に遊ぶテレビゲームや1対1の対決になる囲碁や将棋とはちょっと違う社交の楽しみもある．大人がもっと心を配って興味深い新しい内容のカルタや楽しいゲームを創造して普及すれば，カルタの流行はアッと言う間に国中に伝播するだろう．健全娯楽に必要な投資を進めて子どもたちにゲームセンター以上に楽しい社交，宴の場を提供すれば，そこは新しい遊び友だちづくりの場にもなり，カルタとりはまた勢いを盛り返すであろう．カルタにはそういう魅力が秘められている．

[江橋　崇]

弓射と的あて

　弓射とは，弓を用いて矢を目標物（的）に射あてる運動である．日本の弓射の歴史は古く石器時代に始まり，現代まで途絶えることなく続けられてきた．狩猟や戦闘，儀礼や競技，娯楽として行われてきた．弓矢は勝負の代名詞とされ，弓射技術の習得には対人形式を必要とせず，射幸的な特性をもっていることから，遊興として貴族や武士，さらには一般庶民にまで溶け込んでいた．爛熟した娯楽として，人間の限界に挑戦した競技として，地域の生活に根付いた神事として，その時代背景に合った多様な弓射文化が成立した．

●**娯楽としての弓射**　投壺，弾弓，小弓，雀小弓，楊弓などがある．楊弓は，室町時代から貴族や武士の間で行われ，江戸時代には一般庶民にも広まり，手軽な娯楽として各地の盛り場に町矢場（楊弓店，楊弓場）が多くつくられた（図1）．明治時代に入ってからも東京，横浜，大阪などの大都市で流行した．内容は一般的にいかがわしいもので，一種の風俗営業であった．明治10（1877）年2月には「夜間ハ午後十二時限リ閉店スベシ」「猥褻の所行

図1　楊弓店の様子
〔出典：『風俗画報』明治28年第102号〕

は勿論，行人を抑留し，又は来客を宿泊せしむべからす」などの取締り規則が出された．しかし効力はなく，東京には85個所あったとされる．観光地や歓楽街の町矢場には多くの「矢取女」がおり，遊興として爛熟した弓射文化であった．こういったことから，危ない，不都合な状況をさす「やばい」の語源とされている．

　実戦にはまったく役に立たない弓射であるが，専門の矢師や弓師により道具は豪華に装飾され，礼法や体配，射様心得など作法が定められ，『古来楊弓射禮蓬矢鈔』（貞享5〈1688〉）などの専門書も出版された．

●**競技としての弓射**　古くは，朝廷行事であった射礼や賭弓も賞品が賭けられ競技化した．武家社会での騎射・歩射の諸行事も，近世に入り実践での必要性が弱まったことにより，形式化され競技となった．江戸時代流行した「通矢競技」は日本のスポーツ史上特筆すべきものである．

　江戸時代中期の『本朝武芸小伝』（享保元〈1716〉）によると，通矢の起源は，保元の乱の頃（12世紀中頃）熊野の蕪坂源太が崇徳上皇の身方として京に馳せ参じたとき，三十三間堂の軒下を根矢をもって射通したのが始まりとされる．

その後，天正頃（16世紀末）小川甚平，木村伊兵衛，今熊野猪之助らが差矢を試みたと記されている．そして，慶長4（1599）年，印西派の吉田五左衛門が千射を試みたのが大矢数の初めであると伝えられている．『年代矢数帳』や『武用弁略』の明らかな記録によると，慶長11（1606）年，石堂竹林の門人浅岡平兵衛の51本が初めである．その後，各藩の射手が京都三十三間堂を競技場とし，記録の更新を狙って天下総一を競うようになった．初期の通矢は，個人の技量を試し神仏にその上達を祈願するものであったが，次第に藩の名誉をかけた争いとなり競技化していった．

　通矢は，社会にあらゆる面で影響を与えた．弓術の振興はもちろん，他者との競争は技術や練習方法の研究，道具の開発を促進させ，その結果として競技レベルの飛躍的な向上がみられた．また，競技会は次第に巨大イベント化し，娯楽として多くの観客を集め賭けの対象にもされた．実施には莫大な資金が必要となり，社会経済に影響を与え，産業を育成し庶民の日常生活における話題性と社会全体の活性化を促進させた．「通矢」は，長さ66間（約120 m），幅7尺3寸（約2.2 m）高さ2間4尺（約5 m）の軒下空間を上下左右，どこにも触らないように矢を射通す競技で，制限時間24時間，矢数制限なしのルールで行われた「全堂大矢数」は通矢競技の華であった．貞享3（1686）年，紀州の和佐大八郎が樹立した8,133本（総矢数13,053本）の記録は，300年を経た今日でも破られていない．

●神事としての弓射　破魔弓（はまゆみ）は，「児子をして破魔弓を持てかけ廻りかけ走らしむれば熱ももれ病なく歩行健ならしむるの意なるべし」（『小児必用養育草』）として，健康を保つ正月の遊びとして行われた．

　弓射は，その威力の絶大さから霊的力をもつ神聖なものとされ，易や占い，悪魔払いや家内安全，五穀豊穣や無病息災，開運を祈願するものとしてさまざまな弓射神事が行われてきた．弦音や矢音には邪気を払う効力があるとし，「読書鳴弦の儀」や「誕生引目」などの鳴弦や弦打，射礼の儀式が行われている．八幡太郎義家が弓弦を3度鳴らして高声に名乗り堀河院の煩悩を払ったことや，源頼政が鵺（ぬえ）を退治したことは有名である．

　現在，埼玉県周辺一帯で行われている「オビシャ行事」は，ヒキメ，オビシャ，弓取り式，マトウ，ヤブサメなどと称され，邪気や厄を祓（はら）い，矢の中（あた）り具合でその年の吉凶や農作物の豊凶を占う行事として行われている．また，広島県福山市鞆で行われている「お弓神事」は，矢を放って一年の悪鬼を祓い民の無病息災を祈る行事で，市の無形民俗文化財に指定されている．高知県北川村の「お弓祭り」は，悪魔退散の修法（しゅほう）で，県の無形民俗文化財に指定されている．福島県鹿島町塩崎の「中村藩本陣詰弓組奉納射」は，弓矢八幡を守護神とし，武士の護身，隠身，遠行（えんこう），静論（じょうろん），勝利の護法として行われている．そのほか，日本各地でさまざまな弓射神事が行われている．

[黒須 憲]

ままごと，人形遊び

　ままごと（飯事と書く）とは，調理の真似事をする模倣遊戯のことで，日常生活の全般を真似た遊びが含まれている．ままごとの「まま」は幼児語の飯をさし，「ごと」はごっこ遊び，祭事などの行事を意味する．日本だけでなく，世界で女の子を中心に行われている遊びである．

●**子どもの教育としてのままごと**　子どもが1歳頃になると母親の真似を始め，3～4歳になると本格的なままごとへ発展していく．このような仮想的

図1　1950年代のプラスチック製のままごと道具
［所蔵：日本玩具博物館］

模倣の遊びは意図的に創案されたものではなく，幼児の本性にもとづく遊びなので，人間の生活史とともに歩んできたものである．食卓での作法や言葉遣いだけでなく，招客，交際，贈答などを大人社会の縮図をみながら，ごっこ遊びを通して友達と遊ぶ楽しさや協調性なども自然に身につけていく仮想的で模倣的な遊びであり，子どもの将来にとっても好ましい遊びと評価され，親もこれを見守ってきた．

　道具は日常の炊事に使用されていた食器類，料理の材料には草木，貝類などの自然物，不要になったお茶碗，空き瓶や缶などの身近にあるものを用いていた．『紫式部日記』（寛弘7〈1010〉年頃）によると，平安期には貴族階級において雛遊びの調度品がままごと遊びの小さな道具としてあった．この小さな道具が後に木，土，紙でつくられ，一般的に普及した．

　遊びとしては江戸時代頃に定着したようであるが，貴族の子どもであれば金属製の道具や塗り物，庶民であれば木や紙製といったように，身分によって使うままごと道具に大きな差があった．さらに，幕末になると舶来玩具であるブリキ製，ゴム製，セルロイド製の高級ままごと道具が現れたが，一般には普及せず，明治期に入ってから広まった．初期にはブリキ製や土製が道具の中心であったが，末期になるとガラス製の道具もつくられるようになった．金属製，セルロイド製の道具が変容し，さらに昭和初期（1950年代）においてはプラスチック製の遊具が登場してきたのである（図1）．

●**ままごと遊び**　一般的に3～5人くらいで遊ぶことが多いが，1人でも可能で

ある．近所の同年齢の子どもや姉妹で遊ぶだけでなく，母親や祖母などの大人を相手にすることもできる．場所は庭先，軒下，空き地など戸外に敷物を敷いて遊ぶ場合と，部屋や縁側といった戸内に分けられる．遊ぶ者同士がそれぞれの道具を持ち合い，間取りに応じて配置して，家族構成なども決めて行う．

ままごとはごっこ遊び，模倣的遊び，劇的遊び，創造的遊び，仮想的遊びという特性を生かし，遊びを通して脳の発育をうながす効果がある．単なる玩具ではなく，知育玩具として，プラスチック製，木製だけでなくさまざまな素材が開発され，現在でも受け継がれている．

●**模倣の遊び**　フランスの社会学者ロジェ・カイヨワは，『遊びと人間』（*Les jeux et les hommes*, 1958, 訳 1970）の中で，遊びには競争，模倣，偶然，めまいという四つの要素があると分析しているが，ままごとは正に模倣の遊びである．これは大人の遊びとしての芝居や映画のような芸術の域にまで高まるともいわれている．真似は学びの最初の段階であり，学習する過程なのである．脳科学の分野でミラー・ニューロンが発見されて以来，人間は真似ることから学習し，共感していくといわれている．ままごとは小さな子どものきわめて大きな学習といえる．その舞台である小さな家や装置は，時代とともに変わるが，誰もが通過し，体験する遊びなのである．

●**人形遊び**　人形は，先史時代より制作が始まり，祭礼に使われたとされているが，子どもの遊び道具としても使われてきた．江戸時代に普及したとされる「姉様人形」は和紙でつくられた素朴なものだが，優雅な「ままごと」遊びの必須アイテムでもあった．近年の人形遊びは，「着せ替え人形」として衣装を取り換えて遊ぶ形式が普及した．女の子の遊びの重要な形式といえるもので，ままごと遊びと人形遊びは，一体的な「模倣の遊び」の類型として位置づけることができる．

●**ままごとの産業化**　ままごとが産業化したかたちとして，近年の新しいエンターテインメントビジネス「キッザニア」がある．これは 1999 年，メキシコで最初にオープンした．日本のキッザニアは 2006 年，東京都江東区にあるアーバンドックららぽーと豊洲内に世界で 3 番目にオープンした．その後，東南アジアやヨーロッパ，南米などに広がり，2015 年にはアメリカにオープン予定である．キッザニア東京の延床面積は約 6,000 m^2 で，年間 80 万人の利用者があるそうだ．このビジネスモデルは民間企業のスポンサーと，子どもの職業教育を結びつけたものである．キッザニア内部の通貨を発行する，子ども議会を運営するなどは，1986 年にドイツで開かれた「ミニ・ミュンヘン」とよばれるイベントとして開催された「子どもたちの都市活動」に大きく影響されている．このミニ・ミュンヘンは 2 年に 1 度開催されているイベントで，日本でも 200 程度の都市で類似したイベントが開催されている．キッザニアは定常的なテーマパークとして，「ままごと遊び」「模倣遊び」を産業化した例として特筆すべきであろう．　　［仙田　満］

◆ 貴人の遊び

　遊ばせ言葉という言い方がある．「ごめんあそばせ」とか「おいであそばせ」といった言い廻しの総称である．上品かつ丁寧な印象を醸し出し，また相手を敬いたいときに，使うことがある．主として女性によって担われてきたが，この頃はあまり聞かなくなった．いずれは消滅してしまう表現であるのかもしれない．

　大槻文彦編纂の『大言海』という国語辞典は，これに面白い解釈を添えている．「遊事ヲシタマフ」人につけた「敬語」として「アソバス」は成り立ったという．元来遊びが日常化していたのは，「あそばせ」と敬われる人々，有閑階級であった．そう捉えたうえで，大槻は語彙の発展を推し測ったのである．

　ヨーロッパ中世の宮廷にも，似たような物言いはあったらしい．貴人たちは，しばしば「遊ばす」という言葉とともに，その振る舞いが記述されていた．オランダの文化史学者 J. ホイジンガは，『ホモ・ルーデンス』（1938）という著作で，そこに光をあてている．「遊び」の起源が高貴であることを，仄めかすために．

　日本史を文献的に逆上っても，その源流は貴かっただろうことが窺える．例えば，歌や舞いも貴人の葬送儀礼に供された歌舞・奏楽から派生したと，一般には見做されている．遊びの根には鎮魂の儀礼があったというのである．

　事実，古い記録に記された遊びの多くは，王朝に起源のあることがわかっている．騎射や賭弓，あるいは競馬でさえ，当初は宮廷の娯楽だとされていた．中世武士が始めたとされる流鏑馬や犬追物なども，その延長上にある．貴族から僧侶，武士を経て，庶民にも広まっていく．遊びに，そんな上から下へ流れる歴史のあったことは，否定のしようもない．

　日本語の「遊び人」は，博奕打ちのことをさす．そして，賭博の起源も宮廷にあった．性的なプレイの達人という含みも，今の「遊び人」はもつ．そして，恋愛遊戯も宮廷から一般化した遊びであった．

　ただ，人間以外の動物も，遊んでいるとしか思えない振る舞いを示すことはある．摂食や生殖といった本能では説明のつかない行動が，イヌやネコにもない訳ではない．じゃれあったり，一緒に走ったりというような光景を彼らもしばしば見せてくれる．人間にも，身分や階級を越えて，遊びへの情熱は備わっていたに違いない．文献史学にこだわりすぎると，そこが見え難くなるから，あえて強調しておこう．

　互いに群れるイヌやネコのような遊びを，子どもたちは日常的に示してきた．だが，人間の場合は，そんな子どもの遊びにも，文化史が潜んでいるものである．例えば，鬼ごっこの形式には，宮廷や寺社で繰り広げられた鬼追いの習俗が，名残りをとどめていよう．子どもの遊びから，中世以前の習慣へ遡及していこうとする歴史研究も，少なくない．

　その点では，イヌやネコとの間に強い溝のあることを，痛感する． 　　　［井上章一］

15. 音　楽

　絵画や彫刻へ向かう現代日本人の好みは，よほど西洋化してきた．フランス印象派やロダンらの人気に太刀打ちできる作家は，そういない．だが，古い日本画や仏像の鑑賞にいそしむ人々も，まだ健在である．
　美術だけに限らない．和食や和服，日本家屋の味わいを喜ぶ人々も大勢いる．明治以降，日本は西洋化の途をたどってきた．だが，伝統的な日本文化も，まだ衰弱しきってはいない．
　しかし，音楽へ耳を傾けると，話は違ってくる．雅楽や声明(しょうみょう)に耳がなじんでいる人々の割合は，大変少ない．謡曲も，いや比較的新しい三味線曲や箏曲(そうきょく)でさえ，わかりにくくなっている．
　幕末明治初期に西洋音楽と接した日本人は，その多くが雑音としてこれを受け止めた．しかし，現代人はドレミのほうが聴きやすくなっている．西洋化という明治以来の国是は，音楽面で一番成功したようである．　　　　　［井上章一］

謡

　日本古典文学では，歌をヨムは「詠む」の漢字が使われた．これはその歌が朗詠されたからである．そのように朗詠される歌のジャンルを，謡という．それらには神楽歌や催馬楽，今様，謡曲などさまざまあるが，そもそも謡のもとになったのは，和歌であった．680年頃，柿本人麿が七夕の歌を示して，貴族たちに和歌つくりと朗詠を教えて広めた．

　平安期には，短編物語を並べて，在原業平の一生を描いた『伊勢物語』ができた．彼の孫娘である伊勢がまとめたものが中心であった．次に伊勢の娘・中務が同じように書いた説話集がもとになって『大和物語』ができた．これらは和歌と物語が一緒になっているので「歌物語」とよばれる．このようなジャンルがあることは，日本人の歌好きの国民性を示している．

●妻問婚　昔の日本人の歌好きの原因には，妻問婚という生活の影響がある．古代・中世の日本では男も女も，一生を生まれた家で過ごすことになっていた．これは母系家族制という．その暮らしでは夫婦は別居となるので，古代歌謡の「こいしい」という言葉には，会いたい想いに焦がれている気持ちが感じられる．会えない日に夫婦はお互いの想いを和歌にして，子どもに持たせて送りあった．文の意味が子どもにわからぬように，表は別の意味に工夫された．すなわち，表の言葉は暗喩法として使われる．エロティックな意味を表すとき，この表現がさまざまな文芸にも使われた．したがって，古代日本文学の現代訳では，裏の意味があるときは，それを示さなければ不完全となる．

　宮廷では天皇即位の年の11月に，大嘗祭が催される．その夜に，神遊びが行われ神楽歌が歌われた．この行事は，石清水八幡のものを取り入れたといわれる．石清水八幡は，宇佐八幡が豊の国から遷座した．宇佐八幡の社家だった宇佐公康によると，宇佐八幡の主神は「月読みの女神」である．それが豊受の神とよばれて，伊勢外宮の神になると月神であることが忘れられたという．神楽歌には「笹の葉に　雪降り積もる　冬の夜に　豊の遊びを　するが楽しさ」というのがある．豊国の神の遊びだから，「豊の遊び」ともいう．

●催馬楽　宴のときに催馬楽が歌われるようになったが，内容は民間の唄と混ざり合った．「東屋」という歌がある．母は娘の逢い引きのために，母屋の横に小屋を建てた．それを婿は吾妻屋とよんだ．訪れた婿が殿用の戸口が開くのを，もじもじして待っていた．すると，妻がいう．「……かすがひも　錠もあらばこそ　その殿戸　われ鎖さめ　おし開いて来ませ　われや人妻」　これの訳は「……戸は閉めていないわ．わたしの陰の入口を刺すのは，婿の役目じゃないの．さっ

さと刺しなさい．わたしは人妻じゃないわ．あなたの妻よ」となる．

　農家の婿は実家で働く．しかし田植えのときは，妻の家に手伝いに来る．婿と一緒に昼に仕事をするのは珍しく，嬉しいので妻からは鼻歌がこぼれる．娘も父の顔を見て嬉しく，母とともに歌った．平安期には，娘たちを集めて，田植え儀礼が行われた．早乙女が並ぶと，男たちが鼓を叩いて田植え唄を歌った．合わせて娘たちも歌った．後には田楽法師がよばれ，ササラを鳴らして踊った．その田楽が猿楽になり，謡曲ができ狂歌ができた．

●**今様**　七・五調四句の定型詩を今様といい，「当世風の歌」を意味する．11世紀後半から200年ほど流行った．平安の末期に，後白河院が今様を集めて『梁塵秘抄』をつくった．この頃の結婚式は，娘のところに若者が泊まりに来て三夜が明けた朝に，娘の両親が花婿を餅と酒で祝うやり方であった．それを「三日夜餅」といった．次のような詩がある「冠者は妻設けに　来んけるは　かまへて二夜は　寝にけるは　三夜といふ夜の　夜半ばかりの暁に　袴とりして　逃げにけるは」これは冠者（成人した若者）が娘をだます話である．彼は三夜目の夜が明けぬうちに，脱いだ袴をつかみ逃げ去った．残された3人の嘆きが聞こえるような情景である．

●**『閑吟集』**　室町期に富士庵桑門が書いた『閑吟集』（永正15〈1518〉年成立）には，謡曲や漢詩の一節のようなさまざまなかたちの歌がある．古今集の和歌を短くしたものでは，「君来ずは　濃紫　わが元結に　霜は置くとも」がある．昔の妻は着物を婿の好きな色に染めて，敷布のように敷いて寝た．濃紫の中の裸身の白さが男の目にしみた．若妻に夢中な婿に，先妻が白髪の妻も忘れないで，と歌を送る話になっている．『閑吟集』は調子がよいので唄われ，ここからのちに小唄や民謡が生まれた．

　歌謡集が民俗学に有益なのは，その歌で家族制度がわかることである．『閑吟集』の歌の多くは，母系家族制である．ということは，母系家族制が室町時代にも続いていたことを示す．延享5（1748）年の『小歌しやうが集』にある「女子様ぢや　みなどれどれも　生まれ在所（実家）を　余所（夫の家）に見て（寝る）」の歌により，江戸中期には，農村でもすべて嫁入り婚に変わったことがわかる．

　『山家鳥虫歌』には江戸期に流行った歌が並んでいる．これが民謡集の始まりであった．「飲みやれ大黒　歌やれエビス　ことにお酌は　福の神」

●**『琉歌百控』**　本土の謡は，沖縄にも影響した．江戸期には『琉歌百控』が記され，「笠に顔かくす　忍ふ夜や知らぬ　さやか照わたる　月の恨めしや」がある．闇夜には，妻問いはできぬ．さりとて満月の明るさは，笠で顔かくしても恥ずかしい，と通い婚は歌う．沖縄では，謡の踊りも盛んになった．　　　　　［谷戸貞彦］

詩　吟

　漢詩に韻を付して詠む文化は，中国でも日本でも古くからあった．しかし，日本で今日のような詩吟の節調がかたちづくられ始めたのは江戸後期とみてよい．儒学者広瀬淡窓（天明2-安政3〈1782-1856〉）は彼の私塾で詩の朗詠を教えていたともいわれる．同時代を代表する詩人頼山陽や梁川星巌らは尊王の志厚く，その想いを詩に託した．幕末の勤皇の志士たちは，自らの，また互いの士気を鼓舞するため，そうした詩を愛唱するようになったのである．志士で吉田松陰の高弟久坂玄瑞は詩吟が上手であったと伝えられているが，文献に次のような記録がある．「酒たけなわにして玄瑞詩を唱う．その声鏘然として金石のごとく，樹木皆振う」（佐伯仲蔵『梅田雲濱遺稿竝傅』）．

　吟法が磨かれ旋律をそなえた詩吟が普及するようになったのはそれ以降で，昭和に入ってからはラジオに吟詠が登場するようになり，広く民衆になじむようになる．戦前，戦中の旧制中学では漢文が必須科目で，教師が授業中に詩を吟ずることもあった．戦争中は軍国主義とも結びついて，国粋的な漢詩を吟じることは青壮年の嗜みの一つとさえされた．

　戦後は「平和の鐘」（小原六六庵作）といった詩が吟じられるなど，時代の風潮を反映してきたことは否めない．今日では，美しい情景の詩や道義・礼節を称揚する詩などがよく吟じられる．

●**吟のねらいと漢詩**　詩経に"詩は志"と述べているが，作者の心に学び，あるいは作者と心を一つにして吟ずることにより情操を豊かにする．例えば元田永孚（文政元-明治24〈1818-91〉）の「中庸」という詩の結句に"天下の万機は一誠に帰す"とある．この詩を繰り返し吟じることにより，誠実に生きることを吟者の生き様とするのである．また，正しい姿勢で丹田に気力をおいて大きな声で発声すれば，血液の循環を良くし老化の防止にもなることから，健康法の一つとして吟詠の道に入る人も多い．仲間との切磋琢磨，交流，そして詩の対象となった歴史上の人物，風景など風土記を巡り各地への紀行を楽しむ吟者もいる．

　そうした吟者の想いによって詠ずる漢詩が選ばれるが，漢詩には中国の唐以前の古体詩と，その以降一定の形式，構成法でつくられるようになった近体詩がある．近体詩には四句から成る絶句，八句の律詩などがあり，絶句には五字からできている五言絶句と七字の七言絶句がある．律詩にも七言と五言がある．絶句の第一行目を起句といい，詩の情景が提起される．次の第二句を承句といいここで説明を加え，第三の転句で別の視点からこれを補い，最後に第四句を結句といって全体をまとめる．すべてこのように構成されていて，それぞれにふさわしい吟

法を用いるが，詩吟では転句がもっとも大事で難しいともされる．
　中国の李白（りはく），杜甫（とほ），王維（おうい）など著名な詩人，日本の歴史的に有名な学者，詩人，高僧，英雄，勤皇の志士などの詩がよく吟じられる．詩の内容によって勇壮吟，哀愁吟などと称することもある．漢詩を一人で詠ずるのを独吟（どくぎん），数人が一緒に吟ずるのを合吟，何人かで一節ずつ謳いつないでいくのを連吟といっている．吟の伴奏は尺八や琴で行われる．
　近年では「構成吟（きこう）」といって，絶句や律詩に和歌，俳句，歌謡，琵琶などを組み合わせ，情景や歴史上の人物などを物語風に演出することもある．また，吟詠に合わせて，その漢詩を揮毫することがあり，これを書道吟といい，吟詠と琴，尺八の伴奏中に花を活けるのを華道吟といっている．これらの中に剣や扇子を用いて踊る剣詩舞道が加わることもあり，多彩，華麗にもなっている．

●吟じ方と学習　詩吟は，詩意を表現する芸術である．したがって作者の心，詩が生まれた時代背景，情景を知り，詩をよく理解することがまず大切である．
　詩をよく表現するためには，吟者に最も適した声の高さ，「主音」を知らなければならない．吟詠には"主音にかえれ"という原則があって，どんな詩を吟じても最後にはこの音位で終わる．主音を知る方法としては，一般に和楽器専用の丸型の調子笛を用いる．1本，2本，3本と順次高い音が出るようになっていて，この1本の音はピアノの「ラ」にあたる．洋楽の長音階はド・レ・ミ・ファ・ソ・ラ・シの7音階だが，詩吟ではレ・ソ抜きの和式5音階短旋律を基礎に節調がつくられる（コラム「和音階」参照）．詩吟専用のコンダクターもある．練習は高めの音で行い声を鍛えるようにするのがよい．
　発声は，腹式呼吸の感じで，いわゆる腹から声を出し，アイウエオの母音とンを明瞭に，また詩の一語一語を正しい日本語のアクセントで発音する．これが基本で，上達するにつれ声の強弱，イントネーション，小節（こぶし），揺すり（揺れ），「間」「余韻」などを工夫し吟の境地を高めていく．詩経で孔子の説く"無邪の詩境"で吟ずるのがよいとされる．吟詠の長さは詩によって違うが，絶句の場合およそ2分である．
　なお，吟界には流派があり，それぞれの流派から楽譜付きの教本が出されている．愛好者は普通いずれかの流派に属して学習している．この各流派を網羅した団体として日本吟剣詩舞振興会がある．この振興会や愛国詩吟総連盟，コロムビア吟詠音楽会などは，全国吟詠コンクールを主催しており，府県などにも詩吟連盟が組織され，吟詠研修会などを行っている．市町村が公民館などの公共施設を詩吟教室に提供しているところもあり，詩吟愛好者は小学生から高齢者まで広汎に及び，その数は数百万人と推定される．
　近年は外国人の愛好者もみられ，彼らを含めた詩吟教室も開かれている．

〔村上利夫〕

数え唄

　数え唄は，歌の詞章や語句に「数」を入れ込んだ歌で，多くはわらべうたなどにみられる．わらべうたは，上代から平安期の頃は「童詞」「童謡」といわれ，風刺・比喩の歌謡，男女児が神事歌舞で歌った歌である．中世以降では巷歌・口遊・小歌などともいわれ，俗謡化する中で歌詞の妙味を加えるものなどがあった．さらに，近世以降では数を歌い込むことや，歌詞の1番，2番などを歌う．時間や作業量の計測性が付加されることがあった．

　わらべうたのほかに，歌の用途は，道中歌・酒造り歌・餅搗き歌・盆踊り歌・宴席の騒ぎ歌などにも多くみられる．餅搗きは祝いとかかわり，実際の餅搗きや東北地方などの餅搗き踊りでは，「一に俵を踏んまいて　二でニッコリ笑って」，「一に大黒　二に恵比須」などのように，めでたい歌詞が重ねられる．

●**数え唄の構造**　数え唄の数の取り入れ方は，①数の音韻を用いるもの，②数の数値を用いるもの，③数に合わせた詞章を重ねるものなどに分けられる．

　①では「いんがら　しんがら　ろんがら　やんがら　とんがらし」(数とり歌)，「いちじく　にんじん　山椒の　しいたけ　ごぼう　むかご　七草　やいな　このめ　唐なす　なあいっこんよ」(数とり歌)，「一人来な　二人来な　三人来たらば　寄っといで　いつ来てみても　七つの帯を　矢の字に締めて　くるりとまって　いっかんしょ」(羽つき歌) などがある．「いんがら」は数を「二　四　六　八　十」と飛ばして唱えるときの言葉遊びでもある．

　②では「一匁のいの助さん　いの字が嫌いで　一万一千一百石　いといと　いとまめ　お蔵に納めて　二匁に渡せ，二匁のにの助さん　にの字が嫌いで　二万二千二百石　いといと　いとまめ　お蔵に納めて　三匁に渡せ，〈続く〉」(鞠つき歌) などがあり，数値を増やしながら先に進む．

　③では「一つがらがら　二つ山椒の木　三つ蜜柑の木　四つ宵桜　五つ銀杏の木　六つ木蓮の木　七つ南天の木　八つ八重桜　九つ小梅の木　十で唐がらし」(お手玉歌)，「一番初めが　一宮　二また日光　中禅寺　三また佐倉の　宗五郎　四また信濃の　善光寺　五つは出雲の　大社　六つ村々　鎮守様　七つ成田の　不動様　八つ八幡の　八幡宮　九つ高野の　弘法様　十で東京　招魂社」(お手玉歌) などがあり，わらべうたとして歌われている．これらは数の音韻に合わせた語句を続けたものである．また，③では「正月とえ　障子開ければ　万歳が　鼓の音やら　歌の声　ササホイホイホイ (以下掛け声略)／二月とえ　二月三日は　寺詣り　明日は彼岸の　お中日／三月とえ　桜花より　お雛様　飾りて見事な内裏様／四月とえ　死んでまた来る　お釈迦様　竹の子柄杓で　お茶あが

れ 五月とえ／ごんごん婆やの 前掛けを お正月締めようと とっておいた ササホイホイホイ／六月とえ ろくに田の草 取る前に お米がないとて お腹立ち ササホイホイホイ／七月とえ 質屋のおくりは 混雑で 出したり入れたり 流したり ササホイホイホイ／八月とえ 蜂に刺されて 泣いて来た 何か お薬 あるまいか ササホイホイホイ／九月とえ 草の中にも 菊の花 姉さん一枝 ちょうだいな ササホイホイホイ／十月とえ 重箱かかえて どこ行くの 今日は恵比須のおつかいに ササホイホイホイ」（鞠つき歌），「一つ 人めどは お人の顔を頼るよ アリャリャン コリャリャン（以下掛け声略）／二つ お船は 船頭さんを頼るよ／三つ 三日月様は お星様を頼るよ 四つ 吉原じゃ お客さんを頼るよ 五つ 医者どんは 薬箱を頼るよ／六つ 昔は行燈を頼るよ／七つ 菜切包丁 俎板（まないた）を頼るよ 八つ 八百屋じゃ 天秤棒（てんびんぼう）を頼るよ／九つ 紺屋じゃ 染物を頼るよ／十で とっちゃん かあちゃん頼るよ」（鞠つき歌）のように，酒席での騒ぎ踊り歌などを流用するものもある．さらに，わらべうたの数え唄は「一年生は 芋掘って 二年生は 煮て食って……」のように，歌詞の自由な創作性から，その事例列挙は暇（いとま）がない．

●**歌と動作** 数え唄が，子どもの遊びの伴奏となる場合，リズムと旋律のフレーズが比較的単純で，遊びの動作と合う．例えば，①の羽突きのように羽根を打ち上げる1拍ずつの動作は，前記の歌詞によると「ひとーりきな ふたりきな さんにんきたらば よっといで」で，4回打つ動作の伴奏となる．③の「一番初めが 一宮」は，「一，二，三，四」までのリズムと旋律のフレーズが「五，六，七，八」で繰り返され，「九，十」に続き，その音楽的な補完のために「これほど心願 かけたのに 浪子の病いは 治らない……」と『不如帰（ほととぎす）』（徳冨蘆花）の筋が歌われていく例もある．旋律や音程の用い方には西洋音楽の影響もみられ，明治期以降の流行歌とのかかわりがある．騒ぎ踊り歌の流用などでは，各数の情景などを楽しみつつ鞠を突き，「ササホイホイホイ」「アリャリャン コリャリャン」といった掛け声の部分で，鞠を掌に取ったり歌詞に合う仕草を入れたりする．これらは，長く鞠つきを続けるためにリズムを整える役割がある．

また，道中歌や酒造り歌などは，作業量を測るために歌われることがある．東京都板橋区赤塚の餅搗きでは，練り・搗き・上げなどの工程があり，何本かの細杵でリズミカルに搗き込むが，その歌は『中山道道中歌』の一部である「お江戸今朝出て 板橋越えて 戸田の渡しを 朝舟で越えて 蕨昼食 桶川泊まり，鴻巣過ぎれば 熊谷宿よ 源氏平家の 昔を偲び 今夜深谷か 本庄泊まり……」（搗き節）が歌われ，「桶川泊まり」「本庄泊まり」で一搗きの区切りにしている．歌詞に数が挿入されてはいないが，短く単純なリズムと旋律が繰り返され，数え唄と同じ機能がみられるものである．

［小野寺節子］

民　謡

　民謡とは，民話，民芸，民衆，民俗など一連の言葉と同じく，明治時代に知識層によって発明された概念の一つである．20世紀初頭，Volkslied（英語ではfolksong）の翻訳語として採用された．それまで俚謡(りよう)，俗謡，俗歌などとよばれていた田舎唄の総称だが，その定義は一様ではない．

　今では地方で無名人によって土地に長く伝承されてきたことを重くみるが，他方で江戸時代より宴会，遊郭，季節労働，海運，巡礼などさまざまな経路によって各地に伝播したことも本質的な特徴である．「江差追分」「ハイヤ節」「伊勢音頭」などは幕末には相当広い範囲に広まっていたようだ．ほかの唄と同じく，長い間ただ楽しみで歌われる以上の存在ではなかった．

●民謡界の誕生　新しい概念は，新しい意味づけを進める．日露戦争後，森鷗外をはじめとする文学者は，民を国の根っことみる民族主義（国民主義）の下で民謡を捉え，その場の気晴らしである以上に，郷土文化，国民文化の基礎であると見做した．それを最初に実践に移したのが，明治39（1906）年，神田に追分道場を開いた後藤桃水で，従来の無伴奏，手拍子ないし三味線伴奏を離れ，紋付袴に尺八で威厳正しく歌うスタイルを規則とした．追分は好きに歌う・聞く対象から「教わる」「聴かせる」対象となった．

　これに続いて，明治45（1912）年には江差出身の平野源三郎が「日本追分節名人大会」を東京で開いた．桃水は大正7（1918）年に追分同好会を結成し，翌年追分節大会，その翌年にはこれを全国民謡大会と改称している．宴席でも劇場でもなく，愛好家が鍛錬の成果を競う非商業的な舞台であることが強調された．同じ頃，浅草の劇場で人気を博したプロの芸能，「安来節(やすきぶし)」「八木節(やぎぶし)」とも，民謡の吹込みを頼まれる美声芸者とも隔絶した共同体を築いた．

　土地の愛好家こそ正統な担い手であるという思想は，大正14（1925）年に日本青年館で開かれた「郷土舞踊と民謡の会」でさらに明確になった．小寺融吉，柳田國男，中山晋平，野口雨情らが主催者に加わり，毎年，各地の郷土芸能を帝都に集める中央機関として機能した．主催者は昭和3（1928）年には雑誌『民俗芸術』を創刊し，土地の外の読者に演目を紹介した．その声に呼応して，各地に保存会が組織され，歌詞や節回しや舞踊の収集を行うと同時に，正統なる継承者（時には創作者）意識を強くもった（一曲に集中した保存組織は世界に例がない）．節回しは固定され，独自の記譜をもつ団体も多い．遊郭との交わりが暗示される猥雑な歌詞や身振りを排除し，都市の観客に郷土の正しいイメージを訴えられるような素朴で健全な版を外にもって出た．これは大正14（1925）年に始まるラ

ジオでも変わらなかった．昭和10（1935）年頃までの民謡放送で，現在の主要曲の大多数が押さえられる．

全国化と並行して，隠れた民謡の発掘と新たな民謡の創作がほぼ同時に始まった．田舎唄の歌詞の収集は中世にさかのぼるが，昭和初年には村々に録音機材を持ち込み，五線譜に採譜する収集が始められた．その筆頭は放送協会に委嘱された町田嘉章（佳聲，1888-1981）で，昭和19（1944）年から昭和55（1980）年にかけて『日本民謡大観』全9巻として刊行された．歌う当人にはただ「うた」としか意識されていなかったものに，分類の目的で細々と曲名がつけられ，元来は流動的な節回しに土地ごと，演者ごとの区別を行った．

短調系の都節音階を使った都市の三味線歌謡と対照的に，田舎唄の多くは長調系の民謡音階を使っている．これを用いた創作は「新民謡」とよばれ，中山晋平の「須坂小唄」（大正12〈1923〉）以降盛んになった．「ちゃっきり節」（昭和2〈1927〉）や「東京音頭」（昭和8〈1933〉）がよく知られている（沖縄の場合，同時期，大阪移住者がレコード会社と創作民謡を始め，独自の流通網をもった）．各地の観光振興や新機軸の盆踊りを兼ねて，地名や名物を折り込んだ新民謡をレコード会社に委嘱することが流行った．多くは芸者歌手が録音するものだった．

●戦後の民謡界　戦後，伝統的な村落生活が崩壊するにつれ，保存の対象外だった歌は失われ，時には緊急調査が入った．民謡発掘調査は沖縄以外では昭和45（1970）年にほとんど完了した．1950年代後半には工業地帯への人口流出が顕著になり，望郷の流行歌が好まれた．そのなかで「よさこい節」を引用したペギー葉山の「南国土佐を後にして」（昭和34〈1959〉）のような民謡入りの歌謡曲が流行し，三橋美智也のように民謡界から歌謡曲に活動を広げた歌手も現れた．地方出身者向けの民謡酒場が大都会の下町で繁盛したのもこの時期だった．

昭和41（1966）年から昭和49（1974）年までNHKテレビで放送された「ふるさとの歌まつり」は民謡界の桧舞台と見做され，揃いの着流しか法被，時には「郷土衣装」が標準化された．民謡界は全国の有名曲をマスメディアで歌う金沢明子，原田直之のようなプロ歌手，保存会と民謡教室を引っ張る地方ごとの名手，その指導で1曲を何年も歌い，大会に出演する愛好家とに三分された．多くは三味線と太鼓を伴奏とし，大きな舞台では女性の舞踊がつくことが多い．また沖縄の民謡・新民謡は独自の音組織やリズムをもつため，本土の動きとは独立して展開し，より多くの若者層をつかんでいる．

一方，保存会主導の民謡界の高齢化を補うように，80年代以降「ソーラン節」「よさこい節」のように，内部外部の若者にアピールするロック編曲を施し，マスダンスを加えた大規模な都市型の祭典のテーマ曲として命を吹き返した例もある（沖縄では日出克の「ミルクムナリ」が似た位置にある）．これはもはや狭義の「民謡」ではないかもしれない．

［細川周平］

音頭

　「音頭」とは，日本の芸能や音楽の雅楽・声明・邦楽・歌舞伎音楽・民謡などで用いられる用語である．雅楽では，大勢で演奏する場合の中心となる奏者や，管楽器の笙・篳篥・横笛の主奏者を音頭という．楽曲の初め・終りや，残吹・残楽の独奏をする．声明では，歌唱の初めを音頭が独唱し，付所から斉唱となる．長唄・常磐津節・清元節などでは，曲節を音頭ということがある．民謡の「△△音頭」などからきていて，鳴物に篠笛やチャッパが入るものもあるが，曲想は穏やかなものが多い．歌舞伎では，御簾内で演奏され，場面の効果音楽ともなる「花桜（伊勢音頭恋寝刃）」などがある．

　民俗芸能や民謡における音頭は，中心となる歌い手，歌詞の形式，歌唱方法，曲名自体などに用いられている．民謡の歌唱法では，歌出しや重要な部分を1人が歌い，他の歌方がそれに合わせたり，囃子詞や掛声，合の手を入れ掛け合ったりする．江戸期以降盛んになり夜通し続けられた盆踊りでは，場を盛り上げ和ませる効果的な方法であった．

●**民謡の音頭**　踊り歌は，雅楽や舞楽の舞，能楽の仕舞，人形の仕草や歌舞伎舞踊などの演目や曲目に用いられる一方，念仏踊りや太鼓踊りの曲目や伴奏にもなって，伝承されてきた．近世になると，芸能の動作や着衣が大仰で装飾的になる風流化に伴い，踊りも輪踊りや移動する列踊りが派手になり，また，男女の振りを変えたり組み合わせたりすることで，一層華やかになっていった．そうした踊りをリードする歌出しや次の歌詞に繋ぐ合図を音頭取りが行ったのである．

　近世小歌調といわれる七七七五句詞型の歌詞が好まれ流布すると，歌出しのタイミングや曲節の音高を音頭取りが導くようになった．特に声が良い人や歌詞をたくさん知る人などがその役となり，輪踊りの中央に櫓が建ち，そこで音頭を取るようになると，声だけでなく見目よい者に人気が集まったという．また，歌出しを音頭取りが行うと，他の歌い手が句詞を前2句と後2句に分け，歌意を継いだり反したりしながら続け，次の歌詞の前には，踊り手を含めた全員で合の手や掛け声を入れる．踊りを長く続けるための歌の継続が図られるようにもなった．埼玉県秩父地方の「秩父音頭」では，「〈歌方・音頭取り〉ハアーエー　鳥も渡るか　あの山越えて　鳥も渡るか　あの山越えて　〈合の手〉コラショ　〈歌方〉雲のナーァ　アーエー　雲のさわ立つ　〈歌方・合の手〉アレサ　〈歌方〉奥秩父〈掛け声〉朝霧いたてて　よく来たね　地炉端寄って　お当たりな　〈合の手〉コラショ」と歌う．音頭取りは，句詞の拍フレーズと踊りの振りのフレーズを合わせて，次の歌詞に入っていくが，初めの「ハアーエー」は，それらを合わせるため

の伸ばしでもある．

●**労作と音頭**　労作歌は，作業のための歌である．民俗学者の柳田國男が『民謡覚書』で歌の機会や用途によって分類案を示し，『日本民謡大観』や，都道府県が実施し作成した『都道府県別民謡緊急調査報告書』などにも，膨大な種類と数量が収録されている．歌は，もともと作業の合図や掛け声，長く過酷な作業の慰みとして歌われてきたもので，歌詞や句詞の流用，固有名詞の歌い替えは，類似作業やそれに従事する人々を通して，頻繁に行われてきた．

　作業の歌であることは，歌出しやリズムを整える歌い方が必要で，ここにも音頭取りの役割がある．歌い手は，作業の親方であったり従事する人々を差配したりすることもあった．日雇い作業では，声の良い音頭取りの日当は他より高かったともいう．

　大がかりな田植え歌としては，広島県北広島町で行われている「花田植」がある．田の神「サンバイ」を迎えて，花牛の登場や代掻きが行われる．大太鼓・小太鼓・鉦・笛などで囃し，サンバイはササラを打ちながら歌の音頭を取り，小太鼓と鉦はサンバイのササラに合わせて拍子を取る．早乙女は田植歌を歌いながら苗を植え，笛は歌の旋律を奏でる．江戸時代の『芸藩通志』には「さんはい祭」の記述があり，大正時代に紹介された「田植草紙」にも多くの歌がある．広島県の芸北地方の花田植などで歌われる歌はオロシ形式といわれ，音頭取りのサンバイに続き早乙女が歌う．一つの歌を何度か繰り返し，数曲歌ったところで休憩を入れる．歌は，朝歌，昼歌，晩歌があり，さらに1番から4番に分けられる．朝歌では，「〈音頭取り・サンバイ〉歌の初めにまずサンバイを参らしょう　〈早乙女〉ヤーハーレ　ヤレ　まずサンバイを参らしょう」，晩歌「〈サンバイ〉音戸の瀬戸でまた清盛公は　〈早乙女〉日の丸の扇で御日を招き戻した」などがある．

　また，関東地方のほぼ中央にあったかつての二郷半領は，早場米の産地だった．田植えの方法は，綱を張らずに，植え手は縦に間隔を空けて並び，端まで植えるとクロ（田んぼと田んぼの仕切り）に上がり，反対側から植えていくものだったという．その田植え歌は「十余七」歌ともいい，若者を歌ったものが多い．「〈音頭・歌方〉ヤーレ　十余七ナーヨイ　今年初めてヨイ　苗植えたヨイ　その家ナーヨイ　田んぼはヨイ　よくできたヨイ　〈合の手〉ハー　ウイテシャレ　ウイテシャレ」（現・埼玉県吉川市）などがある．音頭取りの歌に対して，植え手が「ハー　ウイテシャレ　ウイテシャレ」と入れるが，「植えたら後ろに下がれ（去れ）」の意がある．

　このほか，山地では，切り出した原木を作業場まで曳き出す時や，麦作地域では，二人が向かい合い，棒（棹）の先に回転する棒や板を付けたクルリ棒（麦打ち棒）で麦の穂を打ち落とす作業の時も，音頭取りが歌を掛け，曳き手や打ち手が歌い継ぐことで，力や息を合わせたりもする．

〔小野寺節子〕

祝い唄

　日本の暮らしの中では，「神々を迎え，願いを神託し，そのお礼の饗応を催し，神々を送る」という精神的なかたちがあり，それぞれの場面で詞を掛け，節を付け，調べを醸してきた．これらは祝詞となり，行事や儀礼に伴う歌謡の奏上となって継承されてきた．また，時代とともに国として天下太平や国家安寧など，日々の暮らしにおける悪疫退散や五穀豊穣などを祈願する歌，叶った後の奉祝する歌がつくられてきた．これらの歌は，人々の心の拠り所となったり，結束を強める役割も担ってきた．

●**祝い唄の諸相**　祝い唄と日々の暮らしは，密接にかかわっている．暮らしは，ごく日常的な繰返しの時空と，特別な時間や場所が設定された時空とがあり，民俗学ではケとハレと表現することがある．ケとハレは綾を成し，「年中行事」を時間経過における水平面とすると，「人生儀礼」は，人の一生を誕生，成人，結婚，死去のような節目をとらえ重ねる垂直面とすることができる．

　祝いの行事や宴席などで歌われる祝い唄は，主催者が祝いの事・物・状況に捧げる言祝ぎの歌から，宴席を進行させたり場を和ませ盛り上げたりする歌をいう．例えば，新潟県方面から南東北や関東地域にかけて，「松坂」「はつうせ」「これさま」などが歌われる．さらに，『福島県の民謡』（「民謡緊急調査報告書」福島県教育委員会）の祝儀に関するものをみると，「長持唄・松坂・万歳松坂・会津松坂・松坂くずし・さんさ時雨・伊達さんさ・めでた・めでた節・田島さんさ・倉さんさ・いわきめでた・大津絵・伊達大津絵・白河道中大津絵・会津大津絵・よしとり・おぼたて・しょうねい節・上州追分・餅つき唄・餅つき歌・豊年餅搗き唄・千本杵餅搗き唄・そばほめ口上・扇ほめことば・ほめ言葉・原釜大漁歌い込み・新築祝い唄」など多くの歌があげられている．

●**祝い唄と儀礼構造**　歌が儀礼とどのようにかかわっているのか，具体的な事例をあげる．

　①福島県県中・いわき地域などで婚礼など歌われる「謡めでた」は，仲人の男衆の「謡」と女衆の「めでた」が歌い合わされ，先達の合図の声（ブンダシ）できっちりと歌い終わる．「謡」は「高砂」などがあり，「めでた」は「めでためでたの　ハーこの酒盛りは　鶴と亀とが　ハ舞い遊ぶ」（福島県大玉村），「めでためでたの　若松様よ　枝もナ栄ゆる　葉も繁るヨ繁るナヨー」（福島県大熊町）などがあり，その曲節は，北東部の「さんさ時雨」，いわきから南東部の「いわきめでた」系統の旋律で歌われる．これは，2種類の歌が一つの歌の枠に収まる点が，ご祝儀の席にふさわしいといわれている．②埼玉県県南地域の「はつうせ・これ

さま・ござらならせ」は，祝言（結婚式），新築祝い，孫祝いなどの席で歌われ，出される歌詞によって，宴席が進行する．祝言では「嫁ほめ」「鬢ほめ」「衣裳ほめ」などから，家の造り，蔵の数，穀物高，家の繁盛を言祝ぐ歌詞を歌っていく．「嫁ほめ」の歌詞の例としては，「これさまのお嫁御様の　召したる衣裳見申せば　三松唐松五葉の松　紋は五つで鶴と亀」（埼玉県松伏町）がある．これは，儀礼の進行を担う歌である．③東京都大島町の宴席では歌う歌に格があり，「大唄」「中唄」「小唄」の区別がある．謡のようにゆったりと歌う大唄には「めでたきもの」「八幡崎」，一般的な祝いの席で歌う中唄には「金華山」「扇黒骨」，座興として手拍子などで賑やかに歌う小唄には「沖の大船」「ガッシャガシャ（杉の若穂）」などがある．祝儀では大唄が出る前に中唄や賑やかな小唄を出してはいけないという．中唄の「扇黒骨」の歌詞には，「おおぎ黒骨はナーアーーアー　誰が買てくれたヤーレー　忍ぶ夜妻がーオーサー　買てくれたノー　〈囃し〉オーサ買テクレタイ」，小唄の「ガッシャガシャ」では，「〈囃し〉アアーガッシャガ　シャッテバ寝ラレナイ　〈歌〉杉の若穂を見たよな殿を　ヨーオホホイー　人に取られてなるものか　〈囃し〉アア取ラレーテサー　ナルモノカ」（東京都大島町元町）などがある．歌によって儀礼と宴席内の重さ軽さの度合いを示している．④山口県で歌われている「積り唄」は，かつての捕鯨祝いの宴席で重要な役割があった．終宴にするには「積り唄」を出し，これが出るとお開きにしないといけない．「何もかも思うことかのうた　末は鶴　鶴と亀とは祝いのものじゃ　鶴が舞いますこの家の上で　思い寄らずの今宵の出会い　七生末代変わるな仲間　神に詣ればご利益ござる　神のご利生が加味のけしようか　安芸の宮島廻れば七里　浦か七浦七えびす　ハ　ヨカオイ」と歌う．歌によって儀礼のけじめをつけていた．

●**歌の構造と歌い方**　祝い唄の曲節の特徴としては，一つの音の伸ばしやフレーズの小節回しなどが入れられる．声の張りや力強さも必要とされる．前述した「はつうせ」や「これさま」などの褒め歌を女性が歌う時は，柔らかな節回しで歌い，「謡めでた」の「めでた」部分もしっとりと歌われる．大漁や新築を祝うものでは，大勢が力を合わせて網を手繰る網曳きや全員で掛け声に合わせて網を引く地形の動作に合うリズムの曲節が組み入れられたり，めでたい文句は大黒舞などでも歌われる「一に大黒（俵）を踏んまえて　二ににっこり笑って」のような数を重ねる数え歌に仕立て，明快な楽曲フレーズにして入れたりしている．

　また，埼玉県川口市や上尾市などでは，地区の元旦，新年の会，秋祭りなどで「御謡」が歌われ，東京都板橋区赤塚の田遊びでは，行事に先立ち社務所で諸役が「謡四曲」として，「四海浪」「庭の砂」「高砂」「千秋落」を歌う．歌と行事や儀礼がかかわるために，地区では，歌の上手下手，声の善し悪しではなく，決まった曲目が歌えて一人前とされたり，今日でもそうした歌が歌えないと地区行事に列席することができないとされたりする．

〔小野寺節子〕

甚句

　「甚句」は，「甚九」とも書き，新潟県から東北地方に広く伝承されている歌謡の一つである．

　これは，七七七五句詞型の口説節が踊りの伴奏となったり，座興歌として聴かせる歌となったものである．由来には，昔，越後の石地浦（現・新潟県西山町）の甚九（甚九郎）が大坂で歌ったものを遊女が「甚九甚九は　越後の甚九」と返したとするものや，「地ン句」として地元の歌や踊りをさしたとするもの，鬼神供養の神供が神前で奉舞したとするもの，江戸の元禄期の「兵庫口説」に歌われた甚九郎一代記が越後に渡り越後甚句となったとするなどの諸説があげられている．これで踊るものを「甚句踊り」という．「盆踊り」で歌われる「△△音頭」などの比較的短い歌に対して，甚句踊りには，一代記や出来事を物語に長く仕立てた歌もある．

●**民謡の甚句**　全国的に有名な東日本地域の甚句をあげてみよう．新潟県の「岩室甚句」は，越後一宮の弥彦神社へ参詣する湯治場の盆踊りで歌われていたが，座敷歌としても歌われるようになった．「おらがヤー　若い時　弥彦参りをしたればナ　〈合の手〉ア　ヨシタヤ　ヨシタヤ　なじょ（馴染）が見つけて　寄りなれというたども　嬶がいたれば　返事がならぬ　〈合の手〉ア　ヨシタヤ　ヨシタヤ」とあり，「蝸牛ヤー　蝸牛蝸牛　角出せ蝸牛　〈合の手〉ア　ヨシタヤ　ヨシタヤ　角を出さぬと　曽根の代官所へ　申し上げるが　いか蝸牛　〈合の手〉ア　ヨシタヤ　ヨシタヤ」という歌詞もあり，「越後甚句」として古くから歌われていたという．また，「米山甚句」は座敷歌である．「主のためなら　米山様へ　裸足参りも　ササ　辛くない」や，「相撲は打ち出し　関取ァ帰る　後に残るは　ササ　土俵と砂」などと歌う．荒浜村（現・柏崎市）出身の力士が米山と改名し，土俵上で歌って人気を博し，「米山甚句」とよばれるようになったともいわれている．

　青森県弘前市近辺の「津軽甚句（どだればち）」では，「どだば　どだればちゃ　だればちゃ　孫だ　〈合の手〉ホーイ　ホイ　どだば太郎兵衛どの　よく似だもだな　〈掛け声〉ハー　イヤサカサッサ」と歌われる．「どだば　どだればちゃ」と歌い出すことから「どだればち」といわれているが，「イヤサカサッサ」の掛け声から「イヤサカ」ともよばれる盆踊り歌である．また，「沢内甚句」は，岩手県沢内村地方の盆踊りや座興の歌である．沢内方面の米を牛に積んで南部藩の米蔵に納めたといい，この地域の牛追い歌の類系といわれている．「沢内三千石　お米の出どこ　〈合の手〉ハイハイト　キタサ　つけて納めたコリャ　お米蔵

〈合の手〉ハイハイト　キタサ」．宮城県の「塩釜甚句」は，「ハットセ　ハットセ　塩釜　ハットセ　街道に白菊植えて　ハットセ　何をきくきく　アリャ　便り聞く　ハットセ」などと歌い，南部アイヤ節系統のハットセ節ともよばれ，海岸沿いの塩づくりの場所や塩釜様を祀る土地を繋ぐように伝わっている．

このほか，長野県塩尻辺の座敷歌で，宿場の酒席などで歌われた「塩尻甚句」もある．「行こか塩尻　帰ろか洗馬へ　ここが思案の　桔梗ヶ原」は，「△△出るときゃ　涙で出たが　今じゃ　△△聞くのも嫌じゃ」というような形式の歌の一つである．

●角力甚句　「角力甚句（相撲甚句）」は，江戸末期から明治初年に流行し，七七七五句詞型の二上り調子で角力を歌った俗謡の一つである．現在聞かれる七五句詞の入った字余りの「本調子甚句」は，「ドスコイ　ドスコイ」の囃子詞が入る．地方巡業などで，ご当地の文句を即興的につくり，土俵の余興として歌われている．日本相撲甚句会の福田永昌（1930-2012）は，昭和31年，故玉の海関に声を掛けられたことをきっかけに，力士や名所の甚句の作詞を手掛け，巡業中の力士が土俵上で歌うようになったという．昭和55年1月より，角力甚句は正式に日本相撲協会錬成歌となった．

この歌い方は，「まくら唄」「本唄」「はやし唄」がある．「まくら唄」は「本唄」の前に歌い，さらに「前唄」と「後唄」に分かれる．「本唄」に「はやし唄」が続く．「ドスコイ　ドスコイ」で始め，伴奏の楽器（鳴物）はなく，これが合図になっている．歌詞は，「〈まくら唄の前唄〉そろうた揃いました　相撲取り衆が稲の出穂より　なおよく揃うた」「富士の白雪　朝日でとける　娘島田は　情けでとける」「安芸の宮島　回れば七里　うらは七うら　七えびす」などがあり，「〈まくら唄の後唄〉さらば　ここいらで唄の節を変えて　いつも変わらぬ　相撲取り甚句」などと歌う．

なお，「本唄」と「はやし唄」は，次のように続く．三河相撲甚句会によると，「花づくしの歌」は「〈本唄〉花を集めて甚句にとけばヨー　正月寿ぐ福寿草　二月に咲くのが梅の花　三月桜に四月藤　五月あやめにカキツバタ　六月牡丹に舞う蝶や　七月野山に咲く萩の　八月お盆で蓮の花　桔梗かるかやおみなえし　冬は水仙玉椿　あまた名花のある中で　自慢で抱えた太鼓腹　しゅすの締め込みバレン付き　雲州たばねの櫓鬢　清めの塩や化粧紙　四股ふみならす土俵上　四つに組んだる雄々しさは　これぞ誠のヨーホホイ　アー国の華ヨヨー　アードスコイドスコイ　〈はやし唄〉アー　相撲負けても下駄さえ履けば　勝った勝ったと音がする　アーカッタ　カッタ　アードスコイ　ドスコイ」と歌う．

相撲甚句は，歌詞や内容には，日本語や人々の心の機微をすくい上げる面白さがあり，祝いや言祝ぎを即興で盛り上げたり，声のみで歌い上げたりしている．

［小野寺節子］

長唄・端唄・小唄

　うた（唄）と三味線が不即不離のやり取りによって紡ぎ出す音の世界は，時代を超えて人々を魅了してきた．なかでも長唄・端唄・小唄は，江戸後期から現代までの間に最も広く親しまれたうたの種目といえる．いずれも三味線を主奏楽器とする歌曲中心の音楽で，長唄は歌舞伎音楽として発達したもの，端唄・小唄は幕末ないし明治末期以降に流行した小編の三味線音楽である．「ながうた」「はうた」「こうた」という呼称は，ほかの意味でも用いられ，時期や種目により用字も異なるが，本項では前述の概念として述べる．なお，唄という字は，文学の和歌などと区別して，民衆的な歌唱という意味での用例が多いが，唄はもともと「バイ」と読み，仏教の声明の一種目をさす用語であった．これを「ウタ」と読んで歌の代字として通用し始めるのは，古辞書などでの用例によれば慶長期以降であり，広く一般化するのは江戸中期（歌舞伎音楽の長唄では明和期頃）以降である．

　●**長唄の奥深さ**　長唄は，歌舞伎舞踊の出囃子（舞台上で演奏）と，黒御簾（舞台の左隅）の中での効果音楽として発展した．江戸長唄ともいう．座付きの専従者が作曲と伝承に携わったが，のちには，芝居・舞踊から離れて音楽だけで演奏されたり作曲されたりするようにもなった．時と場合に応じて，一挺一枚（三味線方1人と唄方1人）から10人以上での編成がある．これに鳴物と称する管楽器（能管，竹笛など）と打楽器（太鼓，大鼓，小鼓など）が加わることもある．

　明治以前につくられた古典の現行曲は，400を超える．謡曲，浄瑠璃，流行歌などさまざまな素材を柔軟に取り入れ，「娘道成寺」「越後獅子」「藤娘」など舞踊に伴うもの，「勧進帳」など劇に伴うもの，「吾妻八景」「秋の色種」「都鳥」など舞台を離れた素唄ものなどがある．15分前後から1時間程度で，起承転結の構成を整えた本格的な楽曲が多い．「黒かみ」「宵は待ち」など，黒御簾で効果音楽として演奏される数分程度の曲もある．

　こうした多くの作品の普及に貢献したのは，演奏や教授の達人だけでなく，詞章本（正本，稽古本）の出版であった．享保期頃から歌舞伎上演のたびに正本が出版され，人気曲の稽古本は増刷や再版を繰り返し，その数は数千種にのぼった．大正期頃からはいくつかの流派によって，三味線の手付けなどを詳述した譜本の出版も行われ，師弟ともに稽古の便宜が図られた．

　長唄は，諸大名にも愛好されるなど裾野が広く，「越後獅子」のようにさまざまな編曲やレコード吹き込みが行われ，日本を代表する旋律の一つとして認知された曲もある．階層を越え時代を超えて愛好され得る優れた芸術性とポピュラリティを兼ね備え，近世から近代における音楽文化の形成に大きな役割を果たした．

●庶民を捉えた端唄と小唄

長唄が歌舞伎，つまりドラマティックな架空世界と深くかかわり，長編で本格的な楽曲を構成したのに対し，端唄は，庶民の暮らしや思いを背景とし，嘉永期から明治初期に全盛を迎えた小編の民衆歌謡である（ただし，大道や門付，寄席で演じるためにつくられた曲，花柳界のさわぎ唄，民謡などは端唄に含まない）．数分程度の素朴で単純な旋律を特徴とする．

嘉永期には，端唄の稽古所が次々にできて，師弟一同によって「連」が結成され，家元を名乗る者も現れた．曲目は，天保期以前からのは流行歌（「わしが在所」「桜見よとて」「竹になりたや」など），天保の改革後に流行した伊予節や大津絵節，さらには「夕暮れ」「春雨」などの新曲，それらの替え歌がある．これらの歌詞は，端唄界のスター的存在であった戯作者2代梅暮里谷峨（歌沢能六斎）や仮名垣魯文らによって集成され，200種以上の詞章本が出版された．明治に入ると，歌舞伎「筆屋幸兵衛」の「書き送る」のように，歌舞伎の作者が舞台効果を高めるために新作の端唄を書くようにもなり，その地位も向上した．

しかし，明治中期までにはブームが去って端唄師匠は激減し，以後の伝承は寄席と花柳界に受け継がれる．花柳界では酒宴の座興にされ，吉原〆治，新橋小静，南地菊蝶など芸妓たちが吹き込んだ端唄レコードが大ヒットした．芸妓出身者が多かった「うた沢」の師匠や五目師匠（数種目を教える人）らが端唄の伝承を受け継ぎ，端唄の体質は変わっていった．大正2（1913）年，日本橋の小芳（横山さき）はこれを「小唄」と称して教授を始めた．つぶやくようなさらさらとした間拍子だったので「はやま小唄」ともよばれた．大正6（1917）年にはその門弟の新橋の小たまが独立して堀派家元を名乗るようになり，多くの芸妓が田村派，蓼派，春日派などの家元を樹立した．やがて，レコード業界が別の種目に用いていた「江戸小唄」という名称が取り入れられるようになった．なお，安政2（1855）年に清元節の清元お葉がつくった「散るは浮き」や清元演奏家による類似の小曲を小唄のルーツとする説があるが，清元の詞章摺物には小唄ではなく「新曲」と記されており，清元節の小曲を小唄に転用したにすぎない．

小唄の特色は，口をあまり開けない控えめな声と，三味線の柔らかな爪弾きである．当初は曲目の大半が1分から1分半程度であったが，大正末期からは「かさね」「滝の白糸」など，前弾きや替手を加えて音楽的に整えられた芝居小唄もつくられた．春日派では「心して」（鶴八鶴次郎）など新派の作品に取材した小唄をつくって芝居にも進出．こうして小唄は，四畳半的な花柳界趣味にとどまらず，舞台向きの音楽としても成長した．第二次世界大戦後には一般家庭の稽古ごととしても普及し，ゴルフ・囲碁とともに「三ゴ」とよばれた．昭和27（1952）年には45の家元が存在したが分立を繰り返し，昭和47（1972）年には180余にまで達した．戦後の新曲は2,000ともいわれる．一方，端唄は昭和40（1965）年頃から根岸登喜子が復興に尽力し息を吹き返した．

［竹内有一］

新内流しとギター流し

　客などを求めて，ここかしこを移動することを「流し」という．現代の日常用語としては，「流しのタクシー」ぐらいしか用例が思い浮かばないかもしれないが，もともとは，街頭や酒場などをはしごして歩く芸人やその芸のことを「流し」といった．古くは，江戸の豊後系浄瑠璃の一派，新内節による「新内流し」が最も有名で，19世紀初めの文化期から昭和中期頃まで，江戸・東京の花街や繁華街の街頭にみられた風物詩的存在であった．昭和期には隅田川などを船で流すものもあり，京都の鴨川沿いなどでもみられたという．

●**新内流しの矜恃と魅力**　新内流しには，街頭を流し，新内節の一節をそのまま路上で語る「軒づけ」と，流しを耳にした客に請われて座敷へ上がり新内節の一段を語るものとがあった．新内流しのあるべき姿は後者であって，軒づけ（門づけ）に終始するのは邪道とみる立場もあるが，いずれにしても新内流しは，新内節演奏家にとっては生業を得る手段の一つであると同時に，矜恃とされるべき修業の場の一つでもあった．

　例えば，太夫にとっては，遊郭の門先から建物の階上の座敷にいる客まで語りをはっきりと響かせるのは意外に難しいことで，座敷にいる上客に訴えかけるような確固たる発声が要請されたという．つまり，こうした経験を積むことは，浄瑠璃にふさわしい声をつくるための鍛錬になったのである．また，若い演奏家にとっては，流して歩くことで度胸をつけ，座敷によばれるきっかけを得る，つまり場数を踏むことにつながった．

　新内流しには，新内節の音楽的特徴がよく凝縮されている．普通，三味線といえば「ちんとんしゃん」という口三味線で知られるが，新内流しの三味線は「てんぷらくいたい」と響くのだという．2人で一組の二挺三味線で，ベースとなる本手を太夫が弾き，上調子の高音がこれに派手な手をあしらう．2人のゆったりした歩調に合わせた長短リズムと，まろやかな旋律の響きを端的に捉えた語呂合わせといえよう．上調子が発する独特の柔らかで軽い音色は，長さ4 cmほどの小撥によって得られる．かつては爪楊枝に焼きを入れて代用した．

　新内流しの三味線の旋律には三つほどのパターンがある．最も広く用いられるのは，名曲「蘭蝶」の「ああ嬉しや」の一節である．浮世声色師の蘭蝶と遊女此糸が心中に至るまでの経過と葛藤を描いた「蘭蝶」．このような心中道行ものは新内節が得意とする題材で，人情の機微や哀切が延々とえぐり出すように表現される．流しの「蘭蝶」を耳にした客たちは，あたかも自分がその主人公になったような心持ちに襲われたのではなかろうか．

●**三味線からギターへ**　流しは，新内節のほか，浪花節（浪曲）や民謡などでも行われた．明治維新後に身近な事件を大道で歌った演歌（艶歌）師なども流しの一種といえる．昭和になると，ギター，ヴァイオリン，アコーディオンなど急速に広まった洋楽器の流しが各地の盛り場を席巻するようになった．

　第二次世界大戦後は，特にギター流しが，その芸人としての生き方や格好良さへの共鳴を喚起し人気を獲得した．戦後の哀愁を背負った人心を背景に，しばしば歌謡曲の題材にもなった．春日八郎は，「赤いランプの終列車」の翌年（昭和28〈1953〉）に「ギター流し」を発売，その翌年に「博多流し」，さらに「浅草ながし」「トチチリ流し」など流しものを得意とし，ギターや三味線の流し芸人の生き方を歌い綴った．その残像は昭和後期まで受け継がれ，昭和52（1977）年の紅白歌合戦では西川峰子が「ギター流して今晩わ」を歌っている．

　実際，歌謡曲の歌手などがデビュー前にギター流しで修業を積んだ逸話は少なくない．遠藤実は，昭和24（1949）年頃からギター流しを始め，その経験を生かして昭和31（1956）年に作曲家になった．昭和37（1962）年デビューの北島三郎も，ギター流しを経て歌手を目指した一人である．

●**ナマ演奏の魔力**　戦後の典型的なギター流しは，盛り場の料理屋などで，客が歌いたい曲の伴奏をつとめるものであった．全盛期には新宿界隈だけで100人もの流しがいたという．ギター1本と数百曲を綴じた歌本を携えて常連店を回る．店先で「ジャーン」と鳴らし，なじみ客へアピールした．歌詞を思い出せない客には持参の歌詞本を見せたという．

　要するに，昨今のカラオケの前身のような存在ゆえ，カラオケがブームになってからは奮わなくなり，酒場での存在感も薄れていった．また，客の伴奏でなく，自分で歌う流しも現れるようになる．皮肉ではあるが，そうした変化の片鱗を捉えた場面がテレビで演出された．平成22（2010）年の携帯電話CMで，浜崎あゆみと宮史郎がギター流しに扮し，料理屋に突然現れ困惑する女将と客（白い犬）の前で新曲を披露する．

　また，志村けんのコントで，ギター流しがおかしな替え歌を勝手に歌って客の顰蹙を買うというシリーズもの．これらは誇張されたパロディーではあるが，かつて人心を癒した流しの存在が，現在でも古き良き時代の残影として生きていることを示している．その背景には，人の集う酒宴の場（座敷空間）において歌や楽器の音は欠かせないものだという共通感覚，そして，生身の人間によるナマ演奏への憧憬という共通感覚が，時空を越えて我々の心の奥底に息づいているのだと思われる．

　前述のCM撮影に使われた料理屋は，新宿荒木町にある．昭和の面影溢れるこの町には，絶滅危惧種となったギター流しが今も身を寄せ，昔ながらの生演奏を実践しているという．

[竹内有一]

童謡と子守唄

　戯れ遊びの中で子どもたちが残してきた歌声の懐かしさは，長年にわたって蓄積されてきた生活文化や思想が，現代に生きる我々にまで受け継がれていることを実感させる．童謡や子守唄には先人たちの知恵や生き方が凝縮されており，それらの歌を伝承することには大きな意味があるといえよう．

　ところで，童謡とは，子どもに関する歌謡の総称として用いられることが一般的であるが，それらは広く「子ども歌」と称されるべきと考える．これは，岡本昆石が明治時代に最初に用いた語である．子ども歌の中には伝承童謡，子守唄，創作童謡，唱歌，メディアソングなどが含まれ，子どもだけではなく幅広い世代に愛唱される歌も多い．歌詞や曲節も子どもの遊びの中から自然に誕生した歌がある一方で，大人が創作して子どもに歌わせた例もかなりの数にのぼる．

●**子ども歌の創作者**　古く子どもが遊びの中で自ら生み出した歌謡は，わらべうたとよばれてきたが，近年では伝承童謡という呼称が用いられる．伝承童謡は，遊戯歌，天体気象の歌，動物植物の歌，歳事歌，ことば遊び歌などに分類される．このうち遊戯歌は，さらに手毬歌，手合わせ歌，鬼遊び歌などに細分でき，歳事歌も正月歌，盆歌などに細分できる．ことば遊び歌には，尻取り歌や舌もじり歌のほか，囃し歌，悪口歌，替え歌などがある．

　伝承童謡には，子どもたちが月や星，昆虫や花，周りの子どもといった対象に向けて発する曲節をもった言葉が起源となった歌もあり，それらは古く童諺，口遊みと称された．伝承童謡のうち子守唄を除けば，その大半は子どもの遊びの中から自然発生的に産み出された歌謡群であり，子どもによる子ども自身のための歌である点に特徴がある．しかし，なかには大人が創作した歌も存在する．その早い例としては，江戸時代末期の文化 14（1817）年に挿絵入りで刊行された野田（源）成勝『てまり歌』がある．「一つとや，一夜明くれば百千鳥，百千鳥，囀る春は長閑なり，長閑なり」で始まる美文調の数え歌がそれである．この書には清水浜臣の序文と成勝の自序が備わり，世俗の手毬歌があまりに下賤であることを嘆いて，自ら作詞したことが記されている．

　一方，近代になって文学者や詩人である大人が子ども向けに創作した歌謡を創作童謡とよぶ．北原白秋や野口雨情，西條八十らが創作童謡の代表的作詞者であり，山田耕筰や中山晋平らがその代表的作曲者である．唱歌は主として学校教育における児童，生徒向けの歌として創作された．歌詞は江戸時代以来の伝承童謡をもとにした例，高野辰之や佐佐木信綱をはじめとする国文学者が作詞した例などがある．メディアソングはラジオやテレビといったメディアで子ども向けに放

送された歌謡で，アニメーションの発展とともに多くの歌謡が流行した．

　子守唄は，子どもと深くかかわる歌謡であるが，子ども自らが歌うものではなく，守子（子守娘）の立場から子どもに働きかける際に歌う寝させ歌（眠らせ歌）やあやし歌，遊ばせ歌を基本とし，そのほかには，守子が自らの仕事の内容を歌う仕事歌的な内容をもつ歌や，自らの恵まれない境遇を独白的に嘆き歌う一種の恨み節まである．寝させ歌，あやし歌の代表歌には「この子の可愛さ限りなさ」と歌う沼津の子守唄がある．子どもへの大きな愛情を「星の数」「砂の数」「木の数」「萱の数」「松葉の数」の多さにたとえた歌詞で歌い上げる．また，大阪の子守唄「天満の市」は尻取り歌の代表歌である．一方，守子が自らの境遇を歌う五木の子守唄や竹田の子守唄がある．

●**子ども歌とメディア**　子ども歌の中でもメディアソングは，その名のとおり，ラジオやテレビといったメディアから流行した歌謡であるが，それ以前の子ども歌も流行に至る過程で何らかのメディアを媒介にしたことが指摘できる．学校教育と深くかかわる唱歌は，教科書に収録され，授業や学校行事を通じて広められた．創作童謡は，大正時代の『赤い鳥』『金の星』などの児童雑誌に掲載された．そして，最も注目されるのは，伝承童謡が江戸時代末期から明治時代という早い時期に「おもちゃ絵」とよばれる一枚摺りの錦絵版画に盛んに摺られて，子どもたちの間に広まっていったことである．広く歌われた子ども歌は，一種の流行歌謡としての性格を有していたから，さまざまなレベルのメディアの存在が不可決であったといえる．

●**子ども歌の役割**　子ども歌の担う役割は多いが，ここには３点をあげる．①子ども歌が子どもたちの成長の糧となり，人間としての感受性を育てる役割を果たしていることが指摘できる．歌詞を口に上せることで言語の習得が促進されるとともに，歌詞世界の中に広がる季節感や郷愁，情愛を理解することによって，人としての感受性や思いやりの心を涵養することができる．また，リズムやメロディを身につけるという音楽的な感性の育成や，歌いながら身体を動かすなかで運動能力の育成にもつながる．

　②子ども歌がコミュニケーションを仲立ちする役割を果たしていることが指摘できる．子どもたち同士が友人関係を築く際に役立つことはいうまでもないが，世代を越えたコミュニケーションの手段ともなる．子ども歌は親から子へと口伝えされていくものだからである．子ども歌は同時代に生きる人々の間だけでなく，前の世代と次の世代をつなげる役割を果たすのである．

　③子ども歌が日本人の精神や日本文化を伝承する媒介として貢献していることがあげられる．我々の先祖がかつて築き上げてきた人生観や心の有り方が，そこには凝縮されている．長い年月の間脈々と伝承されてきた子ども歌は，時空を越える力をそなえているのである．

［小野恭靖］

雅 楽

　雅楽は，日本の芸能史において最も古くから登場する種目の一つである．しかし内容的には，出自と様式を異にするさまざまな下位種目を含み，それぞれ淘汰と変遷を経てきた．今日の「雅楽」は，①日本固有の起源の神道系の歌舞，②アジア大陸から伝来した多種類の楽器による合奏と舞，③9世紀以降に生まれた歌謡，を含む．①には御神楽，東遊，久米舞，五節舞，大和舞，大直日歌，誄歌などがあり，歌謡を少数の楽器で伴奏し，部分的に舞がつく芸態である．②には唐楽と高麗楽がある．唐楽では，龍笛，篳篥，笙，琵琶，箏，鞨鼓，太鼓，鉦鼓，高麗楽では，高麗笛，篳篥，三鼓，太鼓，鉦鼓を用いる．舞がつく「舞楽」と，器楽だけの「管絃」という上演形態がある．舞楽では原則として絃楽器は用いない．③には催馬楽と朗詠があり，前者は和歌や民謡風の歌詞を，後者は漢詩に旋律をつけて，唐楽楽器を伴奏に歌うものである．このうち，②が現在最も上演機会が多く，狭義の雅楽はこれをさす．アジア的な広がりをもつ多様な楽器が重層的に響き合う合奏音楽は，歌や語りを少数の楽器で伴奏する声の芸能が主流である日本の諸芸能の中で異色の存在感を放っている．なお，「雅楽」という語は古代中国で生まれ，儒教の典礼音楽をさしていたが，日本には儒教の音楽は伝わらず，唐時代の宮廷の宴礼で用いられた「燕楽」が伝わり，これらを含む宮廷の音楽，芸能を総称して日本では「雅楽」の語を用いるようになった．

●**儀式とのかかわり**　雅楽は，宮廷貴族社会の儀式音楽・芸能として発展してきた．音楽や舞踊は，宮中や寺社を舞台に，儀場を荘厳し，儀式の目的を視覚と聴覚を通じて印象づける役割を果たす．

　雅楽が用いられる儀式には，大きく分けて，野外の空間を使い大規模に行われる公的儀式と，室内で限られた人々だけで行われる私的性質の強いものがある．前者には，天皇と臣下が共食して季節の節目を祝う節会や，国家鎮護を祈る仏教的儀式の御斎会，さらに一種の競技大会である賭弓，相撲などがある．これらの行事は，大極殿や紫宸殿などの宮中の最も大きな建物と南庭で行われ，儀式の進行に沿って奏楽や舞楽がある．寺院の堂塔供養や神社の祭礼でも同様に奏楽と舞楽が行われる．舞楽は，堂上の貴人から見て左方に唐楽，右方に高麗楽を配し，交互に演じられる．儀場には色鮮やかで豪華な鼉太鼓を一対据える．左方唐楽用には三つ巴文様，龍と日形，右方高麗楽用には二つ巴文様，鳳凰，月形の装飾が施されている．左方舞楽の装束は，赤や橙などの暖色系，右方高麗楽の装束は緑，青などの寒色系の色である．これらは，昼夜，明暗，強弱，陽陰など，正反対の要素から構成される二元的宇宙観を視覚的に表したもので，左方舞楽と右方舞楽

の交互の演技は，巡り来る昼と夜の交替，陽と陰の循環を象徴すると考えられる．
　一方，室内で行われる私的な行事としては，元服，立后，算賀（長寿の祝い），朝覲行幸（天皇の父母の邸宅への表敬）など，天皇や貴族の人生の通過儀礼的行事が多い．これらでは室内で御遊が行われ，主に唐楽管絃の演奏と催馬楽，朗詠の朗唱が行われた．編成は，拍子，付歌，笛，篳篥，笙，琵琶，箏など各1〜2名で，天皇やその取り巻きの高官（殿上人）が自ら演奏し，音楽を楽しんだ．

●世襲的楽人　公的儀式で奏楽奏舞を担当したのは，奈良時代は雅楽寮（大宝律令で制定）の楽人・舞人であった．しかし，平安時代に入ると雅楽寮が次第に形骸化し，代わって近衛など衛府の官人が奏楽に進出した．10世紀以降は，これらの官人が音楽，舞を世襲するようになり，笙，篳篥，笛，左舞，右舞などの専門を家ごとに棲み分け，伝承した．かれらは宮中の位階としては六位〜四位に位置し，天皇には拝謁できない「地下」の身分だった．地下楽人の集団＝楽所は，京都，南都（奈良），天王寺（大坂）の3個所に形成され，京都方は宮廷や周辺寺社の行事，南都方は奈良の興福寺・春日大社，氷室神社，東大寺などの諸行事，天王寺方は四天王寺，住吉大社などの諸行事に勤仕した．南都方は平安時代から，天王寺方は江戸時代から，在地の行事に加え，京都の行事にも参加した．
　技の相伝は，親から子への血脈によって行われるのが理想とされる．しかし，いつも優れた男子継承者に恵まれるとは限らず，実態として江戸時代には，京都，南都，天王寺の境界を越えた養子縁組による継承が非常に頻繁に行われた．
　現在の宮内庁式部職楽部の直接的な前身は，これらの楽人を呼び寄せて明治3（1870）年に東京で組織された雅楽局にある．雅楽局では専門の世襲を廃し，楽家以外の一般出身者の応募を認め，さらに時代の要請に応じて，西洋音楽の伝習も始めた．現在，宮内庁楽部には24〜5名の楽師が在勤し，雅楽と西洋音楽を演奏している．そのうち世襲的楽家出身者は4分の1程度である．しかし逆に，民間出身の楽師のなかに子に雅楽を継がせる人も現れ，「新たな楽家」の出現という現象もみられる．

●現代に生きる雅楽　現在，雅楽は，天皇制の存続によって宮廷の「儀式音楽」という脈絡を維持している．これに加え，鑑賞のための芸術音楽という脈絡が戦後急速に展開した．「越天楽」「蘭陵王」などのいわゆる古典曲のほかに，国立劇場の雅楽公演などをきっかけに生まれた復元曲，作曲家による現代雅楽（武満徹「秋庭歌」など），西洋ポップスと融合したポップ雅楽など，さまざまな様式が展開している．また，宮内庁楽部以外に，プロの民間の雅楽演奏家の活躍がめざましい．一方，海外では1960年代からすでに民族音楽教育の一環として雅楽を教習する大学もある．天皇制という「日本の中心」に寄り添いながら，一方で脈絡，内容ともに多様に展開する雅楽は，「日本」とは何か，「日本音楽」とは何かということを常に我々に問い続ける芸能といえよう．　　　　　　［寺内直子］

琵琶（琵琶法師と平曲）

　日本の琵琶は，柱(じゅう)（ギターのフレットにあたる）の低い系統と高い系統に大別され，前者には楽(がく)琵琶と平家琵琶が，後者には，盲僧琵琶と近代琵琶が属する．雅(が)楽(がく)に使われる楽琵琶から平家琵琶が，盲僧琵琶から近代琵琶が生じた．なお，近代琵琶は明治以降に流行したもので，薩摩琵琶と筑前琵琶の２種類がある．
　ペルシア系のリュート（洋梨形曲頸四弦）が，西域から中国に伝わったのが４弦琵琶の始まりである．日本へは７，８世紀頃に渡来した．正倉院宝物に，「螺(ら)鈿(でん)紫(し)檀(たん)阮(げん)咸(かん)」，直頸(ちょっけい)の「螺鈿紫檀五絃琵琶」があるが，阮咸や直頸五絃琵琶は定着せず，曲頸４絃の琵琶が流布した．両系統ともに楽器の基本構造は同じで，撥(ばち)で演奏するが，形の大小，絃数，柱の数，撥の形などは，系統・流派などで異なる．楽琵琶は大型で，「三(ざん)五(ご)」の別名があり，全長３尺５寸（約106cm）に由来するともいわれる．大宝元（701）年，雅楽寮設置に伴い琵琶師が置かれ琵琶生(びわのしょう)が養成される．承和５（838）年，遣唐使と入唐した藤原貞(さだ)敏(とし)が廉承武（一説に劉二郎）から「流(りゅう)泉(せん)」「啄(たく)木(ぼく)」「楊(よう)真(しん)操(そう)」の三秘曲他を伝えた．平安時代には，舞楽の伴奏に楽(がく)人(にん)が，管絃の御(ぎょ)遊(ゆう)に天皇や公卿が用いた．独奏曲は，近代に滅び，管絃合奏に加わるのみとなる．それに対して，後世に平家琵琶を代表するのが琵琶法師である．
　なお，琵琶法師の平家物語をさす「平曲」という語は，近世中期以降のもので，それまでは「平家」「平語」「平家琵琶」などと称した．平曲の語は，文政３（1820）年の『平曲柴抱弾法大成』に初めて見出せるが，『流(りゅう)嵩(しょう)舎(しゃ)雑書(さいしょ)』（1746年以前成）に「平語曲節弾法」，寛政12（1800）年刊の譜本に『平語小曲』などと見え，それがつづまったらしい．

●**琵琶法師**　琵琶法師の出現は，古い．当初は平家もなく，盲僧とも限らなかった．早く『小右記』３個所に「琵琶法師」の語が見え，寛和元（985）年７月18日条（逸文．『花鳥余情』所収）に，「召琵琶法師令尽才芸（琵琶法師ヲ召シオ芸ヲ尽クサシム）」とあるのが嚆矢である．平兼盛（？-990）『兼盛集』127番歌には，「ひはのほうし」として，「四つの緒に思ふ心を調べつゝ，弾き歩けども知る人もなし」の和歌が遺る．『新猿楽記』には，「琵琶法師之物語」とある．琵琶法師を「盲目」と断定するのは15世紀の『源氏物語』の注釈書『花鳥余情』で，「琵琶ひきてありく法師なり，当時の盲目のごとし」とするが，『源氏』「明石」において琵琶法師となる明石入道は晴眼であるから，単に「琵琶を弾く法師」とみてもよい．その琵琶法師が合戦の物語を語っていたことは，『旧記要文集』『久能寺縁起』などの記録にあるが，盲目の「平家」語りとするのは中世以降のことである．

盲目とする早い例は，『発心集』8-5「盲者，関東下向の事」で，「六十ばかりなる琵琶法師の，小法師ひとり具したる」は，鴨長明に小夜の中山の東麓，任事神社前で呼び止められる．この法師が「平家」語りであったかは不明だが，『徒然草』226段に，「後鳥羽院の御時（中略）．この（信濃前司）行長入道，平家物語を作りて，生仏といひける盲目に教へて語らせけり（中略）．かの生仏が生れつきの声を，今の琵琶法師は学びたるなり」と記されるように，平家語りが，平氏が滅びた元暦元（1185）年から，後鳥羽（1180生，83即位，98退位，1239薨去）の院政時代に成立していれば可能性は高い．同232段には，「琵琶法師の物語」を聞こうと「めくら法師」を召し出す様子がうかがえて，この法師も盲目の平家語りと推察される．したがって，生仏はその始祖となり得て，時系列に並べれば，『花鳥余情』の注記はこの後を行くから『源氏物語』にまでさかのぼるのは適当でない．

図1 琵琶法師

●**盲琵琶** 平安時代に盲目の琵琶法師がいなかったわけではない．伝説上に始祖と仰がれるのは，「人皇五十四代仁明天皇第四の皇子，人康親王」，あるいは「逢坂山の蟬丸」で，14世紀頃に成立した平家を語る琵琶法師の座（同業組合），「当道座」においては前者が貴種として始祖に仰がれたが，12世紀前半成立の『今昔物語集』24-23には，蟬丸が敦実親王の雑色であったが，宮の琵琶を聞くうちに上手になり，盲目になって逢坂関に集う芸能者になったとし，「其ヨリ後，盲琵琶ハ世ニ始ル也トナム語リ伝ヘタルトヤ」とあるから，当時は蟬丸が始祖の立場であったのだろう．ただし，そこには「琵琶法師」としていない．建長4（1252）年成立の『十訓抄』10-72の「盲法師の，極楽の雨しただりの音とて，ひき侍るは」という表現も同じで，当時は盲目の法師芸能者が琵琶以外にも箏や尺八，声で生活の糧を得ており，琵琶を弾ずる盲目の法師も，彼らと特段の差違はなかったのである．

●**当道座** 差異ができるのは，当道座を組み，幕府の庇護下に入ってからである．「平家」語りは，鎌倉時代末期には八坂流と一方流に分かれ，室町時代初期，一方流に明石覚一検校が出て社会的地位が高まった．15世紀中頃の京都には，平家語りの琵琶法師が500〜600人いたという．盲人は，中世以降，座を組んだが，その最大勢力が平家を表芸とする当道座で，江戸時代には全国的組織となる．徳川幕府は，それを公認し，盲人を一元的に支配しようとして16世紀に伝来した三味線の演奏権も独占させた．延宝2（1674）年には，座外の琵琶法師に浄瑠璃，箏曲，三味線，胡弓を禁止し，古来行ってきた地神経の読誦のみを許した．そうした幕府支配に抵抗した九州の琵琶法師たちは，そうして今日の薩摩・筑前琵琶に命脈を伝えていくことになる．

［磯 水絵］

箏（琴）と三味線

　コトといえば，常用漢字は「琴」のみだが，ワープロでソウキョクと打てば「箏」はすぐに出てくる．字が異なるように，二つは別物で，今日，コトといえば，柱(じ)を用いる箏をさす．箏も三味線も撥弦(はつげんがっ)楽器であるが，ユーラシア大陸から日本列島に入ってきた．江戸時代には音楽文化の中心的な楽器となり，現代邦楽でも重要な位置を占める．流派やジャンルによって種類が多い．リュート族の三味線は抱えて，撥(ばち)で弾く．箏は，置いて指に琴爪を嵌めて弾き，ツィター族に入れる（harpではない）．三味線の糸は必ず3本だが，箏の弦の数は一定していない．近世では，三味線の活躍の場は箏より広く，特に劇場音楽として発達したが，箏曲はあくまで座敷で弾かれた．両方の楽器がともに演奏される場は，地歌・箏曲で，盲人組織当道座のもとで，盲人男性音楽家が平家琵琶と並行して，流行り歌を三味線組歌などにつくり変え，仕上げたものである．

●箏（琴）　コトは，弥生時代から列島に存在し，6弦のコト（和琴(わごん)）を膝に載せた埴輪も出土している．雅楽の一部に使われ，現代でも和琴の作曲家がいる．箏と類似の楽器は中国，韓国，ベトナム，モンゴルにある．

　箏の材料は桐で，そこに張る13本の糸はもともと絹だったが，今はテトロンが主である．糸の下に置く柱もかつては象牙だったが今はプラスチック，右手の親指と人差し指，中指に嵌める爪は今でも象牙を用いている．基本の調弦法は平調子(ひらちょうし)で，半音，短三度の都節の五音音階をなす．音を変化させる工夫として，左手によるトレモロ，押し手，引き手，演奏中に柱を動かすこともある．糸を爪で素早く擦くシュー，かき爪，コロリンなど独特なパターンも多い．近現代の作品は，左手の工夫，倍音を生かす，弓で擦るなどの新しい奏法がある．

　奈良時代に大陸から入ってきた楽箏は，雅楽の一楽器で，ソロ楽器でもあった．戦国時代に貴族と楽家が地方に離散した結果，九州に筑紫箏(つくしごと)が発生した．それが京都に逆輸入され，17世紀に盲人音楽家が箏を採用し，八橋検校らが六段，八段などの器楽曲や流行り歌の組歌に箏を用いた．

　それぞれの地域に多くの流派が生まれたが，主流は生田流(いくた)である．生田流は，楽箏の丸い爪から，三味線の撥に似せた四角い爪を工夫した．18世紀半ば江戸浄瑠璃から影響を受けて山田流箏曲ができ，丸い爪を使う．生田流は，20世紀初頭の新日本音楽運動の頃から，宮城派，正派，沢井派など幅広く分派している．

　箏曲のジャンルは三つ，器楽の段物と砧もの，歌い物の組歌・芝居歌など，そして両方が一緒になる手事(てごと)ものがある．山田流箏曲は，語り物的で，浄瑠璃と共通の曲が多い．

13弦が基本だが，箏曲家の宮城道雄は17弦箏を工夫し，戦後は20弦，25弦，30弦も生まれ，レパートリーを広げた．

　雅楽から出た箏と，遅れて入ってきた庶民的な三味線との不思議な組合せが，地歌・箏曲である．三曲は，三味線，箏，胡弓（後には尺八）という三つの楽器の合奏で，歌われる．江戸初期には，三味線が主で箏は従といえる関係だったが，時間が経つにつれて箏が独自な発展をみせ，やがて三味線なしのレパートリーをつくるに至った．明治新曲は，箏だけの伴奏，現代邦楽はさらに歌もない箏の器楽曲が主になっている．

　三味線は，遊郭や劇場という「悪所」との関係が深いとして明治政府の音楽教育からは外されたが，上品なイメージの箏は積極的に近代邦楽畑の宮城道雄，中能島欣一，沢井忠夫のほか，西洋音楽の訓練を受けた広瀬量平，松村禎三，新実徳英などが新作をつくっている．箏ほど多くないとはいえ，三味線にも，杵屋正邦，今藤政太郎，高橋悠治などによる作曲がある．

●三味線　三味線は，長い棹（さお）が角型の胴を貫いていて，その胴には猫か犬の皮が張ってある．棹の材料は紅木（こうき），紫檀（したん），または花梨（かりん）で，胴は花梨が一般的である．糸（弦）は絹を用いる．渋い音色をもち，サワリの工夫によるビビリ音や撥が胴の皮を打つ音などのノイズも，楽音のうちである．フレットのない棹の勘所（かんどころ）を押さえながら，撥で糸を下へ弾くのが基本で，上の方への「スクイ」と左手の指で糸を弾く「ハジキ」で音色の変化をもたらす．棹の長さと糸の数は変わらないが，棹の太さ，糸の太さ，コマ，撥，音色（声の音色も）はジャンルによって著しく異なる．細棹は，長唄，中棹は清元，常磐津（ときわづ），新内節，地歌，民謡などで，太棹は義太夫と津軽三味線で使われる．調弦の基本は，シミシの本調子（浄瑠璃），シファ♯シの二上がり（歌い物），シミラの三下がり（祭文（さいもん），浪花節）の三つである．

　三味線が琉球経由で大陸から日本列島に入ったのは，戦国時代の終わりか安土・桃山時代である．原型の三線（サンシェン）は，唐の雅楽にはなく，西アジアから直接伝わって民族楽器となった．沖縄には類似の三線（さんしん）があるが，朝鮮には入らなかったようである．三味線を初めに取り入れたのは平家物語を語っていた琵琶法師で，浄瑠璃に応用され，人形芝居の語りとなった．

　三味線が歌舞伎の伴奏楽器に入ったのは，17世紀半ば（元禄），浄瑠璃諸派が歌舞伎に入り歌舞伎舞踊の地になった．18世紀には，地歌も歌舞伎舞踊音楽に取り入れられて浄瑠璃と交流し，江戸長唄が生まれた．下座音楽の中でも情景描写をする際に活躍するようになる．流行り歌が地方に伝播すると，盆踊りくどき，祭文や民謡などの民俗芸能に導入され，明治期には浪花節の伴奏楽器となった．

　三味線音楽も歌の伴奏が主である．器楽（楽器を用いる音楽）としては20世紀に入ってから，津軽三味線が現れたり，一部の現代邦楽に器楽曲がある．

　　　　　　　　　　　　　　　　　　　　　　　　　　　　［時田アリソン］

笛と尺八

　笛と尺八は，いずれも管楽器の呼称である．古くは吹いて鳴らす吹奏楽器の総称としても笛は用いられ，『源氏物語』には「さくはちのふえ」(尺八)「さうのふえ」(笙)の用例もあり，篳篥などを含むこともあった．また，口指・指笛のように，楽器を用いない吹奏に「笛」の語をつけることもある．

●笛　一般的に横笛の類をさす場合が多く，いずれも竹製である．雅楽で用いられるのは「竜笛」「神楽笛」「高麗笛」の3種で，表面は歌口と指孔と頭部の一部を除いたところに樺を巻いて漆で塗り固め，管の内側は砥粉を混ぜた下地漆を塗っては研磨し内径を整えてから漆を塗って仕上げる．頭部にはバランスをとるために鉛棒を詰め，歌口内部の頭部側は蜜蝋で閉じ，その蜜蝋で音律を微調整する．指孔は竜笛が7孔，神楽笛と高麗笛が6孔，また管長は竜笛が約40 cm，神楽笛が約46 cm，高麗笛が約37 cmである．音域は竜笛に対して，神楽笛は長2度低く，高麗笛は長2度高い．神楽笛は宮中の神楽に用いられ，高麗笛は高麗楽や東遊で使われる．唐楽はじめその他の曲種では竜笛が用いられ，雅楽の中心的な笛で，雅楽で「笛」といえば竜笛をさし，「横笛」ともいう．「能管」は能楽(能・狂言)や歌舞伎囃子，京都の祇園囃子，一部の民俗芸能などで使われる笛で，能楽では単に「笛」という場合が多い．長さは約39 cm，指孔は7孔．外観は竜笛に似ているが，歌口と指孔の間の管内に「喉」とよばれる短い竹を入れた独特の構造をもつ(図1)．

　また，各能管で管長や指孔の位置が異なるため音律はそれぞれ異なる．「篠笛」は，「竹笛」ともいい，長唄囃子や歌舞伎の下座音楽，民俗芸能などに用いられ，7孔が基本だが，民俗芸能では，6孔，5孔以下のものもある．竜笛や能管と異なり，頭部や管尻の狭い範囲に籐が巻かれるだけで，竹そのままが多く，塗装する場合も生地の風合いを生かすものが多い．最も低い音域の笛を「一本」とよび，「二本」「三本」と順に半音ずつ高くなって12～13本で1セットとして用いる．

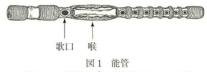

図1　能管
[出典：千葉優子『日本音楽がわかる本』]

●尺八　尺八は，竹製を基本とする縦笛をさす．名称の由来は，中国唐代の尺度である律尺での1尺8寸からきている．狭義には，現行の「普化尺八」(「虚無僧尺八」とも)をさし，指孔は前面4孔・背面1孔の5孔で，現在は真竹の根の部分を管尻としてつくり，7節である．管の上端の一部を外側に斜めに削り落とした歌口(吹口)に，近代以降は水牛の角や象牙を細工した箝口を埋め込む．管内

は節を抜いて滑らかにし，下地漆を塗って整えて漆で仕上げる．ただし，今でも切り落としたままの歌口で管内も整えない古いタイプの尺八を使う流もある．管長(かねじゃく)は曲尺の1尺8寸（約54.5 cm）を標準とするが，これを中心にほぼ1寸刻みに長短各種，半音ずつの移調楽器となっている．指・顎・唇・喉・息，またそれらを組み合わせた多くの技法があり，それによって微分音的変化やさまざまな音色を出すところが特徴である．

　江戸時代は，普化宗の法器（法要のための器具）として同宗の僧侶（虚無僧）によって独占され，「虚鈴(きょれい)」「虚空(こくう)」など仏教的な意味をもつ瞑想的な楽曲の独奏を基本とした（「鹿の遠音(とおね)」のみ2管の掛合）．明治4（1871）年に普化宗は廃止され，前述の「古典本曲」のほか，楽器として箏や三味線との合奏（三曲合奏）や，民謡の伴奏にも使用される．ほかに尺八の仲間としては16～17世紀に流行した5孔1節の「一節切(ひとよぎり)」や5孔3節で薩摩の武士に好まれたとされる「天吹(てんぷく)」，また，奈良時代に雅楽の楽器として伝来したものの平安時代から使われなくなった6孔3節の「雅楽尺八」（古代尺八とも）が正倉院と法隆寺に残存する．

●笙　笙は，雅楽で使用されるフリー・リードの楽器をさす（図2）．吹き口の付いた木製漆塗りの椀型の匏(ふくべ)（頭(かしら)，壺とも）の周囲に，細長い孔と小さな指孔のある長短17本の細い竹管を差し込み，そのうち15本の竹管の根元に銅合金片のリードが付いていて，指孔を押さえて吹いたり吸ったりして発音する．全長は50 cm前後で，リードには鉛粉と蝋を混ぜた重りをのせて音律を微妙に調節する．「一竹(いっちく)」（「一本吹」とも）と称する単音の奏法と，「合竹(あいたけ)」という重音奏法があり，唐楽・催馬楽(さいばら)・朗詠(ろうえい)で使用される．

●篳篥　篳篥は，雅楽で使用されるダブル・リードの縦笛をさす．本体は長さ約18 cmの竹管で，口径は上端が約1.5 cm，下端が約1 cm．前面7孔，背面2孔の指孔部分を除いて樺を巻いて漆で塗り固め，管内にも漆を塗る．この上端に約5.5 cmの葦の片端をつぶして薄く削いだリードの下部に和紙を巻き，また開き具合を調節するための「世目(せめ)（責）」という籐製の扁平な輪をはめて，本体上部に差し込み発音する．音量が大きく，雅楽の主要旋律楽器で，誄歌(るいか)以外すべての曲種で用いられる．

図2　笙

●その他　ほかに，種々の石笛や土笛などが古代からある．また，下座音楽ではさまざまな擬音笛が用いられ，近世後期からは明清楽で使われた「明笛(みんてき)」などもある．日本人の感性や声楽中心の日本の伝統的な音楽に適さなかったためか，笙や篳篥のようなリード楽器は雅楽以外の伝統音楽では用いられなかった．［千葉優子］

鐘と太鼓

　鐘・太鼓は，打ちもの，パーカッション，打楽器の一種で，リズムを刻む機能をもつ．旋律楽器ではないので，音楽に関する本に独立した項目としてあまり出てこない付属的な存在である．しかし，人間の声や，踊りと合わせ，歌と踊り・舞の伴奏として用いられた一番古い楽器かもしれない．音がよく通り，野外に相応しい．お寺の鐘，祭囃子，劇場の櫓太鼓，火の用心など，サウンドスケープ（音の風景）に属する．また，歌舞伎の下座の情景描写では大きな活躍をする．

　鐘も太鼓も実に種類が多い．鐘・鉦が金属製であるのに対して，太鼓は皮と木製，または金属製の枠で，形がさまざまである．場も幅が広いが，一緒に活動する場として，囃子というアンサンブルの中に入り，神楽，能，歌舞伎に使われる．また，近世の大道芸から生まれ，摺鉦（当たり鉦，チン）と締め太鼓（ドン）などを鳴らして，宣伝を行うチンドン屋も存在する．

●**鐘・鉦**　カネ（鐘・鉦）は，金属製の器体を打つので，体鳴楽器に分類される．種類はベル類（鐘），ゴング類（鉦），シンバル類（チャッパ）などがある．錫杖，鈴など，振りものもある．時間を刻む（colotomic, 音楽の節目を示す）機能を担うことが多く，細かいリズムより，周期的に回ってくる大きな区切りをマークする．例えば，大晦日には年末・年始の除夜の鐘として，お寺で梵鐘をつくし，仏教儀礼では鈴と磬などがお経を区切る．

図1　摺鉦

　鐘は，金属文化と一緒に日本へ入ってきた．たくさん出土している弥生時代の銅鐸は本当に鳴らしたかどうかは不明である．巫女や能の翁の鈴も由来が古いと考えられる．民俗芸能や祭囃子には吊り鉦が大活躍する．近世の大道芸能者，願人などの，仏教から取り入れた錫杖は祭文語りが利用したし，雅楽の鐘類には枠に吊るした鉦や鉦鼓がある．なお，仏教儀礼に金属の打楽器が多く使われる．

　歌舞伎の下座音楽は，日本の打楽器をほぼ網羅している．例えば，ベル類では本釣り鐘（お寺の梵鐘を小さくしたもの）があり，澄んだ音がし，時刻を告げたり，位の高い人物が登場するときにならされる．ゴング類では，木の枠に吊るした円形の鉦の銅鑼と双盤がある．銅鑼は青銅でつくられ，低く錆びた音がする．双盤は青銅，真鍮，鉄などでつくられ，もともと仏教儀礼に使われた．紐がついて手にぶら下げて打つゴングは，前述の通り摺鉦といい，真鍮でできており，縁をバチで摺るように打つ（図1）．鉢型をしている磬は，金属の椀をクッションに載せて打つと，冴えた音を出す．なお，オルゴールは，三つから六つの異なっ

たサイズの鈴や鏧を並べて縦の木の台に付けたものだ．それぞれ異なる音高を響かせるが，特定な音階にはならず，異国的で不気味な雰囲気をも出す．振りもの類では，駅路があり，ドーナツ型の鈴を紐に通して鳴らす．民謡の一種である馬子唄の歌に合わせて使う．小さなシンバルのようなチャッパは神楽と合わせて叩く．

図2　長胴太鼓

●**太鼓と鼓**　太鼓と鼓は，円筒形の木の胴に動物の皮を張るもので，膜鳴楽器に分類される．桴で叩くのが太鼓で，手で打つのが鼓である（例外は後述の三ノ鼓）．鼓を持つ埴輪があるように，これらの原型は古くから日本列島にある．北アジアからシャーマン系の宗教とともに日本へ入ったらしい．

皮を直接鋲で胴に留める鋲留め太鼓は，大きくて胴の長い樽型で，大太鼓，宮太鼓（長胴太鼓），櫓太鼓などいわゆる和太鼓であり，台に載せて打つ（図2）．同じ鋲留めタイプで胴が短いものが雅楽の楽太鼓で，丸い枠の中に吊るされ，colotomic を示す重要な役割をもっている．

2枚の皮を丸い枠に張り，筒型か砂時計型の胴に当てて紐をかけて締めたものが締め太鼓である．雅楽で用いる筒型の鞨鼓は台に載せて2本の細いバチで打つ．舞楽で用いる鼉太鼓は原型より胴が短くなり，大きい丸い枠に吊るす．また，里神楽や祭りで活躍する大拍子も胴が長い締め太鼓である．胴が短い締め太鼓は能で用いる太鼓（猿楽太鼓）で，特定の曲（太鼓もの）のキリ（フィナーレ）にしか使わない．このほか，民俗芸能は，桶の形をした桶胴太鼓が用いられている．

鼓は，白拍子，能，幸若舞など，歌いながら舞う芸能の伴奏楽器である．砂時計のような形状で，紐を緩めたりきつくしたりすることで，音高に変更を与える．雅楽の三ノ鼓も同じ形状であるが，床の上に置いて右手の桴で打つ．

歌舞伎の下座音楽は長唄の囃子が主だが，ほかにたくさんの打ちものがある．大太鼓はリズムの役割だけでなく，風景描写の表現で，雨，風，水，波，雪のパターンがある．立回りや幽霊の出にも活躍する．大拍子は唄や合方に合わせ，神社など華やかな場面で使われる．桶胴は祭り，獅子舞の場面に，楽太鼓と鞨鼓は宮廷の場面，金襖ものに使われる．

民俗芸能や能，歌舞伎において，鉦と太鼓と笛を幅広く合わせた囃子は，日本の音楽文化，いや，日本人の生活を「はやし」た，つまり，励ました．そういうエネルギーを与えた音の力をはらんでいたといえる．

太鼓は最近，付属的な存在から逸脱して，主役を担うようになった．いわゆる和太鼓や組太鼓は，1950年代からの新しいジャンルで，陣太鼓や神楽囃子に由来すると考えられている．特に1970年代からはブームが起こり，世界的な流行の出発点ともなった．韓国のサムルノリをはじめ，台湾，中国でも固有の太鼓や鉦によるパーカッションが流行している．

［時田アリソン］

浄瑠璃と義太夫

　浄瑠璃とは，語りもの音楽の一つで，太夫の語りに合わせて三味線を伴奏する芸能である．浄瑠璃のルーツは，室町末期から広まった牛若丸と浄瑠璃姫の出会いの物語（『浄瑠璃物語』『十二段草子』など）で，その語りの様式がさまざまな物語に応用されるうちに，それらを浄瑠璃とよぶようになった．当初は，楽器を使わず扇拍子でリズムをとったり，琵琶をわずかにあしらう程度であったが，16世紀後期以降になると当時招来した新楽器，三味線が使われるようになった．

　●芝居への進出　江戸時代の初め頃，浄瑠璃は芝居興行（人形芝居および歌舞伎）と結びつき，より演劇的な表現を備えるようになっていった．さまざまな作品がつくられ，多くの太夫が輩出し，上方と江戸で大流行した．初期には金平節・播磨節・嘉太夫節などの古浄瑠璃が知られるが，素朴な語りの合間に手かずの少ない三味線が加わるといった中世的で大味な表現が持ち味であったらしい．現在，一部の地域に遺存する文弥節などにその面影が残っているともいわれる．

　元禄期になると，大坂の竹本義太夫と近松門左衛門らの提携による人形浄瑠璃の義太夫節が浄瑠璃の代表的存在となり，浄瑠璃といえば義太夫節をさすほどの人気と勢力を獲得していった．そのほか，江戸節（半太夫節・河東節），大薩摩節，一中節，豊後節などが台頭し，宝暦期以降の江戸歌舞伎では，豊後系浄瑠璃（常磐津節・富本節・清元節）がよく発達した．劇場から離れて座敷浄瑠璃として特色を発揮した宮薗節や新内節もあり，江戸後期までに数十もの流派が生まれた．

　各派の太夫たちは，作品内容の多様化に合わせて表現の幅を広げ，発声や曲節に独自の工夫を凝らした．三味線弾きも複雑で巧みな手付けを開拓した．こうして浄瑠璃の音楽性は細やかで変幻自在なものとなり，芝居や座敷を引き立て盛り上げる存在として，なくてはならないものになっていったのである．

　●上演から伝承へ　劇場で初演された浄瑠璃作品は，上演ののち各流派において，稽古浄瑠璃・座敷浄瑠璃としても伝承された．伝承の対象として顧みられず失われた作品も少なくなかったが，多くの作品が伝承の軌道に乗ることで永続性を備え，流派ごとの資産・レパートリーとなった．伝承レパートリーの拡充は，流派と劇場興行との関係を密にさせ，流派を隆盛に導く要因ともなった．逆に，伝承曲を拡充できなかった流派は，次第にその存在自体が衰微していった．

　現在まで伝承される浄瑠璃作品およびその伝承を担う各流派は，人々の強い支持を継続的に受け，幾多の困難を乗り越え，現在まで受け継がれてきたのである．現在も劇場浄瑠璃として上演される機会の多い，義太夫節・常磐津節・清元節などの流派では，それぞれ100〜200曲以上が伝承されており，河東節・一中節・

新内節などでもそれぞれ数十曲が伝承されている．

　伝承曲の定着化と後述する享受層の拡大を助けたのが，浄瑠璃の詞章や曲節を版刻した浄瑠璃本の出版であった．浄瑠璃本は，上演内容をより深く理解したり稽古をするのに欠かせないアイテムとなった．義太夫節では，作品全体を読んで楽しむことのできる通し本（丸本）や稽古に便利な大字の抜き本（稽古本），江戸の豊後三流（常磐津・富本・清元）では，歌舞伎上演時の役者絵を配した薄物正本や青表紙稽古本が，各流派と提携する版元から随時出版され，浄瑠璃本は近世のベストセラーの一つともなった．

●**享受層の拡大**　このような浄瑠璃隆盛は，浄瑠璃の質的向上だけでなく，浄瑠璃に親しみ享受する素人層の拡大によって招かれた．まず，素人の享受層にとって，浄瑠璃諸派の有力者たちの存在は，現代のミュージシャンなどと同様，関心の的であった．有力な太夫と三味線方の名前は相撲番付風にランクづけされ見立番付として出版され，義太夫節では評判記も出版されるほどであった．また，享保末期から江戸で大流行した豊後節は，その語り口と内容が扇情的であるとされ，創始者の宮古路豊後掾らのファッション（髪型や衣服など）も「文金風」とよばれ熱狂的に支持されたため，風紀上差し障りがあるという理由で一時禁令が出されたほどであった．しかし何といっても浄瑠璃の本質は，作品として聴いてその琴線に触れること，そして，自分自身で稽古を受けて実践してみることであった．

　素人が浄瑠璃を稽古する習慣は，延宝期までに始まり，義太夫節では寛延期以降，素人向けの稽古手引書もしばしば出版された．やがてその稽古熱は稽古だけでは収まらなくなり，大坂では素人義太夫の興行が行われたり，素人義太夫の興行番付や評判記が出版されるまでになる．素人であっても芸を見込まれ玄人としてスカウトされる者も少なくなかった．しかし，そのような高度な技芸の持ち主は享受層全体からみればごく少数であり，享受層の大半は「下手の横好き」，つまり落語「寝床」を地で行くような輩であったと思われる．

　落語「寝床」は，義太夫を語るのが好きな旦那が吉例の独演会を開催するといって，無理矢理に店の者や長屋の店子を集め支度を整えるが，集められたお客は目当ての弁当や茶菓を食べてしまうと旦那の奇声を聴きたくないので皆その場でふて寝してしまうという話である．ごく普通の民衆が，演奏家の芸と存在に憧れを抱き，それを真似て稽古したり，それに飽き足らず人前で演奏してみたいと望む欲求は，浄瑠璃に限ったことではなく，昨今のカラオケやバンドブームからも知られるように，今も昔も相変わらぬ人情といえよう．享受層を捲き込んだ浄瑠璃文化の拡大は，都市部や男性に限定されたことではなかった．地方でも浄瑠璃の興行や稽古が広まり，各派の稽古本も流布し，地方の音楽文化の形成に大きな役割を果たした．また，女性が稽古師匠をつとめたり，「娘義太夫」が興行されることによって，女性演奏家の社会的進出もうながされたのである．　　［竹内有一］

演歌と歌謡曲

　現在一般的な演歌は，昭和45（1970）年前後に大衆音楽ジャンルとして形成された．その頃やや時代遅れになりつつあった従来のレコード流行歌（歌謡曲）の特徴を引き継ぐ歌調を，新たに主流になりつつあった新しい歌調と区別してさすものであり，明治・大正の演歌とは基本的に別物と考えるべきである．

●**明治・大正の演歌**　「演歌」の語源は，明治時代の自由民権運動の壮士が政治的主張を込めて歌った「演説歌」であり，大正時代には壮士ではなく書生（ないし書生風の演者）が街頭で時事的な話題を扱った曲をバイオリン伴奏で歌いながら歌詞の冊子を売る業態として人気を博した．その元締めの一人が，「ラッパ節」「ハイカラ節」で知られた添田唖蝉坊であり，その子息・知道（「東京節」「復興節」など）である．大正時代には中山晋平（「カチューシャの唄」「須坂小唄」「船頭小唄」など）のような職業的な大衆歌謡作家が現れ，さらに昭和に入って外資系レコード会社が「青空」「アラビアの歌」のような米国のジャズ・ソングを雛型に，「君恋し」や「東京行進曲」といった都市大衆向けの歌謡（流行歌）を新たに制作するようになる．それまで演歌師が担ってきた，歌をつくり広める機能は衰退し，一部は盛り場で流行曲を歌う「流し」に転じた．その過程で「艶歌」とも記されるようになった．つまり，明治・大正の「演歌・艶歌」は，レコード会社製の流行歌によって駆逐されたのである．

●**昭和40年代における演歌の誕生**　流行歌の一種としての「演歌・艶歌」の用法が定着する一つのきっかけは，五木寛之の小説『艶歌』（1966）だろう．「艶歌の竜」と異名をとる老レコード・ディレクターが制作する，古臭い流行歌をさして，いわば換喩的に「艶歌」の語が用いられている．五木は当時の対抗文化の気運のなかで，レコード会社製の流行歌の民衆性を保証するものとして，歴史的には別の文脈に属する「艶歌」の語を転用したのだ．これが「演歌」として完全に定着するのは，昭和44（1969）年に「演歌の星を背負った宿命の少女」という惹句でデビューした歌手・藤圭子によってである．不幸な生い立ちをもつ薄幸の美少女のイメージは，五木寛之の小説に描かれた少女歌手を強く連想させ，五木自身が彼女のLPを「怨歌」と評したことも手伝って，昭和45（1970）年から翌年にかけて空前の大ブームを巻き起こした．彼女は，いわゆる「ナツメロ」（これも当時の流行現象であった）を多く歌っており，「演歌」という再発見された用語と過去の流行歌の結びつきをより強固にしたと考えられる．

●**音楽産業の構造変化**　演歌の成立は，昭和初期から約40年にわたって，大衆音楽レコード制作のほぼ唯一の手段であったレコード会社専属制度の崩壊と重

なっている．これは，歌手のみならず作詞作曲家，演奏者，録音技術者から配給，小売に至るまで，特定のレコード会社との排他的な契約下におく垂直統合システムである．長きにわたって，古賀政男のような戦前からの重鎮が長く君臨し，音楽的にも，昭和初期に確立した諸特徴，つまり花柳界や都市の盛り場を主題とした七五調の歌詞やいわゆるヨナ抜き音階の旋律，管弦楽を基調にした和洋合奏風の伴奏などがそのまま引き継がれていた．世界的にも珍しいこの強固な専属制度は，占領期の米軍クラブに起源をもつ芸能プロダクションやテレビの台頭によって1950年代末から動揺の兆しをみせ始め，昭和41（1966）年からのGS（グループサウンズ）ブームをきっかけに，芸能プロダクション，放送局，音楽出版社などが権利を分配する新たな制作方法が主流となる．

　典型的には，芸能プロダクション所属のGSやアイドル歌手が，阿久悠や筒美京平といったフリーランスの職業作家の手になる同時代の英語圏若者音楽の意匠を積極的に取り入れた楽曲をテレビで歌う楽曲と，専属制度のもとで制作された楽曲の差異は明確であり，そのこともまた「旧来型（＝専属制度期）の歌調」としての「演歌」のジャンル形成を促進したと考えられる．この時期，戦後の歌謡界最大のスターであった美空ひばりは，それまでの，古今東西ありとあらゆる曲調を歌いまくる，という方向から，「柔(やわら)」や「悲しい酒」といった，当時としても「古臭い」曲調に転じ，後の「演歌の女王」につながる方針転換を行っている．

●**流行歌と歌謡曲**　さて，ここまで「流行歌」という語を用い，「歌謡曲」の語はあえて避けてきた．というのは，「歌謡曲」とは，放送における「流行歌」の言い換え語なのである．「流行歌」はレコード会社製の大衆歌謡の分類呼称として昭和初年に現れたのだが，その卑俗な含意を忌避した放送局が用いたのが「歌謡曲」である．しかし，現在では，「流行歌」よりも「歌謡曲」の方が新しいというイメージが広まりつつある．晩年の阿久悠は，自身が活躍した60年代後半以降（専属制度崩壊後）を「歌謡曲」とよび，それ以前の「流行歌」と区別していた．歴史的には不正確だが，一概に誤用とはいえない．大衆歌謡が広まる中心的な媒介が，レコード（および映画）から放送（とりわけテレビ）に移行したことを含意しているからだ．

　現在では，「歌謡曲」の語は，現在の主流である「Jポップ」との対比において，テレビが圧倒的な影響力をもっていた70年代から80年代の楽曲をさして用いられることが多いように思われる．近年用いられ始めた「昭和歌謡」という新語は「歌謡曲」と「昭和」という時代を強力に結びつけるものである．かつては「商業的な大衆歌謡全般」を漠然とさしていた歌謡曲が，特定の時代の，特定の曲調をそなえたカテゴリーとして再編成されつつある，といえるかもしれない．そしてそれは，「過去の主流的な流行歌」が演歌として再定義された過程と重なるものである．

[輪島裕介]

Jポップ

　「Jポップ」とは，1990年代以降の日本において，商業的に制作される大衆音楽を包括する語として用いられる．とりわけ，「洋楽」とよばれる英語圏中心の若者音楽のスタイルを用いた音楽をさし，それ以前の時期に，大衆歌謡を漠然と指示していた「歌謡曲」や，さらにその下位区分でより「日本的」とみなされていた「演歌」と区別される．近年では，洋楽の直接的な影響下にある日本の音楽の先達として，服部良一のジャズやブギウギ，ザ・ピーナッツや弘田三枝子らによる外国曲のカヴァー，初期ビートルズを模倣したGS（グループサウンズ），米国のフォーク・リバイバル運動の影響を受けたフォークソングなどを取り上げ，Jポップの歴史として提示する見方もある．

●**呼称の定着**　この呼称は，昭和63（1988）年に開局したFM放送局J-WAVEに由来する．開局当初は洋楽しか放送しないことを売り物にしてきた同局で，例外的に日本製の音楽を放送するコーナーが「Jポップ・クラシックス」（1989年開始）と名づけられたのが初出である．そこで取り上げられたのは，サザンオールスターズや大滝詠一，佐野元春といった，自作自演を行うアーティスト志向の強い音楽家たちであった．ただし，この呼称が広く定着するのは，平成5（1993）年に開幕したサッカーJリーグの爆発的人気を承けた平成6（1994）年以降である．Jポップの初出から定着までの数年の間に，音楽を取り巻く環境が大きく変化している．70年代から80年代に隆盛をみたテレビ歌番組と，それが可視化する芸能界の中心的な存在であったアイドルが衰退し，シンプルな演奏を強調するロックバンドによるバンド・ブームや，過去の音楽の衒学的ともいえる引用に基づいてファッショナブルな音楽を組み立てる「渋谷系」の流行が取って代わる．J-WAVE開局時点では未だ特殊なものであった，アーティストという有り方が，90年代前半を通じて常態化していったといえる．

●**Jポップの産業的特徴**　さらに重要なのは，産業的な変化である．80年代後半のレコードからCDへの移行期を経て，CDがコンビニ，スーパー，家電量販店などでも売られるようになり，手軽なミニコンポが若者を中心に爆発的に普及し始めていた．そうしたメディアの変化を受けて，音楽産業の市場規模は空前の拡大を遂げ，一種のCDバブルの様相を呈していた．テレビ歌番組の全盛期には，大衆歌謡は基本的に「テレビで見るもの」であったとすれば，この時期は「個人がCDを買うもの」になったといえるだろう．ただし，テレビの影響力がなくなった訳ではなく，ヒットする楽曲のほとんどはCMやドラマとのタイアップによっていた．音楽事務所ビーイングは，タイアップを前提に楽曲制作を行っており，

B'z, WANDS, ZARD といった，クライアントのイメージを邪魔しないよう記号性の高い名称を与えられたユニットがミリオンセラーを連発した．もう一つ重要なメディアはカラオケである．カラオケボックスの普及により，中高年サラリーマンが酒場で歌うものであったカラオケは，若者が仲間内で楽しむ娯楽となった．この時期，欧米のダンスミュージックを取り入れたヒット曲を量産していた小室哲哉は，「若者がクラブで踊った後にカラオケで歌える歌」を意識して楽曲を制作していたという．このように，Jポップという呼称は，CDが異常なまでに売れていた90年代の主流的音楽をさすものとして定着した．視聴環境がインターネットへと移行し，CDがもっぱらアイドルの関連商品としてしか消費されなくなった現在の音楽状況は，もしかすると後世の目からみるとまた異なる時代に属しているのかもしれない．とはいえ，現在に至るまで「Jポップ」の用語は，日本の主流的な大衆音楽を包括的にさすものとして国内外で用いられている．

●洋楽とJポップ 『Jポップとは何か』を著した烏賀陽弘道は，この呼称に「文化でも世界に肩を並べたい」というバブル経済下の日本人の願望を背景とした，「洋楽に匹敵する日本の音楽」という自己満足的なファンタジーを読み取っている．そうした考えとおそらくは対応して，和製洋楽（洋楽もどき）であるJポップの隆盛とともに「若者が洋楽を聴かなくなった」という嘆きもしばしば聞かれる．こうした批判もある程度当を得ているにせよ，この見方自体が，洋楽つまり英語圏主流音楽の優越を暗黙のうちに前提しているようにも思える．たしかに，Jポップは全米ヒットチャートに登場することはないが，そもそも非英語圏音楽が米国市場で継続的な成功を収めた事例はないに等しい（坂本九の「SUKIYAKI」は世界的にも稀有な事例といえる）．英語圏発の国際的レパートリーに対する自国製音楽の市場占有率の上昇は，近年の世界の音楽産業に広くみられる傾向である．例えば食料自給率と比べたときに，音楽の自給率の上昇は憂うべき事態なのだろうか．それでもサウンドやバンド名や歌詞や発音において，英語風の意匠が氾濫していることを取り上げて，洋楽の安っぽい模倣と見做すことも不可能ではない．

しかし，英語圏由来の音楽要素は，元の文脈とはいったん切り離された，一種の共通言語ないし「お約束」として使い回されているようにも思える．見方によっては擬似洋楽にもみえるJポップはしかし，東アジア圏を中心に一定の国際的な人気も得ており，のみならずKポップ（韓国）やCポップ（中国）といった呼称の定着からもうかがえるように，英語圏音楽を換骨奪胎するフォーマット自体が輸出されている．むしろ，現在のJポップの国内市場と周辺地域への影響力上昇は，「世界」といいつつもっぱら欧米（とりわけ米国）からの承認のみを求めるような旧来の認識の枠組みとは別の，世界的・地域的な関係性のなかで成立し機能している，と考えるべきではないか． 〔輪島裕介〕

◆ ヨナ抜きと和音階

「ヨナ抜き」は，7音の音階から第4音と第7音が省かれたそれをさす．ドレミ……で説明すれば，ファとシのない状態になる．これは日本的，あるいは東洋的な音階だと見做されやすいが，事はそう単純でもない．

「ヨナ抜き」は5音で構成されるが，その5音は三つの全音と二つの短3度でできている．そこには，半音が含まれない．しかし，日本の伝統音階には，しばしば半音が顔を出す．また，それが5音階になっていることは確かだが，「ヨナ抜き」の全音的5音階とは違う．半音的5音階なのである．

また，「ヨナ抜き」の音階は，ヨーロッパの民族音楽にだって見かけないわけでもない．東洋的というふうにも，決めつけきれはしないのである．

今日のドレミ……は7音階になっている．そのため，5音音階はより未熟な段階にとどまる音階だとされやすい．5音音階が7音音階へと飛躍する過程についても，さまざまな推論が試みられてきた．だが，決定的だと見做し得るその筋道は，まだ見出せていない．

古代ギリシアの初期音楽は半音的5音階で構成されていたという．日本の伝統音楽とも通じ合うことがあり得る音で，それらは組み立てられていたらしい．そのためだろう，古代ギリシア劇を映画化する際に，日本の伝統音楽がBGMとして使われることもある．

[井上章一]

◆ 合　唱

ハーモニーの積み重ねによる合唱法を発展させてきたのは，西洋の音楽である．日本の伝統音楽が，いわゆる機能和声にしたがって音を重ねることはない．コーラスとよばれる音楽のかたちも，日本ではまったくの輸入品として受け入れられた．

早い例としては，19世紀末のそれがあげられよう．同志社と関西学院で，ほぼ同じ頃にグリークラブが組織され，合唱が試みられた．それがプロテスタントのミッション・スクールから始まったことは，覚えておいてよい．

東京では，20世紀初頭に慶應義塾でワグネルソサエティができている．以後，高等教育が施される学校をとおして，合唱は日本社会へと広まった．

第二次世界大戦の敗戦後には，それが勤労者たちにも浸透し始める．労働組合の歌声運動は特権的な教養人の娯楽であった合唱を，労働者たちに解き放った．彼らはそこで培ったハーモニーの楽しみを，歌声喫茶や歌声酒場へもち込みだす．大学卒業者と同じ教養を分かち合いたい．この階層的な平準化欲も，彼らを合唱へと駆り立てた．

だが，ポピュラー音楽の隆盛は，やがてこの教養主義を打ち砕く．高度成長期の合唱は，階層的な焦りとはかかわりのない娯楽に転換していった．カラオケの普及により，勤労者たちの歌声は，独唱の腕前を互いに聴かせ合う方向へ向かっている．

[井上章一]

16. 運動競技（スポーツ）

　今日の柔道は，体重別という枠組みの中で選手たちを競わせている．レスリングやボクシングをはじめとする欧米の格闘技は，以前から競技者を体重別に分けていた．その西洋流に，国際化を目指した柔道も合わせたのである．世界へ打って出るためには，グローバル・スタンダードへ歩み寄らざるを得なかった．
　柔道の伝統はゆがめられたと，この事態を捉える向きもないわけではない．しかし，この伝統自体も明治以降になってこしらえられている．江戸期以来の柔術とはずいぶん違う，けっこう格式の高い競技になりおおせていた．柔術は，柔道から駆逐される前に，ブラジルへ伝播して現地適応した姿をとどめるぐらいか．
　柔道だけに限らない．国技を自称する大相撲でさえ，明治期と今では競い合い方がまったく違っている．一見伝統的とみえる競技にも，近代は忍び寄っていたことなどを考えたい．

［井上章一］

体　育

　日本では，体育は字義的にも実態的にも，身体教育とスポーツ伝播という，二つの性質を包含してきた．後者はさらに，スポーツの高度化（トップアスリートの養成）と大衆化（幅広い層への普及）の二側面から捉えることができる．体育という言葉は，明治9（1876）年に身体の教育という意味で用いられ，Physical Education の訳語として知られる．一方で，国民体育大会が National Sport Festival と英語表記されるように，体育とスポーツがほぼ同じ意味で用いられる場合もある．

　体育とは，本来，教育活動である．教える側が教えられる側に，文化的媒介（教材）を利用しながら教育的価値を伝達する．体育では，どのような教材が用いられ，どのような価値を伝達しようとしてきたのだろうか．

●**教科体育の変遷**　教科体育は，明治5（1872）年に発布された学制における体術に始まり，その後，「体操科」として展開された．近代国家の充実のために国民の健康な身体づくりが目指され，徒手体操や兵式体操が主な教材だった．その単調さに対する不満や，新しい教育理念の登場もあり，明治期後半から大正期には教材としてスポーツや遊戯も導入されたが，軍国主義化に伴い武道などが重視されていく．第二次世界大戦中には，体育は「体練科」となり，戦闘訓練ともいえる内容が実施された．結果的に，明治維新以降の約80年間は，富国強兵を目的とした「身体の教育」が目指され，スポーツや遊戯は中心的な教材ではなかった．

　戦後の学校教育は，学習指導要領（要綱）の影響を強く受けながら展開されていく．戦後初期の体育授業では，米国の影響を受け，主にスポーツや遊戯を教材として，民主的人間の形成が目指された．しかし，子ども中心の教育を試みる中で，指導方法が確立されなかったことや，子どもの体力低下がみられたことなどから，1960年代には体力づくりが主たる目的となる．高度経済成長に伴う生活様式の変化や東京五輪開催が，その背景にあった．その後，体力の向上やその測定を重視した，単調な授業が展開されがちになり，1970年代には「スポーツ好きの体育嫌い」とよばれる子どもが出現するなど，行きづまる．そして，1980年代には，子どもたちにスポーツを楽しませようとする体育観が重視されるようになり，その姿勢は今日まで続いている．子どもにスポーツの楽しさを感じさせることによって，生涯にわたってスポーツに親しむ態度を身につけさせようとしている．

　戦後の体育は，民主的人間の形成から体力づくりへと，その目的を変えながらも，スポーツ教材を通して目指す人間像を形成しようとしていた．これに対して，今日では，体育の教材であるスポーツやダンスそのものが，教育目的となった．

このような変化を,「スポーツによる教育」から「スポーツの教育」へと表現することができよう.

●**教科外体育・社会体育の諸相**　この変化をもたらした要因の一つが,「生涯スポーツ」という理念である.生涯スポーツは,1970年代以降,欧米諸国を中心に展開される生涯教育論(生涯学習論)とスポーツフォアオールという運動に由来する.そこでは,スポーツをする権利が主張され,生涯にわたってスポーツをすることそのものに価値があると認識されている.

生涯スポーツという言葉が浸透する以前は,社会教育法に根拠をもつ社会体育という用語が用いられていた.体育とスポーツの峻別にはあいまいさもみられたが,昭和35(1960)年に文部省が出版した『社会体育―考え方・進め方』には,「社会体育は,学校体育に対することばで,学校がその計画に従って行う体育活動を除いた,その他の全ての体育活動」と記されている.そこでは,体育は「運動(スポーツ・体操・ダンス)を使っての教育」とされていた.社会体育と生涯スポーツとを並置すると,学校外ではいち早く,体育からスポーツへと力点が推移していたことがうかがえる.

さて,日本における学校制度内部のスポーツ活動(教科外体育)として,運動部活動を忘れてはなるまい.明治期には,スポーツは主として,高等教育機関で行われ,卒業生が全国でスポーツを普及していった.同時に,彼らの多くは日本の一流選手たちであり,国内外の大会で活躍した.野球害毒論争など,スポーツが教育的意義をもつか否かはたびたび論じられているが,少なくとも,部活動は教育活動という名のもと,スポーツの普及および競技力向上に貢献してきた.

今日では,部活動は非常に多様である.部活動は学習指導要領に拘束されず,必修でもない.活動方針に関する,学校や顧問教諭,部員たちの自由裁量が大きい.結果的に,スポーツ活動が部員に及ぼす影響はさまざまである.例えば,身体の規律化とよばれるような,個人の判断を停止させることもあろうし,逆に,文字文化中心の学校教育だからこそ,身体活動の意義が高まることもあるだろう.さらに,学校の知名度を上げるため競技力向上に特化した運動部を生み出し,体育を遥かに越えて学校経営の根幹と直結するケースもみられる.

●**教養としての体育の模索**　「スポーツの教育」に到達し,体育が抱えてきた教育活動とスポーツとの混在は,うまく整理されたかのようである.しかし,義務として行うスポーツはその本質を失い,教育的意義も失うという批判もある.また,総合型地域スポーツクラブなどの,学校制度外部で「スポーツの教育」を行う組織が徐々に増加している.一方で,「健康日本21」が推進されるなど,自らの健康や身体に目を向ける意義も再認識されており,平成10(1998)年から教科体育に「体つくり運動」が取り入れられている.誰もが身につける教養としての体育は社会状況の中で模索され,揺れ動いているといえよう.　　　［甲斐健人］

軟式球技

　軟式ボールを用いるスポーツとしては，軟式テニス（ソフトテニス），軟式野球が特に有名である．これら軟式球技は日本独自に発展したスポーツが多く，そのほかにも軟式卓球，ソフトバレーボールなども存在する．また，準硬式テニス，準硬式野球など，軟式球と硬式球の中間に位置する準硬式球を用いる球技もあり，広義にはこれらも軟式球技として認められている．
　本項では特に，軟式球技の代表的存在である軟式テニスの初期の形成過程を概観する．

●**学校課外活動における軟式テニスの定着**　近代テニス（ローンテニス）の日本への伝来の起源については，「いつ伝来したか」という視点での検証は難しい．しかしながら，一般的に「日本の継続的なテニス活動がいつ胎動し始めたか」という視点，すなわち「発祥」については，明治17（1884）年の高等師範学校とされる．伝来当初のテニスボールは，明らかに硬球であった．しかし，ほかの用具に比べて消耗度が高い割に高価であったため，明治20（1887）年前後から，硬球の代わりに玩具用のゴム鞠が代用されるようになった．これが，広範な意味でのソフトテニスの始まりである．
　明治20年代から，東京を中心とした各学校にテニスが導入され，明治30（1897）年頃に校友会組織として，テニス部（庭球部，ローンテニス部）が位置づけられていった．特に，東京高等師範学校（現筑波大学，以下高師），東京高等商業学校（現一橋大学，以下高商），慶應義塾大学，東京専門学校（現早稲田大学）の4校は，「四大雄鎮」とよばれた．明治31（1898）年の高師対高商戦を皮切りに，各学校間の対抗戦が盛んに行われるようになった．当時の対抗戦は，5回勝負2組勝抜優退方式であった．双方同数（7～10組程度）の選手を順に出し，3ゲームを先取した組を勝ちとし，2組に勝つと優退し，次の順番の組が代わって登場する．最後の組まで試合した後に，相手方に優退組がなければ勝利となる．優退組があれば，優退組同士の対戦に移り，最後まで勝ち残った方を優勝校とした．当時のテニスの試合は団体戦のみであり，学校代表としての選手同士の対戦は，名誉と誇りのぶつかり合いであったので，応援の学生や教職員も全校あげての熱狂ぶりであった．
　明治37（1904）年まで，種々の対抗戦が行われていたが，明文化されたテニスの規則は存在しなかった．そのほとんどが，外来のテニスルールをもとに，当時のプレーヤー自身の習慣に従っていた．そして，次第にテニスの技術が進歩し，対抗戦の数が多くなってくるとともに，明文化された統一ルールを制定し

ようという気運が出てきた．明治 38（1905）年，前述した 4 校の代表が集まり，初めて日本式テニスルールを協定した．しかし，このルールは，コートやボールの大きさなどが示されていないなど，数々の問題点があったため，明治 42（1909）年には第 1 回の改正がなされた．その後，明治 44（1911）年，45（1912）年にも改正がなされ，テニスルールとしての精度を徐々に高めていった．この 4 校による統一ルールが，日本全国で通用する共通コードとして広く受け入れられるようになったのである．

●**国産軟式テニスボールの製造**　明治 30 年頃から，いくつかのゴム会社がゴム球の製造を開始した．しかし，この段階では舶来品のゴム球に比べ不完全であったため，広く用いられなかった．そのため明治 30 年代半ばまでは，ドイツ製の「青馬印ボール」が好んで用いられていた．その後，4 校対立時代への突入，明治 38 年の統一ルールの制定の影響で，ゴム産業界はテニスに注目するようになった．

明治 39（1906）年，馬場亀一がゴム球製造に関する特許を得て，同 8 月，日本護謨合資会社を大阪に興した．また，東護謨製造会社は「N 印ボール」の製造を開始した．

明治 41（1908）年には，三田土護謨製造会社も特許を得て，品質性の高さと効果的な広告戦略によってその「M 印ボール」は一躍日本のテニスボールの中心的存在となった．また，同年の 2 月に統一ルールに大幅な改正がなされ，用具に関する規定が明確に定められたことは，当時のゴム球製造の規格化と統一化に貢献した．

このようにして，日本におけるテニスボール（ゴム球）の堅固な供給システムが確立した．つまり，テニスボールの代用品としてのゴム球から，テニスボールとしてのゴム球が広く用いられるようになったのである．これは，「用具史」という視点からのソフトテニスの創始を意味している．

日本におけるテニスは，伝来後，間もなくゴム球を用いるようになり，徐々に本来の国際的なルールとは異なる日本独自のテニスのルールを形成していった．もちろん，本来の硬球を用いたテニスも日本で行われていたことは事実であるが，それらは居留外国人や上流階級の人々による限定的な活動であった．しかし，スポーツの国際化という社会的背景のもと，大正 9（1920）年，主要な学校の庭球部が硬球を採用した．そして現在に至るまで，ソフトテニスとテニス（硬式）がそれぞれの発展の道を歩み続けている．

ゴム球を用いたテニスが栄華を誇った明治・大正期は，硬球・軟球の概念的区分が希薄であったといえる．しかしながら，この時期を経験したからこそ，日本の学校スポーツの重要な役割を担うスポーツとして，また，国際的に広く親しまれるスポーツとして，ソフトテニスという大きな副産物を得ることができたのである．

〔後藤光将〕

高校野球と甲子園

　野球が，米国のベースボールを輸入したものであることは言うまでもない．しかし，日本の野球は，ベースボールとは異なる日本独特の文化に根差して発展してきた．この独特の野球文化形成の場が夏と春の甲子園の野球大会である．

●**一高野球**　スポーツを楽しむためには，日常生活から別次元の時間と空間が必要で，ヨーロッパ社会でそうした特権を享受したのは貴族層だったが，日本においてそれらの特権を提供できたのは学校制度である．したがって，日本では欧米から伝来したスポーツはほとんど学校スポーツとして成立した．

　ベースボールも，明治5（1872）年に第一大学区第一番中学校（現東京大学の前身の一つ）の米国人教師ホーレス・ウィルソンが生徒たちに教えたのが最初だとされる．その後，ミッション系の学校などでも生徒たちがベースボールを楽しむようになったが，何といってもその中心は第一高等中学校（通称，一高）であった．当時随一のエリート学校である一高の生徒たちは課外活動としてベースボールを楽しみ，それを「野球」と翻訳して，ベースボールとは異なる独特の野球文化を形成していったのである．むろん，ルールや用具において両者が異なるわけではない．しかし，一高生たちは野球を武道という枠組みで捉え，武道の精神を吹き込もうとしたのである．そこで重視される価値は，第一に優勝劣敗の勝利至上主義，第二に技術より精神に価値をおく精神主義，第三に集団主義であった．これが日本独特の野球の原型である．

　一高野球は，次第に早稲田や慶応義塾などの私立学校，地方の中学校・商業学校に広まり，明治末期にはその過熱化のあまり，『東京朝日新聞』は明治44（1911）年8月「野球と其害毒」と題する告発記事を連載し，それをめぐって賛否両論が闘わされる事件さえ起きた．野球は社会問題にまでなったのである．

●**メディア・イベントとしての甲子園大会**　この野球熱に着目して，中学生の野球大会をイベントとして組織し，自社の営業戦略に組み入れようとしたのが朝日新聞社である．販売拡張広告増収策の一環としてさまざまなイベントを造形していくことは明治末期から各新聞社で活発化してきていたが，村山龍平・上野理一の共同所有経営によって企業的新聞社として拡大途上にあった朝日新聞社にとって野球人気は格好の事業資源と映じたのである．

　朝日新聞社主催の全国中等学校優勝野球大会第1回は，大正4（1915）年8月18日に箕面有馬電気軌道（現阪急電鉄）の豊中グランドで開催された．参加中学校が10校という未整備の大会にすぎなかった．しかし，そこにはすでに，現在に続く高校野球の理念が埋め込まれている．それは，基本的には一高野球の勝

利至上主義，精神主義，集団主義を引き継いだものであり，それが出場選手によって具現化されることによって観客や読者の感動を呼び起こし，メディア・イベントとして成功していったのである．大会のかたちが整えられるにしたがい，野球の理念は大会の重要な儀礼として演じられるようになっていった．出場校が軍隊のように整列して入場する開会式，試合開始前にホームベースを挟んで両校選手が整列し挨拶する儀式，勝った学校の校旗が校歌演奏とともにメインポールに掲げられ勝利が讃えられる．しかし，選手は大げさな身振りで自己を誇示することはなく，あたかも「古武士」のように謹厳で禁欲的でなければならない．

しかし，これはメディアがつくったイベントであるから，大会は大々的事件として報道される．当然，出場校や選手は有名となり，有名性の獲得が学校や選手の欲望となっていくことは必然のことである．それは禁欲を旨とする「武士道野球」とは乖離していくが，大会や試合を大げさに報道し，事件化することこそメディア・イベントの特性であるから，主催新聞社にこの乖離の解決は困難である．

地方予選大会の整備が進むなど，大会は次第に大規模化し，1920年代後半にはさらに大きな飛躍をみせた．その契機の第一は，阪神電鉄によって収容人員6万人，「東洋一」の設備と称された甲子園球場が建設されたことである．第二は，朝日新聞社のライバルである毎日新聞社が全国選抜中等学校野球大会の開催を始めたことである．この第1回は名古屋山本球場で開かれたが，第2回以降は甲子園球場に移り，春の選抜大会と夏の優勝野球大会とは朝日・毎日両新聞社の営業的対抗によって相乗化されていったのである．第三に，昭和2（1927）年からラジオが甲子園大会の試合を実況中継するようになった．紙面に躍る大見出しや写真によって美化され拡大してきた甲子園野球は，臨場感溢れるアナウンサーの熱弁によってさらにパワーアップされたのである．

甲子園という頂点を目指す全国の野球熱は過熱し，一方で禁欲を求め，他方で煽っていく主催者のジレンマは深まっていく．そのあげく，昭和7（1932）年4月，文部省が野球統制令を発するまでになった．だが，政府の統制管理で公認された甲子園大会はかえって隆盛を迎え，1930年代後半に戦前期のピークを迎えた．

●「高校生らしさ」の演出　戦後，甲子園野球大会はいち早く復活し，昭和21（1946）年に夏の大会，難航した春の大会も昭和22（1947）年に復活した．さらに昭和29（1954）年からNHKテレビが中継放送することによって甲子園の大会はもう一段大きく飛躍し，巨大なメディア・イベントとなったのである．テレビはさらなる有名性をつくり出すだけではなく，偶像化されたヒーローを量産する．主催する日本高等学校野球連盟（高野連）と両新聞社は「高校生らしさ」を求め，さまざまな規則によって縛ろうとするが，メディアのイベントとして大会がある以上，根本的対策はあり得ない．高校生はもはや古武士ではなく，メディアのつくる「青春のアイドル」となっているともいえる．

[有山輝雄]

プロ野球と社会人・大学野球

　日本のプロ野球の起源と見做し得る動きとしては，日本運動協会などいくつかの独立チームの試行錯誤がある．その後昭和11（1936）年，日本職業野球聯盟によるリーグ戦が始まった．それから80年近い歳月が流れ，近年の観客動員は年間2,000万人を超えている．

　だが，このようなプロ野球興行の成長は，先行する学生野球や社会人野球によって支えられてきた．旧制の高等学校や中等学校の対校戦，リーグ戦，選手権などが人気を博し，スター選手を送り出し続けたからこそ，プロの世界も成立し発展し得たのである．

●エリートの遊びから大衆娯楽へ　草創期の野球を楽しんだのは，学生たちだった．用具は貴重かつ高価だったから，第一高等学校などのエリート学生の娯楽だったといえよう（項目「高校野球と甲子園」参照）．また，武術とは違って，兵士が身につけるべき技と関連があるようにはみえない．むしろ，米国の文化に対する憧れと解釈された．やがて，野球は，身体および精神の修養だという説明が広がる．米国趣味だと指弾されないための方便だったが，次第に野球を精神主義的なものに変質させ，日本独自の展開を導く指針になっていく．

　対校戦が始まったのは，明治30年代後半からだが，徐々に，野球をプレイする人だけでなく，野球を見て楽しむ人も増加する．そして，観客が増えると興行として見込みがあると考えられた．人気が飛躍的に伸びたのは，大正4（1915）年に，全国中等学校優勝野球大会が開催されてからのことである．阪神電鉄が甲子園球場を使って大会運営にかかわると，人気がさらに拡大した．中学チームは郷土の代表として扱われ，地方大会も注目を集めた．球場の観客だけでなく，新聞の購読者や，昭和になるとラジオの聴取者も取り込み，野球は全国的な人気を獲得した．

　中学を卒業した選手たちの一部は，大学に進学し野球を続けた．東京六大学野球は大正末にリーグ戦を開始，大正15（1926）年からは明治神宮野球場を拠点とする．興行とは一線を画し，礼節を重んじ心身の鍛錬を目的とするのが学生野球の精神だった．神宮球場は，その聖地となった．昭和になると，企業や地域のクラブチームに入団した選手たちが出場する都市対抗野球大会も始まる．

●プロとノンプロ　これで，日本のアマチュア野球の主要なイベントが出そろったことになるが，これらを支える組織と，後発のプロ野球との間には常に緊張関係がみられた．のちに南海ホークスの監督となる鶴岡一人は，大学野球出身のプロ選手第1号だが，法政大学在籍中にプロ入りを噂されるや野球部OB会から除

名すべしと非難されている．卒業までプロ選手として出場しないことと引き換えに入団が認められたものの，大学関係者や文部省がプロ野球を蔑視していたことを示す象徴的な出来事だった．昭和の初めに米国のプロ選手が来日したときも，また読売ジャイアンツの前身である大日本東京野球倶楽部が試合をしたときも，学生野球の聖地である神宮球場を「金儲け」のために使用するのは，簡単ではなかった．

　第二次世界大戦後は，プロ野球の人気がアマチュア野球を凌ぐ．プロのチームは高校・大学・社会人の有望選手を集めようとした．激しい選手獲得競争がトラブルを引き起こし，プロとアマチュアの対立も深刻になった．昭和36（1961）年，中日ドラゴンズが日本生命の柳川福三選手を入団させたことが引き金になり，関係は決定的に悪くなった．以後，社会人・学生野球側は元プロ野球選手の受け入れを拒否する．加えて，プロのチームと社会人・学生チームとが対戦することや，プロ選手が学生選手を直接指導することも，厳しく戒められた．プロとアマチュアとの関係修復が本格化したのは，ようやく21世紀を迎える頃だった．

　なお，ノンプロ野球という表現は，通常，学生野球を含まず，社会人野球をさしている．学校卒業後の進路として考えたときに，プロか，あるいはノンプロかという対比になるからである．しかし，野球を職業として報酬を受け取るかどうかという観点からは，プロか，あるいはアマチュアかという区別のしかたもできる．ノンプロかアマチュアか．言葉の選択は難しい．

●企業とスポーツ　日本の近代スポーツの歴史には，学校と企業が深くかかわっている．私立学校や民間企業は，優秀な選手を在籍させ強いチームを保有すれば，宣伝効果があり，知名度を上げることが可能だと考えている．これに比べて，地域社会が，例えばクラブチームを運営するといった形式は，あまり育っていない．プロ野球は，その最たる例で，現在のチームのほぼすべてが市民球団とはよべない経営のかたちをとっている．

　商業主義的なスポーツの利用とアマチュアリズムとは，相容れないものだと見做されてきた．ところが，近年では民間企業の経営状態が悪化し，多くの社会人チームが解散に追い込まれた．そのため，民間の資金に依存せず，学校や地域社会を基盤としてスポーツ文化を再編することが課題となった．一方，オリンピックを頂点とするスポーツ界も，アマチュアリズムを捨て，商業主義的な傾向を強めた．選手の資格をみても，プロとアマとの境界は不明瞭になっている．

　野球では，プロ球団が地域の少年チームを運営したり，独立リーグを支援したりといった手だてを講じるようにもなった．そのような環境で育成される選手は，少年時代からプロになることを前提に日々を送る．普通の勤めをしながら野球を続けるという選択肢が少なくなった現在，競争から離脱した人のセカンド・ライフを用意することも，今後の課題だろう．

〔永井良和〕

柔道とジュードー

　明治15（1882）年5月，嘉納治五郎という22歳の若者が下宿先の寺の書院に小さな道場を開き，これを講道館と名づけた．嘉納はもともと天神真楊流と起倒流という伝統的な柔術を学んだのであるが，研究熱心で自分なりの工夫も加え，講道館で教える武術を従来の「柔術」や「やわら」に代えて「柔道」とよんだ．講道館柔道の誕生である．なぜ柔術ではなく柔道としたのか，その主たる理由について嘉納は，「術」という言葉はむしろ応用面を意味するが，その応用の根本となるのが「道」であると説明している．また，当時は柔術をはじめ伝統的な武術に対する世間のイメージが良くなかったから，という理由もあげている．

●**柔術の近代化**　講道館柔道は，その後順調に発展し，入門者も増え，次第に旧来の柔術諸派を圧倒して盛んになっていく．一般に伝統的な武術・武芸は明治初期の「文明開化」の潮流のなかで衰退を余儀なくされるのだが，嘉納はむしろこれを逆手にとって，旧来の柔術を新しい社会にふさわしいかたちに再構成した．いわば柔術の近代化である．嘉納の柔道が広く世に受け入れられ，成功した大きな理由はそこにあった．

　嘉納による「近代化」の試みは多岐にわたり，また多年にわたるので，簡単に要約することは難しいが，例えば，①従来の柔術各派のさまざまな技を比較検討し理論的に体系化したこと，②試合のルールと審判規程を確立したこと，③修行者のモチベーションを高めるために段級制を導入したこと，④柔道修行の教育的価値を強調し，柔道が近代社会にふさわしい身体文化であると主張したこと，⑤早くから国際化を志向し，海外への紹介・普及に努力したこと，⑥講演や著作，雑誌の発行などを通して，講道館柔道を説明し広めるための言論活動に力を入れたこと，などをあげることができよう．

　その言論活動のなかで嘉納は，柔道の新しさ（近代社会への適合性）だけでなく，柔道が日本古来の武芸の伝統に根差すものだと説くことも忘れなかった．こうした両面性，つまり近代性と伝統性をともに主張し得るところが柔道の強みであった．嘉納は東大出身のエリートであり，言論活動はいわばお手のものである．また，学習院教授，旧制の第五高等学校や第一高等学校の校長，東京高等師範学校の校長などを歴任した彼のキャリアは，日本の高等教育機関に（ひいてはそこから巣立つエリート層に）柔道を普及させ認知させるうえで大いに役立った．

●**海外への紹介**　このようにして，柔道が盛んになるにつれて海外への紹介も行われるようになる．英語による早い時期の紹介者として，ラフカディオ・ハーン（小泉八雲『東の国から』）やB. H. チェンバレン（『日本事物誌』）が知られている．

ハーンは熊本の五高で英語・英文学を教えたが,その時の校長が嘉納治五郎であった.

また,この当時,19世紀末から20世紀初頭にかけて欧米や中南米諸国では格闘技の興業が盛んであり,日本からも各派の柔術家や講道館の柔道家たちがこれに参加していた.とりわけ日露戦争(明治37-38〈1904-05〉)後は日本への関心や評価が世界的に高まり,日本の武術や格闘技もしばしば新聞・雑誌などのメディアに取り上げられるようになった.しかし,ハーンやチェンバレンの著作でも,また格闘技興業の現場でも,ジュードー(judo)という名称はほとんど使われていない.たいていはジュージュツ(jujutsu)である.日本国内でもそうであったが,当時はまだ柔術の方が広範でポピュラーな名称であり,柔道はせいぜい柔術の一流派と考えられていたからであろう.この頃の欧米各国の代表的な辞書類を引いてみると,jujutsu あるいは jui-jitsu などはあっても,judo は見当たらない.これらの辞書類に judo が収録されるようになるのは,1930年代に入ってからである.

●グローバル化　1930年代といえば,日本国内では武道が「躍進」を遂げた時期といわれる.すでに1910年代後半から20年代にかけて,柔道をモデルに剣術や弓術も剣道・弓道に脱皮し,統括団体である大日本武徳会の力も強くなり,柔・剣・弓道を中心とする「武道」はめざましい発展を示していた.しかし,この「躍進」は,日中戦争から太平洋戦争へと歩みを進める国家的な政策とイデオロギーに武道が組み込まれていくことを伴っており,戦後その点を占領軍(GHQ)にとがめられ,大日本武徳会の解散,学校武道の禁止など,さまざまな制約を課されることになった.戦後の武道が「民主化」と「スポーツ化」を標榜しながら,それぞれに工夫を凝らして苦境を脱し,例えば財団法人日本武道館の発足(昭和37〈1962〉),柔道のオリンピック種目採用(昭和39〈1964〉)など,新たな発展の段階に至るまでには20年近くを要した.柔道がジュードー(judo)として名実ともにグローバル化するのも,この頃からのことである.

この新たな発展は,しかし,新たな問題を生み出すことにもなる.グローバル化の進展とともに「本家」としての日本のリーダーシップが相対的に低下し,柔道とジュードーとの間に離齬や摩擦が生じてくるのである.例えば,「有効」などの導入によるポイント制の開始(昭和48〈1973〉),カラー柔道着の使用(平成9〈1997〉),「抑え込み」の基準時間の短縮(同年),ゴールデンスコア式延長戦の導入(平成15〈2003〉)などの新方式は,全体としてメディアを意識した競技スポーツ化の方向への動きであり,全日本柔道連盟はだいたいにおいて反対の立場をとったが,国際柔道連盟レベルではすべて承認され「世界標準」となった.ルールだけでなく,思想・文化面や競技団体の組織・運営面なども含めて,柔道とジュードーとの間の相互理解と相互調整がこれからの課題であろう.　　　　　　　　　　　　　　　　　　　　　　　　　　　　[井上　俊]

水練と水泳

　水泳訓練といえば，プールで行われることが一般的だが，プールがまだ普及していない時代には川や海で行われることが多かった．学習院初等科の水泳訓練は，その伝統を受け継いで今でも沼津の海で行われており，その赤褌姿はよく知られている．筑波大学附属中学校の水泳訓練も千葉県富浦の海で行われている．これらの水泳訓練では，外国発祥のいわゆる近代泳法ではなく，日本に古くから伝わる泳法が用いられている．

●**日本泳法**　日本に古くから伝わる泳法は，水練，水術，泅水術（しゅうすいじゅつ），游泳術，踏水術，古式泳法，流派泳法などとよばれてきた．水練の多くは江戸時代に発達したもので，武芸の一つとして教えられていた．日本は島国で四方を海に囲まれているため水練が発達したと思われがちだが，そうではなく，河川の多い地形が戦闘時の渡河能力を必要としたからだと考えられている．つまり，海戦のためではなく，むしろ陸戦のための水練だったのである．

　自然環境の違いや戦闘時における水練の用い方の違いが，それらに適応した泳法を発達させた．また，各藩は泳法が他藩へ流出することを恐れ，他藩の水練との交流がなされることはなった．このことが，各地における独自の泳法を発達させ，多くの流派の形成につながったのである．同流の別名や単なる分派なども含めると，その数は90にも達したといわれているが，ほかの武芸と同様，明治維新による武士階級の消滅とともに衰退を余儀なくされた．

　しかしながら，その後の明治政府の大陸進出政策を背景にその価値が再評価され，海を克服するための精神的，身体的訓練として学校教育や軍隊教育に取り入れられることになった．復活した水泳訓練では，海で長い距離を泳ぐことが重視され，隊列を組んで泳ぐいわゆる遠泳が盛んに行われるようになったのである．

　日本水泳連盟では，流派に関する研究や組織化の程度，体系的な教授法の有無などを考慮し，今日まで伝承されているものを日本泳法に認定している．1957年に神統流，小堀流，山内流，神伝流，水任流，岩倉流，能島流（野島流），小池流，観海流，向井流，水府流，水府流太田派の12流派を，2014年2月に主馬神伝流（しゅめしんでんりゅう）を認定した（図1）．

●**競泳への関心**　明治31（1898）年，水府流太田派が，横浜アマチュア・ローイングクラブと泳ぎの速さを競ったことが知られている．水府流太田派のように競泳に関心を示した流派もあったが，その一方で観海流のように，速く泳ぐことより長い距離を泳ぐことを重視し，流派本来の姿勢を保とうとした流派もあった．競泳への対応は，各流派によって異なっていたのである．

大正期に始まった極東選手権競技大会は、日本の競技力を量る絶好の機会となった。水泳競技への参加は大正4（1915）年の第2回大会（上海）からであったが、この大会に日本からただ一人参加した鵜飼彌三郎は、自由形5種目中4種目に出場し、50ヤードと100ヤードは小抜手、440ヤードと1マイルは片抜手二重伸で泳ぎですべてに優勝したのであった。大正6（1917）年の第3回大会（東京）でも、日本人選手が伝統的泳法で上位を独占した。フィリピンや中国の選手はトラジオン・ストロークで泳いだと思われるが、当時、日本泳法は速さの点でも東アジアで群を抜いていたのである。

●**クロールへの転換**　大正9（1920）年の第7回オリンピック（アントワープ大会）では、日本の伝統的な泳法が世界の競泳界では通用しないことを思い知らされる結果となった。この

図1　日本泳法各流派の分布。大洲神伝流（伊予）は2014年2月、主馬神伝流と改称した。現在、日本水泳連盟が認定している日本泳法は13流派である〔出典：白山源三郎『図説日本泳法―12流派の秘法』日貿出版社、1975〕

大会に出場した斎藤兼吉・内田正練両選手は、100mと400mの自由形を煽足で泳ぎ、クロールで泳いだ外国の選手に惨敗したのである。
　また、国内においても同じ年に開催された大日本体育協会主催第5回全国競泳大会で、当時茨木中学2年生の入谷唯一郎が200m自由形をクロールで泳いで優勝した。この年以降、クロールに対する評価が高まり、自由形はクロール全盛の時代になっていったのである。
　大正13（1924）年には、大日本水上競技連盟が創設され（昭和4〈1929〉年日本水上競技連盟と改称）、ますます競技化志向を強めていった。そのため日本においては、伝統的な泳法の継承を重視する水練各流派の日本泳法と、競泳を志向する近代泳法とが併存することになったのである。

〔大熊廣明〕

剣道と弓道

　武道は，特定の理念や意義・目的などを背景とする古武道と，大衆性や安全性の確保，特定の理念や宗教からの離脱，客観的な規則や評価基準，民主的な組織や制度などをもつ現代武道とに大別できる．現代武道としては剣道・弓道・柔道・なぎなた・合気道・空手道・少林寺拳法・相撲・銃剣道の9種目があげられている．武道のこれまでの歴史的経緯をみると，実利性や神事性・芸道性・教育性・競技性（遊技性）などに意義が認められ，わが国の伝統的な運動文化として世界的な広がりをみせている．本項では武道の代表的な種目として古くから愛好されてきた剣道と弓道についてその概要を述べる．

●剣道　刀剣を使用した対人の闘争技法として発展してきたもので，「剣道」という用語の使用事例としては17世紀中期頃の安倍立の伝書にみられるが，一般的には「剣術」とか「剣法」「刀術」「刀法」「兵法」などの名称が使われてきた．しかし，明治15（1882）年に設立された講道館が呼称した「柔道」や，大正時代の「武術」から「武道」への改称を主張する動きを受けて，大正15（1926）年の学校体操教授要目の中で教材名として「剣道」と呼称するようになった．

　刀剣の技法に関する最も古い文献としては，8世紀頃著された『日本書紀』の撃刀，『懐風藻』の撃剣などがあげられる．『平家物語』では蜘蛛手・十文字・蜻蛉返り・水車など，『太平記』では拝切・袈裟懸・胴切・梨子割などの技法が記されているが，具体的な内容についてはわからない．当時の介者剣術（甲冑着用の剣術）は刀剣の重量と体力に任せる傾向が強く，繊細かつ高度な心法と技法が発達するのは素肌剣術（普段着での剣術）になってからである．また剣術は近世以降，神・仏・儒・道教などからの影響を受けながら，専門的な技法の追及を通して武士としての矜恃を保つための教材として重視された．わが国の剣術流派は中世に興った天真正伝香取神道流，陰流，中條流の3流を源流とし，時代が下るにしたがって分流分派活動が活発となる．古来より刀法の習得は木刀や刃引き（刃を引きつぶし切れないようにした刀）での「型稽古」によっていたが，18世紀初頭から中期にかけて興った「竹刀打込み稽古法」が全国に普及・定着し，新流が勢力をもつようになるにつれ「撃剣」という用語が多用されるようになった．

　明治時代，武士階級の崩壊とともに一時衰退をみた剣術の復活を支えたものに，当時貧苦にあった武術家救済を目的とし，剣術を入場料をとって見世物として行った撃剣興行（図1）と，武術（道）の全国統括団体として明治28（1895）年に組織された大日本武徳会がある．その後，国家主義思想の抬頭とともに剣道を中心とする武道への関心が高まり，学校教育の教材として採用されるようになる

が，第二次世界大戦後学校での活動が禁止された．剣道復活の苦肉の策としてフェンシングを参考とした撓競技が考案され，昭和25（1950）年にその全国組織が結成されたが，昭和27（1952）年組織された全日本剣道連盟が，これを吸収したため姿を消した．学校剣道は昭和28（1953）に復活し，平成24年度より中学校において必修教材となっている．一方，昭和45（1970）年には国際剣道連盟が発足し，3年ごとに世界選手権大会が開催されている．

図1　撃剣興行の様子［画：月岡芳年］

●**弓道**　弓道とはわが国の風土と歴史の中で発展してきた伝統的な弓射文化をいうが，狭義には28 m先にある直径36 cmの的を射る小的前をさす場合が多い．主な用具の特徴をみると，原始時代の弓は1〜1.5 mほどの短弓であったが，古代には握り部が中央より下にある2 mを超える長弓が普及した．古代中期頃までの弓は木製の削り弓であったが，古代中期以降になると弓背（弓の外側）に竹を貼り付けた伏竹弓や，弓腹（弓の内側）にも竹を貼り付けた三枚打弓，さらには四方竹弓，ひご入り弓へと改良され今日に至っている．

　独特の曲線（勢）をもった2.2 mもある長弓で，握り部が中央より下にある現代の和弓は，木竹という限定された弓材のなかで，発射に際し弓手（左手）が受ける衝撃を緩和し，しかも破損しにくく矢勢を得るための工夫としてたどり着いた日本人の素晴らしい知恵を物語っており，今日の力学的実験からももはや改良の余地のないほど完成された弾性体であることが立証されている．また，わが国の取懸け法は蒙古方式を採っている．

　日本の弓射は，諸外国と同様狩猟の具や武器として発達する一方，その威力から神器，聖器として尊崇する思想がみられ，古代中国の文射思想の影響を受け朝廷や武家行事の中で盛んに執り行われた．また16世紀中期の鉄砲伝来・普及により実利性は後退したが，武士教育の教材として根強く愛好されてきた．明治時代初頭一時衰退をみたが，昭和11（1936）年学校教育教材のなかに採用され，第二次世界大戦後禁止されたが昭和26（1951）年復活した．現在高校の部活動では武道種目のなかで最も愛好者が多い．現在，全日本弓道連盟の登録会員は約13万人おり，平成18（2006）年には国際弓道連盟が発足した．

　弓道は，徳育的・体育的意義とともに教養を高め生活を豊かにする日本の伝統的な運動文化であると評価されている．　　　　　　　　　　　　［入江康平］

古武道

　古武道とは，平安末期から江戸時代末期の間に成立した武道で，基本的には試合で勝敗を決するよりも，武士としての使命を果たすための鍛錬を目的としている．江戸時代初期に武家階級において武士が習得する18種類の武技を総称して「武芸十八般」といった．本項では，その中の2種，居合道と杖道を取り上げる．

●**居合道**　居合とは，敵の不意の攻撃に対して，一瞬をおかずに刀を抜き，敵に乗ずる隙を与えずに動きを止める剣技である．起源は，奈良時代末期か平安時代初期に芽生えたとされるが，一般的には戦国時代に考え出された刀術とされている．戦場において槍や薙刀などが折られたり，切り落とされたりしたときに，とっさに腰の大刀あるいは短刀を抜いて敵と対峙するための技とされている．

　居合道の始祖は，戦国時代から江戸時代初期にかけての剣客，居合術の祖，後に抜刀中興の祖とも謳われた林崎甚助重信とされている．甚助のあみ出した刀法は，林崎流，神夢想流，重信流などと称された．そこから，現在まで連綿と続いている田宮流，長谷川英信流，大森流などが生まれた．

　江戸時代においては合戦の必要が薄れ，武術はそれぞれ独自の展開をする．剣術が甲冑武術から素肌武術へと移ったように，居合術も大きな変革期を迎える．つまり，合戦術から不意の急襲に対する護身術へと，換言すれば，実践武術としての居合道から心身鍛錬の居合道へと変化したのである．

　その後の居合道の450年の歴史において，2回も存亡の秋と遭遇する．一つは，明治維新による武士階級の消滅，明治9（1986）年の「廃刀令」の施行により，剣術や居合術は衰退をみることになり，かつて70余りの流派が存在していた居合術はわずか20余りになってしまう．このような不振状況下に置かれた居合道の中興の祖となったのは，中山博道である．彼は板垣退助を通じて土佐の細川義昌に入門し，藩外不出の英信流を習得し，これに自らの工夫を加えて夢想神伝流を打ち立てたのである．

　そしてもう一つは，太平洋戦争の敗戦により日本を占領した連合国軍最高司令官総司令部（GHQ）が，わが国固有の武道を軍国主義の温床と見做して，日本刀を没収し，主として学校武道を禁止したことである．昭和26（1951）年，サンフランシスコ講和条約の調印，その翌年，全日本剣道連盟が結成され，昭和31（1956）年に居合道も全日本剣道連盟に加盟し，今日に至っている．ちなみに，現在，剣道，居合道，杖道は，全日本剣道連盟の鼎の三足としてその地歩を固めている．

●**杖道**　白樫の太刀（木刀）を持った「打」が攻撃する．これに対して白樫の杖

を持った「仕」が，「打つ・突く・払う」などの技を繰り出して対処する．これが杖道の標準的な組手である．杖道の場合，杖の定寸は，128 cm（4尺2寸1分）直径2.4 cm（8分），太刀は，101.5 cm（3尺3寸3分），柄の長さ24.2 cm（8寸）である．

　神道夢想流杖道は，「杖対太刀」を中心とする約60本の形と12本の剣術形（神道流）によって構成されている．形としてはほかの武道とは比肩できないほど無駄を徹底的に削ぎ落としている．神道夢想流杖道は，飯篠長威斎家直を流祖とする天真正伝香取神道流の道統7代に当たる夢想権之助勝吉より，今から約400年前に創始された．権之助は，さらに神道流，新当流を極め，「一の太刀」の極意を授かったと伝えられている．慶長の頃，江戸に出て著名な剣客と相対したが決して敗れることがなかった．宮本武蔵と試合を行い，二天一流の極意「十字留」にかかり進むことも引くこともできずに敗北した．それから数年かけて，武蔵の十字留打破に専念する．筑前の国，太宰府天満宮神域に連なる霊峰，宝満山の宝満大菩薩に祈願参籠すること37日，満願の夜，夢の中に童子が現れて，「丸木をもって水月を知れ」との御神託を授かった．これにもとづいて，3尺2寸の太刀より1尺長い4尺2寸1分，直径8分の樫の木で杖をつくり，槍・薙刀・太刀の三つの武術を総合した「杖術」を編み出し，ついに武蔵の十字留を破ったと伝えられている．その後，権之助は筑前黒田藩の師範に招聘され，多くの剣客を育てあげ，藩外不出の「御留流」として伝えられてきた．

　杖道は，神道夢想流杖術を母体として生まれたが，江戸末期まで「棒」ないし「棒術」と表現され，幕末以降「杖」という文字が使われた．これは，流派によって表現が多様になったにすぎないが，棒術も杖術も本質は変わらないと思われる．江戸時代の杖術は，武士だけでなく足軽にも稽古を奨励したこともあって，大いに興隆し，「春吉師役」派と「地行師役」派の2系となり，それが幕末まで連綿と続いた．明治維新以降は，居合術や剣術と同様に急速に衰退するが，これを機に2系が統一される．

　昭和4（1929）年，高山喜六が，福岡の自宅裏の二間半と五間四方の物置を道場に改造して，自らが師範，清水隆次を副師範，乙藤市蔵ほか免許者5名を指導者として「福岡道場」と命名した．翌5（1930）年，清水隆次が杖道普及のために上京する．乙藤市蔵が福岡に残り，副師範となった．これ以降，福岡と東京が核となり，全国的な規模へと拡大するようになった．

　太平洋戦争後，占領軍による武道禁止令を免れ，剣道や居合道の代わりに稽古を続けることができ，昭和30（1955）年に清水隆次師範が「日本杖道連盟」を発足させ，翌31（1956）年に神道夢想流が全日本剣道連盟に加盟する．昭和43（1968）年に，清水隆次，乙藤市蔵の両師範によって，全日本剣道連盟杖道部が制定される．これが，現在まで続いている「制定杖道」である．　　　〔川成 洋〕

合気道

　合気道とは，ほかの武道と異なり，1人対多人数，素手対得物（太刀・杖・木製の短刀など）などの組手も行われる特異な現代武道である．

　実際の稽古としては，一般的には，相手の攻撃に対する防御技，当身技，さらに返し技などで対応し，相手の動きを封じ込める．わが国で最大の団体である「合気会」では，形稽古（約束組手稽古：何の技を使うか合意の上で行う稽古）が中心であり，つまり「取り」（技を仕掛ける）と「受け」（技を受けて，返し技を仕掛ける）の役を互いに交替しながら繰り返して行う．「取り」に対しては，「受け」が倒し技・固め技・投げ技・関節技などを使って自在に対応し，さらに多様な応用技に展開することを主眼とするため，競技スポーツが勝利至上主義に堕落しがちであることも意識して，試合形式を採用していない．次に，いくつかの主要な合気道の団体の沿革を述べておこう．

●**大東流合気柔術**　合気道の源流といわれている「大東流」は，伝書によると，会津の武田家に伝えられた武術であって，これに同地伝統の武術を加味して，殿中護身武芸（御式内）が定められ，歴代の藩主が継承していた．戊辰戦争後，元会津藩上席家老の西郷頼母（のちに保科近眞と改名）は会津藩独特の伝統武道である御式内の伝承普及のために，武田家に全権を委ねようと考えていた．すでに武田惣角（1860-1943）は，武道家であり神官であった父の惣吉から，剣術，棒術，大東流，相撲などを学び，さらに渋谷東馬より小野派一刀流を学び，幕末の名剣士，直心影流の榊原鍵吉の内弟子となり，その後剣術の修業を重ね，「会津の小天狗」といわれていた．明治31（1898）年，惣角は，それまで極めてきた諸武術と御式内を融合させ「大東流柔術」（大正11（1922）年頃から「大東流合気柔術」と改称）と命名した．それゆえ，惣角が大東流合気柔術中興の祖といわれる．これ以降，惣角は全国を巡回指導し，昭和18（1943）年に青森で客死するまで続け，明治末期から昭和初期にかけて多くの優れた武道家を育成した．

●**合気会**　現在の「合気会」の道主は3代目である．今日の合気道の隆盛を築いた第一の功労者は，「合気会」を創始した植芝盛平（1883-1969）である．盛平は和歌山県に生まれる．裕福な農家であった．幼少時は病弱であったが，父親の勧めもあって武術の手ほどきを受ける．19歳の春に上京し，父の援助を受けて文房具卸業を始めた．そのかたわら，浅草で戸沢徳三郎のもと起倒流柔術を修業し，さらに飯田橋の新陰流剣術の道場に通う．20歳から足かけ4年の軍隊生活の中で銃剣術の教官代理を務めるほどであった．明治45（1912）年，植芝は開拓団団長として北海道紋別郡白滝原野に入植する．その3年後の大正4（1915）

年，31歳の盛平は北海道の北見の逗留先の旅館で偶然大東流の武田惣角と出会い，見込まれて惣角の弟子となり，1か月間にわたって大東流の稽古に専念する．翌年3月，盛平は惣角より大東流の「秘伝奥義之事」の免許を受け，武田に随行して代理として時に指導にあたった．大正7（1918）年，上湧別村会議員になるが，翌年，父危篤の報を受けて急遽郷里に戻る途中，列車の中で大本教の評判を聞いて，父の病気平癒の祈願をしてもらおうと綾部にある大本教本部に立ち寄る．そこで大本教の指導者の出口王仁三郎に会い，彼に深く傾倒したために，3日間もそこに居候することになった．当然，父の死去には間に合わなかった．その後，妻と息子を連れて，綾部に転居する．住宅の一部を改造し「植芝塾」を開設し，大本教の信者たちに「大東術」を指導する．大正11（1922）年，惣角が妻と6歳の息子を伴って綾部を訪問し，半年にわたって盛平は海軍中将浅野正恭ら門下生の軍人たちと一緒に惣角の指導を受ける．同年，惣角が綾部を去るにあたって目録「合気柔術秘伝奥之事」と「大東流柔術教授代理」の資格を授与する．このときから惣角は流名に「合気」の文字を入れ，「大東流合気柔術」と呼称し，植芝もこの名称で指導することとした．

昭和2（1927）年，海軍大将竹下勇らの招聘により妻子ともに上京する．最初の仮道場は島津公爵邸内に設ける．この頃から，柳生新陰流19世柳生厳周の高弟，下條小三郎のもとで剣術を学ぶ．昭和6（1931）年，現在の本部道場のある場所（新宿区若松町）に80畳の道場「皇武館」を完成する．この頃から独自の武道へと進み，昭和11（1936）年頃から「合気武道」を名乗るようになる（戦争中は，政府の外郭団体・大日本武徳会の「合気道部」に統合され，便宜上「合気道」を名乗る）．盛平は，武徳会を高弟の平井稔に任せ，皇武館道場を長男の吉祥丸に任せ，茨城県岩間に隠遁する．昭和23（1948）年，岩間の「合気苑」を本部とし，改めて文部省の認可を受け，盛平は初代の「道主」となる．昭和44（1969）年，盛平は肝臓癌のため死去する．享年86．

●**養神館合気道**　「養神館合気道」の創始者は，盛平の高弟の塩田剛三（1915-94）である．昭和29（1954）年，長寿会主催の日本総合武道大会で，盛平と同じく小柄な剛三が優勝し，財界人の援助を得て，合気道養神館道場を設立した．その実戦的な技と基本の徹底を主眼とする稽古法が認められ，長く警視庁機動隊および婦人警官を指導してきた．

●**日本合気道協会**　「日本合気道協会」の創始者は，盛平の高弟，富木謙治（1900-79）である．もともと柔道家であった富木は，昭和15（1940）年に盛平から最初の8段を受ける．戦前は満洲国の建国大学で合気武道を教える教官，戦後は母校の早稲田大学教授となり，「合気会」ではタブーとなっている合気道の競技化に取り組み，昭和36（1961）年頃，「合気道競技のシステム」を創案する．現在ある合気道諸派の中で競技するのは，この「日本合気道協会」だけである．

〔川成　洋〕

空手道

　有史以来，世界のあらゆる地域で，自己防衛のための，独自の徒手空拳の格闘技・武道が生まれていたと考えられる．そのなかでも，拳，開手，足，肘，腕，膝による突き，打ち，当て，蹴り，受けの技を活用して，攻撃，防禦，反撃を行う空手は，世界最強の武道，格闘技だといわれている．空手は，実戦的な要素を兼ね備えている関係上，秘密裏に修業されてきた．したがって誰によって空手が創始されたかを特定することは極めて難しい．

●**空手の起源**　空手の起源として，中国拳法が沖縄に伝来し「唐手」として定着発展したという中国起源説，沖縄固有の拳法「手」が中国拳法の影響を受けて「唐手」として定着発達したという沖縄起源説，の二つがあるが，この2説とも他を凌駕するほどの決定的な歴史的エビデンスに欠けている．とはいえ，最近の研究によると中国起源説の方が説得力があるようである．

　1372年，琉球が明国との国交を開き，琉球から進貢使が派遣され，明国から冊封使が使わされるという往来時代が始まった．その後，冊封使の武官が中国拳法の手ほどきをした．また1392年，福建省から那覇の久米に500人が移住してきた．さらに1429年，琉球王が文治政策のために武器の携帯を禁じた．1609年，薩摩藩主島津家久は3,000人の将兵を派遣し，琉球を制圧し，一切の武器類を取り上げ，厳しい禁武政策をしいた．こうしたことから，中国の拳法が琉球に伝えられ，しかも薩摩藩による2度にわたる禁武政策のもとで，唐手がますます極秘の武術，徒手空拳の術を深めていったと思われる．

●**「唐手」の日本本土への上陸**　明治12（1879）年4月，琉球処分により琉球王国が滅亡し，沖縄県となる．唐手の担い手であったかつての琉球士族たちは瞬く間に没落し，糊口をしのぐために唐手の修練どころではなかった．琉球王統17～19代王の御側守役である松村宗棍の高弟，糸洲安恒（1832-1916）が，琉球王府の祐筆（書記官）だったこともあり，明治42（1909）年，彼が自ら沖縄県立第一中学校に出向き，唐手を体育正課として教えた．これが，わが国における学校教育と唐手の最初のかかわりであり，唐手発祥の地においてなされた記念すべき快挙である．県立第一中学校での唐手教練を嚆矢として，ほかの県立中学，県立師範学校へと広まっていった．

　大正時代になって，いよいよ，唐手の本土上陸期を迎える．沖縄唐手が初めて日本本土で公開されたのは，大正5（1916）年，京都武徳殿における冨名腰（後に，船越と改名）義珍（1870-1957）の演武によってであった．次に，船腰は，沖縄唐手界を代表して，大正11（1922）年，文部省主催の第1回体育展覧会において，

自分の手足の使い方，唐手の型や組手を写真に撮り，パネル展示を行った．同年6月6日付の『東京日日新聞』（現毎日新聞）は，船越の演武写真を掲載し，彼の神秘的な唐手の妙技を絶賛した．

その後，船越は講道館に招かれ，嘉納治五郎をはじめ200名を超える柔道家の前で唐手の演武と解説を行った．翌7月，故郷に帰らずに，東京にとどまり，沖縄県人学生寮「明正塾」に逗留しながら唐手の指導を始めることにする．その年の11月，船越は，『琉球拳法　唐手』を上梓する．

●「最強唐手家」の登場　同年11月，松茂良興作の高弟，本部朝基（もとぶちょうき）は京都において，船越とはまったく対照的な方法で沖縄唐手を紹介していた．本部はたまたま拳闘対柔道の興行試合に飛び入りで参戦し，相手のロシア人ボクサー，ジョージの口と鼻の間（人中（じんちゅう））を平手（底掌）で突き上げ，一撃のもとに倒したのだった．これこそ，実戦唐手を身上としてきた本部の一世一代の激烈な技であった．この試合の模様は，日本の出版史上，初めて100万部を突破したといわれる国民的雑誌『キング』に掲載され，本部の名前はもちろんのこと，沖縄発祥の武術・唐手の存在が一躍全国に知れわたることになった．

その後，本部は大阪で唐手の指導を始める．この二人の唐手の先達に瞠目した若者が，大学で唐手研究会なるものを創設する．例えば，慶應義塾大学唐手研究会（大正13〈1924〉年10月），東京帝国大学唐手研究会（大正14〈1925〉年5月）のように．師範は両大学とも，船越が就任する．

●唐手術から空手道へ．そして現在の四大空手道流派　昭和になると，関東，関西の大手の大学で「唐手研究会」が発足する．

昭和4（1929）年，船越が「唐手」から「空手」へと改称させるきっかけとなったのは，慶應義塾大学唐手研究会の学生たちからの提案であった．彼らは臨済宗鎌倉円覚寺管長より「空」の意味を教えられ，「空手」に改めると発表したのだった．さらに，ほかの武道と同じように「道」の字をつけ，「唐手術」から「空手道」に改められた．昭和10（1935）年，船越は『空手道教範』を上梓する．この本の中で，船越は，初めて「空手」という文字を用いた理由をこう述べている．「旧慣に従って，従来は「唐手」の字を用いてきたが，往々，支那拳法と同一視されることがあり，沖縄の武術「から手」と言わんよりもすでに日本の武術「から手」となっている今日，（中略）今後は「唐」を排して，「空」字に改めることにした．

その後，沖縄空手の主だった指導者が，各々の流派を創始する．船越は昭和15（1940）年に松濤館流，摩文仁賢和（まぶにけんわ）（1889-1952）は昭和9（1934）年に糸東流，宮城長順（みやぎちょうじゅん）（1887-1953）は昭和5（1930）年に剛柔流，船越の高弟，大塚博紀（茨城県出身，1892-1982）は昭和13（1938）年に和道流を創始する．これらは，現在も四大流派を形成している．

［川成　洋］

薙刀と弓

薙刀は，本来，平安時代末期の僧兵の武器としてその威力を発揮し，それが武士階級に継承され，一騎打ちの騎馬戦で，さらに徒戦では下級武士の主武器であった．やがて，足軽による密集隊列での集団戦の本格化，槍の普及，さらには鉄砲の伝来（天文12〈1543〉）などを背景として，実戦的な武具としての役割が遠のいた．その後の江戸時代は平和が続いたために，薙刀は武家の若い女性の護身具，あるいは心得として普及するようになった．薙刀は重要な嫁入り道具の一つとして用いられたこともあり，なかには蒔絵など塗絵を施す豪華な薙刀拵え，家門入りなどもあった．

●薙刀の誕生　薙刀は，最初は，刀幅が広く先細りの刀身を長い柄につなぎ，遠心力を利用して敵を薙ぎ払い，薙ぎ倒すために用いられた．この異様な刀は「奈木奈多」とよばれた（『本朝世紀撰』久安2〈1146〉）．と同時に，長い刀を意味する「長刀」という文字があてられることもあり，また刀身の形態から「眉尖刀」「偃月刀」ともよばれた．そのうち，本来の「長刀」と区別するために，足軽が人馬を薙ぎ払う刀として「薙刀」といわれるようになった．実戦的な武器として使われるようになってから，刀身および柄の部分を斬撃に特化させる「長柄武器」として改良され，鎌倉時代から室町時代にかけて，徒戦の「薙刀術」が生まれた．

●刀身と拵（柄）　薙刀の刀身は1〜2尺（約30〜60 cm）が標準的だが，時代が下るにつれて次第に長大になり，反りが浅くなる傾向にある．静御前や巴御前らも実戦に使用したという伝説があり，刀身の身幅が細く反りが少ないものを静御前にちなんで「静型」，刀身の身幅が広く反りの大きいものを巴御前にちなんで「巴型」とよんでいる．拵え（柄）の長さは3〜6尺（約90〜180 cm）で鍔があり，断面は楕円形である．

●現在の薙刀　実戦武道としての有効性がすたれたこともあって，「女薙刀」が台頭し，女性独自の武道を確立することができた．やがてこれは学校教育にも導入され，昭和11（1936）年に「なぎなた術の形」を綜合した「なぎなた体操」が創案されて，女子体育教育の一環として実施されるようになった．第二次世界大戦前まで，「剣に対する薙刀」として実施されたが，第二次世界大戦後，連合国軍最高司令官総司令部（GHQ）によって，戦前の軍国主義と封建主義の温床・復活となるとして学校武道としては禁止されたが，間もなく復活し，昭和34（1959）年には中学以上のクラブ活動に，昭和42（1967）年に高校以上の体育の正課科目として取り入れられた．昭和58（1983）年の，第38回あかぎ国民

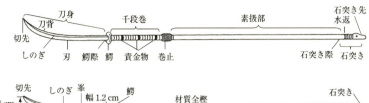
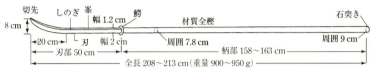

図1 薙刀の種類．（上）真剣，（下）全日本なぎなた連盟の形用

体育大会に初めて正式の競技種目となる．平成2（1990）年に国際なぎなた連盟が結成され，11 か国が参加した記念親善大会が開催された．
●弓の誕生　弓は，それこそ人類の誕生ともに存在していたといえよう．わが国最古の完全な例は，福井県鳥浜貝塚から出土した約 6,000 年前の，長さ 120 cm，太さ 2 cm の丸弓である（樹木の幹や枝を削って，そのまま弓にしたもの．アイヌ人の弓にもみられる）．また縄文時代の遺跡からも発掘されていて，これらは狩猟用と思われるが，弥生時代になると，狩猟から戦いの武器へと変遷したようである．矢を射られた弥生時代初期の人骨が発見されたからである（山口県土井ヶ浜遺跡）．弥生時代から古墳時代（3世紀後半〜7世紀）にかけて弓が長大化する傾向がみられる．

また，石を弾き飛ばす弩弓と思われる弥生時代末の木製品が島根県姫原西遺跡から出土し，8世紀後半とみられる青銅製の引き金部分が宮城県伊治城跡の住居遺跡から発見されている．奈良時代と平安時代まで丸木弓の時代であり，平安中期に丸木弓に竹を貼る「真巻弓」「継木弓」「伏竹弓」などが登場し，「木竹合成弓」の時代が始まる．

●武器としての弓の歴史　鎌倉から戦国時代までは，武器としての弓が重要な役割を果たした．戦乱の真っ只中で兵器の威力の強化が図られ，木竹合成弓が 3〜4 本の竹ひご（竹を細く割り削ったもの）を中心に通すもの，弓に糸や藤を巻き，さらに漆をかける新しい技法も生まれた．江戸時代になると，もはや兵器としての弓は意義を失い，「通し矢競技」が隆盛する．実はこの競技は鎌倉時代から続いている競技であり，江戸時代に行われた京都の「三十三間堂通し」では，22 時間の間に長さ 66 間（約 120 m），幅 7 尺 3 寸（約 2.2 m），高さ 2 間 4 尺（約 5 m）の軒下空間を，上下左右，どこにも触らないように矢を射通し，その本数を競う耐久競技である．江戸時代の弓は，竹ひごを木で挟み，さらに（竹を縦に割った）「内竹」と「外竹」を貼り合わせたものであったが，この弓は 1960 年代に新素材を活用した弓が開発されるまで，続いたのだった．

〔川成　洋〕

武道における礼法

　武道は「礼に始まり礼に終わる」といわれている．「礼」は，武士時代から伝わる六芸（弓術，馬術，槍術，剣術，砲術，柔術）を修める者は必ず身につけなければならなかった．この六芸を含むいわゆる「武芸十八般」が瞬時に暴力へ変わる可能性を考えたとき，「礼」の重要さはより一層，増すことになったのであろう．

●「礼」とは何か　「礼」の旧字体は「禮」であり，「示」と「豊」が合体されたものである．「禮」の「示」は「示す」ことであり，「豊」は「心の豊かさ」「（相手を尊敬し受け入れる）心の広さ，深さ」である．つまり，「礼」とは，「自分の心の豊かさを示す」ことなのである．試合であれ，稽古であれ，演武であれ，その前後に，かしこまって相互に礼をすることは，戦う相手に対して，私のようなものを相手にしてくださりありがとうございます，という気持ちの率直な表明なのである．それは，武道がまさに戦技そのものであった武士時代においても「古は術に留めし　この道を　広げて説けや　人道として」といわれたごとくである．

　礼には「立礼」と「座礼」の2種類がある．武道の種類，あるいは同じ武道でも流派によって異なることがある．ちなみに，座礼の方が立礼より本格的とされているが，その逆の場合もある．また，明治以前の旧各藩が秘匿していた武道に付随する礼法が現在にも伝わっているために，多種多様になっている．以下では，一般的と思われる武道の礼法について述べたい．

●3種の「立礼」　「立礼」は，上体を前傾したときの角度の違いによって3種に分けられ，「三立礼」といわれている．揖，準最敬礼，最敬礼，である．「揖」は，正立の姿勢から，上体を15度まで前傾する．視線は，上体を前傾させるにつれ移動し，畳の縦の長さ（180 cm）前方に置く．呼吸は，吸う息で上体を倒していき，吐く息で静止し，また，吸う息で上体を起こすようにする．これは，道場の入口，同僚や稽古仲間への礼である．準最敬礼は正立の姿勢から上体を45度まで倒す．視線は，1 m前方の床の上に置く．手は，上体を前傾させるにつれて，腿の上を滑らせていき，膝頭の上7〜10 cmの位置に置く．呼吸は「揖」と同じく3息で行う．これは，道場の正面，道場主，師範，上席者への礼である．最敬礼は，正立の姿勢から，上体を前傾していき，70度まで倒す．視線は，80 cm前方の床の上に置く．手は，上体を前傾させるにつれて，腿の上を滑らせていき，指先を膝頭に触れさせる．

●2種の「座礼」　「座礼」は道場において，稽古や試合や演武の際に行う．2種の「座礼」があり，「二座礼」ともいう．「普通礼」は，正座の姿勢から，上体を

屈体させていくとき，背筋は真っ直ぐ伸ばしたまま，前傾させていく．頭は真っ直ぐに上体に載せたまま，上体の動きに合わせて前に移動する．頭だけを低く落としたり，また，顎を上げすぎたりしないように注意する．右手を，左手よりもわずかに先行させる．眉顔面が床から 30 cm 位離れた位置にきたとき，静止する．両手の位置は，上体が屈体したときに，自分の鼻が両手の人差し指の間にはまり込む位置とする．手のかたは，指をそろえて，両手の人差し指をつけ，両手が正三角形の 2 辺のかたをつくるようにする．このとき，両掌を床にべっとりと付けてしまうのではなく，手の甲に丸みをもたせるようにする．呼吸は，吸う息で上体を屈体して，吐く息で静止している．そして，再び吸う息で上体を起こしていく．時間は，およそ，2 秒で屈体し，3 秒間静止，そして 4 秒で上体を起こすのが理想的である．最敬礼は，普通礼と作法はほぼ同じであるが，全体を 10 秒で行う．まず，最初の 3 秒で上体を前に屈体する．次の 3 秒間は，最敬礼の姿勢で静止する．そして最後の 4 秒で，屈体した上体を起こし，正座の姿勢にもどる．

　こうした礼を新渡戸稲造は名著『武士道』の中で，「他者の感情を尊重することから生まれる謙虚さ，慇懃さが礼の根源である」と述べている．つまり，礼とは，人間の精神的な部分が体現化されたものであり，換言すれば，動作や態度といった肉体的な部分と精神的な部分との二つの側面が合体して形成されているのである．

●現代武道の「礼」　現代武道における礼は，遺憾といわねばならないが，いつの間にか虚礼化，あるいは形骸化してしまっているようだ．その典型は柔道，別名「ジュードー」である．

　明治 15（1882）年に講道館柔道を創設した嘉納治五郎は「精力善用」「自他共栄」の精神にもとづいて，柔道を行う者に対して「気風の高尚であること，驕奢の風を嫌うこと，道のためには艱苦を厭わず容易に身命をも擲つ覚悟あること，親切でその度を失わぬこと，公正なること，信実なること」を要望したのだった．果たして，現実の柔道はいかに．勝利至上主義が実にお粗末な柔道としてしまったことか．試合の終了直後に，形式としての礼を行い，畳の上で，勝者はガッツポーズを示し，敗者はうなだれて呆然としている．ここには，武道における「礼法」が動作形式にすぎず，礼の精神性をまったく内包していないのだ．昭和 39（1964）年の東京オリンピックに柔道が競技種目に加えられ，インターナショナル・チャンピオン・スポーツになったために引き起こされた不様な現実，というべきであろうか．平成 9（1997）年に国際柔道連盟（IJF）が強引にブルーの柔道着の導入を決定したとき，日本柔道連盟は白衣の柔道着の意義を知悉していたのだろうか．

　柔道がわが国の伝統的な武道というのであれば，武道の「礼法」を実践し，それを世界中に広めてほしい．それこそが「嘉納柔道精神」なのである．　［川成　洋］

駅　伝

　駅伝とは，「駅伝競走」の略であり，わが国発祥の陸上競技の一種目である．国際陸上競技連盟では，駅伝の国際名称を"road relay"としている．数人でチームを形成し，「襷（たすき）」とよばれる輪状の紐を受け渡ししながら各人が所定の区間を走り継ぎ，着順や総所要時間を競う．チーム間の総合順位争いのほか，区間順位争い，個人間の区間記録・新記録争いといったさまざまな競争が含まれており，表彰対象ともなっている．一般道で行われることが多く，総走行距離，区間数，各区間の走行距離，起伏などのコース条件は大会によって異なるため，異なる大会間での記録の比較に意味はない．

●駅伝の歴史　「駅伝」と銘打ったわが国最初の長距離リレー・レースは，大正6（1917）年4月27日から29日にかけて行われた「東京奠都（てんと）記念東海道駅伝徒歩競走」であった．このレースは，読売新聞社が奠都50周年記念事業として主催したもので，京都三条大橋中央を出発点とし東京上野不忍池畔の奠都記念大博覧会会場をゴールとする，全23区間516 kmのコースで行われた（図1）．競技の名称となった「駅伝」は，律令体制下の交通体系であった「駅制と伝馬制」に由来するとされており，読売新聞社社会部長であった土岐善麿（とき　ぜんまろ）が大日本体育協会副会長の武田千代三郎と協議のうえ，その名を与えたといわれている．

図1　わが国最初の駅伝を記念して建てられた「駅伝の碑」（上野公園）

　昭和に入ると，戦前，戦中期には，戦意高揚を目的とした「国民精神作興体育大会記念戦捷祈願継走大会」（昭和13〈1938〉），「米英撃滅祈願継走大会」（昭和17〈1942〉）などの大会が開催された．そして敗戦後，駅伝は戦後復興の気運を盛り上げるためのイベントとして，全国各地で競うように開催されていった．

　現在，正月の風物詩として高い人気を集めている「東京―箱根間往復大学駅伝競走」（通称，箱根駅伝）は，大正9（1920）年に始まり，第二次世界大戦末期には一時的中断もあったが，昭和22（1947）年に復活した．主催は関東学生陸上競技連盟であり，いわばローカルな大会であるが，日本テレビが第65回大会（昭和64〈1989〉）から全区間完全生中継を行うようになって以来，正月恒例の国民的イベントとなっている．

●**メディア・イベントとしての駅伝とその問題点**　駅伝は，以下の三つの意味からマスメディアがつくったイベント，すなわちメディア・イベントだといえる．

　まず駅伝は，全国各地の新聞社，テレビ局といったメディア企業が主催，共催，後援などの形態で支えてきたイベントである．メディア産業の後押しにより，駅伝は戦後，一種のブームのように日本全国各地で開催され始めたが，交通事情の悪化などにより多くが廃止されてしまった．第二に駅伝は，メディアによって中継され報道されるイベントである．例えば，正月の二大駅伝競走として親しまれている「全日本実業団対抗駅伝大会」と「箱根駅伝」はテレビで完全中継され，高い人気を集めている．第三に駅伝は，メディアによってドラマ化されるイベントである．駅伝やマラソンなどのロードレースは，もともと直接的な観戦には向かないスポーツである．なぜなら，沿道からはレースのごく一部しか観ることができないからである．したがって，あるレースで何が生じたのかを理解するうえで，私たちはメディアによる説明に全面的に依存せざるを得ない．そのため，例えば規定時間内にタスキの受け渡しが行われなかった，いわゆる「繰り上げスタート」を過剰なまでに悲劇として描くなど，メディアによる演出やドラマ化の余地が大きい．

　駅伝は今，いくつかの問題に直面しているが，いずれもメディアとの関係に起因している．その一つが，外国人選手起用をめぐる問題である．高校・大学・社会人大会のいずれにおいても，今日，外国人選手はチームの成績を左右する重要な存在である．しかし，駅伝での外国人起用には反対の意見も多く，現在では参加できる外国人選手の数や走ることのできる区間に制限を設けるなどの対応策をとっている．また，外国人学生選手の場合，学業との両立なども問題となっている．

　もう一つの問題は，選手の一極集中化である．毎年正月にマスメディアが大々的に報じる「箱根駅伝」は，高校生競技者にとって憧れの大会であり，多くの地方有力選手たちが「箱根」を夢見て関東の大学に進学する．その結果，地方の高卒選手を地元企業が雇用し，世界の檜舞台に送り出すという選手育成・強化の方法がうまく機能しなくなっている．また，大学や実業団選手の競技力や待遇に地方と中央でアンバランスが生じており，地方の大学や企業チームが駅伝で活躍することがますます難しくなってきている．

　さらに駅伝には，選手強化の観点からも問題がある．1970年代後半から1980年代には，駅伝をマラソントレーニングの一環として位置づけて，世界の頂点をきわめたわが国のマラソン界であったが，駅伝大会の過密化などによって選手のスケジュール管理がむずかしくなり，今日ではむしろマラソン強化の阻害要因と見做るようになってきた．企業に所属する選手でも，駅伝大会への出場を忌避する選手が増えているといわれている．

〔山本数人〕

運動会

　一般に，日本初の運動会は，明治 7（1874）年に東京・築地の海軍兵学寮で開催された「競闘遊戯会」（アスレチック・スポーツの訳語）であるとされる．

●**競闘遊戯会と体操演習会**　そこでは，いわゆるお雇い外国人の指導のもと，150 ヤード競争，走り高跳び，三段跳び，ボール投げなどの競技が行われている．その後，こうした個人単位の陸上競技を基本とした競闘遊戯会の系譜は，1870～80 年代にかけて，海軍兵学寮（明治 9〈1876〉），札幌農学校（明治 11〈1878〉），東京大学（明治 16〈1883〉）と，兵学校・大学で引き継がれていく．

　一方，こうしたエリートによる個人競技主体の運動会とは異なる契機・形式をもつ運動会が，1880 年代半ば頃から全国の小・中学校に普及していく．現在，小・中学校で開催されている運動会に直接的に連なる系譜がこれであり，その先駆けとなったのが，明治 14（1881）年に開催された東京・神田の体操伝習所による「体操術演習会」であった．これは，教育関係者に体操の啓蒙・普及を図ることを目的に開催したもので，体操伝習所・東京師範学校などから「体操術」の成績優秀生徒による，軽体操（徒手体操と亜鈴・棍棒・球竿などの手具を使用した体操）の成果披露が行われた．その後，明治 17（1884）年の同伝習所の春季大演習会では，こうした軽体操に加え，綱引きや球技などの遊戯が行われている．

　こうした，個人競技だけでなく団体競技をも重視した運動会は，主に体操伝習所の卒業生たちによって，全国の小・中学校，師範学校へと伝播し，「体操大演習会」や「連合運動会」と称され開催されていく．開催形態は，県や郡の単位で，師範学校や小・中学校の連合開催というかたちが多かったようである．さらにその後，明治 19（1886）年には小学校令が発布され，体操が正式な小学校教育課程に組み込まれることで，こうした運動会はさらなる全国的な広まりをみせる．

●**軍事教練としての運動会から明治神宮競技大会へ**　明治 24（1891）年には「小学校祝日大祭日儀式規定」が制定され，運動会にも国体観念による臣民養成の意図が付与される．これに明治 27（1894）年の日清戦争の勃発や，同年の文部省による「小学校における体育および衛生に関する件」の訓令なども背景として加わり，運動会は軍事教練としての性格を強めていく．例えば，当時全国で盛んに行われた，生徒が紅組白組などの軍に分かれて行う競技などは，児童版軍事演習の典型である．こうした明治政府による臣民養成・富国強兵のための装置としての運動会の位置付けが，明治 20（1890）年代に全国の小中学校に運動会を普及させ，年中行事の一つとして定着させた大きな背景となった．

　なお，ここで興味深いのは，この頃の「運動会」も「遠足」も軍事的な性格が

強く，内容も共通部分が多かったため，両者の区別もあいまいであった点である．小・中学校行事としての「運動会」と「遠足」の普及，そして軍事演習の大規模化は，当時，近代国民国家としての体裁を急ぎ整えねばならなかった大日本帝国において，背景を同じくして同時並行的に起こった現象なのである．

さらに，こうした国体観念の涵養を意図した運動会は，その後，競技内容をバレーボールやバスケットボールといった近代スポーツに変化させつつ，大正13（1924）年，日本近代史上発の全国的イベントとしての明治神宮競技大会へと連なっていく．明治神宮競技大会は明治神宮外苑競技場の造営を機に内務省によって発案されたイベントである．明治天皇の聖徳を敬慕し，国民の身体鍛錬，精神の作興に資することを目的としていた．大正13（1924）年から昭和18（1943）年まで合計14回開催されている（第10回から明治神宮国民体育大会，第13回から明治神宮国民練成大会に改称）．

このように明治から戦前にかけて，運動会は天皇中心の中央集権国民国家建設のための国家的装置として機能してきた．とりわけ明治神宮競技大会が開催されていた時期は，まさに日本が満州事変，日中戦争，第二次世界大戦へと突入していった時期と重なる．昭和18（1943）年10月21日，第1回学徒兵入隊を前に，東條英機首相らが出席し出陣学徒壮行会が開催されたのも，明治神宮外苑競技場であった．

●**国民体育大会の創設と戦後の運動会**　戦後間もない昭和20（1945）年12月，大日本体育協会理事・平沼亮三，後の文部大臣・清瀬一郎ほか，戦前からの競技団体の要人が岸記念体育館に会し，戦後のスポーツならびに競技団体の有り方について話し合いをもつなかで，全国体育大会が発案された．平沼，清瀬らは翌昭和21（1946）年には理事会を結成した．GHQの承認を経て，同年第一回目の国民体育大会が，8月の夏大会（宝塚市）を皮切りに，11月の秋大会（京都を中心とした京阪神市域），翌1月の冬大会（八戸市）と開催された．以後，国民体育大会は，都道府県対抗方式，各都道府県もち回り方式で毎年開催されている．

一方の小・中学校での運動会も，戦後途切れることなく続いている．近年では平等の観点から，運動会で順位を付けない学校も少なからず存在するようになった．しかしそうした流れが，運動会廃止の議論になることはほとんどない．依然として学校の運動会は盛況である．そして，大企業における社内運動会も相変わらず多くの会社の社内行事として存続している．

非常に興味深いのは，日本人の大半が，こうした戦前と本質的に変わらぬ運動会行事を，現在も何の疑問も抱かずに受け入れている点である．戦前から現在まで一貫して続く運動会の盛況ぶりからは，運動会という近代型の集団構成員訓育装置を必要とし続ける日本社会の構造的特質，日本人のメンタリティを垣間みることができるのである．

［山村高淑］

ラジオ体操

　ラジオ体操は，日本人の多くが経験し，踊ることのできる体操といわれる．学校や職場での健康維持・増進，規則正しい生活リズムをつくりだすために行われてきた．人々はラジオから流れる音楽と指導員の号令を聞きながら体操を行う．なじみ深い音楽に合わせて，自然と身体が動きだすこの体操は，集団が同じ時間に，統一的な動きを行うことを可能にする不思議な魅力をもつ．

●**ラジオ体操の誕生**　ラジオ体操は，昭和3（1928）年11月1日，昭和天皇の即位を祝う御大礼記念に，国民の健康と幸福増進を目的として考案・実施された．大正14（1925）年に放送が始まったラジオ（昭和16〈1941〉年まではラヂオと表記）で流されたことから，ラジオ体操とよばれるようになった．米国，メトロポリタン生命保険会社の体操を参考に，逓信省簡易保険局，日本放送協会などが協力し，文部省に依頼してつくられたこの体操は，正式名称を「国民保健体操」とよび，老若男女を問わず，リズムに合わせて愉快にできる11種類の型からなっていた（ラジオ体操第一）．放送ではピアノの伴奏曲が流され，陸軍戸山学校から東京中央放送局に指導員としてよばれた，江木理一の号令に合わせて行われた．

　逓信省による郵便局を通じた宣伝活動，宣伝ビラ，ポスター，体操図解，楽譜などの印刷・配布，レコード，実演映画の作成，指導員による実演と講演会が全国各地で実施され，ラジオ体操は普及していった．また，文部省による唱歌「ラジオ」の採用，国定教科書への掲載などを通して，学校にも広がっていった．昭和9（1934）年からは，授業日の毎朝10分間，学校向けの放送が開始されている．

●**ラジオ体操の会**　ラジオの普及とともに，集団的な実施形態が登場する．面高叶（万世橋署巡査）を中心に実施された，東京市神田区内でのラジオ体操の会が先駆けとなり，体操は瞬く間に地域へ広まっていった．昭和6（1931）年には，東京の300余りの小学校で約3週間，ラジオ体操の会が実施された．会では出席カードが配布され，参加スタンプをためると景品がもらえるなど，子どもたちの関心を引くしかけが用意された．同年には，「躍る旭日の光を浴びて」で始まる「ラジオ体操の歌」が制定され，放送終了後に流されるとともに，会場で合唱されるようになった．昭和7（1932）年には青少年向けにラジオ体操第二がつくられ，放送を開始している．

　「夏期ラジオ体操の会」は全国各地で開催されるようになり，昭和13（1938）年には約1万7,000会場で，延べ1億3,000万人が参加する一大行事に成長した（坪井秀人編『コレクション・モダン都市文化 第32巻』）．学校，都市，農村，工場や会社など，日本全国に広まったラジオ体操は，わずか10年足らずで，国民的

体育運動にまで発展したのである.

●戦時下のラジオ体操　ラジオから流れる号令一下,同じ動きを行うことは,個々の身体感覚を共同化し,「国家的なもの」に同化していく契機をはらんでいた. 戦時体制に突入するなかで,厚生省は昭和14（1939）年,国民精神の作興を目的に3種の体操を考案,そのうち,一般向けの「大日本国民体操」をラジオ体操第三とした. また,全国に散在するラジオ体操の会を統合して「全国ラジオ体操の会」が結成されるなど,同時刻に,全国一斉で体操が実施された. 同年には「朝日を浴びて」と題する,戦時色を反映した歌詞がつけられ,歌われるようになった.

　放送は敗戦の前日まで続き,わずかな休止を挟んで,昭和20（1945）年8月23日には再開された（第三体操は中止）. 第一,第二体操は伴奏曲を変更して放送されたが,昭和21（1946）年4月13日で役割を終えた. 翌日からは号令をなくし,管弦楽に合わせた「舞踊体操」とよばれる新しい3種類の体操が放送された. しかし,戦後の混乱のなかで普及が進まず,昭和22（1947）年8月31日で放送が中止された.

●ラジオ体操の復活　戦後復興が進むにつれて,ラジオ体操復活の声が高まり,郵政省簡易保険局を中心に新たな体操が考案された. 簡単・容易で,どこでもすぐにでき,調子が良くて,気持ちが良い体操というコンセプトで完成し,昭和26（1951）年5月6日に放送が開始された. これが現在のラジオ体操第一である. 9月にはラジオ体操の歌が発表されたが,歌詞が長いなどの理由でつくり直されたため,「新しい朝が来た」で始まる現在の歌は,昭和31（1956）年から放送された2代目である. 出席カードとスタンプ,景品のしくみも復活した. このことは,子どもたちが夏休みのラジオ体操の会に喜び勇んで参加し,規則正しい生活を送るのに一役買った. また,全国各地で体操会が実施され,その模様を実況中継する「夏期巡回ラジオ体操会」も昭和28（1953）年から始まった.

　ラジオ体操の実施は会社や工場にも広がった. その結果,職場の人々を対象にしたやや高度で,疲労回復,能率増進を盛り込んだ体操が考案され,昭和27（1952）年6月16日からラジオ体操第二として放送されている. 簡易,かつ手軽な体操としてラジオ体操人口は爆発的に増え,昭和37（1962）年からは多くの人々が一堂に会する「1,000万人ラジオ体操祭」が全国各地で開催されている.

　多様なライフサイクルが広がってきた昨今では,ストレッチや多種類の運動の登場により,ラジオ体操は学校であまり行われなくなってきている. しかし,高齢者層には依然根強い人気を誇っており,「ラジオ体操人」（高橋秀実『素晴らしきラジオ体操』）とでもよぶべき多くの人々が,毎朝公園などに集まり体操を行っている. 1990年には高齢者向けの体操として,「みんなの体操」が新たに制定された. 歴史的にさまざまな役割を果たしながら,ラジオ体操は今も日本人になじみ深い体操として浸透している.

［石坂友司］

プロ格闘技

　昭和28（1953）年の力道山のプロレスデビュー以前の格闘技の王道といえば，明らかに柔道だった．空手はいまだ国技とはいいがたく，しかもその源流をたどれば琉球のイメージがつきまとう．相撲はたしかに国技であるが，この格闘技は特殊すぎるといえよう．

●**プロレス以前のプロ格闘技**　まず，柔道が挑戦した異種格闘技をあげよう．大正10（1921）年3月，米国のプロレスラー，アド・サンテルが来日し，靖国神社境内の相撲場で講道館4段の庄司彦雄と60分戦って引き分けた．これは，わが国における，プロレスリングと柔道との最初の異種格闘技であった．米国ではすでに日本人柔道家とプロレスラーの戦いはあったが，本国，それも講道館からの破門覚悟で行われた試合であった．3年後に，今度は庄司が渡米し，サンテルと戦うが，負けてしまう．その3か月後の10月，同じく講道館4段の太田節三がロサンゼルスでサンテルと戦うが，これも引き分ける．

　次に，第二次世界大戦後の柔道界を揺るがした大きな動きを取り上げよう．敗戦直後，連合国軍最高司令官総司令部（GHQ）によって柔道も軍国主義の温床として学校教育で禁止されてきたが，柔道は武道ではなく，スポーツであるとGHQに請願することで，講道館柔道は昭和25（1950）年に新制中学の選択科目に採用されることになった．

　こうした講道館柔道の無原則で迎合的な動きとは逆に，戦後まったく骨抜きにされた武道を復興するため，また海外から引きあげてきたものの生活に困窮している柔道家の経済基盤をつくるために，1950年3月，飯塚國三郎10段（1875-1958）を名誉会長とする国際柔道協会が創設された．これは柔道の興行化，プロ化を志向するものであった．その中心人物は牛島辰熊8段（1904-85）であった．牛島は全日本選手権を5度制し「鬼の牛島」「不敗の牛島」と謳われた．この協会に所属したのは，30名余りのプロ柔道家であった．もちろん，この協会に所属したプロ柔道家は講道館からの破門を覚悟していた．彼らは，4月16日の旗揚げ戦，つまり第1回全日本プロ柔道選手権大会まで，飯塚國三郎の「至剛館」で稽古した．芝スポーツセンターで行われたこの大会には数千人もの観客が入り，かなりの数の米兵も混じっていた．大会の優勝者は木村政彦7段（1917-93）であった．木村は前年の全日本選手権（アマチュア）を獲得しているので，プロアマ両方の現役王者となったのである．

　旧制中学4年で4段を取得し，「九州の怪物」と全国にその名を轟かせた木村は，牛島の弟子となって，さらなる厳しい稽古を重ね，全日本選手権13年連続

保持という驚異的な記録を残している．「木村の前に木村なく，木村の後に木村なし」といわれたのも頷かれる．しかし，この協会は，「武士の商法」というべきか，財政的に行き詰まり，10月，余儀なく解散することになった．

●「昭和の巌流島」力道山VS木村政彦　力道山は，昭和24（1949）年5月場所に関脇に昇進するが，翌年9月場所前に突然，自ら髷を切り廃業した．昭和27（1952）年2月，武者修業のために渡米し，1年後にプロレスラー力道山として帰国するや，日本プロレス協会を設立する．

　昭和28（1953）年2月，蔵前国技館で史上初の国際試合が行われる．日本側は力道山，木村政彦，アメリカ側はNWA世界タッグ王者，ベンとマイクのシャープ兄弟だ．NHKと日本テレビが二元中継を行った．だが，このタッグマッチは地方巡業を含めて14回とも木村が負け役を担わされた．そして，力道山が空手チョップで相手を倒すというやり方に，木村が嫌気をさしたのは言うまでもない．木村は，「真剣勝負なら負けない」と朝日新聞紙上で発言した．この記事がきっかけとなり，12月22日，「昭和の巌流島」といわれ，「相撲が勝つか柔道が勝つか」を決するプロレス日本選手権試合王座決定戦が蔵前国技館で行われる．結末は悲惨なものだった．試合の途中で力道山が突然殴りかかり，そのまま張り手と蹴りの連打を浴びせた．木村は大量の血を吐き，マットに沈んだ．新日本の元レフリーのミスター高橋は，この試合は力道山のブック（台本）破りだと断言し，さらに「最初からセメント（真剣勝負）でやることは，プロレスでは絶対にあり得ないです．（中略）ですから，力道山が裏切ったとしか思えないですよね」と増田俊也に語っている．ともあれ，この対決に勝利したことが「力道山最強伝説」をつくり，文字通り国民的ヒーローになっていく．

　リング上では「ワールド・リーグ」と謳っていたが，その多くは米国のレスラーであった．ルー・テーズ（昭和32〈1957〉），フレッド・ブラッシー（昭和37〈1962〉）（この試合のテレビ中継を観ていた老人など数人がショック死する）や，ザ・デストロイヤー（昭和38〈1963〉）などとの死闘を重ねる．1963年12月，東京・赤坂のナイトクラブで襲われ，それが原因で死去する．39歳であった．

●力道山時代のプロレス人気　当時のプロレス人気はすさまじく，1台の街頭テレビに無数の人々が蝟集した．プロレスの本場米国では「マット・ショー」といわれ，競技者は勝敗を争うより演技力が高く評価されていて，「フェイク（八百長）試合」であるのは当然であった．ところが，日本ではプロレスがボクシングや相撲と同じように「真剣勝負」だと思われていた．

　力道山の招聘する外人レスラーとの試合は，「小さな日本人」が「大きなアメリカ人」をなぎ倒す．「日本人・善玉・最終的勝利者」と「米人・悪玉・敗者」というお決まりの勝負が，敗戦の辛い経験，米国人への動かし難い劣等感などを一挙に払拭してくれた．これこそが，力道山のプロレスだったのである．　　　〔川成　洋〕

応援団

　「応援」とは，もともと他者を励まし，助けることをさす言葉である．誰それの商売や仕事を応援するという場合なら，精神的に後押しするにとどまらず，資金の提供などを含む直接の手助けもあり得よう．

　しかし，勝負ごとでは第三者の介入はない方がよい．岡目八目というけれど，棋士に横からアドバイスを与えるのはフェアな対局を妨げる．それを応援だと言いくるめるのは難しい．なるほど武士の仇討ちでは，剣の技量によほどの差がある組合せについて「助太刀」が認められた．だがこれは，ハンディを小さくすることによってフェアな対戦にしようという意識のはたらきと解釈できる．対戦の条件を同等に調整するための加勢を除けば，直接的な手助けは排除すべきだと考えられる．

　現在のスポーツの分野では，競技をする者と，それを見守る観衆とが，厳しく区別されている．以前は区別がなく，それが混乱のもとになっていた．例えば草創期の野球でいうと，フィールドの近くに陣取った同窓の学生たちが，青竹で地面を叩いて故意に砂ぼこりを立てた（明治39〈1906〉年の一高三高戦）．敵チームのプレイを妨害し，味方チームに有利な状況をつくろうという明確な意図をもって直接的な手助けをしたのである．もちろん，こういった行動は試合中，試合後のトラブルの原因になるし，介入で影響を受けた勝敗は公認しがたいものになる．やがて選手と観衆とが区別され，フィールドと応援席とは空間的に分離された．

　これは，日本の野球に限ったことではないだろう．おそらく多くの社会で，原初的な遊びや宗教行事がルールのあるゲームに発展し，近代的なスポーツに変貌していく際には，こういった過程があったに違いない．そして，競技者と分断された観衆のなかで，特に熱心に特定のチームや選手の勝利を願う人たちが，個人で，あるいは集団で，特別の行動をとるようになる．これが狭い意味での「応援」であり，応援をする人々の集まりを「応援団」という．

●プレイヤーとの断絶　気持ちはチームと一体なのに，身体的にはかかわることができない．応援する者は，この断絶をエネルギーにして別の行動をとる．手は出せないが，声ならよかろう．手拍子を添えてリズムをつける．さらには太鼓を持ち込み，鉦を叩く．洋楽器があれば，もっと大きな音量で曲を奏でることができた．そろいの法被や学生服をまとうことで，一体感を示す．大きな旗を掲げ，あるいは打ち振って，まとまりと存在感を強調する．

　応援行動は，次第に様式化した．「バンカラ」スタイルでシュプレヒコールを

叫ぶ．小旗を片手に応援歌を唱和する．三三七拍子やブラスバンド演奏など，現在のスタジアムで目にする応援様式の多くは，明治末頃から昭和戦前期までにつくりあげられた．学生スポーツのなかで工夫された応援スタイルの影響を考慮せずに，応援の歴史を語ることは難しい．なお，「応援」そのものの発祥は不明で，明治36（1903）年頃の野球の試合が古い例とされている．

　一方，観衆のなかには，統制されない群衆，野次馬とよばれる存在も含まれた．試合の展開次第では，暴徒にさえ変じかねない．選手や興行主が，これらの人々を完全に抑えることはできなかった．暴力沙汰や混乱を起こさないために，応援団による観客コントロールが重宝されるようになる．学生の場合は，もともと観客が同じ集団に所属しているから，まだ統制しやすい．これに対してプロ野球などの応援では野次馬的な見物客も多いため，私設応援団のような非公式集団にトラブルの調停役を担わせることもある．

●応援の現在　今の応援には，声援や拍手のような素朴なものも，電子機器を用いた演出も，その両方をみることができる．野球ファンの行動に由来するものもあれば，サッカーのサポーターが始めた工夫もあって，さまざまな要素が混在する．日本ではトランペット伴奏で個人別の曲を歌うかたちが一般的だが，このような形式は東アジアでは共通するものの，ほかの社会ではあまりみられない．

　また，応援の技量そのものも競技化している．例えば高校野球のスタンドで演奏するブラスバンド部は応援団の一部を構成しているが，全国大会で優勝を目指すクラブ活動としての側面をもっている．チアリーディングも，競技スポーツ種目といえる．応援団のマナーや態度が表彰の対象にされることもあり，助けるという行動がもともとの意味から外れ，脇役のものでなくなっている．

　スタジアムが大型化し，たくさんの観衆が集まるため，警備の必要から応援行動に関する統制はいっそう強化される．モノを投げ込んでプレイを中断させたり，ほかの観客の邪魔になったりしないよう，公的なルールがつくられている．観客がスタジアムに持ち込めるものは制限され，客席での行動にも禁止事項が設けられた．これらは特にメジャーなスポーツ興行で顕著な傾向である．応援団も，メンバーの登録や事前の許可がなければリードをすることができない．使用可能な応援グッズは商品として売られ，チームや選手の収入源である．応援行動は消費行動としての側面を広げ，スタジアムは巨大な消費空間となった．

　しかし，応援行動は必ずしも見せる側の思惑どおりにならない．応援団などが，独自の工夫をするからである．例えば近年ではスタジアムに足を運ぶ女性の観客が増加した．以前は，チアリーダーのように訓練を受けた女性だけが応援行動をリードしたが，今では法被を着た女性リーダーや，応援旗の旗手，鳴り物の担当をつとめる女性ファンの姿も目立つ．

〔永井良和〕

くらべ馬と競馬

　5世紀につくられた古墳から，副葬品として馬具が出土していることからわかるように，この頃の日本にはすでに乗馬の風習がもたらされていた．以来，軍事用，輸送用，農耕用の家畜として，馬は活用されてきた．『続日本紀』（延暦16〈797〉）には，大宝元（701）年，文武天皇臨席のもと「群臣五位以上をして競馬を出さしめ天皇臨御し給へり」という記録が残っている．古代から行われてきた馬による競技は，くらべ馬，駒くらべ，きそい馬，などとよばれ，宮中行事として，後には神社の祭礼としてさまざまな形式で実施されてきた．
　今日まで続くものとして有名なのは，京都の上賀茂神社で毎年5月5日の端午の節句に行われている競馬会神事であろう．古式競馬は近代競馬とは違い，2頭のマッチレース形式で行われるものが多い．速さを競うのは変わらないが，競走中，相手を妨害することも認められるなど，武芸の一種として実施されてきた．

●**西洋式競馬の輸入**　今日，一般的な競馬とは，近代化とともに西洋から輸入されたものである．西洋式競馬の歴史は，古代ギリシャやローマ帝国の時代にさかのぼる．初期の競馬は馬車を牽いて行う繋駕競走が主流だったが，やがてギャロップとよばれる馬に全速力を出させて行うスピード競走が発達した．近代以降，イギリスにおいて競技スタイルが確立し，世界中で実施されるようになった．
　日本で最初に実施された西洋式競馬は，幕末の文久元（1861）年，横浜で居留外国人たちが開催したものだ．当時のイギリスの新聞には，幕府の役人が騎手をつとめたレースの様子を描いたイラストが掲載されている．明治の初期，居留外国人が実施する競馬は西洋文明の象徴の一つであった．政府要人は横浜の競馬場に頻繁に訪れ，外交の場として利用した．明治3（1870）年，東京招魂社（現靖国神社）境内の馬場で実施されたのが，日本人の運営による最初の西洋式競馬である．明治38（1905）年には，明治天皇が賞品を与えるレース（天皇賞の源流にあたる）も実施されている．

●**「競馬法」の制定**　初期の競馬において，馬券の発売は認められなかったが，政府は明治38（1905）年に馬券発売を黙認する通達を出す．売り上げを見込んで各地に競馬倶楽部が誕生するが，「賭博罪」を明記した刑法が成立（明治40〈1907〉）したことにより馬券発売は再び禁止された．大正12（1923）年「競馬法」が制定され，初めて正式に馬券発売が許可されることになった．同法の第一条には，「馬ノ改良増殖及馬事思想ノ普及ヲ図ルコトヲ目的トスル……」と競馬開催の目的が明示されている．馬の改良とは，いわば軍馬としての質の向上である．レースを実施して，良質な馬を選定し，馬の淘汰，改良を進めること．人々の馬

を見る目を養い，知識を広めること（馬事思想の普及）．これが，競馬実施，馬券発売の理由として掲げられた名目であった．

戦時中，競馬は中止を余儀なくされるが，戦後いち早く復活する．最初は闇開催だったが，昭和21（1946）年には「改正競馬法」が制定され戦後の公認競馬の歴史がスタートした．

●**戦後の競馬人気**　高度経済成長期を迎え，競馬の人気はますます高まり，ダービーなどのビッグレースは，テレビでも中継されるようになった．ハイセイコー（昭和47〈1972〉年デビュー，2年後引退）や，オグリキャップ（昭和62〈1987〉年デビュー，3年後引退）などのスターホースも誕生し，社会的な話題になった．競馬を運営する日本中央競馬会は，広報に力を入れ，ギャンブルのダーティなイメージを弱めることに成功した．後発の競輪や競艇と違い，戦前からの歴史をもっていることはイメージ戦略にも有利に働いた．

また，競馬を語る言説の豊富さも，ほかの公営ギャンブルにはない特徴だ．競馬を題材にした小説や映画，テレビ番組，マンガなども次々につくられ，文学者やタレントなど数多くの著名人がメディアで競馬を語った．歌人・劇作家として若者にカリスマ的人気を集めた寺山修司（1935-83）も代表的な一人だ．彼は「競馬は人生の比喩」だという．競馬ファンたちは，単に儲けるためだけに馬券を買っているのではない．自分の人生を馬に託し「薄っぺらの馬券のかわりに"自分を買う"」のだと．もの言わぬ馬たちに，人々はさまざまな物語を（時には過剰に）読み込んで，レースを楽しんできたのである．

●**もう一つの競馬**　近代になり，古式競馬とは切り離されたかたちで西洋式競馬が輸入され，国家の後押しを受け発展してきた．このような中央競馬とは違う歴史をもつ，もう一つの競馬もある．地方自治体がつくる競馬組合が運営する地方競馬だ．なかでもユニークなのが，北海道の帯広で開催されている，ばんえい競馬である．農耕馬として利用されてきた大型の馬に約500 kgの鉄製そりをひかせて行うレースで，馬が暮らしに欠かせない身近な存在だった北海道開拓民たちの遊びの中から生まれたものだ．ほかの地方競馬では，競技自体は西洋式のサラブレッド種によるスピード競走が実施されているが，ばんえい競馬は，もともと地方の祭礼や，草競馬など身近な馬を利用した遊びが認可され発展してきたものである．

21世紀に入り，競馬は国際化が進んだ．日本の競馬も，世界中で行われている競技世界の「部分」として組み込まれるようになり，地方競馬と中央競馬との交流も進んだ．交流ではファン離れが進んでいる地方競馬の人気回復が目指されているのだが，あまり効果はなく，世界的なヒエラルキーの末端と見做されるだけになってしまっている．馬とともにあった人々の暮らしから生まれた地方競馬には，地域に根差した独自の競馬文化の形成こそが，求められているのではないだろうか．

［古川岳志］

競輪と競艇

　競輪と競艇は，ともに戦後の日本で生まれた公営のスポーツギャンブルである．昭和23（1948）年，福岡県小倉で最初の競輪が開催された．自転車競技というスポーツは戦前から存在したが，賭けの対象にすることを目的にした競技の歴史はここから始まった．この成功を受け，日本各地の自治体は競輪開催に名乗りをあげていった．アマチュアの選手が存在したことに合わせ，当時の人々にとっても自転車は身近な乗り物であったことなどから，選手を集めることは容易だった．施設も簡便なもので済むため，競輪場数，選手数ともに急激に膨張した．最盛期に比べると大幅に減ったが，2015年4月現在，全国に43個所の競輪場が存在し，プロスポーツとして最多の2,600名もの選手がプロとして競技生活を送っている．

　競輪のレースは，先頭固定競走という形式で実施されている．通常7～9名の選手が楕円形のコースを周回して先着を競う．自転車競技では風圧が大きく勝敗を左右するため，駆け引きが複雑化しやすい．そのため，レースに関係のない先頭誘導員が先頭を走り，過度なけん制を抑制している．勝負所となるラスト1周半で，誘導員は退避する．世界選手権やオリンピックの自転車競技種目となった「ケイリン」は，競輪のこの形態をモデルにしてつくられたものだ．

●**エンジンの整備力も問われる競艇選手**　モーターボート競走に対するギャンブルである競艇は，昭和26（1951）年から実施されている．競輪と同様に，ギャンブルの対象に特化したユニークな競技スタイルが形成されてきた．レースにはハイドロプレーンとよばれるモーターボートが使用される．6名の選手が1周600mの競走水面を3周し先着を競う．

　レース場には，アナログ針の大時計が設置されており，この針が頂点をさして1秒以内にスタートラインを通過すれば合格となる，フライングスタートとよばれる方式が採用されている．スタートの成否は厳しく審査され，失敗した場合，一定期間出場停止など重い処分が下される．スタートのタイミングと，水上に浮かぶ二つのターンマークでの攻防がレース最大の見どころだ．モーターとボートは競走場が所有しており，選手には抽選で割り振られる．これらの器具には，無視できないレベルでの勝率の差異があり，どれがあたるかは選手の運次第になっている．機械の整備も選手が自ら行う．エンジンを分解整備したり，プロペラの調整を行ったり，天候などの条件と合わせて，自分が競技しやすい状態に近づけることも選手の技術の一つである．

●**地方財政への寄与からお荷物へ**　公営ギャンブル誕生の背景には，太平洋戦争後の日本社会の混乱があった．敗戦後，すぐに復活した競馬の人気を受けて，馬

の代わりになるギャンブルの対象はないかと考えた人々によって立案されたのが競馬以外の公営ギャンブルである．当初は，戦災復興が運営の大義名分であった．実際に，公営ギャンブルは地方自治体の財源としての役割を担ってきた．

　主催する自治体は，財政が豊かであり，住民サービスも充実しているといわれる時代も続いた．高度経済成長がピークを迎えた頃，日本各地でいわゆる革新首長が相次いで誕生した際には，地方財政のギャンブルへの依存の是非が選挙の争点にもなったほどだ．やがて状況は変わっていく．売上自体は，バブル経済の時期まで上昇を続けてはいたのだが，ファンの固定化が進み，21世紀以降は全般的に売上げ減が進み，赤字を出し運営から撤退する自治体も現れ始めている．

●ネットの活用，女性の活躍　何もしなくても客は勝手に集まってくる――そういう時代が長かったため，新規ファンの開拓はほとんど進まず，いつしか公営ギャンブル場は，高齢の男性ファンばかりが集う場所になっていった．それは，運営主体のいわゆる公務員体質が，レジャー産業として時代に合わせた改革ができなかった要因でもあるだろう．旧態依然とした運営体制では，公営ギャンブルをめぐる状況は大変厳しいといわざるを得ないが，近年，新しいファンが生まれる兆しはある．

　その背景には，インターネットの登場でファンのアクセスが簡単になったことがある．公営ギャンブルはプロスポーツ興行でもある．選手たちの真剣勝負が，公正なギャンブルであることを担保している以上，開催回数には当然ながら制限があるのだ．そのため，ギャンブルファンはいつでも簡単に遊べるパチンコに流れていったが，現在では全国各地で行われているレースにどこからでも賭けられる環境になっている．インターネットカジノは法的に禁じられているが，公営ギャンブルについてはすでに合法的に実施されているともいえる．

　また，女子選手の活躍も新しい動きだ．新憲法のもと，「男女平等」が掲げられた戦後という時代背景の中で誕生した公営ギャンブルは，スタート当初から女子選手に門戸を開いていたがやがて淘汰された．競輪では，昭和39（1964）年に女子レースは廃止となった．賭けの対象として魅力を失ったと判断されたのだ．それが平成24（2012）年，約半世紀ぶりに復活した．ほかのスポーツでの女性の活躍などを受け，新規ファン獲得の起爆剤として期待されることになったのである．

　競輪の動きを受け，競艇でも女子選手への期待が高まっている．競艇では，男女が同じレースを走る混合戦も行われてきたが，全体的には男子選手の影に隠れる存在であった．しかし，近年，積極的に女子選手の活躍をPRするようになっている．平成23（2011）年には，女子選手限定のG1競争「賞金女王決定戦」も新設された．従来のファンからはあまり期待されてこなかった女子選手の活躍は，公営ギャンブル全体のイメージチェンジにもつながるかもしれない．　　　［古川岳志］

◆ 「道」の精神性と国際性

　私たち日本人のまわりには,「○○道」という言葉が多くある．最も身近なところでは「茶道」「華道」「柔道」「剣道」など．さらに,「武士道」「相撲道」「野球道」といえば,そこに「道をきわめる」という高い精神性が含有されていることは,いうをまたない．道をきわめた先にあるのは達人の境地,とでもいおうか．古くからそうした「道」という精神性を尊んできたのである．ただ,何かにつけてそういい出したのは,近代以降である．例えば,剣術が剣道になり,柔術が柔道になった．近代化のなかでの伝統性の強調,とみるべきだろう．
　欧米をはじめとする諸外国に,こういう感覚があるかといえば,疑問である．例えば,ヨーロッパにおける「騎士道」が浮かぶが,それは武士道に対置した訳語というもので,紳士気風に近いモラルであっただろう．
　日本人は,スポーツにしても技芸にしても学問にしても,一つのことに全力を傾けてストイックなまでに努力する精神性を美徳とする．長い歳月をかけて成し遂げた匠の技ともいうべきものに敬意を表する．人間国宝などにも,マイスター制度と異なる究極性がみられる．むろん,外国では,そうした一つのことに生涯全力を投じるという生き方が尊重もされるが,むしろ,やりたいことにひと通り取り組んでみて,合わなければまた別の道を選択する自主性の方が重要視される,といってよいだろう．
　「道」を尊び,求道精神を大切に思うのは,日本人ならではの文化性といえるのである．
〔神崎宣武〕

◆ 国体とオリンピック

　国体（国民体育大会）は,毎年,夏季・秋季・冬季に全国もち回りで開催される競技会である．国民の健康増進と体力向上,さらに,地方スポーツの振興と地方文化の発展に寄与することを目的として,昭和46（1971）年に始まった．が,都道府県対抗で天皇杯（総合優勝）を競い合うため,優秀な選手の獲得や選手強化対策の行き過ぎなどの問題が生じたり,施設や道路整備などを理由にして住民生活を犠牲にする地方自治の有り方への批判も高まるなど,当初の理想とは離れた実態が目立つようにもなった．全国一巡目の最後の沖縄国体（昭和62〈1987〉）では,「日の丸焼き打ち」事件が起こり,スポーツと平和の問題が焦点化されもした．2巡目が続くいま,改めて国体の意義が問われている．
　オリンピックは,国際オリンピック委員会（IOC）の主催する4年に一度の世界的な競技会である．1896年にアテネで第1回大会が開催された．日本の参加は,第5回のストックホルム大会（明治45〈1912〉）から．日本人初のメダル獲得は,第9回アムステルダム大会（昭和3〈1928〉）の織田幹雄（陸上男子三段跳びで金メダル）と鶴田義行（競泳男子200m平泳ぎで金メダル）である．その後さらに,メダル獲得に向けて国の威信をかけた取組みが続いたが,第二次世界大戦後初の14回ロンドン大会（昭和13〈1948〉）には敗戦国の日本は招待されず,また,第22回モスクワ大会（昭和55〈1980〉）は,政治的局面から参加を辞退している．
　日本では,昭和39（1964）年に初めて東京オリンピックが開催された．なお,冬季オリンピックは1924年に独立し,日本では,昭和47（1972）年に札幌オリンピックが,平成10（1998）年には長野オリンピックが開催された．
　2020年には,再び東京でのオリンピック開催が予定されている．
〔神崎宣武〕

17. 文　芸

　文芸という言葉は，もともと技芸や学問を，といっても人文学のことだが，さしていた．現代語にあてはめれば，学芸という程の含みとなる．なお，文学も本来は学問を意味していた．

　だが，西洋の感化を受け，明治以降はそのニュアンスも変わっていく．どちらも，詩歌や虚構の読物をさすようになっていった．英語の「literature」に言葉の指示内容を合わせたためである．

　だが，もともと文学という言葉の方が，学問をさす度合いの強かったせいだろう．文芸は人文学一般を意味しなくなるが，文学にはそのニュアンスも残された．大学で歴史や哲学を学ぶ所が「文学部」と相変わらずよばれたのも，そのせいだろう――小説の創作に挑むサークルは，「文芸部」といわれるのに．だが，文学青年や文学少女という言葉に，哲学や歴史を好むという含みは感じられない．

　ここに取り上げた諸項目では，学問としての文芸から詩歌読み物としてのそれに至る広がりも，味わえる．　　　　　　　　　　　　　　　　　　　［井上章一］

物語

　「物語」という語は，古くは，口承によって伝えられるさまざまな話を広くさした．説話集のタイトルが，『今昔物語集』『宇治拾遺物語』などのように「物語」を含むのはそのためである．幼児の意味不明な片言の発話までもが「物語す」と表されており，それらの物語が，正史など，信憑性の高さに価値のおかれる語りの系統には，位置づけられていないということを示している．虚実を問わない自由な語りが「物語」と称されたのだ．
　仮名で書かれた，ストーリー性をもつ散文が「物語」とよばれるようになるのは，10世紀頃とされる．『三宝絵詞(さんぼうえことば)』（永観2〈984〉年成立）の序で，物語は「女の御心をやるもの」，つまり，女性の心を満足させるためだけのものと言い捨てられている．当時流布していた物語は，「物言はぬものに物言はせ」た荒唐無稽なもの，「男女などに寄せつつ花や蝶やと言」う軽薄なものであったらしく，事実，多くの物語は散逸して残っていない．そのようななかで現存する物語は，広く読者を獲得して読み継がれた傑作であるといえるだろう．

●『源氏物語』以前　『源氏物語』において，「物語の出で来はじめの祖」と位置づけられたのは，『竹取物語』であった．10世紀前半の成立と推測される．かぐや姫が最後は月の都へ帰って行くというこの物語は，たぶんに神話的・説話的な要素を抱え込み，伝奇的な内容となっている．対して，10世紀後半の成立とされる『落窪物語(おちくぼ)』は，継子(まま こ)いじめの物語であり，あくまで現実的な内容をもつ．ここに，物語が写実化していく様相をうかがうことができよう．20巻からなる長編物語『うつほ物語』は，まさに，そのような物語史の展開を内包した作品であった．劈頭「俊蔭(としかげ)」巻は，異郷(ひきょう)で秘琴を得るという伝奇的内容である．それが「藤原の君」巻で語られる，あて宮求婚譚と結びつくことによって，現実性が獲得されていく．特に，後半の「国譲(くにゆずり)」巻では，立太子(りったいし)をめぐる政争が描かれ，『源氏物語』へとつながる優れた写実性をみることができる．
　このように，初期の物語は試行錯誤の上に成り立つある意味素朴なものであるが，創造性にあふれ，文学史上に果たした役割はそれぞれ大きい．
　なお，今あげた3作品のように，事実にもとづかない虚構の物語を「作り物語」と総称するが，平安時代前期には，「歌物語」とよばれるジャンルの作品が並行して存在する．『伊勢物語』に代表されるこのジャンルの作品は，あくまで和歌が中心に据えられ，詠歌の状況を述べる詞書(ことばがき)が長文化して物語となったものである．しかし，説明的な散文には展開力がなく，『源氏物語』以降はジャンルごと廃退してしまうこととなる．

●『源氏物語』の登場　11世紀に至り，突如として『源氏物語』という大傑作が出現する．前期物語からの展開があり，その成果が『源氏物語』に結実したとみるべきではある．それにしても，構成の緊密さや主題の深遠さ，人物造型の巧みさなど，さまざまな面において『源氏物語』は，物語史上，群を抜いており，奇跡的な完成度の高さをもつ作品であるといってよい．

　『紫式部日記』には，寛弘5（1008）年11月1日，敦成親王の五十日の祝いの席で，藤原公任が「このわたりに若紫やさぶらふ」と紫式部に声をかけたという記事があり，この時期には，ある程度まとまりのあるかたちで『源氏物語』が流布していたことがわかる．ほとんどの物語は作者未詳であるが，『源氏物語』が紫式部の手によるとされるのは，上記のような記事から，日記の作者が『源氏物語』を書いたと推測できるからにすぎない．現存の『源氏物語』54巻すべてが紫式部によって書かれたかどうかは不明である．

　内容は，光源氏の一生を描く正編（「桐壺」巻～「幻」巻）と，光源氏の死後，薫・匂宮と宇治の三姉妹の恋愛を描く続編（「匂宮」巻～「夢浮橋」巻）に分けられる．正編を，「藤裏葉」巻と「若菜上」巻の間で区切り，3部構成として把握することもある．さまざまな女君との恋愛物語として読める一方で，繰り返される密通や，跳梁する物の怪など，人の世の暗部も鋭く描出され，俗世に迷う登場人物たちの行動や心理が，きわめて写実的に描かれている．先の公任をはじめ，時の帝である一条天皇までもが『源氏物語』を読んだことが知られ，ここに，「女の御心をやるもの」とされた物語の限界は突破されたといえよう．

　以降，『源氏物語』は，和歌や連歌，能といった「物語」というジャンルを超えたさまざまな文芸の素地となる．現代においても，現代語訳のみならず，漫画・映画などのメディアを介して，日本文化の大きな源泉の一つとなっているのである．

●『源氏物語』以後　『源氏物語』という傑作をみた後も，物語は書き続けられる．11世紀後半に成立したとされる『狭衣物語』『夜の寝覚』『浜松中納言物語』の3作品は，それぞれに『源氏物語』からの影響を受けつつも，『狭衣物語』はストーリー展開の秀逸さ，『夜の寝覚』は心理描写の深さ，『浜松中納言物語』は夢と転生をモチーフとする浪漫性において，『源氏物語』の一部をそれぞれに深化させた面白さをもつ．特に『狭衣物語』は，中世期には『源氏物語』と並び称され，後代の物語にも大きな影響を与えた．

　平安最末期から鎌倉初期には，男女のジェンダーの入替を描く『とりかへばや物語』や，異色の姫君を主人公とした「虫愛づる姫君」を含む短編集『堤中納言物語』など，個性的な作品が出現するが，それは，ジャンルとしての物語の最後の輝きであった．以降の物語は，『源氏物語』の圧倒的な影響力から逃れることができず，その模倣という側面が強くなり，衰退していく．物語とは，平安時代の産物であり，後代の王朝憧憬の象徴でもあったのである．　　　　　〔藤井由紀子〕

和　歌

　五句三十一文字の和歌は，奈良時代の『万葉集』（天平宝字3〈759〉年以後）から詠まれている．しかし，それよりずっと前から，さまざまなウタがあった．

●**和歌の始まり**　『古事記』（和銅5〈712〉年）上巻には，「天の浮橋」の下で伊邪那岐と伊邪那美の男女二神が出会い，「あなにやし，えをとめ」（すてきな娘さんだね），「あなにやし，えをとこ」（すてきな青年ね）と声を掛け合った．『古今和歌集』（延喜5〈905〉年頃）の仮名序は，この短い愛の言葉（声）をウタの始まりとし，その後，須佐之男が出雲国に降りてきて，櫛名田比売に「八雲立つ　出雲八重垣　妻籠みに　八重垣作る　その八重垣を」と歌った五句三十一字のウタを和歌の始まりとしている．『万葉集』をさかのぼる神世の時代にすでに和歌はあったということにしたのである．

　男女二神の求愛の声であるウタはやがて定型の和歌に発展し，地上に伝えられ，人間も和歌で心を通わし合うようになった．和歌の歴史が神話として仮構され，和合・生産の祈りを根底に秘めて伝えられることになったのである．男女の求愛・和合は動物の繁殖や穀物の増産に通じるからだ．中世になると和歌の定型を二つに切り，五七五と七七の句を詠み交わす連歌が盛んになる．連歌は和歌から派生し，根底に同じ思想が流れている．

●**宮廷和歌の成立**　しかし，ウタから和歌へ簡単に変わったわけではない．『古今和歌集』の仮名序は「かくてぞ，花を愛で，鳥を羨み，霞をあはれび，露を悲しぶ心・言葉おほく，様々になりにける」と述べる．長い年月を経て，花・鳥・霞・露といった和歌に詠むべき美しいものが定まり，それらを，どのように思い，どのような言葉で表現すると，優美な歌になるのかを人々は真剣に探り続けてきた．その結果，和歌らしい美的な対象・心情・言葉が確立し，優美を尊重する宮廷和歌が成立した．平安末期，歌人の藤原俊成（1114-1204）は，『古今和歌集』を最も尊重すべき古典であると主張し，その中の古き良き歌を踏まえて新しい歌を詠む本歌取りを盛んに行った．その息子藤原定家（1162-1241）らが撰進した『新古今和歌集』（元久2〈1205〉-嘉禎元〈1235〉年頃）には，余情妖艶の世界を表現した本歌取りの歌がたくさんある．それは和歌史を大きく変える美的革命の産物であるが，神世以来の和歌の歴史を尊重し，その史的水脈の上に独自の歌風を創り上げ，おのれの文学を位置づけようとする意図があった．

●**古今伝授**　その頃から『古今和歌集』の解釈や和歌の思想をめぐって歌道の家筋で少しずつ違いが生じ，それぞれの家において父から子へ，師から弟子へ，家伝の古典籍，和歌会次第などを記した切紙，また歌論書・注釈書の類が受け継

がれた．なかでも俊成・定家の御子左家は鎌倉期に二条家・京極家・冷泉家に分かれ秘伝が継承された．室町期になると，東常縁（生没年不詳．1407-84頃か）から連歌師宗祇（1421-1502）へ，そして公卿で歌人であった三条西実隆（1455-1537），大名細川幽斎（1534-1610）を経て智仁親王（1579-1629）らへ伝えられたものを御所伝授，宗祇から連歌師牡丹花肖柏（1443-1527）を経て堺の町衆へ伝えられたものを堺伝授という．秘伝は仏教・神道の思想が入り込んで非常に複雑なものとなった．しかし江戸中期になると，古今伝授は和歌の指導者に与えられる免許に変わった．例えば日野資枝（1737-1801）は，典仁親王（1733-94. 後の慶光天皇）から実隆筆の歌論書「詠歌大概」（定家著），幽斎筆の「百人一首」（定家撰）などを伝授され，その資格を得て数多くの門弟を抱えた．譜代の大名には，まず自分の歌を示して遠慮なく批判してほしいと語りかけ，その上で歌の添削をした．励まし合って和歌の稽古をしたのである．

●誰もが歌を詠む国　古今伝授は伝える者と伝えられた者を権威化する．反対に，その系譜にない歌人たちを遠ざけ，歌を楽しみ交流するという和歌本来の有り方まで排除するようになった．こうした傾向は，時代が下ると批判され，新しい気運が興った．例えば，香川景樹（1768-1843）に学んだ熊谷直好（1782-1862）の家集『浦の汐貝』の序文に，和歌は師匠に指導されて上達するものでなく，「折にふれ物につけて，心の動くまにまに言ひ出」すものだという．和歌は心に思ったことをおのれの言葉で素直に表現するものである，という考えが広まったのである．

こうした詠み方は，『万葉集』に学んだものであった．『万葉集』には男女・貴賤にかかわらずあらゆる人の歌がある．天皇の歌から庶民の歌まで，しかも九州から東国にまで広がる．あたかも，日本は和歌に包まれた国であるかのようだ．

ところで，俊成は『千載和歌集』（文治4〈1188〉）の仮名序にこう説いている．和歌は神世に始まり奈良時代に広まった．日本人なら誰でも歌を詠むのであり和歌はわが国の「風俗」だ．こういう考えは80年ほど前の歌論書『俊頼髄脳』（天永2〈1111〉-永久2〈1114〉年頃）にみられ，俊成と同世代の慈円なども述べる．和歌は神世から続く日本独自の習俗であり国の姿を表すという和歌観が江戸時代になっても継承されたのである．

●三つの原理　和歌は神代から詠まれている．日本人なら誰もが詠み，日本のどこでも詠まれ，いつまでも続いてゆく．『千載和歌集』の仮名序はこう述べていた．和歌が永遠であるように国家も永遠に繁栄を続ける．和歌は国家と一体のものとして日本人の理念をかたちづくり，江戸時代へ継承されてきた．これは何かと似ている．『古事記』『日本書紀』は歴史を，『風土記』は国土を，『万葉集』はすべての人が歌を詠むことを示す．和歌はそれらを併せるかのように歴史・国土・万民という三つの原理を深部に秘めて，太く強い綱のごとく続いてきたのである．かくして日本人は今なお五七五七七のウタを捨てない．

〔錦　仁〕

神話

　「神話」の用語が一般化するのは，近代になり英語のmyth（ミス）などヨーロッパ語の翻訳として定着した以降のことである．それゆえ，日本神話の理解も比較の視点が意識され，神話をもち伝えてきた民族・地域性との関係とともに，普遍性の観点で扱われる．神話は宇宙や人類・生き物の誕生，火や食物の起源，さらに死の始まりなど人間の社会・文化の諸領域の起こりについて，もっぱら神々を主人公として説明する「真実性」を帯びた「聖なる物語」という特徴をもつ．「伝説」が特定の人物を主体に歴史上のなかで語られ，「昔話」が「むかし，あるところに，おじいさんとおばあさんが」として発話されるのとは違って，実際の時空間を超えるところでの話題として存在する点に特性がある．ただし，伝説や昔話にも神話的な要素やモチーフの類同性も見出される．

　日本神話は，琉球神話，アイヌの神話などを含みとらえられるが，『日本書紀』（養老4〈720〉）神代巻，『古事記』（和銅5〈712〉）上巻にまとまる「記紀神話」が主で，古代の大和朝廷を中心とする集権的状況のなかで整序されている．書紀が異伝を併載し，古事記は統一された内容で，また古代氏族の立場からまとめた『古語拾遺』（こごしゅうい）（大同2〈807〉），地方の旧聞遺事などを筆録した『風土記』（ふどき）をはじめ，古代氏族の家牒などにも見られる．「神話」に相当する上代語表現は「神語」（かむがたり）が近いとされ，『古事記』の「古事」や「帝皇の日継，先代の旧辞」（記・序），『古語拾遺』の「古語」（古言・古事を含む古伝承）など元来は口頭で伝承されてきた．

●**高天原神話**　記紀神話の大きな流れとして，「神代」（神話部分）の主舞台は高天原（たかまがはら）（天つ神の世界）で，そこでの出来事がやがて葦原の中つ国（あしはらのなかつくに）（国つ神の世界）との出来事と交差しながら，現実の国土の統治主体の根拠を語る筋書きで構成されている．そして初代の神武天皇から「人代」となり歴代天皇の記述へと続く．神話の冒頭では，天御中主神（あめのみなかぬしのかみ）や生成の霊力を表すムスヒ（産霊）の神など創世の神々が登場するが，なかでも伊耶那岐（いざなき）・伊耶那美（いざなみ）という男女対偶神による「国生み」「神生み」が話題性に富み，日本列島の生成，山野河海など自然に関わる神々，そして火の神の誕生による伊耶那美の死，女神の居所「黄泉国」（よみのくに）への伊耶那岐の訪問と両者の決別が語られ，さらに人間の死の起源が説かれる．黄泉国を脱出した伊耶那岐がケガレ除去のため禊を行ったところ，左右の目より天照大神（あまてらすおおみかみ）と月読尊（つきよみのみこと），鼻より須佐之男命（すさのおのみこと）の「三貴子」が出現し，それぞれ高天原，夜の食す国，海原の分治が定められる．以降の話題は，天照大神，須佐之男命とその後裔となる大国主神（おおくにぬしのかみ）の三神が中心となり展開され，前者の神系列を「天孫系」，後者の二神は舞台の中心である「出雲系」の神々として，両者の拮抗・対立，最終的には出

雲側による天孫への恭順と「天孫降臨」による地上の統治確立で締めくくられる。
●**天照大神と須佐之男命** 両神は姉弟関係にあるが、弟神は母を慕う大人になりきれない異端性を示す。海原統治へ赴くため姉神を訪れるが、迎える天照大神は反逆性を覚え緊張感を抱く。両神による「誓約（うけい）」の結果、須佐之男命の所持する剣より三女神が生れ、邪心の疑いが晴れる。しかし、弟神の狼藉行為により姉神が怒って岩戸に隠れ、世の中が永遠の闇という不穏な状態に陥ってしまう。そこで神々は、岩戸の前で祭祀を営み、天照大神の再出現により、秩序回復がもたらされるが、須佐之男命は高天原を放逐されてしまう。須佐之男命の狼藉には農耕妨害を罪事とする古代的な倫理観、また五穀の起源にかかる話題が含まれる。
●**出雲神話** 追放された須佐之男命は出雲に着き、八岐大蛇（やまたのおろち）を退治のうえ、櫛名田比売（くしなだひめ）を娶りその地で宮殿を構え、ようやく罪の解放となる。大蛇との格闘や尾より「草薙の剣」を獲得するなど英雄譚としての話題展開がみられる。そして須佐之男命の子孫として登場するのが大国主神である。「大国さま」の愛称で、大きな袋を担ぎ因幡の白兎を助ける内容は唱歌にもうたわれるが、出雲神話の重要な主人公である。幾度か試練を乗り越え、妻問いを繰り返す青年の姿で描かれる一方、最終的に国主の立場を獲得する。

こうした中、天照大神より荒ぶる葦原中つ国平定の命が仰せ出され、高天原からの使者の派遣と失敗を経て、大国主神による天つ神への帰順と国譲りの話題をはさみ、最終的に天照大神の孫にあたる邇邇芸命（ににぎのみこと）が、天照大神を表象する鏡と剣・勾玉（三種神器）、稲種とともに高千穂の峰に降臨する。天孫を迎える場面では猿田彦神（さるたひこ）の先導や、天鈿女命（あめのうずめ）と猿田彦神とのコミカルな話題、邇邇芸命と山神の娘である木花之佐久夜毘売（このはなのさくやひめ）との結婚（天皇の寿命に限りあることが語られる）、海幸彦・山幸彦の譚など、日向を舞台とした話題が接続となり神代から歴史時代へのつながりとなる。天孫降臨を新天皇の即位儀礼である大嘗祭と関係づける神話＝祭祀論もある。
●**神話と現代** 記紀神話の特質は、天皇統治の由来と根拠の「真実」を示すという点で政治的な側面をもつ一方、民族的精神性や思想が内在され、中世神道や国学思想における重視、近代国家における神話と史実との連続性強調や戦後の批判など評価への幅がある。一方、文芸性への関心、民俗芸能の神楽演目として題材となり、神社の祭神名が神話に依拠されるなど広がりをもっている。

神話の語は、「安全神話」「三歳児神話」のように虚構・虚実として比喩的に用いられることがある。また1950年代の高度経済成長時には、電化製品の「三種の神器」（洗濯機・冷蔵庫・白黒テレビ）や「神武景気」「岩戸景気」のようなコピーも生まれ、近年のアニメや妖怪ブームで、神話の神々が新たな装いで登場している。日本神話の解釈や理解のあり方は多様であるが、豊かな文化資産として現代的役割を担っているといえよう。
　　　　　　　　　　　　　　　　　　　　　　　　　　　［櫻井治男］

連 歌

　連歌とは，五・七・五の句に七・七の句を付けた形態の文芸をいう．五・七・五の句に七・七で応じる二句のみのものは短連歌，五・七・五の句と七・七の句を交互に連ねるものは長連歌（定数連歌）とよばれる．句を交互に重ねる長連歌には五十句や三十六句（歌仙とも）といったものもあるが，基本は百句（百韻という）が定型である．また，千句連歌・万句連歌といったものもあり，一部は神仏に奉納された．平安後期頃に短連歌は長連歌へと移行した．藤原定家の日記『明月記』には正治2（1200）年9月20日に百句の連歌が行われたと記されている．

　『古今著聞集』巻第5には「いろは連歌」の記事があり，これは句の最初の文字をドレミの歌のように「い・ろ・は」順に詠む連歌のことをさす．ほかにも，草や魚の名前を句に詠み込んだり，黒や白の色の物を交互に取り入れて詠んだりする連歌が行われた．こうした遊びの要素をもつ連歌は，賞金や賞品が賭けられ人々を熱中させた．

　百句を連ねる連歌は，参加者が飽きることのないように常に変化が求められる．春の句を何句も繰り返す，「梅」から「鶯」の連想が何度も詠まれる，といったことを禁止する「連歌式目」という規則が制定された．南北朝期に二条良基が連歌を好み，その文芸性を大いに高め，救済とともに第一准勅撰連歌集『菟玖波集』（正平12・延文2〈1357〉）を成立させた．これまで連歌は遊技性をもつ余興的な要素が多分にあったが，良基らの功績により和歌に準ずる文芸としての地位を獲得した．以降は，「竹林の七賢」と称される心敬・宗砌・専順らの専門連歌師が出現し，室町時代に最盛期を迎える．彼らの弟子であった宗祇・兼載により第二准勅撰連歌集『新撰菟玖波集』（明応4〈1495〉）が編纂された．また，宗祇・宗長・肖柏の3人でつくられた「水無瀬三吟百韻」は，傑作の一つに数えられる．

　宗祇のような専門連歌師は，連歌の句作のために和歌や『源氏物語』などを学び，古典の注釈書を多く著した．連歌師は各地の戦国武将に招かれるまま連歌の会に連なり，古典の講義を行った．したがって，連歌の普及は，地方の文化一般の向上にも寄与したといえる．近世から幕末までの連歌師は，徳川幕府をはじめ有力大名家に抱えられた．徳川幕府や大名が行う連歌会は次第に形骸化し，人々の感心は連歌から俳諧に移ることになる．日常的な言葉を用いて行うのが俳諧，優雅な言葉を用いて行うのが連歌と区別されるが，俳諧は連歌と形式上は同じ文芸である．

●**連歌の会席**　連歌は，単独（独吟）・2人（両吟）・3人（三吟）で詠む場合もあるが，通常は7人〜十数人で行われる．会の主催者を亭主といい，座には指導

役の宗匠，句を記録する執筆(しゅひつ)がいる．和歌の指導者は，後日に作品を添削することが可能であるが，連歌の場合は会席で詠まれた句に人々がその場で付けていくため，指導者も会に同座し式目に抵触していないか確認する必要があった．主賓が最初の句（発句(ほっく)）を詠み，亭主は2句目（脇句(わきく)）を詠むことが原則で，始めは参加者全員が1句ずつ詠んでいく（一巡）．それからは誰が句を付けてもよいが，式目に反した場合は宗匠がその句を不採用とする場合もある．百韻は通常朝から夕方までの長時間にわたるため，参加者に茶や食事・酒などを提供することがあり，主催者の負担は大きかった．夫の連歌好きが高じて夫婦が不仲になる様を描いた狂言に「箕被(みかづき)」があり，ほかにも連歌を好む庶民の姿が狂言にたびたび取り上げられる．

　また，連歌の会では押板(おしいた)（後の床の間）に，連歌の神である菅原道真に帰依することを示す言葉「南無天満大自在天神(なむてんまんだいじざいてんじん)」と書かれた掛け軸と，花，香を用意した．日本の伝統文化を代表する華道や茶道の完成が，連歌の盛んであった室町時代であることは，相互の影響関係をうかがわせる．

●**連歌の作品**　短連歌の時代から幕末まで，連歌は貴賤を問わず行われたが，やはり室町時代が最盛期であったといってよい．専門連歌師を代表する宗祇が，弟子の宗長・肖柏と巻いた「湯山(ゆのやま)三吟百韻」（『新編日本古典文学全集』）の一部を紹介する．㊶番目の句（以下，数字のみ）は「虫の音ほそし霜を待つ頃（宗長）」，㊷は「寝ぬ夜半の心も知らず月澄みて（宗祇）」である．㊶は「虫の音(声)」が細い，つまり虫が弱っているので秋の終わりの句．それを㊷では，虫の音を聞きながら一晩中眠れずに月を眺めている人の様子を付けた．㊶の「霜」は月光を表す言葉であるから，㊷で「月」が詠まれる．例えば「雨」から「傘」のように，連想される言葉のことを「寄合(よりあい)」という．連歌では連想される言葉のなかでも，特に著名な和歌や物語を典拠とした言葉を用いて句を付けることがたびたびなされた．㊸「あやにくなれや思ひ絶えばや（肖柏）」は，㊷の「寝ぬ夜半の心」を，恋人を待つ人の気持ちにして，「この思いも絶えてしまえばよい」と秋から恋の句に転じたもの．㊹の恋の句「頼むことあれば猶憂き世の中に（宗長）」に，㊺「老いてや人は身をやすくせん（宗祇）」と付け，これは老人になってからは人をあてにして思い悩むこともないはずなのだか，と述懐の句に転じた．㊻「越えじとの矩も苦しき道にして（宗祇）」は，『論語』（為政）の「七十にして心の欲する所に従って，矩を踰えず」を用いた句．㊼「雪ふむ駒のあしびきの山（宗長）」は㊻の「矩」を「道のり」と読みかえて，足を引きずるように雪山を越えて行く馬の様子として冬の景色に転じた．このように連歌の作品は，前句に関係づけながらも，次はいかに新しい世界観を詠むかが競われる．典拠のもとになる古典の知識も重要視された．そして，その場ですぐに句をつくらなければならない，この緊張感が連歌の最大の魅力であるといえる．

［松本麻子］

俳諧と俳句

　今日,「芭蕉の俳句」というような言い方をする．しかし,「俳句」という用語は正岡子規以降に広く普及したものであり,それ以前は「俳諧」の語が普通に用いられていた．すなわち芭蕉の俳諧（または芭蕉の発句）とよばれていたのだ．

●**俳諧の発生**　漢語としての俳諧は,滑稽を意味し,『古今和歌集』では滑稽な歌が「俳諧歌」とよばれた．それに倣って,連歌の中の滑稽なものを「俳諧之連歌」（略して俳諧）とよぶようになった．15～16世紀になると連歌から俳諧が独立し,『竹馬狂吟集』（明応8〈1499〉年の序）,『犬筑波集』などの俳諧選集が編まれた．これらの書名は勅撰連歌集『菟玖波集』の名をもじったものであり,そのもじりに俳諧的発想が顕著である．

　山崎宗鑑が編集したという『犬筑波集』の巻頭の付合いは,「霞の衣すそはぬれけり」「佐保姫の春立ちながら尿をして」である．霞（和歌の言葉,すなわち雅語）の衣をまとっている,という優美なイメージ（春の山の擬人化）に対して,春の女神の佐保姫（これも雅語）を登場させ,先のイメージを具体化したが,その後の「立ちながら尿をして」で一挙に雅を俗に落としている．尿は和歌では用いない俗語だが,俗語を用いることで,俳諧は俗の世界を開いてゆく．

●**俳諧の流行**　江戸時代になると俳諧は爆発的に流行する．その流行の中心になったのは京都の松永貞徳とその一派．野々口立甫,松江重頼,安原貞室,北村季吟などが活躍し,彼らの俳諧は貞門俳諧とよばれた．貞徳は俳諧を俳言（俗語のこと）を用いる詩だと定義し,俗語（日常語,外来語,流行語などの和歌・連歌に用いない言葉）の積極的な使用において,雅の詩歌である和歌・連歌との違いを明確にした．貞徳自身は歌人,連歌師でもあったので,俳諧を和歌・連歌へ入門するための前段階の詩,と見做していたが,そのような彼の意図を超えて俗語の詩（俳諧）は広がった．商人などの新興の階層に支持され,また版木による印刷が俳諧選集などの出版にかなっており,投句者が金（入花料）を出して本をつくるというかたちで俳諧が全国的に普及した．例えば貞室編の俳諧選集『玉海集』は656人もの作品を集めている．

　ちなみに,俳諧は付け句と発句が中心である．付け句には先の『竹馬狂吟集』の佐保姫の句のように,前句に対して付ける前句付け,そして付合いを長く続けて100句に至る百韻があった．発句は百韻の最初の句であり,必ず言い切り,当季の言葉（季語）を入れることが求められた．この発句は単独でもつくられ,俳諧選集などに集められた．

●**談林から蕉風へ**　貞門俳諧では,貞徳のやや保守的な性向もあって,俗語の放

恣さを制限するところがあった．その保守性を批判して，俗語の放恣さを積極的に取り込んだのが西山宗因，井原西鶴などの談林俳諧であった．商業都市・大坂を中心にした談林俳諧は，流行語や謡曲の口調などを取り込んで俗語の範囲をどんどん広げた．その極点が西鶴の矢数俳諧であった．貞享元（1684）年，彼は一昼夜に2万3,500句を詠み，数を競う矢数俳諧の大記録を樹立した．あまりの速さに記録が追い付かず，どんな句だったかは不明だが，医者を待機させて行われたその大矢数興行は，言葉による競技（スポーツ）に近かったのかもしれない．

談林俳諧の流行は10年くらいの短さで終わり，その旗手であった西鶴も『好色一代男』などの浮世草子の作者として活躍するようになる．そんな中へ現れたのが貞門，談林を体験した松尾芭蕉である．彼は徳川幕府の中心地になった江戸において「古池や蛙飛び込む水の音」（貞享2〈1685〉）など発表，いわゆる蕉風俳諧を開いた．蛙（雅語）と古池（俗語）を取り合わせ，和歌・連歌の伝統だった歌う蛙を，日常的な飛ぶ蛙（俗語世界の蛙）に転じた．彼は雅を意識しながら俗語の俳諧を展開したのだが，「奥の細道」のような俳文も新しく試み，一貫して俳諧の芸術化を志向した．その志向は「西行の和歌における，宗祇の連歌における，利休が茶における，其貫道する物は一なり」（「笈の小文」）という言葉になった．つまり，西行などと同じ位置に自分を置いたのである．

芭蕉は36句の付合い，すなわち歌仙を得意としたが，与謝蕪村や小林一茶などになると，歌仙も巻く（歌仙をつくることを「巻く」という）がむしろ発句を詠むことに力を注ぐようになる．蕪村は中国趣味に傾斜しながら雅を帯びた「牡丹散って打ちかさなりぬ二三片」などの発句を詠み，一茶は庶民の暮らしを素材にして「雪とけて村いっぱいの子どもかな」などの発句をたくさん残した．

●**近代は俳句の時代**　正岡子規は，歌仙などの付合いは文学ではない，と主張し，発句だけを文学として独立させた．そして，個人の感情を表現するその五七五音を俳句とよびならわした．こうして人々が五七五音の短い詩（俳句）をつくる時代が始まった．子規はその俳句の場として句会を重んじた．句会はつくる場であり，同時に鑑賞する場である．俳句は句会の文芸として広まり，また，新聞，雑誌という近代の新しいメディアにおいて，読者の参加する参加型文芸として普及した．句会の文芸としての俳句は，それ以前の付合いの座を継承している．また，参加型文芸としての一面は雑俳の伝統を引いている．五七五音の俳句は，それ以前の俳諧の伝統を近代において再生させたのかもしれない．

ちなみに，子規の代表句は「柿くへば鐘が鳴るなり法隆寺」だろうが，この句は「柿くへば鐘がなるなり」という謎かけに対して，それは法隆寺です，と謎を解いた句とみなすことができよう．つまり，発生期の俳諧の伝統がそこに生きている．また，芭蕉の「古池や」も，古池とはなにか，という謎に対して，「それは蛙飛び込む水の音です」と答えたものと見做してもよいだろう．　　　　［坪内稔典］

川柳と落書

　匿名で，人物や風潮に対し嘲弄・批判・諷刺の意を込めて書いたものを，総称して落書(らくしょ)という．この落書と違い，川柳は現代文学にもあるが，本項では，江戸時代の「古川柳」のみを対象とする．

●川柳　川柳は，俳諧の発句(ほっく)から季語や切字(きれじ)(「古池や蛙とび込む水の音」の「や」のような文字)をなくし，もっぱら人事を詠んだ五・七・五からなる短詩形文学である．名称は初代柄井(からい)川柳(1718-90)の名を，そのまま文芸のジャンル名としても用いたものである．庶民文芸の代表のように思われているが，御三卿の田安宗武をはじめ大勢の武家もこの文芸に参加した．以下紹介する句はすべて，明和2(1765)年刊行の『誹風柳多留(はいふうやなぎだる)』初編からとった．最盛期の句集によって，川柳という文芸の特徴をみていく．

　「これ小判たった一晩居てくれろ」．小判(1両はおよそ20万円)を手にしたことがなくても，現代人にも共感できる佳句である．ところで，この句を詠んだのは誰なのか．小判を拝む人にそんな余裕はないから，横で見ている，もしくはそういう情景を想像している第三者に違いない．客観的傍観的態度からつくられた句である．「ひよひよのうちは亭主にねだりよい」「その手代その下女昼間もの言はず」なども第三者作を示す好例だろう．情景を想像して句づくりをしたという意味で，構成的と評してもよい．「道問へば一度にうごく田植笠」(田植笠とは，早乙女のかぶる笠のこと)も，眼前の光景を写生したようにみえて実は，「ていねいな事ていねいな事」という前句(まえく)(後述)から導かれた，想像上の句と解するべきである．空想の句，ということならば，歴史上の事件人物を詠んだ詠史句も例にあげるにふさわしい．「清盛の医者は裸で脈をとり」．『平家物語』に清盛が熱病で死んだとあるから，そういうこともあったのではないかと詠んだ句である．読者が「なるほど」と，にんまりしてくれれば大成功な訳である．

　改めて川柳の詠まれ方を簡単に説明する．まず七・七からなる前句が宗匠(点者(てんじゃ))から披露される．川柳作者は前句から想像をふくらませ，五・七・五の付句(つけく)を考え出し，グループ(組連(くみれん))を通じて投句する．宗匠は寄せられた句から優秀なものを選び，勝句刷(かちくずり)を印刷し配布する．この興業全体を万句合(まんくあわせ)という．『誹風柳多留』は川柳選の勝句刷をもとに呉陵軒可有(ごりょうけんあるべし)が，前句なしで読める句を選び，さらに添削した句集である．川柳を活字化する際，前句を併記するのが常で，前句は川柳の鑑賞に役立つことが多い．「子が出来て川の字形に寝る夫婦」の前句は「離れこそすれ離れこそすれ」．それまでは夫婦並んで寝ていたが，赤ん坊が生まれて，二人の間に川の字の第二画のように挟まっているという句意(なり)である．

「役人の子はにぎにぎをよく覚え」.「にぎにぎ」は赤ん坊が手を開閉することだが，役人の収賄をも暗示する．川柳が世相を茶化すことはあっても，深刻な諷刺はみられないとするのが，近世文学研究者の一般的な見解である．が，この句は寛政の改革以後に再版された『柳多留』ではことさら別の句に置き換えられている．御上による絶版処分ではなく，あくまで本屋の「自粛」ではあるが，そうせずにはいられないほど危ない句であった，ともいえよう．

●落書　落書の中で，韻文形式のものを特に落首とよぶ．平安時代から作例はあるが，建武の新政（建武元〈1334〉）を諷した「二条河原落書」が古いものとしては有名である．作中に大量の落首を含む文芸は，軍記である．軍記の落首は敵を嘲り罵ることが多い．大坂の陣を題材とし，戦後すぐに成立した『大坂物語』から一首あげる．「伯楽が淵にも身をば投げよかし　すすきたなくも逃げて来んより」．冬の陣で無様な戦をした薄田兼相を笑い者にした落首である．

江戸時代には，落書のみを集めた作も編まれた（『宝夢録』『田沼狂書』など）が，日記や随筆中に大量に書き遺されている．井上隆明は『落首文芸史』の中で落書の様式を，122種類掲げた．その内，江戸時代の作のみを例にあげたのは119種にのぼり，戯作様式の短詩型（短詩のパロディ）に分類されたのが，「連歌，連句，連俳」「長歌」「百人一首」「六歌仙」「本歌取り」「狂歌，地口歌」「前句付，冠付」「発句」「川柳」「狂詩」「いろは歌」「数え歌」の12様式である．注目すべきは様式の種類の膨大さで，それがそのまま江戸の落書の特徴といってよい．一方，落書の内容は，その量に比べてきわめて貧弱である．ある人物が，政変によって失脚したとする．彼がいかなる政策を行い何ゆえに糾弾されたか，ということの探究はおいて，彼がとにかく悪人であったと，あらゆる形式を駆使して表現するのが落書である．

矢島隆教（松軒）という，恐らくは幕末に生まれた人が資料を博捜し，1915年になった『江戸時代落書類聚』という本がある．この本は，「大坂冬陣」「仙台騒動」「赤穂義士」といったテーマごとにさまざまな落書が集められていて，様式の多様さをみるにはうってつけである．落書の集大成といってよいほどであるが，落書はまだまだ無尽蔵に残されている．田沼意次の賄賂政治を諷刺した戯画で知られる『古今百代草叢書』16冊（国会図書館蔵．編者四代目東流庵祐山については未詳）は江戸時代によくある大部な見聞随筆の一つであるが，落書の一大集成でもある．田沼意次の息子意知が天明4（1784）年辰年3月に殿中で佐野善左衛門に殺害された一件を詠んだ一首「剣先が田沼がかたへ辰のとし　天明四年やよひきみかな」．ちなみにこの落首は，『類聚』には収められていない．事件の起こった「弥生」と「や，よい（気味）」の洒落がこの落首の命であって，それに気付いた読者が笑うことを，作者は期待している．この暗殺事件について何らかの新しい情報を提供しようとしてはいない．　　　　　　　　　　　　［高橋圭一］

説話

　「説話」という語は，本来は話す（こと），説法をする（こと），などの意味で用いられていた古い漢語である．定義としては，魯迅（1881-1936）が『中国小説史略』のなかで，「説話というのは，古今の珍しい話を語ることをいう．たぶん唐の時代にもすでにあったのだろう」（中島長文訳）と述べたことが重要である．唐代の伝奇小説『高力士伝』に「講経論義，転変説話」とあり，日本でも「唐人説話」（円珍『授決集』）などの例がある．いずれも仏教の説法として語られたものである．その点では，日本の「物語」という語と近しい．寺院でなされる経説や直談などの注釈の場でも，しばしば「物語」として説話が引証される．

　しかし，今日普通に用いる「説話」という語は，日本の古典文学などのジャンルを定義する学術用語である．近代に西洋の学問と接して，神話やフォークロアなど，伝承文学への関心が高まって，「説話」という概念が文学史上に刻されることになった．昭和初年，代表的な文学辞典である『日本文学大辞典』（藤村作編）は「説話文学」を定義し，「近時の造語で古くは用例がなく，且つ人々によって各様に用ひられてゐて，概念が少しく明確を欠くものがある」と述べ，その最大公約数として，「説話集」という形態に注目し，説話の文学性を慎重に認定している（島津久基執筆）．

●**文学ジャンルとしての説話**　その少し前に，芥川龍之介は「今昔物語鑑賞」（『日本文学講座』第6巻）を著して，『今昔物語集』（編者未詳，12世紀成立か）のユニークな美を称揚した．芥川は，『今昔』と多くの同類話を共有する『宇治拾遺物語』（編者未詳，13世紀半ば成立か）からも，王朝物の小説の素材を採集している．両作品は代表的な「説話集」である．その源流は，『宇治拾遺物語』の序文が伝説的に描くように，源隆国（1004-77）が説話を採集して編纂したが現在では散佚した，『宇治大納言物語』である．

　このほか，平安時代には，景戒『日本霊異記』，源為憲『三宝絵』，編者未詳の『打聞集』，大江匡房『江談抄』など，多様な説話集が出現した．中世に入っても，源顕兼『古事談』，『続古事談』（編者未詳）や，鴨長明『発心集』，慶政『閑居友』，西行仮託の『撰集抄』『十訓抄』，橘成季『古今著聞集』，無住『沙石集』『雑談集』，玄棟『三国伝記』，安居院作とされる『神道集』，一条兼良『東斎随筆』などの作品が，集中的に生産された．仏教にまつわる話題や貴族の秘話などの話柄を中心に，伝記類，昔話や笑話，奇談や世間話など，広い話題を収録する．

　その多くが，作品名に「物語」の名前を有し，採録対象の説話を「物語」とよ

んでいる．「談」もまた「モノガタリ」という訓をもつ．説話はやはり物語として，絵巻などに描かれたり，中世のお伽草子（おとぎぞうし）などに幅広い素材を提供した．

近年は，寺院や各所の秘庫を探る文献調査が進み，たくさんの新資料が出現した．その結果，中世では，漢籍類や仏典，『日本書紀』『古今和歌集』など古典の注釈書や，四部の書・三注などといわれる幼学書などの注釈に，説話が広く用いられたことがわかっている．それは，やや荒唐無稽な内容を含みつつ，学芸や教育の知識・教養をかたちづくった．本説として，軍記物語などに利用されたり，謡曲の詞章（ししょう）などを彩って，中世の文芸や芸術を生み出した．

●**説話と近世・近代**　江戸時代には，これらの説話集は板本（版本）（はんぽん）として繰り返し出版され，広く読まれた．芭蕉は「西行撰集抄」として出版された『撰集抄』を通じて西行像に憧れ，井原西鶴は『宇治拾遺物語』などを素材として浮世草子作品を書いた．説話体などとよばれる文学の文体にも影響を与えている．

江戸時代にも，談義や説法をまとめた仏書なども出版され，よく読まれた．奇談集や，御伽衆の語る武辺話（ぶへん）などの流れを汲む「噺」（はなし）なども集められ，出版された．『宇治拾遺物語』の序に描かれた源隆国は，落語の祖ともいわれたが，同書の説話を含む『醒酔笑』（せいすいしょう）など，笑話集も数多く編まれている．『日本随筆大成』などに収集された多くの江戸の随筆類にも，古今の逸話が集められている．一方で，江戸時代には，説話集は雑史，雑書として扱われた．近代を迎えて，芳賀矢一が『攷証今昔物語集』（こうしょう）（1913-21）を編集するなど，研究対象としては活況を呈したが，その本質的な文学性の発見は遅れた．説話文学の認知には，研究よりは，芥川の小説化や評論など，文学者による評価の動きが大きかった面がある．

柳田國男による日本民俗学の成立もあり，世間話や昔話に注目があたって，「説話」の範疇は拡大した．一方で，益田勝実が『説話文学と絵巻』（1960）を著し，「説話文学」とは口語りの「説話」と「文字との出会い」だと定義したことも記憶しておきたい．

●**ジャンルとしての説話**　もう一つ注意したいのは，『古今著聞集』という作品の達成である．同書を見れば，説話集には，類書（百科事典）としての存在意義と，仮名文集としての文学的意味があることがわかる．『古今著聞集』は700を超える説話を集め，全体を，神祇，釈教，政道忠臣，公事，文学，和歌，管絃歌舞（きゅうせん），能書，術道，孝行恩愛，好色，武勇，弓箭（きゅうせん），馬芸，相撲強力，画図，蹴鞠，博奕，偸盗，祝言，哀傷，遊覧，宿執（しゅうしゅう），闘諍（とうじょう），興言利口（きょうげん），怪異（かいい），変化（へんげ），飲食，草木，魚虫禽獣という30篇（20巻）に分類して，古代の文化テーマを網羅し，さまざまな話柄と文体の「物語」（＝説話）が集積されている．

編者橘成季の序文によれば「著聞集」とは，ほぼ「説話集」に相当する概念であり，「説話集」のジャンル意識を涵養した先達として『宇治大納言物語』と『江談抄』を掲げている．重要な文学史上のひとコマとして覚えておきたい．　　　　　［荒木　浩］

草子文藝

　草子は，もともとは「冊子」と書き，紙を綴じた書物の形態を指した言葉だったが，中世以後，平安時代物語末流の物語文藝や，日記，歌書などがこの形態のものに書かれることが多く，漢文で書かれた公的な記録や日記に対して，より軽いものとして，草紙あるいは草子，双紙とよばれるようになった．『枕草子』は早い例だが，田中重太郎はこれを『枕冊子』と記している．のち室町時代になると，「稚児草紙」など，作品名にも草紙がつくようになる．

●「御伽草子」「仮名草子」「浮世草子」　『源氏物語』『狭衣物語』などの王朝女流物語の末流は，鎌倉・室町時代から近世まで大量につくられ続けた．内容はおおむね『源氏』などのまねの，宮廷を舞台とした恋物語で，文学的価値が低いとみられたため普通の文学史には載っていないが，「鎌倉時代物語」「室町時代物語」などとよばれて，近年も刊行はされている．そのうち，近世初期に「御伽草子」として23篇が刊行されたものが，室町時代の作とみられ，「一寸法師」「鉢かつぎ」などがそのうちで広く知られている．そのほか，僧侶の世界の「秋の夜の長物語」など，男色物語が近年では注目されている．

　近世初期には「仮名草子」とよばれるジャンルが現れているが，その内容は物語に限定されるものではなく，『薄雪物語』を始めとする，物語形式をとった艶書文範，往来物といわれるガイドブック，節用集とよばれる辞書など雑多で，物語類は前代の尾を引きずり，勃興する町人が描かれているとはいえ，形式的には恋物語で，男が女に恋して苦しみ，なびかない女を口説いて女が陥落するというのが一般的だ．ほかこの時代には，近代になって「遊女評判記」と総称されるようになる遊里案内が出ており，これはその後の浮世草子へとつながっていく．

　元禄時代に上方で盛んになる「浮世草子」は，井原西鶴が『好色一代男』で始めたとされ，内容的に新しかった．遊里での遊びのさま，商人の生活，武士の姿など近世的な題材を扱ったリアリズム小説といえるもので，全5巻をもって1点の作品とするのが通例である．『好色一代男』は，俳文とよばれる難解な文章で書かれているが，それ以後は西鶴も平易な文章で書くようになった．そのため森銑三のように，『一代男』以外は西鶴の弟子の作だと主張する者もある．広く売れたのは「八文字屋本（はちもんじやぼん）」とよばれる，江島其磧（きせき）と八文字屋自笑（じしょう）が著したもので，『世間子息気質（せけんむすこかたぎ）』などを出したため，「気質もの」というジャンルが確立し，のち京都の上田秋成も『世間妾気質』などの浮世草子を書いており，明治に至ってなお坪内逍遙の『当世書生気質』に名残りをとどめている．

●黄表紙・洒落本・滑稽本　その後「草草子」というものが現れるが，「草」は

下等なものという意味で，この表記だと「草」が重なるため，「草双紙」と書かれたり，曲亭馬琴は「臭草紙」と書いている．これは，18世紀以降に江戸で発達した，黄表紙，赤本，黒本，洒落本，滑稽本などの総称で，戯作ともいわれるが，その範囲や内容に関する定義は今もなお曖昧である．また冊子の形態や表紙の色による分類と，内容に即した分類とが混在している．黄表紙は，絵本型の読物＝物語で，初期には武士が余技として書くことが多く，芝全交，朋誠堂喜三二などの作者が活躍し，「カチカチ山」の続編ものなど趣向の利いた佳作が多かったが，以後は幕府の容喙もあって質が落ちた．洒落本は遊里での遊びを趣向を凝らして物語化したもので，主として山東京伝が創始したが，寛政の改革で弾圧に遭った．

図1 黄表紙『心学早染艸』
［山東京伝作，北尾政美画『心学早染艸』1970．所蔵：早稲田大学図書館］

　その後，滑稽本，読本，合巻といったものが現れるが，これらもまた，内容での分類と冊子形態での分類が混在しており，特に合巻は，絵の間に字が書かれるという黄表紙形態のものが合冊されたという意味での分類であって，物語内容を取り出せば，柳亭種彦の『諺紫田舎源氏』などは，読本とさして変わらない．

　微妙なのは，草双紙や戯作に読本を組み入れるかどうかで，中村幸彦の『戯作論』も，読本にまで筆が及んでいないし，特に曲亭馬琴の読本は高い水準にあるため，戯作，草双紙に入れられないことが多い．馬琴は黄表紙，合巻も書いているが，合巻は仇討ちものが多く，通俗的である．また，風来山人（平賀源内）の『風流志道軒伝』などは「談義本」に入れられる．「談義本」は18世紀に出た滑稽と風刺を行う読み物とされているが，その定義は曖昧で，高校生向け文学史では取り上げられていない．現在一般的な「日本文学史」は，明治期に編纂されたものだが，中村真一郎は，黄表紙・洒落本・滑稽本について，文学史がつくられた際，ほかに文学らしいものがない時代だったため格上げされたもので，通俗文藝であって，同じ基準で明治以後の文学史を編纂したら，膨大な量の通俗小説に埋もれてしまうだろうと書いていた．上田秋成の『雨月物語』なども，読本に分類されてはいるが，馬琴や京伝，また建部綾足の『本朝水滸伝』のような長編伝奇小説と比べると，シナ種の短編集の趣があって大分異なる．

　江戸に限定してではあるが，読物作者をまとめたのが馬琴の『近世物之本江戸作者部類』である．小説という語は漢語で，『水滸伝』などを白話小説といい，蔑称的に稗史小説といった．近世末期には，滑稽本，合巻のほか人情本が現れる．人情本作者としては為永春水がよく知られるが，草創期に多く書いたのは十返舎一九である．人情本は遊里小説から恋愛小説へと展開し，明治初めの20年ほどは，前代文藝の続きとして人情本や合巻が書かれ続けた．

［小谷野 敦］

おとぎ話

　「おとぎ話」といえば，子どものための空想の物語をさすことが一般的である．新たに創作された作品もあれば，昔話などの伝承を現在の子どもに読みやすいように書き直した作品もある．しかし，おとぎ話の対象を主に子どもに限定するこのような概念の定着には，巌谷小波（1870-1933）の影響が大きい．文学結社・硯友社の小説家として出発した彼は，明治24（1891）年に『こがね丸』を博文館の少年文学叢書の1冊として刊行して好評を得たのを機に，『日本昔話』24編，『日本お伽噺』24編，『世界お伽噺』100編，『世界お伽文庫』50編，『日本お伽文庫』16編などを続々と出版した．その作品には，「お伽草子」を含む昔話・神話・伝説などが，当時の子どもたちに向けた平易な表現で書かれている．例えば，「桃太郎」「猿蟹合戦」「大江山」「舌切雀」「一寸法師」などは，現代にもよく知られている日本の物語であり，彼の活躍によって，「御伽噺」は明治期の児童文学の代表的な概念となった．大正時代になると，新たな児童文学を示す言葉として「童話」という語が積極的に用いられるようになるが，昭和13（1938）年に民俗学者の柳田國男が，「御伽噺という語は，一種明治以来の流行語」と注意を喚起している（「御伽噺と伽」）ように，おとぎ話には，元来は，「子どものため」という限定はなく，トギの時の話，トギのための話であった．

●トギ　「トギ」の語源については，口説き，絵解きなどの「トキ」とする説のほか複数あるが，平安時代末の辞書『類聚名義抄』の「対」の字に付けられた訓「トグ」という動詞の連用形「トギ」に由来するという説が有力である．「トギ」の実際の使用例は，平安時代にはみられないものの，鎌倉時代初期には，「こよひは御とぎしてやがてゐあかさん，月もめづらし」（『無名草子』）とあるのをはじめ，それ以降頻繁に用いられている．それらの文例も「対」の字義に通じる意味で使われており，日本文学者の市古貞次（1911-2004）によれば，「トギ」は，「ある人と共にあること，相手をすること，相手」の意であるという．

　また，「伽」は，もともと中国では主に梵語の音を示すために用いられた漢字で，「トギ」にこの字を当てるようになったのは，室町時代以降である．『温故知新書』（文明16〈1484〉）には，「伽　人伴」と説明されており，『多聞院日記』（永禄11〈1568〉年1月20日条）には，「伽」のほかに「似吾」の表記が示されている．これらから，「トギ」は，「人が加わる，自分に似た人を相手におく」の意と捉えられる．室町末期以降，公家や武家などでは貴人の側近として仕えて相手を務めることを仕事とする「お伽衆」「お咄衆」とよばれる人たちがいた．豊臣秀吉に仕えたという曽呂利新左衛門には逸話が多く有名であり，ほかにも多くの大名が，

武辺談・怪異談・政談などの話のできる経験豊富な浪人や医者を「お伽衆」「お咄衆」として重用していた．近世初期から中期にかけて出版された『伽婢子』『新御伽婢子』『御伽物語』などの草子類は，題名に「伽」「御伽」という語を冠しているが，これらは，主に怪異談を集めたもので子ども向けの物語ではなく，むしろ「お伽衆」「お咄衆」が扱った話に近い．「御伽噺」の語は，魯鈍斎『赤表先生御伽噺』（寛政 2〈1790〉）の題名などにみられるが，これも同様である．

●お伽草子　「お伽草子」は，南北朝期から江戸初期にかけてつくられた短編の物語群をさす名称である．その数は 400 を超え，絵を伴うものが多い．学術用語としては，ほかに「室町物語」「中古小説」「奈良絵本」などともよぶが，当時は単に「草子」「絵」などとよんでいた．「お伽草子」という呼称は，近世中期になって大坂心斎橋の渋川清右衛門が出版した 23 編の叢書に付けられた「御伽文庫」に由来する．渋川清右衛門の出版目録の一つ（年次不明，明和頃か）には，「御伽文庫　いにしへのおもしろき草紙をことごとくあつむ　箱入　廿三冊」とあり，この書肆（書店）の別の目録には，「御祝言 御伽文庫」「女中身を治る便とす」とある．また，「女中の見給ひ益有書物目録」にも収められており，子女に向けた祝儀性の高い叢書であったことがわかる．この叢書に選ばれた 23 編には，「浦島太郎」「一寸法師」「物くさ太郎」などが含まれている．多数存在する物語の中から若年層にも親しみやすい作品が選ばれているが，一方で，恋の手引きを詳細に描くものもあり，必ずしも子ども専用ではない．

図 1　「浦島太郎」の挿絵
［出典：『御伽草子』第二十一冊．所蔵：国立国会図書館］

●子どものための物語　近現代には，お伽草子ばかりでなく，かぐや姫（『竹取物語』）や因幡の白兎（『古事記』）の話なども児童文学として子どもに読みやすいかたちで提供されるようになるが，言うまでもなくその原典は子ども用ではない．中世以前に子ども用につくられた物語が存在したかどうかは不明であり，大人と同じ物語を子どもなりに享受していたと考えられている．子どものための物語の古い例としては，『異制庭訓往来』（南北朝時代）の遊戯に関する記述に「祖父母之物語」とあるのが注目される．のちに，山東京伝が，「今童のぢちばばのむかしばなしといふもの是なるべし」（『骨董集』1814-15）と，この記事を昔話の源流として指摘している．中世には，阿仏尼『庭のをしへ』，『乳母の草子』など，子女教育を目的とした作品があり，次第に，童蒙・教訓・娯楽を目的とする文学作品がつくられるようになる．江戸時代に入っても子どものための物語は依然少ないが，お伽草子の一部や近世の赤本などは，読者として子どもが想定される．ただし，通俗的な読み物として大人も享受したと考えられる．　　　　　［箕浦尚美］

季語と俳句

　日本は四季のはっきりした国，という言い方をよく耳にする．その通りなのだが，日本列島，あるいは日本の自然界に四季がある訳ではない．春夏秋冬の四季は，私たちがつくった見方であり，換言すれば文化的な装置である．季語はその装置の最も洗練されたものの一つであろう．

●**季節感と季語**　『万葉集』にはごくわずかだが四季に分類された歌がある．四季という季節の区切り方は『万葉集』の時代，すなわち7～8世紀頃，中国大陸から伝わってきた新しい文化であった．四季という外来の季節感は京都の貴族たちを中心に受け入れられ，10世紀初頭にできた『古今和歌集』では四季に分類された歌が核になっており，四季の季節感の確立が明確だ．以後，例えば11世紀初め頃にできた『源氏物語』では光源氏の恋人たちが四季の館に住んでおり，同時期の『枕草子』にも四季に対する清少納言の細やかな見方が示されている．つまり，四季を楽しむ時代の到来をうかがわせる．特に『古今和歌集』は近代に至るまで文化の中心的な規範であり，この歌集の示した四季が以後の季節感の核になり，造園，絵画，芸能から衣食住に至るまで四季が重んじられてきた．

●**季語の誕生**　山本健吉は季語の世界をピラミッドにたとえ，その頂点に春の花，夏の時鳥，秋の月と紅葉，冬の雪という五箇の景物を置いた（図1）（『最新俳句歳時記・新年』1972）．それらは和歌の重要な題であり，その季節の代表的風物（季題）として詠まれてきた．だが，それらが季語だった訳ではない．季語の意識は中世の連歌において誕生した．連歌は和歌の上句（五七五）と下句（七七）を別の人が詠む短連歌に始まり，それを百句まで続ける百韻の形式（長連歌）が完成するが，長連歌の最初の句を発句といい，発句はその句自体で完結していること，当季の言葉（季詞，四季の詞などとよばれた）の入ることが必須の条件とされた．

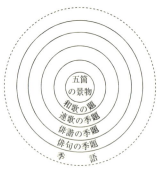

図1　季語のピラミッド
［出典：山本健吉『最新俳句歳時記』］

季詞が必須とされたのは，発句は客人の，発句を受けて付ける脇句は主人の挨拶とみなされたためである．今でも「今朝はうららかですね」「はい，霞もかかってまさに春ですね」のように挨拶を交わすが，この際の「うららか」「霞」が春の季詞である．こうして連歌において季詞（後の季語）が誕生した．俳諧の時代になると季詞は急速に増えた．
　貞門俳諧の作法書『毛吹草（けふきぐさ）』は連歌の季詞と俳諧の季詞を区別して示している

が，更衣，青簾，卯の花，夏木立，短夜などは連歌の初夏の季詞である．和歌・連歌の雅語の伝統を守っているというか，雅語の世界から出ていない．それに対して同じ時候の俳諧の季詞は袷，茶摘み，竹の子，青麦，枇杷，桑の実，蝸牛，なめくじ，ひるなど．俳諧の季詞が生活圏の言葉（俗語）を旺盛に取り込んでいることがよくわかる．ちなみに，『毛吹草』の連歌の季詞は700語余り，それに対して俳諧の季詞は1,000語余りである．幕末の『増補改正俳諧歳時記栞草』に至ると季詞は3,400語を超えている．

●**俳句の時代の季語** 正岡子規の時代，すなわち明治時代も後半になると，五七五音の句を俳句とよび，俳句を近代の短詩としてつくるようになる．それまでは俳諧，すなわち五七五の七七を付け，それを連ねる連句が重んじられていたが，子規は連句を非文学として否定した．その結果，連句の座は句会というかたちに変わり，季詞が読みの共通性を確保するためにとても重要になった．もっとも，子規は，「四季の題目は一句中に一つづゝある者と心得て詠みこむを可とす．但しあながちに無くてはならぬとには非ず」（「俳諧大要」）と述べており，季語を俳句の絶対的条件とはしていない．連句においては，付合いの変化を演出するために季詞のない句（雑の句）が重要な役割を果たした．だから，単独に詠まれる発句においても雑の句はしばしば詠まれており，芭蕉も「発句も，四季のみならず，恋・旅・名所・離別等，無季の句ありたきもの也」（『去来抄』故実）と述べたという．芭蕉や子規は季語を絶対視していないが，子規の後の世代を代表する高浜虚子になると，俳句は季題を詠む季節の詩（花鳥諷詠詩）と定義され，季語が俳句の絶対条件になる．その虚子の考え方が広く支持された背景には，季語が俳句の存在理由になった，という時代の状況があった．つまり，近代では雅語と俗語の意識が希薄になり，元は雅語の詩歌だった短歌が子規や与謝野鉄幹などの主張に沿って俗語をも自在に詠み込むようになった．そこで俗語に代わって季語が俳句の特色として重みを増したのである．ちなみに，季語という用語は明治41（1908）年に大須賀乙字が初めて使用し，以後，次第に広まった．

季語は俳句の特色になったが，その過程でその傾向への反発も生じた．その一つは大正から昭和にかけて流行した自由律．荻原井泉水，尾崎放哉，種田山頭火などが活躍した自由律俳句は定型と季語にとらわれない作品を目指した．もう一つは昭和10（1935）年前後に流行した新興俳句である．日野草城，富澤赤黄男らが季語にとらわれない句境を開こうとして無季の句を試みた．だが，無季の句が俳句の主流になることはなかった．

ところで，近年，俳句はhaikuとして一種国際化している．ヨーロッパ，米国，ブラジルなどで現地語によるhaikuがつくられている．それらのhaikuでは季語よりも表現の短さが注目されている．季語は日本語俳句の特色であるといってよいだろう．

［坪内稔典］

漢詩と漢文学

　奈良・平安時代から江戸時代に至るまで，日本文学の歴史は中国文学（漢詩・漢文学）の受容と深いかかわりがある．日本最古の漢詩集『懐風藻』は，天平勝宝3（751）年に編纂された．これは，中国では唐の玄宗皇帝の天宝10年，李白や杜甫などの大詩人が輩出した唐詩の最盛期「盛唐」にあたる．しかし，『懐風藻』に収められた116首（117首のテキストもある）の漢詩は盛唐より一時代前の初唐，あるいはさらにさかのぼった六朝時代の詩風によるものが多い．このずれは，同時代の作品よりも『文選』や『玉台新詠』など，六朝文学のアンソロジーが早くから日本に伝わり，熟読されたために起こったものであろう．

●**奈良時代**　『懐風藻』の作品には，宴会の詩や応詔の詩など，宮廷を中心とする公的な場面でつくられたものが多く，習い覚えた六朝や初唐の表現技法を踏襲した模倣的なものが目立つ．『懐風藻』の詩人たちは，まず漢詩の型に習熟することを最重視したといえよう．『懐風藻』にやや遅れ，天応から延暦（781-3）に完成されたとされる，現存する最古の歌集『万葉集』にも，随所に六朝詩や中国古小説の影響が見て取れる．しかし，まだ平仮名や片仮名が発明されていなかったために，漢字だけを表記の道具としながらも，日本的表現形式を用い日本語によって表現された『万葉集』の作品と，六朝詩などの模倣に終始した『懐風藻』などの作品には，大きな差異がある．

　例えば，万葉の歌人山上憶良は，陶淵明の詩篇などを発想の契機としながら，それとは様相を異にする独自の歌の世界を構築することに成功した．万葉の歌人は中国文学を自らの側に引きつけ，独自の文学的地平を開いたのである．さらに，万葉の歌人はやはり山上憶良らを嚆矢とし，伝来した中国の書物を本国でのランクづけに拘泥せず，儒家の祖孔子の書物からポルノグラフィックな中国古小説『遊仙窟』まで，受け入れているのが注目される．彼らは自在に漢籍を使いこなし，その文学的世界を豊饒化しているのである．

●**平安時代から室町時代まで**　『懐風藻』に続き，平安時代に入ると，『凌雲集』（814頃），『文華秀麗集』（818頃），『経国集』（827）の三大勅撰漢詩集が編纂され，ことに閨情詩（恋愛詩）のジャンルに優れた作品がみられる．しかし，平仮名や片仮名の流布とあいまって，文学の主流は日本語を用いた表現形式である和歌や物語へと移っていく．和歌や物語にも引き続き中国の詩文や古小説の影響が色濃くみられるが，とりわけ見落とせないのは，中唐の大詩人白楽天（772-846）の影響である．平安中期以降，彼の全集『白氏文集』の人気が高まったのは，返り点と送り仮名をつけて漢文を訓読する方法も流通した折から，平明なそ

の詩文がすこぶる理解しやすかったためもあるだろう．なお，『白氏文集』が一世を風靡したさまは，清少納言の『枕草子』の叙述からも容易に見て取れる．11世紀初め，周知のように，清少納言の同時代人である，紫式部が著した『源氏物語』は，物語世界開幕の装置として，玄宗と楊貴妃のロマンスを歌った白楽天の長篇詩「長恨歌」の冒頭を用いている．紫式部は当時，知らない者もない「長恨歌」を下敷きとして，読者の共通認識に訴えかけながら，新たな物語世界に読者を誘導しようとしたのである．

　時代が下り，鎌倉時代後期から室町時代になると，いわゆる五山の僧によって，蘇東坡（1036-1101）や黄庭堅（1045-1105）など北宋の文人を範とする漢詩文が盛んにつくられた．その完成度の高さは，同時代の中国の文人によって著された詩文と比べても，遜色がないほどである．しかし，この五山文学の高度な成就は，あくまでも限定された分野の突出した現象だったというべきであろう．

●江戸時代　中国の文学が今一度，日本の文学に『懐風藻』や『万葉集』が生まれた時代に匹敵するほど，強烈な衝撃を与えたのは，さらに時代が下った江戸時代になってからである．とりわけ江戸後期には，頼山陽，梁川星巌らをはじめとして漢詩人が輩出し，江馬細香，梁川紅蘭など優れた女性漢詩人も出現して，漢詩のジャンルは空前絶後の活況を呈した．

　一方，中国古典白話小説が江戸文学に与えた影響にも測り知れないものがある．中国に白話（口語）で書かれた小説が誕生したのは，14世紀後半の元末明初だった．この時期以降，講釈師によって語り伝えられた講談が，次々に長篇小説として整理・集大成されて，『三国志演義』『水滸伝』『西遊記』が完成し，これを皮切りに，17世紀初頭の明末には『金瓶梅』，18世紀中頃の清代中期には『紅楼夢』が個人の作者によって著された．これと並行して，明末には全120篇の白話短篇小説を収録した「三言」（『喩世明言』『警世通言』『醒世恒言』），および全80篇を収録した「二拍」（『初刻拍案驚奇』『二刻拍案驚奇』）も編纂された．これらがどっと上陸し，江戸文学に大きな影響を与えたのである．

　まず文言（書き言葉）に近い『三国志演義』が，元禄2（1689）年，湖南文山によって翻案，刊行されるとたちまち大流行し，これを真似た軍談物小説が盛んに書かれた．『演義』はなんとか訓読できるものの，これ以外の白話小説はとうてい訓読しがたいものである．しかし，何でも訓読してしまう江戸の識者は，『水滸伝』から「三言二拍」まで読みこなし，続々と刊行した．なかでも，岡白駒らは「三言二拍」から14篇を選んで，苦心惨憺して返り点，送り仮名を施し，『小説精言』『小説奇言』『小説粋言』の3部を刊行した．この労作「和刻三言」は江戸の読本小説に測りしれない影響を与えた．『万葉集』の時代から江戸時代まで，日本の文学は中国の文学を選別し変容しながら，たくましく受け入れ，自らの文学的土壌を豊かにしてきたのである．

〔井波律子〕

芥川賞と直木賞

　日本で最も有名な文学賞である．正式には芥川龍之介賞，直木三十五賞で，昭和10年，文藝春秋社の菊池寛が，前年死去した友人の歴史小説作家直木を悼み，8年前に自殺した芥川と併せ，芥川賞は純文学，直木賞は大衆文学の新人賞として創設した．年2回の選考で，おのおの多くて2作が授与される．昭和20年に敗戦のため中絶したが，24年復活，今日にまで続いており，80年の歴史をもつ文学賞である．

　第一回受賞者は，芥川賞が石川達三，直木賞が川口松太郎である．選考委員は，当初は評議員といい，のち銓衡委員，選考委員と変遷している．谷崎潤一郎のように，評議員に名をあげられながら選考に参加しなかった者もおり，初期の銓衡を行ったのは，芥川賞では菊池，久米正雄，川端康成，横光利一，小島政二郎，佐佐木茂索，佐藤春夫，滝井孝作，室生犀星，直木賞は菊池，久米，小島，佐佐木，大佛次郎，吉川英治，白井喬二である．選考時期は，現在では7月と1月で，7月が当年上半期，1月が下半期となっている．選評は，現在では芥川賞は『文藝春秋』，直木賞が『オール読物』に発表される．『文藝春秋』はその後総合雑誌となり，文藝雑誌として『文學界』を刊行しているが，芥川賞が『文藝春秋』誌上で発表されるのはこれによる．

　戦後の4年間の空白があるため，その間に登場して新人でなくなった，三島由紀夫，大岡昇平，椎名麟三，武田泰淳，中村真一郎，福永武彦などは，芥川賞の候補にもなっていない．その後，両賞合わせて候補にもならなかった作家として，深沢七郎，辻邦生，橋本治などがいる．

●**純文学か大衆文学か**　新人といっても，芥川賞がほぼ純然たる新人賞とされるのに対し，直木賞は，かなりのキャリアのある作家に与えられることもあり，その線引きについてはしばしば議論になる．また，井伏鱒二，梅崎春生，檀一雄，車谷長吉など，純文学作家とみなされる者が直木賞をとることがあって，そのたびに境界線について議論が起こる．

　昭和初年においては，「大衆文学」は歴史・時代小説をさす語だったが，その後，探偵小説（推理小説），人情小説など幅が広くなったが，あまりに低俗な小説，エロティック小説などは除外され，文学性を求められることが多かった．そのため，直木賞は大衆文学ではなく「中間小説」の賞であるとする鈴木貞美のような論者もある．また，通俗小説と大衆小説を区別する態度もある．第3回で木々高太郎の探偵小説が受賞していながら，戦後，推理小説はいささか冷遇されており，今もなお，本格推理作品は受賞しにくい．またSF作品も受賞できないとされて

いるが，小松左京，星新一，筒井康隆などは候補にはなっている．景山民夫の受賞作『遠い海から来たCOO』を，唯一のSFの受賞作とする意見もある．また，芥川賞を受賞したが，その後むしろ大衆文学作家となった，松本清張，五味康祐，田辺聖子，宇能鴻一郎などがいる．

　芥川賞は，250枚程度を上限とする短篇に与えられ，半年の間に，雑誌・新聞に発表されたものと当初から規定されており，したがって単行本として上梓したものは対象にならない．芥川賞は，昭和30年に石原慎太郎が受賞して世間的話題になり一般に知られたとされるが，作家の世界では，太宰治が欲しがってとれなかったことで知られるように，有力な賞であった．戦後は，第三の新人や，石原，開高健，大江健三郎の当時と，村上龍，三田誠広らが受賞した70年代半ばに話題になったが，80年代には中年女性の受賞または該当作なしが続いたため世間の注目度は低く，平野啓一郎が受賞した99年（98年下半期）以降，綿矢りさや川上未映子など若い女性作家の受賞のほか，豊崎由美と大森望の，予想と反省などがインターネットを中心に行われ，半年に一度の文学祭りの様相を呈している．

　なお両賞は，1999年頃から密かに体制が変わっており，それ以前は，同人誌掲載の小説も候補となり，直木賞を雑誌掲載の複数の短篇でとる例（林真理子，向田邦子など）もあったが，この時期からは，芥川賞は『新潮』『文學界』『群像』『すばる』『文藝』の5誌掲載のものにほぼ限定され，例外的に『早稲田文学』『太宰治賞ムック』から候補になったことが三度ある．直木賞は，長編，短篇集合わせて，単行本に限定されるようになった．

●**文藝春秋に挑む新潮社**　新潮社は最老舗の文藝雑誌『新潮』をもち，戦後は新潮文庫が成功したが，文学賞では，ライヴァルである芥川・直木賞に話題性で勝てず，新潮社文学賞，日本文学大賞などを経て，新人賞として三島由紀夫賞，山本周五郎賞を創設したが，やはり勝てず，三島賞を受賞しても芥川賞においては新人とみなされて候補になるが，芥川賞を受賞すると三島賞の候補にならないという体制が続いている．そのせいか，デビューして10年目に阿部和重が芥川賞を受賞したり，三島賞をとって何年にもなる作家が候補にあげられたりと，この十数年，芥川賞は特異な新人賞となっている．また，新人賞であるのに，あまりに有名であるため，その時期の最も優れた小説であるかのごとく誤解する読者が多いのは昔からのことである．

　2015年現在，芥川賞の選考委員は髙樹のぶ子，宮本輝，村上龍，奥泉光，川上弘美，山田詠美，島田雅彦，小川洋子，堀江敏幸，直木賞は宮城谷昌光，北方謙三，伊集院静，浅田次郎，桐野夏生，林真理子，宮部みゆき，髙村薫，東野圭吾のそれぞれ9人で，平均年齢は，芥川賞が59歳，直木賞が62歳と，ひと頃より若返った．

〔小谷野　敦〕

小　説

　読者を教え導くような江戸時代の勧善懲悪の物語と，西洋の小説は異なる．なぜなら小説は，人物の内面が描かれ，大義名分やご都合主義に操られず，自身の情熱に突き動かされているから．そんなことを坪内逍遙は『小説神髄』（明治18-19〈1885-86〉）で述べた．しばしば槍玉にあがったのが，八つの美徳を象徴した登場人物が活躍する曲亭馬琴の『南総里見八犬伝』（文化11-天保13〈1814-42〉）だ．小説は，漢詩に比べて地位の低かった戯作とは異なると強調する必要があったのである．

　こうして膨大な数の西洋の小説が，日本の小説のお手本として翻訳された．翻訳から，表向き自由な社会と，それゆえに選択に悩み，矛盾に翻弄される人物造形を学んだのである．多かれ少なかれ明治の作家が外国語で西洋の小説を読み，時に翻訳も行ったのはそのためといえよう．当時，日本研究の権威とされたB. H. チェンバレンは，1902年版の『日本事物誌』で，日本で翻訳された初めてのヨーロッパの小説がブルワー・リットンの『アーネスト・マルトラヴァース』（1837）であることに触れて「あまたある世の中の作品のなかからよりにもよって」と特記した．『花柳春話』（明治11-12〈1878-79〉）をさして，三文小説までありがたがり，妙な翻訳と翻案を続ける風潮に皮肉を述べたのである．

　こうした現象は，20世紀に欧米で評価された俳句が凡句ばかりだったことと比較できるだろう．内容よりも形式を学び，応用することが重要だったのである．実際，主人公の名を冠した『アーネスト・マルトラヴァース』は確かに凡作ながら，衝突と逡巡を繰り返しながら成長していく教養小説の典型である．むろん当時の英米に『八犬伝』のような勧善懲悪や人物造形がなかった訳ではない．『アーネスト・マルトラヴァース』自体，「まじめ（ernest）ゆえに，誤って（mal）横断して（traverse）して道を踏み外す」という物語が，人物名に示唆されている．

　とはいえ，江戸との切断を強調する逍遙の主張は，『ブリタニカ百科事典』（1910-11）の日本の小説についての項目で紹介されるなど，画期的な宣言としてお墨付きを得ていった．項目執筆者のF. ブリンクリーは，帝国大学が輩出する優秀な外国文学研究者とともに，今後の小説がますます文明開化していくと言祝いだのである．

●**模倣か改良か**　ただ日本の小説は，所詮，翻訳でしかないという見方は根強かった．例えばチェンバレンは，明治以降の小説はおよそ原作に及ばない珍妙な「西洋風文学」と結論づけている．しかし，彼は『佳人之奇遇』（明治18-30〈1885-97〉）の荒唐無稽さを強調しても，英国などの列強に国を滅ぼされた人々が連帯す

る先見性は見落としていた．さらに村井弦斎の『朝日桜』(明治28〈1895〉)は，英国の未来戦記小説を模倣したにすぎないと片付けるが，日清戦争によって日本と中国とがむしろ大同団結して英国に攻め入るという同じストーリーが，この後，M. P. シールの『黄色い脅威』(1898)という黄禍論小説で繰り返されたことは記していない．

また『金色夜叉』(明治30-36〈1897-1903〉)がバーサ・M. クレー『女より弱き者』(1890頃)の翻案であることは，堀啓子が指摘するまで100年近く誰も気づかなかった．読み捨ての三文小説が原作以上に改良されていたからである．『椿姫』(1848)以来の難病文学を引き継ぐ徳冨蘆花の『不如帰』(明治33〈1900〉)が『ナミコ』(1904)と英訳されて話題になったのも，巧みな換骨奪胎ゆえのことである．『小説神髄』の理念を越え，模倣にとどまらない小説が豊富なジャンルとスタイルで隆盛したのは，ブリンクリーの予想以上であった．

それはまた翻訳が創作と緊密に関係した時代に区切りをつけることにもなった．太宰治は『如是我聞』(昭和23〈1948〉)で，評価の定まった過去の西洋作家ばかりをありがたがり，「すぐ隣にいる作家の作品」を理解できない外国文学者の「馬鹿なエッセイ」を否定して，「翻訳だけしていればあいいんだ」と痛罵した．東京帝国大学仏文科中退ながら，ほぼ日本語の資料のみで古今東西の題材を巧みに翻案し，一級の小説を発表した太宰治の出現は，作家が翻訳者であった時代が終わり，小説が独特の進化を遂げる第二の黄金時代の始まりを象徴するといえよう．

●**特殊進化としてのケータイ小説とライトノベル**　以上のように，19世紀以来，欧米文学の移入とともに発展した日本の小説だが，20世紀末におけるサブカルチャーとの混淆とインターネットの出現により，世界でも類をみない独特の消費と流通形態をもつ新たな小説が出現した．携帯電話やSNSの普及によって，かつての『椿姫』や『不如帰』を実録に仕立てたような「ケータイ小説」が流布する一方で，漫画やアニメ，ゲームを取り込むようにして「ライトノベル」が誕生したのである．東浩紀(1971-)の整理に従えば，「ゲームのような小説」である後者では，人物の心理を緻密に描くことに主眼は置かれていない．ライトノベルにおいては類型的なキャラクターを読者が組み合わせて物語を展開し，それらを共有しコミュニケーションをとることが重要なのである．

興味深いことに，この特異な消費の前例として参照されるのが，観客の人気や都合に応じて筋が二転三転する江戸時代の歌舞伎やキャラクター優位の読本，中でも『八犬伝』なのである．確かに一つひとつのライトノベルは凡庸かもしれない．しかし，キャラクターを中心にしてメディアを横断する制作と流通は従来の小説とは異なり，ポストモダン的現象としても議論される．ライトノベルの出現により，日本の小説は『八犬伝』への先祖返りのような特殊化を突き進むのか，俳句のように世界的な影響を及ぼすのか，今後の展開が期待されよう．　　[橋本順光]

官能文学

　かつての警察は，淫らだと彼らが見做した読み物を，文学も含めしばしば取り締まった．性表現が解放されたといわれる第二次世界大戦後でも，摘発は行われている．それを当局の文学に対する不当な弾圧だと，書き手の側が受け止めたことも，ままあった．裁判でもめたことも，なかったわけではない．

●『チャタレイ夫人の恋人』と『四畳半襖の下張』　文学史的には，いわゆるチャタレイ裁判がよく振り返えられる．昭和25（1950）年に，伊藤整がD. H.ロレンスの『チャタレイ夫人の恋人』を翻訳した．これを，当時の警察は，刑法の猥褻文書頒布罪でとがめている．「彼が彼女のなかに入る」．「彼女の柔らかく開いた肉体に入って来るもの」……．以上のような言い回しが，一般人の性欲を不自然にそそると判断されたのである．

　訳者の伊藤は，しかしこれに納得しなかった．法廷闘争へもち込み，猥褻か芸術かと評される論戦を起こしている．そして，当時の司法は，結局警察の側に軍配をあげた．西欧の先進国と比べれば，日本の作家はまだ表現の自由を勝ち取れていない．日本は，欧米に比べ遅れていると，裁判にかかわった文学関係者たちはこのことを受け止めた．のみならず，そういう言辞を，折にふれては書きつけるようになっていく．

　永井荷風が書いたとされる「四畳半襖の下張」も，昭和23（1948）年に摘発を受けた．これを昭和47（1972）年に掲載した雑誌の『面白半分』も，猥褻文書として，訴えられている．文学に対する当局の無理解が示された事例として，こちらも回想されることは，少なくない．その点では，『チャタレイ夫人の恋人』と，双璧をなしている．

　とはいえ，今の作家が，こういうことで訴追されたりは，まずしない．猥褻方面に関する限りほぼ何を書いても許されるようになっている．おそらく，最後に摘発を受けたのは，富島健夫の『初夜の海』（昭和52〈1977〉）であろう．それ以後，小説の表現でとがめられた例は，聞いたことがない．警察はその取り締まりを，この頃から諦めだしたのだと見做し得る．

　だが，文学史を振り返る読み物は，あまりその事を取り上げない．文学が警察の介入を，その土俵から押し出した経緯については，口をつぐむ傾向がある．どちらかといえば，より古い時代の，警察から被った被害を書き立てやすい．『チャタレイ夫人の恋人』や「四畳半襖の下張」で，自分たちはどれほどひどい目にあったか．そのことばかりを，強調しやすくなっている．案外，弾圧を受けて英雄的に輝いた時代が，懐かしいのかもしれない．

●**官能文学で名をあげる**　西欧の先進国と比べれば，日本の警察は強権的だと，一頃よくいわれた．日本の作家は，性の表現に関する自由を認められていない，とも．1960年代，1970年代には，そういう指摘があちらこちらで繰り返された．だが，その頃には，官能的な描写で名をあげる作家も，けっこう浮上しだしている．例えば，北原武夫が1960年代の中頃に，そちら方面で文名を高めていた．北原に，好色文学へ向かう内発的な志があったとは，思いにくい．雑誌経営の失敗を，売文で補おうとしたまでのことであったろう．しかし，結果的にこれでいわゆる中間小説誌から引っぱりだこになったことは，あなどれない．その道で名をあげ，文筆業を成り立たせる先駆者に，北原はなったのである．

　もちろん，昭和22（1947）年に創刊された『奇譚クラブ』からも，多くの作家が羽ばたいた．しかし，それらの書き手たちは，おおむねアンダーグラウンドな存在であるにとどまっている．北原のように，大手の出版社から官能作品を世に問うことは，できていなかった．あとで，団鬼六や千草忠夫のように名声を獲得した作家も，この雑誌にはいたが．

　北原以後，出版界では多くの書き手が育っている．北原に師事した川上宗薫が，先輩に続いて，そちら方面の作品を世に問うた．性行為で気を失う女の失神ぶり，女性器の構造などに健筆を振るっている．その後も，富島健夫，宇野鴻一郎，梶山季之らが，官能物で頭角を表した．それぞれ，青春の性，女の告白文体，多様な変態性欲の描写で評判を呼んでいる．乱れる尼僧を取り上げたのは，赤松光夫であった．不倫妻や痴漢の生態を表わしたのは，泉大八である．オフィス・ラブの阿部牧郎，豊田行二，フェティシズムの睦月影郎，女流を代表する藍川京……．21世紀に入っても，その勢いは途絶えない．文運の隆盛を誇っている．

●**日本の特殊性**　そして，先進国の欧米に，こういう現象はみられない．あちらにも名作とされる性の文学はある．しかし，その多くは，アンダーグラウンドな世界で，流通されてきた．結果的に後世が評価したものはある．だが，それ専門の有名作家が，大手出版社から次々と刊行したりはしていない．官能方面ひとすじで名声を高めた作家が大勢いる日本は，かなり特殊である．

　性の表現が抑圧されてきたことばかりを言いつのるべきではない．日本の出版界は，むしろその多様性を謳歌してきたところに，ユニークさがある．世界にもあまり類例をみないこういう出版事情こそ，分析されるべきであろう．

　好色な古典の下地が，現代の文学界に作用したといえるのかどうかは，わからない．江戸期に読まれた艶本の伝統が，こうした事態を支えているのか否かも，不明である．とにかく，官能の書き手が著名作家として浮上しだしたのは，20世紀の後半からであった．それは，現代的な大衆社会状況の賜物なのである．アニメやマンガの隆盛のみならず，官能文学の繁栄もあらためて問いただされるべきだろう．

［井上章一］

女流文学

　日本の女流文学は,『源氏物語』を頂点とする平安朝女房文学で世界的な水準に達した. 以後, 徳川時代には, 漢詩, 俳句, 和歌のほか, 怪異小説を書いた荒木田麗女などわずかな女性文学者がいるが, むろん本格的に再始動するのは近代に入ってからである.

　さきがけとなったのが樋口一葉だ. 一葉は中島歌子の和歌の塾にいて, 田辺(三宅)花圃が小説を書いたのに刺激され, 生計のため新聞小説家となるべく半井桃水に入門し, 短い生涯に優れた短編を残した. 他に小金井喜美子, 大塚楠緒子など女性作家が

図1　書店の女流文学コーナー

いたが, 兄や夫が文化人であるケースが多く, 書くものも新聞連載の通俗小説が主だった. 明治後期からは, 与謝野鉄幹の妻となった与謝野晶子が『明星』に拠って歌人として名をなし, 昭和初年まで評論でも活躍した. 夏目漱石門下で, 野上豊一郎の妻の弥生子は, 99歳の長寿を保ち, 作家として重きをなした. 大正期に17歳でデビューした中条百合子は天才と騒がれ, 近代文学では最大の女性作家だろうが, のち共産党の宮本顕治と結婚し宮本百合子を名のった. 大正期には, 私小説の田村俊子, 少女小説の吉屋信子, 内藤千代子, 前衛小説の尾崎翠などが登場したが, 純文学作家としての大成は困難を極めた. ほか長谷川時雨が『女人藝術』を主宰し, 恋愛事件と美貌で有名になった柳原白蓮もいた.

●「女流」でくくられた作家たち　女性作家は, 一般的な文学史における, 自然主義, 白樺派といった分類で記述することは難しい. これは単に女性文学というジャンルがある訳ではないからであり, 女性作家だけを取り出して論じるやり方がかえって差別的だともいい得る. フェミニズム批評以後, ヴァージニア・ウルフの『私ひとりの部屋』をもち出して, 男の作家と違って女の作家は自分の書斎がもてないという女性差別的構造を指摘するのが西洋では通例だが, これはウルフは西洋のブルジョワの社会のことしか考えておらず, 日本では男の作家でも貧しくて自身の書斎がもてず, 旅館や喫茶店で執筆する者は多かった. また平安朝女流文藝の伝統がある日本では, 女が小説を書くといったことへの差別意識はさほど強くなく, 樋口一葉の時代から, 優れたものは特に抵抗なく受け入れられた.

　その一方で,『青鞜』を起こした平塚らいてうなどは, 森田草平との情死未遂事件で知られるようになったし, 同誌2代目編集長の伊藤野枝も, 辻潤や大杉栄

との奔放な恋愛のほか，嫉妬から神近市子が大杉を刺した日蔭茶屋事件で知られた．また，田村俊子は赤裸々な私小説で眉をひそめられ，遂にはカナダへ駆け落ちしているし，柳原白蓮，岡本かの子も恋愛事件で知られるなど，艶聞や好奇心が女性作家を襲い，またそれゆえに有名になるという傾向はあった．ただし，北原白秋や谷崎潤一郎など，男の文学者も戦前はよく艶聞で騒ぎを起こしていたので，一概に女性作家だけが注目されたとはいえない．

一方，現代では忘れられがちだが，山川弥千枝のように早逝した少女の文集が話題になることも多く，戦後の，乳がんで死んだ歌人・中城ふみ子もそうだ．あるいは少女時代の作文で知られた豊田正子，『娘時代』がベストセラーになった大迫倫子などもいる．穏健な作家道をまっとうしたのは，女性で最初の芥川賞をとった中里恒子や，プロレタリア文学出身の佐多稲子であろう．円地文子もあげられるが，円地は国語学者の東大教授・上田萬年の娘に生まれ，小山内薫に師事し，有名な新聞記者の円地与四松と結婚するという幸運に恵まれつつ，少女小説も多く書いたため，評価されるのが遅れた．

戦後，圧倒的な人気作家になったのは林芙美子だが，これもまた嫌う人が少なくなかった．真杉静枝なども，恋愛経歴から悪評にまみれていたし，広島の原爆に遭って戦後原爆作家として評価された大田洋子も，妙に嫌われた．戦後登場した作家でも，有吉佐和子はベストセラー作家になったため，通俗的だというので評価されず，瀬戸内晴美（寂聴）も，30年間文学賞を与えられない時期をくぐりぬけた．曽野綾子は，少女時代の不幸な経験，その美貌，三浦朱門との結婚，世間からは保守派とみられる評論活動などがあいまっていまだ評価は定まらない．宇野千代も奔放な恋愛で知られるが，長命を保ったため最後は安定した名声を得た．平林たい子はプロレタリア文学から出たが，戦後は旺盛な中間小説作家となり，しかし離婚騒動で注目を集めた．

また，幸田文，萩原葉子，高橋たか子，武田百合子など，文学者の父や夫が死んだあとで執筆活動を始める女性も少なくないが，単なる「思い出屋」から作家へと脱皮できない者もいる．倉橋由美子は，初期には大江健三郎と併称されたが，次第に影が薄くなっていった．河野多恵子，大庭みな子あたりから，女性純文学作家が普通に存在できるようになるが，今では文壇は女性上位といってもいい状況を呈している．

●むしろ「男流文学」を　かつて「女流文学賞」というのがあったが，いっそ「男流文学賞」でもつくって男性作家を激励したほうがいいのではないか．なお，東大卒の女性作家というのは，佐藤亜有子くらいしかおらず，京大卒も高橋たか子がいるくらいで，存命作家ではゼロに近い．男性作家でも東大卒のプレゼンスは過去に比べて下がっているとはいえ，女性文学の隆盛の陰でのこの現象は興味深い．

［小谷野　敦］

弟子と書生

　「こんにちからみれば，師弟関係など封建遺制以外の何ものでもないが」と，野口冨士男は『徳田秋声伝』(1965) に書いている．戦前の大きな邸では，玄関脇に「書生部屋」というのがあり，そこに書生がいて来客の取次ぎなどをしていた．だが書生といっても，政治家，論客のそれと，文学者の弟子兼書生とは違っている．泉鏡花は，19歳の時から3年間，尾崎紅葉の玄関番をしたし，小栗風葉，柳川春葉も同様だ．しかしこういう関係は，明治30年代までで，師匠が新聞に連載する流行作家で，弟子が大学に進まないといった条件がなければ成立しない．弟子に作家として腕を磨かせ，世間へ売り出すという関係が，明治期にはかろうじて成立していたが，それも弟子の方に才能があってのことだ．紅葉は若くして没したが，鏡花は師を敬慕することはなはだしく，師の臨終を生々しく描き，自然主義に赴いた同門同郷の徳田秋声を，終生敵視し続けた．

　明治から昭和戦前までの刊行の書籍，特に学術書などをみると，しばしば，「……著，芳賀矢一閲」といった著者表記がされているが，これが要するに，偉い先生による箔づけである．どうやらこの風習は太平洋戦時中になくなったらしいが，現在では「監修」という名称で残っている．また明治・大正期の著作には，何人もの偉い先生が序文や跋（後書き）を寄せていることが多い．これは現在なら，帯の推薦文に該当するだろう．

　大正以後の作家が書生を置いた例は少ないが，谷崎潤一郎のところには木蘇穀という青年がいた．漢文学者・木蘇岐山の息子で，小説もぼちぼち発表したが，表舞台へ出ることなく終わった．里見弴は，しばしば女書生を置いたらしい．

　女の弟子をもつと，いかなる世界でも，師匠と恋愛関係になったりすることがある．田山花袋の「蒲団」などは，女弟子に師匠が執着してしまったという事件を素材にしたものだが，のちには徳田秋声が山田順子という弟子と恋愛関係に陥り，この事件を題材にして『仮装人物』を書いている．女の弟子が住み込むなど，現代からみれば危険なことをするものだと思うが，それもまた時代である．

●代筆をさせた作家たち　戦後の作家となると，書生をしていたなどという例はまず聞かない．文学をやるというのが，藝道とは質が違うものだからで，当然のことともいえよう．書生として住み込むということとは別に，よく行われたのが「代作」である．貧しい文学青年が書いた作品を，師匠の名で発表し，原稿料を青年に支払うという慣習である．二葉亭四迷が『浮雲』を出したときも，作者名は坪内逍遥の「春のやおぼろ主人」となっていたのはよく知られている．大正末から文壇の大御所となった菊池寛も，通俗長編をよく代作をさせた．秘書だった

佐藤碧子、のち小磯なつ子を名乗った人は、菊地の愛人兼代作者だったし、『日本武将譚』なども、池島信平の代作である。川端康成もよく代作はさせ、『乙女の港』は中里恒子、『小説の研究』は伊藤整、『歌劇学校』は近江ひさ子、海外童話の翻訳はあらかたが野上彰などの代筆である。仮に「封建遺制」としての師弟関係が昭和以後も残存したとすれば、この代筆の面においてであったといえるかもしれない。

　陋習の残存といえば、大学において、弟子の業績を師匠の名で発表するというものがある。理系では今も残っているのかもしれないが、これは共同研究が多いせいもある。国文学などでもそういうことは、一部の教授によって行われていたものらしい。多くは裏に隠れ、のち明らかにされたりされなかったりするが、奇観ともいうべきは、清水書院の新書変形版「人と作品」シリーズで、数点を除いて、福田清人と執筆者の共編になっている。実際は立教大学教授だった福田が、大学院生などに書かせたものだが、なかにはのち名をなした人もあり、それが本を見ると福田の履歴だけがあって、実際の執筆者は序文で軽く触れられているだけというものだ。

●漫画や俳句・短歌の世界では　森銑三はかつて、『好色一代男』以外は、西鶴作といわれているものも西鶴の作ではないと断じた。では誰が書いたかといえば、弟子たちだというのである。「西鶴工房」である。レンブラントなど西洋の画家も、この「工房」方式で制作していたが、戦後日本でも、漫画家の世界ではこれが生きている。漫画家はしばしば、アシスタントを経て独立するもので、一般的にはベタ塗りをしたり背景を描いたりするだけだが、石ノ森章太郎のように大量生産する漫画家になると、人物もアシスタントが描いたり、時にはまるきり石ノ森の絵ではないものが石ノ森名義で出てきたりしていた。こういう場合は、「プロダクション」方式にして、「永井豪とダイナミックプロ」などの名義で連載を行う。1970年代には、単行本にするときには「永井豪」だけになっていたものだが、90年代からは、「永井豪とダイナミックプロ」になっているのは、著作権問題がやかましくなってきたからであろう。

　前近代的体質が今も強固に残っているのが、短歌、俳句の世界で、歌人、俳人としてやっていくためには、『ホトトギス』『アララギ』などから枝分かれした結社に所属しなければならず、そうでなければ歌人、俳人とは認められない。師匠のいない小説家はいくらでもいるが、師匠のいない歌人、俳人は基本的にいないのである。日本の新聞には歌壇俳壇欄というのが必ずあるが、ここに投稿する際は、所属結社名を書くことになっている。そして、ある程度名をなした歌人、俳人の著作には、師匠筋の大物の歌人、俳人に関する評釈・評論書が含まれるのが普通である。このような構造をもつ限り、「第二藝術論」への反論はまったく意味をもたないだろうと思われるほど、前近代的である。　　　　［小谷野　敦］

随　筆

　現代語として「随筆」を定義すれば，エッセイという外来語とほぼ同義である．「特定の形式を持たず，見聞，経験，感想などを筆にまかせて書きしるした文章．日本の古典では『枕草子』『徒然草』が有名」(『日本国語大辞典』)だと一般には理解されている．たしかに「随筆」という語は，本来，筆のままに見る物聞く物を誌す，という意味の漢語であるが，その内実は時代によって随分と異なるため，注意が必要である．

　書名としては，中国宋代の洪邁(こうまい)(1123-1202)著『容斎随筆(ようさいずいひつ)』が嚆矢(こうし)的存在である．しかし，これは「エッセイ」ではない．重厚な学書の側面をもち，経史や諸子百家から，多様な雑記に至るまで，その見聞を誌して弁証する大著である．日本で江戸時代に数多く著された考証随筆の類は，この流れを引くジャンルである．

　日本で初めて「随筆」の名を冠する作品は，現在知られるところでは，一条兼良(かねよし)(1402-81)の『東斎随筆』である．この書名については，宋の范鎮著『東斎記事』や前述『容斎随筆』との関連が指摘される．『東斎随筆』は2巻の小品であり，『古事談(こじだん)』や『十訓抄(じっきんしょう)』など説話集を中心とする先行書から，説話や記事を抜き出して成り立っている．そのため，説話集としてジャンル分けされることが多い．しかし一方でこの書は，説話として伝えられた情報を，音楽類，草木類，鳥獣類，人事類，詩歌類，政道類，仏法類，神道類，礼儀類，好色類，興遊類という，11の部門に分類したものであり，知識の集積と体系化を旨とする，類書的性格も有している．よって広い意味では，中国の「随筆」に連なるものである．

●**エッセイと随筆**　近代以降の随筆は，もっぱら英語の「essay」やフランス語の「essai」の訳語としての意義を担うようになる．その中間をつなぐ江戸時代には，林読耕斎(はやしどっこうさい)(1625-61)著『本朝遯史(ほんちょうとんし)』に『徒然草』を「華人筆談随筆之類」と評し，伴蒿蹊(ばんこうけい)(1733-1806)著『国津文世々能跡(くにつふみよよのあと)』は『枕草子』を「随筆」と形容している．文学史上，この認定は重要である．というのは，『枕草子』の内容と形態を強く意識して成立したのが『徒然草』であると，中世以来，考えられているからである．『徒然草』の最も古い写本を残すなど，『徒然草』受容史上，最重要人物の一人である正徹(しょうてつ)(1381-1459)は，歌論書『正徹物語』の中で，「つれづれ草のおもふりは清少納言が枕草子の様也」(上)，「枕草子は何のさまともなく書きたる物也．三札(さんさつ)有る也．つれづれ草は枕草子をつぎて書きたる物也」(下)と記している．『枕草子』のかたちや方法が『徒然草』に意識的に受け継がれたと考えているのである．

　こうして『枕草子』や『徒然草』が古典的随筆の代表として考えられるように

なり，今日に至っている．今でも，自分史やエッセイを，「つれづれ」という語を付して記そうとする人は多いだろう．また『新訂徒然草』（西尾実・安良岡康作校注）の表紙には「『徒然草』の面白さはモンテーニュの『エセー』に似ている」と謳われている．小林秀雄『無常という事』を踏まえた文言である．

●いわゆる三大随筆——典型としての『徒然草』　上記二つの作品に鴨長明の『方丈記』を加えて，俗に三大随筆とよぶことがある．この中では『方丈記』が最も随筆の概念から遠い．山田孝雄は旧版の岩波文庫『方丈記』の解説で，「本書は随筆と称せらるれども，首尾一貫せる一篇の文にして，ほかの随筆が断片的に感想を述べたる小篇の集まりに過ぎざるものと同一に論じうべきものにあらず」と述べている．山田の判定は，随筆概念の定義としても参考になる．

逆にその概念を広げれば，日付も明記せずに「断片的に」自己表出されるメモワールである平安時代の女流日記や，随想風に記される心敬の連歌論書『ひとりごと』のような評論書，また鴨長明仮託の『四季物語』（2種あり）などの仮名書きの散文雑記を，随筆に近いものとして考えることもできる．

また『徒然草』には『一言芳談』という浄土宗の仮名法語が引用されている．そのほか多くの章段で，法語的な素材が表現されている．『方丈記』の諸本の中で略本と分類される伝本は，法語的性格が濃厚である．すなわち，数多い仮名法語の類も，随筆の範囲に加えられるであろう．鎌倉時代成立の説話集『撰集抄』は，西行に仮託された語り手が，説話の見聞に即して情緒あふれる感想を述べるので，説話評論と評されることもある（西尾光一『中世説話文学論』など）．『撰集抄』の直接のお手本は慶政『閑居友』であり，その範は鴨長明『発心集』にさかのぼる．両書にも説話評論の要素がある．中世説話集の一部もまた，随筆の範疇を形成する．

『徒然草』は，改めて振り返ると，上記のような性格を，おおむねすべてもっている．話柄はバラエティに富み，説話を引いた評論もあり，アフォリズム，教訓，歌話，物語的要素など，その多様さをあげていけばきりがない．そしてなにより，今日的なエッセイの要素も十分だ．『徒然草』が，随筆の定義と研究の基盤となるゆえんである．ただし，古典文学のなかにおいてみると，『徒然草』はどのようなジャンルに分類すべき作品なのか．厳密な意味で定説はない．今後究明すべき重要な問題である．

●近代以降の展開　国文学者の池田亀鑑（1896-1956）は，平安時代の女流日記の自己表出を自照性とよんだ．近代文学の展開のなかで，私小説につながる「わたし」の表出は重要な文学史上の系譜をなす．大正時代以降に顕著になるといわれる「随筆」という概念と，西洋のエッセイとの融合・一体化などがどのように進んだのか．翻訳語の問題としても，また文学概念の展開としても，解明すべき点がまだまだ多い文学ジャンルなのである．　　　　　　　　　　［荒木　浩］

軍記，戦記

　軍記，戦記とは，いずれも戦のことを記した書物で，意味の違いはない．軍書も同意である．軍談というと，戦の始終を語った芸能をさす場合もある．

●『和漢軍書要覧』から　江戸時代半ば明和7（1770）年に，それまでに刊行された軍記のカタログ『和漢軍書要覧』（以下『要覧』）上下二巻が出版された．編者は当時上方で人気のあった講談師吉田一保（生年未詳-1779頃）．初版発行後もたびたび改訂を加えて，編者没後まで刊行され続けたロングセラーである．後篇の企画もあったようだが，出版されなかったらしい．上巻は「和軍書之部」「戦国書之部」「雑軍書之部」からなり，合わせて104部，下巻は「唐軍書之部」で20部，計124部の軍記が載っている（『要覧』の引用は菊池真一「『和漢軍書要覧』翻刻と解題」森川昭編『近世文学論輯』1993）．『要覧』は，だいたい年代順に並べた書名・巻数・作者名に続いて，その内容（梗概と称してよいものもある）を記している．一保が軍記を一瞥しただけではなく，中身を丁寧に読んでいたことの証しであって，軍記と講談との親密な関係が認められる．『平家物語』が琵琶法師によって語られたことはあまりに有名であるが，軍記全般が講談の種本でもあった．

　『要覧』から唐軍書（『三国志』『漢楚軍談』など）を除いた日本の軍記をみていくと，『保元物語』『平治物語』『平家物語』『源平盛衰記』『太平記』『義経紀』『曽我物語』といった，文学史の教科書に出てくる作品はほぼ記載されている．ただし，成立の古い『将門記』『陸奥話記』は当時板（版）行されておらず未登載．その時代を扱った軍記として『前太平記』の書名があがっている．また，『太平記』に続いて『太平記大全』『太平記綱目』『参考太平記』が立項されており，『参考太平記』の一節には「（『太平記』については，）後世に至り，諸家の秘書を探り，真偽を弁撰（弁別）するの書，あまた板行す」とある．板（版）行の実例として，書名に「太平記」を含む6作を列挙している．その一つ「太平記理尽抄」（『太平記秘伝理尽鈔』）は，近世初期の講談である「太平記読み」の種本として知られる．

　『太平記大全』以下は，広い意味での『太平記』の注釈書で，当時の言葉で「末書」という．ここで，兵学について一言触れる．兵学（軍学）は戦術・戦略の研究を中心とする学問であるが，戦乱が終わり太平の世になってから隆盛を極めた．軍記は，この兵学関係の書を含み，当然『要覧』も収載している．『太平記秘伝理尽鈔』は楠流兵学の書である．ほかにも『甲陽軍鑑』などは甲州（武田）流兵学のバイブルであった．

　ここまでの作は，すべて「和軍書之部」に収められている．『要覧』は続いて「戦

「国書之部」に入る．最初は享保2（1717）年刊行の『陰徳太平記』である．16世紀の西中国地方の動乱を，毛利氏を中心に叙述した大作である．この後も戦国時代を扱ったいわゆる戦国軍記を載せている．年代記的な作や家の盛衰記，武将の一代記，一合戦の顛末を叙した作などと多彩で，『信長記』（太田牛一選，小瀬甫庵選）『太閤記』（甫庵選）なども含む．戦国軍記といっても，『陰徳太平記』がそうであったように，その多くが合戦当時の作ではなく，近世に入ってからのものである．そのことは，『戦国軍記事典』群雄割拠篇および天下統一篇（古典遺産の会，1997・2011）によって確認できる．祖先の武功を顕彰するという意図からつくられることも多かったらしい．

●**近世の軍記**　軍記というと，日本文学の中では中世（鎌倉から室町）の文学というイメージがある．しかし，江戸時代前期を「軍記の時代」と称する研究者もいるほどに，中世から近世初頭を記述の対象とする軍記が次々に制作され，編集・刊行された．『平家物語』や『太平記』にしても17世紀に出版されたことによって多くの読者を得たのである．

　質量ともに近世最大の軍記作家は，馬場信意（1669-1728）である．長友千代治によれば，彼は資料を博捜し正確な歴史的事実を追及していた．彼の作で『要覧』にとられたものは16部に上り，圧倒的な多さを誇る．『北条太平記』『南朝太平記』『中国太平記』『西国太平記』『朝鮮太平記』といった「太平記」に倣ったものが多いが，ほかにも『義経軍功記』『曽我物語評判』といった作もある．やはり長友の研究によれば，初学者にもわかりやすく書かれた軍記は学問の入門書であり，同時に読者に読書の楽しみも与えてくれるものだった．

　幸田露伴が『日本百科大辞典』（1908-19）用に執筆した項目の一つ「軍記物」を引用する．「徳川時代に出でたる小説の一種．合戦闘争の事を興味あるやうに記したるものにして虚実相半ば），空想と実事との中間の産物たるものとす．……此類の書は徳川時代の小説に於ける脊髄骨たるの観ありしが……」（肥田晧三『露伴遺珠』1978）．『八犬伝』や『弓張月』などの読本（江戸時代の歴史小説）を書いた曲亭馬琴に，自分が所蔵する軍書の目次を写した『軍書目録』の書があることは，露伴のいう「脊髄骨」説を裏付ける．

　軍記の史実離れが進み，面白い話を書こうという意識の強くなった作を通俗軍記とよぶことがある．通俗的かそうでないかの線引きは難しいが，明和年間（1764-72）までには成立していたらしい作者不詳『厭蝕太平楽記』は間違いなく「通俗」軍記である．上方ではこれを種として講談も読まれていた（講談の口演は「読む」という）．『厭蝕太平楽記』は，史実では一介の傭兵隊長にすぎなかった真田幸村を，徳川方をことあるごとに翻弄する天下無敵の軍師として描く．露伴の「虚実相半」どころではなく，ほぼ虚といってよい．史実としてとるところはないが，実に痛快無比な作であり，天下無敵の傑作である．　　　　［高橋圭一］

◆ 挿 絵

　新聞や雑誌で発表される小説には，たいてい挿絵が添えられている．読み手の興味をつなぎとめるために，イラストの力を借りることが多い．時には，その絵自体が，挿絵家の作品として，評判を呼んだりもする．

　江戸時代の読み物でも，庶民が手に取る本の場合は，挿絵がつけられた．春画も含む浮世絵なども，多くはそうした利用に供されている．

　比べると，中国や朝鮮に，そういった絵図はあまり残っていないことが，わかる．儒教の縛りが強かった大陸では，もっぱら読書人とよばれる教養人が，書物を読んできた．一般庶民には，読書の習慣が，日本ほど行き渡っていない．挿絵をふんだんに使う，あるいは絵が主体となる本の需要は，庶民読者が支えている．そして，日本は大陸と違い，そうした書物群を肥大化させてきたのである．

　儒教的な価値観に従えば，それだけ日本は下々の文化が栄えたところだというしかない．あるいは，サブカルチャーの開花した国であったというべきか．マンガ文化の隆盛にも，その下地で支えられた部分は，あったと思う．

　さて，今日の日本では，予算要求で用いる書類にも，イラスト，いわゆるポンチ絵の併記が求められる．これも，あまり世界では類例をみない現象だと思うが，どうだろう．

［井上章一］

◆ 出版産業の歴史

　電子出版という言葉がある．紙の媒体ではなく，インターネットで読者に接近しようとする営みを，そうよぶ．ただ，出版の「版」という字は，木版印刷の版木に由来する．中世以来の歴史が，そこには込められている．電子の時代になっても，「版」を使い続けるところは，なかなか味わい深い．

　ちなみに，刊行の「刊」という字は，音読みだと「けず」る，あるいは「きざ」む，になる．かつての木版が彫ってこしらえられたことを，今に伝える文字使いといえる．なお，上梓の「梓」は，版木の板として中国でよく使われた梓の木をさし示す．出版文化が木版時代以来の長い伝統とともにあることを，これらの文字は教えてくれる．

　印刷出版自体は，日本でも8世紀には試みられていた．だが，室町末期まで続く出版物は，もっぱら仏教の経文を取り上げている．他方，世俗的な読み物は，写本というかたちで出回った．

　仏教書以外の和漢書が刊行されだしたのは，江戸時代になってからだろう．18世紀にもなると，その規模は大きく広がった．流行作家といってよい書き手も，登場する．都市生活者に，それだけの余暇ができたということか．また，知的水準の向上も汲み取り得る．

　工業的達成を指標する議論だと，日本の近代化は遅く見積もられてやすかった．しかし，出版産業の成長を目安にすれば，欧米と比べても遜色のないことが，よくわかる．

［井上章一］

18. 信　仰

　最も古くは，呪術（シャーマニズム）が機能していた．それは，原初的な民族社会には共通する史実である．そこでは，祓い・祈祷・神懸り・託宣（卜占）が基本的な要素となる．これが「古神道」や「修験」にも引き継がれた．
　歴史時代になると，仏教と神道が全国的に広まりをみせた．そのとき，土着の自然信仰を取り入れた形跡がある．例えば，「御山信仰」「霊山信仰」．現代にもそれが各所に伝わるが，仏教では山号や山門をもち，神道では鎮守の森をもつことで習合をみた．「神仏習合」の歴史もその延長上にある，とみてよいのではなかろうか．
　祖霊信仰も根強いものがある．仏教宗派ごとの師檀制度の広がりをみてからは先祖供養もそこに委ねるようになったが，祖霊も御山に宿るとしてきたところも少なくなかった．
　明治以降は，「宗教」という外来用語も一般化するが，一神教を基とした西欧や中東の実態と日本のそれは同質とはいえない．西行法師が「何ごとのおわしますかは知らねども，かたじけなさに涙こぼるる」と詠んだように，日本では多神教の伝統が現代にも連続性をもつ，とみるべきであろう．

〔神崎宣武〕

神さまと仏さま

　神仏は，日本人にとって古くから信仰の対象であった．ただし，厳粛な宗教行事のような場で顕在化するのではなく，生活上の節目や季節の移り変わりの中で身近な心の拠り所として存在している．神仏の区別も明確ではなく，自然崇拝と祖先崇拝とが渾然一体となっていて実像を捉えにくい．しかし，このあいまいさこそが日本人の宗教観であり，それは「信心」という言葉に集約される．

図1　民家の神棚の横に祀られたさまざまな社寺のお札やお守り（宮城県気仙沼市）［2010年2月，撮影：筆者］

●**神棚と仏壇**　外国人が日本の民家を訪れたとき，違和感を覚えることの一つは神棚と仏壇ではないだろうか．神道と仏教という異なる宗教の祭壇が，同じ空間の中に置かれているからである．にもかかわらず，多くの日本人はそのことに何ら疑問を感じることなく，当たり前のこととして日々を過ごしている．

　一般的には，神棚にはその土地で信じられている氏神や産土神，あるいは日本の総氏神である伊勢神宮のお札などが祀られている．氏神（産土神）とは，同族を基本とする地縁的な集団の守護神で，鎮守ともいう．氏神への帰属が戸籍管理の役割を兼ねることから，江戸時代に「一村一鎮守」とする氏子制度が確立し，家々でもこれらを祀るようになった．一方，仏壇は，先祖の供養を目的としたもので，家の成員代々の位牌が祀られている．江戸時代以降，寺請制度の成立により檀家制度が普及したことで，各戸が必ず決まった寺院に所属し，家の成員の把握や法事などをその寺院の管理のもとで行うようになった．

　こうした用途のため，それぞれ神棚と仏壇が置かれているのであるが，これを異なる宗教体系に属するものとして明確に区別している日本人は，ほとんどいないといってよいだろう．

●**仏教の受容と祖先祭祀**　そもそも，明治元（1863）年に政府から「神仏分離」令が発せられる以前は，平安時代以来の神仏習合の考え方が一般にも定着していた．これは，自然神を基本とする日本古来の神を，具体像をもった仏と同体化し融合させるという，世界にも類をみない信仰である．神仏習合の信仰拠点となってきた各地の寺院や霊山では，明治以降に廃仏毀釈が断行されても，民衆の生活文化の中では消えることなく受け継がれてきた．

　仏教は発祥地のインドから各地へ伝来する過程で，その土地にあった思想体系をかたちづくって定着するという特徴がある．日本でも，6世紀半ばに伝来して以

来，土着の信仰習俗と融合することによって受け入れられた．ただし，当初は貴族など社会の上層階級への浸透が主であり，一般の民衆社会に定着をみたのは，後年，室町時代から江戸時代にかけての頃とされている．荘園制の崩壊，郷村制の成立を経て，農民が各地に村をつくって定住するようになった時，死者の処理と供養を委ねる存在として僧侶を必要とした．先祖の供養は，同族集団に始まる村の成員にとっては必要不可欠であった．それまで漂泊の遊行僧を中心としていた僧侶の民衆への関与は，死者供養と祖先祭祀を目的とした寺院の建立と僧侶の定着によって堅固なものとなっていく．そしてこれを背景に，江戸時代になって寺請制度や宗門人別帳の作成が改めて制度化され，広く行き渡ることになるのである．

●**自然崇拝と祖霊崇拝**　農村で続けられてきた行事をみると，姿の見えない神を折々に迎え，これを送る儀式を季節ごとに繰り返してきたことがわかる．民俗学者の柳田國男（1875-1962）は，特に正月と盆の行事に類似の性質がみられることに注目し，日本人の固有信仰を祖霊信仰に集約させて説明している．子孫によって手厚く祀られた死者の霊が，やがて年神や田の神となって来訪するという柳田の祖霊論は，神仏に対する日本人の考え方すべてを包括するものではないが，核心をついた指摘であることは確かである．

　また，死者の霊が山へ行くと信じられている地域は多い．山や高い樹木などは，自然界を司る神々が降り立つ依り代でもあり，死者の霊はこれらの神と渾然一体となって，村に住む人々の暮らしを守る存在となる．こうした自然崇拝と祖霊崇拝が日本人の精神文化を支える柱としてあり，暮らしのさまざまな場面に影響を与えてきたと考えることができるのである．

●**ゆるやかな「信心」**　「あなたの宗教は何か？」という問いに対して，日本人の多くは「無宗教」と答えるだろう．これは「無神論者」を意味するのではない．事実，我々は事あるごとに神社仏閣に参拝し，神前仏前に手を合わせ，健康や平和を願う．それは一つの思想体系のもとにある特定の神を信じる「宗教」ではなく，「信心」という言葉で長く表現されてきた行為なのである．「宗教」や「信仰」という言葉は，明治になって使われるようになった．これらは，ただ一つの神を選び取ることを至上とする一神教的な考え方にもとづく言葉でもある．そのため，自然界のありとあらゆるものに神々を見，神仏の区別なく信心してきた日本人の心の有り様を表すには，あまりふさわしいものではない．

　しかしながら，こうした言葉の使われ方と内実との不一致は，日本文化の国際的な理解に混乱をきたしてもいる．何よりも日本人の多くが自らの文化的な背景を十分には理解していない．神さまも仏さまも，そしてご先祖さまも，自然神も含めてすべてを場面に応じて信心するゆるやかな「宗教」を，まずは日本人自身が自らの文化として認識することが，真の国際理解への第一歩となるのではなかろうか．

〔山本志乃〕

社と寺

　神社と寺院は，ともに日本における主要な宗教施設である．祭神や本尊を安置する建造物をもち，全国的に有名な社寺の中には，建造物そのものが文化財としての価値を付されているものもある．しかし，その成り立ちを紐解いてみると，信仰対象としての社寺の本質は，必ずしも建造物に付随するものではないことがわかる．

●**神仏習合のなごり**　文化庁が発表した 2014 年度の『宗教年鑑』によると，宗教法人として登録されている全国の神社は 8 万 5,086 社，寺院は 7 万 7,421 寺で，寺院が若干少ないとはいえ，ほぼ 8 万前後と似かよった件数になっている．これには，明治時代以前の日本の信仰習俗が深くかかわっている．

　日本では，平安時代の頃から，土着の神を外来の仏と融合させる神仏習合の考え方が一般化した．それにより，神社に付属して神宮寺や別当寺などの寺院が置かれた．これらが明治政府による神仏分離令によって独立したため，神社とほぼ同数の寺院が存在する結果となったのである．現在でも，神社に隣接して寺院が建っているところは少なくない．何気なく使っている「神社仏閣」という社寺をひとまとめにした言葉も，長く定着してきた神仏習合の考え方を基盤に生まれた表現なのである．

●**社の原型としての森・山**　『万葉集』に「神名火に神籬立てて斎へども人の心は守り敢へずも」（佐佐木信綱編『新訂　新訓万葉集　下巻』）という歌がある．「神名火」とは神奈（南）備，すなわち古来から神が鎮座するとされる山のことをさし，神籬とは常緑樹で囲まれた神が降臨する場所をさす．「斎へども」と続くことから，山の常緑樹を目印に神が降り立ち，これを祀るという習慣があったことがわかる．

　祭りの場所には仮の小屋が建てられることがあり，やがてこれが取り壊されずに恒久的な建物，すなわち社となった．また，日本各地には「モリ」とよばれる聖地があり，神祭りの場所となってきた．モリは必ずしも鬱蒼とした森林ばかりでなく，樹木が数本生えているだけといったところもある．そうしたモリの多くは，時代をさかのぼると死者を葬る場所ともなっていた．死者を埋葬する，もしくは供養するために土を盛り，そこに木を植える風習が広くみられることから，モリの語源をこの盛り土とする説もある．このように，日本においては祭場と葬地が不可分の関係としてあり，これが聖地として崇められている．そしてその聖地は，常緑樹からなる森と山に象徴される．

　我々は，とかく荘厳な社殿建築に目を奪われがちだが，信仰の本質は社殿の背

後の森や山にある．古代から神の山として知られる奈良の三輪山を例にあげると，麓にある大神(おお)神(みわ)社は拝殿のみで本殿が存在しない．これは三輪山そのものが御神体だからであり，神社の拝殿はその遥(ようはい)拝所(じょ)なのである．山をもたない平地の神社には，鎮守の森が広がっている．そして，そうした森の奥に，本来の信仰対象として奥(おく)宮(みや)が祀られているのである．

図1 神社の境内につくられた神籬（館山市神余・日吉神社）
［2014年7月，撮影：筆者］

●寺と山 聖地としての森・山とのかかわりは，寺院にあっても同様に存在する．日本の寺院は，成田山新勝寺・比(えん)叡(りゃく)山(じ)延暦寺・金竜山浅(せん)草(そう)寺(じ)などと山(さん)号(ごう)を冠するのが一般的で，寺院の門は山門(もん)と表す．もとは寺院が山に多くあり，禅宗とともに中国から山号の制が伝えられたとされるが，後に平地の寺院にもつけられるようになった．これは，日本古来の神社と寺院の関係や，森・山を聖地とする観念を考えれば自然なことでもある．山と同体化することによって，寺院は聖地となり，また世俗のさまざまなしがらみと切り離された特異な場ともなった．戦国時代には，駆(かけ)込み寺に入ることを「山林に走入る」と表現したという．山林が本来もっている聖域性やアジール（避難所）性が，寺院に駆込み寺としての機能をもたせたと考えることもできるのである．

●門前町のにぎわい 規模の大きな社寺の門前には，商店を中心とする町が形成され，門前町としてにぎわいをみせている．門前町が存在しないところでも，社寺の祭礼や縁日に合わせて市(いち)が立つところは多い．聖域である社寺の目の前に，相反するような世俗的な商業空間が出現していること自体，奇異なことではあるが，実のところこれもまた社寺に付随する聖性と無関係ではない．

古代には，海(つ)石(ば)榴(き)(椿)市(いち)・阿(あ)斗(との)桑(くわの)市(いち)など，神が降臨する依り代となる樹木のもとで市が開かれたという．民俗学者の折口信(しの)夫(ぶ)も，市の語源が神を祀ることを意味する「斎(いつ)く」という言葉にかかわっていることを指摘している．それがため，後年になっても，定期市の開催場所に市神を勧請して祀ることが行われた．神々に守られた場であることが，市の本来の姿だったのである．また，市を「マチ」とよんだり，祭りを「マチ」とよんだりする例は，現在でもしばしばみられる．市は町の原型であり，市も町も，その成り立ちは神々の存在と深くかかわっているのである．

［山本志乃］

祓いと禊ぎ

　祓いと禊ぎは，身についた穢れを除去し，不浄な状態を脱して心身を健全に保つための行為である．

●**身近な祓い**　普段とりたてて信心深いというわけでもないのに，不測の災いや病気に見舞われたとき，「お祓い」という手段を選ぶ人は多い．科学技術が進んだ現代であっても，不吉なことを避けたいと願う心情に変わりはなく，目に見えない神仏にすがって安心を得るのである．

　社寺で正式に祓いの儀式を行うばかりでなく，線香の煙を全身に浴びたり，葬儀に参列した後で体に塩を撒いたりすることも，すべては祓いと同義の行為といってよい．これらは，行っている人自身が宗教的な意味を認識している場合は少なく，むしろ生活習慣として身についた行動様式の一つである．災厄をもたらすと考えられているものには，外部から侵入する悪霊や妖怪などがあるが，これらが呪いや護符などを使って除去されるのに対して，祓いの対象となるのは，自分自身の穢れである．穢れ，すなわち何らかの理由で不浄な状態となった身を浄化することが祓いである．

●**ハレ・ケ・ケガレの循環**　日本人の生活様式を理解する民俗学上の概念に，ハレ（晴）とケ（褻）がある．これは非日常と日常，あるいは聖と俗とも言い換えることができる．ハレとケは，衣食住をはじめとする生活文化の至るところに影響を与え，暮らしのリズムをかたちづくっている．さらには，このケが枯れて，日常生活を維持する力が失われた状態が，ケガレである．ケガレが生じると，ケに回復するための手段が講じられる．そこで祭りや節供などのハレの行事が，ケガレを祓う場として必要とされるのである．

　こうした，ハレ・ケ・ケガレの循環は，一年の生活に節目とリズムを与えている．関東地方の農村の年中行事を例にみてみると，6月1日をキヌヌギノツイタチ（衣脱ぎの朔日）などとよび，この日に保存しておいた正月の餅を食べる行事があった．ちょうど蒸し暑い梅雨の季節を迎え，気力体力ともに減退するような時期に，節目となるハレの日を設定して，この日に特別な食べ物，すなわち歳神様に供えた餅を摂取する．そうすることによって，エネルギーを充満させ，枯れたケを回復させるのである．「衣脱ぎの朔日」とは，蚕の脱皮とも関係していて，新生・再生といった観念にも通じている．祓いには，単なる不浄の浄化だけでなく，生命力の再生といった意味も付加されているのである．

●**祓いの手段としての禊ぎ**　穢れを祓うため潔斎することを，禊ぎという．禊ぎとして一般的なのは，水で身を清める方法である．神社仏閣や霊山に参拝する前

に，入口にある池や川などに浸って禊ぎをする習慣は，地域によっては現在でも行われている．水垢離ともいうが，それをもっとも簡略化したのが，手水鉢で手や口をすすぐ行為である．身が穢れた状態では聖域に足を踏み入れることができないので，事前に水垢離をして穢れを祓うのである．例えば，古くから神の山として信仰されてきた富士山にはいくつかの登山口があり，そこには浅間神社と名のつく古社が置かれている．そのうちの表玄関ともいうべき富士山本宮浅間大社（静岡県富士宮市）には，室町時代頃の参詣曼荼羅が残されており，境内の水垢離場で人々が禊ぎをする様子が描かれている．水垢離をとった人々は，白い装束に着替え，松明を手にして山頂への道をたどるのである．富士信仰は江戸時代になって大衆化し，富士講という庶民の参拝グループが各地にできた．その富士講の修行の一つに，内八湖・外八湖とよばれるものがある．これは富士山周辺もしくは周縁にある湖をそれぞれ8個所ずつ巡って水垢離をとることをいう．かつては登拝とセットで行われていたこうした禊ぎの習慣も，現代のレジャー化した富士登山ではほとんど見られなくなった．

図1 富士塚がある東京都台東区小野照崎神社にて，お山開きの日に茅輪くぐりで穢れを祓う［2010年6月30日，撮影：筆者］

●**潮垢離と上巳の節**　海岸で海水に身を浸して禊ぎをする行為は，『万葉集』にもうたわれるなど，古くから行われてきた祓いの方法である．『古事記』にも，亡くなった妻の伊耶那美を追って黄泉の国に行った伊耶那岐が，穢れを祓うために海水で禊ぎをしたとある．海水で不浄を祓うことを潮垢離ともいい，現代でも各地の祭礼や行事の中に生きている．神輿の渡御の際に浜降りと称して海岸に出たり，海岸の砂や石，海藻などを神前に供えて祭りをしたりといったことは，いずれも潮垢離の一種である．

現在，桃の節供として親しまれている3月3日は，暦の上では上巳の節といい，身の穢れを祓う日とされていた．かつては，この日に近い大潮の日に海岸に出て磯遊びをする習慣が各地にあった．今日の潮干狩りはその名残である．桃の節供には雛人形を飾るが，本来は，人形に穢れを封じ込めて水に流すという禊ぎの行事だった．現在でも伝わる流し雛の風習は，その原形を残すものとして知られている．

海水浴も，かつては泥湯・潮湯治などとよばれ，心身の健康を保つための行為であった．海水による禊ぎは，長い海岸線に囲まれた日本列島各地でおのずと育まれてきた習慣である．これがやがて，穢れを祓うために塩そのものを撒くという習慣へと転化したとも考えることができるのである．　　　　　　　　　［山本志乃］

火（煙）と水

　『古事記』の中で「八百万の神」と表現されるように，日本人は古代から自然界のありとあらゆるものに神の姿を見，これを大切に祀って暮らしてきた．なかでも火と水は，生活に密着し，生命の維持そのものにもかかわるほどの重要性をもっていることから，地域や自然環境を問わず，聖なる存在として広く崇められてきた．

●**火と水の聖性**　火と水は，暮らしに多大なる恵みを与えるが，一歩間違えば，村を壊滅させるほどの甚大な災厄をもたらす存在であることも忘れてはならない．人々の生活を助けるはずの火や水が，火山の噴火や火災，洪水や津波など，畏怖の対象となる災害へと一変することは，現代の我々の生活からも実感されることである．このように，自然は常に表裏一体であり，だからこそ信仰対象ともなってきたのである．日本の神には善悪の偏りがなく，大切に祀れば善となり，おろそかにすれば悪となるという両義性が認められる．火と水が神聖なものとして崇められてきたのは，これが暮らしに欠かせないだけでなく，畏怖をもたらす存在であることにも起因しているのである．

●**竈の神**　「同じ釜の飯を食う」とは，所属を同じくする者同士の連帯感を表す言葉だが，かつては同じ竈で調理した物を食べるということが，一家一門を意味していた．竈の火は神聖で，これが穢れると，その火で調理した物を食べた人自身も穢れるため，竈の火を清く保つことが必要とされた．ゆえに，何らかの穢れにある人，例えば女性の出産や月経は血への畏れから不浄とされ，別に竈をこしらえてそこで煮炊きをしたのである．竈の神は，火の清浄を守る神というだけでなく，火伏せ（防火）の神でもあった．秋葉神社（静岡県）・愛宕神社（京都府）・古峯神社（栃木県）などは火伏せの神として全国的に信仰を集めており，村で講を組んで定期的に参拝することが盛んに行われた．講とは，同じ信仰により結びついた人たちの集まりで，互いにお金を出しあって，代表者2～3名がお参りに行くのである．

　家屋の中で火にまつわる場所は，竈だけではない．火種となる炭火を要する炉（囲炉裏）には，自在鉤を伝って神が降り立つといった，やはり火の聖性とかかわり深い信仰を伝えている地域がある．民俗学者の柳田國男は『火の昔』（1944）で，炉とは火ドコもしくは火ジロのことであり，出産などの特別な時にここで大きな火を焚いて，親戚の者が交代で火の番をする習慣が沖縄などで見られることを紹介している．炉の煙で燻製などの調理をしたり，草屋根が燻されることで虫の除去になったりするなど，生活の保全のための炉の役割は，竈に並んで大きい

のである.

●**水分の神**　火の神が身近な竈や炉とかかわるのに対して,水の神は,井戸がある家ではそこに祀られることもあるが,多くは水源となる泉や川に顕在化する.火は各自で起こしてこしらえるが,水はつくることができない.水は飲用や調理用として使われるだけでなく,農業用水でもある.水脈をもつかもたないかは生活の根幹にかかわることであり,水への信仰も,それを発する場所へと集約されることになる.分水嶺や渓流の合流点など,山中の水源にかかわる場所に祀

図1　新潟県十日町市西寺町のドンド焼き.木と藁で塔をつくり,正月飾りや古いお札,書き初めなどを一緒に燃やす.その火で焙ったスルメを食べて,一年間の無病息災を願う.[2012年1月15日,撮影:筆者]

られる神は水分の神とよばれる.すでに平安時代の施行細則である『延喜式』の中の「神名帳」に「水分大神」の名が見え,大和だけで4社があったとされる.

水分の神は,水源を司る神というばかりでなく,洪水を防ぐ神でもあった.例えば,熊野本宮大社の旧来の社地は,熊野川と十津川・音無川とが合流する中洲にあった.明治22(1889)年の水害で社殿が流出したので,川から離れた高台に再建され今に至っている.熊野本宮大社は熊野三山の一つで,日本を代表する聖地でもあるが,その成り立ちに水分の神ともいえる水神がかかわっているのである.

また,島根県の出雲大社も,近年の発掘調査により,西の素鵞川と東の吉野川に挟まれた扇状地に立地していたことが明らかになった.ここもまた古くは川の合流地点であり,繰り返し水害に遭っている.一方では豊かな水に恵まれ,かつては神門水海という入海もひかえていたことから,港の機能も有していたと推測される.このように水の恩恵と畏怖とが重なり合うところに,神祭りの場がおかれたのである.

●**年中行事の中の火と水**　火と水にまつわる農村の主な年中行事を抜き出すと,次のようなものをあげることができる.火に関しては,ド(ト)ンド焼き(図1)・左義長・サイノカミ(小正月),迎え火・送り火(盆),初夏の虫送り行事で焚かれる松明などがある.また水に関しては,若水汲み(正月),七夕流し(七夕・七日盆),精霊送り(盆)などである.こうしてみると,両者とも正月と盆の前後にほぼ行事が集中していることがわかる.

火や煙は,穢れを浄化する祓いの作用をもつ.水も同様であり,さらには生命を更新するという古代からの信仰がある.一年の始まりにあたる正月と中間地点の盆の前後は,年間でも特に重要な節目である.このときに心身を浄化し,生命力を再生させる象徴として,火と水が必要とされたと考えることができるのである.

[山本志乃]

墓参りと精霊流し

精霊とは，盆に祀られる霊魂をさす．精霊には家の先祖のほか，新仏と無縁仏があるとされ，盆はそれらの霊魂を迎えて，供養する一連の行事であり，旧暦の7月13日から16日にかけて行われることが多い．精霊は，オショライサン，センゾサン，ホトケサンなどとよばれ，地域によって呼称が異なる．精霊が盆の間に田畑を見まわると伝承されている地域もあり，農神としての性格も有していると考えられている．

●**精霊迎えと墓参り** 朔日（一日）や七日を盆行事の始まりとし，精霊を迎えるための準備が行われる．各家では，盆棚をつくったり，仏壇に盆提灯を飾ったりする．また，墓掃除や墓地の草刈りを行い（図1），野山からホオヅキやキキョウなどの盆花を摘んでくる．山形県西置賜郡では，朝食前に墓掃除をし，山道の草を刈った．葦で盆棚に敷くためのゴザを編んだり，餅を搗いたりし，夜は仏壇に燈明を灯したという．

図1 盆の墓参り［撮影：筆者］

いよいよ精霊を迎えるのは，13日とするところが多く，精霊迎えや迎え盆などという．精霊は他界から牛馬に乗って訪れるという伝承のもと，ナスやキュウリに箸を挿してつくった牛馬を盆棚に供える風習が広く行われている（図2）．先祖の迎え方は，地域によって多少異なるが，多くは家族で墓参りをした後に，先祖が帰ってくるための目印として藁や松の根などを燃やして迎え火を焚く．火を焚く場所は，墓地，家の門，辻，橋のたもと，川原，海辺など地域によってさまざまである．特に新盆（初盆）の家では，早くから火を焚き始める．

精霊を墓地から迎える地域が多いが，川原で念仏を唱えて迎えたり，海に笹舟を流して迎えたりする所もあり，一様ではない．墓地の場合は，精霊に声を掛けて迎える例が方々にあり，例えば長野県では13日の晩に墓へ行き，麦殻や白樺の皮で迎え火を焚き，「盆さん，盆さん，この明かりで来ておくんな」と唱える．門口でも迎え火を焚き，家へ入って盆燈籠に火を灯し，盆棚へ明かりを上げて迎える．新潟県新発田市では，墓へ行き，「ショウライサマ，ショウライサマ，アガシ（明り）についてござっしゃれ」と声を掛けるという．また，福島県喜多方市では，門口で迎え火を焚いた後，供物を持って墓に参り，「先祖迎え」といっ

て両手を後ろで組んで先祖を背負った格好で帰ってくる．「どっこいしょ」などと言って家に上がり，盆棚の前で先祖を降ろすような所作をして迎えた．墓場からの帰り道に，途中で組み手が解けると，墓に戻ってやり直さなければならないという．

●盆踊りと精霊流し　迎えられた精霊は，以後3日間は子孫とともに過ごすこととなる．盆の期間には，家々を訪れた精霊を慰めるために盆踊りが行われる．寺の境内や広場などで，音頭取りが乗る櫓(やぐら)を組み，その周囲を老若男女が集まって，盆歌に合わせて踊るのが一般的である．人が輪になって踊る形式と，徳島市の阿波踊りのように列を組んで行進する形式がある．また，新仏の墓や家の前で踊る地域もある．例えば鳥取県岩見町では，8月14日に「墓踊り」といって若い男女が新仏の墓を中心に踊る．

盆が終わり，精霊を送り出すのは16日とする地域が多く，精霊送りや送り盆などとよばれる．この日に盆棚を片づけ，精霊に供えた供物を，コモやハスの葉にくるんで村境や墓場へ持って行く．海や川に近い地域では舟をつくって流す場合もある．供物を海や川に流し，精霊を送るこの行事を精霊流しという．精霊流しの舟は，盆舟・送り舟・精霊舟・燈籠舟などとよばれ，趣向を凝らして飾りたて，華やかさを競う地域もある．島根県隠岐郡西ノ島町では，集落共同で大きなシャーラブネ（精霊舟）をつくり，各戸の供物を乗せ，浜辺で読経して沖へ曳き出して流した．福島県では，16日にオクリダンゴやナスやキュウリでつくった牛馬を藁でつくった舟に乗せて，「秋の彼岸にまたござれよー」と言いながら川や海へ流した．この舟はなるべく朝早くに流す方が良いとされた．また，茨城県や神奈川県の一部では，新仏を迎えた家が大きな精霊舟をつくり，町中を練り歩いた後，海に流した．

舟をつくらずに，供物だけを流す地域もある．長野県では，精霊が馬に乗って帰って行くと伝えられ，ナスやキュウリに箸や竹で足をつけて馬の形にしたものを川に流した．火を灯した灯籠を海や川に流すところもあり，京都府の嵯峨や長崎県長崎市の灯籠流しが有名である（図3）．水面に浮かぶ火は，幻想的な空間をつくり出し，近年は観光行事としての側面も強くなっている．また，広島市の原爆犠牲者の慰霊祭においても，毎年灯籠流しが行われている．　　　　［村山絵美］

図2　ナスとキュウリの供物
［写真：芳賀ライブラリー］

図3　京都嵐山の燈籠流し
［写真：芳賀ライブラリー］

鬼と天狗

　鬼と天狗は，ともに人間の想像力によって生み出された妖怪の一種である．この世とは別の異界に住まい，そうした異界は人間が踏み込むことのできない場所，すなわち神の領域として神聖視されてきた．

●「鬼」の登場　文献上，日本で「鬼」という語が登場するのは，奈良時代の『出雲国風土記』に「目一つの鬼」が来ると記されたのが最初であるとされる．ただし，これを「おに」と読んだかどうかは定かでない．中国から伝来した「鬼」の語は，もともと死者の魂や亡霊を意味する．平安時代中期につくられた辞典『和名類聚抄』には，「鬼」の字を使った言葉が紹介されているが，例えば「瘧鬼」を「えやのかみ」，「邪鬼」を「あしきもの」，「窮鬼」を「いきすだま」としているとおり，古代の文献では「おに」と読ませる例がほとんど見当たらない．『万葉集』でも「しこ」と読んだ歌があり，これは「醜」の意味に通じることから，「鬼」の語源がその面貌にかかわるとも考えられている．「鬼」が「おに」として統一されるようになるのは，平安時代以降とされる．文芸評論家で民俗学にも造詣が深い歌人の馬場あき子によれば，早期の日本文学に現れる鬼の例を概括して，①異形のもの，②形をなさぬ感覚的な存在や力，③神と対をなす力をもつもの，④辺土異邦の人，⑤笠に隠れて視るもの，⑥死の国へみちびく力，という六つの類型を導き出している（『鬼の研究』）．これらは基本的に，後世の鬼のイメージを構成する要素とも重なっている．

●鬼は神　前述の『和名類聚抄』では，「おに」の語が「隠」の転音であると説明されている．これに対して民俗学者の折口信夫は，「おに」は「かみ」と同義であり，恐怖を感じさせるものが「おに」に集約されていったと述べている（『鬼の話』）．折口は，日本人の神観念を示す重要な概念の一つとして，海の彼方の常世の国から時節を定めてやってくる来訪神への信仰を「まれびと」という言葉を用いて説明しているが，「おに」もまた常世神，すなわち来訪神が形を変えたものであるというのだ．実際に，春先に農村各地で行われる豊作を願う祭りに鬼が現れたり，神楽にも鬼が登場したりする例にみられるように，邪悪で恐ろしい形相の一方で，鬼は祝福をもたらす役割も担っている．秋田県のなまはげや鹿児島県甑島のトシドンなどは，そうした特徴を備えた代表的な鬼である．

　『御伽草子』に登場する大江山伝説の酒呑童子も，もとは神の子であったものが，行いや面貌の異様さから鬼へと姿を変えたとされる．日本の神々はもとから善悪の区別がある訳ではなく，時と場合に応じて善くもなり悪くもなるという両義的な性質をもっている．鬼はまさしく，そのような日本の神々の特徴を具現化した

存在なのである．

●**山の異人と天狗**　山を住処とする鬼の一種として具体化されているものに天狗がある．一般に，鼻が高く，山伏の装束に身を包んで高下駄を履き，羽団扇を持って飛行するとされる大天狗と，翼とくちばしをもった鳥の姿でイメージされる小天狗の2種類が知られている．大天狗が山伏のような姿をしていることに象徴されるとおり，天狗にまつわる伝承は修験道の隆盛にも関係している．霊山に籠り，難行苦行によって山の神の霊力を身につける修験者と，空中を自在に飛行し，超人的な法力を発揮する伝説上の天狗は重ね合わせて考えられることも多く，人格をもったより人間に近い鬼といえる．

図1　『東海道名所図会』(1797)に描かれた金比羅道者．秋葉山中の茶店で，背負って来た天狗面の額を包み直している．

このほか，天狗を山の神とする信仰もあり，山の中で深夜に木を伐り倒す音が聞こえたり，どこからともなく石の礫が飛んできたりといった怪異現象を天狗にからめて伝えている地域は多い．こうした伝承は，平地の農村地域に定住する人々からみた山の異人の存在を思わせる．また，飯縄山，秋葉山，高尾山などに祀られている飯縄権現が，荼吉尼天や不動明王に天狗を習合（再構成）させた姿で伝えられていたり，象頭山に祀られる金比羅権現の眷属（神の死者）が天狗であるとされ，讃岐の金刀比羅宮に参詣する金比羅道者が天狗の面や額を奉納する習慣もあった（図1）．このほか，祭礼の神幸行列の先頭に天狗面をつけた猿田彦（日本神話で，邇邇芸命の降臨に際して道案内したとされる神のこと）を登場させるなど，神仏と一体化した表象となることも多い．

●**身近な妖怪としての鬼と天狗**　平安時代の京都では，さまざまな妖怪が闇夜に町を徘徊するとされた．この怪異現象は「百鬼夜行」とよばれ，後に絵巻物などにも描かれた．「百鬼」と総称される妖怪は，100年を経た道具が魂を得た「付喪神」である．道具の化け物が，鬼でありながら神とも称されるのは，超越的な存在として鬼も神も同義であるという神の両義性にもとづいている．鬼はさまざまなかたちをとりながら，生活の身近なところで存在し続けてきた．昔話に登場したり，節分のような行事として定着したり，鬼ごっこのような子どもの遊びにもなったりと，現代であっても同様である．一方で天狗も，「鞍馬天狗」に代表されるような物語性を伴って，現代にまで伝えられている．鬼も天狗も，ともに特徴的な容貌が仮面として一般化したことにより，時代を超えた親しみやすいキャラクターとして普遍化を果たした．恐れを感じさせる存在でありながら，愛着をもって語られ続けるのは，鬼や天狗の本質が，自然界から派生した超越的な存在であることと無関係ではないだろう．

［山本志乃］

ヘビとキツネ

　人間は野生の生き物とかかわるなかで，その行動を観察し，想像力を働かせてさまざまな解釈を与えてきた．なかでもヘビとキツネは，神秘的で特別な力をもった生き物として捉えられ，神意を伝える象徴的な存在として多くの伝承を生んでいる．

●**神の化身としてのヘビ**　出雲大社では，神在祭(かみありさい)の前日の旧暦10月10日夜に，稲佐浜で神迎祭(かみむかえさい)が行われる．これは海から神々を迎える儀式で，浜に寄せてくるセグロウミヘビを神々の先導役である龍蛇様(りゅうじゃ)として迎え，出雲大社に安置するのである．背が黒く，腹が黄色のセグロウミヘビは，泳いでいると火の玉のように見えることもあるという．その神秘的な姿から，神の化身と考えられてきたのだろう．また，古代から神の山として知られる大和の三輪山にも，祭神がヘビに身を変えて現れる伝説があるなど，ヘビに対する信仰は，生き物への神聖視のなかでも広くみられるものである．一方で，神話にある須佐之男命(すさのおのみこと)の八俣遠呂智(やまたのおろち)退治のように，ヘビが大蛇の妖怪となって現れる例もある．『出雲国風土記』では，八束水臣津野命(やつかみずおみつののみこと)が国引きをして出雲国ができたという有名な国引き神話が描かれているが，大洪水を意味する「八束水」を冠した神の名に象徴されるとおり，斐伊川が神門水海(かんどのみずうみ)に注ぎ込む古代の出雲は，たびたび大水害に見舞われる地域であったようだ．このため，須佐之男命が退治した八俣遠呂智を，洪水を引き起こす川そのものとする見方もある．ヘビを龍と同一視して，これを水神として祀ることも広くみられる習俗である．

●**麦藁(むぎわら)ヘビと道切りの大蛇**　駒込富士の名で知られる東京・駒込の富士神社では，富士山の山開きにあたる7月1日に，これにちなんだ祭りが行われる．富士神社は中世以来の富士信仰の聖地で，特に江戸時代後期以降，江戸を中心に広まった富士講（富士山への信仰で結びついたグループのこと）の影響で，祭りにも大勢の人が集まってにぎわった．この祭りでは，やはり江戸時代から，麦藁(むぎわら)でつくったヘビの呪物が売られている（図1）．厄除け神龍ともよばれ，雨乞いの祈願によって天から神木に降り立った龍をかたどったものとされている．江戸の各地には富士山を模した富士塚がつくられており，かつてはそこで同様の祭りが行われた．麦藁ヘビは，江戸の富士詣でに欠かせないみやげ物だったのである．

　この山開き行事は，本来は旧暦6月1日に行われる．農村地域ではこの日を「衣脱(きぬ)ぎの朔日(ついたち)」「ムケのついたち」などとよび，ヘビや蚕の脱皮にからめて，人間の皮がむけて脱皮新生する節目と捉えていた．保存しておいた正月のお供えを「歯固めの餅」として食べる習慣もあり，一年のちょうど中間地点で気力体力

を復活させ，生命力を更新させる意味があると考えられている．富士信仰も，安産や子育てへの信仰と結びつくことが多く，生命の新生や更新と深く関係している．山開きの日にヘビをかたどった呪物が登場するということは，こうした信仰の背景を象徴しているといえよう．同様に，村境に藁でつくったヘビの呪物を置き，疫病や災いを防ぐという祈願も各地で見られる．一般に道切りとよばれるこうした行事にヘビが用いられるのも，農村地域一帯でヘビが特別な意味をもつ生き物として捉えられていたことを示している．

図1　駒込富士神社の依り代(麦藁ヘビ)
[2015年6月，撮影：筆者]

●**稲荷とキツネ**　ヘビと並んで霊的な意味を付されることの多い生き物はキツネである．すでに『日本書紀』に白狐を瑞兆（良いことが起こる前ぶれ，吉兆）とする記載があったり，平安時代末には，キツネが神や神の使いと認識されることもあったようだ．そのキツネが，本来は農耕神であった稲荷神と結びついたのは中世である．伏見稲荷にまつわる14世紀の記録では，京都船岡山のキツネ一家が稲荷山に入り，稲荷神の眷属（神の使者）になったことが記されている．稲荷神はまた，密教や修験道とのかかわりが深い荼吉尼天と同一視された．キツネの霊力を利用してさまざまな祈祷や祭儀を行う「荼吉尼天法」は，中世においては修験者や陰陽師などの宗教者のみならず，一般の人々の中にも浸透したとされる．

●**妖怪とキツネ**　9世紀初頭に成立した『日本霊異記』には，キツネが人間の女に姿を変えて，人間の男と結婚して子どもをもうける話が登場する．変化という現象は妖怪のもつ特徴の一つだが，キツネは古くから妖怪として認識されてきた生き物の代表例である．そうした話が民間にも流布して，年老いて霊力をもったキツネに化かされてひどい目にあったというような説話が，各地に残されているのである．

　妖怪としてのキツネは，時に人に憑依して，病気や災厄を招くこともあると考えられていた．その場合は，法力をもった宗教者に頼んでキツネの霊を鎮めてもらう．その一方で，稲荷神を農耕や商業の神，福の神と捉える信仰が特に江戸時代以降の民間に広まって，各地に稲荷社が勧請され，キツネをかたどった石造物なども多くつくられた．民俗学者・柳田國男は，妖怪を神の落ちぶれた姿であるとしたが，民俗学者・小松和彦はこれを修正し，人々によって祀られた超越的存在が神であり，祀られていない超越的存在を妖怪とした．妖怪が祀られれば神となり，神が祀られなければ妖怪となる．稲荷神と妖怪の両面を表出するキツネは，こうした日本における神の両義性を特徴づける代表的な生き物であるともいえるのである．

[山本志乃]

遍路と巡礼

　巡礼とは，宗教的な目的をもって聖地に旅することをさし，世界的に見られる現象の一つである．ただし，欧米では，目指す聖地が1個所であっても，それが遠隔地への信仰の旅であるならすべて「巡礼（pilgrimage）」とするのに対し，日本の場合は複数の聖地を巡ることを「巡礼」，それ以外は「参詣」「参拝」などとして区別している．また霊場を札所とよび，巡る順番を定めることも特徴的である．ただしこの順番は厳密なものではなく，逆や順不同に巡ることも容認されている．

●**聖地を巡る旅**　日本の巡礼には，いくつかの類型がある．一つは，ある一定の本尊を祀る寺院や堂庵などを巡るもので，観音・地蔵・阿弥陀・薬師などに関する巡礼である．なかでも観音巡礼は，平安時代末期には成立していたとされる西国三十三箇所をはじめ，坂東三十三箇所・秩父三十四箇所などと札所が定められて，これを巡ることが盛んに行われた．こうした本尊巡礼のほかに，高僧にゆかりの寺院を巡る聖蹟巡礼とよぶべきスタイルがある．代表的なものとしては，弘法大師ゆかりの寺院を巡る四国八十八箇所，親鸞聖人とその高弟にまつわる遺蹟をめぐる二十四輩順拝といったものがある．

　そして，これらのいわば本家の巡礼を模した，「写し霊場」ともよばれる地方巡礼もまた盛んである．旧国単位で観音霊場の三十三箇所を定めたり，小豆島に四国八十八箇所の写し霊場を置いたり，場合によっては，一つの寺院の中に八十八箇所霊場の一角を設けているところもある．これらの写し霊場は，遠方まで足を運ぶことができない老人や女性，子どもなどのため，本物の霊場に行ったのと同じご利益があるとして設けられているのである．

●**巡礼者のいでたちとまれびと**　巡礼者には，独特の装束がある．白の上下に，手甲・脚絆をつけ，菅笠を被って杖を持つ．金銭は最低限しか所持せず，喜捨を受けながら旅をする．そのための椀や柄杓を腰に下げる場合もある．17世紀末に，オランダ商館長に随行して東海道を旅した医師ケンペルは，街道をおびただしい人々が行き来し，なかでもよく見かけるのが伊勢参りと観音巡礼の人たちであると記録している．「彼らは生涯をこうして過ごし，他の職業について己れの生計を立てようなどとは全く考えていない」（『江戸参府旅行日記』）とあるように，巡礼者の中には，旅先で喜捨を受けながら一生を過ごす者もいた．このように，巡礼者に対して食べ物や金銭を与える習慣は，巡礼者自身を神仏の化身としてとらえ，巡礼者をとおして神仏の加護を願うという気持ちから発している．

　また，各地の農村地域には異人歓待・賓客饗応といった風習も根強く，民俗学者・折口信夫はこのことを，来訪する神に関連づけて説明している．人々に幸福

と豊穣をもたらすため，海の彼方の常世から時を決めてやって来る神があり，これを「まれびと」として迎え入れてきたことが，客人をもてなす風習へと通じているというのである．また，年越しの晩や節分・立春などに，来訪神の扮装をした人が現れる行事もあり，その扮装が決まって蓑笠姿であることから，この姿が遠い国から旅をしてきた神のしるしであるとする．

こうした巡礼者や旅人に対するもてなしの文化の一方で，「六部殺し」のような逆の伝説も存在する．六部とは，六十六部の略で，法華経を全国各地の社寺に納める廻国巡礼行者である．六部にまつわる代表的な怪談の一つに「こんな晩」という話がある．旅の六部を泊めた家主が深夜，六部を殺して所持金を奪う．やがてその家に男の子が生まれるが，いくつになっても口がきけず，ある月夜の晩に子どもの顔が六部になり，「お前がおれを殺したのもこんな晩だったな」とつぶやくというものである．こうした怪異譚は，巡礼者に対するまなざしの中に存在する，諸国を遍歴しながら生きる人々への賤視を示唆しているともいえよう．

●**遍路と接待の文化** 四国八十八箇所の巡礼，ならびに巡礼者のことを遍路という．平安時代末期の『今昔物語集』には，四国の海岸沿いの霊場を巡ることが「辺地」と記されている．辺土ともいわれ，もとは修行僧の苦行の場であった．江戸時代中期以降に庶民による遍路が増加したが，その僻地性から，村社会から疎外された者や病人など，共同体からの離脱を余儀なくされた人たちが多く集まる場ともなっていたようだ．

図1 檮原（高知県）の茶堂
［2005年1月．撮影：筆者］

西国の観音巡礼が都見物を兼ねて大衆化するのとは対照的に，四国遍路は遊山的な要素が少なく，庶民にとっても苦行の修行場であった．一般に，巡礼者の多くは木賃宿という食料持参の安宿に泊まるが，遍路の場合は霊場の堂か善根宿という民家に泊まるのが常であった．施しを受けることも修行の一つとされ，地元の人たちは接待と称して食料や金銭を遍路に与えた．茶の接待をするための茶堂という東屋が設けられているところもある（図1）．なお，遍路は笠などに「同行二人」と記すが，これは弘法大師とともにあるということを意味する．四国霊場の写しである小豆島の八十八箇所では，遍路から豆をもらう習慣があり，こうしたことからも，遍路と弘法大師とを同一視して崇める心情をみてとることができる．

現代の四国遍路は，多様化し，自分の内面を見つめ直すために旧来の歩き遍路を選ぶ人，一部分をバスでまわるグループなど，時間と目的に合わせたコースや手段が用意されている．かたちを変えながらも，今なお四国遍路に対する根強い人気が存在する背景には，世俗を離れた別世界に身を浸すことへの憧憬があると思われるのである．　　　　　　　　　　　　　　　　　　　　　　　　　［山本志乃］

絵馬と千社札

絵馬と千社札，元来どちらも自らの信心を示し，神仏の加護を得るために社寺に奉納するものである．しかし，こうした行為が一般化し，市井の人々に広く受け入れられる過程で，信仰の縮小化あるいは遊戯化とでもいえる現象が起こり，信仰的側面を残しつつも，近世的な独特の表現を伴う新たな文化へと発展を遂げた．

●絵馬　絵馬とは，神仏への祈願・報謝のために社寺に奉納される板絵のことである（図1）．その起源は，乗り物としての生きた馬を神に奉納したこと，すなわち献馬にある．古代より，雨乞いや日乞いなどのさまざまな儀礼に伴って神馬（しんめ）の献上が行われていたことは，多くの記録から明らかであり，当時から生きた馬を用意できない場合には馬形（うまがた）を献上する風があった．

この馬形には，古くは土製のほか石製，木製などがみられ，平安時代には木製馬形が一般化

図1　願い事が書かれて神社に奉納された絵馬
［現代，撮影：筆者］

し，中世，近世へと続く．しかし，こうした馬形すら献上できない場合はどうするのか．そこで登場したのが馬の描かれた絵，すなわち絵馬である．絵馬の発生も古く，静岡県浜松市の奈良時代の地層からは板に馬を墨で描いた遺物が発掘されている．平安時代の説話集からも絵馬の奉納が広く行われていたことが明らかであり，雨乞いや日乞いといった共同祈願ばかりでなく，現世利益を求める個人祈願が普及していたこともうかがえる．また，神仏習合を背景に寺院への奉納も行われるようになった．

さて，今日私たちが知る絵馬には，神社の拝殿や寺の本堂，あるいは絵馬堂などに掛けられる扁額（へんがく）形式の大絵馬と，社務所や寺務所で購入し，祈願内容や住所，名前などを記入して奉納する小絵馬とがある．絵馬の大型化は室町時代末からすすみ，それと同時に図柄も多様化する．室町時代には祭礼図や三十六歌仙図が登場し，桃山時代には名だたる絵師がこぞって筆を振るうことで芸術的色彩を強く

帯びるようになる．また，江戸時代には武者や芸能，船，生業などのさまざまな画題が加わり，信仰にもとづく奉納という意味は形式的なものとなっていく．それに対して小絵馬は，庶民の切実な願いを神仏に伝える手段として受け継がれていく．江戸時代中期には稲荷や荒神の祭に合わせて江戸の町を絵馬屋が絵馬を売って歩くようになり，こうした絵馬には病気平癒や夜泣き封じ，縁結びや縁切り，博打断ちなど，さまざまな庶民の心の悩みが，真剣に，ときには洒落気をもって表現された．なお，現在のように絵馬を社寺が授与するようになるのは戦後のことである．

●**千社札**　千社札とは，社寺の参詣者が建物などに貼る紙片のことである（図2）．この紙には「題名」とよばれる自らの名前や屋号が記され，居住地名なども添えられる．江戸時代後期の江戸に現れ，一大社会現象として爆発的に流行する．

千社札の原形は，西国三十三所や坂東三十三所などの札所巡礼の際に納める札であり，その名は江戸の稲荷社を巡る「稲荷千社参り」に由来する．すなわち，千社札を奉納する文化は，複数の社寺を参詣することで利益を得ようとする庶民の信仰を基礎としているのである．しかし，次第に，参詣した社寺の数や貼りにくい場所にいかに札を貼るかといったことが競われるようになり，信仰的側面は後退していく．

図2　千社札
[1800年代，出典：『千円札 続集 二巻』，所蔵：国立国会図書館]

江戸時代に千社札を愛好したのは，土木・建築関係などの職人といった人々であり，僧や武士，戯作者などの知識層がまとめ役となった．千社札の愛好家は自らの札を社寺に貼ることに飽き足らず，組織を形成して情報交換にいそしみ，札の交換会も開かれる．しかし，競争意識にかられて行き過ぎた行動をとる愛好家も現れ，たびたび禁令が出されている．

こうした千社札の文化が，大きな変化を迎えるのは，幕末である．当時隆盛をきわめた錦絵と結びつくことにより，意匠を凝らした多色摺りの千社札が登場し，観賞用のものもつくられる．そこでは信仰的側面がさらに縮小する一方で，江戸の「いき」といわれるような独特の精神性や美意識が付与されることになった．

[松田睦彦]

七福神と恵比寿・大黒

　七福神とは，恵比寿・大黒天・弁才天・毘沙門天・布袋和尚・寿老人・福禄寿の七柱の神々をセットにし，福の神として祀ったものである（図1）．現在も七福神を祀る寺社を巡拝する七福神めぐりが全国で行われており，家の中を見渡せば一つくらいは七福神をあしらった縁起物が見つかるのではないだろうか．

●七福神　七福神は，それぞれが商売繁盛，弁才，知恵，長寿，開運などを司り，福徳を授ける福神として信仰を集めているが，これらの神々が七福神という一つのまとまりとして考えられるようになったのは室町時代である．京の町の人々の間で寺社参りが盛んに行われるなか，特に人気のあった鞍馬の毘沙門天や比叡山の三面大黒天，西の宮の夷三郎など七つの寺社を巡拝するようになったのが七福神と七福神巡りの始まりとされる．当時の七福神には，吉祥天や稲荷神が入るなど，構成する神は流動的であったが，「七」という数字は固定されていた．この「七」は，『仁王護国般若波羅蜜経』の「七難即滅，七福即生」という語の影響を受けたものと考えられる．「七難」には諸説あるが，太陽や月の異変・星の異変・火難・水難・悪風・日照り・盗難などをさし，「七難即滅，七福即生」とは，こうした難を逃れて多くの福を得るという意味である．これに，当時画軸や扇面などの画題として好まれた「竹林の七賢」のイメージが重ねられて誕生したのが七福神である．ただし，「七」を特別とする視点が神話の世界や人々の俗信などにも頻繁に表れることを考慮すると，大陸的な「七」に対する考え方を受け入れる土壌が日本にも古くからあったとすべきであろう．

　七福神を構成する七柱の神々のうち，後述する恵比寿と大黒を除いた五柱の神々の一般的な性格は次の通りである．弁才天は，もともとインドの河川の神であり，流れる水の音のイメージから音楽の神，弁舌の神として崇められた．江戸時代に，この弁才天が同じくインド発祥の吉祥天と混同されて福徳賦与の神となり，天鈿女命に代わって七福神に加えられた．七福神中唯一の女神である．次の毘沙門天もインドを出自とし，仏教に取り入れられて四天王の一人として仏法を守護することとなる．甲冑に身を包む軍神としての信仰を集める一方で，厄除け・延命・財福富貴を司る神として祀られる．布袋和尚は七福神中唯一の実在の人物で，後梁の禅僧がモデルとされる．太鼓腹をあらわにし，大きな布袋を担いで喜捨を求めて放浪した．そんな和尚を人々は弥勒菩薩の化身と崇め，その福々しさを尊んだ．寿老人は，中国で寿星または南極老人星とよばれる恒星カノープスを人格化したものである．稀にしか見ることのできないこの星を，中国の皇帝は吉兆とし，また自らの寿命を支配する力をもつと考えた．福禄寿は，元来寿老人

と同一であり，寿星を人格化したものである．異様に長い頭と白いひげが特徴であり，幸運や子孫繁栄・財福富貴・長寿などを司る．

●**恵比寿・大黒**　七福神のうち，恵比寿と大黒天は「恵比寿大黒」と一言でよばれるように，群を抜いて篤い信仰を

図1　「七福神丙申宝船之図」
〔明治時代．所蔵：国立歴史民俗博物館〕

集めてきた神々である．まず，恵比寿は記紀神話に登場する伊弉諾尊・伊弉冉尊の初子の蛭児であるとも，大国主神の息子の事代主神であるともいわれる．しかし，その名称である「えびす」が未開の異俗の人々を意味する蝦夷から生じた語であることを考えれば，元来恵比寿は遠い土地から寄り来る荒々しく異様な神であったことが知られる．

恵比寿の信仰の拠点には，広島県の厳島神社や島根県の美保神社などがあげられるが，平安時代末以来，恵比寿信仰の中心となってきたのが兵庫県の西宮神社である．いずれも海とかかわりが深い土地に鎮座する社であり，漁民が豊漁をもたらす神として恵比寿を祀るゆえんもここにある．釣竿を持ち，タイを小脇に抱える恵比寿の姿は漁民の信仰に由来する．こうした沿岸漁村部での信仰を特徴とする西日本に対して，東日本では農山村部において恵比寿信仰が展開する．すなわち，豊作をもたらす田の神・作神としての恵比寿である．これは江戸時代中期以降，西宮神社の末端神職である願人が神札の賦与をとおして，東国の隅々まで恵比寿信仰を広めた結果である．一方で，商売繁昌を祈る商工業者の信仰も篤い．商工業者による恵比寿信仰は，室町時代に七福神が成立した際に，京都などの都市の人々から西宮神社の恵比寿が信仰を集めたからであろう．

一方の大黒天は，もとはインドの破壊神であるシヴァの化身の一つであり，それが台所の神「大黒」として仏教とともに唐から伝わったと考えられている．この大黒が記紀神話の神である大国主神と結びつくことで福神的要素を帯び，私たちになじみ深い狩衣を着て烏帽子を被り，背に大きな袋を担いで手には打ち出の小槌を持ち，笑みを浮かべた姿で描かれるようになった．台所の神のほか，商業の神，農業の神としても信仰を集めている．

恵比寿と大黒天とは，七福神成立以前からセットで祀られていた．現在でも，古い民家の神棚に恵比寿大黒の木像や泥像が祀られ，床の間に恵比寿大黒の画幅が掛けられているのを目にすることは多い．

〔松田睦彦〕

盆と正月

「盆と正月が一緒に来たよう」とは、大変に忙しい様子や喜ばしいことが重なる様子を例えて表した言葉である。私たちが過ごす一年の中で、特に重要であり丁寧に営まれる行事が二つ同時にやって来れば、当然忙しくもあり、めでたくもある。

盆とは、旧暦7月15日を中心にその前後数日を含む期間のことであり、その期間に先祖を迎え、歓待し、そして送り返す一連の行事のことである（地域により旧暦7月15日を中心とするところ、新暦7月15日を中心とするところ、月遅れで8月15日を中心とするところがある）。7月13日の夕方に山や墓地、寺、海や川、辻などから家に先祖を迎え、門口では火を焚いて歓迎する。家では、先祖は仏壇や特別に設えられた棚に迎えられ、そこで子孫の歓待を受ける。そして15日または16日には送られて帰ってゆく。

一方の正月は、元日を中心とする大正月と15日を中心とする小正月に分けられるが、現在の私たちが重視しているのは大正月の方である。元日に歳神を迎えるにあたり、12月中旬には家内を清めて「事はじめ」となる。歳の暮れに歳神の依り代としての門松を立て、注連縄で聖域を区切る。元日には新たな年を歳神とともに祝い、7日には飾りを外し、15日に焚き上げて「事じまい」である。

図1　玄関に飾られるしめ飾り
（愛媛県今治市宮窪町）［撮影：筆者］

●**帰省と生見玉**　これら盆と正月の行事は、私たちの暮らしに一定のリズムを与えてくれている。正月は年始であるとともに、学校や会社は冬休みや正月休みとなる。一方、旧暦や月遅れの盆は学校の夏休み期間と重なり、近年では分散する傾向にあるものの、会社でも月遅れの盆、すなわち8月中旬に休みが与えられるのが一般的である。

古くは、半季を単位として雇用契約を結ぶ雇われ人や職人も多く、盆や正月を前に賃金の精算が行われた。また、丁稚や奉公人、弟子などには仕着せといって、この時期に時候に応じて必要となる衣服が与えられた。現在会社などで夏と冬の年2回支給されるボーナスはこの仕着せに由来するとされる。賃金や仕着せを受け取った人々は帰省して家族と会い、骨を休め、盆や正月の支度をする。新たに都市に移り住んだ人の多い現代社会では、毎年のように盆休みと正月休みの帰省ラッシュがメディアで話題となる。当然、この時期にしか長期の休暇を取れない

ということもあるが，満員の新幹線にもまれながら，また，数十キロにおよぶ高速道路の渋滞に巻き込まれてまで帰省しようとする心意の背景には，こうした歴史的経緯も認めることができるだろう．

　さらに，盆や正月には，分家や嫁に出た子どもたちが，存命中の両親を訪問して饗応する生御霊(いきみたま)とよばれる儀礼も各地で行われてきた．盆の生御霊には子どもたちが食材を持参して調理し両親に振る舞うが，仏事の期間にもかかわらず塩鯖などの魚を重視する傾向が広くうかがえる．盆に両親を訪い，ともに魚食をすることについては藤原定家の日記『明月記』の天福元（1233）年の7月14日の条にすでにみられる．一方，正月にも子どもたちが食材をみやげに両親を訪問し，調理してともに食べるということが，江戸時代の前期にはすでに広く行われていた．現在，亡き先祖を祀(まつ)るために盆に帰省し，新年を祝うために正月に帰省すると考えられている慣習には，両親の健在を祝う生御霊の考え方が潜んでいる．

●先祖祭りとしての盆と正月　こうした一年を盆と正月で二期に分ける考え方は，決して労働慣行上のみの問題ではなく，もう少し深く私たちの文化体系に根差したものである．民俗学には一年両分性という考え方がある．一年間に二度，つまり半年単位で同じ行事が繰り返されるとする説で，盆と正月の期日の対称性と行事の類似がその代表的な例である．

　盆に迎えるのは先祖の霊であり，正月に迎えるのは歳神である．仏と神とではまったく異なる存在のように思えるかもしれないが，民俗学者・柳田國男によれば，死者が子孫の弔いを受けて死穢が浄化され，年月を経て没個性化した存在が祖霊である．この祖霊が子孫の暮らしを見守る神であり，毎年定まった時期に子孫の家を訪問して家の繁栄を約束する．つまり，正月に迎える歳神は先祖の霊であり，一方で盆に迎える仏教的な先祖の霊は神なのである．仏であるか神であるかは別として，盆も正月も祖霊を祀る機会であることには変わりがない．

　日取りの対称性も興味深い．盆の中心は7月15日であり，正月の中心は1月1日である．日取りは対称とはならない．しかし，正月には1月1日を中心とする大正月と1月15日を中心とする小正月とがある．現在では正月といえば大正月をさすのが一般的だが，太陽暦に先行していた太陰暦では15日の満月が重視された．したがって，1月15日の「望(もち)の正月」を祝うことが古風であり，7月15日を中心とする盆と一年を二分することになる．

　さらに歳神を迎える歳神棚と先祖を迎える盆棚，ド（ト）ンドとか左義長(さぎちょう)とよぶ小正月の火祭りと盆の迎え火と送り火など，盆と正月の共通点は多い．また，盆と正月に限らず，そのほかの年中行事についてもさまざまな対称性が見出せることは平安時代前期の「年中行事障子文」から変わらない．ただし，当然のことながら半年を単位とはせず，一年を単位とする行事や，一年間に一定の間隔を置いて複数回営まれる行事の方が多いことについては留意が必要である．　[松田睦彦]

式場と斎場

　かつての婚姻儀礼や葬送儀礼は，自宅で行われることが一般的であった．しかし，昭和に入り，高度経済成長期以降の社会構造や生活が変化するに伴い，人生儀礼も大きな変容を遂げている．その特徴として，結婚式や葬式は自宅ではなく，専門施設で行われるようになったことがあげられる．儀式に関与する人々も，共同体の相互扶助から，専門業者への依託へと移り変わった．

●婚姻儀礼と結婚式場　結婚式は，かつては祝言，婚礼，嫁入りなどとよばれ，前述のとおり自宅で行われるものであった．「嫁入り」の婚姻儀礼では，仲人(なこうど)が婿側の親戚や舅を伴って新婦を迎えに行くところから始まる．生家を出る際は，これまで新婦が使用していた茶碗を割るなどの絶縁儀礼が行われた．夫婦固めの式は婚家の仏壇の前で行われる場合が多く，新郎新婦が御高盛(おたかもり)（椀に高く盛った飯）などを分けて食べる．

　式が終わると，婿側の親戚や近隣住民が集まり，夜明けまで酒盛りが続けられた．伝統的な婚姻儀礼の場合，儀礼自体はシンプルであり，宗教者が介在するといったことはない．血縁や地縁で結ばれた人々に新しい夫婦をお披露目することが目的であったといえる．

　このような伝統的な婚姻儀礼の有り方が，大きく変化していったのが1950年代後半からとなる．結婚式の場が自宅から施設へと移行したことに加えて，神前式やキリスト教式といった宗教的色彩を帯びた形式へと変化した．神前式の嚆矢(こうし)は1900（明治33）年に行われた皇太子の成婚式という説が知られているが，一般の人々に普及したのは戦後である．高度経済成長を迎えると，結婚式場やホテルを利用した神前結婚式が増加していった．

　1950年代半ばから，専用の結婚式場の建設ラッシュが都市部を中心に起こる．専門施設に付設された神棚の前で挙式した後，施設内の宴会場で披露宴が行われた．挙式では，神主や巫女(みこ)を仲立ちとして祝詞(のりと)

図1　チャペルウエディングの様子
［撮影：筆者］

の奏上から「三三九度」の盃事へと新たな形式の儀礼が行われるようになった．このような神前式は，1980年頃まで一般的であったが，1990年代半ばになるとキリスト教式の結婚式が主流を占めるようになる．結婚式場やホテルに付設されているチャペル（礼拝堂）において，新郎新婦は牧師を前に愛を誓い，指輪を交換するといった形式が支持されるようになったのである（図1）．しかし，それを指向する大半はキリスト教信者ではないため，ウエディングドレスなどのファッション性が重視されるようになったといえる．

　一時期は，ゴンドラに乗った新郎新婦の入場や，3～4回のお色直しといった派手な演出も流行したが，近年は「地味婚」とよばれるような比較的小規模の式が増えている．近親者や仲の良い友人だけを招く少人数のレストランウエディングや，海外ウエディングなども人気をよんでいる．こういった形態の選択肢が増えるとともに，かつてのような新しい夫婦の社会的承認の場というよりは，メモリアル（記念）的な場へと位置づけが変わってきているといえる．

●葬送儀礼と斎場　高度経済成長期以降，大きく変化した人生儀礼は，結婚式だけではない．葬送儀礼も，地方から都市への急激な人口移動による過疎化や高齢化，労働や家族形態の変化などを背景として，大きな変貌を遂げた．それまで，多くの人は自宅で最期を迎え，相互組織である葬式組によって葬儀が行われていた．自宅で葬儀を行っていた頃は，家族が湯灌（入棺前に死者の体を洗うこと）をしたり，死に装束を着せたりした．また，「食い別れ」といって通夜の席で近親者が死者と共食をし，門口で送り火を焚くなどの絶縁儀礼が行われ，葬列を組んで野辺送りをした．

　それが，戦後，死に場所は病院へと変わり，葬儀の場は専門施設である斎場へと移行するようになる．それとともに葬送儀礼は簡略化され，故人に別れを告げる告別式に重点を置くようになった．明治以降，都市部に建設された葬儀場を斎場とよんだが，高度経済成長期以降は都市部だけでなく全国的に展開していく．葬祭業者も増加し，葬具の販売や貸出しを行うようになり，祭壇の普及は著しい展開をみせた．

　利便性だけでなく，共同体の崩壊を背景にした過疎化や高齢化も手伝って，葬祭業者は業務を拡大し，かつての葬式組が行っていた作業を担うようになっていったのである．特に1990年代以降，斎場を設営する葬祭業者の利用が，急激に広がりつつある．斎場は，遺体を運びさえすれば，湯灌や通夜，葬儀，初七日法要や精進落としの会食などが一度に行える総合施設となっている．近年では，近親者のみで行う家族葬や，音楽葬などの自分らしい葬儀の有り方が求められるようになってきた．

　結婚式と同様に葬儀も個別化や個性化が進んでおり，共同体による社会的な儀礼とは異なる性質のものへと変化してきている．

〔村山絵美〕

鬼は外，福は内

　「鬼は外，福は内」は，節分の日に豆をまいて鬼を追い払い，福を招くために唱えるまじない言葉である．

●**節分と節分儀礼**　節分とは，本来，二十四節気で四季の変わり目とされる立春・立夏・立秋・立冬の前日，すなわち季節を分ける日のことであるが，一般的にはこのうち特に立春の前日をさして使われる言葉である．太陽暦が採用されている現在，立春は毎年2月4日前後に訪れるが，太陰太陽暦が使われていた明治5 (1872) 年以前は，およそ元日の前後半月の間に立春を迎え，春の訪れとともに年が改まっていた．

　現在，節分の日に行われる儀礼は，日本全国で画一化の傾向にある．家庭では「鬼は外，福は内」と大きな声で唱えながら家の中や家の外に向かって大豆をまき，鬼を追い払う．農家などを除いて，多くの家庭では豆を商店で購入してくるが，節分にあたって用意された豆には鬼の面がおまけとして付けられることもしばしばである．父親がこの面をつけて鬼の役を演じ，子どもが大きな声で「鬼は外，福は内」と唱えながら豆まきをする姿は，節分儀礼の遊戯化という側面をよく表している．

　こうした遊戯化の背景には，スーパーなどの商業戦略のほか，学校行事としての定着やテレビなどのメディアによる固定化された表現が大きな影響を与えていることが考えられる．また，関取衆や歌舞伎役者，芸能人などを招いて節分のイベントを開催する有名寺社も少なくない．

　しかし，元来節分に行われてきた儀礼は，人々の生活に密着した祈りが込められたものである．最も一般的に知られているのは，家人が戸や障子などを開けると同時に，一家の主人や長男などが大声で「鬼は外，福は内」と唱えて豆をまき，その後すぐに開けた戸や障子を閉めて鬼を家から追い出すという作法である．こうした豆まきの儀礼は，すでに室町時代の京都で行われており，「鬼は外，福は内」の唱えごとも記録に残されている．また，焼いたイワシの頭をヒイラギなどの鋭いとげをもつ植物の枝に挿して，戸口や屋根に挟んだり吊るしたりしておくと，その強烈な匂いととげを恐れて鬼が近寄らないとするまじないも広く伝わっている．

●**鬼の正体**　節分儀礼の一つの原型は，中国より伝来した追儺の行事にあると考えられている．追儺は周代にはすでに行われており，方相氏とよばれる呪師が異装の姿で戈と盾をもって疫鬼を追う儀礼である．平安時代の宮中では毎年大晦日に大舎人が方相氏の役を務めた．その後，この異装の方相氏を鬼とする誤解から

鬼追いの儀礼が始まったという.

　では，ここで人々から追われる「鬼」とはいったいどのような存在なのであろうか．日本の鬼の原像は，祖霊や地霊などの祝福をもたらす神に求めることができ，そのほかにも山を棲家とする修験系の鬼や因果応報や地獄といった仏教的な考え方と結びつく鬼，放逐者や賤民，盗賊など凶悪な人間が鬼となったもの，あるいは，怨恨，憤怒，雪辱といった強烈な情念をエネルギーとして，復讐のために鬼となったもの，といった考え方があげられる．ただ，庶民の生活のなかで切実に恐れられていたのは，人間の力では容易には避けがたい病気や事故，不作などである．こうした不幸は地獄の鬼のような具体的な存在によってではなく，何とも形容しがたい霊的存在によってもたらされると考えられた．人々は不幸をもたらす邪気悪霊，あるいは疫災難敵の象徴として「鬼」を見出したのである.

　ただ，興味深いのは，人々に災厄をもたらす鬼が，必ずしも追われ制圧されるだけの存在ではないということである．鬼も神である．たとえ疫神であったとしても改心し，罪穢が祓われればその力は善道に向けられる．したがって，鬼を祀る神社や，鬼とかかわりがあるとする伝承をもつ土地や姓の家では，「鬼は外」の代わりに「鬼は内」と唱えることもある.

●儀礼と唱えごとのさまざま　全国で行われてきた節分を見渡してみると，鬼を追う以外にも多様な意味の込められた儀礼があることに気づかされる．例えば，埼玉県の川越市周辺では，節分の夜にイワシの頭を大豆の茎に刺し「米の虫チリチリ，粟の虫チリチリ，麦の虫チリチリ」と唱えて唾を吐きかけて焼いていたという．また，兵庫県の物部地区では，節分の夜に豆を一粒ずつ炉に投げ込んで焼きながら「猪の口，蚤の口，蚊の口」と唱え，害となる獣や虫を封じた．これらは，日取りや戸口の魔除け，豆といった要素において明らかに鬼を追う節分の儀礼ではあるが，唱えごとについては害虫や害獣，害鳥を追う農耕儀礼以外の何ものでもない．また，実をつける木を鉈や鋸などで少し傷つけ「なるかならぬか，ならねば切るぞ」などと脅し，もう一人が木の役を演じて「なります，なります」と秋の稔りを約束する木責めの儀礼も，節分に行うとする例が広くみられる.

　このように，年頭にあたって，その年の豊作を祈願しあらかじめ祝う儀礼は，農作に災いをもたらす害虫や害獣といった邪気悪霊を追うといった意味で節分と深いかかわりをもつとともに，正月や小正月を迎えるにあたっての儀礼としても広く行われている．節分は四季を分ける日であり，新たな春を迎える立春は新年を意味する．すなわち，節分に行われるさまざまな儀礼は，年を新たにするにあたって邪気悪霊，厄災難敵を祓い，新年が実り豊かな年となるよう願うものとも考えることができる．「鬼は外，福は内」という唱えごとの背景には，いくつもの暦法が複雑に入り混じるなかで，人々の多様な願いをすくい取ってきた節分の歴史が横たわっている．

〔松田睦彦〕

祈祷と神楽

　神仏へ願意を届けたいときに、個人が直接祈願するのでなく、特殊な技能をもった神職や民間宗教者などを介する場合がある。祈祷や神楽は、神と人との間をとりもつそうした人たちによって担われ、とりわけ神楽は芸能化して、それぞれの地域に土着の文化として長く親しまれている。

●**秘儀としての祈祷**　高知県北東部の徳島県境に位置する物部村（現香美市）には、いざなぎ流とよばれる独自の民間信仰が伝えられている。陰陽道・修験道・仏教・神道が入り混じったようなもので、山深い自然に囲まれた中で育まれてきた。いざなぎ流には、さまざまな決まりごとがあり、その知識を修得・管理している「太夫」とよばれる民間宗教者が存在する。太夫になるのはそこで生まれ育った人で、師匠となる太夫に弟子入りして学ぶのである。太夫の職能は、①氏神や家の神祭り、②病人祈祷、③祈念、④山の神や水神などの鎮めという4種類があり、それぞれの場面に応じて、御幣を切ったり、祭文を唱えたり、呪術を施したりする。太夫になる人は、師匠の手伝いをするなかで場数を踏み、こうした知識を修得していく。これらの知識は太夫から太夫へと体験的に引き継がれるもので、太夫個人が身体感覚とともに保持する秘儀のようなものである。村の人たちはそうした太夫を通じて初めて、目に見えない神々と交流し、さまざまな願いを捧げることができるのである。

●**伊勢の御師**　伊勢神宮の内宮と外宮にはそれぞれ、祈願主に代わって神前に祝詞をあげ、お祓いをする御師とよばれる神職が、かつては存在した。御師は「御祈祷師」が縮まったものとされる。現在に至るまで、伊勢神宮には私幣禁断の原則があり、個人が直接祈願することは禁じられている。そのため、御師がその仲介役として神と人との間を取りもつのである。

　江戸時代半ばには、内宮・外宮合わせて700人もの御師がいたとされる。御師はそれぞれ自分の屋敷を構え、日本各地に檀家をもっていた。自ら檀家のもとを回るだけでなく、参詣者を屋敷に泊め、さまざまな饗応でもてなした。御師の屋敷の多くには神楽殿が設置され、参詣者はこ

図1　『伊勢参宮名所図会』（1797）より「神楽」（部分）祭壇の前に湯立神楽で使う湯釜が置かれ、その脇に座した巫女の前に湯祓いのための竹笹が見える。［所蔵：国立国会図書館］

こで神楽を奉納することもできた．祈祷を主な仕事としながら，参詣者のためのさまざまな便宜をはかる多角経営を展開させ，総合旅行業者のさきがけともいえる役割をこなしていたのである．

伊勢神宮に限らず，全国規模で信仰を集めていた神社の多くは，そこに所属する御師(おし)を擁していた．富士山の主要な登山口の一つである吉田（山梨県富士吉田市）にも浅間(せんげん)神社に所属する100人ほどの御師がいて，関東を中心に広がっていた富士講の信者の世話を請け負っていた．なお，伊勢神宮の御師は明治4（1871）年に公布された太政官通達によって多くが廃業したが，富士山の吉田御師は一部が活動を続けており，屋敷が並ぶ門前の町並みを見ることができる．

●**託宣と芸能化**　伊勢神宮の御師の屋敷では，各地からやってきた参詣者が神楽を奉納した．参詣者の多くは，各地の村単位で結成された伊勢講の代表者である．講員から集めた金を持って代表者が旅をし，村の豊穣と安泰を願って神楽を奉納するのである．御師の祈祷は文言によるものだが，これに所作が加わり，芸能化したものが「神楽」である．祈祷を可視化する神楽は，神との一体感を共有する効果的な方法の一つ

図2　備中神楽の石割神事（岡山県井原市美星町）〔2003年12月，撮影：筆者〕

といえよう．ここで行われたのは，多くが湯立てとよばれる神楽であった．大釜に煮えたぎった湯に笹や御幣などを浸し，周囲に湯を振りまく．その後，巫女(みこ)たちによる舞が披露される．湯立てには清めの意味があり，各地で行われる霜月祭りとよばれる祭礼のなかで，正月を迎える清めの行事としても多く見られる．また湯立ては，神がかりした者が行う託宣(たくせん)の一種でもある．神前で沸かした湯を浴びることで，神からの啓示を受け，その年の豊凶などを占うのである．

託宣を神楽のなかで行うことは，とりわけ中国地方の神楽で顕著にみられる．岡山県の備中地方に伝わる備中神楽では，産土神(うぶすながみ)に対する荒神神楽(こうじん)の際に，布舞(ぬのまい)もしくは綱舞(つなまい)によって神がかりした舞手が託宣を下す．これに続いて，舞手が焼き石を手刀で割ってみせる石割神事が行われる場合もある．こうした託宣は，本来は秘儀であったが，芸能化することによって村の成員での共有が可能となり，神への親近感や一体感が強まる．芸能は娯楽でもあり，祈祷とそれが芸能化した舞に続いて，仮面を用いた神話劇が上演されるなど，神楽も多様な展開をみせている．

そうした神楽の多くは，村人の心の拠り所である氏神の祭りに伴って行われてきた．暮らしを取り巻く身近な自然に神々の存在を感じ，一年の節目節目でこれとの交信を繰り返してきた日本人の心の有り様を最も端的に表すのが，神楽であるともいえるのである．

〔山本志乃〕

おみくじとお守り

　神仏への祈願の方法はさまざまあるが、手軽に個人の願意を託すことができるものとして、おみくじとお守りがある。これらは社寺の境内や門前で売られるなど、おみやげとしても人気が高い。

●**神意を問う籤**　籤は、吉凶を判断するための占いの一種である。古代の亀卜に起源があるとされ、中世には命名や家督の決定などの際、神前で籤を使って行うこともあったようだ。玉籤（釣り籤）・振り籤・引き籤・突き籤などの種類があり、江戸時代には、突き籤の方法を使った富籤が江戸の寺院などで盛んに行われた。また地方では、伊勢講の代参者や祭りの当番を決めるときに籤を使うなど、共同体の総意で何らかの決定を下す場面において、近年に至るまで用いられてきた。

図1　神社のお守り売り場に並ぶ各種のお守り（香川県高松市・田村神社）［2005年1月、撮影：筆者］

　村の行事や祭りでは、籤のほかにもさまざまな占いの要素をみることができる。例えば、小正月を中心に行われる行事に「粥占（かゆうら）」がある。神前の大釜で粥を煮て、その中に早稲（おくて）・晩稲・粟（あわ）・大豆などの作物を記した葦や竹などの筒を入れておく。筒を引き上げて割り、中の粥の多少によってその作物の豊凶を占うのである。農作物の出来を占うことは、旱魃（かんばつ）（長期間雨が降らないことによって起こる水不足）や長雨、台風などその年の天候を占うことにもなる。また、作物だけでなく、「世の中」という項目を入れて、その年の景気を占うところもある。

　籤を含めた占いは、物事を平穏かつ平等に処理することを可能とする手段の一つである。難しい判断を神仏に委ねることにより、個々の利害関係が抑制され、誰もが納得する結果を得ることができるためである。

　一方で、現代社会にも存在する身近な籤は、社寺の「おみくじ」である。多くは紙片に吉凶が印刷されたもので、凶が出た場合には、お祓（はら）いの意味を込めて社寺の境内に結びつける習慣がある。かつての籤が共同体の維持を主な目的としていたのに対して、現代のおみくじは個人的な祈願の成否や吉凶を占うところに特徴があるといえる。

●**神仏の加護を願う護符**　おみくじと同様に、社寺の境内で頻繁に目にするのが、さまざまな「お守り」である（図1）。厄除けや願い事の成就を目的として、衣

服やカバンなどに携帯して持ち歩いたりする．お守りの原型は，社寺で発行された護符とされる．神仏の姿や名称，経文や呪文などを紙や木に記したもので，身につけるだけでなく，門口に貼ったり，神棚や仏壇に納めたり，時には飲み込むこともある．

　かつては，御師(おし)や比丘尼(びくに)など社寺に属する者や，修験者や先達などの民間宗教者が，これらの護符を持参して各地を廻り，布教を兼ねて配布するのが一般的であった．熊野の比丘尼によって牛王宝印(ごおうほういん)（牛玉宝印）の護符が全国的に普及したことはよく知られている．民家に保存されている護符を調べてみると，近隣の社寺はもちろん，火伏せ（火災を防ぐこと）や安産などのご利益で知られる遠方の社寺など，さまざまな種類の護符やお札があることに驚かされる．無節操とも思えるこうした信仰の有り方は，自然界のありとあらゆるものに神が宿るとして，これを時々に祀(まつ)ってきた日本人の精神文化の表れでもある．護符というかたちをとらなくても，軒先に魚の尾びれや貝殻，カニの甲羅，ヘビの抜け殻，ヤツデの葉，カラスウリなど，地域ごとにさまざまな呪物を吊るして魔除けや厄除けにする習慣は各地でみられる．前述した護符は，現代のお守りに通じる半ば商業化した呪物などだが，こうした素朴な軒先の呪物などは，それぞれの地域で言い伝えられてきた生きるための知識とも考えることができる．

●**遊戯化するおみくじ・お守り**　かつて村の共同祈願として用いられた籤や，疫病除けとして門口に貼られた護符などは，一部が地域ごとの行事として残されてはいるものの，身近に接する機会は次第に少なくなっている．その一方で，社寺で手軽に手に入れられるおみくじやお守りの人気は上々である．社寺の境内には，必ずといってよいほどこれらを販売する場所が設けられ，多種多様なおみくじ・お守りを目にすることができる．恋愛の成就を占う「恋みくじ」や，引き当てた天然石のかけらがそのままお守りになるおみくじなどは，占いを好む若い女性を意識して商品化されたものであろう．

　また，お守りも，学業・厄除け・安産・縁結び・健康・開運・交通安全などと祈願の目的が細分化され，キーホルダーや携帯電話のストラップといった身につけやすい商品ともなって販売されている．これらは，自分自身や知人・家族への恰好のおみやげにもなるのである．近年では，パソコンやインターネットが普及した現代ならではの「情報守護」をうたったお守りも登場した．科学技術が進んだ現代においても，目に見えない神仏の力を借りて，災いを避け，未来への漠然とした不安を取り除きたいと願うのは同じなのである．

　このように，現代のおみくじやお守りは，深刻な祈願というよりは，遊戯化した信仰に近い実態がある．しかしながら，旧来の籤や護符であっても，そこに何らかの娯楽や遊びの要素は存在していた．形態は変化しても，その本質はさほど変わってはいないのである．

［山本志乃］

たたりと封じ

　日本人の霊魂観を象徴するものの一つに,「たたり」現象がある．自然災害や疫病など，人知の及ばない不幸に見舞われたとき，それを死者の怨霊のせいであるとする考えである．そのため各地には，死者の霊を慰めるための儀式や呪いがさまざまな展開をみせている．

●怨霊への畏れ　南島では，若くして亡くなったり，病気や戦争で不慮の死を遂げたり，長寿を全うできなかった人のことを，キガズン（事故死）とよんで忌避する習慣があるという（谷川健一『日本の神々』）．非業の死，処刑，憤死，横死なども含むとされ，こうした死者の霊は，生きている者に災いをもたらすとして畏れられる．「たたる」とは，このように浄化されないさまざまな怨霊が生きている者に苦しみを与えることをいう．たたりによってもたらされる具体的な災厄は，病気・死・怪我・家の衰退・事故などで，それらの原因が合理的に説明できないときの理由としてたたりが用いられるのである．たたりであるかどうかの判断は，地域で言い伝えられている俗信にもとづいてなされたり，民間宗教者に判定を委ねたりする場合もある．その結果，たたりをもたらすと考えられる怨霊を浄化するため，呪いや供養をするのである．

　災厄を被る前に，たたるおそれのある霊を丁重に祀ることも行われる．例えば，山形市の立石寺には，ムカサリ絵馬とよばれる特殊な絵馬が数多く奉納されている（図1）．ムカサリとは婚姻を意味する方言で，未婚のまま亡くなった人を供養するため，結婚式の様子を描いた絵馬を奉納するのである．死霊結婚，死後

図1　ムカサリ絵馬（山形市・立石寺）［2010年5月，撮影：筆者］

結婚ともいい，東アジア地域に広くみられる風習でもある．このような方法で，不幸にして亡くなった若い魂を慰め，怨霊となってたたることのないよう，浄化されることを願うのである．

●**御霊信仰と神の両義性**　将門伝説とよばれる一連の伝説がある．平将門（たいらのまさかど）は平安時代中期の武将で，反乱を起こしたため殺害された．処刑された将門の首が都を出て飛び回り，落ちたところが神田明神の前身であるとされたり，将門の首塚が各地につくられたりする．このように，怨霊がたたりを引き起こすとして，これを祀って鎮めることを御霊信仰（ごりょうしんこう）という．将門のほかにも，菅原道真の魂を鎮めるために置かれたという北野天満宮や，江戸時代の義民の佐倉惣吾郎を祀ったとされる宗吾霊堂など，御霊信仰にまつわる社寺は多い．

　この御霊信仰からは，日本の神観念に特有の両義性をみることができる．死者の霊魂は畏れるべきもので，これを大切に祀れば良き神となり，おろそかにすれば悪霊となるというものである．悪霊は初めから悪として存在するわけではなく，祀り鎮めることを怠ったがために悪となる．そのため，悪霊と化した霊魂も，祀り直せば浄化されて良き神と変わるのである．

●**さまざまな封じ**　たたりを起こす怨霊を鎮めるため，宗教者が呪い（しゅげんしゃ）を施す場合がある．封じとは，そうした呪いの一種である．主に密教系の僧侶や修験者が携わり，祈祷によって，悪霊が自由に動き回ることができないようにする．封じとは，封をするという言葉どおり，封じ込めることを意味する．あくまでもおとなしく鎮めることを目的とするもので，「退治」といった消滅を目的とするものではないことに注目したい．例えば，「虫封じ」とよばれる呪いや護符がある．子どもの夜泣きやひきつけは疳（かん）とよばれ，これを引き起こす原因を疳の虫とよぶ．こうした理由のわからないさまざまな病原を虫にたとえ，これを閉じ込めて動けなくするのが虫封じである．虫そのものの存在を悪として否定するのでなく，何らかの理由でもって災いをもたらす虫の動きを止めるということに意味がある．

　これと類似の発想は，農村の初夏の行事である「虫送り」にもみることができる．この虫は，農作物につく害虫のことであるが，これを撃退するのではない．別の世界に送るのである．ここにも，害虫として否定するのではなく，住み分けしながら共存するという発想をうかがうことができる．さらには，魔除けとされるさまざまな行事そのものが，封じと同義であるともいえる．節分の日，門口にイワシの頭やヒイラギの枝を吊るしたり，端午の節句（たんご）の日に菖蒲（しょうぶ）を軒先に吊るしたりするのは，邪気を除く魔除けであると同時に，風邪封じでもある．村境に藁（わら）でこしらえた大草鞋（おおわらじ）や人形などの呪物を飾り，疫病除けとする「道切り」とよばれる行事も同様である．災厄や病気は悪霊のしわざであり，これを呪いによって封じることにより避けようとする心情が，こうしたさまざまな魔除けとなって，今日まで伝えられているのである．

［山本志乃］

鈴と拍手

　神社に参拝するとき，まず手水で手と口をすいで身を清め，神前で鈴を鳴らし，拍手を打って礼をするという一連のルールがある．ここで，鈴と拍手という音を必要とするのはなぜなのか，神と音との関係から考えてみたい．

●**音で神を招く**　初詣や新生児のお宮参り，受験の祈願など，日本人の生活には，一年や人生の節目に神社に詣でることが習慣として根付いている．神道は体系的な宗教の一つだが，ほとんどの日本人は神社にお参りすることを宗教行為としては認識していない．「信仰」や「宗教」といった明治以降に概念化した言葉以前には，「信心」という漠然とした言葉でこうした行為全般を表現していた．神社に詣でることも信心の一つであり，目に見えない神に，身の回りのさまざまな願いを託すという素朴な心情にもとづいている．

図1　神社の鈴
（岩手県釜石市唐丹町大石）［2014年6月，撮影：筆者］

　現在の神社参拝には一定のルールがあり，神前で賽銭を入れ，鈴を鳴らし，「二礼二拍手一拝」を行うのが一般的である（図1）．すなわち，2回礼をしてから，2度拍手（柏手とも書く）を打ち，最後に手を合わせて拝むという一連の所作である．この「二礼二拍一拝」は明治祭式といわれる神道国教化に伴う統一作法の一つで，それ以前には必ずしも同じではなかった．現在でも，例えば出雲大社や宇佐神宮などでは四拍手を作法とするなど，統一されていないところもある．鈴や拍手，あるいは太鼓といった音で神の降臨を招くという所作そのものは，各地の祭りなどで今なお伝えられている．明治祭式による作法は，こうした所作を略式化し一般化したものだが，根底には，清浄な音によって神を招くという共通の認識が存在しているのである．

　なお，同じく参拝行為でも，寺院の場合には手を合わせるだけで拍手をしないのが決まりごととなっている．これには，仏教が特に葬儀と強く結びついているため，仏前での鳴り物をできるだけ控えるという解釈のほか，仏陀が合掌する姿にならった所作とする解釈とがある．

●**鈴のもつ霊力**　神前の鈴だけでなく，巫女舞や神楽舞などで用いられる鈴など，神事やそれに連なる行事のなかで鈴はさまざまな役割を担っている．鈴の音に神霊が宿るとする考えは古く，縄文時代にはすでに，小石や粘土の珠を入れた素焼きの埴鈴や土鈴がつくられていた．この頃の鈴は，一つの球体の内部に複

数の珠を入れるものが多い．その後，素材が金属へと変わるにつれ，内部に一つの珠を入れた鈴を複数集めたものが多く用いられるようになる．鈴はまた，厄除けや魔除けといった身近な役割も付加されて，近世になると各地でさまざまな土鈴がつくられ，郷土玩具や縁起物として量産されるようにもなった．また，密教法具にも，修法の際に用いられる金剛鈴がある．仏菩薩をよび覚まし，喜ばせるための楽器の一種である．類似の法具は，民間宗教の一つである富士講でも用いられる．富士講とは，富士山の信仰で結びついた庶民のグループで，リーダーである先達が所持する道具にリンとよばれるものがあり，祭壇で唱えごとをしながら鳴らしたり，富士山登拝の際に，拝みうたを詠じながら鳴らすのである（図2）．

図2 リンを鳴らす富士講先達
（神奈川県横須賀市・三浦富士の山開きにて）[2011年7月8日，撮影：筆者]

●**手を打つ作法** 神前で両手の平を打ち合わせる作法は，拍手とよばれる．古くは『魏志』倭人伝に，貴人を敬う作法として手を打ち，拝んだことが記録されている．また『日本書紀』や，平安時代の儀式帳として知られる『延喜式』などにも，天皇の即位礼や大嘗祭などの神事に伴って，手を打ち拝む礼法があったことが記されている．こうした拍手は，手の平を打ち合わせる音によって神をよび寄せる合図として考えることができる．神前だけでなく，密教の要素を多く取り入れた修験者の祈祷でも，手で印を結び，打ち合わせることを繰り返す作法がある．現在，我々が神前で何気なく行っている拍手も，神をよぶ作法として古来より定着した所作の一つなのである．

●**自然との共鳴** 音には，規則的で周期的な振動をもつ「楽音」と，周波数が不規則な変化を示し，明確な音高の認識ができない「非楽音」との区分がある．西洋音楽が楽音を基本とするのに対し，西洋音楽以外の諸民族の音楽では，むしろ非楽音が日常的に用いられることが多い．日本の音楽も，尺八の「むらいき」とよばれる息の雑音や，三味線の撥音にみられるように，非楽音が大きな意味をもっている．こうした特徴的な音は，虫や鳥の声，海，川，風といった自然音の表象でもある．日本語は自然音にかかわる擬声語が多いことで知られているが，楽器で音を発する際にも，そうした自然との密接なかかわりがうかがわれる．

　日本人は，また，身近な自然界のありとあらゆるものに神々の存在を感じ，これを大切に敬ってきた．自然を表象する日本の音は，神々の音ともいえるのである．鈴の音や手を打ち合わせる拍手の音は，きわめて原初的な日本の音であり，日本人の魂を，自然と神々とに共鳴させる役割を担ってきたといえるだろう．[山本志乃]

◆ キリスト教の日本（文化）化

　現代の日本に，キリスト教を信じる人は，あまりいない．人口比をもち出せば，1％にも及ばないだろう．半数近くが信者になっている韓国と比べれば，浸透性の弱さははっきりしている．

　また，日本のキリスト教研究は，宗教受容における歪みをよく問題にしてきた．日本人が受け入れたキリスト教は，かくかくしかじかの点で本来の教えを曲げている，というように．その研究史は，日本的な偏りを言挙げすることで染め上げられているといってもよい．

　信仰の内実を問題にすれば，そういう議論にあるいはなりやすいのだろう．しかし，社会的な側面を考えれば，まったく異なる宗教受容像も浮かび上がってくる．

　例えば，ミッション・スクールの社会的な評価は概して高い．多くの人は，それらを良い学校だと，何となく捉えている．少なくとも，仏教系の学校より開明的な所だという印象は抱いているだろう．

　若い世代の結婚挙式や披露宴は，今たいていチャペルまがいの施設で催される．神父，あるいは神父になりすました西洋人に導いてもらう形式である．本命の恋人と過ごすデートのクライマックスも，クリスマス・イブに設定されている．

　信仰とはかかわりのない，表面的な社会現象だと，因襲的な宗教研究者は見做すだろうか．しかし，社会の表面では確実にキリスト教化が進みだしている．　［井上章一］

◆ 山岳信仰

　日本は，島国というが，地形的にみると，「山島」というのがふさわしい．至る所から山が望める．そのうちの山容の優れた山を霊山，霊峰とした．それは，稲作をもって定住して以来，先祖代々が守り伝えてきた不変の信仰文化というものである．神仏も祖霊も，その山頂に棲むとするのが，原初的な信仰であった．

　後の言葉でいうと，山岳信仰．あるいは，山上他界である．仏教が伝来し，神道が形成される以前からの信仰なのである．一方に海上信仰をもちながら，しかし，この山島の多くの住人たちが山を崇める信仰を共有してきたのである．

　現在でも，山のカミ（神）が正月になると歳神（としがみ）となって里に下り，節分を過ぎると田のカミに転身するとする伝承が根強い．水のカミも水分（みくまり）の神として山頂に鎮まる，とされる．山のカミこそ，原始の万能神であった，ということができるのである．

　それゆえに，外来の仏教も後進の神道も，山を巧みに取り入れることで布教を図ったのである．仏寺には，山号があり山門がある．神社には，鎮守の森がある．それがその史実を物語っている，といえよう．端的にいうと，神道と仏教は，山を介するかたちで習合もしたのだ．それは，自然の森羅万象を重んじるということであり，自然に帰する先祖霊を重んじるということである．つまり，神道も仏教も，自然信仰と祖霊信仰を基盤に習合をみたのである．　［神崎宣武］

付　　録

【付録 1】　文化財の種類
【付録 2】　文化財の体系図
【付録 3】　文化財一覧

【付録1】文化財の種類

　文化財とは，我が国の長い歴史のなかで生まれ，育まれ，今日まで守り伝えられてきた貴重な国民の財産です．
　社寺や民家などの建造物，仏像，絵画，書画，そのほか芸能や工芸技術のような「技（わざ）」，伝統的行事や祭り，あるいは長い歴史を経て今に残る自然の景観，歴史的な集落，町並みなども文化財に含まれます．
　文化財保護法では，これらの文化財を，次のように分類しています．

■有形文化財　建造物，絵画，彫刻，工芸品，書跡，典籍，古文書などで歴史上又は芸術上価値の高いものや，考古資料及びその他の学術上価値の高い歴史資料を有形文化財と呼びます．
　このうち，「建造物」以外のものを総称して「美術工芸品」と呼んでいます．
■無形文化財　演劇，音楽，工芸技術その他の無形の文化的所産で歴史上又は芸術上価値の高いものを無形文化財と呼んでいます．「わざ」を体得した個人又は団体によって体現されるものです．
■民俗文化財　衣食住，生業，信仰，年中行事等に関する風俗慣習，民俗芸能，民俗技術やこれらに用いられる衣服，器具，家屋などで生活の推移の理解のため欠くことのできないものを民俗文化財と呼んでいます．
■記念物　貝塚，古墳，都城跡，城跡，旧宅などの遺跡で歴史上又は学術上価値の高いものや，庭園，橋梁，峡谷，海浜，山岳などの名勝地で芸術上又は鑑賞上価値が高いもの，さらには，動物，植物，地質鉱物で学術上価値が高いものを記念物と呼んでいます．
■文化的景観　地域における人々の生活や生業，地域の風土により形成された景観地で我が国民の生活や生業の理解のため欠くことのできないものを文化的景観と呼んでいます．
■伝統的建造物群　周囲の環境と一体となっている伝統的な建造物群で価値の高いものを，伝統的建造物群と呼んでいます．

　これらの文化財のうち，重要なものを重要文化財，重要無形文化財，重要有形・無形民俗文化財，史跡，名勝，天然記念物等として国が指定・選定・登録し，重点的に保護しています．
　そのほかに，土地に埋蔵されている文化財を埋蔵文化財，文化財の保存・修理に必要な伝統的な技術・技能を文化財の保存技術と呼び，保存の対象としています．

［p.716-17の出典：パンフレット『未来に伝えよう文化財―文化財行政のあらまし』文化庁文化財部，2015］

【付録 2】文化財の体系図

＊各文化財の登録件数の出典：文化庁 HP のうち「文化財指定等の件数」（2015 年 11 月 17 日現在）
＊各文化財分類名に付した①〜⑨の番号は，次頁以降の表「文化財一覧」に対応している

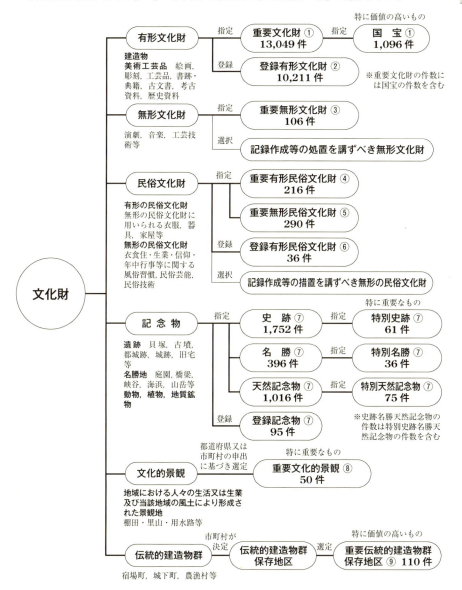

【付録3】文化財一覧

＊文化財分類と各文化財の主なものの出典：文化庁HPのうち「国指定文化財等データベース」（2015年11月17日現在）
＊各文化財の主なものは，指定年の新しいものから10〜30件程度を抜粋した
＊各文化財の登録件数の出典：文化庁HPのうち「文化財指定等の件数」（2015年11月17日現在）

分類		主なもの
① 重要文化財	建造物【2,437件（4,732棟）】	◆旧新町紡績所（工場本館 機関室 修繕場 倉庫 二階家煉瓦庫）◆旧朝香宮邸（本館 茶室 倉庫 自動車庫 正門）◆浅草寺伝法院（客殿 玄関 大書院 小書院 新書院 台所）◆国道一号箱根湯本道路施設（函嶺洞門 千歳橋 旭橋）◆中村家住宅（主屋 新座敷 背戸蔵 新蔵 西蔵 バンゲ蔵 前蔵 米蔵 塩物蔵・浜蔵 正門）◆思子淵神社（本殿 蔵王権現社 熊野社）◆奥家住宅（大阪府泉佐野市南中樫井）（西土蔵）◆日本聖公会奈良基督教会（会堂 親愛幼稚園舎）◆内子座◆今村天主堂◆都々古別神社本殿◆旧醸造試験所第一工場◆築地本願寺本堂◆愛知県庁舎◆名古屋市庁舎◆三尾神社本殿◆長谷寺本坊（土蔵 奥書院 小書院 大講堂 大玄関及び庫裏 唐門及び回廊 護摩堂 中雀門）◆長浜大橋◆旧増田家住宅（浴室便所 石蔵 なかえ おもて）◆旧馬場家牛込邸◆聖衆来迎寺（表門 開山堂 本堂）◆旧真宗信徒生命保険株式会社本館（本願寺伝道院）◆本願寺（総門 御影堂門 手水所 阿弥陀堂門 経蔵 鼓楼）◆富田林興正寺別院（鐘楼 本堂 山門 御成門 対面所 鼓楼）◆神戸女学院（総務館，講堂及び礼拝堂 図書館 文学館 理学館 音楽館 体育館 葆光館 社交館 ケンウッド館 エッジウッド館 汽罐室 正門及び門衛舎）◆濱口家住宅（主屋 本座敷 御風楼 新蔵 文庫 南米蔵 北米蔵 大工部屋 左官部屋）◆聖衆寺（大雄宝殿 天王殿 鐘楼 山門）◆旧成清家日出別邸（主屋 東離れ 北離れ 土蔵 正門）◆古河橋◆那須神社（楼門 本殿）
	美術工芸品【10,612件】	◆北海道松法川北岸遺跡出土品◆色絵竜田川文透彫反鉢〈尾形乾山作〉◆新潟県元屋敷遺跡出土品◆土偶 長野県富士見町坂上遺跡出土◆祥瑞蜜柑水指〈景徳鎮窯〉◆大阪府野中古墳出土品◆徳島県観音寺・敷地遺跡出土品◆福岡県稲童古墳群出土品◆赤漆塗木鉢◆茨城県武者塚古墳出土品◆鉄造阿弥陀如来立像 西念，良覚作◆六百番歌合◆弘安礼節◆慈鎮和尚夢想記◆赤楽茶碗〈鵺〉〈道入作〉◆巴文大壺〈珠洲〉◆白氏文集〈巻第二十三，第三十八／（金沢文庫本）〉◆木造伎楽面◆裸婦図〈村上華岳筆／絹本著色〉◆石川県中屋サワ遺跡出土品◆福井県林・藤島遺跡出土品◆長野県柳沢遺跡出土品◆裸婦図〈山本芳翠筆／油絵 麻布〉◆木造釈迦如来及両脇侍半跏像 院吉，院広，院遵作◆九条袈裟〈田相黄地桐竹鳳凰麒麟文綾／条葉薄茶地二重蔓牡丹唐草文綾〉◆九条袈裟〈田相薄茶地四葉花文顕紋紗／条葉紺地四葉花折枝文顕紋紗〉◆絹本著色光明本尊◆銅造観音菩薩立像◆木造観音菩薩立像◆古染付高砂花生〈景徳鎮窯〉
① 国宝	建造物【222（272棟）】	◆松江城天守◆旧富岡製糸場（繰糸所 東置繭所 西置繭所）◆本願寺阿弥陀堂◆本願寺御影堂◆鑁阿寺本堂◆歓喜院（聖天堂）◆久能山東照宮（本殿，石の間，拝殿）◆青井阿蘇神社（楼門 拝殿 幣殿 廊 本殿）◆東大寺二月堂◆長谷寺（本堂）◆知恩院三門◆知恩院本堂（御影堂）◆瑞龍寺（山門 仏殿 法堂）◆正倉院正倉◆法隆寺綱封蔵◆羽黒山五重塔◆法隆寺東室◆明王院本堂◆安国寺経蔵◆竜吟庵方丈◆大笹原神社本殿◆日吉大社西本宮本殿及び拝殿（本殿）◆日吉大社東本宮本殿及び拝殿（本殿）◆竜光院◆薬師寺東院堂◆瑞巌寺庫裏及び廊下（庫裏 廊下）◆観智院客殿◆醍醐寺薬師堂◆北野天満宮（本殿，石の間，拝殿及び楽の間）◆唐招提寺宝蔵
	美術工芸品【874件】	◆木造虚空蔵菩薩立像◆木造弥勒仏坐像◆土偶／長野県中ッ原遺跡出土◆木造阿弥陀如来坐像〈運慶作〉／木造不動明王及二童子立像〈運慶作〉／木造毘沙門天立像〈運慶作〉◆醍醐寺文書聖教◆木造騎獅文殊菩薩及脇侍像◆土偶／山形県西ノ前遺跡出土

【付　録】

分　類		主　な　も　の
① 国宝	（つづき）美術工芸品【874件】	◆絹本著色阿弥陀三尊像〈普悦筆〉◆伊能忠敬関係資料◆越中国射水郡鳴戸村墾田図（麻布）◆土偶／青森県八戸市風張1遺跡出土◆紙本墨画淡彩夜色楼台図〈与謝蕪村筆〉◆島根県加茂岩倉遺跡出土銅鐸◆土偶／北海道函館市著保内野遺跡出土◆福岡県平原方形周溝墓出品◆琉球国王尚家関係資料◆木造熊野速玉大神坐像／木造夫須美大神坐像／木造家津御子大神坐像／木造国常立命坐像◆金色堂堂内諸像及天蓋◆絹本著色五大尊像◆紙本墨画淡彩慧可断臂図〈雪舟筆／七十七歳の款記がある〉◆奈良県藤ノ木古墳出土品◆拾遺愚草〈上中下／自筆本〉◆島津家文書（一万五千百三十三通）◆木造阿弥陀如来及両脇侍坐像（往生極楽院阿弥陀堂安置）◆紺紙著色金光明最勝王経金字宝塔曼荼羅図◆慶長遣欧使節関係資料◆上杉家文書◆明月記〈自筆本〉◆木造弘法大師坐像〈康勝作／（御影堂安置）〉◆新潟県笹山遺跡出土深鉢形土器
② 登録有形文化財	建造物【10,197件】	◆カトリック十和田教会◆弘前市庁舎本館◆松谷家住宅（岩蔵 御成門 砂糖蔵 主屋 大豆蔵 表門 文庫蔵 明神社）◆旧丸中横仲商店（江戸蔵 砂糖蔵 質蔵 土蔵 粉蔵）◆山形鉄道フラワー長井線（羽前成田駅本屋 西大塚駅本屋及びプラットホーム）◆善導寺鐘楼◆旧株式会社金芳織物工場染色場◆旧金谷家住宅（主屋 蔵）◆旧堀家住宅（主屋 蔵）◆塩田家住宅主屋◆大多喜町役場中庁舎◆旧稲元屋呉服店（一番蔵 内蔵）◆鎌倉沢川第一号堰堤◆鎌倉沢川第一号床止◆鎌倉沢川第九号堰堤◆鎌倉沢川第五号堰堤◆鎌倉沢川第二号堰堤◆鎌倉沢川第二十三号床止◆鎌倉沢川第八号堰堤◆鎌倉沢川第六号堰堤◆岩崎家住宅（主屋 土蔵）◆高田別院（鐘楼 大門 塀 本堂）◆小松酒店店舗兼主屋◆善徳寺経堂◆富山県庁舎本館◆石黒商店店舗兼主屋◆中西家住宅主屋◆べにや旅館（中央館 東館 本館）◆旧彌永家別荘
	美術工芸品【14件】	◆彩色設計図集・福井県陶磁器資料（水野九右衛門コレクション）◆ボードイン収集紙焼付写真◆越中地域考古資料（早川荘作蒐集品）◆並河靖之七宝資料◆工藤利三郎撮影写真ガラス原板◆工業技術資料（日本工業大学収集）◆松原文庫（松原恭譲蒐集仏書資料）◆紙芝居資料◆飛騨地域考古資料（江馬修蒐集品）◆建築教育資料（京都帝国大学工学部建築学教室旧蔵）◆有田磁器（柴田夫妻コレクション）
③ 重要無形文化財	芸能【個、団体等合わせて52件】	◆清元節◆能囃子方太鼓◆歌舞伎女方◆河東節三味線◆地歌◆能囃子方笛◆琉球舞踊◆宮薗節浄瑠璃◆組踊立方◆組踊音楽歌三線◆清元節三味線◆清元節浄瑠璃◆講談◆一中節三味線◆新内節三味線◆新内節浄瑠璃◆琉球古典音楽◆一中節浄瑠璃◆義太夫節浄瑠璃◆歌舞伎音楽長唄◆義太夫節三味線◆能囃子方小鼓◆能囃子方大鼓◆歌舞伎脇役◆古典落語◆河東節浄瑠璃◆能ワキ方◆一中節◆荻江節◆河東節◆宮薗節◆長唄鳴物
	工芸技術【個、団体等合わせて54件】	◆木版摺更紗◆青磁◆鉄釉陶器◆久米島紬◆備前焼◆献上博多織◆無名異焼◆桐塑人形◆精好仙台平◆銅鑼◆名塩雁皮紙◆土佐典具帖紙◆釉裏金彩◆越前奉書◆経錦◆芭蕉布◆沈金◆有職織物◆螺鈿◆首里の織物◆刺繍◆紅型◆小鹿田焼◆鍛金◆白磁◆羅◆志野◆伊勢型紙◆鋳金◆紬織
④ 重要有形民俗文化財	【216件】	◆近江甲賀の前挽鋸製造用具及び製品◆西日本の背負運搬具コレクション◆越前和紙の製作用具及び製品◆阿仁マタギの狩猟用具◆福蔵寺毘沙門堂奉納養蚕信仰絵馬◆会津のからむし生産用具及び製品◆沼津内浦・静浦及び周辺地域の漁撈用具◆丹後の紡織用具及び製品◆須佐宝泉寺・黄帝社奉納船絵馬◆三宅八幡神社奉納子育て祈願絵馬◆野州麻の生産用具◆越後奥三面の山村生産用具◆吉野林業用具と林産加工用具◆糸魚川木地屋の製作用具と製品コレクション 附木地屋関係文書◆法華寺のカラブロ 附 明和三年銘棟札、井戸◆越後姫川谷のボッカ運搬用具コレクション◆北上山地川井村の山村生産用具コレクション◆会津只見の生産用具と仕事着コレクション◆北海道二風谷及び周辺地域のアイヌ生活用具コレクション◆阿波人形師（天狗屋）の製作用具及び製品 附 販売関係資料◆渡辺学園裁縫雛形コレクション 附 教具類他◆江の川流域の漁撈用具 附漁場関係資料◆能登内浦のドブネ◆犬飼の舞台◆坂州

【付　録】

分　類		主　な　も　の
④ 重要有形民俗文化財	（つづき）【216件】	の舞台◆津軽海峡及び周辺地域のムダマハギ型漁船コレクション◆置賜の登拝習俗用具及び行屋◆上州藤原（旧雲越家）の生活用具及び民家◆牟礼・庵治の石工用具◆留萌のニシン漁撈（旧佐賀家漁場）用具◆奥美濃の人生儀礼用具　附　祝儀・不祝儀帳等◆上州の小正月ツクリモノ◆蒲江の漁撈用具◆黒石の十三塚◆大森及び周辺地域の海苔生産用具
⑤ 重要無形民俗文化財	【290件】	◆鵜鳥神楽◆大垣祭の軕行事◆長良川の鵜飼漁の技術◆那智の扇祭り◆花輪祭の屋台行事◆松例祭の大松明行事◆和合の念仏踊◆生里のモモテ◆大村の郡三踊（寿古踊・沖田踊・黒丸踊）◆論田・熊無の藤箕製作技術◆呼子の大綱引き◆球磨神楽◆吉田の火祭◆蛭ヶ谷の田遊び◆須成祭の車楽舟行事と神葭流し◆坂越の船祭◆江包・大西の御綱◆地福のトイトイ◆本海獅子舞番楽◆鴻巣の赤物製作技術◆三戸のオショロ流し◆小菅の柱松行事◆阿万の風流大踊小踊◆八代妙見祭の神幸行事◆邑町のサイノカミ◆高原の神舞◆秋田のイタヤ箕製作技術◆新庄まつりの山車行事◆木積の藤箕製作技術◆越中福岡の菅笠製作技術◆佐伯灯籠◆三朝のジンショ◆阿月の神明祭
⑥ 登録有形民俗文化財	【36件】	◆行田の足袋製造用具及び製品◆氷見及び周辺地域の漁撈用具◆倉吉の千歯扱き及び関連資料◆鳥取の二十世紀梨栽培用具◆秋田南外の仕事着◆常陸大子のコンニャク栽培用具及び加工用具◆北木島の石工用具◆東かがわの手袋製作用具及び製品◆常陸大宮及び周辺地域の和紙生産用具と製品◆金沢の売薬製造・販売用具◆大入の花祭用具及び関連資料◆播磨三木の鍛冶用具と製品◆津軽の林業用具◆南牧村の山村生産用具◆亀岡の寒天製造用具◆豊北の漁撈用具◆越後の貸鋤用具◆高岡鋳物の製作用具及び製品◆京都の郷土人形コレクション◆丸亀うちわの製作用具及び製品◆東子浦の人形芝居用具◆佐治の板笠製作用具及び製品◆出雲の藍板締め染め用具及び製品◆玄界灘の漁撈用具及び船大工用具◆諏訪湖の漁撈用具及び舟大工用具◆阿波人偶の門付け用具◆陸前高田の漁撈用具◆伊達地方の養蚕関係用具◆白沢の養蚕関係用具◆前橋の養蚕・製糸用具及び関連資料◆狭山茶の生産用具◆郷原漆器の製作用具◆竹富島の生活用具◆若狭めのうの玉磨用具◆勝沼のぶどう栽培用具及び葡萄酒醸造用具◆雲州そろばんの製作用具
⑦ 記念物	史跡【1,752件】	◆慈恩寺旧境内◆上野国佐位郡正倉跡◆下里・青山板碑製作遺跡◆西高木家陣屋跡◆石の宝殿及び竜山石採石遺跡◆大和古墳群（ノムギ古墳　中山大塚古墳　下池山古墳）◆大高野官衙遺跡◆城山横穴群◆高島炭鉱跡（高島北渓井坑跡　中ノ島炭坑跡　端島炭坑跡）◆宮脇廃寺跡◆流廃寺跡◆唐沢山城跡◆梅之木遺跡◆恒川官衙遺跡◆島原藩主深溝松平家墓所◆雪野山古墳◆中須東原遺跡◆八代城跡（古麓城跡　麦島城跡　八代城）◆大丸山古墳◆鳥海柵跡◆美濃金山城跡◆纒向遺跡◆恵美須ヶ鼻造船所跡◆讃岐遍路道（曼荼羅寺道　根香寺道）◆津田古墳群◆宝満山◆大野窟古墳◆富貴寺境内◆大隅正八幡宮境内及び社家跡◆佐敷城跡◆豊後街道
	特別史跡【61件】	◆三内丸山遺跡◆キトラ古墳◆原の辻遺跡◆吉野ヶ里遺跡◆金田城跡◆中尊寺境内◆平城京左京三条二坊宮跡庭園◆高松塚古墳◆一乗谷朝倉氏遺跡◆多賀城跡　附　寺跡◆江戸城跡◆姫路城跡◆大湯環状列石◆彦根城跡◆鹿苑寺（金閣寺）庭園◆熊本城跡◆新居関跡◆名護屋城跡並陣跡◆大坂城跡◆無量光院跡◆山上碑及び古墳◆金井沢碑◆大谷磨崖仏◆多胡碑◆旧閑谷学校　附　椿山・石門・津田永忠宅跡及び黄葉亭◆基肄（椽）城跡◆本居宣長旧宅　同　宅跡◆廉塾ならびに菅茶山旧宅◆水城跡◆大宰府跡
	名勝【396件】	◆松花堂及び書院庭園◆岸和田城庭園（八陣の庭）◆三井楽（みみらくのしま）◆ティンダバナ◆久部良バリ及び久部良フリシ◆おくのほそ道の風景地（草加松原　ガンマンガ淵（慈雲寺境内）八幡宮（那須神社境内）殺生石　黒塚の岩屋　武隈の松　壺碑（つほの石ぶみ）興井　末の松山　籬が島　金鶏山　高館　本合海　象潟及び汐越　親しらず　有磯

＊史跡名勝天然記念物には重複指定がある

【付　録】

分　類		主　な　も　の
⑦記念物	（つづき）名勝【396件】	海（女岩）那谷寺境内（奇石）大垣船町川湊◆披雲閣庭園◆棲霞園及び梅ヶ谷津偕楽園◆旧関山宝蔵院庭園◆米塚及び草千里ヶ浜◆八重干瀬◆小石川植物園（御薬園跡及び養生所跡）◆喜屋武海岸及び荒崎海岸◆浄土ヶ浜◆本間氏別邸庭園（鶴舞園）◆旧松波城庭園◆朽木池の沢庭園◆旧久留島氏庭園◆伝法院庭園◆殿ヶ谷戸庭園（随冝園）◆富士五湖（山中湖 河口湖 西湖 精進湖 本栖湖）◆旧伊藤傳右エ門氏庭園◆杉本氏庭園◆円月島（高嶋）及び千畳敷◆和歌の浦◆末浄水場園地◆琴ノ浦温山荘庭園◆ピリカノカ（九度山（クトゥンヌプリ）黄金山（ピンネタイオルシペ）神威岬（カムイエトゥ）襟裳岬（オンネエンルム）瞰望岩（インカルシ）カムイチャシ 絵鞆半島外海岸 十勝幌尻岳（ポロシリ）幌尻岳（ポロシリ））◆別府の地獄◆首里城書院・鎖之間庭園
	特別名勝【36件】	◆平城宮東院庭園◆識名園◆一乗谷朝倉氏庭園◆法金剛院青女滝 附 五位山◆兼六園◆浄瑠璃寺庭園◆平城京左京三条二坊宮跡庭園◆黒部峡谷 附 猿飛並びに奥鐘山◆毛越寺庭園◆鹿苑寺（金閣寺）庭園◆天龍寺庭園◆本願寺大書院庭園◆虹の松原◆龍安寺方丈庭園◆金地院庭園◆三段峡◆六義園◆二条城二之丸庭園◆御嶽昇仙峡◆栗林公園◆厳島◆富士山◆旧浜離宮庭園◆松島◆天橋立◆岡山後楽園◆小石川後楽園◆慈照寺（銀閣寺）庭園◆西芳寺庭園◆大仙院書院庭園◆大徳寺方丈庭園◆醍醐寺三宝院庭園◆十和田湖および奥入瀬渓流◆温泉岳◆上高地◆瀞八丁
	天然記念物【1,016件】	◆久米島町奥武島の畳石◆大歩危◆猪崎鼻の堆積構造◆喜界島の隆起サンゴ礁上植物群落◆新湯の玉滴石産地◆大鹿村の中央構造線（北川露頭・安康露頭）◆平久保安良のハスノハギリ群落◆旧相模川橋脚◆天降川流域の火砕流堆積物◆徳之島明眼の森◆石垣島東海岸の津波石群◆津屋川水系清水池ハリヨ生息地◆志布志市夏井海岸の火砕流堆積物◆宝島女神山の森林植物群落◆名護市嘉陽層の褶曲◆須賀利大池及び小池◆平糠のイヌブナ自然林◆十八鳴浜及び九九鳴き浜◆善養寺影向のマツ◆柿田川◆中村川ネコギギ生息地◆小野川の阿蘇4火砕流堆積物及び埋没樹木群◆竹田の阿蘇火砕流堆積物◆薩摩黒島の森林植物群落◆坂州不整合◆五色ノ浜の横浪メランジュ◆小鶴津の興津メランジュ及びシュードタキライト◆大室山◆多度のイヌナシ自生地◆ヤクシマカワゴロモ生育地
	特別天然記念物【75件】	◆イリオモテヤマネコ◆カンムリワシ◆ノグチゲラ◆大雪山◆メグロ◆鯛の浦タイ生息地◆カワウソ◆黒部峡谷 附 猿飛並びに奥鐘山◆秋吉台◆アマミノクロウサギ◆アホウドリ◆尾瀬◆東根の大ケヤキ◆石徹白のスギ◆岩間の噴泉塔群◆昭和新山◆夏山温泉の石灰華◆早池峰山および薬師岳の高山帯・森林植物群落◆コウノトリ◆御岳の鏡岩◆加茂の大クス◆枇榔島亜熱帯性植物群落◆魚津埋没林◆立花山クスノキ原始林◆牛島のフジ◆宝生院のシンパク◆羽黒山のスギ並木◆カモシカ◆春日山原始林◆ライチョウ◆八代のツルおよびその渡来地◆屋久島スギ原始林◆日光杉並木街道 附 並木寄進碑
	登録記念物【95件】	◆宮澤氏庭園◆今井氏庭園◆半田氏庭園◆立梅用水◆マチカネワニ化石◆南氏庭園◆恩賜箱根公園◆強羅公園◆神仙郷◆旧西尾氏庭園◆旧中西氏庭園◆岡崎氏庭園◆財間氏庭園◆椿氏庭園◆田中氏庭園◆長崎原爆遺跡（浦上天主堂旧鐘楼）◆長崎原爆遺跡（旧城山国民学校校舎）◆長崎原爆遺跡（旧長崎医科大学門柱）◆長崎原爆遺跡（山王神社二の鳥居）◆旧齋藤氏別邸庭園◆増井氏庭園（雲門庵露地）◆瓢箪島◆旧吉田氏庭園◆市川鉱物研究室収蔵標本◆帯笑園◆盛合氏庭園◆旧梶村氏庭園◆仲本氏庭園◆旧石崎氏庭園（石泉荘庭園）◆東遊園地
⑧重要文化的景観	【50件】	◆菅浦の湖岸集落景観◆最上川の流通・往来及び左沢町場の景観◆求菩提の農村景観◆新上五島町崎浦の五島石集落景観◆長崎市外海の石積集落景観◆別府の湯けむり・温泉地景観◆新上五島町北魚目の文化的景観◆利根川・渡良瀬川合流域の水場景観◆佐渡西三川の砂金山由来の農山村景観◆奥飛鳥の文化的景観◆五島市久賀島の文化的景観◆佐世保市黒島の文化的景観◆久礼の港と漁師町の景観◆小値賀諸島の文化的景

分類		主なもの
⑧ 重要文化的景観	（つづき）【50件】	観◆天草市﨑津・今富の文化的景観◆高島市針江・霜降の水辺景観◆田染荘小崎の農村景観◆金沢の文化的景観　城下町の伝統と文化◆姨捨の棚田◆樫原の棚田◆平戸島の文化的景観◆宇治の文化的景観◆四万十川流域の文化的景観　下流域の生業と流通・往来◆四万十川流域の文化的景観　源流域の山村◆四万十川流域の文化的景観　上流域の山村と棚田◆四万十川流域の文化的景観　上流域の農山村と流通・往来◆四万十川流域の文化的景観　中流域の農山村と流通・往来◆蕨野の棚田◆通潤用水と白糸台地の棚田景観◆遠野（荒川高原牧場 土淵山口集落）
⑨ 重要伝統的建造物群保存地区	【110地区】	◆甲州市塩山下小田原上条◆千曲市稲荷山◆村田町村田◆焼津市花沢◆横手市増田◆大山町所子◆津和野町津和野◆津山市城東◆高岡市金屋町◆金沢市寺町台◆郡上市郡上八幡北町◆篠山市福住◆栃木市嘉右衛門町◆桐生市桐生新町◆白山市白峰◆安芸市土居廓中◆うきは市新川田篭◆加賀市加賀東谷◆金沢市卯辰山麓◆南会津町前沢◆豊田市足助◆萩市佐々並市◆五條市五條新町◆桜川市真壁◆西予市宇和町卯之町◆輪島市黒島地区◆八女市黒木◆金沢市主計町◆小浜市小浜西組◆平戸市大島村神浦

文献（分野別）

*ここに掲載された文献の改訂情報は，各執筆者が実際に参照したものであり，最新版でないこともある

◆全体にわたるもの（刊行年順）

【事典・辞典・年表】
佐佐木信綱（編）『新訓万葉集』上・下，岩波文庫，1927
柳田國男（監）『民俗学辞典』東京堂出版，1951
三田村鳶魚（著），稲垣史生（編）『三田村鳶魚 江戸生活事典』青蛙房，1959
文化庁文化財保護部（監）『日本民俗資料事典』第一法規出版，1969
大島建彦ほか（編）『日本を知る事典』社会思想社，1971
日本ナショナル・トラスト（編）『日本民俗芸能事典』第一法規出版，1976
『日本国語辞典』小学館，1977
祝 宮静ほか（編）『日本民俗文化財事典』第一法規出版，1979
遠藤元男『近世生活史年表』雄山閣出版，1982
大島暁雄ほか（編）『図説 民俗探訪事典』山川出版社，1983
市古貞次ほか（編）『日本文化総合年表』岩波書店，1990
岩波書店編集部（編）『近代日本総合年表』岩波書店，1991
倉野憲司（校注）『古事記』ワイド版岩波文庫，1991
大塚民俗学会（編）『日本民俗事典』弘文堂，1994
岡崎公良『日本文化（日英）事典』北樹出版，1994
日本文化研究会（編）『日本の風俗ものしり事典―日本がまるごと見えてくる！』日本文芸社，1994
岡崎公良『日本文化事典―日本の精神・文化用語事典』北樹出版，1998
國學院大學日本文化研究所（編）『神道事典』弘文堂，1999
福田アジオほか（編）『日本民俗大辞典』上・下，弘文堂，上1999，下2000
阿部 猛・西垣晴次（編）『日本文化史ハンドブック』東京堂出版，2002
杉浦洋一・ジョン・K. ギレスピー『日本文化を英語で紹介する事典』ナツメ社，2004
日本文化いろは事典プロジェクトスタッフ『日本の伝統文化・芸能事典』汐文社，2006
PHP研究所（編）『茶道・華道・書道の絵事典―日本文化の基礎がわかる』PHP研究所，2006
辻原康夫『旅を深める日本文化の知識』中央書院，2006
小町谷朝生・細矢治夫・宮崎興二（編）『日本文化のかたち百科』丸善出版，2008
阿部 猛・佐藤和彦（編）『日本中世史事典』朝倉書店，2008
近藤珠實（監）『日本文化ビジュアル事典―英訳付』池田書店，2008
日本文化人類学会（編）『文化人類学事典』丸善出版，2009
志村有弘・針原孝之（編）『日本文化文学人物事典』鼎書房，2009
江原絢子・東四柳祥子『日本の食文化史年表』吉川弘文館，2011
民俗学事典編集委員会（編）『民俗学事典』丸善出版，2014

【シリーズ】
『風俗画報』全518冊，東陽堂，1889-1916
藤村 作『日本文学大辞典』全4巻，新潮社，1932-35
『日本文化史』全7巻・別録2巻，春秋社，1949-70
『図説 日本庶民生活史』全8巻，河出書房新社，1961-62
『日本庶民生活資料集成』全30巻，三一書房，1968-84

『日本の民俗』全 47 巻，第一法規出版，1971-78
『日本生活文化史』全 10 巻，河出書房新社，1974-87
『日本絵巻物大成』全 26 巻・別巻 1 巻，中央公論社，1977-79
澁澤敬三，神奈川大学日本常民文化研究所（編）『新版絵巻物による日本常民生活絵引』全 5 巻，平凡社，1984
『新編日本古典文学』全 88 巻，小学館，1994-2002
喜田川守貞（著），宇佐美英機（校訂）『近世風俗志』全 5 冊，岩波文庫，1996-2001
『日本の年中行事百科』全 5 巻，河出書房新社，1997

◆1章 芸 能（以下，編著者名五十音順）

朝倉無声『見世物研究』思文閣出版，1999（ちくま学芸文庫，2002）
阿部主計『伝統話芸・講談のすべて』雄山閣出版，1999
内田忠賢（編）『よさこい/YOSAKOI学リーディングス』開成出版，2003
大阪府立上方演芸資料館（ワッハ上方）（編）『上方演芸大全』創元社，2008
大島建彦ほか（編）『日本を知る事典』社会思想社，1971
小沢昭一『放浪芸雑録』白水社，1996
神崎宣武『大和屋物語―大阪ミナミの花街民俗史』岩波書店，2015
神田より子・俵木 悟（編）『民俗小事典 神事と芸能』吉川弘文館，2010
倉田喜弘『芝居小屋と寄席の近代―「遊芸」から「文化」へ』岩波書店，2006
倉橋滋樹・辻 則彦『少女歌劇の光芒―ひとときの夢の跡』青弓社，2005
芸能史研究会『寄席』日本の古典芸能 9，平凡社，1971
合田道人『怪物番組 紅白歌合戦の真実』幻冬舎，2004
昭和館（監）『紙芝居の世界 完全保存版』メディア・パル，2012
菅原みどり『夢のレビュー史―すみれの園宝塚 桜咲く国 OSK・SKD』東京新聞出版局，1996
世阿弥（著），市村 宏（全訳注）『風姿花伝』講談社学術文庫，2011
宝塚歌劇団『宝塚歌劇五十年史』宝塚歌劇団，1964
仲井幸二郎ほか（編）『民俗芸能辞典』東京堂出版，1981
中原ゆかり『ハワイに響くニッポンの歌―ホレホレ節から懐メロ・ブームまで』人文書院，2014
永山武臣（監）『松竹百十年史』松竹，2006
西山松之助ほか（編）『江戸学事典』弘文堂，1994
日本近代文学館（編）『日本近代文学大事典』講談社，1984
久野俊彦『絵解きと縁起のフォークロア』森話社，2009
福田アジオほか（編）『日本民俗大辞典』吉川弘文館，1999
藤井宗哲『たいこもち（幇間）の生活』雄山閣，1982
古family信平・俵木 悟・菊池健策・松尾恒一（編）『祭りの快楽』日本の民俗 9，吉川弘文館，2009
古河三樹『見世物の歴史』雄山閣出版，1970（改題『図説 庶民芸能・江戸の見世物』雄山閣出版（雄山閣 BOOKS，1993）
細川周平「歌う民主主義」東谷 護（編）『ポピュラー音楽へのまなざし』勁草書房，2003
正岡 容（著），大西信行（編）『定本 日本浪曲史』岩波書店，2009
真鍋秀夫『新国劇』元就出版社，2005
丸茂祐佳（編著），小林直弥（編）『日本舞踊―西川流史』西川流宗家，2008
向井爽也『にっぽん民衆演劇史』日本放送出版協会，1977
早稲田大学演劇博物館『演劇百科大事典』平凡社，1986

◆2章 美 術

有賀祥隆『仏画の鑑賞基礎知識』至文堂，1991

石川九楊『日本書史』名古屋大学出版会, 2001
小野健吉『岩波 日本庭園辞典』岩波書店, 2004
北澤憲昭『眼の神殿―「美術」受容史ノート』美術出版社, 1989
国立歴史民俗博物館「特集黄金」『歴博』No.161, 歴史民族博物館振興会, 2010
佐藤道信『〈日本美術〉誕生 近代日本の「ことば」と戦略』講談社選書メチエ, 1996
澁澤敬三『絵巻物による日本常民生活絵引』全5巻, 角川書店, 1965-68
島尾 新（監）『水墨画とやまと絵』日本美術全集9, 小学館, 2014
白幡洋三郎『庭「にわ」を読み解く―なぜ京都のお寺には名庭が多いのか?』淡交社, 2012
関口正之「垂迹画」『日本の美術』274, 至文堂, 1989
高橋利郎『江戸の書』二玄社, 2010
武田恒夫『障屏画』原色日本の美術13, 小学館, 1967
武田恒夫『日本絵画と歳時―景物画史論』ぺりかん社, 1990
東京国立博物館『江戸城障壁画の下絵―大広間・松の廊下から大奥まで』1988
東京国立博物館『金と銀―かがやきの日本美術』1999
東京国立博物館『国宝 大神社展』2013
百橋明穂・中野 徹（編）『隋・唐』世界美術大全集 東洋編4, 小学館, 1997
中村 一・尼崎博正『風景をつくる―現代の造園と伝統的日本庭園』昭和堂, 2001
日野原健司・平野 恵『浮世絵でめぐる江戸の花―見て楽しむ園芸文化』試文堂新光社, 2013
古谷 稔『中国書法を基盤とする日本書道史研究』竹林舎, 2008
水野敬三郎（監）『カラー版 日本仏像史』美術出版社, 2001
三田村有純『漆とジャパン―美の謎を追う』里文出版, 2005
三田村有純『漆 煌きの刻―江戸蒔絵の系譜』里文出版, 2009
宮本常一『絵巻物にみる日本庶民生活誌』中公新書, 1981
山本 勉『日本仏像史講義』平凡社新書, 2015
依田 徹『盆栽の誕生』大修館書店, 2014
渡邊明義『水墨画の鑑賞基礎知識』至文堂, 1997

◆3章 言 葉

安藤正次「異名隠語の研究を述べて特に斎宮忌詞を論ず」『國學院雑誌』19巻7・8号, 1913
稲山小長男（編）, 後藤柳兵衛（発行）, 聖文館（賣捌）『日本隠語集』1892
楳垣 実（編）『隠語辞典』東京堂出版, 1956
大西拓一郎『現代方言の世界』シリーズ現代日本語の世界6, 朝倉書店, 2008
大渕憲一『謝罪の研究―釈明の心理とはたらき』東北大学出版会, 2010
大矢 透（編）『音圖及手習詞歌考』大日本圖書, 1918
小野正弘（編）『日本語オノマトペ辞典 擬音語・擬態語4500』小学館, 2007
菊地康人『敬語』講談社学術文庫, 1997
北村孝一・時田昌瑞（監）『ことわざ研究資料集成』全22巻, 大空社, 1994
木村義之・小出美河子（編）『隠語大辞典』皓星社, 2000
国田百合子『女房詞の研究 正・続』風間書房, 1964・1977
倉野憲司・武田祐吉（校注）『古事記 祝詞』日本古典文學大系1, 岩波書店, 1958
河野六郎『河野六郎著作集』平凡社, 1979
国立国語研究所（編）『日本言語地図』全6巻, 大蔵省, 1966-74
国立国語研究所「外来語」委員会（編）『「外来語」言い換え提案：―分かりにくい外来語を分かりやすくするための言葉遣いの工夫』国立国語研究所「外来語」委員会, 2003-06
小林 隆（編）『柳田方言学の現代的意義―あいさつ表現と方言形成論』ひつじ書房, 2014
小林千草『女ことばはどこへ消えたか?』光文社新書, 2007
小林千草『現代外来語の世界』シリーズ現代日本語の世界4, 朝倉書店, 2009

小林千草『「明暗」夫婦の言語力学』東海教育研究所，2012
小林芳規『図説 日本の漢字』大修館書店，1998
小松英雄『いろはうた―日本語史へのいざない』中公新書，1979
最高検察庁刑事部（編）『隠語全集』刑務協會，1952
笹原宏之『訓読みのはなし 漢字文化圏の中の日本語』光文社新書，2008
佐藤 進・濱口富士雄（編）『全訳漢辞海』第3版，三省堂，2011
真田信治・友定賢治『県別 罵詈雑言辞典』東京堂出版，2011
寿岳章子「いみことば考」『言語生活』318号，1978
新藤兼人『弔辞』岩波新書，1998
千石 保『「まじめ」の崩壊 平成日本の若者たち』サイマル出版会，1991
田中章夫『東京語―その成立と展開』明治書院，1983
田守育啓・スコウラップ・ローレンス『オノマトペ―形態と意味』くろしお出版，1999
陳 力衛「'裘龜'という語をめぐって」『國學院雜誌』99巻2号，1998
陳 力衛『日本の諺・中国の諺―両国の文化の違いを知る』明治書院，2008
築島 裕『仮名』日本語の世界5，中央公論社，1981
沼本克明『日本漢字音の歴史』東京堂出版，1986
飛田良文・浅田秀子『現代擬音語擬態語用法辞典』東京堂出版，2002
フェルディナン・ド・ソシュール，小林英夫（訳）『一般言語学講義』改版，岩波書店，1972
堀内克明（監）『現代用語の基礎知識 カタカナ・外来語/略語辞典』第4版，自由国民社，2011
馬渕和夫『五十音図の話』大修館書店，1993
宮坂静生『語りかける季語 ゆるやかな日本』岩波書店，2006
村田孝次『幼児の言語発達』培風館，1968
森岡 隆『図説 かなの成り立ち事典』教育出版，2006
山口謠司『日本語の奇跡―〈アイウエオ〉と〈いろは〉の発明』新潮新書，2007
山本健吉（編）『最新俳句歳時記 新年』文藝春秋，1972
米川明彦『若者語を科学する』明治書院，1998
米川明彦（編）『集団語辞典』東京堂出版，2000
米川明彦『集団語の研究』上巻，東京堂出版，2009

◆4章 象　徴

アーサー・ゴールデン，小川高義（訳）『さゆり』上・下，文藝春秋，1999
李 御寧『「縮み」志向の日本人』講談社学術文庫，2007
市田ひろみ（著），穂積和夫（画）『京のきもの語り』草思社，2004
今谷 明『武家と天皇―王権をめぐる相剋』岩波新書，1993
岡田英男（編）「門」『日本の美術』212，至文堂，1984
笠谷和比古「武士道概念の史的展開」国際日本文化研究センター『日本研究』35集，2007
神崎宣武『三三九度―盃事の民俗誌』岩波現代文庫，岩波書店，2008
菊地章太『葬儀と日本人―位牌の比較宗教史』ちくま新書，2011
黒田龍二『纒向から伊勢・出雲へ』学生社，2012
黒田龍二『中世寺社信仰の場』思文閣史学叢書，1999
作田啓一『恥の文化再考』筑摩書房，1967
相良 亨『武士道』塙新書，1968（講談社学術文庫，2010）
瀧井一博『明治国家をつくった人びと』講談社現代新書，2013
滝川政次郎『元號考證』永田書房，1974
坪井洋文『交際と贈答』日本民俗大系第4巻，平凡社，1959
所 功『国旗・国歌の常識』近藤出版社，1990
所 功『年号の歴史―元号制度の史的研究』増補版，雄山閣BOOKS22，1996

中野 卓『商家同族団の研究―暖簾をめぐる家研究』未來社,1964
中村利則(編)『茶室・露地』茶道学大系6,淡交社,2000
西山松之助『家元の研究』校倉書房,1959(『西山松之助著作集 第1巻 家元の研究』吉川弘文館,1982)
新田一郎『相撲の歴史』講談社学術文庫,2010
根岸栄隆『鳥居の研究』厚生閣,1943(第一書房,1986)
平瀬礼太『「肖像」文化考』春秋社,2014
二木謙一『中世武家儀礼の研究』吉川弘文館,1985
源 了圓『義理と人情―日本的心情の一考察』中公新書,1969(中公文庫,2013)
村松忠雄(編)『名家の遺影』東洋社,1901
森末義彰・菊池勇次郎『食物史』第一出版,1953
森本勇矢『日本の家紋大事典』日本実業出版社,2013
ルース・ベネディクト,長谷川松治(訳)『菊と刀―日本文化の型』社会思想研究会出版部,1948(講談社学術文庫,2005)

◆5章　飲食・食文化

青木直己『下級武士の食日記―幕末単身赴任』日本放送出版協会,2005
赤井達郎『菓子の文化史』河原書店,2005
石毛直道『食卓の文化史』文藝春秋,1976
石毛直道ほか(編)『日本の郷土料理』ぎょうせい,1986
伊藤 汎『つるつる物語―日本麺類誕生記』築地書館,1987
江原絢子・東四柳祥子『近代料理書の世界』ドメス出版,2008
江原絢子・石川尚子・東四柳祥子『日本食物史』吉川弘文館,2009
江原絢子『家庭料理の近代』歴史文化ライブラリー,2012
大島建彦(編)『餅』岩崎美術社,1989
大塚滋ほか『食物誌』中公新書,1975
岡田 哲『たべもの起源事典』東京堂出版,2003
岡田 哲『とんかつの誕生―明治洋食事始め』講談社学術文庫,2012
岡本良一(監)『花の下影―幕末浪花のくいだおれ』清文堂出版,1986
奥村彪生『日本の食べもの』人文書院,1981
神崎宣武『日本のうつわ―食事の文化を探る』河出書房新社,1998
神崎宣武『47都道府県・伝統行事百科』丸善出版,2012
喜多川守貞,宇佐見英機(校訂)『近世風俗史―守貞謾稿』全5巻,岩波文庫,1996
北原保雄(著),久保田淳ほか(編)『日本国語大辞典』第2版,小学館,2003
キッコーマン醤油(編)『キッコーマン醤油史』キッコーマン醤油,1968
越中哲也『長崎学・続々食の文化史―食文化をたずねて』長崎純心大学博物館,2002
『古事類苑飲食の部』吉川弘文館,1969
小菅桂子『カレーライスの誕生』講談社学術文庫,2013
志の島忠・浪川寛治『増補新版 料理名由来考』三一書房,1998
篠田鉱造『増補 幕末百話』岩波文庫,1996
清水桂一(編)『たべもの語源辞典』東京堂出版,1980
瀬川清子『食生活の歴史』講談社,1956(新装版,1975)
関 満博・古川一郎(共編)『「B級グルメ」の地域ブランド戦略』新評論,2008
関根真隆『奈良朝食生活の研究』日本史学研究叢書,吉川弘文館,1969
田沢竜次『東京グルメ通信 B級グルメの逆襲』主婦と生活社,1985
辻 静雄『ワインの本』新潮文庫,1982
戸塚文子『世界の料理 日本料理』タイムライフブックス,1973

長野県農村文化協会（編）『信州ながの食の風土記—未来に伝えたい昭和の食』農山漁村文化協会，2013
鴇田文三郎『チーズのきた道』河出書房新社，1977（講談社学術文庫，2010）
日新舎友蕎子（著），新島 繁（校注），藤村和夫（訳解）『現代語訳「蕎麦全書」伝』ハート出版，2006
原田信男「「菓子と米」試論」『和菓子』11 号，虎屋文庫，2004
東四柳祥子「江戸料理書に見る中国料理献立の受容」『風俗史学』30，2005
人見必大（著），島田勇雄（訳注）『本朝食鑑』東洋文庫，1976
平野雅章『醤油味噌の文化史』東京書房社，1985
文藝春秋（編）『スーパーガイド 東京 B 級グルメ』文春文庫，1986
文藝春秋（編）『B 級グルメのたのしい温泉—青森から鹿児島まで』文春文庫，1995
増田真祐美・江原絢子「婚礼献立にみる山間地域の食事形態の変遷」『日本調理科学会誌』38，2005
松下幸子『祝いの食文化』東京美術選書 61，1991
宮本常一『食生活雑考』未來社，1977
向田邦子『向田邦子全集』5，新版，2009
柳田國男『村と學童』朝日新聞社，1945
山﨑紹耕『典座さんの健康料理 禅宗 700 年 食の知恵』小学館 101 新書，2009
渡辺 実『日本食生活史』吉川弘文館，1964

◆6 章 住 居

石田潤一郎『屋根のはなし』物語ものの建築史，鹿島出版会，1990
伊藤ていじ『民家は生きてきた』美術出版社，1963
井上 靖『あすなろ物語』新潮文庫，1958
岩本 馨『江戸の政権交代と武家屋敷』吉川弘文館，2012
太田博太郎『床の間』岩波新書，1978
岡田英男「門」『日本の美術』212，至文堂，1984
小沢朝江・水沼淑子『日本住居史』吉川弘文館，2006
川上 貢『日本中世住宅の研究』新訂，中央公論美術出版，2002
小泉和子『昭和のくらし博物館』河出書房新社，2001
後藤 治『日本建築史』共立出版，2003
雑誌『住宅』復刻版，第 29 巻，柏書房，2002
佐藤 理『門のはなし』物語ものの建築史，鹿島出版会，1995
佐藤 理『桂離宮の建築—昭和・平成の大修復全記録』木耳社，1999
高橋康夫『建具のはなし』物語ものの建築史，鹿島出版会，1985
谷 直樹『町に住まう知恵—上方三都のライフスタイル』平凡社，2005
塚田 孝・吉田伸之（編）『近世大坂の都市空間と社会構造』山川出版社，2001
津山正幹『民家と日本人—家の神・風呂・便所・カマドの文化』慶友社，2008
根岸栄隆『鳥居の研究』厚生閣，1943（再刊，第一書房，1986）
日本民俗建築学会『図説 民俗建築大事典』柏書房，2001
濱口ミホ『日本住宅の封建性』相模書房，1949
原田多加司『屋根の日本史—職人が案内する古建築の魅力』中公新書，2005
久松潜一・佐藤謙三（編）「源氏物語 夕顔」『角川新版 古語辞典』角川書店，1989
平井 聖『日本の近世住宅』鹿島出版会，1968
平井 聖『図説 日本住宅の歴史』学芸出版社，1980
藤田盟児「5 中世 II 鎌倉・南北朝・室町次回（住宅）」太田博太郎ほか（監）『日本建築様式史』美術出版社，2008
堀口捨己『数寄屋造と書院造の研究』鹿島出版会，1978

光井　渉「I 日本建築史」光井　渉・太記祐一『カラー版 建築と都市の歴史』井上書院，2013
宮崎勝美「江戸の土地―大名・幕臣の土地問題」吉田伸之（編）『都市の時代』日本の近世 9，中央公論社，1992
宮崎興二『建築のかたち百科―多角形から超曲面まで』彰国社，2000
E. S. モース，斎藤正二・藤本周一（共訳）『日本人の住まい』上・下，八坂書房，1979（新装版，2004）
森下　徹『武士という身分―城下町萩の大名家臣団』吉川弘文館，2012
柳田國男（著），山口貞夫（編）『居住習俗語彙』国書刊行会，1975
山口佳紀（編）『暮らしのことば語源辞典』講談社
李家正文『糞尿と生活文化』泰流社，1987
渡辺理絵『近世武家地の住民と屋敷管理』大阪大学出版会，2008

◆7章　文化財

有馬　学「方法としての家族アルバム―地域社会の〈近代〉をめぐって」緒川直人・後藤　真（編）『写真経験の社会史―写真史料研究の出発』岩田書院，2012
緒川直人・後藤　真（編）『写真経験の社会史―写真史料研究の出発』岩田書院，2012
尾崎秀樹「わが家の一枚と三代の歴史」朝日新聞社（編）『庶民のアルバム明治・大正・昭和「わが家のこの一枚」総集編』朝日新聞社，1975
小野健吉『岩波 日本庭園辞典』岩波書店，2004
神田より子・俵木　悟（編）『民俗小事典 神事と芸能』吉川弘文館，2010
北　杜夫『どくとるマンボウ青春記 どくとるマンボウ途中下車』北杜夫全集 13，新潮社，1977
近藤安太郎『系図研究の基礎知識』近藤出版社，1988-89
小林多喜二『蟹工船 党生活者』改版，新潮文庫，2003
近藤安太郎『系図研究の基礎知識―家系にみる日本の歴史』全 4 巻，近藤出版社，1989-90
渋沢敬三・アチックミューゼアム（編著）『民具蒐集調査要目』アチックミューゼアム，1936
白石太一郎『古墳と古墳群の研究』塙書房，2000
白幡洋三郎『大名庭園―江戸の饗宴』講談社選書メチエ，1997
世界遺産アカデミー（監）『すべてがわかる 世界遺産大事典』上・下，マイナビ，2012
田村　剛『登山の話』文化生活研究會，1926
都出比呂志『前方後円墳と社会』塙書房，2005
西村幸夫『都市保全計画―歴史・文化・自然を活かしたまちづくり』東京大学出版会，2004
西村幸夫・埒　正浩（編著）『証言・町並み保存』学芸出版社，2007
丹羽基二・鈴木隆祐『自分のルーツを探す』光文社新書，2006
フィッセル，庄司三男・沼田次郎（訳注）『日本風俗備考』東洋文庫，1978
フェノロサ（述），大森惟中（記）『美術真説』龍池会，1882
比較家族史学会『事典 家族』弘文堂，1996
ブルーノ・タウト，篠田英雄（訳）『日本美の再発見』増補改訳版，岩波新書，1962
文化庁（編）『日本民俗地図』1969-2000
文化庁（編）『文化財保護法五十年史』ぎょうせい，2001
F. ベアト（写真），横浜開港資料館（編）『外国人カメラマンが撮った幕末日本』明石書店，2006
松木武彦『古墳とはなにか―認知考古学からみる古代』角川選書，2011
松木武彦『未盗掘古墳と天皇陵古墳』小学館，2013
村井益男ほか（監）『大名と旗本 ピクトリアル江戸 2』学習研究社，1989
森本和男『文化財の社会史―近現代史と伝統文化の変遷』彩流社，2010
山折哲雄（監），槇野　修（著）『京都の寺社 505 を歩く 決定版』PHP 新書，2007
山本茂実『あゝ野麦峠』朝日新聞社，1968

◆8章　衣　服

朝日新聞社（編）『きもの文化史』シリーズ衣の文化2，朝日新聞社，1986
天野正子・桜井 厚『「モノと女」の戦後史―身体性・家庭性・社会性を軸に』平凡社，2003
江馬 務『増補 日本服飾史要』星野書店，1949
岡田全弘『かぶり物―昔と今』東京・エディトリアル・プロダクション，1962
小野重郎『生活と民具』南日本の民俗文化3，第一書房，1993
加藤秀俊『衣の社会学』文藝春秋，1980
『企画展図録 半纏―藍染めの仕事着』豊島区教育委員会，2003
栗原 弘・河村まち子『時代衣裳の縫い方―復元品を中心とした日本伝統衣服の構成技法』源流社，1984
小泉和子『洋裁の時代―日本人の衣服革命』農山漁村文化協会，2004
『埼玉県民俗工芸調査報告書 第1集 長板中型』埼玉県民俗文化センター，1982
酒井順子『制服概論』文春文庫，2009
真藤建志郎『見る 知る 楽しむ 家紋の事典』日本実業出版社，1985
中村ひろ子「仕事着を考える―調査のまとめにかえて」『神奈川大学日本常民文化研究所調査報告 第12集 仕事着―西日本編』平凡社，1987
『はきものコレクション』日本はきもの博物館，1984
日野西資孝『図説 日本服飾史』恒春閣，1953
藤井忠俊『国防婦人会―日の丸とカッポウ着』岩波新書，1985
三田村佳子・宮本八惠子・宇田哲雄『物づくりと技』日本の民俗11，吉川弘文館，2008
宮本勢助「山袴の種類とその分類」『被服』9巻6号，1938
宮本八惠子「和装時代のよそゆき」『所沢市史研究 第17号』所沢市教育委員会，1994
柳田國男『服装習俗語彙』岩波書店，1938
『和裁4』大塚末子きもの学院，1981

◆9章　日常習慣

石井研堂『増訂 明治事物起源』東京春陽堂，1926
石井良助・高柳真三ほか（編）『御触書集成』岩波書店，1934
石井良助・服藤弘司（編）『幕末御触書集成』全6巻，岩波書店，1992
石川 謙『寺子屋―庶民教育機関』日本歴史新書，至文堂，1960
海原 徹『近世私塾の研究』思文閣出版，1983
江波戸昭『戦時生活と隣組回覧板』中央公論事業出版，2001
大阪市史編纂所（編）『戦時下の民衆生活―九郎右衛門町会回覧板』大阪市史料調査会，1989
小笠原清信『日本の礼法』講談社，1975
神崎宣武『しきたりの日本文化』角川ソフィア文庫，2008
神崎宣武『おみやげ―贈答と旅の日本文化』青弓社，1997
熊倉功夫『文化としてのマナー』岩波人文書セレクション，岩波書店，2014
小宮山博仁『塾―学校スリム化時代を前に』岩波書店，2000
今野信雄『江戸の風呂』新潮選書，1989
雑賀 進「回覧板の頃 1-5」『図書』岩波書店，1995-96
崎川洋光『新聞社販売局 担当員日誌』日本評論社，2006
佐藤卓己『現代メディア史』岩波テキストブックス，1998
鈴木 淳『町火消したちの近代―東京の消防史』歴史文化ライブラリー，吉川弘文館，1999
諏訪達也「談合は必要悪だ！―業者の告白』エール出版社，1993
全国公衆浴場業環境衛生同業組合連合会『公衆浴場史』1972

武田晴人『談合の経済学―日本的調整システムの歴史と論理』集英社文庫，1999
西澤治彦『中国食事文化の研究―食をめぐる家族と社会の歴史人類学』風響社，2010
『日本新聞協会四十年史』日本新聞協会，1996
野村雅一『身ぶりとしぐさの人類学―身体がしめす社会の記憶』中公新書，1996
花咲一男『江戸入浴百姿』三樹書房，2008
花咲一男（著），町田 忍（写真）『「入浴」はだかの風俗史―浮世絵で見るお風呂の歴史と文化』講談社カルチャーブックス，1993
二木謙一『中世武家の作法』日本歴史叢書，吉川弘文館，1999
町田 忍『銭湯の謎』扶桑社，2001
三田村鳶魚（著），稲垣史生（編）『三田村鳶魚 江戸生活事典』青蛙房，1959
宮崎 学『談合文化論―何がこの国の「社会」を支えるのか』祥伝社，2009
宮田 登（編）『談合と贈与』現代の世相6，小学館，1997
宮本又郎ほか『日本経営史―日本型企業経営の発展・江戸から平成へ』増補版，有斐閣，1998
森川 琉『押し紙―新聞配達がつきとめた業界の闇』同時代社，2003
矢田部英正『椅子と日本人のからだ』晶文社，2004
矢田部英正『美しい日本の身体』ちくま新書，2007
矢田部英正『日本人の坐り方』集英社新書，2011
山本英二『慶安の触書は出されたか』日本史リブレット38，山川出版社，2002

◆10章　通過儀礼

安達義弘「沖縄における長寿者の儀礼―その現行民俗行事を中心として」『九州大学文学部九州文化史研究紀要』36号，1991
石井研士『結婚式―幸せを創る儀式』NHKブックス，2005
板橋春夫「五十五の団子」『叢書 いのちの民俗学2 長寿』社会評論社，2009
伊藤幹治・栗田靖之（編著）『日本人の贈答』ミネルヴァ書房，1984
井上忠司＋サントリー不易流行研究所『現代家庭の年中行事』講談社現代新書，1993
井之口章次『日本の葬式』ちくま学芸文庫，2002
井之口章次『日本の俗信』弘文堂，1975
岩本重則『墓の民俗学』吉川弘文館，2003
鵜澤由美「近世における誕生日」『国立民俗博物研究報告』141集，国立歴史民俗博物館，2008
大妻コタカ『新時代の礼儀作法』日本女子教育会，1961
大間々町史編さん委員会（編）『大間々町誌』別巻9，大間々町誌刊行委員会，2001
荻原 勝『定年制の歴史』日本労働協会，1984
落合恵美子『21世紀家族へ 家族の戦後体制の見かた・超えかた』有斐閣選書，1994（第3版，2004）
恩賜財団母子愛育会（編）『日本産育習俗資料集成』第一法規出版，1975
神崎宣武『物見遊山と日本人』講談社現代新書，1991
神崎宣武『盛り場の民俗史』岩波新書，1993
神崎宣武『神さま仏さまご先祖さま―「ニッポン教」の民俗学』小学館，1995
神崎宣武『「まつり」の食文化』角川選書，2005
神崎宣武『47都道府県・伝統行事百科』丸善出版，2012
菊池一郎（著）・鈴木棠三（編）『絵本江戸風俗往来』東洋文庫，1968
北野博美『年中行事』臨川書店，1973
久保田恵友「若者と成人式」八木 透（編著）『新・民俗学を学ぶ―現代を知るために』昭和堂，2013
近藤直也『「鬼子」と誕生餅―初誕生儀礼の基礎的研究（九州・沖縄編）』岩田書院，2002
斎藤月岑・朝倉治彦（校注）『東都歳事記』全3巻，東洋文庫，1970-72
斎藤寿胤「年祝いの深層―88歳の祝いを中心に」『秋田民俗懇話会十周年記念紀要』あきた民俗懇話会，2008

寒川恒夫『遊びの歴史民族学』明和出版, 2003
佐藤秀夫「学年はなぜ四月から始まるのか」『月刊百科』187号, 平凡社, 1978（再録『学校の文化』教育の文化史 2, 阿吽社, 2005）
佐藤秀夫「学年始期の統一化課程―学校接続条件の史的考察」国立教育研究所紀要第117, 国立教育研究所, 1990
佐野賢治『虚空蔵菩薩信仰の研究―日本的仏教受容と仏教民俗学』吉川弘文館, 1996
『定山渓温泉のあゆみ』定山渓連合町内会, 2005
白幡洋三郎『旅行ノススメ―昭和が生んだ庶民の「新文化」』中公新書, 1996
鈴木棠三『日本年中行事辞典』角川書店, 1977
鈴木明子「ムラの一生―習志野市・八千代市」千葉県史料研究財団（編）『千葉県の歴史 別編 民俗2』千葉県, 2002
瀬川清子『若者と娘をめぐる民俗』未來社, 1972
高橋六二「名付け祝いと初宮参り」日本民俗研究大系編集委員会（編）『日本民俗研究体系』4巻, 國學院大學, 1983
館林市史編さん委員会（編）『館林の民俗世界』館林市史特別編5巻, 館林市, 2012
曹洞宗総合研究センター（編）『葬送儀礼と民俗』曹洞宗総合研究センター, 2013
旅の文化研究所（編）『旅と観光の年表』河出書房新社, 2011
田村和彦「『成人式』の誕生」常光 徹（編）『妖怪変化―民俗学の冒険3』ちくま新書, 1999
寺崎昌男「学年暦―四月新学期の始まり」『UP』198号, 東京大学出版会, 1989
『東京茗溪會雜誌』復刻版, 現代情報社, 1883-1903
名嘉真宜勝『沖縄の人生儀礼と墓』2002
夏目漱石『門』改版, 新潮文庫, 2002
成田市史編さん委員会『成田市史』成田市, 1982
西角井正慶（編）『年中行事辞典』東京堂出版, 1958
『年中行事』日本庶民生活史料集成第23巻, 三一書房, 1981
日本修学旅行協会『教育旅行年報・平成23年版』2011
日本葬送文化学会（編）『火葬後拾骨の東と西』日本経済評論社, 2007
芳賀 登『成人式と通過儀礼―その民俗と歴史』雄山閣出版, 1991
橋本左内「啓発録」『日本思想体系』56巻, 岩波書店, 1971
服部 誠「恋愛・結婚・家庭」八木 透ほか『日本の民俗7 男と女の民俗誌』吉川弘文館, 2008
福田アジオ『寺・墓・先祖の民俗学』大河書房, 2004
藤田 稔「十三参りと虚空蔵信仰」『茨城の民俗文化』茨城新聞社, 2002
T. フジタニ（著）, 米山リサ（訳）『天皇のページェント―近代日本の歴史民俗史から』NHKブックス, 1994
星野 紘・芳賀日出男（監）・全日本郷土芸能協会（編）『日本の祭り文化事典』東京書籍, 2006
正岡子規『墨汁一滴』ワイド版岩波文庫, 2005
増田勝機「誕生日を祝う習俗並びに初誕生のエラビドリ習俗について」『日本民俗学』144号, 日本民俗学会, 1982
源 武雄・名嘉宜勝「一生の儀礼」『沖縄県史 民俗1』琉球政府, 1972
宮田 登『江戸歳時記』吉川弘文館, 1981
宮田 登『冠婚葬祭』岩波新書, 1999
宮本常一『民間暦』講談社学術文庫, 1985
宮本常一『家郷の訓』岩波文庫, 1984
村上興匡「大正期東京における葬送儀礼の変化と近代化」『宗教研究』64, 日本宗教学会, 1990
八木 透「婚姻儀礼の変遷と現代」『明治聖徳記念学会紀要』復刻37号, 明治聖徳記念学会, 2003
安井眞奈美（編）『出産・育児の近代 「奈良県風俗誌」を読む』法藏館, 2011
柳田國男『年中行事覚書』講談社学術文庫, 1977
柳田國男「先祖の話」『柳田國男全集』15, 筑摩書房, 1998（1946）

山田慎也『現代日本の死と葬儀―葬祭業の展開と死生観の変容』東京大学出版会，2007
山本志乃「新婚旅行とアンノン族―戦後における若い女性の旅をめぐって」『旅の文化研究所 研究報告 20 戦後日本における旅の大衆化に関する研究』2011
横須賀市（編）『新横須賀市史 別編 民俗』横須賀市，2013
若月紫蘭（著），朝倉治彦（校注）『東京年中行事』全2巻，東洋文庫，1968

◆ 11章　年中行事・しきたり

アンベール，高橋邦太郎（訳）『アンベール幕末日本図絵』上・下，雄松堂書店，1969-70
石井研士『都市の年中行事―変容する日本人の心性』春秋社，1994
井上輝子ほか（編）『岩波女性学事典』岩波書店，2002
井上忠司・サントリー不易流行研究所『現代家庭の年中行事』講談社現代新書，1993
岩科小一郎『山の民俗』岩崎美術社，1968
大間知篤三ほか（編）『民俗の事典』岩崎美術社，1972
小笠原祐子『OLたちの〈レジスタンス〉―サラリーマンとOLのパワーゲーム』中公新書，1998
小川　了「伝統的子供文化の再生―誕生日」井上忠司（編）『現代日本文化における伝統と変容4 都市のフォークロア』ドメス出版，1988
神崎宣武「節句と日本人」『淡交』5月号，淡交社，2002
神崎宣武『しきたりの日本文化』角川学芸出版，2008
神崎宣武『物見遊山と日本人』講談社現代新書，1991
神崎宣武『盛り場の民俗史』岩波新書，1993
神崎宣武『「まつり」の食文化』角川選書，2005
神崎宣武『「旬」の日本文化』角川ソフィア文庫，2009
菊池貴一郎（著），鈴木棠三（編）『絵本江戸風俗往来』平凡社東洋文庫50，1965
木坂順一郎『太平洋戦争―大東亜共栄圏の幻想と崩壊』昭和の歴史7，小学館，1982
喜田川守貞（著），宇佐美英機（校訂）『近世風俗志（守貞謾稿）1・4』岩波文庫，1996・2001
小島美子ほか（監）『祭・芸能・行事大辞典』朝倉書店，2009
是澤博昭『子供を祝う 端午の節句と雛祭』淡交新書，2015.
斎藤月岑（著），朝倉治彦（校注）『東都歳事記』全3巻，平凡社東洋文庫，1970-72
桜井徳太郎（編）『山岳宗教と民間信仰の研究』名著出版，1976
佐藤卓己『八月十五日の神話―終戦記念日のメディア学』ちくま新書，2005
積丹町史編さん委員会（編）『積丹町史』積丹町，1985
白幡洋三郎『花見と桜―〈日本的なるもの〉再考』PHP新書，2000（八坂書房，2015）
新谷尚紀（監）「端午の節句」『ポプラディア情報館 年中行事』ポプラ社，2009
鈴木正崇『女人禁制』歴史文化ライブラリー138，吉川弘文館，2002
園田英弘「世界に忘年会はあるか」園田英弘（編）『逆欠如の日本生活文化―日本にあるものは世界にあるか』思文閣出版，2005
園田英弘『忘年会』文春新書，2006
波平恵美子『ケガレの構造』新装版，青土社，1992
『日本の民俗』全47巻，第一法規出版，1971-75
平山敏治郎『歳時習俗考』法政大学出版局，1984
福田アジオほか『知っておきたい日本の年中行事事典』吉川弘文館，2012
文化庁文化財部『盆行事（Ⅰ～Ⅳ）』国土地理協会，1990-2000
堀井憲一郎『若者殺しの時代』講談社現代新書，2006
松下幸子『祝いの食文化』東京美術選書61，東京美術，1991
宮田　登「血穢とケガレ―日本人の宗教意識の一面」宮田　登『女の民俗学』吉川弘文館，2006（初出，『日本における国家と宗教』大蔵出版，1978）
宮田　登『正月とハレの日の民俗学』大和書房，1997

柳田國男『年中行事覚書』修道社，1955（講談社学術文庫，1977）
柳田國男「女の家」『高志路』通巻100号，高志社，1943（再録，『家閑談』『柳田國男全集12』筑摩書房，1990）
柳田國男（編）『海村生活の研究』復刻版，国書刊行会，1975
郵政研究所附属資料館（通信総合博物館）『年賀状の歴史と話題―人と人の心を結ぶ』1996
若月紫蘭（著），朝倉治彦（校注）『東京年中行事』全2巻，平凡社東洋文庫，1968

◆12章　工　芸

赤木明登『漆塗師物語』文藝春秋，2006
有賀祥隆「截金と彩色」『日本の美術』373，至文堂，1997
泉　武夫『王朝の仏画と儀礼―善をつくし美をつくす』京都国立博物館，1998
神崎宣武『うつわを食らう』日本放送出版協会，1996
神崎宣武『暮しの中の焼きもの』ぎょうせい，1982
神崎宣武『図説 日本のうつわ』河出書房新社，1998
工藤圭章「近世社寺建築緊急調査の目的と現況」『建築雑誌』98，日本建築学会，1983
小泉和子『箪笥』法政大学出版局，1982
高取正男『民俗のこころ』朝日新聞社，1972
竹内淳子『藍―風土が生んだ色』ものと人間の文化史65，法政大学出版局，1991
竹内淳子『草木布』Ⅰ・Ⅱ，法政大学出版局，1995
たばこと塩の博物館（編）『たばこ入れ』増補改訂版，同館刊，2005
出口公長「正倉院と皮革」①～⑫『かわとはきもの』東京都立皮革技術センター台東支部，No.136-147，2006-09
寺島良安『和漢三才圖會』上・下，東京美術，1970
德丸亞木『家の民俗文化誌』日本の民俗5，吉川弘文館，2008
布目順郎『絹の東伝―衣料の源流と変遷』小学館，1988
農商務省山林局編『木材ノ工藝的利用』林業科学技術振興所，1912，1982（復刻）
のびしょうじ『皮革の歴史と民俗』解放出版社，2009
林　久良『姫路皮革物語―歴史と文化』2012
姫田忠義「日本の器＝その源流をたずねて」『銀花』25号，文化出版局，1976
平山敏治郎「神棚と仏壇」，竹田聴洲（編）『葬送墓制研究集成』第3巻，名著出版，1979
藤本正行『鎧をまとう人々―合戦・甲冑・絵画の手びき』吉川弘文館，2000
宮内　悊『箱』ものと人間の文化史67，法政大学出版局，1991
宮内　悊『日本の特許家具　戦前編』井上書院，2004
宮地直一「大神宮信仰の通俗化」萩原龍夫（編）『伊勢信仰』民衆宗教史叢書第13巻，雄山閣出版，1984
宮田　登『女の霊力と家の神』人文書院，1983
森　隆男『住居空間の祭祀と儀礼』岩田書院，1996
柳田國男『木綿以前の事』改版，岩波文庫，2009
籔内佐斗司『壊れた仏像の声を聴く―文化財の保存と修復』角川選書，2015
吉岡幸雄（監）『日本の藍―ジャパンブルー』京都書院，1997
吉田光邦『やきもの』増補版，日本放送出版協会，1973
四柳嘉章『漆の文化史』岩波新書，2009
ヨルン・ボクホベン『葬儀と仏壇　先祖祭祀の民俗学的研究』岩田書院，2005

◆ 13章　産業技術

GP企画センター（編）『日本自動車史年表』グランプリ出版，2006
大森一宏『近現代日本の地場産業と組織化―輸出陶磁器業の事例を中心として』日本経済評論社，2015
碇 義朗『「夢の超特急」，走る！新幹線を作った男たち』文藝春秋，2007
石井謙治『和船』Ⅰ・Ⅱ，法政大学出版局，1995
今津健治『からくり儀右衛門―東芝創設者田中久重とその時代』ダイヤモンド社，1992
植田浩史『戦時期日本の下請工業―中小企業と「下請＝協力工業政策―」』ミネルヴァ書房，2004
岡田廣吉（編）『たたらから近代製鉄へ』平凡社，1990
小関智弘『大森界隈職人往来』朝日新聞社，1981
落合偉洲『家康公の時計 四百年を越えた奇跡』平凡社，2013
金子 務『江戸人物科学史―「もう一つの文明開化」を訪ねて』中公新書，2005
小磯勝直『くるま昭和史物語―昭和30年代のヒーローたち』JAF出版社，1988
佐々木烈『日本自動車史』三樹書房，2009
佐藤芳彦（編）『世界の高速鉄道』グランプリ出版，1998
島田 晖『軽自動車革命だ！』そしえて，1999
ソニー広報センター（編）『ソニー創立50周年記念誌「GENRYU 源流」』1996
高橋団吉『新幹線をつくった男 島秀雄物語』小学館，2000
高橋雄造『ラジオの歴史―工作の〈文化〉と電子工業のあゆみ』法政大学出版局，2011
つだゆみ・十河光平（監）・原 朗（協力）『マンガ・文 夢の超特急ひかり号が走った 十河信二伝』西日本出版社，2013
中沖 満『懐かしの軽自動車』グランプリ出版，1998
西山夘三『安治川物語―鉄工職人夘之助と明治の大阪』日本経済評論社，1997
日本産業技術史学会（編）『日本産業技術史事典』思文閣出版，2007
日本鉄道運転協会（編）『新幹線』1984
日本電子機械工業会電子部品部（編）『電子部品技術史 日本のエレクトロニクスを隆盛へと先導した電子部品発展のあゆみ』1999
三杉隆俊『マイセンへの道』東京書籍，1992
南崎邦夫『船舶建造システムの歩み―次代へのメッセージ』成山堂書店，1996
三宅宏司『大阪砲兵工廠の研究』思文閣出版，1993
森 清『町工場―もうひとつの近代』朝日新聞社，1981
山口隆二『日本の時計』改訂第二版，日本評論社，1950
山口隆二『時計』岩波書店，1956
山田國廣（編），本間 都・加藤英一・鷲尾圭司（著）『水の循環―地球・都市・生命をつなぐ"くらし革命"』藤原書店，2002
リーズ・V・ジェンキンズ（著），中岡哲郎・高松 亨・中岡俊介（訳）『フィルムとカメラの世界史―技術革新と企業』平凡社，1998
鷲巣 力『自動販売機の文化史』集英社新書，2003
渡辺幸男『日本機械工業の社会的分業構造―階層構造・産業集積からの下請制把握』有斐閣，1997

◆ 14章　遊　戯

安藤健二『パチンコがアニメだらけになった理由』洋泉社，2011
烏賀陽弘道『カラオケ秘史―創意工夫の世界革命』新潮新書，2008
江橋 崇『花札』ものと人間の文化史167，法政大学出版局，2014
江橋 崇『かるた』ものと人間の文化史173，法政大学出版局，2015

香月牛山『小児必用養育草』正徳4年（1714）
加藤秀俊『パチンコと日本人』講談社現代新書，1984
神崎宣武『「まつり」の食文化』角川学芸出版，2005
呉　智英『現代マンガの全体像』双葉文庫，1997
小寺玉晁・朝岡露竹斎（著），上笙一郎・久野保佑（解説）『児戯　尾張三河童謡集』復刻版，未央社，1977
小松和彦「かはたれ時―神隠しと隠れんぼのタブー」『建築雑誌』（Vol.106. No.1312）日本建築学会，1991
シシドユキオ『あやとり』文溪堂，2013
白幡洋三郎『カラオケ・アニメが世界をめぐる―「日本文化」が生む新しい生活』PHP研究所，1996
白幡洋三郎（編）『百人一首万華鏡』思文閣出版，2005
鈴木棠三『今昔いろはカルタ』錦正社，1973
セップ・リンハルト『拳の文化史』角川叢書，1998
寒川恒夫『遊びの歴史民族学』明和出版，2003
多根清史『教養としてのゲーム史』ちくま新書，2011
津堅信之『アニメーション学入門』平凡社新書，2005
『日本の民俗』全47巻，第一法規出版，1971-75
野口　恒（編著）『カラオケ文化産業論』PHP研究所，2005
野口　廣・シシドユキオ「あやとりの静と動」『日本文化のかたち百科』丸善出版，2008
文化庁文化財部国土地理協会『盆行事Ⅳ』2000
前川　淳『本格折り紙―入門から上級まで』日貿出版社，2007
桝山　寛『テレビゲーム文化論』講談社現代新書，2001
溝上憲文『パチンコの歴史』晩聲社，1999
守屋　毅（編）『モースと日本―共同研究』小学館，1988

◆15章　音　楽

阿久　悠『歌謡曲の時代―歌もよう人もよう』新潮文庫，2007
上野貞紀『漢詩と吟詠』教育社，1988
烏賀陽弘道『Jポップとは何か―巨大化する音楽産業』岩波新書，2005
宇佐公康『古伝が語る古代史―宇佐屋伝承』木耳社，1990
小野寺節子「民謡の系譜」伊豆諸島・小笠原諸島民俗誌編さん委員会『伊豆諸島・小笠原諸島民俗誌』1993
小野寺節子「民謡の現場」『芸能の科学』30号，東京文化財研究所芸能部，2003
小野寺節子「民謡という歌謡―儀礼と動作への関わり」『國學院雑誌』國學院大學，2009
小野寺節子・斎藤紀子『埼玉・神奈川のわらべ歌』柳原書店，1981
小野恭靖『絵の語る歌謡史』和泉書院，2001
小野恭靖『子ども歌を学ぶ人のために』世界思想社，2007
小野亮哉（監）・東儀信太郎（代表執筆）『雅楽事典』音楽之友社，1989
北中正和『増補　にほんのうた』平凡社ライブラリー，2003
吉川英史（監）『邦楽百科辞典』音楽之友社，1984
芸能史研究会（編）『日本の古典芸能2　雅楽』平凡社，1970
『皇室』編集部（編）『宮内庁楽部　雅楽の正統』扶桑社，2008
小島美子ほか（編）『図説　日本の楽器』東京書籍，1992
薦田治子『平家の音楽―当道の伝統』第一書房，2003
『埼玉の民謡』埼玉県教育委員会，1981
芝　祐靖（監）『図説　雅楽入門事典』柏書房，2006
高橋秀実『素晴らしきラジオ体操』小学館文庫，2002

竹内 勉『民謡に生きる―町田佳聲八十八年の足跡』ほるぷレコード，1974
谷戸貞彦『閑吟集は唄う』大元出版，2002
谷村 晃・北原宏造（監），北原郁也ほか（著）『楽器の事典 尺八』東京音楽社，1990
千葉優子『日本音楽がわかる本』音楽之友社，2005
坪井秀人（編）『ラジオ放送局』コレクション・モダン都市文化第2期第32巻，ゆまに書房，2008
寺内直子『雅楽を聴く―響きの庭への誘い』岩波新書，2011
東儀俊美（監），芝 祐靖（著）『楽家類聚』東京書籍，2006
『東京の民謡―区部・多摩地区編』東京都教育委員会，2012
なかにし礼『歌謡曲から「昭和」を読む』NHK出版新書，2011
日本放送協会（編）『日本民謡大觀』日本放送出版協会，1944-1993（復刻版，1992-94）
「俄か仕立ての新内流し／新聞記者の体験記」『都新聞』昭和11年3月9日付（夕刊）
平野健次ほか（監）『日本音楽大事典』平凡社，1989
細川周平（編）『民謡からみた世界音楽―うたの地脈を探る』ミネルヴァ書房，2012
宮入恭平『Jポップ文化論』彩流社，2015
毛利嘉孝『増補 ポピュラー音楽と資本主義』せりか書房，2012
文部省『俚謡集』1914
山村基毅『民謡酒場という青春―高度経済成長を支えた唄たち』ヤマハミュージックメディア，2010
輪島裕介『創られた「日本の心」神話―「演歌」をめぐる戦後大衆音楽史』光文社新書，2010

◆16章　運動競技

石川芳雄『日本水泳史』米山 弘，1960
井上強一『合気道「抜き」と「呼吸力」の極意』東邦出版，2009
井上 俊『武道の誕生』吉川弘文館，2004
井上 俊・菊 幸一（編）『よくわかるスポーツ文化論』ミネルヴァ書房，2012
井上譲二『プロレス「暗黒」の10年』宝島社文庫，2009
入江康平（編著）『武道文化の探究』不味堂出版，2003
岩田憲一『古流居合の本道』スキージャーナル，2002
植芝吉祥丸・植芝守央『規範 合気道 基本編』財団法人合気会・出版芸術社，1997
牛島秀彦『力道山物語―深層海流の男』徳間文庫，1983
内田 樹・光岡英稔『荒天の武学』集英社新書，2012
大宮司朗『開祖 植芝盛平の合気道―「技」と「言葉」に秘められた精神世界』柏書房，2005
表 孟宏『テニスの源流を求めて』大修館書店，1997
嘉納行光ほか（編）『柔道大辞典』アテネ書房，1999
神之田常盛『神道夢想流杖道入門』日本杖道会出版部，2003
関東学生陸上競技連盟『箱根駅伝70年史』関東学生陸上競技連盟，1989
クリス・クルデリ，川成 洋・フル・コム（訳）『世界武道格闘技大百科』東邦出版，2010
黒田 勇『ラジオ体操の誕生』青弓社，1999
甲野善紀ほか『古武術で目覚めるからだ』洋泉社，2004
甲野善紀『「古の武術」に学ぶ』PHP研究所，2005
『国民体育大会の歩み』都道府県体協連合会，1978
後藤光将「明治期の日本のテニス」『保健体育ジャーナル』58号，2001，pp.10-12
呉 伯焔『護身術―理論と実践』三一書房，1995
（財）JKA（編）『競輪60年史』（財）JKA，2009
坂上康博（編）『海を渡った柔術と柔道』青弓社，2010
佐々木浩雄「量産される集団体操―国民精神総動員と集団体操の国家的イベント化」坂上康博・高岡裕之（編）『幻の東京オリンピックとその時代―戦時期のスポーツ・都市・身体』青弓社，2009
笹間良彦『図説 日本武道辞典』柏書房，2003

塩田剛三（監）『合気道』日本文芸社，1978
島田輝男『日本列島駅伝史』陸上競技社，1987
清水 豊『植芝盛平の武産合気―神話世界と合気道』柏書房，2006
白山源三郎『図説 日本泳法―12流派の秘法』日貿出版社，1975
末崎真澄「日本の古式競馬」『ビオストーリー』vol. 16, 生き物文化誌学会，2011
鈴木良徳『オリンピック外史』ベースボールマガジン社，1980
曽川和翁『大東流 合気の秘訣』愛隆堂，2001
大道寺友山『新訳 武道初心集』PHP研究所，2013
多田容子『自分を生かす古武術の心得』集英社新書，2008
立川健治『文明開化に馬券は舞う―日本競馬の誕生』世織書房，2008
谷岡一郎・仲林祥一（編）『ギャンブルの社会学』世界思想社，1997
津金澤聰廣『現代日本メディア史の研究』ミネルヴァ書房，1998
津本 陽『孤塁の名人 合気を極めた男・佐川幸義』文藝春秋，2008
藤平光一『中村天風と植芝盛平 氣の確立』東洋経済新報社，1999
富木謙治『武道論』大修館書店，1999
戸田藤成『武器と防具 日本篇』新紀元社，1994
長嶺将真『史実と口伝による 沖縄の空手・角力名人伝』新人物往来社，1986
日本ゴム工業組合史編纂委員會（編）『日本ゴム工業組合史』日本ゴム工業會，1950
日本水上競技聯盟（編）『日本水泳史料集成 文献編』1937（復刻版，日本水泳連盟（編），1984）
日本武道館（編）『日本の武道』日本武道館，2007
野沢靖尚『空手「技」の歴史』東邦出版，2011
野中日文『武道―日本人の行動学』創言社，2001
日野 晃『古武道入門―達人たちの《言葉》を身体化する』彩流社，2004
富名腰義珍『空手道教範』大倉広文堂，1935
フルコム（編）『沖縄空手の真実』東邦出版，2009
増田俊也『木村政彦はなぜ力道山を殺さなかったのか』新潮社，2011
増田俊也『七帝柔道記』角川書店，2013
松井健二（編著）『杖道入門』体育とスポーツ出版社，2002
松田隆智（編）『秘伝 日本柔術』壮神社，2000
ミスター高橋『プロレス―影の仕掛人』講談社＋α文庫，2003
道原伸司『空手道教室』大修館書店，1986
村川堅太郎『オリンピア』中公新書，1973
山田英司『合気道と中国武術はなぜ強いのか』東邦出版，2013
吉見俊哉ほか『運動会と日本近代』青弓社，1999
李 淳『もう一人の力道山』小学館文庫，1998

◆17章 文 芸

東 浩紀『ゲーム的リアリズムの誕生』講談社現代新書，2007
荒木 浩（編）『中世の随筆―成立・展開と文体』竹林舎，2014
伊地知鐵男『連歌の世界』吉川弘文館，1995
市古貞次『中世小説とその周辺』東京大学出版会，1982
井上隆明『落首文芸史』高文堂新書，1978
井上泰至（責任編集）「特集 軍記・軍書」『江戸文学』41，ぺりかん社，2009
井上泰至『近世刊行軍書論 教訓・娯楽・考証』笠間書院，2014
上田正昭『日本神話』岩波書店，1970
片山由美子ほか（編）『俳句の詩学・美学』俳句教養講座第2巻，角川学芸出版，2009
川戸道昭・榊原貴教（編）『図説 翻訳文学総合事典』第五巻，大空社，2009

久保田淳ほか（編）『岩波講座 日本文学史』全17巻・別巻，岩波書店，1999-2001
小峯利明（篇）『日本文学史―古代・中世篇』ミネルヴァ書房，2013
小峯利明（篇）『日本文学史』吉川弘文館，2014
小谷野敦『現代文学論争』筑摩選書，2010
近藤春雄『中国学芸大事典』大修館書店，1978
佐竹昭広ほか（編）『日本古典文学大辞典』岩波書店，1983-85
重信幸彦「御伽噺，童話，民話」『口承文学2 アイヌ文学』岩波講座 日本文学史17，1997
東京大学国語国文学会「近世説話特集」『國語と國文學』1996
坪内稔典『正岡子規―言葉と生きる』岩波新書，2010
永田守弘『教養としての官能小説案内』筑摩書房，2010
長友千代治『近世上方作家・書肆研究』東京堂出版，1994
西尾　実・安良岡康作（校注）『新訂 徒然草』岩波文庫，1928
錦　仁『なぜ和歌を詠むのか―菅江真澄の旅と地誌』笠間書院，2011
『日本文学講座』新潮社，1926-28
土方洋一『物語史の解析学』風間書房，2004
廣木一人『連歌入門―ことばと心をつむぐ文芸』三弥井書店，2010
本田義憲ほか（編）『説話の講座』全6巻，勉誠社，1991-93
松田　修「お伽とお伽衆」松田　修『日本芸能史論考』法政大学出版局，1974
宮田正信『付合文藝史の研究』和泉書院，1997
矢島隆教（編）・鈴木棠三・岡田哲（校訂）『江戸時代落書類聚』上・中・下，東京堂出版，1984-85
山本健吉『最新俳句歳時記 新年』文春文庫，1972
吉田敦彦・松村一男『神話学とは何か』有斐閣，1987
綿抜豊昭『連歌とは何か』講談社選書メチエ，2006

◆18章　信　仰

網野善彦『増補 無縁・公界・楽』平凡社，1987
石井研士『結婚式 幸せを創る儀礼』NHKブックス，2005
井上章一『日本人とキリスト教』角川文庫，2013
岩井宏實『絵馬』法政大学出版局，1974
折口信夫「国文学の発生（第3稿）」『折口信夫全集』第1巻，中央公論社，1954
折口信夫「鬼の話」『折口信夫全集』第3巻，中央公論社，1955
戎光祥出版編集部（編）『図説 七福神―福をさずける神々の物語』戎光祥出版，2002
神崎宣武（編）『備中神楽の研究』岡山県美星町教育委員会，1984
神崎宣武『神さま・仏さま・ご先祖さま―「ニッポン教」の民俗学』小学館，1995
神崎宣武『ちちんぷいぷい―「まじない」の民俗』小学館，1999
喜多村理子「盆と節句」『講座日本の民俗学』第6巻，雄山閣出版，1998
ケンペル，斎藤　信（訳）『江戸参府旅行日記』平凡社東洋文庫，1977
小松和彦『妖怪学新考―妖怪からみる日本人の心』小学館，1994（講談社学術文庫，2015）
小松和彦ほか『土佐・物部村　神々のかたち』INAX，1999
五来　重（編）『巫俗と俗信』講座日本の民俗宗教4，弘文堂，1979
佐佐木信綱（編）『新訓 万葉集』下巻，岩波文庫，1927
佐野賢治ほか（編）『現代民俗学入門』吉川弘文館，1996
新谷尚紀「儀礼の近代」新谷尚紀・岩本通弥（編）『都市の暮らしの民俗学3』吉川弘文館，2006
高谷重夫『盆行事の民俗学的研究』岩田書院，1995
滝口正哉『千社札にみる江戸の社会』同成社，2008
田中宣一『年中行事の研究』桜楓社，1992
谷川健一『日本の神々』岩波新書，1999

旅の文化研究所（編）『絵図に見る伊勢参り』河出書房新社，2002
日本観光文化研究所（編）『祈願のかたち』日本人の生活と文化 11，ぎょうせい，1982
馬場あき子『鬼の研究』ちくま文庫，1988
藤井知昭ほか（編）『民族音楽概論』東京書籍，1992
真野俊和（編）『講座 日本の巡礼』全 3 巻，雄山閣出版，1996
宮田 登・萩原秀三郎『催事百話—ムラとイエの年中行事』ぎょうせい，1980
宮田 登・小松和彦・鎌田東二『日本異界絵巻』河出書房新社，1990（ちくま文庫，1999）
宮田 登『正月とハレの日の民俗学』大和書房，1997
宮田 登『日本人と宗教』岩波書店，1999
宮本常一『民間暦』講談社学術文庫，1985
宮本袈裟雄（編）『福神信仰』民衆宗教史叢書第 20 巻，雄山閣，1987
柳田國男『火の昔』実業之日本社，1944（『柳田國男全集』23，ちくま文庫，1990）
柳田國男『先祖の話』角川ソフィア文庫，2013
山折哲雄『宗教の力—日本人の心はどこへ行くのか』PHP 新書，1999
山田慎也『現代日本の死と葬儀—葬祭業の展開と死生観の変容』東京大学出版会，2007
山本志乃「市と行商」川森博司ほか（編）『物と人の交流』日本の民俗 3，吉川弘文館，2008

事項索引

（＊見出し語の掲載ページは太字で示してある）

■A～Z

B級グルメ **176**
GHQ　25, 289, 506, 616
GS　597
haiku　661
jodo　611
Jポップ　598
J-WAVE　598
Kポップ　599
KOBAN　354
M印ボール　605
N印ボール　605
NHK（日本放送協会）　38, 514, 571, 607, 630
NINTENDO DS　549
NSC　33
OVA　551
S500　499
T360　499
VHS　492
VTR　492
YOSAKOIソーラン　18

■あ

藍　**458**
アイウエオ　110
合気会　618
合気道　**618**
挨拶　90, 345, 424, 444, 660
相対替　257
アイドル　335, 598
合見積　510
青馬印ボール　605
赤　54, 56, 154, 166, 336, 453
『赤い鳥』　583

赤潮　523
明石海峡大橋　517
赤不浄　452
赤本　550, 657, 659
明障子　230
秋味鍋　189
秋葉神社　686
握手　**344**
アクセント　93, 116
芥川賞　**664**, 671
あぐら　235, **366**
安愚楽鍋　191
アクロバット　37
アーケードゲーム　548
麻　139, 310
『朝日桜』　667
朝日新聞　606
アシイレ（足入れ）　398
足芸　34
網代　252, 464
網代天井　259
飛鳥鍋　189
飛鳥様式　460
預り手形　372
東遊　584
校倉造　242
遊ばせ言葉　562
遊び人　562
愛宕神社　686
アップコンバート　515
羹　196, 204
アーティスト　37, 598
アトラクションショー　43
アニソン　551
アニメ　549, 550, 553, 667
姉様人形　561

姉さん被り　324
雨乞い　11, 145, 692, 696
雨戸　246, **264**
天橋立　53, 290
阿弥陀来迎図　65
網戸　**264**
網元制　520
飴玉　207
天叢雲剣　162
アヤッコ　385
あやとり　**542**
あやまり　**102**
洗い　183
有明行灯　250
有田皿山　457
有田焼　496
ありんすことば　89
アルコールハラスメント　439
阿波踊り　11, 429
袷　**310**, 330, 661
あわび返し（結び）　480
アングラ演劇　43
行灯　**250**
アンブロタイプ　298
暗喩法　564

居合道　79, 616
言い換え　98
家　32, 122, 158, 168, 226, 228, 242, 246, 254, 256, 266, 298, 302, **412**
遺影　**156**, 298
家柄　168, 302
家元　**158**, 545
異化　113
五十日の儀　139

いき 697
生人形(活人形) 463
生見玉(生御魂・生御霊) 428, 701
育児語 108
生田流 588
生垣 252
『池坊専応口伝』 132
いけばな 3, 49, 132
囲碁 **544**
いざなぎ流 706
異種格闘技 632
囲障設置権 252
石割神事 707
出雲大社 306, 371, 687, 692, 712
出雲阿国 6, 690, 692
伊勢音頭 11
伊勢講 370, 524, 707
伊勢神宮 140, 306, 380, 706
『伊勢物語』 2, 230, 564, 642
遺像 298
磯開き 440
板絵 696
板敷 128, 232, 246
板障子 230
板間 **228**
板葺 263
板前 224
板屋根 **262**
市 200, 417, 683
市神 683
一高三高戦 634
一汁一菜 197, 204, 222
一汁三菜 204, 222
一善飯屋 194
一人前 386, 388, 575
一部拾骨 405
一木造 62, 460
一夜ずし 178
厳島 290, 141, 698
一升餅 391, 450
1銭パチンコ 552
一中節 594
一本締め 348

井戸 240, 426, 687
いととり 542
因幡の白兎 647
稲荷 26, 178, 693
稲藁 262, 308, 479
乾 243
『犬筑波集』 650
亥の子 414, 539
亥子餅 211
位牌 **156**, 471
今様 565
伊万里焼 56
忌み 395, 412, 452
忌み言葉 **98**, 105
葬文字 115
イヤサカ 576
伊予節 579
入れ子仕立て 171
色絵 **56**, 217, 457
いろは 100, **110**, 648
いろはカルタ 557
『伊呂波字類抄』 254
色無地 137
色物芸 30
囲炉裏 134, **236**, 686
祝い唄 **574**
祝い肴 186
岩室甚句 576
隠居 300, **408**, 410
隠居分家 408, 410
隠語 99, 100, 109
インターネットカジノ 639
印伝 485
院派 63
陰陽 12, 164, 183, 266

ウィルダネス 295
ウィーン万国博覧会 278, 282
植木屋 48
ウエディングドレス 703
魚醤 185
ウォールマシン 552
宇迦之御魂大神 473
浮世絵 **46**, 139, 463, 678
浮世草子 656

誓約 647
氏神 143, 385, 412, 414, 680
氏子 142, 385, 412
氏子制度 680
氏子帳 297
『宇治拾遺物語』 654
『宇治大納言物語』 654
薄縁 229
薄物正本 595
ウォームビズ 320
謡 29, **564**
謡めでた 574
宴(宴遊) 148, 301, 392, 398, 437
歌声運動 600
うだつ(卯建) 254, 263
哥膝 366
歌枕 286
歌物語 642
打掛 137
打刀 78
『打聞集』 654
打ち身 182
『宇宙戦艦ヤマト』 551
写し絵 23
『うつほ物語』 642
腕時計 495
うどん 180, 185, 194, 210, 374, 443
鰻(うなぎ, ウナギ) 34, 194
産着 385
産土 412
産土神 680, 707
産屋 384
ウブヤアキ 384
産湯 394
馬形 696
うま味 205
海開き **440**
梅蒔絵手箱 55
裏鬼門 243
占い 391, 454, 534, 559, 708
浦安の舞 13
漆かぶれ 395
ウレツキ塔婆 377

事項索引

鱗の帯　396
上絵師　169
上調子　580
上履き　**346**
襠襯縁　235
『雲上明覧』　169
雲仙　294
運動会　536, **628**
運動部活動　603

エイサー　11
詠物詩　106
英雄譚　647
ええじゃないか　342, 531
疫神　514, 705
駅伝　313, **626**
駅弁　214
絵暦　47
絵師　23, 46, 52, 75, 490
会釈　345
越後獅子　578
エッセイ　675
越中褌　326
絵解き　**22**, 30, 658
江戸ことば　**92**
『江戸時代落書類聚』　653
江戸城　75, 123
『江戸繁昌記』　31
絵之間　75
絵羽織　314
恵比寿　413, 417, **698**
戎祭り　417
恵方棚　412
烏帽子　336, 699
『絵本見立百化鳥』　462
絵馬　**696**, 710
絵巻物　**72**, 238
エラビドリ習俗　391
衿合わせ　136
襟剣り　**320**
演歌　39, **596**
演歌(艶歌)師　581
縁側　191, **246**, 561
縁起　23, 98, 167, 178, 186, 417

『延喜式』　98, 140, 186, 196, 198, 713
『厭蝕太平楽記』　677
遠足　380, 629
円高　511
縁日　23, 30, 416, 683
円派　63
燕尾服　328

花魁　21
お色直し　399
応援団　**634**
御謡　575
黄檗宗　217
黄檗様　63
大分弁　95
大唄　575
大王　84, 150, 284
大阪城(大坂城)　122
大太鼓　593
大凧　535
大津絵節　579
大舎人　60
『大鳥神社流記帳』　140
近江商人　159
大晦日　39, 167, 426, 434
大宮盆栽村　49
大神神社　683
大元方　159
大本教　619
大鋸　229
おかげ　148, 370, 427, 536
御飾書　238
小笠原流　130, 540
お貸し刀　79
おかず　**204**, 215
岡山後楽園　301
沖縄慰霊の日　419
御狂言師　16
おくどさん　241
お国ことば　**94**
オグリキャップ　637
桶胴　593
オコナイ　8
お座敷　20, 197, 232

お座敷遊び　20, 543
お産婆さん　394
御師　524, 706
押板　76, 238
おじぎ(お辞儀)　103, 344
御式内　618
押しずし　178
お女中ことば　89
御城碁　545
御城将棋　545
おせち(御節)　218, 425
おせち料理　**218**
お田植神事　9
お焚き上げ　488
小田原城　122
小田原提灯　251
お誕生パーティー　390
『落窪物語』　642
おつまみ　201
お手玉　**532**, 568
お天道さま　430
お通し　201
お伽歌劇　40
お(御)伽衆　21, 658
お(御)伽草子　659, 690
おとぎ話　**658**
男ことば　**88**
『落話中興来由』　30
オートバイ　**504**
オートメーション　502
踊り念仏　10
お取寄せ弁当　215
鬼　13, 386, 423, **690**, 704
鬼子　391
鬼ごっこ　**546**, 562, 691
鬼の両義性　546
鬼は外, 福は内　**704**
鬼儺い　546
オノマトペ　118
お歯黒　386
お咄衆　658
帯　61, 136, **312**, 392
帯地　61
帯解きの祝い　392
御札　167

御触書　360
お守り　**708**
おまわりさん　354
御神酒　219
おみくじ　502,**708**
お宮参り　136,**384**,712
思いやり　124,583
母屋　246
親方職人　509,511
親子丼　194
御屋敷為替　373
おやつ　**206**
お雇い外国人　279,508
折形　540
折り紙　483,**540**
折紙付き　80
織部司　60
オリンピック　510,514,613,640
オロケ　244
恩　127
音　114
音韻体系　112
音曲噺　26
温室　48
音声　94,116
温泉　286,**352**,401
御田　8
御大礼記念　630
音頭　11,**572**,689
女ことば　**88**
女手　85
女紋　316
『女より弱き者』　667
陰陽師　14,693
陰陽道　145
怨霊　3,710

■か
開襟　**320**
開口部　246
外国人選手　627
皆敷　183
介者剣術　614
会所　238

外食　176,195,221
海水浴　685,441
懐石皆具　475
会席料理　201
懐石料理　198,204,480
怪談噺　26
外注　510
『懐風藻』　662
回遊式庭園　51
外来語　86,**112**
回覧板　360
改良風呂　353
花王名人劇場　33
家屋雑考　75
抱屋敷　257,300
雅楽　12,350,**584**,588
化学繊維　518
化学調味料　**223**
雅楽寮　585
書き言葉　**82**
垣根　252,551
学習指導要領　602
学習塾　358
学事暦　379
学生服　334
学生野球　609
楽所　585
楽琵琶　586
神楽　12,14,414,706
神楽笛　590
学らん　320,334
確率変動　553
かくれんぼ　**546**
家系図　**298**
掛け声　142,568,572
駆込み寺　683
掛軸　**76**,649
かけそば　180
籠　464,474,478
駕籠　525
籠細工　462
鹿児島弁　95
過去帳　297,471
籠餅　392
襲　311

重ね年　397
家蚕　466
菓子　206,**208**,449
貸衣装　**332**
カジマヤー祝い　402
貸家　255
拍手　**712**
柏餅　425
歌人　286,556,644,550,673
『佳人之奇遇』　667
数打物　79
春日山城　122
数とり歌　568
絣　138,467
家相　243,**266**
火葬　405
数え唄　**568**
数え年　450
華族　303
家族アルバム　298
家族史　299
家族主義的経営　509
型　133
型(形)稽古　614
刀鍛冶　223
片輪車蒔絵螺鈿手箱　54
かたわな結び　480
徒戦　622
ガチャガチャ　502
カチン　210
かつお節　**186**
鞨鼓　593
学校　33,40,116,219,320,334,347,358,378,380,382,630
学校体育　603
月山富田城　122
合唱　451,**600**,631
合掌造り集落　269
甲冑　78,484
勝沼地区　220
活弁士　23
割烹着　**340**
かづら　325
糅飯　203

事項索引

カドアケ　438
華　道　**3**, **132**, 649
瓦当　123, 263
河東節　594
門付け　580
門付芸　36
門　松　413, 426, 447, 700
仮　名　**84**, 87
仮名草子　286, 656
鐘　38, 374, 434, **592**
嘉納柔道精神　625
可能動詞　83
狩野派　53, 75, 77
可能表現　83
歌舞伎　**6**, 17, 42, 89, 158, 265, 303, 324
兜　79
壁　74, 123, 246, **258**, 321
鎌　526
カマクラ　**538**
竈　240, 426, 686
竈　神　413
髪置き　392
神がかり　707
上方演芸会　32
上方ことば　**92**
上方落語　27
上方舞　17
紙細工　13, **482**
神さま　**680**
紙芝居　**22**
神　棚　417, **470**, 680
紙人形　23
上屋敷　257, 321, 300
神　代　162, 321, 646
カムコーダ　492
甕　241, 321, 456
カメチャブ(牛飯)　194
カメラ　**492**
鴨　居　**260**, 264
家　紋　**168**, 172
茅　262
茅　壁　259
加　薬　180
粥　202, 223

粥　占　708
歌謡曲　581, **596**
唐　臼　526
唐　絵　70, 74
カラオケ　**554**, 581, 595, 600
唐菓子　208
カラー柔道着　611
烏歌話　92
黎　526
体つくり運動　603
唐　手　620
空手道　**620**
唐　物　59, 76, 134, 238
唐　様　63
カリフォルニアロール　179
『花柳春話』　666
花柳文化　161
カルサン　339
カルタとり　**556**
骨牌税法　529
軽　業　34
枯山水　50
カレーライス　**174**
革細工　**484**
カワサキ　505
為　替　**372**, 507
かわらけ　472
瓦屋根　**262**
冠　336
冠位十二階　136, 336
官営工場　508
漢　音　86, 114
灌漑用水　526
咸宜園　358
『閑居友』　675, 654
『閑吟集』　565
漢　語　**86**, 112, 119
観　光　122, 286, 293, 304, 371, 400, **524**
環濠集落　122
観光立国　524
観古美術会　283
関西畳　235
漢　詩　71, 106, 291, 566, **662**
漢　字　66, 84, 86, 114, 662

乾漆像　62
感　謝　103, 216, 345, 350
間　食　206
勧　進　30, **44**
完全養殖　523
乾燥味噌　184
簡単服　319
関東大震災　42, 49, 67, 270, 319, 321
関東畳　235
観音巡礼　694
関　白　150, 369
漢　文　86, 96, 662
漢文訓読　85, 87
勘(簡)略葺　263
還　暦　402, 408, 410

生一本　200, 443
『黄色い脅威』　667
杵　臼　525
擬音語　**118**
祇園祭　415
機械時計　494
生　皮　484
記　紀　165, 646
菊細工　462
『菊と刀』　124, 126
菊人形　463
季　語　106, 374, 660
気質もの　656
着　尺　61
喜　寿　402
奇　術　34
技術伝承　306
『魏志倭人伝』　28, 348, 520, 713
貴　人　562
着替え人形　561
木責め　705
貴族院　288
擬態語　**118**
ギター流し　**580**
義太夫　4, 594
木賃宿　695
吉　凶　**164**
喫茶之亭　134

事項索引

キツネ　692
狐　拳　530
祈　祷　64, 151, 472, **706**, 713
起倒流柔術　618
木戸銭　30
絹　**466**, **518**
絹ごし豆腐　213
衣脱ぎの朔日　684
杵　525, 526
祈年祭　414
記念物　306
機能和声　600
跪　拝　367
奇　品　48
岐阜城　122
亀　卜　708
君が代　154
義務教育　378
決め酒　398
着　物　**136**, 310, 318, 328
鬼　門　243, 266
逆あわび　480
キャラ弁　215
ギャンブル　529
旧　劇　42
弓　射　**558**
九州弁　94
宮中女房　88
弓　道　**614**, 616, 640
牛　丼　194
牛　鍋　191
救農土木事業　364
弓馬故実　130
旧浜離宮庭園　301
旧　暦　422, 700
供応食　196, 201, 204
京菓子　209
教科体育　602
競技カルタ　557
狂　言　**2**, 8, 158, 649
行　幸　407
京ことば　92
共　食　703
競　艇　**638**
競闘遊劇会　628

郷土カルタ　557
郷土芸能　571
経　文　678
御　遊　585
教　養　2, 20, 67, 134, 600
漁　業　**520**
漁業権　520
玉音放送　418
曲　芸　34
極東選手権競技大会　613
魚食普及　521
魚食文化　521
清元節　579, 594
義　理　**124**, 127, 146
截　金　69, **476**
切籠灯籠　482
キリシタン文化　112
霧　島　294
キリスト教　165, 446, **714**
桐箪笥　469
きりたんぽ鍋　189
義理チョコ　449
起立工商会社　282
『羇旅漫録』　386
儀礼食　201
記録選択制度　274
記録文化財　**296**
極付け　80
銀閣寺　135, 232, 248, 261
金銀細荘唐太刀　54
金婚(式)　**406**
銀婚(式)　**406**
金細工　68
銀細工　68
近代テニス　604
『金の星』　583
金平節　594
金襴手　57

クールビズ　320
クオーツアストロン　495
公　家　2, 51, 169, 263, 316, 369
草競馬　637
草　餅　211, 425
草屋根　**262**

籤　708
薬　玉　483
具足櫃　79
百　済　115
口説節　576
宮内庁式部職楽部　585
『国津文世々能跡』　675
久能寺経　68
九品礼　344
熊　手　417
熊野三山　687
熊野本宮大社　687
熊本弁　95
組入天井　258
組　紐　543
組屋敷　256
蔵(倉)　**242**
鞍作氏　68
くらべ馬　**636**
競馬会神事　636
蔵屋敷　257, 300
グランプリ　177
グリークラブ　600
クリスマス　446, **714**
グリーフケア　404
刳物　474
クールジャパン　18
グループサウンズ　597
グルメ　176
クルリ棒　573
黒　**328**
クローゼット　469
黒部川第四水力発電所　516
『黒部の太陽』　516
黒御簾　578
黒　四　516
鍬　526
訓　**114**
燻乾法　187
軍　記　**676**
訓　辞　**104**
軍事教練　628
『君台観左右帳記』　77
軍　服　320, 334

事項索引

ケ（褻）　134, 197, 574, 684
慶安御触書　360
敬　意　90, 351, 490
軽演劇　43
繋駕競走　636
敬　語　**90**, 562
芸　妓　**20**
芸　子　161
稽古本　578, 595
警察官　354
軽自動車　498
芸者（ゲイシャ）　**20**, **160**, 571
慶長新刀　79
景徳鎮窯　56
慶　派　63
競　馬　**636**
『啓発録』　388
競馬法　636
『芸藩通志』　573
京阪方言　92
競　輪　**638**
敬　礼　345
ケガレ（穢）　684
毛　皮　484
下座音楽　7, 592
下　駄　**308**, 346
ケータイ小説　667
血脈相承　158
月　経　327, 452, 686
撃剣興行　614
結婚記念日　406
結婚式　104, 137, 714
式　場　702
ゲーム　528, 548, 551, 557
下　屋　246
拳　530
拳遊び　530, 543
喧嘩両成敗法　131
剣　劇　42
元　号　**152**, 454
健康日本21　603
剣璽渡御　163
『源氏物語』　73, 85, 88, 172, 643, 663, 670
幻　術　34

謙譲語　88, 90
拳相撲　530
健全娯楽　557
現代武道　614
現代邦楽　588
玄　猪　211
拳　道　530
剣　道　**614**, 616, 640
原動機付自転車　505
幻灯劇　23
遣唐使　85, 114
建仁寺垣　253
元　服　336, **386**
言文一致　91, 97
剣　舞　**14**
拳まわし　530
間面起法　247
倹約令　31
建　窯　58
兼六園　301
元禄歌舞伎　6

鯉口シャツ　323
濃口醬油　183
小石川後楽園　301
鯉のぼり　420, 535
古伊万里　457
公営ギャンブル　639
郊外住宅地　243
硬　球　605
工業所有権　469
合　吟　567
高句麗　115
工　芸　282490
口　訣　85
高校野球　**606**, 653
高　札　360
好　字　98
麹　186, 220, 212
甲子園　**606**, 608
硬式球　604
皇室典範　153
講　釈　24, 31, 663
江州音頭　32
甲州種（甲州ぶどう）　220

剛柔流　621
口上芸　36
『好色一代男』　540, 543, 551, 656, 673
構成吟　567
高精細度テレビ　514
豪雪地帯　262
小　唄　575, **578**
高台寺　55, 69
『皇太神宮儀式帳』　140
講　談　**24**, 677
『江談抄』　654
講道館（柔道）　610, 625, 632
口頭語　82
合同ヒモトキ祝い　393
高度経済成長期　19, 109, 203, 281, 292, 304, 439, 500
香の物　**198**, 201
紅白歌合戦　**38**, 362
紅白対抗　167
交　番　**354**
高品位テレビ　514
皇武館　619
工部省　508
格　縁　258
『高野切本古今和歌集』　85
高野豆腐　213
高麗縁　235
高　欄　461
五右衛門風呂　244
牛王宝印（牛玉宝印）　709
呉　音　86, 114
五箇条の御誓文　360
小型自動車制度　498
古　稀　402
五器一膳　222
古器旧物　278
古記録　296, 368
御金蔵為替　373
古今伝授　644
『古今和歌集』　85, 106, 154, 644, 650, 600
国　技　144, 625, 632
国際柔道連盟　611, 625
国際なぎなた連盟　623

事項索引

国性爺合戦　531
国　体　418, 628, **640**
石　高　169, 172, 200, 202
古九谷様式　56
国定公園　290, 295
国　鉄　286, 293, 305, 381, 500, 555
国風盆栽展　49
国　宝　55, 72, 162, **270**, 272, 276, 296, 461,
国防色　334
国防婦人会　313, 341
国宝保存法　270, 274
小組格天井　258
国民演劇　42
国民娯楽　529
国民車構想　498
国民性　39, 127, 146, 564
国民精神　334, 631
国民精神総動員　214, 360
国民体育大会　629
国民服　320, 334
国立劇場　585
国立公園　289, **294**
御家人　256
古　語　94, 260, 646
『古語拾遺』　162, 646
『古今著聞集』　654
『古今百代草叢書』　653
ご　ざ　166, 234, 464
小　皿　223, 457
五山文学　663
瓩　241
『古事記』　84, 88, 114, 165, 234, 348, 466, 644, 646
五色幕　166
腰障子　231
『古事談』　654
腰　巻　318, **326**, 341
古社寺　270, 280
五十音図　100, 110
御祝儀　17, 433
五十五の団子　397, 409
故事成語　97
呉　須　457

コスプレ　333, 551
五節句(供)　420
小　袖　312
固体撮像素子　492
こたつ　**236**
コダック　492
こだま　501
国旗及び国家に関する法律　155
骨　壺　405
『骨薫集』　547
古典舞踊　17
古典落語　27, 172
箏(琴)　166, 519, **588**
古　刀　79
鼓　童　19
ご当地　176
事じまい　426, 700
言葉遊び　**120**, 557, 568
事はじめ　426, 700
ことぶき周遊乗車券　401
子ども歌　582
こどもの日　**420**
ことわざ(諺)　**96**, 546, 557
五番立　2
古美術　278, 280, 283
護　符　167, 684, 709
呉　服　40, 60, 159, 169, 226, 392
古武道　614, **616**
古　墳　150, 162, 241, 271, **284**, 473, 476
胡粉絵具　473
御法事　376
五榜の掲示　360
小　間　233
小　舞　259, 262
高麗楽　584
小的前　615
高麗笛　590
コミックマーケット(コミケ)　551
古民家　280
小　麦　180, 185, 192, 208, 429, 525

ゴム球　605
ゴム鞠　533, 604
米の飯　**202**
米揚笊　478
篭もり　412
子守唄　**582**
小　紋　138, 318
古文書　271, 296
小　屋　26, **30**, 262, 384, 489
御養蚕　518
コヨリ　480
御　霊　90, 142, 415, 432
御霊信仰　711
コリントゲーム　552
これさま　574
衣替え　310, 330
婚　姻　98, 398, 410, 702, 710
金剛坐　367
混合だし　186
金剛鈴　713
『金色夜叉』　667
『今昔物語集』　271, 353, 544, 587, 642, 654, 695
権　臣　303
婚前旅行　401
金銅七宝装神輿　69
金銅透彫宮殿形舎利容器　68
金銅仏　62
コンビニエンス・ストア　503
コンピュータゲーム　548, 551
金毘羅道者　691
昆　布　179, **186**, 201, 219, 223, 426
金平糖　208
婚　礼　196, 309, 333, **398**, 469, 702

■さ

菜　197, 202, 212
細工もの　**462**
最敬礼　345, 624
西国大名　123, 456
祭祀財産　471
最終年忌　377
斎　場　**702**

事項索引

才　蔵　32
歳旦舞踊　17
財　閥　508
催馬楽　564, 584
在来線　500
祭礼儀式　67
棹縁天井　258
サーカス　34
盃　事　**148**, 398, 426, 702
肴　148, 186, 196, **200**, 425
盛り場　30, 554
左義長　427, 536, 687, 701
作事方　461
『作庭記』　50
サクラ（桜）　160, 226, 436
酒　20, 88, 119, 148, 182, 196,
　　200, 218, 220, 388, 398, 404,
　　426, 436, 438, 472, 503, 554,
　　574, 580
提　重　214
酒造り歌　568
鎖　国　85, 336
『狭衣物語』　643, 656
匙　195, **222**, 482
挿　絵　46, 659, **678**
座　敷　20, 26, 135, **232**, 238,
　　248, 264, 580
座敷唄　554
座敷飾り　49, 132, 248
座敷芸　20, 26, 530
指　値　510
刺　身　170, **182**, 197, 223, 457
作　家　91, 207, 272, 490, 664,
　　666, 668, 670, 672
撮像管　492
『雑俳　重ね扇』　543
さつま揚げ　192
さつま芋　193, 207
砂　糖　94, 190, 208, 211, 221
茶　道　58, **134**, 198, 235, 456
茶　堂　695
茶道具　**58**
里神楽　12, 593
里内裏　151
サネモリ（実盛）人形　432

鯖ずし　179
差別語　102
作務衣　**338**
皿　35, 56, 149, 197, 217, **222**,
　　223, 282, 456, 472, 496
『更級日記』　368
サラブレッド　637
笊　92, 464, **478**, 539
ざる編み　464
猿　楽　2, 8, 36, 44
猿田彦　691
猿　若　6, 37
座　礼　344, 626
沢内甚句　576
サワリ　589
散　楽　34
山岳信仰　269, **714**
三角縁神獣鏡　486
桟　瓦　263
産業集積　509
参勤交代　256, 370
三九日　141
参詣曼荼羅　685
参詣旅行組合　524
山　号　141, 683, 714
『三国伝記』　654
散　骨　404
三三九度　148, 426, 472, 702
三三七拍子　635
三尺帯　319
三十三間堂　558, 623
三十三年忌　156, 376
三十六歌仙図　136, 270, 648,
　　696
三種の神器　**162**, 647
山　水　52, 69, 74, 183
三煉み　531
三途の川　164
三　蹟　66
三千家　158
三大勅撰漢詩集　662
サンタクロース　447
サンダル　346
三ノ鼓　593
サンバイ　573

三匹獅子舞　11
三　筆　66
三幅対　77
『三宝絵』　654
三本締め　348
三枚打弓　615
山　門　**140**

寺　院　2, 28, 63, 74, 134, 144,
　　217, 227, 252, 270, 302, 414,
　　460, 680, 682, 694
地　歌　589
自衛消防団　357
塩釜甚句　576
塩辛納豆　212
潮垢離　685
塩尻甚句　577
字音語　86
地　方　20
地下足袋　308
四　季　106, 374, 424, 660, 704
磁　器　456, **496**
敷　居　260
式三献　196, 218, 426
式　場　**702**
敷　詰　229
式年遷宮　306, 488
閾　260
詩　吟　**566**
地下楽人　585
自在置物　487
獅子神楽　12
時事講談　24
地芝居　**6**
寺社詣　167, 370, 416
四十九日　156, 376
私　塾　358, 566
師　匠　16, 21, 133, 158, 306,
　　358, 579, 645, 672, 702
時　鐘　374
地神経　587
紫宸殿　230, 248, 584
史　跡　290, 295, 306
史蹟名勝天然紀念物保存法
　　274, 288

事項索引

私設応援団　635
自然遺産　268
自然環境保全法　289
自然公園体系　295
自然崇拝　269, 680
自然葬　404
自然素材　50, 252, 478, 542
持続的養殖生産確保法　523
下請け　**510**
下　着　313, 320, 326, 342, 366
下穿き　323
七五三　136, 165, 299, **392**, 454, 552
七十一番職人歌合　213
七福神　**698**
質　屋　332, 569
地鎮儀礼　145
十界図　65
漆　器　**54**, 215, 223, 282, 395, **474**, 457
『十訓抄』　654
悉　曇　110
室　礼　134, 217, 248
シテ　3, 8
紙　垂　540
自転車　**504**, 638
四天王寺　141
自動販売機　**502**, 552
児童文学　659
糸東流　621
竹刀打ち込み稽古　614
撓競技　615
篠　笛　7, 572, 590
神仏習合　680, 682
神仏分離　680
渋谷系　598
縞　帳　467
自鳴鐘　494
締め太鼓　593
注連縄　141, 426
下　肥　244
霜月神楽　13
霜月祭　414, 707
下屋敷　257, 300
謝恩会　383

社会人野球　**609**
社会体育　603
社会秩序　127
社会風刺劇　43
尺　八　567, 570, **590**, 713
釈　明　103
ジャグリング　37
社　訓　104
射倖性　552
謝　罪　103
謝　辞　**104**
写真館　393
写真帳　**298**
ジャズ・ソング　596
『沙石集』　654
鯱　123
斜張橋　517
シャッポ　336
社内（構内）下請　511
ジャポニスム　46, 55
写　本　296, 369, 674, 678
三味線　458, 571, 578, 580, **588**
ジャンケン（石拳）　530
朱印船　154
十王図　65
収穫祭　145, 211, 414
修学旅行　380
祝　儀　149, 167, 553, **454**, 574
秋季入学　379
祝　言　3, 398, 574
十三参り　136, **386**
柔　術　610
就　職　**382**
集積回路　507
終戦記念日　418
集団語　101
柔　道　**610**
重　箱　218, 385, 569
秋　分　**430**
週　報　360
自由民権運動　25, 596
襲　名　303, 348
修　養　127
重要伝統的建造物群保存地区

257, 292
重要美術品等の保存に関する法律　270, 274
重要文化財　46, 239, 271, 272, 276, 296, 306
重要民俗資料　275
重要無形文化財保持者　272
重要無形民俗文化財　274, **276**, 306
十余七　573
酒　宴　130, 148, 197, 201, 436, 581
主　音　567
儒　教　67, 124, 130, 490, 584
塾　**358**
祝　辞　**104**, 406
祝日法　388
宿　場　211, 292, 371, 577
ジュークボックス　554
受　験　**378**
修験道　691
酒　肴　196, 201, 218
朱子学　67, 124, 130
主　食　202, 204
寿　像　298
出　産　384, 394, 452, 686
出世魚　522
出版産業　**678**
種　苗　522
主婦連（主婦連合会）　340
入　木　66
修羅場　21
寿老人　698
旬　199, **374**, 421, 425, 433
春　画　47, 678
準硬式球　604
準最敬礼　624
荀　子　458
春　分　422, **430**, 443
純文学　664
巡　礼　**694**, 697
書　66
背負い籠　526
書院造　50, 77, 231, 234, **248**
笙　591

事項索引　751

浄　衣　167
生涯教育論（生涯学習論）　603
生涯スポーツ　603
城　郭　77, **122**, 227, 281, 461
小学唱歌集　155
上菓子　209
生姜節供　433
松下村塾　358
正　月　412, **426**, 534, 700
小学校祝日大祭日儀式規定　628
松花堂弁当　215
将　棋　**544**
商業演劇　43
貞享暦　454
上古音　84, 114
将　軍　3, 24, 34, 53, 76, 88, 123, 130, 135, 150, 182, 217, 249, 257, 300, 366, 390, 424, 443, 480
荘　厳　68, 76, 476, 584
障　子　52, 70, 74, **230**, 261, 264
障子絵　70, 74
『成実論』　84
上巳の節句（上巳の節）　211, 218, 685
少女歌劇　**40**, 342
精進だし　186
精進料理　184, 240, **216**, 377
小　説　93, 147, 243, 656, 664, **666**, 670
『小説神髄』　666
正倉院　54, 68, 206, 271, 476, 544
肖　像　156, 298
『正徹物語』　675
浄　土　14, 28, 50, 63, 64, 431
杖　道　616
松濤館流　621
浄土庭園　50
菖蒲　325, 374, 420, 433
蕉風俳諧　651
障壁画　**74**, 231, 249
消防団　331, **356**

正　本　296, 578
声明（松明）　**28**, 578
『匠明』　249, 264
正面性　49
縄文土器　54, 456, 472, 474
常夜鍋　189
醤　油　100, **184**, 188, 190, 197, 212, 442
『小右記』　586
勝利至上主義　625
精霊流し　67, **688**
常緑樹　253
浄瑠璃　4, 6, 30, 578, 589, **594**
青蓮院流　67
職業語　100
殖産興業　278, 508
燭　台　251
『続日本紀』　136, 180
職　人　322, 330, **490**, 509
職　場　438, 449, 451, 630
植物性屋根材　262
除災儀礼　397
所作事　17
女子高生ブーム　335
諸子百家　302
女書生　672
書　生　596, **672**
助成金　273
暑中見舞い　444
塩魚汁鍋　189
書　道　**66**
消防組　331
除　夜　39, **434**
女流文学　**670**
白　糸　60
白川郷　236, 262
新　羅　85, 115
白土焼　123
尻　付　298
尻取り　120, 557
尻拭い　245
餌　料　523
支　輪　258
汁　89, 177, 180, 184, 187, 188, 196, 202

印半纏　123, 136, **166**, 322, 328, 335, 339, 454, 457, 481, 496, 565, 694
汁　椀　457
白　**166**
城　281
素人手形　372
素人庖丁　188
白無垢　329
新楽劇論　16
新陰流剣術　618
新幹線　305, 381, **500**, 701
甚句（地ン句）　**576**
神宮寺　682
神宮大麻　470
新劇運動　42
人工木材　253
新国劇　**42**
真　言　29, 111
新婚旅行　**400**
新作・創作舞踊　17
『新猿楽記』　586
神　事　3, 8, 12, 22, **44**, 144, 482, 536, 558, 707
神　社　12, 140, 142, 280, 286, 296, 306, 349, 384, 392, 682, 696
新嘗祭　414
新生活運動　333
神　饌　142, 218, 370, 472
神前結婚式　398
尽善尽美　476
『新撰菟玖波集』　648
人造絹糸　518
神葬祭　471
寝殿造　50, 232, 234, 248, 306
新　刀　79
神道絵画　64
『神道集』　654
神道夢想流杖道　617
新内流し（節）　**580**
新日本音楽　588
新年会　**438**, 575
陣羽織　314
新聞講談　24

新聞配達 **362**
新民謡 571
神馬 696
人力車 **525**
新暦 700
新郎新婦 398
神話 12, 150, 644, **646**, 692, 698, 707
水泳 **612**
水銀朱 54
推古朝遺文 84
水車 **525**
垂迹画 65
水田灌漑 525
水田養魚 522
水稲耕作 202
随筆 179, 192, 350, 368, 547, **674**
水墨画 **52**
吸物 **196**, 219
水練 **612**
数 **164**
数拳 530
末広がり 164
素踊り 17
鋤 190, 486, 526
犂 162, 526
すきやき **190**
数寄屋造 77, 135, 234, 238, 249
スクーター 504
菜 458
助太刀 634
すし(寿司・鮨・鮓) 100, **178**, 207
鈴 12, 28, 151, 592, **712**
スズキ 505
生絹 466
煤払い 426
ズーズー弁 95
スタジアム 177, 635
ステテコ **322**
スナック菓子 207
スーパーカブ 505
素肌剣術 614

スーパーハイビジョン 515
スーパーファミコン 549
スバル360 498
スペースインベーダー 548
スポーツギャンブル 638
すまし汁 197
墨絵 **52**
相撲 44, **144**, 326
角力甚句 577
スリッパ 346
すり身 192

清音 113
正坐 26, 235, **366**
正史 369
政治講談 25
成人式 137, **388**
精神主義 606
成人の日 388
『醒酔笑』 655
聖蹟巡礼 694
成年式 342, 389
精白 525
制服 **334**
生物多様性 294
製粉 525
歳暮 439, **442**, 449
精米 525
西洋手品 35
清涼殿 74, 230, 248, 374
西暦 **454**
背負い籠 526
世界遺産 **268**, 290, 302
世界遺産条約 268
世界保健機関 503
施餓鬼棚 412
世尊寺流 66
世帯 116, 361, 408
節日 144, 420, 430
絶縁儀礼 702
石棺 284
節供 415, 420, **424**
絶句 566
切妻型 263
摂政 150

殺生戒 216
接待 142, 161, 179, 341, 695
切腹 130, 480
節分 **422**, 704
説話 73, 544, 642, **654**, 675
説話評論 675
瀬戸大橋 517
瀬戸内海 294
セーフティ型自転車 504
セーラー服 335
セラミックス **496**
セリ 397
セルロイド製 560
戦記 73, **676**
遷宮 **306**
膳組 457
浅間神社 707
浅間大社 170
千居遺跡 170
善光寺講 370
全国新幹線鉄道整備法 501
全国戦没者追悼式 419
全国中等学校優勝野球大会 608
善根宿 695
『千載和歌集』 645
戦死者 157
千字文 111
千社札 **696**
禅宗 216
『撰集抄』 654, 675
禅宗様 461
扇子 14, 21, 26, 171
千秋万歳 350
践祚 162
先祖 376, 428, 471, 688, 700
先達 713
煎茶 49
『仙伝抄』 133
銭湯 170, **352**
先頭固定競争 638
全日本実業団対抗駅伝大会 627
千羽鶴 483
全部拾骨 405

事項索引

煎餅 207, 209
前方後円墳 266, 284
宣命 84
川柳 **652**
蘇 221
葬儀 **404**, 703
箏曲 588
葬具 703
僧家 212
荘厳 68, 76, 476, 584
葬祭業者 405
草子 656, 659
『荘子』 223
葬式 137, 329, 702
草子文藝 **656**, 659
葬送 702
相続 158, 303, 408
『雑談集』 654
贈答慣行 370
曹洞宗 217
雑煮 210, 218, 427
そうめん 181, 201, 413, 443
草木 48
草履 **308**, 346
僧侶 139
促音 89, 108, 113, 118
『続古事談』 654
即席麺 223
塑像 62
卒業 104, **382**
ソニー 506
そば **180**
ソフトテニス 604
染皮 484
空引機 61
祖霊 412
尊敬 90, 95

■た

田遊び 8, 575
タイアップ 598
待庵 135
体育 **602**, 628, 640
太陰太陽暦 704
大学教育 379

太神楽 13, 14, 37
待遇表現 91
大工彫刻 460
『大言海』 100
太鼓 484, 571, **592**
太鼓踊り 11
大黒天 226, 698
大黒柱 **226**
太鼓持ち **20**
大衆演劇 **42**
大衆芸能 30
大衆劇団 42
大衆文学 664
退職 409
大豆 184, 212, 532, 704
体操演習会 628
大道芸 13, 23, **36**, 592
大道芸者 20
大東流(合気)柔術 618
大日本体育協会 613
大般涅槃経 110
玳瑁盞 58
大拍子 593
大仏餅 211
『太平記』 24, 614, 676
『太平記秘伝理尽鈔』 676
『太平記理尽抄』 676
太平記講釈場 24
大宝令 153
松明 250
松明垣 253
大名 3, 16, 20, 26, 51, 77, 89,
   122, 151, 169, 213, 214, 249,
   256, 282, 293, 300, 373, 374,
   390, 443, 494, 528, 648, 658
大名屋敷 **300**
題名 697
大目構え 135
代用漆器 475
太陽暦 704
田植え 8, 15, 313, 340, 437,
   565, 573
田植踊り 8
田植草紙 573
高機 61

高札 360
高松塚古墳壁画 271
高床 228
高床家屋 242
宝塚(少女)歌劇団 40
沢庵 198, 215
濁音 113
託宣 28, 707
竹 478, 535
田下駄 308
『竹取物語』 170, 230, 642, 659
竹本座 4
凧あげ **534**
山車 **142**, 415, 461
駄じゃれ 120, 557
多色摺版画 47
襷 **312**, 626
鼉太鼓 593
畳 229, 232, **234**
たたら製鉄 486
たたり **710**
太刀 14, 78, 278, 433
立絵 23
太刀踊り 14
立方 20
タチツケ 339
巽 243
竪穴式石室(槨) 284
建具 74, 230, 247, 257, 260,
   264
建染め 459
伊達の一本締め 349
伊達の襷 313
立て膝 366
建前(立前, タテマエ) **146**,
   151, 257
伊達巻 179, 219, 312
棚 77, 232, 239, 248, 470, 680
七夕 413, 424, 482, 564, 687
タノミ(田の実)の節供 432
束刀 79
タバコ 503, 552
煙草入れ 485
足袋 **308**, 346
旅みやげ 371

多文化主義　283
ダボシャツ　**322**
玉虫厨子　64, 476, 486
多面的機能　521
太　夫　32, 594
盥（タライ）　395, 405
樽回船　200, 513
垂　木　262
俵物三品　521
短　歌　106, 661, 673
檀　家　680, 706
弾丸列車計画　500
談義本　657
段級制　610
団　子　206, 208, 210, 364, 397, 409, 425
談　合　**364**
団子坂（談合坂）　364
端午の節句　218, 347, 420, 424, 433, 535
端　坐　366
団七踊り　15
誕生会　390, **420**
誕生日　**390**, 450
男女差　88, 384
だんじり彫刻　461
箪　笥　**468**, 488
男　装　6, 41, 342
談林俳諧　651

チアリーダー　635
地　域　299, **414**
地域史　299
地域振興　176, 489
地域制公園　295
知育玩具　561
知恩院　72, 264
違　棚　77, 232, 238
地上デジタル放送　515
チーズ　**220**
秩父音頭　572
縮　**171**, 310
千歳飴　392
地貌季語　107
地方巡礼　694

茶　50, 100, 134, 206, **208**, 217
茶室密庵　77
茶の湯　3, 58, 77, 134, 475
チャペルウエディング　399
茶　屋　20, 31, 41, 205, 210, 293, 371
籌　木　245
中　元　**442**, 444
中高一貫教育　378
駐在所　354
『厨事類記』　182, 187
中尊寺金色堂　68
彫　刻　54, 62, 278, 460, 476, 490
弔　辞　**104**
鳥獣人物戯画　72, 271, 550
長寿儀礼　**402**
帳台構　238
提　灯　**250**, 443, 688
超電導磁気浮上式鉄道　501
超電導リニア　501
徴兵検査　388
長保寺　141
勅撰集　106
直　刀　78
直輸出　282
『塵塚誹諧集』　543
ちり鍋　189
縮　緬　317
鎮魂祭　414
鎮　守　412, 414, 680
鎮守の森　683
沈殿法　459
チンドン屋　36, 592

鎚起銅器　486
築地塀　252
追善供養　156
追　儺　423, 704
対の思想　443
通過儀礼　136, 382, 384, 389, 454, 584, 704
通信カラオケ　555
津軽甚句　576
月遅れ　700

突出し　201
『築山庭造伝』　51
『菟玖波集』　648
付　句　652
付書院　238, 248
漬　物　198, 204
辻軍記　24
辻　芸　36
辻講釈　13, 24, 37
土人形　**473**
鼓　593
綱　貫　484
綱引き　**536**
角隠し　399
『椿姫』　667
坪　庭　51, 353
妻籠宿　293
妻問婚　564
爪弾き　579
積石塚　284
詰　襟　320, 334
積り唄　575
通　夜　137, **404**, 703
吊り橋　517
剣　78
『つるつる物語』　181
『徒然草』　128, 236, 587, 674

庭　園　3, 50, 248, 257, 287, 300, 524, 528
帝王学　67
帝室技芸員　283
逓信省　630
逓信省電気試験所　506
ディスカバー・ジャパン　293
ディナーセット　496
丁寧語　90, 202
定　年　**408**
貞門俳諧　650
手打ち　181, 348, 398
手　形　**372**, 402
適　塾　358
テキヤ　36
弟　子　27, 133, 158, 216, 442, 644, 648, **672**

手仕事　490
デジタルカメラ　493
手品　**34**
デジパチ　553
手締め　**348**
テショウ　223
手燭　251
鉄細工　**486**
鉄道　501
鉄道技術研究所　500
鉄砲　622
手妻　34
『鉄腕アトム』　551
手拭い　**324**
出囃子　578, 593
手前味噌　184
デモクラシー　67
寺　30, 136, 142, 227, 266, 302, 332, 374, 682
寺請制度　680
寺子屋　358, 382
テレビ　38, **116**
テレビゲーム　**548**
デロレン祭文　25
田楽　2, **8**, 36, 565
天下祭り　415
天狗　167, **690**
伝国詔宣　163
伝産法（伝統的工芸品産業の振興に関する法律）　469
天守　**122**, 266
天井　73, 247, **258**
殿上人　585
天真正伝香取神道流　617
典籍　296
『典座教訓』　216
天孫降臨　647
天台　111
電動アシスト自転車　505
伝統工芸品　273, 487
伝統的建造物群　306
伝統的建造物群保存地区　292
天丼　193, 195
天然記念物　**288**, 306
天然資源　522

天皇　62, 66, 74, 136, 144, **150**, 152, 162, 168, 209, 230, 238, 248, 270, 285, 290, 336, 350, 369, 390, 406, 418, 438, 450, 466, 470, 475, 518, 544, 556, 584, 647
天皇賞　636
天秤棒　526
天吹　591
天ぷら　**192**, 391
天保の改革　7, 30, 60, 579
店屋物　194

東映動画　550
唐音　86, 114
同音異義語　120
東海道新幹線　501
東海道本線　500
十日戎　417
唐楽　584
胴丸　79
陶器　56, 282, **456**, 497
東京ことば　89
東京五輪　602
道教思想　531
東京招魂社　636
東京美術学校　80
東京六大学　608
東求堂同仁斎（慈照寺）　135, 249
銅細工　**486**
『東斎随筆』　654, 675
当座すし　178
唐術　34
道成寺　22
動植物　**172**
当世具足　79
東大寺　29, 54, 63, 68, 212, 216
東大寺法華堂　68
闘茶　209
銅蟲　487
道中歌　568
堂塔　524
当道座　587
豆乳　213

藤（東）八拳　531
陶火鉢　237
豆腐　184, 189, 190, **212**
東北弁　94
当屋祭祀　470
童謡　**582**
東洋陶器　497
道理　124
灯籠　250
登録文化財　255, 275
十日夜　414
通し矢競技　558, 623
トオリ　228
通り庭　254
斗掻き　402
トーカチ祝い　403
時　**374**
土器　240, 456
弩弓　622
読経　**28**
常磐津節　594
鍍金　68
徳　127
独吟　567
時計　151, 374, **494**, 593
土下座　103
床　238
床の間　**76**, 232, **238**, 266
常世　690
土座　228
年占　536
年男　396
歳神（年神）　412, 426, 436, 700, 714
歳神棚　701
祈年祭　414
都市対抗野球　608
年棚　412
歳魂　427
歳徳神　412
年とり魚　434
都市美運動　292
暑中見舞い　444
『俊頼髄脳』　645
屠蘇　218, 426, 444

土蔵造 242
土　足 236, 347
徒　弟 509
土手鍋 188
土　鍋 188
隣　組 361
賭博カルタ 528
賭博罪 636
戸　袋 264
土木技師 490
土　間 227, **228**, 236
富岡製糸場 467
弔い上げ 137
留　袖 137, 377
友チョコ 449
共　布 310
土　用 374
トランジスタラジオ **506**
取り上げ婆さん 395
鳥　居 **140**, 482
鳥追い 538
取り皿 223
西の市 348, 416
採物神楽 12
土　塁 122, 252
登呂遺跡 242
トロトロ 539
トロヘイ **538**
とんかつ **174**
屯　食 214
屯　所 354
とんだ霊宝 462
ト(ド)ンド焼き
　　　427, 435, 538, 687, 701
丼　194, 196, 201, 219
どんぶり勘定 509
丼もの **194**
問　屋　60, 198, 220, 373

な

内国勧業博覧会 279
内務省 508
内務省博物局 283
ナイロン 519
直木賞 **664**

直　会 148, 218, 413, 472
長板中型 318
中　唄 575
長　唄 **578**
長　着 **310**, 314, 321
長崎天ぷら 192
流　し 554, 596
中山道道中歌 569
中継女帝 150
長　屋 254, 256, 300, 595
中屋敷 257300
薙　刀 616, **622**
長　刀 15
仲　人 398, 702
名古屋居城 123
灘の酒 200
納　豆 **212**
ナツメロ 596
夏休み 631
名取師匠 158
ナナトコ祝い 392
浪花節 25, 580, 589
鍋　188, 190, 241, 456
鍋島焼 57
鍋料理 **188**
なます(膾, 鱠) 182
生ま成れ 178
生葉染め 459
『ナミコ』 667
鞣　革 484
なめ味噌 184
納　屋 **242**
奈良仏師 63
鳴　物 578
鳴釜神事 487
熟れずし 178
南　画 71, 475
軟式球技 **604**
軟式テニス 604
納　戸 **232**
南蛮菓子 208
南北朝 153
新嘗祭 414
二河白道図 65
にがり 213

肉食禁忌 184, 190
肉食禁止令 204, 216
如在の儀 151
錦　絵 47, **697**
錦影絵 23
錦の御旗 154
西陣織 **60**
西宮神社 698
二十四節気 420, 430, 704
二条城二の丸御殿 69, 77, 264
躙　口 261, 264
煮炊き 241
日米構造問題協議 365
『二中歴』 545
日露戦争 48, 611
日　記 297, **368**, 648
日光東照宮 69
『日葡辞書』 89
日本合気道協会 619
日本運動協会 608
日本泳法 612
日本画 **70**, **80**, 270
日本碍子 497
日本家屋 246
日本言語地図 93
日本見聞記 160
日本高等学校野球連盟 607
『日本国事跡考』 290
日本国有鉄道幹線調査会 500
日本護謨毯合資会社 605
日本三景 **290**
日本蚕糸事業団 519
日本式カルタ 556
日本柔道連盟 625
『日本書紀』 84, 114, 165, 646,
　　　693
日本職業野球連盟 608
日本新聞協会 363
日本庭園 **50**, 301
日本伝統工芸展 273
日本刀 **78**, 512, 616
日本陶器合名会社 497
日本特殊陶業 497
日本舞踊 **16**, 160, 235
日本放送協会(NHK) 38, 514,

事項索引

571, 607, 630
『日本民謡大観』 573
『日本霊異記』 654, 693
日本列島改造 365
アニメ 550
煮 物 184, 187, 201, 205, 222
入 学 **378**, 382
入 札 364
女房ことば(詞) 88
『如是我聞』 667
女人禁制 **452**
ニ ワ 228
人形遊び **560**
人形浄瑠璃 4, 6, 22, 325, 531
人間国宝 271, **272**, 489
人 情 26, 124, 127, 146

糠漬け 198

寝 床 595
根回し 364
練 り 467
年賀状 **444**
年忌法要 376
年 金 273
年貢米 202
年始まわり 444
『年中行事障子文』 701
念仏踊り 10, 14
年齢階梯制 356, 410

能 2, 8
能 管 590
納 期 510
農業技術 **526**
農耕儀礼 145
『農書』 525
軒 246
熨 斗 454, 481, 540
のど自慢 **38**
ノベルティ 497
野良着 322, 327
祝 詞 574
暖 簾 **159**, 166
農村歌舞伎 7

は

俳 諧 106, **650**
拝観料 524
配 給 361
俳 句 **650**, 660, 673
バイク 504
俳 人 291, 673
ハイセイコー 637
廃刀令 616
ハイドロック工法 516
ハイドロプレーン 638
廃藩置県 270, 281
ハイビジョン **514**
『誹風柳多留』 652
廃仏希釈 63, 270, 280, 680
拝領屋敷 256
ハウス栽培 526
端 唄 **578**
羽 織 **314**, 330
墓 688
『葉隠』 131
博多手一本 349
袴 136, 309, **314**, 392
羽 釜 240
墓参り 688
袴 着 392
白 画 52
『白氏文集』 66, 662
『白蛇伝』 550
博奕打ち 562
白描画 52
白 米 167, 202, 526
舶来品 172
箱ずし 178
箱 膳 222
箱根駅伝 313, 626
箱物家具 469
破砕帯 516
箸 148, **222**, 384, 405, 688
恥 **126**
馬事思想 637
派出所 354
柱 226
罵 声 **102**

秦 60
旗 印 169
旗 本 20, 256
鉢植え 48
八八花 529
鉢 巻 **324**
パチンコ **552**
はつうせ 574
初 午 473
初 鰹 183
八 景 291
『八犬伝』 666
発酵食品 521
八 朔 424, **432**
初誕生 390, 450
抜刀術 79
初音の調度 55
法 被 **330**, 634
撥 墨 52
初 宮 384, **390**
初 詣 **434**
初 湯 **394**
罵倒語 102
話し言葉 **82**
花田植 9, 573
花 札 **528**, 566
花札帝国主義 529
花 見 166, 214, **436**
花嫁衣裳 312
埴 輪 136, 284
桔 木 258
破 墨 52
浜名納豆 212
『浜松中納言物語』 643
破魔(矢)弓 435, 559
囃子詞 572
梁 226, 254
張 幕 166
播磨節 594
ハレ(晴) 196, 210, 574, 684
晴れ着(ハレ着) 316, 328, 332, 383
晴の茶 134
バレンタインデー 448
ばんえい競馬 637

反音鈔　111
バンカラ　335, 634
半元服　386
判じもん　535
阪神電鉄　607
版　築　252
半　纏　**330**
バンド・ブーム　598
半幅帯　312
反復形　118

ヒアキ　384
B級グルメ　**176**
檜　垣　252
美化語　90
東護謨製造会社　605
干　潟　522
ひかり　501
彼　岸　141, 156, 430, 689
挽物　474
引割法　229
火消し装束　331
火(煙)　**686**
非言語的表現　146
卑　語　102
ひ　ご　251, 464, 615
庇　246, 254
菱　餅　211
毘沙門天　698
美　術　**278**
飛騨春慶　469
『常陸国風土記』　140
篳　篥　591
備中神楽　707
ビデオ　**492**
『秘伝千羽鶴折形』　541
杓　道　60
単　310
人　形　482, 685
一節切　591
『ひとりごと』　675
雛流し　539
日次記　368
ビニロン　519
日の丸　**154**, 215

火の用心　356
火　鉢　189, **236**
火伏せ　686
卑弥呼　136
姫路城　123, 271
ヒモトキ祝い　393
神　籬　682
百人一首カルタ　556
百貨店　49, 443, 448
百鬼夜行　691
ひやむぎ　181
兵庫口説　576
標準語　**116**
標準服　338
平等院鳳凰堂　68, 271
屏風絵　70
秤量貨幣　373
平　入　263
平　織　466
美　麗　68
披露宴　**398**, 714
広　間　233
琵　琶　**586**
檜皮葺　263
琵琶法師　2, 4, **586**
ビンザサラ　9
品　質　510

ファインセラミックス　497
花　闘　529
ファミリーコンピュータ　548
ファミリー・ヒストリー　299
封　じ　**710**
風　水　164, **266**
風致景観　287
風　土　286, 289
笛　590
蒸芋　207
『武鑑』　169
吹抜屋台　73
不空羂索観音像　68
複合遺産　268
『福島県の民謡』　574
副　食　202
服属儀礼　144

福　茶　426
福引き　443
福禄寿　698
武　家　93, 169, 234, 256
武家屋敷　**256**
武　芸　16, 301, 612
武江年表　190
富国強兵　508
武　士　67, 78, 88, 303, 314,
　　　436, 558, 614, 616, 624
富士講　170, 370, 392, 440, 685,
　　　707, 713
富士山(フジヤマ)　**160, 170,**
　　　269
富士山本宮浅間大社　685
富士塚　170, 692
武士道　130, 625
伏見人形　473
不祝儀　167, **454**
婦人語　89
襖障子　230, 261
伏竹弓　615
二股塔婆　377
普茶料理　217
符　帳　**100**
普通味噌　184
仏　画　22, **64**, 278, 476
ぶっかけ　180
仏教用語　98
仏　具　156
仏　師　490
仏像彫刻　**62**, 476
仏　壇　**470**, 680
餔飥　208
武　道　602, 611, **624**
『風土記』　437, 646
鮒ずし　179
ブラウン管　514
ブラジャー　321
ブラスバンド　635
プラズマディスプレイ　514
ぶら提灯　251
フラットパネルディスプレイ
　　　514
ブリキ製　560

振事劇　16
振　袖　137, 317, **332**
振手形　372
風　流　10, 15, 415
ブリ養殖　522
篩　479
古峯神社　686
触　れ　**360**
プレイステーション　549
風　呂　**244**, 318, 353
プロ格闘技　**632**
プロスポーツ　638
フロックコート　328
プロ野球　**608**
文化遺産　268, 276
文学賞　664
文化財　**278, 280, 282**
文化財保護　270, 272, 274, 276, **306**, 489
文化的景観　269, 277
文金風　595
豊後系浄瑠璃　580
文章語　82
文人画　71
文　体　91
褌　**326**, 342
文　法　94
粉　本　75
文　脈　83, 91
文明開化　190
文弥節　594
文　楽　**4**, 272
塀　**252**
平安京　62, 248, 266
平　曲　**586**
平家納経　69
米　寿　402
幣　束　540
兵農分離　256
ベータマックス　492
別　火　405
へっつい　241
別当寺　682
紅　**458**
紅柄　54

紅　餅　459
ヘビ　**692**
ベビーブーマー　447
ヘブンアーティスト制度　37
縁取り　74
弁才天　698
便　所　**244**
編組品　**464**, 478
弁　当　171, **214**
反　閇　14
遍　路　**694**

棒踊り　**14**
放下師　34
幇　間　21
防寒着　330
方　言　102, 116
法　語　675
法　事　137, **376**, 680
帽　子　336
放生会　216
『方丈記』　675
包　帯　325
庖　丁　183, 223, **224**
『庖丁聞書』　182
宝　物　282
忘年会　**438**
訪問着　**316**
蓬莱山　155
法隆寺金堂　68, 306
望楼型天守　123
頬被り　324
ホカ弁　215
母系家族制　564
ポケモン　549
保晃会　280
干飯　214
ホステス　555
ボストン美術館　279
保蔵加工　521
蛍の光　39
ポックリ　347
『発心集』　654, 675
ポツダム宣言　418
布袋和尚　698

仏　3, 10, 28, 29, 156
仏さま　**680**
『不如帰』　569, 667
ポライトネス　91
堀　122
ポリエステル　519
彫りもの　**460**
ホール落語　27
ホワイトデー　**448**
盆　412, **428**, 537, 688, 700
本因坊　158
盆踊り　**10**, 15, 318, 342, 429, 689
本歌取り　644
ボンカレー　175
本枯れ節　187
梵漢相対抄　111
本　拳　530
梵　語　29, 110
盆　栽　**48**, 171
『盆栽雅報』　48
『盆栽瓶花聚楽会図録』　49
本四橋　517
本地垂迹説　64
本地仏曼荼羅　65
本迹曼荼羅　65
本州四国連絡橋　517
本膳料理　196, 199, 201
盆　棚　412, 688, 701
ポンチ絵　678
本朝画史　74
本調子甚句　577
『本朝食鑑』　186
『本朝遯史』　674
本　途　75
本音(ホンネ)　**146**
梵　唄　28
雪　洞　251
盆まつり　428
本丸御殿　266
盆　礼　444

■ま

間　16
舞　16

埋蔵文化財　271, 285
舞良戸　261
前掛け　**340**
糫餅　208
薪　236
蒔絵　**54**, 69
巻物　72
幕の内弁当　215
『枕草子』　85, 368, 656, 663, 674
枕飯　404
曲物　474
孫請け　**510**
マジックショー　35
魔術　35
まちおこし　177
街芸　36
町工場　**508**
町並み　281, **292**
町火消　356
町家　228, **254**
松皮作り　183
松坂　574
松島　290
マツダR360クーペ　499
間戸　260
的あて　558
間取り　128, 171, 255, 561
俎　223
マブリ　402
ままごと　**560**
ま結び　480
豆撒き（豆打ち）　397, 423
眉剃り　386
マラソン　627
鞠つき　**532**, 568
丸本　595
まれびと　690, 695
漫画（マンガ）　549, **550**, 673
漫才　27, **32**
卍（まんじ）繋ぎ文　477
饅頭　208
万年自鳴鐘　494
満年齢　390, 450
万葉仮名　84
『万葉集』　66, 84, 90, 106, 182,
　　234, 352, 644, 660, 662, 682,
　　690

箕　479
見合い結婚　400
御神楽　12, 584
供御薬　218
三九日　414
水分の神　687, 714
巫女神楽　12
神（御）輿　**142**, 325, 326, 415
身頃　330, 332
自在鉤　686
御簾垣　253
水　**686**
水芸　34
水垢離　685
水炊き　189
水引　166, 454, **480**
ミゼット　499
見世物　30, 34, 37, 43, 416, 462,
　　614
味噌　**184**, 196, 198
禊　352, 646, **684**, 686
見立て遊び　462
見立番付　595
御魂分け　427
道切り　693, 711
道行　139
密教　111
ミッション・スクール　714
三菱500　499
水無瀬三吟百韻　648
南茅部垣ノ島B遺跡　54
見習工　509
峰入り　440
美保神社　698
みやげ　**370**, 692, 708
都腰巻　327
宮彫り　460
宮曼荼羅　65
名字　168
名跡　211, **302**
弥勒菩薩　402, 689
民家　226, **266**

民具　275
民芸運動　283
民族　67, 87, 126, 136, 646
民俗　275, 277, 306
明笛　591
民謡　565, **570**
『民謡覚書』　573

迎え火　688
ムカサリ絵馬　710
昔話　646, 659
無形文化財　272, 274, 277, 306
婿入り婚　398
武蔵野　528
蒸芋売　207
虫送り　**432**, 711
虫拳　531
虫封じ　711
蒸し風呂　244
虫プロダクション　550
蓆　212, 228
無尽銭土倉　242
娘宿　**410**
夢想神伝流　616
六ツ目編み　464
棟　112, 116, 226, 262
『紫式部日記』　368, 560, 643

『明暗』　89
銘柄　159, 490
鳴弦　559
名利　280, **302**, 477
明治維新　5, 31, 151, 223, 270,
　　301, 602
明治祭式　712
明治神宮競技大会　628
明治神宮野球場　608
明治政府　278
名所　**286**
名勝　**286**, 306
名人　27, 38, 224
目板打　262
メイド・イン・ジャパン　160,
　　506
名飯部類　179

名　物　58, 177, 211, **370**
名物餅　211
名　木　288
銘　木　239, 488
銘々皿　223
名　門　302
名　誉　126, 156, 282
目利き　**80**
飯　202
飯　碗　457
メディアミックス　549, 551
麺　180, 207, 223

裳　315
盲僧琵琶　586
木　柵　252
木造彫刻　62, 460
木笵（木型）　263
沐　浴　352, 394
裳階板葺　262
餅　**210**, 413, 427
餅搗き歌　568
木　簡　198, 206, 221
木　棺　284
木　器　**474**
木　工　**488**
モーニングコート　328
物忌み　414, 422, 426
物　語　3, 19, 22, 26, 69, 72, 368, 576, **642**
物語絵巻　23, 53, 70, 136, 261
物見遊山　286
喪　服　138, 317, 329
模倣遊び　561
モボ・モガ　337
木　綿　310, 319, **466**
桃色争議　41
モモカの祝い　384
股　引　323
身　舎　262
もらい風呂　245
モラトリアム　383
『守貞謾稿』　179, 183, 188, 193, 194, 197, 198, 200, 206, 211, 215, 265, 431

森村組　497
諸　白　200
諸　味　184
もろわな結び　480
紋　章　168, 172
門前町　683
紋　帖　169
紋　付　**316**
文部省博覧会　278
モンペ　323, **338**

■ や

焼　物　205, 456
野　球　129, 604, 606, 608
役　者　2, 7, 16, 21, 44, 158
厄　年　**396**
厄年帯　313
厄払い　396
薬　味　180
役屋敷　257
厄除け　692
屋　号　**158**, 169, 697
八坂瓊曲玉　162
野　蚕　466
香具師　36
野次馬　635
社　**682**
安来節　324
屋　台　10, 69, 142, 177, 204
屋体見世　193
八咫鏡　162
奴ことば　89
夜刀神　140
柳川鍋　188
屋　根　246, **262**
山遊び（野辺遊び）　436
八俣大蛇　162, 647, 692
大和絵　57, **70**
大和ことば　**86**
大和四座　2
大和朝廷　187, 646
大和葦　262
山　袴　323, 339
山開き　**440**
山伏神楽　13

山　鉾　142, 415
遣　戸　231, 261, 264
湯浅溜式醤油　185
湯浴びせ　394
遺　言　156
揖　624
遊　芸　20, 158
有形文化財　274, 276, 306
有職料理　205
郵政省簡易保険局　631
郵船商船規則　154
有線放送　554
有識故実　145
釉　薬　457, 496
床　板　229
床　上　227
浴　衣　**318**
湯帷子　318
湯　灌　395, 40, 5703
遊行僧　681
ゆく年くる年　39
湯立て　707
湯立神楽　12
湯立神事　482
油　箪　468
湯漬け　198
油　滴　58
湯豆腐　189
ユネスコ（国際連合教育科学文化機関）　268, 275
湯山三吟百韻　649
湯引き　183
弓　435, 558, **622**
弓張提灯　251

洋　画　71, **80**
妖　怪　691, 693
洋　楽　598
羊　羹　208
楊　弓　558
用具史　605
影向図　65
『容斎随筆』　675
幼児語　**108**, 119, 174
洋　食　174

養　殖　520, 522
養神館合気道　619
洋装化　342
幼　帝　150
洋時計　494
遙拝所　683
洋　服　128, 335, 342, 393, 469
曜　変　58
洋　暦　454
養老律令　187
横穴式石室　284
緯　糸　60
よさこい　18
四字熟語　96
吉野家　195
寄　席　13, 23, 25, 26, 30, 33, 579
寄木造　63
寄せ鍋　189
よそゆき着　309, 311
四ツ目編み　464
ヨナ抜き　600
米山甚句　576
黄泉国　646
嫁入り道具　309
嫁ほめ　575
寄合い　364649
依り代　14, 383, 426, 681, 700
夜の寝覚　643
鎧　79, 201, 278, 484

■ら

ライトノベル　667
来訪神　539
落　語　26, 408
落　首　652
洛中洛外図（屛風）　46, 254
ラジオ　38, 116, 630
ラジオ体操　630
ラ抜き言葉　82
乱　獲　522
藍胎漆器　474
蘭　蝶　580
欄　間　249, 461

力織機　61
六義園　51, 301
六　芸　624
陸上養殖　523
リズム落語　27
六国史　368
律　詩　566
立石寺　710
立　春　437, 422, 430, 445, 695, 704
立　番　354
律令国家　54, 165
栗林園　301
琉球王国　620
竜　笛　590
流　派　16, 67, 133, 158, 461, 480, 567, 586, 594, 612
立　礼　344
両義性　546, 686, 691, 711
料紙装飾　69
両統迭立　163
陵　墓　285
料理茶屋　20, 205
『料理物語』　180, 183, 188
旅　行　371, 380, 400, 524

霊　魂　376, 396, 404, 688, 710
例　祭　414
霊　山　170, 440, 680, 691, 714
礼三息　345
冷泉家　645
礼　装　136, 316, 320, 328
礼　服　328, 337
霊　峰　440, 617, 714
礼　法　158, 366, 558, 624, 713
レガリア　162
歴史的景観　524
歴史民俗資料館の設置構想　275
レコード会社専属制度　596
レーザーディスク　555
恋愛結婚　400
連　歌　106, 644, 648, 650, 660, 675
煉瓦亭　174

連　吟　567
連合国総司令部　616
連　濁　119

炉　135, 236, 241, 250, 484, 512
呂色塗り　468
廊　246, 248
朗　詠　556, 564, 584
浪　曲　24, 32, 38, 581
廊空間　246
労作歌　573
蝋　燭　251, 451
ローンテニス　604
ローカル・ヒストリー　299
六尺褌　326
六道絵　65
六部（六十六部）　695
六文銭　164
轆　轤　474
露　地　51
六方ことば　89
ロロ文字　115

■わ

倭　284
ワイン　220
和　歌　71, 74, 85, 106, 158, 286, 556, 564, 584, 644, 670
若草鍋　189
和歌師範　158
若水迎え　426
若者組　7, 356, 382, 396, 410
若者語　108
若者宿　410
『和漢軍書要覧』　676
『和漢三才図絵』　186
和漢書　678
ワキ　3
脇　差　78
和　服　342
和訓栞　97
和　語　86, 96, 112, 119, 164
わざ（技）　272
童　謡　312, 518, 568
和　算　541

和式5音階短旋律　567
和製英語　112, 504
和太鼓　**18**, 593
和道流　621
和時計　494
『和名類聚抄』　690

和　様　57, 63
和洋折衷　40, 205
草　鞋　346
草鞋銭　371
藁　縄　536
童　詞　568

割矧ぎ造り　63
和　暦　128, **454**
椀（碗）　**222**, 457, 592, 694
彎　刀　78

人名索引

■あ

青木直己　207
青木木米　59
赤松光夫　669
秋田　実　32
芥川龍之介　147, 654, 664
阿久　悠　597
浅井一毫　57
浅岡平兵衛　558
朝寝房夢羅久　26
足利尊氏　156
足利義昭　123, 545
足利義教　76, 135, 238
足利義政　88, 135, 238, 249
足利義満　151
阿仏尼　659
阿部牧郎　669
尼子晴久　122
天野信景　291, 396
荒井恵子　38
新井白石　152
荒木田麗女　670
有馬　学　299
有吉佐和子　671
在原業平　564
安珍清姫　22
安藤百福　223
安徳天皇　153, 163

李　御寧　171
飯島信夫　361
井伊直憲　207
池島信平　673
池田亀鑑　673
池田菊苗　223

池田輝政　123
石川達三　664
石毛直道　199
石ノ森章太郎　673
イーストマン, ジョージ　492
泉　鏡花　672
泉　大八　669
出雲阿国　6
板垣退助　616
板谷波山　57
市川海老蔵　36
市古貞次　658
一条兼良　200, 654, 674
一龍斎貞水　25
逸然性融　217
一遍（一遍上人）　6, 10, 72
伊藤仁斎　358
伊藤　整　668, 673
伊東ていじ　226
伊藤野枝　670
伊藤　汎　181
伊藤博文　270
稲垣史生　357
井上伊兵衛　60
井上　馨　279
井上大祐　554
井上隆明　653
井上　靖　243
井之口章次　377, 402
井原西鶴　125, 255, 318, 540,
　　　　　643, 651, 655, 656, 673
井伏鱒二　664
今藤政太郎　589
岩本由輝　364
巌谷小波　658
隠元隆琦　209, 217

ウィリアム, ヒギンボーサム
　　548
ウィルソン, ホーレス　9, 606,
　　769
植木　等　322
植芝盛平　618, 619
上杉謙信　122
上田秋成　656
上田萬年　671
上田寅吉　513
植村文楽軒　5
魚住為楽　272
鵜飼彌三郎　613
宇喜多秀家　123
牛島辰熊　632
牛若丸　594
歌川広重　211, 287
宇野千代　671
楳垣　実　100
梅崎春生　664
梅暮里谷峨（歌沢能六斎）　579
ウルフ, ヴァージニア　670
運　慶　63, 476

栄　西　58, 134, 209
英照皇太后　138
永　忠　209
江木理一　630
江島其磧　656
エッケルト, F.　155
越中哲也　192
江波戸昭　361
江馬細香　663
円　空　63
円地文子　671
遠藤　実　581

人名索引

円　仁　29

王　維　567
王　羲之　66
大内義隆　494
大内義弘　163
大江匡房　4, 9, 654
大岡昇平　664
大久保今助　194
大久保忠舒　47
大隈重信　280
大倉喜八郎　279
大迫倫子　671
大須賀乙字　106, 661
大杉　栄　670
太田　亮　298
大田南畝　255
大田洋子　671
大塚楠緒子　670
大橋宗桂　545
大庭みな子　671
大矢　透　111
大山　巌　155
大淀三千風　291
岡倉天心　80, 270
尾形乾山　57
緒方洪庵　359
尾形光琳　57, 271
岡　白駒　663
岡本一平　361, 550
岡本かの子　671
岡本綺堂　350
岡本昆石　582
岡本万作　26
小川治兵衛　51
翁　朝盛　363
荻生徂徠　130
荻原井泉水　661
小栗風葉　672
尾崎紅葉　672
尾崎放哉　661
尾崎　翠　670
小山内薫　671
大佛次郎　664
織田有楽　135

織田小星　550
織田信長　3, 122, 264, 524
織田幹雄　640
織田有楽　135
小野重朗　341
小野妹子　481
小野道風　66
小野美材　67
小幡景憲　131
面高　叶　630
折口信夫　683, 690, 694

■ か

快　慶　63, 476
開高　健　665
貝原益軒　212, 291
貝原好古　96
香川景樹　645
柿本人麿　76, 564
景山民夫　665
梶山季之　669
春日八郎　581
片桐石州　135
片桐石州　135
葛飾北斎　46, 550
桂　枝雀　27, 33
桂春團治　27
桂　文枝　26
加藤清正　123
加藤民吉　496
加藤友太郎　57
加藤嘉明　123
仮名垣魯文　191, 579
金沢明子　571
金子辰雄　38
狩野永納　74
嘉納治五郎　610, 621, 625
樺島勝一　550
蕪坂源太　558
鵞　峯　99
神近市子　671
蒲生君平　285
鴨　長明　587, 654, 675
柄井川柳　652
川上善兵衛　220

川上宗薫　669
川口松太郎　664
川崎正蔵　279
河竹黙阿弥　7
川端康成　664, 673
観阿弥　2
鑑　真　62
桓武天皇　162, 351, 466
韓　愈　345
寛　蓮　544

菊池　寛　664, 672
菊池貴一郎　416, 442, 547
岸田辰彌　41
木蘇岐山　672
木蘇　穀　672
木曽義仲　163
喜田川守貞　193, 194
北島三郎　581
北政所（ねね）　55
北畠親房　86
北原武夫　669
北原白秋　582, 671
北村季吟　650
北村季晴　40
北　杜夫　502
杵屋正邦　589
紀　貫之　85
吉備真備　544
木村政彦　632
行　基　220, 353
曲亭馬琴　677
清瀬一郎　629
清元お葉　579
ギルバート＆サリバン　160
キルビー, J.　507
欽古堂亀助　59

空　海　62, 64, 66, 353, 695
九鬼隆一　270, 279
久坂玄瑞　566
国定忠次　42
熊谷直好　645
熊沢天皇　153
熊野比丘尼　22

久米正雄　664
倉野憲司　115
倉橋仙太郎　42
倉橋由美子　671
車谷長吉　664
クレー，バーサ・M.　667
黒岩涙香　557
黒田清隆　438
黒田如水　123

景戒　654
慶政　654
継体天皇　150
兼好法師（吉田兼好）　1, 128, 236
兼載　648
元正天皇　136
玄宗　663
玄棟　654
ケンペル，E.　344, 694

恋川春町　181
小泉純一郎　365
小泉八雲（ラフカディオ・ハーン）　147, 458, 610
光厳天皇　163
高坂弾正　544
孔子　368, 662
幸田文　671
高台院　69
幸田露伴　677
黄庭堅　663
光仁天皇　162
鴻池善右衛門　373
河野多恵子　671
河野六郎　115
弘法大師（空海）　62, 64, 66, 353, 695
洪邁　673
光明皇后　67
光明天皇　163
小金井喜美子　670
古賀政男　597
亀山天皇　163
後光厳天皇　67, 163

後小松天皇　163
小式部内侍　291
小島政二郎　664
後白河天皇（上皇，院）　163, 565
後醍醐天皇　163
5代目桂文枝　27
5代目古今亭志ん生　27
5代目笑福亭松鶴　27
5代目立川談志　27
5代目柳家小さん　27
小たま　579
小寺融吉　570
後藤桃水　570
後鳥羽天皇（上皇）　74, 153, 163
湖南文山　663
後花園院　135
小林一三　40
小林一茶　651
小林多喜二　502
小林俊彦　293
小林秀雄　673
小林芳規　85
小堀遠州　59, 77, 135
小松和彦　693
小松左京　665
五味康祐　665
小芳　579
呉陵軒可有　651
ゴールデン，アーサー　161

■さ

雑賀進　361
西行　651, 654, 679
税所篤　279
西條八十　582
最澄　64
斎藤月岑　416, 423, 442
齋藤徳元　543
酒井田柿右衛門　56
嵯峨天皇　66, 74, 209
坂本九　599
坂本太郎　152
坂本龍馬　400

作田啓一　127
桜井能監　280
佐倉惣吾郎　711
佐倉常七　60
佐々木禎子　541
佐々木信綱　582, 682
佐々木茂索　664
佐多稲子　671
佐藤亜有子　671
佐藤春夫　664
佐藤秀夫　378
佐藤碧子（小磯なつ子）　672
里見弴　672
真田幸村　677
ザビエル，フランシスコ　494
沢井忠夫　589
沢田正二郎　42
沢田名垂　75, 261
3代目桂米朝　27
3代目古今亭志ん朝　27
3代目三遊亭金馬　27, 101
山東京伝　22, 192, 547, 657, 659
三遊亭円遊　323
三遊亭円朝　26
椎名麟三　664
椎根津彦命　472
塩田剛三　619
鹿野武左衛門　26
式亭三馬　30
重明親王　22
静御前　622
十返舎一九　657
篠田鉱造　191
渋川春海　454
渋沢敬三　73, 275
島田勇雄　198
島田信二郎　175
島津斉彬　467
島津伸男　362
島秀雄　500
島村抱月　42
10代目金原亭馬生　27
承澄　111
定朝　63, 68

人名索引

聖徳太子　2, 62, 129, 216, 230, 459, 533
肖　柏　648
聖武天皇　544
昭和天皇　153, 390, 418, 630
松鶴家千代若・千代菊　32
初代桂春團治　27
初代桂文枝　26
初代三笑亭可楽　26
初代三遊亭円朝　26
初代露五郎兵衛　26
初代林家三平　27
初代林屋正蔵　26
ショックレー, W.　506
ジョーンズ, シドニー　160
白井喬二　664
白井鐵造　41
白井松次郎　41
シール, M. P.　667
心　敬　648, 673, 675
親　鸞　470, 694

推古天皇　62, 136, 336
垂仁天皇　472
菅原爲長　96
菅原道真　67, 472, 649, 711
典仁親王　645
崇光天皇　151
崇神天皇　150
鈴木貞美　664
鈴木長吉　513
鈴木春信　47, 543
砂山捨丸　32
魚住為楽　272

世阿弥　1, 2
清少納言　85, 263, 290, 660, 663, 674
晴川院養信　75
清和天皇　150
瀬川清子　206, 386, 453
関　満博　176
雪　舟　53
蝉　丸　587
千石　保　109

専　順　648
千　利休　59, 77, 135, 234, 264, 475
船遊亭扇橋　26
相阿弥　53
宗　祇　648, 649, 651
曹　植　28
宗　砌　648
宗　長　648
添田唖蟬坊　596
十河信二　500
ソシュール, F. ド　118
蘇東坡　663
曽呂利新左衛門　21, 658
尊円親王　67

■た

醍醐天皇　543
当麻蹶速　144
平　兼盛　587
平　清盛　230, 291, 652
平　信範　369
平　将門　711
タウト, ブルーノ　269
高野辰之　582
高野正誠　220
高橋たか子　671
高橋道八　59
高橋悠治　589
高山喜六　617
滝井孝作　664
滝沢馬琴（曲亭馬琴）　211, 386, 657, 666
託間憲久　220
竹内寅次郎　504
竹沢権右衛門　4
竹沢藤治　34
竹田出雲　4, 7
武田信玄　544
武田惣角　618
武田惣吉　618
武田泰淳　664
竹田聴洲　471
武田千代三郎　626

武田祐吉　115
武田百合子　671
武野紹鷗　59, 234
建部綾足　657
武政英策　18
武満　徹　585
竹本義太夫　4, 6, 594
太宰　治　665, 667
田沢竜次　176
田島二郎　305
太上天皇　150
橘　南谿　217
橘　俊綱　50
橘　成季　654
橘　逸勢　66
田中角栄　365
田中重太郎　656
田中久重　494
田中　宏　175
田辺花圃（三宅花圃）　670
谷口吉郎　304
谷崎潤一郎　664, 671
田沼意次　653
田沼意知　653
種田山頭火　661
玉子屋円辰　32
玉松一郎　32
田村　剛　294
田村俊子　670
為永春水　657
田守育啓　118
田山花袋　302, 672
団　鬼六　669
檀　一雄　664

チェンバレン, B. H.　131, 610, 666
近松半二　5
近松門左衛門　4, 6, 125, 531, 594
千草忠夫　669
中將姫　67
中条百合子（宮本百合子）　361, 670
陳　寿　136

辻　邦生　664
辻　潤　670
津田助左衛門　494
津田左右吉　131
土川元夫　304
土屋龍憲　220
筒美京平　597
坪内逍遥　16, 17, 42, 438, 656, 666, 672
鶴岡一人　608
鶴田義行　640
鶴屋南北　7

出口王仁三郎　619
手塚治虫　550
寺門静軒　31
寺山修司　637
天武天皇　216, 336, 369

洞院公賢　156
陶淵明　662
道　元　216, 217
桃中軒雲右衛門　25
東　常縁　645
土岐善麿　626
斉世親王　111
徳川家重　221
徳川家綱　34, 217
徳川家光　290, 360, 366
徳川家康　123, 192, 212, 264, 433, 494, 545
徳川光圀　143, 285
徳川吉宗　436
徳田秋声　672
徳冨蘆花　569, 667
智仁親王　645
橡内吉胤　292
杜　甫　402, 567, 662
富木謙治　619
富澤赤黄男　661
富島健夫　668
巴御前　622
豊竹若太夫　5
豊田行二　669
豊田正子　671

豊臣秀次　545
豊臣秀吉　3, 10, 21, 35, 55, 59, 69, 77, 123, 135, 264, 436, 456, 545
鳥居清重　36
止利仏師　62

■な

内藤千代子　670
直木三十五　664
直仁親王　163
永井荷風　668
中江藤樹　130
中里恒子　671, 673
中島歌子　670
中城ふみ子　671
中田ダイマル・ラケット　32
中能島欣一　589
中村真一郎　657, 664
中村春代　32
中山晋平　570, 571, 582, 596
長与専斎　359
半井桃水　670
夏目漱石　89, 350, 407, 533, 670
波平恵美子　452
名和清左衛門　24, 31

西　周　45
西尾　実　673
西村幸夫　292
西山宗因　651
二条良基　648
2代目三遊亭円歌　27
新渡戸稲造　131, 625
丹羽基二　298
仁徳天皇　240, 466
仁明天皇　163

根岸重一　554
根岸武香　157
根岸登喜子　579

ノイス, P.　507
野上　彰　673
野上豊一郎　670

野上弥生子　670
野口雨情　570, 582
野口冨士男　672
野々口立甫　542, 650
野々村仁清　57, 59, 271
野見宿禰　144, 473
野呂景義　512

■は

芳賀矢一　655
萩原葉子　671
白楽天　662
橋本　治　664
橋本左内　388
長谷川時雨　670
長谷川等伯　271
秦河勝　2
8代目桂文楽　27
八幡太郎義家　559
八文字屋自笑　656
白谷仁科　157
八反ふじを　362
服部良一　598
花園天皇　163, 369
花菱アチャコ　32
華屋与兵衛　178
馬場あき子　690
馬場亀一　605
馬場信意　677
林　考槃（春徳・読耕斎）290, 674
林　自見　291
林　述斎　360
林　春斎（鵞峰）290
林　広守　155
林　芙美子　671
林　羅山　67, 99, 290
原富太郎　279
原　六郎　279
ハーン, ラフカディオ（小泉八雲）147, 458, 610
伴　蒿蹊　673
范　鎮　673
樋口一葉　670

菱川師宣　166
人見必大　198, 212
人康親王　587
日野資枝　645
日野草城　661
日野富子　88
卑弥呼　136
平塚らいてう　670
平出鏗二郎　193
平沼亮三　629
平林惇信　67
平林たい子　671
平山敏治郎　471
広瀬淡窓　358, 566
広瀬量平　589

フィッセル，ファン・オーフル
　メール　270, 282, 344
フェノロサ，アーネスト・F.
　80, 270, 279
フェリペ3世　494
フェントン　155
深沢七郎　664
福沢諭吉　131, 157, 174, 359
福田清人　673
福田永昌　577
福永武彦　664
福羽美静　155
藤蔭静枝　17
藤　圭子　596
藤田伝三郎　279
伏見天皇　66
藤本浩之輔　533
藤原公任　643
藤原明衡　32
藤原伊行　66
藤原定家　369, 644, 648, 701
藤原貞敏　586
藤原実季　168
藤原俊成　644, 645
藤原佐理　66
藤原孝範　96
藤原忠通　149
藤原敏行　67
藤原道長　63, 368, 389

藤原師輔　369
藤原行成　66
藤原良経　96
藤原良房　22, 150
藤原頼道　50
二葉亭四迷　91, 672
プチャーチン　513
プッチーニ　160
武　帝　152
ブリンクリー，F　666
古川古松軒　291
古田織部　59, 135
武烈天皇　150

ベア，ラルフ　548
ベネディクト，ルース　124,
　126, 127

ボアズ，フランツ　126
ホイジンガ，J.　527, 562
北条氏長　131
北条氏康　122
ポーロ，マルコ　232
星　新一　665
星セント・ルイス　33
保科正之　130
細川忠興　327
細川幽斎　645
細川頼直　494
牡丹花肖柏　645
堀尾吉晴　123
堀　啓子　667
本因坊算砂　545
本田宗一郎　504
本田安次　12

ま

槇野　修　302
正岡子規　397, 446, 650, 661
正村竹一　552
真杉静枝　671
益田勝実　655
益田　孝　279
増田俊也　633
町田佳聲（嘉章）　571

松井須磨子　42
松江重頼　96, 650
松尾芭蕉　650, 651, 655, 661
松平不昧　59
松田栄吉　195
松永貞徳　650
松村宗棍　620
松本清張　665
黛　敏郎　29
マルコム，ジョン　34

三浦朱門　671
三浦竹泉　59
三木露風　518
三島由紀夫　664
ミス・ワカナ　32
水の江瀧子　41
水野忠邦　31
美空ひばり　39, 597
三田村鳶魚　357
南方熊楠　518
水無瀬兼成　545
源　実朝　134
源　顕兼　654
源　実朝　134
源　隆国　654
源　為憲　96, 111, 654
源　頼政　559
源　了圓　124
三橋美智也　571
宮川香山　57
宮城道雄　589
宮古路豊後掾　595
宮坂静生　107
宮地直一　470
宮　史郎　581
宮田栄助　504
宮田　輝　39
宮田　登　364, 403, 453, 470
宮本勢助　339
宮本常一　73, 210, 390, 410
宮本　輝　665
宮本武蔵　617
宮本百合子　361
明　恵　134

三好　學　288
向田邦子　207, 665
無　住　654
睦月影郎　669
村井弦斎　666
紫式部　85, 136, 263, 368, 560, 643, 663
村田孝次　108
村田珠光　58, 234
室生犀星　664

明治天皇　155, 328, 351, 390, 406, 629, 636

毛利輝元　123
毛利元就　122
モース, E. S.　265, 279, 542
牧　谿　77
本居長世　40
本居宣長　114, 358
本部朝基　621
百井塘雨　291
森　鷗外　570
森　銑三　656, 673
森田草平　670
モンテーニュ, M. E. de　675
文武天皇　423, 636

■ や

安原貞室　650
安良岡康作　673
八橋検校　588
梁川紅蘭　663
梁川春葉　672
梁川星巌　566, 663
梁川福三　609
柳田國男　206, 210, 376, 412, 415, 421, 453, 467, 471, 570,

573, 655, 658, 681, 686, 693, 701
柳　宗悦　283
柳家金語楼　27
柳原白蓮　670
山折哲雄　302
山鹿素行　130
山縣有朋　51
山川弥千枝　671
山崎宗鑑　650
山田耕筰　582
山田太郎　362
山田美妙　91
山田宥教　220
山田孝雄　673
山名宗全　60
山上憶良　662
山上宗二　135
山本健吉　107, 660
山本成実　518
山本茂実　518
山本常朝　131

雄略天皇（ワカタケル大王）　84, 150
湯木貞一　215
楊貴妃　663
栄　西　58, 134, 209
楊　守敬　67

横光利一　664
横山エンタツ・花菱アチャコ（エンタツ・アチャコ）　32
横山やすし　33
与謝野晶子　670
与謝野鉄幹　661, 670
与謝蕪村　651
吉川英治　664
吉田一保　673

吉田兼倶　12
吉田松陰　358, 566
吉田忠七　60
吉原〆治　579
吉屋信子　670
4代目桂米團治　27
米沢彦八　26

■ ら

頼山陽　566, 663
力道山　632
陸　羽　58, 134, 209
リーチ, バーナード　237
リットン, ブルワー　666
李　白　567, 662
龍渓宗潜　217
良　忍　29
輪王寺宮　153
レツゴーじゅん　33
レンブラント　673

6代目三遊亭円生　27
6代目笑福亭松鶴　27
カイヨワ, ロジェ　561
魯　迅　654
ロダン, オーギュスト　563
ロドリゲス, ジョアン　209
魯鈍斎　659
ロレンス, D. H.　668

■ わ

若月紫蘭　416, 423, 431
ワーグマン, チャールズ　550
和佐大八郎　559
渡辺　寧　506
王　仁　115

日本文化事典

平成28年1月25日　発　　行
令和3年6月30日　第4刷発行

編者　神崎宣武
　　　白幡洋三郎
　　　井上章一

発行者　池田和博

発行所　丸善出版株式会社
〒101-0051　東京都千代田区神田神保町二丁目17番
編集：電話(03)3512-3263／FAX(03)3512-3272
営業：電話(03)3512-3256／FAX(03)3512-3270
https://www.maruzen-publishing.co.jp

© Noritake Kanzaki, Yozaburo Shirahata, Shoichi Inoue, 2016

組版／有限会社 悠朋舎
印刷・製本／大日本印刷株式会社

ISBN 978-4-621-08979-8 C 0521　　　Printed in Japan

JCOPY 〈(一社)出版者著作権管理機構　委託出版物〉
本書の無断複写は著作権法上での例外を除き禁じられています．複写される場合は，そのつど事前に，(一社)出版者著作権管理機構(電話 03-5244-5088, FAX 03-5244-5089, e-mail：info@jcopy.or.jp)の許諾を得てください．

JASRAC 出 1513388-501